汽车技术创新与研发
系列丛书

汽车性能集成开发实战手册

开发理论+实战方法论

饶洪宇　许雪莹　等 ◎ 编著
余卓平 ◎ 主审

机械工业出版社
CHINA MACHINE PRESS

随着近20年来汽车行业的飞速发展，我国已成为全球最大的汽车市场，自主品牌整车及零部件的研发能力也取得了长足的进步。整车研发正处于从对标模仿走向全自主开发的过程，汽车从以整车架构主导的开发模式逐步转向以整车性能驱动的开发模式。本书系统地介绍了与整车各项核心性能相关的基础理论、设计方法和工程开发案例，并对未来发展趋势进行了展望。全书分运动性能、结构性能、舒适性能及综合性能4篇共16章，涵盖整车动力性和经济性、整车驾驶性、制动性能、操纵稳定性和平顺性、空气动力学性能、整车结构强度、整车安全性能、整车可靠性与耐久性、车内环境品质、整车NVH性能、空调性能、整车热管理、座椅舒适性、汽车人机工程。此外，本书还介绍了各性能板块之间的内在物理联系和融合开发，通过工程案例阐述了整车性能开发中的精益化和集约化方法，同时对整车性能的主观评价进行了介绍，为汽车研发人员和技术管理人员评价产品提供了技术参考和标准。

本书由具有丰富理论基础且拥有多年整车研发经验的一线研发人员联合编写，内容丰富，取材新颖，图文并茂且通俗易懂。本书理论扎实，实用性和实践指导性强，适用于从事汽车整车及零部件研发的人员学习参考，也可作为高校汽车相关专业师生的参考书。

图书在版编目（CIP）数据

汽车性能集成开发实战手册/饶洪宇等编著. —北京：机械工业出版社，2021.6（2023.1重印）
（汽车技术创新与研发系列丛书）
ISBN 978-7-111-68470-1

Ⅰ.①汽…　Ⅱ.①饶…　Ⅲ.①汽车-性能-系统开发-手册
Ⅳ.①U472-62

中国版本图书馆CIP数据核字（2021）第115901号

机械工业出版社（北京市百万庄大街22号　邮政编码100037）
策划编辑：何士娟　责任编辑：何士娟　赵　帅
责任校对：樊钟英　责任印制：单爱军
北京虎彩文化传播有限公司印刷
2023年1月第1版第2次印刷
184mm×260mm · 36.75印张 · 9插页 · 913千字
标准书号：ISBN 978-7-111-68470-1
定价：199.90元

电话服务	网络服务
客服电话：010-88361066	机　工　官　网：www.cmpbook.com
010-88379833	机　工　官　博：weibo.com/cmp1952
010-68326294	金　　书　　网：www.golden-book.com
封底无防伪标均为盗版	机工教育服务网：www.cmpedu.com

编委会

资源说明页

本书配套“汽车性能集成开发实战系列讲座”，内含9个专题讲座，总时长360分钟。

获取方式：

1. 微信扫码（封底“刮刮卡”处），关注“天工讲堂”公众号。

2. 选择“我的”—“使用”，跳出“兑换码”输入页面。

3. 刮开封底处的“刮刮卡”，获得“兑换码”。

4. 输入“兑换码”和“验证码”，点击“使用”。

通过以上步骤，您的微信账号即可获得2折购买权限！

微信扫描本页的“课程空间码”即可直接跳转到课程空间。

汽车性能集成开发实战系列讲座
课程空间码

序 言

随着现代科学与技术的快速发展，汽车性能设计理论和研发技术手段日新月异。中国汽车工业经历过引进、消化、吸收国外先进技术推动自身发展的阶段后，最近20多年来，通过国内一大批汽车企业持续不断的研发投入与努力，已积累了良好的汽车产品设计基础，开始转入创新驱动阶段。

汽车性能集成开发能力不仅决定了用户对于汽车产品性能的直观感知，同时也决定了不同汽车品牌之间的技术差异。目前，中国汽车自主品牌企业在汽车性能开发领域的人才厚度和研发经验上仍然存在短板，成长中的中国汽车产业面对开放的全球化市场，技术创新的压力越来越大，尤其对整车性能集成开发知识的需求非常迫切。《汽车性能集成开发实战手册》就是在此背景下应运而生的。它是一部集我国汽车工业整车开发工程师经验大成的专业书籍，对推动汽车整车产品研发和技术创新具有十分重要的意义。

本书分别从汽车的运动性能、结构性能、舒适性能和综合性能四大板块入手，系统阐述了整车动力性和经济性、整车驾驶性、制动性能、操纵稳定性和平顺性、空气动力学性能、整车结构强度、整车安全性能、整车可靠性与耐久性、车内环境品质、整车NVH性能、空调性能、整车热管理、座椅舒适性、汽车人机工程、整车性能主观评价等开发理论与实战方法论，并通过一系列汽车性能的实际开发案例，清晰地诠释了汽车性能开发理论和方法的精准应用。本书的编著者是一批长期奋战在整车产品集成开发第一线的研发工程师和资深专家，经历了从学习开发到自主研发汽车产品的成长过程，开发出了多款性能优越且富有市场竞争力的汽车产品，积累并形成了丰富的整车性能开发知识体系。本书展现了他们对于汽车产品开发与实践工作的结晶，非常贴合当前我国汽车行业对汽车技术创新的渴望。

在此，我十分郑重地把《汽车性能集成开发实战手册》推荐给在汽车技术领域从事技术创新工作的企业和学界的工程技术人员，供大家学习和参考。

余卓平

2021年3月

前　言

我国自2009年汽车产销量（2009年产量为1379.1万辆，销量为1364.48万辆）跃居世界第一之后，已连续11年蝉联全球汽车销量冠军，成为名副其实的汽车大国，但在核心技术方面与传统汽车强国（如德国、日本和美国等）相比仍有不小的差距。2015年，节能与新能源汽车列为《中国制造2025》十大重点支持领域之一。2016年3月，中国汽车工业协会发布了《“十三五”汽车工业发展规划意见》，明确指出了新能源汽车、新能源电池和智能化是未来汽车领域创新的方向。

近年来，随着我国汽车产业快速发展及产业配套，产业集群效应逐步增强，几乎每一个汽车零部件都能通过市场采购渠道获得。但决定一个汽车品牌内在基因和灵魂的整车性能是无法通过购买和简单复制取得的，即使是完全相同的零部件组合在一起也可能呈现出迥异的性能。优良的整车性能需要研发团队进行精心且专业的性能定位定义、趋势预测、目标定义、目标分解、集成方案开发、实车调校、客观测试及主观评价等，属于整车开发中的核心技术。近年来，随着国内主机厂对产品研发投入的不断加大及汽车项目开发能力的持续提升，目前在整车性能开发中的单项性能，如整车动力经济性、结构强度、碰撞安全、NVH（噪声、振动与声振粗糙度）、热管理、空调性能、制动性能、操纵稳定性等开发技术，从早期目标定义到虚拟阶段CAE仿真，再到中期基于样车的开发，乃至最终的量产验证，已经积累了一定的开发经验。

整车性能集成能力决定产品最终的性能表现和用户体验，性能集成需要集成工程师团队对几乎所有的性能开发都有一定的了解，这样才能够对各种性能进行协调和平衡。通常一个有经验的工程师必须通过大量项目的实践和不断的知识积累，才能平衡好整车的各项性能，设计出恰到好处的产品。成长中的中国汽车产业面对着开放的全球市场，技术竞争压力大，尤其对整车性能集成开发知识的需求非常大。在物理硬件和软件几乎都可以采购的情况下，我国汽车企业亟须解决整车集成开发的核心关键技术。

加快推进汽车产业持续创新，是“中国制造2025”的重大战略需求。编写本书的初衷正是为了推动当前我国汽车产业的技术转型和升级，提高自主品牌的整车性能集成开发能力。

本书注重理论与实践相结合，采用了大量的图片和案例进行介绍，突出实用性和技术新颖性。书中所有实例均取材于真实的项目研发和工程实践，具有一定的理论参考价值和较高的工程实践指导意义。本书不仅囊括了近年来我国整车性能方面的新的技术成果，还借鉴了国外先进企业的案例及国际标准，并介绍了前沿技术和发展趋势。此外，本书除了对各个性能板块进行介绍外，还重点介绍了各性能板块之间的内在物理联系和融合开发，通过工程案例阐述了整车性能开发中的精益化和集约化方法，同时对性能的主观评价进行了介绍，为工程开发人员、技术管理人员评价产品提供了技术参考和标准。

本书由上汽集团商用车技术中心统筹组织策划，上汽集团乘用车技术中心、泛亚汽车技术中心、上汽大众、吉利汽车、比亚迪汽车、长城汽车、国家机动车产品质量监督检验中心（上海）等单位作为各章节的主要编写单位，饶洪宇、许雪莹、常朕、陆飞龙、张华清、井清、王志佳、赵爱霞、娄臻亮、蔡章林、陈栋华、李敬东、王云英、李莉、张风利、权循宇、刘胜、李政、季钰荣、杨志刚、李秀文、廖志恒、胡文静、花道兰、韩亚萍、赵福、张荣荣、霍聪敏、左卫国、李忠良、刘阳、邹春妹、许晶晶、钟杰、梁承友、许振兴、杜培源编著。本书在编写过程中参考了大量国内外公开发表的资料，包括网络公开的资料信息，在此向相关资料的作者表示感谢。初稿完成后，同济大学余卓平教授审阅了书稿，并提出了许多宝贵建议，在此对他表示衷心的感谢。

整车性能集成知识博大精深且发展迅速，由于编者的经验和能力有限，本书内容无法面面俱到，恳请读者对本书的内容和章节安排等提出宝贵意见，并对书中存在的不当之处提出批评和修改建议，以便修订时参考。

编著者

目　录

第2篇　结构性能

第3篇 舒适性能

第 4 篇 综 合 性 能

第1篇　运动性能

第1章 整车动力性和经济性

汽车是一个包含很多零件的复杂系统，为了充分描述其运动特性，需要用到大量的力学和运动学方程式，关于这方面的技术知识，已有大量文献阐述。本书着重论述汽车动力传动链的性能设计，故而对于车辆系统进行必要的简化，并且关于车辆基本原理的讲述仅限于一维运动。本章主要讨论和分析车辆驱动的基本原理，基于动力性和经济性平衡的驱动系统、储能系统和高压电系统的性能设计，以及动力性和经济性的仿真分析方法。

1.1 动力性和经济性概述

1.1.1 动力性的定义和指征

汽车作为一种运输工具，运输效率的高低在很大程度上取决于汽车的动力性。动力性是汽车各种性能中最基本、最重要的性能。汽车动力性是指汽车在良好路面上直线行驶时由汽车受到的纵向外力决定的、所能达到的平均行驶速度。

汽车动力性主要有三个关键指征：

1）最高车速：是指在水平良好的路面上汽车能达到的最高行驶速度。最高车速受限于两方面因素：一是驱动单元的最大转速与传动系统传动比之间的平衡；二是车辆牵引力与阻力之间的平衡。

2）爬坡能力：是指车辆能以某一恒定速度克服的最大坡度。显然，该坡度是汽车在一档时能行驶的最大坡度，因为一档时汽车的牵引力是最大的。

3）加速时间：是指车辆在水平良好的路面上，从低速 u_1 加速到高速 u_2 所需要的时间，包括原地起步加速时间（$u_1=0$）和超车加速时间（$u_1\neq0$）。

1.1.2 经济性的定义和指征及整车能耗测试工况

1. 经济性的定义和指征

汽车的经济性是指车辆行驶一定距离所消耗的能量，或者车辆消耗单位能量能够行驶的距离。经济性的主要性能指征为能耗和续驶里程。对于不同能量源的车型，有不同的评价方式：

1）燃油汽车：一般通过循环工况下，每行驶 100km 的油耗（L/100km），或者每加仑油耗可行驶的里程数（mile/gal）来评价。

2）纯电动汽车：一般通过循环工况下，每行驶 100km 的电耗（kW · h/100km）和纯电续驶里程（km）评价。

3）混合动力汽车：一般通过循环工况下，每行驶 100km 的油耗（L/100km）（加权计算）和纯电续驶里程（km）评价。

2. 整车能耗测试工况

汽车实际的经济性受包括道路状况、交通状况、天气环境和车辆驱动形式等因素的影响，在实际道路上测试能耗或续驶里程并不是一个理想的途径，其结果也不具代表性。为此，各国有关部门联合众多汽车企业，定义了一系列可重复、具有一定代表性的标准测试工况来测试能耗和续驶里程，乘用车主要的循环工况包括 NEDC、WLTC、CLTC－P 和 EPA。常用循环工况的基本信息见表 1-1。

表 1-1　常用循环工况的基本信息

模块	单位	WP. 29	WLTP	CATC	EPA			
标准制定机构	—	UNECE		MIIT	EPA			
循环工况	—	NEDC	WLTC	CLTC－P	FTP－75	HWFET	US06	SC03
时长	s	1180	1800	1800	1877（+9～11min）	765	596	596
里程	km	10. 88	23. 25	14. 48	17. 77	16. 45	12. 8	5. 8
平均车速	km/h	34	46. 5	37. 18	34. 14	77. 7	77. 9	34. 8
最高车速	km/h	120	131	110	91. 25	100	129. 2	88. 2
试验环境温度	℃	20～30	23±3	23±3	20～30	20～30	20～30	35

（1）NEDC 工况　NEDC 全称为“New European Driving Cycle”，即“新欧洲行驶循环”。NEDC 工况车速谱如图 1-1 所示，包括以下两个阶段：

1）四个 UDC（市区）工况：（0～195s）×4。

2）一个 EUDC（市郊）工况：780～1180s。

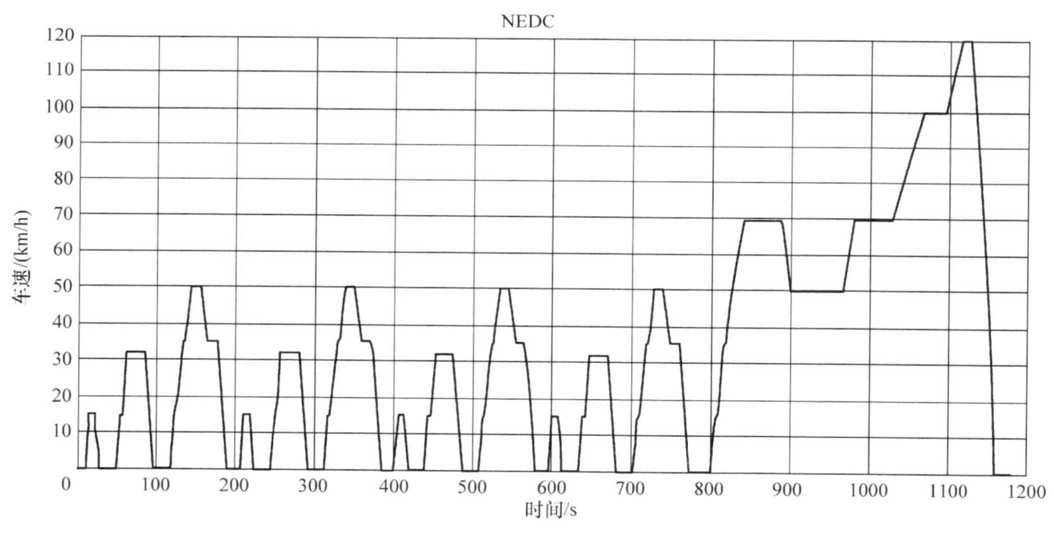

图 1-1　NEDC 工况车速谱

自我国实施机动车排放测试标准以来，便一直采用欧洲 NEDC 行驶工况。但随着汽车保有量的快速增长，我国道路交通状况发生巨大变化，有关部门、企业和用户日渐发现以 NEDC 工况为基准所优化标定的汽车，实际油耗与法规认证结果偏差越来越大。同时，汽车

的能源种类、电器种类不断丰富，现有的 NEDC 工况不再适于评价现有车辆的节能效果。NEDC 工况将逐步退出历史舞台。

（2）WLTC 工况　WLTC 工况全称为“Worldwide Harmonized Light Vehicles Test Cycle”，即“全球轻型汽车测试循环”。WLTC 车速谱如图 1-2 所示，包括以下四个阶段：

1）低速段：0 ~ 589s。

2）中速段：590 ~ 1022s。

3）高速段：1023 ~ 1477s。

4）超高速段：1478 ~ 1800s。

我国 WLTC 工况标准 GB 18352.6—2016 与 UNECE 规定的 class3b 级别车型的车速谱有一定的差异，如图 1-3 所示，考虑到车速允许有 ±2km 的偏差，这一影响甚微。

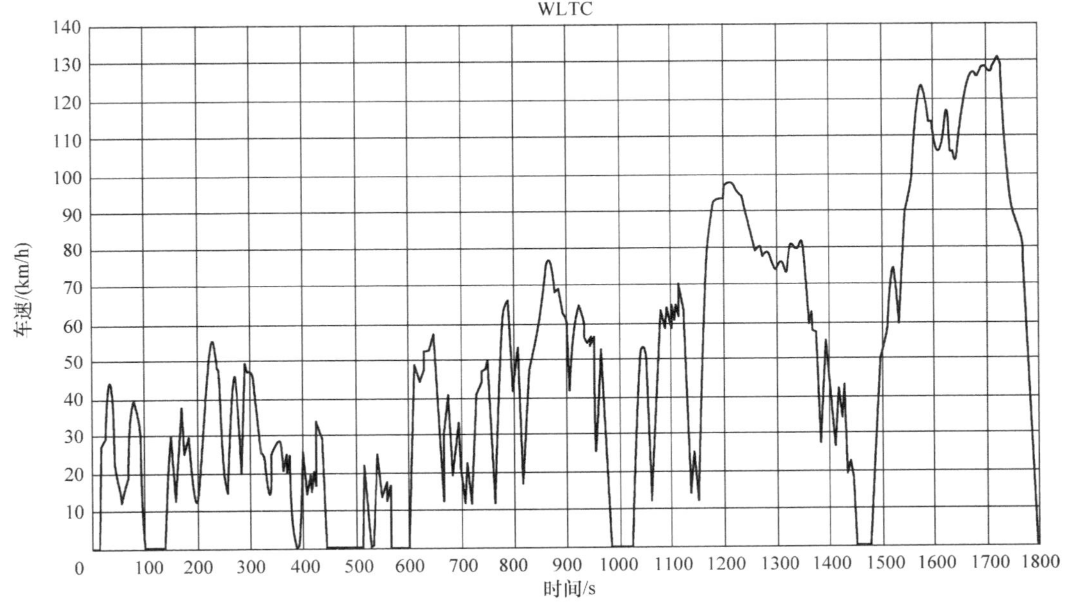

图 1-2　WLTC 工况车速谱

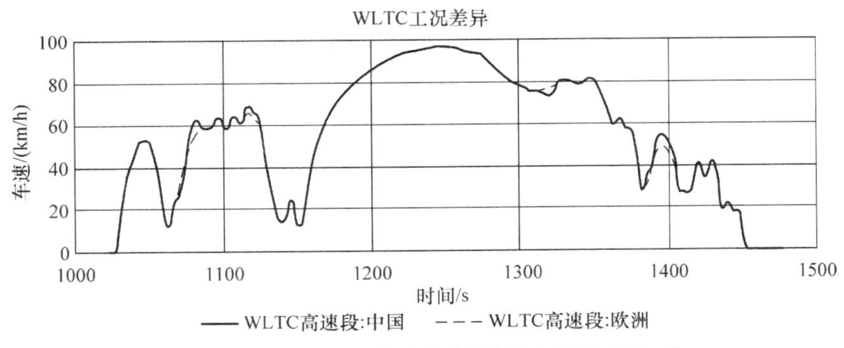

图 1-3　WLTC 工况高速段中国与欧洲标准的差异

（3）CLTC - P 工况　CLTC - P 工况全称为“China Light - duty Vehicle Test Cycle - Passenger”，即“中国轻型乘用车测试循环”，它是 CATC 的一部分。CLTC - P 工况车速谱如图

1-4 所示。

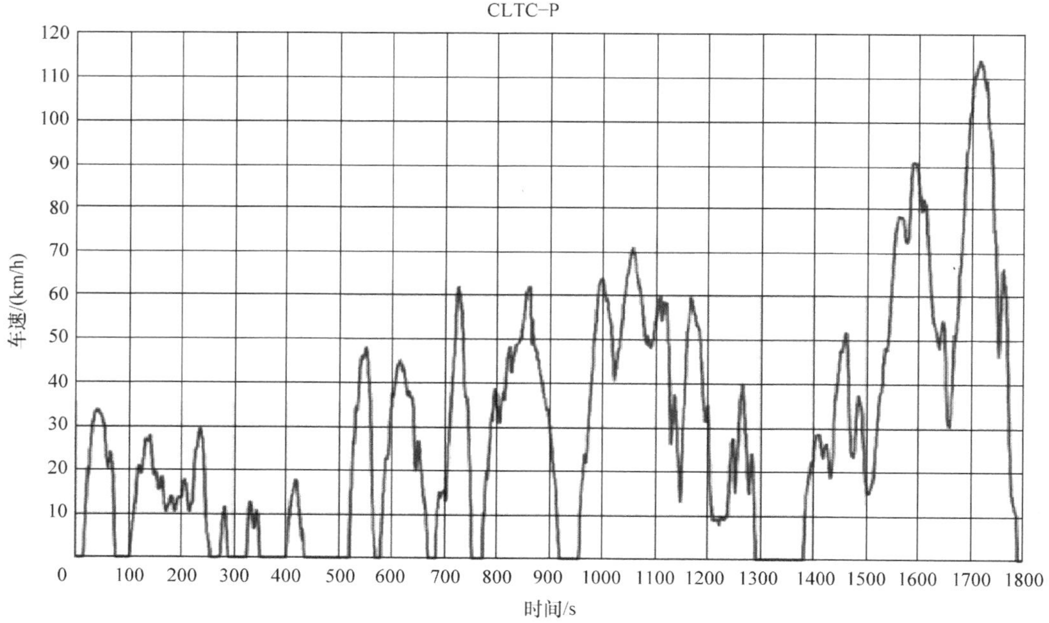

图 1-4　CLTC – P 工况车速谱

（4）EPA 测试工况　EPA（Environmental Protection Agency）测试工况是美国国家环境保护局制定的用来衡量乘用车（不包括轻型货车和重型车辆）尾气排放和燃油经济性的测试程序。目前，EPA 测试程序更新于 2008 年，包括四项测试，分别为城市工况（FTP – 75）、高速工况（HWFET）、激烈驾驶工况（SFTP US06）、空调使用工况（SFTP SC03）。FTP – 75 工况车速谱如图 1-5 所示，由以下三个阶段组成：

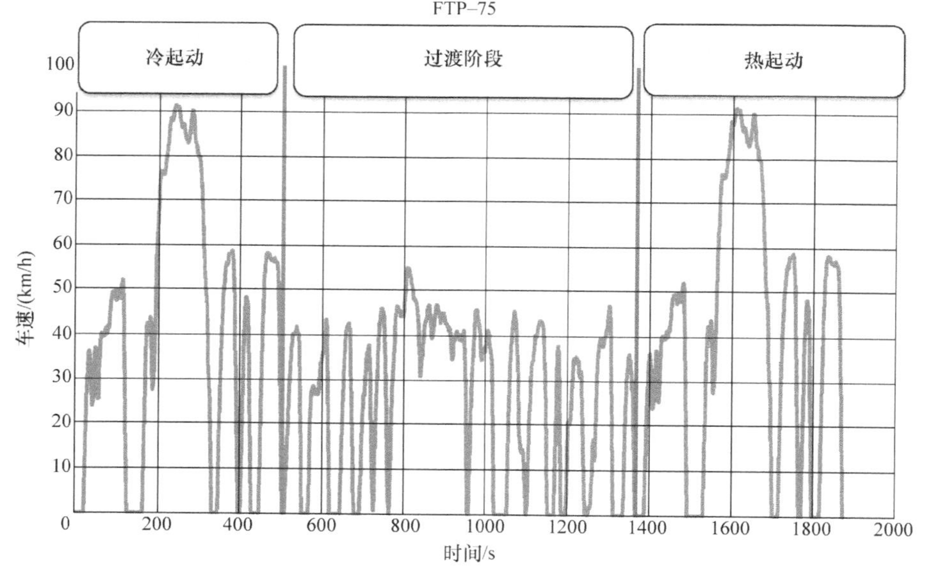

图 1-5　FTP – 75 工况车速谱

1）冷起动过渡阶段，0～505s。

2）过渡阶段，包括了稳态阶段，506～1369s，以及热浸阶段，持续时间为9～11min（图1-5中未包括此阶段）。

3）热起动过渡阶段，1370～1874s。

HWFET运行两次，两次运行之间的最大间隔时间为17s。第一次运行是车辆预处理，第二次运行是实际测试与排放测量。HWFET工况车速谱如图1-6所示。

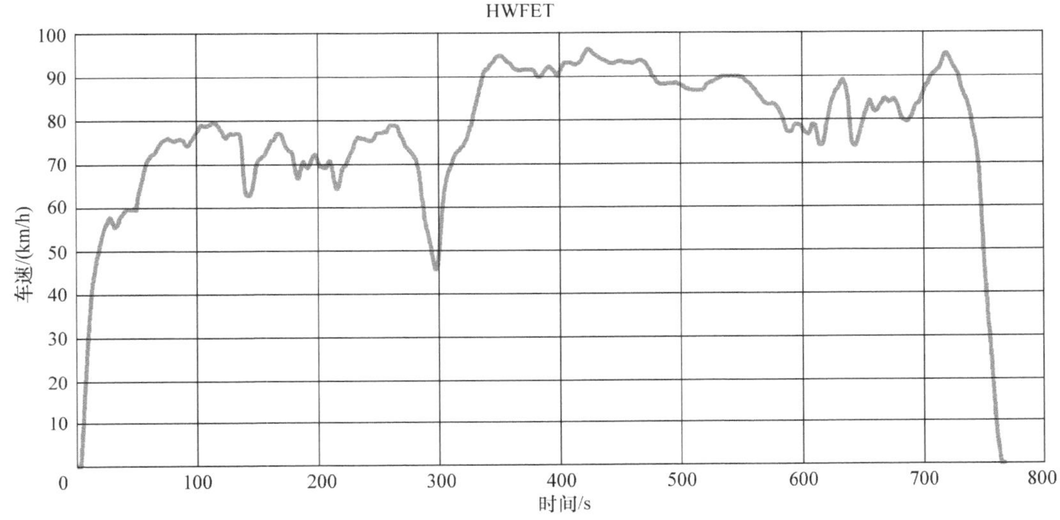

图1-6　HWFET工况车速谱

SFTP US06是为了弥补FTP－75工况在激烈驾驶、高速行驶或者急加速等方面的一些不足而设计的，该工况从2008年正式施行。SFTP US06工况车速谱如图1-7所示。

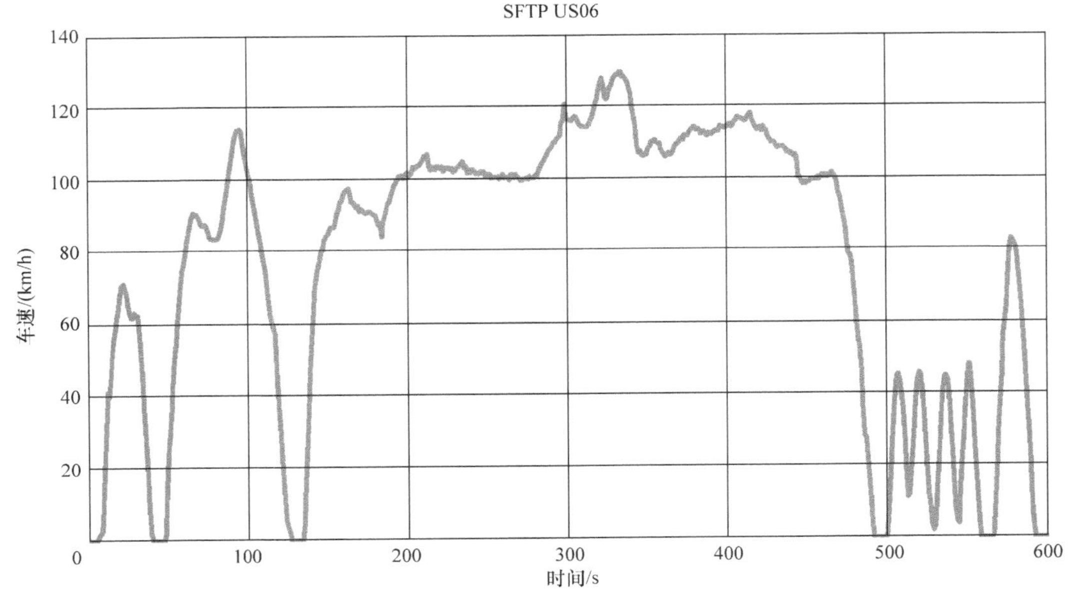

图1-7　SFTP US06工况车速谱

SFTP SC03 工况主要测试与空调相关的内燃机负荷和排放量。测试时需要开启空调，实验室温度为 35℃，该工况从 2008 年正式施行。SFTP SC03 工况车速谱如图 1-8 所示。

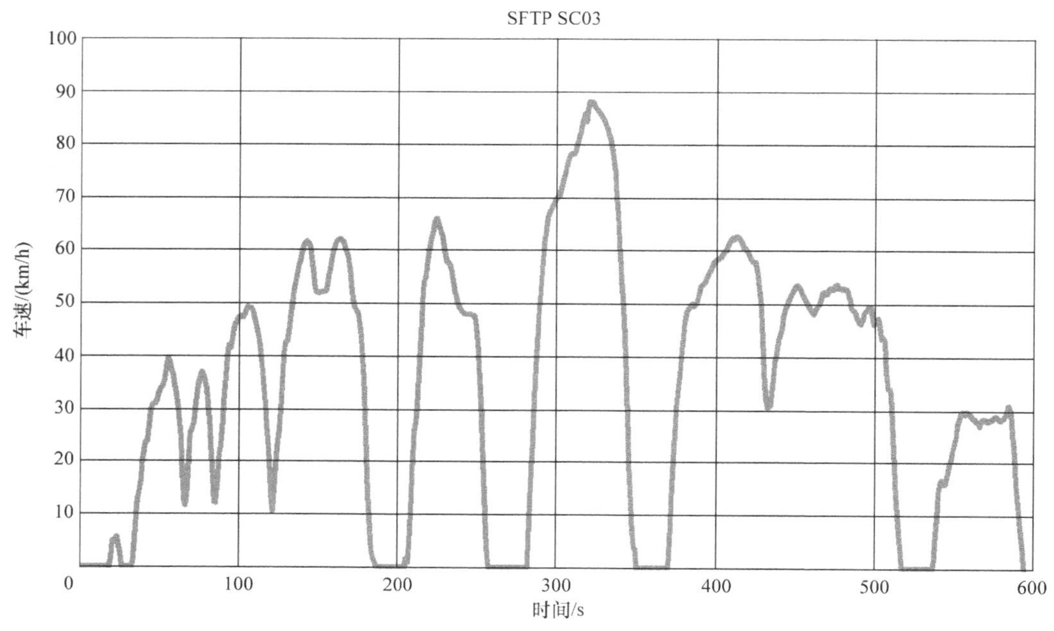

图 1-8　SFTP SC03 工况车速谱

1.2　动力性和经济性设计理论和方法

汽车性能设计的原则来源于基础物理力学，根据牛顿第二定律，车辆运动时（包括静止状态）的加速度取决于作用在其上所有外力的合力。

车辆沿其行进方向的运动特性取决于该方向上的受力情况。在建立车辆模型进行仿真时，首先要做的就是分析其受力情况。图 1-9 所示为作用于行驶中车辆上的力。驱动轮的轮胎与路面接触面上的牵引力F_t驱动车辆向前运动。该作用力由驱动系统的转矩产生，并通过传动系统传递，最终带动驱动轮。车辆运动时还会受到阻碍其运动的作用力F_r。该阻力通常包括空气阻力、轮胎滚动阻力、传动系统阻力、坡道阻力和加速阻力。

车辆的最大牵引力存在两个限制因素：一是满足轮胎与地面的附着条件下的最大牵引力；二是驱动单元通过传动系统所能提供的最大转矩对应的牵引力。这两个因素中较小的一个决定了车辆的最大牵引力。对于高附路面上行驶的车辆，其性能主要受限于第二个因素。不论是何种车辆构型，其驱动系统都包含了驱动单元、传动系统和储能系统。

本节着重论述车辆驱动的基本原理、车辆动力学方程的建立、动力性和经济性的理论计算、以最大牵引力为目标的驱动单元、传动系统和储能系统的性能设计，同时要考虑高压电系统对于电动汽车性能的限制。

1.2.1　牵引力、阻力与车辆动力学方程

车辆的纵向运动状态，取决于车辆的牵引力F_t（最大牵引力受限于轮胎与地面间的附

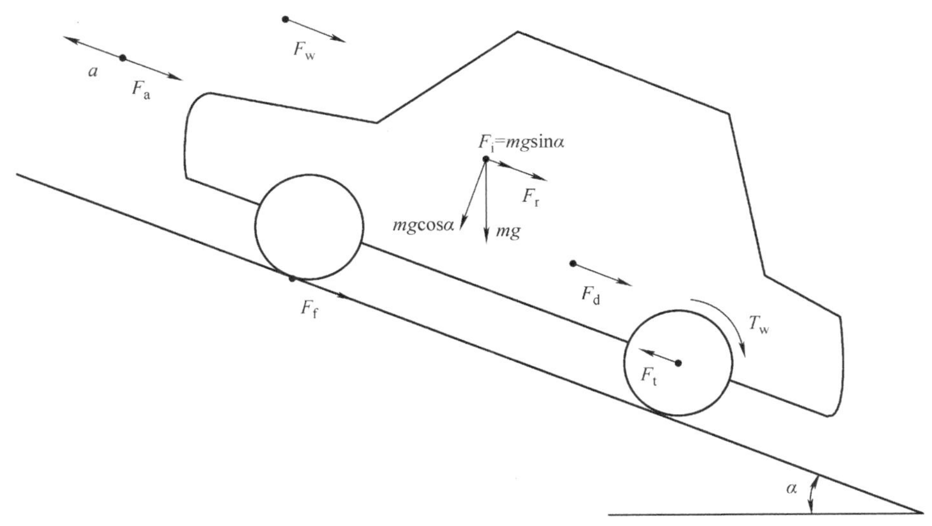

图 1-9　作用于行驶中车辆上的力

着力）和阻力F_r之间的关系，分为以下三种情况：

$$\begin{cases} F_t > F_r, \text{车辆加速行驶} \\ F_t = F_r, \text{车辆稳速行驶} \\ F_t < F_r, \text{车辆减速行驶} \end{cases}$$

1. 牵引力

车辆的牵引力由驱动单元的转矩产生，通过传动系统传递到驱动轮，克服车辆的阻力，以驱动车辆行驶。在满足附着条件的前提下，车辆的最大牵引力决定了车辆的动力性。牵引力受到驱动单元的特性、传动系统的传动比和效率等因素的影响。

由驱动单元传递到驱动轮的转矩可以用以下公式表示：

$$T_w = T_p i_g i_0 \eta_t \tag{1-1}$$

式中　T_w——驱动轮的转矩（N·m）；

T_p——驱动单元的转矩（N·m）；

i_g——变速器的传动比，$i_g = n_{in}/n_{out}$，n_{in}为输入端转速，n_{out}为输出端转速；

i_0——主减速器的传动比；

η_t——从驱动单元到驱动轮的传动链的总效率，为离合器、变速器、传动轴、主减速器等传动系统的机械效率的乘积。

驱动轮上的牵引力，可表示为

$$F_t = \frac{T_w}{r} \tag{1-2}$$

式中　r——轮胎滚动半径（m）。

将式（1-1）代入式（1-2）中，即得

$$F_t = \frac{T_p i_g i_0 \eta_t}{r} \tag{1-3}$$

2. 车辆阻力

车辆的阻力包括空气阻力、轮胎滚动阻力、传动系统阻力、车辆行驶道路阻力、坡道阻

力和加速阻力。

（1）空气阻力　空气阻力定义为车辆行驶时受到的阻碍其运动的空气的阻力，其主要有两方面的影响因素：迎风面积 A 和空气阻力系数 C_D。空气阻力的表达式如下：

$$F_w = \frac{C_D A}{21.15} u_a^2 \tag{1-4}$$

式中　F_w——空气阻力（N）；

C_D——空气阻力系数；

A——迎风面积（m^2）；

u_a——车辆的行驶速度（km/h）。

（2）轮胎滚动阻力　轮胎滚动阻力基本上是源自于轮胎材料的滞变作用。轮胎滚动阻力的表达式如下：

$$F_f = mgf\cos\alpha \tag{1-5}$$

式中　F_f——轮胎滚动阻力（N）；

m——车辆的质量（kg）；

g——重力加速度，$g = 9.806\text{m/s}^2$；

f——滚动阻力系数；

α——路面的倾斜角（°），一般是在平直道路上测试轮胎滚动阻力，所以 $\alpha = 0$。

滚动阻力系数取决于轮胎的材料、结构、温度、充气压力、花纹形状、路面的粗糙度、路面的材料和路面上有无液体等因素。它对应于各种不同特征路面的典型值见表 1-2。

表 1-2　典型路面特征下的滚动阻力系数

路面	滚动阻力系数
混凝土或沥青路面（载客汽车轮胎）	0.013
压实的沙砾路面（载客汽车轮胎）	0.02
沥青碎石路面	0.025
未铺路面	0.05
田野	0.1～0.35
混凝土或沥青路面（载货汽车轮胎）	0.006～0.01
铁轨	0.001～0.002

表 1-2 中给定的滚动阻力系数未考虑与车速之间的变化关系。基于实测结果，为计算在硬路面上的滚动阻力，博世公司提出了以下经验公式，该公式在车速≤128km/h 的范围内有足够的精确度：

$$f = 0.01\left(1 + \frac{u_a}{160}\right) \tag{1-6}$$

式中　f——滚动阻力系数；

u_a——车辆的行驶速度（km/h）。

（3）传动系统阻力　传动系统阻力 F_d 主要来源于变速器（及主减速器）、传动轴、轮毂轴承和制动拖滞力矩四个方面。

变速器和主减速器均主要由配对的齿轮系组成，阻力主要由摩擦阻力和寄生阻力组成。摩擦阻力的大小主要与传递转矩的大小有关，随转矩的增大而增大，主要来源包括齿轮啮合

点的摩擦和与载荷相关的轴承摩擦。寄生阻力的大小主要与转速相关，随转速增大而增大，主要来源包括齿轮和轴的搅油损失，因润滑方式而异，如轮齿啮合时的挤油损失、齿轮在空气和油雾中的空气阻力、轴承内的挤油和游隙损失等。

传动轴阻力同样由摩擦阻力和寄生阻力组成。其中摩擦阻力主要来源于万向节球环/钢球与保持架间的摩擦；寄生阻力则来源于万向节内油脂的黏滞阻力、护套挤压的阻力。

轮毂轴承的阻力主要由以下几部分组成：密封圈摩擦阻力，约占总阻力的50%；钢球滚动阻力，约占总阻力的44%；润滑脂阻力，约占总阻力的6%。

制动拖滞力主要包括制动卡钳与制动盘的滑动摩擦阻力和活塞滑动阻力两部分。其中前者为主要部分，因为制动动作结束后，制动卡钳不能完全回位，此时若制动盘表面有不平整的毛刺、凸起等，则制动卡钳与制动盘非完全脱开，产生滑动摩擦阻力。

（4）车辆行驶道路阻力　由于轮胎滚动阻力的经验计算公式有一定的局限性，而传动系统阻力目前还没有一个精确度足够高的模型可以正向计算，一般通过滑行试验可以获得包括空气阻力、轮胎滚动阻力和传动系统阻力在内的车辆行驶道路阻力F_c：

$$F_c = F_w + F_f + F_d \tag{1-7}$$

进行滑行试验时，在平直干燥的路面上，将车辆加速至某车速（一般为130km/h），将变速器置于空档，车辆滑行至较低车速（一般为5km/h），记录滑行试验过程中的时间、车速，通过计算此过程中的减速度，再结合车辆的质量，可计算出车辆的滑行阻力，即车辆行驶道路阻力F_c，其表达式如下：

$$F_c = A + Bu_a + Cu_a^2 \tag{1-8}$$

式中　F_c——车辆行驶道路阻力（N）；

A——滑行阻力系数常数项（N）；

B——滑行阻力系数一次项［N/(km/h)］；

C——滑行阻力系数二次项［N/(km/h)^2］；

u_a——车辆的行驶速度（km/h）。

上述试验规程的要求和滑行阻力系数的计算方法详见GB 18352.6—2016中附件CC。

（5）坡道阻力　当车辆爬坡时，其重力将产生一个指向下坡方向的分力，阻碍车辆爬坡。该分力的表达式如下：

$$F_i = mg\sin\alpha \tag{1-9}$$

式中　F_i——坡道阻力（N）；

m——车辆的质量（kg）；

g——重力加速度，$g=9.806\text{m/s}^2$；

α——路面的倾斜角（°）。

路面的倾斜角α与坡度i之间有以下关系：

$$i = \tan\alpha \tag{1-10}$$

（6）加速阻力　车辆加速行驶时，需要克服因其质量产生的惯性力和惯性力矩。前者是由平移质量加速运动产生的阻力，后者是由旋转质量（如飞轮、离合器、变速器轴及齿轮、主减速器齿轮、传动轴及车轮等）加速旋转运动产生的惯性阻力矩。由于各旋转部件产生的阻力以内燃机的飞轮和车轮的数值为最大，故通常忽略其他部件的影响。

加速阻力的表达式如下：

$$F_a=\left(1+\frac{J_e i_g^2 i_0^2 \eta_t}{r^2 m}+\frac{\sum J_w}{r^2 m}\right)ma \tag{1-11}$$

式中　F_a——加速阻力（N）；

J_e——内燃机飞轮的转动惯量（kg·m²）；

J_w——全部车轮的转动惯量（kg·m²）；

i_g——变速器的传动比，$i_g=n_{in}/n_{out}$，n_{in}为输入端转速，n_{out}为输出端转速；

i_0——主减速器的传动比；

η_t——从驱动单元到驱动轮的传动链的总效率，为离合器、变速器、传动轴、主减速器等传动系统的机械效率的乘积；

g——重力加速度，$g=9.806\text{m/s}^2$；

r——轮胎滚动半径（m）；

m——车辆的质量（kg）；

a——车辆的加速度（m/s²）。

3. 车辆动力学方程

车辆沿纵向运动的力学方程可表达为

$$F_t-F_c-F_i-F_a=ma \tag{1-12}$$

车辆沿纵向运动的功率平衡表达式可表达为

$$P_t\eta_t=P_r \tag{1-13}$$

即

$$F_t u_a \eta_t=(F_c+F_i+F_a)u_a \tag{1-14}$$

由式（1-14）可以看出，尽可能地提高F_t和减小F_c是获得更好的动力性的关键。在建立了车辆动力学方程之后，就可以计算动力性和经济性了。

1.2.2 轮胎-道路力学模型

当车辆的牵引力超过轮胎与地面之间的附着力极限时，驱动轮将打滑。实际上，轮胎与地面的附着力有时是车辆性能的主要制约因素，这在潮湿、结冰、积雪或软土路面等低附路面上表现尤其明显。在这些情况下，作用于驱动轮的牵引转矩将使车轮在地面上产生显著的滑移。

（1）滑转率　汽车从纯滑动到纯滚动的过程是一个渐进的过程，经历了纯滑动、边滚边滑和纯滚动三个阶段。常用滑转率s来评价汽车车轮滑转成分所占比例的大小，在牵引状态下，其表达式为

$$s=\left(1-\frac{u_a}{r\omega}\right)\times 100\% \tag{1-15}$$

式中　s——滑转率（%）；

u_a——车辆的行驶速度（km/h）；

r——轮胎滚动半径（m）；

ω——轮胎的角速度（rad/s）。

（2）最大牵引力　在一定的滑转率下，车辆的最大牵引力取决于附着系数。对于前轮驱动车型和后轮驱动车型，其表达式分别为

$$前轮驱动车型:F_{tmax}=mg\cos\alpha\Phi(s)\frac{\dfrac{[L_b+f(h_g-r)]}{L}}{1+\dfrac{\Phi(s)h_g}{L}} \tag{1-16}$$

$$后轮驱动车型:F_{tmax}=mg\cos\alpha\Phi(s)\frac{\dfrac{[L_a+f(h_g-r)]}{L}}{1+\dfrac{\Phi(s)h_g}{L}} \tag{1-17}$$

式中 F_{tmax}——车辆的最大牵引力（N）；
m——车辆的质量（kg）；
g——重力加速度，$g=9.806\text{m/s}^2$；
α——路面的倾斜角（°）；
$\Phi(s)$——附着系数，为滑转率的函数；
L——车辆轴距（m）；
L_a——车辆质心与前轴中心的距离（m）；
L_b——车辆质心与后轴中心的距离（m）；
f——滚动阻力系数；
h_g——车辆的质心高度（m）；
r——轮胎滚动半径（m）。

上述公式的推导过程详见文献［2］，其计算过程存在以下假设：

1）对于轿车，假设空气阻力所施加的中心点高度 h_g 近似于车辆的质心高度 h_g。

2）忽略车头、车尾的空气升力影响。

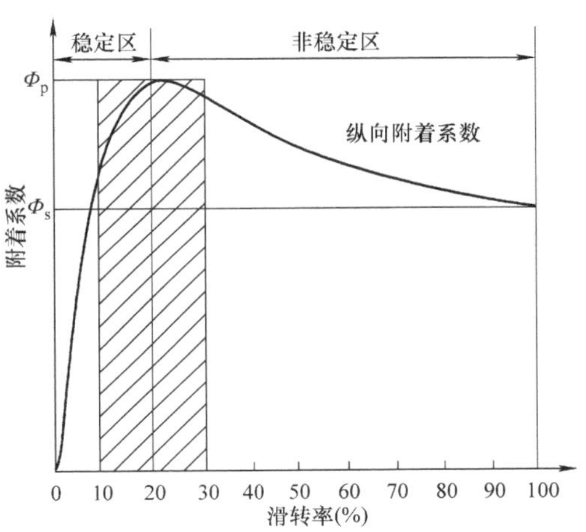

图 1-10　干燥硬实路面附着系数与滑转率的关系

干燥硬实路面附着系数与滑转率的关系如图 1-10 所示，车辆的纵向附着系数在滑转率为15%～20%时达到峰值，此时车辆能够获得最大的牵引力。

典型路面下的附着系数峰值和滑移值见表 1-3。

表 1-3　典型路面下的附着系数峰值和滑转率

路面	峰值 Φ_p	滑转值 Φ_s
沥青和混凝土（干燥）	0.8～0.9	0.75
混凝土（潮湿）	0.8	0.7
沥青（潮湿）	0.5～0.7	0.45～0.6
砾石	0.6	0.55
泥土路（干燥）	0.68	0.65
泥土路（潮湿）	0.55	0.4～0.5
雪地（压实）	0.2	0.15
结冰	0.1	0.07

1.2.3　动力性和经济性理论计算

1. 最高车速

最高车速受限于两方面因素：一是驱动单元的最大转速与传动系统传动比之间的平衡；

二是车辆牵引力与阻力之间的平衡。

在上述第一种情况下，最高车速的表达式如下：

$$u_{max} = 0.377 \frac{n_{max} r}{i_g i_0} \tag{1-18}$$

式中 u_{max}——最高车速（km/h）；

n_{max}——驱动单元最高转速（r/min）；

r——轮胎滚动半径（m）；

i_g——变速器的传动比，$i_g = n_{in}/n_{out}$，n_{in}为输入端转速，n_{out}为输出端转速；

i_0——主减速器的传动比。

在第二种情况下，因为最高车速定义为在平坦路面上的最大稳速行驶车速，故而 $a=0$、$F_i=0$、$F_a=0$，则$F_t=F_c$，此时车辆动力学方程的表达式如下：

$$\frac{T_p i_g i_0 \eta_t}{r} = A + Bu_{max} + Cu_{max}^2 \tag{1-19}$$

求解式（1-19）即可得到最高车速。

2. 爬坡能力

根据爬坡能力的定义，最大爬坡能力出现在牵引力与道路行驶阻力加上坡道阻力之间达到平衡的时刻，此时 $a=0$、$F_a=0$，即$F_t=F_c+F_i$。

此时车辆动力学方程的表达式如下：

$$\frac{T_p i_g i_0 \eta_t}{r} = A + Bu_a + Cu_a^2 + mg\sin\alpha \tag{1-20}$$

因此

$$i = \tan\alpha = \tan\left[\arcsin\frac{\frac{T_p i_g i_0 \eta_t}{r} - (A + Bu_a + Cu_a^2)}{mg}\right] \tag{1-21}$$

求解式（1-21）即可得到最大爬坡度。最大爬坡度一般出现在变速器置于一档时，因为一档的牵引力是最大的。

除了最大爬坡度以外，经常还要计算二档低速爬坡能力、高速爬坡能力和带拖车的坡起能力。

二档低速爬坡能力是为了确保车辆在较大坡度道路上行驶时能够稳定在一个较高的车速上（一般车速为 $u=15\sim20$km/h），以提高车辆的运行效率，避免影响山区道路的交通秩序。

高速爬坡能力（一般 $u=120$km/h）是为了保证车辆具有一定的高速巡航能力，而不至于在实际道路（国内部分地区的高速公路有最大坡度不超过3%的长坡道路）中巡航时产生较大的车速波动。有时为了弥补这种车速波动，需要调整换档策略以强制降档，获得更大的牵引力，这对于驾驶人的驾驶感来说是不可接受的。

某些车型还要考虑其拖拽能力，即带拖车状态下的性能。标准 EU1230－2012 要求车辆在拖挂制造商标称的拖车质量的状态下，能够在坡度≥12%的坡道上在5min之内坡起5次。这一要求主要考核的是车辆的爬坡能力和传动系统的承扭能力。

3. 加速时间

根据加速时间的定义，车辆从低速 u_1 加速到高速 u_2所需要的时间的表达式如下：

$$t = \int_{u_1}^{u_2} \frac{1}{a} \mathrm{d}u_a \tag{1-22}$$

将式（1-12）代入式（1-22），此时车辆行驶在平坦路面上，故而$F_i = 0$，可得

$$t = \int_{u_1}^{u_2} \frac{m}{\frac{T_p i_g i_0 \eta_t}{r} - (A + Bu_a + Cu_a^2) - \left(1 + \frac{J_e i_g^2 i_0^2 \eta_t}{r^2 m} + \frac{\sum J_w}{r^2 m}\right) ma} \mathrm{d}u_a \tag{1-23}$$

通过迭代计算式（1-23）即可得到加速时间。

4. 能耗

（1）内燃机的油耗计算　针对 1.1.2 节介绍的能耗测试工况，可以根据内燃机的转矩需求和转速，在万有特性曲线中插值得到内燃机的比油耗 BSFC，进而计算整个循环工况下内燃机的油耗。根据下式计算油耗：

$$FC = \int_0^{t_c} \frac{1}{3600} \mathrm{BSFC} \mathrm{d}t \tag{1-24}$$

式中　FC——单个测试循环的油耗（g）；

t_c——测试循环的时长（s）；

BSFC——内燃机的比油耗（g/kW·h）。

可以将上述油耗值转换为百公里油耗值（L/100km），计算公式如下：

$$\text{百公里油耗值} = \frac{\frac{FC}{1000}}{\rho \int_0^{t_c} \frac{u_a(t)}{3.6} \mathrm{d}t} \times 100 \tag{1-25}$$

式中　ρ——燃油密度（kg/L），通常国标汽油的密度为 0.70 ~ 0.78kg/L，柴油的密度为 0.83 ~ 0.855kg/L；

$u_a(t)$——t 时刻下测试循环要求的车速（km/h），详见 1.1.2 节描述的各循环工况的车速谱要求。

对于内燃机（ICE）车型，整车的轮边转矩需求都是靠内燃机来满足的，可以通过式（1-25）计算百公里油耗值。而对于混合动力电动汽车（HEV），整车的轮边转矩需求根据策略被全部或部分分配给内燃机，同时也存在完全依靠电机来满足转矩需求的情况，此时内燃机的油耗为 0。针对这两种情况，需要计算加权油耗。

对于 NEDC 工况来说，HEV 车型的加权油耗可以通过下式计算：

$$C = \frac{D_e c_1 + D_{av} c_2}{D_e + D_{av}} \tag{1-26}$$

式中　C——加权油耗（L/100km）；

c_1——条件 A 试验中的油耗（L/100km）；

c_2——条件 B 试验中的油耗（L/100km）；

D_e——纯电续驶里程（km）；

D_{av}——假设的储能装置两次充电之间的平均行驶里程，定义为 25km。

其中关于条件 A 和条件 B，以及纯电续驶里程的试验规程，详见 GB/T 19753—2013。

对于 WLTC 和 CLTC - P 工况来说，HEV 车型的加权油耗可以通过下式计算：

$$C = UFc_1 + (1 - UF)c_2 \tag{1-27}$$

式中 C——加权油耗（L/100km）；

c_1——CD 模式试验中的油耗（L/100km）；

c_2——CS 模式试验中的油耗（L/100km）；

UF——纯电利用系数，WLTC 工况（相关规定详见 GB 18352.6—2016）和 CLTC - P 工况（相关规定详见 GB/T 19753—2013）针对其值的定义不同。

（2）电动汽车的电耗计算　针对 1.1.2 节介绍的能耗测试工况，纯电行驶工况时，可以根据整车的功率需求计算整个循环工况下车辆的电耗。可以根据下式计算电耗：

$$EC = \int_0^{t_c} \frac{1}{3600} P_{veh}(t)\,dt \tag{1-28}$$

式中 EC——单个测试循环的电耗（kW · h）；

t_c——测试循环的时长（s）；

$P_{veh}(t)$——t 时刻下整车的功率需求（kW）。

可以将上述电耗值转换为百公里电耗值（kW · h/100km），计算公式如下：

$$\text{百公里电耗值} = \frac{EC \times 100}{\int_0^{t_c} \frac{u_a(t)}{3.6}\,dt} \tag{1-29}$$

实际测试及计算百公里电耗值时，还需要考虑国家标准对于充电损耗方面的规定，对于上述计算值还需要进行修正。详见 GB/T 18386—2017 和 GB/T 19753—2013 的相关规定。

1.2.4 车辆模型构建及性能设计

理解车辆的构型，是对驱动单元、传动系统、储能系统和高压电系统进行模型构建，以及分析由这些模型组成的整车模型性能的基础。

1. 车辆构型

车辆按照驱动系统的类别可以分为内燃机（ICE）汽车、纯电动汽车（BEV）、混合动力电动汽车（HEV）［包括插电式混合动力电动汽车（PHEV）］、氢燃料电池电动汽车等。图 1-11 所示为一些车型的基本构型。

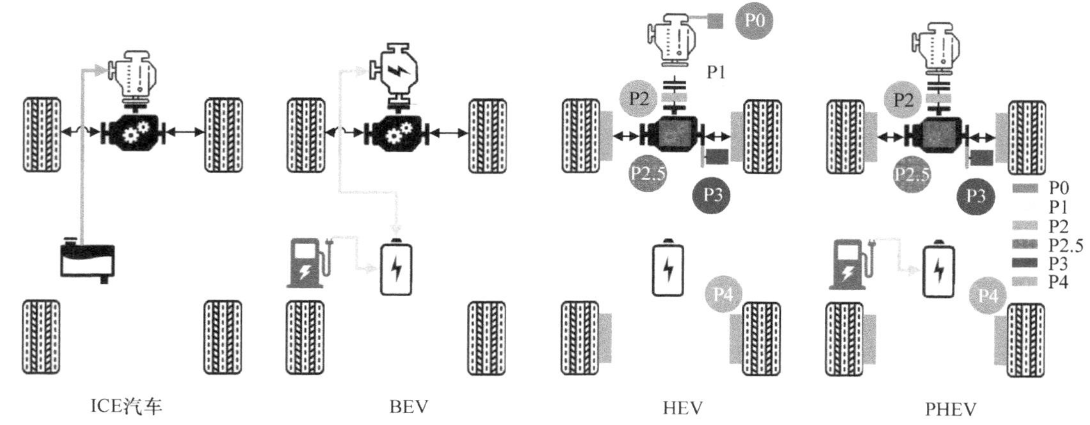

图 1-11　车辆构型示意图

通过分析车辆的构型，可以得到整车模型包含的组成元件、各元件之间的关系、整车模型的运行模式，进而定义使整车模型性能最优的各组成元件的设计原则。

（1）内燃机（ICE）汽车　内燃机汽车的构型较为简单，内燃机是唯一的动力源，其组件布置如图 1-12 所示。

ICE 车型的工作模式有两种，即驱动和内燃机制动。车辆驱动时，上述传动链的动力由内燃机通过传动系统最终传递到驱动轮；车辆滑行或制动时，道路阻力通过驱动轮、传动系统最终传递到内燃机，内燃机产生倒拖转矩，即内燃机制动。

（2）纯电动汽车（BEV）　纯电动汽车的构型较为简单，电机是唯一的动力源，其组件布置如图 1-13 所示。

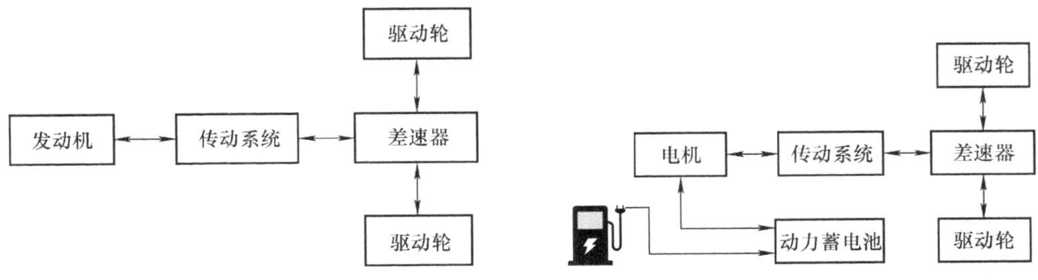

图 1-12　ICE 车型组件布置示意图　　图 1-13　BEV 车型组件布置示意图

BEV 车型的工作模式有两种，即电动和能量回收。车辆驱动时，上述传动链的动力由电机通过传动系统最终传递到驱动轮，此时电机的功能为电动，动力蓄电池放电；车辆滑行或制动时，道路阻力通过驱动轮、传动系统最终传递到电机，在满足能量回收策略要求的前提下，电机产生回馈转矩，此时电机的功能为发电，为动力蓄电池充电。

（3）混合动力电动汽车（HEV）　混合动力电动汽车的优点是在满足日益严格的排放标准和驾驶质量需求提升的前提下显著提高汽车的燃油经济性。混合动力电动汽车结构复杂，驱动单元与传动系统控制有两种基本结构，其要求较高，而且这些控制过程通常是非线性的、参数变化迅速且在不确定和变化的环境下进行操作的，对于控制策略的合理性和鲁棒性有极高的要求。混合动力电动汽车基本上分为串联式、并联式和串并联混联式。

1）串联式 HEV。串联式 HEV 中，电动机是唯一的动力源，内燃机驱动发电机发电，将电能储存于动力蓄电池中或者为电动机直接提供电能，动力蓄电池储存电能以驱动电动机，为车辆提供驱动力。其组件布置如图 1-14 所示。

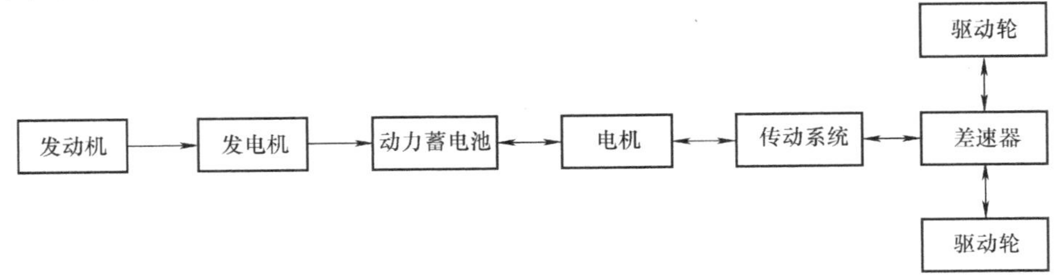

图 1-14　串联式 HEV 车型组件布置示意图

串联式 HEV 的工作模式有三种：电动、发电、能量回收。

① 电动。当动力蓄电池的荷电状态满足驱动要求时，电动机驱动车辆行驶。

② 发电。当动力蓄电池的荷电状态不满足驱动要求时，内燃机驱动发电机发电，为动力蓄电池补充电能。

③ 能量回收。车辆滑行或制动时，道路阻力通过车轮最终传递到电机，在满足能量回收策略要求的前提下，电机产生回馈转矩，此时电机的功能为发电，动力蓄电池充电。

串联式 HEV 具有以下优点：

① 内燃机－发电机组的布置位置灵活。

② 传动系统简单。

③ 适用于需频繁起停的短途行驶。

串联式 HEV 具有以下缺点：

① 驱动系统需要 3 个组件：内燃机、发电机和电动机，这些组件均需为满足车辆的长距离、高速度行驶设计最高功率，成本较高。

② 仅有电动机驱动车辆，为满足车辆的需求，电动机要满足较大的功率要求（类似于 BEV）。

2）并联式 HEV。并联式 HEV 有多个动力源：一个内燃机和若干个电机。在并联式 HEV 中，内燃机和电机通过一个转矩耦合装置将两部分的转矩耦合。其组件布置如图 1-15 所示。

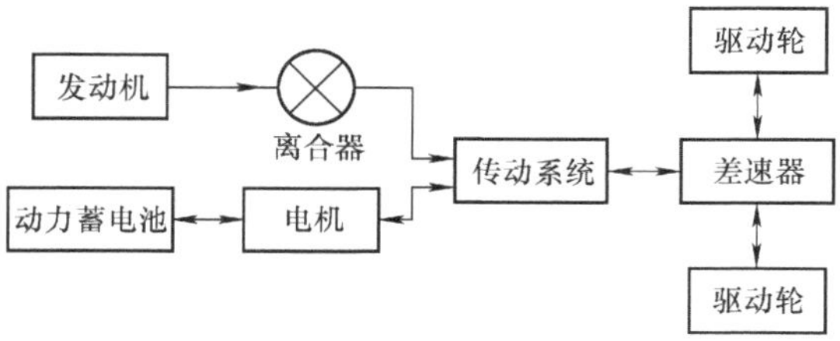

发动机 → 离合器 → 传动系统 ↔ 差速器 ↔ 驱动轮；动力蓄电池 ↔ 电机 ↔ 传动系统

图 1-15 并联式 HEV 车型组件布置示意图

根据电机在动力传动链上的布置位置，可以将并联结构分为以下几种类型：

① P0。电机通过传动带与内燃机曲轴相连，这种方式一般称为 BSG，因混合度较低，也被称为微混。

② P1。电机与内燃机曲轴相连，位于离合器之前，在原本飞轮的位置上，这种方式一般称为 ISG，因混合度较低，也是微混的一种。

③ P2。电机与变速器输入轴相连，在离合器之后。P2 以上的构型，混合度较高，被称为强混。

④ P2.5。电机与变速器输入轴高度集成，可通过策略实现 P2 或 P3 的功能。

⑤ P3。电机的主减速器与变速器输出轴相连。

⑥ P4。电机的主减速器与驱动半轴相连。

并联式 HEV 具有以下优点：

① 驱动系统较串联式少，包括内燃机和电机，电机既可以作为电动机，也可以作为发电机。

② 内燃机和电机的功率可以设计得较小，两者并行运行为车辆提供其所需的全部功率。

并联式 HEV 具有缺点：

① 控制策略复杂，需要针对内燃机和电机进行功率分配。

② 内燃机和电机的功率耦合装置结构复杂。

3）串并联混联式 HEV。串并联混联式结构结合了串联式和并联式结构的优点，可以工作在串联、并联和功率分配三种模式下。串并联混联式结构的控制策略有很大的灵活性，能够获得更好的动力性和燃油经济性。其组件布置如图 1-16 所示。

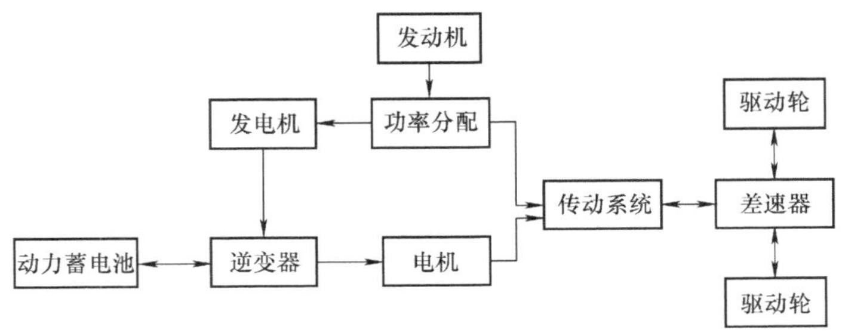

图 1-16 串并联混联式 HEV 车型组件布置示意图

插电式混合动力电动汽车（PHEV）与一般的混合动力电动汽车（HEV）构型类似，只是比 HEV 多了可以与电网连接的充电接口。

串联式 PHEV 一般被称为增程式混合动力电动汽车（REEV），其组件布置如图 1-17 所示。

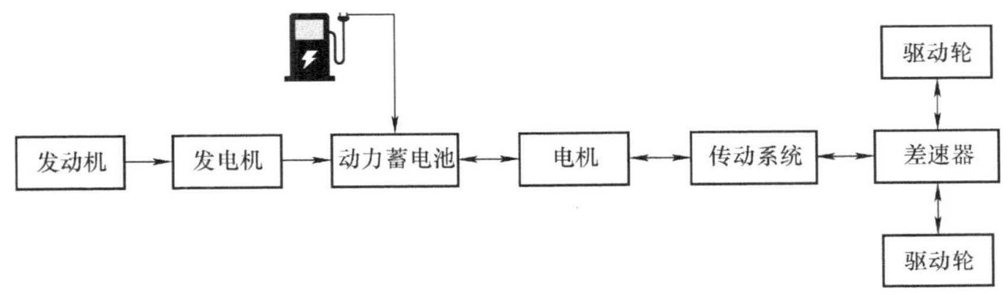

图 1-17 串联式 PHEV 车型组件布置示意图

并联式 PHEV 的组件布置如图 1-18 所示。

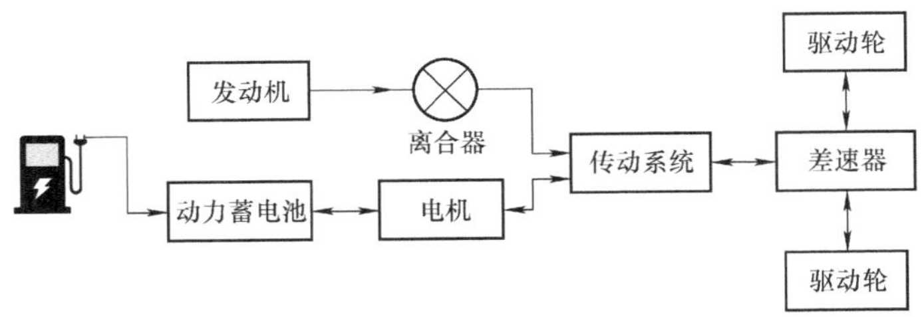

图 1-18 并联式 PHEV 车型组件布置示意图

2. 车辆模型的构建

Vehicle 模块是 Cruise 仿真模型中最重要的模块之一。它包含了车辆的尺寸、质量、质心等基本参数，以及车辆行驶道路阻力和冷起动修正参数等必要参数。

（1）基本参数 Vehicle 模块的基本参数见表 1-4。

表 1-4 Vehicle 模块的基本参数

参数	说明/可选项/输入值	单位
轴距		mm
基于载荷的质心参数		

（续）

参数	说明/可选项/输入值	单位
质心与前轴中心距离（$-X$ 向）	空载 满载 半载	mm
质心高度		
整备质量		kg
满载质量		

（2）车辆行驶道路阻力系数　车辆行驶道路阻力系数设定见表1-5。这组系数是计算车辆行驶道路阻力的必要参数。

表1-5　车辆行驶道路阻力系数设定

参数	说明/可选项/输入值	单位
车辆行驶道路阻力系数	推荐从以下模式中选定阻力系数模式 ① 带参考车型的阻力系数模式。阻力通过三个滑行阻力系数定义，定义的系数通过参考车型的数据转换，需要提供参考车型的试验载荷 ② 不带参考车型的阻力模式。阻力通过三个滑行阻力系数定义，定义的系数无参考车型的数据	—
常数项		N
一次项		N/(km/h)
二次项		N/(km/h)^2
参考车型重量		kg

（3）冷起动修正参数　在内燃机处于冷态时，平均摩擦压力较高，且排放标定过程中为了在冷态下减少部分排放物而调整喷油参数，导致发动机多喷油，此时内燃机具有较高的燃油消耗率。为此，可以通过冷起动修正参数来修正循环工况下的实际油耗。如果激活了冷起动修正功能，则实际燃油消耗将始终乘以该冷起动修正系数。图1-19所示为自动变速车型NEDC工况下的冷起动修正系数建议值。

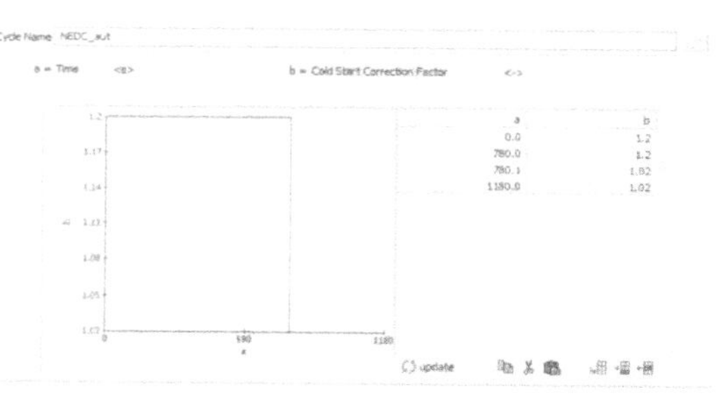

图1-19　自动变速车型NEDC工况下的冷起动修正系数建议值

1.2.5　驱动单元性能设计

驱动单元为车辆提供牵引力，通常由内燃机、电机或氢燃料电池中的一种或多种（取决于车辆构型）组成。驱动单元最理想的运行特性是在其全转速范围内为恒功率输出，此时转矩随转速呈双曲线形，驱动单元在任何车速下都能全功率输出，因而车辆的动力性是最佳的。以下分析内燃机和电机的实际运行特性。

1. 内燃机

内燃机设计性能指标的首要考虑因素是在成本合适的情况下保证满足使用需求，其次是

使用可靠，最后才是主要指标。本节主要论述影响车辆动力性的内燃机特性参数、内燃机模型的构建及提升内燃机性能的先进技术。

（1）类别及性能指征　内燃机通过内部燃烧将燃料的化学能转化为机械能。汽车用内燃机的分类方式及类别见表1-6。乘用车常用的内燃机为汽油机和柴油机，本书以介绍这两种内燃机为主。

表1-6　内燃机的分类方式及类别

分类方式	类别
燃料种类	汽油机、柴油机、压缩天然气（CNG）内燃机、液化石油气（LPG）内燃机、乙醇内燃机等，另外还有双燃料内燃机和灵活燃料内燃机
缸内着火方式	点燃式，压燃式
冲程数	二冲程，四冲程
活塞运动方式	往复式，旋转式
气缸冷却方式	水冷式，风冷式
气缸数目	单缸机，多缸机
内燃机转速	低速（转速<300r/min）、中速（转速为300~1000r/min）、高速（转速>1000r/min）
进气充量压力	自然吸气式、增压式
气缸排列方式	直列，斜置，对置，V形，W形

内燃机的基本原理已有大量的文献资料及专著进行了阐述，本书主要关注内燃机在汽车上应用时的设计要点，着重于与其性能相关的特性参数。

最大功率、最大转矩及其对应的内燃机转速，是内燃机的主要表征参数，它们决定了内燃机的主要性能指标。内燃机特定转速区间下的转矩决定了特定区间内的内燃机的性能。上述指标用于确定内燃机的外特性。

1）最大功率转速 n_p。n_p值的选定对于最高车速有很大的影响。增大 n_p值是提高内燃机功率和减小质量最为有效的措施。

一般来说，n_p值可根据内燃机的技术水平进行计算：

$$n_p = kn_{pm} \tag{1-30}$$

式中　k——技术水平系数，一般取 $k=0.5\sim1.0$，对于采用增压、增压中冷、谐波进气等特殊措施的内燃机，可偏于下限取值；

n_{pm}——内燃机最大功率转速的最高值，一般柴油机取4410r/min，汽油机取6750r/min。

2）最大转速 n_m。内燃机的最大转速由内燃机的最高允许转速决定。内燃机的最大转速一般可由下式计算：

$$n_m = (1.05\sim1.15)n_p \tag{1-31}$$

因为汽车的最高车速相当于内燃机最大功率点的车速时是最大的，所以为了获得更好的适应性，式（1-31）中的系数偏于上限取值。

3）最大功率P_m。P_m值大，动力性就好，但过大时功率利用率低，燃油经济性差，且动力传动系统的质量也将增加。

一般来说，P_m值可根据最高车速的要求进行计算：

$$P_m = \delta\frac{F_c u_{max}}{\eta_a \eta_t} \tag{1-32}$$

式中 F_c——滑行阻力（N），通过滑行试验测得；

η_a——内燃机外特性缩减系数，一般取 0.95；

η_t——传动系的效率，包含变速器效率（0.94 ~ 0.98）、传动轴效率（0.96 ~ 0.98）、驱动桥效率（最大负荷工况下为 0.94 ~ 0.96）等；

u_{max}——最高车速（km/h）；

δ——最高车速时的内燃机功率偏移系数，一般取 1.03。

4）最大转矩T_m。最大转矩决定了汽车的驱动力、加速性能和爬坡性能等动力性参数。最大转矩越大，汽车动力性越好。但转矩过大，除转矩利用率低外，还必然使内燃机和传动系统的质量增大。合理的最大转矩值应根据性能要求选定。

下面以最大爬坡度要求来计算需要的最大转矩：

$$T_m = \frac{r}{\eta_a \eta_t i_g i_0 i_c}\left\{F_c + mg\sin\left[\arctan\left(\frac{i_{max}}{100}\right)\right]\right\} \tag{1-33}$$

式中 F_c——滑行阻力（N），通过滑行试验测得，这里一般考虑车速为 0 时的滑行阻力；

m——满载质量（kg）；

i_{max}——最大爬坡度（%）；

r——轮胎滚动半径（m）；

i_g——变速器的传动比，这里一般是一档传动比i_{g1}；

i_c——分动器的传动比，一般分为高、低档。

项目定义初期，$i_g i_0 i_c$一般暂未确定，可参考竞品车的参数，大致定义一个范围，项目的$i_g i_0 i_c$定义在 17 ~ 19 的范围内；r 也未确定，一般根据项目输入的轮胎数据选取经验值进行计算，某车型选取 245/65 R16 轮胎，则其 $r \approx 0.364$m。

5）最大转矩转速 n_t。最大转矩转速与最大功率转速有密切的关系，过于靠近则内燃机对于负荷变化的适应能力降低，高档利用率降低，高档最低稳定车速偏高，变速器的换档频次增高。反之，如果过于拉开，则内燃机的平均加速功率下降，动力性变差。

一般来说，n_t值可根据动力特性的分配关系进行计算：

$$n_t = \frac{n_p}{\sqrt{\lambda e_t}} \tag{1-34}$$

式中 λ——分配系数，一般柴油机取 2.4（1 ± 10%），汽油机取 3.0（1 ± 10%）；

e_t——转矩因子，$e_t = T_m / T_p$。

6）内燃机低转速区间的转矩。内燃机低转速区间的转矩影响汽车的低速爬坡性能，相关的动力性指标为 20km/h 车速下二档最大爬坡度。

下面以 20km/h 车速下二档最大爬坡度要求来计算需要的转矩：

$$T_{i20} = \frac{r}{\eta_a \eta_t i_g i_0 i_c}\left\{F_c + mg\sin\left[\arctan\left(\frac{i_{20}}{100}\right)\right]\right\} \tag{1-35}$$

式中 T_{i20}——20km/h 车速下二档时发动机的最大转矩需求；

F_c——滑行阻力（N），通过滑行试验测得，这里考虑车速为 20km/h 时的滑行阻力；

m——满载质量（kg）；

i_{20}——20km/h 车速下二档最大爬坡度（%），动力性目标；

i_g——变速器的传动比，这里是二档传动比i_{g2}。

（2）内燃机模型的构建　内燃机的实际工作过程非常复杂，在构建内燃机模型进行动力性、经济性仿真时需要做一些必要的简化，仅使用内燃机的基本参数和特性参数来描述内燃机输入－输出的静态机械特征，而不分析内燃机内部燃烧过程和热动力学特性。

1）内燃机的工作状态。了解内燃机的工作状态，才能有针对性地简化内燃机模型，以必须的特性参数进行性能仿真。内燃机通常有四个工作状态：起动、怠速、工作、关闭。

内燃机起动状态下，起动机克服内燃机的阻力，使内燃机达到稳速运行的状态。内燃机的阻力来源于内燃机转动惯量、机械附件损耗和闭节气门转矩。其中闭节气门转矩是由静摩擦、黏性摩擦、库仑摩擦和制动压缩转矩产生的。内燃机起动状态的原理图如图1-20所示。

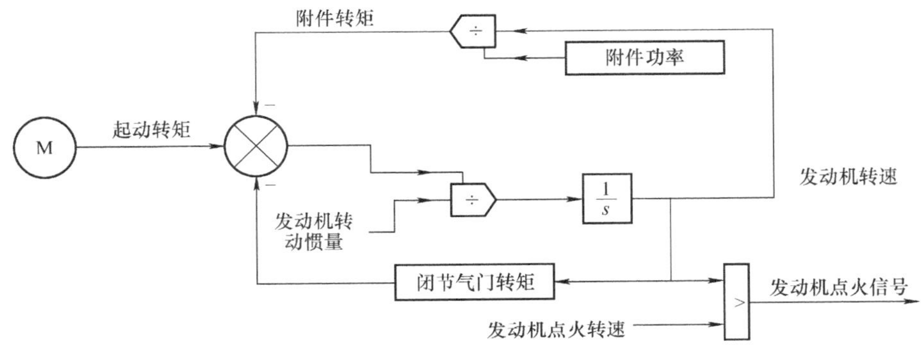

图1-20　内燃机起动状态的原理图

当离合器分离时，调节器使内燃机保持在理想的怠速转速状态下。一般调节器是PID（比例、积分、微分）控制器，关于PID控制器的原理，有兴趣的读者可以参阅其他相关书籍。内燃机怠速状态的原理图如图1-21所示。

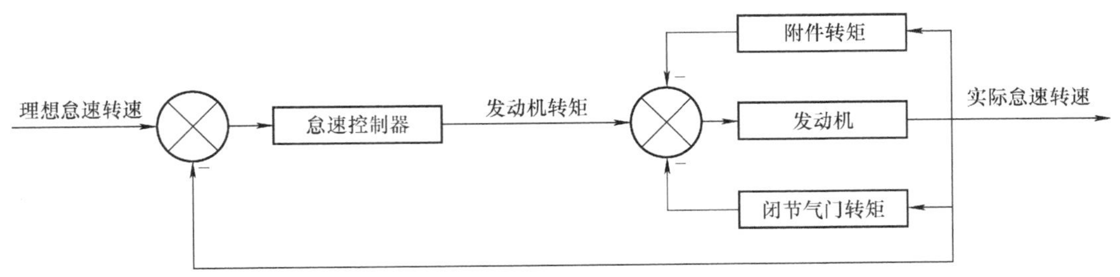

图1-21　内燃机怠速状态的原理图

内燃机工作时，离合器接合（或滑摩，此时离合器部分传递转矩），内燃机通过传动系统为车辆提供牵引力。

内燃机关闭时，产生反向转矩进行制动。内燃机的反向转矩由附件转矩和闭节气门转矩组成。

采用AVL Cruise进行车辆动力性仿真分析时，一般要用到以下内燃机基本参数、外特性曲线、万有特性曲线和倒拖转矩曲线。

2）基本参数。在AVL Cruise中设置内燃机模型，首先需要输入一些基本参数。必须的基本参数见表1-7。

表 1-7　内燃机模型基本参数

参数	说明/可选项/输入值	单位
内燃机类型	汽油机 柴油机	—
增压器类型	无 涡轮增压 带中冷器的涡轮增压	—
气缸数	—	—
冲程数	二冲程 四冲程	—
怠速转速	当怠速转速设定为固定值时，采用此处输入的值	r/min
最高转速	—	
内燃机排量	—	cm^3
内燃机工作温度	热起动模式下，内燃机工作温度采用此值；冷起动模式下，内燃机的工作温度为环境温度	℃
转动惯量	包括了内燃机所有部件的转动惯量，如曲轴、飞轮、机械风扇（如果有）和凸轮轴的转动惯量	$kg \cdot m^2$
响应时间	内燃机达到最大功率所需的时间	s
燃油类型	汽油 柴油	—
燃油的燃烧热值	—	kJ/kg
燃油的密度	—	kg/m^3
怠速油耗	当怠速转速设定为固定值时，采用此处输入的值	L/h
减速断油功能	无 绝对转速限值 相对转速差值（推荐采用此选项） 从总线上获取外部断油信号 当减速断油功能激活时，内燃机的油耗率为一个固定值，一般设置为 0	—
断油时油耗	—	L/h
恢复供油时油耗的上升曲率	线性上升 急速上升	—
减速断油功能恢复供油转速	当内燃机转速低于此值与怠速转速之和时，将恢复正常供油	r/min
减速断油功能激活转速	当内燃机转速高于此值与怠速转速之和时，将断油	

3）外特性曲线。内燃机外特性曲线是当内燃机节气门开度为 100% 时测得的内燃机输出功率（转矩）随转速变化的曲线。内燃机的外特性是计算其牵引力的最重要的参数。典型的内燃机外特性曲线如图 1-22 所示。

4）万有特性曲线。以转速 n 为横坐标，以转矩 T_{tq} 或平均有效压力 P_{me} 为纵坐标，画出等油耗率曲线和等功率曲线，组成内燃机万有特性曲线。根据需要还可以画出等过量空气系数曲线、等进气管真空度曲线、冒烟极限等。

万有特性曲线实质上是所有负荷特性和速度特性曲线的合成。它可以表示内燃机在整个

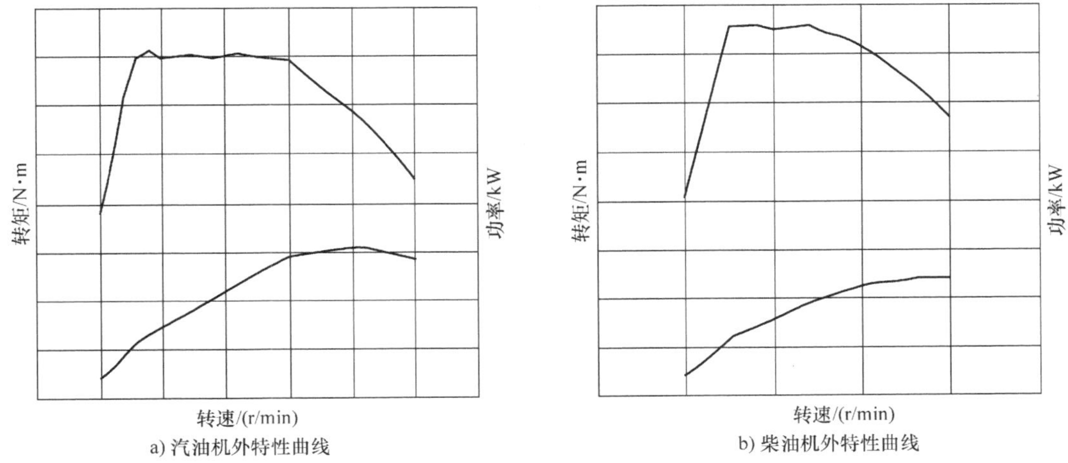

a) 汽油机外特性曲线　　b) 柴油机外特性曲线

图 1-22　典型的内燃机外特性曲线

工作范围内主要参数的变化关系，用它可以确定内燃机最经济的工作区域，当然也可以确定某一污染物排放量的最小值区域等。在内燃机参数匹配过程中，通过参数匹配使这些最佳性能区域落在最常用的工况范围内，这是内燃机性能匹配的重要原则之一。典型的内燃机万有特性曲线如图 1-23 所示。

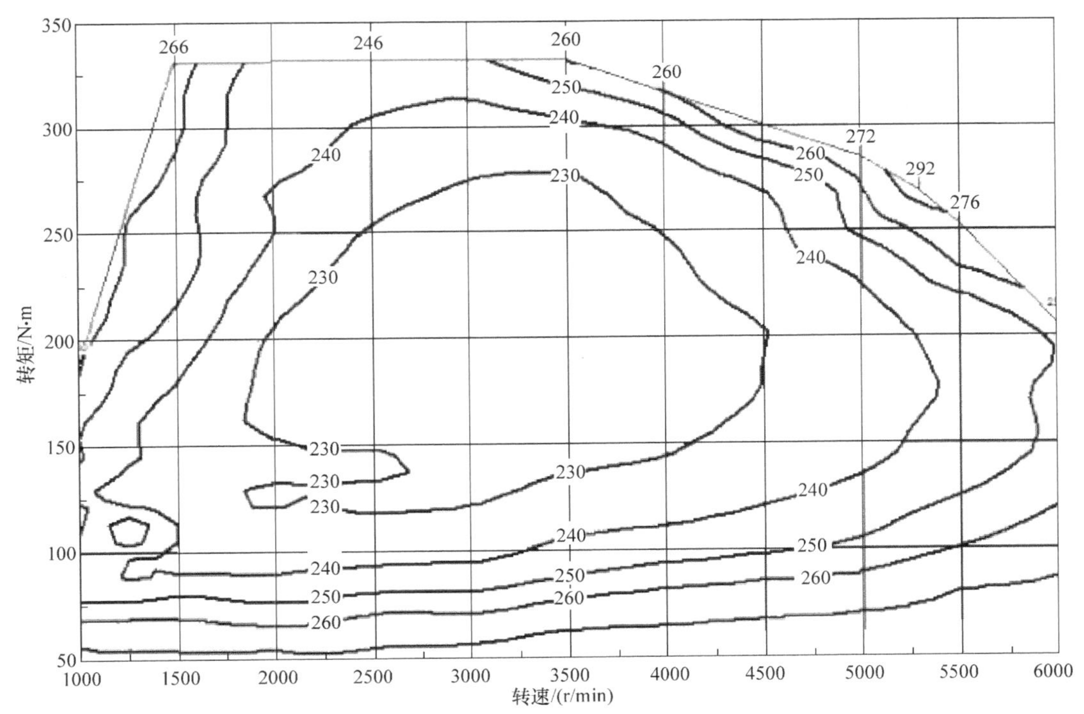

图 1-23　典型的内燃机万有特性曲线

从台架试验中获取的万有特性一般包含了内燃机转速 n、内燃机转矩 T_{tq} 和比油耗 BSFC。在 AVL Cruise 中，用质量流量来替代比油耗 BSFC 进行油耗计算，其表达式如下

$$q_m = \frac{nT_{tq}}{9549}\frac{BSFC}{1000} \tag{1-36}$$

式中 q_m——质量流量（kg/h）；

n——内燃机转速（r/min）；

T_{tq}——内燃机转矩（N·m）；

BSFC——有效燃油消耗率，即比油耗（g/kW·h）。

因为在台架试验过程中，一般以内燃机转速1000r/min为起点开始测量万有特性数据，故而在Cruise中，对于内燃机零转矩至该转速的倒拖转矩峰值区间内，比油耗需要根据该转速下相邻转矩下已有的比油耗值外推相应的值。这种外推值并不准确，为了避免Cruise外推比油耗值，可以手动插值得到0转矩时的比油耗值，然后使该转速下0转矩至倒拖转矩区间内的比油耗均等于该值，如图1-24所示，图中$\dot{\varphi}_1$、$\dot{\varphi}_2$表示不同的发动机转速（r/min）。

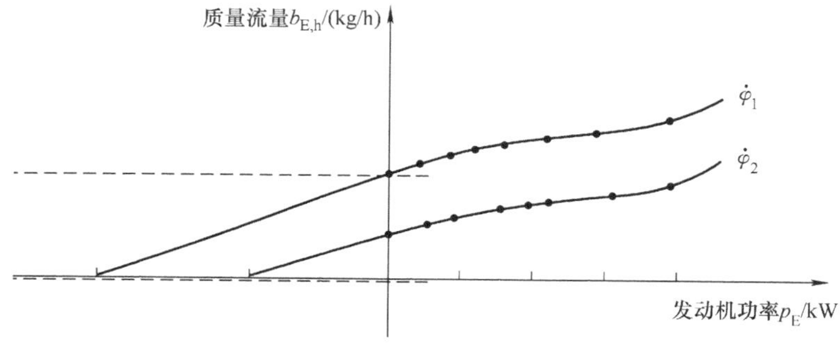

图1-24 万有特性曲线修正示意图

5）倒拖转矩曲线。当车辆滑行或制动时，内燃机因断油而处于关闭状态，此时内燃机产生倒拖转矩，触发内燃机制动。典型内燃机的倒拖转矩曲线如图1-25所示。

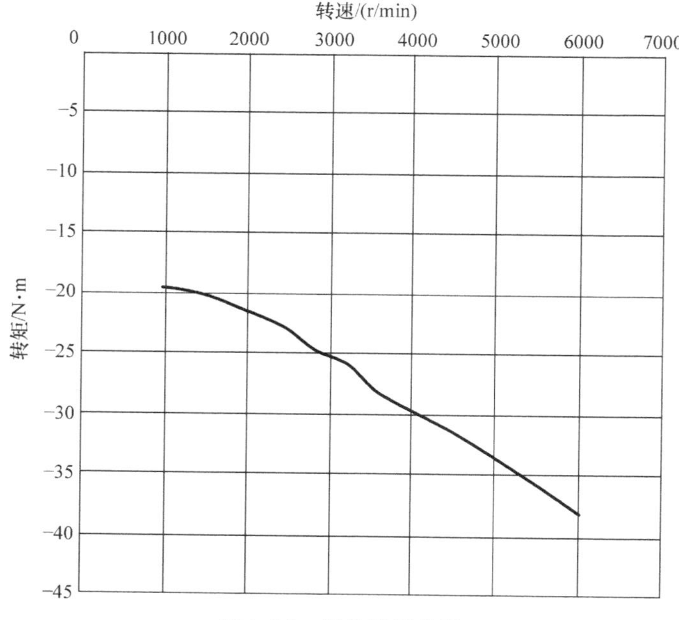

图1-25 倒拖转矩曲线

2. 电机

电机是一种将电能与机械能相互转换的电磁装置。在车辆行驶时，电机可以处理储能系统所提供的能量并通过传动系统向轮边传递功率和转矩；当车辆制动时，还可以将车轮传递过来的机械能转换为电能并存储到储能系统中。

当电机将电能转化为机械能时，称为电动机；当电机将机械能转化为电能时，称为发电机。一般将电机的制动模式称为再生制动。

（1）类别及基本原理　汽车用电机有图 1-26 所示的分类方式，乘用车常用的是笼型异步电机（也被称为感应电机，IM）和永磁同步电机（PMSM）。本书以介绍永磁同步电机为主。

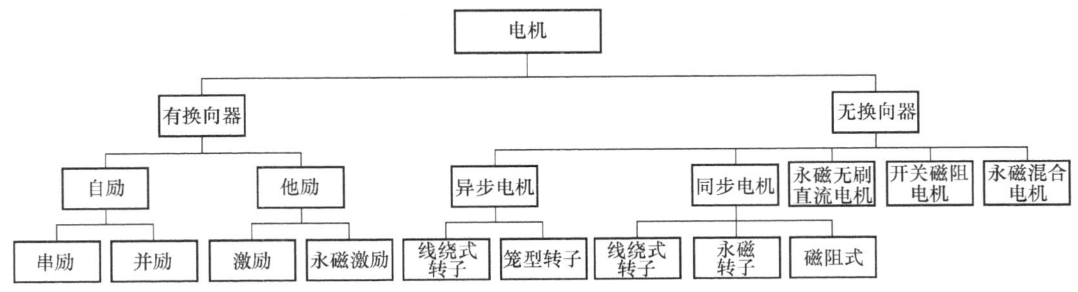

图 1-26　汽车用电机分类

广义的电机指的是电机驱动系统，包括了电机和绝缘栅双极型晶体管（IGBT），并且通过直流－交流（DC－AC）变换器（逆变器）与动力蓄电池相连。

感应电机的控制原理图如图 1-27 所示。因为感应电机需要交流电的输入，需要通过逆变器将电池输出的直流电转换为交流电。一般通过矢量控制技术来控制感应电机的转矩－转速关系，总的来说，矢量控制技术利用感应电机的动力学等效电路将定子电流解耦成两个垂直分量，一个产生磁场，一个产生转矩，这样就可以像直流电机控制器一样独立控制。感应电机分析中最重要的一个变量为转差率，是转差速度与异步速度的比值。

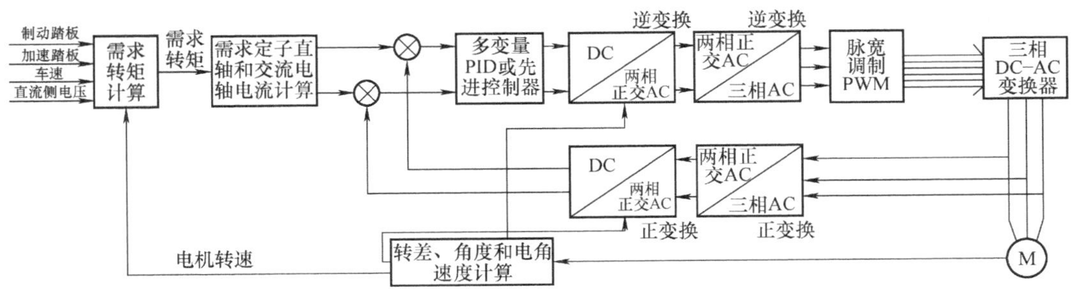

图 1-27　感应电机的控制原理图

永磁同步电机的控制原理图如图 1-28 所示。永磁同步电机同感应电机一样，通过逆变器从动力蓄电池获取能量。在恒转矩区域，通过位置传感器和电流传感器的协助调整电机的电流，从而使电机输出平滑的转矩。而在恒功率区域，永磁同步电机工作在弱磁模式，使电机能够工作在较高的转速下。

感应电机和永磁同步电机具有表 1-8 所列的特点。

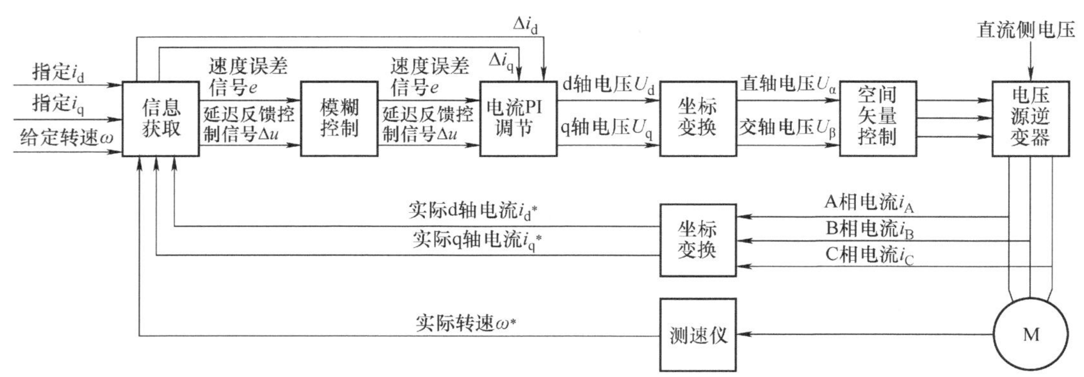

图 1-28 永磁同步电机的控制原理图

表 1-8 感应电机和永磁同步电机的特点

特点	感应电机	永磁同步电机
成本	低，较永磁同步电机低	高
结构	简单可靠	简单可靠
转矩响应	快，较永磁同步电机慢	快
功率密度	大，较永磁同步电机小	大
效率	较高，较永磁同步电机低	高
最高转速	受弱磁转速范围限制	

（2）电机模型的构建 不同种类的电机具有不同的结构和转矩 - 转速特性，但是在进行系统性能仿真时可以认为相同，因为只需要用到电机的外部电学特性和机械特性。

1）电机的工作状态。电机具有图 1-29 所示的四象限工作模式。因此电机控制器的主要任务就是在电机的四种工作模式下调节电机旋转方向、电机转速和维持所需的转矩。

① 正向驱动模式。动力蓄电池给电机供电，电机驱动车辆正向行驶。

② 反向驱动模式。动力蓄电池给电机供电，电机驱动车辆反向行驶。

③ 正向制动再生模式。电机做制动能量回收，为动力蓄电池充电，车辆正向滑行或制动。

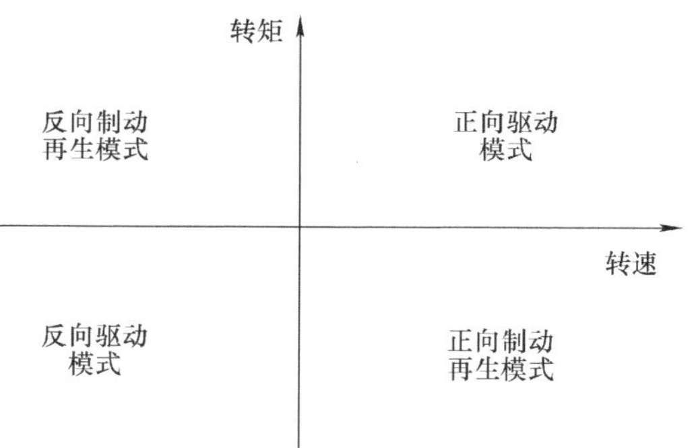

图 1-29 电机的四象限工作模式

④ 反向制动再生模式。电机做制动能量回收，为动力蓄电池充电，车辆反向滑行或制动。

2）基本参数。在 AVL Cruise 中 EM（Electric Machine）需要设定表 1-9 所列的基本参数。

3）外特性曲线。电机的理想输出特性曲线如图 1-30 所示，某电机实际峰值外特性曲线如图 1-31 所示。

表 1-9 电机模型的基本参数

参数	说明/可选项/输入值	单位
电机类型	ASM（Asynchronous Motor）：异步电机 PMSM（Permanent Magnetic Synchronous Motor）：永磁同步电机	—
电机特性参数 Map	不同电压平台下的 Map： Maximum Power（Torque）Mechanical：峰值机械功率/转矩（也可根据计算工况需要，填入持续机械功率/转矩） Efficiency：效率 Map	—
额定电压		V
转动惯量	电机的转动惯量	$kg \cdot m^2$
最高转速	电机能够达到的最高转速	r/min
最高转速下的拖滞力矩		N · m
热模型初始温度	在输入多个温度下的电机性能 Map 时，如果使用温度模型修正其性能表现，就需要用到这一初始值作为计算的起点	℃

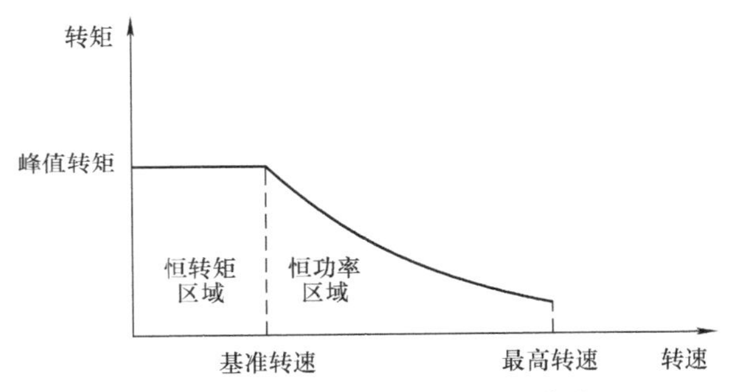

图 1-30 电机的理想输出特性曲线

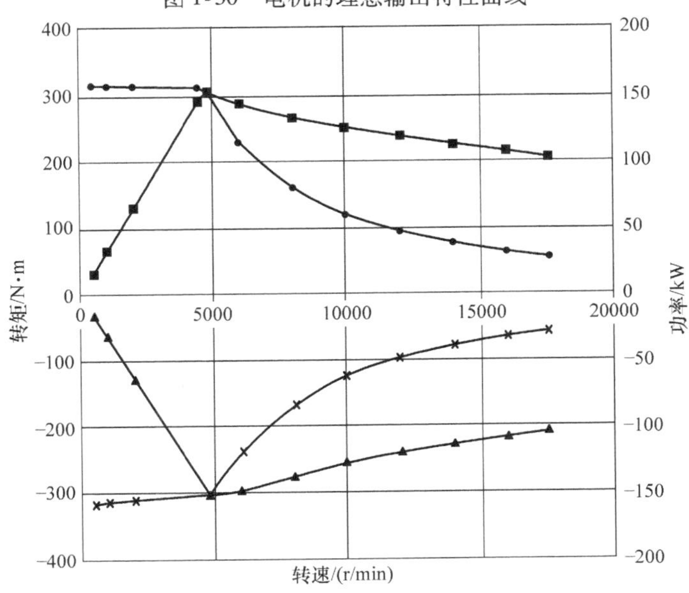

图 1-31 某电机实际峰值外特性曲线

4）效率曲线。电机的效率曲线如图 1-32 所示。

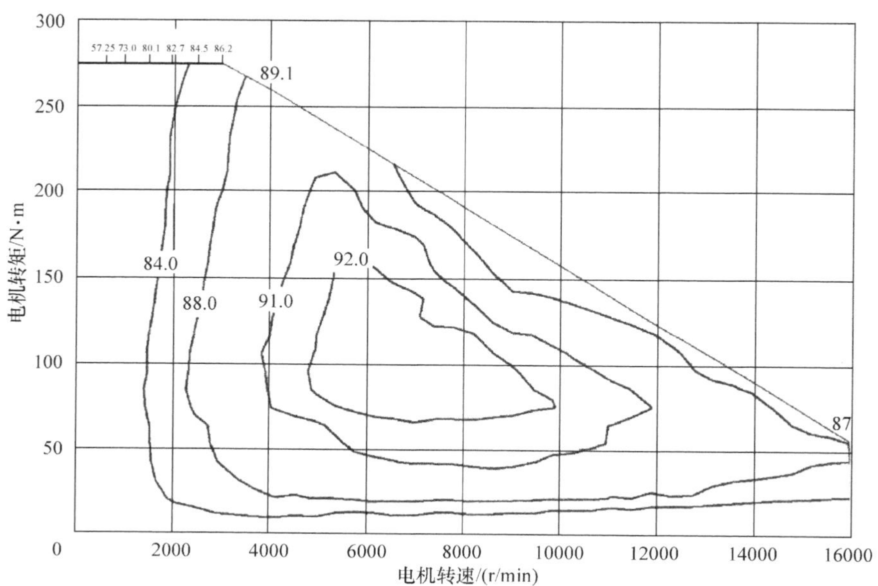

图 1-32　电机的效率曲线

1.2.6　传动系统性能设计

传动系统用于确保驱动单元的实际运行特性尽可能地靠近理想运行特性。以下分析离合器、液力变矩器、变速器和主减速器等传统系统元件的性能设计。

1. 离合器性能设计

基于动力性进行离合器的设计时主要考虑离合器的最大传递转矩的能力。当外部施加的转矩超过最大传递转矩的能力时，离合器会打滑。因此一般在设计离合器时，要求其传递的最大转矩大于或等于内燃机转矩。离合器最大传递转矩能力的计算如图 1-33 所示。

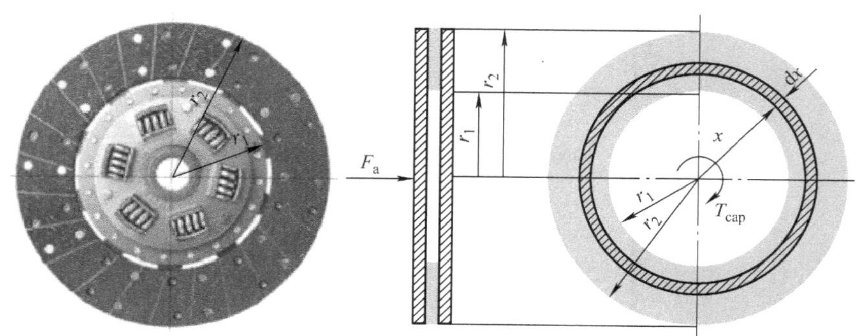

图 1-33　离合器最大传递转矩能力的计算

离合器最大传递转矩的计算公式如下：

$$T_{\mathrm{cap}}=z\frac{2}{3}\mu\frac{r_2^3-r_1^3}{r_2^2-r_1^2}F_{\mathrm{a}} \tag{1-37}$$

式中　T_{cap}——离合器最大传递转矩（N·m）；

z——离合器盘片数；

μ——摩擦系数；

r_1——离合器摩擦片内径（mm）；

r_2——离合器摩擦片外径（mm）；

F_a——离合器盘片所受正压力。

2. 液力变矩器性能设计

液力变矩器选型中，为满足整车性能要求，对其提出表1-10所列的一般要求。这些要求有时是相互矛盾的，这就为平衡设计要求提供了空间。

表1-10　液力变矩器的一般要求

优化	性能	燃油消耗	舒适性
要求	1）提高驱动力 2）降低转动惯量 3）在最高车速时无打滑	1）无打滑工作 2）液压操纵具有高效率	1）优化振动衰减 2）降低内燃机转速
解决方法	1）软的变矩器特性 2）高的失速转矩比 3）在最高车速时变矩器锁止，离合器接合	1）硬的变矩器特性 2）提高变矩器锁止离合器处在接合状态的驱动占比	1）硬的变矩器特性 2）提高变矩器锁止离合器处在分离状态的驱动占比

（1）基本参数　液力变矩器的运行特性是选型工作最重要及最先用到的参数，其对于液力变矩器选型工作有很大的影响。

液力变矩器的运行特性可通过以下四个参数来描述：

转速比i：

$$i=\frac{输出端转速}{输入端转速}=\frac{涡轮转速\ n_T}{泵轮转速\ n_P}=\frac{涡轮转速\ n_T}{内燃机转速\ n_e}$$

转矩比K：

$$K=\frac{输出端转矩}{输入端转矩}=\frac{涡轮转矩T_T}{泵轮转矩T_P}=\frac{涡轮转矩T_T}{内燃机转矩T_e}$$

效率η：

$$\eta=\frac{输出端转速\times输出端转矩}{输入端转速\times输入端转矩}=Ki$$

容量系数（尺寸因数）K_{tc}：

$$K_{tc}=\frac{泵轮转速}{\sqrt{泵轮转矩}}$$

典型液力变矩器的运行特性如图1-34所示。图中描绘了转矩比、效率和输入端容量系数相对于转速比的关系。

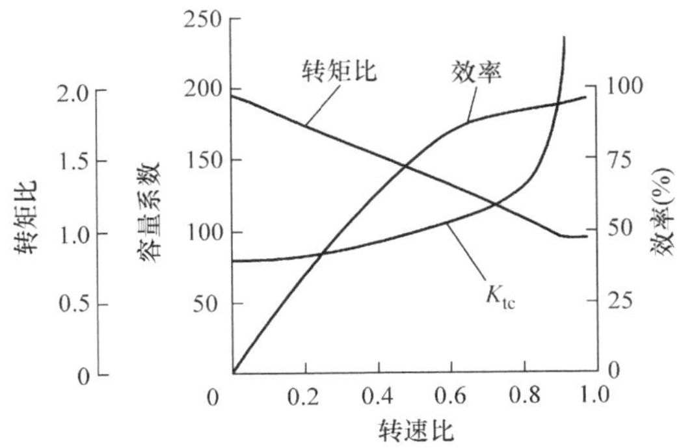

图1-34　典型液力变矩器的运行特性

（2）液力变矩器模型的构建　液力变矩器通过液体路径和机械离合器路径将驱动单元的转矩传递给变速器。这两条路径是并联的。液体路径中，液力变矩器的作用类似于液力耦合器，使驱动单元不受轮边转矩通过传动链传递至涡轮输出轴上的转矩的影响而独立转动，这也是自动变速器提高了驾驶舒适性的一大原因。

液力变矩器的工作原理图如图 1-35 所示。

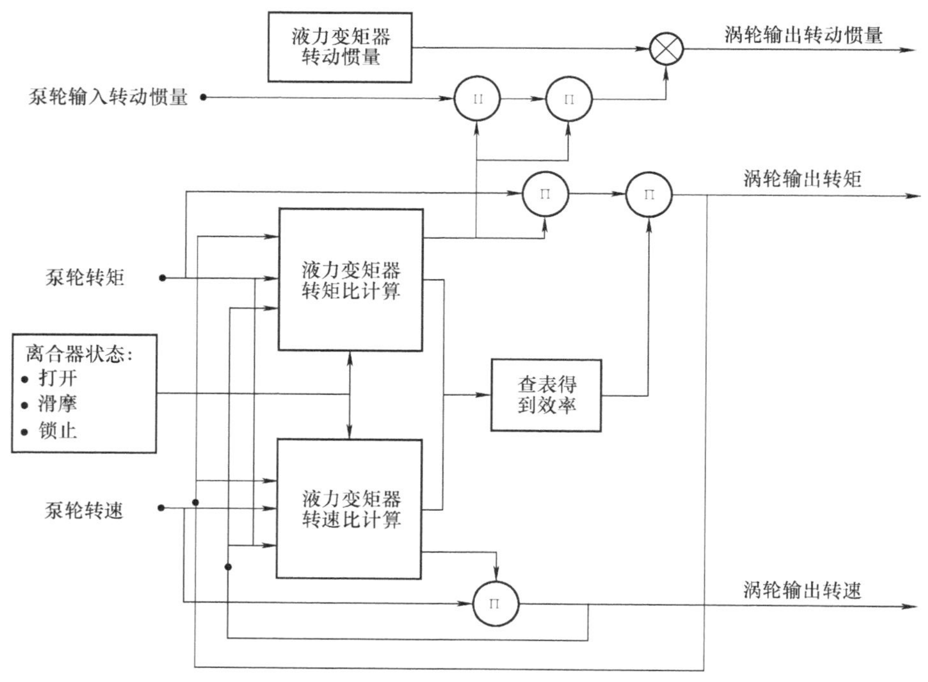

图 1-35　液力变矩器的工作原理图

（3）液力变矩器的工作状态　液力变矩器根据其离合器的状态，分为以下三种工作状态：

1）打开。离合器完全分离，泵轮转矩通过液压油传动传递到涡轮，涡轮与变速器输入轴刚性连接，故而转矩被传递到变速器。泵轮与涡轮存在较大的转速差，转速比和转矩比通过查表得到。

2）滑摩。离合器处于半离合状态，内燃机转矩部分通过离合器传递到变速器。泵轮与涡轮存在较小的转速差，转速比和转矩比通过查表得到。

3）锁止。离合器完全锁止，此时泵轮与涡轮之间的转速差很小（一般≤20r/min），同时内燃机转矩通过离合器直接传递到变速器输入轴。转速比和转矩比均为 1，此时自动变速器的功能类似于手动变速器。

（4）基本参数　AVL Cruise 进行仿真计算时需用到的液力变矩器特性参数见表 1-11，其中 T_{p2000} 为在台架试验中，泵轮试验转速为 2000r/min 下测得的泵轮转矩。

表 1-11　液力变矩器特性参数

转速比	转矩比	T_{p2000}/N · m
0.0	1.97	119.6
0.2	1.71	125.2
0.4	1.48	132.4

（续）

转速比	转矩比	T_{p2000}/N·m
0.6	1.27	123.2
0.8	1.06	90.8
0.85	0.99	79.6
0.9	0.99	46.4

3. 变速器与主减速器性能设计

变速器和主减速器均为齿轮系（主减速器可以看成是只有一对齿轮的单档变速器），对于前轮驱动车型而言，主减速器一般集成在变速器中。本书以前轮驱动车型为例，后文中若无特殊说明，所称变速器均包含了主减速器。

变速器和主减速器的设计要点均在于传动比和传动效率。无论是手动变速器（MT）还是自动变速器（AMT/AT/DCT/CVT），均拥有若干套齿轮用于传递驱动单元的转矩。变速器的作用是将驱动单元的输出特性尽可能转化为理想的输出特性。

（1）传动比的设计

1）最小传动比的选择。最小传动比的选择对于汽车的最高车速、后备功率和驾驶性能有很大的影响。下面以最高车速目标来定义最小传动比。

传动系统的总传动比是传动系统中各部件传动比的乘积，即

$$i_t = i_g i_0 i_c \tag{1-38}$$

式中 i_g——变速器的传动比；

i_0——主减速器的传动比；

i_c——分动器或副变速器的传动比。

理论上，$i_g i_0 i_c$选择到汽车的最高车速 u_{max} 相当于内燃机最大功率点的车速 u_p 时，最高车速是最大的，即

$$u_{max} = u_p \tag{1-39}$$

此时汽车达到功率平衡，即

$$P_{max} = \frac{1}{\eta_t} P_r \tag{1-40}$$

式中 P_{max}——汽车最高车速时的内燃机功率（kW）；

P_r——汽车的阻力功率（kW）。

近年来，为了提高燃油经济性，最小传动比有减小的趋势，即令 u_p 稍大于 u_{max}。

这里为简化计算，可定义$i_g=1$、$i_c=1$（无分动器），则此问题变成选择最优的主减速器传动比i_0。

在选定主减速器传动比i_0后，可采用 AVL Cruise 的 Matrix Calculation 计算功能，分别以i_g、i_c值为单变量变化计算得到满足最高车速目标的i_g、i_c值。这两个值作为变速器选型的参考依据之一。

2）最大传动比的选择。最大传动比的选择对于汽车的最大爬坡度、附着率及汽车最低稳定车速有很大的影响。下面以最大爬坡度目标来定义最大传动比。

汽车爬坡时，汽车的最大驱动力与阻力平衡时，爬坡度是最大的，此时

$$F_{tmax} = F_c + F_{imax} \tag{1-41}$$

即

$$\frac{T_m i_{g1} i_0 i_c \eta_a \eta_t}{r} = F_c + mg\sin\alpha_{max} \tag{1-42}$$

则

$$i_{g1} \geqslant \frac{\left\{F_c + \sin\left[\arctan\left(\frac{i_{max}}{100}\right)\right]\right\}r}{T_m i_0 i_c \eta_a \eta_t} \tag{1-43}$$

式中　F_c——滑行阻力（N），通过滑行试验测得，这里考虑车速为20km/h时的滑行阻力；

m——满载质量（kg）；

i_{max}——最大爬坡度（%）；

T_m——内燃机最大转矩（N·m）。

3）变速器档位数和各档传动比的选择。虽然增加档位数会改善汽车的动力性和经济性，但是对于手动变速器来说，档位数不宜过多，否则会导致结构复杂，换档困难。一般多采用5MT和6MT。自动变速器因为有自动变速器控制单元（TCU）控制换档，不需要驾驶人手动操作，故而目前的趋势是档位数越来越多，如8AT、9AT，甚至是10AT。

变速器中间档位传动比通过各档传动比来确定，它们可保证内燃机在汽车的加速过程中拥有最大的加速强度和最短的加速时间，同时还需兼顾经济性。一般有以下两种确定的方法：

① 等比级数法。等比级数的传动比比较适合于常行驶于良好路面且比功率较大的汽车。其缺点是高档利用率低，平均加速速度较低，油耗增加。

等比级数的传动比如下：

$$\frac{i_{g1}}{i_{g2}} = \frac{i_{g2}}{i_{g3}} = \cdots = q \tag{1-44}$$

式中　i_{g1}、i_{g2}、i_{g3}……——各档传动比；

q——常数。

最大、最小传动比已经确定，故可按以下公式计算等比级数的传动比 q_g：

$$q_g = \sqrt[n-1]{\frac{i_{g1}}{i_{gn}}} \tag{1-45}$$

式中　n——变速器档位数；

i_{g1}——变速器最大传动比；

i_{gn}——变速器最小传动比。

② 等差级数法。等差级数的传动比比较适合于常行驶于恶劣环境且比功率较低的汽车。

最大、最小传动比已经确定，故可按以下公式计算等差级数的传动比 q_a：

$$q_a = \frac{i_{g1} - i_{gn}}{n-1} \tag{1-46}$$

式中　n——变速器档位数；

i_{g1}——变速器最大传动比；

i_{gn}——变速器最小传动比。

上述两种方法均基于理想的加速过程，实际的加速过程更复杂，汽车变速器中间档位的实际传动比处于等比级数值和等差级数值之间，且偏向于等比级数值。故可在确定等比级数的传动比之后，按以下公式修正：

$$q = \lambda q_g \tag{1-47}$$

式中　λ——修正系数，一般在0.90～0.98之间：比功率低，且常行驶于坏路的车辆，应取下限；比功率高，且常行驶于良好路面的车辆应取上限。

以修正系数为单变量（在0.90～0.98之间，步长为0.01），变化生成9种变速器，利用AVL Cruise的Component Calculation计算功能，得到G1～G9这9种变速器的动力性和经济性仿真数据，从中选出最优方案。

（2）变速器模型的构建

1）变速器的工作状态。变速器根据其齿轮系的转动方向，可以分为正转和反转两种工作状态。

① 正转。前进档位齿轮啮合，变速器将驱动单元的转矩传递到传动轴并最终输出到轮边。

② 反转。后退档位齿轮啮合，变速器将驱动单元的转矩传递到传动轴并最终输出到轮边。

上述两种工作状态，要求主减速器既能正转，也能反转。在校核其承扭能力时，要注意这两种工作状态下的差异。

2）变速器的工作原理。以自动变速器为例，其工作原理图如图1-36所示。

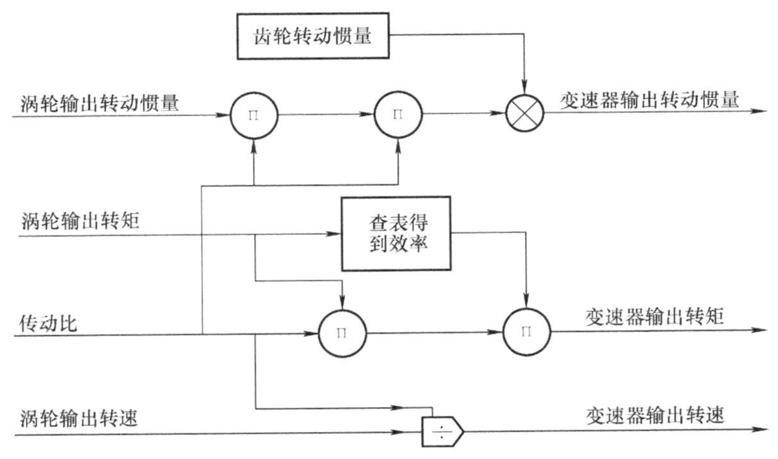

图1-36　变速器的工作原理图

1.2.7　储能系统性能设计

自然界中能够直接被人类转换和利用的能源称为一次能源。能量以化学能、热能、动能或者其他形式储存在一次能源中。经过一次或多次的能量转换的能源被称为二次能源。对于二次能源，一般要求转换效率尽可能高，便于储存和运输。常见的二次能源储能系统有动力蓄电池和储氢系统。本书主要介绍动力蓄电池。

1. 动力蓄电池类别及基本原理

常见电池有铅酸电池、镍镉电池、镍氢电池、锂离子电池、磷酸铁锂电池等。这些电池具有表 1-12 所列的基本技术参数。

表 1-12 各类型电池的基本技术参数

电池类型	铅酸电池	镍镉电池	镍氢电池	锂离子电池	磷酸铁锂电池
比能量/(W·h/kg)	30～40	40～60	40～80	130～200	70～180
能量密度/(W·h/L)	60～90	80～140	90～160	180～320	150～250
比功率/(W/kg)	250～600	300～800	900～1600	1200～4000	1000～3800
充放电效率	75%～90%	75%～93%	80%～95%	85%～96%	82%～94%
每月自放电率	5%～15%	5%～15%	8%～15%	<5%	2%～5%
循环寿命(周期)	500～800	800～1200	800～1200	1500～2000	2000
电芯名义电压/V	2.1	1.2	1.2	3.75	3.3

其中以锂离子电池在汽车行业中应用最广泛。锂离子电池具有一定的相似性，但是化学性质可以有很大的不同。锂钴、锂锰、锂镍锰氧化物和锂铝的相似之处在于它们具有高容量，可用于便携式应用。磷酸锂和钛酸锂具有较低的电压和较小的容量，但是非常耐用。表 1-13列出了各种主要锂离子电池的特性。

表 1-13 各种主要锂离子电池的特性

活性材料	钴酸锂	锰酸锂	锂镍锰氧化物	磷酸铁锂	锂镍钴铝氧化物	钛酸锂氧化物
缩写	LCO	LMO	NMC	LFP	NCA	LTO
额定电压/V	3.60	3.70	3.60	3.20	3.60	2.40
充电截止电压/V	4.20	4.20	≥4.20	3.65	4.20	2.85
放电截止电压/V	3.00	3.00	3.00	2.50	3.00	1.80
最低电压/V	2.50	2.50	2.50	2.00	2.50	1.50
能量密度/(W·h/kg)	150～200	100～150	150～220	90～120	200～260	70～80
充电倍率/C	0.7～1	0.7～1	0.7～1	1	1	1～5
放电倍率/C	1	1～10	1～2	1～25	1	～10
理论循环寿命(周期)	500～1000	300～700	1000～2000	1000～2000	500	3000～7000
热失控温度/℃	150	250	210	270	150	—

动力蓄电池系统由很多电芯组成，根据车辆的电压平台、功率和能量的要求，可通过串联、并联或者串并联混合的形式封装成电池组。

电池电芯的电化学反应示意图如图 1-37 所示。

2. 动力蓄电池仿真模型构建

通常用电池等效电路模型来表征电池端电压和电流之间的关系，这是进行电池关键参数设计的基础。应用最广泛的等效电路模型为戴维南模型，如图 1-38 所示。

电池的输出参数主要有端电压、荷电状态（SOC）和热功率。戴维南模型假定所有参数均为定值，这显然是不正确的，也不足以支撑性能仿真，需要进一步明确电池的输入-输出

特性，因此应建立改进的电池电学模型，如图1-39所示。

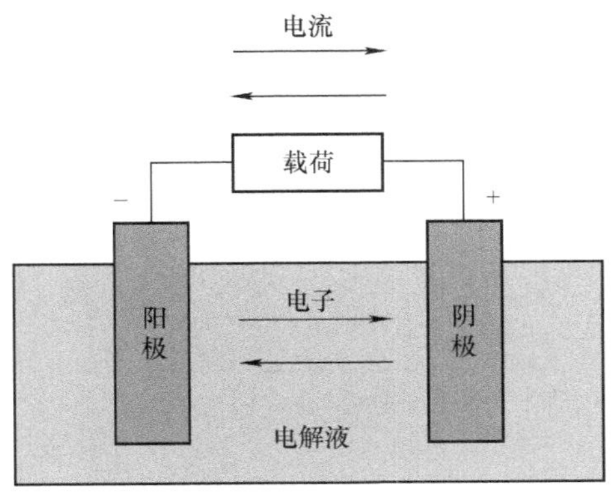

图1-37 电池电芯的电化学反应示意图

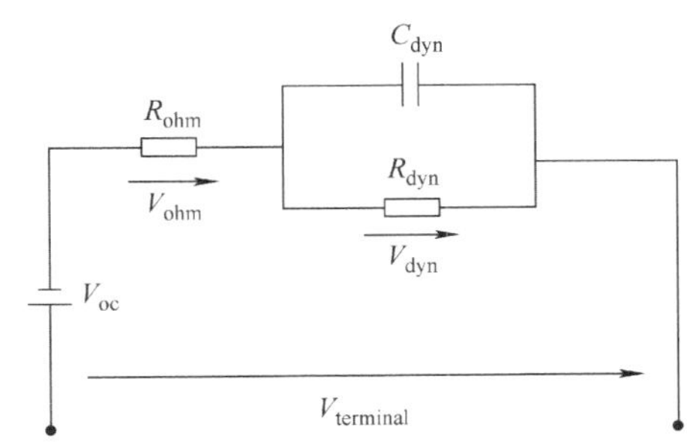

图1-38 戴维南模型

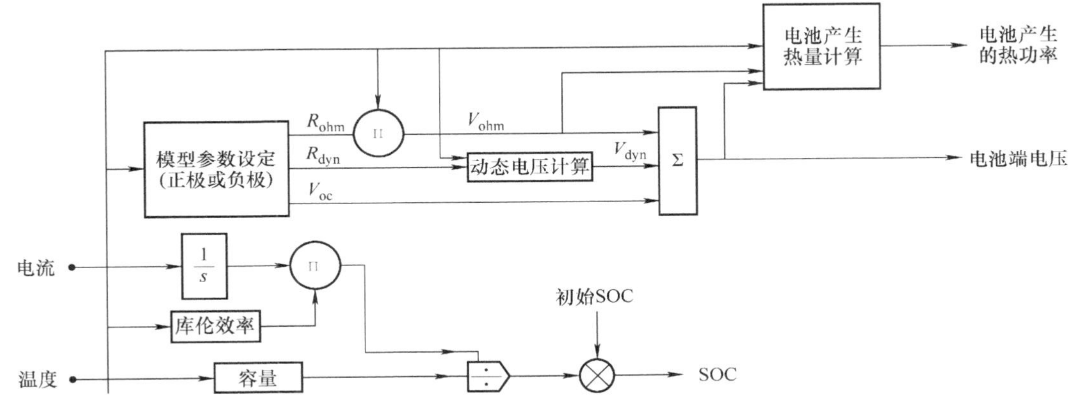

图1-39 改进的电池电学模型

1）基本参数。在进行动力蓄电池系统的匹配分析中，需要用到的关键基本参数见表1-14（若无特殊说明，均指电池组的参数）。

表1-14 动力蓄电池关键基本参数

参数	定义/描述	参考值
电芯容量/A·h	表示在一定条件（放电倍率、温度、终止电压等）下电池能够放出的电量	
额定电压/V	是表示或识别一种电池的适当的电压近似值。它是开路输出电压，即不接任何负载，没有电流输出的电压值	
电池能量/kW·h	电池组储存的能量，其值为电芯容量×额定电压	
最高工作电压/V	也称为充电截止电压，是指在规定的恒流充电期间，电池组达到完全充电状态时的电压	
最低工作电压/V	也称为放电截止电压，是指电池放电时，电压下降到电池不宜再继续放电的最低工作电压值	
SOC	指电池使用一段时间或长期搁置不用后的剩余容量与其完全充电状态的容量的比值，常用百分数表示。其取值范围为0~1，SOC=0时表示电池放电完全，SOC=1时表示电池完全充满	

（续）

参数	定义/描述	参考值
DOD	即放电深度，指电池放电量与电池额定容量的百分比	
DOD 区间上限	上限为电池组允许充电的最高 SOC	97%、95%等
DOD 区间下限	下限为电池组允许放电的最低 SOC	5%、3%等
电池组串并联方式	电池组是如何通过电芯串并联或混联的方式组成的，如 1P108S 表示 1 并 108 串	
质量/kg	电池组的质量，是计算动力蓄电池能力密度的必要参数	
能量密度/(W·h/kg)	单位体积或单位质量电池释放的能量。常用的为质量能量密度，也称为比能量	
低温下（-10℃）能量衰减比例	低温下电芯的能量会稍有衰减，表现为可用电量的减小	<14%
允许能量回收最低环境温度/℃	低温下电芯的充电能力受限	-10～0

2）电学特性参数。通常可以通过试验（如混合脉冲特性试验）数据来对电池等效电路模型的参数进行离线标定。进行混合脉冲特性试验是为了设计动力蓄电池在 2s 或 10s 的短时间内、不同的 SOC 下和不同的工作温度下的充放电能力。同时，通过该试验还可以获得众多电池的电路模型参数。

混合脉冲特性的试验原理图如图 1-40 所示。

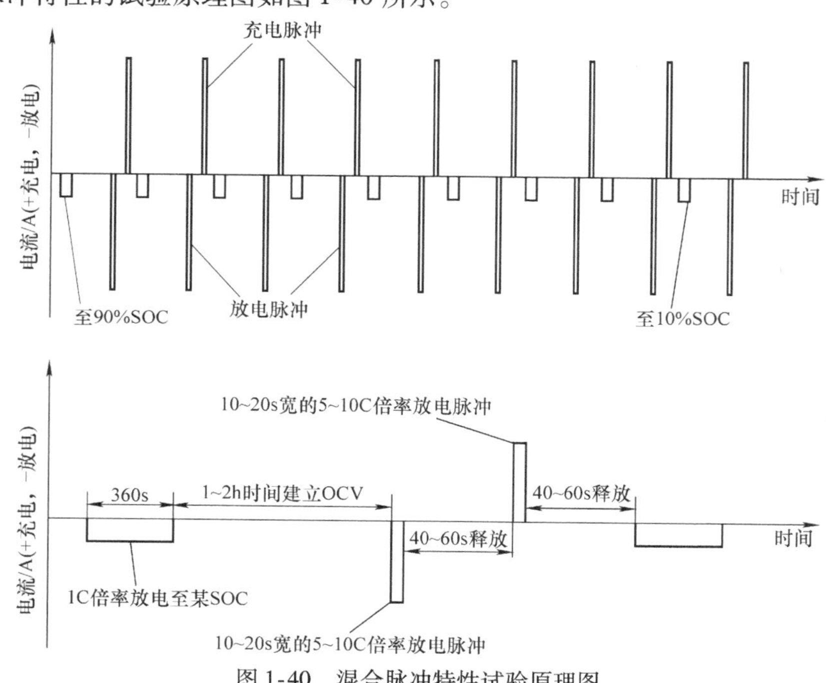

图 1-40　混合脉冲特性试验原理图

根据电池等效电路，电池端电压和电流的关系可以由如下计算式表示：

端电压为

$$V_{\text{terminal}} = V_{\text{oc}} + V_{\text{ohm}} + V_{\text{dyn}} \tag{1-48}$$

开路电压为

$$V_{\text{oc}} = f(\text{SOC}, T) \tag{1-49}$$

欧姆电阻器电压为

$$V_{\text{ohm}} = IR_{\text{ohm}}(\text{SOC}, T) \tag{1-50}$$

动态电流为

$$I_{R_{\text{dyn}}} = \frac{V_{\text{dyn}}}{R_{\text{dyn}}(\text{SOC}, T)} \tag{1-51}$$

$$I_{C_{\text{dyn}}} = C_{\text{dyn}}(\text{SOC}, T)\frac{\mathrm{d}V_{\text{dyn}}}{\mathrm{d}t} \tag{1-52}$$

综上所述，动态电压可以用以下微分方程表示：

$$\frac{\mathrm{d}V_{\text{dyn}}}{\mathrm{d}t} + \frac{V_{\text{dyn}}}{R_{\text{dyn}}(\text{SOC}, T)C_{\text{dyn}}(\text{SOC}, T)} = \frac{1}{C_{\text{dyn}}(\text{SOC}, T)} \tag{1-53}$$

则电路的总微分方程为

$$\frac{\mathrm{d}V_{\text{dyn}}}{\mathrm{d}t} + \frac{V_{\text{terminal}}}{R_{\text{dyn}}C_{\text{dyn}}} = R_{\text{ohm}}\frac{\mathrm{d}I}{\mathrm{d}t} + \frac{R_{\text{dyn}} + R_{\text{ohm}}}{R_{\text{dyn}}C_{\text{dyn}}}I_{\text{terminal}} + \frac{V_{\text{oc}}}{R_{\text{dyn}}C_{\text{dyn}}} \tag{1-54}$$

式中　I_{terminal}——电池系统端电流（A）；

V_{terminal}——电池系统端电压（V）；

T——电池温度（℃）；

V_{oc}、R_{ohm}、R_{dyn}、C_{dyn}——电路模型参数，均为关于电池温度和 SOC 的函数，通过混合脉冲特性试验结果计算得到。

3）SOC 的估算。在动力蓄电池的应用中，SOC 是汽车动力性和经济性的重要影响因素，同时通过仪表显示剩余的电量和预测的剩余行驶里程，也可给驾驶人一个重要的判断依据（判断何时需要给汽车充电、当前状态下车辆可供行驶的剩余里程）。但是因多种因素，SOC 的计算误差偏大，因此结合多种方法合并测定 SOC 就具有很大的必要性。一般以电池的电压、电流、温度、使用状态、使用时间等因素来估算 SOC。

常用的 SOC 估算方法见表 1-15。

表 1-15　常用的 SOC 估算方法

方法一：基于电流的 SOC 估算法
原理图： 电流 库仑效率查找表 Π 1/s 3600 ÷ SOC(0~1) 温度 电池容量查找表 Π 初始SOC

（续）

方法一：基于电流的 SOC 估算法

计算公式：

$$SOC(t) = SOC_i + \frac{\eta_{bat}[i(t),T]}{3600Cap(T)}\int_0^t i(t)dt$$

式中 $SOC(t)$——t 时刻的 SOC

SOC_i——初始时刻的 SOC

$i(t)$——t 时刻的时间序列

$\eta_{bat}[i(t),T]$——温度为 T 时，t 时刻的电池库仑效率

$Cap(T)$——温度为 T 时的电池容量（A·h）

前置条件：精确的初始 SOC 数据、精确地测量电池电流、实时获取精确的电池容量

缺陷：电流传感器随时间产生的误差累积，且此方法未考虑自放电电流；一小部分电流必须流经测量电路，产生了微小的电量损耗；电池容量和库仑效率随温度和使用时间产生非线性变化

方法二：基于电压的 SOC 估算法

原理图：

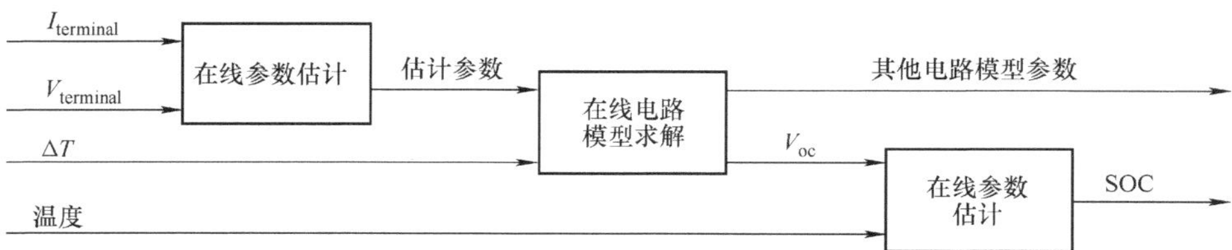

计算公式：

$$V_{terminal}(k) = \alpha_1 V_{terminal}(k-1) + \alpha_2 I_{terminal}(k) + \alpha_3 I_{terminal}(k-1) + \alpha_4$$

式中 $V_{terminal}(k)$——序列 k 的端电压（V）

$V_{terminal}(k-1)$——序列 $k-1$ 的端电压（V）

$I_{terminal}(k)$——序列 k 的端电流（A）

$I_{terminal}(k-1)$——序列 $k-1$ 的端电流（A）

$\alpha_1 \sim \alpha_4$——$\alpha_1 = 1 - \frac{\Delta T}{R_{dyn}C_{dyn}}$，$\alpha_2 = R_{ohm}$，$\alpha_3 = \frac{(R_{dyn}+R_{ohm})\Delta T}{R_{dyn}C_{dyn}}$，$\alpha_4 = \frac{\Delta T \cdot V_{OC}}{R_{dyn}C_{dyn}}$，其中，$R_{ohm}$、$R_{dyn}$、$C_{dyn}$ 为电路模型参数，均为关于电池温度和 SOC 的函数，通过混合脉冲特性试验结果计算得到

$\alpha_1 \sim \alpha_4$ 可以通过测量得到的 $V_{terminal}$ 和 $I_{terminal}$ 进行递推得到，进而得到开路电压 V_{OC}

前置条件：精确的电池端电压和端电流、短时间内开路电压 V_{OC} 是不变的

缺陷：要推算出精确的开路电压 V_{OC} 是很困难的

方法三：基于扩展卡尔曼滤波器（Extended Kalman Filter，EKF）的 SOC 估算法

原理图：

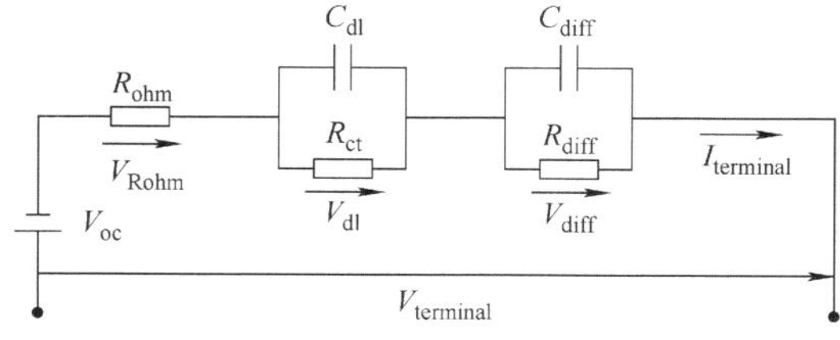

（续）

方法三：基于扩展卡尔曼滤波器（Extended Kalman Filter，EKF）的SOC估算法

计算公式

$$V_{terminal}(k)=f[x_1(k)]+x_2(k)+x_3(k)+R_{ohm}I_{terminal}(k)$$

式中 $V_{terminal}(k)$——电池系统端电压(V)

$I_{terminal}(k)$——电池系统端电流(A)

$x_1(k)\sim x_3(k)$——$x_1(k)=\mathrm{SOC}(t)$，$x_2(k)=V_{diff}$，$x_3(k)=V_{dl}$

$$\mathrm{SOC}(t)=\int_{t_i}^{t}\frac{\eta_{bat}\Delta T}{Cap}I_{terminal}\mathrm{d}t$$

$$V_{diff}=\int_{t_i}^{t}\left(-\frac{V_{diff}}{C_{diff}R_{diff}}+\frac{I_{terminal}}{C_{diff}}\right)\mathrm{d}t$$

$$V_{dl}=\int_{t_i}^{t}\left(-\frac{V_{dl}}{C_{dl}R_{ct}}+\frac{I_{terminal}}{C_{dl}}\right)\mathrm{d}t$$

式中 η_{bat}——电池库仑效率

ΔT——采样时间（s）

Cap——标称电池容量（A·h）

C_{diff}——扩散电容（F）

R_{diff}——扩散电阻（Ω）

C_{dl}——双电层电容（F）

R_{ct}——电荷转移电阻（Ω）

R_{ohm}——欧姆电阻（Ω）

t_i——初始时刻（s）

根据已测得的电池端电压和端电流，$x_1(k)\sim x_3(k)$可以通过EKF方法实时估计。有兴趣的读者可以参阅Plett和Barbarisi的相关著作（Plett，G. L. 2004a，2004b，2004c；Barbarisi等，2006）

流程图：

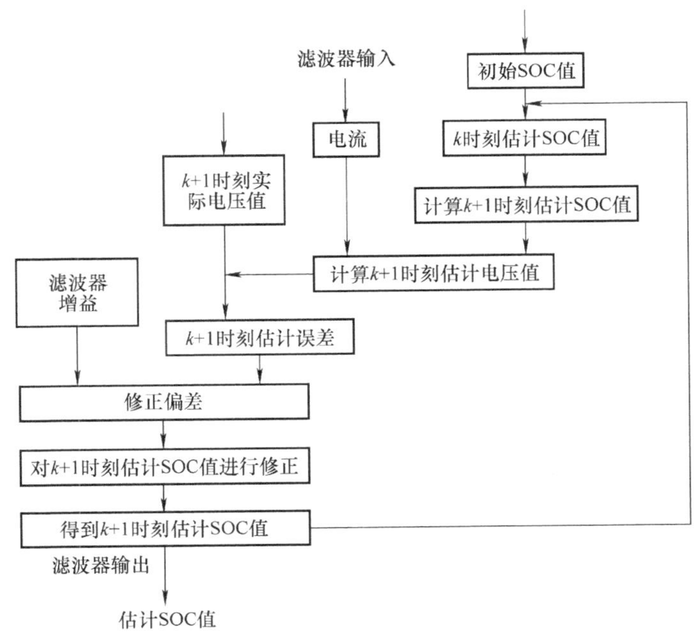

（续）

方法三：基于扩展卡尔曼滤波器（Extended Kalman Filter，EKF）的 SOC 估算法
从流程图可看出，整个基于扩展卡尔曼滤波的 SOC 估算过程是一个闭环的回路。算法由初始化、计算、滤波和循环迭代四个部分组成。而每一次的 SOC 计算都要通过实际的电压、电流、滤波器增益值来进行调整修正。流程图中的滤波器增益实际上就是卡尔曼增益，卡尔曼增益可以看成是一个会变化的系数，该系数用于调整对 SOC 的估计误差值。当 SOC 误差较大时，滤波器增益系数就较大，测量值对 SOC 的修正作用就强；反之，则测量值对 SOC 的修正作用就较弱 在算法的初始阶段，$k=0$ 时刻随机输入一个预测 SOC 值，随后估算一个 $k+1$（1s 时）时刻的 SOC 值，并与实际检测得到的 SOC 值进行比较，得到其中的估计误差，通过卡尔曼增益来对误差进行修正，得到修正后的 $k+1$（1s 时）的 SOC 估测值，通过这个估测值，继续估算 $k+2$（2s 时）的 SOC 值，这样反复地进行下去后，所得到的估测 SOC 曲线就会越发趋近于真实的 SOC 曲线

3. 动力蓄电池特性曲线

采用 AVL Cruise 进行车辆动力性仿真分析，一般要用到以下动力蓄电池特性曲线：OCV－SOC 曲线、Ohm－SOC 曲线、Power Map。

1）开路电压－荷电状态（OCV－SOC）曲线。OCV－SOC 曲线是电池在 SOC 标定过程中非常重要的一条曲线，通常在电动汽车运行了一段时间后，在车辆静置再起动前，电池管理系统（BMS）会调用该曲线，对 SOC 值进行一次校正，并通过一定的算法和其他校正系数得到一个 SOC 值的更新。因此该曲线的准确性就显得尤为重要，可能直接影响 SOC 的精度。典型的 OCV－SOC 曲线如图 1-41 所示。

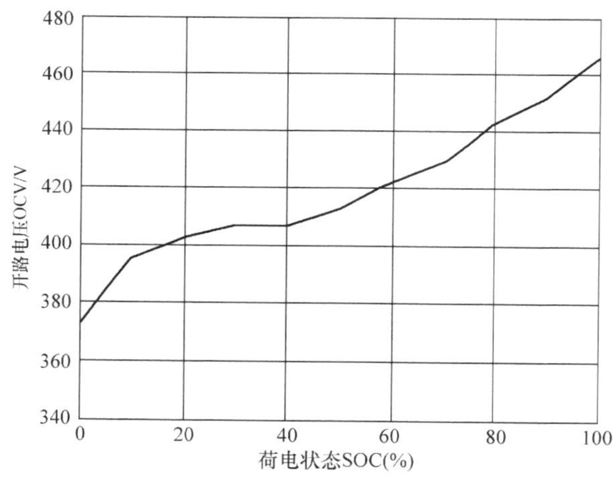

图 1-41　典型的 OCV－SOC 曲线

2）内阻－荷电状态（Ohm－SOC）曲线。对锂离子电池而言，电池内阻分为欧姆内阻和极化内阻。欧姆内阻由电极材料、电解液、隔膜电阻及各部分零件的接触电阻组成。极化内阻是指电化学反应时由极化引起的电阻，包括电化学极极化和浓差极化引起的电阻。典型的 Ohm－SOC 曲线（即电池内阻）如图 1-42 所示。

3）功率图（Power Map）。动力蓄电池的 Power Map 代表了其在不同环境温度、不同 SOC 下能够输出的功率，这决定了电动汽车在确保必要的用电器能够正常工作的前提下，使电机获得尽可能大的电功率，并转换为机械功率，最终输出到整车上以获得动力性。典型的 Power Map 如图 1-43 和图 1-44 所示。

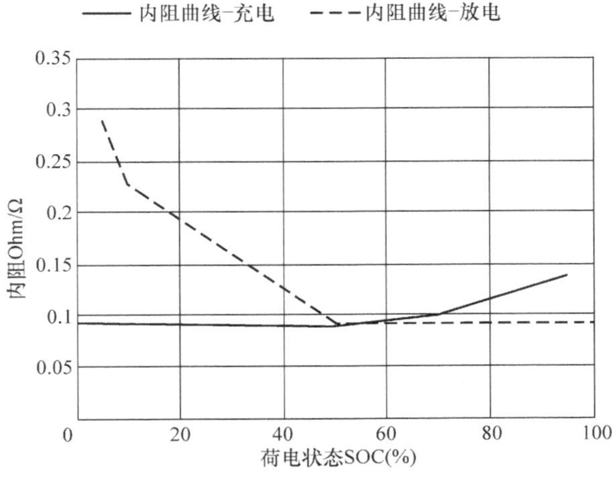

图 1-42　典型的 Ohm - SOC 曲线

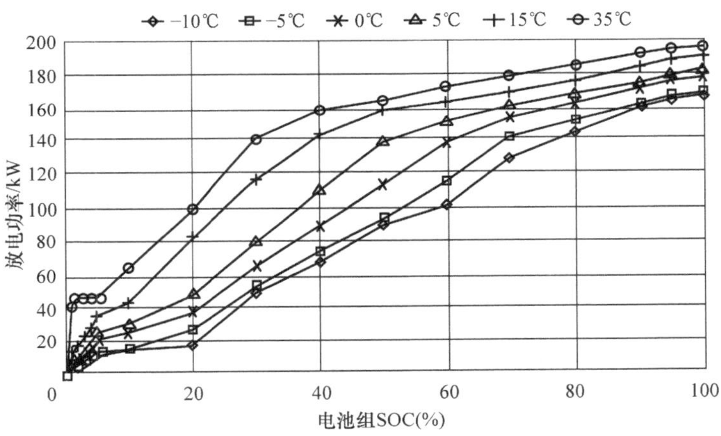

图 1-43　某电池组不同温度放电功率（60s）

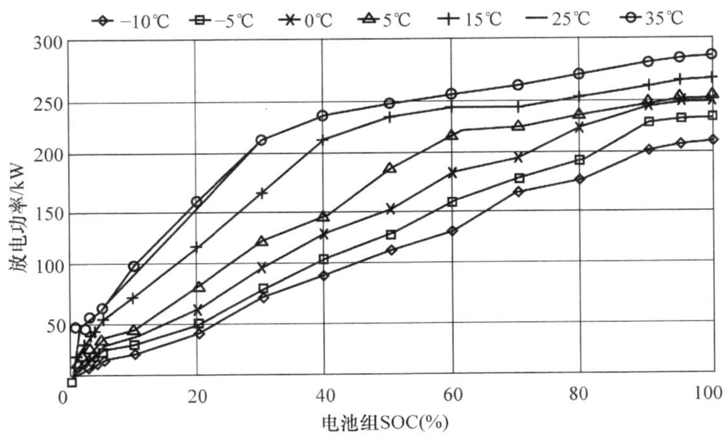

图 1-44　某电池组不同温度放电功率（10s）

1.2.8 高压电系统性能设计

1. 冲放电过程中的功率平衡

（1）高压线束的限制　在进行电动汽车车型设计时，需考虑以下用电/充电设备的高压线束设计：动力蓄电池的母线、电机的母线和直流（DC）充电高压线束。

高压线束的线径限制了其能够传递的电流，一般汽车用高压线束载流量见表 1-16。

表 1-16　汽车常用高压线束载流量限制

线径/mm^2	50	70	90
峰值电流/A	400	500	600
持续电流/A	200	250	300

（2）高压用电器的功率平衡　所有高压用电器的能量均来源于动力蓄电池，为了保证所有用电器能够正常工作，要求动力蓄电池的输出功率（峰值和持续）应大于或等于所有用电器的工作功率之和（峰值和持续）。在给定的电压平台下，动力蓄电池的输出功率主要受高压线束的限制。故而在选取高压线束的线径时，要考虑车辆的动力性要求。图 1-45 所示为某电动汽车的功率平衡图。

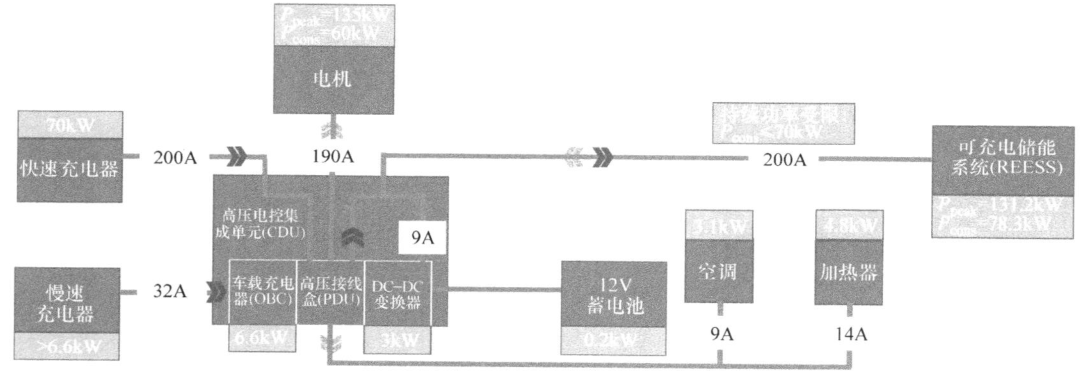

图 1-45　某电动汽车的功率平衡图

（3）低压用电器的功率平衡　在设计 DC－DC 变换器时要考虑所有低压用电器的峰值功率需求，但是对车辆进行动力性和经济性试验时，很多用电器是不工作的，即使是工作的用电器，也运行在额定功率或限制功率状态。表 1-17 所列为某车型在环境温度（25℃）、转毂试验台上运行时的低压用电器清单。

表 1-17　某车型低压用电器功耗清单

系统	类型	用电设备名称	功率/kW
发电机	基础类电器	燃油供给系统	0.06
		废气再循环（EGR）电磁阀	0.02
		电子节气门	0.04
		仪表及监控	0.01
		内燃机电子控制单元（ECU）	0.03
		车身控制器＋安全气囊控制器＋胎压传感器	0.03

（续）

系统	类型	用电设备名称	功率/kW
发电机	灯具	位置灯	0.02
		近光灯	0.05
		前雾灯	0.11
		后雾灯	0.05
		牌照灯	0.01
	手动开启功能	空调控制系统	0.06
		影音视听系统（高配）	0.10
	鼓风机	前空调鼓风机（四档）	0.29
		前空调鼓风机（二档）	0.08
	电子风扇	散热器风扇（高速）	0.42
		散热器风扇（低速）	0.3
空调系统	空调	空调压缩机	2.68
转向系统	转向	助力转向泵	0.75

低压用电器的能量来源于12V蓄电池，而12V蓄电池中的能量是通过DC－DC变换器从动力蓄电池中转换得来的。

2. 充放电过程中的效率优化

（1）充电方式　纯电动汽车有交流充电和直流充电两种充电方式。连接方式有以下三种：

1）连接方式A。将电动汽车和交流电网连接时，使用和电动汽车永久连接在一起的充电电缆和供电插头，其中电缆组件也是车辆的一部分，如图1-46所示。

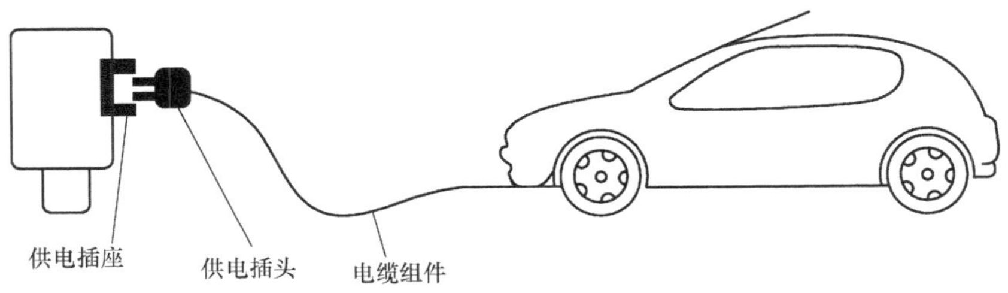

图1-46　连接方式A示意图

2）连接方式B。将电动汽车和交流电网连接时，使用带有车辆插头和供电插头的独立的活动电缆组件，其中可拆卸电缆组件不是车辆或者充电设备的一部分，如图1-47所示。

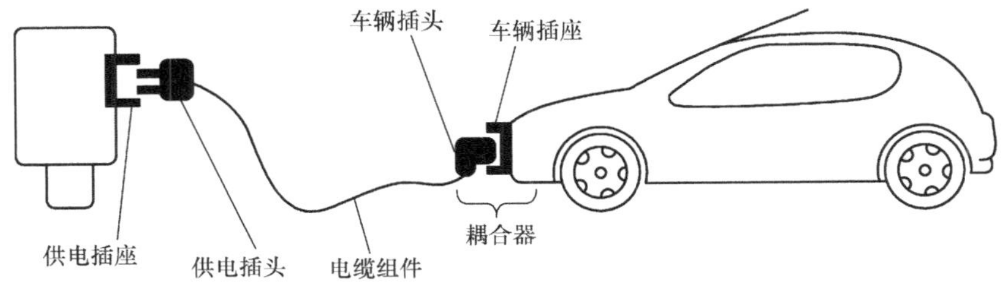

图1-47　连接方式B示意图

3）连接方式 C。将电动汽车和交流电网连接时，使用了和供电设备永久连接在一起的充电电缆和车辆插头，其中电缆组件也是车辆的一部分，如图 1-48 所示。

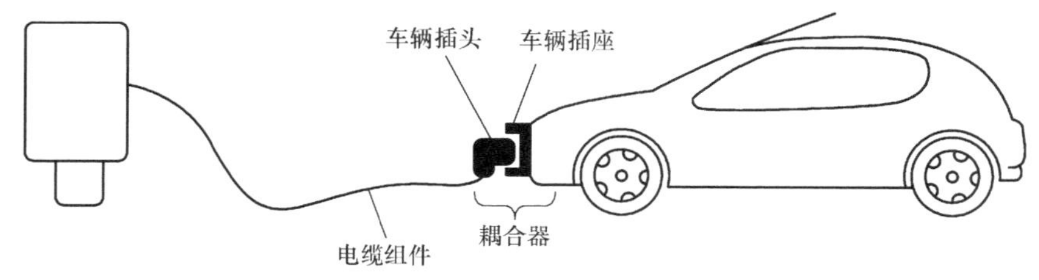

图 1-48　连接方式 C 示意图

国家标准 GB/T 18386—2017《电动汽车　能量消耗率和续驶里程　试验方法》，对于 EV 车型的充电方式有如下要求：采用交流充电方式时电量测量设备应安装于车辆插头和供电设备之间；如果车辆仅有直流充电方式，则电量测量设备应安装于车辆插头和电网之间。

（2）整体充放电过程中的效率研究　交流充电过程中，主要的充放电效率损失来源于车载充电器（OBC）（含充电插头），以及动力蓄电池内部铜排、接插件等的内阻损失。一般交流充电的整体效率在 90% 左右。图 1-49 所示为交流充电示意图。

直流充电过程中，主要的充放电效率损失来源于直流充电桩（冷却系统功耗），以及充电接口、动力电池充电母线、内部铜排、接插件等的内阻损失。图 1-50 所示为直流充电示意图。

图 1-49　交流充电示意图

图 1-50　直流充电示意图

根据试验统计数据，直流快充方式因电网充电桩的效率损失，整体效率约为 85% ~ 95%。表 1-18 所列为国内某检测机构试验实测的部分车型充放电效率数据。

表 1-18　国内某检测机构试验实测的部分车型充放电效率数据

试验序号	理论电量/kW · h	理论放电深度	理论有效电量/kW · h	实测有效电量/kW · h	电网充电电量/kW · h	充电效率 1	充电效率 2
1	72	95%	68.4	66.9	76.49	87.50%	89%
2	35	90%	31.5	31.8	37	85.90%	85%
3	52.5	92.50%	48.56	48.1	54.5	88.30%	89%
4	35	90%	31.5	32.1	38	84.50%	83%
5	52.5	92.50%	48.56	49	55.8	87.80%	87%
6	52.5	92.50%	48.56	49.7	55.9	88.90%	87%

注：充电效率 1 为实测有效电量与电网充电电量的比值，充电效率 2 为理论有效电量与电网充电电量的比值。

1.3　动力性和经济性开发案例

整车动力性和经济性开发基于成熟商业软件 AVL Cruise，一般通过图 1-51 所示的流程

来构建开发车型的仿真模型，以确保仿真的准确度。

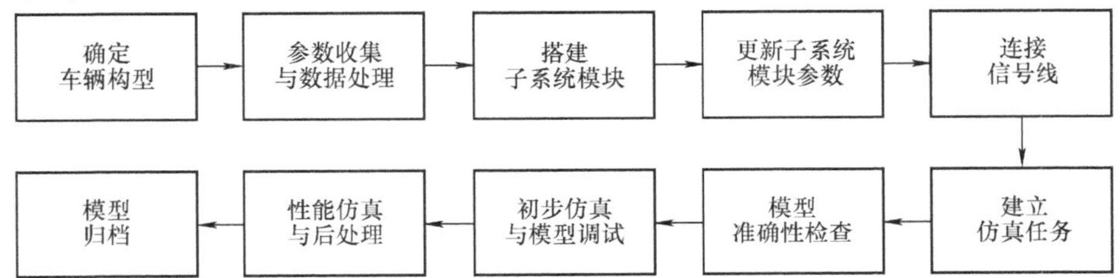

图 1-51　AVL Cruise 仿真模型构建流程

1.3.1　特定节气门和换档策略的性能分析

模拟实际驾驶过程中整车动力性能状态，如 30% 加速踏板行程，发动机转速为 2500r/min 时连续换档加速过程车辆加速度曲线。运用的计算工况与全负荷加速（Full Load Acceleration）无本质区别，主要的区别在于部分加速踏板行程，或者是固定内燃机转速等。

组件与工况的设置步骤：

1）Engine → Load signal Map　输入车辆 Acc Pedal Map。

2）在原有 0～100km/h 加速分析任务中，在 Full Load Acceleration→ Partial Load 中输入目标加速踏板行程。

3）Full Load Acceleration→ Shifting → According to Speed。

4）在 Full Load Acceleration→ Driver → Shifting → Shifting According to Speed 中输入目标换档转速。

5）在 Full Load Acceleration→ Measure Points 中输入目标车速段。

仿真结果检查如图 1-52 和图 1-53 所示。

6）Result Manager → Full Load Acceleration → Engine → Load Signal。

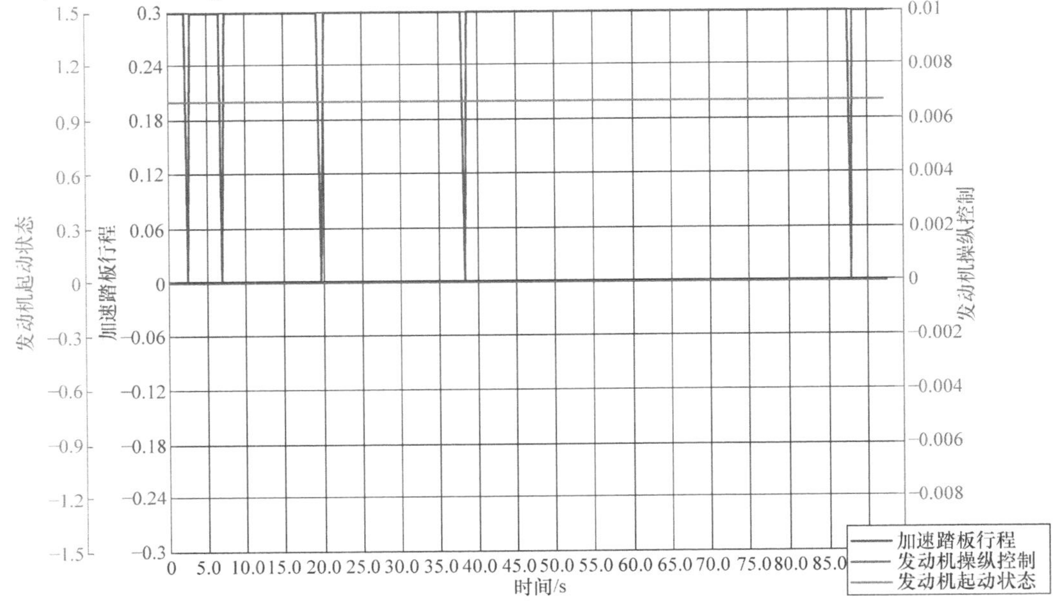

图 1-52　结果检查（加速踏板行程）（见彩插）

7）Result Manager → Full Load Acceleration from Rest。

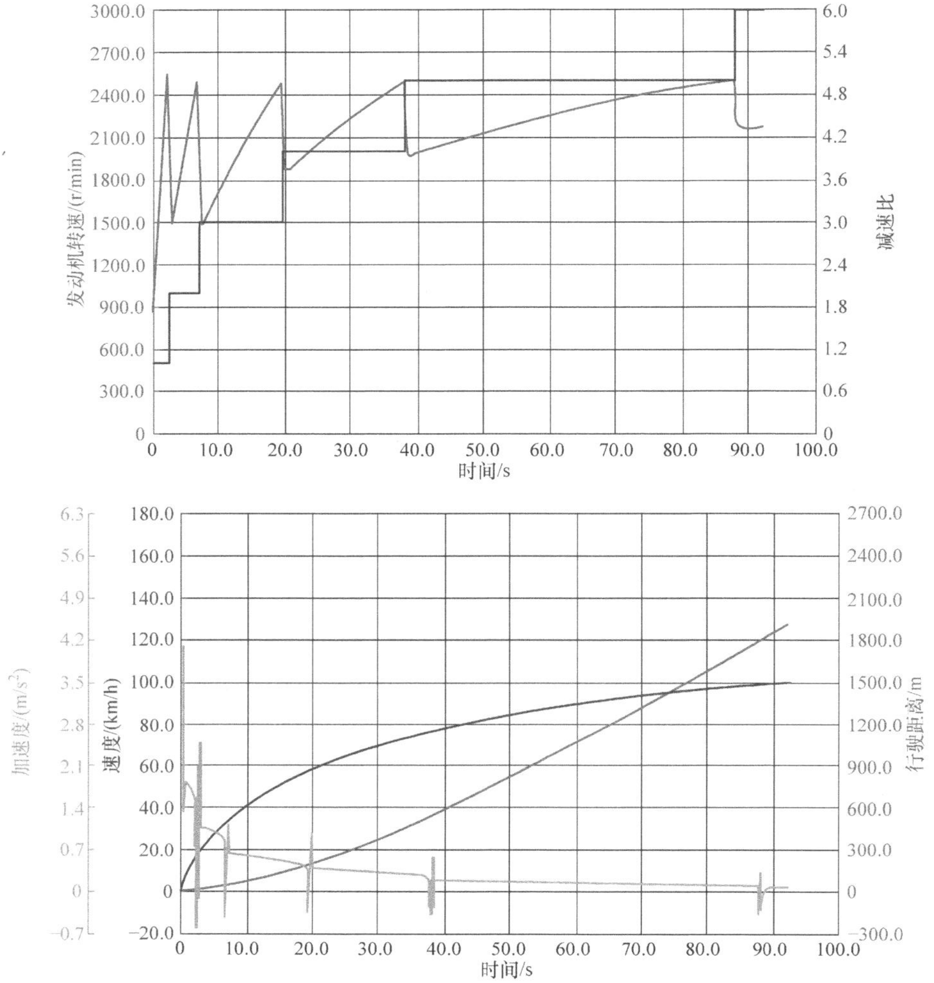

图 1-53　结果检查（发动机转速、档位、车辆的加速度）（见彩插）

1.3.2　特定档位和坡度的性能分析

模拟特定档位、车速、坡度等条件下的车辆性能状态，以热管理典型工况为例：空调开启，变速器置于三档，车速为 50km/h，7.2% 坡度条件下，需要输出内燃机转速、输出功率、负荷率等。运用的计算工况与恒定驱动（Constant Drive）无本质区别，主要的区别在于定义了坡度，或者是指定档位。

组件与工况的设置步骤：

1）将车辆附件设置为开启状态。

2）在原有 Constant Drive 分析任务 Run in all Gears → Course → Altitude 中输入目标坡度，如图 1-54 所示。

a	b
0.0	0.0
100.0	7.2

图 1-54　坡度设定

3）在 Constant Drive → Velocity Measure Points 表格中输入目标车速段。仿真结果检查如图 1-55 所示。

4）Result Manager → Constant Drive→ Run in all Gears →Engine。

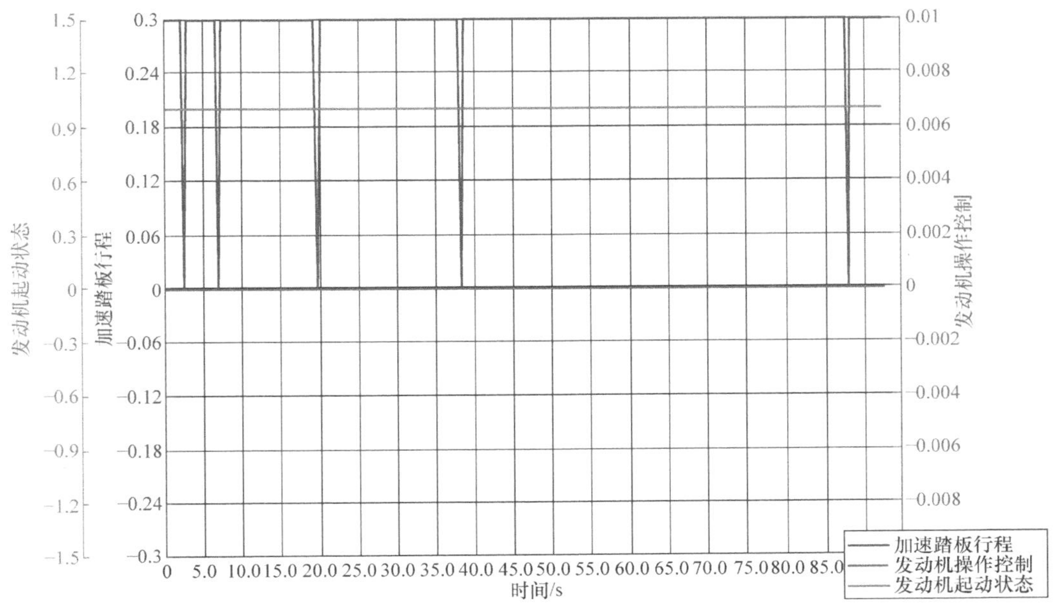

图 1-55 结果检查（发动机）（见彩插）

1.4 展望

燃油标准的日益严格降低了我国公路行业的燃油使用量，并激励了先进汽车能效技术的发展。这需要制定政策路线图和长期战略，为制造商提供长期燃料消耗、技术进步和潜在合规成本的确定性。我国正积极推进轻型汽车标准的建立，以推动驱动单元、储能系统的新技术应用，降低碳排放。

1.4.1 内燃机性能提升技术

内燃机通过特定的热力学循环将燃料中的化学能转化为车辆动能，然而并非所有燃料的能量都可以转化为车辆的动能。指示效率定义为传递给指示功的燃料能量的比例，或者是指在内燃机大功率行程中高压缸内气体对活塞所做的功的比例。影响内燃机指示效率的因素包括不完全燃烧和热损失。不完全燃烧产生的能量损失可以忽略不计，在当前内燃机中，热损失占燃料能量的 60% 以上，其中一半被冷却系统浪费，另一半则被废气浪费。此外，并非所有对活塞所做的功都使其达到内燃机的最终输出轴。内燃机有机械效率损失，损耗基本上是由其组件的运动引起的。导致机械损耗的因素包括泵气（进气和排气）损失、摩擦和带动附件（如交流发电机、机油泵、水泵和空调压缩机）。另外，尽管没有直接影响内燃机的效率，内燃机还有怠速损失。这些损失在很大程度上取决于驾驶方式，因此总损失可能会有很大差异。

随着车载电子控件的不断发展，技术得到快速改进，从而减少了上述能源损失。这些技术不仅可以提高内燃机效率，而且还可以通过其他方式减少车辆的燃油消耗。例如，除了减小热量和机械损失，涡轮增压器小型化还可以通过简单地减轻内燃机的重量和降低内燃机的转速来减少车辆的燃油消耗。怠速起动技术通过在怠速期间关闭内燃机来减少燃油消耗。一些先进的起停设备还具有再生制动功能，可以回收制动能量并将其用于为附件供电，从而减小附件损失。

当前已广泛应用的内燃机技术包括汽油机缸内直喷技术（GDI）、柴油机冷却废气再循环（Cooled－EGR）、涡轮增压器小型化（TURBO－DOWNSIZING）、可变气门正时（VVT）、可变气门升程、断缸技术、高压缩比、阿特金森循环、起停技术、降低内燃机摩擦阻力技术。表 1-19 所列为常见的内燃机性能提升技术降耗率。

表 1-19　常见的内燃机性能提升技术降耗率

技术		中国乘用车市场渗透率	预测降耗率	
			美国市场	中国市场
汽油机缸内直喷技术		25.3%（2016 年）	1%～3%	4.5%、3.9%
柴油机冷却废气再循环		—	—	3.63%、4.6%
涡轮增压器小型化		32%（2016 年）	—	7.2%
可变气门正时	进气凸轮相位	33%（2014 年）	2.1%～2.7%	2.18%
	耦合凸轮定相	31%（2014 年）	1%～3%	
	双凸轮相位	—	4.1%～5.5%	
可变气门升程	离散型	62%（2014 年）	2.8%～3.9%	—
	连续型	2%（2014 年）	3.6%～4.9%	—
断缸技术		—	0.5%～6.5%	0.44%
高压缩比		1%（2014 年）	3%～8%	—
阿特金森循环		—	8.0%～10.3% 10%～14%	—
起停系统	强化起动器	8%（2016 年）	1.8%～2.4%	3.5%
	直接起动	1%（2014 年）	8%	—
减小内阻	表面涂层	—	—	3.43%
	其他	—	0.8%	

1.4.2　高压平台提升技术

目前市场上的纯电动汽车，主流的电压平台为 400V＋12V。其中 400V 为动力蓄电池的电压平台，用于驱动电机、高压空调（或热泵）和加热器（PTC）；12V 为蓄电池的电压平台，用于驱动车辆上的控制器、继电器、车身和娱乐系统部件等。

这里介绍保时捷的全新 Taycan——全球首个量产的采用了 800V 电压平台的纯电动乘用车。Taycan 上共有 800V、400V、48V 和 12V 四个电压平台，其高压平台示意图如图 1-56 所示。其中 800V 为动力蓄电池的电压平台，用于驱动电机，另外，在有 800V 充电桩时，可以直接为动力蓄电池充电；400V 为动力蓄电池通过 DC－DC 变换器降压后，用于驱动高压空调（或热泵）和 PTC 等，同时，市场上主流的快速充电桩只支持 DC200～500V 的电压，故而在没有 800V 充电桩时，需要通过一个充电泵将 400V 充电桩的电压提升至 800V，以为动力蓄电池充电；48V 为动力蓄电池通过 DC－DC 变换器降压后，用于驱动动态底盘控制系统（Dyanamic Chassis Control，DCC，实质就是一个电机驱动的主动横向稳定杆）；12V 为蓄电池的电压平台，用于驱动车辆上的控制器、继电器、车身和娱乐系统部件等。

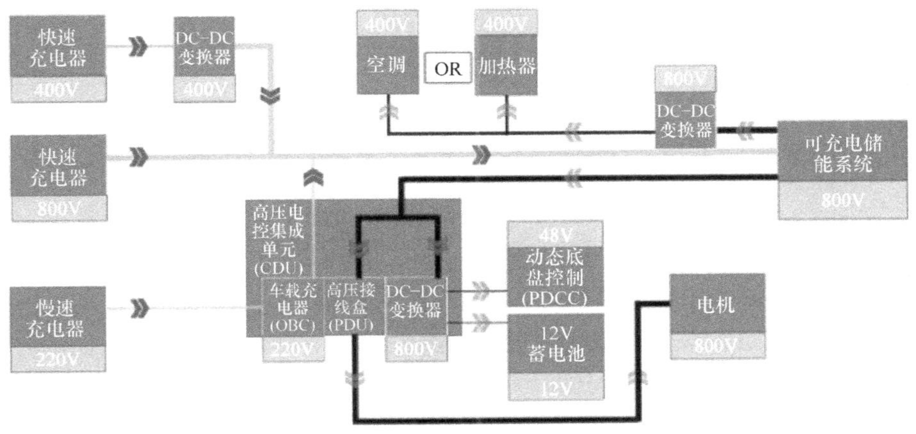

图 1-56　保时捷 Taycan 高压平台示意图

Taycan 之所以采用 800V 平台来驱动电机，是为了获得极佳的动力性（其 0～100km/h 加速时间仅需 2.8s），如此高的功率需求对整个高压系统提出了极高的要求。如果采用主流的 400V 电压平台，则对于高压线束的载流量来说是一个极大的挑战。因为高压线束内阻消耗发热功率为 $P=I^2R$，在电阻 R 不变的情况下，发热功率随电流的增大而呈几何级数增长，对于整车的热管理非常不利，故而不宜通过增大电流来提高输出功率。而系统的输出功率 $P=UI$，在确定了需求的功率 P 之后，为了降低电流 I，只有增大电压 U，才能达到提升输出功率的要求。

保时捷能够在现有电动乘用车的产业链下，开发出可用的 800V 电压平台，对于国内众多的新能源汽车企业具有一定的指导意义。

整车驾驶性

2.1 驾驶性概述

2.1.1 驾驶性定义

随着我国城市建设不断推进，道路交通环境变得复杂多样，与此同时，汽车保有量不断增加，随之而来的是道路交通拥挤和交通事故频发等。用户对汽车驾驶性能的要求越来越高，为了满足汽车在复杂路况中保持足够的机动灵活性和舒适性，以及日益增长的各种驾驶需求，驾驶性这一概念越来越受到汽车研发工程师和汽车用户的关注。

驾驶性与用户的驾驶体验高度相关，是汽车的重要性能之一。所谓驾驶性，是用户体验的工程定义，将其描述为驾驶人感受车辆对人为操控的动态响应。这种响应主要指车辆纵向加速度相关特性，包含从起步、加速、匀速到减速阶段的所有驾驶历程中，驾驶人能感受到的加速度、加速度变化、加速踏板输入变化及由此带来的各种冲击、顿挫、响应延迟、与驾驶意图不符等各种现象。驾驶性包含以下特性：

1）主要表现为部分节气门特性。

2）侧重于车辆的低频响应。

3）线性输入对应线性输出的加速度关系。

4）平稳、流畅的主观驾驶感觉。

本章所讨论的驾驶性与传统的动力性有所区别。传统的动力性仅指节气门全开（Wide Open Throttle，WOT）性能，即全负荷输出条件下，车辆所能达到的极限加速、最高车速及最大爬坡和坡道起步能力。它本质上属于驾驶性的一部分，但是只能表征极端工况下的车辆性能。而此处的驾驶性更能贴近用户的实际需求，更关注节气门部分开启（Part Open Throttle，POT）性能，即动力驱动系统部分负荷或零负荷输出条件下，车辆所能获得的加速度或减速度，以及加速度或减速度建立过程中产生的各种冲击、顿挫、延迟对驾驶人主观感受造成的影响。

在用户实际驾驶中，驾驶性更具有广泛性，更贴近用户的真实需求。根据调查研究获得的用户日常习惯踩下的加速踏板行程分布及车辆加速度分布分别如图 2-1 和图 2-2 所示。加速踏板行程≤30%的时间占比高达 85%，而加速踏板行程为 100%的时间占比仅有 0.3%，车辆加速度≤$0.2g$ 的时间占比高达 99%，可见用户使用的绝大多数工况都是驾驶性定义所处的工况范围。

值得注意的是，整车动力性好并不等价于驾驶性也好。例如，常见的百公里加速性能很好的车，起步却“感觉很慢”“给油不走”；高速驾驶时，经常出现频繁换档；匀速行驶很

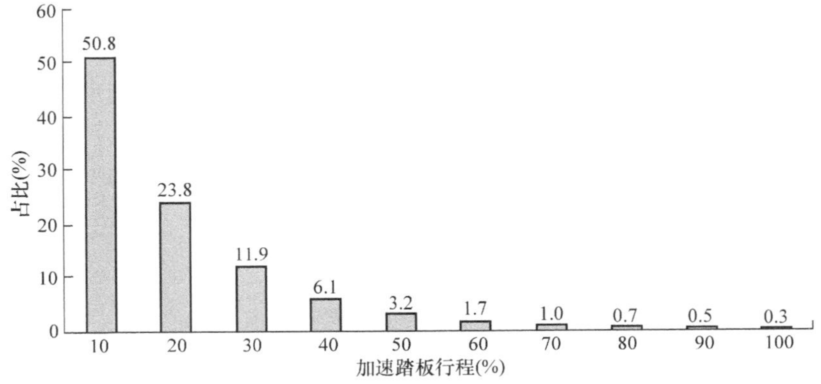

图 2-1　用户加速踏板行程分布

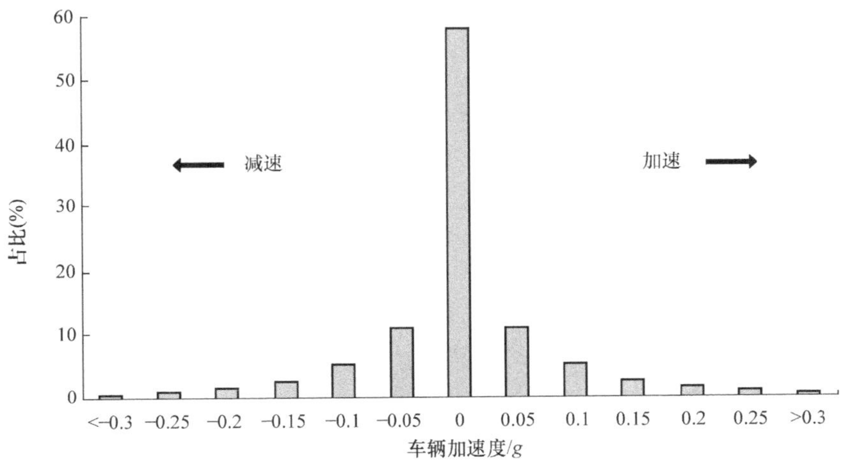

图 2-2　车辆加速度分布

难稳住节气门开度；自动档车型手动降档加速时，只听到发动机转速飙升的声音，却没有“加速推背感”等。驾驶性主要包含全局响应和局部瞬态响应两大部分。全局响应是局部瞬态响应的基础，在车型开发过程中，应首先对前者进行完整的目标定义和设计，再对后者进行测试与调整优化改进。

（1）全局响应　从全局角度定义加速踏板行程与不同车速下整车纵向加速度的关系，定义整体驾驶性风格，包含稳态车速加速踏板行程指标、加速度响应指标、起步加速响应指标、各档爬坡度指标、能量回收制动减速度指标（含滑行制动感）等。全局响应通过整体策略进行优化设计和调整。

（2）局部瞬态响应　主要关注发动机和电机转矩变换、变速器换档过程等瞬态响应特性，通过对工况进行分解及基于不同评价指标的打分，识别各种瞬态过程由整车纵向加速度发生变化而引起的问题，包括快踩加速踏板响应（Tip in）、快松加速踏板响应（Tip out）、变速器换档质量（Gear Shift Quality）等指标。局部瞬态响应主要通过局部标定参数优化，重在提升驾驶性细节品质。

2.1.2 驾驶性理论基础

驾驶人对车辆的操控主要包括实现加速、减速、换档、转向等意图的操作，涉及加速踏板、离合器踏板、制动踏板、转向盘转角和变速杆等的输入，其中与驾驶性强相关的输入主要是加速踏板输入。而驾驶人感受车辆还包括加速踏板、离合器踏板的踏板力和行程，车辆的速度、发动机转速，以及纵向加速度响应和局部瞬态的急动度（冲击、顿挫等）。图 2-3 所示为驾驶人与车辆的信息交互图。

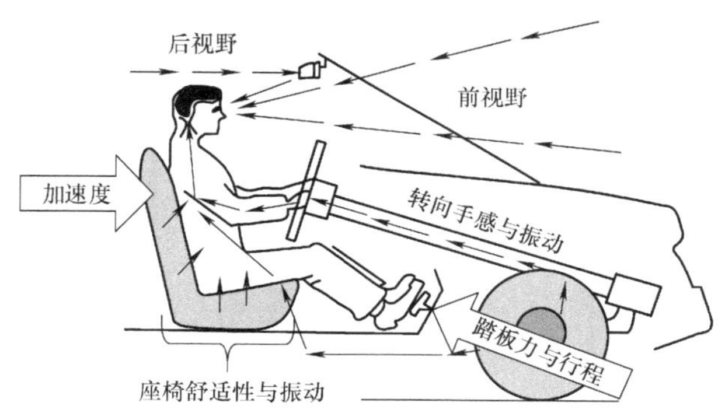

图 2-3　驾驶人与车辆的信息交互图

下面介绍与驾驶性密切相关的速度、加速度和急动度对驾驶人的影响。

（1）速度　速度是位置 s 对时间 t 的导数，定义为位置对时间的变化率$\left(\frac{\mathrm{d}s}{\mathrm{d}t}\right)$，以 m/s 为单位来量度。速度本身对驾驶人没有太大的影响，唯一的感受方式是向窗外观看不断掠过的地面景物，即使是高速，也仅仅是来自心理上的变化。

（2）加速度　加速度是速度 u 对时间 t 的导数，定义为速度对时间的变化率$\left(\frac{\mathrm{d}u}{\mathrm{d}t}\right)$，俗称“加快”，以 $\mathrm{m/s^2}$ 为单位来量度。根据牛顿公式 $F=ma$，加速度恒定，表明物体受到了一个稳恒力。汽车加速，车上的每个人，包括驾驶人和乘客，都会突然向后仰，感受到座椅给予的推背感。换句话说，速度看得见，加速度则能感觉到。汽车驾驶性上的加速度可以被设计和规划，从而根据驾驶人的意图而输出，将加速度作为全局响应的重要指标，正是驾驶性上的加速响应。

（3）急动度　急动度是加速度 a 对时间 t 的导数$\left(\frac{\mathrm{d}a}{\mathrm{d}t}\right)$，用来描述加速度本身的变化方式，以 $\mathrm{m/s^3}$ 为单位来量度，也称为冲击程度（Jerk）。恒定的加速度使驾驶人感受到恒定的推力，但是如果这个力突然改变，驾驶人将感到不舒服，甚至是疼痛。当车遭受撞击或者传动系统本身发生撞击时，整车加速度会突然改变，车辆具有急动度，驾驶人会感到不舒服，具有恒定加速度和零急动度的人体，感觉最舒适。驾驶性上的急动度往往来自车辆瞬态冲击，将急动度作为评判局部瞬态驾驶品质的重要参考。

对于全局响应，整车加速响应与驾驶人需求相匹配，驾驶人的驾驶需求通常通过踩踏加速踏板来反映。通常情况下，节气门开度越小动力性越差，节气门开度越大动力性越好。

小节气门开度主要用于车辆缓慢加速、稳速和由高速减速的行驶工况，此时对车辆动力性没有很大的预期要求，驾驶需求为良好的燃油经济性；中大节气门开度主要用于车辆快速起步、行车过程中的加速、超车等工况，此时需要车辆具有足够的动力，同时还要兼顾油耗水平，驾驶需求为兼顾动力性和燃油经济性，具有良好的驾驶性；节气门全开主要用于紧急加速、应急逃逸等特殊工况，此时需要车辆具有最大动力输出，驾驶需求为最佳动力性。

此外，在城市道路行驶时，虽然车速往往处于中低水平，但车辆需要在复杂路况中保持足够的机动灵活性，以应对各种驾驶需求，包括频繁的起步加速、超车、爬坡等，此时需要有较好的加速度响应；高速行驶时，由于道路路况优良，以及基于行驶的稳定性和安全性考虑，车辆对加速度响应的需求则相对较低，对驾驶细节品质的要求则相对较高。因此，在节气门开度相同的情况下，不同的车速段对于加速度响应的需求也不同。通常情况下，车速越高，对于加速度响应的需求越低，而在常用的中低车速段，对于加速度响应的需求则相对较高。

全局响应的策略开发设计需要满足如上的基本驾驶需求原则。在此基础上，根据车辆类型和市场定位进行驾驶风格定义和策略开发，根据驾驶风格和策略，针对局部瞬态响应进行标定优化，实现驾驶风格统一和细节品质提升。

2.1.3 驾驶性典型工况

前面介绍了驾驶性与动力性的区别，在实际的驾驶中，驾驶性更具有广泛性，更贴近用户的真实需求。下面简单介绍几个评价驾驶性的典型工况。

1. 全局响应相关工况

全局响应相关工况主要包括与速度和加速度相关的驾驶工况。

(1) 匀速工况 匀速工况包括匀速巡航、蠕行和匀速爬坡，其中匀速巡航主要以稳速加速踏板行程作为主要评价指标，评价匀速巡航的舒适性和稳定性；蠕行以蠕行车速和蠕行稳定性为评价指标；匀速爬坡主要以高速（120km/h）时变速器档位在最高档时的最大爬坡度为评价指标，主要评价高速爬坡稳定性。

(2) 起步加速工况 起步加速工况包括怠速起步、小加速踏板行程起步、中加速踏板行程起步、大加速踏板行程起步等工况，主要以起步过程中的加速度大小和加速度线性度为评价指标。

(3) 行驶加速工况 行驶加速工况包括匀速后加速和减速后加速两种，根据加速踏板行程，分为小加速踏板行程加速、中加速踏板行程加速、大加速踏板行程加速等工况，主要以加速过程中的加速度大小和加速度增益为评价指标。

(4) 滑行减速工况 滑行减速工况主要关注 D 档（前进档）滑行，主要以滑行过程中的减速度大小和减速度线性度为评价指标，针对于新能源车型，需要重点关注滑行能量回收介入和减速度变化。

2. 局部瞬态响应相关工况

局部瞬态响应相关工况主要包括与急动度相关的驾驶工况，表现在动力传动系统瞬间发生变化的过程，包括各种工况中的冲击、顿挫、延迟、与驾驶意图不符等现象，典型工况体现在换档和 Tip in / Tip out 工况等。

(1) 升降档工况 升降档工况包括定加速踏板行程升档、松开加速踏板后升档、动力降档、滑行降档、减速降档、手动换档等，主要评价换档过程的平顺性。

（2）Tip in / Tip out 工况　Tip in/Tip out 工况包括不同档位、不同转速下的 Tip in / Tip out 工况，根据加速踏板行程，分为小加速踏板行程、中加速踏板行程、大加速踏板行程等，主要以响应、冲击、耸动和耸动次数等为评价指标。

2.2　驾驶性设计理论与方法

本节将主要围绕驾驶性指标体系、开发方法、开发工具、客观测试等，重点介绍驾驶性开发的设计理论、方法与工程实践。

2.2.1　指标体系

驾驶性指标体系主要包括加速踏板特性、稳态车速控制、起步加速响应、行驶加速响应、典型车速下各档位最大爬坡度（特征转速下的各档位转矩储备）、能量回收制动减速度指标（含滑行制动感）、Tip in/Tip out 响应和换档质量等。

1. 加速踏板特性

电子加速踏板（图 2-4）控制系统主要由加速踏板、加速踏板位移传感器、电子控制单元（ECU）、数据总线、伺服电动机和节气门执行机构组成。加速踏板位移传感器传送加速踏板踩踏行程与快慢的信号给控制器，控制器解读后发出相应的控制指令给节气门，节气门依指令快速或缓和开启对应的开度。从驾驶性的角度来说，加速踏板的特性主要体现在踩踏过程中加速踏板力的变化，以及行程合理性两个特征。图 2-5 所示为电子加速踏板原理图。

图 2-4　电子加速踏板

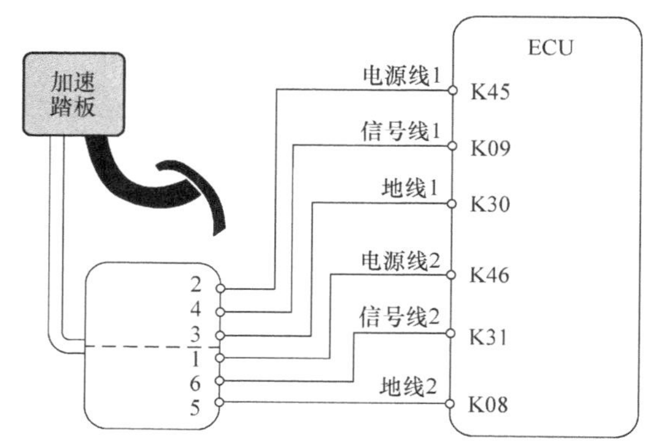

图 2-5　电子加速踏板控制原理图

图 2-6 所示为加速踏板力与踏板行程关系曲线，实线表示踩踏过程中踩踏力的变化，即从 0 踩踏力输入开始，踩踏力随着行程的增大而增大的过程；虚线是松踏板过程中的回复力变化，即从最大踏板行程开始，踩踏力随着行程的减小而变小的过程。踏板力过大，一方面引起长时间匀速驾驶时的腿部疲劳，另一方面间接影响加速感觉，误以为节气门响应慢；踏板力过小，也不利于稳速控制，容易导致腿部僵硬。图 2-6 中踏板力关键指标参数含义如下：

1）N_1 代表踏板初始力（N）。

2）N_2 代表 95% 节气门开度时踏板力（N）。

3）N_3 代表回复力（N）。

4）S_1 代表踏板初始力对应踏板行程（mm）。

5）S_2 代表95%节气门开度时踏板行程（mm）。

6）S_3 代表踏板全行程（mm）。

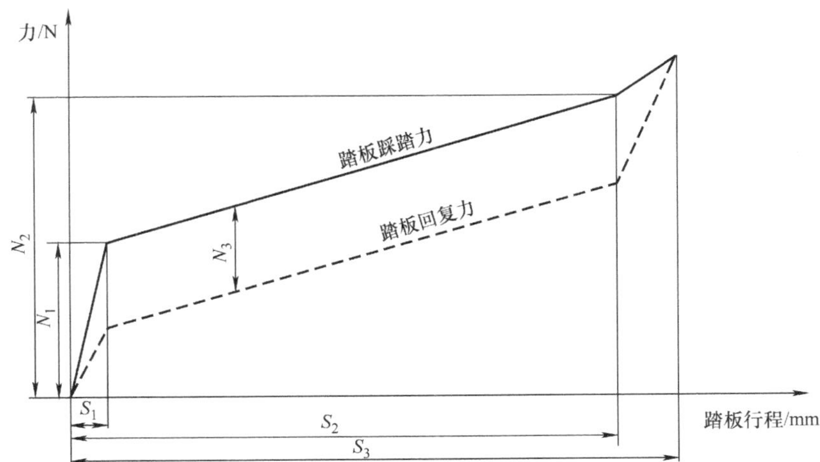

图 2-6 加速踏板力与踏板行程关系曲线

通常情况下，电子加速踏板配有两个位移传感器，图 2-7 所示为加速踏板电压信号与踏板行程关系曲线。实线表示电位信号 -1，是 ECU 主要读取的信号；虚线表示电位信号 -2。图 2-7 中踏板行程关键指标参数含义如下：

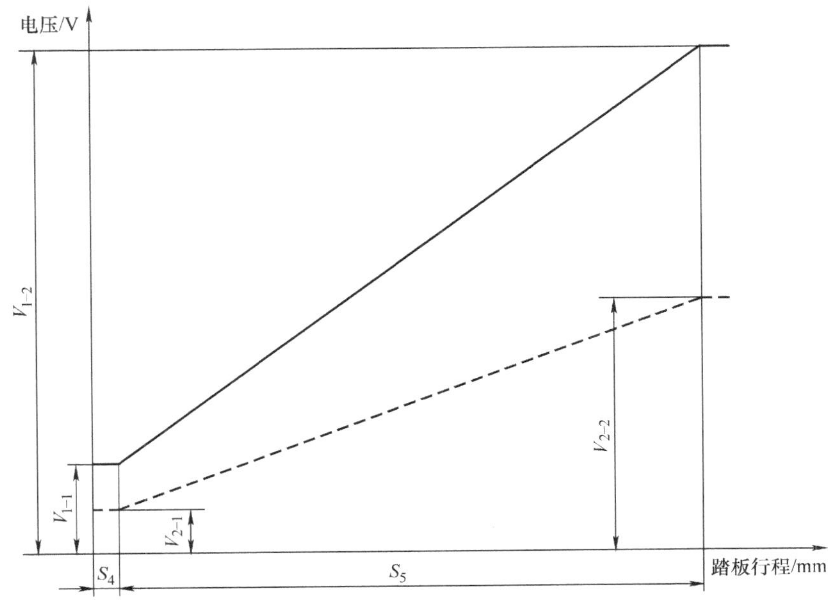

图 2-7 加速踏板电压信号与踏板行程关系曲线

1）V_{1-1}代表电位信号 -1 的初始电压，根据传感器确定。

2）V_{1-2}代表电位信号-1的全行程电压，根据传感器确定。

3）V_{2-1}代表电位信号-2的初始电压，根据传感器确定。

4）V_{2-2}代表电位信号-2的全行程电压，根据传感器确定。

5）S_4 代表初始电压对应的行程，也就是前端电压空行程。

6）S_5 代表有效电压对应的行程，也就是电压有效行程。

ECU主要读取电位信号-1的电压信号，在电压有效行程区间内截取，用于标定加速踏板百分比。如图2-8所示，加速踏板百分比0位与加速踏板行程0位并不对应，百分比0位对应的踏板行程为S_6，即加速踏板空行程，S_7 则是踏板有效行程区间。而踏板有效行程直接影响驾驶性，前段空行程过长，导致加速迟滞、无响应；有效行程过长，容易导致加速响应慢，需要深踩踏板；而有效行程过短，则不利于稳速控制，容易产生冲击、顿挫等，需要在开发阶段加以控制和约束。通常要求S_6 取值不大于3mm，S_7 取值为40~45mm。

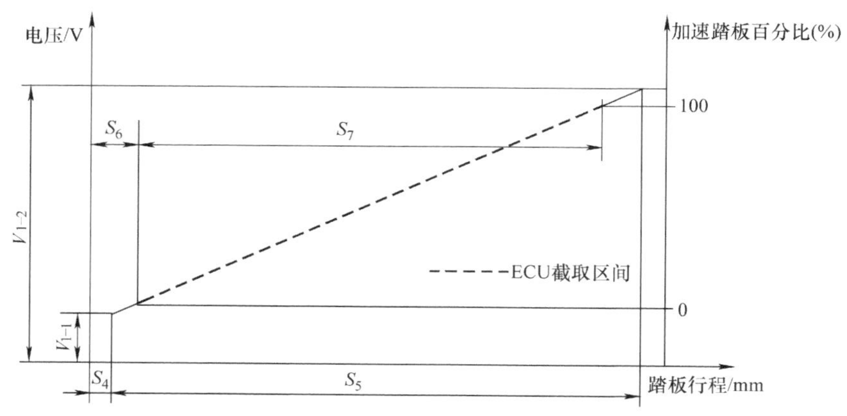

图2-8　加速踏板特性（行程-电压-百分比）

2. 稳态车速控制

该指标主要反映稳速加速踏板行程，是指在匀速行驶过程中加速踏板踩下的距离。该指标需要反映以下两个特征：

1）常用车速段内，匀速行驶的车速与该车速下加速踏板踩下的距离呈线性关系，符合驾驶人的预期，工程上主要考核20km/h、40km/h、60km/h、80km/h、100km/h、120km/h等典型车速下的加速踏板行程。

2）常用车速对应的加速踏板行程应符合人机工程，避免长时间匀速驾驶、姿势持续不变带来的不适。长时间匀速驾驶以高速公路、长距离驾驶居多，也是最容易出现驾驶姿势固定不变，导致肢体不适的工况。因此，乘用车通常以高速公路最高限制车速120km/h的加速踏板行程为主要设计参考，结合加速踏板特性和人机工程，通常定义该车速下加速踏板行程为12~14mm，对应加速踏板百分比为25%~30%。

基于以上两点，稳速加速踏板行程的指标定义如图2-9所示，以120km/h车速、14mm加速踏板行程、30%加速踏板百分比作为主要指标，分别定义20km/h、40km/h、60km/h、80km/h、100km/h、120km/h等典型车速的加速踏板行程和加速踏板百分比。

3. 起步加速响应

该指标主要是指车辆在起步加速过程中，不同加速踏板行程下的加速度响应，该指标描

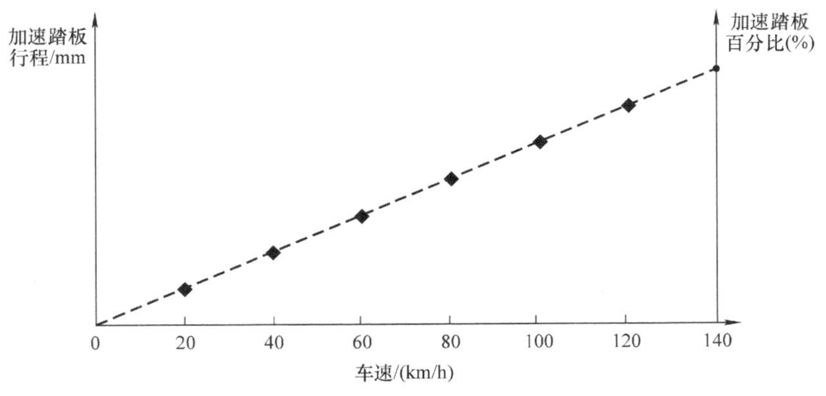

图 2-9 稳速加速踏板特性

述成不同踏板行程下，最大加速度与此时加速踏板行程的关系曲线和达到特定加速度的时间。该指标需要反映以下三个特征：

1）常用加速踏板行程段内，加速度与该加速踏板行程呈线性关系，符合驾驶人的预期，工程上主要考核 2.5mm、5mm、7.5mm、10mm、12.5mm、15mm 等特征加速踏板行程下的加速度。

2）常用加速踏板行程主要基于统计学和人机工程需求，起步过程加速踏板行程较小，乘用车通常以 7.5mm 加速踏板行程的加速度作为主要指标，分别定义 2.5mm、5mm、10mm、12.5mm、15mm 等加速踏板行程对应的加速度要求，起步加速响应的指标定义如图 2-10所示。

3）针对特定加速度的响应时间，如图 2-11 所示，通常定义两个标准要求：

① 起步开始至整车加速度达到 0.2g 的时间，通常要求小于 0.4s。

② 起步开始至整车加速度达到 0.95 倍最大加速度时的时间，通常要求小于 0.8s。

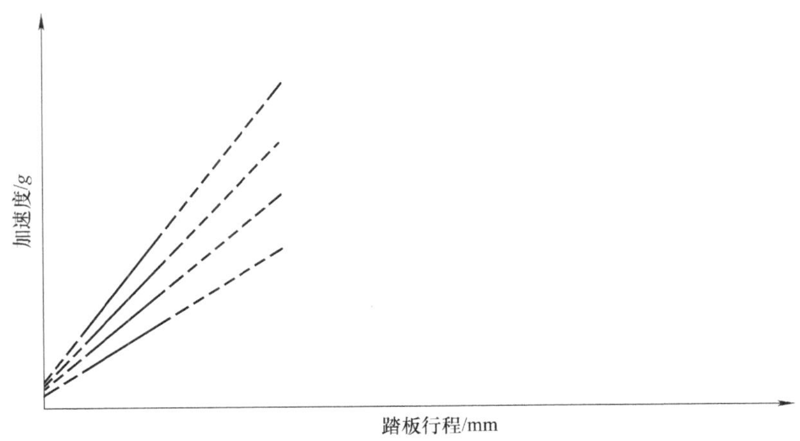

图 2-10 起步加速响应曲线

4. 行驶过程加速度响应

该指标主要是指在行驶时，驾驶人继续踩下加速踏板后的整车加速响应增益，该指标可以描述成车辆在匀速行驶时，驾驶人每踩下 1mm 加速踏板所能产生的加速度，单位为

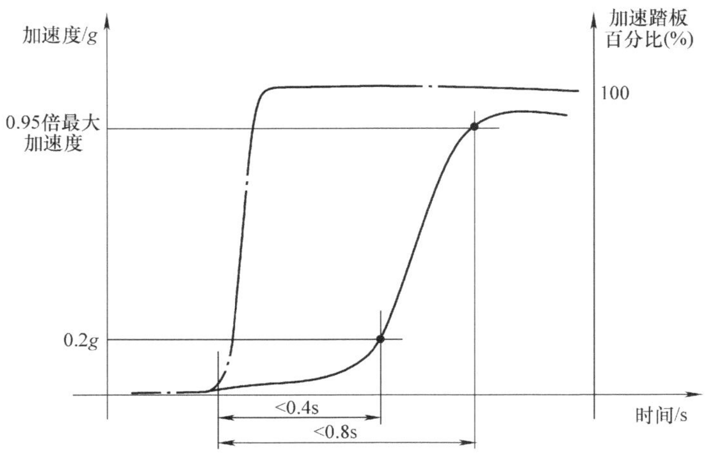

图 2-11　节气门全开加速响应

g/mm，通常考查 12.5mm 的情况，即在某个稳速的情况下，将加速踏板踩下 12.5mm 后，整车在该车速下产生一个加速度 $a(g)$，此时整车加速响应增益为$\frac{a}{12.5}g/\text{mm}$。该指标需要反映以下两个特征：

1）车速越低，同等条件下，相应的加速度增益越高，驾驶人中低车速下对加速度的响应需求，随着车速的增加而降低。

2）针对同一种类的车，该指标通常分成经济（ECO）、舒适（Normal）、运动（Sport）三个级别，如图 2-12 所示。实际开发中，可根据不同的车型和市场定位确定不同的指标级别，或者对应不同的驾驶模式。

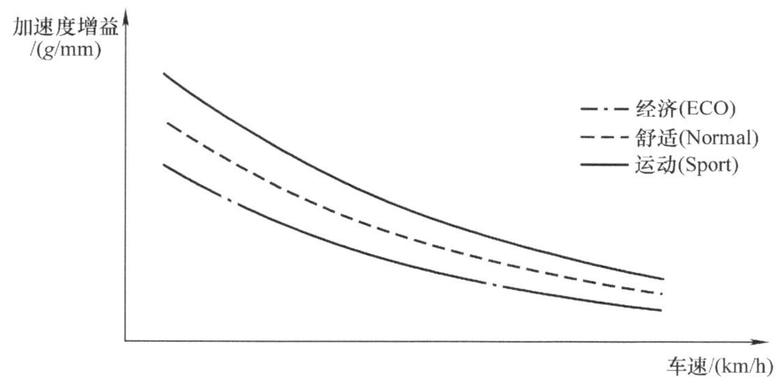

图 2-12　行驶加速响应系统增益

5. 典型车速－档位最大爬坡度

该指标主要是指在匀速行驶过程中，变速器位于适当档位（发动机转速在 1500 ~ 2200r/min 之间），随着道路坡度增加，车速和档位能够维持不变的最大坡度。该指标主要针对高速公路巡航工况优化，反映高速巡航稳定性：

1）针对手动档车型，避免出现在巡航过程中因道路纵向坡道上升，导致车速下降，迫使驾驶人手动降档。

2）针对自动档车型，随着道路纵向坡道上升，可以通过增加加速踏板行程来维持原车速，但增加加速踏板行程同样存在触发降档而带来发动机转速和噪声发生变化的问题，需要通过策略进行规避。

该指标主要参考表2-1所列公路设计规范中关于最大纵向坡度限制值的规定，整车开发时需考虑满足以上公路坡道设计要求。

表2-1 公路最大纵向坡度

设计车速/(km/h)	120	100	80	60	40	30	20
最大纵向坡度（%）	3	4	5	6	7	8	9

6. 单踏板能量回收减速度

该指标主要是指D档条件下，在加速踏板行程输入下（含加速踏板行程为0的情况），车速从高速自由滑下至最低稳定车速过程中的减速度，该指标针对新能源汽车。

1）单从能耗的角度来说，最强的能量回收（加速踏板行程为0）减速度越大越好，可以覆盖更多的减速工况，且车速越高，同样的减速度带来的回收能量越多。

2）由于高车速下，较大的减速度带来的危险程度较高，同时容易造成驾驶人不适，相对中低车速，较大的减速度更有利于单踏板控制。

图2-13所示为滑行能量回收减速曲线。

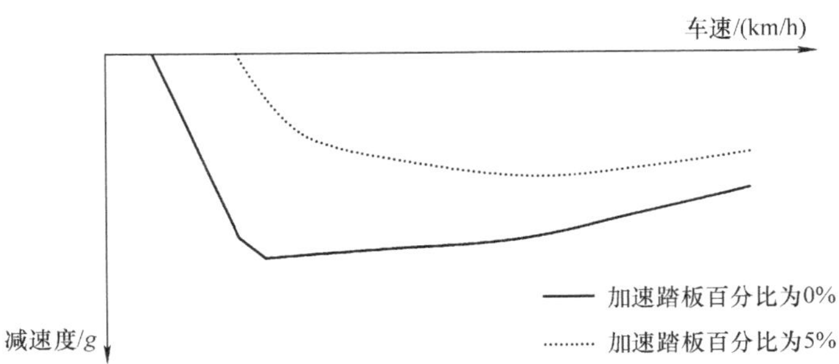

图2-13 滑行能量回收减速曲线

7. Tip in/Tip out 响应

Tip in主要是指D档滑行状态下，加速踏板在0.2s之内从行程为0增加到一定行程（通常考查12mm）时，车辆所产生的纵向加速度变化过程；Tip out主要是指D档匀速行驶状态下，加速踏板在0.2s之内从稳态车速行程状态变成行程为0时，车辆所产生的纵向加速度的变化过程。该指标可通过急动度表征，主要通过局部标定参数优化：

1）传动系统处于硬连接状态，即手动档车型离合器完全结合，自动档（AT）车型需要在手动模式（M模式），且液力变矩器必须处于锁止状态。

2）操作前，车辆处于稳定状态，即滑行状态或者匀速行驶状态，不包含连续Tip in/Tip out交替进行。

Tip in和Tip out响应曲线如图2-14所示，Tip in和Tip out响应要求分别见表2-2和表2-3，瞬态工况分解表见表2-4。

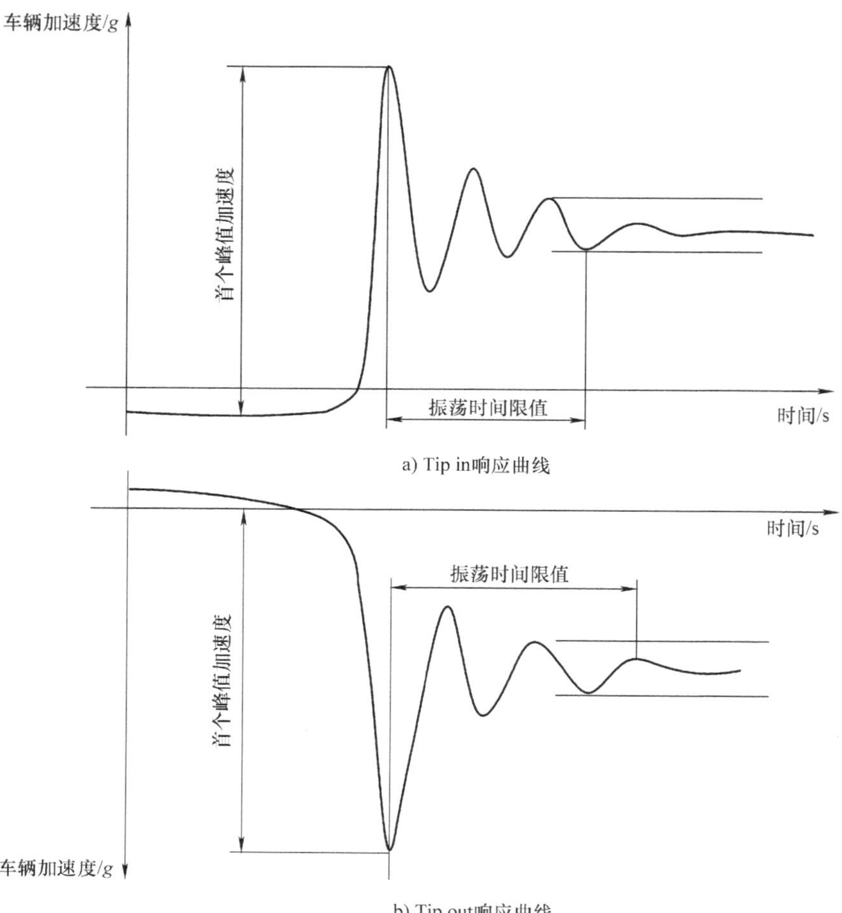

图 2-14　Tip in 和 Tip out 响应曲线

表 2-2　Tip in 响应要求

车速/(km/h)	首个加速度峰值限值/g	振荡时间限值/s
15	0.70	1.10
30	0.40	0.80
50	0.25	0.60
80	0.15	0.50

表 2-3　Tip out 响应要求

车速/(km/h)	首个加速度峰值限值/g	振荡时间限值/s
15	0.40	1.10
30	0.20	0.60
50	0.20	0.50
80	0.20	0.30

表 2-4 瞬态工况分解表

序号	类别	瞬态分解工况	工况定义
1	Tip in	响应延迟（Response delay）	从加速踏板瞬间增加行程时刻，到加速度变化 0.05g 时所经过的时间
2	Tip in	响应时间（Response time）	从加速踏板瞬间增加行程时刻，到加速度达到峰值时刻所经过的时间
3	Tip in	加速度峰值（Acc peak）	踩下加速踏板后，1.5s 时间内加速度达到峰值
4	Tip in	转速波动量（Engine speed change）	从触发加速踏板时刻，在瞬态 Tip in 过程中，发动机转速最高点与最低点的差值（无换档）
5	Tip in	冲击（Jerk）	在瞬态 Tip in 过程中，加速度达到峰值后与第一个加速度波谷的差值
6	Tip in	反冲（Kick）	在瞬态 Tip in 过程中，冲击（Jerk）后的第一个正向加速度峰值的大小
7	Tip in	高频振荡（Shock）	在瞬态 Tip in 过程中，反冲（Kick）后纵向加速度脉冲式的上升与下降程度
8	Tip in	加速度扰动（Acceleration disturbance）	从触发加速踏板时刻起，2s 内出现加速度的扰动情况
9	Tip out	响应延迟（Response delay）	从加速踏板减小 40% 行程时刻，到加速度减小 50% 时刻所经过的时间
10	Tip out	超调（Acceleration overshoot）	从加速踏板行程开始减小后，加速度出现大于加速踏板减小时刻的加速度的最大差值
11	Tip out	反冲（Kick）	在瞬态 Tip in 过程中，冲击（Jerk）后的第一个正向加速度峰值的大小
12	Tip out	高频振荡（Shock）	在瞬态 Tip in 过程中，反冲（Kick）后纵向加速度脉冲式的上升与下降程度
13	Tip out	加速度扰动（Acceleration disturbance）	从触发加速踏板时刻起，2s 内出现加速度的扰动情况

8. 换档质量

该指标指在变速器换档过程中由车辆传动系统带来的冲击程度，主要通过急动度表征，换档平顺性与用户的满意程度密切相关。该指标主要通过局部标定参数优化：

1）冲击程度越大（急动度越大），用户满意程度越低。

2）通常当急动度 >1.3g /s 时，用户会有明显的不适感。

3）换档过程中的降扭（“减油”）、离合器滑磨（踩离合器踏板）、增扭（“加油”）等瞬态工况分解与上述 Tip in/Tip out 基本对应，可参考分析。

换档过程冲击程度曲线如图 2-15 所示。

2.2.2 开发方法

1. 传统动力车型设计方法

传统动力车型，包括手动档和自动档两大类，其中手动档车型由于其传动系统和控制较

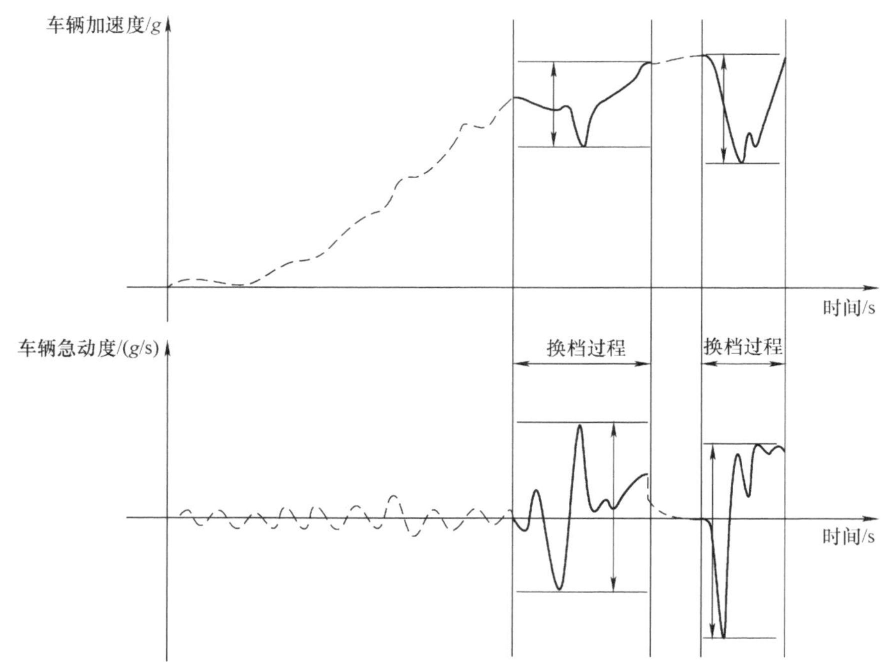

图 2-15　换档过程冲击程度曲线

为简单，驾驶性开发也相对简单，主要涉及传动比和发动机相关标定，自动档（AT）车型驾驶性开发相对复杂，还包括变速器相关标定。

（1）基于驾驶性的变速器传动比优化　变速器传动比优化是动力经济性的关键要素，此处不做全面的剖析，仅从驾驶性角度进行探讨，主要包括蠕行车速、典型车速的发动机转速、典型车速 - 档位的爬坡度及传动比阔度与级差等几个方面。

1）蠕行车速。蠕行车速是指在平直路面上，松开制动踏板、不踩加速踏板的情况下，车辆由静止开始缓慢加速到车速稳定，此时的车速称为蠕行车速，档位在一档或倒车档（R 档）。蠕行车速过高或过低均会产生不适感，通常情况下要求在 5 ~ 7km/h 之间。因此，当发动机蠕行转速（通常是 750r/min）、轮胎尺寸和主减速比确定后，变速器的一档和 R 档就被限制在一定的区间内。

2）典型车速的发动机转速。典型车速的发动机转速是指在平直路面上，常用的匀速行驶车速对应的发动机转速，车速主要包括 20km/h、40km/h、60km/h、80km/h、100km/h、120km/h。通常情况下，以该车速（120km/h 除外）匀速行驶时，发动机转速可以维持在 1500 ~ 2200r/min 范围内，以保证发动机噪声较低。以 120km/h 的车速匀速行驶时，变速器应位于最高档，此时发动机转速尽量低，较好的车型的发动机转速可以达到 1800 ~ 2200r/min 范围内（需要结合车辆类型、常用工况及发动机动力储备情况等）。因此，当轮胎尺寸和主减速比确定后，典型车速对应的档位传动比就被限制在一定的范围内。

3）典型车速 - 档位的爬坡度。典型车速 - 档位的爬坡度是指在典型车速和其对应的档位下，车辆能够达到的最大坡度，根据表 2-1 所列公路最大纵向坡度要求，进一步约束各档位的传动比。如图 2-16 所示，某款车在最高档、以 120km/h 的车速匀速行驶时的最大爬坡度超过 7%，且其在最高档有较大转速区域的最大爬坡度超过 5%（即 0.5m/s^2 线以上），其最高档的总传动比有进一步减小的空间。

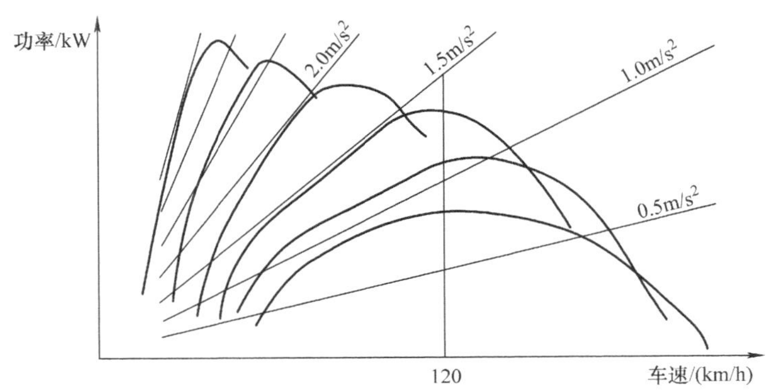

图 2-16　典型车速爬坡度曲线

4）传动比阔度与级差。传动比阔度是指变速器一档传动比与最高档传动比的比值，传动比级差是指相邻两个档位间，低档位传动比与高档位传动比的比值。变速器传动比阔度随档位数增加而增大，1/2 档传动比级差随档位数量增加而减小。传动比级差增大使传动比阔度增大，有利于降低高车速的发动机转速；传动比级差减小有利于减小换档前后加速度差值，提升换档平顺性，提高发动机功率利用率，提升连续换档加速过程驾驶性能。因此需要严格控制。

（2）踏板－转矩脉谱图（Acc Pedal Map）设计　驾驶人的驾驶需求通常通过踩加速踏板来反映。在驾驶性评估中，整车对加速踏板行程的加速度反馈的及时性和可预期性，用来衡量驾驶性好坏。驾驶人对加速踏板行程的输入，更重要的是通过踏板－转矩脉谱图来体现，是驾驶性开发和调校的重点。

Acc Pedal Map 如图 2-17 所示，横坐标为发动机转速，纵坐标为发动机输出端转矩（净转矩），不同的线条分别代表不同的加速踏板行程（百分比），即表示在发动机运行区域内，加速踏板行程、发动机转速和发动机输出端转矩三者之间的对应关系。需要指出的是，该发动机输出端转矩来源于驾驶人需求，也称为需求转矩。不同的车型，有时驾驶人需求转矩会大于发动机外特性给出的转矩，此时达不到需求转矩，会被限制在发动机外特性给出的转矩上。

Acc Pedal Map 有两种类型，即等转矩型和等功率型。如图 2-17a 所示，等转矩型 Acc Pedal Map 中，在外特性曲线以下区域，同一加速踏板行程下，转矩不随转速变化，功率则随转速增加而上升。以某一固定加速踏板行程进行加速时，在变速器升档以前，可以输出相对稳定持久的推动力，但由于升档后传动比减小，所以整车加速度会在升档后发生明显衰减，整个加速过程因档位而分段。另外，升档前后目标需求转矩不变，这在一定程度上有利于变速器换档控制。

如图 2-17b 所示，等功率型 Acc Pedal Map 中，在外特性曲线以下区域，同一加速踏板行程下，转矩随转速减小，功率则不随转速变化。在某一固定加速踏板行程进行加速时，在变速器升档以前，推动力随车速增加持续降低，但整车加速度在升档前后保持不变，整个加速过程顺滑持续。由于升档前后目标需求功率不变，转矩随转速下降而增大，对于变速器换档控制要求较高。

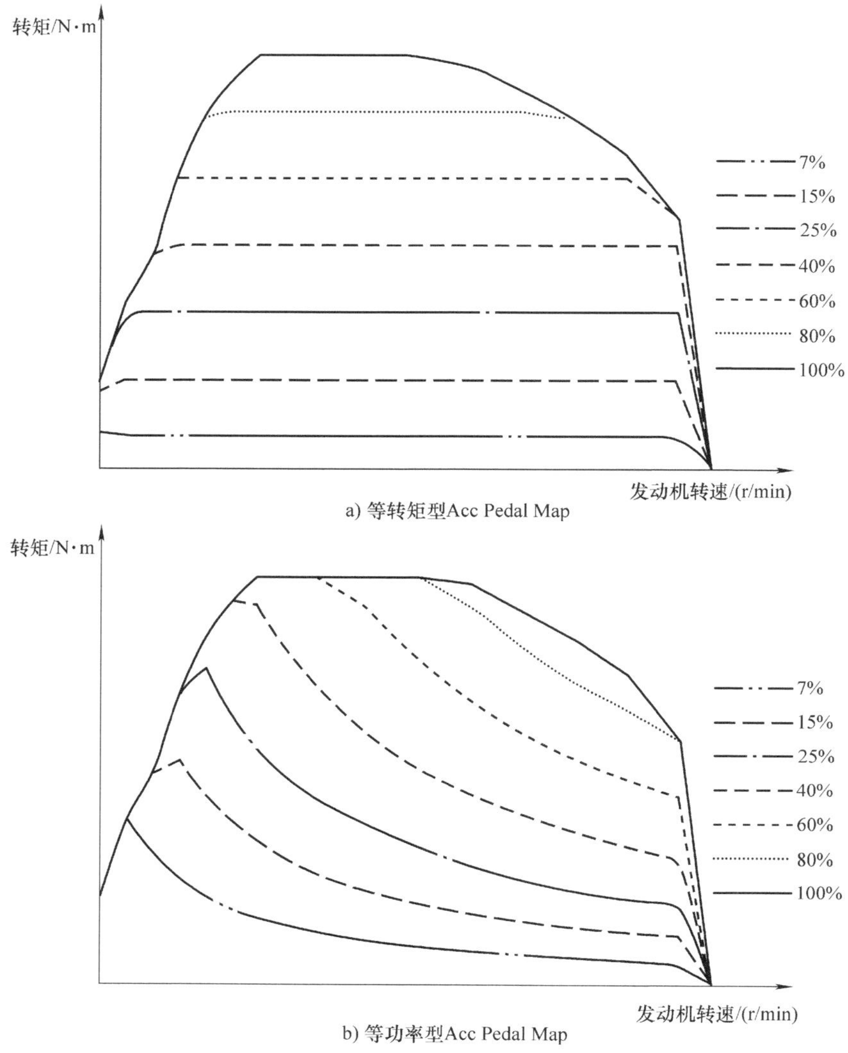

图 2-17　Acc Pedal Map 类型

以上两种类型的 Acc Pedal Map 各有优缺点，在实际开发中都不会单独使用，通常是结合使用。一般情况下，根据车辆类型和市场定位，定义出关键指标，通过整车需求计算相应的策略需求结合以上两种类型，最终定义出需要的 Acc Pedal Map。设计与计算过程如下：

1）根据整车类型和市场定位，定义整车驾驶性关键指标，包括稳速加速踏板行程、起步加速响应、行驶加速度响应等。

2）根据稳速加速踏板行程、整车阻力参数和传动系统参数等，计算稳速点需求转矩（液力变矩器锁止离合器处于锁止状态），计算公式如下：

行驶阻力为

$$F_c = F_t = A + Bu_a + Cu_a^2 \tag{2-1}$$

在整车研发过程中，整车阻力通常是通过汽车滑行试验得出三个滑行阻力系数 A、B、C，然后用一个关于速度的二次函数表示整车传动系统阻力、滚动阻力和空气阻力等之和。

车速为

$$u_a = 0.377 \frac{nr}{i_g i_0} \tag{2-2}$$

式中 u_a——车速；

n——发动机转速 r/min；

r——车轮半径（m）；

i_g——变速器传动比；

i_0——主减速器传动比。

驱动力为

$$F_t = \frac{T_{tq} i_g i_0 \eta_t}{r} \tag{2-3}$$

式中 F_t——车辆行驶时的驱动力（N）；

T_{tq}——发动机转矩（N·m）；

η_t——整车传动系统效率。

3）根据起步加速度响应和行驶加速度响应指标要求等，计算 D 档模式加速段需求转矩（液力变矩器锁止离合器处于锁止状态），其运行工况区 Acc Pedal Map 基本为等功率型。

4）根据实际需求，调整标定，制定最终的 Acc Pedal Map。

（3）换档时机（Shift Schedules）设计　变速器的作用是减速增扭和调节发动机运行工况点，即在不同车速下，通过控制变速器换档时机（Gear Box Shift Schedules，简称 Shift Schedules）改变发动机的转速和转矩，以获得更好的驾驶性、燃油经济性、排放性和噪声等性能。

Shift Schedules 即两档间自动换档时刻随控制参数（车速 v、涡轮转速 n、加速踏板行程 α、加速度 a）而变化的规律。换档规律包括单参数换档规律、双参数换档规律和三参数换档规律，如图 2-18 所示，单参数换档规律只与车速相关，有利于减少换档、减少磨损，但不能实现驾驶人干预，经济性差，较少使用。双参数换档规律包括等延迟型（图 2-19）、发散型（图 2-20）和收敛型（图 2-21）三种基本型，但实际的换档规律是结合在一起的组合型（图 2-22），可以更加灵活地控制。三参数换档相比双参数换档，增加了车辆加速度参数，进一步反映车辆的操纵规律，但三参数换档规律的制定非常复杂，实际中仍有很多问题，使用不多。

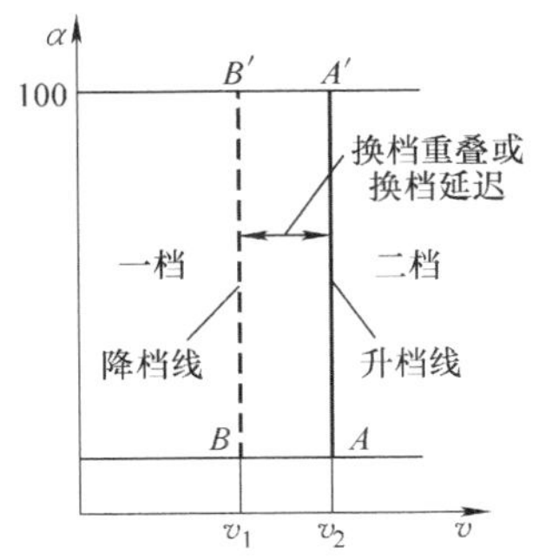

图 2-18　单参数换档规律曲线

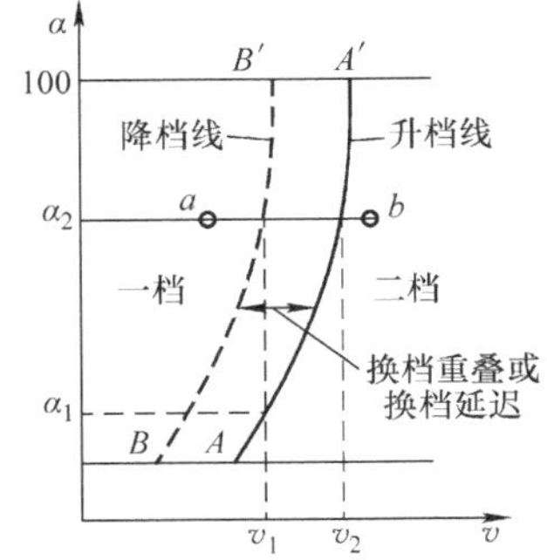

图 2-19　等延迟型双参数换档规律曲线

双参数换档规律是目前采用最多的形式，控制参数多为车速 v 与加速踏板深度 α、泵轮转速与涡轮转速、车速 v 与发动机转矩等。换档规律直接影响车辆的动力性、燃油经济性、驾驶性等的好坏。Shift Schedules 是自动变速器的关键技术，是实现经济性、动力性和驾驶性综合优化的重要途径。

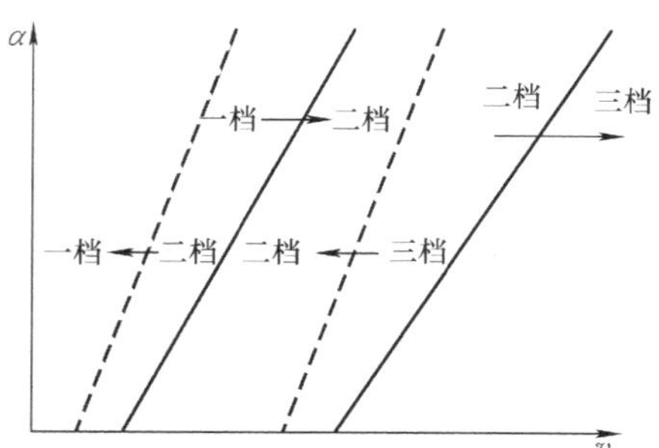

图 2-20　发散型双参数换档规律曲线

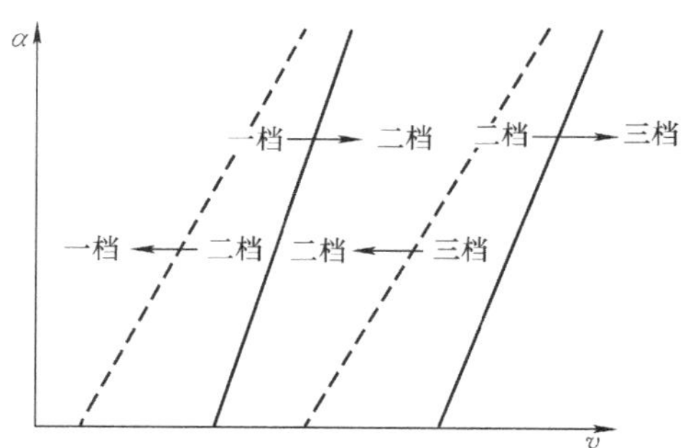

图 2-21　收敛型双参数换档规律曲线

图 2-23 所示为某车型实际换档规律曲线，横坐标为车速，纵坐标为加速踏板百分比，不同的线条分别代表相邻档位间的转换关系，实线代表升档线，如四档→五档和五档→六档，虚线代表降档线，如六档→五档和五档→四档。

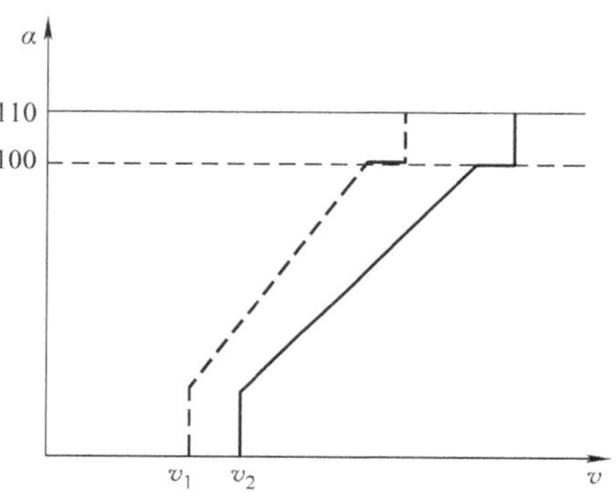

图 2-22　组合型双参数换档规律曲线

Shift Schedules 设计也需要符合基本驾驶人需求原则：加速踏板行程越小，动力性越差，经济性越好；加速踏板行程越大，动力性越好，经济性越差。按加速踏板行程大小将 Shift Schedules 分成三个区域，即经济区、动力区、综合区。如图 2-24 所示，通常 30% 加速踏板行程及以下为经济区，95% 加速踏板行程及以上为动力区，中间为综合区。根据每个区域的驾驶需求，采用相应的设计方法，从而实现任何工况都能满足驾驶人驾驶需求的目的。

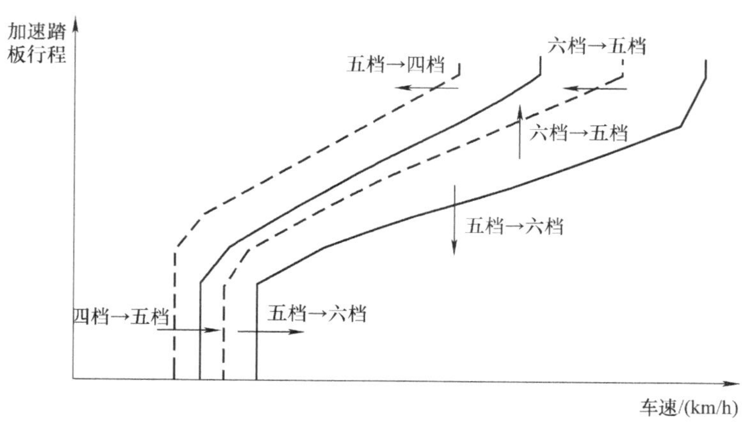

图 2-23　某车型实际换档规律曲线

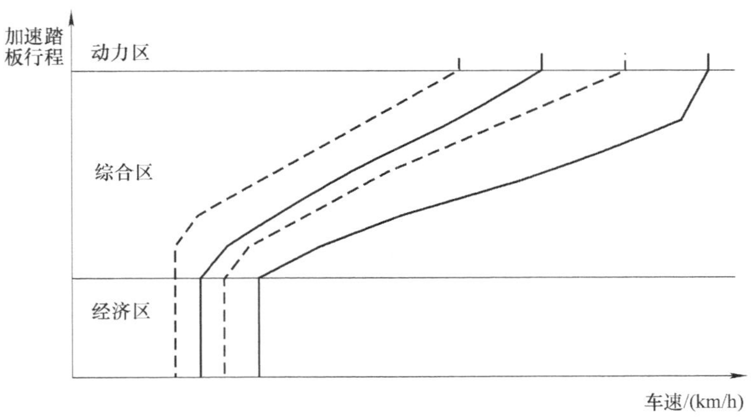

图 2-24 自动档加速踏板行程分区

1）动力区设计原则。以最佳动力性为优化目标，包括加速度和最高车速等，通过计算不同档位的加速度曲线和外特性曲线确定该区域换档规律。该区域通常采用单参数换档，保证一定的鲁棒性。由于换档过程时间较长，换档开始至换档结束过程中，发动机转速较原设定换档转速有不同程度的增加，需要考虑此转速偏移，避免出现换档前发动机转速接近甚至突破断油转速，产生转矩突降带来的换档顿挫。

2）经济区设计原则。以最佳燃油经济性为优化目标，综合考虑稳速加速踏板行程和综合油耗，该区域通常也采用单参数换档，保证一定的鲁棒性。

① 以 120km/h 行驶车速为参考，稳速加速踏板行程满足指标要求。

② 根据发动机万有特性和传动系统效率，结合 Acc Pedal Map，划定综合油耗基本运行区，设定升档线和降档线的基本转速参考线。

③ 由于综合油耗试验标准中，循环工况的车速均允许有 ±2km/h 的偏差，而试验应尽量保证各车速段档位的一致性，尤其是稳速段，因此应尽量避开在此范围设置升、降档线。

3）综合区设计原则。以燃油经济性和驾驶性平衡、满足行驶加速度响应为优化目标。如图 2-25 所示：该区域换档线左移，整体偏向于经济性，动力性和驾驶性差；该区域换档线右移，整体偏向于动力性和驾驶性，经济性差。因此需要综合评估设计。

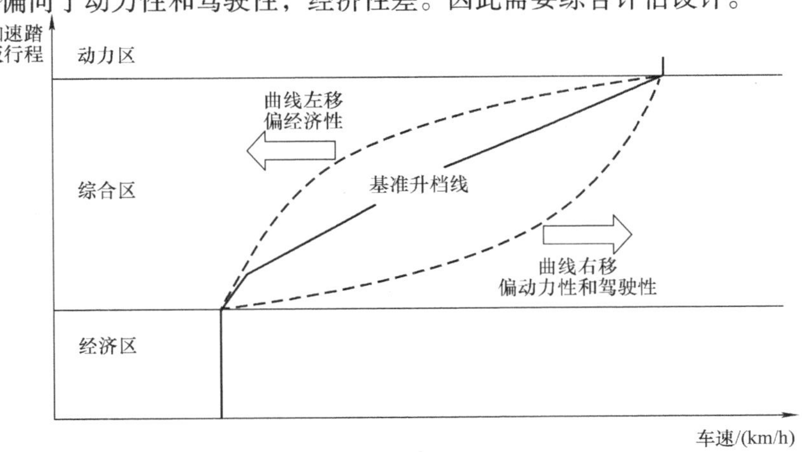

图 2-25 不同驾驶模式的换档规律曲线

① 根据整车类型和市场定位定义整车驾驶性关键指标，主要包括行驶加速度响应和典型车速 - 档位最大爬坡度。

② 根据行驶加速度响应指标要求和整车参数，结合 Acc Pedal Map，计算 D 档模式加速段整车轮端需求转矩（液力变矩器锁止离合器处于锁止状态）；根据变速器传动比，设计满足行驶加速度响应目标的换档规律优化图。

③ 校核换档线均匀性，最终定义出 Shift Schedules。

a）各加速踏板行程下的升档转速和降档转速应尽量相当，换档转速预期性好。图 2-26 所示为换档前等转速型和换档后等转速型，实际开发可以相结合使用。

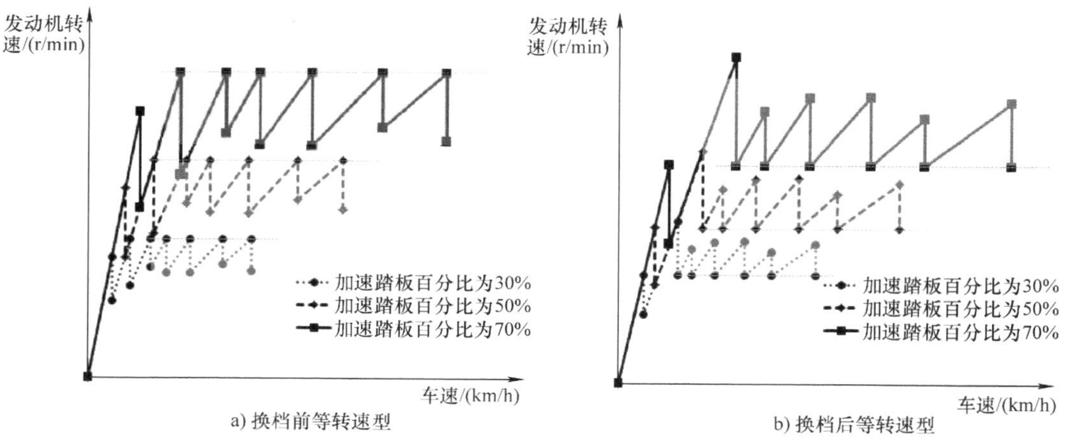

图 2-26　换档前后转速情况

b）同一车速下，升、降档线之间至少有 15% 加速踏板行程差距。

c）同一加速踏板行程下，升、降档线之间至少有 3 ~ 5km/h 的车速偏距。

2. 新能源车型设计方法

新能源车型的电驱系统既可以作为电机驱动，也可以作为发电机进行制动能量回收，也称为再生制动，在节能方面具有非常重要的作用。相比传统车，这在驾驶性方面具有很大的不同，也是新能源车型驾驶性开发特别需要关注的方面。

通常通过踩加速踏板了解驾驶人的驾驶需求。新能源车型中，能量回收强度也可以通过加速踏板反映，即在一定车速下，较小的加速踏板行程可以对应一个负转矩，此时电驱系统处于能量回收过程中，具备一定的制动能力。这种同一个踏板同时具备加速和制动的控制方式，被称为“单踏板”控制。

单踏板控制集成了加速踏板和制动踏板的功能，可以控制汽车的起步、加速、稳态、减速、甚至停车的全过程，改变了传统的加、减速双踏板形式。此种新型构型包括一个“主踏板”和一个“辅助减速踏板”，其中“主踏板”可以实现加减速功能，可以满足日常的大部分车辆操作，“辅助减速踏板”是在“主踏板”制动减速度不能满足驾驶人意图时的紧急制动踏板。此种踏板可以降低驾驶人的驾驶强度，避免在常规加减速工况中频繁切换踏板，其控制规律是新能源车型驾驶性开发的重点。

单踏板控制规律曲线如图 2-27 所示，横坐标为电驱转速或车速（采用单机减速器时，车速与转速相对应），纵坐标为电机输出端转矩或轮端转矩。不同的线条分别代表不同的加速踏板行程（百分比），即表示在电机运行区域内，加速踏板行程、车速和转矩三者之间的对应关系。不同的车型，有时驾驶人需求转矩会大于发动机外特性给出的转矩，此时达不到需求转矩，会被限制在发动机外特性给出的转矩上。

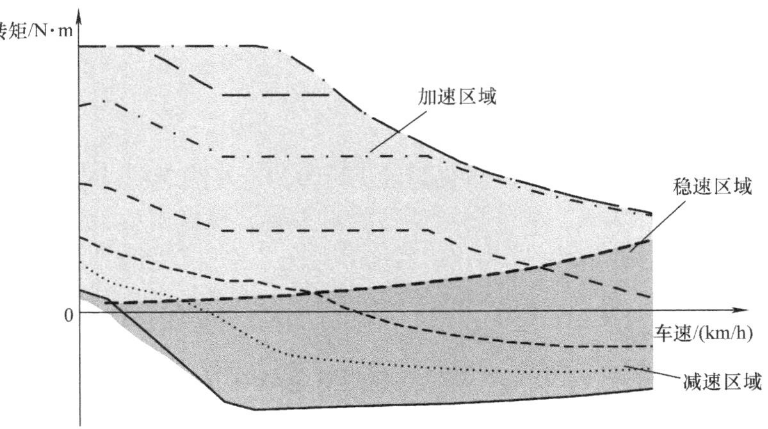

图 2-27 单踏板控制规律曲线

单踏板控制规律可分为三个主要控制区域，即稳速区域、加速区域和减速区域。稳速区域是在一定车速下，驾驶人松开踏板到某一行程区间内，电机输出转矩刚好与外界阻力相平衡；加速区域是在一定车速下，驾驶人踩下踏板的过程，随着踏板行程的增加，输出的驱动转矩随之增大；减速区域是在一定车速下，驾驶人松开主踏板的过程，随着踏板行程的减小，输出的转矩由正转矩到负转矩变化。

稳速区域和加速区域的设计与传统车型类似。其中稳速区域以 120km/h 稳速加速踏板行程为主要参考指标，满足对应的稳速加速踏板行程指标要求。考虑到减速区域的控制行程，对应的稳速加速踏板行程和踏板百分比较传统车型略有提高。加速区域主要考虑起步加速响应、行驶加速度响应等方面指标，需要满足相应的驾驶人需求。由于新能源车型的驾驶习惯略有不同，所以具体的指标数值略有差异。

减速区域控制是单踏板控制的重点，其中不同车速和加速踏板行程下的减速度满足相应的指标要求，计算需求负转矩：

1）根据能量回收减速度指标要求，计算车辆负驱动力需求，计算公式如下：

$$F_{-} = \delta m a \tag{2-4}$$

式中 F_{-}——车辆负驱动力需求（N），符号为正；

δ——车辆旋转质量换算系数；

m——车辆测试质量（kg）；

a——车辆对应车速和加速踏板行程下的减速度需求（m/s^2），符号为正。

2）根据整车阻力，计算电机端负转矩需求，计算公式如下：

$$T_{\mathrm{m}} = -\frac{(F_{-} - F_{\mathrm{f}})r}{i_0 \eta_{\mathrm{t}}} \tag{2-5}$$

式中 F_{f}——车辆行驶阻力（N），符号为正；

T_{m}——电机端负转矩（N·m），符号为负；

r——车轮半径（m）；

i_0——主减速器的传动比；

η_t——整车传动系统效率。

根据求得的电机端负转矩和对应的车速（或转速），以及稳速区域和加速区域的转矩和对应的车速（或转速），得到其运行工况区单踏板控制策略。

2.2.3 开发工具

驾驶性试验的主要工具与设备，根据试验工况分为全局响应测试设备和局部响应测试设备两大类。全局响应测试设备主要使用包括集成采集器、踏板固定装置等在内的成套设备；局部响应测试设备主要使用 AVL - DRIVE 系统等。此处主要介绍试验工具与设备的基本构成和使用方法。

1. 全局响应测试设备

全局响应测试设备（图 2-28）主要包括集成采集器（Neo VI ION）、加速度传感器、速度传感器、拉线位移传感器、踏板力传感器和加速踏板行程固定装置等。

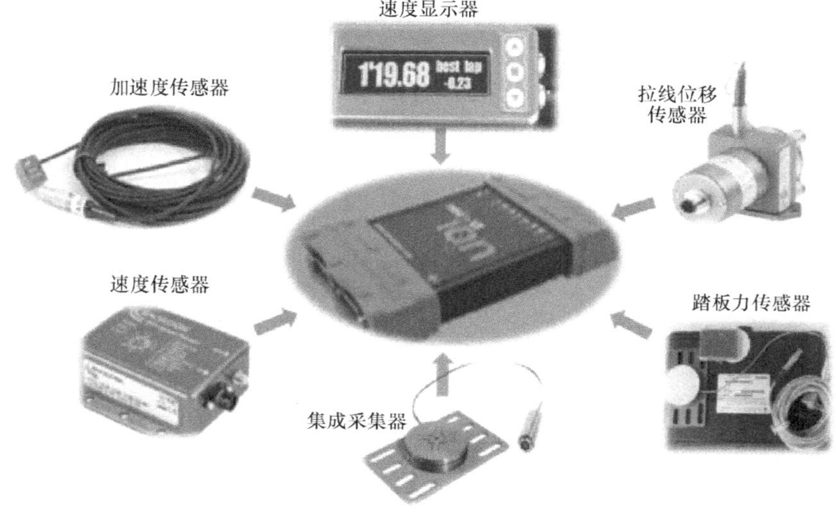

图 2-28　全局响应测试设备

（1）设备安装

1）加速踏板行程固定装置安装方式如图 2-29 所示。

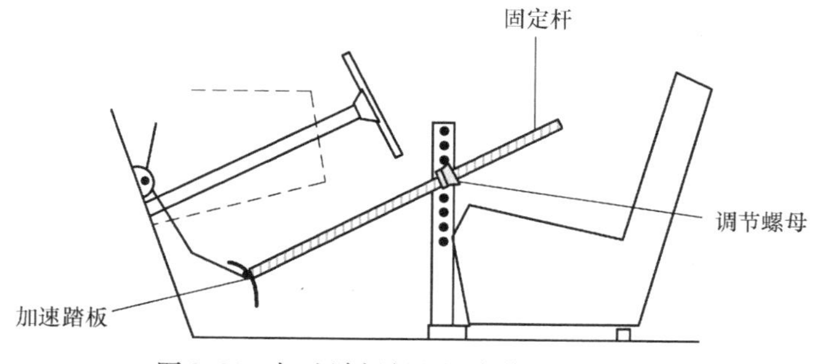

图 2-29　加速踏板行程固定装置安装方式

2）拉线位移传感器安装方式如图 2-30 ~ 图 2-32 所示。踏板结构形式不同，测试方式也不同。

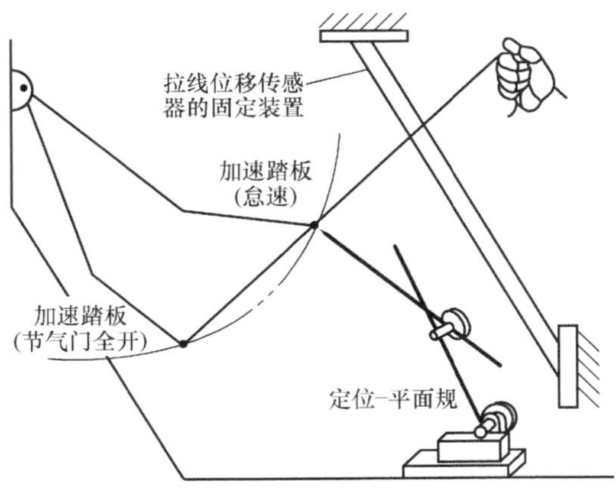

图 2-30 旋式加速踏板拉线位移传感器安装方式

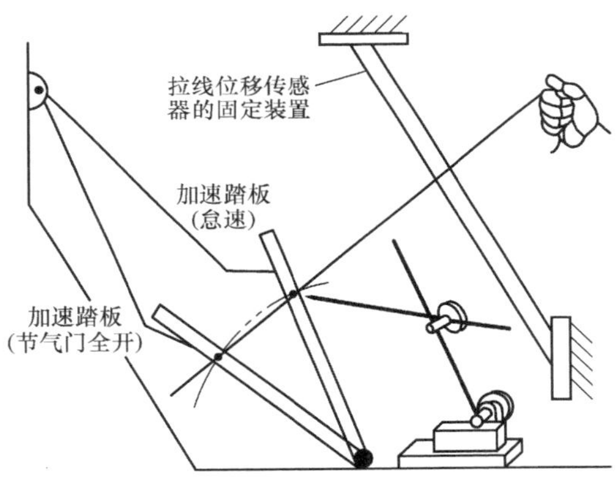

图 2-31 安装在地板上的加速踏板拉线位移传感器安装方式

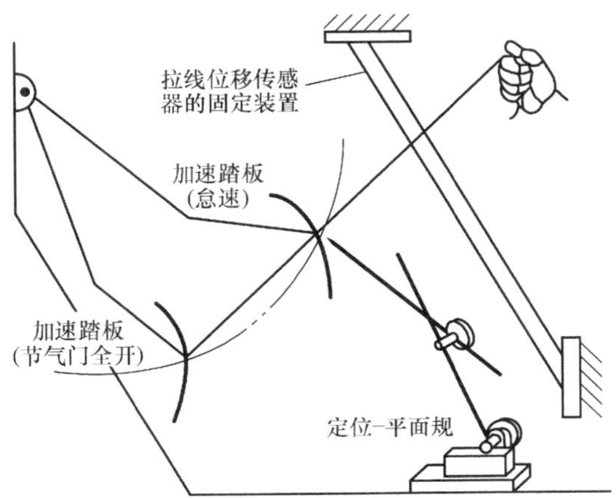

图 2-32 非旋式加速踏板拉线位移传感器安装方式

3）踏板力传感器的安装方式如图 2-33 和图 2-34 所示。踏板力传感器安装在加速踏板上，其中心线应尽可能地靠近踏板上的脚掌接触点，传感器需要被加紧在踏板上，拉线位移传感器的线端点与踏板平面等高。

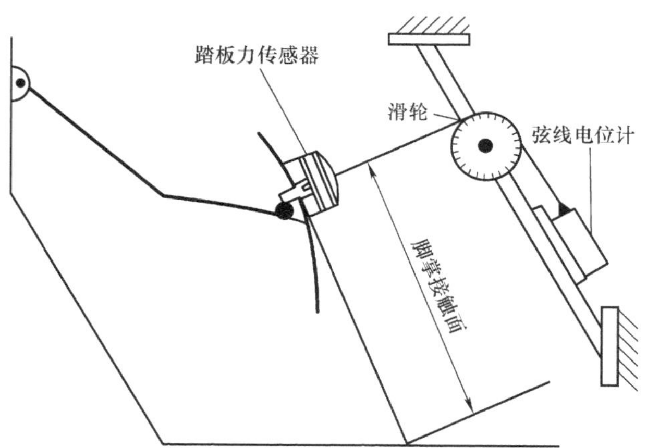

图 2-33　踏板力传感器、滑轮、弦线电位计

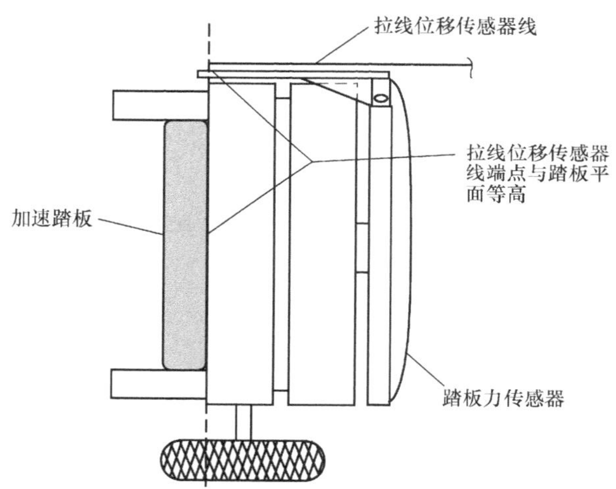

图 2-34　踏板力传感器

（2）信号通道设定　车辆 CAN 总线通道列表见表 2-5。由于各主机厂信号通道设置有差别，此处仅供参考。

表 2-5　车辆 CAN 总线通道列表

通道名称	单位	DBC 区块	采集通道	自动变速器（AT）
AcceleratorPedal	%	EMS_220h	加速踏板位置	×
Brake	—	EMS_220h	制动踏板行程	×
EngineTorque	N · m	EMS_220h	发动机飞轮端转矩	○
EngineSpeed	1/min	EMS_220h	发动机转速	×
GearDMU	—	TCU_218h	变速器当前档位	×
SelectorLeverDMU	—	TCU_230h	变速杆位置	×

（续）

通道名称	单位	DBC 区块	采集通道	自动变速器(AT)
TCC_State	—	TCU_224h	液力变矩器锁止离合器位置	○
TurbineSpeed	1/min	TCU_226h	涡轮端转速	○
VehicleSpeed	km/h	ABS_ESP_249h	车速	×
WheelSpeedFL	km/h	ABS_ESP_200h	左前轮速	×
WheelSpeedFR	km/h	ABS_ESP_200h	右前轮速	×
WheelSpeedRL	km/h	ABS_ESP_208	左后轮速	×
WheelSpeedRR	km/h	ABS_ESP_20h	右后轮速	×

注：“×”表示必须，“○”表示可选，“—”表示无需。

2. 局部响应测试设备（AVL－DRIVE）

局部响应测试设备（图 2-35）主要包括 DRIVE 集成采集器（DRIVE MAIN UNIT 2，DMU2）、加速度传感器、振动传感器、拉线位移传感器和测试计算机等。

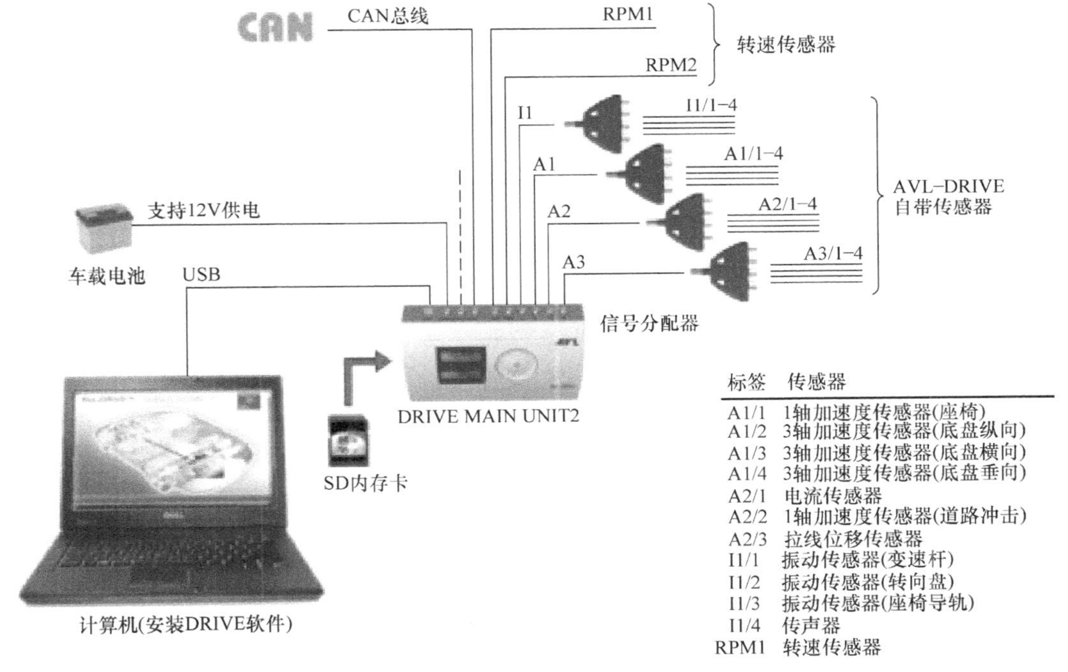

图 2-35 局部响应测试设备

（1）DMU2 的组成 DMU2 如图 2-36 所示。

1）分线器。分线器连接传感器，所有的 AVL－DRIVE 传感器（加速度传感器、位移传感器、电流传感器、电压传感器、振动传感器、传声器）均通过分线器连接到 DMU2 上。为了正确地连接传感器线缆，分线器上的 LEMO Ⓡ插槽上张贴有与线缆上一致的标签。

2）LEMO Ⓡ 插槽。连接分线器。连接分线器与 DMU2 的插槽。为了正确地连接传感器线缆，分线器上的 LEMO Ⓡ插槽上张贴有与线缆上一致的标签。

3）LEMO Ⓡ 插槽。测量转速（数字信号 TTL，模拟信号 IND）。

4）LEMO Ⓡ 插槽。连接 CAN 总线。

5）LEMO Ⓡ 插槽。连接额外的 DMU2。

6）LEMO Ⓡ插槽。连接电源线（12V）和遥控开关（ON/OFF）。

7）USB 插槽。连接计算机。

8）存储卡（SD 卡）。存储数据（无计算机时需要）。

9）显示屏。查看/设置 DMU2 选项。

10）飞梭滚轮。设置 DMU2 选项。

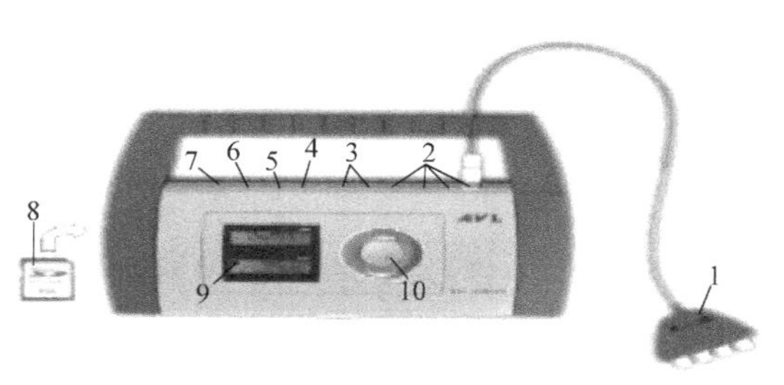

图 2-36　DMU2

（2）传感器总览　DRIVE 测试传感器见表 2-6。

表 2-6　DRIVE 测试传感器

序号	标签	传感器	测量范围	电压	采样率
1	A1/1	1 轴加速度传感器（座椅）	0～5V	5V	100Hz
2	A1/2	3 轴加速度传感器（底盘纵向）	0～5V	5V	100Hz
3	A1/3	3 轴加速度传感器（底盘横向）	0～5V	5V	100Hz
4	A1/4	3 轴加速度传感器（底盘垂向）	0～5V	5V	100Hz
5	A2/1	电流传感器	-15～15V	±15V	100Hz
6	A2/2	1 轴加速度传感器（道路冲击）	0～5V	5V	100Hz
7	A2/3	拉线位移传感器	0～5V	5V	100Hz
8	A2/4	备用	-15～15V	—	100Hz
9	A3/1-4	备用	-15～15V	—	100Hz
10	I1/1	振动传感器（变速杆）	—	—	1000Hz
11	I1/2	振动传感器（转向盘）	—	—	1000Hz
12	I1/3	振动传感器（座椅导轨）	—	—	1000Hz
13	I1/4	传声器	—	—	1000Hz
14	RPM1	转速传感器（TTL 或 IND）	60 impulse/rev	—	100Hz
15	RPM2	转速传感器（TTL 或 IND）	60 impulse/rev	—	100Hz

（3）传感器安装

1）1 轴加速度传感器（座椅）及传声器安装方式如图 2-37 所示。

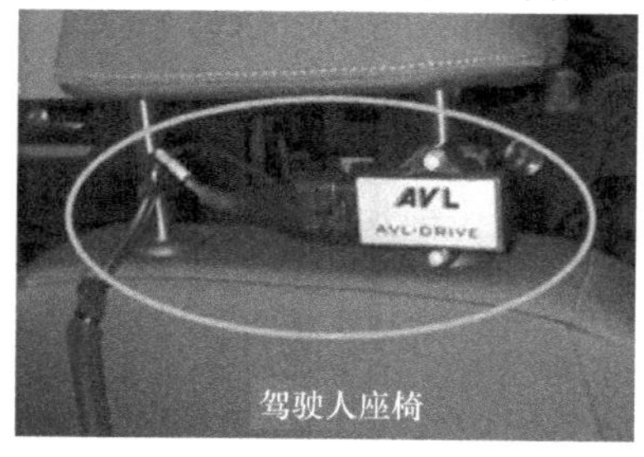

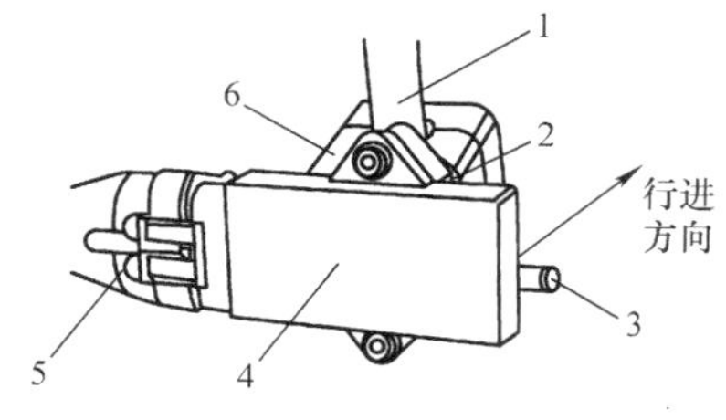

图 2-37　1 轴加速度传感器（座椅）及传声器安装方式

1—头枕　2—螺栓　3—传声器　4—加速度传感器　5—接插件　6—铝制壳体

2）3 轴加速度传感器（底盘）安装方式如图 2-38 所示。

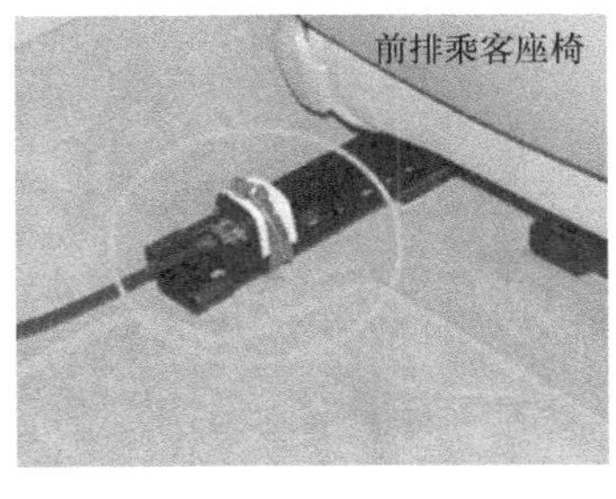

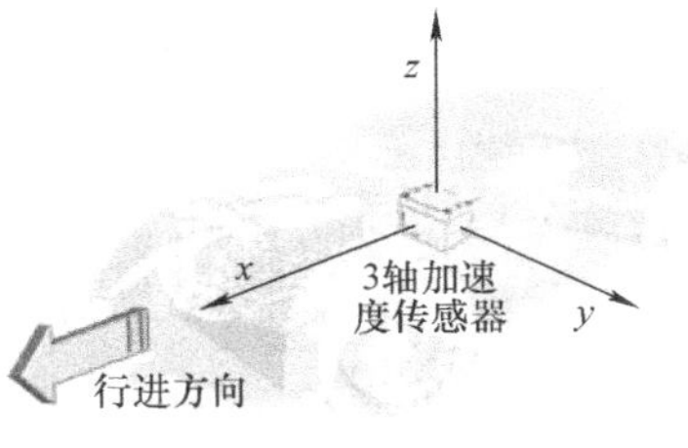

图 2-38　3 轴加速度传感器（底盘）安装方式

3）1 轴加速度传感器（道路冲击）安装方式如图 2-39 所示。

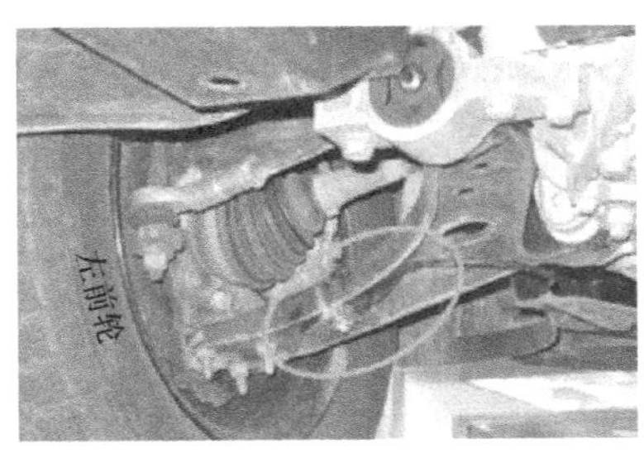

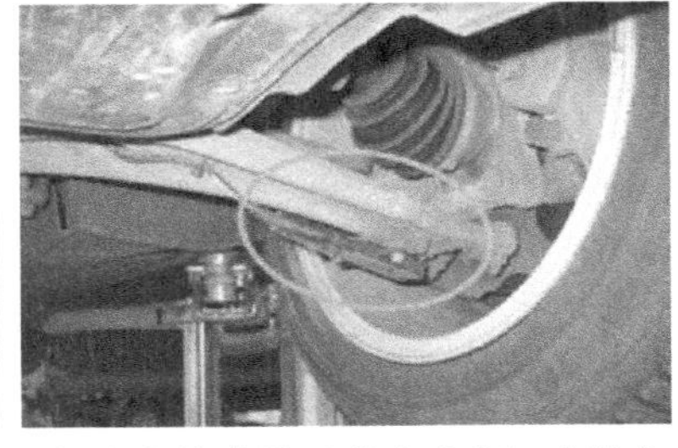

图 2-39　1 轴加速度传感器（道路冲击）安装方式

4）振动传感器安装方式如图 2-40 所示。

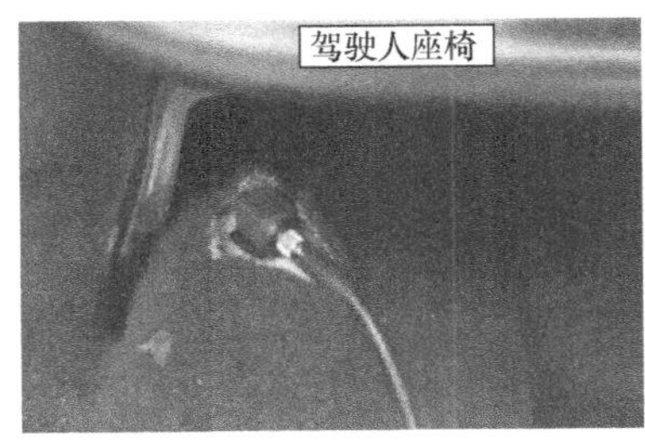

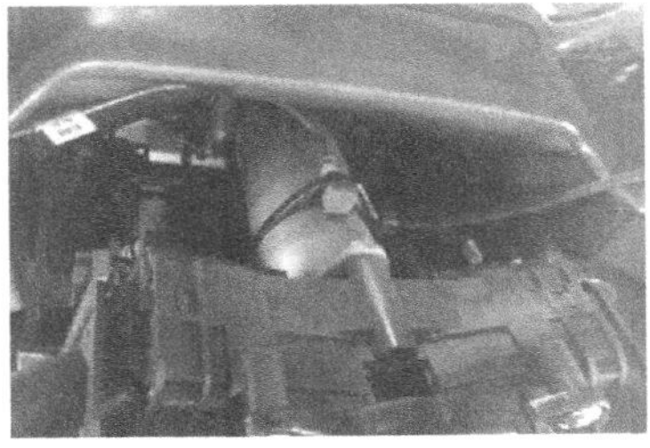

图 2-40　振动传感器安装方式

5）拉线位移传感器安装方式如图 2-41 所示。

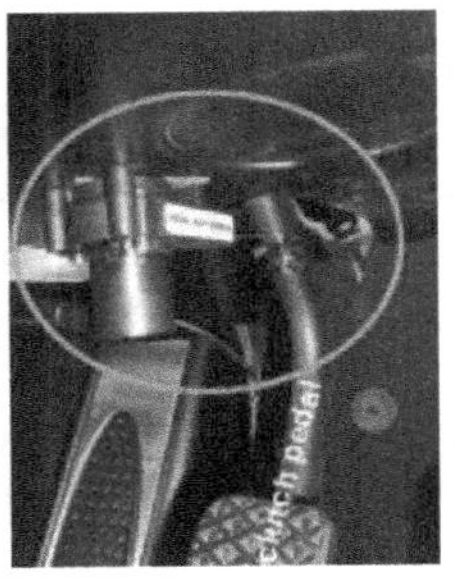

图 2-41　拉线位移传感器安装方式

6）电流传感器安装方式如图 2-42 所示。

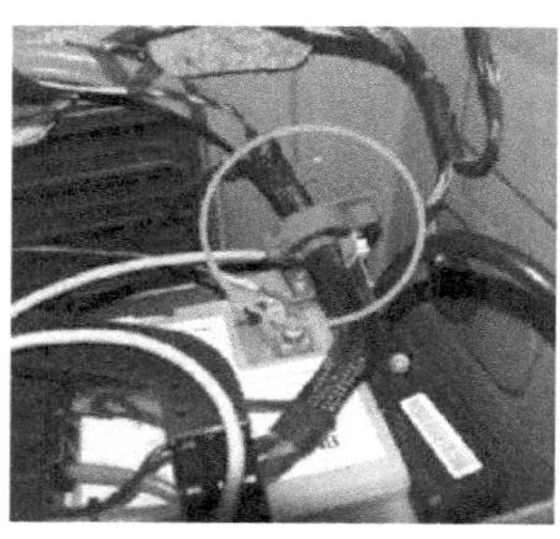 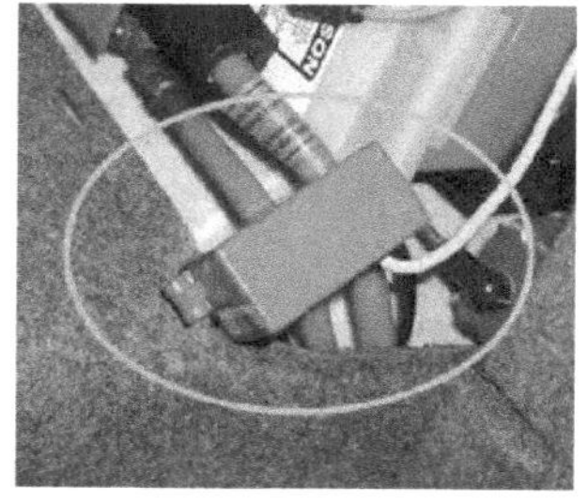 

图 2-42 电流传感器安装方式

(4) 信号通道设定

1) 传感器通道列表。传感器通道列表见表 2-7。

表 2-7 传感器通道列表

通道名称	单位	DMU2 插槽	采集通道	机械式变速器(AMT)	自动变速器(AT)	无级变速器(CVT)	双离合变速器(DCT)	手动变速器(MT)
Acceleration Seat	m/s^2	A1/1	纵向加速度/驾驶人座椅	×	×	×	×	×
Acceleration Chassis	m/s^2	A1/2	纵向加速度/车辆重心	×	×	×	×	×
Acceleration Lateral	m/s^2	A1/3	横向加速度/车辆重心	○	○	○	○	○
Acceleration Vertical	m/s^2	A1/4	垂直加速度/车辆重心	○	○	○	○	○
Electric Load	A	A2/1	电流负载	○	○	○	○	○
Acceleration Vertical wheel	m/s^2	A2/2	垂向加速度/左前悬架横臂	○	○	○	○	○
Clutch Position	%	A2/3	离合器踏板行程	×	—	—	—	×
Brake Position (H)	%	A2/4	制动踏板行程	○	○	○	○	○
Vibration Selector Lever	m/s^2	I1/1	变速杆处最显著振动	—	—	—	—	○
Vibration Steering Wheel	m/s^2	I1/2	转向盘处最显著振动	○	○	○	○	○
Vibration SeatRail	m/s^2	I1/3	驾驶人座椅导轨处垂向振动	○	○	○	○	○
Noise	dB (A)	I1/4	驾驶人耳旁噪声	○	○	○	○	○
Engine Speed	1/min	RPM1 RPM2 CAN	发动机转速	×	×	×	×	×

注:"×"表示必选,"○"表示可选,"—"表示无需,"H"表示仅混合动力。

2) 车辆 CAN 总线通道列表。车辆 CAN 总线通道列表见表 2-8。由于各主机厂信号通道设置各有差别,此处仅供参考。

表 2-8 车辆 CAN 总线通道列表

通道名称	单位	DMU2 插槽	采集通道	机械式变速器(AMT)	自动变速器(AT)	无级变速器(CVT)	双离合变速器(DCT)	手动变速器(MT)
Accelerator Pedal	%	CAN	加速踏板行程	×	×	×	×	×
Air Condition	—	CAN	空调状态	○	○	○	○	○
ASR	—	CAN	ASR 状态	○	○	○	○	○
Board Net Voltage (H)	V	CAN	Boardnet 电压	○	○	○	○	○

（续）

通道名称	单位	DMU2插槽	采集通道	机械式变速器（AMT）	自动变速器（AT）	无级变速器（CVT）	双离合变速器（DCT）	手动变速器（MT）
Brake	—	CAN	制动状态	×	×	×	×	×
Crank Request（H）	—	CAN	发动机自动起动/停止要求	○	○	○	○	○
Cruisecontrol_ Brake Intervention	—	CAN	人工干预的巡航控制中断	○	○	○	○	○
Cruisecontrol_ Cancel	—	CAN	关闭巡航控制	○	○	○	○	○
Cruisecontrol_ Resume	—	CAN	人工干预后巡航控制复位	○	○	○	○	○
Cruisecontrol_ Set	—	CAN	开启巡航控制	○	○	○	○	○
Cruisecontrol_ Status	—	CAN	巡航控制状态	○	○	○	○	○
Cruisecontrol_ Target Speed	—	CAN	目标巡航车速	○	○	○	○	○
Cruisecontrol_ Tip Down	—	CAN	降低目标巡航车速	○	○	○	○	○
Cruisecontrol_ TipUp	—	CAN	提高目标巡航车速	○	○	○	○	○
CylDeReActivation	—	CAN	停缸状态	○	○	○	○	○
EMTorque（H）	N·m	CAN	电机转矩	○	○	○	○	○
EngineTemperature	℃	CAN	发动机机油温度	×	×	×	×	×
GearDMU	—	CAN	指定档位	×	×	—	×	○
Hybrid Battery Current（H）	A	CAN	电池电流	○	○	○	○	○
Hybrid Battery SOC（H）	%	CAN	电池电量	○	○	○	○	○
Hybrid Battery Voltage（H）	V	CAN	电池电压	○	○	○	○	○
Kickdown	—	CAN	强制降档状态	○	○	—	○	—
NIC_ Status	—	CAN	空档怠速控制状态	—	○	—	—	—
Selector Lever DMU	—	CAN	变速杆位置	○	×	×	×	—
TCC_ State	—	CAN	TCC 状态	—	○	—	—	—
Turbine Speed	1/min	CAN	涡轮转速	—	○	—	—	—
Vehicle Speed	km/h	CAN	车速	×	×	×	×	×
Wheel Speed	km/h	CAN	轮速	○	○	○	○	○

注：“×”表示必须，“○”表示可选，“—”表示无需，“H”表示仅混合动力。

2.2.4 客观测试

驾驶性典型工况分为偏稳态的全局响应和局部瞬态响应两大类。其中，全局响应测试与全局响应相关工况对应，主要考虑行驶中的车速和加速度与驾驶人意图的匹配性，试验通过模拟驾驶人的操作，测试整车的速度和加速度响应，测试结果与驾驶性中的关键指标体系相对应。局部瞬态响应测试与局部瞬态响应相关工况对应，主要考虑行驶中的各种与驾驶意图不相符的负面现象，主要与急动度相关。试验通过行驶中的换档、Tip in 和 Tip out 等操作测试工况中的冲击、顿挫等瞬态变化。

1. 全局响应测试

全局响应测试包括稳速加速踏板行程、起步加速响应、行驶加速度响应、最高档最大爬坡度和单踏板能量回收减速度等测试，其中典型车速－档位最大爬坡度在整车转鼓上通过转鼓加载测试，其他测试均在试验场地上进行，起步加速响应和行驶加速度响应可以结合在一起测试。

（1）试验设备

1）车速测量设备。如经校准的光学传感器。

2）加速计。加速计具备 ±2.0g 的工作区间，±1.0% 的准确度，0.005g 的精度。

3）转速计。具备 ±0.15% 的准确度，以及 10r/min 的精度。

4）数据采集系统。时间准确度为 ±0.1%，采集频率至少为 10Hz。

5）加速踏板传感器。

6）车辆称重设备。必须具备 ±2kg 的准确度。

7）胎压压力计。具备 ±5kPa 的准确度。

8）风速仪。具备 ±0.3m/s 的精度。

9）温度计。具备 ±1℃ 的精度。

（2）试验车辆

1）车辆磨合。车辆按照相应规范磨合。

2）车辆试验质量。车辆试验质量可以是半载质量。

3）车辆轮胎胎压。达到生产商推荐的冷态胎压。

4）车辆的完整性。符合出厂设置，各项系统功能正常。

5）试验时，空调需要被关闭，压缩机停止工作。

6）进行道路试验时，车窗必须关闭。

7）试验时，所有高电流附件，诸如座椅加热器和电子除雾器，必须被关闭。

（3）环境条件

1）所有试验都必须在环境温度为 0～30℃ 时进行。

2）道路试验要求平均风速不大于 3m/s，阵风不大于 5km/h。

3）道路试验不能在有雾的情况下进行。

4）环境温度、气压计气压和相对湿度需要记录。

（4）试验道路表面要求

1）道路必须干燥、干净、平顺，且没有起伏，道路路面为混凝土或沥青路面。

2）道路路面坡度不能超过 0.5%。

3）道路必须是直路，偏差在 1° 以内。

4）道路长度必须足以完成所有试验。

（5）其他要求

1）检验车辆的可驾驶模式，目前市场上普遍存在三种驾驶模式：ECO、NORMAL、SPORT。试验根据需要，选择覆盖不同模式。

2）针对新能源车型，检验车辆的能量回收等级，市场上普遍存在三档能量回收等级。

试验根据需要，选择覆盖不同回收等级。

3）针对新能源车型，检验车辆的电池电量是否在制动能量回收最大允许的 SOC 以内。推荐车辆的电池电量保持在低于制动能量回收最大允许 SOC 的 10% 以下，或SOC 40% ~80% 。

（6）加速踏板特性测试（包括踏板力和踏板行程）

1）车辆上电、怠速，将数据采集设备连接到加速踏板信号线上。

2）安装拉线位移传感器和踏板力传感器，按需校准、调零。

3）将拉线位移传感器的弦线连接加速踏板力传感器，松开加速踏板。

4）在 5 ~7s 内，将右脚缓慢地踩在踏板力传感器的中心，直至加速踏板被踩到底。

5）在 5 ~7s 内，缓慢松开加速踏板，直至其回到初始位置。

6）重复两次试验，总共三次试验。

7）踏板行程和踏板力测试结果如图 2-43 所示。

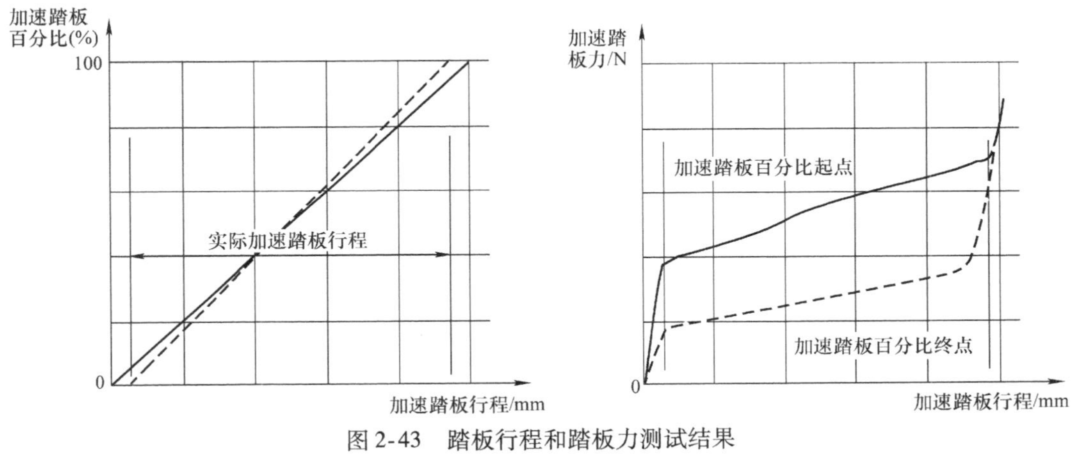

图 2-43　踏板行程和踏板力测试结果

——传感器信号　- - - -实际百分比

（7）稳速加速踏板行程测试

1）将加速踏板传感器安装在加速踏板上，按需校准。

2）将变速杆置于 D 位。

3）从静止状态加速到某一特定车速，并调整加速踏板行程，在该车速下保持匀速行驶至少 1min，记录当前的加速踏板行程。

4）以最小的加速踏板调节幅度，继续精确地保持在表 2-9 所列的另一个特定车速，在该车速下保持匀速行驶至少 1min，记录当前的加速踏板行程。

5）选择表 2-9 所列车速重复试验。

表 2-9　稳速加速踏板行程测试车速

车速/(km/h)	20	40	60	80	100	120	140
加速踏板行程							

稳速加速踏板行程测试结果如图 2-44 所示。

（8）自动档车型起步加速响应和行驶加速度响应测试

1）将加速踏板传感器安装在加速踏板上，按需校准。

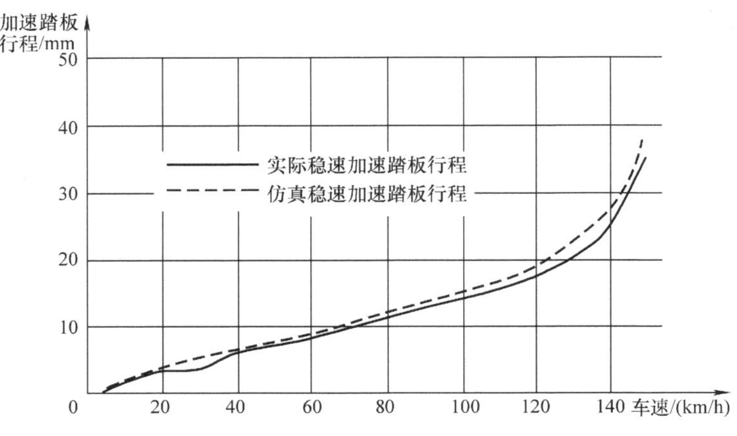

图 2-44　稳速加速踏板行程测试结果

2）将变速杆置于 D 位，脚踩制动踏板，车辆静止。

3）松开制动踏板，快速将加速踏板踩到预设的加速踏板位置，时间需要少于 0. 1s。

4）车辆从静止状态加速，当试验时间达到 40s 或车速达到 140km/h 时停止，记录整个过程的时间、车速、加速度。

5）根据表 2-10 所列的加速踏板位置，重复试验。

表 2-10　自动档车型起步加速响应和行驶加速度响应测试

加速踏板行程（%）	0	5	10	15	20	25	30	40	50	60	70	80	90	100
时间														
车速														
加速度														

自动档车型起步加速响应和行驶加速度响应测试结果如图 2-45 所示。

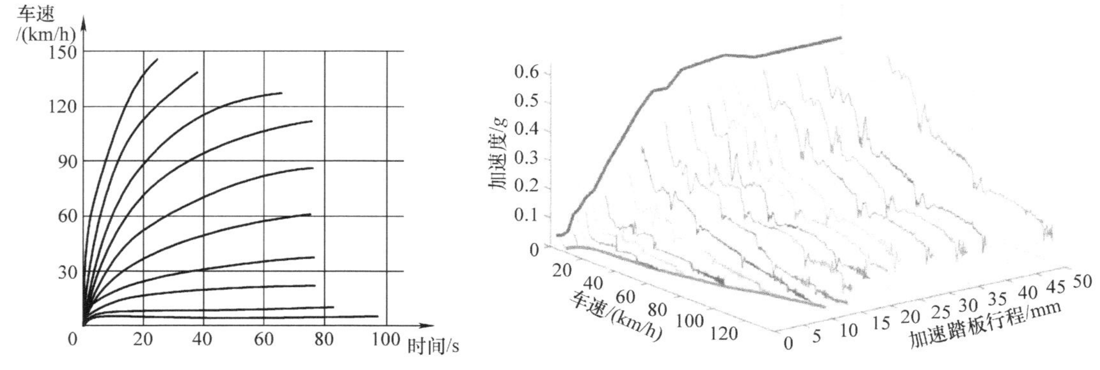

图 2-45　自动档车型起步加速响应和行驶加速度响应测试结果

起步加速响应参考图和加速度响应增益参考图分别如图 2-46 和图 2-47 所示。

（9）手动档车型行驶加速度响应测试

1）将加速踏板传感器安装在加速踏板上，按需校准。

2）一档试验。

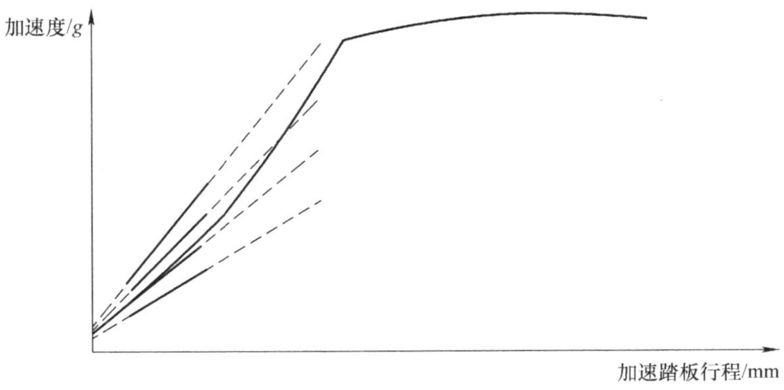

图 2-46 起步加速响应参考图

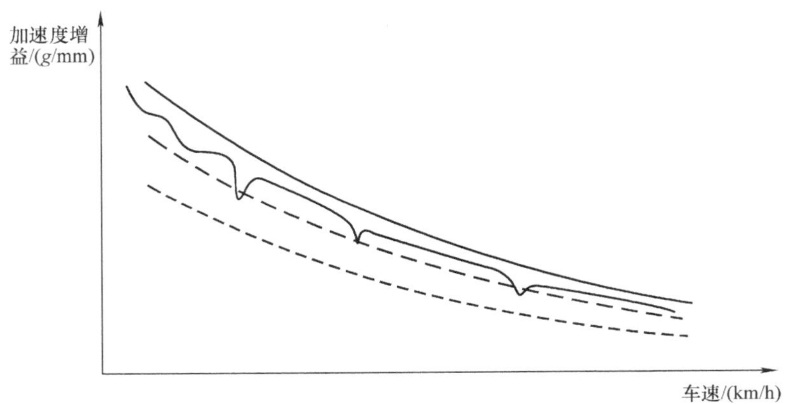

图 2-47 加速度响应增益参考图

① 发动机怠速运行，断开离合器。

② 换档至一档。

③ 不踩加速踏板，保持发动机怠速运行，缓慢接合离合器。

④ 当车速稳定后，在 0. 1s 内踩加速踏板至表 2-11 所列预设行程，直至到达红线转速，结束试验。

⑤ 选择表 2-11 所列数据，重复步骤①~④。

3）二档到第六档试验。

① 发动机怠速运行，断开离合器。

② 换档至一档。

③ 不踩加速踏板，保持发动机怠速运行，缓慢接合离合器。

④ 当车速稳定后，断开离合器。

⑤ 换档至下一档。

⑥ 不踩加速踏板，保持发动机怠速运行，缓慢接合离合器。

⑦ 当车速稳定后，在 0. 1s 内踩加速踏板至表 2-11 所列预设行程，直至到达红线转速或者车速达到 140km/h，结束试验。

⑧ 在 30s 后或是一个特定的时间后，在反方向上重复试验。

⑨ 根据表 2-11 所列数据，重复步骤①~⑧。

表 2-11 手动档车型行驶加速度响应测试

一档加速踏板百分比（%）	二档加速踏板百分比（%）	三档至六档加速踏板百分比（%）
2	5	10
4	10	20
6	15	30
8	20	50
10	25	70
20	30	100
30		
50	35	
70	40	
100	50	
	70	
	80	
	100	

手动档车型行驶加速度响应测试结果如图 2-48 所示。

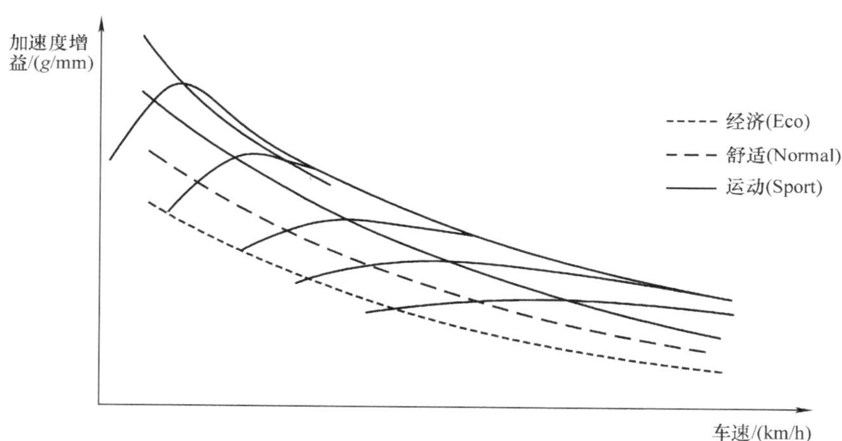

图 2-48 手动档车型行驶加速度响应测试结果

（10）单踏板能量回收减速度测试（动力蓄电池处于中等 SOC 状态）

1）将加速踏板传感器安装在加速踏板上，按需校准。

2）将变速杆置于 D 位，脚踩在制动踏板上，车辆静止。

3）松开制动踏板，快速将加速踏板踩到预设的位置，时间需要少于 0.1s。

4）从静止状态踩下加速踏板至 100% 行程，加速到车辆的最高车速/140km/h（车速允许偏差 ±1km/h），并调整加速踏板行程；在该车速下保持匀速行驶 0.5km 以上，记录当前的加速踏板行程。

5）从静止状态踩下加速踏板至 100% 行程，加速到车辆的最高车速/140km/h（车速允

许偏差 ±1km/h），驾驶人松开加速踏板（加速踏板行程为0%），车辆开始滑行，使用车辆上的数据采集设备进行数据记录，直至车辆完全停住为止（或 creeping 车速）。在滑行过程中，驾驶人不得转动转向盘，车辆档位保持在 D 档。

6）从静止状态踩下加速踏板至100%行程，加速到车辆最高车速/140km/h（车速允许偏差 ±1km/h），加速踏板行程迅速稳定到5%位置处；保持该加速踏板行程行驶至车速不再下降，稳定行驶至少0.5km（车速允许偏差 ±1km/h），记录该试验过程的数据，车辆档位保持在 D 档。

7）重复步骤6），以加速踏板行程的5%为间隔距离进行试验，直至加速踏板行程达到 ACC，见表2-12。

表 2-12 单踏板能量回收减速度测试

加速踏板行程（%）	0	5	10	15	20	…	ACC
减速度/g							

单踏板能量回收减速度测试结果如图2-49所示。

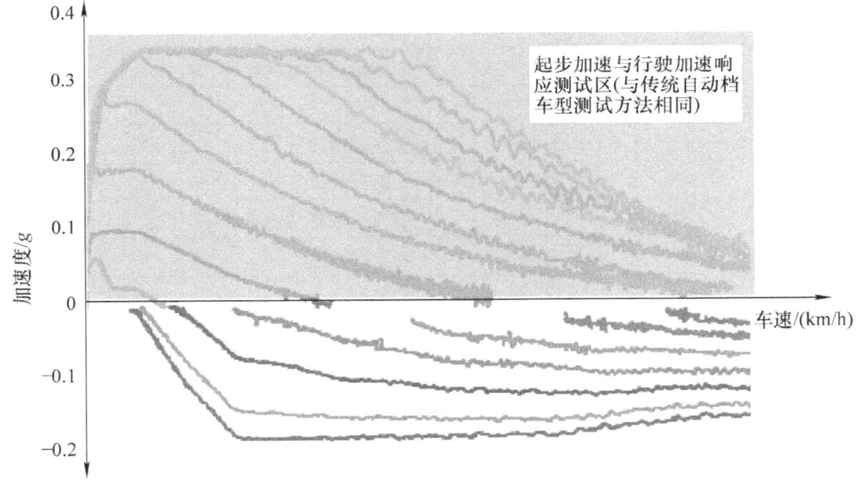

图 2-49 单踏板能量回收减速度测试结果

2. 局部瞬态响应测试

局部瞬态响应测试，重点在于测试由各零部件或系统组成的车辆是否迅速响应驾驶人意图、响应过程中是否对驾驶人和乘员造成不适感，主要与驾驶过程中的急动度有关，局部瞬态响应发生在各种工况中。下面主要介绍局部瞬态响应的典型工况，包括换档和 Tip in / Tip out 工况，试验通过 AVL – DRIVE 进行测试。

AVL – DRIVE 驾驶性评价系统包括测试设备和专家系统（同类车型数据库）。测试设备包括布置在底盘上用于测量车辆运动状态的三向加速度传感器，布置在座椅导轨上、转向管柱上、变速杆上用于测量振动的振动传感器，加速踏板行程传感器和电器负载传感器等。软件系统利用遗传算法对不同子模式的评价指标进行计算，记录瞬态数据，并与数据库中同级别车型进行比较，给出合理评分。

（1）试验设备

1）AVL－DRIVE 成套设备，包括集成采集器、传感器等（表 2-13）。

表 2-13　传感器类型和建议安装位置

传感器类型	安装位置
X/Y/Z 三向加速度传感器	驾驶人右后侧座椅导轨上
X 方向振动传感器	驾驶人头枕后
Y 方向振动传感器	变速杆侧、转向管柱侧
Z 方向振动传感器	驾驶人头枕后、驾驶人左前座椅导轨下、前轴（补偿因路面不同造成的差异）
拉线位移传感器	加速踏板、离合器踏板、制动踏板

2）整车 CAN 总线网络 DBC 解析文件，见自动档（AT）车型信号参考清单（表 2-14）。

表 2-14　信号通道名称

AVL－DRIVE 通道名称	采集通道
AcceleratorPedal（%）	加速踏板位置
Brake	制动踏板位置
EngineTorque/N · m	发动机飞轮端转矩
EngineSpeed/(r/min)	发动机转速
GearDMU	变速器当前档位
SelectorLeverDMU	变速杆位置
TCC_ State	液力变矩器锁止离合器位置
TurbineSpeed/(r/min)	涡轮端转速
VehicleSpeed/(km/h)	车速
WheelSpeedFL/(km/h)	左前轮速
WheelSpeedFR/(km/h)	右前轮速
WheelSpeedRL/(km/h)	左后轮速
WheelSpeedRR/(km/h)	右后轮速

3）车辆称重，称重设备必须具备 ±2kg 的准确度。

（2）试验准备

1）检验车辆的完整性，符合出厂设置，各项系统功能正常。

2）车辆试验质量。车辆试验质量可以是半载质量。

3）试验时，空调需要被关闭，压缩机停止工作。

4）道路试验时，车窗必须关闭。

5）试验时，所有高电流附件（如座椅加热器和电子除雾器）必须被关闭。

6）安装传感器等测试设备。

7）设置传感器采集通道，配置 CAN 总线网络 DBC 解析文件。

8）完成传感器标定和自学习。

（3）环境条件

1）所有试验都必须在环境温度为 0～30℃的条件下进行。

2）道路试验要求平均风速不大于3m/s，阵风不大于5km/h。

3）道路试验不能在有雾的情况下进行。

4）环境温度、气压计气压和相对湿度需要记录。

（4）试验道路表面要求

1）道路必须干燥、干净、平顺，且没有起伏，道路路面为混凝土或沥青路面。

2）道路路面坡度不能超过0.5%。

3）道路必须是直路，偏差在1°以内。

4）道路长度必须足够完成所有试验。

（5）自动档（AT）车型换档测试

1）定加速踏板位置加速升档。

① 将变速杆置于D位，脚踩在制动踏板上，车辆静止。

② 松开制动踏板，快速将加速踏板踩到预设的位置。

③ 车辆从静止状态加速，保持加速踏板位置不变，直到变速器升至最高档或车速无法上升或车速达到140km/h为止。

根据表2-15所列的加速踏板位置，重复试验。

表2-15　定加速踏板位置加速升档测试

加速踏板位置（%）	10	20	30	50	70	90	100
档位							

2）急松加速踏板升档。

① 将变速杆置于D位，固定加速踏板位置（可固定为95%）加速。

② 保持加速踏板位置加速，车辆达到表2-16所列车速后，快速松开加速踏板。

③ 车辆从加速状态转为滑行状态，变速器升档，直到变速器升至最高档或档位开始下降时为止。

根据表2-16所列的车速，重复试验。

表2-16　急松加速踏板升档测试

车速/(km/h)	40	50	60	70	80	100	120
档位							

3）滑行降档。

① 将变速杆置于D位，加速升档。

② 当车辆达到最高档后，保持车速5s，松开加速踏板。

③ 车辆从加速状态转为滑行状态，车速开始下降，变速器开始降档，直到变速器下降到一档，或者车速稳定、不再降低为止。

4）减速降档。

① 将变速杆置于D位，加速升档。

② 当车辆达到最高档后，保持车速5s，松开加速踏板，同时踩下制动踏板。

③ 车辆从加速状态转为制动状态，车辆以表2-17所列减速度减速，车速开始下降，变

速器开始降档，直到变速器下降到一档，或者车辆停止为止。

根据表2-17所列的减速度，重复试验。

表2-17 减速降档测试

减速度/(m/s²)	1	2	3	4	5
记录					

5）Kick down加速（WOT）降档。

① 将变速杆置于D位，加速到表2-18所列车速。

② 保持当前车速5s，快速将加速踏板完全踩下加速。

③ 车辆从匀速状态转为强加速状态，变速器降档，持续加速，直到变速器开始升档或者车速达到140km/h为止。

根据表2-18所列的车速，重复试验。

表2-18 Kick down加速（WOT）降档测试

车速/(km/h)	30	40	50	60	70	80	100	120
记录								

6）部分加速（POT）降档。

① 将变速杆置于D位，加速到表2-19所列车速。

② 保持当前车速5s，以约20%/s的速度连续踩下加速踏板，直到第一次降档。

③ 降档后，保持加速踏板位置2s。

根据表2-19所列的车速，重复试验。

表2-19 部分加速（POT）降档测试

车速/(km/h)	50	60	70	80	100
记录					

7）Tip in加速降档。

① 将变速杆置于D位，加速到表2-20所列车速。

② 保持当前车速5s，按表2-20所列加速踏板位置，快速踩下加速踏板。

③ 降档后，保持加速踏板位置2s。

根据表2-20所列的车速，重复试验。

表2-20 Tip in加速降档测试

车速/(km/h)	50	60	70	80	100
加速踏板位置	40%	40%	40%	40%	40%
	50%	50%	50%	50%	50%
	60%	60%	60%	60%	60%
	70%	70%	70%	70%	70%
	80%	80%	80%	80%	80%

8）手动模式（M模式）升降档测试，参考手动档（MT）车型换档测试方法。

（6）手动档（MT）车型换档测试　手动档（MT）车型在进行换档测试之前，需要首先确认发动机怠速转速、各档位的最低稳定转速和最高转速，以确定测试的范围。

1）升档。

① 将变速杆置于一档，车速处于最低稳定车速。

② 以表2-21所列固定加速踏板位置加速，加速至发动机转速达到表2-21所列转速，进行升档操作，依次进行一档升至二档、二档升至三档等，至最高档位。

③ 按照表2-21所列数据，依次重复步骤①和步骤②，进行升档操作。

④ 由于发动机最高转速不同，尤其是柴油机与汽油机差距较大，柴油机可根据最高转速，选择最高4000r/min升档。

表2-21　手动升档测试

加速踏板位置	发动机转速/（r/min）						
	2000	2500	3000	3500	4000	5000	6000
20%	×	×					
30%		×	×	×			
50%			×	×	×		
75%				×	×	×	
100%					×	×	×

注：×表示选取测试。

2）降档。

① 将变速杆置于一档，车速处于最低稳定车速。

② 加速至最高档，达到表2-22所列对应的转速，松开加速踏板滑行降档。

③ 按照表2-22所列转速，依次重复步骤①和步骤②，进行降档操作。

④ 由于发动机最高转速不同，尤其是柴油机与汽油机差距较大，柴油机可根据最高转速，选择最高3500r/min降档。

表2-22　手动降档测试

发动机转速/(r/min)	5000	4500	4000	3500	3000	2500	2000	1500	1000
记录									

（7）Tip in / Tip out 工况测试　车辆在进行 Tip in / Tip out 工况测试之前，需要首先确认发动机怠速转速、各档位的最低稳定转速（自动档车型需要处于手动模式，且液力变矩器必须处于锁止状态）和最高转速，以确定测试的范围。

1）车辆起步后，将变速杆置于二档，自动档（AT）车型需要在手动模式（M 模式），且液力变矩器必须处于锁止状态，车速处于最低稳定车速。

2）加速至发动机转速略超过表2-23所列对应目标转速，松开加速踏板滑行至少3s。

3）发动机转速达到对应目标转速时，按照表2-23所列数据，进行 Tip in 操作。

4）保持该加速踏板位置至少3s，或者发动机转速继续上升至1000r/min为止，进行 Tip out 操作。

5）按照表2-23所列数据，重复步骤1）~4）。

降档位依次换至三档、四档、五档，重复步骤1）~5）。

避免 Tip in 和 Tip out 快速交替操作。高档位测试过程中，车速最高不超过140km/h。

表 2-23 Tip in 工况测试

加速踏板位置	发动机转速/（r/min）						
	1000	1500	2000	2500	3000	3500	4000
20%	√	√	√	√	√	√	√
30%	√	√	√	√	√	√	√
50%	√	√	√	√	√	√	√
75%	√	√	√	√	√	√	√
100%	√	√	√	√	√	√	√

2.3 驾驶性开发案例

驾驶性的开发不同于动力性，需要根据市场定位进行各性能的平衡。本节通过传统动力和新能源两个车型的开发实例，介绍驾驶性开发过程中遇到的问题和解决方案，进一步阐述驾驶性开发的重要性，以及开发指标、设计方法和测试在实际开发中的应用。

2.3.1 传统动力车型开发案例

（1）车型配置　某 SUV（运动型多功能汽车）车型，质量为 2t，前置后驱，匹配 2. 0T 汽油增压发动机及高性能 6 速手自一体变速器。

（2）问题表现

1）百公里加速性能较好，但加速踏板行程较小时加速性能差，加速迟缓。

2）在城市高架路上巡航时，经常出现换档频繁，突然加速的现象。

3）高速巡航时，需要用力踩下加速踏板，使加速踏板下行较大距离，容易使驾驶人疲劳。

（3）客观测试

1）加速踏板特性。加速踏板力和行程特性满足要求，前段空行程 <2mm，如图 2-50 所示。

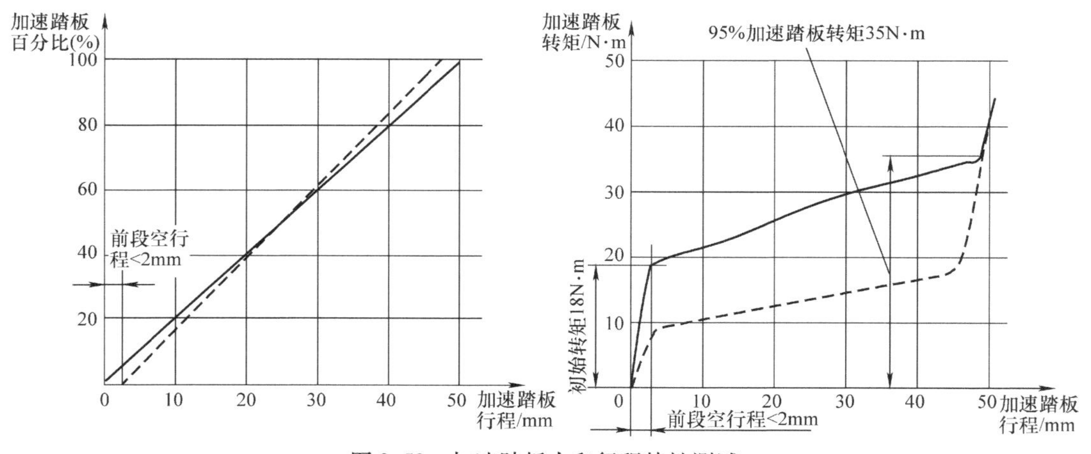

图 2-50　加速踏板力和行程特性测试

——传感器信号　----实际百分比

2）稳速加速踏板位置测试。如图2-51所示，稳速加速踏板位置较低，线性度略差，不满足要求。

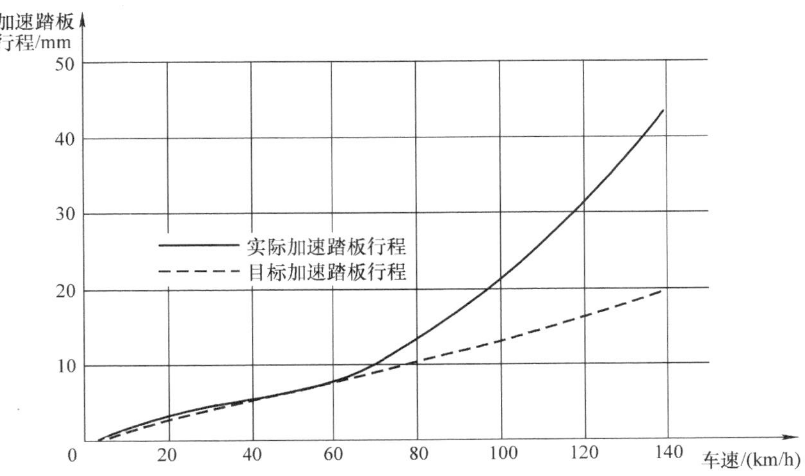

图2-51　传统动力车型稳速加速踏板位置测试

3）行驶加速响应测试。如图2-52所示，起步加速响应略差，行驶加速响应很差，不满足要求。

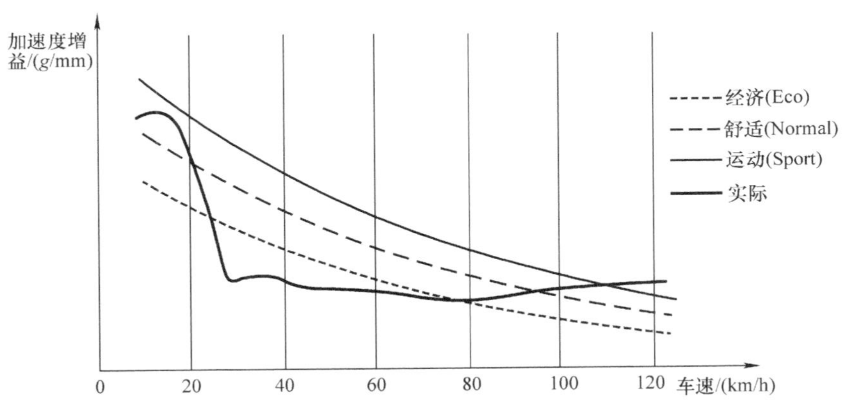

图2-52　传统动力车型行驶加速响应测试

（4）问题分析与优化　结合问题和客观试验，进行系统分析，找出可能影响如上驾驶性问题的各项子系统性能，并进行针对性优化。驾驶性问题分析如图2-53所示。

1）百公里加速性能较好，说明节气门全开时动力性较好。

2）稳速加速踏板位置过低，结合加速踏板特性满足要求，Acc Pedal Map加速踏板行程较小时偏弱，尤其是高速行驶工况点对应的加速踏板百分比过大，导致高速巡航时需要使加速踏板下行距离较大，需要提升Acc Pedal Map加速踏板行程较小时需求转矩。

3）行驶加速响应差，尤其是加速踏板行程中小、中低车速加速响应系统增益差，说明Acc Pedal Map加速踏板行程中等时较差；或者变速器降档不积极，需要提升Acc Pedal Map加速踏板行程中等时需求转矩，同时优化变速器Shift Schedules换档时机，提升整车加速

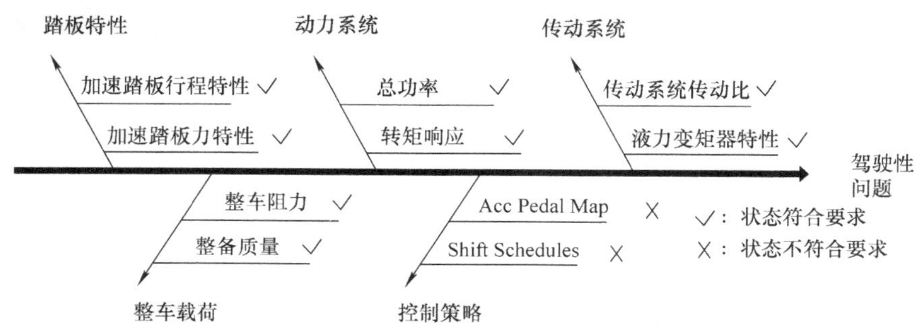

图 2-53 驾驶性问题分析

响应。

4）城市高架路限速 80km/h，巡航出现换档频繁，结合行驶加速响应测试，Acc Pedal Map 中低转速偏弱，降档前转矩储备不足，此时容易触发降档线；降档后转矩足够大，加速过猛，导致突然加速，加速后又很快触发升档线，导致换档频繁，需要提升 Acc Pedal Map 的中低速转矩，同时调整换档时机，避免频繁换档。

优化前后对比如图 2-54 ~ 图 2-56 所示。

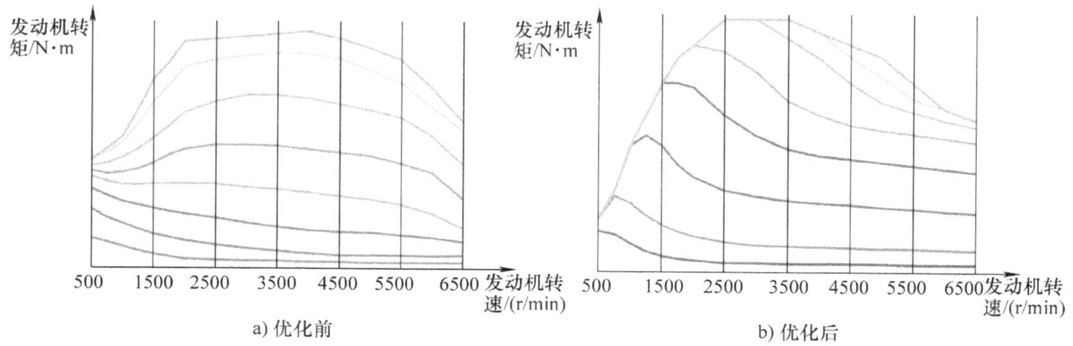

图 2-54 Acc Pedal Map 优化前后对比

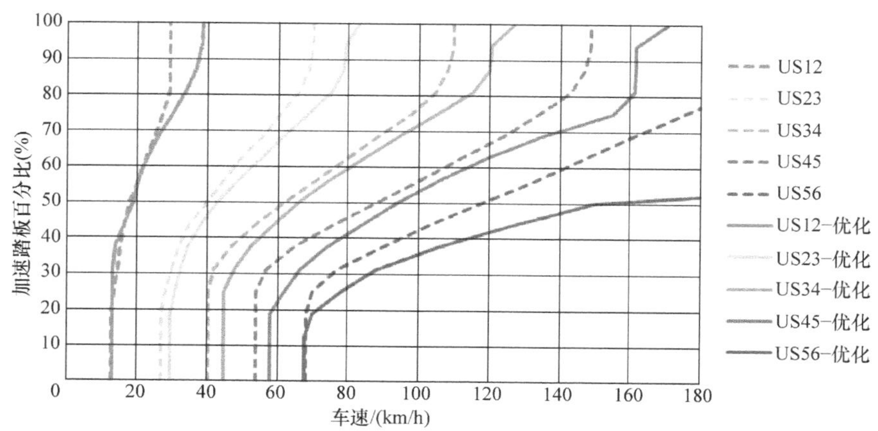

图 2-55 Shift Schedules（US：升档时机）优化前后对比

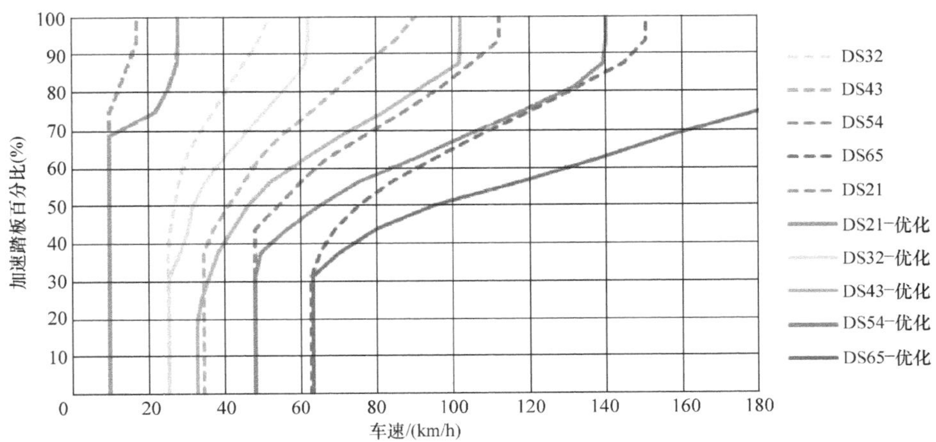

图 2-56 Shift Schedules（DS：降档时机）优化前后对比

（5）问题解决 实施以上优化方案后测试稳速加速踏板位置和行驶加速响应，满足开发要求，并进行实车主观评价，驾驶性问题得到解决。

传统动力车型优化后稳速加速踏板位置和行驶加速响应分别如图 2-57 和图 2-58 所示。

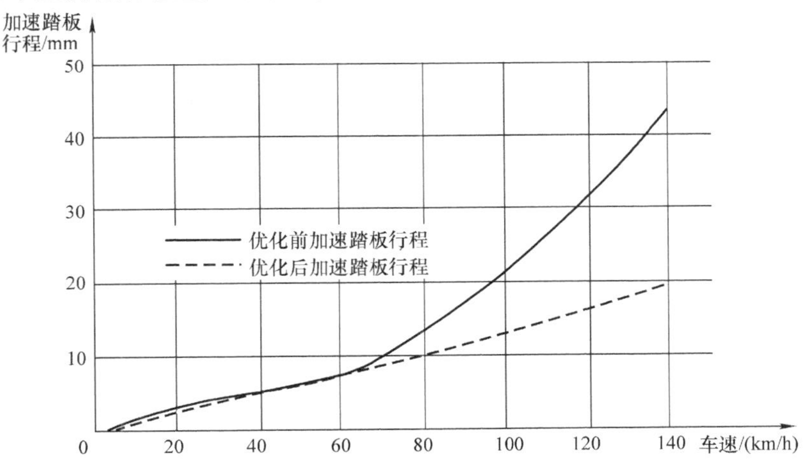

图 2-57 传统动力车型优化后稳速加速踏板位置

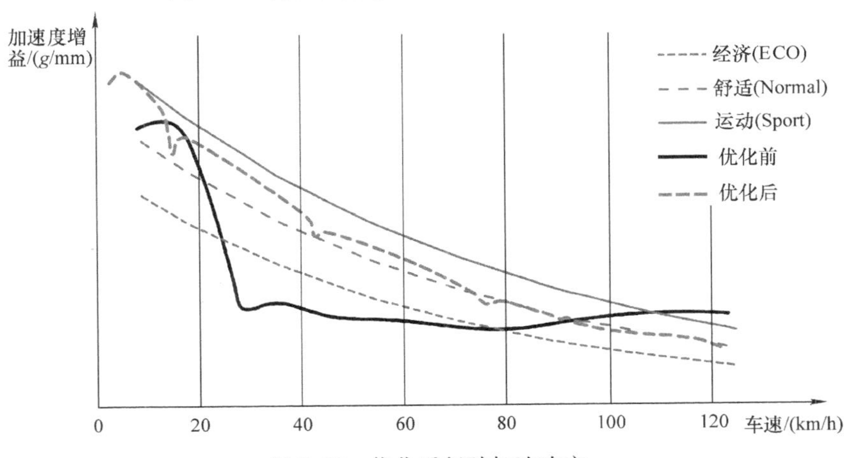

图 2-58 优化后行驶加速响应

2.3.2 新能源车型开发案例

（1）车型配置 某纯电动中型 MPV（多用途汽车）车型，定位为家庭使用，质量为 1.8t，前置前驱，匹配高性能永磁同步电机及单机减速器。

（2）问题表现

1）起步加速响应差，起步慢。

2）在城市高架路上行驶时，“不敢踩”加速踏板，匀速行驶较难控制。

3）滑行能量回收时，减速度突变，不易控制。

4）在滑行过程中进行 Tip in 加速时，电机处发出“咚咚”声。

（3）客观测试

1）加速踏板特性。同传统动力车型开发案例，加速踏板力和行程特性满足要求，前段空行程 <2mm。

2）稳速加速踏板位置测试。如图 2-59 所示，稳速加速踏板位置过高，不满足要求。

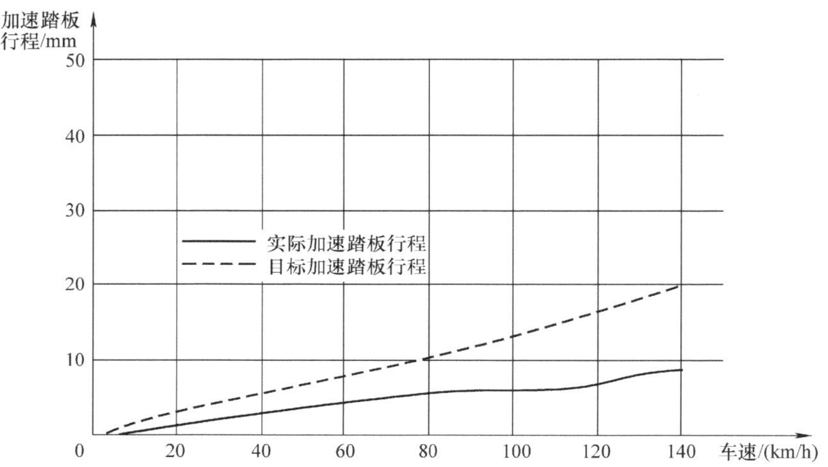

图 2-59 新能源车型稳速加速踏板位置测试

3）起步加速响应测试。如图 2-60 所示，起步加速响应差，不满足要求。

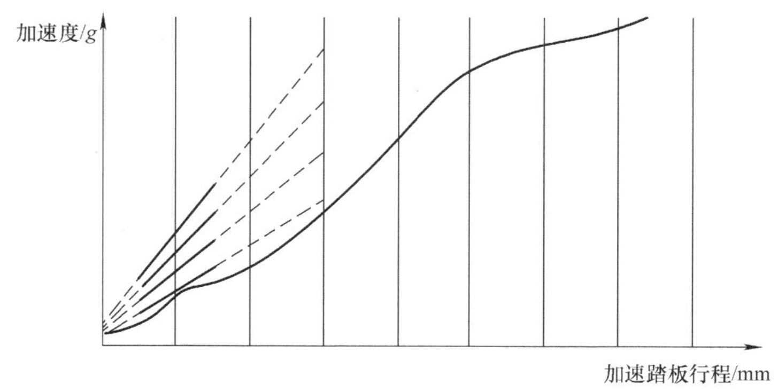

图 2-60 起步加速响应测试

4）单踏板能量回收减速度测试。如图 2-61 所示，滑行能量回收减速度过大，且不同踏板位置的减速度梯度较大。

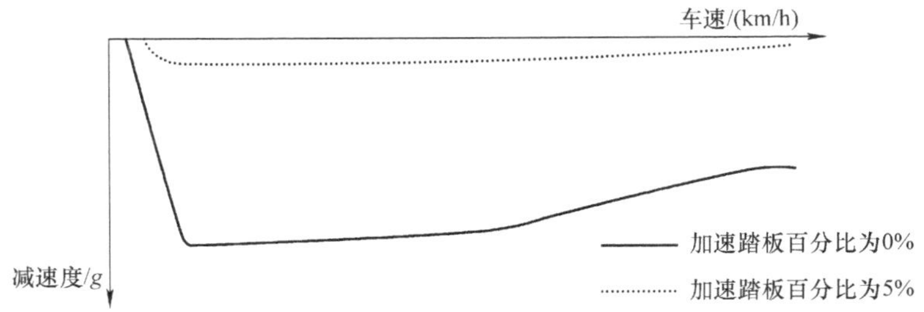

图 2-61　能量回收减速度测试

5）Tip in/Tip out 转矩测试。如图 2-62 所示，转矩上升下降过程中，在正负转矩交替（穿越 0 转矩线）时，上升和下降斜率过大，电机悬置无法及时吸收冲击，引起传动系统振荡。

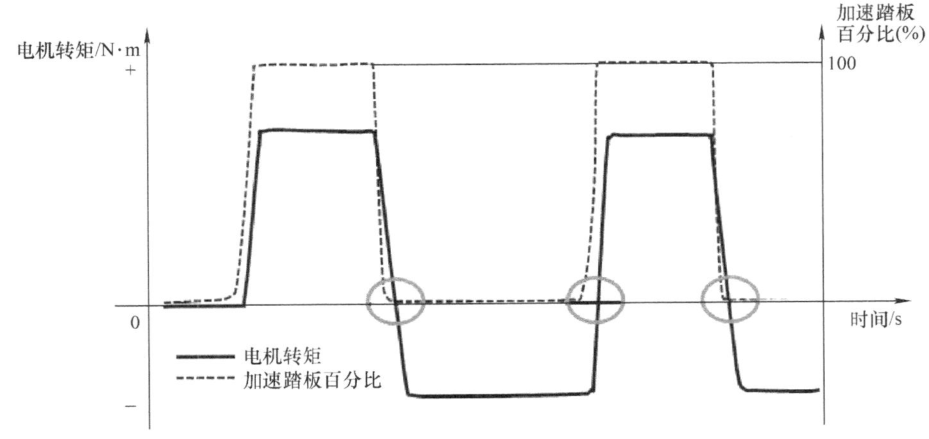

图 2-62　Tip in/Tip out 转矩测试

（4）问题分析与优化　同传统动力车型开发案例，结合问题和客观试验，进行系统分析，找出可能影响如上驾驶性问题的各项子系统性能，并进行针对性优化。

1）起步加速响应差，说明低速转矩设置偏小，需要增大低转速区转矩。

2）稳速加速踏板位置过高，结合加速踏板特性满足要求，作为家庭使用的 MPV 车型，单踏板控制策略中小踏板行程区域转矩设计过大，高速巡航时，也仅需要轻踩加速踏板，因此稳速较难控制，需要调整单踏板控制策略稳速区域转矩，适当增加稳速踏板行程。

3）结合加速踏板行程较小时转矩过大，且滑行能量回收减速度过大，较小的踏板行程范围内，转矩变化过大，且不同踏板行程减速度梯度较大，导致不容易控制，进一步造成减速度突变，需要调整能量回收强度。

4）转矩上升下降过程中，上升和下降斜率过大，且电机悬置无法及时吸收冲击，引起传动系统振荡，需要调整转矩上升和下降斜率，尤其是正负转矩交替（穿越 0 转矩线）时转矩变化斜率。

优化前后对比如图 2-63 ~ 图 2-65 所示。

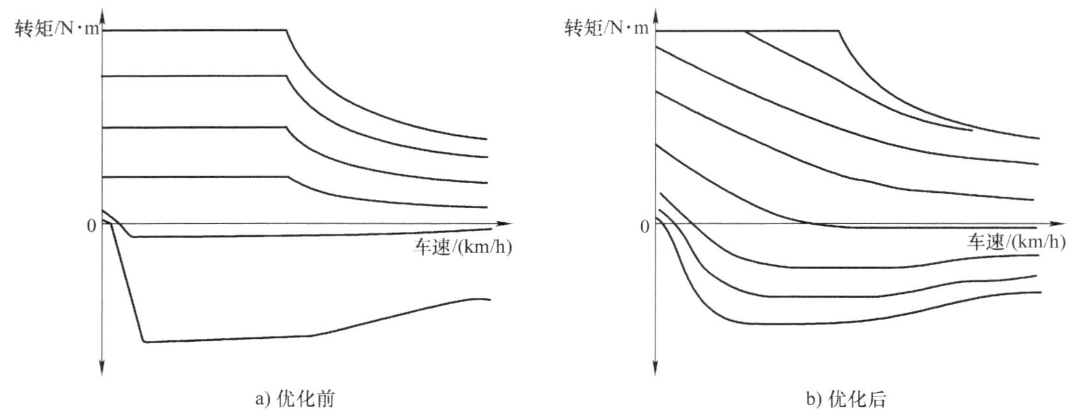

图 2-63　单踏板控制策略优化前后对比

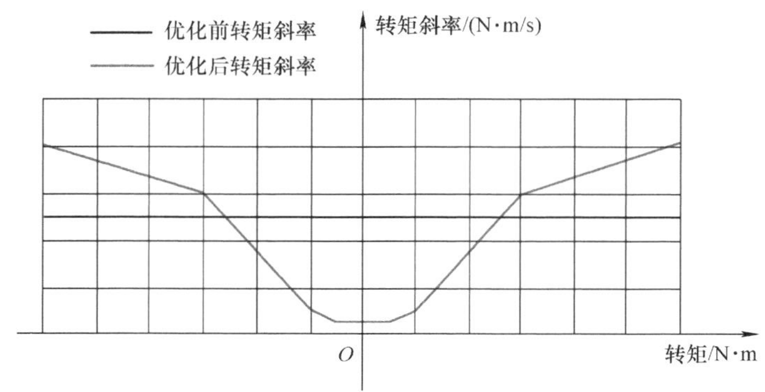

图 2-64　转矩变化斜率优化前后对比

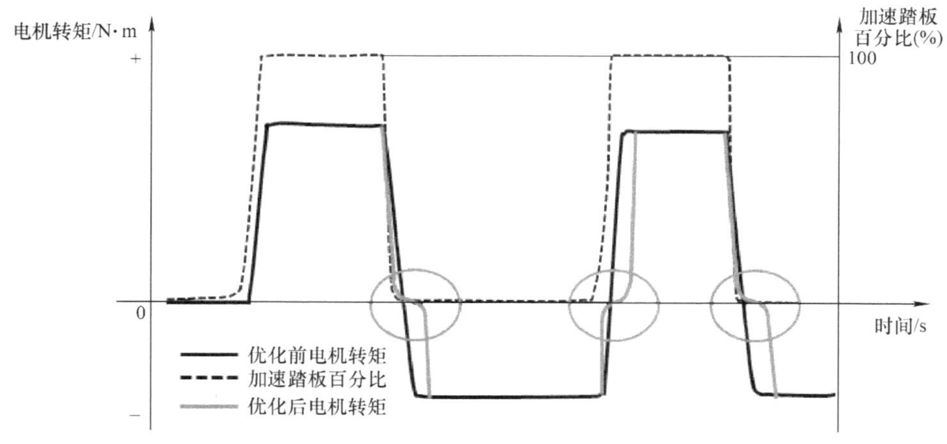

图 2-65　Tip in/Tip out 转矩优化前后对比

（5）问题解决　实施以上优化方案后，测试稳速加速踏板位置和起步加速响应，满足开发要求，并进行实车主观评价，驾驶性问题得到解决。

新能源车型优化后稳速加速踏板位置和起步加速响应分别如图 2-66 和图 2-67 所示。

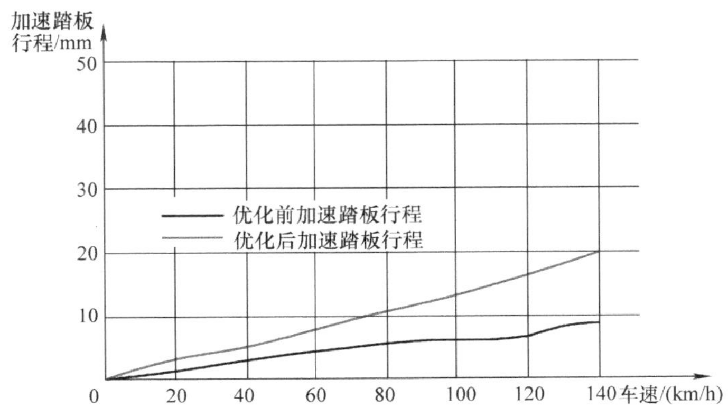

图 2-66 新能源车型优化后稳速加速踏板位置

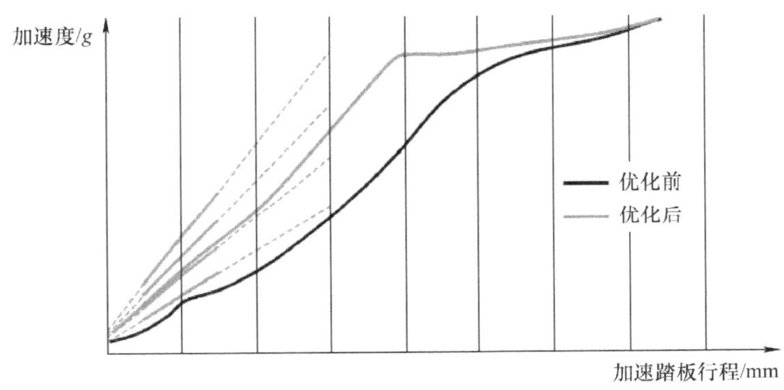

图 2-67 优化后起步加速响应

2.4 展望

智能驾驶汽车通过搭载先进的车载传感器、控制器和数据处理器、执行机构等装置，借助车联网和 V2X 等现代移动通信与网络技术实现交通参与物彼此间信息的互换与共享，从而具备在复杂行驶环境下的传感感知、决策规划、控制执行等功能，以实现安全、高效、舒适和节能的自动或智能行驶。智能驾驶汽车代表了汽车技术和产业化的重要发展方向，也是未来汽车技术创新的主流趋势。

无人驾驶是汽车智能化追求的终极目标，是信息通信等先进技术在汽车上的深度应用，体现了更便捷、更简单的人车交互方式，是对人的更大程度的解放。由于不存在驾驶人，无人驾驶主要关注乘坐舒适性。具有先进驾驶辅助系统（Advanced Driving Assistance System，ADAS）的汽车是智能驾驶的初级阶段，对于车辆的驾驶性和乘坐舒适性均有很高的要求。

除此之外，具备“人—车—环境”协同、驾驶风格自适应的研究，也是驾驶性在智能驾驶汽车上的另一研究方向。具备“人—车—环境”协同、驾驶风格自适应的车辆，可以通过学习驾驶人的习惯，监控道路状况、天气情况、车辆状态等，同时兼顾车上乘员感受、自动调整参数和驾驶风格、优化驾乘感受并进行持续迭代，“人—车—环境”协同自适应驾驶具有更高的驾驶性要求，可以不断满足驾驶人的需求，同时兼顾乘员舒适性。

2.4.1 先进驾驶辅助系统

先进驾驶辅助系统是利用安装于车上的各式各样的传感器，在第一时间收集车内外的环境数据，进行静态/动态物体的辨识、侦测与追踪等技术上的处理，从而能够让驾驶人在最短的时间内察觉可能发生的危险，以引起注意和提高安全性的主动安全系统。ADAS 采用的传感器主要有摄像头、雷达、激光传感器和超声波传感器等，可以探测光、热、压力或其他用于监测汽车状态的变量，通常位于车辆的前后保险杠、侧视镜、变速杆内部或者风窗玻璃上。早期的 ADAS 技术主要以被动式警报为主，当车辆检测到潜在危险时，会发出警报以提醒驾驶人注意异常的车辆或道路情况。对于最新的 ADAS 技术来说，主动式干预也很常见。

先进驾驶辅助系统目前包括导航与实时交通系统（TMC）、电子警察系统（Intelligent Speed Adaptation 或 Intelligent Speed Advice，ISA）、车联网系统（Vehicular Communication Systems）、自适应巡航控制系统（Adaptive Cruise Control，ACC）、车道偏移报警系统（Lane Departure Warning System，LDWS）、车道保持系统（Lane Keep Assistance）、碰撞避免或预碰撞系统（Collision Avoidance System 或 Precrash System）、夜视系统（Night Vision System）、自适应灯光控制（Adaptive Light Control）、行人保护系统（Pedestrian Protection System）、自动泊车系统（Automatic Parking）、交通标志识别（Traffic Sign Recognition）、盲点探测（Blind Spot Detection）、驾驶人疲劳探测（Driver Drowsiness Detection）、下坡控制系统（Hill Descent Control）和电动汽车报警（Electric Vehicle Warning Sounds）系统等。其中与驾驶性直接相关的是自适应巡航控制系统（ACC）。

2.4.2 自适应巡航控制系统

自适应巡航控制系统（图 2-68）是基于普通的巡航定速系统延伸发展而成的，是先进车辆控制系统和汽车驾驶辅助系统的重要组成部分。一方面，ACC 系统旨在提高驾驶人的驾驶舒适性，减轻驾驶人长时间驾驶的压力，从而减少因驾驶疲劳造成的交通事故；另一方面，该系统能够提高驾驶平顺性，并且能够让交通更加顺畅。

ACC 系统通过安装于车辆前方的雷达探测在本车前进道路上的车辆，并判断前方一定范围内是否存在速度比本车慢的车辆，若存在，则在本车接近前方车辆时，ACC 系统控制降低本车车速，并与前方低速车辆保持一定的安全距离；若不存在，则本车按之前所设定的巡航车速行驶。该系统实现了无驾驶人纵向干预下车速的自动控制，从而达到辅助驾驶人操作的目的。

汽车 ACC 系统共有 4 种典型的操作，即巡航控制、减速控制、跟随控制和加速控制，如图 2-69 所示。

（1）巡航控制　巡航控制是 ACC 系统的最基本功能，当前车辆前方没有行驶车辆时，当前车辆处于普通的巡航行驶状态，按照设定的车速进行巡航控制。

（2）减速控制　当前方有目标车辆，且目标车辆行驶车速低于当前车辆的行驶车速时，ACC 系统控制减速，确保两车距离为所设定的安全距离。

（3）跟随控制　当 ACC 系统将当前车辆车速减至理想的目标车速后，采用跟随控制，以与目标车辆相同的速度行驶。

（4）加速控制　当前方的目标车辆加速行驶，或与当前车辆发生相对移线后，当前车

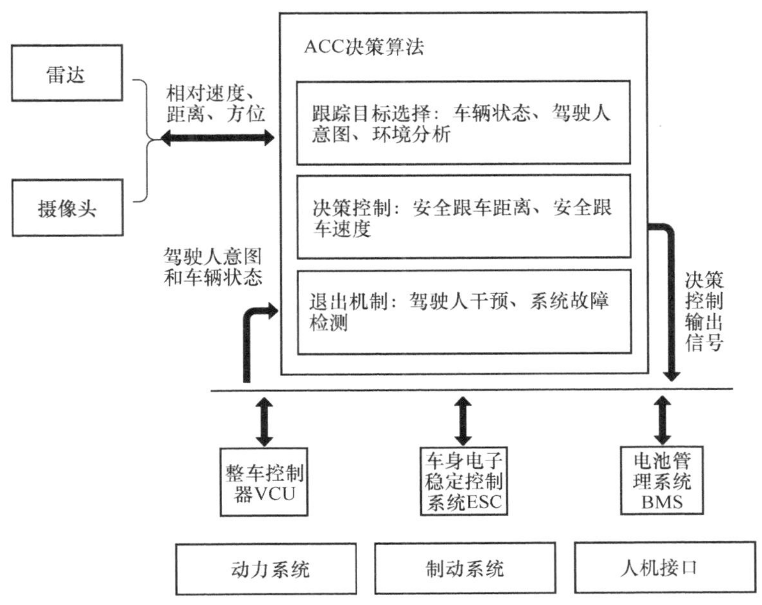

图 2-68　自适应巡航控制系统

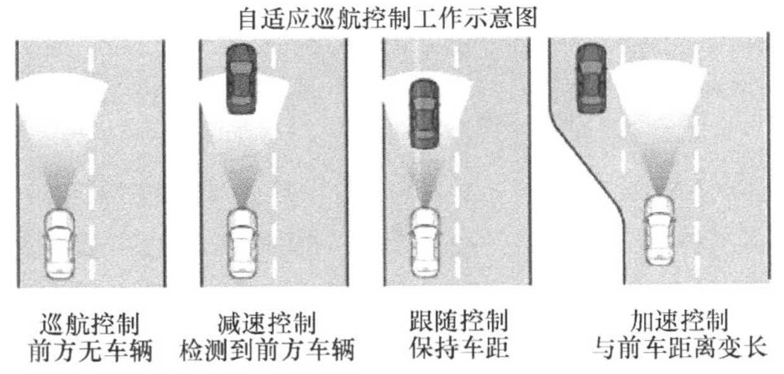

图 2-69　ACC 典型操作

辆前方无行驶车辆时，ACC 系统将对当前车辆进行加速控制，使之达到设定的车速。而后再次进入巡航控制。

2.4.3　“人－车－环境”协同自适应驾驶辅助

目前，驾驶性开发多数停留在三种驾驶模式（Normal、ECO、Sport），新能源车辆还有多种能量回收模式，均需要手动切换，但用户使用往往只是用一种模式，多模式开发没有很好地提升驾乘体验，也难以满足不同用户的多种需求。当前，对于驾驶风格的研究多数停留在驾驶需求上，缺乏对大数据的挖掘，无法结合乘员和车辆内外部因素及时调整，并运用到提升整车的驾乘感受上。

“人－车－环境”协同自适应驾驶辅助，主要是可以通过软件算法学习驾驶人的习惯，通过网络和传感器监控道路状况、天气情况及车辆自身状态等，通过建立大数据驾乘模型分析，自动调整参数和驾驶风格，优化驾乘感受，并可以实现持续迭代优化。

“人”指的不仅是驾驶人，还包括乘员。将驾驶人的驾驶主观感受和乘员的乘坐主观感受相结合，同时与整车驾驶性客观数据进行矩阵分析，确定最佳的驾驶模式或驾驶风格。

“车”指的是车辆行驶过程中的驾驶风格、驾驶性相关策略、车辆的各项内部参数。车辆通过不断地解析驾驶性相关策略、各项内部参数与驾驶风格的大数据，定义驾驶风格与参数对应标签。

“环境”指的是车辆行驶过程中，道路状况、海拔、天气情况等外部参数，通过识别外部参数，与车辆内部参数和驾乘感受相结合，建立大数据模型，实现动态性能风格在线识别，设计智能匹配驾驶性策略算法，实现驾驶性策略智能匹配的持续迭代，提升用户驾乘体验。

2.4.4 整车控制策略

智能驾驶与辅助驾驶的控制策略，分为传统控制和智能控制，下面针对当前应用较多的控制方法进行介绍。

1. 传统控制方法

传统控制方法主要有 PID 控制、模糊控制、最优控制、滑动模态控制（模型预测控制 MPC）等，这些算法应用都较为广泛。

PID 控制器（比例-积分-微分控制器），由比例单元（P）、积分单元（I）和微分单元（D）组成，通过 K_P、K_I和 K_D三个参数设定。PID 控制器主要适用于基本上线性且动态特性不随时间变化的系统。PID 是以它的三种纠正算法而命名的。这三种算法都是用加法调整被控制的数值，其输入为误差值（设定值减去测量值后的结果）或是由误差值衍生的信号。

模糊逻辑控制策略（Fuzzy Logic Control Strategy）简称模糊控制（Fuzzy Control），其本质是一种计算机数字控制技术，集成了模糊理论、模糊集合论、模糊语言变量和模糊逻辑推理等。与经典控制理论相比，模糊逻辑控制策略最大的特点是不需要准确的数学公式来建立被控对象的精确数学模型，因此可极大简化系统设计和数学建模的复杂性，提高系统建模和仿真控制的效率。模糊控制系统在建模过程中，利用人类积累的相关知识和生活经验进行推理，模拟人类大脑处理复杂事件的过程，进而产生相应的控制思想——控制思想经过编译成为控制策略。模糊逻辑控制策略由工程人员的控制思路和实践经验积累编译而成，具有较佳的鲁棒性、适应性及容错性。其主要由定义模糊变量、模糊变量模糊化、定义规则库、推理决策和逆模糊化五个环节组成。

最优控制理论是变分法的推广，着重于研究使控制系统的指标达到最优化的条件和方法。为了解决最优控制问题，必须建立描述受控运动过程的运动方程，给出控制变量的允许取值范围，指定运动过程的初始状态和目标状态，并且规定一个评价运动过程品质优劣的性能指标。性能指标的好坏取决于所选择的控制函数和相应的运动状态。系统的运动状态受到运动方程的约束，而控制函数只能在允许的范围内选取。同时，最优控制的实现离不开最优化技术。最优化技术用于研究和解决如何将最优化问题表示为数学模型，以及如何根据数学模型尽快求出其最优解这两大问题。

在系统控制过程中，控制器根据系统当时状态，以跃变方式有目的地不断变换，迫使系统按预定的“滑动模态”的状态轨迹运动。变结构是通过切换函数实现的，特别要指出的是，通常要求切换面上存在滑动模态区，故变结构控制又常被称为滑动模态控制。

2. 智能控制方法

相对于传统控制方法，智能控制方法主要体现在对控制对象模型的运用和综合信息学习运用上，主要有基于模型的控制、神经网络控制和深度学习方法等。目前这些算法已逐步在汽车控制中得到应用。

基于模型的控制，一般称为模型预测控制（Model Predictive Control，MPC），又称为滚动时域控制（Moving Horizon Control，MHC）和后退时域控制（Receding Horizon Control，RHC）。它是一类以模型预测为基础的计算机优化控制方法，是在近些年来被广泛研究和应用的一种控制策略。其基本原理可概括为：在每个采样时刻，根据当前获得的测量信息，在线求解一个有限时域的开环优化问题，并将得到的控制序列的第一个元素作用于被控对象，在一个采样时刻，重复上述过程，再用新的测量值刷新优化问题并重新求解。在线求解开环优化问题获得开环优化序列是模型预测控制与传统控制方法的主要区别。预测控制算法主要由预测模型、反馈校正、滚动优化和参考轨迹四个部分组成，最好将优化解的第一个元素（或第一部分）作用于系统。

神经网络控制是研究和利用人脑的某些结构机理及人的知识和经验对系统的控制。利用神经网络，可以把控制问题看成模式识别问题，被识别的模是映射成（行为）信号的（变化）信号。神经网络控制最显著的特点是具有学习能力。它是通过不断修正神经元之间的连接权值，并离散存储在连接网络中来实现的。它对非线性系统和难以建模的系统的控制具有良好的效果。一般情况下，神经网络用于控制系统有两种方法：一种是用其建模，主要利用神经网络能任意近似任何连续函数和其学习算法的优势，存在前馈神经网络和递归神经网络两种类型；另一种是直接作为控制器使用。

深度学习源于神经网络的研究，可理解为深层的神经网络。通过它可以获得深层次的特征表示，免除人工选取特征的繁复冗杂和高维数据的维度灾难问题。深度学习在特征提取与模型拟合方面显示了其潜力和优势。对于存在高维数据的控制系统，引入深度学习具有一定的意义，近年来，已有一些研究关注深度学习在控制领域的应用。目前较为公认的深度学习的基本模型包括基于受限玻尔兹曼机（Restricted Boltzmann Machine，RBM）的深度置信网络（Deep Belief Network，DBN）、基于自动编码器（Autoencoder，AE）的堆叠自动编码器（Stacked Autoencoder，SAE）、卷积神经网络（Convolutional Neural Network，CNN）、递归神经网络（Recurrent Neural Network，RNN）。

智能驾驶系统需要尽量减少人的参与或者没有人的参与，自动学习状态特征的能力使得深度学习在无人驾驶系统的研究中具有先天的优势。如何充分利用和发挥深度学习在无人驾驶系统中的优势并发展包括深度学习在内的无人驾驶系统控制是目前的研究方向。

制动性能

制动性能是汽车的重要性能之一，与车辆安全性和用户驾驶感知息息相关。传统制动系统的工作原理、结构设计、性能设计和验证技术已经非常成熟，相关内容可查阅有关资料。随着近些年电控技术的发展，电子制动系统的技术研发和汽车产业化运用取得了重大发展。本章重点介绍电子制动系统，分别讲述电子制动系统动力学理论基础、电子制动系统理论基础、电子制动系统整车集成技术及集成化发展趋势。

3.1 电子制动系统概述

1908 年，英国工程师 J. E. Francis 提出“铁路车辆车轮抱死滑动控制器”理论。防抱死制动系统（Antilock Braking System，ABS）在汽车上的开发始于 1928 年 Karl Wessel 的专利申请“制动力控制器”，其后 Werner Moehl 的“液压制动安全装置”与 Richard Trappe 的“车轮抱死防止器”都是对汽车使用 ABS 开发的一种尝试。

最早的车轮防抱死系统于 1929 年应用于飞机上，由法国相关公司开发，让飞机在降落时得以拥有接近制动极限的减速性能。以当时的电子元器件的发展状况，这套车轮防抱死系统没有用电子感应器与电子控制单元（ECU）进行判断，而是采用纯粹的机械构造。这套系统提高约 30% 的制动性能，最主要是因为飞行员不需要慢慢地增加制动力来找到最大的制动效能，只需要全力进行制动即可，同时这也减少了轮胎爆胎等情况。

德国博世（Bosch）公司研发 ABS 的起源可以追溯到 1936 年，当年博世公司申请了“机动车辆防止制动抱死装置”的专利。

汽车上使用 ABS 始于 1954 年福特汽车公司在林肯车上装用法国航空公司的 ABS 装置，这种 ABS 装置的控制部分为机械式，结构复杂，功能相对单一，只有在特定车辆和工况下防抱死才有效，因此制动效果并不理想。机械结构复杂使 ABS 装置的可靠性差、控制精度低、价格高，ABS 技术在汽车上的推广应用受到限制。

1957 年，凯尔斯 - 海伊斯（KALSEY - HAYES）公司进行的 ABS 试验表明，ABS 能够防止制动过程中汽车失去方向控制，并能缩短汽车的制动距离。

1964 年（也是集成电路诞生的一年），博世公司公司再度开始 ABS 的研发计划，最后有了“通过电子装置控制来防止车轮抱死是可行的”的结论，这是 ABS 一词在历史上第一次出现。

20 世纪 70 年代后期，数字式电子技术和大规模集成电路的迅速发展，为 ABS 防滑控制系统的实用化奠定了基础。1978 年，博世公司与奔驰公司合作研制出三通道四轮带有数字式控制器的 ABS——ABS 2（图 3-1），并批量装于奔驰轿车上。有别于 ABS 1 采用模拟式电子组件，ABS 2 完全以数字式组件进行设计，不但控制单元内组件数目从 1000 个锐减到 140

个，而且有造价降低、可靠性大幅提升与运算速度明显加快的三大优势。但在 ABS 诞生的前期，由于成本过于高昂而无法开拓市场。从 1978 年到 1980 年底，博世公司总共仅售出 24000 套 ABS。但受到市场上的正面响应，博世公司开始牵引力控制系统（TCS）的研发计划。1983 年推出的 ABS 2S 的质量由 5.5kg 降低到 4.3kg，控制组件也减少到 70 个。

图 3-1 1978 年奔驰 S 级轿车装备 ABS 进行对比测试

德国大陆特威斯（Teves）公司 1984 年推出了具有防抱制动和驱动防滑功能的 ABS 2U。机械与电子元件持续不断的发展和改进使 ABS 的优越性越来越明显，由于激烈的竞争，技术的日趋成熟，ABS 变得更精密、更可靠，价格也在迅速下降。

到了 20 世纪 80 年代中期，全球新出厂车辆安装 ABS 的比例首次超过 1%，通用汽车也决定把 ABS 列为旗下主力雪佛兰车系的标准配备。

1986 年是另一个值得纪念的年份。这一年，除了博世公司庆祝售出第 100 万套 ABS 外，更重要的是博世公司推出史上第一个供民用车使用的 TCS 控制系统。TCS 的作用是防止汽车起步与加速过程中驱动轮打滑，特别是防止车辆过弯时的驱动轮空转，并将滑转率控制在 10% ~20% 的范围内。由于 TCS 是通过调整驱动轮的转矩来进行牵引力控制的，因而又被称为驱动力控制系统。

1987 年，第一款搭载 TCS 的奔驰 S 级新车型再度成为历史的创造者。随着 ABS 的单价逐渐降低，搭载 ABS 的新车数目于 1988 年开始飞速增加，当年博世公司的 ABS 年度销售量首次突破 300 万套。

1987 年，原欧洲共同体颁布一项法规，要求从 1991 年起，欧洲共同体所有成员国生产的所有新车型均需装备防抱死制动系统，同时规定凡载质量在 16t 以上的货车必须装备 ABS，并且禁止无此系统的汽车进口。日本规定，从 1991 年起，总质量超过 13t 的牵引车，总质量超过 10t 的运送危险品的拖车、在高速公路上行驶的大客车都必须安装 ABS。

博世公司在 1989 年推出的 ABS 2E 首次将分离于发动机舱的液压驱动组件与中控台内的电子控制组件集成到一起。ABS 2E 也是历史上第一个舍弃集成电路，用一个 8K 字节运算速度的微处理器（CPU）负责所有控制工作的 ABS。同年，保时捷车厂正式宣布全车系都已安装了 ABS。20 世纪 90 年代前半期，ABS 逐渐开始普及于量产车上。

1993 年，博世公司推出了 ABS 2E 的改良版 ABS 5.0，除了体积更小、质量更轻外，ABS 5.0 装备了运算速度加倍（16K 字节）的处理器，博世公司也在同年年中庆祝售出第 1000 万套 ABS。

此后，随着市场装备率的提升和汽车市场的快速发展，体积更小、质量更轻和支持的功能更多成为 ABS 发展的趋势，德国博世公司于 2001 年推出第八代 ABS，质量已经降低到 1.7kg，2009 年推出的第九代 ABS，其质量最低已经可以控制在 1.1kg 以下。博世 ABS 的发展进程如图 3-2 所示。

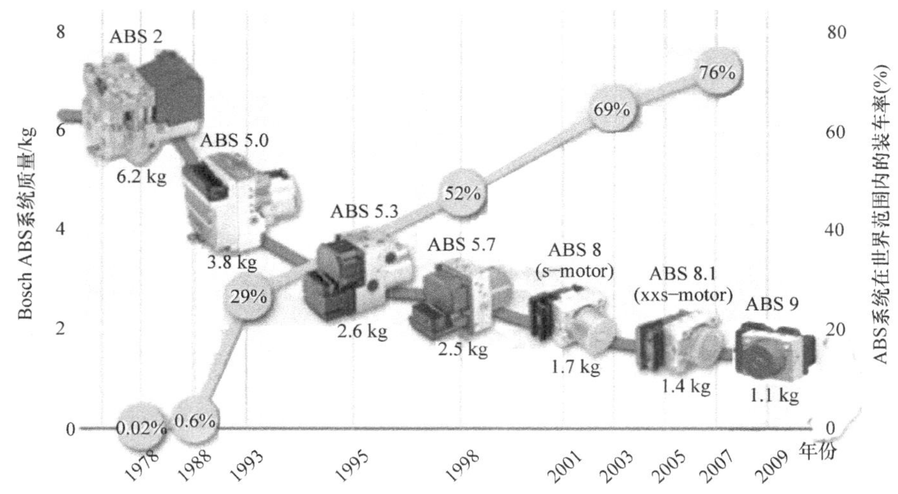

图 3-2　博世 ABS 的发展进程

全球范围内，车身电子稳定（ESP）系统在乘用车上的批量应用始于 1995 年，从此以后，许多基于 ESP 的扩展功能及更高端的复合控制系统得到迅速发展，并已批量应用。

博世 ESP 系统经历了博世第五代、第八代和第九代产品，和 ABS 的发展相同，新一代产品相对于前代产品都是往体积更小，质量更轻和可支持功能更多的方向发展。

3.2　电子制动系统动力学理论基础

车辆制动是依靠地面对车轮的反作用力来实现的，在制动过程中伴随着各种形式的力和力矩的传递。研究车辆制动过程中的系统动力学原理，是为了更合理地设计制动系统、优化制动效能及对 ABS/ESP 系统进行匹配开发。

车辆制动性能的评价指标主要有以下几项：

（1）制动效能　制动效能指汽车在良好的路面上以一定初速度和规定的制动踏板力开始制动，在最短的时间内停车的一种能力，是制动性能的基本的评价指标。一般用制动距离、制动减速度等表示。

（2）制动效能的恒定性　制动效能的恒定性指抗热衰退性能和抗水衰退性能，主要指抗热衰退性能。即汽车匀速行驶制动或下长坡制动时随制动器温度升高而保持摩擦力矩的能力。抗水衰退性能指汽车涉水后对制动效能的保持能力。

（3）制动时汽车的方向稳定性　制动时汽车的方向稳定性指汽车在制动过程中不发生跑偏、侧滑或丧失转向功能，按驾驶人给定方向行驶的能力。

（4）制动舒适性　制动舒适性指车辆在制动过程中制动的轻便性、制动噪声及乘坐舒适性等。

3.2.1　制动力分配与制动稳定性

制动系统设计的目标是在制动过程中汽车制动距离要短、不发生侧滑和甩尾，并且保持

转向性能。一般情况下，制动时可能发生以下三种情况：

1）前轮先于后轮抱死拖滑。此时车辆离心力和侧滑方向相反，车辆处于稳定状态，但车辆失去转向能力。

2）后轮先于前轮抱死拖滑。此时车辆离心力和侧滑方向相同，后轴发生侧滑，车辆处于不稳定状态。

3）前、后轮同时抱死。此时可以避免后轴侧滑，前转向轮只有在最大制动强度下才失去转向性，路面面附着系数利用率相对较高。

制动过程中，在保证车辆稳定性的同时又要充分利用路面附着系数，从而得到较短的制动距离，理想情况是防止任何车轮抱死，前、后轮均处于滚动到抱死的临界状态，从而使每个车轮均充分利用轮胎与路面的附着力。前、后制动器制动力的分配比例，将影响制动时前、后轮的抱死顺序，从而影响汽车制动时的方向稳定性和附着条件利用程度。为了实现这一目的，需要在设计车辆制动系统时合理分配前后轴荷。

图 3-3 所示为不同路面附着系数及载荷下的制动力分配曲线（图中 F_{Z1} 为前轮制动器制动力，F_{Z2} 为后轮制动器制动力，G 为车辆重力，Z 为前轮制动器制动力与汽车总制动器制动力之比）。当前、后轮制动器制动力之比为固定值时，前轮制动器制动力与汽车总制动器制动力之比称为制动器制动力分配系数，在制动力分配曲线上表现为一条线性直线。具有固定制动器制动力比值的汽车，使前、后车轮同时抱死的路面附着系数称为同步附着系数。由图 3-3 中可以看出，同步附着系数是理想制动力曲线和具有固定比值的制动力曲线交点处对应的附着系数。同步附着系数说明了前、后轮制动力分配为固定比值的汽车，只有在一种附着系数，即同步附着系数的路面上制动时，才能前、后轮同时抱死。

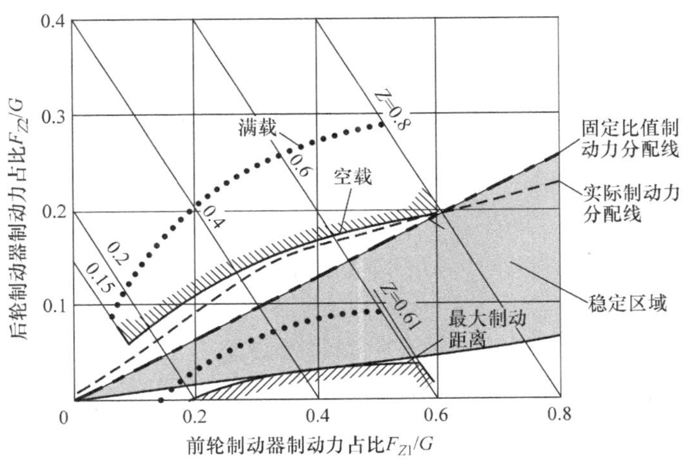

图 3-3　不同路面附着系数及载荷下的制动力分配曲线

对于前、后轮制动器制动力为固定比值的车辆，无法保证在各种附着系数的路面上前、后轮同时抱死，但是为了保证制动时车辆的稳定性，避免后轮先于前轮抱死拖滑出现车辆甩尾，需要车辆制动力分配曲线在理想制动力分配曲线下方。从理想制动力分配曲线图可以看出，为了保证高附着系数（如附着系数 $\mu=0.8$）路面上制动时的稳定性，需要制动器制动力分配曲线的斜率要小，在这种情况下，后轮分配到的制动力较小，制动效率低，没有充分利用路面附着系数，从而使制动距离加长，前轮在低附着系数路面上可能因抱死而失去转向能力，后轮在高附着系数时也可能先抱死发生侧滑和甩尾。所以，对于前、后轮制动器制动力为固定比值的车辆，在制动时的稳定性和减小制动距离是相互制约的。为了解决这一对相互制约的问题，需要车辆实际制动力分配曲线如图 3-3 中虚线所示，是一个变斜率并且接近理想制动力分配曲线下方的曲线。

在防抱死制动系统（ABS）和电子制动力分配（EBD）应用之前，车辆需要装配比例阀等机械制动力分配装置来调节前、后轮制动器制动力的合理分配，但这种机械式制动力分配装置受机械结构形式的限制，往往会把后轮制动力设定得过低，没有充分地利用后轮制动附着力，而且成本较高。而基于 ABS 硬件的扩展功能 EBD，可以使前、后轮制动力分配曲线无限接近于理想制动力分配曲线，充分利用后轮路面附着系数，不会发生后轮先抱死拖滑而出现甩尾的不稳定制动工况，其成本相对于装配比例阀也有明显优势。

3.2.2 制动滑移率和驱动滑转率

在制动过程中，车轮抱死滑移的根本原因是制动器制动力大于轮胎与路面附着力。滑移率是车轮接地处的滑动速度与车轮中心运动速度的比值，即

$$\lambda = \frac{v - \omega r}{v} \tag{3-1}$$

式中 λ——车轮滑移率；

v——参考车速；

r——车轮的动态滚动半径；

ω——轮胎角速度。

当车轮纯滚动时，$v = \omega r$，滑移率 $\lambda = 0$；当车轮纯滑动时，$\omega = 0$，滑移率$\lambda = 1$，此时车轮处于抱死状态。所以车轮的滑移率 λ 的值介于 0 和 1 之间，即 $0 < \lambda < 1$。

制动力系数μ_b定义为地面制动力 F_b与作用在车轮上的垂向动载荷 F_Z的比值，即 $\mu_b = F_b / F_Z$。受轮胎和路面附着系数的限制，直线制动时车辆所能达到的最大减速度和最短制动距离依赖于制动力系数，车辆在不同特征的路面上制动时，在接近附着极限并且还处于滚动状态时，车辆仍然具有转向性能并处于稳定状态，制动效能还随动踏板力成正比例增加，此后车辆开始变得不稳定，如果制动压力不减小，车轮将很快抱死，车辆失去转向能力并发生侧滑或者甩尾。

图 3-4 所示为经过试验测量的车辆在典型特征路面上制动时制动力系数 μ_b随滑移率 λ 变化的曲线（图中，α 为侧偏角，μ_b为纵向附着系数，μ_s 为侧向附着系数），当滑移率在 15% ~30% 范围内时，车辆的制动力系数达到峰值水平，在该范围内制动时车辆的制动效能可以得到最大程度的发挥，车辆的转向性能和可操控性能可以得到保证，车辆处于安全状态。当车辆紧急制动时，要使车轮的滑移率始终处于这个范围，仅靠驾驶人的操作经验是远远不够的，而 ABS 控制器的制动力调节可帮助驾驶人在不依靠经验的条件下，使车轮与地面的滑移率始终处于峰值制动力系数范围，最大限度地利用车轮与地面的物理极限，从而缩短制动距离，同时避免车轮抱死拖滑导致车辆失稳。

由图 3-4 可知，弯道制动时车辆所能达到的最大制动距离和制动减速度除了受纵向制动力系数影响外，还受到轮胎侧向力传递能力和侧向力系数的影响，侧向力因轮胎变形产生，侧向力系数μ_s被定义为侧向力F_s与车轮垂向动载荷F_Z之比，即$\mu_s = F_s / F_Z$，其大小受轮胎侧

偏角的影响，侧偏角 α 定义为车轮接地中心的运动方向与车轮纵向滚动方向的夹角。

侧偏角 $\alpha = 10°$时的滑移率控制范围比侧偏角 $\alpha = 2°$时的大，也就是说，当车辆在弯道制动时，ABS 应当更早地介入，如侧偏角 $\alpha = 10°$时，当车轮滑移率 $\lambda = 0.1$ 时，制动力系数 $\mu_b = 0.35$，此时侧向力系数 μ_s达到最大值（$\mu_s = 0.8$）。

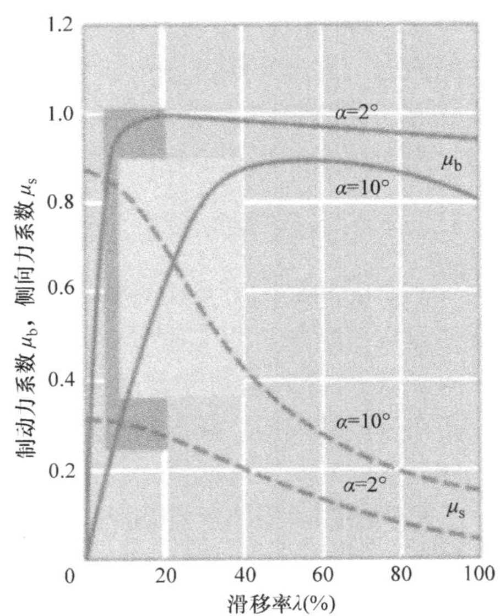

图 3-4 制动力系数和侧向力系数与滑移率和侧偏角 α 的关系曲线

TCS 研究车轮加速和打滑工况，其控制目标是驱动过程中的车轮滑转率λ_T，滑转率定义为轮速和车速间差值与车速的比值，即

$$\lambda_T = \frac{\omega r - v}{v} \tag{3-2}$$

车辆行驶过程中，无论是制动力还是驱动力，均受轮胎和路面间附着极限的限制，车辆起步和加速过程中驱动力系数和滑转率的关系曲线与制动过程中附着系数和滑移率的关系是类似的。图 3-5 所示为分开表达的制动滑移率和驱动滑转率曲线。

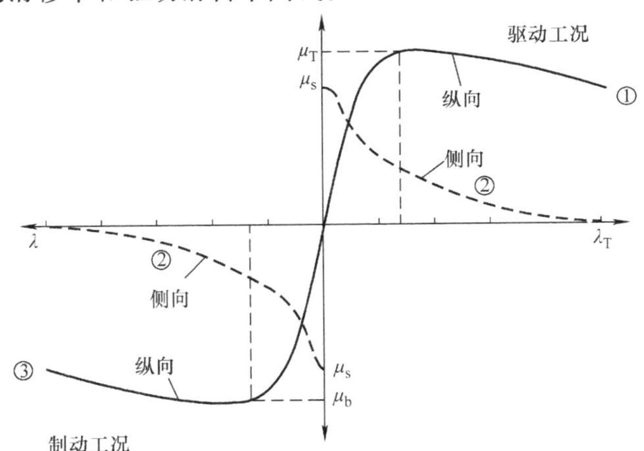

图 3-5 制动滑移率和驱动滑转率曲线

μ_T—驱动力系数 μ_b—制动力系数 μ_s—侧向力系数

λ_T—驱动滑转率 λ—制动滑移率

①—驱动力系数曲线 ②—侧向力系数曲线 ③—制动力系数曲线

3.2.3 轮胎摩擦圆

在车辆运动过程中，轮胎会受到地面传递的力和力矩，力包括纵向力和横向力，两者的合力就地面对轮胎的作用力。

图 3-6 所示的轮胎摩擦圆是轮胎所受纵向力与侧向力的关系示意图，地面对轮胎的作用力受轮胎状态与地面条件的物理极限限制，并受载荷影响，当二者合力超出地面的物理极限时，地面对轮胎的作用力将无法继续增大，车辆将无法保持其运动方向及稳定性。

在车辆制动时，制动力增大，从而侧向力减小，车辆的转向性和稳定性降低，在没有装

备 ABS 系统的车上，制动力增大到车轮抱死拖滑时车轮失去侧向力，因此车辆失去转向性能。当车辆处于加速或者减速工况时，由于前、后轴荷转移的作用，前、后轮对轮胎卡姆圆的利用率也不同。

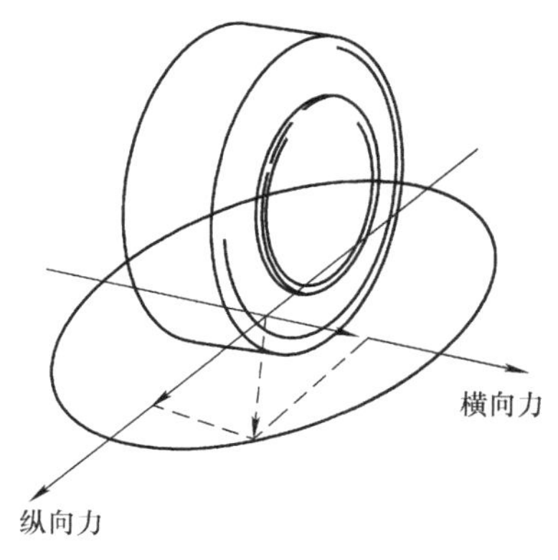

图 3-6　轮胎摩擦圆

3.2.4　不足转向和过度转向特性

车辆所受的侧向力是由地面和轮胎之间产生侧偏并形成侧偏角产生的。当车辆处于不足转向工况时，车辆的横向加速度增大，前轮侧偏角的增加大于后轮侧偏角；而在过度转向时，后轮侧偏角的增加大于前轮侧偏角（图 3-7）。

从车辆的操控安全性方面考虑，轻微的不足转向到中性转向对车辆是有利的。根据轮胎摩擦圆的理论可以得出，通过对车轮滑移率进行控制，调节车辆所受到的地面横向力，可达到使车辆在不足转向和过度转向之间切换的目的。

车辆的离心力产生在车辆的重心处（图 3-8），当车辆的离心力超出车辆轮胎与地面之间的最大侧向力时，车辆无法继续保持预定的行驶轨迹，处于危险状态。当前轮先发生侧滑时，车辆进入不足转向状态；当后轮先发生侧滑时，车辆进入过度转向状态。当 ESP 系统在不足转向或者过度转向工况下识别到不期望的横向运动时，通过主动对车轮施加制动力使车辆重新回到稳定状态。

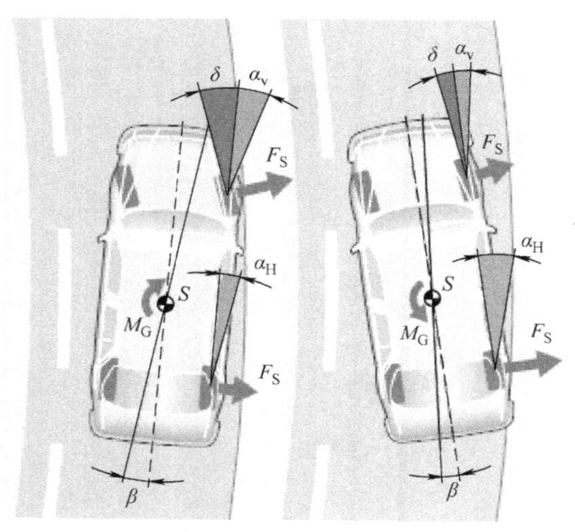

图 3-7　车辆的不足转向和过度转向

δ—转向角　α_v—前侧偏角　α_H—后侧偏角

β—侧偏角　F_S—侧向力　M_G—横摆力矩　S—重心

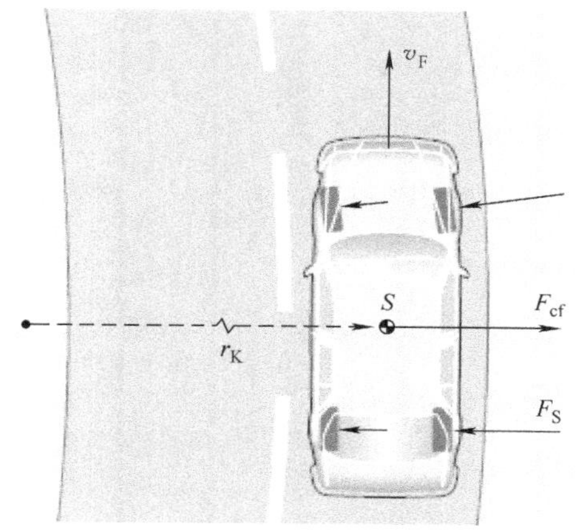

图 3-8　车辆在弯道时的离心力

F_S—侧向力　F_{cf}—离心力　v_F—车速

r_K—转弯半径　S—重心

3.3　电子制动系统理论基础

驾驶人对车辆的控制是车辆动态驾驶安全性的前提，车辆的加速依赖于发动机输出的功

率和转矩，而行驶中的车辆能否在各种工况下按驾驶人的期望减速，取决于车辆制动系统的结构形式及路面条件。如何在危险工况下最大程度地利用车辆的制动效能、减小制动距离，成为设计及开发制动系统时需要面对的问题。经过理论分析及试验探索，在制动过程中对车轮滑移率及前、后轮制动器制动力分配进行控制可以有效地缩短车辆在各种路面工况下的制动距离和提高制动过程稳定性，ABS 应运而生，并于 1978 年开始被批量装备在车辆上。基于 ABS 控制器的硬件结构，制动系统工程师开发出了一系列附加功能，用于解决车辆在各种复杂工况下的制动稳定性。

ABS 解决了车辆在制动减速过程中的车辆纵向动力学问题，而车辆在加速过程中的车轮滑转及车辆稳定性问题，却无法通过 ABS 的现有硬件结构来实现，因此 TCS 系统在 ABS 的基础上应运而生，并于 1987 年被批量装备在车辆上。TCS 系统通过发动机降低转矩和制动系统介入来提高车辆在加速过程中的安全性及舒适性，基于 TCS 系统的结构原理产生了一些和驱动转矩控制相关的附加功能。

ABS 和 TCS 给车辆驾驶人带来了非常方便、有效的帮助，从而极大地提高了车辆制动和加速的安全性。如何通过制动系统增强对车辆横向动力学的控制，从而保证车辆在动态驾驶过程中的主动安全性，成为了人们关注的焦点。车身电子稳定系统（ESP）是在 ABS 系统和 TCS 系统的基础上发展起来的，ESP 系统可以在驾驶人不踩制动踏板的情况下主动对车辆建立制动压力，因此基于 ESP 系统的硬件结构进一步开发出了众多面向车辆主动安全性及舒适性的扩展功能。

电子制动系统（Electronic Braking System，EBS）是对制动控制系统的概括，其除了包含所有 ABS、TCS 和 ESP 系统的功能外，还包括一些基于 ESP 系统的附加功能。图 3-9 所示为电子制动系统功能概览。如果说 ESP 系统是对制动控制系统的统称，那么 ABS 就是制动控制系统发展的基础和起源。

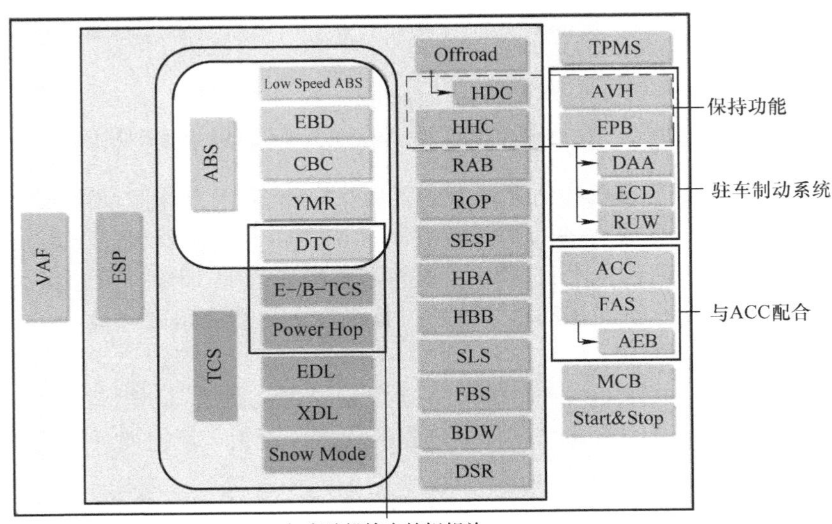

图 3-9 电子制动系统功能概览

本节将介绍电子制动系统各个功能的原理及硬件结构，并对电子制动系统相关的传感器技术进行介绍，从而对电子制动系统有一个系统性的认识。而其详细的系统逻辑及功能试验验证方法将在后续章节介绍。

3.3.1 防抱死制动系统（ABS）理论基础

在一些特定的驾驶工况下，如在潮湿或者光滑路面上制动时，可能会产生车轮抱死，车辆失去转向能力或者发生侧滑和甩尾。ABS 可以通过分析轮速传感器的转速提前识别车轮将要抱死的趋势，并通过对单个或者多个车轮的制动压力进行保持或者降低来避免车轮的抱死，从而保证车辆的转向能力和制动安全性。

ABS 的功能是将车辆制动过程中的车轮滑移率控制在目标滑移率附近，从而充分利用车轮与路面间的摩擦作用力，在减小制动距离和提高制动效能的同时保证车辆制动过程的稳定性和可转向性能。ABS 的组成如图 3-10 所示。

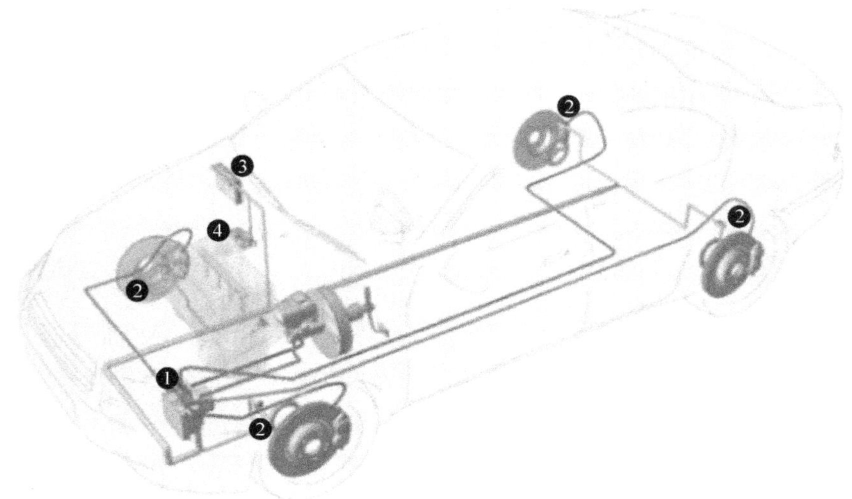

图 3-10 ABS 的组成

①—ABS 控制器 ②—轮速传感器 ③—发动机控制器 ④—变速器控制器

ABS 得到应用以来，车辆在任何路面紧急制动时，只需大力踩制动踏板，并通过转向操纵控制好行驶方向，对普通驾驶人来说紧急制动也变得容易又安全。一般情况下，配备 ABS 系统的车辆的制动距离比未配备 ABS 系统的车辆约可缩短 10%，特殊情况下制动距离可能稍有延长，但有利于车辆的制动稳定性和可操纵性。从功能角度来说，在物理学极限范围内对 ABS 提出如下基本要求：

1）制动稳定性。车辆在任何路面条件下紧急制动时，制动压力上升到车轮抱死压力后，压力调节装置应保证制动滑移率在合理范围内变化，避免车轮抱死，以免车辆发生绕重心的回转运动（甩尾）。

2）转向可操纵性。车辆在不同附着系数路面上制动时应保证车辆可转向操纵，即尽管制动踏板被踩到底，车辆应仍可以转弯或避开障碍物。

3）优化制动距离。ABS 应能够快速响应并适应路面特性的变化，使轮胎和路面之间的附着系数得到最大程度的利用，在物理学极限范围内，制动距离除少数特殊工况外应比未配备 ABS 的车辆短，如在湿滑路面上由于地面制动力需要不断适应轮胎与路面间的附着力，

制动压力被调节处于较低水平而使制动距离比附着条件良好的路面稍有延长，在高速弯道ABS制动工况下，地面制动力也需要适当减小，以保证过弯所需的足够侧向力，制动距离也稍有延长。

1. ABS控制器硬件结构与液压原理

ABS控制器各供应商采用的结构设计及生产工艺各不相同，但总体构造是相同的，通常由液压控制单元（HCU）和电子控制单元（ECU）组成。其中液压控制单元由8个电磁阀（对于液压双回路4通道控制的ABS，每个车轮制动器受一对电磁阀即进液阀/出液阀控制）、铝合金阀体、柱塞泵和直流电机组成。图3-11所示为ABS控制器总成示意图。

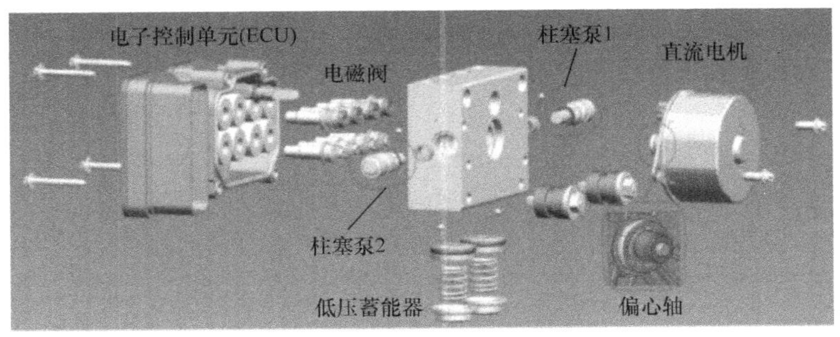

图3-11 ABS控制器总成示意图

HCU是ABS液压调节的执行机构，最大工作压力通常定义为25MPa，通过制动硬管与制动主缸和4个车轮制动器轮缸连接。集成在HCU上的双回路液压柱塞泵由采用偏心轴设计的直流电机驱动，如图3-12所示。

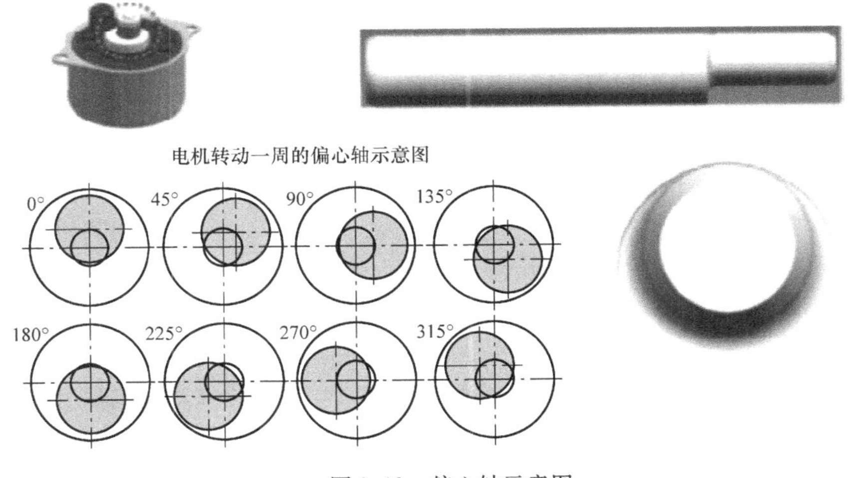

图3-12 偏心轴示意图

柱塞泵的结构和工作原理如图3-13所示。柱塞泵主要由驱动柱塞泵运动的活塞、进液阀、出液阀和压缩腔组成。当电机驱动偏心轴运动到使活塞杆向伸张方向运动时，压缩腔容积增大，压力降低，此时柱塞泵的进液阀打开，出液阀由于制动主缸压力大于压缩腔压力处于关闭状态，制动液从低压蓄能器流入压缩腔，此时柱塞泵进行进液循环。当电机驱动偏心轴运动到使活塞杆向压缩方向运动时，压缩腔容积减小，压力升高，此时柱塞泵的压缩腔压力大于低压蓄能器压力，进液阀关闭，出液阀由于压缩腔压力大于制动主缸压力处于开启状态，制动液从压缩腔流入制动主缸，此时柱塞泵进行出液循环。

如图 3-13 所示，柱塞泵的工作行程 h 等于直流电机偏心轴偏心距 e 的 2 倍。过大的偏心距会导致柱塞泵在工作过程中振幅增大，噪声增大；而过小的偏心距在相同的液压流量下，要求的电机转速较高，从而会使电机在工作过程中产生高频振动噪声。所以电机偏心轴偏心距的大小要根据电机功率和液压流量要求进行匹配。

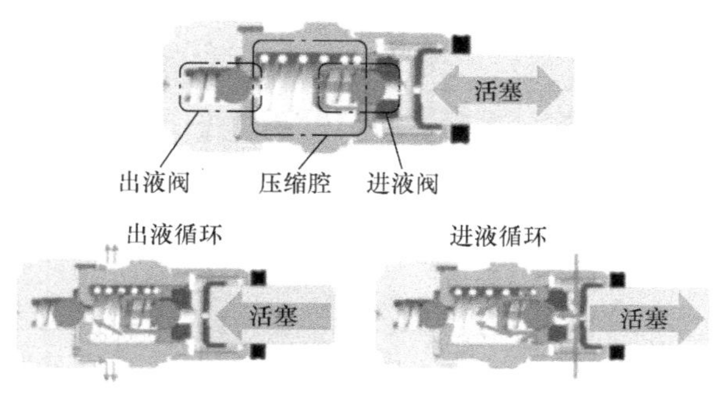

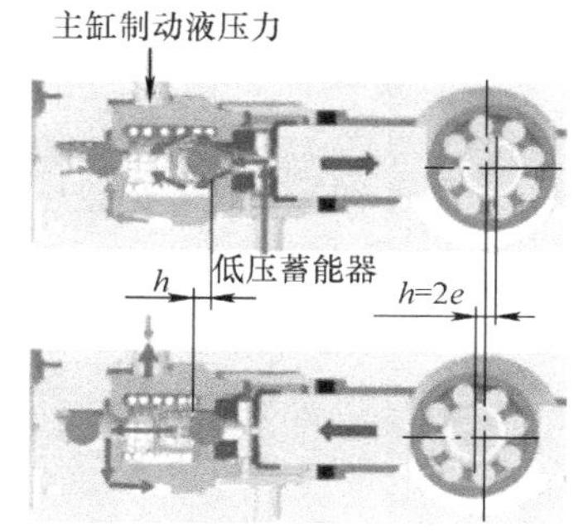

图 3-13　柱塞泵的结构和工作原理

集成在 HCU 阀体内的电磁阀通过线圈与 ECU 耦合。每个控制通道布置一对电磁阀，包括一个带单向阀的进液阀和一个出液阀。进液阀在静止时处于打开状态，因此也称为常开阀；出液阀在静止时处于关闭状态，因此也称为常闭阀，如图 3-14 所示。

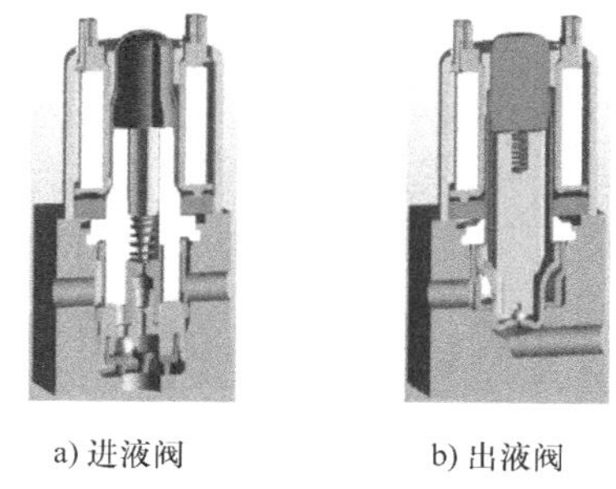

图 3-14　ABS 进液阀和出液阀

图 3-15 所示为制动系统采用 X 对角线型布置四轮独立控制的 ABS 控制器液压原理图。

ABS 调节过程的增压—保压—减压阶段根据 ECU 发出的脉冲宽度调制（PWM）控制信号打开或关闭进液阀或出液阀，实现轮缸制动压力的脉动式调节。ABS 压力调节如图 3-16 所示。

（1）增压阶段　ABS 没有主动建立制动压力的能力，车轮只能靠驾驶人踩制动踏板通过制动主缸产生制动压力。在 ABS 功能介入之前，进液阀保持开启状态，出液阀保持关闭状态，制动主缸产生的制动压力直接通过进液阀传至轮缸，从而对车轮施加制动力。在 ABS 调节过程中，当轮速上升至超过最佳滑移率范围时，ECU 向电磁阀发送增压指令的 PWM 信号，出液阀保持关闭，进液阀分多次短暂打开，使该轮制动压力脉动式增加。

（2）保压阶段　随制动踏板力增加，车轮的制动压力增加，车轮转速逐渐降低，当车轮出现抱死趋势时，进液阀关闭，制动器制动压力不再随制动踏板力继续增加。

（3）减压阶段　在保压阶段，如果轮速继续下降，制动滑移率增加至超出 ABS 调节门限时，ABS 进入减压阶段。ECU 对电磁阀发出降压指令，关闭进液阀，同时短暂打开出液阀以降低该轮制动压力，并根据车轮角加速度和滑移率下降趋势预测并控制出液阀打开时间，使制动压力降低，直到该车轮又开始加速。如果车轮未能如期出现加速趋势，则继续控制在减压阶段，如从沥青路面过渡到冰面的对接路面制动工况，路面附着系数出现由高到低

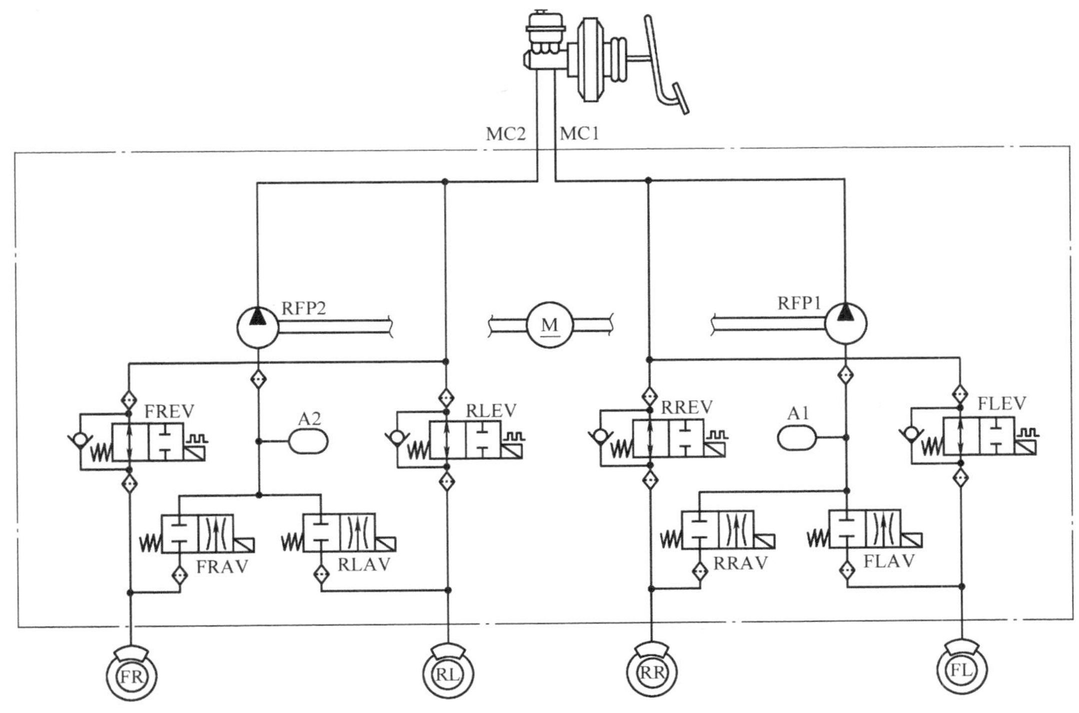

图 3-15 ABS 控制器液压原理图

MC1/MC2—制动主缸第一、第二回路 FREV/RLEV/RREV/FLEV—前右/后左/后右/前左进液阀
FRAV/RLAV/RRAV/FLAV—前右/后左/后右/前左出液阀
RFP1/RFP2—回流泵 A1/A2—低压蓄能器

的突变，则减压时间一直持续到车轮开始加速为止。

上述三个阶段的增压—保压—减压过程在 ABS 调节过程中循环进行，每秒循环次数及循环顺序由 ABS 供应商的控制策略和路面特性决定。

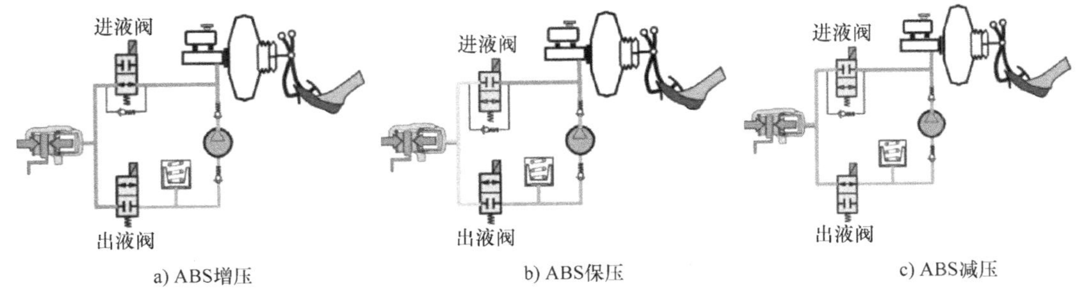

图 3-16 ABS 压力调节

ECU 是 ABS 的数据处理、计算和诊断机构，并作为通信接口通过 CAN 总线与其他控制器建立通信联系实现数据共享。

ECU 的工作温度范围通常为 -40 ~ 120℃。由于 ECU 与 HCU 组成的 ABS 控制器通常以总成形式布置在发动机，内其安装位置要求尽可能远离发动机热源，有风险时布置位置要求采用隔热罩进行保护。

2. ABS 系统扩展功能

当 ABS 被越来越多地装备到车辆上时，ABS 的高昂成本使开发者都在考虑基于 ABS 硬件系统是否可以为用户带来更多的附加价值，从而使 ABS 能够得到更好的推广。因此，一些基于 ABS 硬件系统的扩展功能被开发出来。

（1）扩展 ABS

1）低速 ABS。普通的 ABS 系统一般情况下在车速在 8km/h 以上时才会工作。低速 ABS 是 ABS 针对低速情况的再开发，可以使车辆的 ABS 系统在车速在 5km/h 以下时也能工作，不论前向行驶或者后向行驶都能保持车辆稳定性和转向性。

2）越野模式 ABS。越野模式 ABS 功能是越野模式功能的一部分。在越野模式下，ABS 允许车辆有更大的车轮滑移率，甚至短时的抱死，从而在砂石或者松软的路面上，在车轮前方和地面接触部分形成制动楔形，以缩短制动距离，如图 3-17 所示。

a) 常规ABS

b) 越野模式ABS

图 3-17　常规与越野模式 ABS 功能

（2）电子制动力分配（EBD）　车辆在设计时，一般情况下前驱车辆前桥的载荷要大于后桥，并且在制动时后桥载荷会向前桥转移，因此在制动时车辆的后轮很容易先于前轮抱死。车辆制动时后轮先于前轮抱死会导致车辆不稳定和不可控制。为了避免这种情况发生，在车辆发展的前期通过安装机械式的制动比例阀来调节前后轮的制动力分配，但由于车辆在不同的载荷和驾驶工况下的制动力分配需求比较复杂，机械式的比例阀很难满足所有制动工况下的制动力分配需求，并且装备机械式比例阀的成本相对较高。

电子制动力分配（Electronic Brake force Distribution，EBD）是基于 ABS 控制器硬件的扩展功能，在制动时当后轮达到摩擦力的极限而前轮并没有进入 ABS 调节，此时激活 EBD 功能，通过建立合理的制动压力来避免后轮过度制动，并且根据道路的变化不断对后轮制动力进行优化调整，从而保证制动系统既能发挥最大的制动效能，又能避免制动力过大导致后轮先于前轮抱死而发生侧滑和甩尾。车轮的滑移率和 ABS 功能同样通过轮速传感器来确定。

（3）弯道制动控制（CBC）　弯道制动控制（Corner Brake Control，CBC）用于改善弯道制动的方向稳定性和转向操纵能力。CBC 利用如下物理特性，即车辆的瞬时行驶状态决定了各个车轮特定的运动轨迹，该运动轨迹由轮速传感器识别并通过降低制动压力加以控制，以达到改善弯道行驶稳定性的目的。与车身电子稳定系统（ESP）不同的是，CBC 需要驾驶人踩制动踏板，在尚未达到 ABS 介入门限前调节前轮或后轮制动压力，使车辆保持在相应车道内行驶。

当车辆在弯道中由于强制动导致转向不足时，CBC 通过降低前轮的制动压力来提高前轴的侧向力传递能力，使车辆能保持在预定车道内。当车辆在弯道中由于强制动导致转向过度时，CBC 通过降低弯道内侧的车轮制动压力而产生内外制动力差来使车辆保持平衡。

（4）发动机阻力矩控制（DTC）　发动机阻力矩控制（Drag Torque Control，DTC）是

ABS/TCS 的功能扩展。该功能也集成在 ABS/TCS 的控制软件中，仅通过 CAN 数据总线对发动机阻力矩进行控制。如果在低附着系数路面条件下行驶时突然松开加速踏板，或在发动机高转速下减档，将产生较大的发动机阻力矩，在不踩制动踏板的情况下也会对车辆产生制动作用，这种发动机制动作用会使驱动轮滑移率过高而导致车辆不稳定，在雨天或冰雪路面上行驶时，这种情况会经常发生。

DTC 的作用是借助 ABS 轮速传感器对车轮滑移率进行识别，并借助 CAN 数据总线自动降低发动机阻力矩，也可理解为轻微“给油”，达到降低滑移率的目的来保证车辆的行驶稳定性。

（5）紧急制动提示（EBW） EBW 由 ABS 软件根据车辆行驶数据（车速、加速度和时间）来识别紧急制动工况并发送触发指令，在车辆紧急制动满足一定条件时通过制动尾灯快闪，当制动强度降低直至车辆静止后自动开启危险报警闪光灯以警示后方车辆保持安全车距，当车辆重新加速达到一定加速度或起步超过一定车速（通常为 10km/h）后解除。

紧急制动工况根据路面条件不同，识别方法也不同，高附着系数路面根据制动减速度大小及持续时间及当前车速识别，低附着系数路面根据 ABS 连续调节时间及当前车速识别。

（6）横摆力矩调节（YMR） 车辆在两侧路面附着系数不同的路面上制动时，车辆会受到较大的横摆力矩的影响，使得车辆发生侧滑，对于安全行驶非常不利。横摆力矩调节（Yaw Moment Reduction，YMR）通过传感器检测车辆横摆程度或者通过对路面附着系数的判断来确认车辆处于对开路面，当检测到对开路面时，通过单独控制高附着系数侧车轮，使其制动力缓慢增加，给予驾驶人足够的时间来修正车辆的行驶方向，从而提高车辆的稳定性。

YMR 通过减缓制动压力的增加来提高车辆的稳定性，同时也会导致车辆制动距离的增加。

3.3.2 驱动防滑控制系统（TCS）理论基础

TCS 通过限制驱动轮的滑移来使车辆获得较好的驱动力和最佳的操控性。它可以通过一定的发动机转矩下降来限制转矩（P－TCS），必要时还能在任何一侧的驱动轮上建立制动压力来实现对滑转率的控制（B－TCS）。

TCS 包括 P－TCS 和 B－TCS，TCS 通常指的是 P－TCS。

1. TCS 功能原理

TCS 通过由轮速信号计算得到的驱动轮滑转率和当前的发动机转矩值，计算出一个对发动机控制器进行干预的请求转矩，这个请求转矩将被发动机控制器接收，发动机控制器将会根据发动机的当前情况做出以下四种可能的转矩调节方式：

1）通过调节节气门开度来降低转矩。

2）通过燃油喷射阀减少喷油量来降低转矩。

3）通过减小点火脉冲或者推迟点火时刻来调节转矩。

4）对于配备自动变速器的车辆，TCS 会发出一个信号给变速器，使变速器禁止换档。

TCS 的实现需要控制器硬件（TCS 电磁阀）和通信接口及制动系统和发动机控制器软件的支持，在配备 ESP 的车辆上包含全功能的 TCS，可以实现发动机介入和制动介入两部分功能。发动机介入可以作用于所有车速范围；制动介入受制动热负荷限制，只能在一定车速范围下（小于80km/h）工作，在具有扩展ABS功能（M-ABS）的车辆上，仅可实现发动机介入的P-TCS功能；在配备纯ABS的车辆上，无P-TCS和B-TCS功能。

在越野模式功能处于激活状态下，越野模式TCS功能会将TCS功能的滑转率门限值放大，在砂石或者松软路面上通过较大的滑转率来优化车辆的驱动性能，提高车辆的通过性。

2. TCS扩展功能

（1）电子差速锁（EDL） 电子差速锁（Electronic Differential Lock，EDL）是TCS的一个扩展功能，用于汽车在左右不对称平路和坡道起步及加速时的打滑控制。在车辆起步和加速过程中，当电子控制单元根据轮速信号判断出某一侧驱动轮打滑时，EDL就会自动介入，通过液压控制单元对该车轮进行适当强度的制动，降低该侧驱动力，另一侧驱动轮则借助差速器获得更大的驱动力，使两侧驱动轮都获得与各自地面附着条件相适应的最大驱动力，提高车辆的加速性能和转向能力。当车辆的行驶状况恢复正常后，电子差速锁即停止作用。

由于EDL的作用原理和机械式差速锁相似，因此被称为电子差速锁。和普通车辆相比，带有EDL的车辆可以更好地利用地面附着力，从而提高车辆的通过性。EDL的作用受制动热负荷的限制，当制动盘温度超过400℃时，EDL自动退出。为了降低制动负荷，通常通过TCS控制发动机转矩介入与EDL组合作用来降低发动机动力输出，改善车辆在不对称附着系数路面上的起步和加速性能及爬坡能力。

越野模式EDL功能在越野模式功能处于激活状态下，在特定工况下可提高EDL的作用范围，使车辆在越野模式下获得更大的驱动转矩。

（2）扩展差速锁 扩展差速锁是在牵引力控制系统中对EDL功能的一个扩展，主要在车辆高速在弯道上行驶时发挥作用，它通过对内侧驱动轮建立精确的制动压力来影响内外驱动轮的驱动力分配，不对称的驱动力产生了有利于车辆过弯的偏转力矩，改善了弯道行驶的灵活性和操控性。与EDL通过驱动轮的滑转率识别对低附着系数一侧驱动轮施加制动来提高高附着系数一侧驱动力矩的控制方法不同，扩展差速锁控制与滑转率无关，而是通过评估弯道行驶时内外驱动轮的法向力差异，对转向内侧驱动轮施加制动压力来提高外侧驱动力，提高车辆的弯道保持能力和驱动能力。

（3）动力系统振动控制（Power Hop） Power Hop是TCS的一个扩展功能。针对某些条件下因传动系统的旋转振动传递到驱动轮引起驱动轮强烈振动和整车抖动的行驶工况（如砂石路面、不平路面、由高到底的对接路面及湿滑沥青路面上的起步和急加速），通常是由于驱动轮接近附着极限时负荷过大，传动系统旋转零件发生共振，频率为10~12Hz，这一旋转共振会导致发动机支撑的振动，从而引起车辆抖动。Power Hop功能通过TCS扩展的控制策略识别这些工况，并通过合理控制发动机动力输出来削弱动力传递过程中产生的振动，提高起步加速的舒适性，同时保护发动机支撑免于损伤。

（4）雪地模式（Snow Mode） 雪地模式也称为深雪识别，是TCS的扩展功能，适用于雪地、松软路面和砂石路的起步加速行驶工况，改善牵引性能。在上述路面起步和加速时，为了获得足够大的驱动力，较大的车轮滑转率是有利的。当识别到松软路面时（如雪地、泥泞道路），雪地模式功能使得TCS介入的滑转率门限值提高，允许驱动轮有更大程度的打滑，以获取更大的驱动力，由此提高汽车在上述路面上的牵引性能。在车辆陷入泥沼时，雪地模式比简单的通过ESP OFF开关关闭TCS功能更有助于车辆脱离困境。

3.3.3 车身电子稳定系统（ESP）理论基础

ESP是一种集成了ABS和TCS功能，具有横向稳定性控制功能的车辆纵向和横向动力学控制系统，它在所有行驶工况下辅助驾驶人控制车辆行驶轨迹，可以明显地改善车辆的行驶稳定性，使交通事故发生率大大降低。ABS和TCS在紧急制动和急加速的行驶工况下通过阻止车轮抱死及驱动轮打滑使车辆保持稳定并具有足够的转向能力。ESP在任何行驶工况下，即使没有进行紧急制动和紧急加速，只要车辆受横摆力矩干扰处于过度转向或不足转向的不稳定状态，就通过复合性控制的策略，选择性地自动对单个制动器实行制动干预而无需踩制动踏板，或者自动对动力输出实行发动机转矩干预，在某些工况下甚至制动和发动机转矩同时干预，修正车辆的实际行驶方向从而按驾驶人意图行驶，在车辆和路面条件所限定的物理学极限范围内使车辆保持稳定和容易控制。

1. ESP控制器硬件结构和液压原理

ESP利用常规制动装置和传感器（轮速传感器、转角传感器、压力传感器、横摆角速度传感器和侧向/纵向加速度传感器）并借助执行机构（ESP控制器、发动机管理系统、变速器和转向系统）通过制动和发动机介入来控制车辆的行驶动力学性能。图3-18所示为ESP系统原理图。

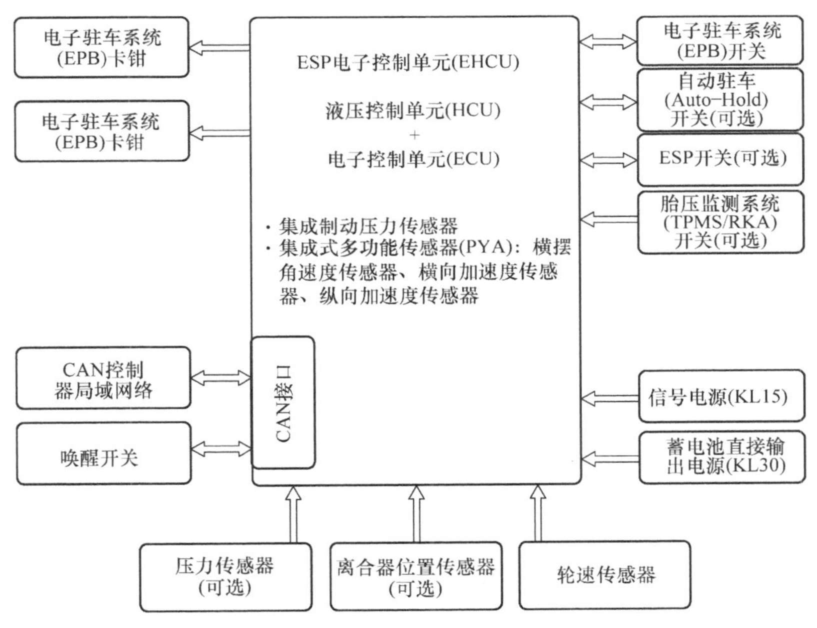

图3-18 ESP系统原理图

图3-19所示为ESP系统在车辆上的布置情况。与ABS系统相比较，首先控制器的液压单元需要扩展，增加驱动轮制动器自主建压所必需的高压换向阀和TCS隔离阀，电子控制单元需要扩展，提高复杂运算所必需的CPU速度和随机存取存储器（RAM）容量，并相应提高泵电机功率。相对于只有4个轮速传感器可以沿用的ABS，需要增加转向盘转角传感器、总泵压力传感器（通常集成于液压控制单元中）和ESP多功能传感器（横摆角速度传感器/侧向加速度传感器/纵向加速度传感器），用于计算驾驶人意图和车辆实际运动状态。

随着传感器技术和制造工艺的不断进步，多功能的 ESP 组合传感器已经可以以芯片的形式集成于 ESP 控制器的电子控制单元（ECU）内，并迅速得到批量应用。因此目前大部分车辆已取消外置的多功能组合传感器，改用内置集成式 PYA（Pressure：压力，Yaw Rate：横摆角速度，Acceleration：加速度）传感器的 ESP 控制器，这样既节约了装配空间，又节约了材料成本。但与此同时，由于传感器信号对振动有较高的敏感性，对 ESP 控制器支架的结构设计提出了更高的设计要求。

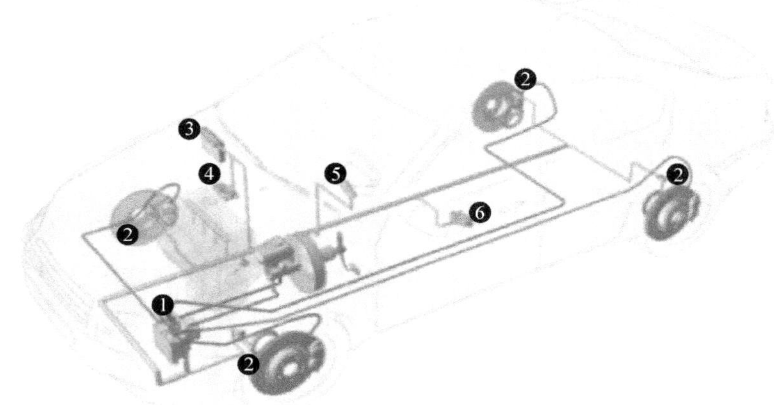

图 3-19　ESP 系统布置

①—ESP 控制器　②—轮速传感器　③—发动机控制器　④—变速器控制器
⑤—转向盘转角传感器　⑥—ESP 组合传感器

ESP 控制器和 ABS 控制器相似，各供应商采用的结构设计及生产工艺各不相同，但总体构造是一样的，通常由液压控制单元（HCU）和电子控制单元（ECU）组成。其中液压控制单元由一个带 12 个电磁阀的铝合金阀体、1 个或多个旋入式液压压力传感器、柱塞泵和直流电机组成。图 3-20 所示为 ESP 控制器总成示意图。

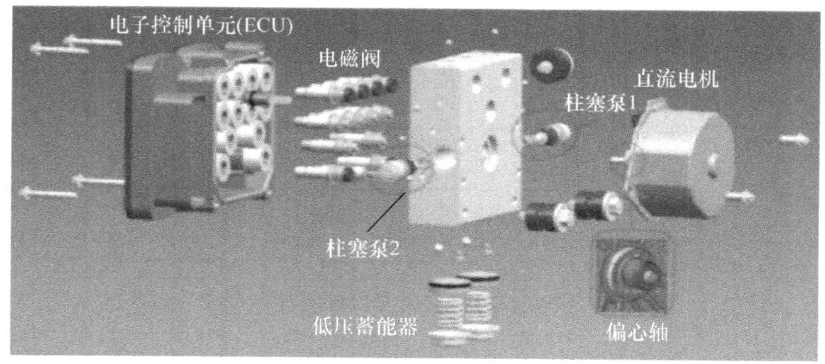

图 3-20　ESP 控制器总成示意图

ESP 系统为了实现主动增压功能，硬件结构比 ABS 多了 4 个电磁阀（2 个供液阀和 2 个隔离阀）。

表 3-1 所列为某 X 型制动系统液压回路布置的 ESP 系统电磁阀过液面积参数。电磁阀的过液面积参数受车辆重量、制动系统结构形式及压力模型等影响，在车辆开发前期，需要

根据制动系统参数匹配计算和选型。随着 ESP 液压流量的增大，电机和柱塞泵的性能也需要相应地提高。

表 3-1 ESP 系统电磁阀过液面积参数

电磁阀	前轮	后轮
进液阀	0.55mm^2	0.35mm^2
出液阀	0.65mm^2	0.35mm^2
供液阀	1.25mm^2	
隔离阀	3.15mm^2	

图 3-21 所示为 X 型交叉管路布置四轮独立控制的 ESP 系统液压原理图。

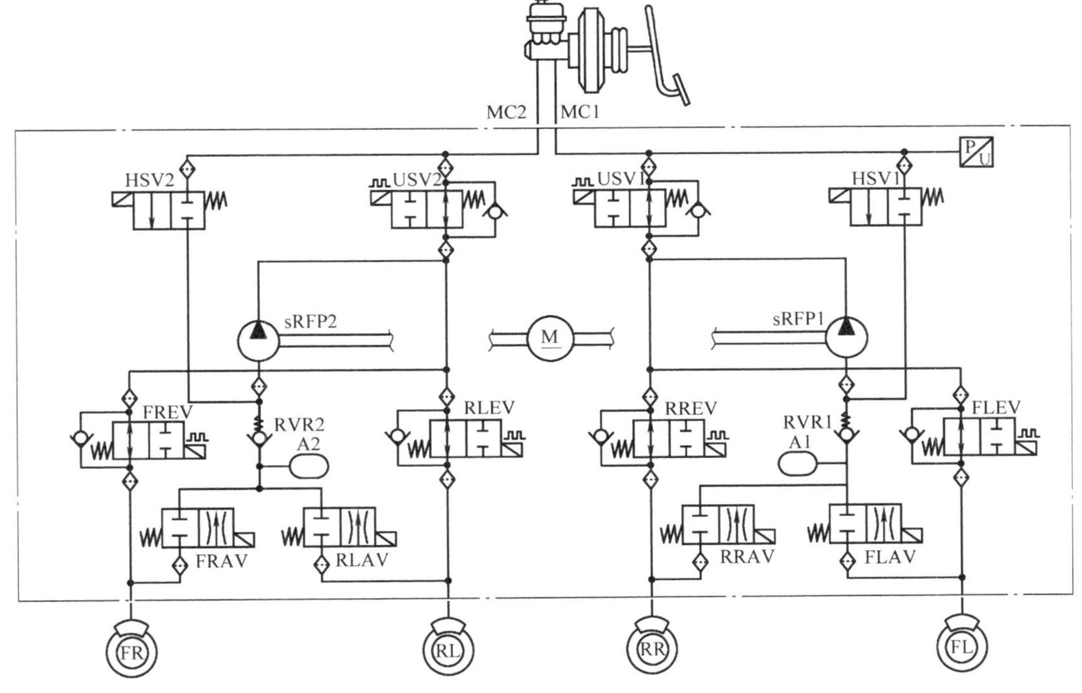

图 3-21 ESP 系统液压原理图

MC1/MC2—制动主缸第一/第二回路 FREV/RLEV/RREV/FLEV—前右/后左/后右/前左进液阀 FRAV/RLAV/RRAV/FLAV—前右/后左/后右/前左出液阀 HSV1/HSV2—供液阀 USV1/USV2—隔离阀 sRFP1/sRFP2—吸入式回流泵 A1/A2—低压蓄能器 RVR1/RVR2—单向阀

2. ESP 系统传感器介绍

传感器是 ESP 系统极其重要的功能件，ESP 系统需要借助众多传感器来识别驾驶人的操作意图和车辆实际运动状态。其中，转向盘转角传感器和制动压力传感器用来确定驾驶人操作意图，轮速传感器、横摆角速度传感器、侧向/纵向加速度传感器及某些重心较高的车辆使用的侧倾传感器用来确定车辆实际运动状态。

(1) 轮速传感器 轮速传感器按照其工作原理的不同，主要分为主动式和被动式轮速传感器两大类（图 3-22）。主动式轮速传感器带信号转换电路并需要外部供电，由于其具有数字方波信号［0，1］输出的优点，受轮速和传感器间隙影响小，能识别极弱的轮速信号和车轮转动方向，识别精度高且更可靠，有利于 ABS/ESP 系统及其扩展功能。主动式传感器输出的轮速信号为数字信号，无需 ECU 转换和处理，可直接被 ABS/ESP 的 ECU 采用，性价比相对较高。

被动式轮速传感器不带信号转换电路，也无需外部供电，但是由于其模拟量信号输出（电压）的幅值受轮速和传感器间隙影响，且轮速越低、间隙越大，信号越弱，轮速识别精度相对较低，所能识别的轮速信号取决于信号的质量和可靠性，最低识别精度约为 2km/h，低于该轮速，则测得的信号不可靠，故其适用范围具有局限性，而且其输出的电压模拟量信号必须经 ECU 信号转换电路处理才能使用，性价比相对较低。

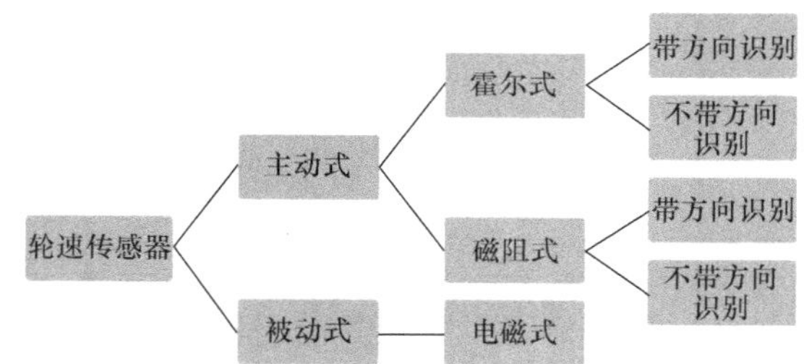

图 3-22　轮速传感器的分类

被动式轮速传感器的工作原理是法拉第电磁感应原理，如图 3-23 所示。

图 3-23　被动式轮速传感器工作原理

被动式轮速传感器包括一个永磁体和一个连接到永磁体上的软磁性极轴，极轴插入绕阻中，这样就形成了一个恒定的磁场。极轴安装在与轮毂连接的齿圈的正上方，当齿圈转动时，轮齿和缺口的连续交替会引起恒定磁场的相应波动，这就改变了通过极轴和绕阻的磁通量，这些波动最终产生适合在绕阻另一端检测的交变电压，这一交变电压的频率和幅值与转速和编码器齿数成正比关系，通过 ECU 所能识别的最小幅值电压，就可算出被动式轮速传感器所能识别的理论最小车速。

主动式转速传感器的工作原理基于霍尔效应，如图 3-24 所示。

如果在导体中存在电流且存在与电流垂直的磁场，那么在横向上会产生电压，这就是霍尔效应，该电压称为霍尔电势。

带方向识别的主动式轮速传感器通过向 ECU 发送一个区别于轮速脉冲的附加信号来识别车轮旋转方向。不带方向识别的轮速传感器只输出高、低电平的 2 种电流信号，输出电流

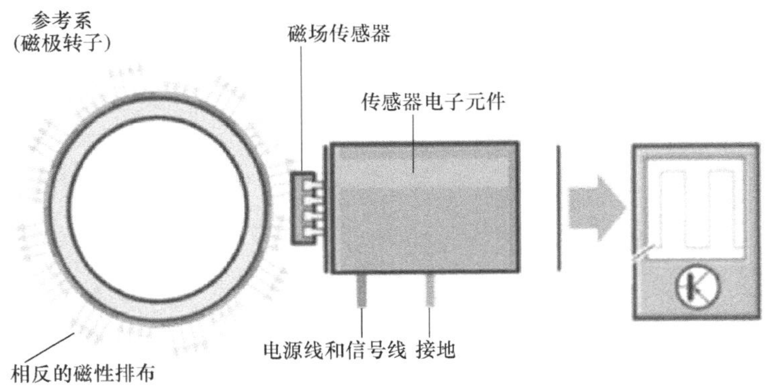

图 3-24 主动式轮速传感器工作原理

分别为低电平 $I_L=7mA$ 和高电平 $I_H=14mA$（数值仅供参考，不同车型的不同传感器类型有不同定义），因此不能识别转动方向，随着编码轮旋转，信号呈周期性变化，两种电平交替输出。

带方向识别的轮速传感器输出高、中、低 3 种电平的电流信号，分别为低电平 $I_L=7mA$、中电平 $I_M=14mA$ 和高电平 $I_H=28mA$。其中 I_M 作为数据协议信号，每半个周期紧随 I_H 出现，随着轮旋转（带 NS 极交替变化的磁环），该信号也呈周期性变化，每个周期出现两次。

（2）横摆角速度传感器和加速度传感器 横摆角速度传感器和加速度传感器用来测量车辆绕重心轴的横摆运动及纵向和侧向加速度，以确定车辆的实际运动状态。为减少零件数量和减小体积，便于系统在车辆上的布置并节约材料成本，ESP 系统或传感器供应商普遍采用组合或集成设计来达到这一目的。ESP 组合传感器在车辆上最理想的安装位置是在驾驶舱中央通道附近，尽可能接近整车重心位置，也可以选择前后座椅下的车身地板等具备足够大质量和支撑刚度，难以激发共振的大支撑件。随着技术的不断进步，这一多功能的组合传感器已普遍被集成于 ESP 控制器 ECU 芯片的内置式 PYA 传感器所取代，其中纵向加速度传感器还利用车辆驻坡时重力分力产生的加速度计算坡度作为 ESP 扩展功能的输入信号。

横摆角速度传感器基于共振原理来测量车辆绕垂直轴线（Z 轴）的旋转速度，如图 3-25a 所示，当车辆产生一个绕 Z 轴的旋转运动时，处于永久磁场中的传感器敏感元件因惯性产生振荡，科里奥利力的作用使一对共振叉的共振特性发生改变，通过测量敏感元件的电容变化，经信号处理电路的滤波、放大等调制处理，按敏感元件与传感器内部微处理器的通信协议输出一个与横摆角速度成比例关系的电压模拟量或数字信号。其与 ECU 之间的数据传输通常采用内部 CAN 总线点对点传输方式。

加速度传感器同样由采用表面微机械技术的敏感元件组成，其工作原理基于差分电容，即借助粘贴在振动质量块上的测量元件，通过一个弹簧 - 质量系统实现，如图 3-25b 所示。横向和纵向加速度传感器上采用的是相同的测量元件，只是布置方向不同。

（3）制动压力传感器 所有通过制动介入的行驶动力学系统都要求测量或理论计算系统制动压力，在相对简单的 ABS 中，通常由于成本原因采用理论计算方法，通过压力模型测算系统压力，对于具有标准功能的 ESP 系统，只需要测量驾驶人通过制动踏板给出的总泵压力来确定驾驶人意图，并在计算修正偏转力矩所需单独施加某轮的制动压力时将总泵压

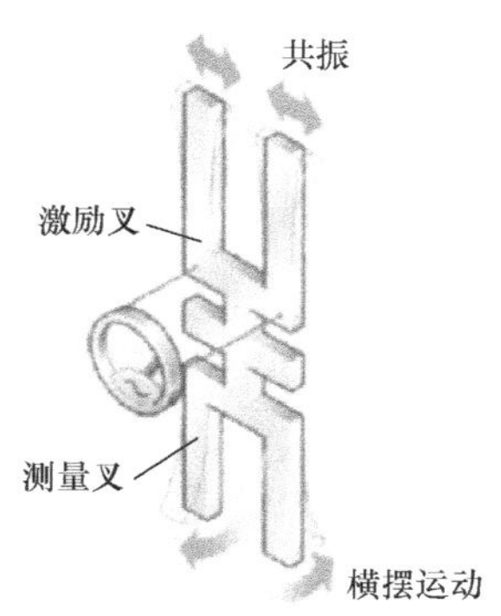

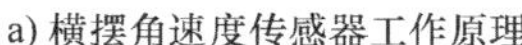
a) 横摆角速度传感器工作原理

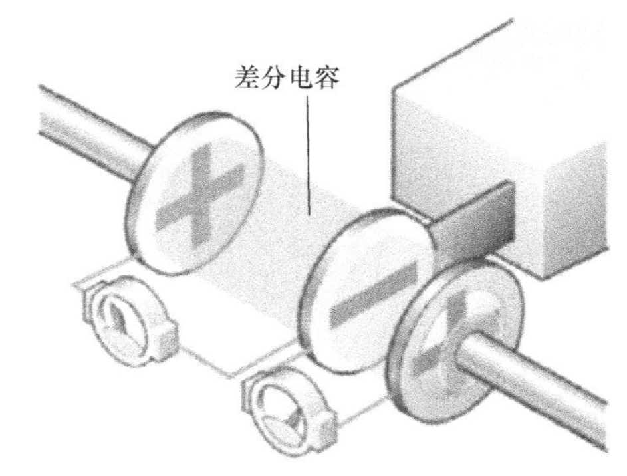

b) 加速度传感器工作原理

图 3-25 ESP 组合传感器工作原理

力叠加，对于制动舒适性要求更高的车辆则还需要测量轮缸制动压力，对于目前仍在不断完善的电液制动系统（EHB）甚至需要测量每个车轮制动器轮缸压力及高压蓄能器的压力。图 3-26 所示为一个用于标准 ESP 的压入式制动压力传感器的一种典型结构，集成于 ESP 控制器的液压控制单元（HCU）中，其工作原理基于霍尔效应，输出电压信号，主要特征参数见表 3-2。

图 3-26 压入式制动压力传感器

3. ESP 系统扩展功能

在标准功能 ESP 系统的基础上，通过软件和硬件的进一步扩展开发出许多附加功能。

（1）坡道起步辅助（HHC） 坡道起步辅助（Hill Hold Control，HHC）防止车辆在坡道上起步时“溜坡”，在车辆坡道起步阶段，当驾驶人松开制动踏板后通过 ESP 延迟释放制动压力实现该功能，其工作原理如图 3-27 所示，描述如下：

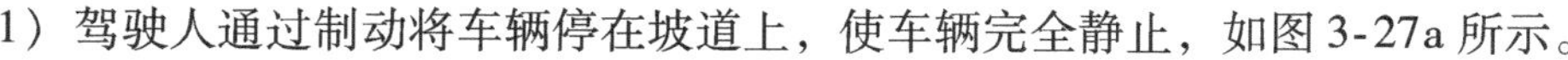
1）驾驶人通过制动将车辆停在坡道上，使车辆完全静止，如图 3-27a 所示。

表 3-2 压力传感器主要特征参数

参数	描述
工作电压	5V
报警电压	低电压 <3.7V，高电压 >7.5V
测量极限压力	25MPa
爆破压力	50MPa
最大容积变化	$0.05cm^3$
采样频率	100Hz

2）从松开制动踏板改为踩加速踏板，HHC 保持制动压力，确保车辆保持在坡道上，没有“溜坡”，如图 3-27b 所示。

3）踩加速踏板，使发动机动力不断地上升但还不足以使车辆起步，在此过程中，ESP

控制制动压力使其适应发动机转矩的上升成比例地降低，始终与驱动力保持平衡，确保车辆继续保持在坡道上，如图 3-27c 所示。

4）当驱动力足够克服行驶阻力使车辆向前行驶时，制动压力才被释放到 0，车辆正常起步，如图 3-27d 所示。

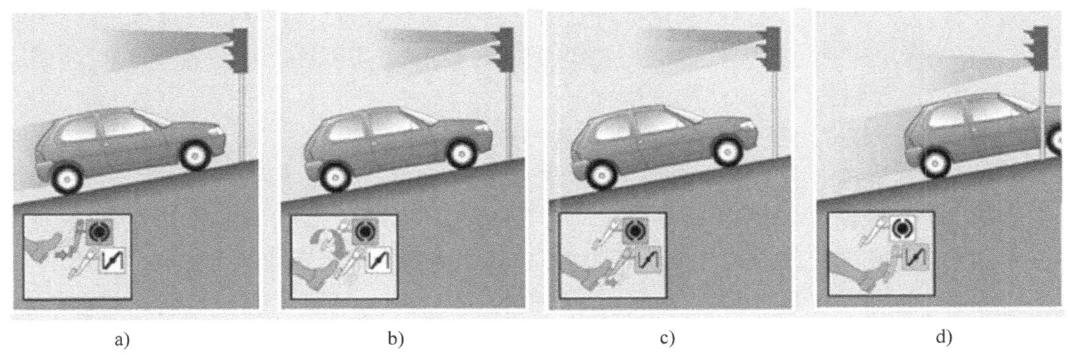

a) b) c) d)

图 3-27 HHC 工作原理

通常 HHC 起作用的时间为 1.5 ~2s，可以在车辆最大爬坡能力范围的前进档和倒档上坡的工况下发挥作用，坡度通常借助集成在 ESP 组合传感器或者集成在 ESP 控制器内的纵向加速度传感器的测量值计算出来。

（2）液压制动辅助（HBA） 当遇到紧急情况时，驾驶人很快地踩制动踏板，但是力量不够时，液压制动辅助（Hydraulic Brake Assist，HBA）功能就会被激活，ESP 系统使 4 个轮缸的制动压力增加，直到 4 个车轮都进入 ABS 调节状态，使车辆获得最大的减速度。

如图 3-28 所示，普通驾驶人在 HBA 的帮助下，可以使轮缸压力上升得更快，缩短了制动力上升时间，更早地进入 ABS 调节状态，也就意味着可以减小制动距离。

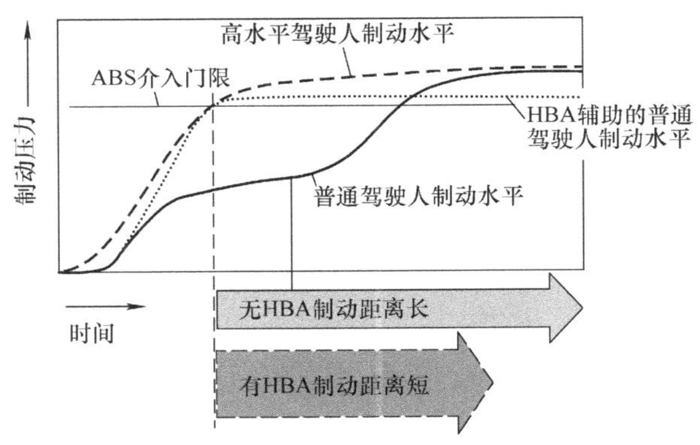

图 3-28 HBA 工作示意图

（3）液压制动增强（HBB） 车辆在真空度不足导致在真空助力器有效工作范围以外制动时，制动踏板会“变硬”。液压制动增强（Hydraulic Brake Boost，HBB）帮助驾驶人在真空助力器的真空度不足时和助力器工作范围以外制动时，触发 ESP 泵电机主动提高制动压力以平衡真空度不足引起的制动力不足，以及改善制动踏板舒适性，这一功能在空气稀薄的高原地区行驶时特别有帮助。HBB 功能可以取代电子真空泵等材料成本较高的真空度补偿装置，节约材料成本。

HBB 功能需要一个真空度传感器来识别真空助力器有效工作范围的临界点，不用增加额外的硬件，只是 ESP 软件的扩展开发。

HBB 可以用于各种真空度不足的情况，来帮助驾驶人提高制动压力，这一方面可以缩短制动距离，另一方面能改善制动踏板舒适性。一些满载质量（GVM）超过 2t 的轿车可能无法满足有关规定中真空助力失效时对制动距离的要求，HBB 可以帮助这些车辆达到规定的要求，同时还起到了降低成本的作用。

新型的汽油发动机在冷起动时为减少尾气排放，节气门开度较大，容易产生真空度不足，HBB 能够补偿真空度不足造成的制动力损失，帮助发动机降低排放。

（4）后轴全制动（RAB） 后轴全制动（Rear Axle Boost，RAB）是 ESP 的一个附加扩展功能，其与 EBD 的工作原理相反，或者说是对 EBD 功能作用后的一个补充。EBD 是防止后轮先于前轮抱死而降低后轮制动压力。当前轮进入 ABS 调节状态，而后轮还没有进入 ABS 调节状态时，RAB 会被激活，ESP 将对后轮进行建压而使 4 个车轮都进入 ABS 调节状态，使 4 个车轮充分利用地面附着力缩短制动距离。此种情况对于后轴满载更加有效。

（5）ESP 敏感控制策略（SESP） ESP 敏感控制策略（Sensitive ESP，SESP）是标准 ESP 的一个扩展。标准 ESP 只有在车辆表现与驾驶人意图出现明显偏差时才开始工作，而 SESP 可以在车辆行驶状态偏差还没有被驾驶人觉察到之前就开始对车辆进行修正，目标是将横摆角速度尽可能控制在早期临界范围内，由于介入比较早，相比标准 ESP，SESP 可以采取更加舒适的控制策略。当 SESP 不能够有效地稳定车辆时，标准 ESP 就会接管控制，进一步稳定车辆。

SESP 只在一些稳态转向、节气门开度交变及部分制动的行驶工况下工作，如转向盘转角稳定输入下的直道及弯道半制动或松加速踏板情况。由于舒适性的原因，SESP 只在车轮滑移率较小的范围内工作，大部分情况下在后轮上进行控制，SESP 优先通过减小车轮压力来进行控制，在通过增大车轮压力来控制车辆时，最大压力也会受到限制。

（6）制动盘擦拭（BDW）功能 在一些特别紧急的制动工况下，任何一点时间的节省都是非常有意义的，因此开发了制动盘擦拭（Brake Disc Wiping，BDW）功能，以降低雨天对制动的影响。在大雨天气，雨水很可能会在制动盘上形成一层薄薄的水膜，这个水膜会延长制动减速度建立的时间。当 ECU 通过雨量传感器或者刮水器电机的状态监测到下雨，而且加速踏板被踩下，没有驾驶人制动或电子制动系统的干预，车速也必须高于一定的门限值（如 80km/h）时，BDW 被激活。

BDW 工作时，通过周期性地施加一个简短的、间歇式的、轻微的制动来擦拭制动盘表面的水膜，以便雨天行驶在一定车速下能使制动盘保持干燥，提高雨天制动效能。

（7）制动热衰退补偿（FBS） 制动热衰退补偿（Fading Brake Support，FBS）用于帮助驾驶人在制动热衰退状态下紧急制动时进入 ABS 调节状态。车辆持续制动（如下长坡）时，制动器温度过高会导致制动热衰退，在紧急制动时，驾驶人猛踩制动踏板，即使制动主缸压力达到 ABS 调节的理论值也不能触发 ABS 调节，FBS 通过 ESP 泵电机额外建立压力使车辆进入 ABS 调节状态，缩短制动距离。

（8）驾驶人转向提示（DSR） 驾驶人转向提示（Driver Steering Recommendation，DSR）是一个主动干预转向操作的 ESP 扩展功能，借助 ESP 和电子助力转向（Electronic

Power Steering，EPS）的通信联系，由ESP控制器发出指令，通过转向控制器轻微给转向盘施加一个转向补偿力矩提示驾驶人朝有利于保持车辆稳定的方向转转向盘。所施加的转向补偿力矩很小，用来提示驾驶人在车辆不稳定工况下采取正确的响应措施，方向修正还必须由驾驶人操作完成。当车辆在类似对开附着系数路面行驶或者处于剧烈动态驾驶操作状态时，DSR功能对驾驶人特别有帮助。ESP只有和EPS配合才能实现DSR功能。

（9）防侧翻功能（ROP） 高速过弯时过大的侧向力是导致重心高的车辆发生侧翻的原因。当车辆的侧向加速度超过某临界值时，汽车内侧车轮的轮荷趋于零，侧翻就可能发生。

防侧翻功能（Roll Over Prevention，ROP）可以利用额外的侧倾传感器判断车辆是否处于侧翻的危险工况，也可以通过现有的ESP传感器，对横向加速度、横摆角速度、转向盘角度、转向角梯度和驱动车轮的滑移率进行监控，判断侧翻趋势，并在超过某一门限值后，对转弯外侧的前车轮自动施加较大的制动力，从而产生纵向力，这样就限制了通过轮胎传递的侧向力，车辆的速度降低，使车辆的侧向加速度和侧翻角度保持在安全范围内。

（10）越野（Offroad）模式 越野（Offroad）模式是ESP的一项附加功能，主要包含如下三个方面的辅助功能：

1）驱动辅助。

① 加速踏板输出特性的更改。

② 提高TCS系统介入的滑转率门限值。

③ EDL功能介入得更早。

2）制动辅助。提高ABS功能介入的滑移率门限值。

3）陡坡缓降控制（Hill Descent Control，HDC）。ESP控制器主动建立制动压力，让车辆匀速下坡。

加速踏板输出特性的更改，可帮助驾驶人在山路或坏路等路面上控制车辆顺利起步，在起步过程中优化发动机的转矩输出特性，如图3-29所示。这种改善的加速踏板输出特性，使得车辆在光滑或不结实的路面上起步更加容易。

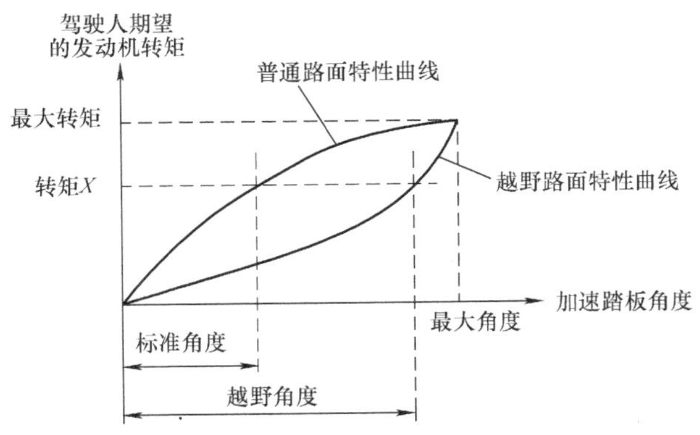

图3-29 加速踏板输出特性的更改

在越野模式下的驱动辅助，提高了TCS功能介入的门限值，使得车辆在松软路面上允许发动机输出更大的转矩，改善了起步性能。在车辆驶过横向不平的路面时，会导致一侧车轮悬空或者左右车轮的转速有差异。越野模式下的EDL功能比正常模式下介入得更早，可对快速滑转的车轮建立制动压力，更多的驱动转矩被传递到另一侧的车轮，从而改善车辆的牵引性能。

为改善在松软或低附着系数的路面上的制动性能，需要提高 ABS 功能介入的滑移率门限值。在松软或者低附着系数路面上制动时，可以在车辆轮胎和地面接触的前方形成楔子效应，增大轮胎与地面之间的摩擦力，缩短制动距离，如图 3-30 所示。

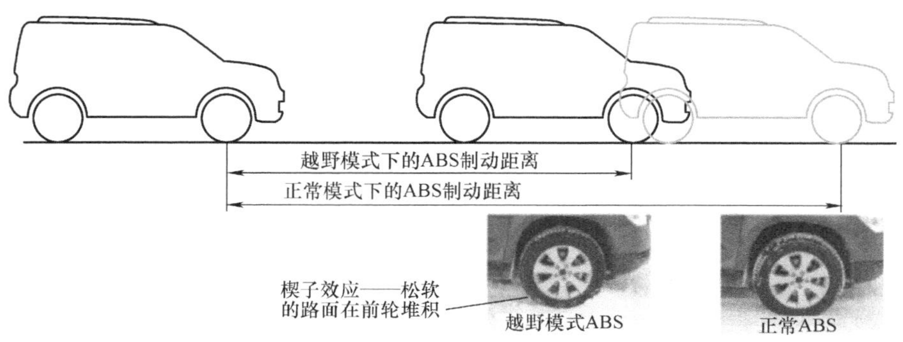

图 3-30　越野模式下的 ABS 制动

HDC 是越野模式的主要功能之一，用于辅助驾驶人在山路、坡道上驾驶时控制车速。车辆在下坡行驶的过程中，由于重力在行驶方向上分力的作用，车辆会越来越快，HDC 通过 ESP 主动介入，对车辆施加适当的制动压力，可使车速始终保持为驾驶人期望的车速。HDC 需要通过一个越野模式按钮来激活，如图 3-31 所示，当 HDC 被激活时，仪表中也会显示一个以下坡车辆为标识符的 HDC 指示灯，当 HDC 正在工作时，这个指示灯会不停地闪烁。

越野模式功能除和 ESP 的功能相关外，还和发动机、变速器、转向、悬架等控制器功能相关。通过不同控制器的功能组合，并通过多功能开关来让驾驶人选择不同的驾驶模式体验，从而衍生出驾驶模式选择功能。

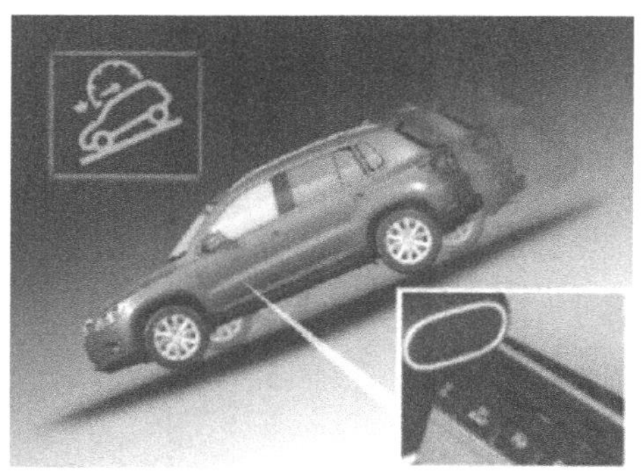

图 3-31　HDC 按钮与功能指示灯

4. ESP 系统附加功能

（1）胎压监测系统（TPMS）　胎压监测系统（Tire Pressure Monitoring System，TPMS）对轮胎胎压进行监控，在一个或多个轮胎缺气时通过警告灯和信号音通知驾驶人，该系统使轮胎尽可能以最佳胎压运行，以提高道路行驶安全性，延长轮胎使用寿命，减小滚动阻力，降低油耗，也可有效减少 CO_2 排放。胎压监测系统有直接测量式和间接测量式两种技术方案。

1）直接测量式胎压监测系统（DTPMS）。直接测量式胎压监测系统（Direct Tire Pressure Monitoring System，DTPMS）由专属的胎压传感器测量实际胎压，有独立的硬件和控制器软件，即胎压传感器带电池及发射天线和控制器单元，可以实时显示轮胎胎压和位置信息，因此准确。但其系统复杂，成本高。DTPMS 与 ABS/ESP 关系不大，因此不进行详细描述。

2）间接测量式胎压监测系统（ITPMS）。间接测量式胎压监测系统（Indirect Tire Pressure Monitoring System，ITPMS）是一种纯数学计算的软件解决方案，集成在ABS或ESP中，通过对轮速传感器信号进行计算并与参照值进行比较来判断某一位置的轮胎是否漏气，通过点亮组合仪表内的ITPMS警告灯同时伴随蜂鸣器的声学警报来提示驾驶人。它利用ABS/ESP现有硬件实现，无需增加额外硬件，经济性好，但功能具有局限性。

为进一步提高ITPMS的鲁棒性和准确性，在ITPMS滚动半径算法的基础上，增加频谱分析模块，通过滚动半径和频谱分析两种算法的组合进一步提高漏气识别的准确性，并能够识别4个轮胎同时漏气的工况。ITPMS+的频谱分析算法基于路面激励和胎压变化与轮胎刚度和振动特性间的关联特征，并兼顾了更广的矢量范围，如极端气候温度和标定前后不同轮胎温度、碎石路、交变路面、单边或单轴载荷变化、使用冬季胎及运动风格的弯道驾驶等条件，因此无论在鲁棒性还是准确性方面均优于ITPMS，并支持轮胎故障的快速识别。

轮胎半径分析（Wheel Radius Analyze，WRA）模型计算的是车轮之间的相对滚动半径，通过图3-32所示的轮速差$\Delta\omega$计算。在自学习阶段，相对的车轮半径被标定，并且储存在不同的速度区间中。一般情况是自学习时的车轮半径与当前的车轮半径被用于胎压监测，图3-32中显示了当右前轮胎压不足时轮速是如何变化的。这个信息可以用于计算相对车轮半径。自学习的车轮半径与当前的车轮半径之间的偏差说明了存在胎压不足的情况，因此给出胎压报警。

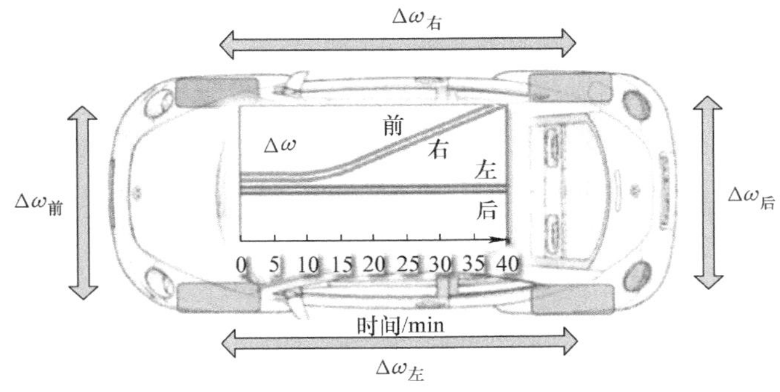

图3-32 WRA动态滚动半径分析算法

WRA的一个限制就是不能监测4个车轮同时漏气并且漏气程度相近的情况。对于有1～3个车轮有不同程度的漏气情况，WRA可以给出一个非常准确的信息。WRA的作用速度范围是10km/h到最大车速。

轮胎频谱分析（Wheel Spectrum Analyze，WSA）计算车轮频谱特性，每个车轮有一个带有峰值的速度谱。在自学习阶段，名义的频谱特性被计算出来并且储存在各自的速度区间。通常情况下，相应的车轮频谱是通过算法在线计算出来的，名义频谱与当前的频谱的偏差被用于判断胎压报警的条件。图3-33中低压轮胎的频谱被标红，有一个更小的峰值频率和一个更高的峰值振幅。WSA与WRA共同工作可提高系统的鲁棒性和可靠性。

WSA同时考虑频率和振幅因素，因此可以监测到4个车轮漏气。WSA的工作速度范围是40～120km/h。

（2）车辆自动起停（Start&Stop）系统 车辆自动起停（Start&Stop）系统在车辆处于短暂停止的工况下，如交通拥堵和等红灯等时，内燃机系统在满足自动起停的条件下自动熄火，在驾驶人操作车辆起步时自动重新点火，从而减少车辆在使用过程中的怠速时间，降低内燃机车辆的燃油消耗量。

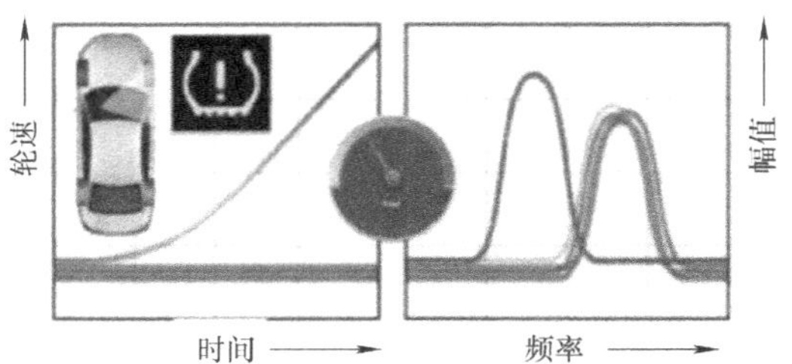

图 3-33　WSA 轮胎频谱分析算法（见彩插）

Start&Stop 系统自动起停工作原理：

1）自动档车辆。当驾驶人踩制动踏板到停车，踩住制动踏板或者切换为 P 档（停车档）时，发动机自动熄火；驾驶人松开制动踏板或档位从 P 档转出或瞬时轻踩加速踏板时，发动机自动重新起动。

2）手动档车辆。当驾驶人踩制动踏板到停车，切换到空档，并松开离合器踏板时，发动机自动熄火；驾驶人重新踩下离合器踏板时，发动机自动重新起动。

Start&Stop 系统对起动机的起动电压有要求，在荷电状态 SOC 为 80% 时，起动时电压降不能低于 9V。

ABS/ESP 系统接收自动起停状态信息，发送是否允许 Start&Stop 自动熄火信息帧及车速信息。当起动机需要重新起动时，必须提前 60ms 通过 CAN 总线发送状态位（起动机拖动过程）给 ABS/ESP 控制器。如果车辆装备了 ESP，ESP 会发送 HHC 状态位和纵向加速度信号给 Start&Stop 系统，在车辆重新起动时，HHC 功能在设定的条件下起作用，防止车辆在重新起动过程中"溜坡"。

ABS/ESP 系统受 Start&Stop 系统的影响，主要是在发动机自动重新起动时的低电压故障屏蔽，可以通过仪表或者 ABS/ESP 系统等来制定自动重新起动时的低电压故障屏蔽技术方案。表 3-3 给出了 ABS/ESP 系统在 Start&Stop 模式下典型电压降方案。

表 3-3　ABS/ESP 系统在 Start&Stop 模式下典型电压降方案

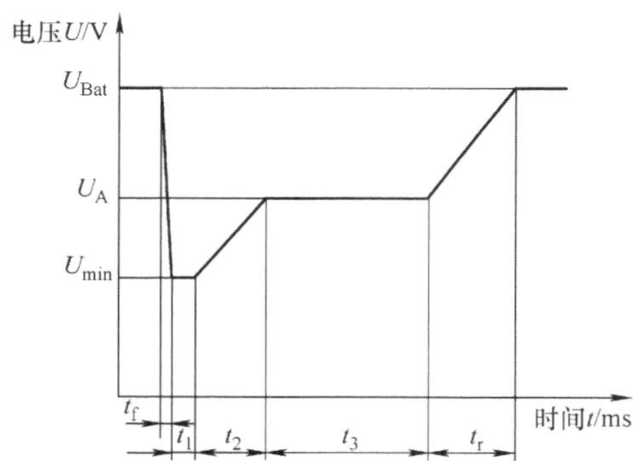

电压	电压值	时间	时间值
U_{Bat}	10V	t_f	1ms
U_{min}	1）7V：ECU 不带低电压故障缓冲 2）7V：ECU 带低电压故障缓冲，没有梯度限制 3）6V：ECU 带低电压故障缓冲，6～7V 梯度限制	$t_f+t_1+t_2$	100ms
U_A	8V	$t_f+t_1+t_2+t_3+t_r$	1s

（3）连续碰撞制动（MCB）功能 MCB 功能是在车辆发生首次碰撞后，自动对车辆进行制动，通过自动制动使车辆动能迅速降低，避免车辆发生后续碰撞或降低后续碰撞车速，制动指令由安全气囊控制器根据传感器信号和控制算法对首次碰撞进行识别后发出，ESP 响应安全气囊指令后触发 MCB 功能，主动建压使车辆减速，制动减速度高达 0.6g。如果首次碰撞后 ESP 功能仍然完好，且触发的制动减速度达到了 ABS 或 ESP 介入门限，则 MCB 进行 ABS 或 ESP 制动调节，MCB 激活期间可以随时被驾驶人“接管”，当识别到驾驶人有加速意愿（踩加速踏板，节气门上升梯度和开度信号）时 MCB 退出，当识别到驾驶人有更强制动的意愿（踩制动踏板和总泵压力信号）时 MCB 也退出，通常 MCB 工作的最小车速设定为 10 km/h。

迄今为止，尚无相关法规对 MCB 的性能要求做出规定，对 MCB 的技术规定和性能要求由各车辆制造商自行确定并随车辆和系统的技术进步更新，有些车辆制造商要求 MCB 结束后触发紧急制动信号，类似紧急制动提示（EBW）功能，通过危险报警闪光灯闪烁警示后方车辆。

（4）自适应巡航控制（ACC）系统 自适应巡航控制（ACC）系统能根据车流情况来调节车速，并帮助保持驾驶人所设置的和前车之间的距离，从而减轻驾驶人在驾驶过程中的负担，使驾驶人能更好地专注于当时的交通状况，让驾驶变得更为轻松。

ACC 系统由一个中距离雷达传感器监控车辆前方的交通状况，该传感器发射雷达电波，并接收车辆前方物体反射回的电波，ACC 系统能根据这些数据，计算出与前车的距离、前车的方位和与前车的相对速度。当前方可畅通行驶时，将保持所设置的期望速度，如果系统识别出本车正在向前方车辆靠近，将通过发动机控制器或 ESP 控制器对车辆进行配合干预，从而保持所设置的安全距离。当前方可再次畅通行驶时，ACC 系统将使车辆加速至预先设定的期望速度。图 3-34 所示为 ACC 系统的组成。

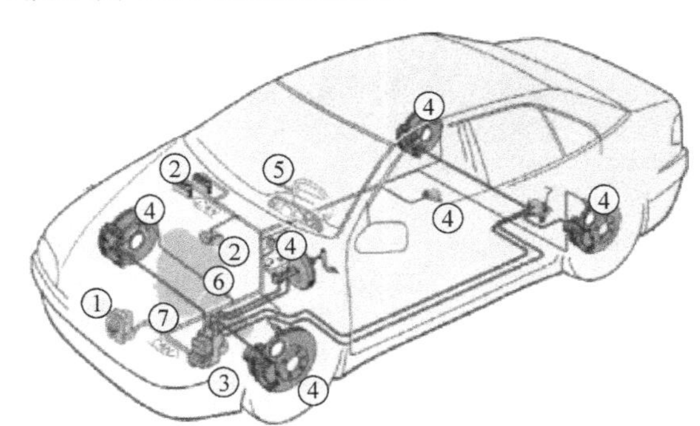

图 3-34 ACC 系统的组成

①—ACC 传感器控制单元 ②—发动机管理单元 ③—ESP ④—传感器
⑤—ACC 显示和设定单元 ⑥—变速器控制单元 ⑦—CAN 总线

ACC 系统按雷达的探测距离分为低速 ACC 和高速 ACC。低速 ACC 使用中距离雷达，ACC 作用的最高车速为 160km/h；高速 ACC 使用长距离雷达，ACC 作用的最高车速可达 210km/h。随着雷达技术的发展，ACC 支持的理论车速未来也会进一步提高。

按 ACC 系统的功能分为基本功能自适应巡航系统（Basic ACC）、可实现跟随至停止自适应巡航系统（ACC FTS）、实现停止后起步自适应巡航系统（ACC Stop&Go）。

从 ESP 的角度来说，需要响应 ACC 系统的制动请求，并提供期望的制动减速度，因此 ESP 工作的时间会增长，需要从 ESP 硬件设计上提高 ESP 的耐久性能。ACC 是一项舒适性功能，在提高 ESP 硬件耐久性能的同时需考虑 ESP 泵工作的噪声优化。

（5）前方安全辅助系统（FAS） 前方安全辅助系统（Front Assist System，FAS）利用 ACC 系统已有的雷达传感器及控制器，可以通过一个按键或菜单关闭或开启。FAS 独立于 ACC 功能，如图 3-35 所示，即使 ACC 功能关闭，FAS 仍然可以处于激活状态。

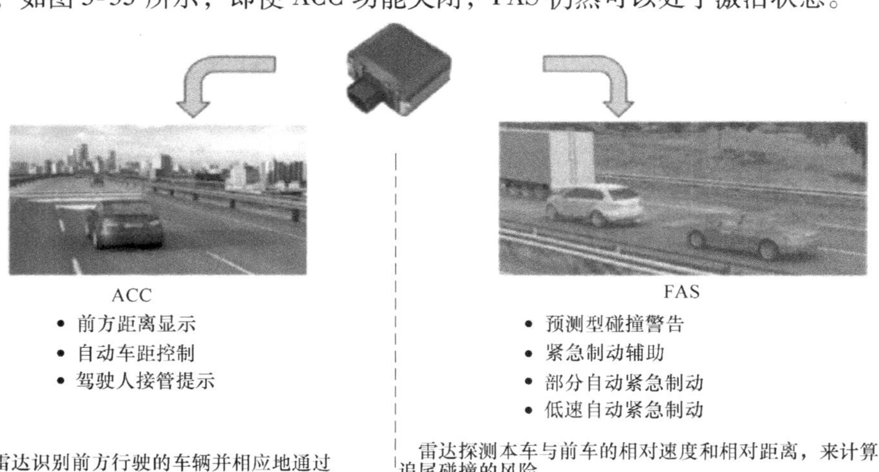

图 3-35　ACC 和 FAS 系统功能概览

FAS 的基本原理是根据与前方车辆的相对车速及距离来预测碰撞风险。有追尾风险时激活 FAS 功能，如图 3-36 所示。ESP 直接响应雷达的减速指令，以尽量避免追尾或降低碰撞损失。

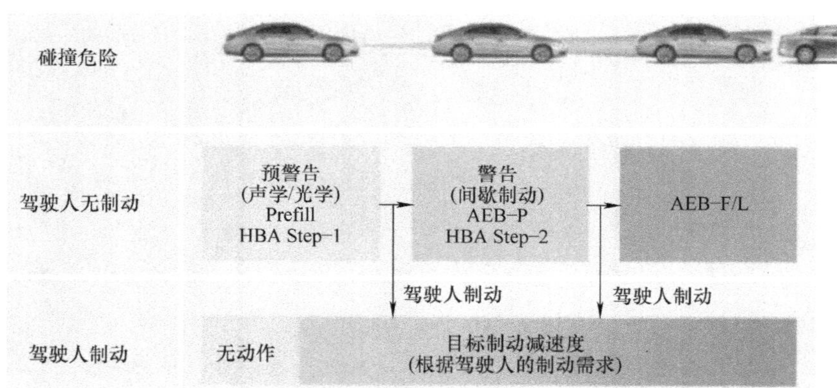

图 3-36　FAS 的基本原理

在车速大于或等于 30km/h 时，当前方安全辅助系统识别到与前方运动车辆快速接近并存在追尾危险时，制动系统会提前做好紧急制动的准备，减小制动钳和制动盘的间隙，同时通过声音和视觉信号提醒驾驶人，并随之产生短促但可感知的间歇制动，如图 3-37 所示。在发出碰撞警告之后，紧急制动系统会自动触发 AEB－P 部分制动功能（制动减速度为

$-3.5m/s^2$)，以降低车速并给驾驶人创造更多的反应时间，一旦驾驶人踩下制动踏板，FAS 持续计算为避免碰撞所需的减速度，如果系统识别到驾驶人的制动强度不够，则会激活 HBA 功能，增加制动压力，使车辆尽可能在障碍物前停止，以最大限度地避免碰撞。如果驾驶人对即将发生的碰撞仍然未能做出任何反应，并且 FAS 探测到追尾事故在所难免，该系统则会自动触发 AEB－F 功能，提升制动压力（制动减速度为 $-6m/s^2$），以提供更高的制动减速度，能极大地降低在碰撞时的本车速度，减轻事故对乘员所造成的伤害程度。

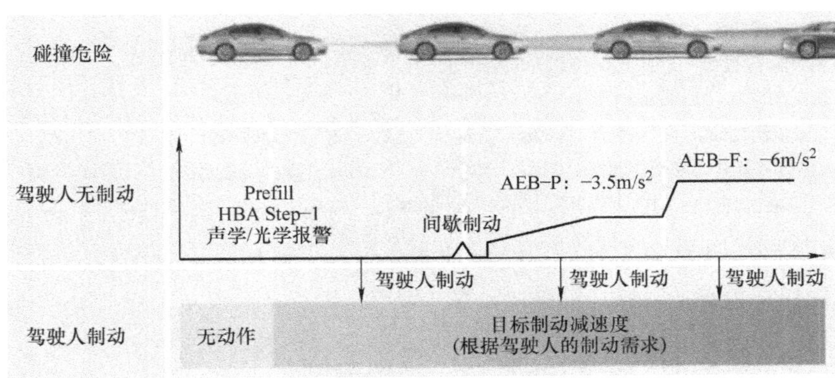

图 3-37 FAS 在车速大于 30 km/h 时系统的工作原理

在车速小于 30 km/h 时，当 FAS 探测到与前方行驶或静止的车辆快速接近并存在追尾危险时，制动系统会提前做好紧急制动的准备，减小制动钳和制动盘的间隙，如图 3-38 所示。如果驾驶人对危险状况未能做出反应，则 FAS 就会自动触发完全制动（制动减速度为 $-8m/s^2$)，以避免碰撞发生或减少事故损失。

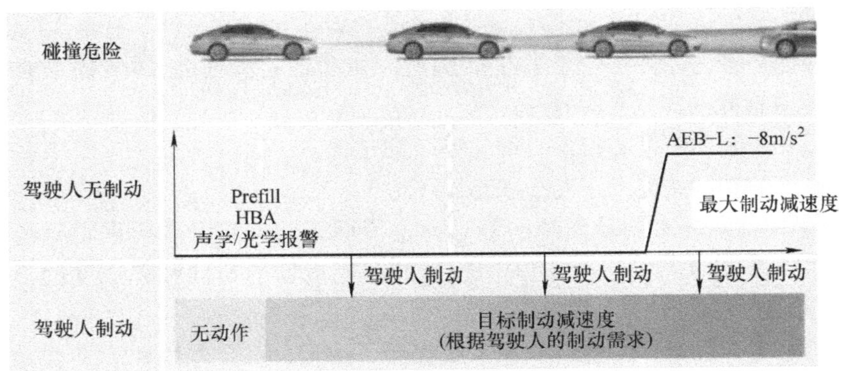

图 3-38 FAS 在车速小于 30 km/h 时系统的工作原理

FAS 功能分类见表 3-4。

表 3-4 FAS 功能分类

情况		制动预填充	HBA－门限值调整	声学/光学报警	间歇制动	AEB－P $-3.5m/s^2$	AEB－F $-6m/s^2$	AEB－L $-8m/s^2$
≥30km/h	PCW①	×	×（Step－1）	×	—	—	—	—
	EBA②	—	×（Step－2）	—	×	—	—	—

（续）

情况		制动预填充	HBA－门限值调整	声学/光学报警	间歇制动	AEB－P －3.5m/s²	AEB－F －6m/s²	AEB－L －8m/s²
≥30km/h	AEB－P③	—	—	—	—	×	—	—
	AEB－F④	—	—	—	—	—	×	—
<30km/h	AEB－L⑤	—	—	—	—	—	—	×

注：×表示可实现该功能。

① PCW：预测性碰撞报警（Predictive Collision Warning）。

② EBA：紧急制动辅助（Emergency Braking Assist）。

③ AEB－P：自动紧急制动－部分制动（Autom. Emergency Braking － Partial brake）。

④ AEB－F：自动紧急制动－全力制动（Autom. Emergency Braking － Full brake）。

⑤ AEB－L：自动紧急制动－低速（Autom. Emergency Braking － Low speed）。

ESP 对 FAS 的支持是响应其发出的制动需求信号，并按要求对车辆施加制动，同时调整 HBA 功能的门限值。

3.3.4 电子驻车制动系统（EPB）理论基础

1. EPB 系统概述

随着电子技术的发展和驾驶人对驾驶舒适性要求的提高，电子驻车制动系统（Electronic Park Brake，EPB）逐渐在乘用车上得到应用，目前 B 级车广泛地装备了 EPB 系统，同时 EPB 系统也逐渐在 A 级车上普及。相对于机械驻车制动系统，电子驻车制动系统有以下优势：

1）提高了车辆内部空间的利用率，中央通道和脚部空间的设计具有更大的灵活性。

2）提供有助于舒适性和安全性的扩展功能，如动态起步辅助（DAA）、自动停车功能（AVH）和后轮防抱死功能（RWU）等。

3）取消了驻车制动手柄和拉索，简化了装配过程。

4）EPB 系统的功能始终处于监控状态。

EPB 系统是在传统驻车制动系统的基础上发展而来的，其发展历程主要经历了三个阶段，其技术方案的结构类型也不尽相同。根据驻车制动器的不同和集成度的不同，EPB 系统分为如下三种类型：

（1）拉索式 EPB 系统　拉索式 EPB 系统保留了拉索，EPB 电机和 ECU 集成在一起，通过对拉索的控制来实现驻车制动的夹紧或释放，这类系统的应用并不广泛。

（2）独立控制器式 EPB 系统　独立控制器式 EPB 系统取消了拉索，用线束替代，执行机构（电机＋机械机构）集成在后制动器内，控制部分为一个单独的 EPB 控制器。

（3）集成控制器式 EPB 系统　集成控制器式 EPB 系统把 EPB 控制软件作为一个模块集成到 ESP 控制器中，其他部分与独立控制器式 EPB 系统相同，其具有下列优点：

1）减少了一个 EPB 控制器及其安装的附件，降低了成本。

2）线束布置更简单，接头更少，降低了失效概率。

3）所有功能的控制和 EPB 相关信号的处理部件集成在一个控制器中，使得 EPB 和 ESP 液压功能（如 AVH）可以更好地协作。

2. EPB 系统扩展功能

EPB 系统除了提供基本的驻车制动功能外，还可以提供动态起步辅助（Drive Away Assist，DAA）、应急制动功能（Electronic Controlled Deceleration，ECD）和 ESP 共同作用的自动停车功能（Auto Vehicle Hold，AVH），这些功能提高了驾驶的舒适性和安全性，是 EPB 系统相比单纯机械驻车制动的优点。

（1）静态释放电子驻车制动　EPB 的释放有两种方式，一个是静态手动释放，另一个是 DAA 的动态释放。无论 EPB 系统是否有故障，在发动机运转的状况下，EPB 系统都应支持静态手动释放的方式，即脚踩制动踏板或加速踏板，手按 EPB 开关，可以释放 EPB 系统。

（2）动态起步辅助（DAA）　DAA 功能是 EPB 系统提供的舒适性功能之一，提高了车辆起步时的舒适性。驾驶人可以在不松开 EPB 的情况下直接起步，在坡道起步时非常有帮助，系统可以自动识别车辆所处坡道的坡度并能在驱动力足够大时，自动释放 EPB，避免“溜车”并舒适起步。

DAA 功能的 EPB 释放时机可以通过软件参数中的自学习功能来根据不同的驾驶人驾驶习惯进行动态调节，以满足车辆起步的舒适性要求。

（3）应急制动功能（ECD）　与机械式驻车制动相比，EPB 系统提供的应急制动功能有以下优点：

1）可以提供更大的制动减速度，最大可以达到常规液压制动最大效能的 60%。

2）后轮不会抱死，避免了制动时的甩尾现象，可提高车辆安全性。

ECD 功能分为两个阶段，第一阶段在车辆速度≥7km/h 前，车辆通过 ESP 控制器，利用液压制动系统，自动对四个车轮轮缸建立制动压力，进行减速。在车辆被制动到车速<7km/h后，ECD 功能进入第二阶段，系统对后轮实施附加的驻车制动，直到车辆停止。由于 EPB 具有 RWU 功能，不会让后轮抱死。

在 ECD 的第二阶段，也可以让系统退出液压制动，这取决于系统功能的定义。

实现该功能的前提条件：

1）ESP 和 EPB 无系统故障。

2）一直拉 EPB 开关。

如果在应急制动状态中松开 EPB 开关或踩加速踏板或制动踏板，则退出应急制动状态。

如果 ESP 有故障，则 ECD 功能仅仅通过 EPB 系统利用后轮的驻车制动进行减速，直到车辆停止。

在发动机熄火的状况下，ECD 功能也能起作用，此时也仅仅是利用后轮的驻车制动进行减速，直到车辆停止。

（4）自动停车功能（AVH）　自动停车功能（AVH）是 ESP 和 EPB 组合实现的功能，它可以防止车辆在静止或起步时“溜车”，而不需要驾驶人一直踩制动踏板（按设计要求可以不同）。AVH 通过这种方式提供更高的起步舒适性和安全性。

AVH 功能处于激活状态，并且车辆被制动停止后，AVH 功能介入，此时，驾驶人不必一直踩制动踏板。AVH 功能首先通过 ESP 控制器在四个车轮轮缸处保持一定的液压制动压力，从而实现自动停车。若驾驶人踩加速踏板，四个轮缸的液压压力解除，车辆应可以轻松起步。

在 AVH 功能介入期间，如果打开驾驶人侧车门或解除安全带（各项目有差异）或 AVH

功能作用时间超过3min（各项目有差异）或发动机熄火，AVH 功能将交给 EPB，然后后制动钳夹紧制动盘，保证车辆不会“溜车”。

3.3.5 电子制动系统（EBS）总布置设计

1. EBS 控制器硬件定义

对于一个全新开发的车型项目，对 EBS 硬件进行选型非常重要。首先是新项目车型对 EBS 装备的定义，目前主要有三个大的类型：

1）仅防抱死制动系统。

2）车身电子稳定系统。

3）带电子驻车制动系统。

在明确车型装备定义后，对 EBS 系统进行选型，还需要考虑如下四个方向的因素：

1）功能支持性和可升级性。

2）产品性价比。

3）外观尺寸及重量。

4）舒适性（控制器的工作噪声）。

在 EBS 控制器系统选型时会根据项目的功能定义来选择一款合适的硬件产品，其中会重点考虑产品的功能支持性、产品价格和供应商的产品分配战略。

2. EBS 支架设计

EBS 支架是连接控制器和底盘的零件，对控制器起到固定的作用，同时还为控制器的正常工作提供了条件，因此对 EBS 支架的设计要有严格的要求。

ESP 传感器是一个为 ESP 控制提供侧向/纵向/横摆角速度信号的多种传感器组合，传感器因共振引起的信号不可靠会对 ESP 系统产生致命影响，即误动作或功能失效。ESP 传感器有两种形式，即外置分离式的侧向/纵向/横摆角速度组合传感器和内置集成式（集成于 ESP 电子控制单元）内置 PYA 传感器。外置分离式传感器支架和 ESP 控制器支架都要求满足特定车型的振动、强度及空间布置要求。

（1）外置分离式 ESP 传感器支架设计　随着电子集成电路的发展，带内置集成式 ESP 多功能传感器的 ESP 控制器已经成为最新的发展方向，其相对于分离式 ESP 多功能传感器的设计，有节约车辆布置空间、减少实车线束连接、降低 ESP 系统的材料成本等优点。随着汽车电子控制技术的发展，车辆其他电子控制器也需要应用 ESP 多功能传感器的信号，如安全带、安全气囊等。因此有少部分汽车主机厂采用了分离式多功能传感器的技术方案，以供实车多控制器共用。外置分离式 ESP 传感器支架的设计应满足如下要求：

1）经仿真计算和实车测量确定的支架 1 阶和 2 阶固有频率不能落在纵向/侧向/横摆角速度传感器各自要求应避免的共振频率范围内。

2）经台架扫频试验确认的设计强度和刚度满足相应试验规范。

3）空间布置可通过数字样车（DMU）和物理样车的干涉检查及验收。

图 3-39 所示为市场上已经投产的某款车型分离式 ESP 传感器支架的实车设计布置、仿真计算、强度和刚度扫频试验台架及实车测量的侧向加速度频谱特性。

随着汽车电子技术的迅速发展和车辆制造成本控制的竞争越来越激烈，内置集成多功能传感器的 ESP 控制器设计已经用事实证明了其作为 ESP 的发展方向，关于 ESP 支架的设计

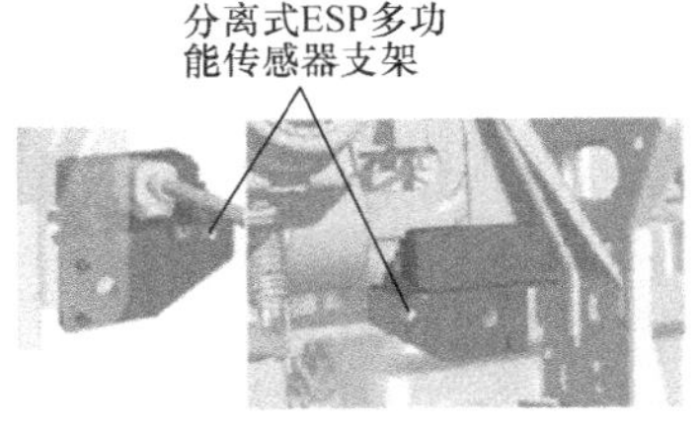

a) 设计布置

b) 仿真计算

c) 试验台架

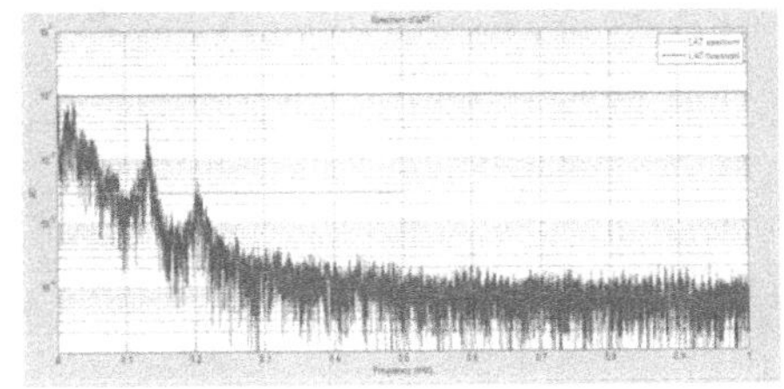

d) 侧向加速度频谱特性

图 3-39 分离式 ESP 传感器支架设计及验证

也将重点围绕内置集成式的 ESP 控制器支架的设计展开。

(2) 内置集成式 ESP 传感器支架设计 对于内置集成式传感器的 ESP 控制器，在带来集成化优势的同时，也对 ESP 支架的设计提出了更高的要求，主要有 ABS/ESP 控制器及支架在整车上的布置设计、ABS/ESP 支架的刚度及强度要求、ABS/ESP 支架对振动信号的传递要求。

由于 ABS 控制器在一般情况下无加速度传感器，只有 M－ABS 系统会带纵向加速度传感器，对于 ABS 控制器支架的设计只需考虑整车布置及刚度和强度要求。而对于带内置多功能传感器的 ESP 控制器支架，在设计时要考虑支架对振动信号的传递要求。

1) ABS/ESP 控制器及支架在整车上的布置设计。ABS/ESP 支架在发动机舱中要尽量布置在一侧，要远离发动机排气管等高温零件，ABS/ESP 控制器的工作温度为 －40～120℃，如果 ABS/ESP 工作环境的温度高于 120℃，需要增加隔热板来对 ABS/ESP 进行高温保护，如图 3-40 所示。

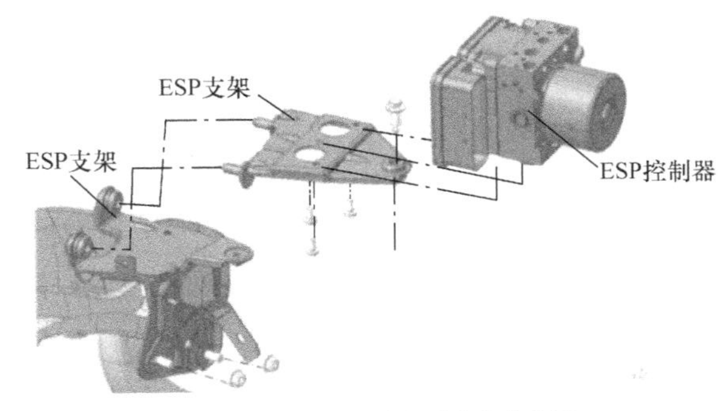

a) ESP控制器支架的安装和布置

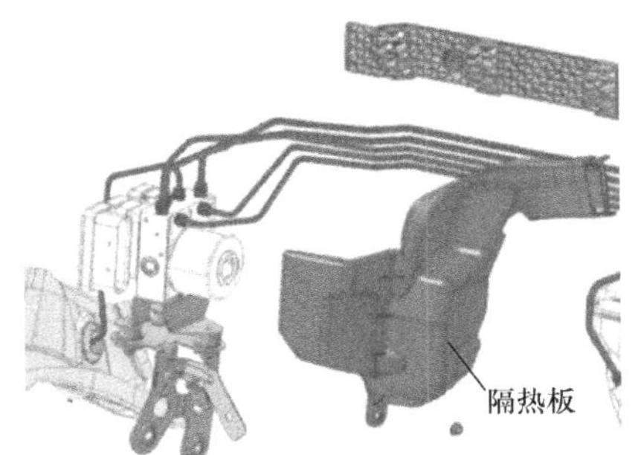

b) ESP控制器隔热板的安装布置

图 3-40 ESP 控制器支架和隔热板的安装和布置

为确定设计完成的 ABS/ESP 支架及隔热板是否能够保证 ABS/ESP 控制器在实车上各种工况下均能够处于正常工作的温度范围内，需要在实车上对 ABS/ESP 控制器的温度进行测量（图 3-41），从而保证 ABS/ESP 在各工况下均在其正常的工作温度区间。ESP 控制器的泵电机、ECU 及接插件均在 ESP 控制器最高温度门限 120℃以下。

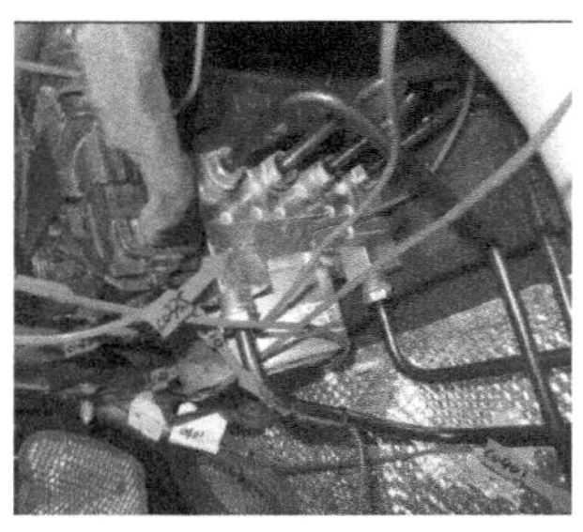

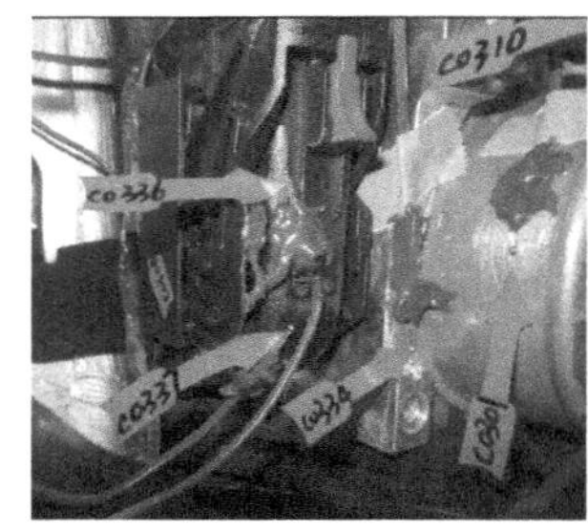

图 3-41　ABS/ESP 控制器实车温度测量

ABS/ESP 支架和车身的连接点要避开底盘悬架系统和车身的连接点，因为悬架系统的跳动会对 ABS/ESP 系统的工作产生不利影响。在设计 ABS/ESP 支架时，要同时考虑为 ABS/ESP 线束接插件、制动硬管的安装及更换和固定螺栓拧紧留下足够的操作空间。

2）ABS/ESP 支架的刚度要求。在设计 ABS/ESP 支架时，要充分考虑支架的刚度。车辆运行过程中液压电子控制单元（HECU）不允许有绕垂直轴的扭转运动，支架系统不允许发生弯曲、变形等。支架结构刚度应尽可能大，提高刚度的两种方法为增加板厚、设计加强筋和翻边。

支架结构形状应保证 HECU 重心高度与连接件之间距离尽量小。支架系统必须安装有减振阻尼元件，且所有振动都应发生在减振阻尼元件上。安装减振垫时应注意以下几点：

① 减振垫的安装位置应确保其能够吸收来自各个自由度的振动。

② 减振垫组成的形状在竖直方向的投影面尽可能大，如图 3-42 所示。

③ 投影面的中心尽可能与 HECU 的重心投影重合。

④ 在负载方向，减振垫设计成对称形状。

⑤ 保证轴向和径向有预紧力，限制其运动，推荐使用螺栓连接。

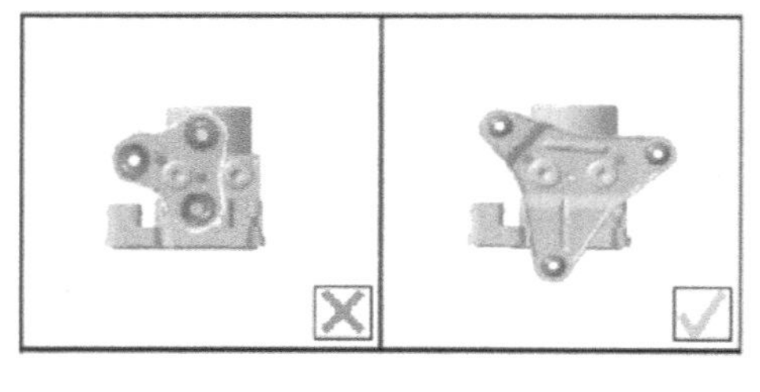

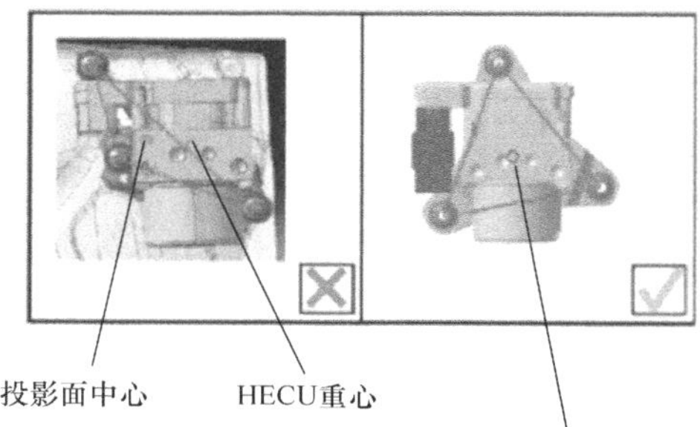

图 3-42　ABS/ESP 支架刚度设计要求

试验条件：

① 正弦激励波形。

② 振动时间为24h。

③ 频率为10Hz—60Hz—10Hz，1倍频程/min。

④ 加速度为15m/s^2。

⑤ 振动方向为Z方向。

试验执行：如图3-43所示，ABS/ESP支架固定在振动台上，ESP控制单元作为负载，加速度传感器固定在振动台面上。

试验评价方法：支架不允许出现裂纹或者断裂。

3）ABS/ESP支架对振动信号的传递要求。在ABS/ESP支架本身设计的强度和刚度足够大时，为了减小振动对集成传感器的ESP控制器的影响，在设计支架时要配合橡胶件提供的阻尼，让ESP支架形成一个减振系统。由于小于20Hz的共振由车辆的悬架系统引起，大于100Hz的共振由车身的自由频率引起，一般情况下集成传感器的ESP支架设计的固有频率为20～100Hz，如图3-44所示。

图3-43 ABS/ESP支架强度振动试验台架

为了验证集成传感器的ESP支架的设计结果，通常需要通过台架试验对ESP支架的样件进行振动试验，在试验过程中不需要连接ESP线束及制动管路，在X、Y和Z方向分别施加如下激励：

① 振幅：9.806m/s^2≈1g。

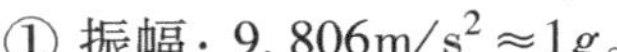

② 振动频率范围：10～500Hz。

③ 正弦波：0.5倍频程/min。

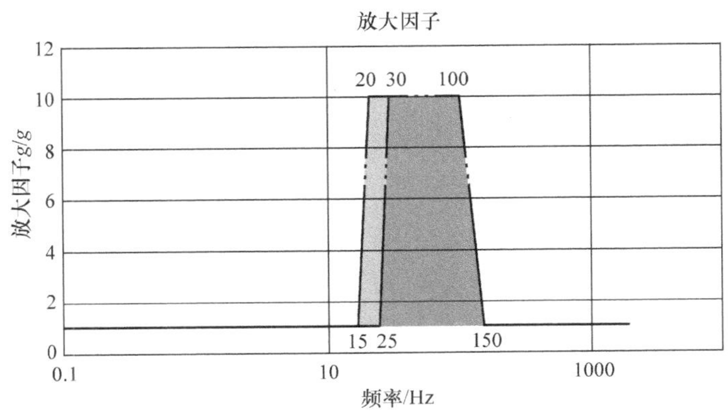

图3-44 ABS/ESP支架设计的固有频率要求

在集成传感器的ESP控制器上固定加速度传感器对输出的加速度信号进行测量，如果测量结果落在图3-45所示的门限值以下，则可以判定ESP支架的设计结构是合格的。

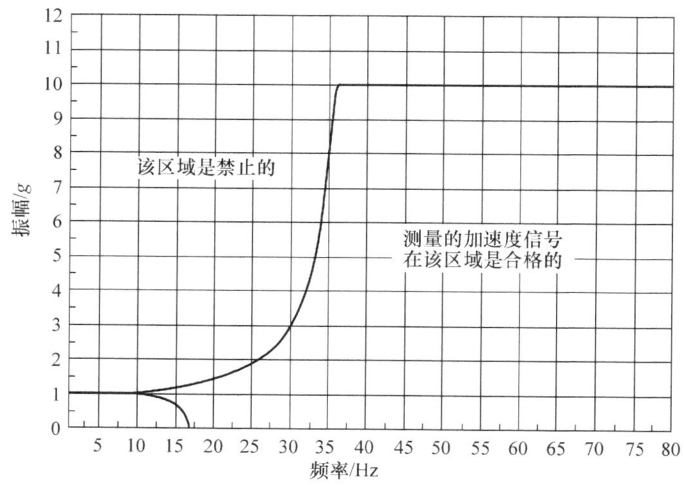

图 3-45　带集成传感器的 ESP 支架振动试验的要求

试验台架的搭建如图 3-46 所示。将加速度传感器分别粘贴于控制器表面及下支架底面，根据试验条件运行三向的振动试验，同时采集加速度传感器数据，根据试验数据和曲线求出 CH2 在各方向下的支架共振频率和加速度幅值。

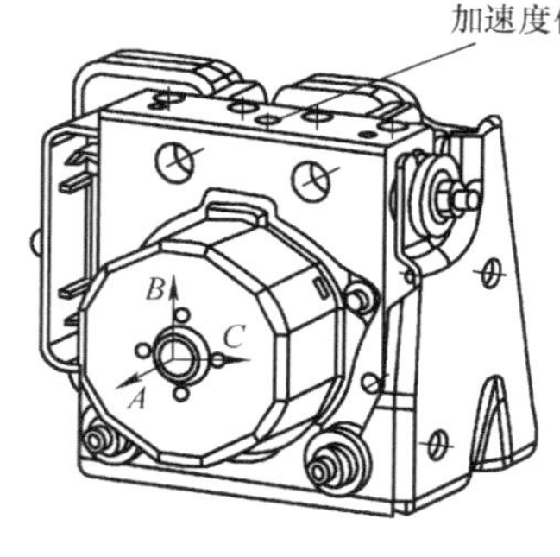

a) 振动方向描述

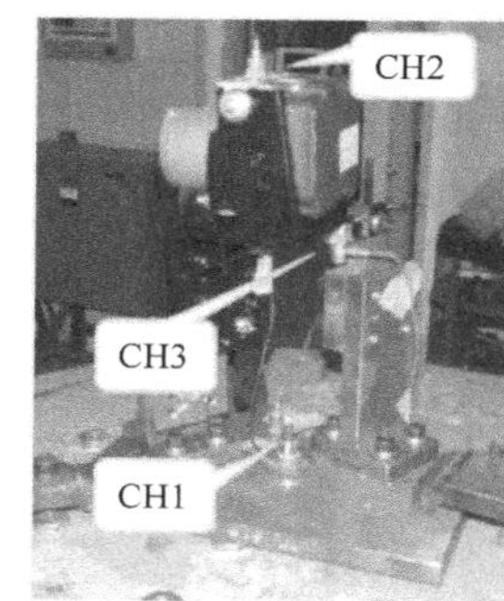

b) 传感器布置

图 3-46　带信号监测振动台架的搭建

以某款车型的带集成传感器的 ESP 支架振动试验结果为例，如图 3-47 所示。ESP 支架系统在一阶固有频率为 39.2Hz 时对输入激励的传递放大略微超出支架的设计要求，达到了 121.5m/s^2，在 B 和 C 方向对输入激励的放大均在设计要求内，但考虑到其一阶固有频率大于 ESP 支架设计要求的 30Hz，并且超出幅值范围经过经验评估可以接受，故该 ESP 的支架设计结构是合格的。

带集成传感器的 ESP 控制器需要在 ESP 工作过程中提供传感器信号值，故对 ESP 控制器在车辆上的安装要求也特别严格，一般情况下带集成传感器的 ESP 控制器在车辆上的安装精度要求在 X、Y、Z 方向不超过 3°。

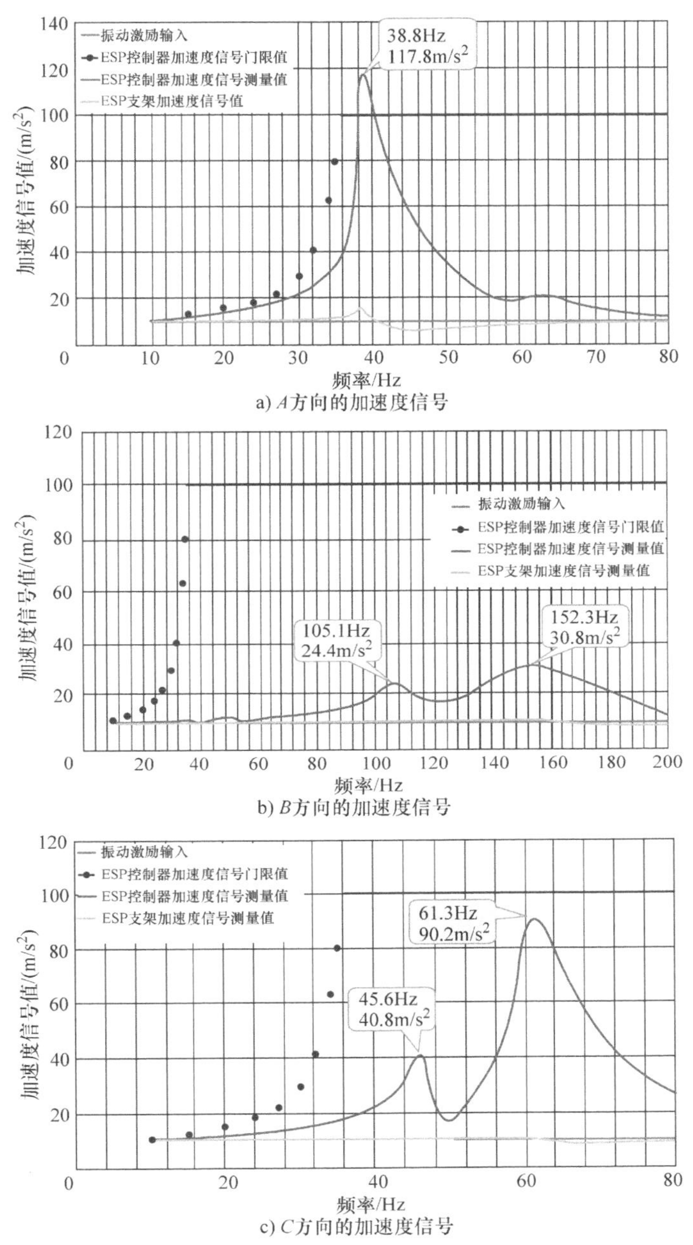

a) *A*方向的加速度信号

b) *B*方向的加速度信号

c) *C*方向的加速度信号

图 3-47 带信号监测的 ESP 支架振动试验结果（见彩插）

3.4 电子制动系统整车集成

3.4.1 电子控制系统匹配设备

1. 匹配设备总体要求

不同 ESP 供应商的匹配设备都有所不同，但总要包含如下模块：

1）ESP 控制器内部信号读取与写入模块。

2）模拟量信号读取模块。

3）整车信号读取模块。

2. 典型匹配设备

大陆集团 ESC 控制器从 MK2 代开始，历经 MK20/25/70/60 等，到目前的 MK100 系列，控制器在升级，匹配设备及软件也在更新，包括从 DAS1/DAS2 到目前的 DAS3 及变种组合。

目前的 DAS3 包括一个内部信号的数据采集系统（HULC）和模拟量的采集箱，并能采集 CAN 数据（如 Vector 的 CAN case 设备等），如图 3-48 所示。

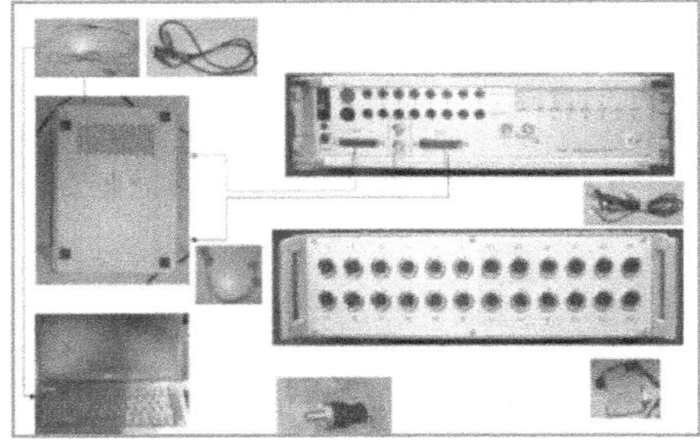

图 3-48　大陆匹配设备

天合（TRW）目前最新的匹配设备为 EBC460I，它的设备及软件如图 3-49 所示。

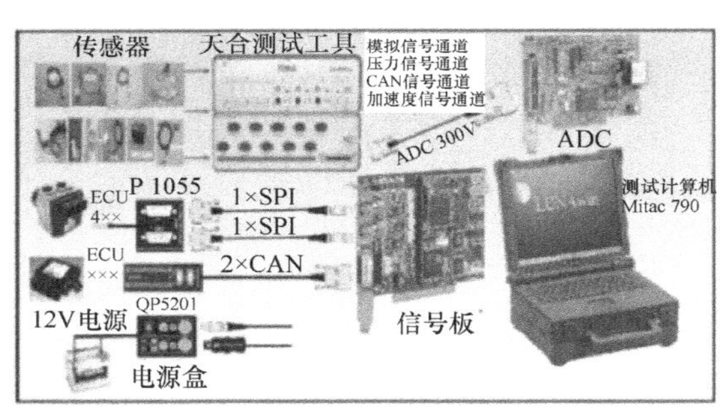

图 3-49　天合匹配设备

博世的电子稳定系统也是历经很多代的发展，目前是第 9 代（9.3），它的测试软件及设备也在升级，目前所用的是 MM6X 软件及图 3-50 所示的设备，每代设备之间最大的不同是适配器（Adapter）不同。

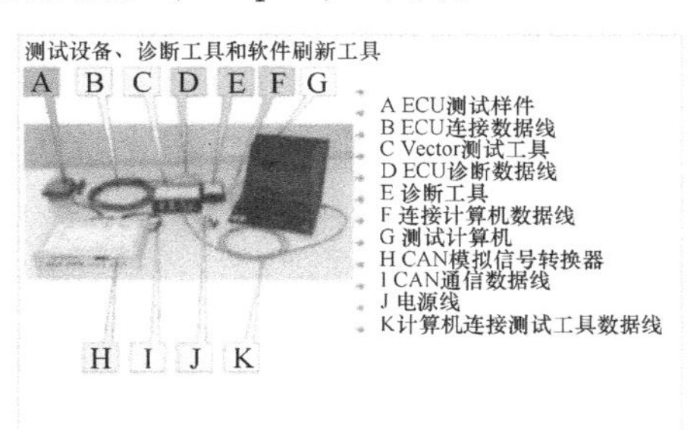

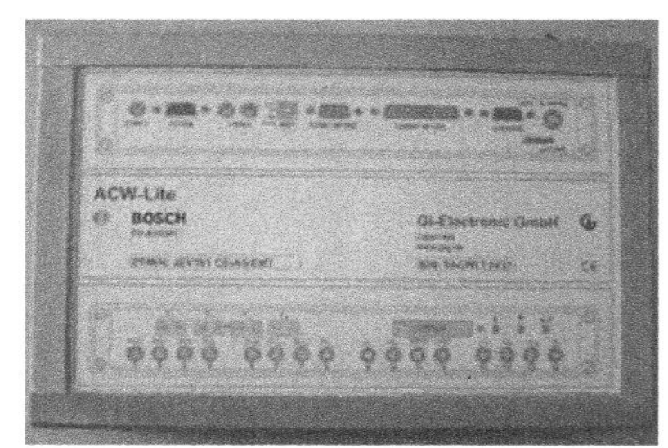

图 3-50　博世匹配设备

为了有效使用这些设备，需要供应商提供内部信号定义及匹配软件。

3.4.2 电子控制系统试验准备

1. 试验车辆

车辆准备是试验准备中最重要的事情，车辆状态的好坏直接影响试验结果。试验之前，必须保证车辆及零件的状态良好，外出试验中出现的任何车辆方面的问题都是非常麻烦的。

整车准备工作通常包括零件状态确认、换装、轮胎采购及更换、设备安装与调试。

若有外出试验计划，则还需要准备牌照、保险等事宜，若有保密车，则需要有更多注意事项，如保安 24h 值守等。

2. 试验场地

试验需要试验场地，若本公司拥有场地，则通过内部来解决场地的事情。若需要组织外协，则需要提前与公共试车场协调并预定。公共试车场有广德、博世东海、中汽盐城等。

3. 试验设备

设备调试与安装需要在试验前完成，如果需要测试重心比较高的车辆，则需要提前准备防滚架，内置和外置式 ESP 都应满足试验需求，但外置式 ESP 过大的质量会对匹配结果产生影响。

4. 试验人员

电子制动系统相关试验对试验人员有一定的要求，如理解车辆动力学理论、具有一定的驾驶技术、熟悉软件操作、掌握参数定义、了解相关影响因素等。

ESP 试验是主观与客观相结合的试验，试验人员不仅仅需要有客观测量的能力，还需要有一定的主观评价能力，因为其最终是供客户使用的。

3.4.3 电子控制系统山路试验

1. 山路试验基本原则

开发主动安全系统，对一些危险的路段或者工况，如山路，我们会更加重视低速或者普通驾驶人在山路上行驶时，不应该被主动安全系统干扰，但在需要主动安全系统时，主动安全系统必须随时可以工作。

山路试验主要为了研究如下几方面问题：

1）ABS/TCS/ESP 系统的鲁棒性。

2）ESP 系统相关传感器的可靠性。

3）ESP 门限消耗的情况。

4）DSR 在转向过度时的主动辅助性。

安全行驶的基本原则：

1）按普通驾驶人方式驾驶。

2）不随意占对向车道、不切弯行驶。

3）不紧急制动、不急加速起步及行驶。

4）不随意给出过大及过快的转向输入。

2. 试验山路

（1）安吉天荒坪山路　天荒坪位于浙江省安吉县，弯多、弯急且工作日车辆不多，是进行 ESP 试验比较理想的选择。但其对车速有限制，不能超过 80km/h。但对普通驾驶人来说，这已经足够了。

正常试验的起点是“江南天池”，下山驶往天荒坪镇，并向太湖源方向试验。该路段车少、弯多，路面的条件也很好。

（2）云南迪庆山路　从大理—丽江—香格里拉沿着国道行驶，300km 的山路包括不同的弯道、坡道、路面等，可以完全地评价 ABS/TCS/ESP 等功能，但随着自驾的车辆越来越多，这条路也有些拥堵。但从迪庆州开始，车流量就减小，往普达措国家公园方向，过了公园则基本没有自驾车。其不同的落差、道路、侧向力，是很好的试验、评价场地。过了白水台，游客减少，路面条件更加适合做试验。

（3）阿尔卑斯山路　试验道路位于阿尔卑斯山区意大利境内，靠近德国和奥地利边界，属于 Dolomites 山区的一部分，靠近 Peuz - Geisler 国家公园，海拔为 1100m 左右。

试验道路分布在 Dolomites 山区，其中一条典型路线，一圈全长 160km 左右，经过多处关隘，Passo Sella 海拔 2240m，Passo Gardena 海拔 2000m 左右，Passo Podoi 海拔 2239m；全部路面为平整沥青路面，部分路面开裂，施工修理很及时，包括多处发卡弯，多处中速弯道，多处可以以 100km/h 左右的速度通过的高速弯道，还包括多个坡度不同的上坡、下坡弯道，路线及路面如图 3-51 所示。

图 3-51　阿尔卑斯山路路线及路面

3.4.4　电子控制系统标准

1. 国家标准对电子稳定系统的基本要求

实时监控车辆运行状态，根据需求调节制动力、发动机转矩以改变车辆横摆力矩，使车辆按驾驶人意图行驶，其基本特征如下：

1）能够在对车辆实际状态和驾驶人希望状态进行对比评价的基础上，自动对各车轴车轮的制动力矩进行控制，使车辆产生纠正的横摆力矩以改善车辆的行驶稳定性。

2）在对车辆实际状态与驾驶人希望达到的车辆状态进行对比评估的基础上，通过计算机闭环控制来限制车辆过度转向和不足转向。

3）能够直接测定车辆横摆角速度，并估算侧偏角或侧偏角随时间的变化率，能够监控驾驶人的转向输入。

4）其算法应能够判断是否需要并能在必要时调整车辆的驱动力矩，辅助驾驶人保持对车辆的控制。

2. ESC 应具有的功能

1）能够按照某种控制逻辑来对所有四个车轮单独施加制动力矩。

2）除驾驶人关闭 ESC、车速低于 20 km/h、车辆处于倒车状态外，在加速、滑行及减速（包括制动）等整个行驶过程的各个阶段都能正常工作。

3）即使在防抱死制动系统（ABS）或牵引力控制系统（TCS）作用期间也不应影响 ESC 的正常工作。

3. 性能要求：方向稳定性和响应特性

1）正弦停滞转向输入完成后 1s（图 3-52 中的 T_0+1）测得的横摆角速度不应超过转向盘转向角相位改变后（在第 1 个峰值和第 2 个峰值之间）记录的第 1 个横摆角速度峰值（图 3-52 中的 φ_{peak}）的 35%。

2）正弦停滞转向输入完成后 1.75s 测得的横摆角速度不应超过本次试验中转向盘转角方向改变后（在第 1 个峰值和第 2 个峰值之间）记录的第 1 个峰值（图 3-52 中的 φ_{peak}）的 20%。

3）在转向起始点（BOS）后 1.07s 时，最大设计总质量不超过 3500kg 的车辆的质心相对于其初始直线行驶轨迹的横向位移不小于 1.83m，最大设计总质量大于 3500kg 的车辆的质心相对其初始直线行驶轨迹的横向位移至少为 1.52m。

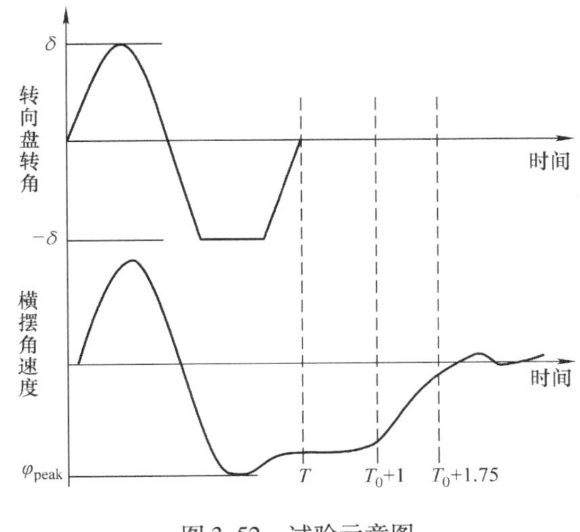

图 3-52 试验示意图

4. 试验路面

1）试验应在干燥、均匀、坚实的路面上进行。路面起伏、不平整（如有下沉现象或有较大裂纹的），不适合进行试验。

2）除特殊说明外，试验路面额定峰值制动系数应按 GB/T 26987—2011 第 6 章规定在干路面上测量，其数值至少为 0.9；作为替代，也可按 GB 21670—2008 中 5.6.4 的方法测定。

3）试验路面具有水平到 1% 坡度之间的单一坡度。

3.5 展望

3.5.1 集成化发展历程

自 1978 年车辆装配 ABS 系统以来，汽车的电子制动系统不断发展，集成了越来越多的硬件，支持越来越多的功能，如车轮防抱死、制动力分配、弯道稳定性控制、发动机阻力矩控制等。在硬件构成上，电磁阀及阀体、电动机、柱塞泵、蓄能器、控制器单元一直延续到现在。

20 世纪 90 年代出现了 ESP 系统，集成了压力传感器、横摆角速度传感器、加速度传感器，支持更多的功能，如驱动防滑、液压制动辅助、坡道起步辅助、电子差速器、制动热衰退补偿等众多由 ESP 主动建压能力衍生的子功能。

21 世纪初，工程人员沿着集成化的方向，把电子驻车系统的控制单元也集成进 ESP 系统，从而实现了零部件成本的优化，此时的 ESP 已经可以支持很多自动驾驶辅助相关的功能，如泊车辅助、自动停车、自动驶离等。

电子制动系统的集成化发展历程如图 3-53 所示。

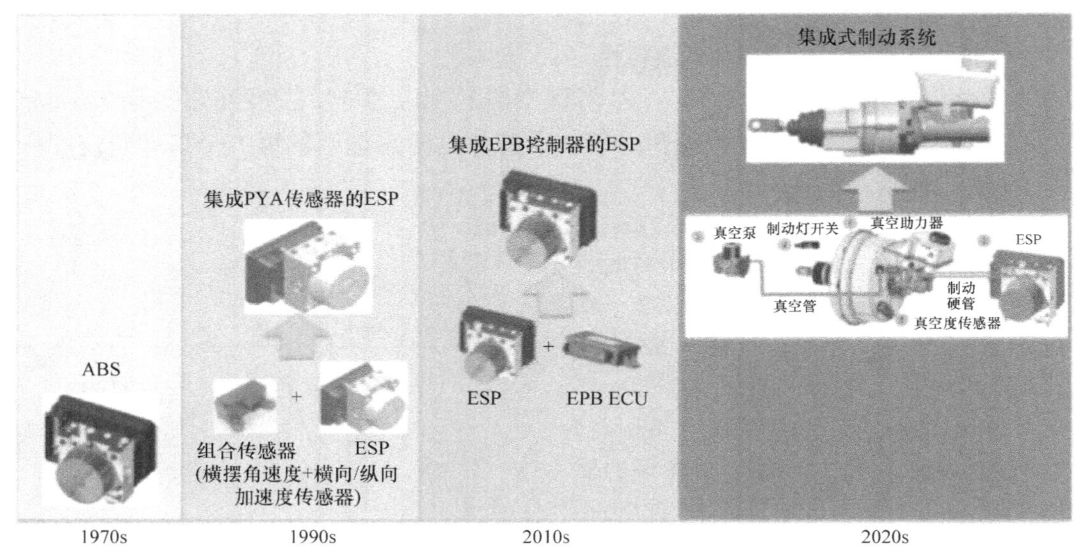

图 3-53　电子制动系统的集成化发展历程

电子制动系统正朝着更加高度集成化的方向发展，业内这方面的主要生产商博世、大陆、天合等汽车零部件公司，已经准备将助力系统、制动主缸等零件和 ESP 集成在一起，并实现量产。

这种即将实现量产的电子制动系统，不仅实现了系统的轻量化，而且支持越来越多的安全和自动驾驶技术，如主动安全的行人保护，还能够实现高效率的再生制动能量回收，减少 CO_2 的排放，将成为将来制动系统发展的方向。

3.5.2　集成化技术方案

未来几年即将面世的电子制动系统，从功能上可以覆盖目前 ESP 系统的各个方面，而且可保证在电子部分失效的情况下，基础制动系统正常工作，确保车辆制动安全。

博世公司作为这方面研究的先驱者，即将量产电子助力器，取代传统的真空助力器，和现有 ESP 系统一起，组成 2 - Box 的电子制动系统。

电子助力器取代传统的真空助力器，如图 3-54 所示，通过电动机将驾驶人制动意图传递到制动主缸，直流电动机通过齿轮传动提供助力，建立制动压力；和踏板接口相连的是由直流电动机提供动力的踏板模拟器，从而实现踏板感觉和管路制动压力的解耦，不再需要真空助力；它和 ESP 的通信是通过私有 CAN 来完成的，互相形成安全备份，即使 2 - Box 系统失效，驾驶人仍然可以通过踏板机械结构部分推动主缸，实现制动的需求，且满足制动失效的相关标准。

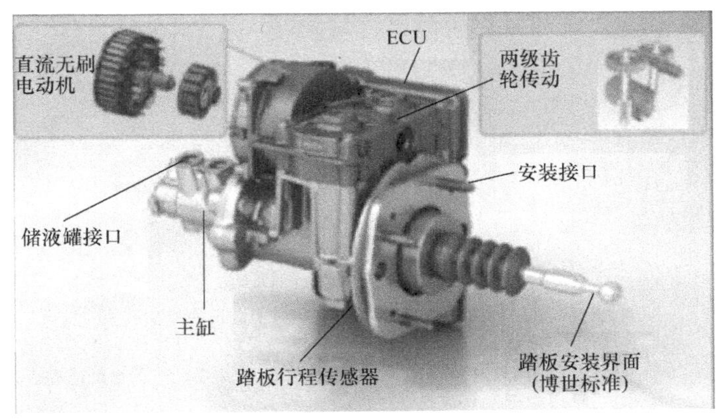

图 3-54 博世公司的电子助力器

这种电子助力器和 ESP 组合系统中，基本结构包括两套提供动力的电动机、两套电子控制单元，它们分别在系统失效时成为彼此的后备，可以有效替代目前的真空助力器，并且可以支持主动安全方面的行人保护。但是，随着技术的进步，需要将电动机和控制器硬件这些安全冗余进一步优化，形成集成度更高的产品。大陆公司推出的新一代电子制动系统 MKC 系列就是这样一款产品。这个系统将 ESP、制动主缸、储液罐、电子助力器集成在一起，通常称为 1 - Box 系统。如图 3-55 所示，对比博世公司的技术方案，这个系统的 ESP 和电子助力器系统的电动机单元、控制单元硬件合二为一。

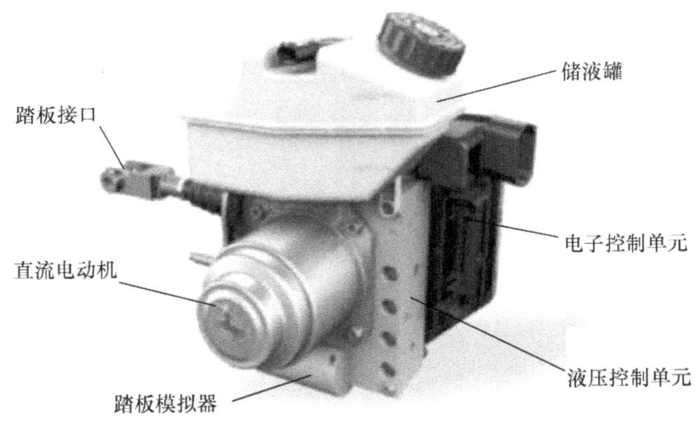

图 3-55 大陆公司新一代电子制动系统 MKC1

这种高集成度产品的劣势在于，对大多数主机厂来说，这样如“黑匣子”般的产品，和车辆安全息息相关，在产品尚不能稳定成熟时，不可能一步切换。而博世公司提出的方案相对灵活，电子真空助力器和传统的真空助力器方案可以互换共存。

天合公司同期开发了类似的高集成度产品，称为集成制动系统（Integrated Brake System，IBS），其电动机和主缸串联布置，结构更加紧凑，如图 3-56 所示。

各汽车制造商推出各自的高集成度电子制动系统，在硬件合并节约成本的同时，软件方面不断演化出新的功能。除了兼顾传统 ESP 系统实现的主动安全外，还可以实现踏板特性可调，支持更多驾驶辅助功能，制动能量可回收，实现轮边制动的优化控制和制动性能相关的管理，如管路泄漏监测、空行程控制、盘片间隙控制等。

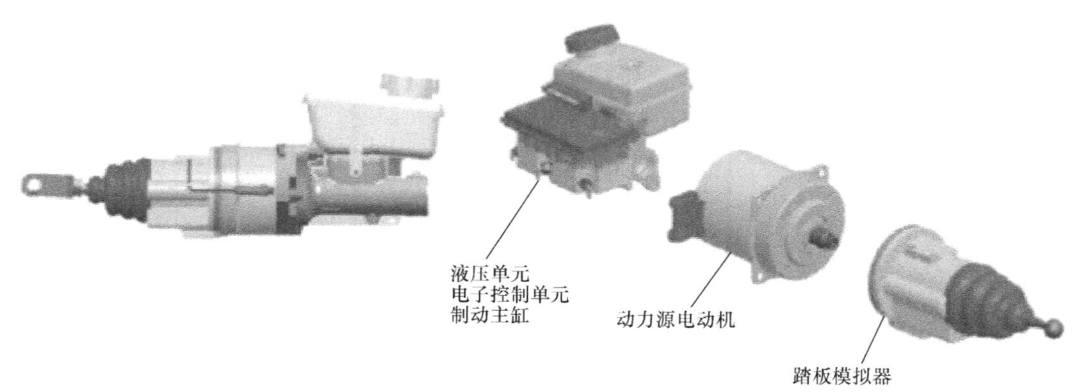

图 3-56　天合公司新一代电子制动系统 IBS

第4章 操纵稳定性和平顺性

随着我国汽车工业的快速发展，车辆保有量持续增加，用户驾龄不断增长，对车辆性能的理解和感知能力不断提升，特别是对与驾驶有关的操纵稳定性和平顺性（Ride and Handling，本书简称 R&H）的要求也不断提高，需要主机厂在产品开发之初就设定达到甚至超越行业平均水平的 R&H 性能，如此才能满足用户需求，使产品有好的市场表现。

本章共分四节。4.1 节首先阐述 R&H 的基本概念，车辆日常使用中哪些现象与操纵稳定性有关，以及影响操纵稳定性的主要系统。4.2 节从方法论和开发流程的角度，讲述了 R&H 的三种主要开发方法及 R&H 开发的三步法则。4.3 节通过大量的试验数据进行归纳总结，找出各个指标的设计带宽，为开发做参考，并通过案例讲述 R&H 从试驾开始到试驾结束的闭环流程。4.4 节重点讲述 R&H 的部分新技术，并对 R&H 的开发进行展望。通过以上内容，希望读者能够对 R&H 开发有一个宏观的把控，对试验数据的解读也希望对读者有借鉴意义。

4.1 操纵稳定性和平顺性概述

本节先举例说明日常驾驶中可能遇到的 R&H 问题，然后阐述 R&H 的三方向定义，再简单介绍影响 R&H 性能的主要子系统，最后概括性地说明 R&H 与整车其他性能集成开发时的关联性。

4.1.1 操纵稳定性和平顺性基本原理

1. 日常驾驶中 R&H 相关问题和现象

日常驾驶中会遇到多种车辆问题或者现象，如静态转向力沉重、加速跑偏、湿滑路面转弯甩尾、过弯侧倾过大、高速发飘、制动“点头”等，这些都是典型的 R&H 问题，如何克服或者一定程度上改善这些问题，是工程师在产品开发时需要考量的内容。

2. R&H 的定义

人们对 R&H 有很多不同的理解，从受力的角度出发，轮胎与路面的接触力可以分为三个方向：侧向、垂向、纵向，分别对应车辆三大性能：操纵稳定性、平顺性、制动和加速性能，如图 4-1 所示。

操纵稳定性是指汽车的操纵性和稳定性两部分，操纵性是指汽车能够确切地响应驾驶人转向指令的能力，稳定性是指汽车受到外界干扰后恢复原来运动状态的能力。

平顺性是指汽车在行驶过程中，驾乘人员在所处的振动环境中，具有一定舒适度和保存货物完好的能力。

本章重点阐述垂向和侧向受力，对由于纵向受力产生的另外两项性能的影响也有一定的提及。

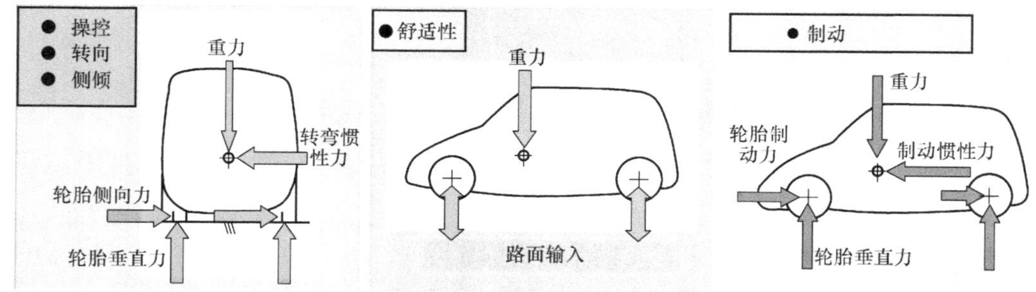

图 4-1　车辆动力学的三向受力

4.1.2　关键子系统及零部件

R&H 性能与整车的很多子系统（如转向系统、悬架、车轮、发动机悬置、副车架及隔振部件、车身、座椅等）都密切相关。

1. 转向系统

转向系统跟车辆的转向性能和操纵稳定性直接相关，根据助力方式不同，转向系统可分为液压助力转向系统和电动助力转向系统。以前液压助力转向系统由于价格低、系统可靠且稳定，应用非常普遍。而相比液压助力转向系统，电动助力转向系统的转向手力可调性更好，可以做到低速时轻便，高速时又能保持较大的手力而更稳定。同时随着传感器及电子控制更灵敏，电动助力转向系统还可以集成很多新的功能，如抑制光滑路面抖动等，另外一个优点是更加节能，通常可节能 1% ~2%。鉴于此，在乘用车市场，液压助力转向系统基本被电动助力转向系统所取代。

根据助力电机位置的不同，电动助力转向系统可以分为三种类型，即管柱式电动助力转向系统（CEPS）、蜗轮蜗杆传动转向机式电动助力转向系统（Dual Pinion REPS）及带传动转向机式电动助力转向系统（Belt Drive REPS），如图 4-2 所示。每种电动助力转向系统因助力位置不同导致结构不同，因而价格和性能也有较大差异。

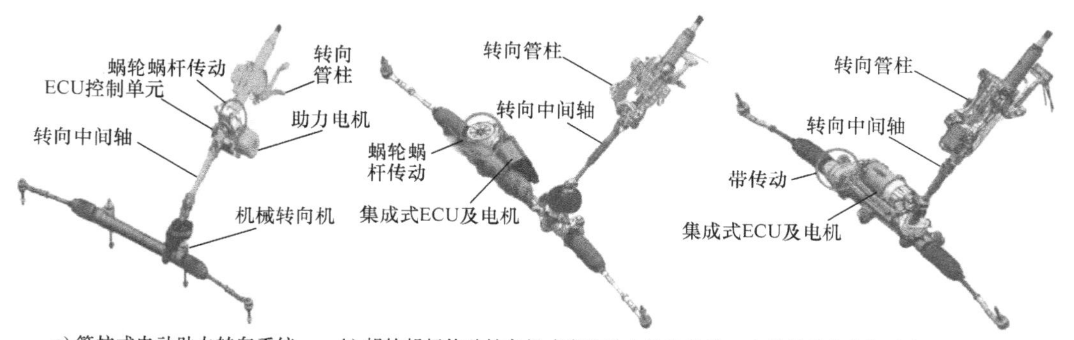

a) 管柱式电动助力转向系统　b) 蜗轮蜗杆传动转向机式电动助力转向系统　c) 带传动转向机式电动助力转向系统

图 4-2　三种类型的转向助力系统

2. 悬架系统

悬架系统是与 R&H 关系最密切的系统，路面各方向的受力通过轮胎经悬架传递到副车架和车身，同时驾驶人通过转向盘输入，带动转向系统和悬架，转动轮胎，使车辆转弯。悬架有多种分类方式，从左右侧运动是否关联可分为独立悬架和非独立悬架，也有将扭杆梁悬架分为半独立悬架，因为扭杆梁连接左右侧摆臂；从是否有主动能量介入又可分为被动悬架、半主动悬架和主动悬架。以下对目前市场上在售车辆典型悬架及其在R&H性能上的设计特点进行介绍。

（1）双球节悬架　通过对麦弗逊悬架下控制臂进行分解处理，得到虚拟的下控制臂与转向节旋转点，如图4-3所示，从而获得更大的主销内倾。该悬架最早在宝马车上运用，目前已普及到很多主机厂，多运用于中、高级轿车的前悬架。

图4-3　双球节前悬架

（2）双横臂悬架（带虚拟主销）　跟双球节悬架的设计理念类似，对上、下控制臂都进行了分解，得到上、下两个虚拟转动点，从而得到更靠外侧的主销结构，主销的角度设计也更自由和灵活，对空间的布置也有更多的可能。图4-4所示为奥迪的双横臂前悬架及虚拟主销。

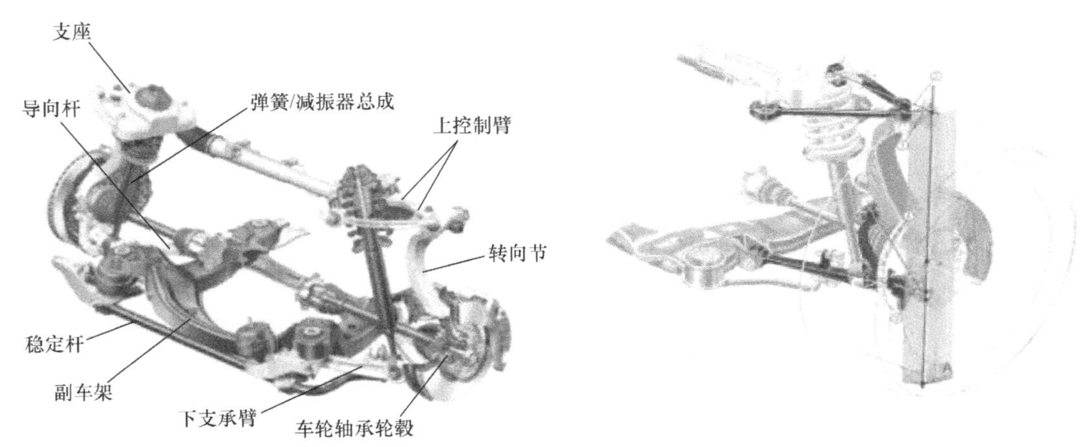

图4-4　双横臂前悬架及虚拟主销

（3）高性能麦弗逊悬架　同样是对麦弗逊悬架的改进，通用汽车采用了另外一种方式，对转向节进行了一系列复杂的设计，如图4-5所示。该设计彻底改变了转向节与下控制臂及弹簧减振器总成的连接方式，使转向节可以独立于二者进行转动，这样的做法彻底改变了传统麦弗逊悬架转向主销的位置和原理，从而获得更优的主销倾角参数和主销轴线距离。具体对比如图 4-5 所示。该设计的另外一个创新之处在于可以跟传统麦弗逊悬架共用相同的车身安装位置和结构设计，包括上减振塔、控制臂与副车架连接的两个衬套，这就是为什么可以在相同的架构中，通过系统局部改型，得到两种不同 R&H 性能的设计原理。该悬架被命名为高性能麦弗逊悬架，在其中级车平台上有广泛应用。

（4）扭杆梁与瓦特连杆　扭杆梁广泛应用在轿车后悬架，在中小尺寸的入门级车型上最常见，大型 MPV 考虑到两、三排座椅布置和空间利用率，也大量使用。该悬架最大的弊端是对横向载荷的支撑完全依赖连接拖曳臂与车身的衬套，衬套受力复杂，性能和耐久性难以平衡，同时侧向力过度转向问题无法避免。

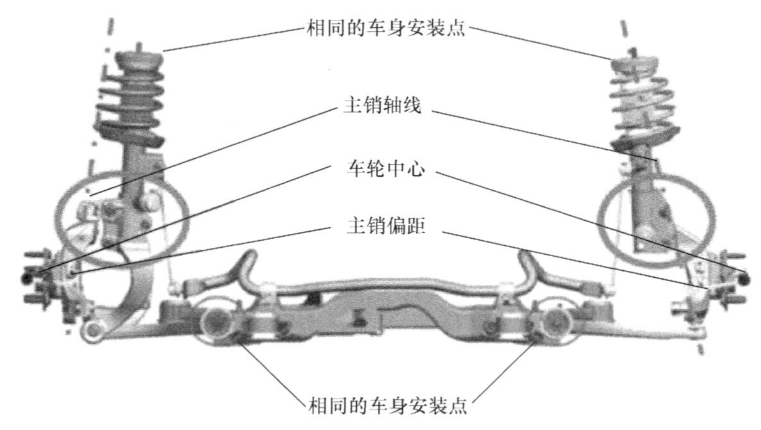

图 4-5　高性能麦弗逊悬架与传统麦弗逊悬架对比

为了解决这些不足之处，通用创造性地引入了瓦特连杆，如图 4-6 所示。当两个等长的连杆臂的其中一个被向内侧推时，另一个会在中间连杆的带动下也向内侧移动，这样中间连杆中点的轨迹在一定行程内会非常接近于一条直线，通过连杆机构的布置可以让这条直线轨迹沿垂直方向。这样，瓦特连杆机构可以在完全不约束后桥垂向位移的前提下，在汽车转向时，极大地减小后桥在侧向力下相对于车身的侧向位移，侧向力转向可以从过度转向改善为

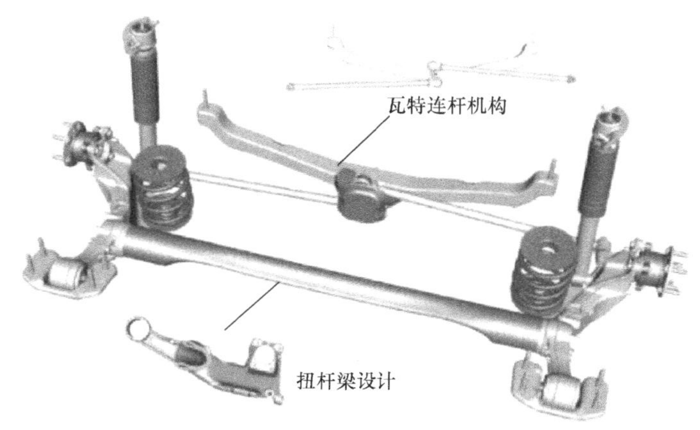

图 4-6　瓦特连杆后悬架

中性转向或者不足转向，侧向力变形也大大减小，车辆响应更快。同时，使衬套所受横向力大大减小，此时的衬套可以做的大而软，甚至可以做成液压结构，大大改善舒适性和 NVH（噪声、振动与声振粗糙度）性能。

3. 车轮轮胎系统

车轮轮胎系统对 R&H 有重要影响，路面各方向的受力都是通过轮胎传递给悬架再到乘员的。轮胎性能不仅对 R&H 至关重要，对车辆其他很多性能和功能都有影响，如图 4-7 所示。正因为轮胎影响面大，在进行轮胎开发时要同时考虑多种要求，制定完整的轮胎子系统参数指标，如图 4-8 所示。

图 4-9 所示为车辆静止、右转弯及制动时的应力分布云图。单个轮胎与地面所能产生的最大摩擦力与轮胎所受到的正压力及轮胎与路面间的摩擦系数相关，从 R&H 的角度出发，可以近似地将轮胎受力用摩擦圆表示，圆的半径表示最大摩擦力。

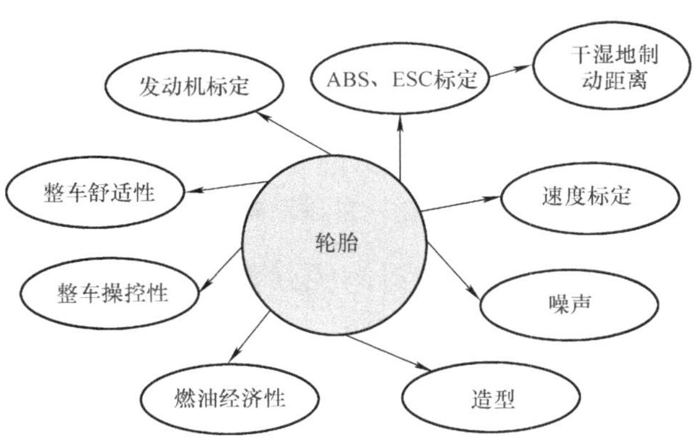

图 4-7　轮胎与整车性能的关系

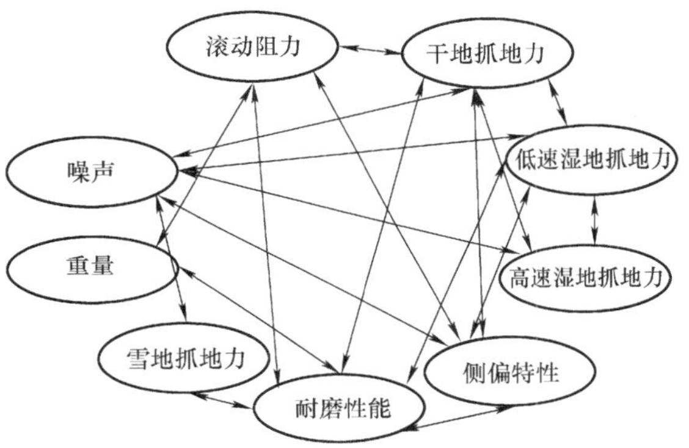

图 4-8　轮胎自身性能之间的关联性

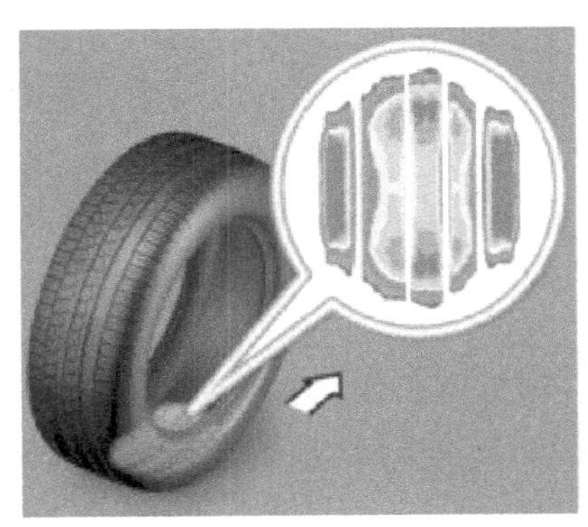

图 4-9　轮胎接地点应力分布云图

图 4-10 所示，纵坐标为加速和制动，横坐标为向左、向右转弯，图中的矢量箭头表示车辆右转弯并同时制动，其长度最大只能与摩擦圆半径相等，此时 X、Y 坐标上的分力小于最大附着力，此时如果增大转角或制动力，轮胎就会打滑，带有 ABS 和 ESP 功能的车辆，系统就会介入。摩擦圆理论也是赛道驾驶的经典原理和基础，是底盘控制和 R&H 调试工程师经常需要用到的一个概念。

摩擦圆将接地面的受力理想地用圆来表达，实际上轮胎是一个高度非线性的结构，车辆行驶也是一个动态的过程，各方向载荷不断转移和变化。侧向力随着正向载荷的增加而增加，但呈非线性，且逐渐减弱。

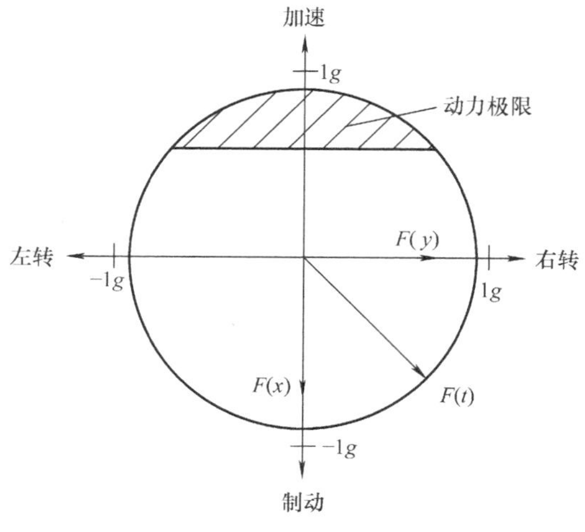

图 4-10　摩擦圆

4.1.3　性能集成的关联性

整车性能集成开发是一个系统工程，R&H 性能在项目开发过程中也不可避免地与众多系统和性能产生关联，有时各性能会产生严重的冲突，为有效避免这些冲突，就需要在开发初期充分认识到这些性能间的关联性。

1. 操纵稳定性和平顺性的矛盾

操纵稳定性和平顺性很多时候是一个矛盾对，平顺性一般需要柔软的隔振部件、较低的衬套刚度、较小的减振器阻尼力、较大的悬架行程等；而操纵稳定性一般需要较高的刚度、较大的减振器阻尼力、较小的悬架行程等。如何解决这两者之间的矛盾，当不能彻底解决时如何最大限度地平衡两者，是 R&H 工程师需要长期研究的问题。

2. R&H 与制动性能及加速性能的关系

车辆在加速和制动时会产生载荷转移，伴随着加速“抬头”和制动“点头”现象，这两个现象跟悬架硬点设计及弹簧减振器调试都有关系，开发初期合理地设计硬点可以有效地抑制这些现象，但如果要完全抑制制动“点头”现象，则会影响舒适性，使不平路面的冲击加剧。

制动（或加速）跑偏也是车辆开发阶段经常会遇到的现象，是一个非常棘手的问题，合理地设计主销参数可以有效改善制动跑偏现象。

另外弹簧、减振器参数调试对纵向动力学也有很大的影响，有效的悬架调试也可以有效降低制动距离、提高加速性能。

3. R&H 与转向系统及总布置的关系

轮胎包络面仿真和测试是车辆前期开发的一项重要工作，前期通常是通过仿真计算获得，如图 4-11 所示。决定轮胎包络面大小最直接的两个 R&H 参数，一个是悬架跳动行程，特别是压缩行程，行程大则包络面高，要求发动机舱更高；另一个是转向盘转角，转角大则包络面宽，与纵梁容易干涉，但大的转角可以获得较小的转弯半径。

  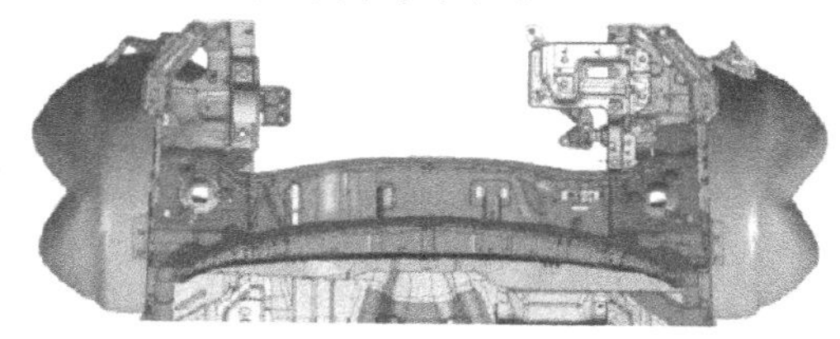

图 4-11　轮胎包络面仿真及发动机舱总布置

4. R&H 与其他性能的关系

R&H 还与 NVH 关系密切。车辆所有的弹性件在影响 R&H 性能的同时，也影响着 NVH 性能，重要的零部件，如轮胎、发动机悬置、减振器、衬套等，在进行 R&H 性能开发时，一定要时刻保持与 NVH 同步开发和调试，否则一旦产生性能间的冲突，将前功尽弃。

R&H 还跟空气动力学有关，从而影响油耗，因此在项目前期开发时也要重视。众所周知，为了节能，低滚阻轮胎越来越受到主机厂的重视，并得到持续不断的改善，但低滚阻轮胎对 R&H 往往产生不利影响。另一方面，为了获得更好的造型和操纵稳定性，往往选择胎面更宽、半径更大的车轮轮胎，而这一选择会导致风阻系数的增加。另外，不同结构形式的悬架，也会对风阻系数产生影响。这些都是在项目初期需要考虑的问题，具体影响需要做相应的分析，这里只做一个提示。

另外，R&H 还跟车辆耐久性密切相关。与 R&H 相关的很多弹性衬套及减振器都是运动件，非常容易出现因疲劳而导致的失效问题。另外与运动件连接的车身位置，由于长期受到交变力的影响，也是容易出现开裂的区域。

4.2　操纵稳定性和平顺性设计理论与方法

R&H 开发主要运用到仿真分析、客观试验、主观评估三种方法。汽车开发是一项庞大的系统工程，三种方法各有侧重点且相互渗透、相互关联，贯穿于车辆开发的各个阶段。图 4-12 所示为三种开发方法之间的关系。

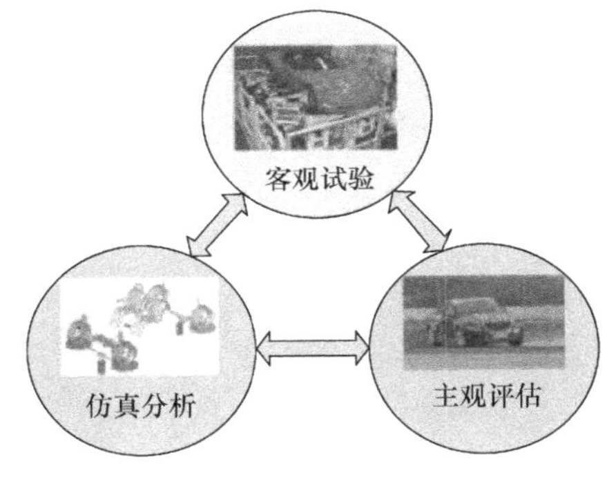

图 4-12　车辆动力学性能的三种开发方法

4.2.1　仿真分析

仿真分析就是运用多体系统动力学理论和现代计算机方法，通过模型建立、仿真分析及验证、优化设计三个步骤，对车辆的 R&H 性能进行模拟计算并优化。建模是基础；验证是手段，保证模型准确可用；优化设计是最终目的。在进行车辆开发时，仿真分析需要经历从简单到复杂，从子系统系到整车的一个过程。

R&H 仿真分析在国内已经有 20 多年的应用历史，较为典型的有 ADAMS、SIMPACK 等多体系动力学软件。许多文献均有这方面的描述，如悬架子系统仿真模型库的建立，针对某 SUV 样车满载稳态回转试验中出现的过度转向趋势问题，应用 MSC. ADAMS/CAR 软件建立该车虚拟样车模型，对稳态回转特性进行虚拟样车试验及优化等，如图 4-13 所示。

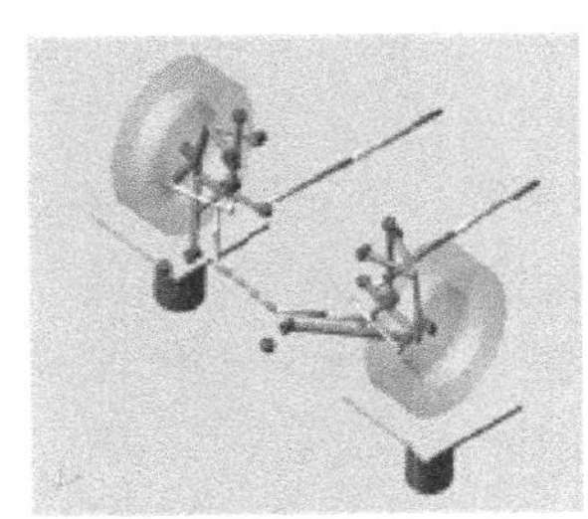
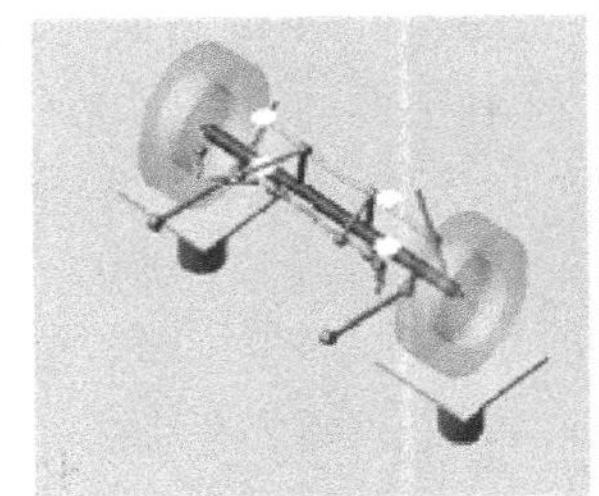

图 4-13　某 SUV 前后悬架及整车虚拟样车模型

4.2.2 客观试验

客观试验可以分为三个层次，自下而上分别为零部件试验、子系统试验和整车试验。

1）零部件试验。如减振器测试（施工图、速度特性）、橡胶衬套测试（静刚度、动刚度、阻尼）、轮胎特性测试（侧偏刚度、均匀性、滚动阻力）。

2）子系统试验：最核心的如悬架 K&C 特性试验、转向力矩和转向传动比试验等。

3）整车 R&H 试验。下面会详细介绍。

零部件级别的试验本章不做介绍，子系统试验挑选悬架 K&C 试验进行介绍，整车试验重点介绍操纵稳定性和平顺性相关试验。

1. 悬架 K&C 试验

悬架 K&C 试验就是在台架上模拟道路激励导致的悬架运动，国外的 K&C 试验开始较早，国内相对较晚，图 4-14 所示为一个双轴 K&C 试验台。

图 4-14　悬架 K&C 试验台

K（Kinematics）：运动学特性，不考虑力和质量的运动，而只考虑与悬架连杆有关的车轮运动。

C（Compliance）：弹性运动学特性，也就是由施加力导致的变形，是与悬架系统的弹簧、橡胶衬套及零部件的变形有关的车轮运动。

K&C 特性试验和研究已经成为 R&H 开发不可缺少的一部分，可以起到如下作用：

1）分析整车前期开发阶段悬架系统的架构。

2）在虚拟评审阶段验证悬架和整车 R&H 模型。

3）在逆向设计和对比车型的研究中，进行竞争车型调查研究。

4）在样车试制的各个不同阶段，支持底盘调试工作。

典型的 K&C 试验台分为单轴和双轴，双轴可以一次完成前后悬架的测试，单轴则需要前后悬架分开测试。试验前将车身用夹具固定，四个车轮停放在四个可上下、左右、前后移动及转动的浮动托盘上，并在四个车轮上安装传感器。试验时，移动或转动四个车轮下的托盘，通过车轮上安装的传感器测量悬架系统的各个参数。试验结束后对测试结果进行相应的后处理即可得到完整的悬架 K&C 试验报告。图 4-15 所示为 K&C 试验的六种典型工况。

（1）垂直加载试验　双轮同时同向往复运动，如图 4-15a 所示。加载范围为最小轴荷 500N 到 2.5 倍或 2.9 倍轴荷。测量结果包括垂直跳动刚度、垂直跳动转向、垂直跳动外倾、悬架刚度、悬架垂直跳动转向、悬架垂直跳动外倾、轮胎径向刚度、前视摆臂角度、前视摆臂变形、轮距变化量、垂直跳动后倾。

（2）侧倾测试　通过给定的侧倾角驱动车轮接地面往复运动，模拟车辆侧倾运动，保持接地平面水平及载荷不变，如图 4-15b 所示。

测量结果包括侧倾刚度、侧倾转向、侧倾外倾、悬架侧倾刚度、悬架侧倾后倾。

（3）侧向力试验　同时同向对两轮加载侧向力，调整轮胎接地面垂直以保持车轮中心在固定高度上，试验方法如图 4-15c 所示。试验时，每个轮胎接地面加载 ±2500N。

测量结果包括侧向力变形、侧向力转向、侧向力外倾、侧倾中心高度。

（4）回正力矩试验　同时同向对两轮加载回正力矩，左右侧车轮加载力矩可以同向也

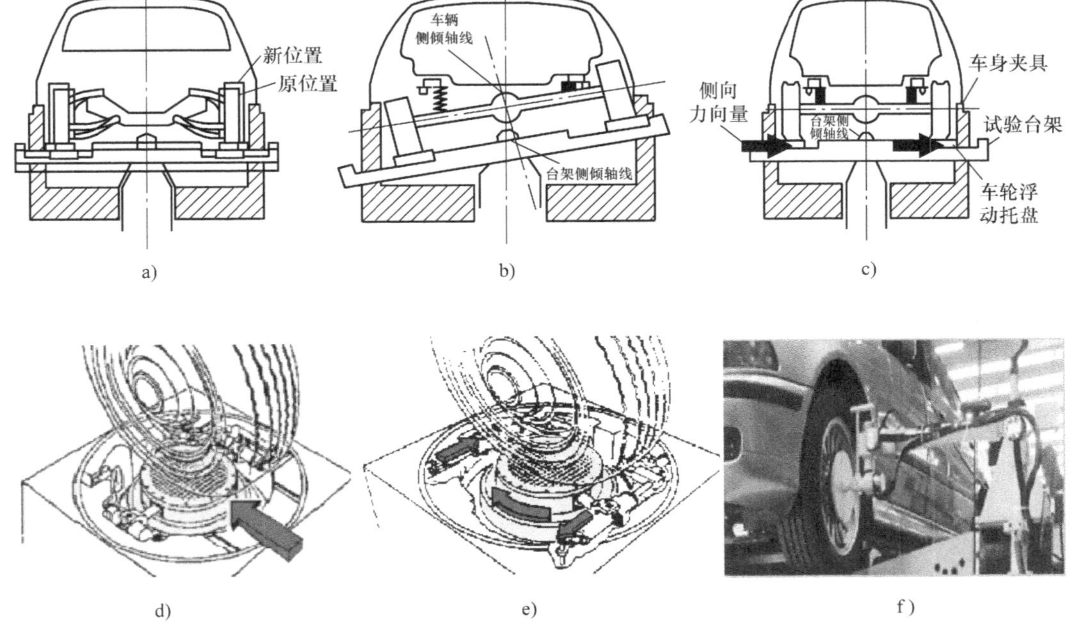

图 4-15 K&C 试验的六种典型工况

可以异向，该试验的目的是研究车轮受到回正力矩时悬架系统的性能。试验如图 4-15d 所示。试验时，每个轮胎接地面加载 ±150N · m。

测量结果包括回正力矩转向、回正力矩外倾，这两个参数又分为中心区域和非中心区域、同向和异向。

（5）纵向力试验　同时同向对两轮加载纵向力，主要测试悬架系统在受到纵向力之后的性能，试验如图 4-15e 所示。在进行纵向力试验时，由于受到轮胎和托盘表面摩擦力的制约，纵向力很难加载到较大范围，悬架变形只能在线性范围内，很难到达非线性区域。为了考察非线性区域特性，需要通过夹具将车轮和托盘固定，从而满足大纵向力加载的要求。

测量结果包括纵向力转向、轮胎接地点纵向力和车轮转角关系；纵向力后倾、轮胎接地点纵向力和后倾角关系；抗点头、轮胎接地点纵向力和垂向力关系；抗抬头；抗下蹲。

（6）转向几何特性试验　手动转动转向盘，测量转向主销各参数，试验时，车轮转动 ±5°，如图 4-15f 所示。

测量结果包括主销后倾角、主销内倾角、主销偏距（主销延长线与地面交点到车轮中心面之间的横向距离）、旋转轴线长度（主销与车轮中心水平面交点到轮心的横向距离）、旋转轴线拖距（主销与车轮中心水平面交点到轮心的纵向距离）、主销后倾拖距。

以上这些 K&C 试验结果是 R&H 最核心的子系统级的参数，是连接整车性能和零部件性能的桥梁和纽带，具有承上启下的作用。

2. 操纵稳定性试验

操纵稳定性试验是按规范操作车辆时，通过安装仪器设备测量车辆转向盘转角、转向盘转动力矩、车轮转角、车辆横摆角速度、车身侧倾角、车身侧向加速度、车辆侧偏角和车速等参数，以计算一些可以表征车辆操纵稳定性的参数，验证车辆是否满足设计目标。测试设备示意图如4-16所示，下面介绍几个典型的操纵稳定性试验。

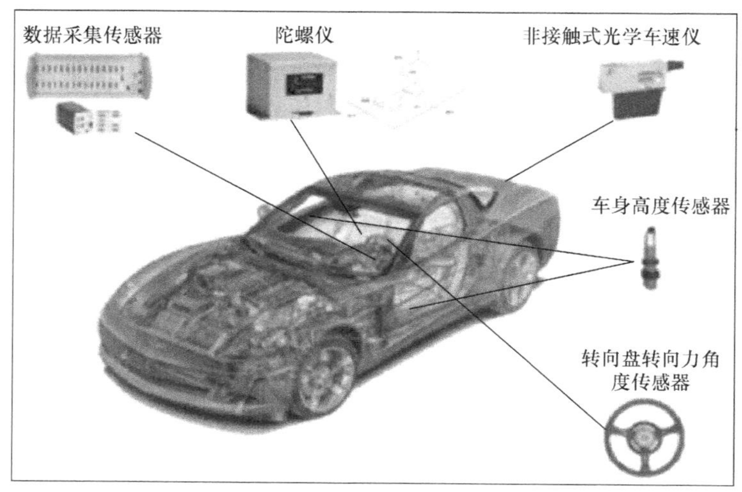

图4-16　整车操纵试验主要仪器设备

（1）静态转向力

1）目的。测量车辆在静止时，转动转向盘所需的转向力。

2）场地要求。贴有3M砂纸的平整地面。

3）试验操作。安装转向盘转角转矩传感器，沿直线行驶一段距离，找到转向盘直线行驶的零位，将车辆左右转向轮置于干净的贴好的3M砂纸上，保持车辆起动，开启驻车制动，转向盘转角从零位开始以30°/s的转速匀速地先顺时针转至极限位置，稍做停留（约0.5s），再以30°/s的转速匀速地逆时针转至极限位置，稍做停留（约0.5s），再以30°/s的转速匀速地顺时针转至零位。依次完成多次上述循环的数据采集。

4）试验结果。静态转向力（输入转向盘直径）、静态转向力矩。

（2）转向传动比

1）目的。测量转向盘转角与左右转向轮转角的关系，用于车辆转向灵敏度的计算输入。

2）场地要求。有车轮转角传感器的试验室。

3）试验操作。安装转向盘转角传感器，沿直线行驶一段距离，找到转向盘直线行驶的零位，将车辆开至试验室，给车辆左右转向轮安装转角传感器，车辆起动，开启驻车制动，转向盘转角从零位开始以30°/s的转速匀速地先顺时针转至极限位置，稍做停留（约0.5s），再以30°/s的转速匀速地逆时针转至极限位置，稍做停留（约0.5s），再以30°/s的转速匀速地顺时针转至零位。依次完成多次上述循环的数据采集。

4）试验结果。转向传动比、转向盘与转向轮的关系曲线、车轮的理论转弯半径等。

（3）中心区域转向试验

1）目的。测试汽车在直线高速路面行驶时，以小侧向加速度输入时的操控感觉特性。

2）场地要求。长度超过1.5km的直线路，三车道。

3）试验操作。车辆预热后，沿直线行驶一段距离，找到转向盘刻度的零位，车速为

（100 ±2）km/h，调整转向盘转角，分别找出侧向加速度为 0.2g 和 −0.2g 对应的转向盘角度，加速到 100km/h 并保持 2s，以标记好的 ±0.2g 对应的转向盘角度为最大幅值，周期为 5s，转向盘角度以正弦波输入。往返试验采集多组有效数据，峰值侧向加速度应该在 ±0.2g 之间，该试验也可在其他车速下进行。

4）试验结果。最小转向灵敏度、最小转向灵敏度与 0.1g 侧向加速度下转向灵敏度的比值、0g 侧向加速度下的转向盘力矩和 0g 侧向加速度下转向盘转矩梯度等。

（4）定圆定车速试验

1）目的。在车辆处于不同车速下达到稳态绕圆行驶的状态时，测量车辆稳态转向特性参数。

2）场地要求。半径为 100m 的圆广场，周边 30m 范围不应有桩桶和车辆。

3）试验操作。车辆预热后，沿直线行驶一段距离，找到转向盘刻度的零位，车辆以 20km/h 的速度在半径为 100m 的圆周上以逆时针方向行驶。当固定转向盘不动，车辆在指定的圆周上行驶并且车速保持在 20km/h 时，试验车辆进入稳定状态，采集至少 3s 的稳态数据。以 5km/h 为梯度增加试验车速，调整转向盘角度，同样使车辆在半径为 100m 的圆周上行驶，达到稳态工况，保持转向盘转角和车速不变，分别记录不少于 3s 的数据。直到侧向加速度大于 0.55g 或无法在圆周上维持稳定状态。顺时针再重复上述步骤，得到两个方向的数据。

4）试验结果。转向灵敏度、侧倾梯度、不足转向度等。

（5）频率响应试验

1）目的。测得汽车各转向响应指标在频率上的传递函数。

2）场地要求。长度超过 1.5km 的直线路，三车道。

3）试验操作。车辆预热后，沿直线行驶一段距离，找到转向盘刻度的零位，车速为（100 ±2）km/h，调整转向盘，找出侧向加速度分别为 0.4g 和 −0.4g 对应的转向盘角度，直线加速到 100km/h 保持 3s，以标记好的 ±0.4g 对应的转向盘角度为最大幅值正弦波输入，可以在第一个周期内保持转向盘在最大幅值位置处停顿一下，然后逐渐增加转向盘的输入频率到最大值（3 ~4Hz），同时保持转角输入的幅值不变。往返试验采集多组有效数据，峰值侧向加速度应该在 ±0.4g 之间。

4）试验结果。转向灵敏度、横摆角速度、侧向加速度及侧倾角对转向输入的频率响应特性。

（6）最大侧向加速度试验

1）目的。测试汽车稳态转向能力。

2）场地要求。半径约为 32.9m 的圆广场。

3）试验操作。车辆预热后，沿直线行驶一段距离，找到转向盘刻度的零位，车辆沿圆周行驶，调整转向盘角度加速到车辆能在圆周上维持稳态的极限车速，当车速和转向盘角度都维持在稳态的极限值时，记录至少 4s 的数据，每绕一圈记录一个数据，共记 4 组。以上步骤需顺时针和逆时针分别进行，得到每个方向的至少 4 组有效数据。

4）试验结果。稳态转向的最大侧向加速度。

3. 平顺性试验

平顺性试验主要用于评价车辆行驶平顺性，通常通过布置三轴向加速度传感器来模拟人

体感知，在车辆转向盘上、驾驶座椅上、地板上分别布置三轴加速度传感器，在平顺路面或粗糙路面行驶时采集加速度数据，计算出与车辆行驶平顺性相关的指标。图 4-17 所示为主要测试设备示意图，下面介绍两个典型的平顺性试验。

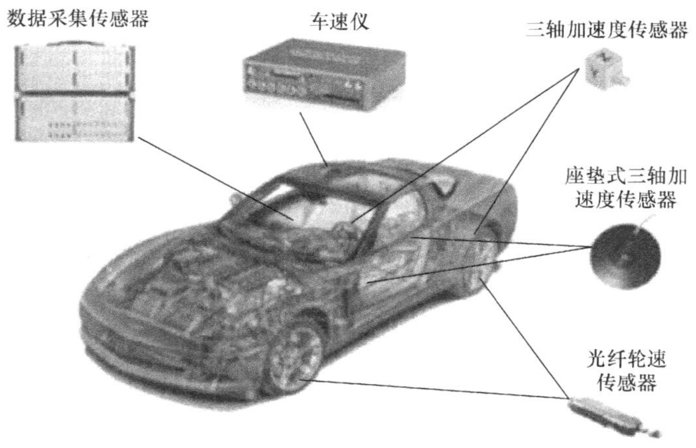

图 4-17　平顺性测试设备示意图

（1）光滑路面抖动试验

1）目的。测量车轮转动周期性激励的敏感度，评价车辆在高速路上光滑路面行驶的驾驶舒适性。

2）场地要求。长直线平顺路。

3）试验操作。先对四个轮胎进行动平衡测量，并调整每个轮胎的不平衡值为零，安装传感器，包括簧下（四个轮轴 + 转向拉杆）和簧上（转向盘，驾驶座靠背、底部及导轨，驾驶人地板及车底部，）共 12 个三轴向加速度及四个车轮的转角脉冲，通过给车轮增加不平衡块，测得不同车速下车辆的数据。

4）试验结果。各目标测量值在不同车速下对应左前轮、右前轮、左后轮、右后轮的抖动灵敏度。

（2）标准减速坎试验

1）目的。研究车辆过特定减速坎时的舒适性。

2）场地要求。装有标准减速坎的道路，如图 4-18所示。

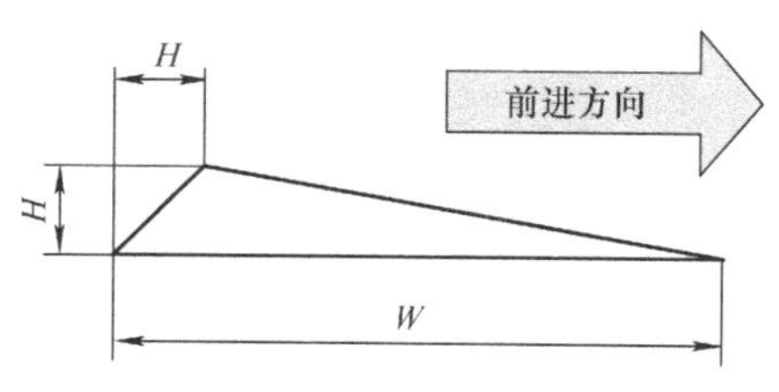

图 4-18　标准减速坎

3）试验操作。试验前在主驾座椅底部及座椅导轨上分别安装三轴向振动加速度传感器，设置数据采集两个传感器的整车 X 与 Z 方向的值。车辆预热后，在通过减速坎前至少 2s 将车速稳定在 32km/h，车速波动在 ±1km/h。用数据采集传感器记录经过减速坎前 2s 和经过减速坎后 2s 的数据。总共采集 10 组有效的数据。

4）试验结果。主驾驶座椅底部及座椅导轨的冲击强度和残留抖动值。

4.2.3 主观评估和调试

主观评估和调试是车辆动力学开发的非常重要也是最直接的方法，通过对物理样车进行评估，发现 R&H 性能不满意之处，对与该性能有关的相关零件参数给出更改建议，如衬套刚度、弹簧刚度、稳定杆刚度、减振器阻尼力等，然后制作样件装车后重新评估，持续优化，直到达到预期目标。主观评估按照满意程度进行打分，分数从 1 ~ 10 分不等（6 分：可以接受；6 分以下：不能接受；7 分：较满意；8 分：好；9 分：很好；10 分：非常优秀）。

1. 转向特性评估

转向系统是人车交互的最主要部件，转向系统的评估主要包括三大方面：转向力评估、转向响应及线性度，图 4-19 所示为不同车辆的转向特性评估结果。

（1）转向力评估　主要是对转向盘在各个车速、各个转角位置时操作力的大小及对应车辆转弯变化感觉的评估，这是正向力感觉，即转向盘到轮胎的力。同时还要评估逆向力感觉，即从路面到转向盘的力，主要考察回正性能和转向系统的摩擦力。

（2）转向响应　主要评估车辆对转向系统各种输入的响应，包括转向盘中间位置处小转角输入下的响应，以及车辆弯道行驶或者变道行驶等大转角输入下的响应，通常希望响应快些，但不能过快，否则会由于车辆转向过于灵敏而使驾驶人紧张。另外在中低速时希望一定的转向盘转角能够产生足够的车辆响应。

（3）线性度　主要评估转向力的线性度和车辆响应的线性度。通常希望随着转角的增大，转向力能够逐渐增大，这种变化不应该有波动，否则会让驾驶人有不确定感。同时车辆的响应也应该随着转向盘转角的增加而渐进增加，这种增加应该是光滑和平顺的。

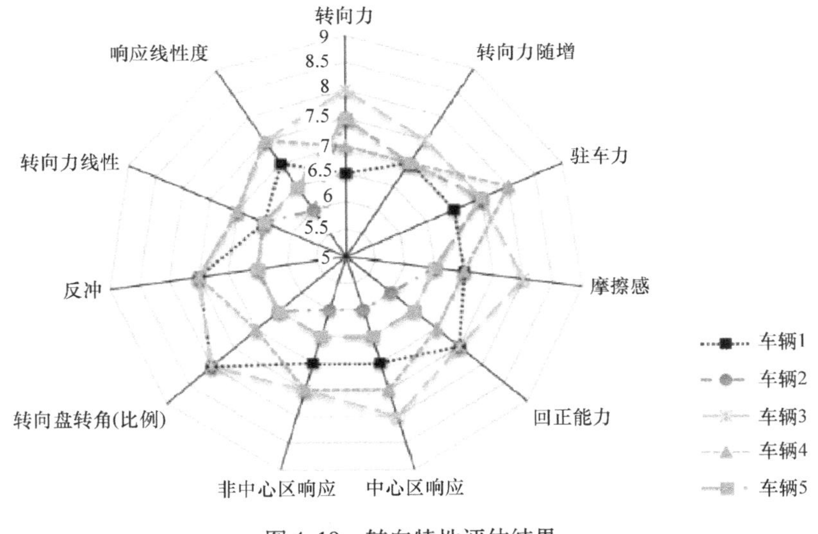

图 4-19　转向特性评估结果

2. 操纵稳定性评估

操纵稳定性评估主要包括直线行驶能力、弯道行驶能力及稳定性三个方面，图 4-20 所示为不同车辆的操纵稳定性评估结果。

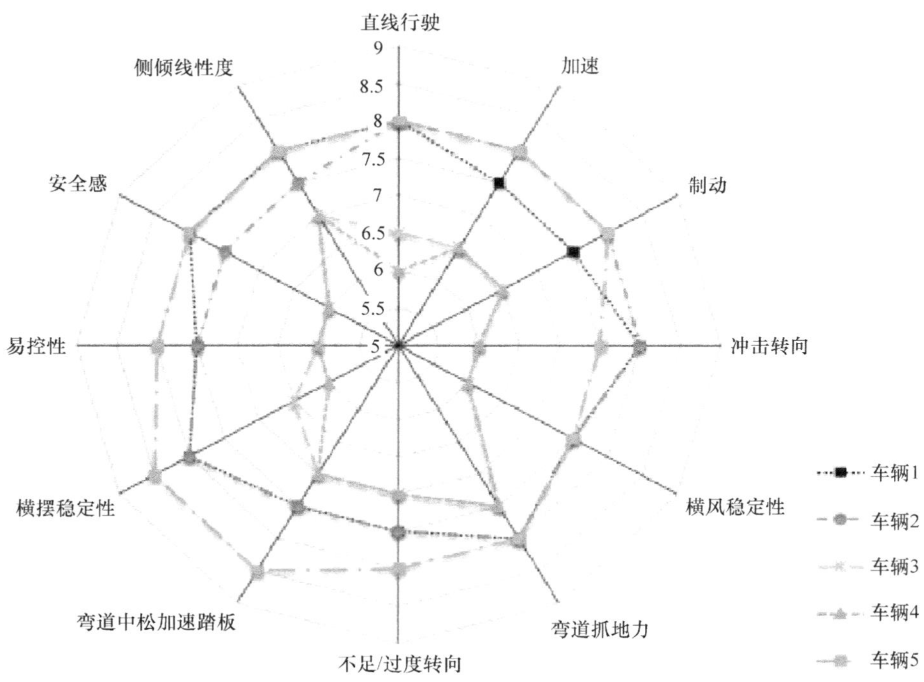

图 4-20　操纵稳定性评估结果

3. 平顺性评估

平顺性评估主要也包括三个大的方面：车身运动、簧下质量的振动及车辆对路面的隔振能力，图 4-21 所示为不同车辆的平顺性评估结果。

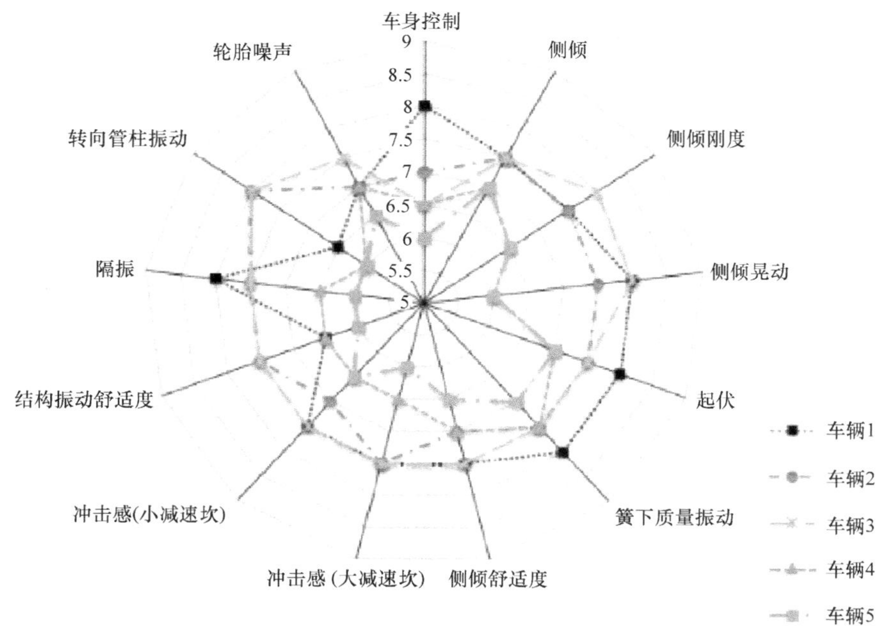

图 4-21　平顺性评估结果

评估只是手段，最终的目的是要通过调试进行性能优化。表4-1所列为某车型调试零件参数。

表4-1　某车型调试零件参数

调试清单			单位	参数
胎压			PSI①	35
前轴	前弹簧	刚度	N/mm	19
	减振器上衬套	设计通道数	—	单通道
		衬套刚度	N/mm	500
	滑柱减振器	零件代号	—	×××
		阀系	—	多片式
	滑柱减振器内缓冲弹簧	弹簧刚度	N/mm	12
	缓冲块	总长度	mm	70
	横向稳定杆及衬套	稳定杆直径×壁厚	mm×mm	21.7×4.4（空心）
		衬套刚度（径向/轴向/扭转）	(N/mm)/(N/mm)/[N·m/(°)]	8000/7000/5
	控制臂衬套－前（A衬套）	衬套刚度（径向）	N/mm	22000
	控制臂衬套－后（B衬套）	衬套刚度（径向）	N/mm	400
转向	转向机	助力类型	HPS/EPS	EPS
	*C*因子②		mm/r	53
	转向机衬套	衬套刚度（径向/轴向/扭转）	(N/mm)/(N/mm)/[N·m/(°)]	15000/2000/5
后轴	后扭杆梁	扭杆梁类型	—	90°开口设计
		刚度	N·m/(°)	450
	后弹簧	刚度	N/mm	26
	后缓冲块	总长度	mm	130
	后减振器	零件代号	—	×××
		阀系	—	多片式
	后减振器上衬套	衬套刚度(径向/轴向/扭转)	(N/mm)/(N/mm)/[N·m/(°)]	4000/4000/5
		线性范围	mm	3
	后减振器下衬套	刚度(径向/轴向/扭转)	(N/mm)/(N/mm)/[N·m/(°)]	3500/3500/5
	扭杆梁与车身连接衬套	衬套材料	—	传统橡胶
		刚度(径向/轴向/扭转)	(N/mm)/(N/mm)/[N·m/(°)]	1650/1650/5

① 1PSI＝6.895kPa。

② *C*因子为齿条位移量相对于转向盘转角的变化率，即转向盘转动一圈，齿条的位移量。

在众多的调试件中，减振器是对整车R&H性能影响非常显著的零件，需要充分考虑压缩和复原行程阻尼力的匹配，以及前后减振器的匹配。通常复原行程阻尼力大于压缩行程阻尼力，复原行程阻尼力一般为压缩行程阻尼力的 1.5 ~2.0 倍。统计发现减振器阻尼力特性可以分为 D 型和 P 型两种，如图 4-22 和图 4-23 所示。其中 D 型的阻尼力在低速时上升很快，中高速时上升放缓。而 P 型则相反，低速运动时阻尼力上升较慢，中高速特别是高速时阻尼力上升非常快。

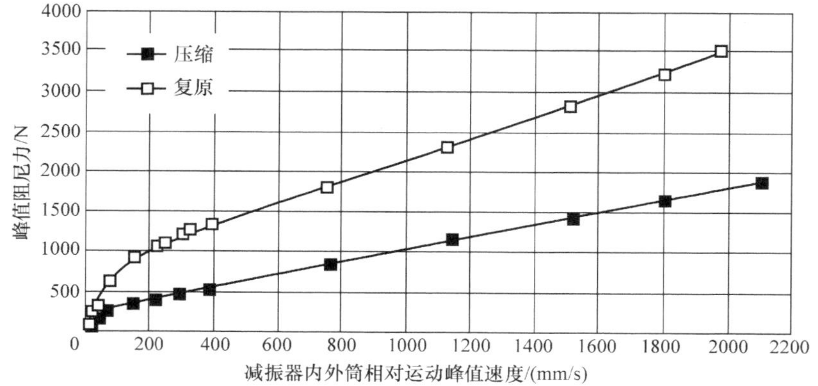

图 4-22　D 型减振器阻尼力特性

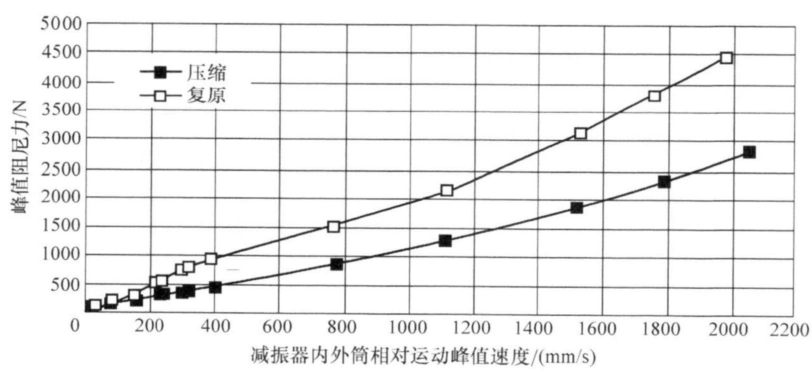

图 4-23　P 型减振器阻尼力特性

两种类型减振器的阀系设计原理不同，对应的车辆 R&H 特性也不同。P 型对车身大位移的控制、路面隔振、簧下质量控制要优于 D 型，而 D 型则表现出更好的车身小位移控制、转向时的侧倾控制性能。两者各有所长，需要读者根据不同车型、不同 R&H 侧重点进行选择。当然，在一定调试范围内可以将两者做一定的组合，以达到更好的平衡。

4.2.4　开发流程

在介绍开发流程之前，先定义四个概念，也是开发流程的四个关键节点。

1）客户呼声。顾名思义，客户呼声就是客户对产品的需求或者诉求，不同年龄、不同性别的顾客，对汽车性能的诉求会有很大差别，针对某一款产品，其主打的消费人群是关注的重点，如年轻的男性消费者普遍喜欢操控敏捷的车辆，而年轻的女性消费者或许更喜欢拥有轻盈转向性能的车辆，等等。

2）整车技术指标。整车技术指标（VTS）是表征整车性能的技术参数，工程师试图用某些客观参数来定义车辆操纵稳定性和平顺性的好坏，但由于人感觉的主观性，整车技术指标如何选择，其设计目标如何定义，设计带宽如何界定，这些随着历史发展也是在不断变化的。

3）子系统技术指标。它是子系统需要达到某一技术水平的考核指标。如转向、悬架、车轮轮胎等系统都需要满足哪些性能要求，以支撑整车技术指标达到要求。

4）零部件技术参数。如可调式弹性元器件的刚度、阻尼等特性，悬架、转向系统的各运动杆件的空间坐标等。

以上四个关键节点，可以将R&H开发流程分成图4-24所示的三个阶段，即客户呼声到整车技术指标阶段、整车技术指标到子系统技术指标阶段和子系统技术指标到零部件参数阶段。

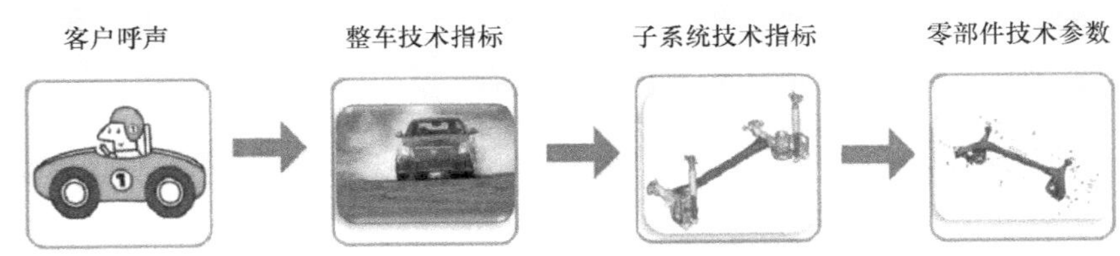

图4-24　R&H开发流程

1. 客户呼声到整车技术指标

第一个阶段是设定整车技术指标，开发者需要结合以往的经验，同时充分考虑客户的呼声和市场趋势。客户的呼声可以通过客户调研、售后反馈等方式获取。可以运用质量工具进行客户呼声和VTS目标关联度分析。以不足转向为例，客户需要一台易于驾驶且紧急操作时稳定的车辆，此时结合工程经验，该车需要具有一定的不足转向度，可以设定该车的不足转向度在2°/g左右。

2. 整车技术指标到子系统技术指标

第二步是将整车技术指标分解到子系统技术指标，某一个整车技术指标可能同时跟多个子系统性能相关，此时可以用到仿真分析手段，图4-25所示为将整车技术指标分解到子系统技术指标示意图。图4-26以不足转向度为例，将整车不足转向度分解到各个子系统技术指标。各个子系统指标的带宽主要依据零部件或者子系统的结构形式，结合总布置和对标车型来确定。

以下结合测量结果，对关键转向特性的几个参数设计带宽进行归纳总结。图4-27所示为侧倾转向测试结果，侧倾转向的含义是车身每一度的侧倾对应的轮胎转角，由于数值很小，用百分比的方式表达。从图4-27中可以看出，前、后悬架多设计成有不足转向趋势的侧倾转向，一般在2%～10%之间。

侧向力转向的含义为前、后悬架在受到侧向力后产生的轮胎偏转角度。以后悬架的侧向力不足转向为例，图4-28所示为扭杆梁悬架转弯时为抵抗离心力，车轮受到侧向力，此时后桥由于没有足够的侧向支撑，整体会有一个与前轮运动方向相反的偏转，减小转弯半径，此转角减小了整车不足转向趋势，增大了过度转向的风险。通过后桥硬点设计及衬套角度和

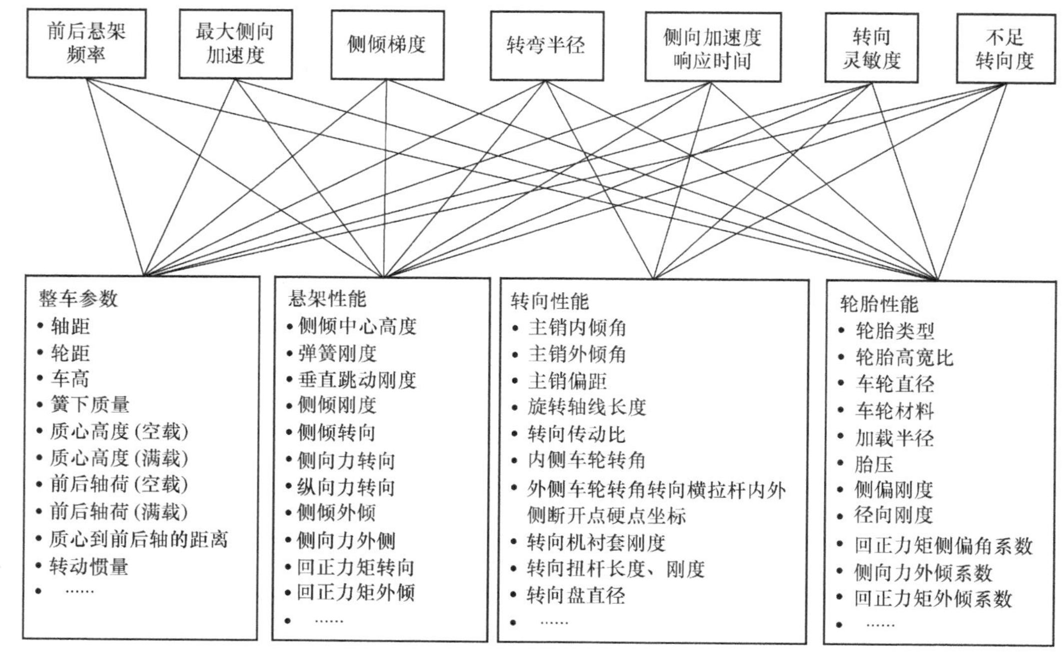

图 4-25　将整车技术指标分解到子系统技术指标示意图

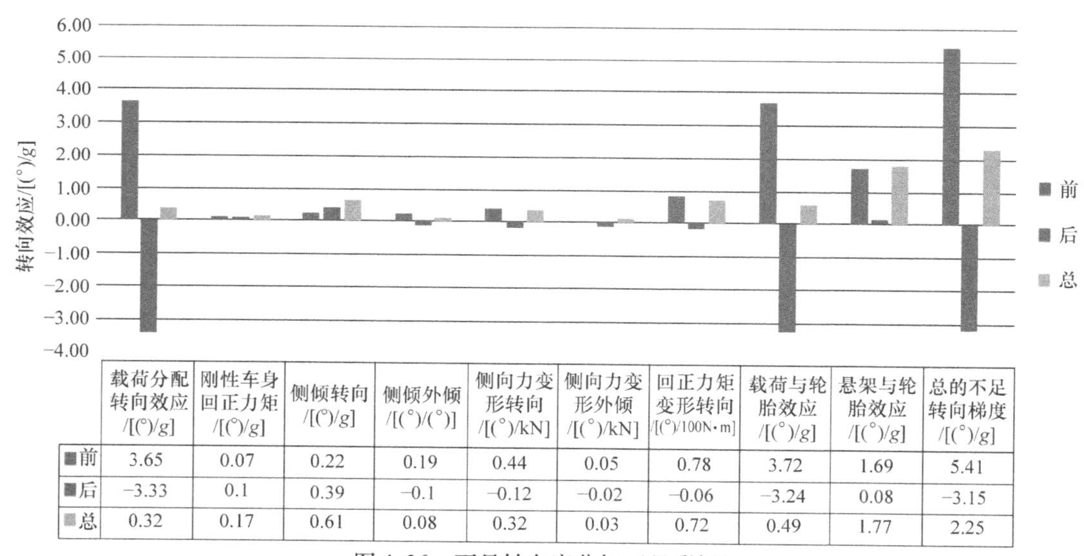

	载荷分配转向效应/[(°)/g]	刚性车身回正力矩/[(°)/g]	侧倾转向/[(°)/g]	侧倾外倾/[(°)/(°)]	侧向力变形转向/[(°)/kN]	侧向力变形外倾/[(°)/kN]	回正力矩变形转向/[(°)/100N·m]	载荷与轮胎效应/[(°)/g]	悬架与轮胎效应/[(°)/g]	总的不足转向梯度/[(°)/g]
前	3.65	0.07	0.22	0.19	0.44	0.05	0.78	3.72	1.69	5.41
后	−3.33	0.1	0.39	−0.1	−0.12	−0.02	−0.06	−3.24	0.08	−3.15
总	0.32	0.17	0.61	0.08	0.32	0.03	0.72	0.49	1.77	2.25

图 4-26　不足转向度分解（见彩插）

刚度调整，可以在一定程度上改善该趋势，但不能彻底改变，此时可以通过其他方式增加整车的不足转向，如增加瓦特连杆。

图 4-29 所示为侧向力转向测试结果，可以看出，前悬架的侧向力转向几乎都是不足转向，而后悬架则出现了很多侧向力过度转向的案例。

3. 子系统技术指标到零部件参数

第三步是将子系统技术指标分解到零部件参数及悬架关键硬点坐标。此时需要更加精确

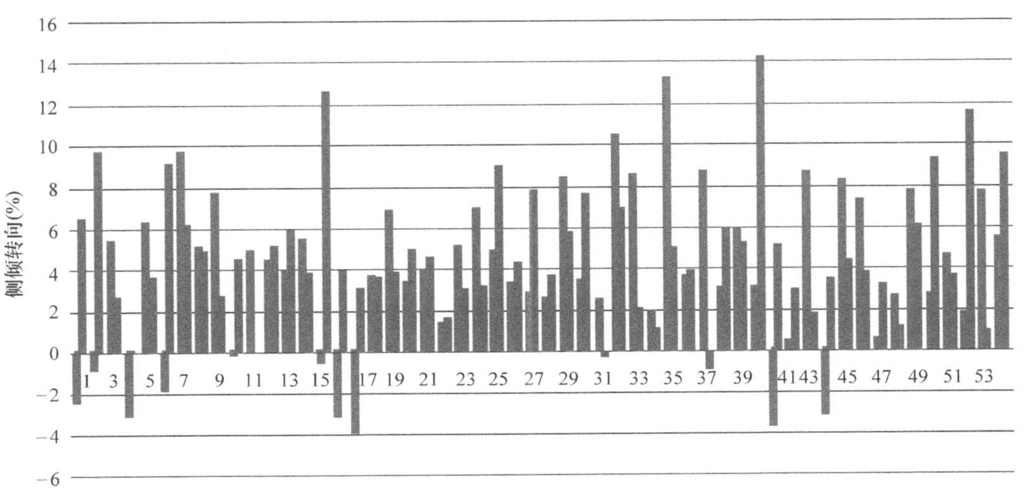

图 4-27　侧倾转向测试结果（见彩插）

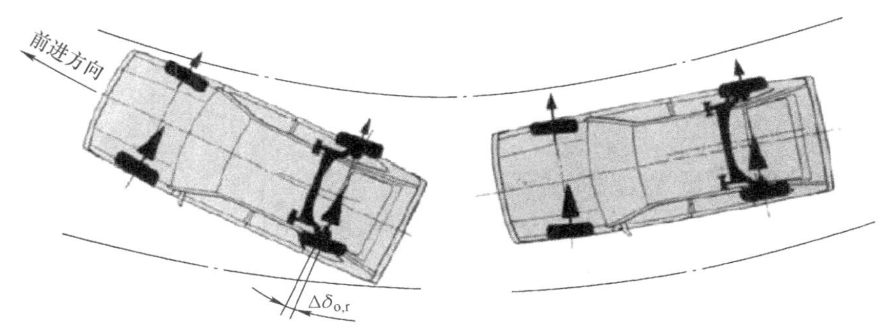

图 4-28　侧向力转向

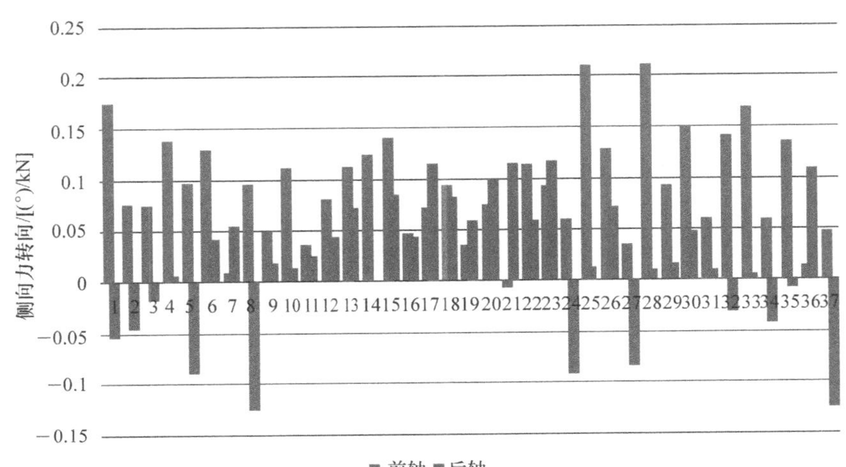

图 4-29　侧向力转向测试结果（见彩插）

的仿真工具和优化软件。图 4-30 所示为将子系统技术指标分解到零部件参数示意图。可以

看出子系统技术指标由众多的硬点坐标及弹性件刚度决定，且相互影响，很多时候牵一发而动全身，需要丰富的经验和反复优化。

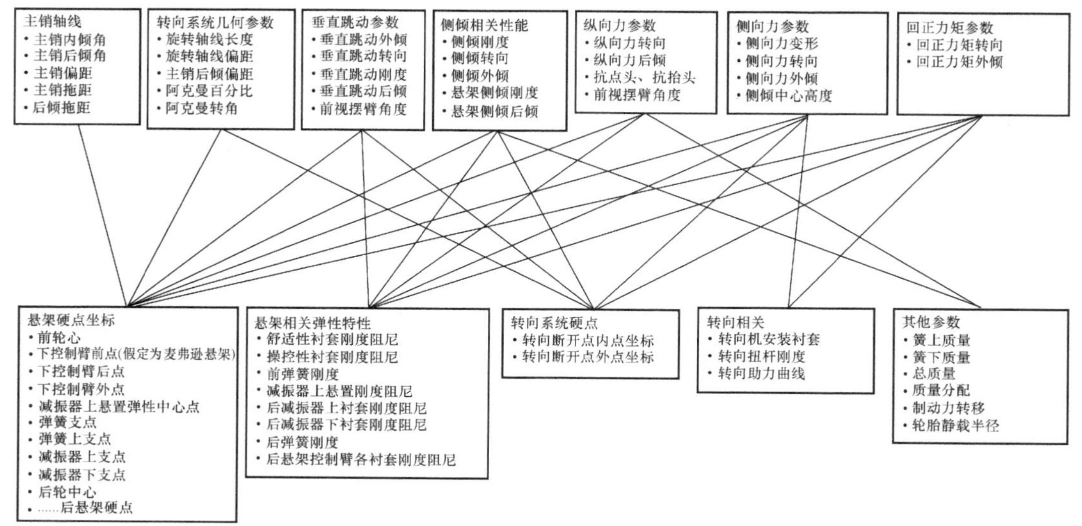

图 4-30　将子系统技术指标分解到零部件参数示意图

下面举一些主销参数的测试案例及带宽，供设计参考。图 4-31 所示为主销内倾角，可以看出绝大部分设计值在 10°左右。图 4-32 所示为主销后倾角，设计带宽在 2°～8°之间。图 4-33所示为旋转轴线长度，可以看出绝大部分设计值在 60mm 左右，少数车辆在 20mm 以内，主要是采用了虚拟主销的概念。图 4-34 所示为主销后倾拖距，该参数与车辆的回正性能和直行稳定性相关，一般数据越大回正性能和直行稳定性越好，可以看出较好的车型可以达到 30mm 以上。

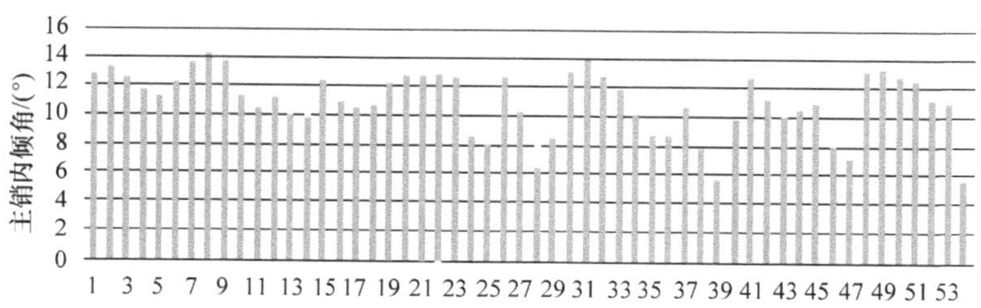

图 4-31　主销内倾角

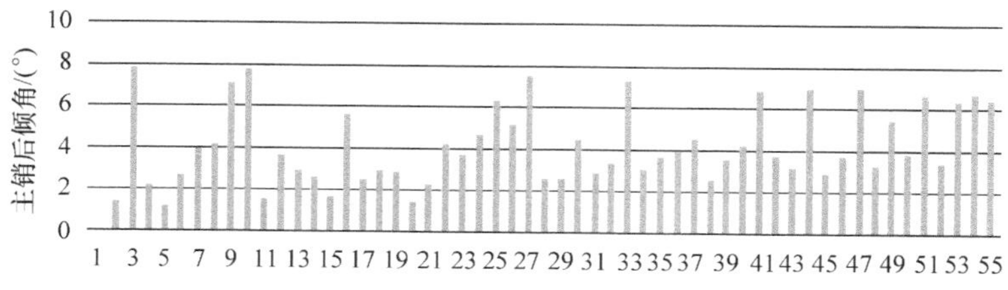

图 4-32　主销后倾角

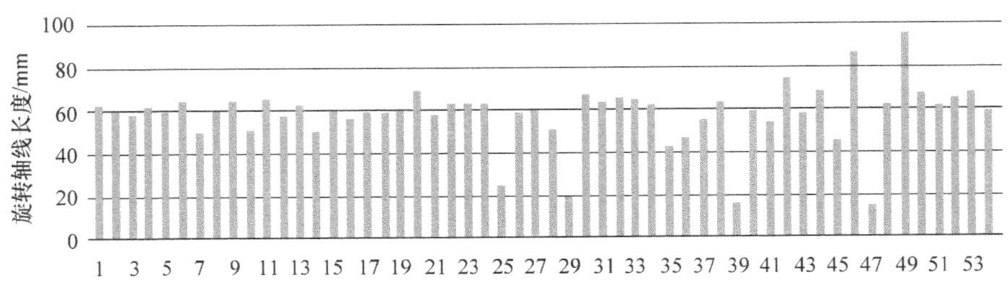

图 4-33 旋转轴线长度

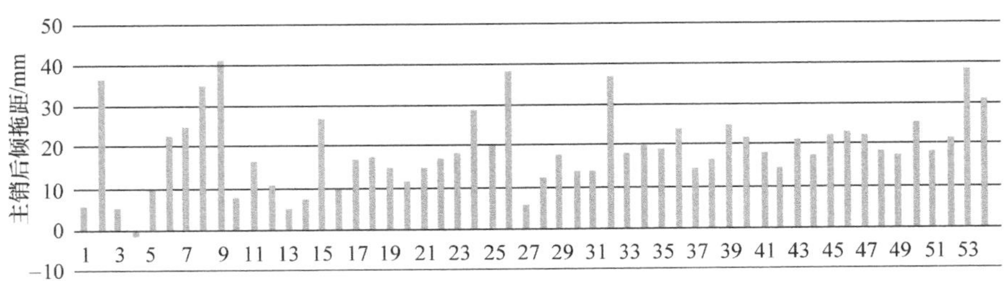

图 4-34 主销后倾拖距

4.3 操纵稳定性、平顺性及整车开发案例

R&H 有很多指标，有些可以通过客观测试得到，有些只能通过主观评估进行打分。下面选择一些重要的客观指标来进行阐述，通过对不同车辆的测试结果进行比对，让读者更加直观地了解指标的含义和大致范围。

4.3.1 操纵稳定性开发案例

1. 最小转向灵敏度

最小转向灵敏度是转向盘在中心区域转向的响应灵敏度，表征不同车速下侧向加速度与转向盘转角的比例关系，单位为 $g/100°$。一般关注 60km/h 和 100km/h 车速，0.1g 侧向加速度时的最小转向灵敏度。如图 4-35 和图 4-36 所示。

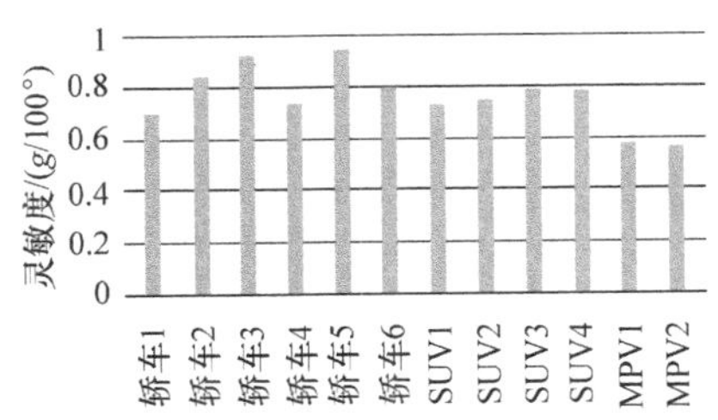

图 4-35 最小转向灵敏度（60km/h）

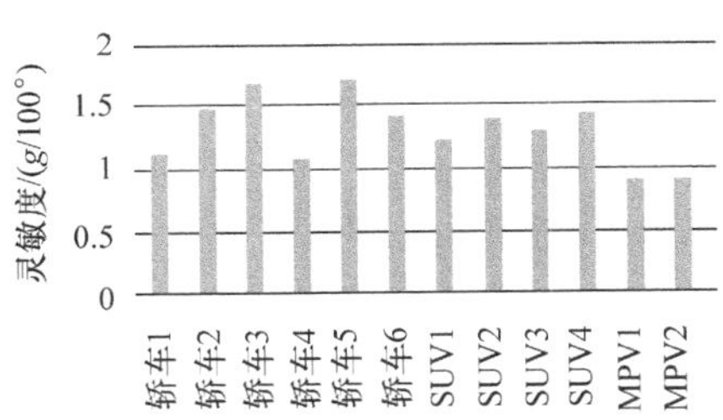

图 4-36 最小转向灵敏度（100km/h）

2. 侧倾梯度

侧倾梯度是指在稳态状态下，1g 的侧向加速度时车身的侧倾角度，表征侧倾角和侧向加速度的关系，单位为(°)/g。整车开发指标一般关注在 0.18g 侧向加速度时的侧倾梯度。图 4-37所示为不同车型侧倾梯度，轿车和 SUV 一般为 4°/g，MPV 由于质心较高且考虑到舒适性，一般在 5°/g 左右。

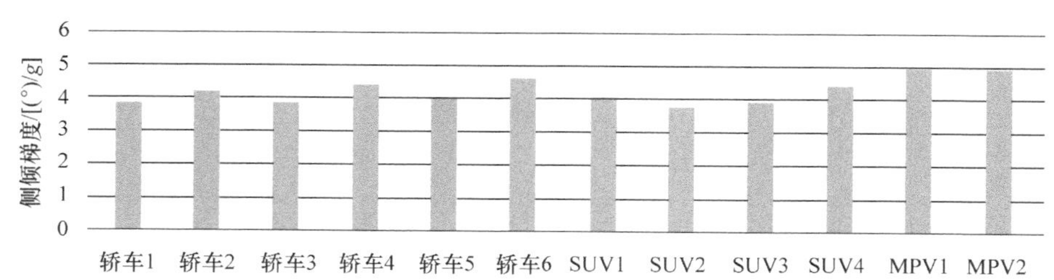

图 4-37 侧倾梯度

3. 前轴不足转向度

前轴不足转向度表示车辆前轴在受到侧向力时，侧偏角度和侧向加速度的关系，主要由轮胎和悬架的弹性变形引起，单位是(°)/g。一般关注 0.18g 侧向加速度下的前轴不足转向度，然后换算得到 1 个 g 的侧向加速度的前轴侧偏角度。图 4-38 所示为不同车型的前轴不足转向度。

4. 后轴不足转向度

同前轴类似，该参数反映后轴受到侧向力后的弹性转向。图 4-39 所示为不同车型的后轴不足转向度。

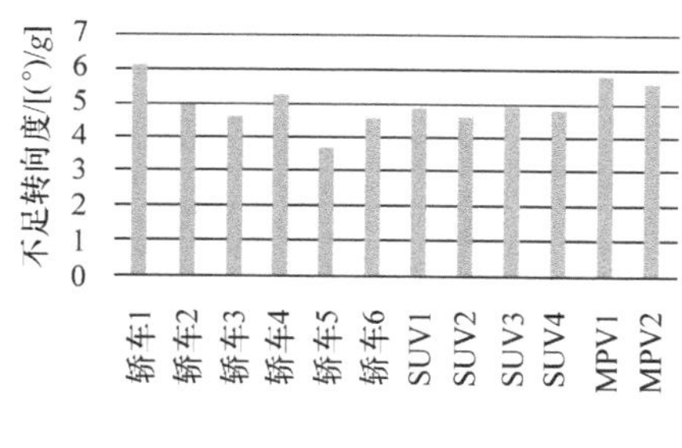

图 4-38 前轴不足转向度

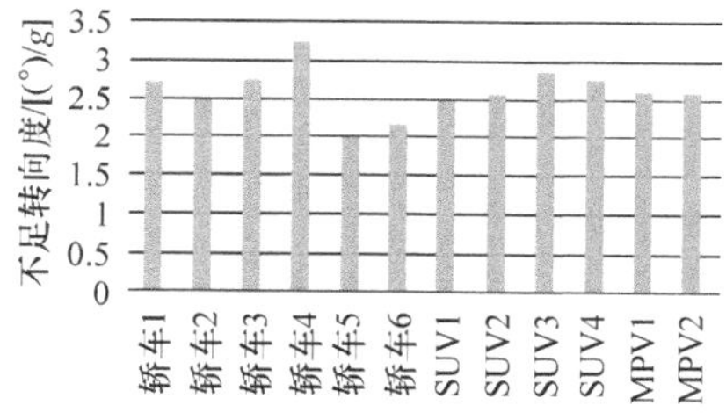

图 4-39 后轴不足转向度

5. 整车不足转向度

前、后轴不足转向度的差值就是整车的不足转向度，反映的是车辆在受到一个 g 的侧向加速度时，整车的侧偏角。正值为不足转向，意味着车辆实际的转角没有达到理论转角，也就是转向不足，表现为车辆轨迹半径逐渐增大，速度不变的情况下，侧向加速度降低，车辆趋于稳定，因此商品车一般都设计有一定量的不足转向度。反之为过度转向，半径越来越小，侧向加速度不断增加，当超过轮胎和地面的附着极限时，车辆就会打滑失控。不足转向和过度转向的中间则是中性转向。图 4-40 所示为转向特性示意图，图 4-41 所示为不同车型不足转向度，可以看出大部分轿车和 SUV 在 1.5°/g ~2.5°/g 之间，MPV 车在 3°/g 左右。

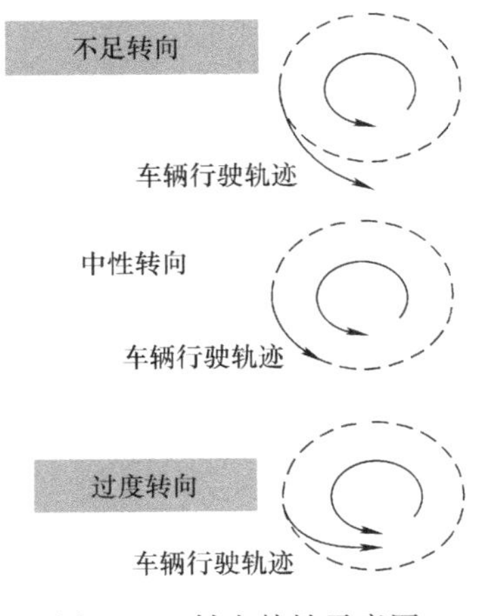

图 4-40 转向特性示意图

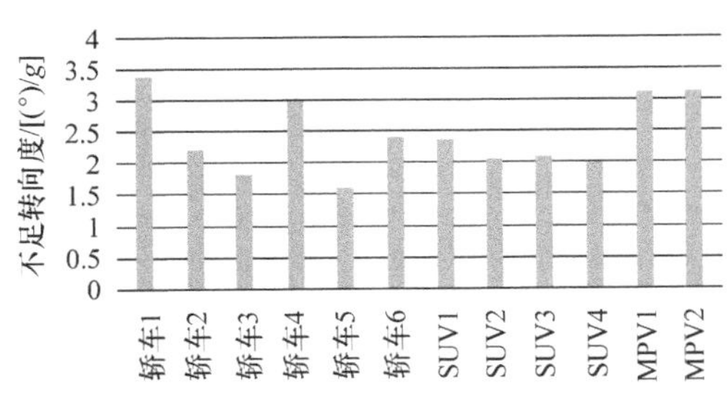

图 4-41 不同车型不足转向度

6. 转向盘转矩

转向盘转矩是反映车辆在操作过程中转向盘手感建立的指标和线性度。在开发过程中一般关注 0g 侧向加速度，车速为 60km/h 和 100km/h 时的转向盘转矩（单位为 N·m），以及 0.1g 侧向加速度时转向盘转矩梯度和 0g 侧向加速度时转向盘转矩梯度的比值。

图 4-42 和图 4-43 所示分别为车速为 60km/h 和 100km/h，转向盘经过中间位置时的转矩，该参数越小，表示转向盘经过中间区域越轻盈，越过中间区域之后的力矩随增感会越容易实现。图 4-44 和图 4-45 所示分别是车速为 60km/h 和 100km/h，侧向加速度为 0.1g 和 0g 时，转向盘转矩梯度的比值，表征的是线性度，比值越大，线性度越高，转向盘手感预期效果越好。

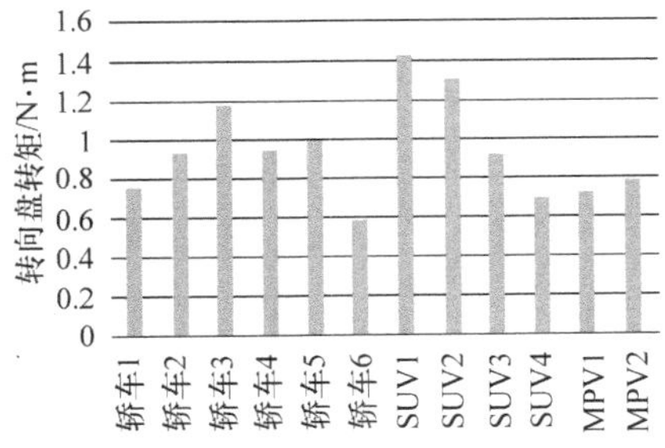

图 4-42 转向力矩（0g，60km/h）

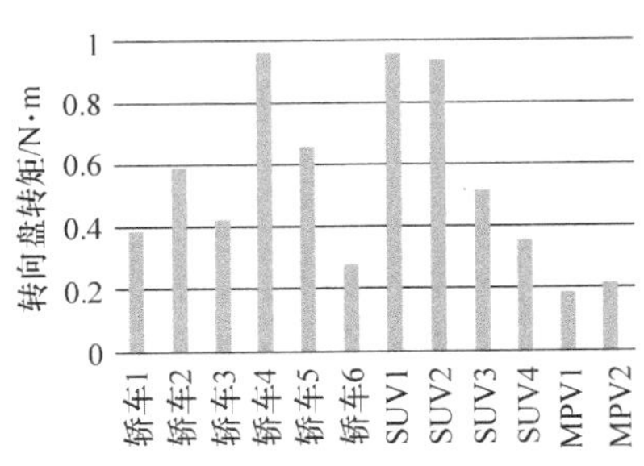

图 4-43 转向力矩（0g，100km/h）

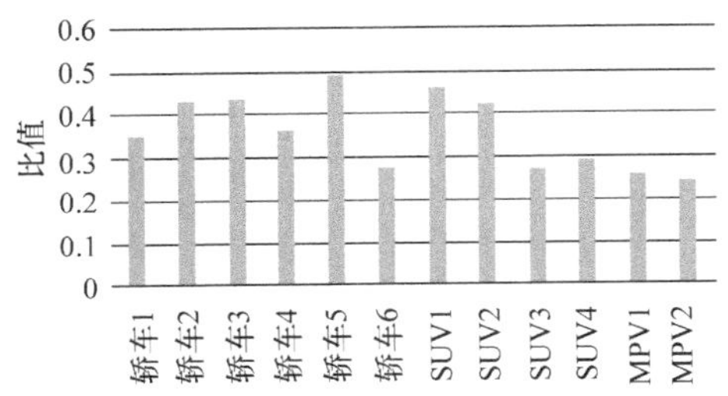

图 4-44 线性关系比（0.1g/0g，60km/h）

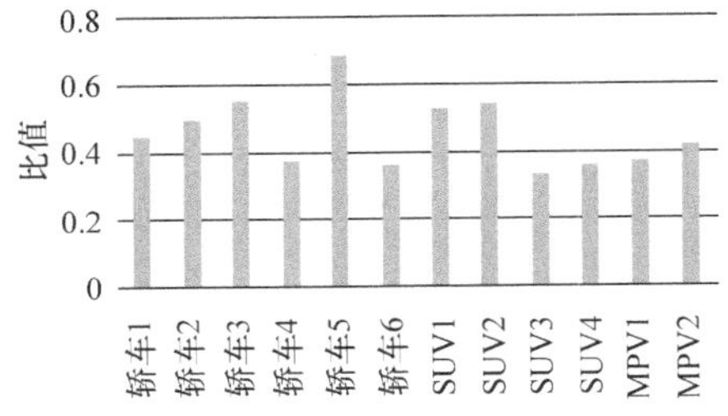

图 4-45 线性关系比（0.1g/0g，100km/h）

7. 最大侧向加速度

最大侧向加速度测量的是车辆稳态时的极限抓地能力，与车辆轮胎、悬架性能息息相关。反映车辆过弯能力，图 4-46 所示为部分车型的测试结果，可以看出最大侧向加速度基本在 0.6g ~0.8g 之间。数值越大，说明车辆能提供的最大侧向加速度越大，其过弯能力越强。

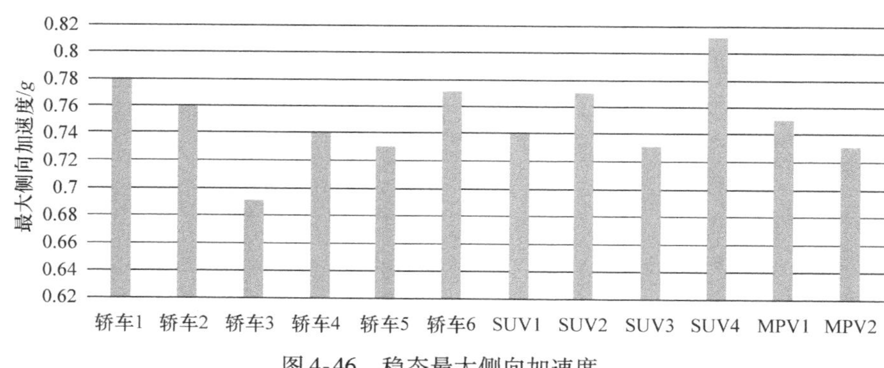

图 4-46　稳态最大侧向加速度

8. 静态转向力

静态转向力是反映车辆静止时原地转向力大小和线性度的指标。图 4-47 ~ 图 4-49 所示分别为车辆在 0°、180°、360°时的静态转向力测试结果。

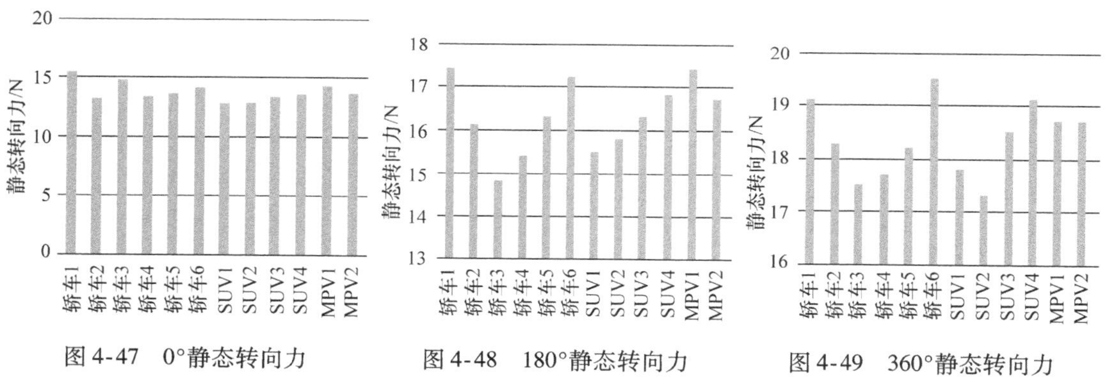

图 4-47　0°静态转向力

图 4-48　180°静态转向力

图 4-49　360°静态转向力

9. 最小转弯半径或直径

顾名思义，最小转弯半径或直径是车辆转弯时轨迹的最小半径或直径，其越小表明车辆的机动性越好，图 4-50 所示为部分车辆测试结果，一般小型车的最小转弯直径在 11m 左右，轴距大的车辆在 12.5m 左右。

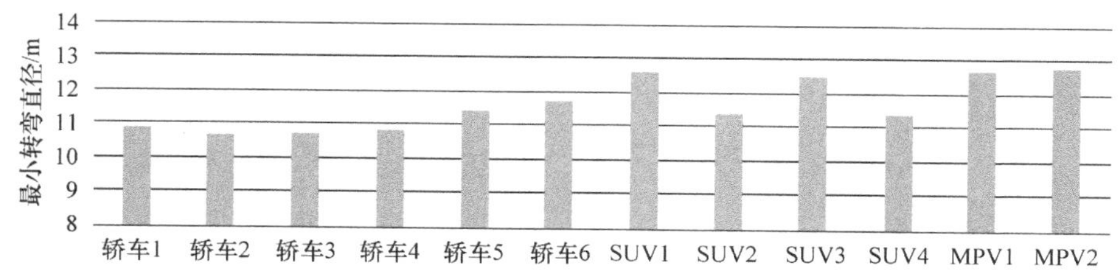

图 4-50　最小转弯直径

10. 转向传动比

转向传动比是转向盘转角与轮胎转角的比值。图4-51所示为不同车辆转向传动比的测量结果，一般在14~18之间。比值越小，表明输入越直接，车辆响应越灵敏。

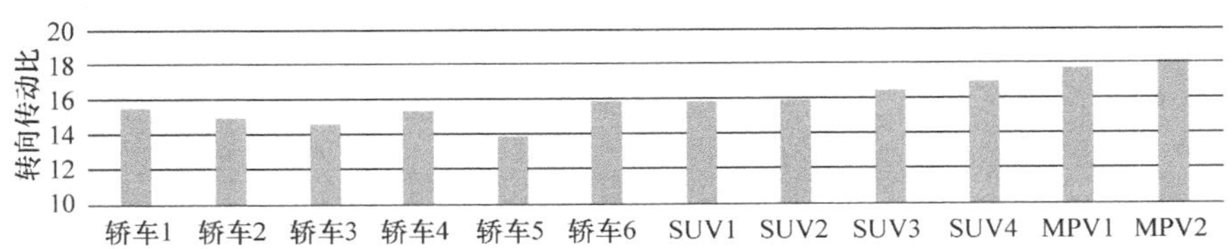

图4-51 转向传动比

4.3.2 平顺性开发案例

平顺性评价的主观性比较强，采用主观评估和部分客观测量相结合的方式进行，客观测量一般用特定点的振动加速度表征，或者对加速度做一定的处理，得出某些特定的参数。

1. 抖动灵敏度

抖动灵敏度是车辆在光滑路面进行抖动试验所得出的结果，反映车辆对不平衡激励的灵敏度。

图4-52~图4-55所示分别为一些车型的转向盘Y方向抖动灵敏度、车身底板X方向抖动灵敏度、车身底板Y方向抖动灵敏度、车身底板Z方向抖动灵敏度数据比，单位是mg/oz(1oz=28.35g)，指车轮上1oz的不平衡量在相应位置产生的加速度值，该数值越大，表示车辆在该位置对车轮轮胎不平衡量越敏感，相应的平顺性也就越差。

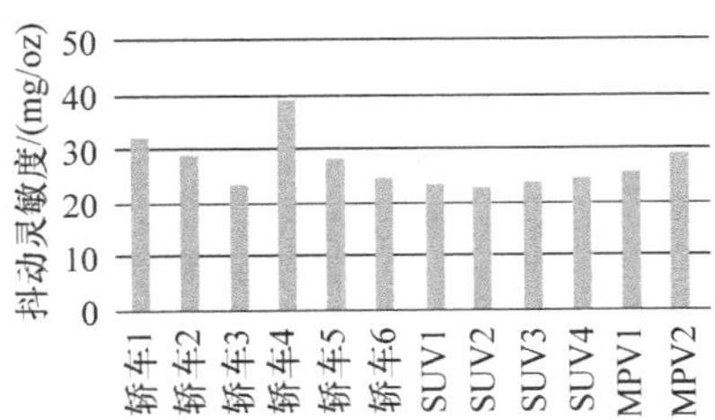

图4-52 转向盘Y方向抖动灵敏度

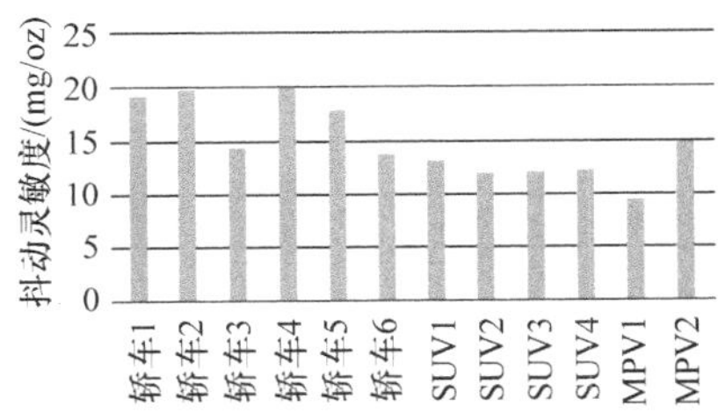

图4-53 车身底板X方向抖动灵敏度

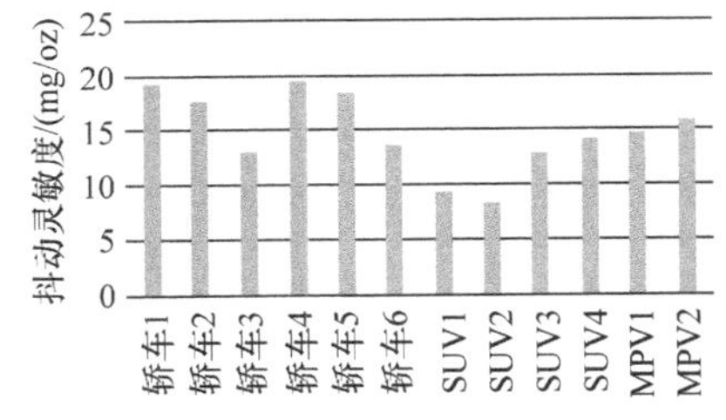

图4-54 车身底板Y方向抖动灵敏度

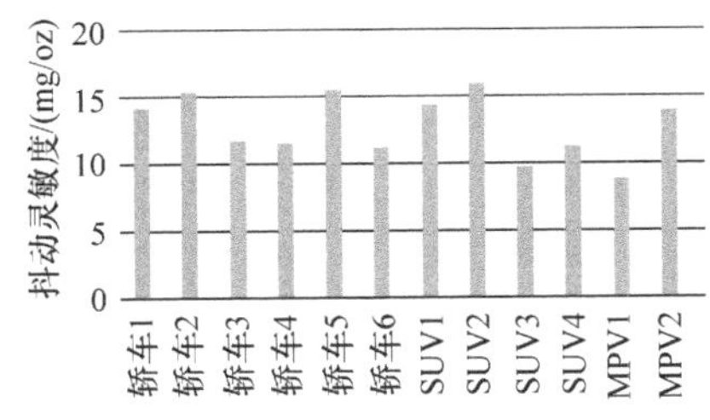

图4-55 车身底板Z方向抖动灵敏度

2. 冲击强度和车身残余抖动强度

冲击强度和车身残余抖动强度是考核车辆在通过减速坎等凸起物时，车身系统过滤冲击的能力。图 4-56 ~ 图 4-59 所示分别为座椅坐垫和座椅导轨的冲击强度和残余抖动强度，因对测试结果进行了后处理，数值是无量纲参数，数据越小，冲击强度越小，抖动强度也越小。

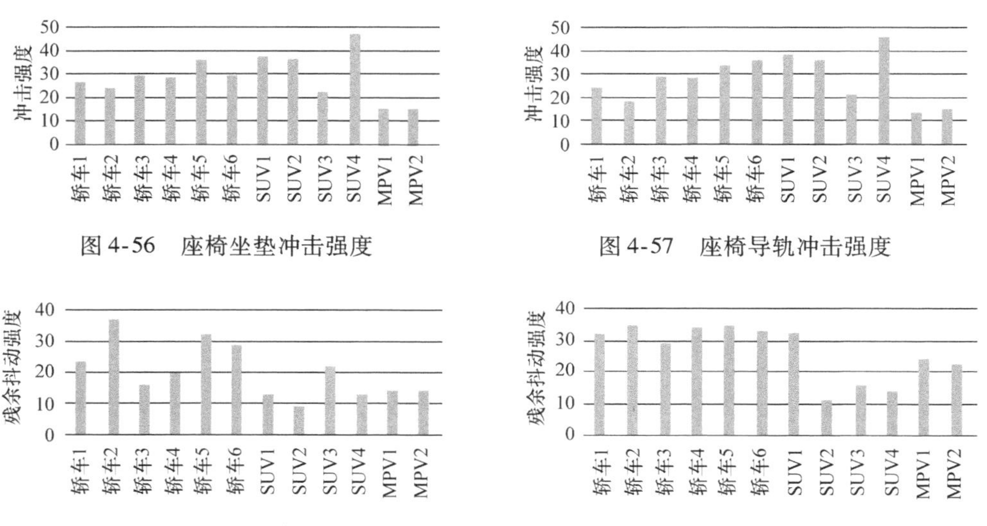

图 4-56　座椅坐垫冲击强度

图 4-57　座椅导轨冲击强度

图 4-58　座椅坐垫残余抖动强度

图 4-59　座椅导轨残余抖动强度

3. 前、后悬架频率

前、后悬架频率指前后悬架簧上质量自由振动频率，跟悬架刚度和单轴簧上质量相关，图 4-60 所示为部分车辆在轻载时前悬架频率，可以看出频率多集中在 1.1 ~ 1.4Hz 之间，并且随着轴距的增加，频率有减小的趋势。主要原因是轴距短的车辆（一般是小型车），对载荷比较敏感。

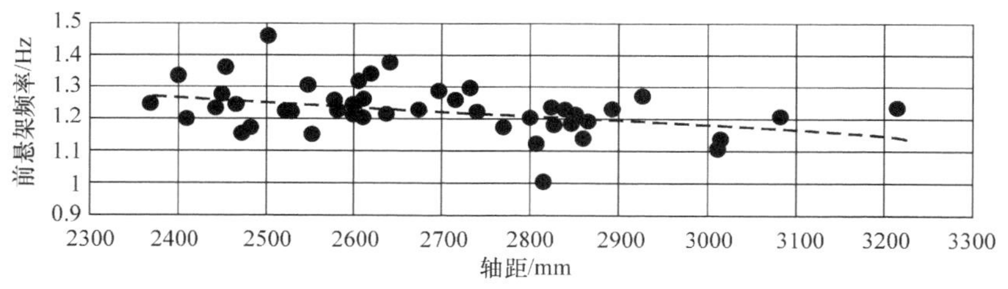

图 4-60　前悬架频率

图 4-61 所示为同一批车辆后悬架频率，可以看出后悬架频率多分布在 1.2 ~ 1.6Hz 之间，普遍高于前悬架频率，同样也是随着轴距增加有减小趋势。

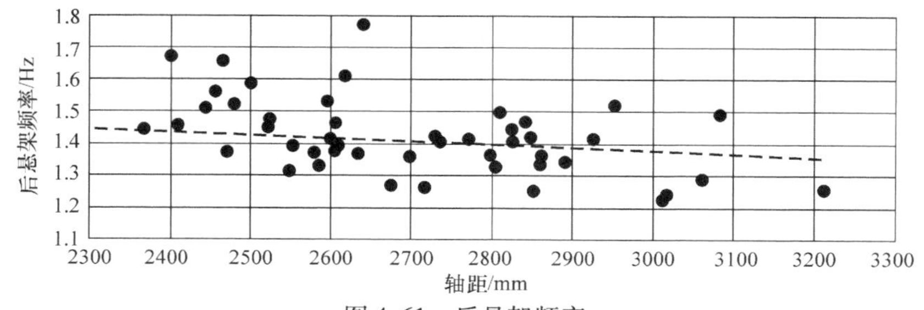

图 4-61　后悬架频率

图 4-62 所示为后悬架频率与前悬架频率的比值，可以看出比值在 1 ~ 1.3 之间，且随着轴距的增加比值呈现下降趋势。为什么后悬架频率普遍高于前悬架频率呢？从图 4-63 可以看出，后悬架由于晚于前悬架通过不平路面，只有拥有较大的频率，后悬架跳动才能跟前悬架同相位，尽快消除前后俯仰。图 4-63 中，ΔT 为前后悬架过减速坎的时间差（s）L 为轴距（m），V 为车辆行驶速度（m/s）。美国人欧雷（Olley）早在 20 世纪 30 年代就发现了这个规律，即后悬架频率高于前悬架频率，且比值在 1.2 左右，后人称之为欧雷准则。

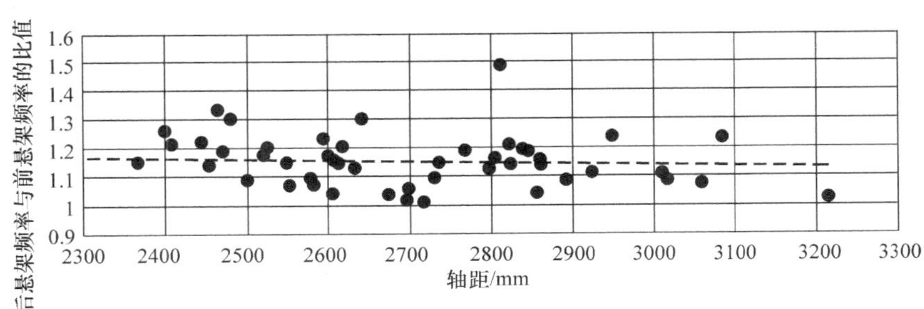

图 4-62 后悬架频率与前悬架频率的比值

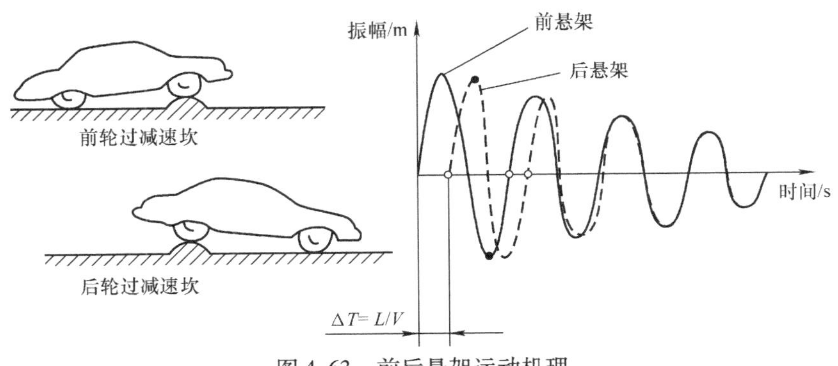

图 4-63 前后悬架运动机理

4. 悬架跳动行程

另外一个跟舒适性密切相关的参数是悬架跳动行程，分为压缩行程和复原行程，通常行程越大，车辆的舒适性越好，图 4-64、图 4-65 所示分别为在 K&C 台架上测量得到的 54 台车辆的前、后悬架压缩行程和复原行程（两人载荷状态），正值为压缩，负值为复原。

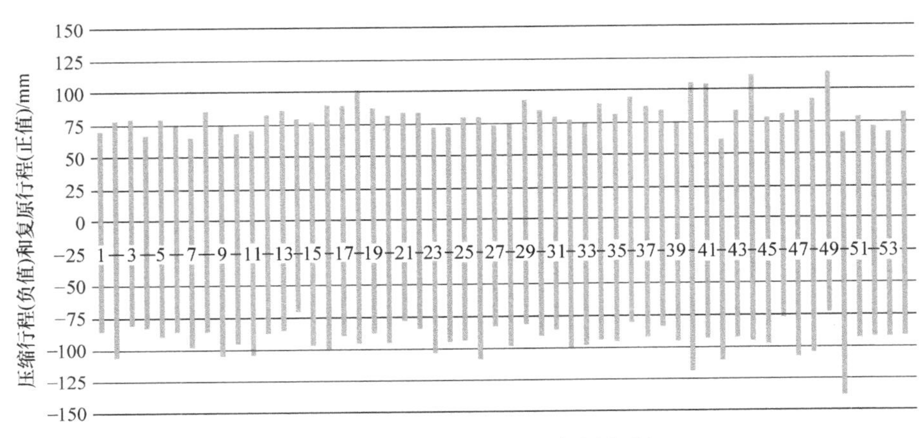

图 4-64 前悬架压缩行程和复原行程

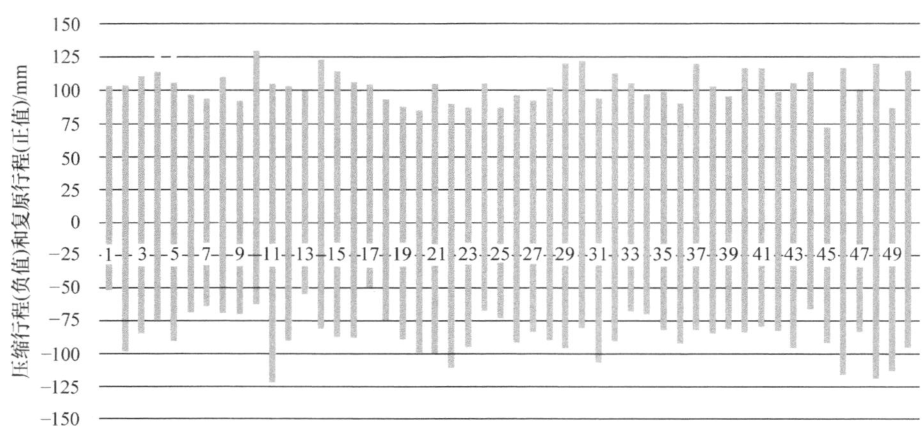

图 4-65　后悬架压缩行程和复原行程

从图 4-64 和图 4-65 中可以发现一些规律，如前悬架压缩行程普遍小于复原行程，这一方面由于前轴轴荷大于后轴，初始状态时悬架已经压缩较多，另一方面也是由于前悬架受制于发动机舱高度（造型和风阻等制约），减振塔很难布置得很高，悬架的跳动行程受到制约，绝大部分车辆的前悬架压缩行程只能做到 75mm 左右，极少数车辆可以做到 100mm。相对而言，后悬架就要好很多，减振器和弹簧可以分开布置，通常减振器布置在 *Y* 方向最靠近轮罩的位置，上安装点一般很高，大部分车辆后悬架的压缩行程都可以做到 100mm 左右。

4.3.3　整车开发案例

R&H 开发根据项目类别的不同，其开发内容也不同，相对应介入的开发时间节点也不同。对改款车型来说，很多架构件不做更改，此时，只能在一定范围内对调试件进行优化，如弹簧、减振器、轮胎、稳定杆、衬套等。对于全新开发车型而言，所有子系统的结构选型和硬点都重新设计，此时 R&H 开发是伴随着整车架构正向开发同时开始的。下面举一个案例，结合本章阐述的开发方法和开发流程，从车型规划、市场定位，到整车操纵稳定性和平顺性目标设定及分解，然后到评估调试，最后再到验收试驾和上市发布，完整地讲述 R&H 开发全过程。

1. 车型规划及市场定位

此阶段，公司管理层、规划、市场及工程中心等部门会根据公司战略，制定预期的产品型谱定位、目标客户、品牌建设。并以此制定该款产品的一般优势、品牌 DNA 及产品制胜优势，此时 R&H 性能是一个重要的维度。在此基础上开始选择竞品车辆，包括性能对标、成本对标等。

2. 性能目标车型选择试驾

有了第一步的活动之后，就要开始组织性能单一目标车型的试驾活动了，通常会将潜在的性能对标车型都找来，加上之前的上代车型（若有），一起组织包括管理层、规划、市场及工程在内的多部门联合试驾，试驾的产出就是确定性能单一目标车型，为后续的性能开发设定目标和依据。图 4-66 所示为对标车型试驾 R&H 定位。

3. 目标车型性能测试

有了性能单一目标车型之后，就需要快速对该车所有重要性能进行测试。此时上代车型

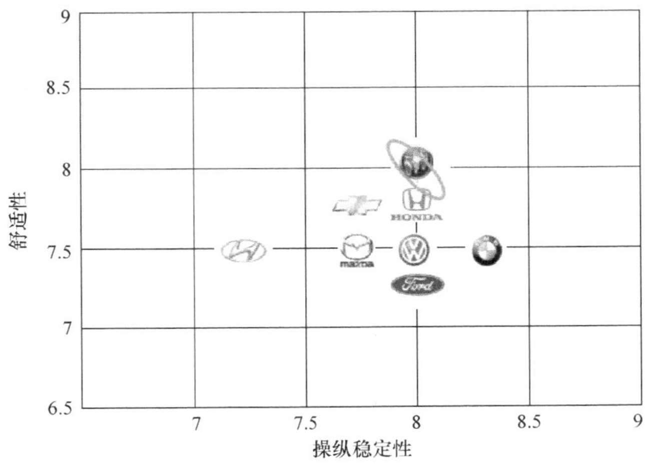

图 4-66　某产品 R&H 定位

所有 R&H 性能的客观参数也要有，同时也要了解上代车型（若有）R&H 方面的缺点，知道原因所在，并在本轮开发中进行改进。当然，如果条件允许，第二竞品等车辆参数也可以都进行测量，以获得尽可能多的参考样本。

4. 整车性能目标设定

有了目标车型及上代车型的性能参数，结合上代车型的缺点，就可以制定较为准确的整车 R&H 目标了，表 4-2、表 4-3 所列分别为某车型的操纵稳定性和平顺性指标及某个节点的设计状态。

表 4-2　某车型操纵稳定性指标及状态

操纵稳定性指标	目标	状态
最小转向灵敏度/(g/100°)	>0.7	1.91
转向灵敏度比值	>0.5	0.81
转向功灵敏度/(g^2/100N·m)	2.5~4.5	7.5
0g 侧向加速度时转向力矩灵敏度/(N·m/g)	18~26	23.5
0.1g 侧向加速度时转向力矩灵敏度/(N·m/g)	8~12	9.6
转向力矩灵敏度比值	>0.32	0.41
不足转向度/[(°)/g]	2~2.6	1.16
后轴不足转向度/[(°)/g]	2.2~2.8	2.94
0.2Hz 转向灵敏度/(g/100°)	1.3~1.5	2.1
线性范围/g	>0.4	0.65
0.2Hz 侧倾梯度/[(°)/g]	4~5	4.58
横摆阻尼	<1.4	1.08
非线性不足转向度/[(°)/g]	>0	27.92
干地最大侧向加速度/g	>0.73	0.87

表 4-3　某车型平顺性指标及状态

平顺性指标	目标	状态
光滑路面振动/(g/oz)	<75	<75
前麦弗逊悬架频率/Hz	1.25～1.35	1.25
后扭杆梁悬架频率/Hz	1.45～1.55	1.49
前麦弗逊悬架跳动行程/mm	>180	182
后扭杆梁悬架跳动行程/mm	>220	226
防侧翻等级	≥4 星	≥4 星

5. 子系统结构及零件选型

从完全正向开发的角度出发，有了 R&H 指标之后，需要进行子系统选型，如转向机的助力形式，前后悬架的结构形式，轮胎尺寸等。图 4-67 所示为不同种类的前悬架在操控性、舒适性、重量、成本等方面的优劣对比，通常麦弗逊悬架成本和重量优势显著，为一般轿车前悬架首选，而双横臂悬架操控性较好，但空间效率不高，一般作为高性能轿车前悬架。

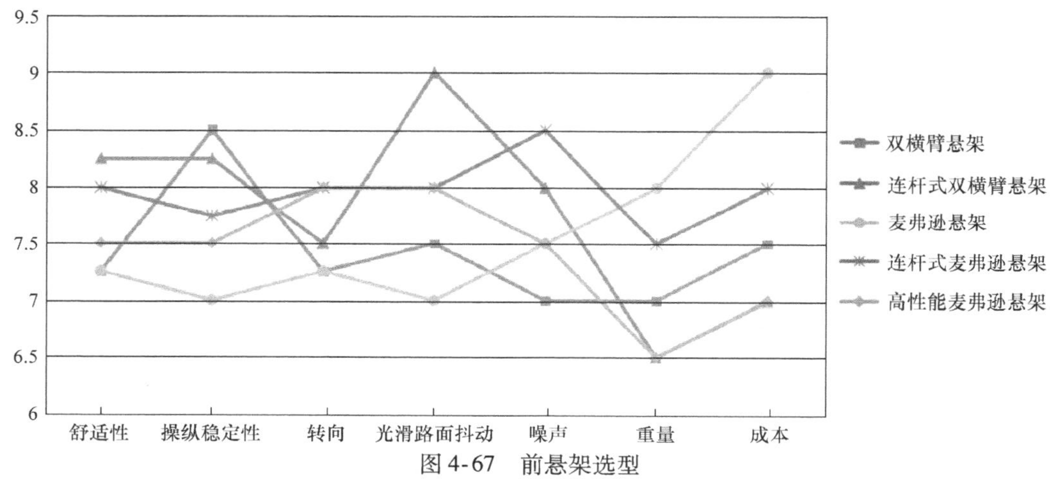

图 4-67　前悬架选型

6. 关键性能参数带宽设定

重大子系统选型的过程并非一蹴而就，需要架构总布置、成本、性能等各个能块不断地碰撞，此时 R&H 需要进行不同结构形式的模型仿真计算，甚至制造物理样车进行早期的验证。R&H 关键子系统的选型也常常伴随着性能目标的分解，所选择的子系统要能够满足整车性能目标。这个过程也是一个不断优化的过程，各个子系统参数之间存在很多关联性，需要不断地调整和优化，因此不少参数设定的是带宽，而非具体数据，表 4-4、表 4-5 所列为某车辆前、后悬架的关键指标带宽及状态。

表 4-4　某车辆前悬架的关键指标带宽及状态

K&C 关键参数	原型车	目标	样车
静态前束角/(°)	0	-0.20～0.20	0.1
静态外倾角/(°)	-1	-0.75～-0.50	-0.5
主销后倾角/(°)	3.3	5	5.1

（续）

K&C 关键参数	原型车	目标	样车
主销内倾角/(°)	13.1	<13	13
旋转轴线长度/mm	57.6	<69	63.4
抗点头(%)	20	20	25.8
抗抬头(%)	5.6	5.6	6.6
减振器阻尼比/(mm/mm)	1.03	0.9~1.1	1.04
垂直跳动转向/[(°)/100mm]	0.13	0.2~0.6	0.41
垂直跳动外倾/[(°)/100mm]	-0.95	-1.2~-0.5	-1.17
垂直跳动后倾/[(°)/100mm]	0.8	0.5~1.5	1.09
前悬架频率(不含轮胎)/Hz	1.55	1.2~1.3	1.25
垂直跳动转向(+50mm 压缩行程)/[(°)/100mm]	0.05	-0.05~0.05	0.09
垂直跳动转向(+50mm 复原行程)/[(°)/100mm]	0.15	-0.15~0.15	0.08
侧倾转向(含轮胎)(%)	3.7	>5	8.48
侧倾外倾(含轮胎)(%)	86	80~90	85
侧倾中心高度/mm	45	70~80	72
侧倾中心高度变化量/mm	1.8	0~2.5	-2.2
轮心处转弯直径/m	10.57	<10.7	10.8
侧向力转向/[(°)/kN]	0.08	0~0.15	0.03
侧向力外倾/[(°)/kN]	0.13	<0.20	0.19
侧向柔度/(mm/kN)	0.23	0.25	0.25
牵引力柔性转向/[(°)/kN]	-0.06	-0.05~0.05	-0.02
制动力转向/[(°)/kN]	-0.15	-0.10~-0.05	-0.07
制动力后倾/[(°)/kN]	0.42	0~1.00	0.52
制动力柔度(轮心处)/(mm/kN)	3.2	>5.0	4.3
对开制动力转向/[(°)/kN]	-0.13	-0.10~-0.05	-0.05
对开制动力柔度(轮心处)/(mm/kN)	3.4	3~5	4.47
制动力产生的最大前束角/(°)	0.32	<0.10	0.15
对开制动力产生的最大前束角/(°)	0.26	<0.15	0.1
轮胎接地点侧向柔度/(mm/kN)	1.23	<1.30	1.24

表 4-5　某车辆后悬架的关键指标带宽及状态

K&C 关键参数	原型车	目标	样车
静态前束角/(°)	0.15	0	0.00
静态外倾角/(°)	-1.67	-1~-0.8	-1.00
纵倾摆臂长度/mm	407	>400	438
纵倾摆臂角度/(°)	-2.6	>-3	-2.50
减振器锁止垂向跳动刚度(无衬套)/(kN/mm)	4.5	>2	5.5

（续）

K&C 关键参数	原型车	目标	样车
弹簧杠杆比/(mm/mm)	0.94	0.9~1.5	1.2
减振器阻尼比/(mm/mm)	1.41	0.9~1.2	0.9
垂直跳动转向/[(°)/100mm]	0.18	0.1~0.2	0.2
垂直跳动外倾/[(°)/100mm]	0.29	0.2~0.3	0.19
后悬架频率(不含轮胎)/Hz	1.46	1.4~1.5	1.49
垂直跳动转向量(+50mm 压缩行程)/[(°)/100mm]	0.03	-0.03~0.03	0.02
垂直跳动外倾量(+50mm 压缩行程)/[(°)/100mm]	0.02	-0.35~0.35	0.06
垂直跳动转向量(-50mm 复原行程)/[(°)/100mm]	0.01	-0.03~0.03	0.00
垂直跳动外倾量(-50mm 复原行程)/[(°)/100mm]	0.2	-0.35~0.35	-0.01
侧倾刚度(含轮胎)/[N·m/(°)]	705	500~750	599
侧倾转向(含轮胎)(%)	3.25	-3~7	-3.4
侧倾外倾(含轮胎)(%)	-39.38	-70~-40	-49.1
侧倾中心高度/mm	150	120~160	156
侧向力转向/[(°)/kN]	-0.10	0~0.05	0.03
侧向力外倾/[(°)/kN]	-0.17	>-0.25	-0.17
侧向柔度(轮心处)/(mm/kN)	1.24	<2.0	1.1
制动力转向/[(°)/kN]	-0.13	-0.05~0	-0.06
轮心处纵向力柔度/(mm/kN)	3.3	2.0~4.0	3.50
对开制动力转向/[(°)/kN]	-0.16	-0.05~0	-0.15
非中心区域回正力矩转向/[(°)/kN]	-0.6	>-0.8	-0.6

7. 硬点开发及优化

子系统带宽的设定和冻结过程是伴随着悬架等关键系统硬点设计及优化的过程，图4-68所示为麦弗逊悬架关键硬点，其运动件关键铰接点及弹性件的弹性中心点被定义为硬点，这些硬点决定了悬架运动学和弹性运动学特性，在仿真模型中不断地调整和优化这些硬点坐标以满足子系统设计指标。

8. 调试策略制定及调试带宽设定

在进行硬点优化的同时，也需要对调试件的设计带宽进行制定，包括弹性件的刚度阻尼，弹簧、稳定杆刚度系列，可调减振器的制作和阀系选择，轮胎评估开发计划等。此过程需要与零部件工程师特别是底盘工程师一起进行，需要同时考虑零件的疲劳耐久性能。另外一个需要重点合作的对象是 NVH 工程师，很多弹性件的参数会直接影响 NVH 性能，如发动机悬置、轮胎等，在制定这些零件的调试计划时，要充分考虑 NVH 的需求，很多调试零件需要制作双份。

在项目实施早期，需要根据产品定位的不同，进行硬件选型，不同硬件的性能是有一定带宽的，如前麦弗逊悬架下控制臂后衬套（又称舒适性衬套），对性能要求不高的入门车型，普通橡胶衬套就可以满足要求，但如果是对性能要求高的中高级轿车，则需要选用液压衬套。同样，扭杆梁悬架无论如何调试，R&H 都很难达到通用汽车统一试验标准

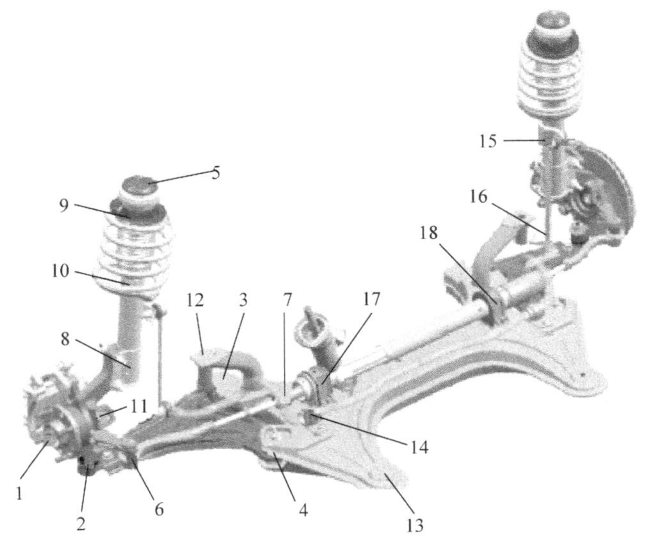

图 4-68　麦弗逊悬架关键硬点

1—车轮中心　2—控制臂外球头中心　3—控制臂前衬套弹性中心　4—控制臂后衬套弹性中心　5—减振器上安装塔衬套弹性中心　6—转向横拉杆外点　7—转向横拉杆内点　8—减振器下安装点　9—弹簧上安装点　10—弹簧下安装点　11—车轮轴承　12—副车架前安装点　13—副车架后安装点　14—横向稳定杆与副车架安装点　15—稳定杆支架上安装点　16—稳定杆支架下安装点　17—转向机与副车架左安装点　18—转向机与副车架右安装点

(GMUTS) 8 分，此时可以选用瓦特连杆或者其他类型的独立悬架。图 4-69 所示为某项目架构初期 R&H 调试带宽及硬件选型策略。

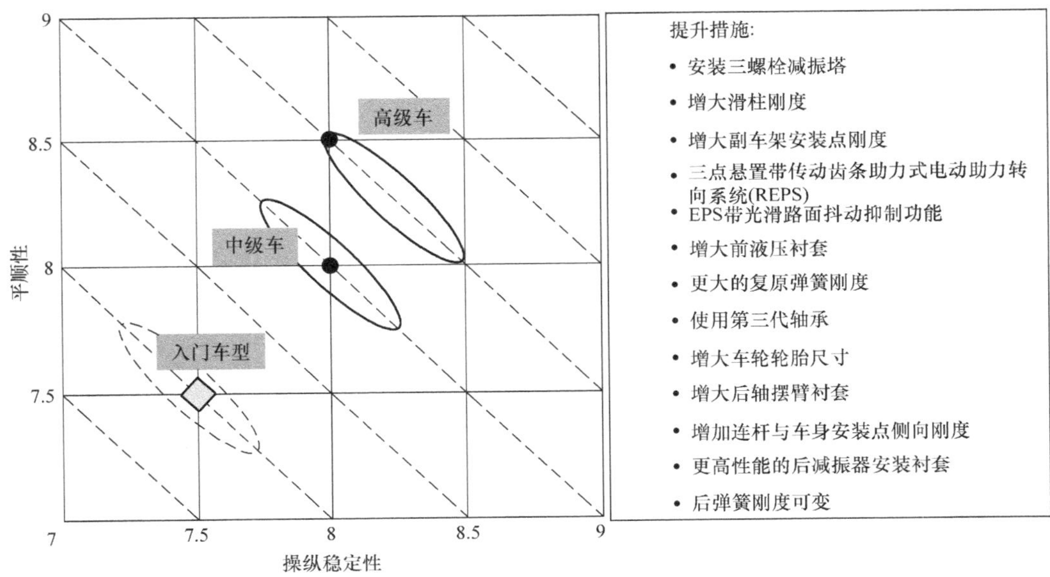

图 4-69　R&H 目标定位及措施

在确定好硬件选型之后，一台车的 R&H 总体水平基本被限定在一个带宽之内，此时需

要精细地调试，以使操纵稳定性和平顺性平衡。

9. 主观评估与调试

一切准备就绪，待样车和样件到齐之后，就可以开始进行评估和调试了，此时大部分工作开始从虚拟分析阶段逐步过渡到实车验证阶段，对于与 R&H 有关的悬架等关键系统，如果是全新开发，如图 4-70 所示，一般会制作“骡子车”提前进行调试，以尽早验证设计的有效性。然后在集成车上再进行一轮全面的调试和协同开发，该阶段调试结果发布后用于制造硬模零件，此时主要调试零件设计基本冻结。硬模零件造车基本用于性能最终的确认，对于减振器阻尼微调、转向系统助力优化，因不涉及零件模具更改，仍然可以进行适当调整。

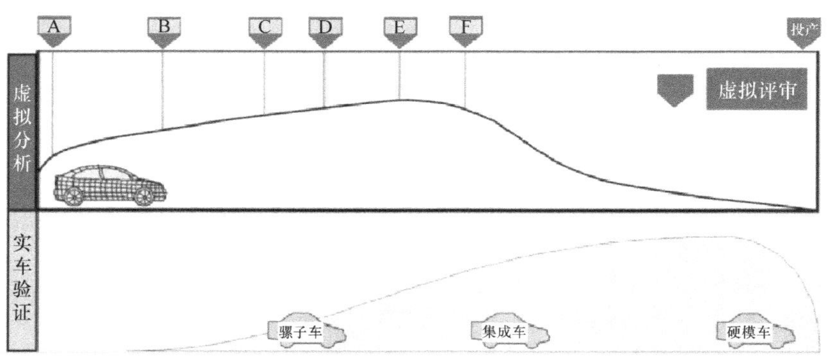

图 4-70 车辆开发的不同阶段

10. 性能试驾及产品发布

在后期的开发和调试中，需要进行工程和管理层的多次试驾，一般与发动机标定节点同步，主要有 65%、80% 和 100% 三个主要的试驾。R&H 工程师对试驾提出的相关问题进行改进。经过多轮试驾和调试优化之后，产品的 R&H 性能可达到预期，客观的测试也会开展以验证设计目标。最后市场部门会介入，开展相关的产品宣传、媒体发布和试驾活动，此时 R&H 工程师最了解车辆的操纵稳定性和舒适性，会参与其中进行产品的宣传，至此整个 R&H 开发过程圆满结束。

4.4 展望

随着我国社会经济和汽车工业的不断发展，人们对整车操纵稳定性和平顺性的要求也越来越高，而飞速发展的计算机技术和日新月异的虚拟样机仿真技术，恰为汽车 R&H 的深入开发提供了必要条件。下面简要介绍五种 R&H 新技术。

4.4.1 连续减振控制（CDC）

连续减振控制（Continuous Damping Control，CDC）系统也可被称为全时主动式液力减振稳定系统，这套技术来自德国，图 4-71 所示为 CDC 减振器示意图。

CDC 系统根据车辆上的车身加速度传感器、车轮加速度传感器及横向加速度传感器等传感器的数据判断车辆行驶状态，由 ECU 进行运算，随后 ECU 对减振器上的 CDC 系统控制阀发出相应的指令，通过控制阀门的开度来提供适应当前状态的阻尼。CDC 调试中需要先

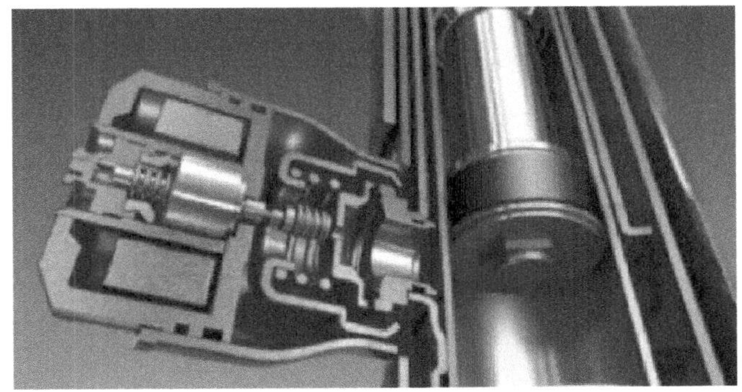
图 4-71 CDC 减振器

对其阀系部分进行调试，CDC 减振器在没有通电的情况下是单纯依靠阀系部分来工作的，而此时的阻尼是 CDC 可变阻尼范围的下限。因此 CDC 阀系部分的调试直接决定了减振器“最软”的程度。阀系的调试需要保证在该工况下有很好的舒适性，前后轴在车身姿态方面的平衡，复原和压缩的平衡，以及确保最后冻结的阀系在通最大电流时可以有很好的操控性和车身控制能力。

CDC 系统的标定调试可以分为车身起伏幅度控制、车身俯仰控制、车辆侧倾控制、加减速俯仰控制等。所有这些模块均需要单独调试，并不停的相互平衡，以达到最优的标定效果。CDC 的应用并不仅局限于轿车，大型客车、货车等商用车辆也可以使用。

4.4.2 主动电磁感应悬架（MRC）

主动电磁感应悬挂（Magnetic Ride Control，MRC）系统是通用汽车的研发实验室率先为同级别车辆开发出的系统。该产品利用电极来改变减振筒内磁性粒子液体的排列形状，控制感测计算机可在 1s 内连续反应 1000 次，动作反应要比传统液压或者气压阀门的设计更为快速。

电磁减振器的奥秘在于其中充当阻尼介质的电磁液，这种电磁液是由合成的碳氢化合物和细微的铁粒组成。而这些金属粒子在普通状态下会杂乱无章地分布在液体中，随着电磁场的产生及磁通量的改变，它们就会排列成一定结构，黏滞系数也随之改变，进而改变阻尼，如图 4-72 所示。而只需要改变电流即可控制电磁场的强度，也就是说这套系统只需要改变电流就能够达到控制阻尼系数的目的。

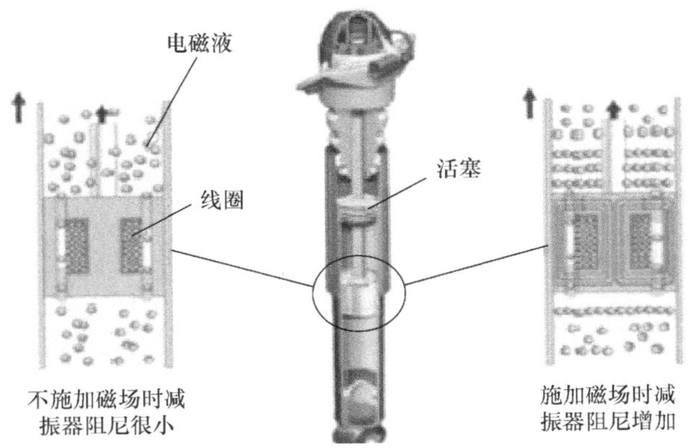

图 4-72 MRC 减振器

MRC 系统率先在凯迪拉克 Seville STS 上运用。随后在 SLS 赛威及 XTS 等众多车型中使用，除此之外，MRC 技术还应用于多家汽车制造商的豪华车及超级跑车。

4.4.3 主动前轮转向（AFS）

可变转向比即根据汽车速度和转向角度来调整转向器传动比，当汽车开始处于停车状态，汽车速度较低或者转向角度较大时，提供小的转向器传动比；而当汽车高速行驶或者转向角度较小时，提供大的转向器传动比，从而提高汽车转向的稳定性。

不同厂家对这类系统的叫法可谓五花八门，比如宝马称之为主动转向系统，奥迪将其称为动态转向系统，雷克萨斯和丰田使用的则是可变齿比转向系统，而奔驰的可变转向比系统则命名为直接转向系统。虽然功能类似，但是它们使用的技术却有很大不同。

一种方式是依靠特殊的齿条实现，原理简单，成本也相对较低，而另一种就比较复杂，是通过行星齿轮结构和电子系统实现的，如图 4-73 所示。

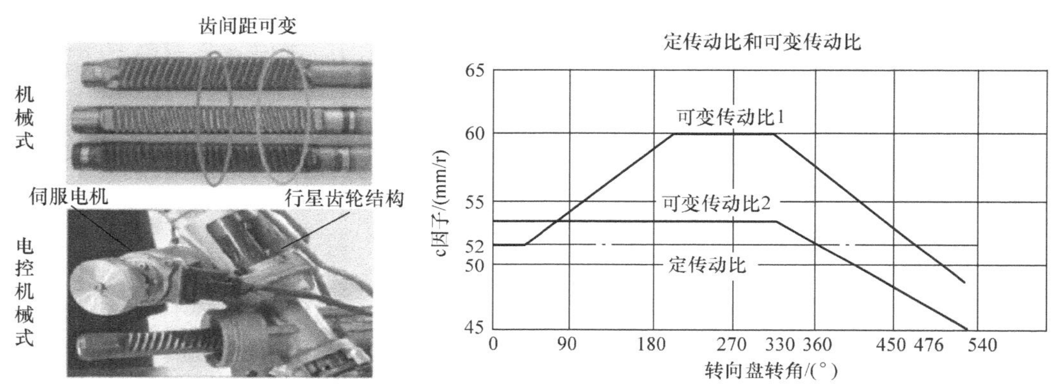

图 4-73 可变传动比转向系统原理及特性

直接转向系统——机械式可变转向比系统通过特殊工艺加工齿距间隙不相等的齿条，从而使转向盘转向时，齿轮与齿距不相等的齿条啮合，转向比就会发生变化，中间位置的左右两边齿距较小，齿条在这一范围内的位移较小，在小幅度转向时（如变线、方向轻微调整时），车辆会显得沉稳，而齿条两侧远端的齿距较大，在这个范围内，转动转向盘，齿条的相对位移会变大，所以在大幅度转向时（如泊车、掉头等），车轮会变得更加灵活。这种技术除了对齿条的加工工艺要求比较严格之外，技术要求较低，缺点在于齿比变化范围有限，并且不能灵活变化，而优势也很明显，即为完全的机械结构，可靠性较高，耐用性好，结构也非常简单。

4.4.4 主动后轮转向（ARS）

对于民用车来说，轻微的不足转向特性可以保证车辆行驶的稳定性，但是车辆高速转弯时往往会产生过度转向，主动后轮转向系统（图 4-74）可以降低这种过度转向带来的行车危险性，同时对于中大型车及豪华车来说，后轮转向可以使车辆在低速时更加灵活，高速过弯时也更加稳定，让驾驶同样充满乐趣。

后轮转向存在与前轮同向和反向两种情况，而且这两种情况也会表现出两种完全不同的转向特性，如图 4-75 所示。简单来说就是同向增加不足转向，反向增加过度转向。车辆低速行驶时，可以通过后轮与前轮的反向转向来适当增加过度转向。高速行驶的车辆遇到紧急变线的情况时，在没有任何电子辅助系统的帮助下，很容易出现转向过度的倾向，通过后轮产生一个很小但很重要的与前轮方向相同的转向则可以减小转向过度的趋势，这样会让汽车有更好的平衡性。

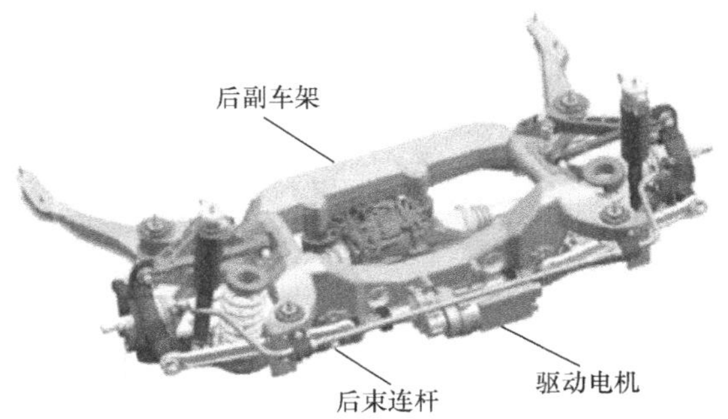

图 4-74 主动后轮转向系统

图 4-75 主动后轮转向系统工作模式

车辆在过弯时，车轮接地面积及车轮定位的变化会导致转向特性的变化。应该说，后轮转向技术可以弥补由使用橡胶充气轮胎所导致的车辆转向机构的先天缺陷。这种后轮转向更像是 ESP 系统的工作原理，即车辆高速运动时，通过制动某个或某几个车轮，以保持车辆行驶姿态的稳定。

4.4.5 主动转矩控制（AYC）

主动中央差速器用来分配前后桥之间的动力，而主动转矩控制系统则用来分配后桥左右轮之间的动力。图 4-76 所示为主动转矩控制系统示意图。

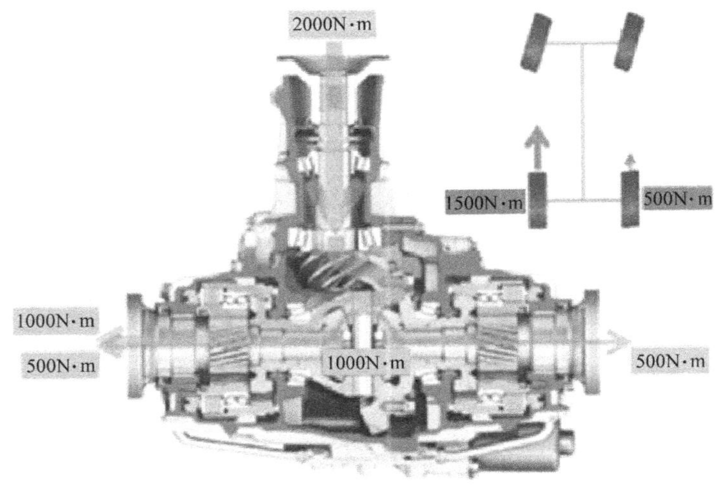

图 4-76 主动转矩控制系统示意图

用差速器的原理来分析，差速器是用来消除轮胎的转速差的，但是存在这样一个问题：假设左轮受到更大的阻力，更多的动力便会传输给右轮，而此时恰恰是左轮需要更大的动力，这时就需要主动转矩控制的介入。不仅如此，主动转矩控制的介入还能控制车身的姿态，尤其在弯道中有相当大的作用，弯前主动转矩控制系统将更多动力分配给外侧车轮，弯后再次将更多动力分配给外侧车轮，加强过度转向，将赛车顺利送出弯道。

与普通的限滑差速器不同，主动转矩控制系统能将左右轮动力在一定幅度内调节，而不是单纯的锁死。最初的主动转矩控制可以对左右轮进行 6:4 的动力分配，后期则提高到 7:3，单侧轮胎最多可以获得 70% 的动力。

讴歌的 SH－AWD 系统、瀚德的第四代四轮驱动系统、奥迪及宝马部分四驱车型后轴装备的主动转矩分配装置等，它们都采用相同的原理，即在车辆转向时主动将转矩分配到外侧的车轮，从而产生向弯内的横摆力矩以帮助车辆过弯。

空气动力学性能

5.1 空气动力学概述

汽车空气动力学的广义范围包括气动六分力、风噪、热管理、车身污染和雨水管理等，涉及汽车能耗、排放、动力性、操纵稳定性、安全性、汽车热管理、驾驶视野等多项性能。狭义的汽车空气动力学主要指气动六分力，尤其是指风阻。受篇幅所限，本章重点介绍与气动力和风噪相关的内容，不涉及汽车热管理、车身污染、雨水管理等内容。汽车的车型非常多，包括乘用车、客车、货车、工程车等不同领域不同类型，本章主要以乘用车为主介绍相关知识。

5.2 汽车空气动力学设计理论

5.2.1 流体力学基本概念

1. 密度和黏度

空气的密度随温度、压力而变化。一般来说当速度低于 0.3*Ma*（约 367km/h）时，空气的压力和温度变化很小，密度变化可以忽略。除顶级跑车和专业赛车外，常见汽车的最高车速均低于 0.3*Ma*，因此在计算空气对车辆的作用力时，一般将汽车周围流场视为不可压缩流动，空气密度视为常数。而在研究气动噪声问题时，由于声波的传播实际上是传播介质中气体扰动导致的压强和密度的瞬时变化，需要考虑密度的变化。

当流体受到外界的剪切力作用时，会产生持续的变形，这种变形使流体分子之间产生摩擦力，这种性质称为流体的黏性。根据牛顿内摩擦定律，平行流动中任意两层流体之间的剪切应力 τ 可以表示为

$$\tau = \mu \frac{\partial u}{\partial y} \tag{5-1}$$

式中 u——流体流动速度；

y——垂直于流动方向的坐标；

μ——流体动力黏度。

式（5-1）说明剪切应力 τ 正比于速度梯度$\frac{\partial u}{\partial y}$，流体动力黏度 μ 是流体的固有属性，一般只随温度变化，满足这一定律的流体称为牛顿流体。黏度还可以表达为运动黏度：

$$\nu = \frac{\mu}{\rho}$$

式中　ρ——流体的密度。

运动黏度 ν 随压力和温度变化。流体的黏度是在壁面速度梯度中产生摩擦阻力的根本原因。

由于流体存在黏度，流体紧贴在固体壁面上的分子与壁面的相对运动速度为零，称为非滑移壁面边界条件。距离壁面越远，流体的速度越趋近于主流区速度。受壁面非滑移约束和外流速度控制，使近壁面区域的流速低于主流区速度，这一区域称为壁面边界层。将壁面与达到99%主流速度部位的距离称为边界层的名义厚度。边界层示意图如图5-1所示。

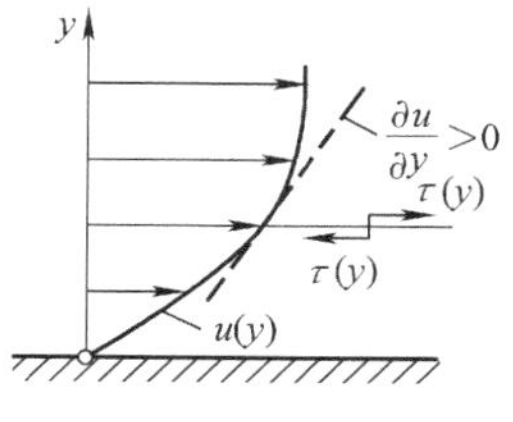

图5-1　边界层示意图

2. 流体的流动状态

当流体的流动速度较慢且无外界扰动时，流体呈现分层平行流动，层与层之间没有相互作用，这种状态称为层流。当流速逐渐增加时，层与层之间的流动失稳，沿流动方向的法向出现扰动，流速继续增加时，分层流动完全被破坏，流动变得紊乱，这样的流动称为湍流。决定层流与湍流的无量纲数称为雷诺数 Re：

$$Re = \frac{uL}{\nu}$$

式中　L——特征尺度。

雷诺数的物理意义是流动的惯性力和黏性力的比例。对同一流体介质，当流动速度较低时，雷诺数较小，流动处于层流状态，黏性对流动起主导作用。当流动速度增加时，雷诺数增加，惯性开始起主导作用，黏性的影响变小，流动变为湍流。由层流向湍流转变的临界雷诺数与流动的干扰程度有关，干扰越小，临界雷诺数越大。对于管内流动，雷诺数小于2100时为层流，雷诺数大于10^5时为湍流，雷诺数在2100~10^5之间时的流动状态可能是层流、湍流或两者的混合状态，需视流动干扰情况而定。

对于薄平板的边界层内部流动，紧贴壁面的流体满足“非滑移”条件，在平板的前部，边界层流动为层流，边界层的厚度 δ 随着与平板前缘的距离 x 和运动黏度 ν 的增加而增加，随外流速度 u_∞ 的增加而减小，满足以下关系式：

$$\delta \sim \sqrt{\frac{\nu x}{u_\infty}}$$

图5-2所示为平板边界层示意图。

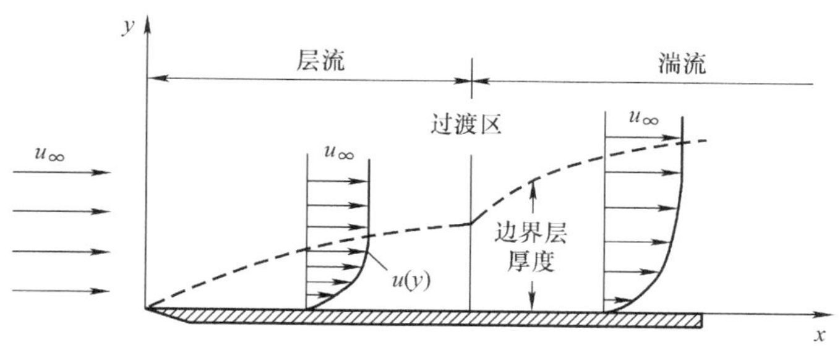

图5-2　平板边界层示意图

在距离平板前缘一定距离的位置，边界层会由层流向湍流转换，这种边界层内流动状态

的转换主要由雷诺数控制，大约发生在 $Re=5\times10^5$ 时。需要注意的是，外部流场的压力梯度会影响平板湍流的临界雷诺数，在流动方向的压力下降时，层流边界层会更稳定，而压力梯度相反时，边界层会更早地转换为湍流。

虽然湍流边界层内的平均流动仍然是平行附着于壁面的，但在流动方向和流动方向的法向都存在瞬态的速度波动，表示为 u'、v'、w'，平行于壁面的流动速度 $u(y,t)$ 可表示为平均速度 $\overline{u}(y)$ 和速度波动 $u'(y,t)$ 的叠加：

$$u(y,t)=\overline{u}(y)+u'(y,t)$$

$$\overline{u}(y)=\frac{1}{\Delta t}\int_{t_0}^{t_0+\Delta t}u(y,t)\mathrm{d}t \tag{5-2}$$

其中 Δt 足够大，使得 $\overline{u}(y)$ 可以不依赖于 Δt 而变化。这种速度波动使流动的层与层之间出现剧烈的湍流速度扰动，这种扰动可视为在流动方向上引起了额外的剪切应力，称之为湍流应力：

$$\tau_{\text{turb}}=-\rho\,\overline{u'\,v'} \tag{5-3}$$

式（5-3）是由式（5-2）推导得到的。湍流应力的出现相当于使流体流动的黏性增加了，区别于流体本来的物理黏度，这部分黏度称为湍流黏度。

3. 流动分离

对平板边界层流动来说，壁面对流体施加的摩擦阻力，使近壁流体的速度变慢，但上层流体会不断给边界层补充动量，使近壁流动不会停下来。但对曲面的近壁流动情况有所不同，观察图 5-3 所示曲面流动，在从 A 点流动到 B 点的过程中流体受到压缩，主流区的速度增加，沿流向的压力在下降，形成沿流动方向的正压梯度，边界层的微团受到两个力，一是驱动微团前进的正向压差阻力，二是阻碍微团前进的壁面摩擦阻力。当正向压差阻力等于或大于摩擦阻力时，层流边界层始终保持贴体。

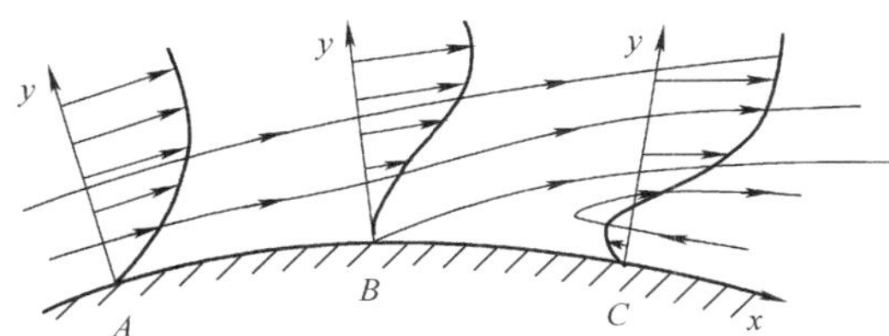

图 5-3 壁面边界层的流动分离的原理图

在从 B 点到 C 点的扩张段，主流区的速度降低，压力增加，边界层内的流体微团受到负向压差阻力和壁面摩擦阻力两种阻力，因此流速越来越慢，当动量已不足以克服阻力时，在 C 点壁面速度降为零，此时摩擦阻力也为零，但负向压差阻力不为零，于是流体微团开始反向回流。回流与上方的顺流交汇，使正向流动与壁面分离。逆压梯度是产生边界层分离的一个必要条件。

流动分离与曲面扩张角度、雷诺数、壁面粗糙度、来流湍流度、压力分布等多个因素有关。湍流边界层抵抗分离的能力要强于层流边界层，主要原因是在承受同样的逆压梯度时，湍流流动的层与层之间存在较强的动量交换，外层流体会传递更多的动量给近壁层流体，驱动近壁层向前流动，使分离延迟。

4. 摩擦阻力与压差阻力

由于空气具有黏性，气流在车身表面上会产生速度梯度 $\frac{\partial u}{\partial y}$，从而形成摩擦阻力。对于图 5-4 所示的二维形体，它在来流方向受到的摩擦阻力 D_{f} 可表示为

$$D_f = \oint \tau_w \cos\varphi \mathrm{d}S$$

式中　τ_w——沿壁面流动方向的剪切应力；

φ——表面流动方向与水平面的夹角。

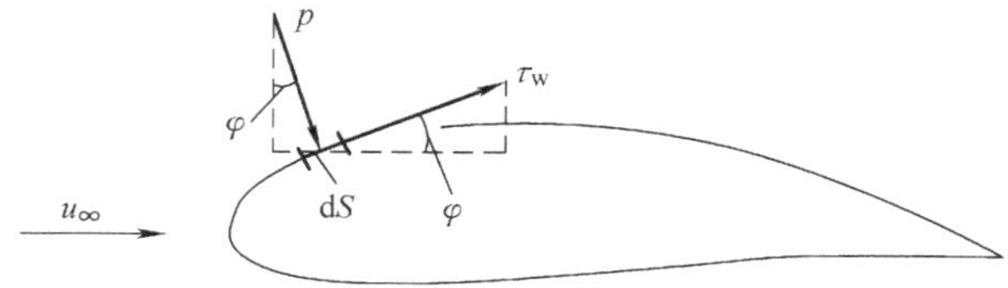

图 5-4　二维形体的摩擦阻力

形体表面的静压随着当地流场的变化而变化，在来流方向上对该形体的静压力进行积分，得到压差阻力 D_p：

$$D_p = \oint p \sin\varphi \mathrm{d}S$$

式中　p——形体表面微元的静压力。

该形体受到的总阻力 D 和阻力系数 C_d 可分别写为

$$D = D_f + D_p$$

$$C_d = \frac{D}{\frac{1}{2}\rho u_\infty^2 \times A}$$

式中　A——钝体在来流方向的正投影面积。

u_∞——来流远场速度。

以二维圆柱绕流为例，如图 5-5 所示，在无黏性不可压缩条件下没有能量损失，如果对圆柱表面的 x 向压力进行积分，产生的阻力将为 0。而在有黏性的流动中，圆柱表面的压力分布发生了明显变化。流动在圆柱最宽处附近位置发生分离，分离区内的负压力对圆柱产生明显的抽吸作用，使压差阻力明显大于摩擦阻力。

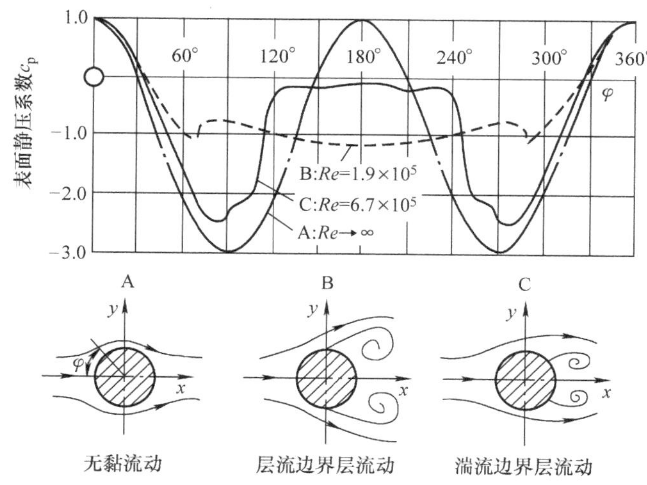

图 5-5　不同雷诺数下圆柱绕流的压力分布和流线（数据来源：W. H. Hucho）

圆柱表面的流动分离位置受雷诺数影响是不固定的。在低雷诺数流动时，分离点位于截面最宽处附近，尾流区较宽，对应风阻系数较大。在达到临界雷诺数（约 5×10^5）时，圆柱前部的层流边界层转化为湍流边界层，在湍流边界层内，层与层之间沿法向的动量交换增加，使得主流区的动能可以补充给壁面底层，从而使分离点延迟，尾流区减小，阻力系数也比临界雷诺数以下时减小很多。

对汽车而言，外形较为方正，气流在车后的分离点比较固定，风阻系数在很大的雷诺数范围内（通常在 >60km/h 车速时）基本恒定，变化很小。为了降低汽车的风阻，通常在车尾部和乘员舱的后部采用向内收缩的锥形形体，以获得较小的尾流区域的体积和压差阻力。

5.2.2 流体力学控制方程

流体力学遵循三大控制方程：连续性方程、动量方程和能量方程。这三个控制方程分别对应三大基本物理定律：质量守恒定律、牛顿第二定律和热力学第一定律。流体力学的基本方程也从这三大基本定律中推导而来。

（1）连续性方程 连续性方程如下：

$$\frac{D\rho}{Dt}+\nabla\cdot(\rho\vec{V})=0 \tag{5-4}$$

式中 ρ——空间某点流体的密度；

t——时间；

$\vec{V}$——速度向量。

式（5-4）的第一项表示空间某一点处流体质量在单位时间内的增加量，第二项为单位时间内流出该点的质量。对不可压缩流动，第一项为零，连续性方程可简化为

$$\nabla\cdot\vec{V}=0$$

不可压缩流动的连续方程的物理意义是：对于不可压缩流动，流体微团的体积保持不变。

（2）动量方程（Navier – Strokes 方程，简称 N – S 方程） 动量方程是对流动模型应用牛顿第二定律推导得到的：

$$\frac{D\vec{V}}{Dt}=\vec{f_b}-\frac{1}{\rho}\nabla p+\frac{\mu}{\rho}\nabla^2\vec{V}+\frac{1}{3}\frac{\mu}{\rho}\nabla(\nabla\cdot\vec{V}) \tag{5-5}$$

式中 $\vec{f}_b$——空间某点流体所受到的体积力；

μ——流体动力黏度。

式（5-5）左边第一项为惯性力项，表示流体的动量随时间的变化；右边第一项为体积力项，第二项为压差阻力项，第三和第四项为黏性力项。N – S 方程的物理意义是：流体动量的改变由体积力、压差阻力和黏性力三种力产生。

对于不可压缩流动，式（5-5）右边的最后一项可以忽略，N – S 方程可简写为

$$\frac{D\vec{V}}{Dt}=\vec{f_b}-\frac{1}{\rho}\nabla p+\frac{\mu}{\rho}\nabla^2\vec{V}$$

（3）能量方程 能量方程是热力学第一定律在流体中的应用。热力学第一定律指出，体系能量的增加只可能有两种途径，一是从外界吸收热量，一是外界对体系做功。能量方程

的表达式为

$$\rho \frac{\mathrm{d}(U + u_i u_j/2)}{\mathrm{d}t} = \rho f_{\mathrm{b},j} u_i + \frac{\partial}{\partial x_i}(\tau_{ij} u_j) + \frac{\partial}{\partial x_i}\left(\lambda \frac{\partial T}{\partial x_i}\right) + \rho \dot{q} \tag{5-6}$$

式中　U——流体微团的内能；

u_i、u_j——沿 i、j 向的速度分量；

$f_{\mathrm{b},j}$——沿 j 向的体积力分量；

x_i——坐标分量；

τ_{ij}——流体微团在作用面法向为 i 向，作用力方向为 j 向的切应力；

λ——导热系数；

T——温度；

$\dot{q}$——微团单位时间接收到的辐射热量。

其中，式（5-6）左边的一项表示流体微团总能量（包括内能和动能）的变化；右边第一项为体积力对流体微团做的功，第二项为表面力（压力和黏性力）对流体微团做的功，第三项为流体微团通过热传导从外界接收的热量，第四项为流体微团通过辐射从外界接收的热量。

连续性方程、动量方程、能量方程中有四个未知数 ρ、$\vec{V}$、p、T，对不可压缩流动，密度 ρ 已知，三个方程可以求解。对于可压缩方程，还需补充一个完全气体状态方程使方程组封闭：

$$p = \rho R T$$

式中　p——压强；

R——摩尔气体常数，$R = 8.31\mathrm{J/(mol \cdot K)}$。

三大控制方程中，动量方程是核心，因此通常把三个方程组成的方程组统称为 N－S 方程。牛顿流体的流动现象都遵循这个方程组，流场求解的本质是求解 N－S 方程。

5.2.3　声学基本概念

声音由质点的振动产生，声振动以机械波的形式在空气（或其他弹性媒介）中传播，称为声波。在声波的扰动下，空气分子交替膨胀或压缩，表现为媒质压强、密度、温度及质点速度的变化。假设空气微元受到声扰动后，压强由 p_0 变为 p_1，定义声压 p 为

$$p = p_1 - p_0$$

声压 p 是空间和时间的函数，由声扰动引起的密度的变化 $\rho' = \rho - \rho_0$ 也是空间和时间的函数。存在声压的空间称为声场，声场中某一瞬时声压值称为瞬时声压。在一定时间间隔 T 中，瞬时声压对时间取均方根值，称为有效声压 p_e：

$$p_\mathrm{e} = \sqrt{\frac{1}{T}\int_0^T p^2 \mathrm{d}t}$$

用检测仪器测量得到的声压，和人们习惯上所指的声压通常都是有效声压。声压的单位为 Pa。声波使空气分子来回振动，使空气分子来回压缩和膨胀，因此使空气具有了动能和形变位能，这部分能量就是声能量。单位体积的平均声能量密度 $\bar{\varepsilon}$ 定义为

$$\bar{\varepsilon} = \frac{p_\mathrm{e}^2}{\rho_0 c_0^2}$$

式中　ρ_0——平衡状态的空气密度；

　　c_0——空气中的声速。

垂直于声传播方向上单位面积的平均声能量流称为声强 I，单位 W/m^2，表示为

$$I = \overline{\varepsilon}\, c_0$$

由于声振动的能量范围非常大，声功率从 10^{-5}W 到 10^{9}W，相差十几个数量级，同时人耳对声音的“响度感觉”并不是正比于强度的绝对值，而是接近与对数值成正比。因此，在声学中普遍采用对数标度来度量声压，称为声压级，单位为 dB（分贝），声压级以符号 SPL 表示：

$$\mathrm{SPL} = 20\log_{10}\frac{p_e}{p_{ref}}$$

式中　p_e——待测的有效声压；

　　p_{ref}——参考声压，一般取 2×10^{-5}Pa，这个值是正常人耳对 1kHz 声音的可听阈值，对应的声压级为 0。

表 5-1 所列为日常生活中的声学现象的声压级、声压和声强的对应关系。

语音清晰度（Articulation Index，AI）是衡量汽车风噪声的最常用指标，用来描述在噪声环境下话语被听清楚的程度，通常采用百分数来表示。AI 值为 0% 代表话语的声音完全听不清楚，100% 表示话语完全能听得清楚。

表 5-1　日常生活中的声学现象的声压级、声压和声强的对应关系

声学现象	声压级/dB	声压/Pa	声强/(W/m^2)
喷气式飞机（50m 处）	140	200	100
不舒服的下限	120	20	1
电锯（1m 处）	110	6.3	0.1
货车（10m 处）	90	0.63	0.001
繁忙的道路边（5m 处）	80	0.2	10^{-4}
正常对话（1m 处）	60	0.02	10^{-6}
安静的图书馆	40	0.002	10^{-8}
树叶的沙沙声	10	0.000063	10^{-11}
人听阈下限	0	0.00002	10^{-12}

5.2.4　气动声学控制方程

气动噪声是流动产生的噪声现象，也遵循三大控制方程。1952 年 Lighthill 通过公式推导，将连续性方程和动量方程联合可推导出声类比方程：

$$\frac{\partial^2\rho'}{\partial t^2} - c_0^2\frac{\partial^2\rho'}{\partial x_i\partial x_i} = \frac{\partial^2 T_{ij}}{\partial x_i\partial x_j} \tag{5-7}$$

$$T_{ij} = \rho u_i u_j + p_{ij} - a_0^2\rho\delta_{ij}$$

式中　ρ'——密度的脉动；

　　c_0——当地声速；

T_{ij}——广义应力张量；
δ_{ij}——克罗内克尔（kronecker）符号；
t——时间变量；
x_i、x_j——坐标分量；
T_{ij}——Lighthill 应力张量；
ρ——流体平均密度；
u_i、u_j——沿 i 和 j 方向的速度分量；
p_{ij}——可压缩应力张量。

$\rho u_i u_j$为与湍流脉动速度有关的湍流应力。

式（5-7）右边可以看成声源项，相当于一个四极子声源，左边为传播项，相当于四极子声源在声速为c_0的介质中传播。式（5-7）可解释为，任意真实流动中的密度脉动与一个四极子声源在稳态介质中产生的密度脉动具有严格的类比关系，因此该方程被称为声类比方程。

在声类比方程的基础上，考虑力源、质量源和黏性的影响，推导得到一般形式的非齐次声学波动方程：

$$\frac{1}{c_0^2}\frac{\partial^2 p}{\partial t^2} - \nabla^2 p = \frac{\partial Q}{\partial t} - \nabla \cdot f_0 + \nabla \cdot \nabla T_{ij} \tag{5-8}$$

式中　Q——质量源（$\mathrm{kg/m^3}$）；
f_0——物体表面对其边界上流体的作用力；
T_{ij}——广义应力张量。

式（5-8）右侧第一、二、三项分别表示单极子、偶极子和四极子声源，左侧表示为声的传播。因此一般形体的非齐次声源表示的是三类声源在声速为 c_0的稳态介质中的传播。

5.2.5　汽车空气动力学六分力

为便于分析，建立空气动力学坐标系，将坐标系的原点设置在车辆纵向对称面与地面的交线上，前后轴的中点处。规定沿车长方向为 X 轴，从车头指向车尾为正向；沿车宽方向为 Y 轴，从左向右为正向；沿车高方向为 Z 轴，从下向上为正向，如图 5-6所示。

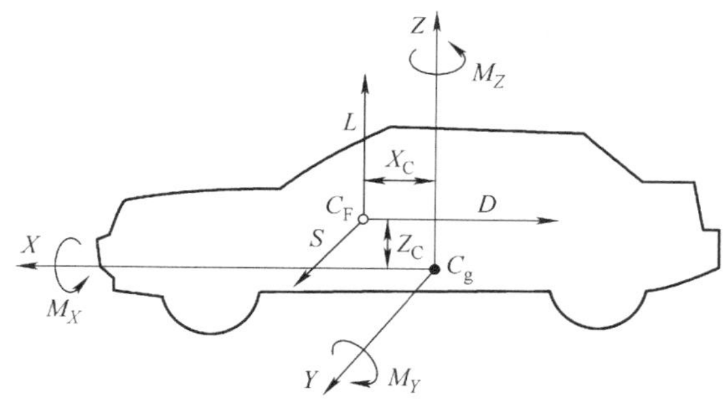

图 5-6　空气动力学坐标系示意图

将气流作用在车体上的合力的作用点定义为风压中心。将合力由风压中心向坐标原点变换，可得到 X、Y、Z 三个方向的分力 F_w、F_s、F_l和绕 X、Y、Z 三个轴的力矩 M_X、M_Y、M_Z，即气动六分力。定义与车辆尺寸及来流属性无关的无量纲系数如下：

$$C_d = \frac{F_w}{\frac{1}{2}\rho V^2 \times A}$$

$$C_s = \frac{F_s}{\frac{1}{2}\rho V^2 \times A}$$

$$C_l = \frac{F_l}{\frac{1}{2}\rho V^2 \times A}$$

$$C_{M_X} = \frac{M_X}{\frac{1}{2}\rho V^2 \times A \times L}$$

$$C_{M_Y} = \frac{M_Y}{\frac{1}{2}\rho V^2 \times A \times L}$$

$$C_{M_Z} = \frac{M_Z}{\frac{1}{2}\rho V^2 \times A \times L}$$

式中 C_d——风阻系数；
C_s——气动侧向力系数；
C_l——气动升力系数；
C_{M_X}——气动侧倾力矩系数；
C_{M_Y}——气动俯仰力矩系数；
C_{M_Z}——气动横摆力矩系数；
V——车辆行驶速度；
A——车辆沿来流方向的正投影面积；
L——车辆的轴距。

1. 风阻

汽车在沿直线路面行驶时，总行驶阻力为

$$F_{total} = F_f + F_w + F_i + F_j$$

$$F_f = mgf\cos\alpha$$

$$F_w = \frac{1}{2}\rho V^2 C_d A$$

$$F_i = mg\sin\alpha$$

$$F_j = m(1+\delta)\frac{dV}{dt}$$

式中 F_f——滚动阻力；
F_w——风阻；
F_i——爬坡阻力；
F_j——加速阻力；
m——整车质量；
g——重力加速度；
α——爬坡度；
f——轮胎滚动摩擦系数；

ρ——来流空气密度；

V——车辆行驶速度；

C_d——车辆风阻系数；

A——车辆沿来流方向的正投影面积；

δ——车辆旋转部件的等效质量系数。

车辆在坡度为0°的平路上匀速行驶时，爬坡阻力和加速阻力为0，总行驶阻力简化为

$$F_{total} = mgf + \frac{1}{2}\rho V^2 C_d A$$

汽车的轮胎滚动阻力系数在车速为120km/h以下时基本不变，可近似认为滚动阻力不随车速变化。而风阻与车速的平方呈正比，车速越高，风阻所占比例越大。在80km/h等速行驶时，风阻可占到总行驶阻力的一半。而在120km/h时，风阻所占比例会增加到约70%。因此，降低风阻是降低汽车能耗和排放量的主要措施之一。图5-7所示为某紧凑型轿车在平路上匀速行驶时风阻和滚动阻力随车速的变化。

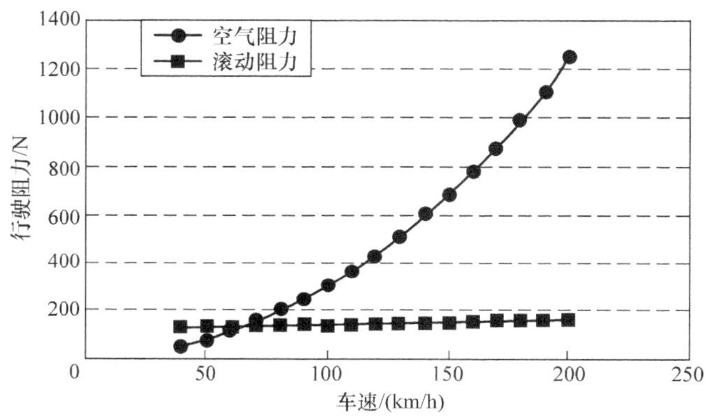

图5-7　某紧凑型轿车在平路上匀速行驶时风阻和滚动阻力随车速的变化

对电动汽车来说，由于当前动力蓄电池的能量密度和体积密度远低于燃油，整车所能搭载的电池包电量是有限的，使续驶里程成为纯电动车普及和推广的最主要瓶颈，因此汽车风阻研究是新能源汽车研究的重点。

对普通乘用车而言，气动侧倾力矩对行驶稳定性的影响很小，一般不做研究。大体而言，侧倾力矩越小对侧风的行驶稳定性越有利。

2. 气动升力及俯仰力矩

汽车顶部和底部的Z向压力分布不同，若将整车所受到的气动升力F_l分配到前后轴上，前后轴上的升力系数会有差异，并形成绕原点的气动俯仰力矩M_Y：

$$F_l = F_{lf} + F_{lr}$$

$$M_Y = (F_{lr} - F_{lf})\frac{L}{2}$$

式中　F_{lf}、F_{lr}——前、后轴的气动升力。

汽车升力产生的原因可解释为，由于汽车贴地行驶，又需要容纳乘员和货物，汽车形体的上部凸出，下部较平。汽车上表面曲率较大，在科恩达效应的作用下，气流贴体流动时，

在曲面表面形成较大的负压力，它和远场大气压的压力差抵消了气流弯曲流动的离心力。因此在贴体流动的前提下，曲率越大，局部表面压力越低，汽车上表面的压力明显低于底部的压力，从而形成升力。

经过多年发展，当前车型的气动升力系数已经处于较低数值水平。由于升力与速度的平方成正比，在中低车速下讨论气动升力和俯仰力矩是没有意义的，它的主要影响是在超高速时（如 150km/h 以上），气动升力会降低轮胎在地面上的附着力，前、后轴的气动升力差值会导致前、后车轮抓地力的失衡，改变车辆原有的转向特性，从而影响车辆高速行驶的稳定性和安全性，因此气动升力对高性能车辆和竞速车辆特别重要。

3. 气动侧向力和偏航力矩

在侧风作用下，气流与车辆的相对运动方向是车辆行驶方向与侧风方向的合成，气流与行驶方向之间的角度称为气流偏航角，并在车体上形成气动侧向分力 F_s。同时由于风压中心和重心并不重合，也会形成气动偏航力矩 M_z。车辆高速行驶时，大部分的气流偏航角在 10°以内，最大一般不超过 20°。

有侧风时车辆周围的流场是不对称的。在车辆前部的迎风侧，A 柱后和车头侧面的气流分离区减小，正压力增加。在车辆前部的背风侧，A 柱区域和前保险杠拐角区域气流会加速，出现更大的负压力。在车辆后部，表面压力受侧风的影响相对较小，背风侧的压力比迎风侧稍低。这种左右不对称的压力分布，使车辆在气流中有转动的趋势，从而产生气动侧向力和偏航力矩。一般来说，前轴所受到的侧向力会比后轴更大。在侧风的作用下，背风侧 A 柱区域的流速加快，也使得有侧风时的风噪问题变得更加严重。示例如图 5-8、图 5-9 所示。

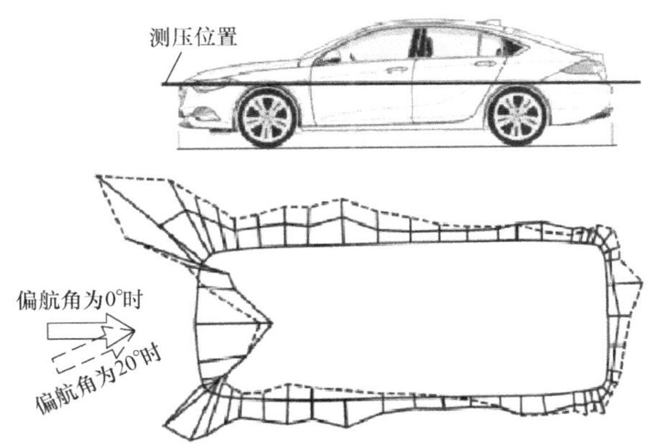

图 5-8　偏航角 20°时，下部车体水平截面上的压力分布（数据来源：W. H. Hucho）

如图 5-10 所示，根据大量的试验发现，一款车型的侧向力系数与偏航角基本呈线性关系。对给定类型和尺寸的车辆，侧向力一般变化范围不大。车高是影响侧向力的最主要因素，MPV 等侧向投影面积较大，车高较大的车型侧向力更大，而侧向投影面积较小，车高较小的三厢轿车侧向力最小。

侧风对车辆性能的影响主要体现在操纵稳定性上。操纵稳定性是指在驾驶人不感到过分紧张、疲劳的条件下，汽车能遵循驾驶人通过转向系统及转向车轮给定的方向行驶，且当受到外界干扰时，汽车能抵抗干扰而保持稳定行驶的能力。侧风，特别是非稳定的侧向阵风对

图 5-9　风洞试验中带偏航角的背风侧 A 柱烟流（图片来源：SAE 2016－01－1620）

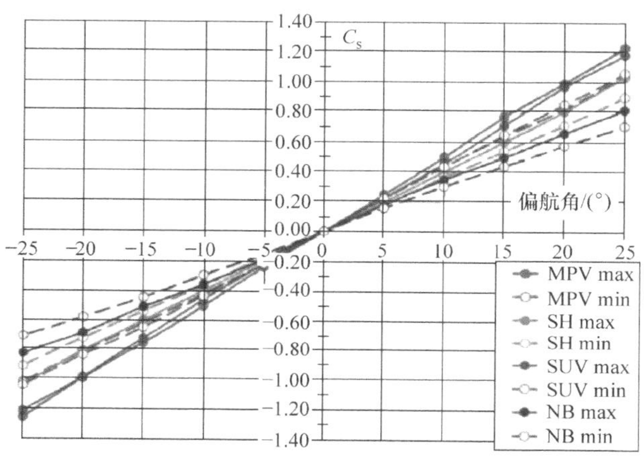

图 5-10　不同类型汽车的侧向力特性随偏航角的变化（图片来源：SAE 2016－01－1620）（见彩插）

MPV—以 MPV 为代表的单厢车　SH—小型掀背式轿车或紧凑型 SUV 等两厢车

SUV—中大型 SUV　NB—阶背式或快背式三厢车

汽车操纵稳定性的影响很大。在自然侧风较大的环境下，车辆突然驶出隧道或建筑物，驶入跨海大桥或高架桥，以及超车会车时，均会遭遇强烈的侧向阵风，侧风的突然变化会给车辆施加一个阶跃侧向力，使车辆突然向一侧偏转，驾驶人对转向机构的紧急修正会导致对车辆的控制不当，甚至出现事故。

对于侧风稳定性，主要的评价指标有：

（1）横向位移　横向位移是车辆通过风带时偏离初始车道的横向侧移量，它是评价侧风稳定性的主要评价指标之一。横向位移越大，侧风稳定性越差，当横向位移超过某临界值时，车辆就很可能会驶出车道发生危险。

（2）横向加速度　横向加速度是表征车辆在行驶过程中侧向运动的重要物理量，是汽车抗偏能力及产生侧向运动趋势的主要评价指标。

（3）横摆角速度　在进入或驶出侧风带时，车辆的瞬态横摆角速度的超调量、反应时间可以来评价汽车的操纵稳定性，横摆角速度瞬态变化量越大，汽车抗偏能力越差。

（4）侧倾角　车辆在风带中的车身侧倾角度可以反映汽车发生侧倾的风险，侧倾角越

大，发生侧倾的风险也越大，严重时会发生失稳或侧翻的可能。

汽车侧向力特性可以通过道路试验或仿真方法进行评价。图 5-11 所示为在仿真软件中使用整车多体动力学模型，在侧风风速为 20m/s 时，以 80km/h、110km/h、140km/h 的车速进行侧风仿真得到的主要评价指标结果。

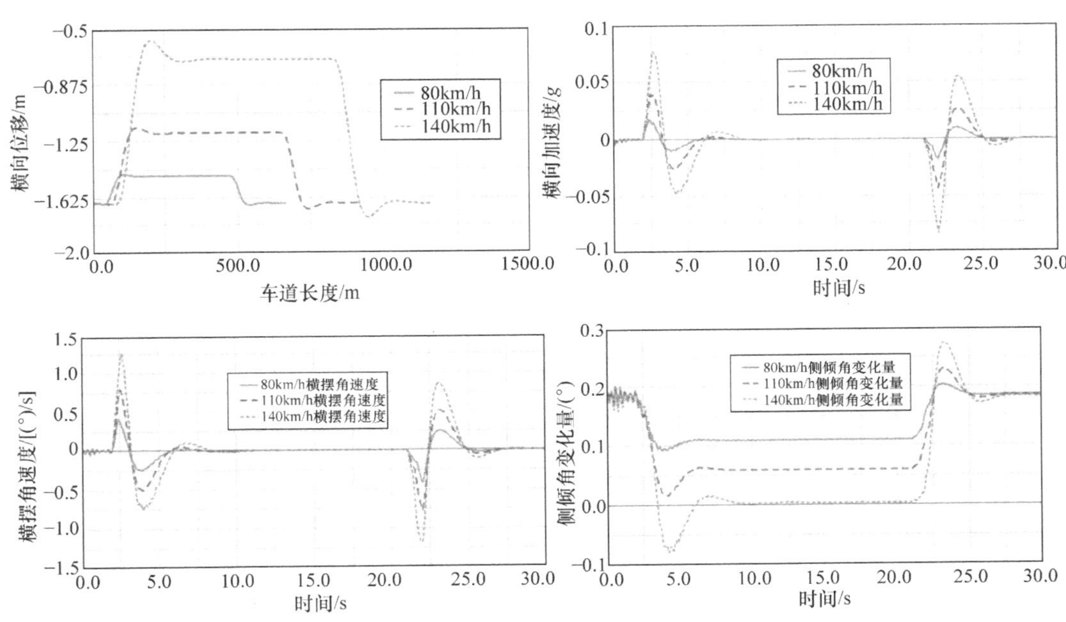

图 5-11 侧风仿真模型及仿真结果（数据来源：比亚迪汽车陶文秀）

整体的侧向力和偏航力矩对操纵稳定性的影响不同。整体的侧向力会造成较大的车道偏移，而偏航力矩会导致偏航角速度和车辆横向加速度增加，后者对驾驶人的操控感影响更大。

5.2.6 气动噪声

1. 气动噪声源理想模型

研究声学问题一般需要考虑声源、传播路径和接收者三个方面。气动噪声源的理想模型分为三种：

第一种是单极子声源，由瞬态变化的体积流量产生，如发动机进排气噪声和乘员舱泄漏噪声。单极子声源是最高效的声源，噪声强度与流动速度的四次方成正比。汽车主要的单极子声源都进行了处理，如对发动机的进排气系统都经过消声处理，对乘员舱进行了精心密封。但一旦乘员舱存在泄漏，车辆外表面的压力波动在乘员舱内部形成不稳定的质量流量，将会产生强大的单极子声源，这种声源将在车内噪声中占据主导地位。

第二种是偶极子声源，由瞬态变化的压力作用于固体边界上而形成，湍流冲击在车体表面形成的噪声即为偶极子声源。偶极子声源的强度与流动速度的六次方成正比。偶极子和单极子声源强度的比值，与马赫数的二次方正比，因此在汽车正常行驶速度范围内，如果存在单极子声源，它将相对于偶极子占主导优势。

第三种是四极子声源，由两个流体单元相互碰撞产生，从而引起流体内部压力的瞬态变化，通常出现在湍流剪切层或者射流中。四极子声源的强度与流动速度的八次方成正比。四极子与偶极子声源强度的比值，也与马赫数的二次方正比，偶极子在汽车气动噪声中一定会存在，因此四极子声源通常可以忽略。

综上所述，气动噪声均与压力脉动有关。压力脉动即可以自己作为声源，也可以作用在结构上发声。空间某点的压力脉动即包含本地流动的湍流压力脉动，也包括外地声源传播过来的声压脉动。

2. 汽车风噪声分类

汽车风噪声主要分为三类：

（1）泄漏噪声　车辆在高速行驶时，车体外表面的压力比乘员舱内要低，这种压力差使车门向外移动，密封变差形成泄漏点。气流以非常高的速度通过泄漏点向乘员舱外流出，在泄漏点附近将产生非常强的单极子声源，泄漏气流在壁面周围形成复杂湍流也会产生偶极子声源。由泄漏导致的单极子声源强度很大，很容易盖过其他噪声，必须首先被消除，否则为降低车内噪声而增加的各类隔声吸声措施将无法体现效果。良好的乘员舱声学密封是汽车风噪开发的基础。汽车上常见的泄漏点有车门密封条、玻璃导轨、玻璃呢槽、车门及前三角窗处的孔洞等位置。

（2）空腔噪声　车身外部的空腔会产生风噪，如车门等开闭件周围的缝隙、两厢车的顶盖与后尾翼之间的空腔、天窗或侧窗打开引起的风振噪声等。空腔噪声可以分为两类：一类是由空腔引起的宽频噪声，在空腔开口的前缘气流分离，与空腔内的低速气流形成剪切流，由于剪切流为湍流流动，不存在占主导的频率，因此是宽频噪声；另一类是由空腔共鸣引起的高强度、低频率的噪声。气流在空腔开口的前缘分离并产生扰动，这种扰动随气流向后传递，碰撞到空腔开口的后缘，产生向四周传播的声波。这种形式的声波频率f为

$$f = \frac{1}{\dfrac{l}{u} + \dfrac{l}{c_0}}$$

式中　l——空腔沿流动方向的长度；

u——当地流动速度；

c_0——声速。

当该声波的频率与空腔的固有声腔模态重合时，将会激励起高强度的低频噪声。行车时天窗和侧窗打开所产生的噪声就属于此类，被称为风振噪声。

（3）风激噪声　风激噪声是由车体表面湍流所引起的压力脉动产生的，属于宽频噪声。车体表面大部分是湍流，即使附着在表面的流动也会引起压力脉动，从而产生偶极子声源，

向所有方向辐射，这部分噪声会经过车体透射进乘员舱。同时这种压力脉动也会引起玻璃和车身钣金的振动，由振动的壁面向车内辐射噪声。当气流在车体表面分离时，情况变得更加严重，气流分离区域的压力脉动远大于贴体流动的表面，因此气流分离区域往往是风噪的重点关注和优化区域。

风激噪声源的压力脉动可分为声压脉动与湍流压力脉动，二者有一些明显的差异，见表5-2。声压脉动的幅值比湍流压力脉动低3～4个量级，但波数范围较大，其中与车窗玻璃弯曲波固有频率接近的部分引起玻璃弯曲变形，向乘员舱内的传播效率要高很多。因此声压脉动对车内风噪的贡献更大。

表5-2 声压脉动与湍流压力脉动的对比

指标	声压脉动	湍流压力脉动
压力幅值	较低	较高
传播速度	对流速度	声速
传播方向	流动下游	各个方向
传播效率	低	高
频率特性	偏低频	较高频
穿透能力	弱	强

3. 汽车风噪特点

汽车的噪声主要分为动力总成噪声、路面噪声及风噪。车速在50km/h以下时，发动机噪声为主要噪声源，当车速增加至50～100km/h时，路面和轮胎的噪声逐渐成为车内噪声的主要来源。当车速达到100km/h以上时，风噪盖过其他噪声成为主要噪声源。对于电动汽车，由于电机取代了发动机，动力总成噪声大大降低，风噪更容易被感知。因此电动汽车对风噪的要求更高。图5-12和图5-13所示分别为燃油车噪声构成示意图和纯电动汽车噪声构成示意图。

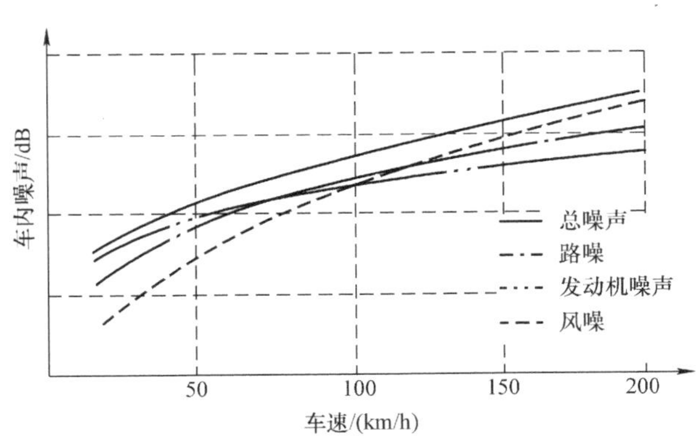

图5-12 燃油车噪声构成示意图

风噪的分布频率范围非常大，天窗风振噪声只有20～60Hz，风激噪声为100～10000Hz。不同区域风噪的频率分布和贡献量也不相同。底盘和下车体引起的风噪主要在中低频（2000Hz以下），上车身引起的风噪主要体现在高频。在密封良好的情况下，上车身的主要

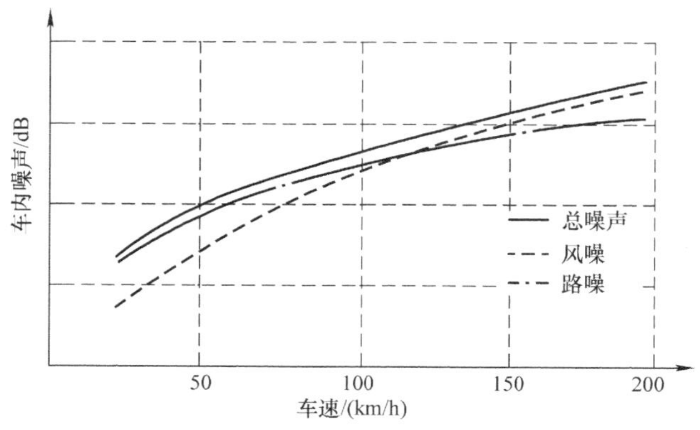

图 5-13　纯电动汽车噪声构成示意图

风噪声源为 A 柱、外后视镜、流水槽盖板、发动机舱盖、车顶行李架、外置天线、外部的缝隙和空腔等，下车体的主要风噪声源为车轮轮罩、不平整的地板、中央通道等。图 5-14 所示为风噪的贡献对比。

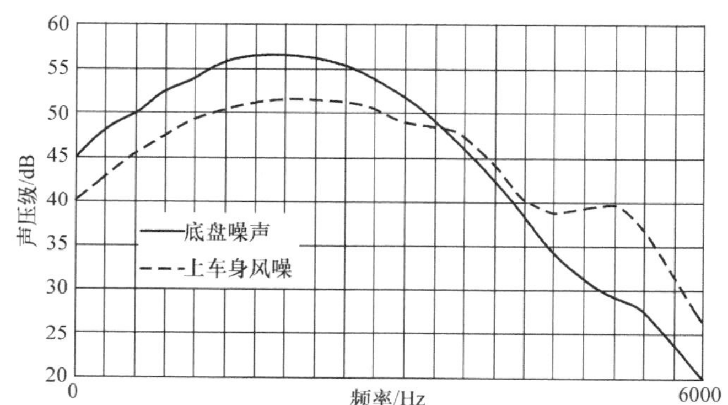

图 5-14　风噪的贡献对比（图片来源：达索 Powerflow，毛研伟）

5.3　汽车空气动力学开发方法

5.3.1　风洞试验

1. 风洞试验室

在汽车空气动力学性能开发时，要求其性能指标必须是可精确测量的，而道路试验条件受自然环境影响大，测试一致性和重复性差，车辆在动态行驶过程中也不方便进行精确测量，因此产生了汽车风洞。汽车风洞主要分为三类，即全尺寸气动声学风洞、热力学气候风洞和缩比风洞。下面主要介绍全尺寸气动声学风洞的测试方法。

典型的汽车风洞（哥廷根式 3/4 开喉风洞）结构示意图如图 5-15 所示。

汽车风洞的类型及主要特点见表 5-3。

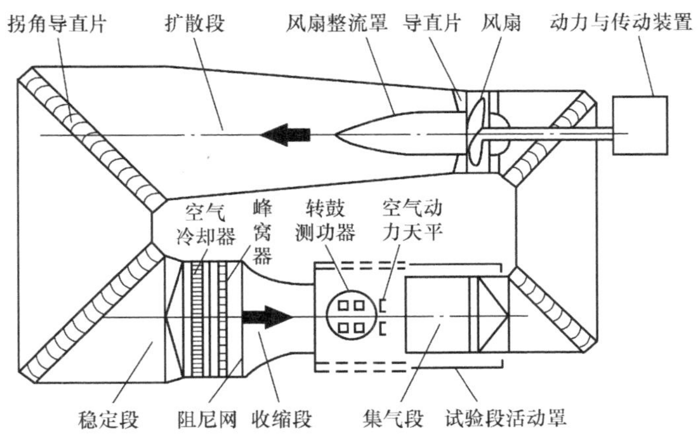

图 5-15 典型汽车风洞结构示意图

表 5-3 汽车风洞的类型及主要特点

风洞类型	用途	试验对象	主要特点
全尺寸气动声学风洞	气动六分力 风噪测量	实车 油泥模型 硬质模型 缩比模型	大喷口、高风速、低阻塞比、速度均匀性高、湍流度低、轴向静压梯度小 地面移动带及边界层处理 高精度可旋转六分力天平 流道、风机及试验段进行吸声消声处理，高速气流下的背景噪声低
热力学气候风洞	动力总成冷却能力 排气管热害 空调制冷与采暖 除霜除雾 水管理测试	实车	底盘测功机模拟行驶阻力 高低温环境模拟 日光辐射、降雨降雪模拟 高风速模拟，喷口较小 地面边界层处理
缩比风洞	气动六分力测量	小比例油泥模型或硬质模型	地面移动带及边界层处理 高精度六分力天平 高风速、喷口速度均匀性高、湍流度低、轴向静压梯度小

在风洞中，车辆和气流的相对运动关系是和实际道路上相反的，车辆静止而空气运动。由于地面效应对车辆气动力影响很大，必须精确模拟车辆和地面的相对运动，消除地面边界层。同时还需对来流的速度均匀性、湍流度和沿流向的静压梯度进行控制。典型的气动声学风洞的设计参数见表 5-4。

表 5-4 某气动声学风洞的主要性能参数

性能指标	参数值
喷口面积	$28m^2$
测试段长度	>15m
最高风速	>250km/h
背景噪声	140km/h 时小于 60dB（A）

（续）

性能指标	参数值
喷口风速均匀性	<0.5%
湍流度	<0.2%
轴向静压梯度	<0.001/m
边界层处理	地面移动带，边界层抽吸系统，边界层位移厚度<2mm
天平	旋转角度：±30°，分辨精度：<0.5N

2. 气动力测量

进行气动力测量时，将车辆通过夹持工装固定在高精度天平系统上，使车辆的离地间隙满足设计要求，天平配备五移动带系统（或单带系统），带动车辆旋转并模拟车辆与地面的相对运动。风机风道系统能够提供平稳均匀的来流作用到车辆上。风洞测试的参数主要分为如下几类：

（1）气动六分力　由天平测得车辆在对应车速下的气动六分力，风洞的数据处理系统将气动六分力转换为无量纲的气动力系数。全尺寸气动声学风洞内的气流品质通常在流速在60km/h以上时才能达到要求，并且在一定的雷诺数范围内，无量纲的气动力系数基本不随车速变化，因此，气动力测试通常会在流速在100～140km/h内进行。转盘式的天平系统可以旋转车辆，使之与来流形成一定角度，测量车辆在不同偏航角下的气动力与系数。图5-16所示为全尺寸气动声学风洞试验室。

图5-16　全尺寸气动声学风洞试验室

（2）车身表面压力　一般采用测压片来测量车身表面的静压力，将测压片固定在车身表面，用细胶管连接到压力采集设备上，测压片和胶管均用胶带紧贴在车身表面，其布置走向以尽量不影响气流流动为宜，如图5-17所示。表面测压可用于计算流体动力学（CFD）仿真对标。

（3）流场空间测量　在流场空间中测量流场参数，需要使用能够在强风中精确定位的移动测量系统，将测量探头固定在移动测量系统上。测速仪器多采用多孔式（五孔式、九孔式或十四孔式）测速仪，可以测量出流场中的速度矢量，也可以用测压仪器测量空间点的总压。

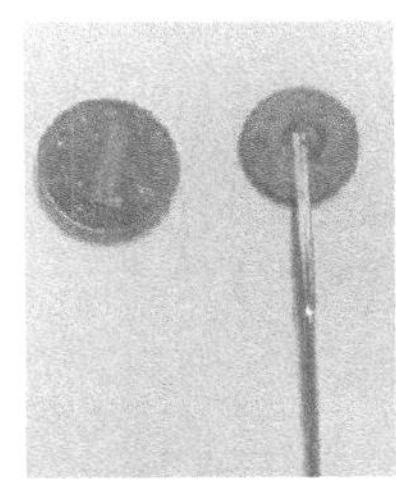

图 5-17　表面测压片及其在车身上的布置

（4）流场可视化　在风洞中可以使用一些流场可视化技术，显示车辆周围流场的形态、气流的流动路径、气流分离的位置和尾涡的结构等。常用的可视化技术包括油膜法、丝丛法、烟流法及粒子图像测速法（PIV）。最常用的方法是烟流法，由烟流发生器发出的烟流，可以清楚地显示出气流流动的轨迹，如图 5-18 所示。

图 5-18　烟流试验

3. 风噪测量

在风洞中可以进行风噪的主观评价和客观评价。进行主观评价试验时，人员坐在车内，将来流提升到较高速度，对车内的整体风噪水平进行评价，同时评估是否存在漏风，以及由凹槽、天线、台阶、缝隙引起的窄频带噪声。进行客观试验时，在车内放置人工头，将全车的缝隙、前舱及有连接关系可能造成噪声泄漏的部件全部用声学胶带密封，如图 5-19 所示。在高风速下，通过人工头采集的数据可计算得到全密封状态下的乘员舱内的语音清晰度（AI 值）。然后，将粘贴的胶带按次序依次揭除，可分解出每条缝隙对风噪的贡献量，然后制订进一步的隔声和密封措施。

a) 人工头

b) 全密封的试验车

图 5-19　人工头与全密封的试验车

声学阵列传声器设备可以放置在车外主流区以外，对车辆不同状态下的外部噪声源进行拍照和运算，计算出不同噪声源的影响。图5-20所示为声学阵列传声器及声学照相结果。

a) 声学阵列传声器

b) 声学照相结果

图5-20 声学阵列传声器及声学照相结果

4. 风洞试验在车辆开发中的应用

空气动力学风洞的试验对象可以是油泥模型、硬质模型或者是实车。在汽车造型设计阶段，可以使用油泥模型进行风洞试验。此时可以在风洞内现场修改油泥来优化风阻，并进行验证。对于尺寸较大的修改，为节省试验时间，通常采用局部部件替换的方法来快速进行模型修改，并进行验证。油泥模型的制作精度受环境温湿度影响较大，而且不便于运输，因此在外造型设计后期接近冻结时往往会使用硬质模型进行风洞试验。硬质模型由树脂制作而成，材料稳定，加工精度高，此时对一些外造型的细节或附件（如外后视镜、A柱装饰条、车底导流板、灯具表面等）仍有一定的可修改空间，可制作多种不同形状的样件，在主模型上替换进行试验。在此阶段进行风噪声的试验开发时，还需要制作带乘员舱和玻璃的透明式硬质模型，这种模型可以表现出乘员舱的内部空间和风窗玻璃、车窗玻璃的隔声透声效果，将人工头声学设备放置在乘员舱内采集耳部噪声。这样就可以在风洞试验中，验证后视镜、A柱、刮水器等部件在不同的造型、位置、角度方案下对车内人耳噪声的影响。

实车风洞试验的试验对象通常有竞品车、量产前的试制车辆和量产后的抽检车辆。通过竞品车试验可以填充竞品车风洞试验数据库，用于预测未来车辆空气动力学性能的发展趋势和新车型的性能目标定义。对部分先进的空气动力学车型，可以通过试验测量其各部件和系统对性能的贡献量，通过可视化技术研究其周围流场的形态作为参考。量产前的试制车辆通常用于车辆的性能验收，以及不同配置对气动性能的影响。在风噪试验中可以分解出不同部位的密封件状态是否达到了设计要求，以及它们对乘员舱内噪声的贡献量。

车辆量产后，汽车的性能质量控制由研发部门转移到生产制造部门，此时需定期对量产车型进行抽检，以检验零部件供应商、装配工艺、工人操作等对风噪等性能带来的质量偏差。

5.3.2 道路试验

1. 道路滑行阻力试验

在汽车开发过程中，风阻对行车能耗的影响最终由整车能耗试验测量。能耗试验在底盘测功机上进行，在底盘测功机设定的不同车速下的道路行驶阻力则由道路滑行阻力试验来获得。

道路滑行阻力试验在平直道路上进行，要求道路坡度小于0.1%，自然风速不大于

3m/s，最好是无风环境。将车辆加速至高速（如 125km/h）状态，然后断开动力输入，使车辆在平直道路上滑行，车辆受到行驶阻力的影响而逐渐减速，直至停止。记录滑行过程中的车速与对应时间。为排除阵风和风向对车辆风阻的影响，滑行试验要求沿正反两个方向分别至少滑行各三次，并对滑行数据进行筛查，若某一次滑行数据出现异常，则需增加滑行次数。

对多次滑行的数据进行处理，可以得到车速随时间的变化关系，然后根据牛顿第二定律可计算得到不同车速下的总滑行阻力，$F_{\mathrm{coastdown}}$

$$F_{\mathrm{coastdown}} = F_{\mathrm{w}} + F_{\mathrm{f}} + F_{\mathrm{t}} = m(1+\delta)\frac{\mathrm{d}V(t)}{\mathrm{d}t}$$

式中 F_{w}——风阻；

F_{f}——滚动阻力；

F_{t}——传动系统阻力损失；

m——试验车质量；

δ——车辆旋转部件的等效惯性质量；

$V(t)$——随时间变化的速度。

在总滑行阻力中去掉滚动阻力、传动系统阻力，即可粗略算出实际道路条件下的风阻系数。由于存在侧风和阵风，滑行过程中悬架姿态和离地间隙也有变化，采用道路滑行阻力试验来推算风阻系数的测试精度较差，受道路条件和气候环境的限制较大，无法识别较小的风阻差异，因此，只能作为一种风阻系数粗略评估的方法。

2. 道路侧风试验

道路侧风试验是在一段平直试验道路上，在行驶方向的侧面设置一定长度的人造侧风装置，当车辆加速到一定速度时进入侧风试验段，评估车辆在侧风下的横向偏移量和横摆响应。试验时有两种操作和评价方式：一是驾驶人放开转向盘不做任何转向修正，让车辆在横风的作用下自由偏移；二是车辆进入侧风试验段发生偏移时，驾驶人即时进行转向修正，使车辆按既定车道行驶，这种方式即可反映车辆的侧风气动性能，又包含车辆悬架系统和转向系统在转向阶跃输入下的操控性能，更接近于用户实际驾驶工况。图 5-21 所示为侧风试验示意图。

图 5-21 侧风试验示意图

3. 道路风噪试验

道路风噪试验多用于对实车风噪的问题进行检查及主观评价。在道路上进行风噪试验时，必须尽可能排除来自动力总成的噪声及轮胎的噪声对风噪的影响。试验时将车辆加速至足够高的车速，采用匀速行驶尽可能排除动力总成噪声的干扰。为尽量减小轮胎噪声的干扰，可将轮胎更换为特殊的低噪声轮胎并选择在低噪声路面上进行试验。自然阵风和侧风的存在会影响试验的重复性和一致性，试验一般采用双向行驶将侧风对风噪的影响平均化。尽管如此，道路风噪试验的辨识度仍较低，对于部分较小的设计差异导致的风噪差异无法对比出来。

5.3.3 计算流体力学仿真

1. 计算流体力学的由来

理论方法、试验方法、计算流体力学（Computational Fluid Dynamics，CFD）方法是研究流体力学问题的三大方法。17 世纪，实验流体力学方法首先被提出，18 世纪到 19 世纪，理论流体力学也逐步建立。CFD 方法出现得则较晚，直到 1970 年前后才被提出并发展起来。CFD 方法真正被大规模的应用于汽车工程开发是伴随着三个前提条件的成熟才得以实现的，这三个前提条件是计算机硬件性能的提升、计算流体力学理论的完善、便捷易用的商用 CFD 仿真软件的出现。自 20 世纪 90 年代开始，这些条件渐趋成熟，CFD 仿真方法开始在各大汽车主机厂推广使用。时至今日，CFD 仿真方法因为其不依赖于物理测试样机，设计优化的迭代速度快，对流场的可视化效果更好，分析更方便，对缩短汽车空气动力学的开发周期，提升空气动力学的最大优化潜力，降低开发成本做出巨大贡献，已经成为汽车空气动力学开发中不可或缺的方法。

2. CFD 仿真方法的实现

N－S 方程是一个耦合的非线性二阶偏微分方程组，通常无法直接得到解析解。数值计算方法的出现，使求解 N－S 方程组的近似解成为可能。在 CFD 仿真方法中，将计算域划分成有限的网格点，在网格点上采用离散化方法将偏微分方程转化为代数方程组，在给定的初始条件和边界条件下，迭代求解代数方程组即可得到各个网格节点上的数值，再通过插值算法得到整个计算域所有空间点的数值。

3. 湍流模型与壁面处理

使用数值算法直接对 N－S 方程进行离散和迭代计算，计算量非常庞大，根本无法应用于工程开发。因此，CFD 学者开发出了各种湍流模型，使求解 N－S 方程大大简化，使计算工程复杂流动成为可能。

（1）雷诺时均应力（RANS）方法　普朗特边界层理论提出，流体的黏性流动主要影响近壁区域，在远离壁面的主流区，在高雷诺数时黏性力几乎可以忽略不计。对边界层以外的湍流核心区，CFD 仿真方法描述湍流流动的经典方法是雷诺时均应力（Reynold Averaged Navier－Stokes，RANS）方法，将非稳态的 N－S 方程进行时间平均转化为稳态方程，进行求解，大大地简化了计算难度和计算量，使 CFD 得以在工程应用方面迅速普及。RANS 方法将非稳态流动分解为两部分：平均的稳态流动和脉动的非稳态变化量，即

$$u(t) = \overline{u} + u'(t)$$

由此，N－S 方程可转换为稳态形式：

$$\rho\left[\frac{\partial \overline{u_i}}{\partial t} + \overline{u_k}\frac{\partial \overline{u_i}}{\partial x_k} = -\frac{\partial \overline{p}}{\partial x_i} + \frac{\partial}{\partial x_j}\left(\mu\frac{\partial \overline{u_i}}{\partial x_j}\right) + \frac{\partial R_{ij}}{\partial x_j}\right]$$

$$R_{ij} = -\rho\overline{u'_i}\,\overline{u'_j}$$

式中　R_{ij}——非稳态速度分量乘积的平均值，称之为雷诺应力，相当于在雷诺时均 N－S 方程中，将非稳态脉动对时均流动的影响用一个变量来体现，为了使方程封闭，对新引入的雷诺应力，需要借助附加的“湍流模型”来表达；

ρ——流体密度；

t——时间变量；

x_i，x_j，x_k——坐标分量；

$\bar{p}$——平均压力；

μ——流体的动力黏度；

$\bar{u}_i$，$\bar{u}_k$——i，k 方向的平均速度分量；

$\overline{u'_i}$，$\overline{u'_j}$——i，j 方向脉动速度分量的平均值。

湍流模型可以分为两大类：涡黏模型和非涡黏模型。其中涡黏模型由 Boussinesq 提出，他假设雷诺应力在形式上和黏性应力可以类比，那么雷诺应力也和平均流动的应变率成正比，比例系数称为涡黏系数。这种假设非常简单，计算量非常小，使在有限的计算资源下进行湍流的工程计算成为可能，并在很多复杂流动中取得很好的仿真精度，因此得到广泛应用。涡黏模型的典型代表是 $k-\varepsilon$ 和 $k-\omega$ 模型。但涡黏模型认为涡粘系数是各向同性的，在某些情况下会存在局限性，最典型的是在分离流动和有漩涡的流动中，涡黏性假设使计算得到的平均流动明显失真。

$k-\varepsilon$ 方程引入湍动能 k 和湍动能耗散率 ε 来构建湍流黏度和雷诺应力：

$$\mu_t = C_\mu \rho \frac{k^2}{\varepsilon}$$

$$R_{ij} = -\rho \overline{u'_i u'_j} = \mu_t\left(\frac{\partial \bar{u}_i}{\partial x_j} + \frac{\partial \bar{u}_j}{\partial x_i}\right) - \frac{2}{3}\mu_t \frac{\partial \bar{u}_k}{\partial x_k}\delta_{ij} - \frac{2}{3}\rho k \delta_{ij}$$

式中 δ_{ij}——克罗内克尔符号；

μ_t——湍流黏度；

C_μ——常数；

ρ——流体密度；

k——湍动能；

ε——湍流耗散率。

湍流黏度和物理黏度一起构成有效黏度（$\mu+\mu_t$），在 N－S 方程中替代 μ 进行计算。$k-\varepsilon$方程主要应用于高雷诺数流动，不适用于靠近壁面的低雷诺数流动。在近壁边界层内，层流黏性力占主导作用，湍流的影响可以忽略，因此需要使用近壁面低雷诺数模型来计算。常用的两种模型为壁面函数法和增强壁面处理法。

壁面函数法将边界层流动视为一个“黑盒子”，并不求解黏性底层内部的流动。基于壁面黏性底层内的对数法则给出速度分布，近壁面第一层的网格点靠近黏性底层边缘，对第一层网格运用壁面方程计算得到壁面剪切应力，再确认 k 和 ε 的数值，作为 $k-\varepsilon$ 方程的边界条件。这种方法简单，计算量小，但其所依赖的壁面法则是基于简单二维流动得到的，对一些复杂的三维流动并不适用。壁面函数法对近壁面第一层网格尺寸的要求不高，要求对应的 y^+ 值为 30～200。其中 y^+ 值定义为

$$y^+ = \frac{\sqrt{\rho_s \tau_s}}{\mu_s} y$$

式中 y^+——无量纲的壁面距离；

ρ_s——近壁流体密度；

τ_s——壁面剪切应力，下标 s 表示其为表面上的值；

y——近壁第一层网格点到壁面的距离；

μ_s——近壁流体黏度。

增强壁面函数处理法则需求解边界层内的低雷诺数流动，要求近壁面第一层网格节点处于黏性底层内，这种方法要求边界层网格必须精细，对应的 y^+ 值为 1 ~5。

（2）大涡模拟（LES）方法　湍流中包含不同尺度的涡，其中大涡的湍流黏性呈现各向异性，主要输运能量，将能量传递给小尺寸涡流。小涡的湍流黏性倾向于各向同性，主要对大涡传递来的能量进行耗散。根据这一原理，LES 方法采用对不同尺度的涡进行过滤，对大涡采用 N－S 方程直接计算，对小涡采用数学模型（如 RANS 方法）进行模拟。LES 方法的计算量要小于 N－S 直接数值模拟，计算精度比 RANS 方法更高，因此在汽车空气动力学的高精度仿真方面获得很好的应用效果。Y. Yukuchi 等人研究发现，LES 方法对尾涡形态的模拟已经非常逼近试验结果，但在车顶部分离点以后的气流剪切层位置，LES 的湍流黏度仍然较大，表现为速度剪切层变厚，而 RANS 方法对尾涡结构的模拟不佳。

图 5-22 所示为尾流上部剪切层的速度分布云图，图 5-23 所示为不同方法得到的尾流速度云图，图中，U 为来流远场速度，u 为被测截面沿车长方向的速度分量，w 为被测截面沿车宽方向的速度分量。

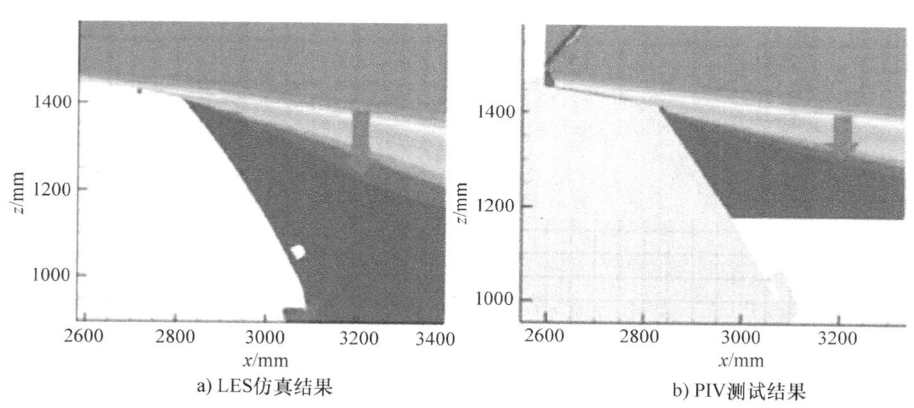

图 5-22　尾流上部剪切层的速度分布云图（数据来源：SAE 2016－01－1623）

4. CFD 仿真流程

CFD 仿真包括前处理、求解计算和后处理三个部分，基本步骤如图 5-24。

（1）前处理　将待计算的汽车数字模型进行几何清理和表面网格划分，并放置在虚拟的汽车风洞模型中，以车体表面与风洞壁面为边界，将两者之间的流动区域视为计算域进行体网格划分。较“脏”的几何数据（如存在尖角、碎面、穿透、几何不连续等）和质量不佳的网格会导致计算发散、收敛慢、引入数值误差等，因此网格划分对 CFD 计算收敛性和仿真精度非常重要。网格划分遵循的原则是：

1）在压力梯度大及气流分离点附近的区域应加密。

2）相邻网格单元的尺寸变化不要过大，应渐变。

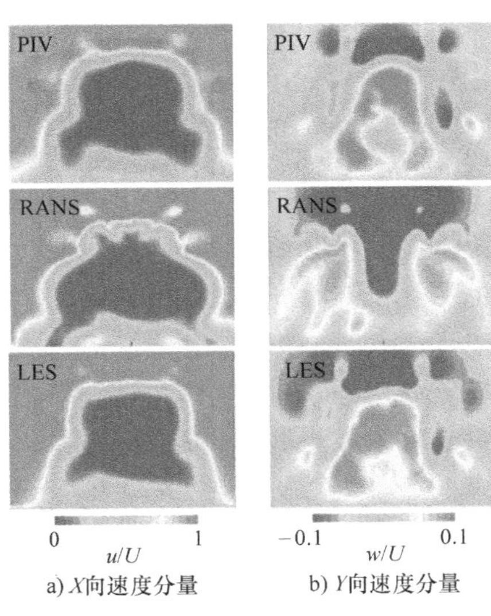

a) X向速度分量　b) Y向速度分量

图 5-23　不同方法得到的尾流速度云图（数据来源：SAE 2016-01-1623）

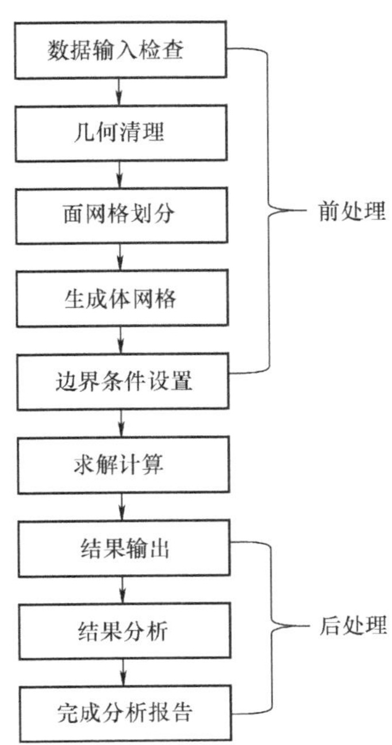

图 5-24　CFD 仿真流程图

3）在重点关注区域的网格应加密，如在计算前舱内流阻力时，进气格栅、进气通道和冷却模块需要被加密。

4）边界层网格尺寸对摩擦阻力、气流分离等计算精度的影响很大，边界层网格的尺寸应根据所使用的壁面模型和 y^+ 值进行定义。

计算域要尽量大一些，以模拟开放行驶环境，减少虚拟风洞的阻塞效应。车前长至少为2倍车长，车后长取4~6倍车长，高度至少为3倍车高，宽度至少为6倍车宽。边界条件的一般设置方法见表5-5。

表 5-5　数字风洞边界条件设置方法

边界	设置方法
入口	速度入口
出口	压力出口
地面	移动，无滑移
其他壁面	无滑移
车轮	车轮旋转主要有如下几种定义方法： 1）轮辋和轮胎均定义壁面单元切向旋转速度 2）轮辋定义旋转参考坐标系，轮胎定义壁面切向旋转速度 3）轮辋定义动网格，轮胎定义壁面切向旋转速度
冷却模块	将散热器和冷凝器设置为多孔介质，定义黏性阻力系数和惯性阻力系数（由零部件风量 – 压降试验数据得到）

（2）求解计算　计算开始前，要设置一些模型参数，如正投影面积、模型特征长度、参考压力等，用于在计算结果中生成报告数据。对流场进行初始化，一般采用远场速度作为均一化流场的初始条件。初始化的流场分布越接近最终结果，计算收敛越快。所以对于非稳态计算，会先进行稳态计算，并将稳态计算的结果作为非稳态计算的初始化条件，这样可以大大提升收敛速度。

CFD 仿真采用迭代数值求解，当求解器判断计算结果满足收敛准则时计算结束。判断准则一般要求质量和动量分量的迭代残差小于 10^{-3}，对于部分精度要求较高的计算，残差要更小一些。涉及传热的计算，能量的残差一般要求小于 10^{-6}。残差并非唯一判断准则，为使收敛判断更全面，可以增加观察一些关键变量的变化，如模型的风阻系数，车背部某点压力等，当观察变量基本稳定，或成一定周期小范围波动时，也可以判断为收敛。

（3）后处理　计算结果可视化的多样性和全面性，是 CFD 仿真的重要优势之一。在仿真软件的后处理模块中，可以读取模型的风阻系数等气动六分力系数，也可以分别输出模型中每个部件所受到的力，用于某一部件不同方案对风阻贡献量的对比分析，还可以输出各个截面的速度云图、速度矢量图、流线图、压力云图和涡量图，以及三维空间上的表面压力云图、总压等值面图。对风噪分析，可以输出车身表面声源图。

风阻仿真可以得到风阻系数的结果，但重要的是通过后处理分析风阻较大的区域和形成原因，这是风洞试验方法很难实现的。车身表面静压力用来分析压差阻力的主要成因，截面速度云图和流线图可用来观察车身表面的气流分离位置，流线图用来观察流动路径及上游特征对下游零部件风阻的影响，总压等值面图则可以观察流场中能量损失的主要区域。

5. CFD 仿真与试验在整车空气动力学开发中的关系

目前 CFD 仿真方法已经在汽车空气动力学开发中大规模应用，部分地替代风洞试验成为风阻开发的重要依赖手段。更为重要的是，CFD 仿真方法由于其设计迭代效率高，可不依赖于样机进行验证，可视化效果好等优点，大大缩短了汽车空气动力学开发的周期。结合优化方法，可以通过 CFD 仿真对多样本进行 DOE（试验设计）设计和优化计算，从而寻找最优解，分析不同因素对空气动力学性能指标的敏感性，从而明显提升汽车风阻的开发潜力和开发效率。

但是，当前 CFD 仿真方法仍然存在一些问题，为提升计算效率使用简化的湍流模型和尺寸适中的网格，使其对车底及车轮区域、前舱内流区域和尾流区域等复杂流动的模拟存在一定误差，对气动升力的计算精度也欠佳。同时仿真中仍存在一些人为因素的偶然性误差，这些偏差在新车型开发中可能会带来的决策性失误，是开发单位所不能接受的。最好的方法是将 CFD 仿真与试验方法相结合，在不同开发阶段各取所长，为提升开发效率和开发目标的确定性服务。

在造型设计的前期，造型方案较多，且变化范围较大、较频繁，风洞试验的成本高且响应较慢，CFD 仿真可以发挥更大的作用，结合优化方法进行快速迭代优化。此阶段的工作基本可以由 CFD 仿真替代。在造型方案确定以后，外造型的主要姿态、角度、关键尺寸趋向于收敛，大尺度的变更减少，此阶段 CFD 仿真可以评估多种降阻降噪方案的可行性，将贡献较大、可行性较高的方案及一些仿真精度不确定性较大的方案制作成油泥模型和样件，在风洞试验中进行验证。在车底及车轮、车底部导流板及前舱内流降阻方案的设计中，CFD 计算有效的方案也需要在风洞试验中进行验证，最终通过风洞试验对实车空气动力学性能进

行验收。整个开发过程中，CFD 仿真与风洞试验紧密结合，相辅相承，CFD 为试验提供方向性更加明确、优化潜力更大的方案，试验为 CFD 提供阶段性对标和偏差分析，使 CFD 的仿真精度得到提升。所以当前用仿真完全替代试验，在工程开发中既不现实，也不够理智。

5.4 汽车空气动力学开发案例

5.4.1 汽车低风阻形体

低风阻形体的概念最早来源于仿生学，雨滴、飞鸟、鱼类等形体均具备较低的风阻系数。低风阻形体的几个关键因素包括细长比、离地间隙、攻角、截断尾部的压差阻力等。

20 世纪 20 年代，德国的 Jaray 和 W. Klemperer 研究发现细长比（长度 l 与直径 d 之比）接近 5 的旋转流线体在远离地面的情况下风阻系数为 0.045，但随着逐渐接近地面，风阻系数会逐渐增加，并且越接近地面，增加越明显。细长比为 4 的半流线体，将尖锐的迎风边缘倒圆角，增加类似车轮的形状，并具备与实际车辆相当的离地间隙时，风阻系数为 0.15。图 5-25所示为 W. Klemperer 完成的半流线体的风阻试验结果。

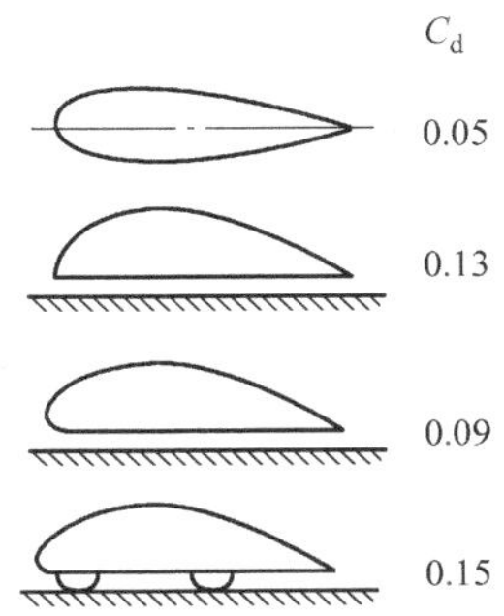

图 5-25 W. Klemperer 完成的半流线体的风阻试验结果（图片来源：W. H. Hucho）

图 5-26 所示为椭圆形体风阻系数随细长比的变化。在低细长比时，在形体尾部产生严重的气流分离，压差阻力占主导地位。随着细长比的增加，气流分离点后移，风阻系数急剧降低。而后，细长比继续增加时，形体尾部的气流分离已经不明显，压差阻力增加很少，而摩擦阻力却持续增加，风阻系数反而上升。

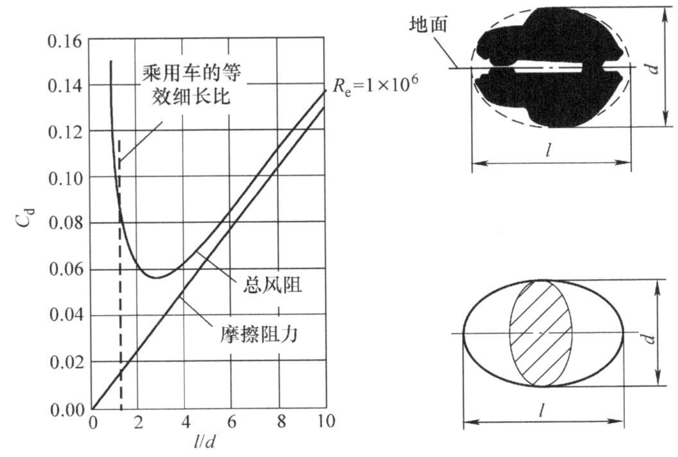

图 5-26 椭圆形体风阻系数随细长比的变化（数据来源：W. H. Hucho）

将汽车看成是半椭圆体，其长度和高度的比值 $l/h\approx3$，等效细长比 $l/d\approx1.5$，正处于压差阻力占主导地位，细长比对形体风阻系数影响非常大的区域。

如图5-27所示，当低风阻的类汽车形体靠近地面时，形体与地面之间的阻塞效应使车底部气流的能量损耗增加，车底部的气流速度低于上表面，尾流形态失去对称性，形体的压差阻力增加。

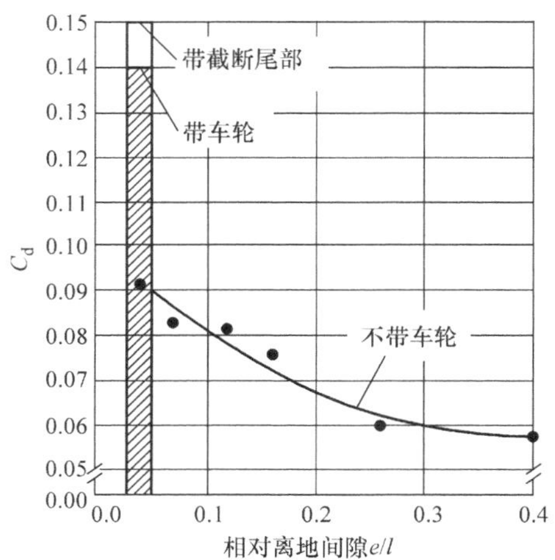

图5-27 低风阻类汽车形体风阻系数随相对离地间隙（离地间隙与车身长度之比）的变化（数据来源：W. H. Hucho）

形体的风阻和升力与攻角也有关。过大的负攻角与正攻角都对风阻不利。正攻角容易引起前轴的气动升力增加，因此综合分析，采用较小的负攻角对降阻和降低升力均有帮助。

5.4.2 汽车风阻组成

汽车风阻包括摩擦阻力、压差阻力和内流阻力。部分学者认为还包括诱导阻力，诱导阻力的说法来源于航空领域，机翼受到的气动升力会迎着来流方向产生一个气动分力，表现为气动阻力的一部分，因为它是由气动升力诱导产生的，因此这部分阻力被称为诱导阻力。对现代汽车发展而言，气动升力已经控制得非常小（除部分对气动下压力有特殊要求的竞速汽车外），诱导阻力的成分可以忽略。同时诱导阻力最终体现在车体表面的压力积分在X轴方向的分力上，它可以被视为压差阻力的一部分。

内流阻力是气流进入发动机舱（也包括乘员舱）所产生的阻力损失，从根本上来说，这部分阻力也可以分解为气流流经冷却模块和发动机舱气流通道的摩擦阻力和发动机舱内表面的压差阻力，但由于发动机舱内流动复杂，很难分解，故将内流阻力单独作为一项列出。

根据S. R. Ahmed等人的风洞测试结果，对类似于汽车形体的近地面简化钝体模型（无车轮，无发动机舱，底部和车体表面平整，尾部上斜面倾角在0°~40°之间变化），总气动阻力中15%~24%为摩擦阻力，其余为压差阻力。在压差阻力中，车头迎风面的正压力只占压差阻力的5%~10%，其余均为车尾的负压力形成的拖拽摩擦阻力占比较小且不可避免，因此降低压差阻力，特别是通过优化车尾部来提升车尾部的压力恢复是汽车风阻开发的重点。需要特别说明的是，这建立在车体前部气流流动平顺，无明显气流分离的前提下。如果车体前部设计不佳，气流提前出现明显分离，车尾部处于尾迹分离区内，那么车尾的变化可能将无明显的效果。S. R. Ahmed还发现当尾部上斜面的倾角达到特定值时，风阻存在明显的峰值，尾流结构也将出现明显变化，这将在下文阐述。

图5-28所示为Ahmed模型尺寸，图中，C_K^*，C_S^*，C_B^*分别为模型正迎风面、尾部倾斜面、尾部竖直面上按面积积分的静压系数。图5-29所示为Ahmed模型风阻系数的各部分占比及随后倾角的变化，图中，C_R^*为模型表面摩擦阻力系数，C_W为模型总风阻系数。

对于实际乘用车，摩擦阻力在整车风阻中占10%~15%，内流阻力占5%~10%，其余为压差阻力。一般来说，车体流线型越好，车身表面分离越少的车型，其摩擦阻力的占比越大。摩擦阻力由车体表面的速度梯度和气流黏性产生，在汽车工程开发时暂无有效的减阻方法。对内流阻力，可以通过减少发动机舱的进气量，或增加按需进气的装置来降低。对压差

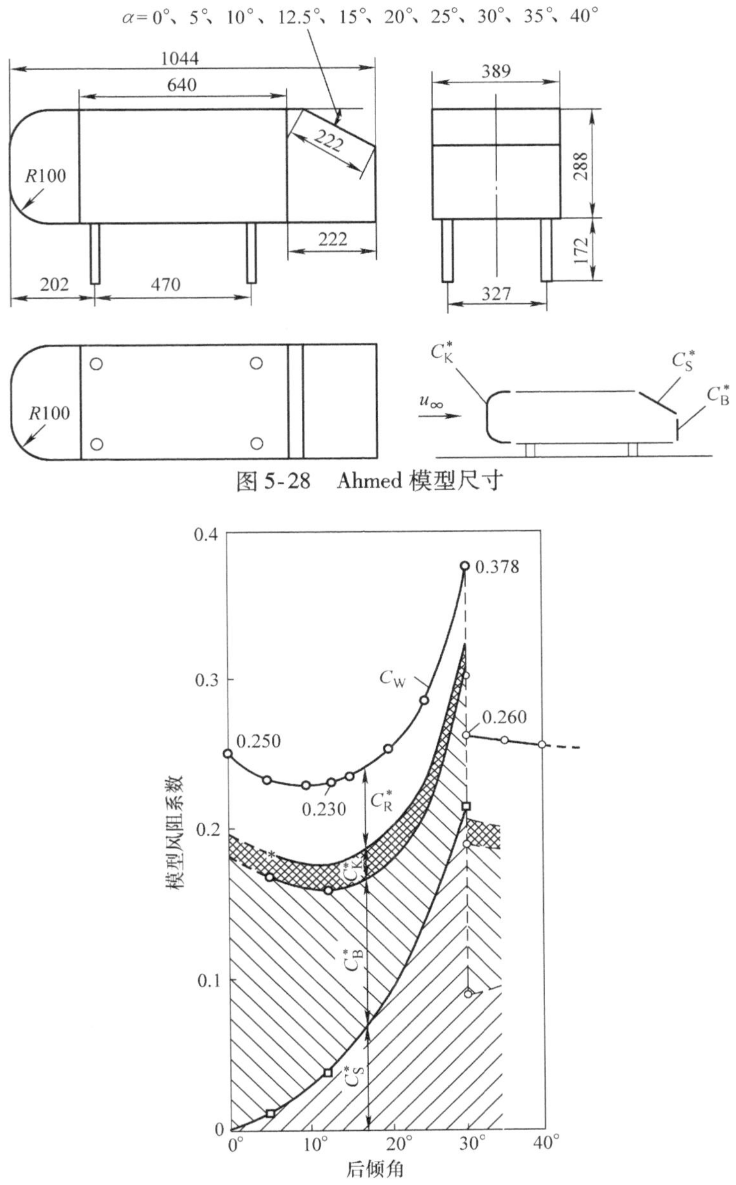

图 5-28 Ahmed 模型尺寸

图 5-29 Ahmed 模型风阻系数的各部分占比及随后倾角的变化（数据来源：S. R. Ahmed）

C_R^*—摩擦阻力 C_B^*—后垂直面阻力 C_S^*—后背倾斜面阻力

阻力，主要通过对外造型的设计优化，以及对车底部的平整化设计来减阻。

5.4.3 汽车周围流场

1. 理想流体中汽车周围的流场

要分析汽车风阻形成的原因，理解汽车在真实流体与理想流体中的流场分布非常重要。在无黏不可压的理想流体中，对一个类似汽车的二维形体，其表面的压力系数分布如

图5-30所示。压力系数定义为

$$C_p = \frac{p - p_\infty}{\frac{1}{2}\rho V_\infty^2}$$

式中 C_p——形体表面某点的压力系数；

p——该点的静压力；

p_∞——远场静压力；

ρ——流体密度；

V_∞——来流远场速度。

对理想流体，根据伯努利方程，在某一条流线上，其静压与动压之和为常数，即

$$p + \frac{1}{2}\rho v^2 = p_\infty + \frac{1}{2}\rho V_\infty{}^2$$

式中 v——当地速度。

因此可得出：

$$C_p = 1 - \left(\frac{v}{V_\infty}\right)^2$$

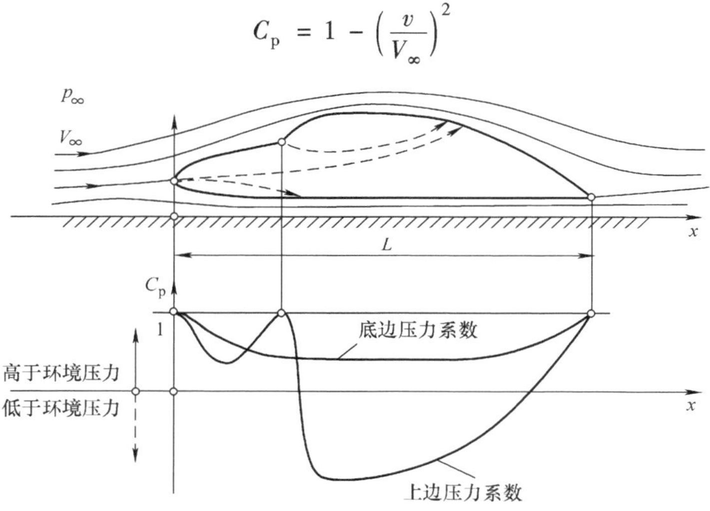

图5-30 类汽车形体二维理想流动的流场及压力分布示意图（图片来源：W. H. Hucho）

如图5-30所示，在车头、前风窗下边缘、车尾部存在三个滞止点，当地速度为0，$C_p=1$。在车辆的上表面气流受到压缩的区域，速度增加，当地压力下降，而在车辆背部气流扩张，速度降低，当地压力上升。在车辆的下表面，气流受到地面与车底部的压缩，当地表面压力下降。由于上表面的曲率更大，表面流体的离心力更大，在科恩达效应下会产生更低的本地压力，与远场压力形成足够大的压力差来抵消离心力，因此车体上表面的压力要低于下表面的压力，从而产生向上的升力。对形体表面压力的 X 向进行积分，会得到力 $F_x=0$。这被称为“达朗贝尔佯谬”，它说明在不可压的无黏流动中形体不会产生阻力。

2. 实际流体中汽车周围的流场

真实的流动与理想流动存在明显差异，一是由于具有黏性，在车身表面存在壁面剪切应力，造成边界层内的能量损失，此即为摩擦阻力。二是由于因具有黏性，当边界层的动量不足以克服摩擦力和逆压梯度时，将发生边界层分离，在分离区内的压力很低，相当于给车体

一个向后拖拽的力。作用在车前端的滞止压力和车体后气流分离区的拖拽力的共同作用，形成了汽车的压差阻力。

汽车周围的流场如图 5-31 所示。在汽车的纵向中心截面上，在车头的前面及前风窗的迎风面上，来流的动能转化为压力势能，对应车身表面出现较高的正压力。在气流由前面转向前舱盖、前面转向前舱底部、前风窗转向车顶、车顶转向后风窗的拐角区域，由于存在圆角，在科恩达效应的作用下，车身表面形成局部负压力。气流在流经车顶的最高点以后，气流受表面扩张和逆压梯度影响，流速降低，表面静压力上升，并最终在尾部分离。对不同形体的车型，尾流的形态是不同的，下文将会详细介绍。对车底部布置较平整的车型，气流从前保险杠下部流向底部，并在车尾分离。

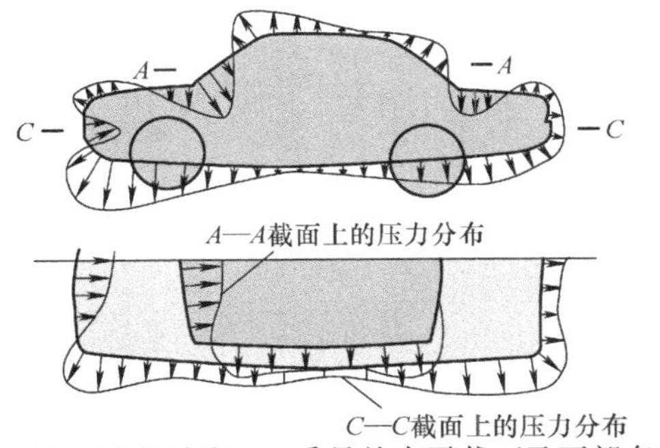

图 5-31 纵向对称面、乘员舱水平截面及下部车体水平截面的压力分布示意图

在汽车的横向水平截面上，来流在车头迎风面上滞止，然后向两侧流动至汽车的侧面，在前保险杠的拐角位置，气流加速，当地静压力降低。受前保险杠拐角位置的凹凸特征和车轮轮腔的凹陷的干扰，这一区域极易发生气流分离，分离区内呈现低压。气流随后在下游的侧围表面上附着，压力得到一定恢复，在后轮轮腔位置再次受到扰动，对后悬较长的车辆，气流会在后轮以后的侧面附着，最终在后边缘分离。

图 5-32 所示为三厢轿车表面的实际压力系数分布云图。

图 5-32 三厢轿车表面的实际压力系数分布云图（见彩插）

气流在车身表面的分离在一定条件下会形成结构和位置均较为规律的涡流，车体周围流场的涡流可以分为两大类，第一类，气流在垂直于当地流动方向的边缘发生分离，产生的涡流轴线一般与分离线平行，这种涡流是一种近似的准二维涡流，典型代表是前舱盖与前风窗交接处的分离流动，气流在前舱盖后缘分离，越过流水槽盖板后在前风窗玻璃上再附着，在此之间产生一个自封闭的分离涡，如图 5-33 所示。与此类似的流动还有前保险杠拐角侧后侧、前舱盖前缘、前保险杠下唇边的下方等区域。车辆的尾流区的流动也属于这种分离形式，气流在被截断的车身尾部分离，分离区边缘的气流受分离区内的低压作用内卷旋转形成涡流。图 5-34 所示为车尾后部的分离涡。

第二类涡流以 A 柱和 C 柱后的分离涡为代表，如图 5-35 所示，气流的分离线与流动方向成一定角度，气流分离后形成锥形旋转的螺旋涡，这是一种典型的三维涡。这种涡流的轴

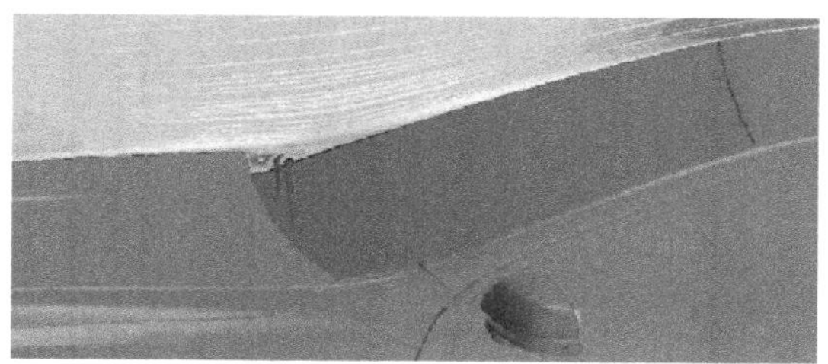

图 5-33 前舱盖与风窗之间的分离涡（见彩插）

图 5-34 车尾后部的分离涡（见彩插）

线是随着流动方向运动的，剧烈旋转，包含较大的能量，在传输过程中由大尺度的涡分解为小涡，再以摩擦热的形式耗散。这种涡流通常对车辆或环境造成不利影响，A 柱后的涡在侧窗表面引起较大的压力波动，是整车风噪的主要来源。C 柱和车底部形成的分离涡在下雨天时卷起的水气宽于车体，并在车后较长的距离拖曳，严重影响后车的视野和行车安全。

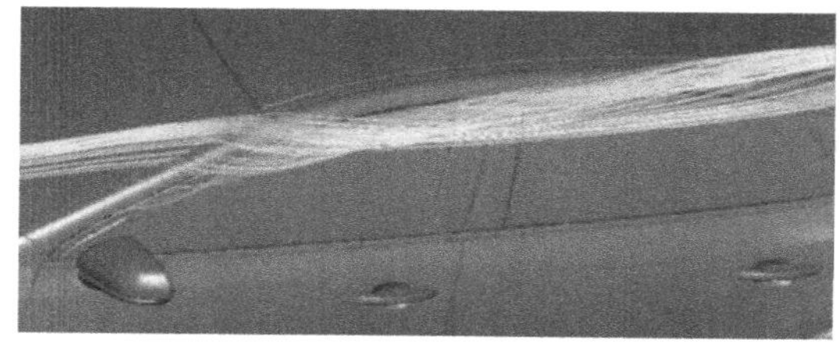

a) A柱引起的涡流

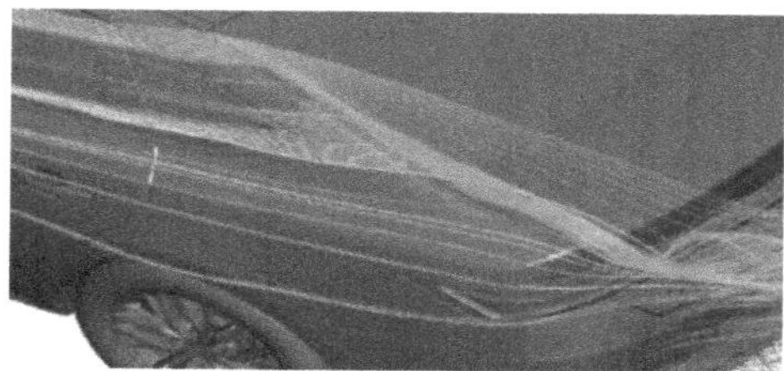

b) C柱引起的涡流

图 5-35 A 柱及 C 柱引起的剧烈涡流（见彩插）

从能量守恒和能量转化的角度来看，汽车克服风阻所用的能量最终以湍流的形式转化为空气分子之间的摩擦热。涡流携带的能量来源于汽车克服风阻的输出功，涡流越强，表现为汽车的风阻越大。因此，控制和削弱车体形状所引起的涡流，是汽车风阻开发的重点所在。

除了有稳定结构的涡流，部分气流分离还会导致一些杂乱无序的紊流，这些紊流包含的能量损失并不大，但对下游强烈涡流的产生可能会产生影响。因此减少车体表面的分离是低风阻设计的主要原则之一。

5.4.4 汽车各部位流场及减阻措施

1. 不同形体的尾流形态

如前文所述，根据 S. R. Ahmed 的研究结果，在车体表面无明显流动分离时，尾流区的负压力对车体的拖拽力是整车风阻的最主要贡献因素，而尾流区的涡流结构对车背部负压力的高低起决定作用，因此研究车尾的涡流结构非常重要。常见汽车的尾部可以分为两种基本

形状，快背式（方背式可以视为快背式的一种形式）和阶背式，分别对应两厢轿车和三厢轿车。不同的尾部形状对应不同的尾涡形态。

（1）快背式简化模型的尾流形态　S. R. Ahmed 等人基于一个简化的快背式汽车模型进行试验研究发现，对快背式车型，其车尾上部倾斜面与水平面的夹角 α 不同，尾涡流场形态也不同，并且当该角度达到30°左右时，风阻系数会产生突变（图 5-37）。汽车的尾设计应该避开这一角度，以免引起风阻激增。

Ahemd 快背式简化模型的典型尾流结构如图 5-36 所示，车尾倾斜面的侧边上的气流，沿侧边先后脱离壁面约束，形成旋转的纵向涡 C，类似于飞机机翼的叶尖涡。顶部和车底部的剪切气流，在垂直的尾部端面后方形成两个上下布置的马蹄涡 A 和 B。只要车顶部的气流在倾斜面上未分离，C 涡的强度就取决于倾斜面与水平面的夹角，而 A 涡的强度侧取决于 C 涡，因此 A 涡也可以认为取决于倾斜面的角度。B 涡的强度则取决于车底部气流的速度。从垂直面侧边流出的气流被分割成两部分两部分，一部分随 A 涡上卷旋转，融入 A 涡和 C 涡，一部分随 B 涡下卷。随着气流向后发展，纵向涡 C 扩散，强度减弱，A 涡被融入 C 涡。上下部气流在 A 涡和 B 涡后交汇。

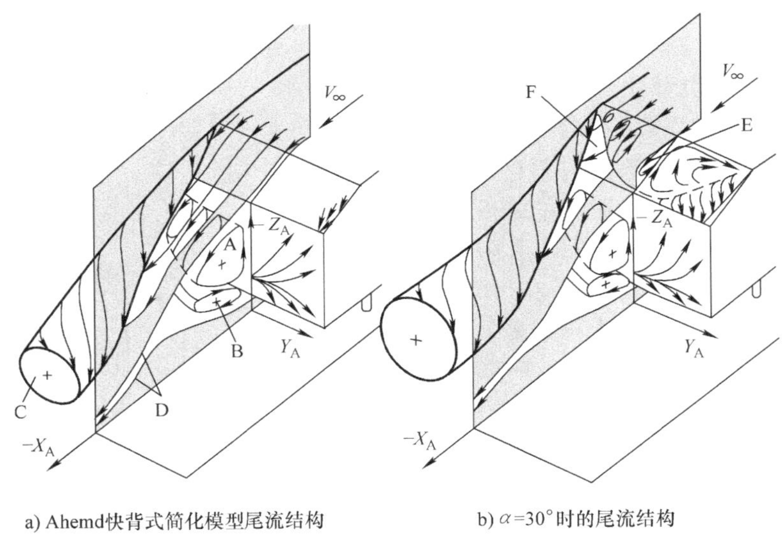

图 5-36　Ahemd 快背式简化模型尾流结构及 $\alpha=30°$时的尾流结构示意图（数据来源：S. R. Ahmed）

随着倾斜面角度 α 的增加，当 $\alpha=30°$时，顶部气流在倾斜面的上边缘分离，但在倾斜面的下边缘再附着。在倾斜面上的气流和 C 涡的共同作用下，倾斜面上的分离流动形成自封闭的“分离泡”。分离泡内的气流无法得到补充，压力很低，从而导致在 $\alpha=30°$时风阻剧增。随着 α 的增加，倾斜面上的分离气流不再附着，“分离泡”破碎，尾流区的气流可以通过回流补充到倾斜面的分离区内，倾斜面上的低压被破坏，风阻骤降，如图 5-37 所示。

（2）阶背式简化模型的尾流形态　T. Nouzawa 等人基于一个类三厢轿车的阶背式简化模型进行风洞试验和仿真研究发现，以车顶部后缘与行李舱盖后缘的连线与水平面的夹角 θ_{rt} 为特征角度，模型的风阻和尾流结构随 θ_{rt} 的变化而变化。与快背式形体类似，阶背式模型的风阻在特定的特征角度下也存在峰值，如图 5-37 所示。

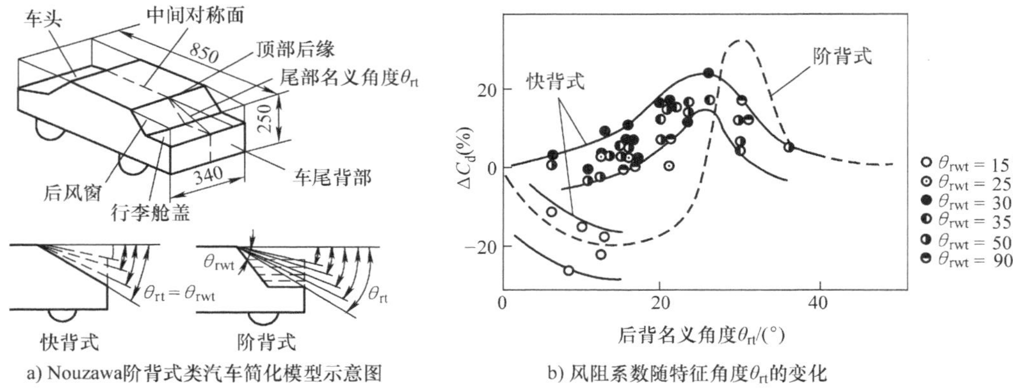

图 5-37　Nouzawa 阶背式类汽车简化模型示意图及风阻系数随特征角度 θ_{rt} 的变化（数据来源：T. Nouzawa）

θ_{rwt}—后风窗玻璃与水平面的夹角

与快背式形体相比，阶背式形体的尾流结构更复杂，在 $\theta_{rwt}=15°$ 时，风阻系数随特征角度 θ_{rt} 的增加而降低。而在 $\theta_{rwt}>25°$ 时，风阻系数随特征角度的增加先是增加，在 $\theta_{rt}=25°$ 时达到最大值，然后降低。阶背式的风阻系数峰值要小于快背式的峰值。

图 5-38 所示为阶背式简化模型的尾流结构示意图。阶背式模型在后风窗后部存在一个弧状涡，在行李舱的后面存在一个后掠尾涡，风阻与这两种涡流的强度密切相关，涡流的旋转强度越大，风阻越高。当 $\theta_{rt}=25°$ 时中，车顶部气流在车顶后缘分离，然后在行李舱盖上再附着，同时在 C 柱侧边气流和尾涡的共同作用下，在后风窗玻璃后部形成自封闭的弧状涡。封闭的涡流内无法得到外部气流补充，压力很低，在弧状涡的低压作用下，车顶部的气流向下剧烈弯曲，形成下洗，与侧面气流相互作用大大增加了后掠尾涡的强度，从而导致风阻明显增加。在 θ_{rt} 较小时，车顶部的下洗气流不明显，后掠尾涡强度较低，风阻也较低。而在 $\theta_{rt}>25°$ 时，后风窗玻璃后的分离气流不在行李舱盖上再附着，自封闭的弧状涡被破坏，尾流区的气流可以回流补充到后风窗玻璃后，此处压力回升，顶部气流下洗减弱，尾涡强度降低，风阻降低。

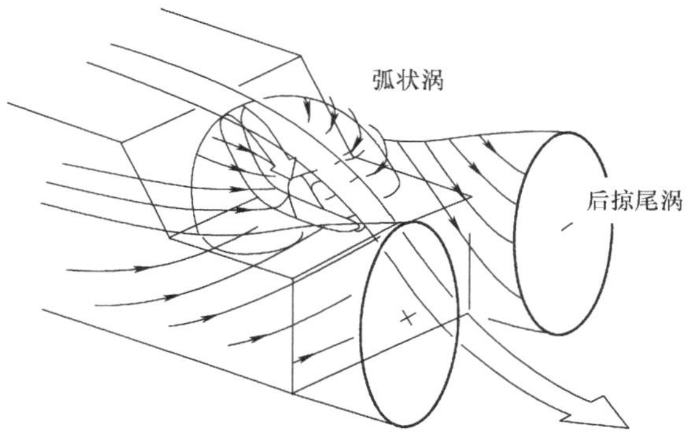

图 5-38　阶背式简化模型的尾流结构示意图（数据来源：T. Nouzawa）

在实际车型的设计中，三厢车与两厢车型的尾部形状要更复杂，曲面和圆角代替了简化模型中的平面和棱角，因此特征角度与 Ahmed 简化模型及 Nouzawa 简化模型并不一定相同，实际车型设计中的尾涡结构及其对风阻的影响应根据实际流场具体分析。

2. 车头

车头和前风窗迎风面的正压力是压差阻力的重要组成部分，减小正压区面积可以有效降低风阻。常见的措施是降低车头前缘高度，加大前风窗的倾斜度。

车头低风阻设计的另一重要原则是减少从正压表面向侧面过渡区域的气流分离。因此从

车头前面向前保险杠侧面、前舱盖及车底部的拐角位置要求尽量平滑圆润。尤其是对前保险杠两侧的拐角区域，造型设计倾向于在此处增加外凸或深坑的特征，以增加车头前面在宽度方向上的视觉冲击感，这些不平整的特征会使气流在此区域分离后，和下游的车轮外侧的紊乱气流相互作用，在车辆侧面形成很大的紊流区，对风阻贡献量很大。对前保险杠拐角可采用大圆弧设计，降低凸起和凹坑特征对气流的扰动，增加从拐角到轮眉的距离和倾斜度，使气流不产生分离，贴体流动至轮眉。如图 5-39 所示，空气帘是在此区域降低风阻的一种典型应用，空气帘的开口在气流的迎风面，出口开在轮腔内的挡泥皮的外侧边缘，将迎面气流引导至车轮外侧的气流分离区，以补充分离区内的动量。空气帘可在造型特征不可避免产生气流分离时，对造型引起的局部风阻起补偿作用。

a) 空气帘

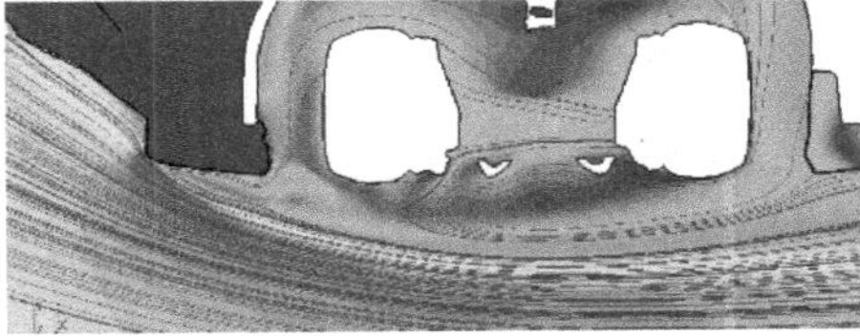

b) 不带空气帘的速度场

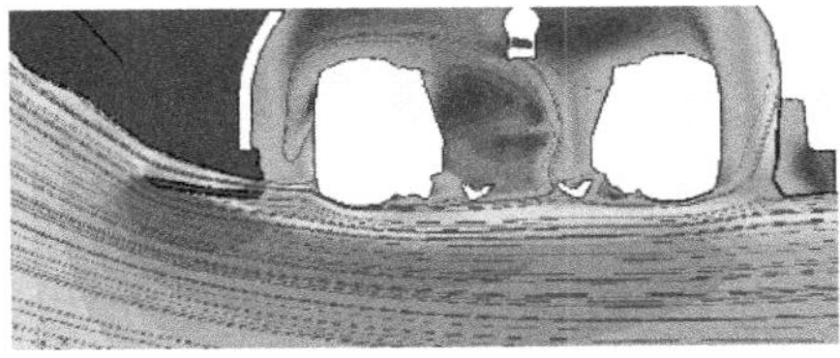

c) 带空气帘的速度场

图 5-39 空气帘对前车轮外侧速度场的影响（车轮处水平截面）（见彩插）

3. 乘员舱

乘员舱的设计需要综合考虑乘员乘坐空间、前向和后向驾驶视野、舒适的坐姿等需求，明显凸出于车体，风阻设计存在很大难度，图 5-40 所示为低风阻设计的一些关键控制角度和高度。乘员舱的低风阻设计原则为：

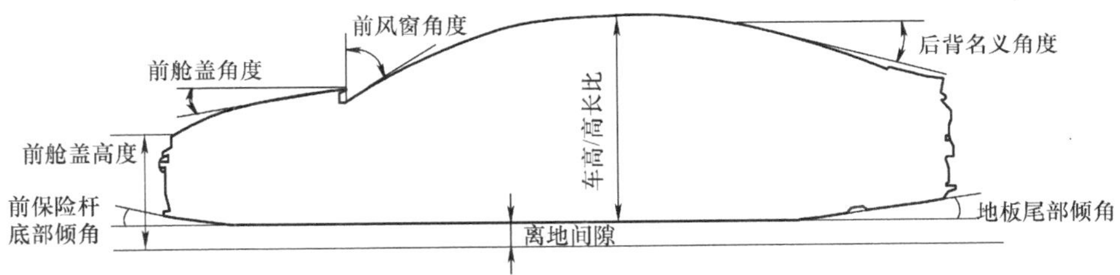

图 5-40 低风阻设计的一些关键控制角度和高度

1）减小前风窗玻璃与水平面的角度。这对降低正压力非常有利，同时使流向车顶部的气流相对增多，通过 A 柱流向侧窗玻璃的气流相对减少，有利于降低风噪。但这也面临驾驶人上下视野线和乘员头部空间受限的问题，也会导致日光辐射透过玻璃入射到乘员舱的热量增加，因此需综合考虑才能确定。

2）增加 B 柱与 *XZ* 平面的夹角。夹角越大，乘员舱前后的压差阻力就越小。

3）增大车顶最高点到后缘的倾斜角度（10°～15°最佳），并使车顶最高点尽可能靠前。在车顶最高点的下游，壁面附近的气流速度逐渐降低，壁面静压力恢复，在 *X* 向会产生一个向前的分力，降低风阻。在气流不分离的前提下，风阻随车顶后部的倾斜角度加大而降低，过大的倾斜角度有可能会导致在车顶的侧边产生纵向尾涡，反而增加风阻。

4）增加乘员舱后部的锥度。与车顶增加向下的斜度来降阻的原理类似，乘员舱的后半

部分应在不分离的前提下尽量向内收缩，形成一定的锥度，使气流在表面获得更大的压力恢复。从俯视图上看，部分低风阻车型乘员舱后部呈倒梯形就是基于此点需求。

5）乘员舱后边缘气流分离要清晰。对两厢车而言，车顶后缘要设计清晰的气流分离特征，避免出现大圆角使气流下洗，增加尾涡的强度。类似的，D 柱、侧围后边缘和车底部也应有清晰的气流分离特征，避免尾涡出现明显内卷或上洗，如图 5-41 所示。

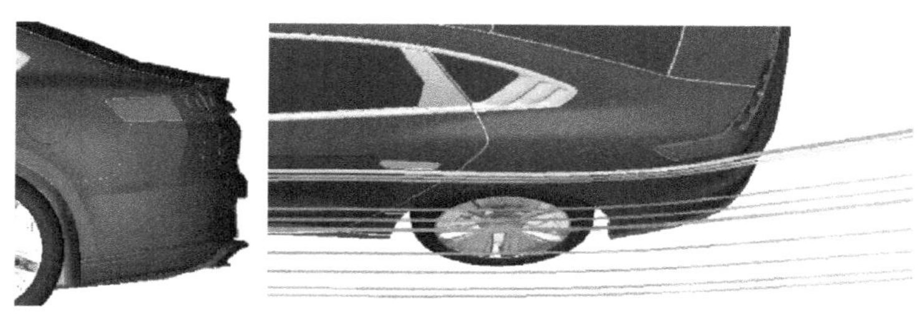

图 5-41　车尾侧后部的气流分离特征（见彩插）

4. 前舱气流管理

冷却气流从进气格栅进入前舱内，经过散热器、冷凝器、风扇等冷却模块后在动力总成上形成滞止压力，最后通过车底部的开口流出到车底气流中。有的车型前舱底部的密封性较好，部分气流会通过布置排气管的中央通道向后流出，或从前车轮的挡泥皮流到轮腔内，再流出到车侧面或车底部。冷却气流在前舱内的复杂流动会造成一定的能量损失，动力总成的生热量越大，需要的冷却气流越多，这部分风阻就越大。对燃油车而言，前舱进气格栅打开和关闭的风阻系数差值约为 0.015 ~0.030。对纯电动汽车，由于动力总成的热效率更高，对冷却气流的需求较少，此部分风阻系数差值约为 0.10 ~0.20。降低前舱冷却气流的风阻损失的主要途径有：

1）在满足整车冷却散热的条件下，尽可能减小格栅进气面积和进气量。

2）在进气格栅与冷却模块之间设计密封良好的通道，使进入格栅内的冷却气流尽可能多地流向冷却模块，而不要向四周扩散，窜入前舱。

3）风扇与其后的动力总成应有一定距离，前舱内设计通畅的气流通道，减小排气阻力。

4）前舱气流应尽量沿着主流区的气流切向流出，避免垂直流出。由于从前舱流向轮腔的气流容易被旋转的车轮卷入，增大风阻，因此应做好从前舱到车轮轮腔的密封。

5. 车轮及轮腔

汽车形态经过上百年的发展，车轮已基本被车体包裹，但仍有部分暴露在车底部的气流中，在地面效应、车轮的旋转效应、为容纳前轮转向包络而设计的轮坑，以及部分被车底部气流直吹的悬架摆臂等组件的叠加影响下，车轮周边的流场变得非常复杂。有资料显示，车轮本身带来的风阻，加上受车轮气流影响而导致的车体风阻的增加量，约占整车风阻的1/4，因此管理车轮周围的流场对降低整车风阻非常重要。

对车轮区域的不同方面，气流管理的主要原则如下：

1）对车轮迎风面，应尽量减少气流直吹到车轮上。通常会在车轮前设计扰流板，使气流绕过扰流板流向车轮的内外侧，或向下导流避免进入轮腔。图 5-42 所示为车轮扰流板附近的流场。

2）对车轮内侧的轮腔，前面的扰流板可以使来流越过轮腔凹坑和悬架组件后，在轮腔后面再附着，避免气流冲击在轮腔的后部形成滞止压力。

3）对车轮与轮眉的配合，二者之间的径向间隙和宽度方向的面差，应在满足车轮跳动包络和挡泥需求的条件下最小化，以使车轮外侧的气流更平顺。

4）对轮辋，由于车轮周围的流动复杂，在内侧和外侧通常存在一定的压力差，从而驱动气流从旋转轮辋的镂空区域穿过，这会导致风阻增加，因此有必要对车轮轮辋进行空气动力学设计。低风阻的轮辋通常具备三个特征：一是外端面要平整，减少凹凸程度；二是轮辋的镂空比要小；三是轮辋的辐条在旋转时不能形成攻角，避免主动驱动气流向内或向外流动。不同车辆车轮内外侧的压力差不同，因此空气动力学轮辋的减阻效果也不同。图5-43所示为空气动力学轮辋。

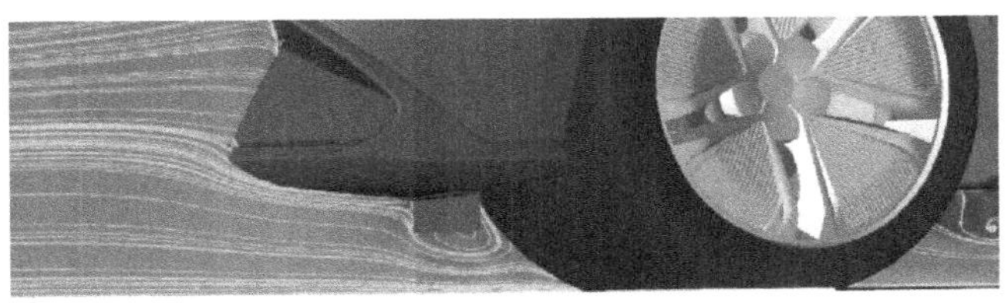

图5-42　车轮扰流板附近的流场（见彩插）

图5-43　空气动力学轮辋

6. 车底部

车底部的气流管理难度非常大，一是车底部需要布置悬架连接臂、副车架、排气管、消声器、油箱、各种管线等部件，而且对排气管等高温部件及摆臂等运动部件需在车底板上留出一定的间隙，底部的平整度较差，很容易引起气流的分离。另一方面，车底气流受到车体和路面挤压，以及车轮的干扰之后，会与移动地面存在速度差，从而产生湍流边界层。车底部表面引起的湍流与地面上的湍流相互干扰，会导致产生次生湍流，使车底后部的气流变得更加紊乱，动能损失加大，车尾底部的速度不足，尾流中的上面的马蹄涡占主导地位，下部的马蹄涡较弱或消失，顶部气流强烈下洗，使尾流作用在地面上，导致风阻增加。

车底部的气流管理，要提高车底部的平整性，使气流从前至后平顺通过，减小动能损失，如图5-44所示。底部气流在车体后部分离的速度应与顶部和侧面的气流速度相互匹配，使马蹄涡远离车体，并削弱纵向尾涡的强度。

7. 空气动力学附件

空气动力学附件可以分为车辆功能性附件，和出于空气动力学目的增加的附件。对于车

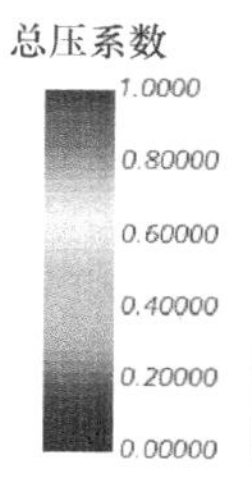

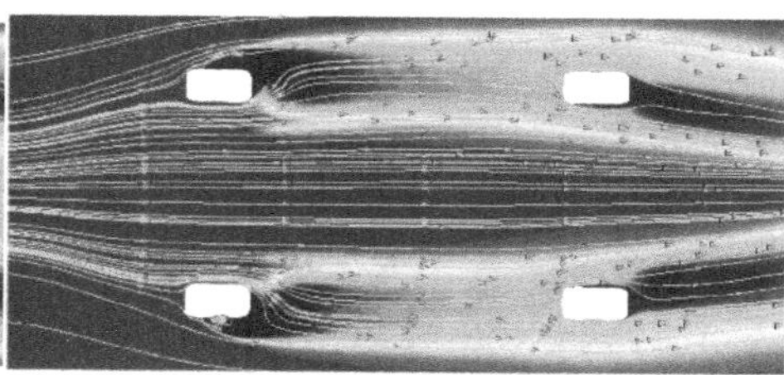

图 5-44　车底部流场水平截面的总压云图（见彩插）

辆正常工作必须具备的功能性附件，如刮水器、外后视镜、门把手、行李架、天线等，这些部件几乎都可增加风阻或风噪，空气动力学开发的目的是使这些部件在满足正常工作要求的条件下，优化其外形、布置方式、位置等，使其风阻和风噪的贡献量降到最低。而对挡风坝、前后轮扰流板、扩散器、尾翼等部件，是为提升空气动力学性能而增加的部件，因此这些部件需要进行优化设计，衡量其对空气动力学性能（如风阻、风噪、气动升力）的影响与部件成本的关系，然后进行选择。

5.4.5　气动升力控制

根据车辆的操纵稳定性特性，驾驶稳定性随速度的增加而下降。前轴升力增加会使车辆有转向不足的趋势，有利于行驶稳定性。后轴升力增加在高速转弯时会出现转向过度，从而导致偏离角明显增加，使车辆更难控制，因此后轴应设计为低升力或负升力。同时前后轴的升力差距不能过大，过大的差距在高速时会导致车辆有自转向行为，不容易控制。

不同用途车辆对气动升力的关注不同，普通车辆的行车速度普遍不太高，对气动升力的要求不高。对有超高速行驶需求的竞速车辆，气动升力影响车辆的操控安全性和最高过弯速度，因此会特别关注气动升力。

从外造型角度来讲，一些超级跑车和赛车会将外形设计成楔形，在形体上减小上表面的整体曲率，以降低上表面的负压力。越来越多的家用轿车也开始采用俯冲姿态的造型，使车头形成向下的攻角，并抬高车尾，这对抑制升力也有很大帮助。

通过增加空气动力学附件也可以控制前后轴升力。常用的控制升力附件有：

（1）挡风坝　挡风坝兼具减阻和降低前轴升力的作用，一般布置在前保险杠前唇的下部。当前舱底部存在空腔、凹坑或凸起时，在前方增加挡风坝可以使迎面风吹在挡风坝上形成分离绕流，越过凹坑或凸起，并在其后的一段距离之后再附着，使气流越过这些障碍而不过于紊乱，实现减阻。由于挡风坝位于车辆质心以下，气流作用在其上的正压力可以形成正的俯仰力矩，这是控制前轴气动升力的有效手段。

（2）车底部导流板　通过增加合适的导流板，并优化导流板的角度和形状，可以改变前后轴附近的车底部压力和流速，从而平衡前后轴升力。

（3）尾部扩散器　尾部扩散器（图 5-45）应用于后保险杠和行李舱的底部。车底部气流受到车底板不平度及旋转车轮的扰动，容易产生局部分离，动量损失明显。当流动至后轴时，车底板上的边界层增长明显，受后车轮和后悬架的干扰易紊乱，脱离车体后部时容易斜向窜动，增加尾涡的旋转能量。扩散器的导流筋条能对气流进行“梳理”，使后车体底部沿纵向的流速加快，表面静压降低，是降低后轴气动升力的有效措施。另一方面，合理的扩散器结构可以引导气流沿一定的角度从车底部流出，有利于对尾涡进行控制，降低尾涡强度，有时可带来减阻效果。

图5-45 尾部扩散器

（4）尾翼（图5-46） 竞速车多采用截面类似机翼的负升力翼，这种翼形能产生较强的气动下压力，增加车辆在高速过弯时后轮抓地力，提高过弯甩尾的最高车速，但这种气动下压力会产生较大的诱导阻力，从而使风阻增加。三厢车上多采用“鸭尾”式尾翼，将行李舱盖的后缘抬高，或在后缘增加饰条，使尾迹上部的气流与车底部的气流速度匹配，在获得低风阻的同时，也适当控制气动升力。两厢SUV、MPV、Cross车型，尾翼通常沿车顶向后延伸，部分车型会根据尾流控制的需要调整尾翼的角度和高度。

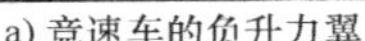

a) 竞速车的负升力翼

b) 三厢车的鸭尾

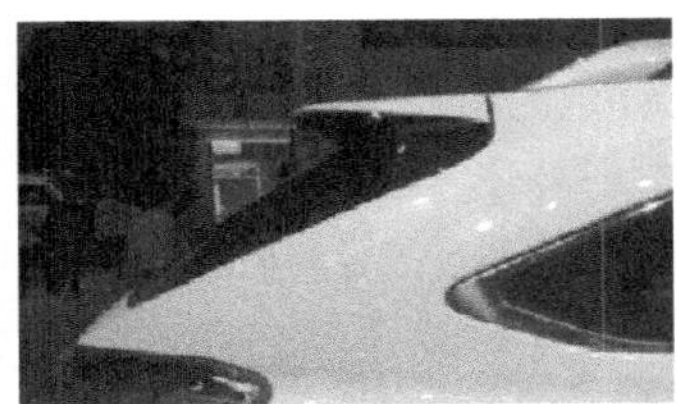

c) 两厢车的尾翼

图5-46 竞速车的负升力翼、三厢车的鸭尾及两厢车的尾翼

5.4.6 侧风稳定性控制

定义从风压中心到轴距中心的距离为e_0，风压中心到重心的距离为e_s，它们可表示为

$$e_0 = \frac{M_Z}{F_s} = \frac{C_{MZ}L}{C_s}$$

$$e_s = e_0 - \left(\frac{L}{2} - L_f\right)$$

式中 L_f——重心到前轴的距离。

e_s越小，产生的偏航力矩就越小。e_s对车辆行驶稳定性非常重要，当e_s为正时，风压中心在重心的前面，如果车辆在行驶中方向受到扰动，偏航力矩将会使这种转向扰动增大，那么车辆在空气动力学上是不稳定的。当e_s为负时，风压中心在重心的后面，侧风会在车体上形成一个和方向扰动相反的偏航力矩，试图修正车辆的转向，减小扰动，此时车辆在空气动力学上是稳定的。

减小风压中心与重心的距离e_s非常重要，e_s越小，横向位移和横向加速度越小，车辆就越稳定。当e_s为负时，车辆在侧风作用下的横向位移和横向加速度几乎为0。采用大倾角后溜背的后驱车型，如早期的甲壳虫汽车，风压中心靠前，重心靠后，有侧风时容易产生过度转向的问题。而采用前驱的箱形或两厢汽车，重心靠前而风压中心靠后，e_s为负，侧风稳定性更佳。幸运的是，经过历代演变，当今的乘用车已主要采用更紧凑更经济的前驱形式，重心靠前，风压中心整体靠后。而对部分后驱车型，重心在轴距中心以后，在造型上多采用加长的车头，将乘员舱推后以确保风压中心后移，所以大部分车型并不存在明显的侧风稳定性问题。图 5-47 所示为侧风作用下的力。

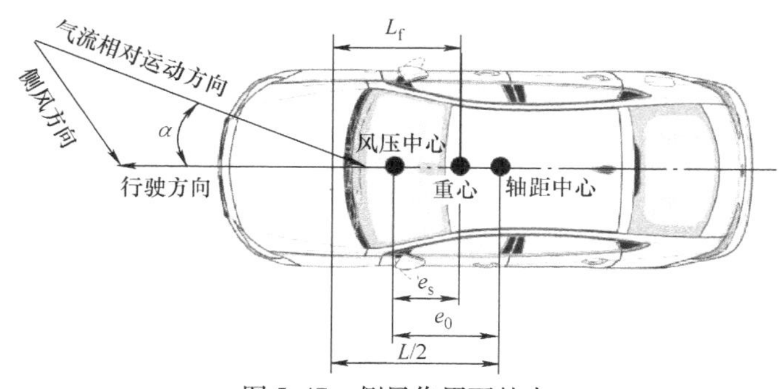

图 5-47　侧风作用下的力

提升气动侧向力特性可以通过优化车辆的外造型及零部件设计来实现。减小气动侧向力的外造型措施主要包括两方面：一是减小车辆的侧向投影面积，措施包括降低整车高度，降低前舱盖高度，增加前后风窗与垂直面的夹角，减小前悬长度，增加车顶后部的倾斜角度等；二是控制外形的圆角，措施包括采用更尖的前保险杠下唇，前舱盖侧边采用平顺的过渡，增加乘员舱后部的锥度，C 柱和 D 柱采用更大半径的圆角等。

部分零部件的设计也会提升侧向力特性，包括在前保险杠下部增加挡风坝，增加前轮扰流板，采用镂空比更大的轮辋，减少前舱进气，提高车底部布置的平整度等。车顶行李架不利于降低侧向力，两厢车型在尾翼和 D 柱之间设计的边翼不利于控制侧向力，但有利于控制横摆力矩。

虽然以上措施已经在很多车型上验证可以有效降低侧向力，但在实际车型开发中，风压中心取决于车辆的外形类型（是单厢车、两厢车还是三厢车）和外造型风格，重心则主要由车辆的总布置空间来决定，空气动力学工程师基于侧风稳定性需求进行优化的空间非常有限。而且部分降低侧向力的措施与低风阻设计的原则相悖，低风阻又是空气动力学设计的重中之重，侧风稳定性的优化难度很大。

5.4.7　风噪控制

汽车风噪的控制主要有两个途径，一是降低由外造型和外部特征引起的气动噪声源，二是通过增加声学密封和隔声措施来切断噪声的传递路径，后者通常属于 NVH 的研究范畴。

1. 泄漏噪声控制

如前文所述，乘员舱如果存在泄漏点，将会产生强度很大的单极子噪声及偶极子噪声，这会使得各种隔声吸声措施变得无用。因此，良好的声学密封是汽车风噪性能开发和提升的基础，涉及的零部件包括车门和玻璃的密封条、玻璃呢槽和导轨、车身钣金和门系统上的孔洞封堵等。在主机厂，这部分工作主要由 NVH 工程师来完成。

2. 风激噪声控制

在消除了泄漏噪声以后，风噪控制的重点就集中在降低车体表面湍流所引起的压力脉动部分了。其中导致表面湍流的重点部件是 A 柱、外后视镜、前三角窗、通风盖板及玻璃与钣金表面的断差等。

通常最严重的风噪问题都与A柱区域的流动有关。气流在A柱后部的侧窗上分离，分离区内的压力脉动比贴体流动更加剧烈，直接作用在侧窗、车门和密封条上，同时围绕A柱转弯的气流速度要明显高于来流速度，这更加剧了A柱区域的风噪问题。此处风噪的优化原则是，A柱半径应尽可能大，A柱与前风窗玻璃的断差尽可能小（但这可能影响雨水管理，需同步考虑），以降低局部流动速度和分离后的湍流强度。

外后视镜安装位置的流场环境非常复杂，气流从前舱盖沿A柱底部转向侧面，刚好处于拐弯后的高速气流区，会产生很高的风噪强度。同时外后视镜也往往是外造型设计语言的重要展示部件，设计师倾向采用更独特的型面来设计外后视镜的护罩，因此进行风噪优化的难度非常大。通常采用的措施包括：一是在满足驾驶视野要求的基础上使后视镜尽可能远离车体；二是避免将外后视镜安装在A柱底部气流速度较高的三角窗上，而是尽量布置在较远的后方的车门或水切上；三是将后视镜护罩设计得尽量圆润，并避免在护罩上开孔洞。外后视镜折叠面上的分缝，护罩和本体的配合面，以及外后视镜在车身上的安装位置都要特别注意密封，以避免由缝隙泄漏引起的风噪问题。

刮水器在下止点位置若直接暴露在高速气流中，会导致高强度的风噪问题。通常可以采用隐藏式布置，将其布置在前舱盖后缘的延长面以下，避免被气流直吹。

3. 空腔噪声控制

空腔噪声的一类典型问题是天窗或侧窗打开时引起的风振问题，通常可以通过对空腔前缘增加锯齿形挡板或增加挡风网加以改善。锯齿形挡板可以破坏开口前缘产生的分离涡，挡风网可以在外层主流区和空腔低速气流之间产生一个速度缓冲区，这些均可改变气流在开口后缘的附着位置，减少声波在开口后缘的产生。

由门缝与密封条形成的空腔、轮罩空腔等部位也容易产生空腔噪声，但通常在实车风洞试验阶段才能发现，更改难度较大。对主机厂而言，将易导致风噪问题的结构形式总结形成数据库非常重要，这可以避免问题的重复出现。

5.4.8　开发流程

1. 汽车风阻开发流程

汽车风阻开发可以分为几个主要阶段：先期风阻研究、造型风阻优化、整车结构风阻优化、实车风阻试验验收，如图5-48所示。

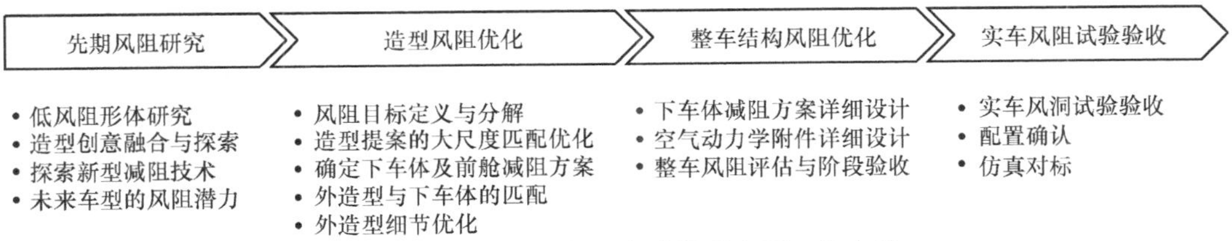

先期风阻研究	造型风阻优化	整车结构风阻优化	实车风阻试验验收
• 低风阻形体研究 • 造型创意融合与探索 • 探索新型减阻技术 • 未来车型的风阻潜力	• 风阻目标定义与分解 • 造型提案的大尺度匹配优化 • 确定下车体及前舱减阻方案 • 外造型与下车体的匹配 • 外造型细节优化	• 下车体减阻方案详细设计 • 空气动力学附件详细设计 • 整车风阻评估与阶段验收	• 实车风洞试验验收 • 配置确认 • 仿真对标

图5-48　风阻开发的几个阶段及主要工作内容

低风阻形体的先期研究一般先于项目启动开始，不直接服务于具体量产车型，它一方面研究汽车低风阻形体的解决方案，寻找降低风阻的关键设计要素，另一方面尝试将低风阻形体与造型设计的发展方向相融合，寻找可被未来用户接纳的结合点。某些低风阻形体方案会被制作成概念车，对外展出，听取公众的评价，以决定未来方向的取舍。

项目启动后，需要制订新车型的风阻开发目标，主要根据平台车风阻水平、动力经济性要求、竞品车风阻的水平和发展趋势、造型创意的可行性等因素来定义目标。由于目标与造型设计的关联性非常大，在造型设计的几个关键节点，要根据造型方案评估风阻目标的达成风险和控制措施。图 5-49 所示为造型流程与风阻开发的配合关系。

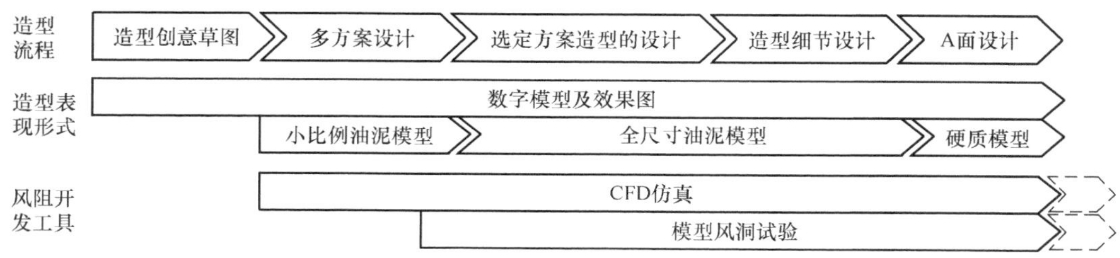

图 5-49　造型流程与风阻开发的配合关系

造型设计从创意草图开始，一开始通常是较发散的，过多的工程约束并不利于造型创意的表达。随着造型创意的表现越来越清晰，风阻分析与优化工作逐渐增加，前期的风阻优化主要集中在大尺度的设计要素而非细节，空气动力学工程师输出给设计师的主要是一些重要尺寸、角度、斜度、风阻敏感区域的设计建议等。在此过程中，若车体结构设计数据尚不成熟，通常会借用同平台车型的下车体模型进行整车风阻的前期评估，采用简化的底部拉平的外造型分析由于忽略了外造型面与下车体的耦合关系，不满足当前风阻开发需求。在多方案筛选时，风阻应给出不同方案的风阻优化潜力，作为造型方案选择的重要依据。方案选定以后的风阻优化，则集中在主要区域和细节。在整个过程中，设计师倾向于感性的表达，而空气动力学更倾向于理性诉求，二者之间的理解、协同与融合对低风阻开发非常重要，因此二者间的有效沟通是风阻开发的重要保证。

车体结构相关的风阻开发在项目启动后即已开始，空气动力学工程师需要根据经验和数据库输出对下车体总布置的要求，以及下车体与外造型的配合要求。然后结合外造型方案对下车体和前舱的气流管理进行概念分析和详细的结构设计。

CFD 仿真工具几乎贯穿于整车风阻开发的全过程，是提升风阻开发潜力，评估风险和促进设计融合的重要保障。风洞试验在整个开发过程中穿插进行，由于 CFD 仿真在一些复杂流场的区域仍存在较大误差，在关键设计节点使用风洞试验与 CFD 仿真相结合的循环验证仍非常有必要，是保证目标不偏离的重要措施。有些局部造型和附件的多方案的验证，在风洞试验中的验证效率会更高。另一方面，设计师通过对风洞试验进行现场参与、模型调整和观察，会有助于促进其对空气动力学的直观理解，使造型方案的推动力大大加强。

2. 汽车风噪开发流程

汽车风噪开发主要分为两部分内容，一是与汽车外流场相关的噪声源的开发，二是声学包装和声学密封措施的开发，其中后者主要涉及泄漏噪声，以及由外部湍流噪声向车内传递的阻断和削弱，这属于 NVH 的开发范畴。空气动力学工程师则主要负责车体表面湍流脉动压力引起的风激噪声，以及由天窗、侧窗和表面空腔引起的空腔噪声。

风噪的主要开发流程可以分为三个阶段，如图 5-50 所示。

风噪目标定义在项目前期进行，主要根据竞品车风噪水平、上代车的风噪水平及售后问

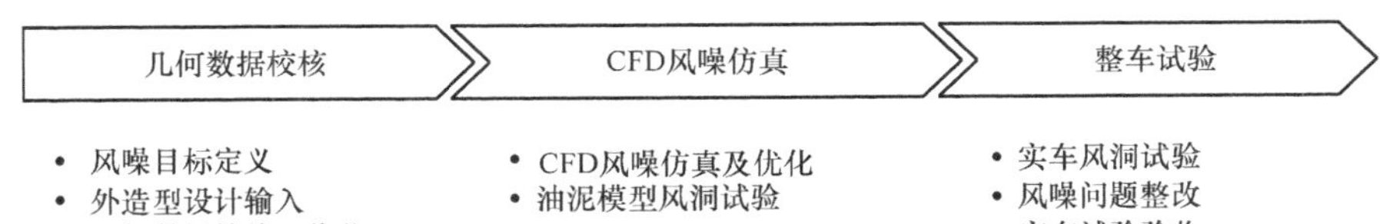

图 5-50　风噪开发阶段及主要工作内容

题调查结果、新车型本身的市场和性能定位及可投入的资源情况来制定。与风阻开发不同，外造型的风噪主要是由一些局部造型特征和附件形状来决定的，可以在造型前期将风噪的设计要求输出给设计师。并在数据设计阶段进行几何校核及调整。丰富的风噪数据库对给出造型要求非常重要，空气动力学工程师需要将以往道路试验、风洞试验及售后问题所出现的风噪问题，与局部特征的几何尺寸和形状建立确定性的关联关系，积累沉淀成为几何校核的标准，这可以大大提高开发效率。

风噪的 CFD 仿真精度一直不高，但仍然可以为车体表面形状的风噪优化提供定性的判断。近些年出现的一些仿真方法的精度有所提升，但计算代价比较高，一般可以根据仿真发现的问题，制订优化方案，再结合声学风洞进行风噪测试和改进。在造型设计阶段，可以制作声学模型在风洞试验中进行风噪的优化和验证，声学模型可以用油泥或树脂制作，在模型内部加工出类似乘员舱的内部空腔，并安装玻璃。乘员舱内表面粘贴吸声棉，保证腔内的声学混响时间与同等尺寸的平台车接近。将人工头放置在乘员舱内进行风洞内的风噪试验。对风噪的主要优化区域，如 A 柱、外后视镜、前三角窗、前风窗与侧窗玻璃和钣金表面的断差、通风盖板等区域在风洞内现场刮调，或事先按仿真方案加工好替换件，在模型上直接替换，以确认低风噪方案的效果。在造型和相关附件的数据冻结之前，发现对风噪影响较大的特征并进行改进，对低风噪开发非常重要。一旦造型冻结并投入模具、夹具、检具的制作，风噪的噪声源将几乎不能被改变。

具备实车以后，就可以进行风噪的道路试验和风洞试验了。在声学风洞中进行风噪噪声源和贡献量测试的辨识度和一致性更高，可以发现并解决由于零部件生产一致性导致的泄漏噪声问题并整改，然后对声学包装的吸隔声效果进行确认和改进。对于已经量产的车辆，也需要定期抽检下线车辆进行风噪试验，以控制量产过程中的生产变差，保证性能一致性。

5.5　展望

未来汽车空气动力学技术的发展，主要围绕提升新车型的空气动力学开发效率、提升对汽车空气动力学的仿真和试验精度、降低开发成本与开发周期等方面来进行。

（1）CFD 仿真　当前的 CFD 仿真方法仍存在一些不足，如为提升计算效率多采用基于 RANS 模型的定常算法，对车底部场和尾流的仿真精度仍然不高；对旋转车轮的模拟多采用简化的建模和运动方法（定义壁面切向速度和移动参考坐标系方法），使车轮周围流场计算精度较差。随着计算机性能的不断提升，CFD 仿真方法未来将更多采用非定常计算和高精度湍流模型（如大涡模型或分离涡模型）。对车轮的建模、轮胎花纹和轮胎接地区域的变形将被考虑在内，并且采用动网格来模拟轮辋的实际转动效果。

（2）CFD 仿真和优化方法的结合　传统的基于工程师的既有经验对车辆的外形进行修

改，再进行仿真验证的方法由于效率较低，已经不能满足开发需求，越来越多的优化方法正在被引入汽车空气动力学开发过程中。采用基于网格的变形工具和基于多样本的多变量自动寻优的优化工具，与 CFD 仿真工具相结合，在造型初期的整车大尺度优化中可以发挥非常大的作用，大大提升了整车风阻开发的潜力。在造型设计后期，基于伴随方法（adjoint method）的求解器可以根据流场计算结果自动给出外形或附件在小范围局部修改的方向。优化方法的应用将使未来的车型达到更高的性能目标成为可能。

（3）大数据发掘及人工智能　通过大量的实车仿真和试验案例，运用数据挖掘和人工智能方法，将某项空气动力学指标（如风阻系数）与对其产生影响的多个外造型关键尺寸（如前风窗倾角、后风窗倾角等）建立量化联系，这样在车型设计之初，就可以评估这些关键尺寸不同组合方案对空气动力学指标的影响，从而提升分析决策效率和性能潜力。

（4）试验开发技术　在风洞试验中如何模拟实际道路上的阵风和侧风，以及如何在风洞试验和道路试验之间建立更加明确的等量关联关系，是未来汽车风洞试验技术的研究热点。空气动力学对车辆高速工况下操控性能影响的研究在我国开展较晚，未来随着赛车和个性化跑车的开发，也将渐渐提上研究日程，由于车辆的高速运动特性与空气动力学、悬架系统特性、驾驶人的驾驶感受和操作紧密关联，这些试验开发工作除了需要进行传统的风洞试验，还将更多依赖实际的高速跑道来开展，并较强地依赖于主观评价。

需要特别说明的是，汽车空气动力学不仅仅是一门知识课程或一项技术，它最终要搭载在汽车产品上，以某种用户可感知的性能体验表现出来。因此，除了汽车空气动力学的理论、试验、仿真等技术，还要特别关注汽车空气动力学在新车型设计过程中的流程体系、规范标准、开发过程管控、与造型设计及其他工程问题的协同开发等问题。当前国内各主机厂与国外先进厂商的差异有技术层面的，更主要的是这些工程管理层面的。应将这些工程管理问题和汽车空气动力学技术本身紧密结合，协同开发。

第 2 篇　结 构 性 能

整车结构强度

6.1 结构强度概述

优良的强度可靠性，一方面可以确保车辆在使用寿命周期之内各项关键性能具有稳定的一致性，在整个生命周期内给用户提供良好的驾乘体验，另一方面可以大幅提高车辆的安全系数，给用户提供一种高度安全的驾乘环境。因此，结构强度可靠性作为体现车辆内在品质的一项关键因素越来越受到消费者的关注。本章主要以轿车为基础进行介绍，其他类型车辆仅做参考。

6.1.1 国内轿车强度开发现状

轿车强度开发的目的就是确保整车具有良好的强度可靠性，其是新车型开发中最为关键的领域之一，并贯穿于整车开发的全过程。例如，德国汽车行业联盟，包括宝马、奔驰、奥迪与大众等早已完成欧洲用户载荷的测量分析，建立了精准的“用户载荷 - 试车场载荷 - 试验载荷”当量模型，并建立了与整车开发流程相适应的强度开发、评价与认可体系，实现了整车强度性能的精准开发。我国作为全球最大的汽车消费市场，目前国外汽车巨头正在修改完善其已有的强度考核体系，以满足我国用户的特殊性需求，从而进一步巩固其强度开发技术的领先性。

近年来，随着自主品牌轿车市场保有量的急剧增加，以及车辆行驶里程的增加，越来越多的质量可靠性问题逐渐暴露出来，造成用户口碑与美誉度的降低。其内在根本原因是，国内自主品牌汽车企业缺乏该领域的全面系统研究，缺乏完善的标准与评价体系，或者直接引用国外的标准，存在本土化差异的问题。

在与世界汽车巨头同台共舞的过程中，我国自主品牌轿车研发从“简单外形模仿”起步，经历“性能/功能要素模仿”，到目前在新能源电动汽车和互联网智能汽车领域的技术突破；合资企业则培养了一大批经验丰富的专业技术与管理人才队伍，建立了相对完备的轿车开发软件与硬件设施，积累了大量开发经验。国内轿车工业在以下三个领域实现突破：

1）基本建立整车开发的全部流程，初步具备与流程各环节相匹配的关键技术要素。

2）培养锻炼了一大批涵盖整车开发各个领域、各个层次的研发与管理人才队伍，具备了与国际同行同台竞技的能力。

3）建立了与整车开发相匹配的、完善的软件与硬件设施和资源，积累了我国用户特殊需求的丰富数据。

经过多年的沉淀与积累，如何开发出与世界先进轿车具有同等水平的高品质轿车，如何建立自主领先的整车开发技术体系等核心问题摆到了国内同行面前。面向未来，高品质的自主品牌轿车不应该是高科技功能要素的简单堆砌，更需要将开发者的思想与理念融入其中，将我国用户的需求融入产品开发中。作为体现产品的高质量与高可靠性的支撑因素之一，轿车强度开发面临着同样的挑战与机遇。

6.1.2 面向我国用户的轿车强度开发

轿车强度开发的目的就是确保整车具有良好的强度可靠性，它是新车型开发中最为重要的领域之一，并贯穿于整车开发的全过程。建立国内领先并达到国际先进水平的面向我国用户的轿车强度开发体系平台，为国产轿车的强度开发提供所需的标准体系与开发管理流程是必须要解决的关键问题。因此，研究的目标为“建立基于我国用户工况的，与整车开发流程密切相关的，涵盖全部关键技术要素的轿车强度开发平台，包括强度试验标准与评价方法建立的通用方法，结构设计与强度模拟计算的关键技术，台架与道路试验标准及评价体系，强度质量的控制、跟踪与反馈完整流程等”。图 6-1 所示为整车强度开发平台原理架构。实现零件强度可靠性能的精准开发，既不能设计过头，否则零件将又重又贵；也不能设计不足，否则将影响使用寿命，甚至行车安全性。总体技术路线如下所述：

图 6-1 整车强度开发平台原理架构

1）通过对我国市场轿车使用情况进行调研分析和对国内外轿车强度水平进行调研分析，定义面向我国市场的轿车强度设计准则。

2）以轿车强度设计准则为依据，完成我国轿车用户道路载荷和试车场道路载荷数据库建设。

3）根据用户道路载荷和试车场道路载荷之间的当量关系，制定出满足强度设计要求的试车场道路耐久试验规范。

4）以试车场道路实车载荷和载荷分解为基础，获取结构强度设计、寿命模拟计算和台架试验的载荷谱。

5）以上述载荷谱为基础，结合零件工况条件和实际使用环境条件，制定出零件、总成、系统和整车等不同级别的强度试验标准体系。

6）整合上述资源，建立整车强度正向开发的管理流程。

图 6-2 所示为整车强度正向开发技术路线图。

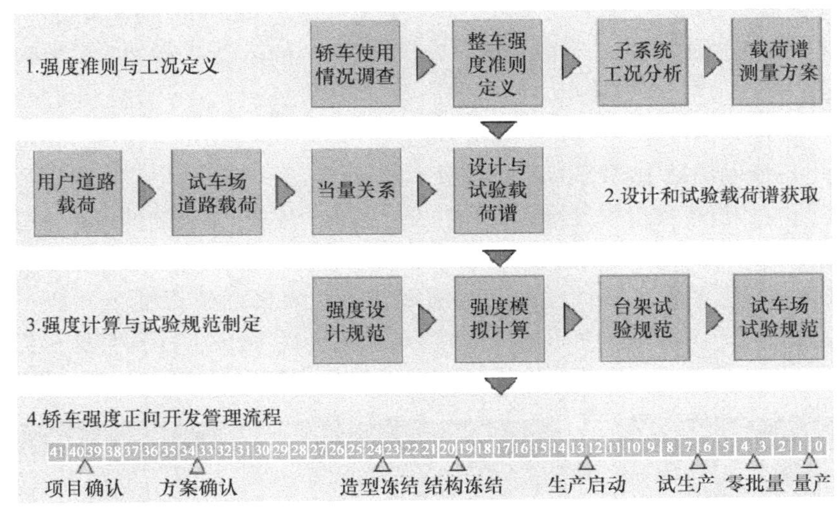

图 6-2　整车强度正向开发技术路线图

在轿车开发的方案设计、产品设计、试验验证等各个阶段综合应用设计规范、模拟计算和台架、道路试验等技术方法完成整车结构强度开发与认可。

6.2　结构强度设计理论与方法

汽车强度可靠性是指汽车在目标市场区域、规定行驶里程和使用年限内，满足用户规定范围使用功能的能力。强度可靠性是通过开发过程中的强度目标制定，结构强度设计、计算与优化、整车和零件可靠性试验认可等一系列的复杂流程来保证，这一系列工作的背后所参照的依据和原则称为“轿车强度设计准则”，其是指导整车可靠性设计和试验认可的最终依据，是轿车强度目标制定、结构强度设计、整车和零件试验认可的根本准则。

为了制订面向我国市场的轿车强度设计准则，需要全面综合分析以下三方面的因素：

1）国内外轿车行业的强度设计准则，即行业内各大知名公司在强度开发领域所依据的理论指导原则是什么。

2）市场上，尤其是我国市场上各大轿车品牌强度可靠性的现实具体表现情况。

3）我国市场轿车的实际使用情况，包括年均行驶里程、总体使用年限和行驶里程等因素，即在强度方面，我国用户的现实关注点是什么？哪些技术指标是重要的？

6.2.1　国内外轿车强度设计准则对比分析

1）德国——使用周期 15 年 30 万 km。20 世纪 80 年代，德国 LBF 研究所与东风汽车公司合作历时 5 年完成了我国用户载荷调查。1996—2009 年，AUDI、BMW、Daimler、VW、Porsche 与 Siemens - LMS 合作完成欧洲、北美和巴西等目标市场累计超过 200 万 km 的用户道路载荷测量。VW 依托上汽大众和一汽大众进行我国用户 30 万 km 载荷测量，以及出租车用户载荷测量等，并制定出我国与德国用户道路载荷与试车场载荷的当量关系。

2）美国——使用周期 15 年 24 万 km。GM 依托泛亚技术中心进行我国用户 16 万 km 道路载荷测量（有50～60辆测量车），等效于广德试车场“8000km＋40000km”的组合道路试验。Ford曾在襄阳试车场进行“13000km＋69000km”的组合道路试验，等效于美国用户24万km试验。

3）日本——使用周期15年24万km。

4）韩国——使用周期15年30万km。

依据上述国内外汽车强度设计准则调研结果，仅仅可以对轿车的强度可靠性水平进行直观的、定性的分析。如图6-3所示，轿车整车或者单一零件的强度可靠性指数由期望寿命里程L、设计选取的安全系数（统计学称为存活率因子，如99.9%存活率）P_a、涵盖的用户范围（统计学称为用户分位数，如99%的驾驶人特性）P_u构成，并且与这三方面因素成正比例。为实现更为准确的定量分析，本书提出“轿车强度可靠性指数”这一量化指标。

×
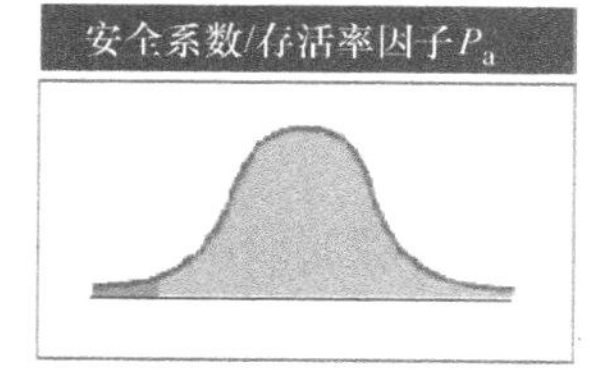

×
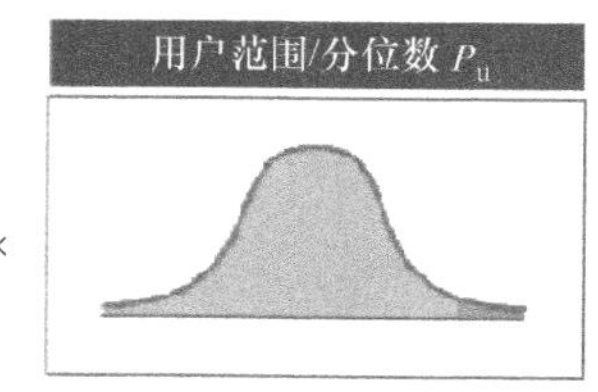

图6-3　轿车强度可靠性指数理论计算模型

由于美国、日本、欧洲、韩国等轿车企业均有明确的强度设计准则，可以利用上述模型对其轿车的强度可靠性水平进行量化计算和评价。

国内自主品牌独立研发起步晚，缺乏明确的强度设计开发准则，因此无法应用上述模型进行量化计算。具体表现为，合资企业沿用国外合作伙伴的强度开发标准；自主品牌普遍参照相关汽车试验场的试验规范要求进行强度开发和试验认可。

由于强度可靠性对轿车性能至关重要，伴随着国内轿车工业的发展，强度设计开发能力的建设一直在探索前行，并在近几年取得了较为显著的进步。

上汽大众持续多年进行用户道路载荷测量，并与试车场道路载荷进行当量对比分析，建立了较为完整的用户载荷数据库。针对出租车特殊用户群体也进行了大量的载荷测量和车辆拆解分析工作。为提高车辆的强度可靠性提供了真实、客观的数据支撑。

泛亚技术中心用先进的载荷测量设备，对车辆进行我国用户道路载荷量持续测量，为等效广德试车场道路试验载荷和试验室台架试验标准提供数据支撑。实现试验工况完全涵盖用户的各种特殊情况。

综上所述，我国自主品牌的轿车强度试验开发和认可主要依靠试车场的道路耐久试验，以及与道路试验等效的试验室台架试验来确保。在这种情况下，轿车整车或者单一零件的强度可靠性由试车场耐久试验的里程数L，如全新开发40000km，升级改进款开发24000km等；试车场的道路类型及其通过的车速要求R（如扭曲路车速为5km/h，碎石路车速为60km/h等）；道路耐久试验时的车辆负载W（如空载、50%载荷和100%载荷）三大要素决定。基于上述分析，提出以试车场强度可靠性试验定量分析为基础“轿车强度可靠性指数工程估算模型”，如图6-4所示。

我国市场上的合资品牌轿车企业尽管大都使用我国试车场完成强度可靠性试验，但试验规范都是单独定制的。如某公司曾经根据襄阳试车场与密歇根试车场的对标结果，制定出自

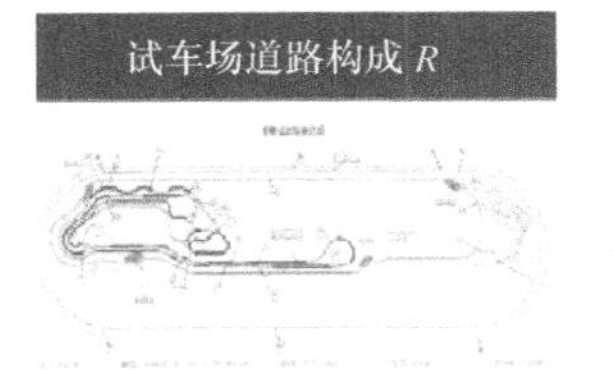

×

×

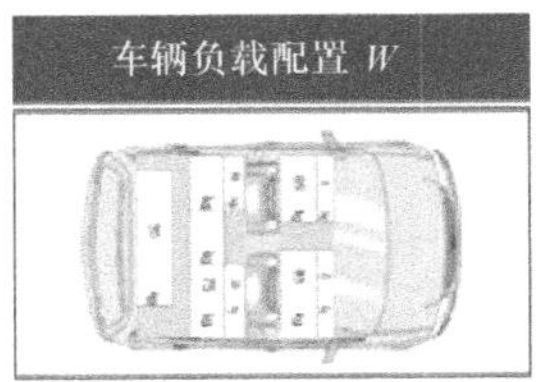

图 6-4 轿车强度可靠性指数工程估算模型

己的襄阳试车场道路试验规范等。根据上述情况，可以通过试车场试验规范将我国自主品牌、我国市场合资品牌、日韩品牌、欧美品牌之间的强度指标联系起来，为比较其差异提供参考依据。

在上述理论分析的基础之上，结合相关部门已公布的由于可靠性问题而被召回的车辆信息；互联网上出现的轿车腐蚀、断裂等用户反馈，在交通事故中出现的车辆异常破坏情况（如轮胎脱落、底盘零件断裂等），以及各轿车品牌在驾车人群中的口碑等各方面因素。分析评价各个品牌轿车来自于市场一线的强度水平的真实表现，以此作为上述理论模型的补充和完善修正。图 6-5 所示为轿车强度可靠性用户市场分析模型。

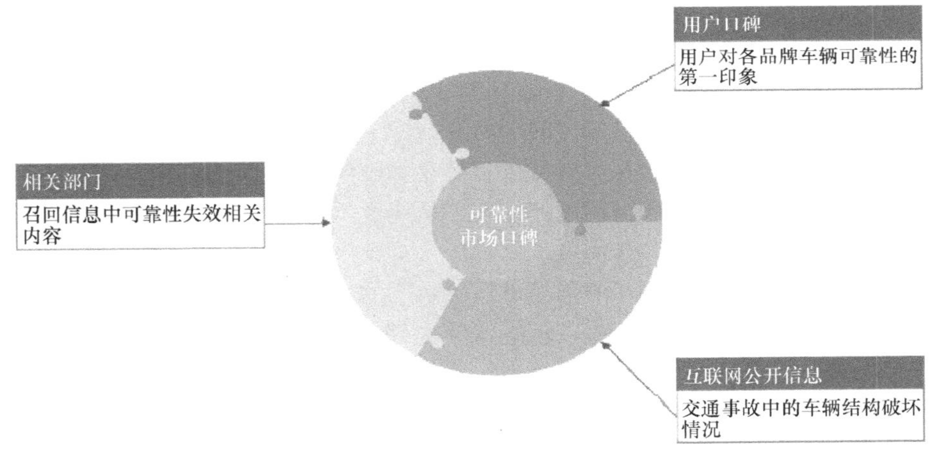

图 6-5 轿车强度可靠性用户市场分析模型

6.2.2 全球主要汽车工业国轿车强度水平分析

轿车强度设计准则、配套的计算载荷、试验规范和评价方法等都是各个公司的核心计算，无法从公开的渠道获取。因而无法用直接的、简单对比的方法进行国内外主流轿车的强度水平的高低分析，而只能综合利用各种手段和有限的公开资料进行对比分析。前文介绍了轿车强度可靠性指数计算和评估的几种方法，包括轿车强度可靠性指数理论计算模型、工程估算方法及轿车强度可靠性的市场反馈分析法。在大量调研的基础之上，综合运用上述手段得出全球主要汽车工业国轿车强度可靠性水平分布图，如图 6-6 所示。

由图 6-6 可知，德系轿车和美系轿车的强度可靠性水平较高，处于第一阵营，但是美系轿车的强度可靠性离散度比较大，如不同品牌、不同消费层次的车型之间的差异较大。日系

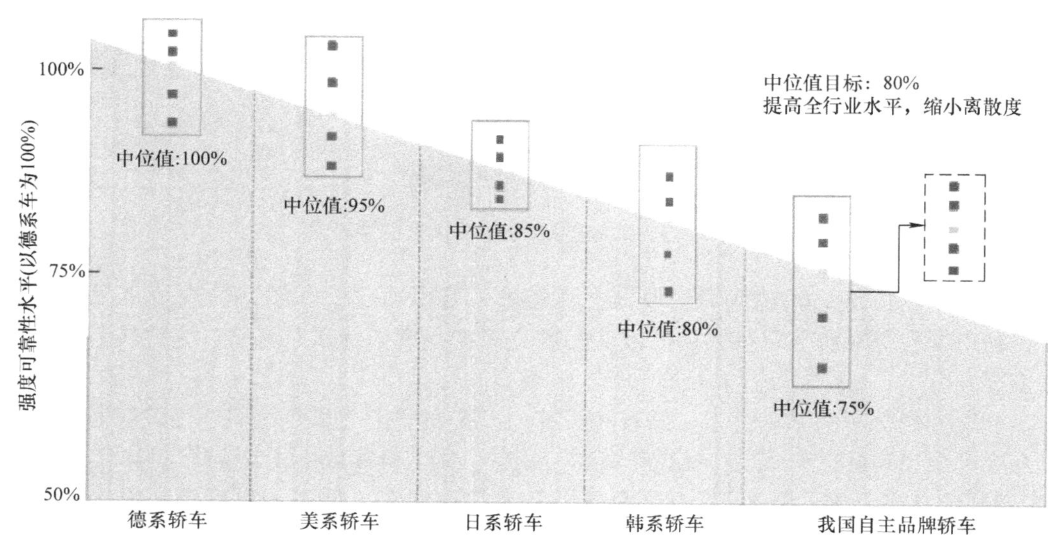

图 6-6　全球主要汽车工业国轿车强度可靠性水平分布图

轿车和韩系轿车的强度可靠性水平处于第二阵营，但日系车的各品牌车型之间的离散度较小，即车型之间的一致性控制较好，这也与日本企业一直严格执行的精益设计、精益生产有很大关系；相比较而言韩系车各品牌之间的差异就很大。我国轿车的强度可靠性水平则排在末位，明星车型的强度可靠性水平可以接近日韩品牌中的中低端产品。国内有众多的汽车企业，尽管近几年都有长足的进步，但总体而言还是层次不齐。所以，我国自主品牌轿车的强度可靠性水平离散度较大。

基于上述分析，自主品牌轿车的强度可靠性水平的目标定位如下：

1）总体上应瞄准日系轿车和韩系轿车水平，即与现有的水平相比较而言有一个质的提升。

2）另外一方面要全面提高全行业技术水平，缩小不同企业之间和不同品牌之间的差异。

3）随着智能化汽车技术的发展应用，更多的传感器（如加速度传感器）被布置在车辆上，可以通过内置程序的计算分析，对车辆的寿命进行更具前瞻性的主动监控和风险预警。变传统的零件强度被动设计为车辆智能系统的主动监控与报警。

6.2.3　我国市场轿车行驶里程调研分析

行驶里程是轿车产品设计需要考虑的关键因素之一，对于整车耐久性和可靠性目标的确定起至关重要的作用，更是制定面向我国用户的轿车强度准则的最重要依据。

为确定我国市场轿车用户行驶里程，国内某高校团队以 2000—2017 年间的所有文献资料为依据，在我国不同地区、多个城市和不同车龄的机动车调研数据的基础之上，做进一步的大数据整理、挖掘、提炼，得出我国机动车尤其是轿车的寿命周期、年平均行驶里程、总行驶里程等关键结论，为最终建立我国轿车目标行驶里程，或者是设计寿命里程提供了客观事实支撑。调研结论如下：

1）99%用户的车辆使用年限小于15年，97.5%用户的车辆使用年限小于12年。

2）95%轿车的累积行驶里程小于24万km，超出该里程的车辆占比小于5%。

3）轿车年均行驶里程小于2万km，随着车龄的增加呈现逐渐减小的趋势。

从全国各个区域，以及不同年份的调研结果来看，乘用车的年累积行驶里程随车龄的增加而呈对数递减，即随着车龄的增加，累积行驶里程的增长速率减缓。这说明随着轿车的进一步普及，尤其在一部分家庭拥有两辆车的情况下，随着车龄增加，其年行驶里程在逐渐减少。图6-7所示为乘用车车龄和行驶里程关系。

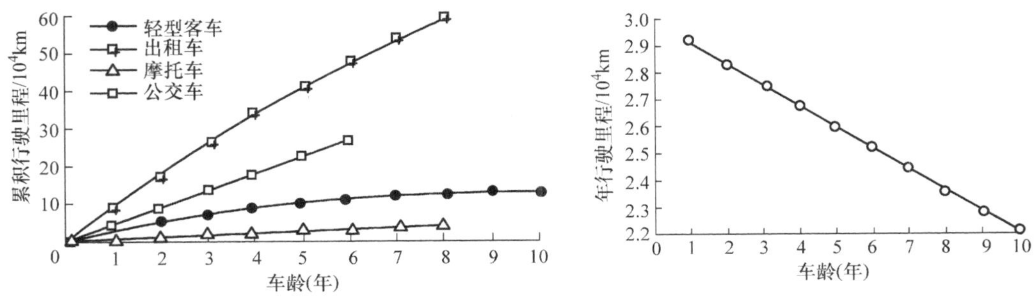

图6-7　乘用车车龄和行驶里程关系

根据我国不同地区的轿车使用情况调研结果，在定义面向我国用户的轿车强度设计准则时，轿车的期望总寿命和使用年限要求为“使用周期15年行驶24万km”。这一要求使自主品牌的轿车强度在理论上可以达到日系轿车和韩系轿车总体相当的水平。此外，对于自主品牌而言，还需要提高全行业的强度水平，缩小企业之间的差异和轿车强度水平离散度。

6.2.4　轿车强度开发准则定义

轿车是大批量生产且极为复杂的工业产品，同时最终用户的使用情况也是千差万别。此外，轿车的强度特性是由各个不同零件的强度特性所决定的，不同零件失效后果的影响也是不同的。因此，在制订轿车强度准则时必须对以下四个指标进行量化定义：

1）必须规定车辆以稳定状态行驶的里程数和使用年限。

2）必须规定统计学意义上可以涵盖用户的百分位。

3）必须规定统计学意义上可以涵盖批量生产零件的百分位。

4）必须对不同种类零件的行驶里程数和使用年限进行分别定义。

1. 零件强度相关性定义

轿车是复杂工业产品大批量生产的典型代表，由底盘、车身与装备、电子电器、动力总成四大系统数万个零件组成。根据零件功能，以及零件失效后对乘员和环境造成的影响和潜在的危害程度，对这些零件进行分类，并分别定义可靠性失效判定准则。

（1）第Ⅰ类零件　寿命周期内不允许发生断裂。发生断裂会造成严重的交通事故和乘员伤害，严重时危害乘员生命安全，整车重要功能丧失，或者造成泄漏、危害周围环境。这类零件被称为轿车安全件。如车轮、转向节、轴承、制动管路等。

（2）第Ⅱ类零件　寿命周期内避免发生断裂。发生断裂会造成部分功能丧失，严重影响驾乘体验，但不对乘员造成伤害，或者危害周边环境。这类零件称为轿车功能件，如连杆、齿轮、变速杆、散热器等。

（3）第Ⅲ类零件　寿命周期内失效不影响功能和安全，不会引起严重的客户抱怨。发生失效时存在潜在的影响用户满意度的可能性，且可对失效零件或功能进行便捷、快速的修复等。这类零件包括车身附件、个别电子电器零件等。

图6-8所示为轿车零件强度相关性分类。

A级车	失效后果定义	零件强度特性分类
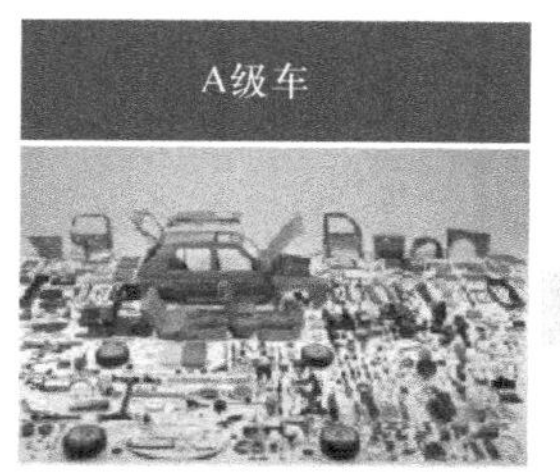	危及用户安全 使用功能丧失 造成环境危害 零件可维修性	第Ⅰ类零件 第Ⅱ类零件 第Ⅲ类零件

第Ⅰ类零件 —使用周期内不允许发生断裂

第Ⅱ类零件 —使用周期内要避免发生断裂

第Ⅲ类零件 —使用周期内失效后可以修复

图6-8　轿车零件强度相关性分类

第Ⅰ类零件的重要性最高，其强度设计和试验所需的工作载荷谱，必须包括用户所有的使用情况，尤其是各种最为极端的使用工况，如路面不平度的极端冲击，发生追尾等交通事故时的零件抗大载荷冲击能力。例如，底盘前桥的三角摇臂一般既需要动态的疲劳试验，又需要静态的最大抗拉破坏试验。对于第Ⅱ类零件，一般只进行99%分位的道路载荷模拟试验进行验证；对于第Ⅲ类零件，仅需考虑用户一定百分位的使用情况，如车内拉手只需要考虑其抗90%用户的静态拉力水平即可。

在轿车开发中，在上述原则的基础对其零件进行定义，使其更加明确和便于区分。以某典型A级轿车为例进行说明，其共由约20000个零件组成，其中作为工装母件的重要零件有300个，这其中约60个零件又是对整车起支撑作用的承载结构件，如图6-9所示。轿车强度可靠性关注的重点是这些关键工装母件。

2. 轿车全寿命周期定义与强度可靠性期望

一般情况下，用户对新车的各项性能指标有很高的期望值，任何细微的失效都会导致严重的客户抱怨和满意度下降。针对这种情况，各大公司都提供“3年/6万km”的质保期，近年针对新能源车甚至有电芯终身免费维护的质保措施。

之后，用户对车的期望值迅速下降，对于出现的故障和失效有一定的容忍度。对于车龄超过7年或者行驶里程超过100000km的车，则要求更低。对于此时出现的失效和故障有较大的容忍度。综合上述情况，将轿车的寿命分为第Ⅰ寿命周期和第Ⅱ寿命周期，并绘制用户对整车强度可靠性期望曲线，如图6-10所示。

3. 轿车强度开发准则定义

综合考虑上述分析，提出面向我国用户的轿车强度寿命要求：“第Ⅰ类零件满足15年行驶24万km道路要求，第Ⅱ类零件满足8年行驶16万km道路要求”。若以每年约

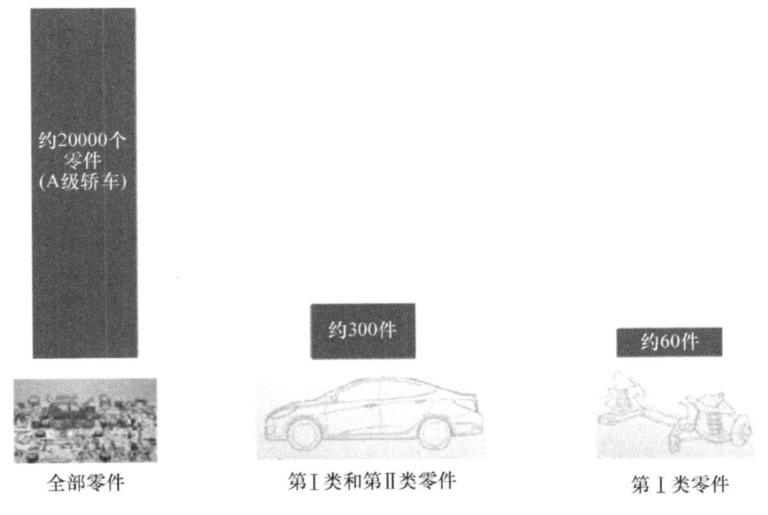

图 6-9 某 A 级轿车零件分类

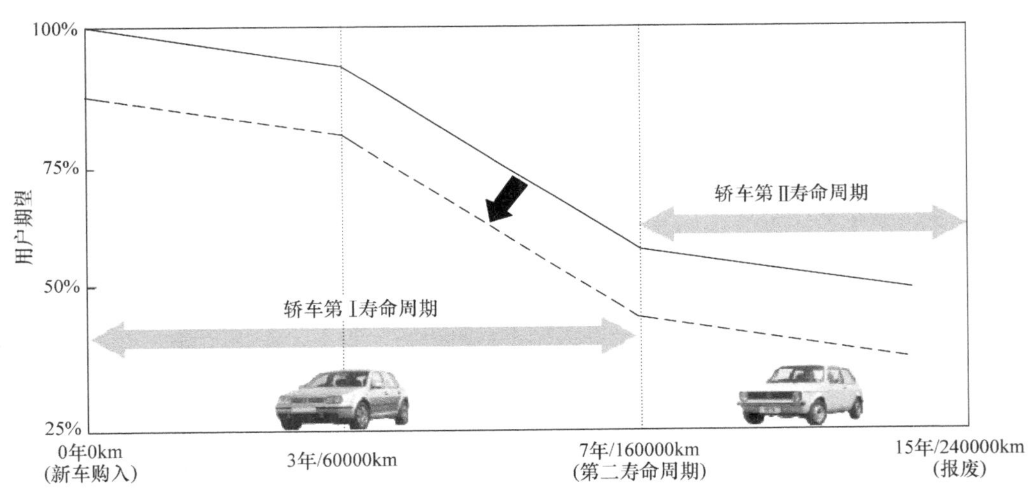

图 6-10 用户对整车强度可靠性期望曲线

2 万 km行驶里程计算，第Ⅰ类零件相当于使用 10 ~ 15 年无故障，即全寿命周期无故障；第Ⅱ类零件使用 7 ~ 10 年无故障，即第Ⅰ寿命周期内无故障，全寿命周期内需维修 1 次。图 6-11所示为用户轿车零件分类与寿命定义。

轿车是大批量生产的复杂工业产品，由于原材料的均一性、工艺的一致性和生产设备的稳定性等各种因素均有差异，即使是同批次零件，其寿命也呈现一定的分布特性，在统计学意义上一般表现为对数正态分布，或者是对数韦布尔分布。因此，在定义使用寿命时必须充分考虑零件寿命本身的分布特性。

同时，其面对的用户和使用地域的路况、气候和自然环境也是千差万别，尤其是不同用户的驾驶特性也存在很大的差异。例如，不同的驾驶人在通过铁路道口时的表现差别很大，减速通过、正常车速通过和极慢速通过，其对零件造成的损伤差别就很大。因此，在定义使

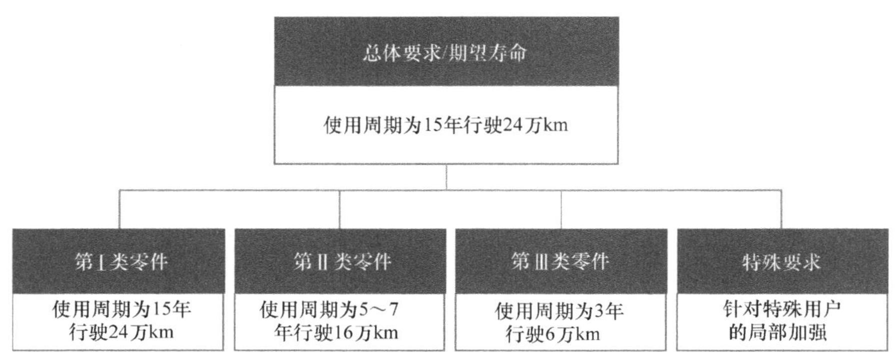

图 6-11　用户轿车零件分类与寿命定义

用寿命时必须充分考虑其涵盖的驾驶人范围。

综上分析，必须规定统计学意义上可以涵盖用户的百分位，必须规定统计学意义上可以涵盖批量生产零件的百分位。最终的强度准则定义如下：

（1）第Ⅰ类零件　在“10^{-2}－用户”与“10^{-3}－零件”条件下，满足 24 万公里道路行驶要求。

（2）第Ⅱ类零件　在“10^{-2}－用户”与“10^{-3}－零件”条件下，满足 16 万公里道路行驶要求。

（3）第Ⅲ类零件　在不影响用户满意度情况下，确保质保期内的道路行驶要求。

（4）特殊要求　针对特定用户对象，可以对相关零件强度指标提出特殊要求，如出租车行业等。

图 6-12 所示为轿车强度准则理论模型。

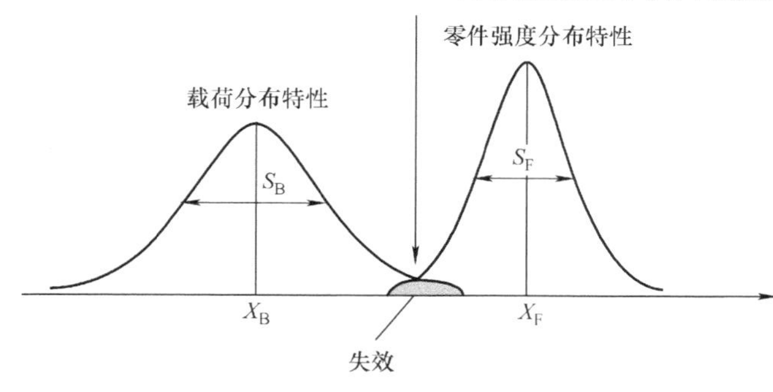

图 6-12　轿车强度准则理论模型

6.3　结构强度开发案例

在前面的内容中定义了面向我国用户的轿车第Ⅰ类和第Ⅱ类零件 24 万 km 和 16 万 km 的强度开发准则，这是整车和零件强度设计开发的源头所在，是制定轿车结构设计许用载荷，制定样车或样件强度试验载荷的根本依据。因此，建立我国用户 24 万 km 道路载荷模型是轿车强度开发最基础的研究工作，在这一模型的基础之上可以进一步制定试车场强度耐久试验规范，并最终推导出台架试验的加载载荷和强度计算的边界载荷，由此进一步演绎出轿车强度开发的模拟计算和试验认证体系及对应的评价标准。图 6-13 所示为用户载荷模型与应用原理。

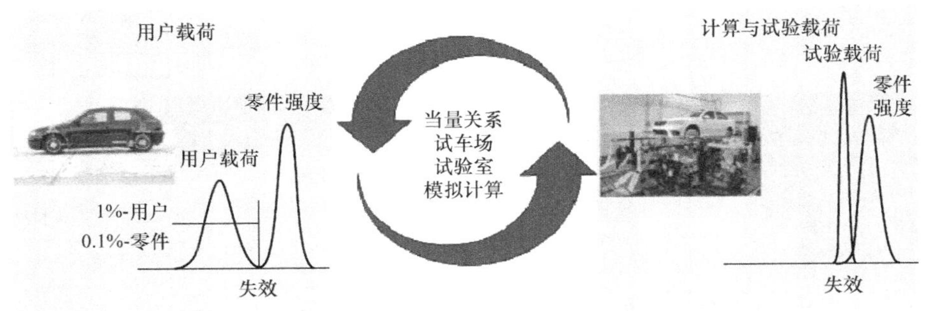

图 6-13　用户载荷模型与应用原理

6.3.1　轿车强度试验标准体系构建

轿车结构件强度试验分为静态强度试验验和动强度试验两大类。静强度主要是由极端恶劣工况引起的，如用户的误操作引起的高速过减速带和冲击路肩对底盘零件的伤害，或者是在交通事故中引起的，如追尾等。动强度试验模拟疲劳载荷长期作用下零件的损伤特性，表现形式为等幅疲劳试验、路谱疲劳试验和振动加速疲劳试验等。

（1）结构静强度试验　静强度试验必须首先注意安全。因为试件可能发生突然失效，导致脱落物飞出而伤及周围的人和设备。技术上，试验前必须紧固夹紧部位，防止试验因加载不稳而中途失效。静强度试验的最大特点是加载缓慢（ <5mm/s），失效突然，失效部位不确定。

对于零件的静强度试验，要注意失效的形式和部位与使用中是否一致；对于部件的静强度试验，要注意各个零件的变形和失效形态是否与要求一致；对于整机的静强度试验，要注意夹紧部位是否会限制结构的变形空间。静强度试验的结果一般以三个以上数据的平均值来评价。

（2）结构动强度试验　动强度试验的最大特点是，试验载荷是周期或随机性时变的，并且这些载荷是低于屈服极限的载荷。当载荷为应力时，载荷最大值应低于屈服极限；当载荷为加速度时，由加速度最大值在结构内部产生的动应力应低于屈服极限。动强度试验包括性能试验和寿命试验，性能试验可以是单件或多件，寿命试验的试件原则上必须为 3 ~ 5 件或更多，以便保证有一定的置信度。下面重点介绍寿命试验，它是疲劳试验的一种。

通过零件受力工况分析可以制定出轿车承载结构件的强度台架试验标准体系。其原理如图 6-14 所示，例如，天窗总成试验的关键要素可以定义为“天窗试验 = 时域波形：模拟试车场道路载荷 + 温度曲线：模拟环境 + 天窗动作：模拟用户操作”。

根据上述原理和流程，可以推导演绎出满足强度准则要求的所有轿车强度台架试验标准图谱，如图 6-15 所示。

此外，随着行业竞争加剧，整车开发周期不断被压缩，越来越多的试验工作被不断提前

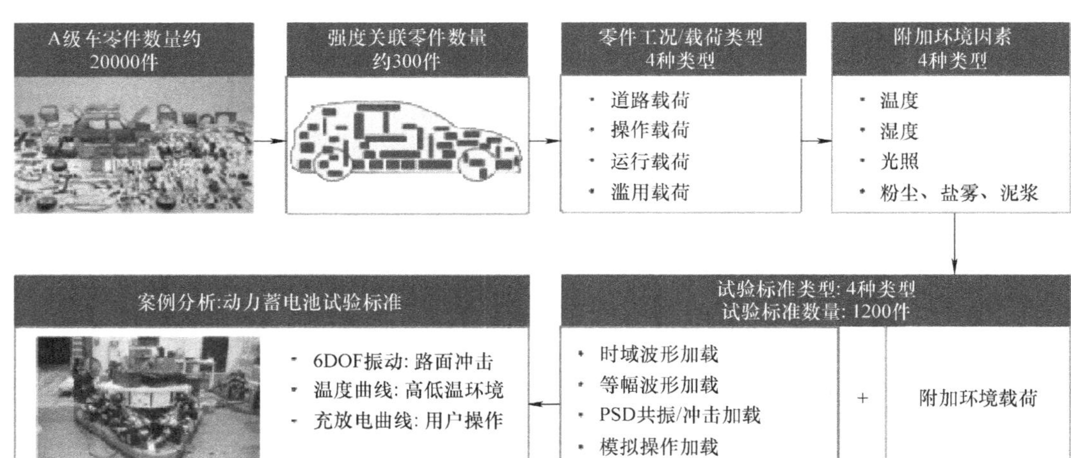

图 6-14　基于工况分析的轿车强度试验体系构建流程

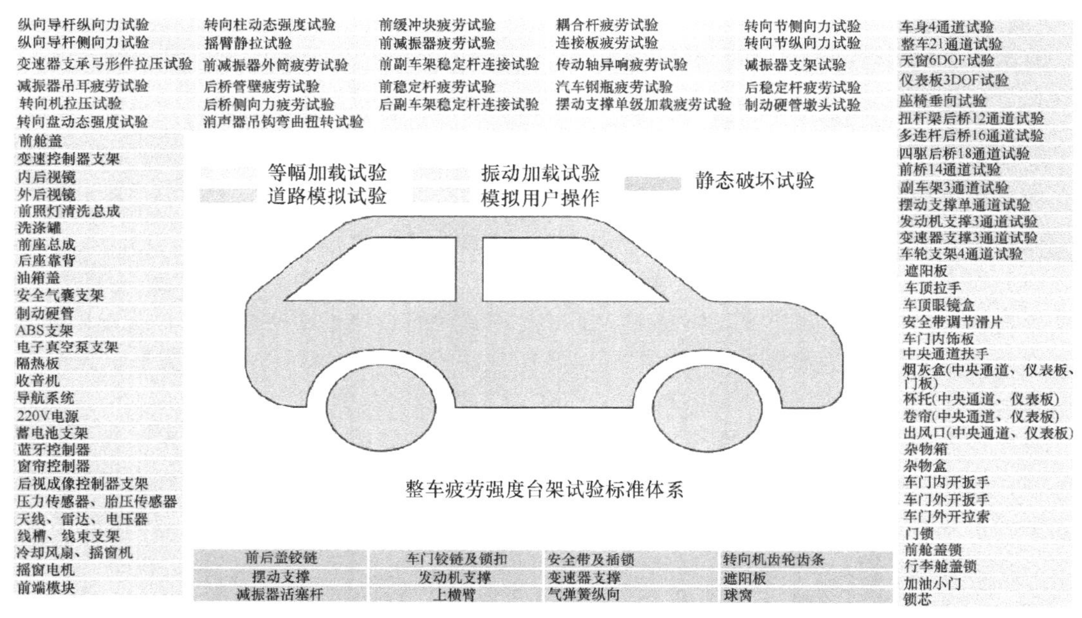

图 6-15　轿车强度台架试验标准图谱

至生产出试验样车之前。因此，必须通过虚拟试验场技术、虚拟试验台技术来获取零件或者总成的台架试验载荷，包括疲劳强度试验用的零部件载荷谱，以及零件静强度试验的静态试验用极限载荷，受篇幅所限，此处不做详细说明。

6.3.2　轿车强度模拟计算原理与方法

所谓的轿车强度模拟计算技术是指综合应用计算机仿真技术来代替实车的道路试验和试验室台架道路试验，从而实现目标零部件疲劳寿命的数字化仿真计算与优化设计。尤其是随着计算机仿真计算技术的迅速发展，世界各大汽车公司把更快地向用户提供最新的车型作为领先对手的重要途径之一，如何应用虚拟试验技术缩短轿车的研发周期成为汽车行业关注的焦点之一。

强度模拟计算的核心技术理论包括“多体动力学、有限元（FEM）、载荷处理分析、结构疲劳损伤”四大部分，需要解决刚柔耦合的整车多体动力学建模与计算，多输入多输出节点的载荷自动传输与处理，结构疲劳寿命曲线定义与修正等多项关键技术。图6-16所示为整车疲劳强度模拟计算技术路线。

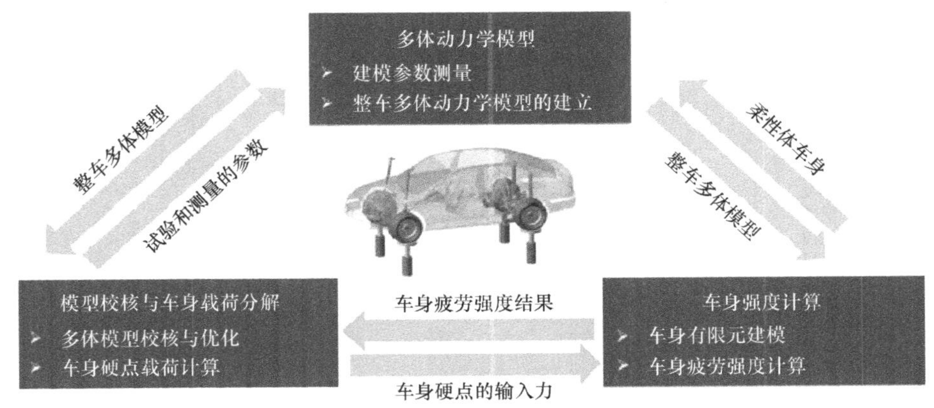

图6-16　整车疲劳强度模拟计算技术路线

在轿车强度疲劳计算领域，虚拟试验台技术方案和虚拟试车场技术方案，是目前行业内公认的两种成熟应用。虚拟试验试验台方案是将已有的试验数据作为虚拟试验台系统的边界载荷，在仿真环境中模拟计算出虚拟样车或者目标零件的强度性能，是一种试验和仿真计算相结合的技术方法。虚拟试车场方案是将试车场道路3D数字化道路、整车多体模型、轮胎模型和驾驶人模型等众多要素结合在一起，全部要素均是虚拟模型的100%强度模拟计算技术，技术难度较高，国外已有众多成熟应用，国内则处于起步发展阶段。

上述两种方法在具体的应用中，除了技术难度有差别之外，其侧重点也不同。针对改进车型的开发，应用较为简单的虚拟试验台技术进行计算即可；而对于全新开发车辆，则需要应用虚拟试车场计算，以确保对所有结构的所有受力状况都可以进行详尽的计算分析。

基于虚拟试验台和虚拟试车场3D数字化道路进行疲劳强度模拟计算是行业内复杂度最高的两种方式，当然也可以采用图6-15所示的试验标准体系的载荷针对整车、总成和零件进行疲劳强度计算和静态强度计算，尤其是在早前概念设计和方案设计阶段，可以通过等幅加载进行快速的疲劳计算，通过静态计算对零件的极限使用性能进行评估等。图6-17所示为轿车强度模拟计算的两种方案。

6.3.3　基于试验和仿真的结构强度优化

下面以某轿车开发为例，详细介绍一套完整的“整车－台架”系统的虚拟耐久试验技术理论与方法，以实现在物理样车之前进行车身结构寿命的有效预估与优化设计，大大减少后续开发中实车耐久性认可试验的轮数。图6-18所示为基于整车虚拟试验台的车身强度模拟计算流程。

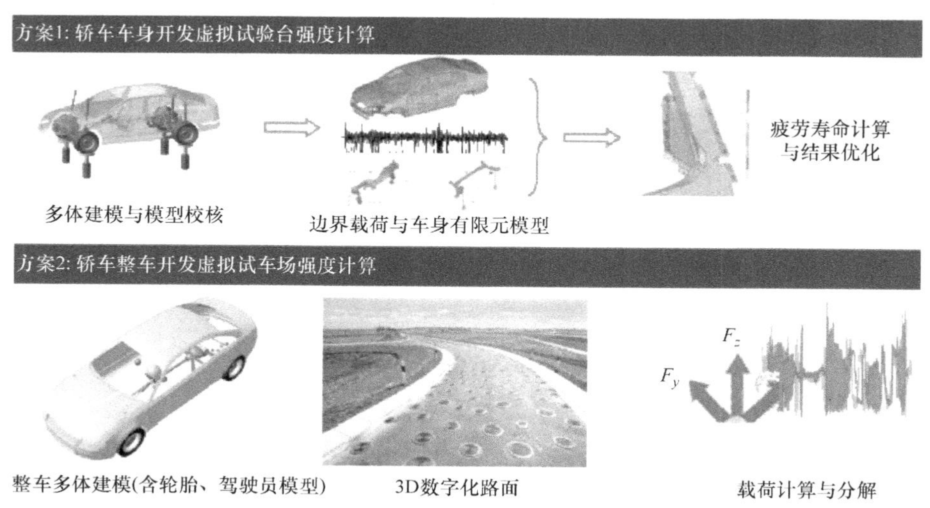

图 6-17　轿车强度模拟计算的两种方案

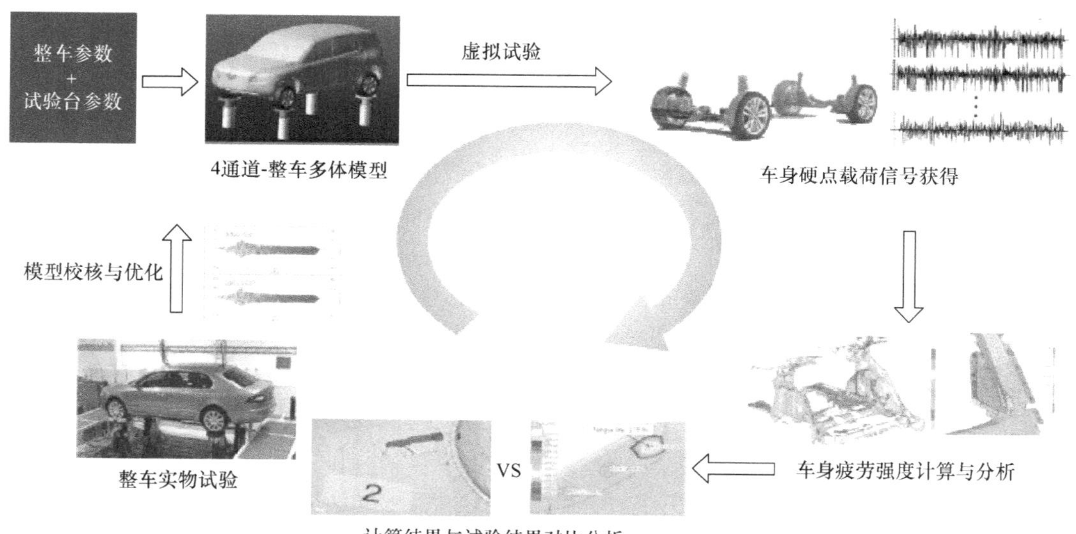

图 6-18　基于整车虚拟试验台的车身强度模拟计算流程

1. 基于动力改装车的试车场载荷测量

准确可靠的道路载荷数据是轿车早期开发阶段进行耐久性虚拟试验的基础和关键所在，而这时根据全新设计试制的第一辆样车还没有出现，但为了获得开发中所需的各种实车试验数据，引入动力改装样车。即通过改装现有车辆，如改装车身使其加长或缩短，加装与目标车辆相近的悬架系统与动力总成系统等，使其整车重量、轮距和轴距，底盘前后悬架系统的形式与参数，动力总成参数等关键指标与开发中的目标车辆一致。

在确保动力改装样车的状态完全符合 GB/T 12534—1990《汽车道路试验方法通则》规定的情况下，构建图 6-19 所示的测试系统。采集的信号包括底盘关键位置处的加速度与悬架动挠度，以及车轮中心六分力（三个力与三个力矩）信号等。

试验道路为国内某轿车专用试车场强化耐久道路，按照试验标准的要求由专业驾驶人驾车完成5~7个循环的道路载荷采集试验。将采集得到的试验数据进行标定、消除奇异值、消除趋势项，以及进行统计分析和数据平稳性检验等，最终选取完整1个循环数据作为后续虚拟计算的边界载荷。

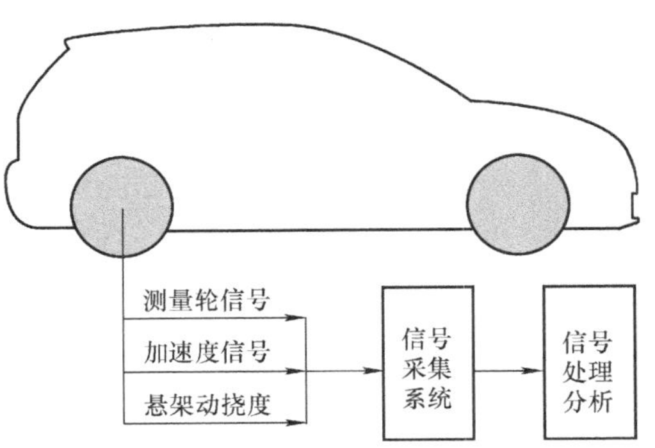

图6-19　基于动力改装车的载荷测量系统

2. “整车－台架”系统建模及目标信号虚拟迭代

众多研究成果表明，将实车试车场道路测量得到的车轮中心六分力直接加载到车身完全自由的整车多体模型上，存在重力无法完全平衡等问题，从而造成计算不收敛以至于模型完全倾覆等技术障碍。工程上针对该难题的解决办法是，引入虚拟试验台和实车测量的目标信号，通过虚拟迭代的方法来解决。

（1）整车刚柔耦合多体动力学建模　建立整车的耐久性虚拟试验模型涉及的内容非常之多，此处着重介绍刚柔耦合多体模型的建模方法，柔性体建模的理论与方法是关键技术。对目标部件通过有限元离散化处理，得到柔性体模型。对于柔性体模型上任意点的坐标（图6-20）可以做如下定义：

$$\boldsymbol{r} = \boldsymbol{R} + \boldsymbol{A}(\boldsymbol{s} + \boldsymbol{u})$$

式中　$\boldsymbol{R}$——参考点相对于全局坐标系 XYZ 的位置；

$\boldsymbol{A}$——局部坐标系 xyz 相对于整体坐标系 XYZ 的变换矩阵；

矢量 $\boldsymbol{s}$——结构未变形时相对于参考点的位置；

矢量 $\boldsymbol{u}$——结构的变形量；

矢量 $\boldsymbol{r}$——结构变形后相对于全局坐标系的位置。

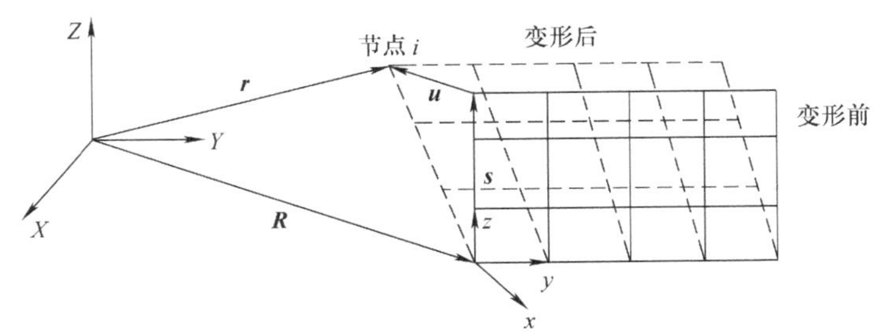

图6-20　柔性体模型坐标系描述

应用模态综合法生成结构的柔性体模型时，结构的变形 $\boldsymbol{u}$ 通过正交模态振型的线性叠加得到。一般情况下，模态振型可以通过有限元模型的静态求解和特征值求解法获得

$$\boldsymbol{u} = \boldsymbol{u}_{\mathrm{st}} + \boldsymbol{u}_{\mathrm{dyn}} = \boldsymbol{\varphi}_{\mathrm{st}} a_{\mathrm{st}} + \boldsymbol{\varphi}_{\mathrm{dyn}} a_{\mathrm{dyn}}$$

$$\boldsymbol{k}\boldsymbol{\varphi}_{\mathrm{st}} = \boldsymbol{F}$$

$$[\boldsymbol{k} - \omega \boldsymbol{M}]\boldsymbol{\varphi}_{\mathrm{dyn}} = \boldsymbol{0}$$

式中　$\boldsymbol{u}_{\mathrm{st}}$——结构的静态变形；

$\boldsymbol{u}_{\mathrm{dyn}}$——结构的动态变形；

$\boldsymbol{\varphi}_{st}$——结构的静态振型；

$\boldsymbol{\varphi}_{dyn}$——结构的动态振型；

a_{st}——结构静态振型的影响因子；

a_{dyn}——结构动态振型的影响因子；

$\boldsymbol{k}$——模态刚度矩阵；

$\boldsymbol{M}$——模态质量矩阵；

$\boldsymbol{F}$——结构所受边界力矩阵；

ω——模态频率。

本项目采用 Craig - Bampton 法来获得模态振型。其各阶振型是完全线性独立的，既反映边界载荷的影响，也包含结构的主模态特征。获取 Craig - Bampton 模态的步骤如下：

1）定义有限元模型的边界载荷作用点。

2）在边界载荷点的每个自由度上施加单位力或者单位位移，而其余载荷点施加相应的约束，然后完成求解计算。

3）求解边界载荷点固定状态下的正则模态。

4）将上述结果综合起来，并完成振型的正则化处理以确保相互之间完全线性独立。

通常，刚柔耦合系统的多体动力学方程可表示如下：

$$\begin{pmatrix} \boldsymbol{M}_{rr} & \boldsymbol{M}_{rm} & \boldsymbol{\varphi}_{qr}^{\mathrm{T}} \\ \boldsymbol{M}_{mr} & \boldsymbol{M}_{mm} & \boldsymbol{\varphi}_{qm}^{\mathrm{T}} \\ \boldsymbol{\varphi}_{qr} & \boldsymbol{\varphi}_{qm} & \boldsymbol{0} \end{pmatrix} \begin{pmatrix} \ddot{\boldsymbol{q}}_r \\ \ddot{\boldsymbol{q}}_m \\ \lambda \end{pmatrix} = \begin{pmatrix} \boldsymbol{Q}^r \\ \boldsymbol{Q}^m \\ \gamma \end{pmatrix}$$

式中　$\boldsymbol{M}$——质量矩阵（下标 r 表示刚体坐标系，下标 m 表示模态坐标系，下同）；

$\boldsymbol{\varphi}_q$——约束方程相对于各自广义坐标的雅克比矩阵；

$\ddot{\boldsymbol{q}}$——广义坐标向量；

$\boldsymbol{Q}^r$——广义力向量；

$\boldsymbol{Q}^m$——模态力向量；

λ——拉格朗日系数；

γ——雅克比系数。

在建立整车系统的多体刚体动力学模型之后，根据上述原理将其中的车身进行柔性化处理，车身的截止模态频率为150Hz，即可得到整车刚柔耦合多体动力学模型。

（2）整车4通道虚拟试验台建模　本书以在车身结构疲劳强度试验领域应用最为广泛的轮胎耦合整车4通道道路模拟试验台为目标建立虚拟试验台模型，具体包括试验台机械系统、电－液伺服和传感器测量反馈系统等。然后需要调试整个虚拟试验台系统的动态响应特性，使其与真实的试验台保持高度一致，这是后续虚拟迭代工作的基础，也是确保虚拟计算获得的车身预估寿命结果与后续实车台架试验结果具有可比性的关键所在。

结合之前建立的整车多体模型，最终建立的刚柔耦合虚拟试验模型如图6-21所示。

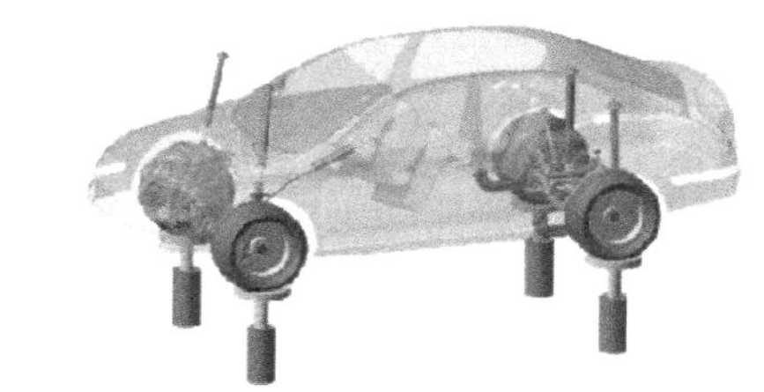

图6-21　“整车－台架”系统虚拟试验模型

（3）基于虚拟试验台的实车试车场道路载

荷模拟再现　在 FEMFAT 软件环境中，应用多输入多输出（MIMO）系统时域波形再现（TWR）技术，在“整车－台架”虚拟试验系统中完成轮胎耦合的虚拟整车 4 通道实车目标载荷的模拟迭代。虚拟迭代的具体过程包括：

1）以液压作动器的 4 个轮胎托盘位移为输入信号，以车轮中心的垂直载荷为响应信号，通过粉红噪声激励获取虚拟系统的频率响应函数（FRF）模型。

2）以试车场实车测得的车轮中心垂向载荷为目标信号，结合系统的频率响应函数（FRF）获得液压作动器的初始驱动信号。

3）通过 15 次迭代使虚拟系统的车轮中心垂向载荷逐步逼近实车目标信号。

4）以第 15 次获得的驱动信号作为后续虚拟耐久试验的最终激励信号，以完成某一特定里程的虚拟耐久试验。

完成目标信号的模拟再现后，对车轮中心垂直载荷虚拟迭代结果和悬架动态挠度虚拟迭代试验结果进行分析，发现其结果与实车在试车场道路载荷高度一致。由此可以得出结论，通过虚拟迭代成功实现试车场实车道路载荷在虚拟试验台架系统的时域再现模拟（TWR），为后续的车身疲劳寿命预估奠定基础。

3. 车身结构疲劳寿命的仿真计算和优化设计

在完成虚拟试验的目标信号迭代再现之后，以获得的驱动信号作为虚拟耐久试验台的最终激励信号，以完成试车场 6400km 的虚拟耐久试验。将虚拟计算得到的车身柔性体模型的模态参与因子函数提取出来，包括车身与底盘之间所有连接硬点的所有约束载荷，将其作为车身有限元模型进行疲劳寿命预估的边界载荷。其中车身硬点的定义（以底盘为参照系）如图 6-22 所示。

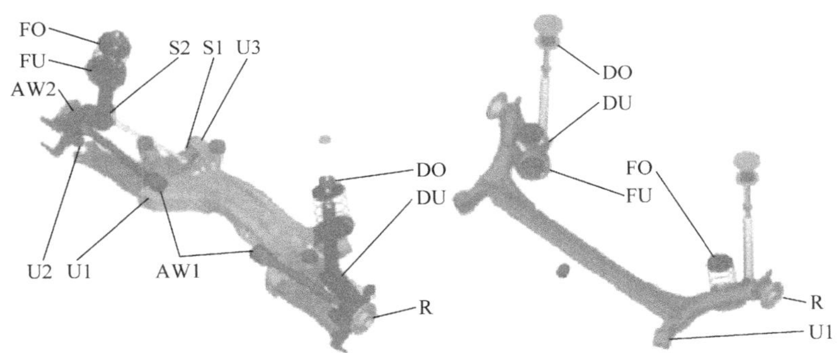

图 6-22　某车型车身边界载荷硬点分布

考虑到车身结构总成的疲劳寿命属于中高疲劳寿命范围，应用 $S-N$ 曲线预估疲劳寿命。根据车身结构不同的钣金材料属性分别设定其疲劳参数，然后采用应力－寿命法估算疲劳寿命。例如，某材料疲劳属性（应力比 $R=-1$）设定如下：疲劳极限 $\delta_E=83$MPa，对应的循环数 $N_E=10^7$，拉伸极限和压缩极限分别为 465MPa 和 1350MPa，$S-N$ 曲线的斜率为 7，表面状态修正系数 $\beta=0.91$，尺寸修正系数为 0.89，材料的 $S-N$ 曲线如图 6-23 所示。

设置疲劳损伤累加原则为 Miner 法则，当损伤的累加为 1 时结构失效；并用 Goodman 法则对 $S-N$ 曲线进行修正。利用疲劳求解器 Durability 完成副车架的疲劳寿命预估，损伤分布云图用对数坐标表示，如图 6-24 所示。车身疲劳强度薄弱环节主要集中在结构的变截面位置处、缺口位置附近、几何面曲率突变处及某些焊点和焊缝的局部位置处，总体与结构本

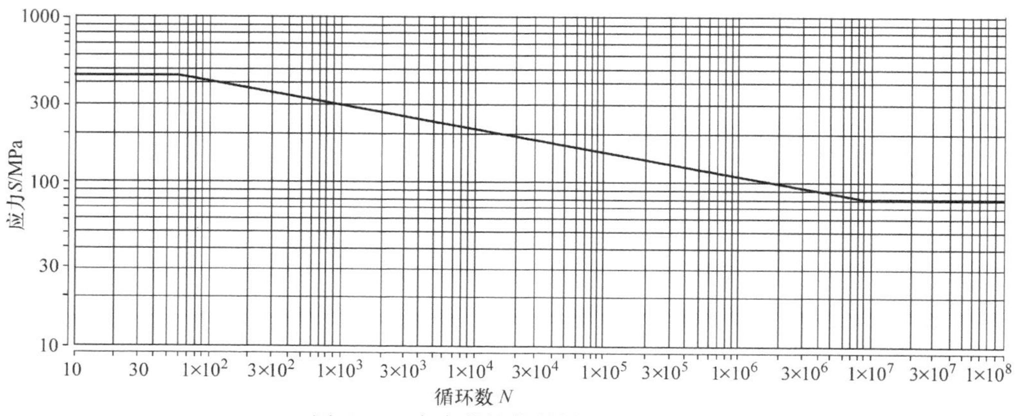

图 6-23 车身某结构材料的 $S-N$ 曲线

身的强弱和局部的应力集中有很大关系。

根据车身疲劳寿命预估结果，判断车身后部左右对称的 6 个焊点局部区域存在较高的疲劳强度失效风险。进一步分析这些局部区域的应力分布，发现是由焊点周围的应力集中造成的，决定在该 3 层钣金之间各增加规格为"35mm × 10mm × 3mm（长×宽×高）"的胶水涂层以改善局部区域的应力集中，如图 6-25 所示。

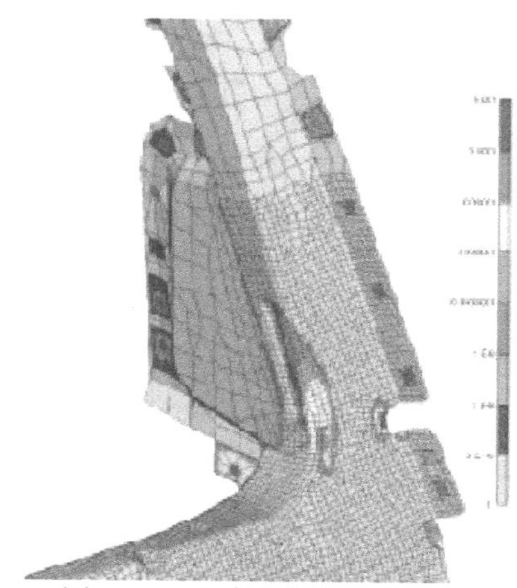

图 6-24 车身某局部结构损伤分布云图（见彩插）

对优化后的方案重新进行虚拟耐久试验，结果表明较优化前的寿命有大幅提高，且预期寿命明显大于安全里程数。优化设计前后的焊点疲劳寿命对比见表 6-1。

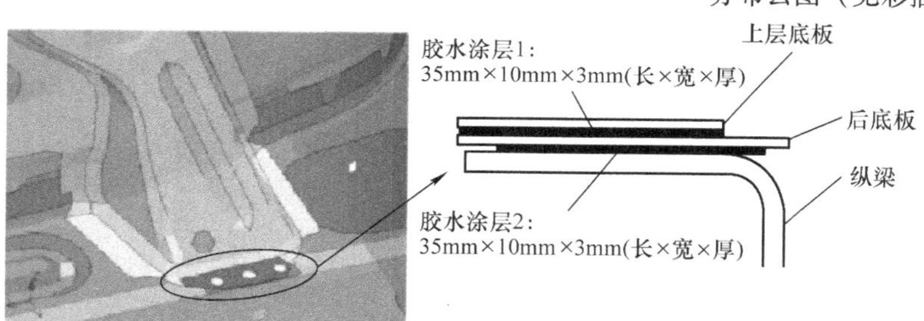

图 6-25 车身某焊点部位强度优化方案

表 6-1 优化设计前后的焊点疲劳寿命对比

焊点编号		疲劳寿命（等效里程/km）		
		优化前	优化后	提高
左侧	01	10443.2	12364.8	18.4%
	02	9647.5	11586.6	20.1%
	03	11064.1	13913.0	25.7%

4. 车身结构优化设计方案的实车试验验证

在后续针对试制样车和预批量样车的整车4通道耐久试验（图6-26）和试车场强化耐久道路试验中，相关的这6个焊点区域均没有失效情况发生，进一步验证了疲劳寿命预估值的准确性和优化设计方案的有效性。

图6-26　某车型轮胎耦合4通道耐久试验

前文详细论述如何将汽车多体仿真技术、虚拟试验台技术及多输入多输出（MIMO）系统时域波形再现（TWR）技术等综合起来，实现轿车开发过程中车身这一关键核心结构件的疲劳寿命预估与优化设计。其与传统的实车试验相比可以减少试验的轮数，从而大大缩短轿车耐久性试验的周期，并节省费用，是一套可供同行借鉴的完整方法流程，具有较高的工程应用价值。

6.3.4　底盘零部件强度开发流程与认可评价

从技术角度来看，“载荷、材料、结构、工艺”是影响零件结构强度特性的四大因素。在开发流程中面对不同节点的不同认可要求分步骤解决好上面的四大因素，实现零件强度特性目标的最大化及开发成本的最优化，下面以副车架为例进行说明。图6-27所示为副车架强度开发与认可流程。

产品设计与优化
- 加工工艺模拟仿真
- 道路谱虚拟迭代、分解
- 结构、焊点、焊缝优化

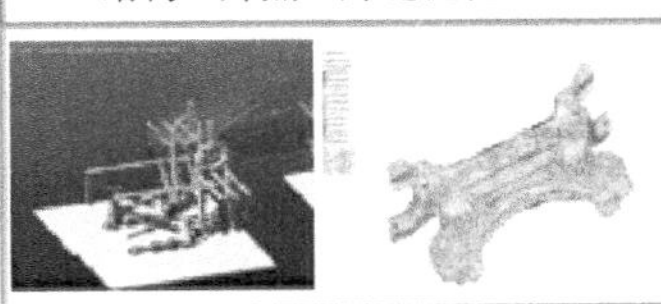

实车目标载荷谱定义
- 整车试车场载荷测量
- 副车架载荷提取分解

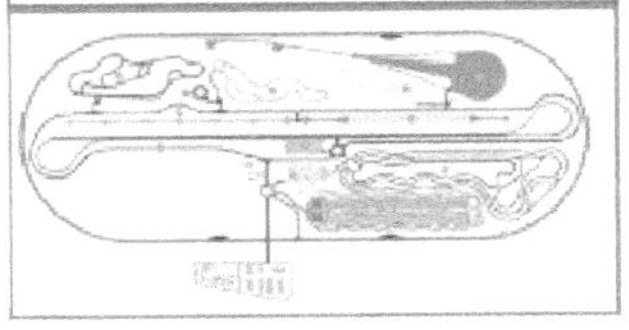

零件试制与检验
- 模具开发
- 材料、尺寸和工艺检验

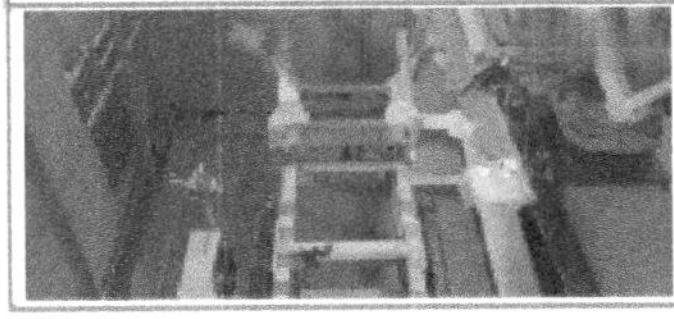

概念设计与优化
- 多体仿真、载荷分解
- 结构疲劳强度计算
- 极限工况模拟与静强度计算

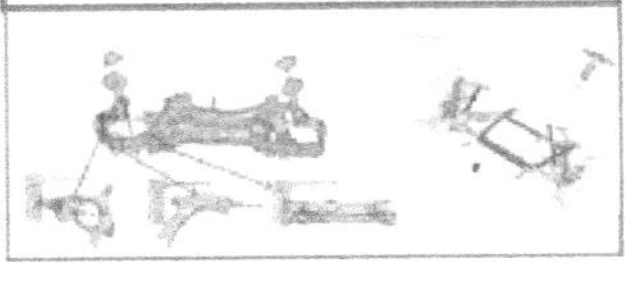

试验验证
- 疲劳试验（等幅，道路模拟）
- 静强度试验（极限破坏性试验）

图6-27　副车架强度开发与认可流程

（1）概念设计　该阶段目标车辆的特性定义已经完成，所有重要模块的清单已经完成，针对强度开发而言是准备阶段。针对全新开发的结构件需要初步选定材料，并制定结构设计方案。根据近似的整车多体动力学仿真分析（MBS）模型，并完成首轮整车载荷的模拟计算与关键零件的载荷分解，从载荷的角度评估强度特性，零件载荷有明显大于常规情况的列为关注情况。

（2）方案设计　该阶段目标车辆的所有重要模块信息已经细化，首版的零部件清单已发布。以精确的零件清单和模块信息为基础建立首个虚拟的整车 MBS 模型，并进行首轮结构强度寿命计算，对新开发零件的材料、结构设计方案及制造工艺进行评估。将强度计算结果明显低于预期的零件列为关注对象，并完成过程失效模式及后果分析（PFEMA）。在上述分析基础之上，同制造部门、供应商一道支持财务部门完成零部件目标成本的制定。

（3）设计认可　该阶段已具备第一辆完整的虚拟样车，为零部件的试制与首量原型（Prototype）样车试制做准备。据此需建立精确的整车 MBS 模型，并完成准确度很高的载荷计算与载荷分解工作，一方面完成结构强度的计算与优化设计；另一方面支持零部件台架试验标准的制定，并向专业部门与供应商发布。

（4）产品认可　该阶段需要完成所有结构件的设计与制造工艺的确认，大量的生产设备、模具即将投入采购。在这个时间节点要解决所有关键的结构强度问题，即将来遇到的强度问题，原则上只能靠工艺参数的优化，或者结构的局部加强等十分有限的技术手段来解决。因此，需要根据零件和整车试验结果及强度模拟计算结果，完成所有结构件的强度特性评估。

副车架强度认可方法与评价指标见表 6-2。

表 6-2　副车架强度认可方法与评价指标

序号	工作内容	详细描述和控制指标	备注
1	副车架结构设计	冲压成形仿真分析，焊缝设计方案	
2	疲劳载荷分解计算	方法 1：应用实车载荷（相近平台车型）和整车多体模型，通过虚拟迭代分解获得副车架疲劳载荷 方法 2：应用试车场 3D 数字化道路和整车多体模型，通过虚拟试车场技术分解获得副车架疲劳载荷	
3	疲劳寿命计算与优化	安全系数定义	
4	极限工况载荷计算	定义对副车架损伤最大的极限恶劣工况，通过整车多体模型仿真获得副车架极限工况载荷	模拟用户可能遇到的极限使用状况
5	静态极限工况计算与优化	不允许出现塑性变形	或定义更加具体的指标
6	单通道等幅台架试验	通过损伤等效原理将多轴随机信号转化为单通道等幅强化加载，快速验证样件疲劳特性，安全系数为 2.5	首轮快速台架试验（针对软模零件，或者首批装车零件）
7	台架静强度试验	不允许有永久变形和裂纹出现	首轮快速台架试验（针对软模零件，或者首批装车零件）
8	前悬架系统 12 通道试验	安全系数（1 个零件/3 个零件）	总成级试验
9	实车试车场道路试验	在目标道路或者试车场进行	严格执行 2～8 项内容的情况下可不做此项

6.4 展望

传统的结构强度设计开发是围绕“载荷、材料、结构、工艺”这四大影响因素展开的，无论采用哪种技术手段，都是被动的应对方法。然而，随着汽车新四化技术的普及和应用，越来越多的传感器被用来监控车辆状况和感知车辆周围的外部环境，这为车辆结构强度和寿命可靠性设计提供了新的技术手段，即从被动结构设计转变为结构设计与主动寿命监控相结合。

如今，越来越多的电子元件被应用到汽车上，它们帮助我们监控、管理车辆，在某个零部件出现异常时做出相应的提醒。应用这项技术不仅能优化车主对车辆的使用体验，也能大大降低其维护成本。通常来讲，一个零部件的损坏最终会给车主带来安全隐患并产生高昂的维护费用等。为了防止这种情况发生，当下所采取的方法就是在故障发生时修复、更换损坏的部件或采取定期保养等措施在一定时间间隔下更换部件。但这样的做法成本较高且费时，采用疲劳寿命主动监控技术就能在正确的时间提醒车主应该需要更换的部件，让车辆更加安全、高效、经济。

图6-30所示为某公司“应力循环监控系统及方法”的专利，可以通过一套实时监控系统来检测零部件所受的应力，从而在零件彻底损坏前及时提醒车主检查更换。该项专利技术从汽车零部件寿命本身出发，根据实时获取的数据来实时监控车辆上的零部件，当行驶时间、行驶里程等条件达标时就通过相关压力传感器及原有的处理器进行数据采集分析，并对比历史经验数据以准确评估零件的当前状况；在零件达到检测标准后，车载系统就会及时提醒车主对其进行检查和更换。这项技术能让车主获得更好的用车体验，可以准确得知车辆零部件的使用状况，能在故障发生前得到相关信息提醒。

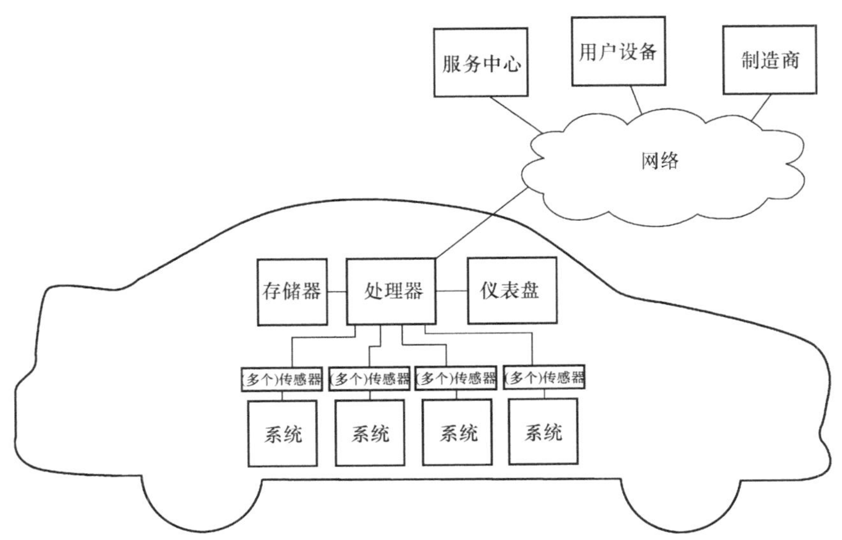

图6-28 某公司基于车载传感器的寿命监控系统原理

第7章 整车安全性能

汽车发展史是人类科技文明发展史的重要组成部分。汽车给人类生活带来便利的同时，产生的交通事故也给人类带来了危害。世界卫生组织2018年发布的《道路安全全球现状报告》显示：近年来，全球每年在道路交通事故中死亡的人数达135万人，即全球每天因道路交通事故导致约3699人死亡，同时指出，道路伤害如今是5～29岁人群的主要死亡原因。此外，道路交通死亡风险与国家的收入水平也有着直接联系。事实上，低收入国家的道路交通死亡风险比高收入国家高三倍。死亡率最高的是非洲（每100000人死亡26.6人），最低的是欧洲（每100000人死亡9.3人）。

道路交通死亡人数的差异在道路使用者的类别上也有所体现。世界范围内，因道路交通事故而死亡的行人和骑自行车的人占总死亡人数的26%，该数值在东地中海地区和非洲分别高达36%和44%。因道路交通事故而死亡的摩托车驾驶人和乘客占总死亡人数的28%，这一数值在东南亚为43%，在西太平洋地区为36%。

近年来，尽管死亡总人数逐年上升，但是相对于世界总人口的死亡率是保持稳定的。这说明一些发达国家和发展中国家目前在道路安全方面做出的努力是值得认可和肯定的。这就包含法规的完善、车辆标准的提高等措施，这些措施使得48个中、高收入国家因交通事故而死亡的人数明显减少。因此，需要全球各国政府和合作伙伴采取更加有效的政策和措施来减少和避免交通事故的发生。

7.1 整车安全性能概述

7.1.1 交通事故调查与事故分析

交通事故调查与事故分析研究不仅可以警示和提醒人们注意交通安全，预防交通事故，而且当交通事故的数量积累到一个较大的数量时，对其进行事故特点和成因规律等基础性研究，就可以作为相关部门制定或修订相关安全法律法规的重要依据。另一方面，事故的深入调查可以指导整车厂对车辆的设计，根据事故所关联的车辆设计问题，反馈到车辆设计中，在研发设计阶段考虑产品所暴露的安全风险及隐患，形成闭环设计，从产品层面降低事故发生的概率。

交通事故调查涉及多个学科、多个领域，完整的事故调查需要结合人、车、路、环境多方面来调查，调查结果包含事故原因、参与方责任、事故隐患、预防措施等。由于事故调查对于车辆的缺陷分析、新车评（NCAP）整车安全星级评价、主被动安全性研究十分重要，各国均有交通事故的专门调查机构。其中，具有代表性的有德国深度事故研究（Germany In－Depth Accident Studies，GIDAS），对出现人员伤亡的交通事故进行深度采集，且具有第一事故现场信息。GIDAS 数据分地点、分时段采集，保证了数据的代表性，多年来为欧洲汽车安全法规和标准的制定、主被动安全一体化研究、道路设计研究及 NCAP 的规程更新提供了强有力的数据支撑。美国国家公路交通安全管理局（NHTSA）也组织了事故调查工作，通过国家数据统计分析中心（National Center for Statistics & Analysis，NCSA）进行事故的采集及分析工作，从死亡事故、车辆安全性检测、车辆安全系统研究、事故后果评估及其他道路参与方等多个维度，对事故进行数据统计及分析。日本道路交通事故综合分析中心（Institute for Traffic Accident Research and Data Analysis，ITARDA）对事故、人、路、汽车安全性展开综合性调查及研究。我国也有较为成熟的交通事故数据库，如国家车辆事故深度调查体系（NAIS）、中国交通事故深入研究（CIDAS）等。

事故分析是对事故调查内容的解析，对于采集到的信息、资料、数据进行科学地解释，归结出事故发生的形成因素，一般分为交通事故案例分析及事故统计分析。

交通事故案例分析指针对交通事故个体所进行的成因、过程和结果分析，是一种微观上的分析，目的是再现事故的全过程，研究事故过程中的各种规律，为交通事故的防止及产品设计缺陷的识别及改善提供科学的论证和依据。通常包括车速分析、汽车制动转向等结构性能的分析、事故原因过程分析、人员的致伤部件和损伤机理分析、天气和视线等视觉相关的环境因素分析、酒驾和疲劳驾驶等与人类工程学相关的分析。

事故统计分析则属于宏观分析，建立在大量事故交通案例调查的基础之上。事故统计分析的对象为数据调查采集的所有信息。统计方法也多种多样，有坐标图法、饼图法、排列图法、列表法等。对事故案例进行聚类分析，提取事故特征，可为交通管理、道路设计、安全设施改造、整车安全性设计提供决策依据。

事故统计分析是基于大量的事故数据进行的聚类宏观分析，其不仅是制定或修订汽车安全法规和标准及 NCAP 规程的重要依据，也可以为汽车厂提供设计指导。借助于事故统计分析可以更好地理解同类型事故的发生机理，挖掘车辆安全性的优化方向。例如，对安全气囊诊断模块（SDM）误作用工况的完善和补充，指导新能源车高压电安全策略的制定，指导汽车厂关键零件的功能安全开发等。

中国交通事故深入研究（CIDAS）是中国汽车技术研究中心与相关部门合作开展的针对我国道路交通事故进行的现场深入调查、分析和研究，自 2011 年以来在中国 8 个典型城市或区域开展了交通事故现场的深入调查工作，涵盖了调查事故前、碰撞过程和事故后各阶段人、车、路、环境等方面的详细信息，建立了事故数据样本已超过 6000 例。图 7-1 所示为 CIDAS 从 2011 年至 2019 年 8 月的各种交通事故形态的统计分布特征。图中最突出的就是行人及两轮车事故数量百分比远远高于其他类型的事故，二者事故数量之和占到了事故总量的 70% 以上。这也真实反映我国现阶段人车混行、行人和骑行者易受伤害的特点。在车－车事故中，发生比例从高到低的依次是：尾碰 > 侧碰 > 正碰。刮擦事故较少是由于 CIDAS 只统计有人受伤且有汽车参与的事故，普通的无人受伤的小刮擦不被采集和统计。

进一步对 CIDAS 事故数据库的行人及两轮车人员撞击到车辆的位置进行统计分析，发现大部分分布在 WAD900 ~ WAD2500 区域（图 7-2）。基于统计分析结果，行人头部保护测试建议扩展到 WAD900 ~ WAD2500 之间，同时呼吁行人保护标准 GB/T 24550—2009《汽车对行人的碰撞保护》尽快转换为强制性标准。

侧面柱碰因其结构侵入大，属于对乘员很危险的工况，在欧洲和北美一直是一个安全保

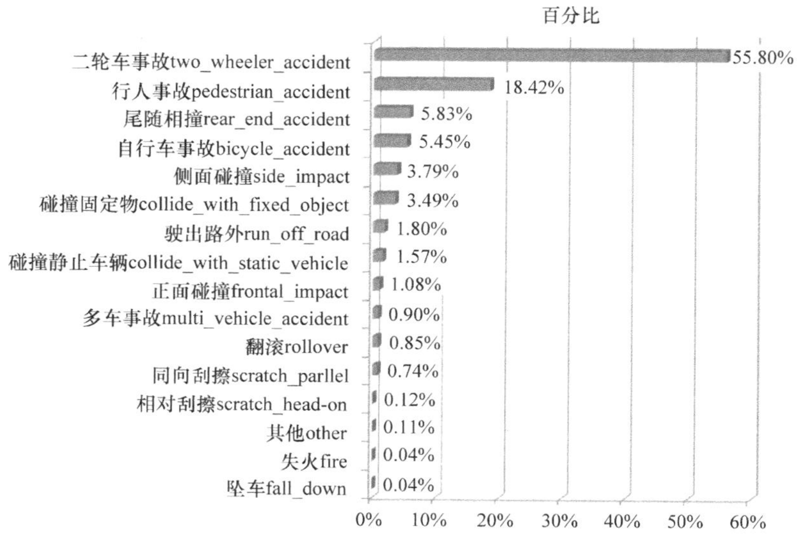

图 7-1　事故形态分布（数据来源：CIDAS）

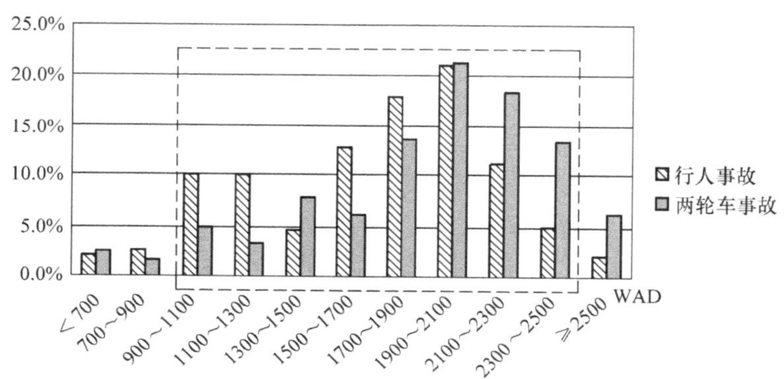

图 7-2　行人及两轮车人员撞击到车辆的位置（WAD）分布（数据来源：CIDAS）

护考核重点。但在我国，直到 2019 年 3 月，侧面柱碰国家标准 GB/T 37337—2019《汽车侧面柱碰撞的乘员保护》才正式发布。图 7-3 所示为国内侧面柱碰事故的乘员伤害情况及撞击方向的统计分析（数据来源：CIDAS + NAIS + 某车企内部事故），事故筛选原则如下：

1）固定物为防撞杆、立柱、树等。

2）被撞车辆受撞击力方向为 2、3、4、8、9、10 点方向。用钟点方向来描述车辆主要受力方向是一个很通行的做法，也非常形象，如 3 点方向表示受力方向来源于车辆右侧且与车身垂直。

由图 7-3a 可以看出，侧面柱碰前排及后排的死亡率均高于常规侧碰平均水平，尤其是柱碰后排乘员死亡率接近 40%。因此建议行业要加大对侧面柱碰工况的考核，汽车厂也要加大针对侧面柱碰保护的开发力度。如图 7-3b 所示侧面柱碰碰撞力方向明显集中于 2 点 ~3 点方向及 9 点 ~10 点方向两个区间段，即车辆受到柱子的撞击来源方向概左方偏前和右方偏前，且右方偏前的略多，这可能与我国的右侧行车规则有关，大树和灯杆多位于路边，车

辆失控后右侧撞击树和灯杆的概率更大。从事故统计结果来看，目前采用75°斜柱碰形态是符合事故统计特点的。

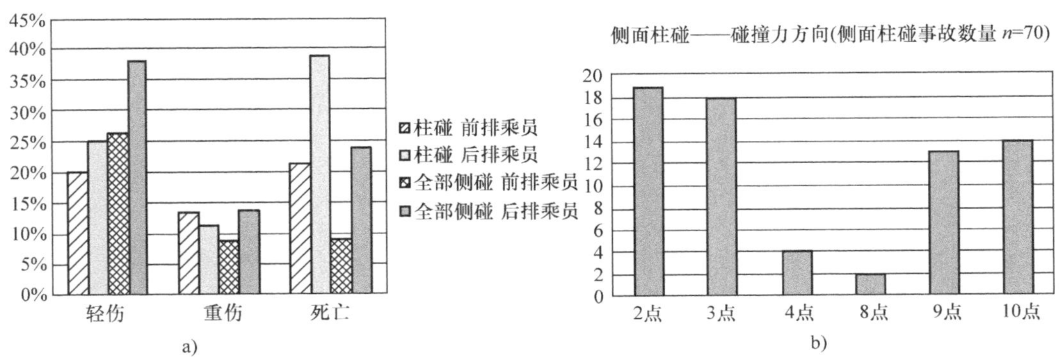

图7-3 侧面柱碰人员伤害及碰撞力方向分布

7.1.2 事故重建技术及应用

1. 事故重建技术

事故重建的目的是依据事故现场环境信息、车辆损坏情况、停止状态、人员损伤情况和现场的各种痕迹为依据，参考当事人和目击者的陈述，推断车辆在发生碰撞前关键时刻的运动状态和驾驶人所采取的操作，并通过仿真软件还原事故过程。从中可获得许多用其他方法难以获得的宝贵信息和数据，不但可以对事故过程有更直观且深入的理解，而且有利于公平、公正地进行事故责任认定，还可以发现事故过程中车辆设计上可以优化和完善的地方，为车辆的安全设计提供参考和指导。

交通事故重建的关键在于发现、提取交通事故现场上遗留的各种物证，并做出科学、合理的解释。这些物证主要分为附着物、散落物和痕迹三类。为了更精确地重建事故过程，应尽可能获取事故参与方最终停止的位置，碰撞地点位置，地面各种事故痕迹的位置，事故参与方在事故发生前的位置和运动方向，车辆损坏情况及车辆上痕迹的位置、大小和形状，路面状况及路面摩擦力系数，以及伤员的受伤部位和程度等。

在数据量充足的基础上，可以通过简化物理形态，利用汽车事故工程的相关力学模型，充分结合能量守恒定律、动量守恒定律和动量矩守恒定律、多刚体动力学理论或柔性多体系统动力学理论、事故严重度评价指标（等效壁障速度 EBS、等效能量速度 EES），以及视频图像车速鉴定技术、车载事件记录数据仪数据、照片 3D 成像和 3D 扫描建模技术等各种手段，深入进行事故分析和事故重建。

2. 事故重建技术应用

目前已有基于上述事故重建理论的商用软件，如 PC－Crash、Virtual Crash。其中 PC－Crash 软件所使用的基于多刚体动力学的人体和汽车多体模型的有效性已得到了一定程度的验证，在碰撞事故重建及主动安全场景参数提取方面已得到了较大范围的应用。

PC－Crash 软件仿真是将从事故现场及事故车辆勘验获得的信息作为输入条件，包括车辆最终停止位置、车辆损伤的特征、事故现场的痕迹、散落物的空间位置、道路的形态和几何参数及参与事故的其他障碍物等。基于碰撞冲量模型，通过反复调整参与方之间的碰撞部位、碰撞角度、初始速度、车辆行驶过程状态等多个顺序或变量，直至与事故车辆碰撞前的运动状态与轨迹、碰撞接触点、碰撞形态、变形特征、最终停止方位及运动轨迹等整个碰撞事故过程相吻合。此过程也可以利用线性算法、遗传算法或蒙特卡洛算法等进行优化，得到碰撞前的车辆运行状态。利用 PC - Crash 软件仿真事故过程的同时，可以获得车辆运动过程、车速及行驶轨迹、汽车碰撞角度、加减速度、EES 值等数据。

事故重建技术的主要应用包括：

1）事故原因及责任鉴定。车速、制动失灵、撞击位置、人员损伤原因及责任。

2）气囊未爆/误爆鉴定。

3）车辆可能存在的缺陷及改进方向。

4）提取场景参数用于主动安全/智能驾驶开发。

采用 PC - Crash 软件可以较好地重现事故的整个状态，并能估算车辆碰撞速度。图 7-4 所示为一起两车正面碰撞事故案例及事故重建仿真。事故重建的主要步骤为：首先尽可能获取事故的信息，包括前面提到的人、车、路的各种参数遗留证据，然后在 PC - Crash 软件中导入车辆数据（尺寸、质量、轴距、变形量等）、环境条件（路面摩擦力、图纸、周边其他车辆）、边界条件（碰撞点、轮胎轨迹、停止位置等），接下来通过调整车辆碰撞位置、角度、碰撞速度和碰撞事件序列等参数，最终使车辆在事故后静止在现场的停止位置，验算两车的 EES 与 EBS 是总体一致的，误差在可接受范围内。最终得到两车的速度分别 51km/h 和 36km/h。

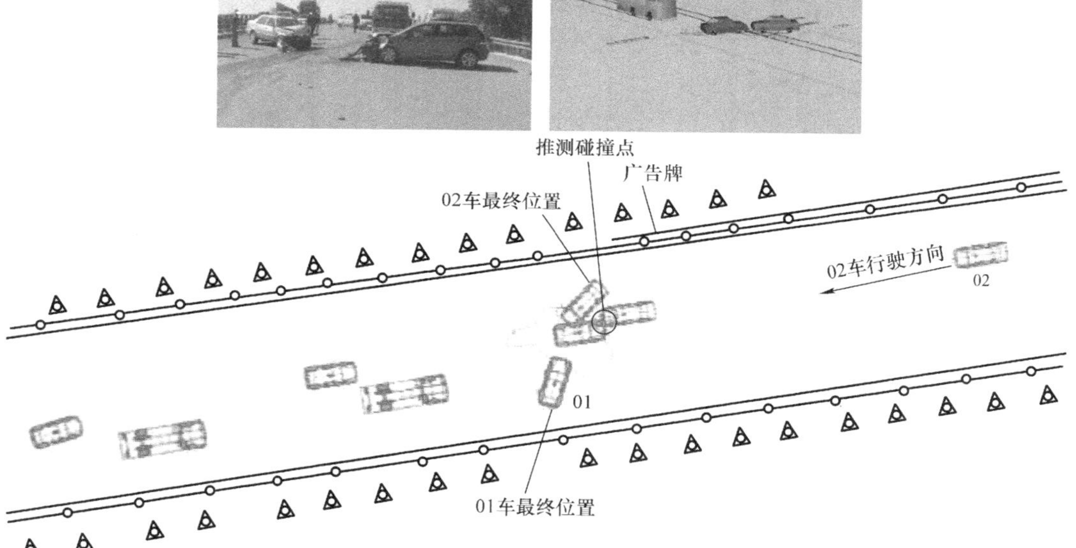

图 7-4　两车正面碰撞事故案例及事故重建仿真

目前，汽车电动化、智能化、网联化和共享化已成为主要发展趋势，在涌现新技术（视频、车辆事件数据记录仪（EDR）事件记录数据、无人机拍摄和 3D 扫描建模等）的同时也会带来新的事故形态和特点。事故分析和重建技术一方面会受益于技术进步而得到较快发展，另一方面也必将面临新的挑战，包括扩大采集的范围、调查更多的因素、新的分析变

量和技术工具与智联智驾的接口等。

7.2　汽车安全性能评价法规及标准

由于汽车事故造成的重大人员伤亡与财产损失，从1865年英国颁布“红旗法案”开始世界各发达国家都不断的对汽车碰撞安全性提出强制性要求，并建立自己的安全法规，即汽车销售的安全准入门槛。

7.2.1　全球车辆安全法规

1. 美国联邦机动车安全法规（FMVSS）

美国是最早开始机动车被动安全研究的国家。自1968开始共制定5大类，64项FMVSS法规。FMVSS 100系列重点考察车辆避免交通事故的能力，即汽车主动安全，共计27项。FMVSS 200系列重点考察车辆发生事故时降低驾驶人及乘员受伤程度的能力，即汽车被动安全，共计23项，表7-1所列为部分FMVSS被动安全法规列表。FMVSS 300系列重点考察车辆防火灾的能力，包括燃料系统完整性，内饰阻燃性等内容，共计5项。FMVSS 400系列重点考察行李舱开启机构，共计3项。FMVSS 500系列重点针对车速介于20～35mile/h（1mile=1.609km）之间的4轮车辆中的低速车辆，共计1项。

表7-1　部分FMVSS被动安全法规列表

FMVSS法规编号	内　容
FMVSS 201	乘员在车内碰撞时的防护
FMVSS 204	转向控制装置的向后运动
FMVSS 208	乘员碰撞保护
FMVSS 214	侧碰撞保护
FMVSS 216	车辆车顶抗压强度
FMVSS 224	追尾碰撞保护

2. 欧洲车辆安全法规（ECE/EEC）

欧洲从20世纪60年代后期开始制定被动安全法规，在参照美国法规的基础上根据自身特点加以修正，经过多年研究、实施，更新，如今也形成比较完善的被动安全法规。表7-2所列为欧洲车辆安全法规对整车碰撞安全性的各项规定及发布年份。

表7-2　欧洲车辆安全法规整车碰撞安全性的各项规定

ECE法规编号	内容	发布年份
12	防止转向机构对驾驶人伤害的认证规定	1969
29	商用车辆驾驶室乘员防护认证规定	1974
32	追尾碰撞中被撞机动车辆结构特性认证规定	1975
33	正面碰撞中被撞机动车辆结构性能认证	1975
34	车辆防火灾型式认证规定	1979
94	前撞乘员防护认证规定	1995
95	侧撞乘员防护认证规定	1995

3. 日本、韩国、印度、澳大利亚车辆安全法规

全球其他主要国家基本也是在参照 FMVSS 和 ECE 法规的基础上，结合本国实际车辆安全发展水平及道路交通安全现状制定各自的汽车安全法规。日本的车辆安全法规标准 ART、印度的车辆安全法规标准 AIS 和澳大利亚的车辆安全法规标准 ADR 主要基于 ECE 指令修改、实施，韩国的车辆安全法规标准 KMVSS 则结合了 FMVSS 标准和 ECE 标准进行修改实施，见表 7-3。

表 7-3　2018 年韩国部分车辆安全法规与欧美车辆安全法规等效对比

KMVSS 法规编号	名称	引用标准/等效标准/等效认可标准
第 102 条	正面碰撞	ECE R94
第 102 条	侧面碰撞	ECE R95
第 102 条 -2	行人保护测试	ECE R127
第 104 条 -1	侧门强度	FMVSS 214
第 92 条	车顶强度	FMVSS 216
第 91 条	碰撞时防止燃油泄漏	FMVSS 301
第 103 条 -3	安全带固定装置	FMVSS 210

4. 中国车辆安全法规

由于我国目前实施的是产品认证制度，与欧洲相同，因此在 1998 年讨论中，确定了以欧洲的被动安全法规为基础，部分参考 FMVSS 标准，同时结合我国实际制定了中国车辆安全标准，见表 7-4。

表 7-4　中国车辆安全法规部分标准

标准编号	内　　容	参考标准
GB 11551—2004	汽车正面碰撞的乘员保护	ECE R94
GB/T 20913—2007	乘用车正面偏置碰撞的乘员保护	ECE R94
GB 20071—2006	汽车侧面碰撞的乘员保护	ECE R95
GB/T 24550—2009	汽车对行人的碰撞保护	GTR 9
GB 20072—2006	乘用车后碰撞燃油系统安全要求	ECE R34
GB 11552—2009	乘用车内部凸出物	ECE R21
GB 26134—2010	乘用车顶部抗压强度	FMVSS 216

7.2.2　新车评价规程（NCAP）

虽然美国 1968 年就开始使用汽车安全法规，但由于主机厂当时普遍有“安全并不意味着畅销”的想法，出台的法规并不能促进车辆安全性能的进一步提升。美国国家公路交通安全管理局（NHTSA）在 1978 年提出并组织建立了最早的 NCAP 体系，并于 1979 年首次实施 US NCAP。在高于法规要求下进行各项整车安全评估，并将测试结果作为提供给消费者的信息公开发布，目的是使整车厂之间形成竞争关系，努力达到超过法规规定的安全性能。

随后，澳大利亚在 1992 年最先引入 NCAP 评价方法，制定了 ANCAP，1995 年日本制定

JNCAP、1997 年欧洲制定 Euro NCAP，之后 NCAP 开始在全球范围内扩大应用，使得整车厂意识到在 NCAP 中取得好成绩的必要性，并不断投入研发费用和精力提高车辆安全性能，形成整车厂通过 NCAP 进行安全性能竞争的良性循环。

当前全球共有 8 个主要国家和地区实施 NCAP，除了上述 4 个 NCAP 外，还有韩国的 KNCAP、拉丁美洲的 Latin NCAP、东盟的 ASEAN NCAP、我国的 C－NCAP，C－NCAP 由中国汽车技术研究中心于 2006 年 7 月 25 日正式提出。此外，随着发展中国家的机动化发展，2011 年 NCAP 为了进一步扩大在全球范围内的应用范围，成立了 Global NCAP，以推动全球车辆安全性能的发展。

目前 NCAP 针对整车安全的测试项目主要包括汽车发生碰撞时对乘员保护性能的评价及近年新增的紧急自动制动系统这样的预防安全性能的评价。评价的项目主要是通过试验评价乘员保护性能，对推荐用于儿童保护、行人保护的安全设备配置进行综合评价。碰撞时乘员保护的评价主要分为正面碰撞、侧面碰撞、鞭打测试和行人保护这四个方面。

1. 正面碰撞

正面碰撞是死亡事故中最多的事故形态，当前 NCAP 中正面碰撞的测试工况主要有 2 种，一种为 40% 正面偏置可变形壁障碰撞（ODB），另一种为正面 100% 全宽刚性壁障碰撞（FFB），见表 7-5。两种工况考核的区别在于，ODB 工况重点考核车身，特别是乘员舱的完整性与牢固性；FFB 相对于 ODB 考核工况，车身整个正面接受碰撞，碰撞力使车厢的减速度大幅增加，乘员保护变得非常严格，要取得好成绩，就需要提高安全带和安全气囊等乘员保护装置的性能。

表 7-5　正面碰撞测试示例

正面偏置可变形壁障碰撞（ODB）	正面 100% 全宽刚性壁障碰撞（FFB）
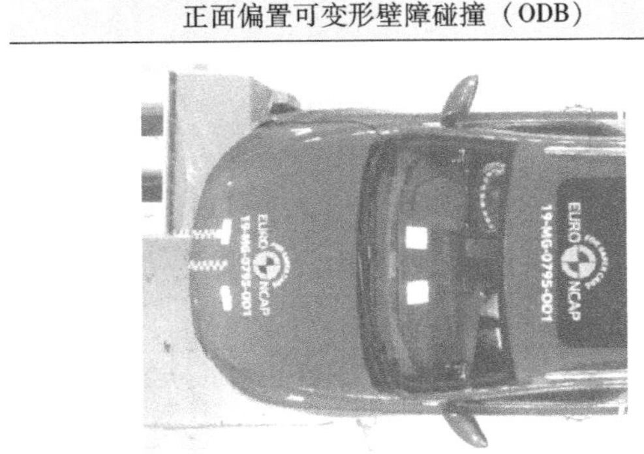	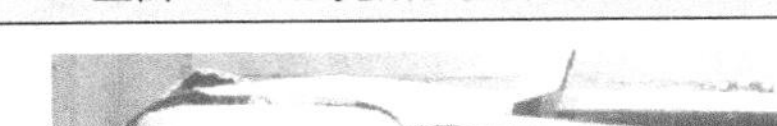 
应用方：Euro NCAP、ANCAP、C－NCAP、JNCAP、KNCAP、Latin NCAP、ASEAN NCAP	应用方：US NCAP、Euro NCAP、ANCAP、C－NCAP、JNCAP、KNCAP

2. 侧面碰撞

侧面碰撞是死亡人数仅次于正面碰撞的碰撞形态，同时也是死亡人数占事故数量比例最高的、最危险的碰撞形态。侧面碰撞试验共 2 种（表 7-6），一种是模拟车辆之间相互碰撞的侧面可移动壁障碰撞（MDB），另一种是模拟单车交通事故中，车辆侧滑撞到树木等物体的侧面柱碰。在 MDB 工况中，设想碰撞的车辆是标准的乘用车及更大型的 SUV 等。

3. 鞭打测试

鞭打测试用来模拟车辆在被追尾时乘客的运动形式（表 7-7），虽然追尾事故中死亡人数不多，但由于乘客颈部受挥鞭力作用易受伤害，且后期恢复较慢，医疗费用高昂。鞭打测试与正面碰撞和侧面碰撞测试中的评价要求不同，采用头枕的几何学（头枕的高度与头后部的距离）评价及滑车试验中头颈部的动态性能评价。

表 7-6　侧面碰撞测试示例

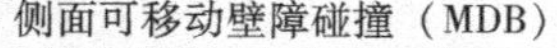侧面可移动壁障碰撞（MDB）	侧面柱碰

应用方：US NCAP、Euro NCAP、ANCAP、C－NCAP、JNCAP、KNCAP、Latin NCAP、ASEAN NCAP	应用方：US NCAP、Euro NCAP、ANCAP、C－NCAP、KNCAP、Latin NCAP

表 7-7　鞭打测试示例

鞭打测试
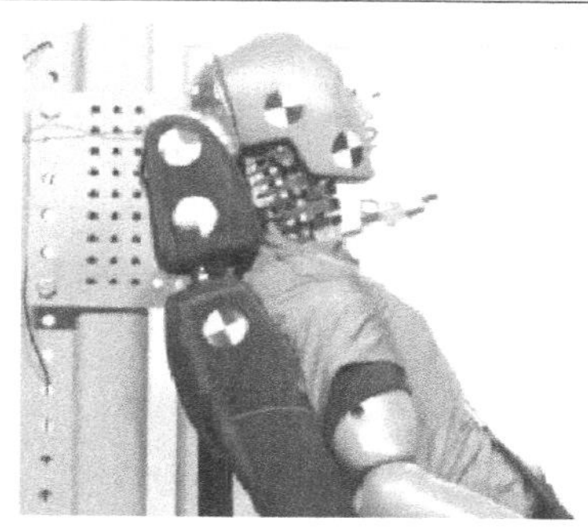
应用方：Euro NCAP、ANCAP、C－NCAP、JNCAP、KNCAP、Latin NCAP

4. 行人保护

行人保护测试模拟车辆撞击道路弱势群体时对外部行人的安全防护性能。但实际事故中行人受碰撞的模式十分多样，很难利用实车碰撞全部模拟出来。Euro NCAP 率先采用头型对发动机舱盖的区域进行撞击的测试方法，并对撞击力的吸收能力进行评价，目前这一方法被 JNCAP、ANCAP、KNCAP、Latin NCAP 等广泛应用。该试验原先只有针对头部伤害进行评价的头型试验，之后为评价对腿部防护能力，又增加了腿型试验。此外，为考核车辆对行人的预防碰撞能力，Euro NCAP 又启动了利用紧急自动制动系统（AEB）对预防行人碰撞进行评价的试验（表 7-8）。

另外，各 NCAP 为进一步推进先进安全辅助配置的应用，也推出了较多的主动安全性能测试。目前，测试对象主要包括自动紧急制动系统（AEB）、安全带提醒装置（SBR）、车道保持辅助系统（LSS）、速度辅助系统（SAS）、车身电子稳定控制系统（ESC）、盲区监测系统（BSD）、前防碰撞预警（FCW）等。图 7-5 所示为 AEB 测试示例。

表 7-8　行人保护测试示例

头型	小腿	大腿
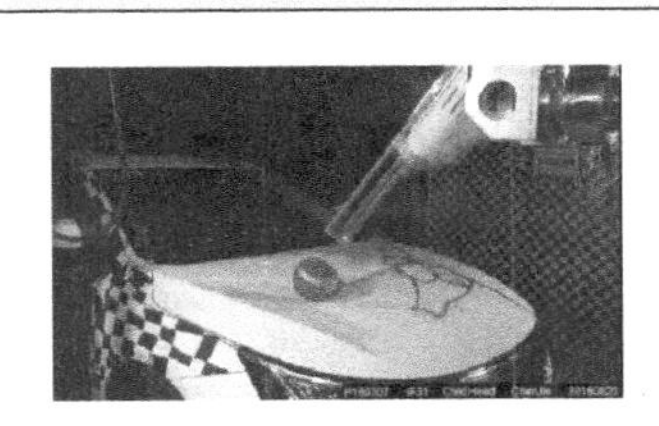	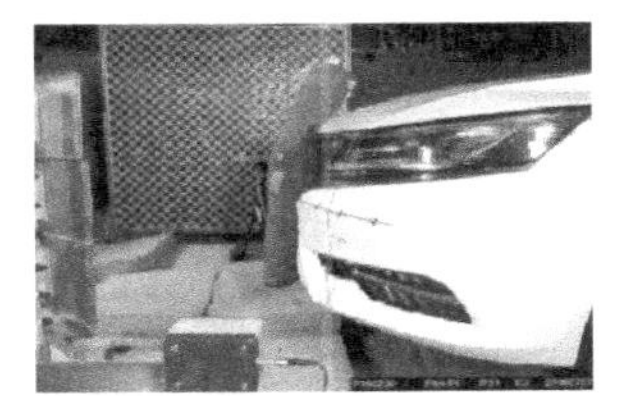	
应用方：US NCAP、Euro NCAP、ANCAP、C-NCAP、JNCAP、KNCAP、Latin NCAP	应用方：US NCAP、Euro NCAP、ANCAP、C-NCAP、JNCAP、KNCAP、Latin NCAP	应用方：US NCAP、Euro NCAP、ANCAP、KNCAP

7.2.3　保险安全指数规程

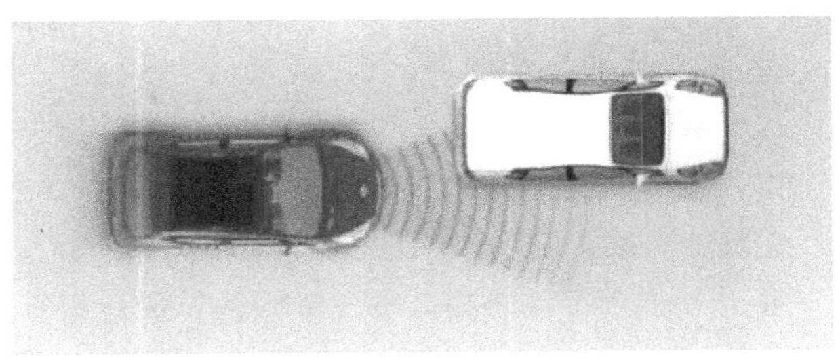

图 7-5　AEB 测试示例

在美国，除了隶属于美国运输部的 NHTSA 为测试机构，还有美国公路安全保险协会（IIHS）。IIHS 与 NHTSA 不同的是，它是由美国各大保险公司出资组成的一家非营利性的独立测试评级机构。IIHS 的评级成绩不以星级评定，而是分为优秀、良好、及格和差四个等级。虽然这两家美国的车辆碰撞测试机构都是为了保证车内乘员安全而进行碰撞测试的，但它们使用的测试方案却有所不同。

在车辆正面耐撞性测试工况上，NHTSA 测试内容为正面 100% 重叠刚性壁障碰撞试验，以 56km/h 的速度正面撞击刚性墙面。而 IIHS 拥有两种不同的正面测试：一种为正面 40% 重叠可变形壁障碰撞试验，让车辆 40% 的正面宽度以 64km/h 的速度撞击可变形壁障；另一种为正面 25% 重叠刚性壁障碰撞试验，要求被测车辆在 64km/h 的速度下，以车辆 25% 的正面宽度撞击刚性壁障。表 7-9 所列为正面耐撞性试验对比示例。

表 7-9　正面耐撞性试验对比示例

NHTSA100% 重叠刚性壁障碰撞试验	IIHS40% 重叠可变形壁障碰撞试验	IIHS25% 重叠刚性壁障碰撞试验

在侧面测试工况上，NHTSA 有两种不同的侧面测试内容，第一种为侧面可移动壁障 27°

碰撞试验，1.38t 可移动壁障车以 62km/h 的速度在车轮与测试车辆中线夹角为 27°的方向上撞击测试车辆；第二种为 75°侧面柱碰试验，测试车辆在中线与壁障的夹角为 75°的方向上以 32km/h 的速度撞击刚性圆柱（表 7-10）。IIHS 的测试内容也为侧面可移动壁障碰撞，撞击速度为 50km/h，但与 NHTSA 相比增加了撞击体的质量和高度。可以理解为，NHTSA 的试验中测试车辆是被一辆轿车从侧面进行了撞击，而 IIHS 的测试中，则是被一辆大型 SUV 从侧面撞击，同时两者使用的测评假人不同，综合来看两种测试是具有一定互补性的。

表 7-10　侧面耐撞性试验对比

NHTSA 可移动壁障碰撞试验	NHTSA75°侧面柱碰试验	IIHS 可移动壁障碰撞试验

在翻滚测试工况上，NHTSA 有车辆侧翻测试，这是 NHTSA 的特有测试，这一测试从 2004 年开始推出，动态测试中，车辆会先进行配重，以模拟 5 名乘员满员和油箱满载，然后让车辆模拟紧急变线，并测量其轮胎在行驶中的运动状态变化。如果有两个轮胎同时离地 5cm 以上，就会认定车辆有侧翻风险。IIHS 的则为车顶静压测试，测试时，刚性静压面压向车顶的一侧，直至车顶溃缩 5in（1in = 2.54cm）为止，此时测量车顶受到的压力值应能达到车辆自身重量的 4 倍及以上，表 7-11 所列为侧面耐撞性试验对比示例。IIHS 认为，当车辆翻滚时车顶对于车内乘员的保护相当重要，而车顶承压能力测试能够很好地反映车辆的翻滚安全性，车顶承压能力越高，车辆的翻滚安全性越好。

表 7-11　侧面耐撞性试验对比示例

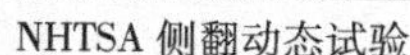 NHTSA 侧翻动态试验	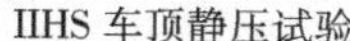 IIHS 车顶静压试验

另外，与 NHTSA 相比，IIHS 增加了追尾事故中的鞭打测试。这一测试分为静态和动态两种测试模式，测试内容与 Euro NCAP 的测试方式相似。

虽然 IIHS 不论是测试工况还是评价标准均与 NHTSA 存在较大差异，如在正面碰撞测试方面，IIHS 更注重车辆整体结构在受到撞击后的表现，而 NHTSA 的正面碰撞测试则将焦点集中在了乘员受伤概率上；侧面碰撞方面，IIHS 模拟被 SUV 侧撞击事故，而 NHTSA 则模拟被轿车侧面撞击后的车辆耐撞性能；在对车辆翻滚性能的评价上，NHTSA 重点考察车辆防侧翻性能，IIHS 则关注翻滚事故中车辆结构对乘员的防护性能。但将两种测试数据互补地放在一起使用时，却可以得到对测试车辆安全性能更客观的评价。

我国在 2017 年由中国汽车工程研究院和中保研汽车技术研究院参照 IIHS 评价模式，推出了“中国保险汽车安全指数”（C－IASI）。目前评价内容包含耐撞性与维修经济性指数、车内乘员安全指数、车外行人安全指数和车辆辅助安全指数评价，测试工况与 IIHS 相近。

虽然当前对车辆安全性能的评价内容类目众多，整体上已能较好地体现当前的车辆安全性能，但随着安全技术的不断发展，各机构及组织也在不断调整评价内容及指标，如针对新能源车辆推出的 EV－TEST，Euro NCAP 增加了 MPDB、FAR SIDE 等测试工况，IIHS 和 C－IASI 也在研究测试条件（壁障、速度、评价指标）的更改，C－NCAP 在 2021 年也增加了 MPDB 与 Pole 工况、灯光测试，这些不断发展的碰撞测试及评价技术将共同推动全球车辆安全性能的提高。

7.2.4　电动汽车的电安全法规

随着电动汽车的不断普及，涉及车辆电安全的相关法规体系及技术解决方案也在不断形成，目前全球各主要国家和地区对于涉及电动汽车的“零部件高压电安全”“车辆正常使用中的高压电安全”及“碰撞后的高压电安全”都有明确的法规要求。

其中对于碰撞后的高压电安全，我国的 GB/T 31498—2015、欧洲的 ECE R100 与美国的 FMVSS 305 都做了具体的测试及考核要求。目前我国标准与欧洲标准的要求基本一致，主要有防触电要求、电解液泄漏要求、车载可充电储能系统（REESS）安全要求。美国标准测试工况不仅具体考核项与我国和欧洲有差异，还增加了翻转测试要求。表 7-12 所列为三个标准的详细内容比较。

表 7-12　相关标准的详细内容比较

标准	检测项目		评价要求
GB/T 31498—2015	防触电保护要求	1）电压要求 2）电能要求 3）物理防护 4）绝缘电阻	1）REESS 与负载接通时，每一条高压母线应该符合电压要求、电能要求、物理防护、绝缘电阻要求中至少一条 2）REESS 与负载断开时，电力系统负载应符合物理防护和绝缘电阻要求中一条；REESS 和充电用高压母线应该符合电压要求、电能要求、物理防护、绝缘电阻要求中至少一条
	电解液泄漏要求	碰撞结束 30min 内泄漏情况	1）不应有电解液从 REESS 中溢出到乘员舱 2）不应有超过 5L 以上的电解液从 REESS 中溢出
	REESS 要求	REESS 移动要求	REESS 保持在安装位置，其部件保持在外壳内；位于乘员舱外面的任何 REESS 部分不应进入乘员舱
		REESS 特殊安全要求	碰撞结束 30min 内，REESS 不应爆炸、起火（持续燃烧，火花和电弧不算起火）
ECE R100	与 GB/T 31498—2015 基本一致		与 GB/T 31498—2015 基本一致

（续）

标准	检测项目		评价要求
FMVSS 305	防触电要求	低电压 绝缘电阻 物理防护（2016 年新增）	1）动力蓄电池系统和车辆导电结构之间需要维持绝缘电阻不得低于 500Ω/V（无防护）或 100Ω/V（有防护） 2）高压母线电压低于 30V 交流或 60V 直流
	电解液泄漏	碰撞结束 30min 内泄漏情况	1）不应有电解液从 REESS 中溢出到乘员舱 2）不应有超过 5L 以上的电解液从 REESS 中溢出（可通过计算每节电芯最大的电解液泄漏量估算出不应该有多少节电芯被破坏）
	REESS 要求	REESS 移动要求	REESS 保持在安装位置，其部件保持在外壳内；位于乘员舱外面的任何 REESS 部分不应进入乘员舱
	翻转测试	试验结束 45min 内检测	需要满足绝缘电阻要求和电解液泄漏不得超过 5L 的要求

2018 年 7 月 1 日起实施的新版 C－NCAP 也对新能源汽车的碰撞高压电气安全性能提出了明确的要求，对于不符合电气安全要求的车辆，将不进行星级的评定，仅公布各部分单项评分结果及电安全不符合项。表 7-13 所列为 2018 版 C－NCAP 高压电气安全测试及评价内容。

表 7-13　2018 版 C－NCAP 高压电气安全测试及评价内容

防护要求	测量项		评价基准
防触电保护要求	REESS 端绝缘电阻		直流高压母线绝缘电阻在 100Ω/V 以上
	电压要求	四选一	高压母线的电压应不大于 30V 交流或 60V 直流
	电能要求		X－电容器及 Y－电容器电能应小于 0.2J
	物理防护		直接接触带电部位应满足 IPXXB 级别防护，间接接触的外露可导电部件之间及电平台之间的电阻低于 0.1Ω
	负载端绝缘电阻		直流与交流传导绝缘电路，绝缘电阻在 500Ω/V 以上；若交流母线保护等级达到 IPXXB 或交流电压不大于 30V，则在 100Ω/V 以上即可
电解液泄漏要求	碰撞结束 30min 内泄漏情况		不应有电解液从 REESS 中溢出到乘员舱，不应有超过 5L 的电解液从 REESS 中溢出
REESS 要求	REESS 移动要求		乘员舱内的 REESS 应保持在安装位置，REESS 部件应保持在其外壳内。乘员舱外面的任何 REESS 部分不应进入乘员舱
	REESS 特殊安全要求		试验结束 30min 内，车辆不应起火爆炸
高压自动断开装置（optional）	有效性验证、验证结果公布		配备自动断开装置的车辆，须对该功能的动作效果给予说明。其他测量数据可根据厂家要求决定是否公布

此外，各生产制造电动汽车的企业还会制定一套企业级的碰撞电安全标准。一般在涵盖上述标准、星级评价体系要求的同时，增加各类更严苛的测试工况，如高速追尾碰撞测试、刮底防护等，进一步提高电动汽车碰撞后电安全。

7.3 汽车安全设计机理

7.3.1 整车结构耐撞性设计

1. 整车碰撞动力学理论

汽车碰撞过程是一个复杂的非线性过程：汽车结构在碰撞中发生了非线性大变形，同时联系车身结构与乘员运动的约束系统（如座椅、安全带、安全气囊、仪表台、车门饰板等）的位置、空间与作用力水平也都各不相同。这无疑增加了碰撞运动中乘员表现的微观分析难度，因此从碰撞车辆和乘员的宏观表现入手，忽略微观结构变化，能够比较直观、清楚地分析汽车碰撞的物理过程。

以正面碰撞为例，对车辆与乘员的碰撞运动空间进行宏观分解，能够看出可利用的乘员约束空间是由车内空间与车辆变形空间两部分组成的，如图 7-6 所示。由牛顿第二定律可知，运动物体所受到的作用力大小正比于它的加速度，因此控制乘员的伤害水平必须首先控制乘员的加速度水平 a。

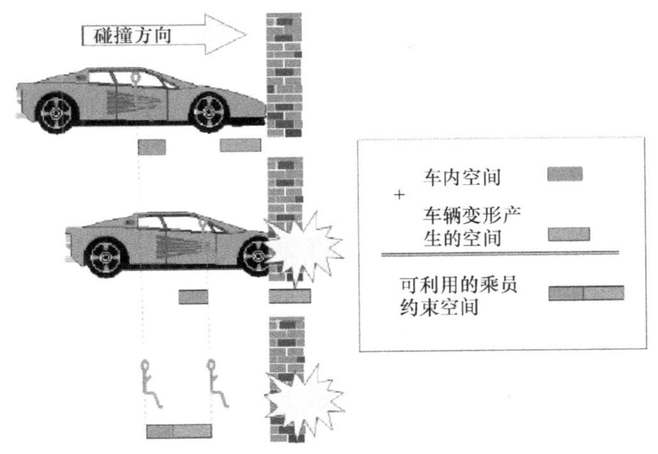

图 7-6 车辆与乘员运动空间分解图

假设车辆与乘员的碰撞运动为理想匀减速运动，按照美国 US – NCAP 五星要求，56km/h全宽正面碰撞工况的乘员胸部加速度控制为小于或等于 40g（加速度计量单位为 g，代表一个重力加速度，即 9.8m/s^2），则理想的乘员保护设计空间可由公式 $S = V^2/2a$ 计算得出，需要约 309mm。然而在实际车辆的碰撞试验中采集到的数据显示，乘员碰撞运动的位移量会大大超过理想乘员保护设计空间的需求。图 7-7 所示为某款轿车正面碰撞试验加速度 – 时间历程曲线，图中实线是车身 B 柱下部位置的水平碰撞加速度 – 时间历程，虚线是人体胸部水平加速度 – 时间历程，其中胸部最大加速度值为 40.9g。

将图 7-7 中的曲线积分后得到二者的速度 – 时间历程曲线，如图 7-8 所示，由此能够清楚地表现车辆和乘员在碰撞过程中的响应关系。由图 7-8 可以得到正面碰撞中的运动过程如下：首先，车辆与刚性壁障发生碰撞，车辆开始减速运动。碰撞开始时刻，乘员与约束系统之间尚存在一定的间隙，因此乘员在这一时刻并没有受到减速作用，继续沿初始运动方向以

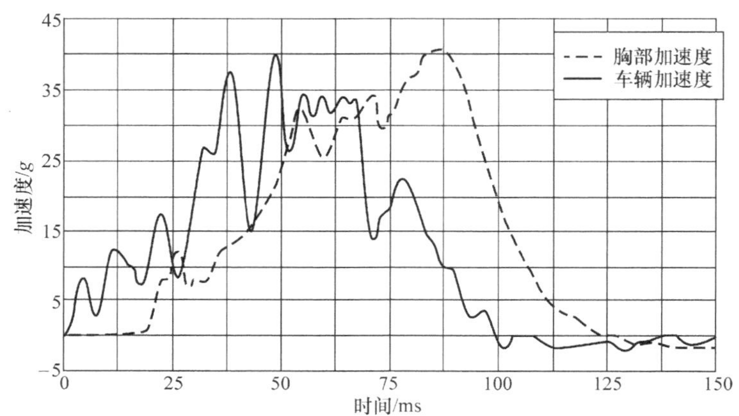

图 7-7　某款轿车正面碰撞试验加速度 – 时间历程曲线

初始运动状态向前运动了 18.4ms。由于车辆减速运动，车辆与乘员之间开始出现速度差和相对位移，乘员的速度开始大于车辆的速度，乘员发生相对车辆向前的位移，逐渐消除与约束系统之间的间隙，并开始受到约束系统的减速作用。此后，二者在约束系统的耦合作用下分别进行减速运动，速度逐渐降低到零，并经历反弹阶段，最终达到静止状态。此时的乘员碰撞位移量已经达到 969ms。几乎是理想乘员保护设计空间的 3 倍之多。

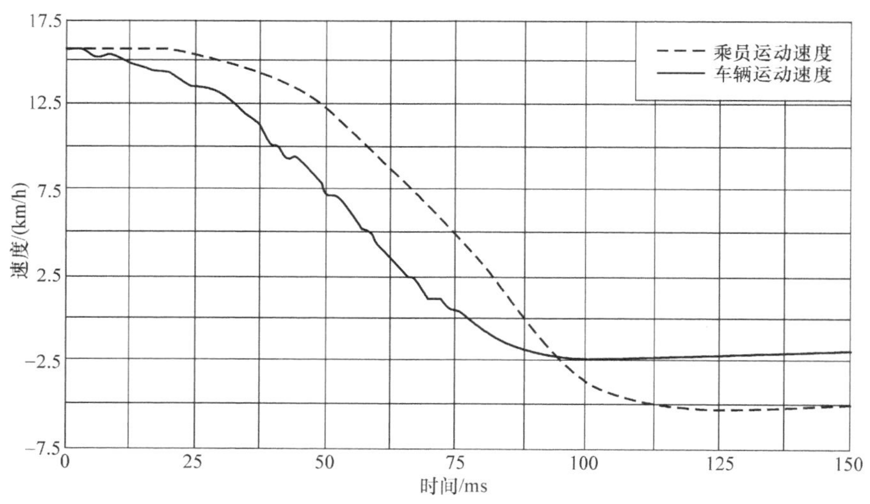

图 7-8　某款轿车正面碰撞试验速度 – 时间历程曲线

可以将整个过程分为两个阶段。第一阶段，乘员与约束系统间存在间隙，车辆碰撞减速过程开始，而乘员仍处在自由运动过程中，18.4ms 的乘员自由运动按 56km/h 的速度计算可以产生 290mm 的运动位移量；第二阶段，车辆继续减速，乘员受到约束系统的作用开始减速，而约束系统对乘员胸部的载荷作用近似于一个线性弹簧，弹簧刚度为胸部载荷 – 相对位移曲线拟和直线的斜率，此阶段乘员的碰撞位移量通过理论计算可以达到 618mm，将两者相加得到 908mm，非常接近于试验测得的 969mm。碰撞过程中这两个阶段的产生是约束系统间隙存在的客观结果，通过对比乘员碰撞的理想匀减速运动与实际减速运动可以更为清楚

地观察到这一点，如图 7-9 所示。某些装有预紧式安全带的车辆，约束系统间隙能被提早消除。

伴随这两个阶段，在一个碰撞过程中将会产生两个碰撞事件：一次碰撞和二次碰撞。一次碰撞是指车辆与壁障之间的碰撞，从第一阶段开始产生，直到整个碰撞过程结束，一次碰撞由车辆结构、前舱部件布置（如动力总成等近似刚性部件）、碰撞速度和壁障特性等决定。二次碰撞是指乘员与约束系统或者车内结构发生的碰撞，从第二阶段开始，二次碰撞由乘员约束系统特性、一次碰撞所产生的乘员舱减速运动状态、乘员空间实际情况决定。理解两次碰撞的概念对于车辆碰撞安全设计具有重要的意义。

在汽车碰撞安全设计中，基于车辆－乘员系统的运动关系，分析乘员与车内部件相互作用的方法，是研究汽车碰撞安全较为常用的概念，这种分析方法被称为乘员缓冲分析。以全宽正面碰撞工况为例，建立图 7-10 所示的一维质点－弹簧简化数学模型，以模拟车辆与乘员的两次碰撞事件。

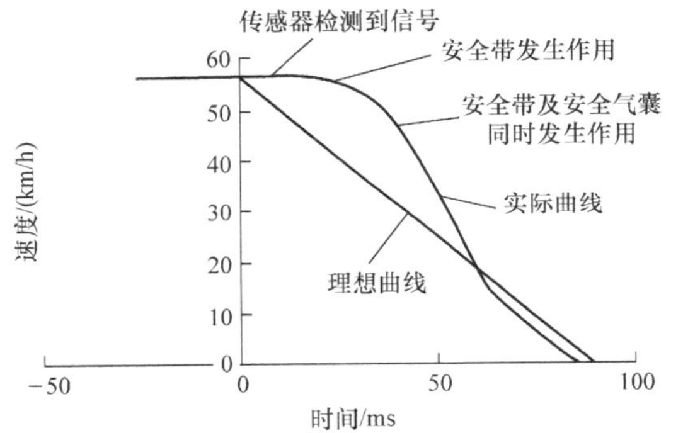

图 7-9　乘员碰撞减速运动的理想曲线与实际曲线差异

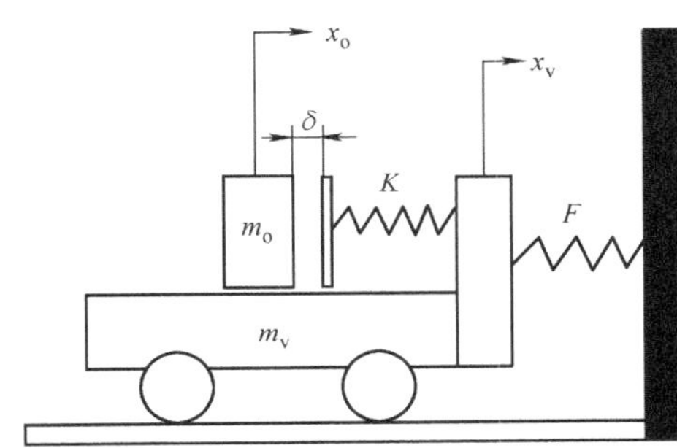

图 7-10　车辆－乘员碰撞运动的一维简化模型

以 E_o、m_o、a_o、x_o 分别代表乘员的碰撞初始动能、质量、胸部水平加速度、位移，x_v、x_{ov} 代表车辆的位移和乘员相对车辆的位移，那么乘员的动能可以写为

$$E_o = \int_0^t m_o a_o(t)\,\mathrm{d}x_o(t)$$

将 $x_o(t) = x_{ov}(t) + x_v(t)$ 代入，有

$$E_o = \int_0^t m_o a_o(t)\,\mathrm{d}x_{ov}(t) + \int_0^t m_o a_o(t)\,\mathrm{d}x_v(t)$$

令

$$E_{rs} = \int_0^t m_o a_o(t)\,\mathrm{d}x_{ov}(t)$$

$$E_{rd} = \int_0^t m_o a_o(t)\,\mathrm{d}x_v(t)$$

则

$$E_o = E_{rs} + E_{rd}$$

其中，E_{rs} 是由约束系统的变形缓冲吸收的乘员能量，E_{rd} 是由车体的变形缓冲吸收的乘员能量，称为车体缓冲能量，乘员本身的变形吸能可以忽略不计。很明显，碰撞过程中乘员的总动能可以分为随着车体变形缓冲耗散和随约束系统变形耗散两部分能量。车体缓冲消耗

能量的多少对于乘员保护是非常重要的，这里引入车体缓冲效率的概念来进一步定义其对乘员能量吸收的贡献程度，具体指车体缓冲能量相对于乘员初始动能的比：

$$\mu_{rd}=\frac{\int_0^t m_o a_o(t)\,dx_v(t)}{\frac{1}{2}m_o v_o^2}=\frac{2\int_0^t a_o(t)\,dx_v(t)}{v_o^2}$$

式中 μ_{rd}——车体缓冲效率；

v_o——车体初速度。

显然，车体缓冲效率与车辆位移和乘员胸部加速度的积分即能量密度成正比，通过对 NHTSA 测试的多个车型正面碰撞的车体缓冲效率进行统计，得到图 7-11 所示的胸部加速度随车体缓冲效率变化的规律。可以看出，随着车体缓冲效率的提高，乘员加速度响应将会逐渐减小。

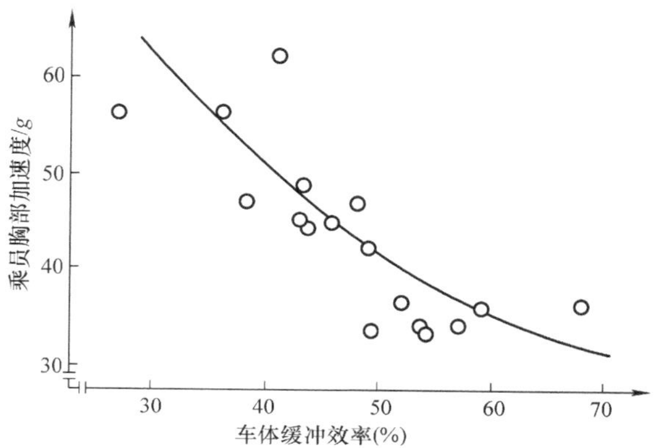

图 7-11 车体缓冲效率与乘员胸部加速度关系统计

因此，如何提高车体缓冲效率是研究正面碰撞中乘员保护问题的重点。目前在车辆碰撞安全设计中能有效提高车体缓冲效率的方法主要有两种：一种是使用预紧式安全带和前置碰撞传感器，通过提早识别碰撞发生时刻并点爆安全带预紧器，尽快地消除约束系统间隙以减小乘员的自由运动距离，从而使乘员的胸部加速度响应时间提前；另一种是优化设计车体结构，使车体的缓冲变形时间和位移尽可能延长，从而增加与乘员加速度的积分面积，提高车体缓冲效率。

2. 整车结构耐撞性设计基础

车体结构在一次碰撞过程中会始终受到壁障物的加载作用，并通过发生结构永久变形来吸收整车碰撞动能直至车辆运动最终静止。因此车辆结构的耐撞性设计主要指的就是合理设计车体结构，利用前舱结构部件的塑性永久变形最大化地吸收车辆碰撞能量，保证乘员舱拥有足够的碰撞幸存空间与平缓的冲击加速度环境，从而保护乘员的安全。

耐撞性的设计要求一般包含以下五点：

1）控制前围、侧围侵入水平，防止挤占约束系统空间。

2）为约束系统提供一个具有稳定、平缓的加速度波形的环境。

3）确保乘员舱的结构完整性，以使乘员有足够的幸存空间。

4）确保车门的可开启能力，以便于事故施救。

5）确保油路与电路安全，以消除起火隐患。

为了达到整车结构的耐撞性要求，保证前舱可高效变形吸能，需要前舱结构具备合理的变形空间与足够的承载能力。变形空间主要受前舱及其安装的功能部件的尺寸限制，这是因为乘用车前舱的布置极为紧凑，各类功能部件会挤占碰撞变形空间，其中动力总成与散热器占据了最大的前舱纵向空间，如图 7-12 所示，并且动力总成的结构刚性较高，在碰撞过程中几乎不会产生变形吸能，因此评估正面碰撞变形空间时应去除动力总成的纵向尺寸。

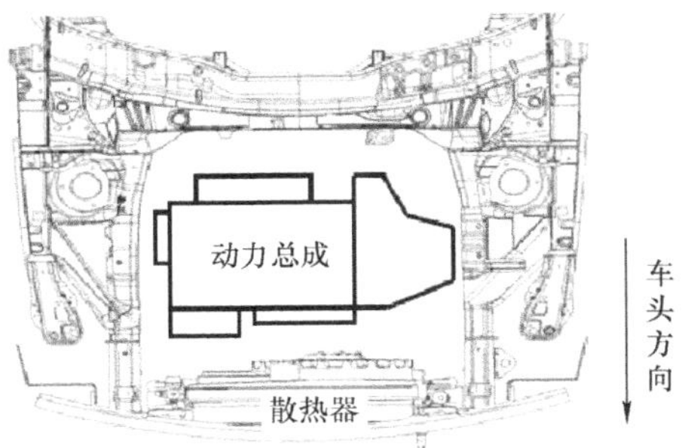

图 7-12　车辆前舱主要功能件布置示意图

近年来，随着汽车消费市场对于车辆高性能、高配置、大空间、运动化造型的追求，一方面动力总成的尺寸不断加大，另一方面前舱的纵向尺寸不断缩小，两者均会缩小前舱的变形空间，给整车耐撞性设计带来巨大的挑战，如何在有限的设计空间内获得足够的车体缓冲变形时间和位移将是长期摆在安全开发工程师面前的课题。

另一方面，前舱承载能力主要是通过车身与底盘的载荷路径结构来承担的。载荷路径通常包括纵梁、吸能盒、横梁、支撑梁、门槛梁和 A/B 立柱等结构，它们几乎都是由薄壁金属梁构成的，薄壁金属梁结构能够有效地起到承载和减重的作用，作为汽车正面碰撞中主要的变形吸能结构，它们的变形方式对整车的碰撞变形与吸能具有重要的影响。

薄壁金属梁结构的变形模式主要包括压溃（Folding）、弯曲（Bending）与断裂（Rupture）。控制薄壁梁结构的变形模式，应尽可能地充分利用压溃变形，因为这种变形模式具有平稳的变形载荷与高的吸能水平，但它对薄壁梁结构的截面、特征形式与约束边界条件要求较高，多用于吸能盒与纵梁前端结构设计。

早期对于薄壁梁压溃变形的研究起源于试验，1974 年，日本研究人员通过试验方法测得了薄壁梁的平均轴向压溃力。经过近十年的试验积累，在 1983 年，Wierzbicki 等人在试验研究的基础上，最先发表了关于方形截面薄壁梁结构轴向压溃的理论计算完全解。随后在 1989 年的后续研究结果中，将先前的理论扩展到其他多边形截面薄壁梁结构的轴向压溃问题。在 1994 年，又给出了薄壁梁在受到轴向力时应力分布的计算方法。至此，薄壁梁结构轴向压溃变形的理论基础已经基本建立完成，而在这个理论基础上发展起来的有限元计算方法也逐渐得到完善，现在已经能够较为准确地模拟出薄壁梁轴向压缩的变形和载荷特性，如图 7-13 所示。

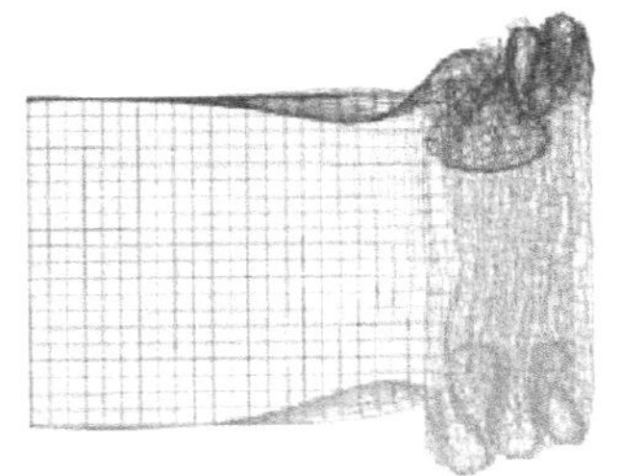

图 7-13　薄壁梁轴向压缩变形试验与计算对比

弯曲变形是碰撞中最常见的变形模式，变形发生后薄壁梁的承载能力会急剧下降，可以用来引导降低加速度波形的峰值水平，因此多用于纵梁中后段的结构设计。其变形稳定性通常需要双塑性铰或多塑性铰来进行控制，一般可通过在薄壁钣金上设计引导变形的结构特征来形成塑性铰，如诱导槽、弱化孔等。

对于薄壁梁弯曲变形的系统研究是从20世纪80年代研究冷轧钢管的强度开始的。后来由Wierzbicki等在ABAQUS软件的辅助下进行了扩展研究，分析了梁结构弯曲的应力和位移场，并且在此基础上，发展出了一套较为简便的解法。到20世纪80年代的末期，Todorovska – Azievska和Kecman从试验和理论分析两方面开展了薄壁梁的多轴向弯曲失效问题的研究。试验方法应用上较为普遍的是单轴三点弯曲试验，如图7-14所示。不断发展的模拟计算技术也在不断地验证理论分析的结果。目前，对薄壁梁的弯曲变形模拟已经可以较为精确地再现弯曲试验结果。

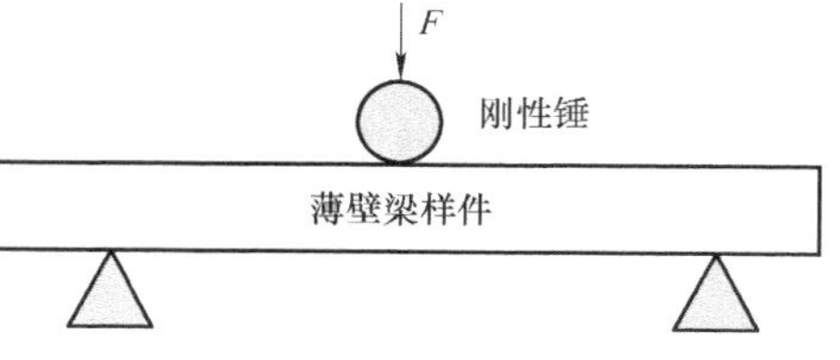

图7-14　薄壁梁结构弯曲试验示意图

断裂变形是碰撞过程中发生的一种失稳的薄壁梁结构变形模式，变形发生后薄壁梁的承载能力完全丧失，多发生于车体上不同结构间的连接部位。通常由连接处的焊点、焊缝开裂或结构本体发生损伤开裂所导致，现有的模拟仿真计算还很难准确再现这种变形模式，一般需要通过检查设计清单、提升连接强度、改进焊接工艺等手段来尽力避免。

由于薄壁梁结构具有多种截面形式，影响它的碰撞吸能特性的因素也很多，汽车薄壁构件的设计必须从多个方面进行优化。其次，出于轻量化设计的考虑，传统的钢铁材料已经逐渐由高强度钢材和轻质的铝材料替代，同时对各种新型复合材料的探索也在不断地进行，目前一些新型材料如碳纤维已经进入到实际应用阶段，如宝马i3车型，其乘员舱结构大部分采用了碳纤维材料，在保证具有足够车身强度的条件下，取得了突出的轻量化效果。因此在实际的车辆设计中，需要根据具体情况，对这些因素加以综合考虑和灵活运用。

7.3.2　约束系统防护机理

无论是碰撞事故的研究，还是车辆安全的开发，其最终目的都是为了减小乘员在碰撞事故中的伤害程度。在车辆安全开发中，均是基于碰撞车辆给予乘员的冲击响应，利用“约束”装置对乘员的运动进行合理的规划，从而最大限度地降低伤害。其中，安全带和安全气囊作为最为有效的约束系统装置，目前在乘用车中已得到了广泛的应用。

1. 安全带对乘员防护的设计机理

当发生车辆碰撞事故时，由于惯性，乘员会不可避免地前移，为减小乘员与车内零部件碰撞的趋势，避免乘员被抛出车外，可使用安全带。安全带可以较好地将乘员约束在座椅中，并根据乘员受到的冲击响应，适当地调节安全带约束力来缓和人体运动，从而达到降低伤害程度的效果。

安全带主要由卷收器、织带、锁扣等零件组成，通过卷收器固定点、下固定点、锁扣点形成三点式的约束。为了更好地利用乘员的生存空间，预紧器应运而生。在碰撞的前期，它通过回拉织带，减小安全带与乘员的间隙，达到早期约束乘员的目的。在碰撞吸能相对稳定阶段，乘员需要适当距离的前倾来减小织带对于胸腔的压迫，限力器通过控制作用在胸腔上的作用力来减轻织带过度约束导致的伤害。因此，安全带作用于乘员的约束力与乘员的运动趋势及时刻强相关。

如上所述，预紧器的目的是减小安全带与乘员的间隙，从而减轻伤害；从能量的角度来看，其保护机理如图 7-15 所示。

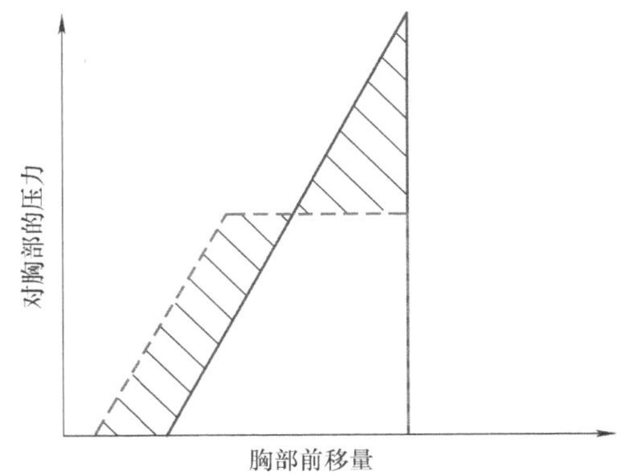

图 7-15 乘员防护胸部前移量 - 对胸部的压力曲线（见彩插）

图 7-15 中，蓝色曲线代表普通安全带，红色曲线代表预紧安全带，横轴为胸部前移量，纵轴为对胸部的压力，因此曲线与横轴围成的面积就代表安全带对胸部做的功。假设安全带对于胸部的做功一致（即三角形阴影面积等于四边形阴影面积），且胸部最大前移量也相同（此处的最大前移量可以认为是同样的生存空间）。由于预紧器的提前约束，在安全带对乘员做功一致的前提下，施加在乘员胸部的压力会有较大程度的减小。因此从能量的角度，预紧器通过提前约束的形式，在约束的中后期，利用较小的安全带约束力就能使胸部前移量不增大，而约束力的减小直接意味着胸部伤害程度的减小，即实现在有限的生存空间中减小伤害程度的目的。

在图 7-15 中，红色曲线的平台区，实际上就是靠限力器来实现的。以下从运动学的角度，分析限力器减小伤害程度的原理。碰撞过程中，安全带的角度随着乘员的前向位移而改变，如图 7-16 所示，即安全带所成的角度 α 会逐渐变小。根据余弦定理，安全带作用于乘员胸腔的力 F 为

$$F = \sqrt{F_{肩带上}^2 + F_{肩带下}^2 - 2F_{肩带上}F_{肩带下}\cos(\pi - \alpha)}$$

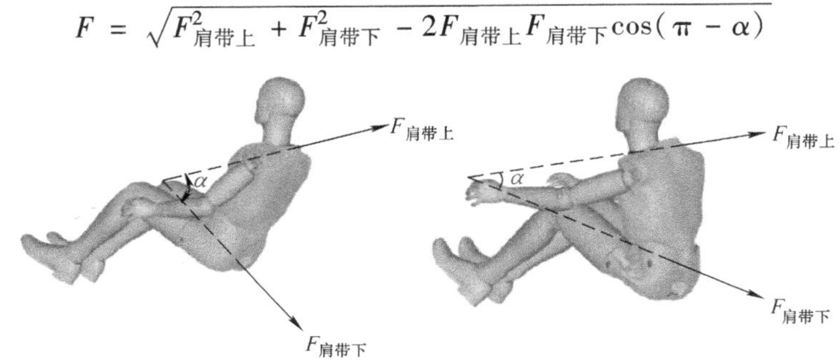

图 7-16 安全带作用方式

易知，角度 α 越小，F 越大。安全带的约束力大，虽然这有利于乘员的减速，但基于生物力学的研究成果，乘员胸腔能承受的载荷有限，此约束力过大也会造成胸部及胸腔内部脏器的损伤。在生存空间尚未充分利用的前提下，需要适当减小 F，即减小对胸腔的压力。以上即为限力器的防护机理。

2. 安全气囊对乘员防护的设计机理

仅用安全带约束乘员时，施加给头部的作用力完全靠颈部传递。因此，头部的减速效率过低，导致头部与转向系统发生接触，即安全带对头部的约束作用有限。而安全气囊则可以通过直接与头部接触使头部减速，防止乘员头部与车内部硬结构发生碰撞。

安全气囊的工作原理主要由感知、判断和执行三部分组成。具体如下：一般在车头和车

门内有碰撞传感器，传感器负责采集信号，再由安全气囊诊断模块（SDM）判断是否需要点爆安全气囊，如果需要点爆，则发出电流激活气体发生器，瞬间产生的气体撑起并充满气囊，如图 7-17 所示。

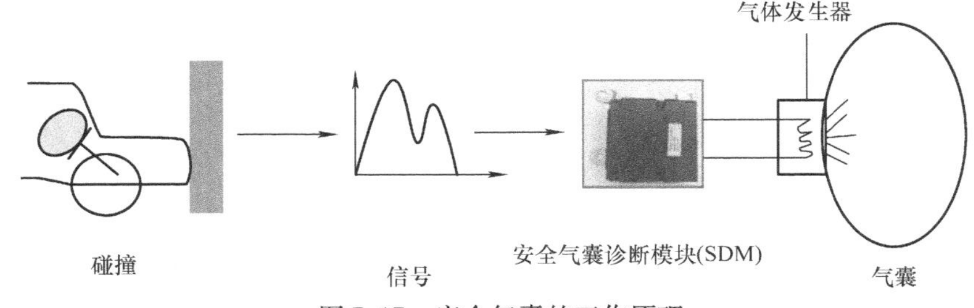

图 7-17　安全气囊的工作原理

安全气囊工作过程中，大量的气体在极短的时间内（30～50ms）充满气囊，其冲击力最高会达到 700～1000N 甚至更大，因此，如果车辆受到较低速度的碰撞，仅需要安全带和座椅就能满足对乘员的防护要求，此种形式的碰撞下，气囊无须参与防护；如果车辆路经一些凹凸不平的路面，引起车辆的振动，此种情况下也不允许安全气囊被点爆，否则气囊反而会变成一个伤害乘员的风险源头，并产生较高的车辆维修费用；如果车辆受到较高速度的碰撞，安全气囊必须在适当的时刻展开，否则不仅无法发挥气囊的作用，而且会对乘员造成二次伤害。基于此，安全气囊的点爆策略为“不该点爆的工况不能点爆，该点爆的工况必须按要求的时刻点爆”。为了识别安全气囊点爆的必要性和点爆的时刻，需要安全气囊诊断模块的设计开发矩阵，必须涉及非碰撞类的冲击、低速和高速的碰撞类工况。

安全气囊是保护乘员头部的最重要的保护装置。气囊膨胀后，直到完全充满时，乘员头部与气囊接触，随着气囊受载，通过排气孔排出气体，以控制气囊内的压力。气囊一边收缩变小，一边有效地使头部减速。

安全气囊主要通过其与胸部接触时对胸部施加的压力使胸部减速。使用安全带进行约束时，可能导致胸腔肋骨骨折，这主要是由胸廓在沿安全带通过的路径上受到的局部作用力造成的。与之相对，若使用安全气囊，气囊压力加载到整个胸部，使胸部均匀变形，于是胸廓的最大变形量较小。安全带限力器虽能够有效减小胸部局部的变形量，降低胸廓骨折的风险，但会导致胸部前向位移量增加。为此，通过限力器对安全带载荷进行限制及重新分布安全气囊的载荷，可以适当地控制胸部前向位移量。图 7-18 所示为安全气囊、安全带和假人相互作用的过程。

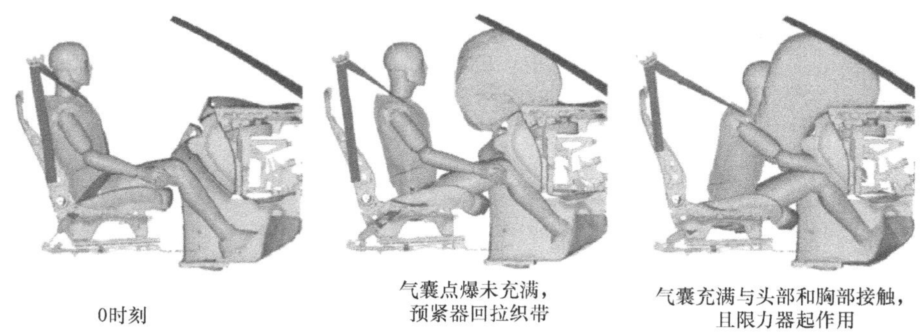

图 7-18　安全气囊、安全带和假人相互作用的过程

7.3.3 行人碰撞保护设计机理

1. 行人头部损伤机理

行人头部受伤主要是由行人头部撞击车辆前端结构或行人头部与地面产生碰撞引起的。一些相关的事故研究表明，对于头部受伤较严重的情况，行人头部和车前端结构之间的碰撞是主要的原因。行人头部受伤的典型形式是颅骨骨折和脑损伤，如脑震荡、颅内血肿等。当头部受到惯性载荷时，大脑和颅骨的相对运动产生的剪切作用可能引起这些损伤。

简明损伤定级法（Abbreviated Injury Scale，AIS）是美国汽车医学促进会（Association for the Advancement of Automotive Medicine，AAAM）制定的一个解剖学尺度的人体损伤评定标准，根据器官、组织的损伤程度将其量化分级，是交通事故中人体损伤的主要评估方法。该方法主要是对损伤的自身进行评价，而非对其所产生的影响进行评价。AIS 可以分成 8 个不同的等级，见表 7-14，其等级值是对“生命危害程度”的一个排序。AIS 值越高表明对生命的威害程度越高。由表 7-15 可知，头部损伤大多为等级较为严重的损伤类型。

表 7-14 AIS 评分标准

AIS 等级	损伤程度	AIS 等级	损伤程度
0	无损伤（No injury）	4	严重伤（Severe）
1	轻微伤（Minor）	5	危重伤（Critical）
2	中度伤（Moderate）	6	最危重伤（Maximum injury）
3	较重伤（Serious）	7	未知等级（Unknown）

表 7-15 头部损伤 AIS 分级

颅脑区域	血管	神经	颅内器官	颅骨
挫伤（AIS 6）	血管损伤（AIS 3～5）	脑神经损伤（AIS 2）	脑干损伤（AIS 5～6）	颅底损伤（AIS 3～4）
皮损伤（AIS 1～3）	—	—	小脑损伤（AIS 3～5）	穹隆损伤（AIS 2～4）
—	—	—	大脑损伤（AIS 3～5）	—

生物力学研究揭示了人类头部（颅骨和脑）对冲击的忍受度可以用头部损伤指标（Head Injury Criterion，HIC）来评估，目前 HIC 被认为是最好的受伤判据。在行人头部碰撞中，HIC 的定义为

$$\mathrm{HIC}=\max_{t_1<t_2,t_2-t_1\leqslant 15\mathrm{ms}}\left\{\left[\frac{1}{t_2-t_1}\int_{t_1}^{t_2}a(t)\,\mathrm{d}t\right]^{2.5}(t_2-t_1)\right\}$$

其中，合成加速度 a 是由头部质心处互相垂直的三个方向上的加速度计算得到的，单位为重力加速度 g。t_1 和 t_2（$t_1<t_2$）是计算 HIC 值的时间窗的两个时刻，单位为 s，评价行人头部碰撞保护性能的 HIC 值的计算时间窗（t_1-t_2）<15ms。HIC 值为 1000 代表了 20% 的 AIS 3 + 级头部损伤风险。

2. 行人腿部损伤机理

在行人交通事故中，通常汽车前保险杠首先与行人小腿或者膝关节处接触碰撞，然后是大腿与前舱盖前缘发生碰撞。在这个阶段，腿部在碰撞力的作用下向前加速，上身在随之向

前加速的同时也相对于汽车转动。随后，骨盆和胸部分别与前舱盖前缘和前舱盖接触碰撞。行人腿部损伤的典型形式主要包括骨盆骨折、长骨骨折（股骨、胫骨和腓骨）、膝关节损伤（骨节骨折和韧带撕裂）等，这些损伤主要是由直接碰撞力和力的传递造成的，如图 7-19 所示。

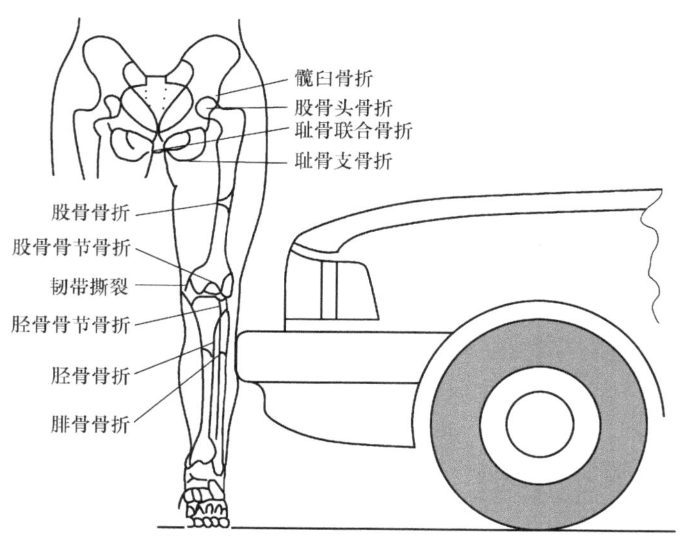

图 7-19　行人腿部主要损伤类型

在汽车与行人碰撞的过程中，汽车保险杠通常是造成胫骨、腓骨骨折的主要部件，而前舱盖前缘通常是造成股骨骨折的主要部件。汽车保险杠从侧面撞击行人腿部时会使胫骨发生弯曲运动，胫骨受力的一侧产生压应力，而相对的另一侧则产生拉应力，当应力超过胫骨耐受限度时就会发生骨折。腓骨骨折及前舱盖前缘撞击所致的股骨骨折的原理与胫骨骨折的原理相同。因此，弯曲载荷是导致长骨骨折的主要机理。

膝关节损伤一般是由保险杠与膝关节的直接碰撞或（和）其他部位的碰撞力传递至膝关节导致的。碰撞所引起的膝关节内部反作用力是由韧带拉力和关节面压力共同构成的膝关节剪切力和弯矩。膝部损伤（股骨/胫骨骨节骨折、韧带破裂或脱裂和髌骨骨折）主要是由剪切力和弯矩共同作用导致的。横向剪切和弯曲是导致膝关节损伤的主要原因。

腿部损伤虽然致死率不高，但却是致残的主要原因。按 AIS 分级，根据损伤部位和程度，下肢损伤程度一般为 AIS1 ~ AIS3，即轻度、中度和较重。其中擦伤或软组织轻微损伤为 AIS1；关节囊、韧带或半月板产生严重的拉伸或扭曲变形，膝盖骨骨折，胫骨错位型骨折或膝关节错位等为 AIS2；股骨末端骨折，胫骨粉碎性骨折或韧带断裂为 AIS3。

3. 基于人体模块的测试评价方法

现行的行人保护法规和 NCAP 行人保护评价规程中均采用了人体模块撞击车辆前端结构的测试方法，如图 7-20 所示。

头部保护性能采用头型模块冲击车辆前端的方式进行测试和评价。其中，法规测试的碰撞速度为 35km/h，NCAP 则采用了更为严苛的 40km/h 的碰撞速度。头型模块分为成人头型和儿童头型，如图 7-21 所示，质量分别为 4.5kg 和 3.5kg，冲击角度分别为 65°和 50°。在头型模块中心安装有加速度传感器。

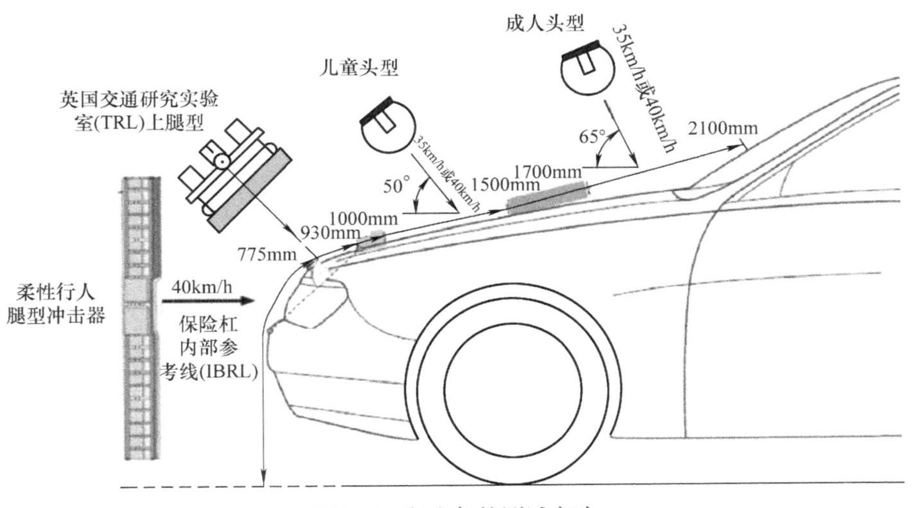

图 7-20 行人保护测试方法

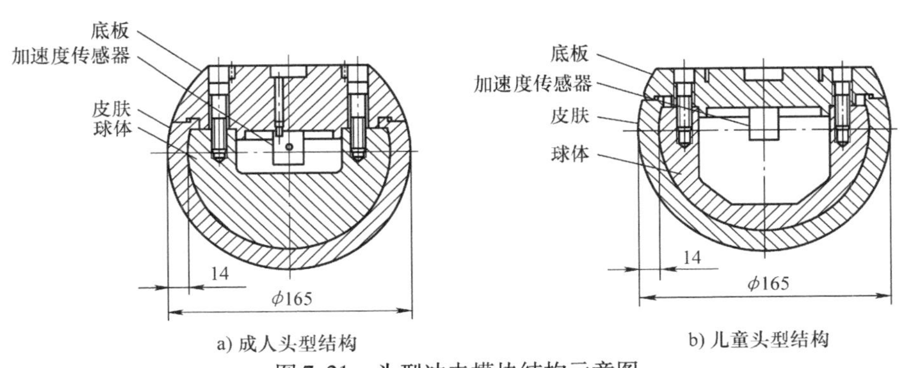

图 7-21 头型冲击模块结构示意图

小腿保护性能采用 Flex－PLI 腿型水平冲击保险杠进行测试和评价。Flex－PLI 腿型质量约为 13kg，冲击速度为 40km/h，评价指标包括 4 个位置的胫骨弯矩和 3 根膝部韧带伸长量，如图 7-22 所示。

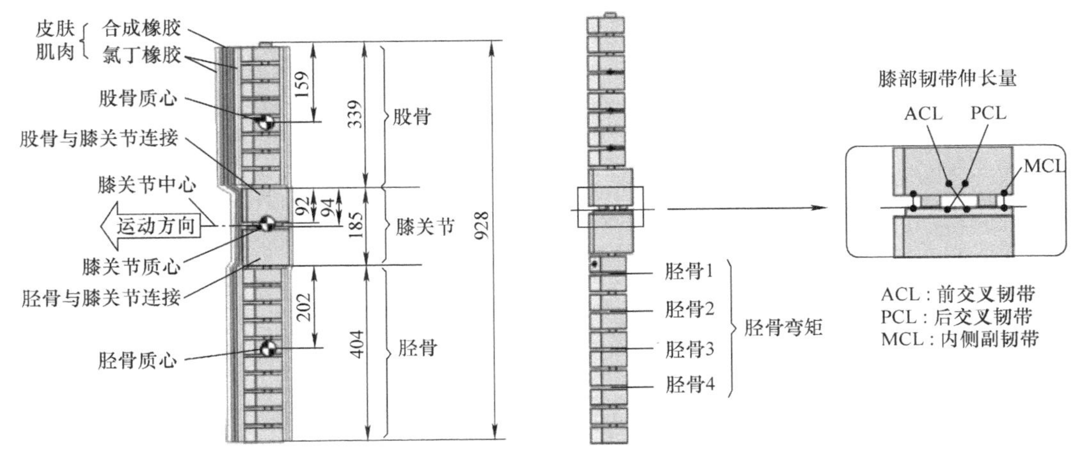

图 7-22 Flex－PLI 腿型结构示意图

大腿保护性能采用 TRL 上腿型冲击前舱盖前缘或保险杠的方式进行测试和评价。上腿型质量可根据试验类型的不同进行配重调整。法规测试中的上腿型质量为 9.5kg，测试以 40km/h 的速度水平冲击保险杠进行。NCAP 中的上腿型质量为 10.5kg，冲击速度和角度与车辆前端的造型和高度相关，车辆越高，冲击角度越小，冲击速度越高。大腿保护评价指标包括 3 个大腿弯矩和 2 个大腿受力，其数据通过上腿型中的载荷传感器和应变测量计进行采集，如图 7-23 所示。

随着碰撞生物力学的深入研究和测量技术的进步，车辆行人保护的测试评价方法也随之发展变化，生物逼真度更高的新一代的高级行人腿部撞击器（advanced Pedestrian Leg Impactor，aPLI）正在开发中，预计后续将引入到法规和 NCAP 评价中。

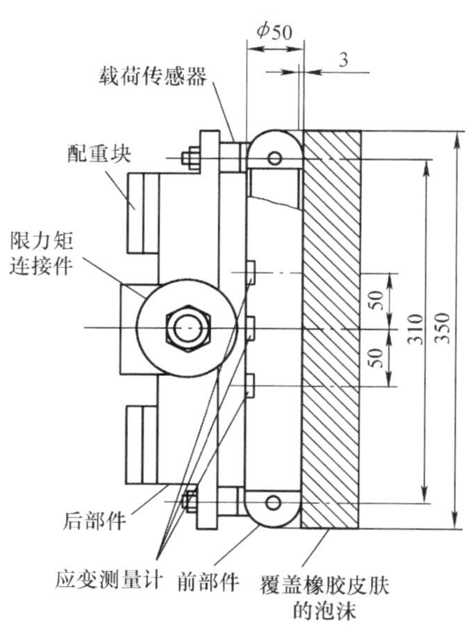

图 7-23　TRL 上腿型结构示意图

7.3.4　主动安全技术与系统原理

1. 主动安全技术

根据目前全球汽车工业在一定程度上达成的共识性技术概念，乘用车安全及道路相关的危险事件被分为了 5 个阶段：正常驾驶阶段、危险浮现阶段、事故不可避免阶段、事故中阶段及事故后阶段，如图 7-24 所示。

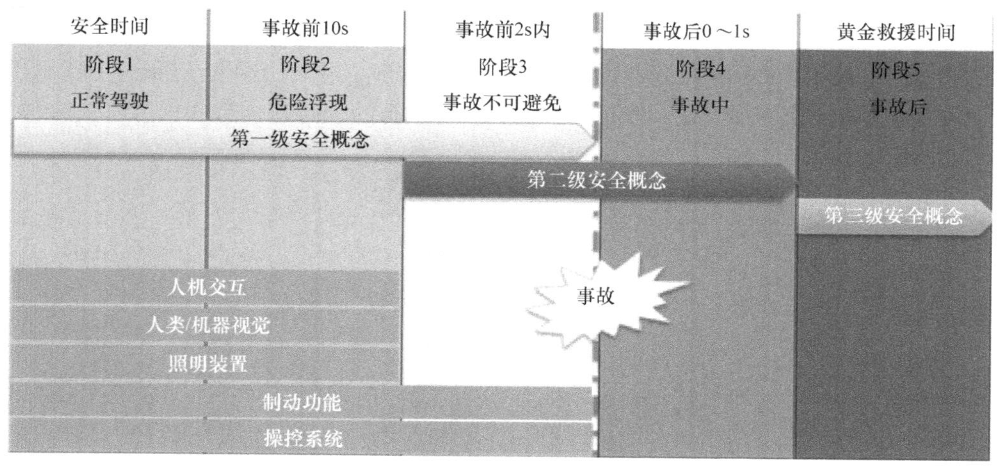

图 7-24　乘用车安全及道路相关的危险事件分段示意

由此可知，主动安全技术独立于被动安全技术之外，在道路安全事件中，主要负责研究前三个阶段的探测感知、工况判定及干预技术。从宏观定义上来看，主动安全技术与另一个业内所熟知的概念——汽车高级驾驶辅助系统，是一个有机统一的概念。

汽车驾驶人的驾驶行为，本质上是基于其对车辆及道路环境的感知做出的行为决策。但驾驶人的感知水平无法始终保持在理想状态，而行车环境的复杂性和突发性也使其行为决策无法始终为最优。而以上两种缺陷一旦产生，就有可能导致交通事故的发生。所以主动安全技术的主要研究内容为如何从各个方面监控驾驶人的驾驶行为及车辆状态，进而采取一定的手段优化驾驶人的驾驶行为，使整个驾驶过程趋向于总体危险性最小化和汽车安全性能的最大化。

2. 典型主动安全系统原理

车身电子稳定控制系统（ESC），顾名思义，它是以维持汽车在行驶时的动态稳定性为出发点的安全技术。从组成看，ESC 是一套整合了轮速传感器、转向盘角度传感器、车辆横摆角传感器、节气门控制器、制动控制器和相关控制计算机的综合性系统，当车辆在行驶时，轮速传感器会不断收集当下四个车轮的实时转速，配合驾驶人转动转向盘的幅度，一旦发现左右车轮的转速差距过大可能导致车辆失控时，ECU 就会发送指令给供油系统减少供油，同时利用制动系统对转速过高的车轮进行制动，让两边车轮的转速回到正常的区域，借此将濒临失控的车辆带回正确的行进路面上，避免车辆因为失去控制而与旁边的车辆或路边的其他设施发生碰撞。

自动紧急制动系统（AEB）的作用是感知前方可能与车辆、行人或其他交通参与者所发生的碰撞风险，并通过系统自动触发执行机构来实施制动，以避免碰撞或减轻碰撞程度。广义上，AEB 不仅包含紧急制动功能，还包含前向碰撞预警（Front Collision Warning）及紧急制动辅助（Emergency Braking Assist 或 Dynamic Brake Support）。

车道保持辅助（LKA）系统与车道偏离报警系统（LDW）通过高分辨摄像头，实时监测车道变化，智能识别车辆行驶过程中与所在车道的横向位移状态。当车辆偏离车道线且驾驶人无纠正动作时，系统将发出警报，继而给予转向盘反向作用力将车辆纠正回原车道。

速度辅助系统（SAS）负责确定当前行驶道路上，在当前的时间和天气条件下，应当容许的最高驾驶速度。速度辅助功能一般可于驾驶人超速时，给予合理的提醒信息，或通过电控化的控制手段，将车辆的物理速度限制在某一合理值之下。也可以经由驾驶人手动设置，将车辆物理速度限制在驾驶人自愿认定的合理值之下。合理的车速可以避免大量的交通事故发生。

行车盲区监测系统（BSD），通过毫米波雷达或其他探测技术，在车辆行驶时对车辆后方两侧盲区进行探测，如果有其他车辆或物体进入盲区范围内，会在后视镜或者指定位置对驾驶人进行灯光提示和蜂鸣器报警，从而告知驾驶人此时并非并线变道的最好时机，这可大幅减少因并线发生的交通事故。

汽车自适应前照灯系统（AFS）是一种能够自动改变两种以上的光型以适应车辆行驶条件变化的前照灯系统。AFS 是一个由传感器组、传输线路、处理器和执行机构组成的系统。由于需要对多种车辆行驶状态做出综合判断，客观上决定了 AFS 是一个多输入多输出的复杂系统。通过感知驾驶人操作、车辆行驶状态、路面变化及天气环境等信息，AFS 自动控制前照灯实时进行上下、左右照明角度的调整，为驾驶人提供最佳道路照明效果。

7.4 汽车安全集成开发技术

7.4.1 整车正面碰撞安全开发技术

1. 正面碰撞结构吸能空间设计

如前文所述，为了保证正面碰撞工况中实现高效变形吸能以获得较好的耐撞性能，需要车辆前舱结构具备合理的变形空间与足够的承载能力。一般而言，变形空间主要受前舱布置及各功能部件的尺寸限制。

在车型设计的初始概念阶段，基于产品定位与造型比例设计要求，在车辆的前悬、后悬、轴距等整车基本尺寸参数及动力总成的配置选型确定后，前舱可供碰撞变形的设计空间就被同步确定。一旦前舱结构的设计变形空间不足，无法保证其高效吸收碰撞能量，势必造成乘员舱产生较大的侵入变形，不能满足安全性能的开发需求。因此为了获得足够的变形空间，近年来，在车辆的碰撞安全开发中出现了通过设计副车架连接接头在碰撞中适时失效从而引导动力总成下沉运动的技术。

图 7-25 所示为马自达公司开发的副车架中塔适时失效技术，其技术特点是通过在车身与副车架中塔的安装支架型面上添加凹口特征，使其在碰撞中适时发生集中变形从而促使固定螺母从中拔脱，进而副车架中塔从车身上脱离引导动力总成下沉运动。

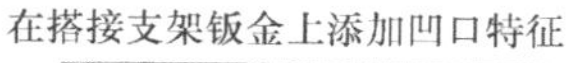

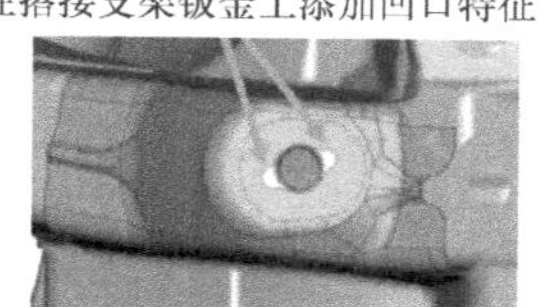

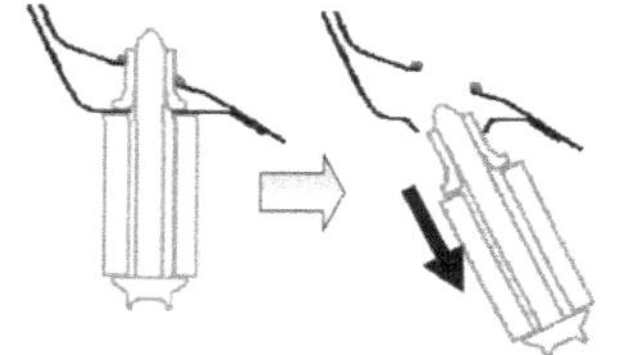

图 7-25 马自达公司开发的副车架中塔适时失效技术

本田公司开发出另一种副车架中塔适时失效技术，其技术特点是采用了双横置螺栓加敞口设计，如图 7-26 所示。在满足耐久强度的前提下，通过在副车架接近中塔的位置设计折弯引导特征，在碰撞中促使副车架发生较大的弯折变形，使中塔受到较大下拉力并超过螺栓紧固摩擦力极限发生脱落，副车架中塔从车身上脱离引导动力总成下沉运动。

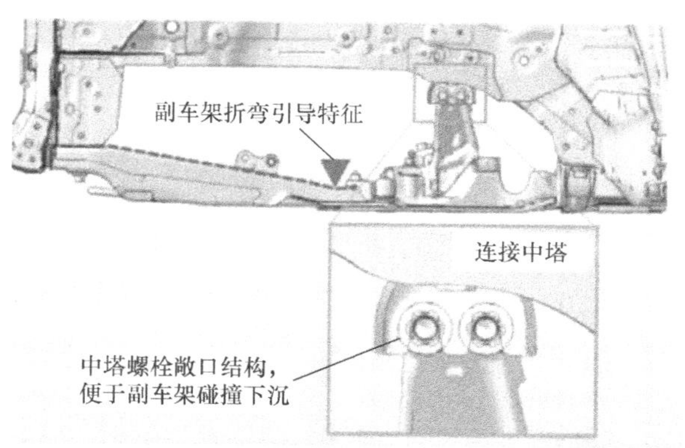

图 7-26 本田公司开发的副车架中塔适时失效技术

2. 正面结构变形模式设计

要保持前舱结构可稳定地变形吸能，实现乘员舱的完整性并具有平稳的加速度波形，离不开对结构变形模式进行设计控制，目前主流的正面碰撞变形模式以吸能盒轴向压溃变形、前纵梁多道弯折变形为主，如图 7-27 所示。

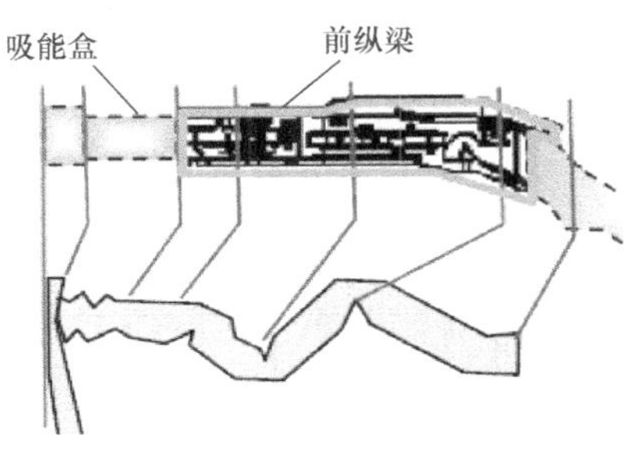

图 7-27 正面碰撞的主流变形模式

前纵梁与吸能盒变形模式的设计步骤一般包括截面设计、变形诱导特征设计、进行有限元模型仿真验证、相关子系统试验验证。

截面设计通常可以借助 VCS 软件进行优化设计，通过输入给定的截面尺寸，VCS 软件能够快速绘制截面图形并添加焊点连接，进行截面力学性能的分析。截面的力学性能主要分为峰值力和平均力。峰值力是薄壁梁发生轴向压溃的初始力，薄壁梁只有在受到的力超过该力时才会失稳发生压溃，一般用于薄壁梁压溃的触发。平均力是薄壁梁发生轴向压溃的后续平均力，是薄壁梁吸能能力的主要决定因素。完成初步的截面分析后就可以根据给定的力学性能要求进一步校核截面尺寸并进行参数化修改和性能迭代，最终确定吸能盒与前纵梁截面的基本要求。图 7-28 所示为基于 VCS 软件的截面分析。

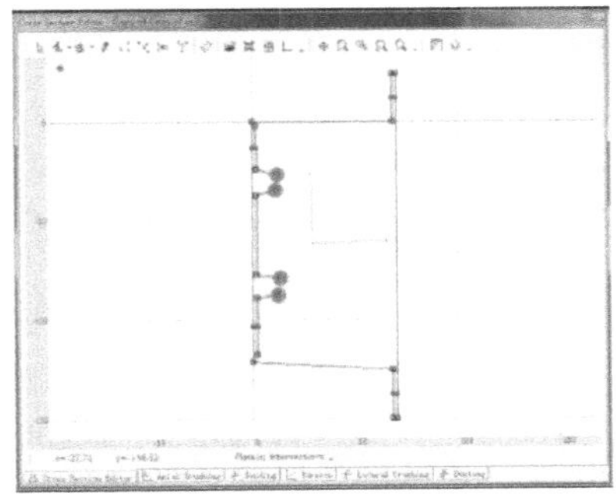

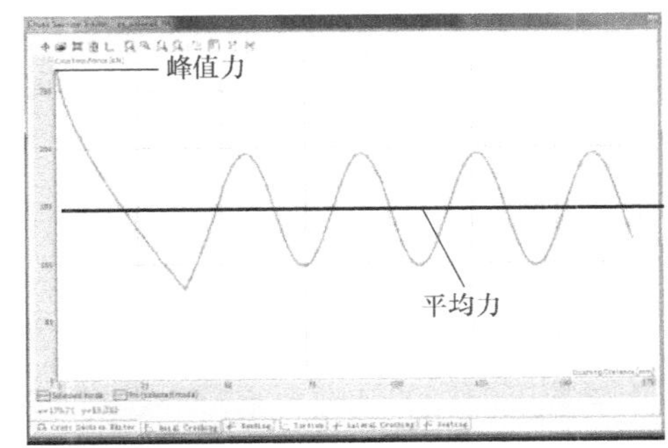

图 7-28 基于 VCS 软件的截面分析

变形诱导特征是薄壁梁上人为设定的薄弱处，其起到引导变形、控制初始力的作用。通常，薄壁梁发生理想折叠压溃的过程能够自发连续地进行，但是其初始变形方向是不确定的，所以需要通过诱导槽来引导。在车辆安全开发中，通常需要使用一组（相对两边）诱导槽来保证变形过程的对称，诱导特征的形状通常为单边通槽，使用 VCS 断面计算工具来查看正确的方向。

完成截面设计与特征设计后，下一步是进行前纵梁与吸能盒碰撞的有限元模型三维仿真验证。三维碰撞模型一般采用 LS – DYNA 显示求解器完成计算，通过输出的仿真数据生成变形动画（图 7-29）与性能图表来分析验证结构变形模式与性能效果是否符合设计要求，并锁定最终设计。

最后进行吸能盒与前纵梁子系统的试验来验证设计定型方案的变形模式，试验装置如图 7-30 所示。将吸能盒与前纵梁样件结构直接与支座板焊接，将支座板通过螺栓固定连接在碰撞滑车上，滑车连接于牵引装置，可以使整个碰撞滑车系统加速至 40km/h。将蜂窝铝可变形壁障按 40% 偏置固定于滑车前端，以等效模拟 ODB 碰撞工况。在滑车上布置三向加速度传感器，采集加速度信号，最终通过碰撞后样件的变形模式检查与加速度信号分析，对正面碰撞结构设计方案做出认可判断。

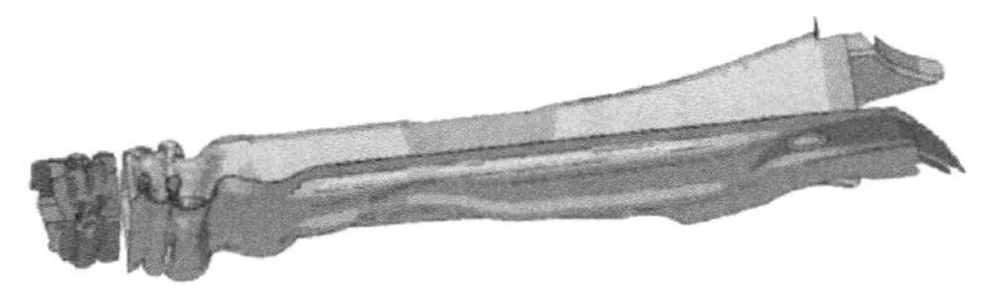

图 7-29　前纵梁与吸能盒三维仿真变形动画

图 7-30　吸能盒与前纵梁子系统试验装置

3. 车辆加速度波形的设计评价方法

正面碰撞加速度波形和乘员舱稳定性是车型正面结构耐撞性能的重要体现，且正面碰撞波形是约束系统匹配的基础，有效合理的碰撞波形能够有效降低乘员所受伤害的程度。如果碰撞波形设计不合理，则会增加约束系统优化的开发难度，甚至导致无法实现整车的安全性能目标，因此在车型开发设计初期，如何制定波形性能、设计及有效评价波形显得至关重要。

车辆在正面碰撞过程中，发生变形的区域主要是车辆的前端结构，B 柱后的车身结构几乎不会发生变形。因此，通常将 B 柱采集到的 X 向减速度信号作为车体的减速度信号。通过 SAE J211 CFC60 滤波后，截取 0～200ms 关键时间区间的碰撞加速度波形，以此加速波形作为该正面碰撞工况中的加速度波形。在 0～200ms 的加速度曲线历程中，某时刻对应的加速度最大值即为车体最大加速度。对上述的加速度波形进行积分，转化为物理意义上减速运动的速度－时间历程曲线，车体速度为零时对应的时刻即为车体的回弹时刻，车体回弹时刻的大小决定着在车体反弹前整个碰撞过程中减速运动的时长。目前，正面碰撞波形评价的方法包含等效双梯形波（Equivalent Dual－Trapezia Wave，EDTW）、有效加速度（Effective Acceleration，EA）与乘员载荷准则（Occupant Load Criterion，OLC）三种方法。

等效双梯形波可以根据如下假设和前提进行界定，对于正面刚性墙碰撞试验，整车变形吸能的空间分为三部分（图 7-31）：保险杠与发动机前端之间的结构件变形 D_1；发动机后端与防火墙之间的结构变形 D_2；防火墙和地板变形吸能 D_3。

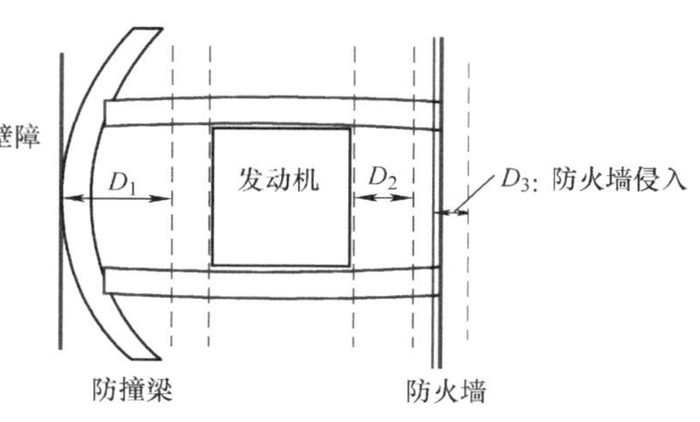

图 7-31　整车变形吸能区域

根据 D_1、D_2 和 D_3 变形区域的能量守恒关系，可以将复杂的实车碰撞波形简化成可以转换成物理特征明显的二阶等效波形。其中，对应 D_1 变形阶段的第一阶等效加速度为 G_1，对应 D_2 和 D_3 之和变形阶段的第二阶等效

加速度为 G_2。

除了保证总的碰撞能量守恒的条件外，等效双梯形波还需要保证与实车波形有：

1）相同的回弹时刻：整车速度为零，车体开始反弹。

2）相同的发动机停止时刻：发动机撞上壁障的时刻。

3）相同的车体最大动态变形：$D_{max} = D_1 + D_2 + D_3$。

根据以上碰撞原理和前提假设，使用二次开发工具，可以将实车碰撞波形简化为等效双梯形波，如图 7-32 所示，等效双梯形波的特征参数回弹时刻 T_r、发动机停止时刻 T_e、最大动态变形 D_{max} 及总能量密度与实车碰撞波形一致。

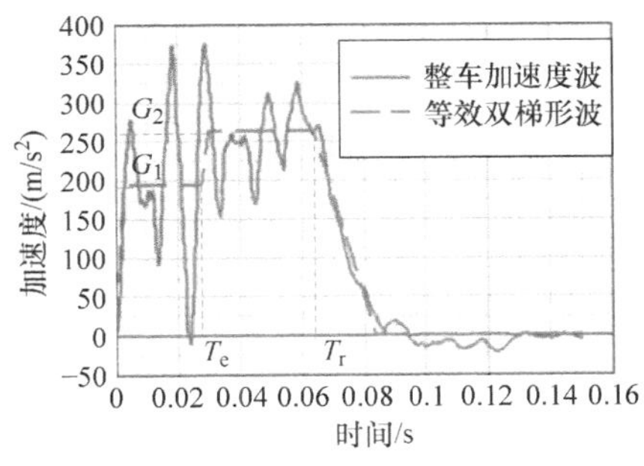

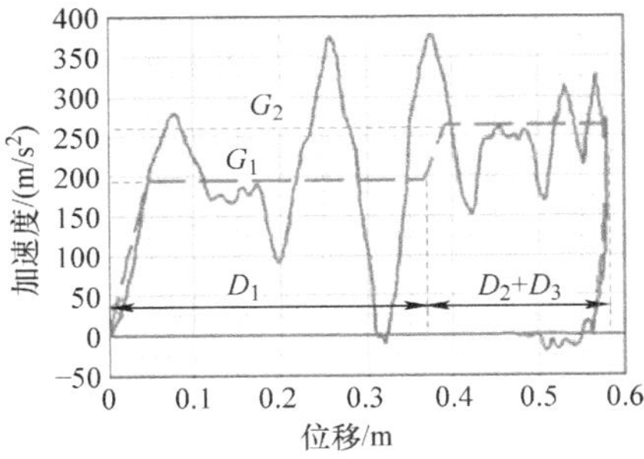

图 7-32　等效双梯形波

有效加速度是评价车辆正面碰撞工况中结构耐撞性的综合评定指标，它是根据汽车发生正面碰撞时，将车身 B 柱传感器的加速信号加工提取出来的一个数值。假设正面碰撞工况为物理学上弹簧质量单元的匀减速运动，此数值代表车辆在其假设前提下物理意义上的恒定匀减速度。以此可视化的加速度数值综合量化评定车身结构耐撞性是否满足被动安全性能设计要求。

计算方法如下，对车身左、右侧 B 柱传感器的加速度信号按照 SAE J211 CFC60 频率滤波，对加速度曲线积分得到速度曲线，并将其转化成物理意义上车型减速运动的速度 - 时间曲线，与此同时，该速度 - 时间曲线中的单位制均为国际单位制。在上述得到的速度 - 时间曲线中找到最大的反弹速度，删除其后的部分，沿水平方向将该曲线向后延长，处理后的曲线如图 7-33所示。连接速度曲线的初始点 $O(0, V+R)$ 和中值点 $C[t_c, (V+R)/2]$，作一条直线，交于曲线延长线于点 $F(t_f, 0)$，设该直线与原曲线围成的两部分面积分别为 S_{OGC} 和 S_{CDF}。过中值点 C 再作一条直线 AE，它与过初始点 O 和终止点 F 的水平线分别交于点 A 和 E，即直线 AE 与直线 OF 围成的两部分面积为 S_{OAC} 和 S_{CEF}，则直线 AE 的位置可由以下关系确定：$S_{OGC} + S_{CDF} = S_{OAC} + S_{CEF}$，如图 7-33 所示。直线 AE 的斜率即为从加速度曲线中提取的有效加速度。

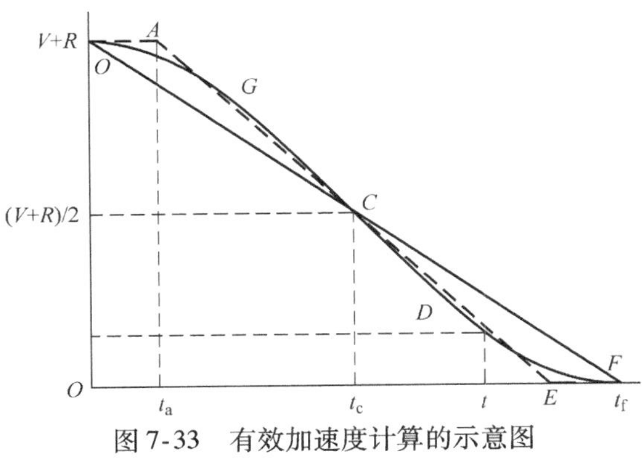

图 7-33　有效加速度计算的示意图

乘员载荷准则是通过设计约束系统中的自由行程及约束行程来等效乘员速度–时间曲线，以得到约束系统等效到乘员身上的加速度值。在碰撞的初始阶段，由于乘员与约束系统之间存在间隙，所作用在乘员身上的作用力非常小。在OLC模型基础中，假设乘员在碰撞初始阶段处于无约束的自由行程中，在自由行程中，假人一直保持初始速度直到相对于车身运动距离达到65mm，即图7-34中区域A1的面积，65mm为在碰撞初始阶段中所消除的乘员与约束系统之间间隙的运动距离。在此之后进入约束系统起作用行程，在此过程中假设乘员以恒定的减速度运动直到相对于车身运动235mm，即区域A2的面积，其中该恒定的减速度的值就是OLC值，如图7-34所示。这两个设计参数决定了乘员等效加速度的大小，从而影响乘员在该阶段所受伤害的情况。因此，OLC的大小可以在车型开发早期介入约束系统的方式评估结构耐撞性的安全项目目标。

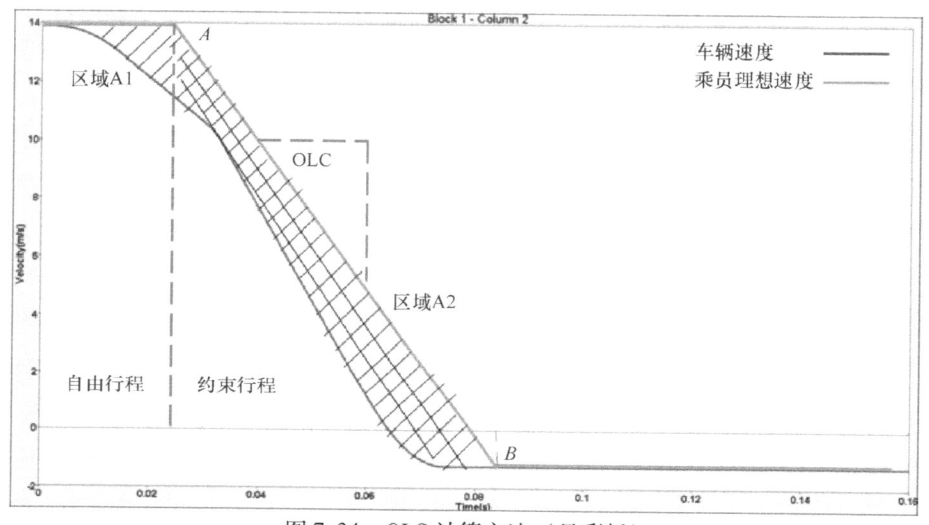

图7-34 OLC计算方法（见彩插）

研究人员分析发现，首先，最大加速度和车体回弹时刻均与乘员胸部伤害指标无相关性，因此它们不适合用于评估正面碰撞波形性能；其次，等效双梯形波的G_2与乘员胸部3ms加速度存在相关性，但与其他伤害指标无相关性，也不能有效地评价正面碰撞波形性能；最后，有效加速度和乘员载荷准则与乘员的胸部加速度和压缩量均具有一定相关性，因此有效加速度和乘员载荷准则能够基本体现和评估车体波形的性能响应，它们作为车型开发中结构耐撞性的重要评价指标，现已得到推广并应用在上汽多个车型平台项目。

7.4.2 整车侧面碰撞安全开发技术

汽车侧面碰撞过程同正面碰撞一样，是一个复杂的非线性过程：汽车侧面结构在碰撞中发生了非线性大变形，同时联系车身结构与乘员运动的约束系统如座椅、安全带、侧面安全气囊、车门饰板与乘员间的空间、作用力水平也都各不相同。以侧面可变形壁障碰撞工况为例，碰撞过程中的变形及受力变化可以用图7-35所示的简化模型进行简述。子弹车以50km/h的速度撞向目标车辆的侧面，碰撞力通过子弹车前方的蜂窝铝壁障模块传递给车辆，一部分通过车辆下车体传递到车辆非撞击侧，另一部分通过车门变形传递作用到乘员身体上，使乘员受到伤害（如肋骨断裂）。因此在车辆侧面安全设计中减少乘员受到伤害的方向

主要有三个：一是尽可能增加乘员与车门间的距离，让乘员远离车门；二是尽可能多地将碰撞力通过下车体或其他路径传递到车辆非撞击侧，减小车门受到的撞击力；三是通过增加诸如侧气囊等约束系统装置，并与车门的侵入进行匹配，避免乘员受到车门的直接撞击伤害。

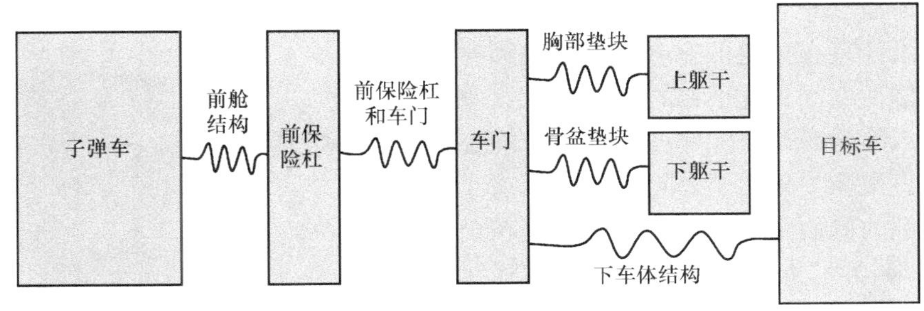

图 7-35 侧面碰撞受力一维简化模型

1. 侧面碰撞乘员生存空间

乘员的生存空间是指乘员身体各部位与车门饰板或 B 柱结构之间的间距（图 7-36），生存空间越大，乘员受到车门侵入伤害的风险就越小。生存空间可分为静态生存空间与动态生存空间。

静态生存空间是指发生碰撞事故前乘员与车辆饰板之间的间距，主要受车辆大小、座椅布置位置、车门饰板造型影响。一般车辆越宽、座椅布置越靠车内、饰板造型越薄，静态生存空间就越大。在实际车辆开发中，由于前两个因素是车辆开发的基本输入，因此难以在安全开发过程中进行调整，但可以在开发阶段早期就提出生存空间需求，在综合考虑人机布置、造型主题特点的情况下对饰板各部分厚度尺寸进行控制，以增加乘员的静态生存空间。

动态生存空间是指在发生侧面碰撞事故过程中（图 7-37），乘员与饰板之间不断变化的间距，动态生存空间主要受车辆结构变形及乘员自身运动量的影响。一般车辆侧面结构越强、乘员向车门方向倾倒量越小，动态生存空间越大。前者主要通过侧面结构加强、传力路径完善等方式减小结构变形量；后者的方式有增加如侧面安全气囊、五点式安全带等约束系统，目前五点式安全带在家用车辆上因使用便利性不足等，因此主要是通过配置侧面安全气囊减少乘员运动量。

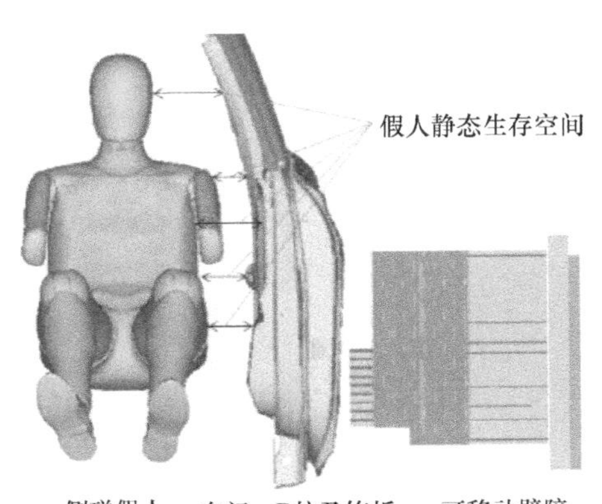

图 7-36 乘员静态生存空间示意图

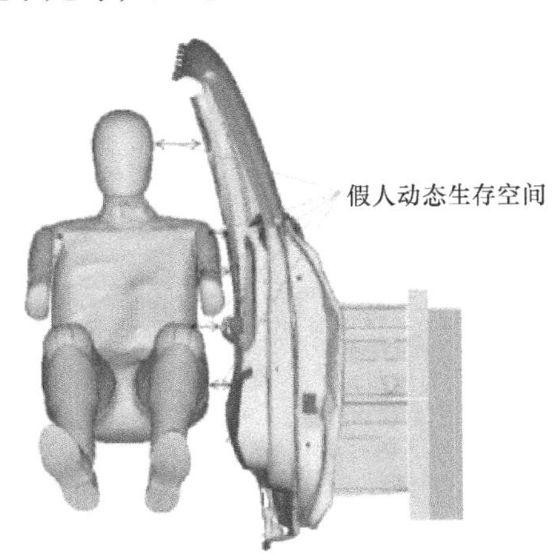

图 7-37 乘员动态生存空间示意图

2. 侧面碰撞传力路径设计

侧面碰撞事故中，子弹车与目标车撞击产生的撞击能量和撞击力一部分通过目标车侧面的结构变形吸收，另一部分传递至车辆非撞击侧后推动车辆整体运动。正面碰撞设计中一般会充分利用前舱空间结构的大变形来吸收碰撞能量以保护乘员舱的完整性。但侧面碰撞设计与正面碰撞设计存在一定的差异，由于侧面碰撞几乎没有缓冲空间，侧面结构变形越大，乘员受伤害的风险越高，因此侧面碰撞设计时要尽可能多地将碰撞力传递至非撞击侧，以减小乘员对应区域的侧面结构变形量，尤其是车门结构。图 7-38 所示为典型的侧面传力路径示意图，撞击力可通过多条路径传递，如撞击侧门槛—座椅横梁—中央通道—座椅横梁—非撞击侧，撞击侧 B 柱—上边梁—天窗横梁—非撞击侧，撞击侧门槛—踵板或前围结构—非撞击侧。传力路径越多、传递效率越高，撞击侧结构变形越小，乘员防护效果越好。

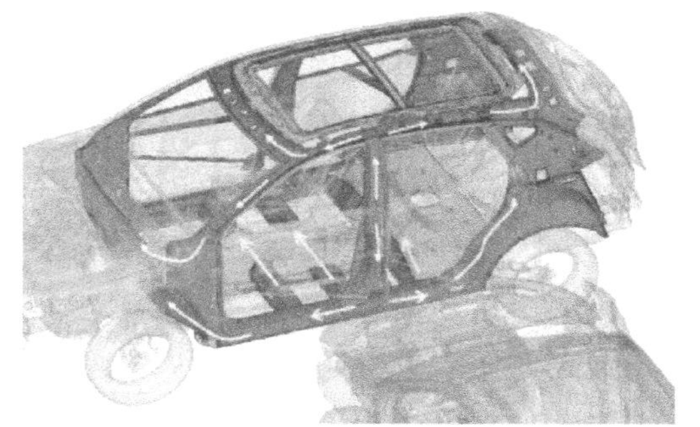

图 7-38　侧面传力路径示意图

3. 约束系统与侧碰变形的耦合设计

为了减少甚至避免乘员与侧面饰板结构的硬接触，目前主流的设计方式是在座椅侧面配置安全气囊，碰撞过程中在乘员与饰板间展开，减小乘员倾倒量并通过一个分散的、较小的力将假人推离车门饰板方向。如图 7-39 所示，在车门变形侵入的过程中，配置有侧面气囊的车型在气囊展开后较早的将乘员向车内方向推动，远离车门方向；而没有配置气囊的车型，乘员是直接受到车门剧烈接触撞击而向车内方向运动。图 7-40 所示为两车型的乘员肋骨伤害曲线，从图中也可看出没有配置侧气囊的车型的假人肋骨压缩挤压时间靠后，但在车门撞击乘员瞬间急剧增加；而配有气囊的车型，由于气囊在饰板与乘员间展开，胸压在气囊展开后增加，但由于气囊相对于车门是一个可压缩且相对较软的零件，因此乘员的胸压值能稳定地维持在低伤害范围内。

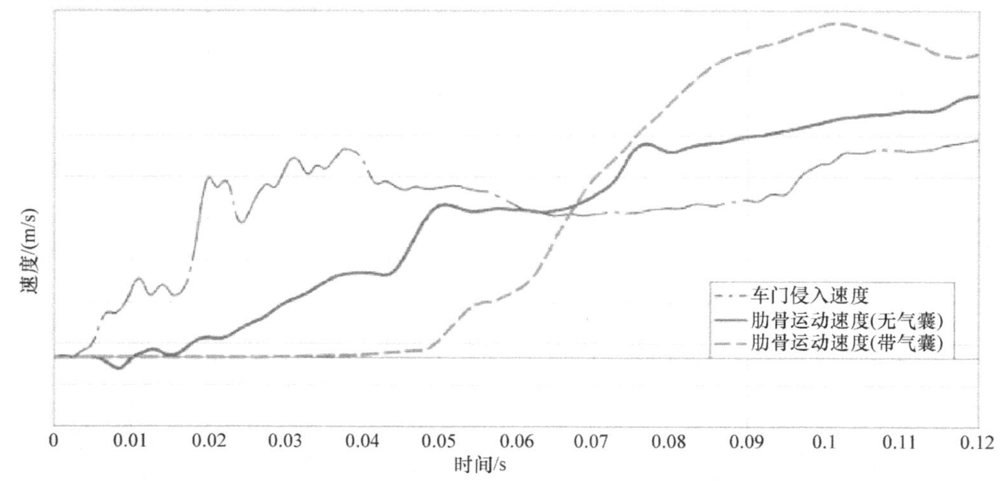

图 7-39　气囊对乘员躯干运动量的作用示意

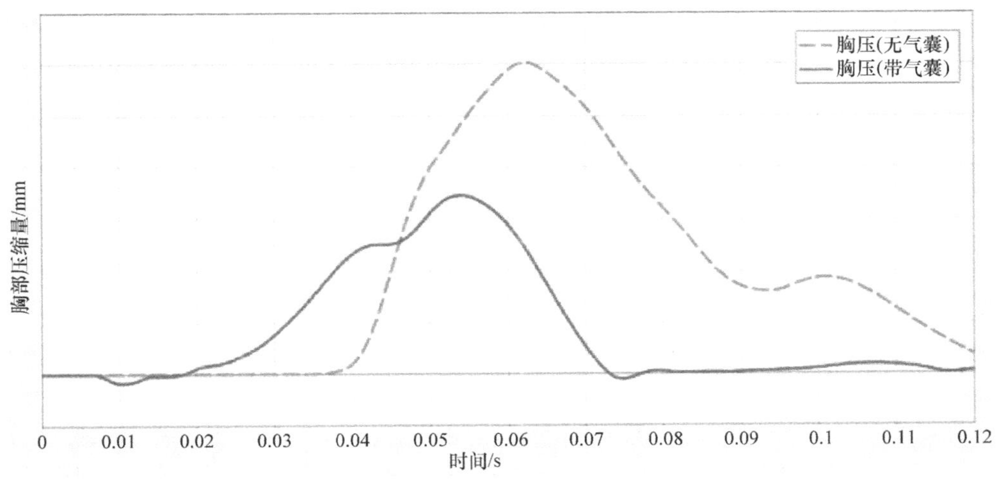

图 7-40　气囊减轻乘员伤害的效果示意图

由于不同车型的结构侵入速度有差异，因此同一款气囊在不同车型上应用时会存在气压不足或刚度过高而导致乘员受伤程度增加的情况。前者一般称为气囊击穿事件，即因气囊内部压力不足，厚度方向被压缩为零，而此时车门还在持续变形侵入造成乘员胸压进一步升高的情况（如图 7-41 所示的胸压曲线 T_1 时刻后的增高并超过限值 D_1 的情况）；后者一般称为气囊刚度过大事件，即由结构侵入变化导致的气囊内部压力过大，气囊刚度增大到引起胸压增速过快并超过限值的情况（如图 7-42 所示的胸压曲线在 T_1 时刻后增加较快，且 T_2 时刻胸压最大值超过限值 D_1 的情况）。因此气囊的设计需要结构变形情况相匹配才能达到最佳的保护效果。

针对气囊击穿情况，可以通过延迟气囊起爆时间、增加气体发生器功率或调节气流输出速率、更改气囊胸部包型的方式提高 T_1 时刻的气囊刚度，避免气囊击穿。针对气囊刚度过大的情况，相应地可通过提前气囊起爆时间、减小气体发生器功率或调节气流输出速率、更改气囊胸部包型的方式减小 T_1 时刻的气囊刚度，从而达到减轻乘员伤害的目的。

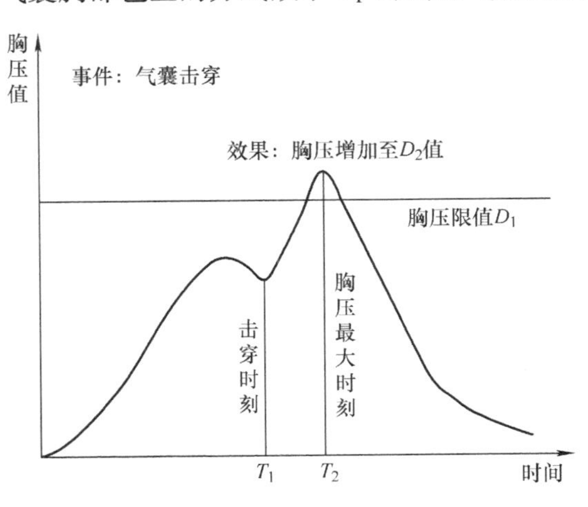

图 7-41　气囊击穿导致胸压增加示意图

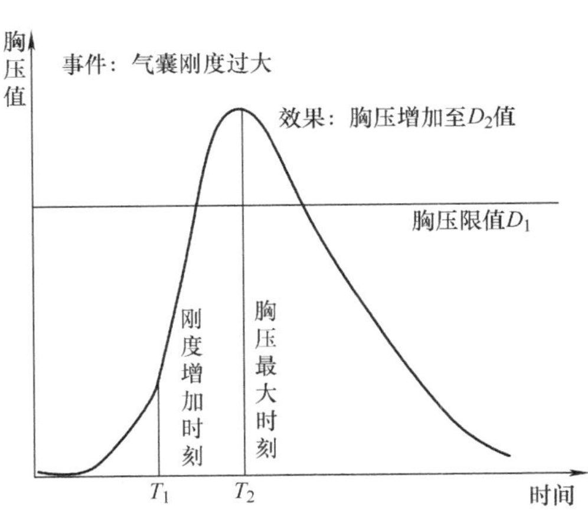

图 7-42　气囊刚度过大导致胸压增加示意图

7.4.3 行人保护安全开发技术

1. 行人头部保护设计

行人头部与车辆的撞击点一般位于前舱盖、翼子板、风窗玻璃和 A 柱等区域，涉及的零件包括前舱盖内外板、前舱盖铰链、前舱盖锁、翼子板、刮水器盖板、风窗横梁和仪表板等，零件数量多，区域面积大。首先，应通过造型的控制将头部碰撞区域面积缩小，规避难以优化的危险点。同时，通过总布置设计，提高碰撞区域内的吸能空间，并结合零件结构的吸能和溃缩设计，提高头部保护性能。

（1）造型控制　行人头部碰撞保护区域由包络线（WAD）和侧边参考线包围而成，其中包络线的分布和整车尺寸直接相关，属于车型的固有属性而不易改变，而侧边参考线的位置和造型密切相关。在前舱盖区域内，前照灯、前舱盖和翼子板的分缝线直接由外造型决定，而由于材料、结构等原因，这些区域的刚度往往较大、不易变形，是头部碰撞的危险区域。

通常行人头部保护区域边界的侧边参考线也位于前照灯及分缝线区域附近，因此通过造型调整的方式将侧边参考线尽量靠近前舱盖的中心位置，以规避头部碰撞时的危险区域，进而减小头部碰撞保护设计难度，如图 7-43 所示。

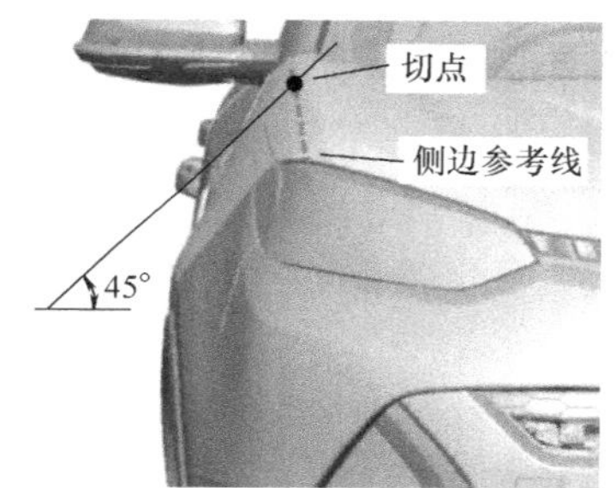

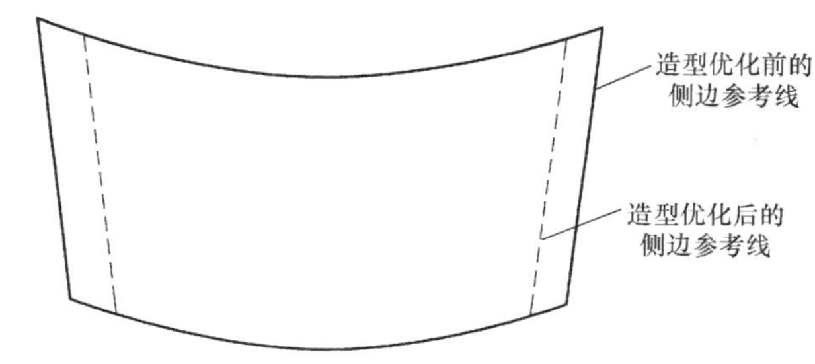

图 7-43　造型与头部碰撞区域的关系

（2）布置优化　行人保护设计的核心内容之一是变形空间的设计，而变形空间则和整车布置直接相关，总布置工程师在进行前舱布置时通常都会按照与前舱盖内板、外板之间的间隙来调节前舱硬点的位置，从而保证前舱盖下方有足够的可变形空间。

若由于某些限制而不能够满足碰撞吸能空间要求，则应将硬点和危险区域进行合理的分布，使其集中于某一个区域内。

（3）结构设计　造型设计是进行空间设计的基础，空间布置设计为行人保护性能的实现提供了可能，而最终的行人相关保护性能需要具体的结构来实现。

通常和行人头部碰撞保护相关的主要部件包括前舱盖内板、前风窗横梁及周边支撑结构，如翼子板及其支架、铰链、通风板、刮水器等，为了减小头部伤害指标，这些部件的设计原则是在兼顾自身功能的前提下来进行弱化或可溃缩设计，使其在头部发生撞击时具有一定的变形吸能能力，从而减轻头部的撞击伤害，图 7-44 所示为某车型前舱盖的行人保护结构设计。

2. 行人小腿保护设计

Flex－PLI 腿型直接与汽车保险杠碰撞，由于保险杠刚度相对降低，腿型可能会间接撞

击到刚度较大的前防撞梁，造成伤害值超标。因此，对于小腿保护设计，需要在前保险杠和前防撞梁之间设计吸能结构，材料可以选择发泡聚丙烯（EPP）泡沫或金属钣金等。同时，为了避免膝关节弯曲造成的膝部韧带伸长量超标，以及平衡腿部受力情况，需要在保险杠下端设计支撑结构。

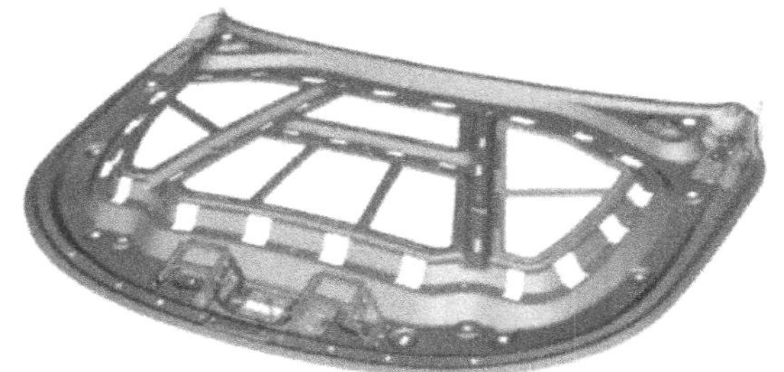

图7-44　前舱盖行人保护结构设计

（1）造型控制　和头部保护类似，通过造型的限制，可以将小腿保护测试的碰撞区域限定在前防撞梁宽度范围内，以保证在碰撞区域内可以进行小腿保护吸能结构的设计。

（2）布置优化　在保险杠和前防撞梁之间需要预留足够的空间以布置吸能结构。在满足车辆接近角要求的前提下，控制保险杠下端离地高度，对于小腿保护来说，离地高度越小越利于降低膝部伤害程度。此外，还应避免在前防撞梁前方布置硬质结构，若无法避免，则需要设计溃缩结构。

（3）结构设计　防撞梁前端的吸能结构需要具有合适的刚度，以具有最佳的吸能效率。EPP泡沫结构可以通过 X 向和 Z 向的厚度、内部空腔的大小及泡沫的发泡率进行刚度的控制。钣金结构可以通过表面开孔的大小和数量、钣金的厚度和材料进行刚度的控制。

保险杠下端的小腿支撑结构可以设计成杆状结构或板状结构。杆状结构的材料可采用金属或玻璃纤维增强塑料，通过支撑杆和安装支架的加强设计增加支撑刚度；板状结构一般采用PP－TD材料或玻璃纤维增强的聚丙烯玻璃纤维（PP－GF）材料，通过加强筋增加支撑刚度，如图7-45所示。

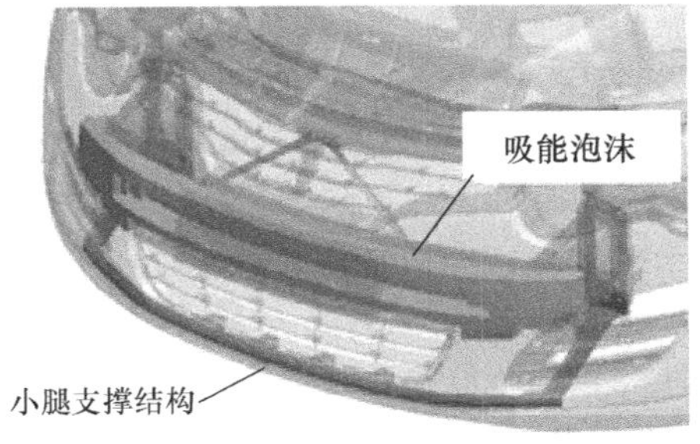

图7-45　典型行人小腿保护结构

3. 行人大腿保护设计

TRL上腿型模块与车辆的撞击位置为前舱盖前缘及前照灯区域，涉及的关键零件包括前舱盖、前舱盖锁、保险杠及前照灯。上腿型模块的撞击角度和速度主要由前端造型确定。因此，可以通过优化造型，降低撞击速度，减小撞击能量。在此基础上，通过前端关键零件的布置和结构优化设计，减小上腿型模块的受力和弯矩。

（1）造型控制　在NCAP评价规程中，TRL上腿型的撞击角度由IBRL、WAD775和WAD930三个参数确定，如图7-46所示，其中IBRL为防撞梁上端在保险杠上的投影，WAD775和WAD930是长度为775mm和930mm的包络线。撞击速度与撞击角度有关，撞击角度越大，撞击速度越小。通过降低前舱盖高度，可以增大撞击角度，进而降低撞击速度。

（2）布置优化　对于前舱盖锁、保险杠上支架、散热器上横梁等内部硬质零件，应尽量靠后布置。对于前照灯，应在其后方和下方预留一定的溃缩运动空间。

（3）结构设计　为降低前舱盖前缘的刚度，可以进行以下设计：减小内外板夹角，内板前端进行开孔弱化的设计，前舱盖锁扣设计为可溃缩结构。

对于前照灯，其灯体的设计应尽量紧凑、轻量化，缩小前照灯箱体尺寸，减小灯体质量。在预留前照灯运动空间的基础上，其安装脚应设计为可压溃的结构，当大腿撞击前照灯

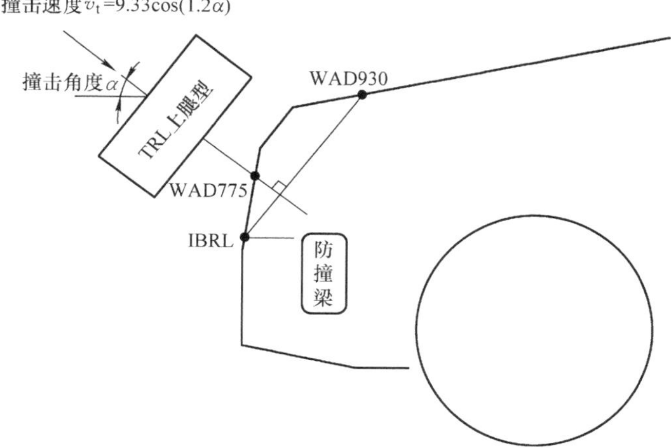

图 7-46　TRL 上腿型冲击 WAD775

时，使其安装脚能够断裂，灯体能够沿着撞击方向运动，减轻大腿伤害。前照灯箱体应选择不含玻璃纤维的普通增加滑石粉的聚丙烯（PP－TD）类材料制造，如 PP－TD40 等。

7.4.4　主动安全集成开发技术

1. 主动安全开发目标及策略

在乘用车整车主动安全系统开发中，可以将开发目标设立为两个部分：性能部分与稳定性部分。所谓性能部分，是指车型的主动安全系统在各个场景下能够达到的最大保护作用；所谓稳定性部分，则是指主动安全系统可以稳定达到其预期性能的概率，以及处于正确运行状态的概率。

主动安全系统的性能开发目标，一般是根据车型所适用的市场，其现行及未来将要实施的法规、行业标准和评级标准来制定。同时，结合车型在销售市场中的细分市场、目标消费人群、成本限制水平等因素，综合确定主动安全系统的开发目标。

在主动安全系统开发目标的基础上，结合整车所有相关子系统设计方案，制定主动安全系统开发策略。开发策略即为将目标分解、现实化、合理化的过程。其中最关键的部分是目标分解，将总目标分解为细化到各个场景、各个工况的细分目标，决定每个功能应该承担的“性能贡献分量”。以 C－NCAP 为例，表 7-16 给出了典型的主动安全系统性能开发策略。

表 7-16　典型的主动安全系统性能开发策略

评测板块	安全辅助功能	满分	五星目标	配置要求
乘员保护	安全带提醒	2	2	二排安全带提醒系统
主动安全	ESC	4	4	ESC
	自动紧急制动（车对车追尾）	8	7	雷达＋摄像头＋可执行 ESP
	自动紧急制动（弱势道路使用者、行人）	3	2.5	雷达＋摄像头＋可执行 ESP

2. 关键零部件性能控制

在乘用车主动安全系统开发中，需要从功能角度对零部件进行分类、设计与匹配。在主

动安全系统中，根据功能块区分，整个系统可分为感知部件、决策与判断部件、执行部件三个大的零部件种类。

（1）感知部件　感知部件负责对驾驶环境中的物理量进行测量和量化，产生对现实世界的实时探测数据。典型的感知部件有以摄像头为代表的光学部件、以毫米波雷达为代表的电磁波部件，以及其他类型的部件（如激光雷达等）。

摄像头是ADAS核心传感器，从仿生学的角度来看，其相当于人类的“眼睛”，为系统输入对现实世界的探测信息。相比于其他类型的传感器，摄像头最大的优势在于识别（物体是车还是人、标志牌是什么颜色）。摄像头通过光学元件（镜头、感光半导体）将车辆周边的环境转换为数字图像，并利用后期的图像处理算法进行定量与定性分析，以实现对图像中物体的识别和跟踪。随着基于卷积神经网络的深度学习、增强学习算法技术的发展，利用数字图像进行目标识别和分类的技术已经得到了飞跃式发展，所需的成本、功耗也降低到了令汽车工业满意的程度，大大加速了摄像头在主动安全系统中的应用。据统计，现有的主流摄像头产品，对于数字图像中的物体进行识别、分类的效率及速度和准确性均可以超越训练有素的人类驾驶人。图7-47所示为典型的前向摄像头图像范例。

图7-47　典型的前向摄像头图像范例

不同于人类驾驶人，整车主动安全系统可以在不止一个位置安装摄像头，完全可以实现对于车身周边360°范围内的远距离+近距离全覆盖。对于摄像头部件来说，其主要技术参数有光学参数（镜头直径、光圈、焦距、视野宽度等）、图像参数（分辨率、感光度动态值、帧率等）及识别性能参数（目标识别时间、目标分类精度、目标跟踪数量等）。

毫米波雷达的基本作用是发射电磁波对目标进行“照射”并接收其反射回波，由此获得目标与电磁波发射点的距离、方向、速度等状态参数。对于车辆安全来说，最主要的判断依据就是两车之间的相对距离和相对速度信息，而毫米波雷达在此方面有着天然的优势。首先，毫米波雷达使用毫米级波长的电磁波，对复杂天气的抗干扰能力很强，毫米级波长的电磁波能够在可见光会受到干扰的雨雪雾等天气条件下传播；其次，毫米波雷达可以利用多普勒效应，直接测量目标的移动速度，精度非常高，对于判断目标的行为模式和交通场景的危险度有着极高的价值。通常，为了满足不同距离范围的探测需要，一辆汽车上会安装多个短程、中程和长程毫米波雷达。其中24GHz雷达系统主要实现近距离探测（60m以下），77GHz雷达系统主要实现中、长距离的探测（中距离为100m左右，长距离为200m以上）。不同的毫米波雷达“各司其职”，在车辆前方、车身和后方发挥不同的作用。在开发过程中，系统毫米波雷达的关键技术性能参数有距离参数（最大探测距离、距离分辨率、测距精度）、速度参数（最大探测速度、速度分辨率、测速精度）和角度参数［角度视场角（横向及纵向）、角度分辨率、角度精度］。

（2）决策与判断部件　决策与判断部件主要是搭载各种决策与判断算法的数据处理元件。根据算力和功能安全等级的高低，可能采用不同的方案。例如，在算力要求不高的功能开发中，采用微控制单元（MCU）方案，此类MCU一般具有较高的功能安全ASIL等级，部分产品如英飞凌 Aurix 甚至可以做到 ASIL D。在算力要求高的功能开发中（如传感器融合计算），可能需要基于 ARM 内核的处理器方案，或 ARM + FPGA + GPU 混合架构方案（FPGA 为现场可编程门阵列，GPU 为图像处理单元）。

（3）执行部件　执行部件指的是实际执行主动安全系统决策信号的车辆部件，如传统的车辆底盘系统中的制动系统与转向系统。制动系统实现车辆的安全制动功能，分为基础制动部件和制动力控制部件，前者以硬件为主，后者为硬件 + 软件算法。对于车辆制动系统来说，重要的技术性能参数有基础制动参数（主缸建压时间、时间 - 压力曲线、最大制动力、轮缸压力 - 时间曲线等），另外还有制动力控制系统参数（请求响应时间、ABS 算法介入条件、EBA 算法介入条件等）。而转向系统顾名思义实现的是车辆转向的功能，对于车辆转向系统来说，重要的技术性能参数有转向助力 - 时间曲线，转向助力 - 输入力矩曲线、请求响应时间等。

3. 整体性能匹配与测试

在整车的主动安全性能开发过程中，一般以底层开发—仿真—实车调试的过程进行整车性能的匹配。所谓整车性能，即车型项目根据不同的法规要求、企业标准和产品定位所规定的主动安全性能。关于底层开发，由于不同车型不同车企之间采用的技术、方案、成本千差万别，此处不再进行统一的描述。

（1）主动安全仿真分析　在整车主动安全性能开发的过程中，使用仿真工具对整车的主动安全性能（AEB/FCW/LDW 等）进行仿真分析计算，预测系统性能并进行针对性改进，在软件、硬件的层面对设计方案和参数进行迭代优化，是一种经过证明的、极其有效的开发方式。首先，仿真分析工作能够在车辆开发早期介入，在没有实车的条件下对系统的设计进行验证和优化，有效地避免“失败成本”。其次，借助强大的计算能力和合理的工具配置，仿真分析工作能够有效加速整个系统的开发过程，实现对性能开发目标的快速收敛。在仿真分析的工作中，根据主动安全系统性能开发的特点，一般使用专业的工程软件 + 通用的开发环境，搭建整个系统的方案。例如，一个典型的仿真系统，通常由场景 + 传感器仿真软件、开发环境平台软件及车辆动态动力学仿真软件构成，如图 7-48 所示。

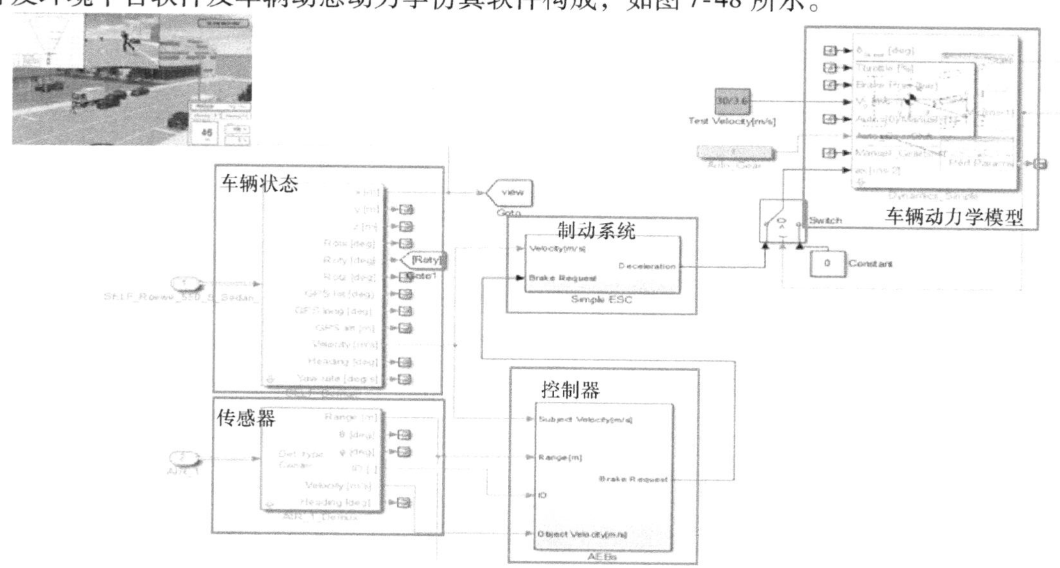

图 7-48　典型的主动安全仿真分析系统

其中场景+传感器仿真软件为西门子公司的 Prescan，其可以产生各种自定义场景，并对各种传感器做出参数定义；开发环境平台软件采用 Matlab，使用可视化、模块化的方式完成代码交互和算法模块的开发；车辆动力学仿真软件采用 MSC CARSIM，其可以对车辆动态进行仿真并将结果返回算法模块及 Prescan 环境中。在仿真分析开发过程中，即可在这一套仿真系统的支持下，不断优化迭代主动安全系统各个组件的性能参数，获得系统性能与稳定性、成本的最优化组合。

（2）整车性能测试匹配　当在整车样车制造完成后，整个主动安全系统的开发即进入整车匹配测试与验证阶段。此时，将根据主动安全性能目标的要求，安排整车主动安全性能的实车测试工作，以验证整体性能的合规性与可靠性。整车主动安全系统性能测试工作，需要一个完整的、合理的测试计划。而计划的编纂则主要来自于对开发目标的阐释、转化，以及对场景的分类。前者来源于整车主动安全系统性能对应的整车安全开发目标，以法规、标准为基础；后者主要来源于对场景环境、目标物类型、本车运动方式的分类。例如，一个完善的主动安全系统性能测试，一般应包含车对车追尾的前车静止、前车缓行与前车制动场景，且本车车速应覆盖多种情况下的车速；对于弱势道路使用者（VRU）来说，应该具备行人横穿、行人纵向、两轮车横穿、两轮车纵向，甚至根据交通环境的特点，自定义其他目标物，车速也应该覆盖多种情况下的速度值。

由于整车测试工作的特殊性，一般要求安全、精确、可重复。这三个特征都决定了在任何条件下都应严格禁止人类驾驶人驾驶车辆测试，以及使用有真实目标（真实前车、真实行人等）的测试方案。所以，经过业界不断努力，目前已经有了比较完善的测试工具，分为三类，即本车驾驶机器人系统、前车假车移动平台及弱势道路使用者移动平台，这些移动平台在同一个通信网络、同一套地球坐标系、同一个定位系统环境下，可以协同工作，精准控制路径，按照测试场景的要求，分别行动、同步运行、精准相遇。

本车驾驶机器人系统用来控制被测车辆，以满足驾驶精度、稳定性及安全性要求，分为转向机器人 SR（负责转向）、节气门机器人 AR（负责加速及速度稳定保持）及制动机器人 BR（负责按设计方案施加减速动作）。驾驶机器人系统通常需要叠加车辆定位系统才能有效工作，车辆定位系统一般采用 GPS 基站+GPS 客户端的方案，可获得较高的车辆速度、位置定位精度，车辆定位系统如图 7-49 所示。

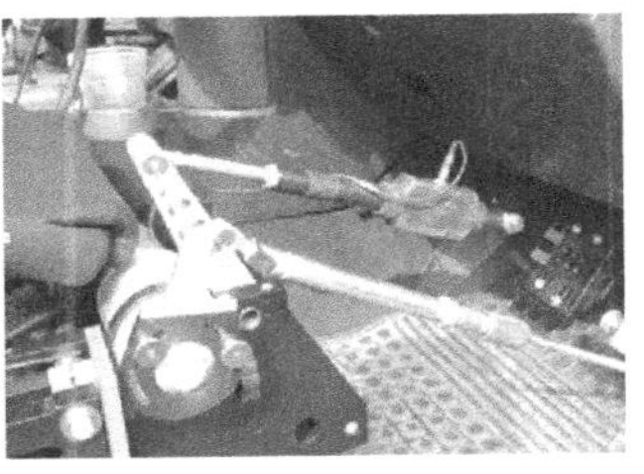

图 7-49　车辆定位系统

前车假车移动平台代表一类目标物，即目标车辆。由于车辆之间的碰撞是非常危险的事件，所以业界有公司开发了一种移动平台，这种移动平台可以按照设定的路径、速度、姿态进行编程化的移动。同时，在这个移动平台上，可以叠加由合成泡沫材料制造的车辆模型，相关模型外观与真实的小型轿车相似，后部及侧面的雷达电磁波反射特性也与真正的汽车非常接近。这两种设备的组合，构成了前车假车移动平台，可以在整车测试中起到“前车”的作用，而且非常安全，易于反复多次编程使用。前车假车移动平台测试如图 7-50 所示。

图 7-50　前车假车移动平台测试

弱势道路使用者移动平台与前面的前车假车移动平台类似，测试工作用于各种弱势道路使用者（VRU）的“替代品”。这种移动平台也可以按照设定的路径、速度、姿态进行编程化的移动。叠加其上的不再是由合成泡沫材料制造的假车，而是针对各种弱势道路使用者开发的人体、两轮车模型，有成人模型、儿童模型、成人 + 两轮车模型等。弱势道路使用者移动平台测试如图 7-51 所示。

图 7-51　弱势道路使用者移动平台测试

7.5　展望

7.5.1　高逼真度生物人体模型

1. 物理假人的局限性

汽车碰撞测试用假人，又称为拟人化测试装置（Anthropomorphic Test Devices，ATD），作为测试工具在碰撞试验中至关重要。汽车碰撞假人是根据人体生物力学研究成果设计，能够模拟人体结构与力学特性的机械装置，是评估乘员在碰撞时遭受伤害风险的重要工具。通过安装在假人身体各部位的传感器，研究人员可以获得相应的动力学参数，这些数据可用来评估假人在碰撞试验过程中各部位的损伤风险，为研究人员改进车身结构、优化约束系统提供依据。目前，在世界范围内，混合Ⅲ型系列假人（图 7-52）是应用最为广泛的汽车正面碰撞测试假人。

21 世纪初，在美国国家公路交通安全管理局（NHTSA）的资助下开始研发 THOR 假人，如图 7-53 所示，作为混合Ⅲ型 50 百分位假人的替代产品，它具有更高的生物逼真度，更精准的动态响应及更强的损伤测评能力。THOR 假人对胸腔、脊椎（尤其是颈椎）与骨盆进行了重新设计，大大提高了其生物逼真度。

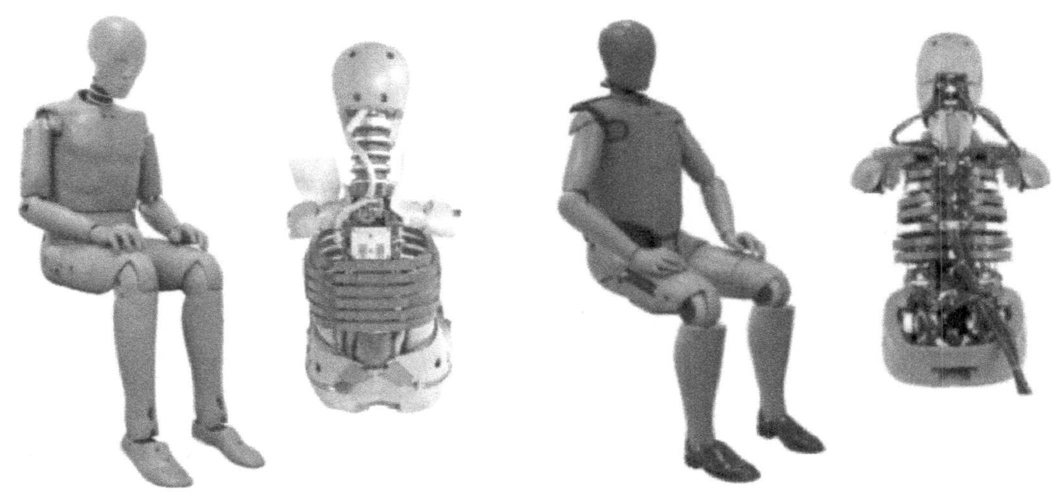

图 7-52　混合Ⅲ型 50 百分位假人　　　　图 7-53　THOR 假人

尽管物理假人经过了几十年的发展和迭代优化，但在汽车安全开发设计中仍然存在以下局限性：

1）由于每个假人的生产成本很高，为了保证物理测试假人的可重复使用性，假人某些部位的刚度明显大于人体，如混合Ⅲ型假人脊柱和胸腔的刚度明显偏高，并不能真实反映人体生物力学响应。

2）目前的假人仍只针对某一单一冲击方向的生物力学特性进行开发，这就造成了正面碰撞、侧面碰撞及追尾碰撞试验需要各式各样的假人，大大增加了主机厂的开发成本。

3）即使像混合Ⅲ型系列一样有 5 百分位和 95 百分位假人，物理假人在表征人体多样性上仍具有很大的局限性，利用它们来开展面向更广阔人群体征的汽车安全防护研究还远远不够。

2. 人体有限元模型的发展趋势

人体有限元模型能够准确地表征人体的几何特征和材料特性，在对碰撞事故中人体损伤机理的研究和损伤风险的评估发挥着日益重要的作用，能够很好地弥补物理假人所带来的一系列局限性，如试验成本高、试验可重复性较低、只有有限个人体体征的假人模型等。

人体有限元模型在过去几十年中飞速发展，图 7-54 所示为在损伤生物力学领域应用较为广泛的人体有限元模型。早期的人体有限元模型包括 H – Model、WSU – Model 和 Ford – Model，受制于计算机的求解能力，模型相对而言比较简单，网格数量在 10 ~ 20 万之间，解剖学结构简单，仅有一种体型。目前普遍使用的全人安全模型（Total Human Model for Safety，THUMS）系列人体有限元模型与全球人体模型联盟（Global Human Body Model Consortium，GHBMC）系列人体有限元模型的网格数量已经分别达到了 180 万和 200 万个具有非常精确的解剖结构特征、复杂的材料模型和极高的生物逼真度，同时也包含了三个假人尺寸的人体模型，即 5 百分位女性、50 百分位男性及 95 百分位男性乘员的坐姿与站姿模型。在最近开发的 THUMS V5 人体有限元模型中加入了 262 个主动肌肉单元，能够更好地模拟人体在紧张状态下的力学响应。

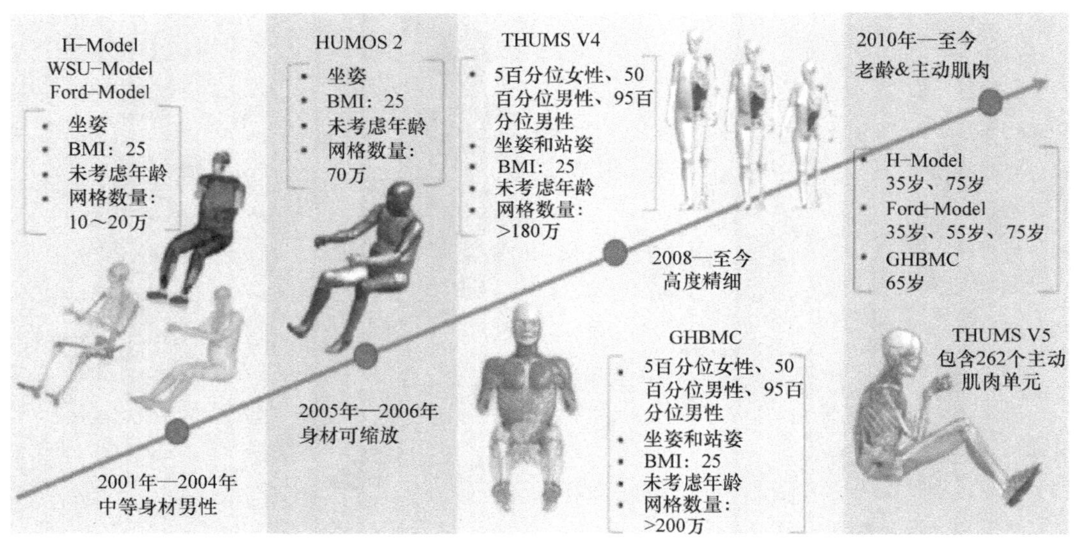

图 7-54　近年来先进的人体有限元模型

近年来，密歇根大学交通研究所（UMTRI）在参数化人体有限元模型的建立、验证和应用等方面开展了大量的研究工作，提出了一种基于主成分分析、回归分析和径向基函数方法建立参数化人体有限元模型的方案，旨在利用医学影像、人体扫描、几何统计处理和网格变换进行快速人体建模，使之具有人体骨骼和体表几何形态的多样性。利用该方法能够快速、自动生成高度涵盖整个人口分布特征的100个人体有限元模型，如图7-55所示。在此基础上提出了进行大规模碰撞仿真及损伤分析的科学方法，利用参数化人体有限元模型开展约束系统优化设计，极大地拓宽了人体有限元模型在汽车安全设计方面的应用。

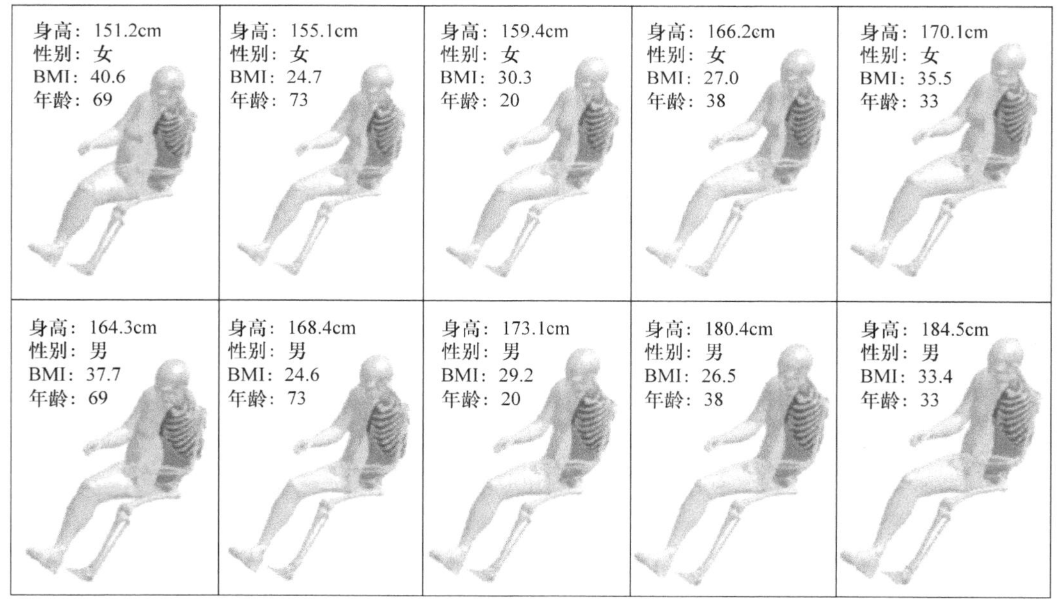

图 7-55　网格变换生成的人体有限元模型

综上所述，人体有限元模型朝着越来越复杂，解剖学结构的表征更加精细，能够表征更为广阔人体特征的方向发展，在未来汽车安全开发过程中将发挥越来越大的作用。

7.5.2 自动驾驶的安全挑战

在当前的交通模式和技术条件下，90%以上的事故由驾驶人失误引起，未来智能交通技术和自动驾驶技术会大大减少因人的失误引发的事故，但同时也会带来新的交通事故模式和乘员碰撞保护方面的挑战。我们期待，一方面，通过这些技术推动新的交通出行和汽车行驶模式，解决部分交通安全的问题，另一方面，在现有的汽车行驶环境和驾驶模式下，通过这些技术的发展解决部分现实中的乘员碰撞保护问题。

1. 自动驾驶场景下的车辆碰撞安全问题

智能交通的目标之一是降低碰撞事故发生的概率。传统的汽车交通事故主要是由驾驶人失误（包括判断或操作失误、疲劳、分神、路怒等）造成的，智能交通和自动驾驶技术可大大降低这方面的风险。但另一方面，智能交通系统的可靠性、信息的安全性和信息传递的通畅性都对智能交通系统安全性至关重要，由于道路交通的复杂性和硬件存在失效的可能性，智能交通和自动驾驶有其自身的判断失误或失效风险。2016 年 5 月 7 日，在美国佛罗里达州，一辆特斯拉 Model S 电动汽车在自动驾驶模式下与一辆正在左转的大型牵挂型货车发生碰撞，造成特斯拉驾驶人死亡。如图 7-56 所示，初步判断事故原因是，货车面积较大的白色车厢与明亮的天空相近，事故发生时路况和天气情况良好，自动驾驶系统检测到了货车，但未能判别出危险。虽然自动驾驶技术对危险工况的判别会不断改进，但也很难涵盖全部的复杂多样的危险情形。

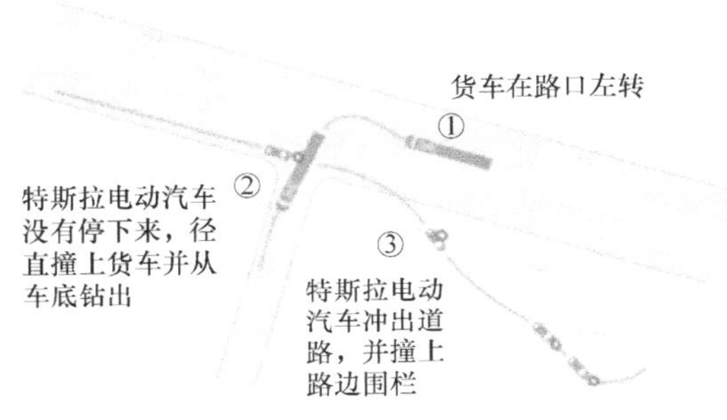

图 7-56 特斯拉电动汽车与左转的大型牵挂型货车碰撞事故示意图

此外，未来网联汽车之间、车路之间的通信也是智能交通安全体系的一部分，这样的体系还必须能承受网络黑客的攻击。在发生突发自然灾害等意外情况时，信息传递可能超出通信系统的承载极限，以及系统本身的低概率错误等突发状况，都会造成一定程度的系统紊乱，使得人与车、车与车、车与路之间的交互作用和统一的资源调度存在出错风险。虽然在系统中植入更大的冗余度会降低错误发生率，但汽车作为大众消费品，因此造成的成本升高在一些情况下可能是不能承受的。即使在调度技术已经非常成熟和相对简单的轨道交通中，仍然可能出现碰撞事故。

我国道路交通中机动车和非机动车的混行是产生道路交通事故的重要原因之一。随着自动驾驶车辆开始上路及自动化级别升高，不可避免地要有相当长一段时间的自动驾驶车辆与传统车辆混行的过渡期，即使在主要道路上有可能做到给自动驾驶车辆划分专门的车道线，在大部分道路上也会保持混行。混行状态对自动驾驶车辆识别行车环境会产生更大的挑战，在此环境中，除了存在已经比较多样和复杂的驾驶人行为和驾驶意图需要识别以外，还将有自动驾驶车辆的驾驶行为和意图，更有这两类车辆驾驶行为的交互作用，这些将使行车环境感知更为复杂。同时，对新交通形式的不适应和人机之间的不协调，如无人驾驶车对风险的判断与有人驾驶车的判断不一致，也可能引发交通事故。Cruise Automation 公司的一辆无人驾驶汽车在旧金山进行路测时，发生了碰撞事故，该公司的一辆日产 Leaf 无人驾驶汽车以约 32km/h 的速度在道路右侧行驶时，车辆突然向左侧道路移动，驾驶人准备手动控制车辆，却未能及时改变车辆路线，最终撞上了停在路边的一辆丰田普锐斯。诚然，这些事故是在技术尚未完全产品化的情况下发生的，但也在一定程度上预示着某种风险的存在。

另外一个可以预见的复杂情形是自动驾驶状态和驾驶人驾驶状态的切换。自动驾驶情形的增加有可能降低驾驶人的驾驶技能，状态切换会影响驾驶人对危险状况的反映时间，也会引起误操作，这些情形在自动巡航技术的普及过程中已有出现，都会给行车环境感知和驾驶意图识别带来更复杂的工况。

车辆在行车过程中突然发生机械故障或经过道路障碍，如爆胎、零部件损坏、通过路面凸出异物或凹坑等，大型货车在并排行驶的小型车辆周围产生的气流、山谷间和高架桥梁上突发的高强度剪切风对高速行驶的小型车辆产生的干扰等，都可能引发碰撞事故。这些意外的存在并不会因为智能交通或自动驾驶技术的提升而减少，在线硬件检测装置也很难避免这类意外事故的发生。沃尔沃无人驾驶汽车测试就遇到了恶劣天气的考验，在强烈的暴风雨天气面前，无人驾驶车的传感器不能正常工作，难以辨识路况。另外，尽管机械部件的可靠性将不断提升，但不可控因素导致的机械部件失效仍无法完全避免。

综上所述，道路交通安全涉及人、车、路的各个方面，在大规模的车辆运行中，自动驾驶技术，或者说未来的智能交通技术自然能够避免大部分的交通事故，但是“零事故”仍然是一个难以实现的目标。相比而言，考虑事故中的乘员保护，进而实现“零伤亡”的目标更为现实。

2. 自动驾驶场景下乘员保护的挑战和机遇

为实现节约出行，未来小型轻量化汽车的比例将增大。为使尺寸小、质量小的车在与质量大的车碰撞时也能保证一定的碰撞保护性能，必须将车身刚度增加，这将使小车乘员所经历的速度变化和惯性载荷强度增大，而且使非行驶方向的影响更为明显，这对乘员约束系统设计是更大的技术挑战。

当乘员不再需要执行驾驶任务以后，乘坐姿态和车内环境的形态将更为多样，车内空间布置更为多样灵活。以奔驰发布的自动驾驶概念车 F015 为例，驾驶人座椅可以向后旋转，四张独立座椅可以调整为四位乘客面对面模式。此外，目前一些旅行车和豪华车的后排提供了可基本放平的舒适型座椅，这类座椅未来在无人驾驶汽车上可能会有更多应用。在车辆碰撞工况下，复杂多样的乘坐环境和乘员姿态将会引起更高的碰撞伤害风险，如可能发生不同朝向的、不同姿态的、未约束的乘员之间的接触碰撞，碰撞对半躺乘员的脊柱形成轴向冲击，座椅安全带或气囊无法对非标准坐姿的乘员提供有效保护，反而可能造成乘员下潜、腹部和颈部伤害。

随着智能交通和网联汽车技术水平的提升，碰撞预警的时间会提前，或者说在给定预警时间内的碰撞预判的准确度会提高，乘员及状态的识别水平也会提升，这会使碰撞保护装置有更多的时间进行更大范围的调整，乘员的约束形式也可灵活多样，甚至可以调整乘员姿

态，使碰撞保护的针对性和有效性得到提升。

自动驾驶会给车辆交通带来巨大的改变，乘员保护因此会面对与当前完全不同的场景和乘员环境，这对事故中的乘员保护提出了挑战。同时，环境感知和信息交互的增加使得乘员保护装置有了更大的灵活性，对实现“零伤亡”目标也是很大的机遇。

3. 面向未来交通的乘员保护的展望

汽车安全技术和乘员碰撞保护装置技术的研发和选择终归要受到成本的制约，这是由汽车作为大众交通工具的特性决定的。例如，通过增加主动安全设计的可靠性和冗余度将碰撞事故的发生风险降低至接近零，以及利用碰撞预判技术的提升，研发并应用针对性和有效性更强的乘员碰撞保护系统，在相当程度上将作为不同的选项成为汽车产品开发中平衡成本和其他制约因素的考量。

未来更加智能的乘员识别和碰撞预判技术将能更准确地识别乘员的身高、体重、年龄、性别、坐姿和驾驶人状态（疲劳、分神）等信息，也能不断提升对碰撞形式、碰撞接触位置和角度、碰撞强度等信息的判断准确度和预警时间的提前量，采用可调乘员约束装置的构型和参数，对即将发生的碰撞和乘员提供有针对性且更有效的保护。另一方面，碰撞发生前的碰撞预警和预判很难做到完全准确，在发生少量误报的情形下，要求可调乘员约束装置也是可逆的，即可以调整回正常的状态。这是考虑到碰撞保护效果好的乘员约束往往也使乘员处于不舒适的状态，系统若能自动调配约束形式及约束的程度，也可使乘员约束导致的不舒适感得到缓解，甚至使其基本消失，因为系统可以只在必要时才对乘员实施约束，在行车的大部分时间内，乘员可以处于不被约束的状态。

可以期待，在未来智能交通的时代，更加完善的乘员保护策略和保护措施能够保证乘员在享受技术发展带来的便利性和舒适性的同时获得更高的安全保障。

7.5.3　电动汽车安全

近年来，随着电动汽车的普及，人们对电动汽车也越来越关注，尤其是关注电动汽车的安全问题。

1. 电动汽车与传统燃油汽车的差异

电动汽车相比传统燃油汽车，因动力系统和能源供给系统等的差异，在整车空间布置、质量分布、高压电安全等方面都存在很大差异。电动汽车发生碰撞事故的后果有别于传统燃油汽车。电动汽车在碰撞中不仅会导致车体变形和乘员伤害，还可能引起高压系统的断路、短路，发生漏电、起火、爆炸，乘员有可能受到电伤害、化学伤害、电池爆炸及燃烧伤害等。

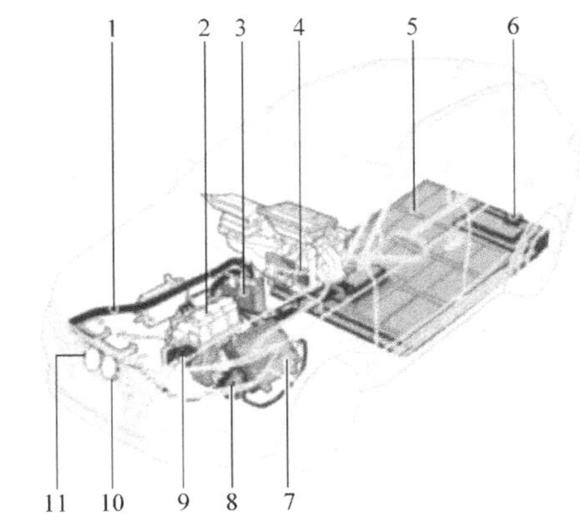

图7-57　典型的电动汽车动力蓄电池包布置方案
1—高压线束　2—电力电子箱　3—高压配电单元
4—电加热器　5—高压电池包　6—手动维修开关
7—车载充电器　8—电动空调压缩机　9—驱动电机
10—慢速充电口　11—快速充电口

（1）布置的差异　越来越多的主机厂选择将动力蓄电池包布置在车身地板下（图7-57），其优点在于降低车辆重心且不占乘员舱空间。但缺点也显而易见，当地板下布置空间受限时，动力蓄电池包极易成为车辆的低点，极大增加了底部磕底的风险。燃油汽车地板下有完整的横向及纵向的梁结构，以实现在碰撞中承载吸能。电池包布置于地板下后，势必会改变地板下横梁的布置，这也对高速碰撞中载荷路径的设计提出了挑战。

此外，动力蓄电池包布置于地板下，其具体布置形式也千差万别。常见的有矩形电池，如特斯拉、宝马 i3 电动版、荣威 ERX5 等的电池包。也有“T 形”或“工形”电池，如宝马之诺等。布置形式不同，车体结构的设计思路也会有差异（图 7-58）。

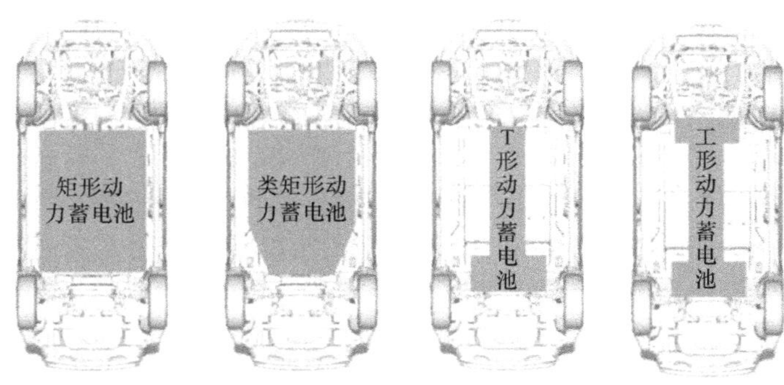

图 7-58　常见的电动汽车动力蓄电池包结构形式

（2）整车质量的差异　电动汽车在地板下方布置了一块质量为数百千克的动力蓄电池，所以整车质量要比同尺寸的燃油汽车增加 20% 以上，碰撞时初始动能远大于燃油汽车。传统燃油汽车的续驶里程一般为 1000km 左右，电动汽车需要达到同样的续驶里程，以目前的电池技术而言，需要质量为 1200kg 的电池才能实现。因此动力蓄电池现有技术的不足，给整车减重及碰撞安全设计带来了巨大挑战。

（3）高压电安全要求　电动汽车为保证续驶里程，搭载了大容量的动力蓄电池包，电池包在受到剧烈撞击后容易发生泄漏甚至起火、爆炸等事故。电动汽车采用了高压电机、电驱动控制系统，还采用了大量的高压附件设备，如电动空调压缩机、PTC 电加热器及 DC－DC 转换器等。这些高压部件在碰撞中也可能会起火爆炸。各种高压部件和线束在碰撞后有发生短路、漏电的风险，可能会与乘员发生直接或间接接触从而引发电击伤害。

因此，开发碰撞电安全技术时，同样要关注车辆上述高压部件的电安全要求是否达标。

2. 电动汽车碰撞安全发展展望

电动汽车碰撞安全的开发，其目标是为消费者提供更加安全的车辆，包括车辆结构耐撞性安全、乘员安全、高压电系统安全。虽然目前已有一套较为成熟的法规、规程来对电动汽车的碰撞安全性能进行考核，但随着电动汽车碰撞安全开发技术的发展，在该领域还有广泛的空间可探索研究。未来关于电动汽车碰撞安全，可能在以下方面亟待取得突破：

（1）法规或测试规程的不断完善　各类碰撞测试法规会结合实际道路交通调查数据来确立或修订新的碰撞测试工况，因此面对越来越多的从实际事故案例调查中提取的测试工况，电动汽车碰撞安全开发需要与时俱进，确保满足各类新工况的要求。

（2）底部滥用防护设计　动力蓄电池布置在地板下，就不可避免地会遭受来自路面异物或障碍物的冲击。因此如何对此类工况进行有效防护，亟待相关行业或各企业建立相应的标准及解决方案。

(3) 锂电池技术的发展 从技术潜力的角度来看，磷酸铁锂体系的理论能量密度约为170W·h/kg，三元锂电池理论能量密度为300~350W·h/kg，同时存在热分解温度低、易燃烧爆炸等安全性问题，二者能量密度的提升空间相对较小。然而全固态锂电池的能量密度提升潜力大，从理论上讲更具可行性。固态锂电池与传统锂电池相比，最大特点在于其使用了固态电解质材料，当使用的电极和电解质材料均为固态而不含任何液态组分时，则为全固态锂电池。固态电解质改变了锂电池的传统结构，隔膜、液态电解液等不再是必要组件，带来巨大的技术优势潜力（图7-59）。固态锂电池的主要技术优势为安全性高，不含易燃易挥发有毒性的有机溶剂，不存在漏液问题，有望避免锂枝晶的产生，大幅度降低电池燃烧、爆炸的风险。

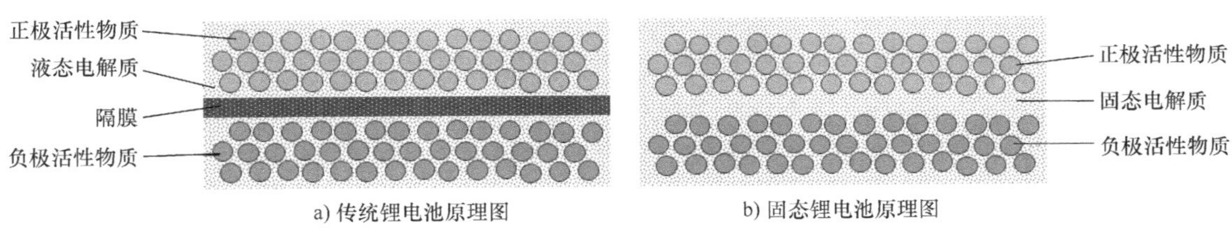

a) 传统锂电池原理图 b) 固态锂电池原理图

图7-59 传统锂电池与固态锂电池的技术原理示意图

(4) 动力蓄电池高压控制系统、阻燃材料等的发展 实际道路交通事故中也会发生非常剧烈的碰撞事故，因此在此类事故中，如果动力蓄电池的高压控制系统及时发挥作用，则可以迅速切断电源，避免人员触电。如果电池包不可逆地会起火，则相应的阻燃技术可以给乘员提供宝贵的营救或逃生时间。如何更加及时及稳健地提供上述断电及阻燃防护，也是后续碰撞电安全防护领域的一个交叉研究领域。

整车可靠性与耐久性

8.1 可靠性与耐久性概述

汽车行业属于生产密集性行业，每台车由很多零部件组成，这使得生产一辆安全舒适、用户信赖的汽车需面临极其复杂的设计及生产可靠性难题，特别需要保证车辆批量生产和制造过程中涉及的每道工序及工艺的可靠性。只有做到整体产品具有高可靠性，才能赢得激烈的市场竞争，获得终端用户的认可。因此，为使汽车设计、制造及试验等过程中的工程师更加了解汽车可靠性与耐久性的设计理论，本章将系统介绍车辆开发中可靠性与耐久性的关键技术。

一个产品在整个生命周期内总体满足所有设计功能的程度，可以概括为 QRD，即质量（Quality）、可靠性（Reliability）及耐久性（Durability）。质量是产品初期完整性的一种量度，是批量生产和装配的产品被设计来满足用户对性能和功能的期望的全部能力，而可靠性与耐久性则是产品在生命周期内可持续使用，并在可接受的水平上完成所有设计功能的能力。另外，可靠性更加关注整体，即批量产品，而耐久性更加强调时间或与时间相匹配的使用里程，二者概念不同，但在车辆开发中经常同时出现，一般不进行严格的区分。

8.1.1 可靠性设计理论基础

1. 可靠性的基本概念

可靠性定义为：“产品在规定条件下和规定时间内，完成规定功能的能力”。其中“规定条件”指汽车产品在正常运行或使用过程中可能遇到的使用条件、环境条件和贮存条件。规定条件不同，产品完成其“规定功能”的能力也不同，即可靠性不同。“规定时间”是指产品的工作时间。一般情况下，车辆产品的可靠性是时间的函数。”规定时间“可以用时间单位表示，也可以用与时间成比例的循环次数、行驶里程等表示。车辆寿命在这里就可以理解为规定时间，如行驶 30 万 km 或使用 10 年。

汽车可靠性与汽车零部件的失效、使用寿命、安全性、维修性等相关联。通常汽车行业都将汽车及零部件能够行驶一定里程而不发生失效作为其评价指标，但在批量产品中，失效是个随机变量，一般用概率来描述。

2. 可靠度

可靠度是指产品在规定条件下和规定时间内完成规定功能的概率，一般用符号 R 表示。可靠度是时间的函数，记为 $R(t)$。如果随机变量 T 表示产品从开始工作到发生失效或故障的时间，其概率密度为 $f(t)$，用 t 表示某一指定时刻，则产品在使用 $T>t$ 时间后的可靠度为

$$R(t) = P(T > t) = \int_{t}^{+\infty} f(t)\mathrm{d}t \tag{8-1}$$

与可靠度相对应的是不可靠度或失效概率 $F(t)$，通常表示为

$$F(t) = P(T \leqslant t) = \int_{-\infty}^{t} f(t)\mathrm{d}t \tag{8-2}$$

显然有

$$R(t) + F(t) = 1 \tag{8-3}$$

$R(t)$一般称为可靠度函数，$F(t)$称为失效概率函数。

3. 定性要求及定性分析

可靠性定性要求是用一种非量化的形式来设计、评价和保证产品的可靠性，一般分为定性设计要求和定性分析要求。定性设计要求是指在可靠性研制过程中要求采取的可靠性设计措施，用来保证及提高产品可靠性。这些要求在具体实施时，需要根据产品的实际情况而进行细化。在产品研制过程中尽可能把设计人员积累的经验进行总结提高，形成可靠性设计规范及标准。定性设计要求主要包括制定和贯彻可靠性设计准则、简化设计、余度设计、降额设计、制定和实施元器件大纲等步骤。

定性分析要求一般是指在产品研制过程中要求采取的可靠性分析工作，用来保证与提高产品可靠性。这些可靠性分析工作需要在产品研制的各个阶段根据产品的实际情况进行具体组织实施。定性分析要求主要包括功能危险分析（FHA）、故障模式和影响分析（FMEA）、故障树分析（FTA）、区域安全性分析（ZSA）等项目。

4. 可靠性分配

可靠性分配主要在产品初步设计阶段进行，指的是在规定条件下，将系统可靠度合理地分配给各个单元，从而满足系统总体可靠度的要求。可靠性分配实质上是一个最优化问题，因此要进行指标分配，就必须明确要求与限制条件，并且分配的方法因要求和现实条件而异。

5. 威布尔分布及 B10 寿命

（1）威布尔分布函数　威布尔分布函数为一种由材料强度的统计理论推导出来的失效分布函数。一个串联系统，如果每个元件的寿命分布相同，且每个元件的失效都互相独立，那么系统的寿命取决于寿命最短的元件，这样的系统分布就是威布尔分布。威布尔分布的失效概率密度函数和失效率函数分别为

$$f(t) = (t - \gamma)^{m-1} \mathrm{e}^{-\frac{(t-\gamma)}{\eta}} \tag{8-4}$$

$$\lambda(t) = \frac{m}{\eta}(t - \gamma)^{m-1} \tag{8-5}$$

式中　m、γ、η——与时间无关的参数，分别称为形状参数、位置参数和尺度参数。

（2）B10 寿命　B10 寿命最早用于描述轴承的可靠性和寿命。轴承产品的可靠性随工作时间逐渐下降，并且到了其耗损阶段，故障发生的概率会陡然增高，从而进入故障高发期。轴承的意外故障可能会带来较大的损失。为了减少意外故障产生的损失，需要在轴承进入耗损阶段之前就对其进行维修或更换，避免其进入故障高发期的耗损阶段。针对这个问题，人们提出一个非常朴素的做法，即收集轴承的故障时间数据，通过统计方法得到 10% 的轴承发生故障的那个时间点，用 B10 表示这个时间点，如果轴承工作到这个时间点未失效，仍需要对其进行维修或者更换。故 B10 寿命的定义为产品工作到 B10 后，预期将有 10% 的产

品会发生故障。

6. 应力强度干涉模型

机械零部件的静强度是否发生失效往往取决于应力水平 s 与强度水平 r 的相对大小，即零件能够正常工作（不发生失效）的条件为

$$r > s \tag{8-6}$$

式中 r——零件（材料）的强度；

s——零件中失效危险点的应力值。

一般 s 和 r 均为随机变量，$f(s)$ 为应力概率密度函数，$f(r)$ 为强度概率分布函数，若应力和强度相互独立，则应力干涉模型可表示为

$$R = P(s < r) = \int_{-\infty}^{+\infty} f(s) \int_{s}^{+\infty} f(r)\,\mathrm{d}r\mathrm{d}s \tag{8-7}$$

设定应力和强度的概率密度函数分别为 $f(s)$ 和 $g(r)$，并将它们在同一坐标系中绘出，则会出现图 8-1 所示的三种情况。

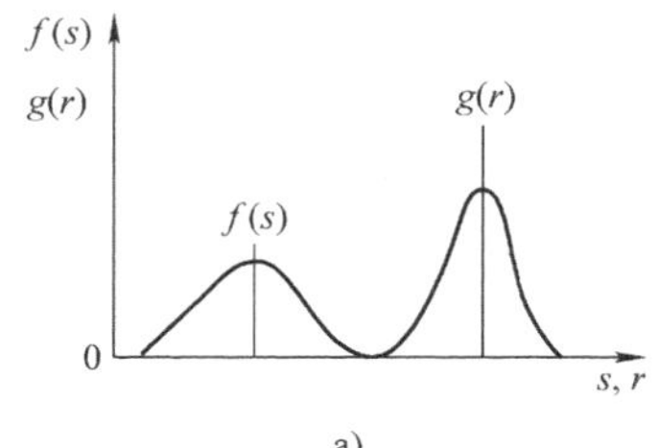

a)

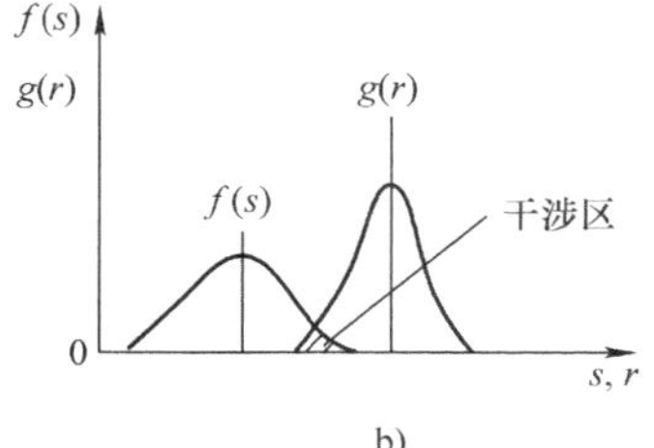

b)

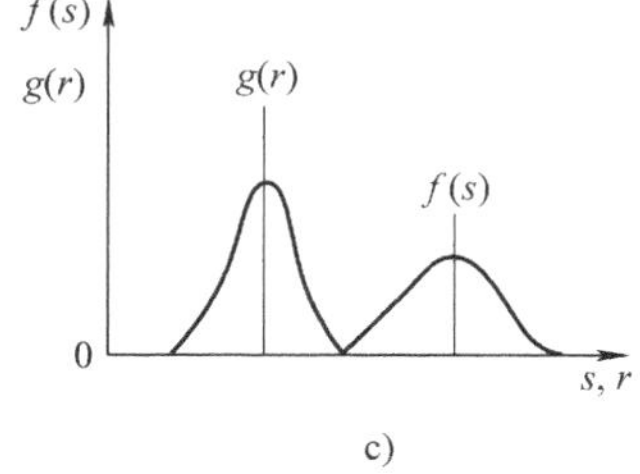

c)

图 8-1 应力 - 强度干涉关系图

如图 8-1a 所示，两个概率密度曲线不发生重叠，所有的强度分布值均大于最大应力值，一般而言，不考虑强度分布尾部和应力分布尾部的无限延伸性，此时，$R=1$。

如图 8-1b 所示，强度概率密度曲线在坐标轴中左移或者应力概率密度曲线在坐标轴中右移，两曲线部分交叉重叠，这种情况称为应力 - 强度干涉。应力 - 强度干涉说明部分强度取值小于应力的取值。在此需要特别说明的是，干涉面积大小在性质上表示了零件发生失效的可能性，但干涉面积大小并不等于失效可能性的大小，即使两条曲线完全重叠，失效概率最高也就是 50%。

如图 8-1c 所示，强度概率密度曲线在坐标轴中继续左移，直至与应力概率密度曲线互不重叠，则所有的应力分布值均大于强度分布值，此时，$R=0$。

8.1.2 疲劳理论基础

1. 疲劳及其影响因素

当材料或者结构受到多次重复变化的载荷作用后，其应力值在始终没有超过材料的强度极限，甚至远远低于弹性极限值的情况下就发生破坏的现象，即为疲劳失效。

金属零件在使用过程中发生的疲劳失效具有突发性、高度局部性和对各种缺陷的敏感性等特征。引起疲劳断裂的应力一般较低，且由断口形貌特征通常可以观察到反映其失效各阶段的宏观或微观特殊图案。疲劳失效虽然经过疲劳裂纹的萌生、亚临界扩展、失稳扩展三个过程，但即使在静拉伸条件下具有大量塑性变形的高韧性材料，在交变应力的作用下也会显

示出宏观脆性的断裂特征，疲劳失效不是立即发生的，往往经过很长的时间才能完成，疲劳初裂纹的萌生与扩展均是多次应力循环损伤积累的结果。但是由于断裂前无明显的塑性变形和其他明显征兆，所以疲劳断裂往往具有很强的突发性。循环应力中，最大应力幅值一般远低于材料的强度极限和屈服极限。例如，对于旋转弯曲疲劳来说，经 10^7 次循环断裂的应力幅值仅为静弯曲屈服应力的20%～40%，对于对称拉压疲劳来说，疲劳失效的应力水平还要更低一些。疲劳裂纹萌生的孕育期与应力幅值的大小、试件的形状及应力集中状况、材料性质、温度与介质等因素有关。

金属结构的疲劳断裂除取决于材料本身的性能外，还与零件运行的环境条件有着密切的关系。环境条件对材料的静强度也有一定的影响，其影响程度取决于零件的后期处理工艺。

2. 载荷

载荷的定义为机器系统在履行功能的过程中受外部环境影响使自身受到的附加力，如轿车处于静止状态时副车架受相邻部件施加的重力和拉力及轿车行驶中后桥受到地面经车轮传递来的冲击力。载荷分为两种，一种为不随时间变化或变化缓慢的载荷，称为静载荷；另外一种为随时间变化的载荷，称为动载荷。载荷具备以下几个特点：

（1）随机性　在一定条件（如某一时刻、某一工况）下，载荷发生的结果不是唯一恒定的，存在多种可能的结果，即其可被视为一个随机变量。

（2）可统计性　载荷发生的时间特征、数值（幅值）特征、频率特征各自具有统计上的一致性（用载荷谱表示）。

（3）可扩展性　由有限时间区间上的统计结果，可以扩展、推断出更长时间区间上的载荷分布参数，并可按概率分布进行极值推断。

3. 循环计数法

循环计数法为将应力（或载荷）－时间历程简化为一系列的全循环或半循环的过程，以计算循环个数的方法，主要分为单参数计数法和双参数计数法。

（1）单参数计数法

1）穿级计数法。将整个载荷范围分成等间距的若干个水平（级），分别统计记录载荷越过某级的次数，其中均值以上记录正穿越，均值以下记录负穿越。

特点：这种方法不能统计载荷幅值的分布，反而会高估高频低幅小载荷的损伤。

2）峰值计数法。将平均值以上的各极大值和平均值以下的各极小值分别记录下来。

特点：这种方法提供了载荷时间历程的主要信息，但是与影响疲劳寿命的主要因素幅值分布却差别很大。

3）变程计数法。将载荷相邻两极值（极大值和极小值）之间的差定义为变程。从极小值上升到极大值时，变程是正的；而从极大值下降到极小值时，变程是负的。

特点：这种方法直接给出了载荷的变化数值，但忽略了载荷的平均值。在考虑了均值的影响之后，变程均值计数法便可全面描述载荷变化。

（2）双参数计数法（雨流计数法）　雨流计数法基于材料的应力－应变循环特性和记忆特性，认为塑性的存在是疲劳损伤的必要条件，并且塑性性质表现为应力－应变迟滞回线。一般情况下，虽然名义应力处于弹性范围，但从局部的、微观的角度看，塑性变形仍然存在。

4. 幅值均值

变化载荷是载荷大小、载荷方向、载荷波形、载荷频率及应力幅值随着时间发生周期性或者无规则变化的一类载荷。其中最大应力 σ_{max}、最小应力 σ_{min}、平均应力 σ_m、应力幅值 σ_a 及应力循环特性系数 r 等主要参量有如下的关系：

$$\sigma_m = \frac{\sigma_{max} + \sigma_{min}}{2} \tag{8-8}$$

$$\sigma_a = \frac{\sigma_{max} - \sigma_{min}}{2} \tag{8-9}$$

$$r = \frac{\sigma_{min}}{\sigma_{max}} \tag{8-10}$$

图 8-2 所示为载荷示意图。

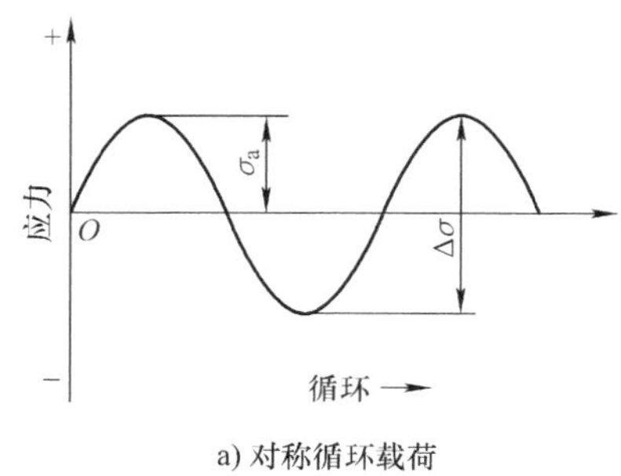

a) 对称循环载荷

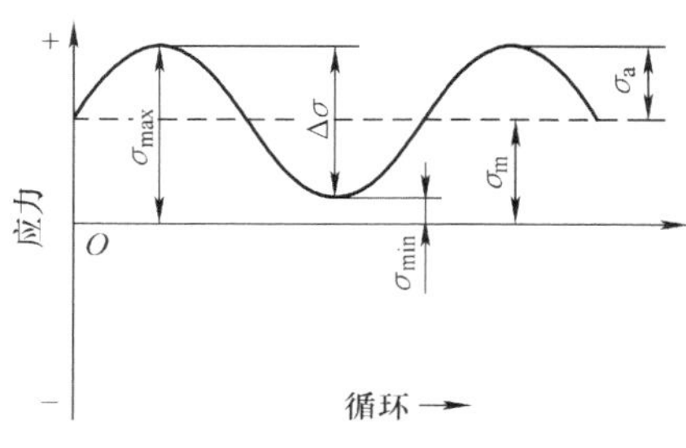

b) 非对称循环载荷

图 8-2　载荷示意图

5. 平均应力修正

在耐久性设计中，由于拉伸或压缩平均正应力对裂纹的产生和生长具有促进或减弱的作用，非零平均正应力往往会影响材料的疲劳特性。试验数据证明，压缩平均正应力对疲劳寿命是有利的，而平均拉应力则对疲劳寿命是有害的。另外，在平均应力远远低于循环屈服应力的情况下，疲劳失效往往落在弹性应变显著的长寿命区域。因此，载荷平均应力的修正对工程结构的抗疲劳设计具有较大的应用价值。通常，平均应力修正使用 FKM（Forschungskuratorium Maschinenbau）方法，其示意图如图 8-3所示。根据加载载荷应力比的大小可以将图 8-3 分成 4 个部分，每部分采用不同的平均应力灵敏系数进行修正，具体公式如下：

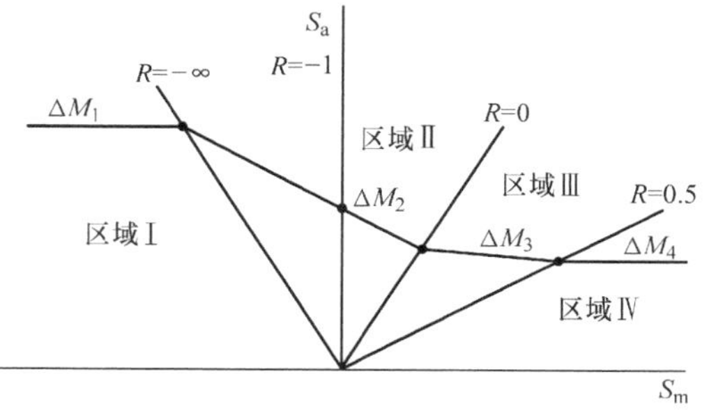

图 8-3　FKM 平均应力修正示意图

$$R > 1 \quad S'_a = S_a \tag{8-11}$$

$$-\infty < R \leqslant 0 \quad S'_a = S_a - M_2 S_m \tag{8-12}$$

$$0 < R \leqslant 0.5 \quad S'_a = \frac{1 - M_2}{1 - M_3}(S_a - M_3 S_m) \tag{8-13}$$

$$1 > R > 0.5 \quad S'_a = S_a \tag{8-14}$$

式中 R——应力比；

S_a——应力幅值；

S_m——平均应力；

M_2、M_3——平均应力灵敏系数。

平均应力灵敏系数 M_2、M_3 与材料有关，但是对于焊缝来说，由于焊接之后材料的成分发生了变化，采用板材本身对应的参数进行平均应力修正势必引起误差。故首先对平均应力灵敏系数进行校正，并且通过变异系数衡量修正后的 S－N 曲线的统一程度。变异系数值越小，则表明修正后的 S－N 曲线越集中。

6. 疲劳损伤

疲劳损伤是指结构内部在循环载荷的作用下累积的损伤，一般疲劳损伤分为低周期疲劳和高周期疲劳。低周期疲劳，一般循环周次小于 10000 次，其变形过程存在明显的塑性变形，且循环应力往往高于屈服极限。高周期疲劳，一般循环周次大于 10000 次，其在疲劳过程中存在不可恢复的微塑性应变构成，且应力较低，一般低于屈服极限。由于高周期疲劳过程中单次循环的微塑性应变较小，不能测量，也不能计算，因此高周期疲劳的损伤演化方程通常用应力给出。

Miner 理论是工程实际中计算疲劳损伤的最广泛的方法之一，其假设疲劳损伤累积是线性的，并且当试样在应力反复作用下所吸收的能量达到极限值时会产生疲劳破坏。破坏前可吸收的能量极限值为 W，试样破坏前应力的总循环次数为 N。在某一循环次数 n_1 时试样吸收的能量值为 W_1，则由于试样吸收的能量值与其循环次数存在线性比例关系，得到

$$\frac{W_1}{W}=\frac{n_1}{N} \tag{8-15}$$

若试样承受 1 个应力级，每级在 S－N 曲线上试样的寿命为 N_i，每级作用的次数为 n_i，则损伤 $D=\sum_{i=1}^{N}\frac{n_i}{N_i}=1$ 时试样吸收的能量达到极限值 W，发生疲劳破坏。

疲劳损伤除与载荷水平相关之外，与加载次序及零件形状等因素也有关，该值可介于 0.1～10 之间，并且对于同类零件，在类似载荷谱下，具有类似的数值。因此，相对于类似的载荷特征，确定类似或相近的损伤和数值，有助于提高寿命估计精度，由此形成的理论被称为相对 Miner 理论，即

$$D=\sum_{i=1}^{N}\frac{n_i}{N_i}=D_f \tag{8-16}$$

式中 D_f——同类零件在类似载荷谱下的损伤和试验值。

为了采用此法则，必须积累各类零件在其典型使用载荷谱条件下的 D_f 值。

线性累积损伤理论的优点：

1）直观、简便，表达的概念清晰。

2）基于 S－N 曲线直接估计寿命，利用 P－S－N 曲线（存活率－应力－循环次数曲线）能提高估计精度。

3）车辆结构主要承受随机载荷，线性损伤理论有足够的精度。

线性累积损伤理论的缺点：

1）没有考虑载荷顺序对疲劳损伤的影响。

2）没有考虑疲劳过程的不同阶段损伤累积的不同。

3）寿命估计存在不确定性。

8.2　关键技术及应用案例

8.2.1　用户用途关联技术

现代汽车可靠性设计是以用户为导向的，产品设计的“不足”或“冗余”都会使产品的市场竞争力下降。因此，在整车可靠性开发试验过程中应当充分考虑用户的使用要求，最终设计出满足用户要求的整车产品。汽车可靠性试验是考核和评价车辆耐久性的重要手段，由于汽车及其零部件的使用寿命很长，用常规的试验条件进行可靠性试验需要耗费大量的时间和财力，对产品的改进、新产品开发带来很大的问题，因此，在汽车可靠性试验中通常使用加速试验方法。用户用途关联方法是制定加速试验规范的科学手段，具体操作流程如图8-4所示，通过前期调研数据的统计分析结果，联合测试手段获取用户目标，根据等效原则即确保快速试验下发生的故障与实际使用中发生的故障一致，建立用户与加速试验之间数据的相关性模型，最终制定出反映用户实际使用情况的可靠性试验规范。

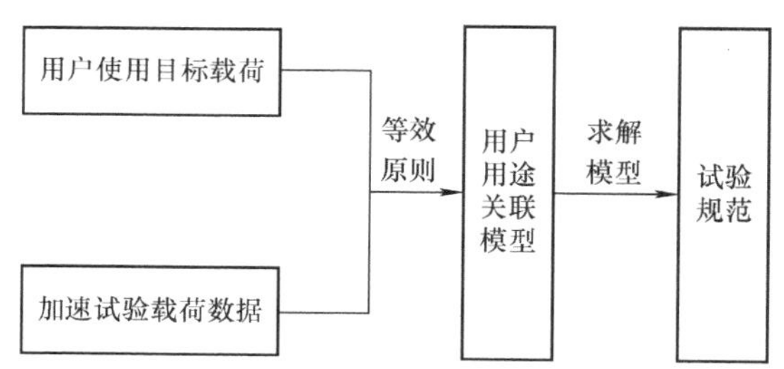

图8-4　用户用途关联方法操作流程

用户用途关联的思想不仅可以在制定可靠性加速试验中运用，还可以不断迭代和优化可靠性目标。由于用户使用条件不断变化，一成不变的可靠性目标是无法满足整车设计开发要求的。同时，随着用户使用数据的不断收集，用户载荷数据库的不断完善，从有效的样本数据中估计所有用户的使用情况，反复迭代和优化可靠性目标，可以为同平台车辆的开发提供科学有效的数据支持。

8.2.2　可靠性验证策略

整车开发过程中，可靠性主要通过加速试验来验证。整车可靠性验证是自下而上的，先在零部件或子系统上进行大量的虚拟分析和台架试验来认证零部件或子系统的可靠性，然后再进行整车道路试验。在制定验证策略时，要充分考虑试验的有效性、试验时间和试验费用等，使得耐久性试验为整车可靠性评价做出重要贡献。

在制定零部件与子系统验证策略时，主要工作是设计合理有效的试验样本数和试验周期，确保产品的可靠性能达到设计目标且试验成本最优。子系统与零部件耐久性验证方法主要有两种：一种是成功性试验，即产品在规定的试验条件下未出现失效，则停止试验；另一种是失效性试验，即试验至产品失效。失效性试验与成功性试验相比有以下优点：

1）确定产品的强度与失效形式，判断产品是否存在设计冗余。

2）发现系统中的薄弱环节，更有利于设计优化。

3）试验样本少，并可通过少量样本就能获取产品的寿命分布。

整车道路耐久性试验一般分为三类，即整车结构耐久性试验、整车常规耐久性试验及整车级子系统耐久性试验。

整车结构耐久性试验是车辆在强化路面上进行的耐久性试验，主要是用于对车辆底盘、车身等结构件进行试验，其试验时间较短，因此主要用于车辆开发早期阶段尽快发现产品设计问题并及时进行设计变更，快速验证优化设计的可靠性。

整车常规耐久性试验反映用户车辆的实际使用情况，同时考虑目标市场的环境因素，包含了以下三点内容：

1）整车综合耐久性试验。车辆在不同路面上按照规定的顺序和循环数进行试验，验证整车及各个子系统零部件的匹配性、功能性和结构可靠性。

2）整车动力总成耐久性试验。车辆在发动机大负荷运行条件下进行耐久性试验，验证发动机及附件、变速器和传动系统的功能和强度，重点验证动力总成的可靠性。

3）整车环境耐久性试验。借助特定的使用环境，验证车辆在特殊环境下的性能及某些功能的稳定性，其中三高试验模拟车辆在高温、高原、高寒环境下使用，评估整车的功能及结构的耐久性。腐蚀试验是通过不同的腐蚀试验工况加速整车腐蚀，考核金属零件在材料、结构和工艺方面的腐蚀性能问题。

整车级子系统耐久性试验主要考核关键子系统在整车试验时的功能性及耐久性，如制动系统、发动机悬置系统等。

在制定整车耐久性试验计划时，应先分析哪些认证风险已经在前期项目中得到认证，重点关注因设计变动而导致的认证风险，制定相应的耐久性试验计划，安排合理的整车耐久性试验类型，以达到验证具有充分性且节约试验资源的目的。根据整车开发流程、零部件开发周期、造车阶段及项目类型，安排合适的整车试验类型，见表8-1与表8-2。

表8-1 改型项目的零件更改对应试验项目

试验项目	底盘	车身、结构件	电器、结构件	内饰	外饰	动力总成	空调冷却
夏季试验				○		○	○
冬季试验	△		○	○	△	○	○
腐蚀试验		○					
动力总成	△					△	

注：○表示确定需要开展试验。△代表需要更加深入地分析是否需要进行该项试验。

表8-2 整车开发中整车道路耐久性试验计划

<table>
<tr><th rowspan="2">项目类型</th><th colspan="3">造车阶段</th></tr>
<tr><th>集成样车（EP）</th><th>全工装样车（OTS）</th><th>车辆试装配（PPV）</th></tr>
<tr><td rowspan="3">全新开发</td><td>整车结构耐久性试验</td><td>整车结构耐久性试验</td><td rowspan="8">该阶段零件已完成认可试验，一般不安排整车道路耐久性试验，但不排除前期遗留问题等待验证，应安排相应整车试验支持验证</td></tr>
<tr><td>整车综合耐久性试验</td><td>整车综合耐久性试验</td></tr>
<tr><td colspan="2">视具体系统更改程度（表8-1）安排试验</td></tr>
<tr><td rowspan="3">大改型项目</td><td>整车结构耐久性试验</td><td>整车结构耐久性试验</td></tr>
<tr><td>整车综合耐久性试验</td><td>整车综合耐久性试验</td></tr>
<tr><td colspan="2">视具体系统更改程度（表8-1）安排试验</td></tr>
<tr><td>中期改型项目</td><td colspan="2">视具体系统更改程度（表8-1）安排试验</td></tr>
<tr><td>年度改型项目、小改型项目</td><td colspan="2">此类改型一般来说假设不需要整车道路耐久性试验，但不排除有特殊要求，这种情况则需要另行评估</td></tr>
</table>

在实际工程中往往会出现某些零部件及子系统在零部件设计验证时通过了试验，但在进行整车试验时出现问题。考虑到开发周期，无法在有限的时间内完成对改进方案的认可试验，就这一问题，本章提出一种结合可靠性分析计算的验证策略。以某宽体轻型客车尾门锁扣验证方案为例，一批耐久车尾门锁扣在进行整车耐久性试验时在行驶至试验里程的70%左右时出现断裂，由于开发周期的限制，需要快速完成对改进方案的验证，通过试验室进行新锁扣的疲劳寿命试验，试验结果在95%置信水平下，绘制失效概率图，如图8-5所示，图8-5a表明在3.5kN力的作用下，60828次循环下发生锁扣断裂的概率为10%，154185次

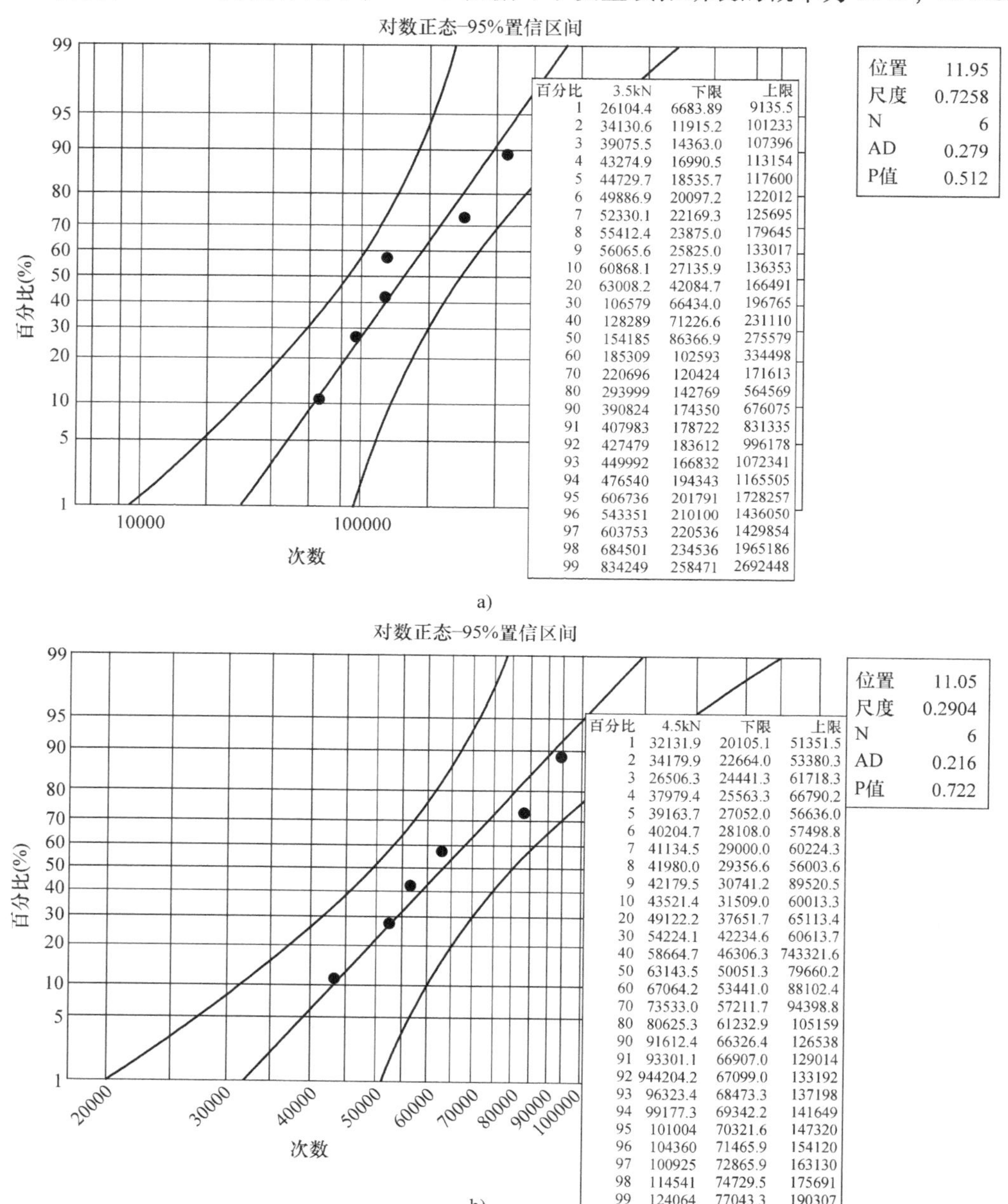

百分比	3.5kN	下限	上限
1	26104.4	6683.89	9135.5
2	34130.6	11915.2	101233
3	39075.5	14363.0	107396
4	43274.9	16990.5	113154
5	44729.7	18535.7	117600
6	49886.9	20097.2	122012
7	52330.1	22169.3	125695
8	55412.4	23875.0	179645
9	56065.6	25825.0	133017
10	60868.1	27135.9	136353
20	63008.2	42084.7	166491
30	106579	66434.0	196765
40	128289	71226.6	231110
50	154185	86366.9	275579
60	185309	102593	334498
70	220696	120424	171613
80	293999	142769	564569
90	390824	174350	676075
91	407983	178722	831335
92	427479	183612	996178
93	449992	166832	1072341
94	476540	194343	1165505
95	606736	201791	1728257
96	543351	210100	1436050
97	603753	220536	1429854
98	684501	234536	1965186
99	834249	258471	2692448

百分比	4.5kN	下限	上限
1	32131.9	20105.1	51351.5
2	34179.9	22664.0	53380.3
3	26506.3	24441.3	61718.3
4	37979.4	25563.3	66790.2
5	39163.7	27052.0	56636.0
6	40204.7	28108.0	57498.8
7	41134.5	29000.0	60224.3
8	41980.0	29356.6	56003.6
9	42179.5	30741.2	89520.5
10	43521.4	31509.0	60013.3
20	49122.2	37651.7	65113.4
30	54224.1	42234.6	60613.7
40	58664.7	46306.3	743321.6
50	63143.5	50051.3	79660.2
60	67064.2	53441.0	88102.4
70	73533.0	57211.7	94398.8
80	80625.3	61232.9	105159
90	91612.4	66326.4	126538
91	93301.1	66907.0	129014
92	944204.2	67099.0	133192
93	96323.4	68473.3	137198
94	99177.3	69342.2	141649
95	101004	70321.6	147320
96	104360	71465.9	154120
97	100925	72865.9	163130
98	114541	74729.5	175691
99	124064	77043.3	190307

图8-5 锁扣失效概率图

循环下发生锁扣断裂的概率为50%，390824次循环下发生锁扣断裂的概率为90%；图8-5b表明在4.5kN力的作用下，43521次循环下发生锁扣断裂的概率为10%，63143次循环下发生锁扣断裂的概率为50%，91612次循环下发生锁扣断裂的概率为90%。

根据图8-5中的失效数据及锁扣受力与应变标定结果，绘制出锁扣的P-S-N曲线，如图8-6所示，结合试验场采集的载荷数据，对锁扣的疲劳寿命进行估计，按照90%存活率计算，锁扣寿命为试验场规范的13.24%，按照50%存活率计算，锁扣寿命为试验场规范的123.4%，按照10%存活率计算，锁扣寿命为试验场规范的10倍。

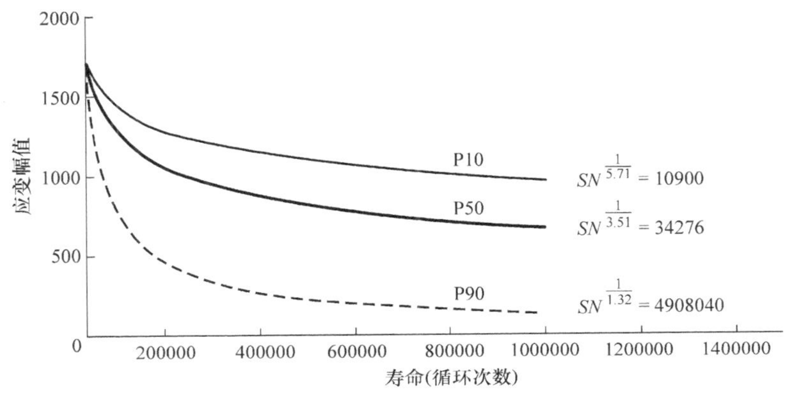

图8-6　锁扣P-S-N曲线

试验场试验的强度相当于用户正常行驶40万km的强度，根据锁扣疲劳分析结果，90%的锁扣能满足产品三包要求“3年5万km”，50%的锁扣能满足整车49万km不发生断裂。已知该车型在产品生命周期内预测的销量是1万台，锁扣成本为5元/套，按现有锁扣方案销售车辆且所有用户均达到40万km的使用里程，预计维修成本为3万元，这与再进行一轮整车耐久性试验验证费用（50万元）相比很少。但车尾门锁扣断裂会影响车辆行驶安全性，可考虑把锁扣作为易损件对可靠度指标进行修正，由原来的40万km寿命下90%可靠度，变为5万km寿命下50%可靠度或40万km寿命下50%可靠度。

上述案例说明车辆可靠性验证策略并不是一成不变的，在开发过程中要充分利用虚拟分析、试验手段、可靠性分析方法等不断地对各个子系统及零部件的可靠性要求进行迭代和优化。

8.2.3　用户目标设定关键技术

确定用户使用的行驶里程和各工况占比，是开展整车可靠性设计和验证的基础。一般通过实际问卷调研的形式，获取用户使用情况信息，并对信息进行合理的统计分析，建立用户使用条件下的年行驶里程、期望寿命、行驶路面占比等分布模型，最终确定整车可靠性目标。

用户调研内容需包括用户基本信息、用车习惯、行驶里程、车内载重情况等，考虑用户答题的主观性，需在设计问卷时设置针对同一类型问题的关联问题，用于后续问卷的筛选，如针对行驶里程类问题设置了年行驶里程、每周工作日行驶里程和天数、周末行驶里程和天数等多个关联问题。

调研问卷的有效性可以通过关联问题的评分进行评估，首先需要为不同类型的关联问题建立评价模型，以油费为例，若当前里程表数为 A，车龄为 B，每月油费为 C，每公里油费为 D，则根据式（8-17）可求得油费问题的有效度 u，u 越大则调研对象答题的有效性越高，可信度越高。最终根据所有评价子模型求得每份问卷的有效度。对所有问卷的有效度进行分布拟合，筛选 95% 的问卷作为有效问卷。

$$u=\begin{cases}AD/(12BC) & AD<12BC\\ 12BC/(AD) & 12BC\geqslant AD\end{cases} \tag{8-17}$$

对用户调研问卷进行数理统计分析可以获得用户年行驶里程分布，如图 8-7a 所示，50% 用户的年行驶里程约为 3 万 km，若设计寿命为 10 年，则设计里程为 30 万 km。若要满足 95% 用户的使用情况，设计寿命里程应该达到 80 万 km。如图 8-7b 所示，在设计寿命为 10 年的条件下，50% 用户的车辆起动次数约为 3 万，90% 用户的车辆起动次数约为 9 万，这一数据可以用于发动机台架耐久性试验的发动机起停次数目标。

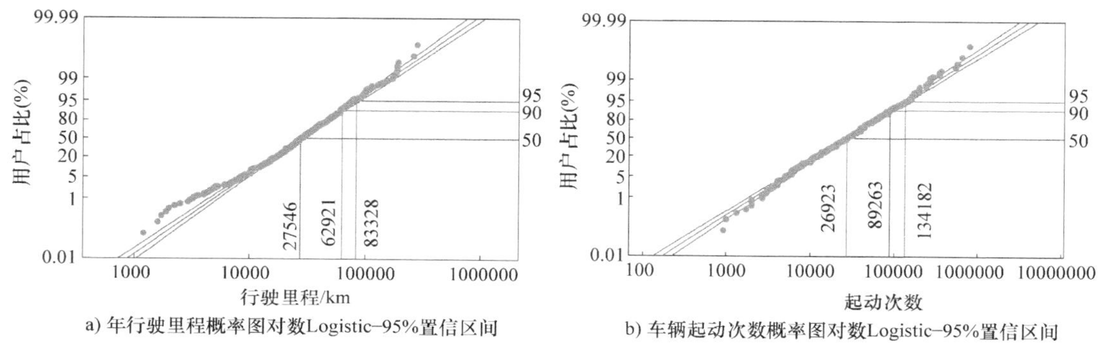

图 8-7　用户车辆年行驶里程及全寿命周期下车辆起动次数

用户目标设定是整车开发中的重中之重，设定过高会增加开发成本和时间，设定过低则会导致售后溢出，从而引起用户不满，在增加售后费用的同时，还会降低品牌溢价能力，最终导致用户忠诚度下降。由于用户使用条件与使用环境的复杂多变性和用户载荷采集的局限性，无法完全获得所有用户的使用数据。采集足够的典型用户的短期载荷谱数据，按照一定方法进行载荷谱外推是获得零部件全寿命周期载荷谱的常用手段。常用的外推方法有参数外推法、雨流矩阵外推法、时域外推法等。不同的外推法在应用中都有各自的优缺点，见表 8-3。

表 8-3　不同载荷谱外推法对比

外推法	优点	缺点
参数外推法	能获得均幅值分布函数，计算简单	未进行载荷的外推，忽略了极值载荷，分布函数参数的选择受主观因素影响
雨流矩阵外推法	消除主观因素，实现载荷、频次的同时外推	计算过程复杂，转化为时域困难
时域外推法	直接产生时域信号，保留了原始载荷循环顺序	自我修正能力差，阈值选取困难

本章主要介绍雨流矩阵外推法，其具体的算法流程如图 8-8 所示。首先将采集的载荷 - 时间序列信号通过雨流计数的方法转换成 from - to 的雨流矩阵，然后对雨流矩阵进行核密度估计。核密度估计的核心公式为

$$f(x,y) = \frac{1}{n}\left[\sum_{i=1}^{n}\frac{1}{(h\lambda_i)^2}K\left(\frac{x-X_i}{h\lambda_i},\frac{y-Y_i}{h\lambda_i}\right)\right]^{\ominus} \tag{8-18}$$

其中，$K(x, y)$为核函数。核函数主要有 uniform、triangular、biweight、triweight、Epanechnikov、normal 等。不同核函数的功能是不同的，工程上通常使用 Epanechnikov 核函数，其非常适用于均幅值均匀分布的雨流直方图。式（8-18）中的带宽 h 的选择对估计结果的影响很大，带宽的大小决定了核密度函数的平滑程度，过小的带宽会导致欠光滑，过大的带宽会导致过光滑，因此引入自适应带宽修正系数，使估计结果具有更好的收敛性和平滑性。针对载荷幅值极值的外推，采用参数估计法，通过统计获得幅值 - 频次关系，对其进行分布拟合，根据外推因子得到外推后的幅值极值。最终结合自适应带宽修正系数和外推后的极值对雨流矩阵进行核密度估计，采用 Monte - Carlo 法进行载荷外推。

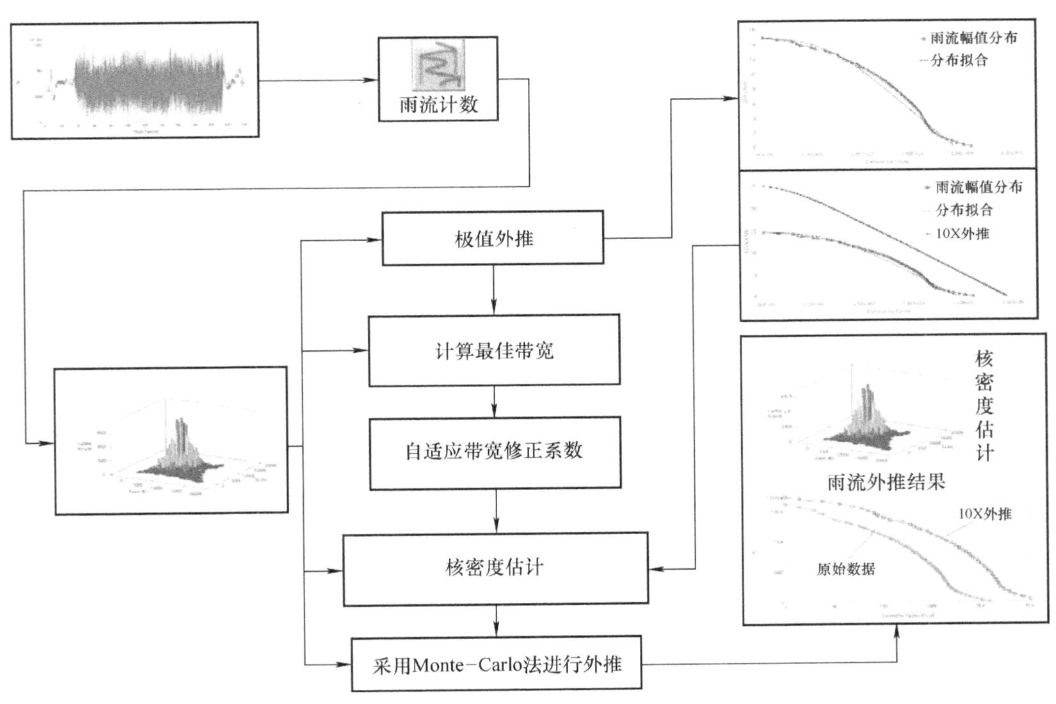

图 8-8 雨流矩阵外推流程

载荷谱外推是根据样本分布去估计总体分布情况，载荷历程中的极值部分对零部件的损伤影响很大。在极值区域，如果使用单一外推手段，会导致极值载荷与实际道路情况有所偏差。如图 8-9 所示，通过雨流矩阵外推法把采集的数据直接外推至 10 年设计寿命，极值部分的外推有所偏大。推荐使用基于极值分布的雨流矩阵外推法和结合里程外推的雨流矩阵外推法对极值区域进行修正。

⊖ 万越，吕震宙，袁修开．基于扩展可靠性的全局灵敏度分析［J］．西北工业大学学报，2009（05）：664 - 668.

基于极值分布的雨流矩阵外推法主要考虑车辆在行驶过程中出现的极值载荷情况，统计单位里程下载荷极值出现的情况，对其进行分布拟合，结果如图 8-10 所示，选取 99.99 百分位点作为外推极值，对图 8-9 中雨流外推的极值区域进行修正，修正结果如图 8-11a 所示。

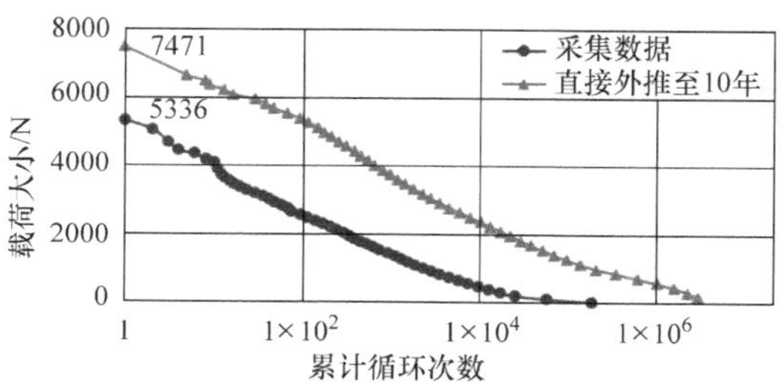

图 8-9　雨流矩阵外推结果

结合里程外推的雨流矩阵外推法是一种分步外推法，先通过雨流矩阵外推法将实测

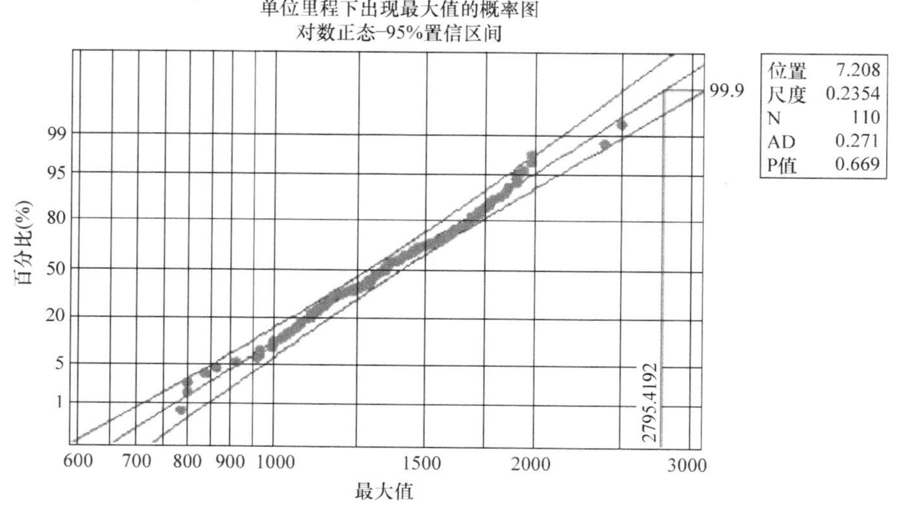

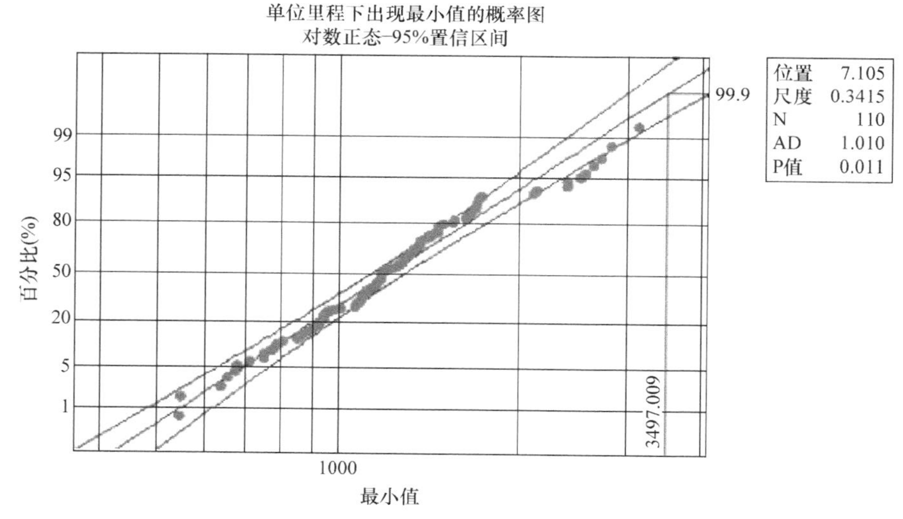

图 8-10　载荷极值分布统计

载荷数据外推至 1 年寿命，根据疲劳寿命的线性累计法则，使用里程外推法将 1 年寿命的载荷外推至 10 年寿命载荷，结果如图 8-11b 所示，极值由 5336 外推至 5910，比较符合用户实

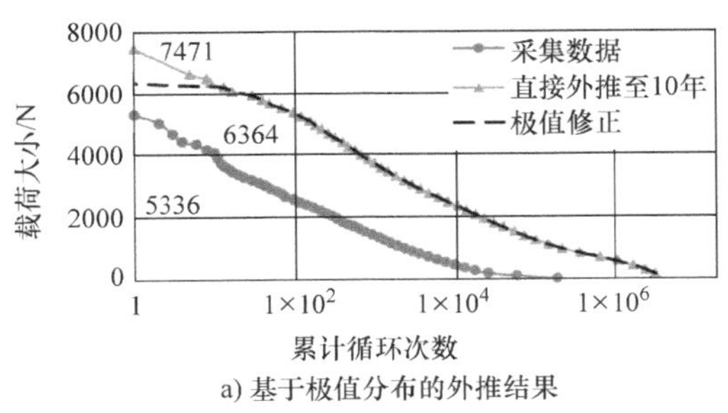

a) 基于极值分布的外推结果

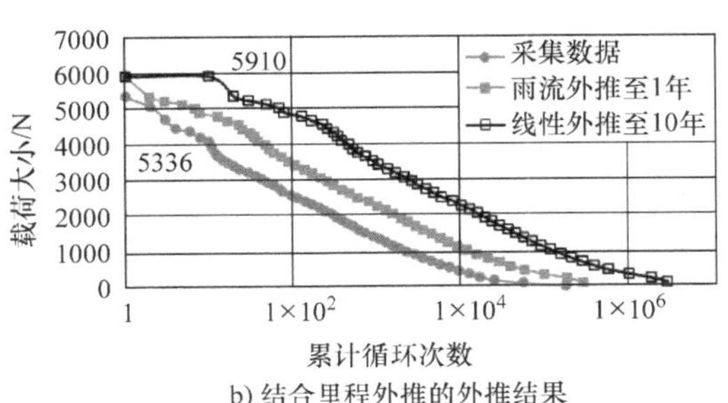

b) 结合里程外推的外推结果

图 8-11 极值外推结果

际使用情况。

8.2.4 整车可靠性加速试验规范

车辆的设计寿命通常远大于整车开发的时间，为在有限时间内完成整车可靠性验证，通常选择加速试验来实现。整车可靠性加速试验主要在试验场内进行，试验场试验复现用户使用过程中的各种道路条件和使用情况，并且试验场整车试验规范规定了车辆完成可靠性试验的全部流程，主要包括车辆行驶过程中驾驶人的操作要求，各路面的循环数、车辆配载和车辆行驶路线等。试验场耐久性规范制定的一般流程如图 8-12 所示。

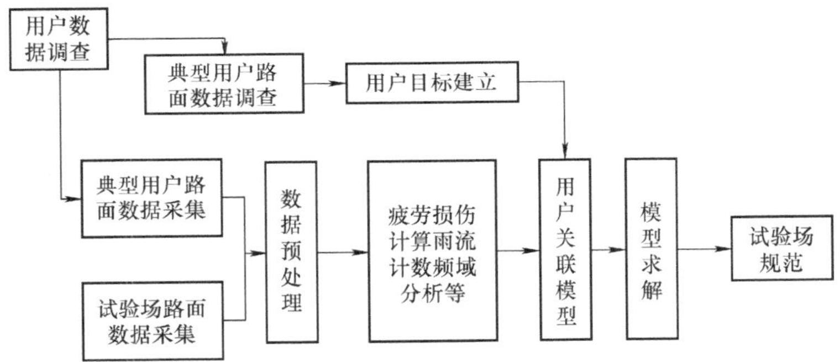

图 8-12 试验场耐久性规范制定的一般流程

车辆载荷的获取是规范制定工作的基础，通过在车辆关键位置布置相应的传感器，来获取各系统通过特征路面的响应信号。这些响应信号既可作为关联用户和试验场的强度参考，也可以作为设计目标的输入。表 8-4 所列为耐久性规范中常用的传感器及布置位置。制定试验规范时应充分考虑考核对象，根据考核对象选取相应的信号作为用户与试验场关联载荷，布置相应传感器进行载荷谱采集。为降低驾驶人和路况引入的试验误差，同段路面可安排多个驾驶人分别进行三次以上数据的采集。采集的信号需经过去毛刺、去漂移等初步处理，形成干净有效的数据，然后继续后续的分析工作。

试验场规范制定过程中主要的关键技术是用户关联模型的建立，根据损伤等效原理建立模型，其数学表达式为

$$\sum_{i=1}^{n} A_i[T_i] = [Y] \tag{8-19}$$

式中 A_i——试验场各工况循环数；

$[T_i]$——试验场各工况载荷输入；

$[Y]$——用户使用的载荷输入。

表 8-4 常用的传感器及布置位置

车辆子系统	测试信号	传感器类型
悬架系统	轮心力信号 轮心加速度 悬架行程 杆件力信号 缓冲块受力	六分力传感器 加速度传感器 位移传感器 力传感器 应变片
转向系统	转向盘转角 转向拉杆力信号	测力转向盘 应变片
制动系统	制动踏板力 驻车制动 制动加速度	力传感器 加速度传感器
车身	车身加速度 车身应变 座椅加速度	加速度传感器 应变片
传动系统	转矩 转速 变速器档位 变速器油温	转矩传感器 转速传感器 档位识别传感器 热电偶
冷却模块	散热器加速度 进出液温度 进出液压力 散热器应变	加速度传感器 热电偶 压力传感器 应变片
排气系统	排气管温度 吊耳受力 排气管位移	热电偶 应变片 位移传感器
发动机悬置系统	悬置力信号 悬置加速度 悬置温度	力传感器 加速度传感器 热电偶

一般可以从损伤、雨流、频域损伤等多个维度进行模型建立。由于整车系统及零部件具有复杂性，同一工况下，不同系统的响应差别很大，因此模型建立应该遵循以下原则：

1）主要匹配参数相对损伤在 -2 ~ 2 倍的范围内，均值为 1。

2）所有测点相对损伤在 -5 ~ 5 倍的范围内。

3）主要频段相对损伤在 -10 ~ 10 倍的范围内。

4）载荷谱极值分布接近。

图 8-13 所示为某车企制定整车综合耐久性规范时各测点试验场与用户的损伤对比图，各测点的损伤在 0.52～1.36 之间，均值为 1。

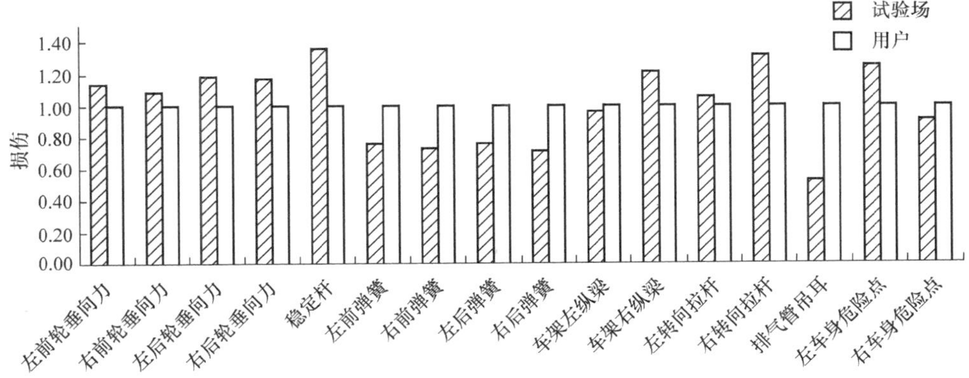

图 8-13　试验场与用户损伤对比

上述维度中的频域损伤是车辆在不同频率下的疲劳损伤，频域损伤的计算流程如图 8-14 所示，车辆不同子系统在行驶过程中的振动频率响应不同，频域损伤的关联维度更能从频率角度等效用户和试验场，使试验场规范更贴近用户实际使用情况。

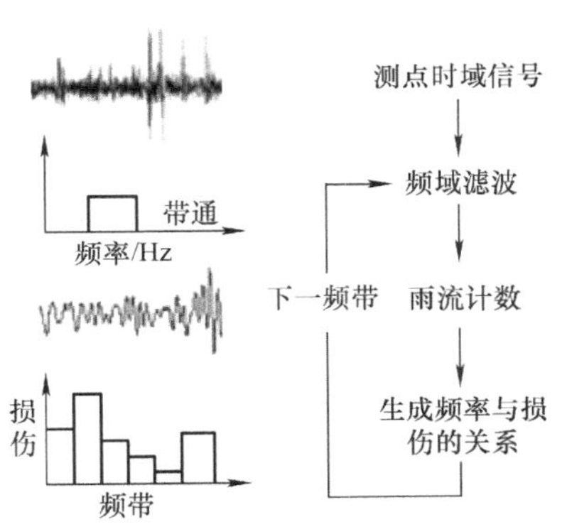

图 8-14　频域损伤计算流程

对于整车结构件，寿命的计算与对比可使用伪损伤形式，但这种方法并不适用于计算旋转部件的载荷。一种方法是通过对同步的传动轴（或驱动轴）转矩和转速信号进行数学交叉，生成转矩圈数谱，用于后续的损伤计算和用户试验场关联，流程如图 8-15 所示。图 8-16 所示为某车企制定动力总成耐久性试验规范时用户与试验场的转矩－圈数对比。值得一提的是，在制定动力总成耐久性试验规范时，还应综合考虑变速器档位、换档频次、油温等，将它们作为辅助关联通道，建立多维度关联模型。

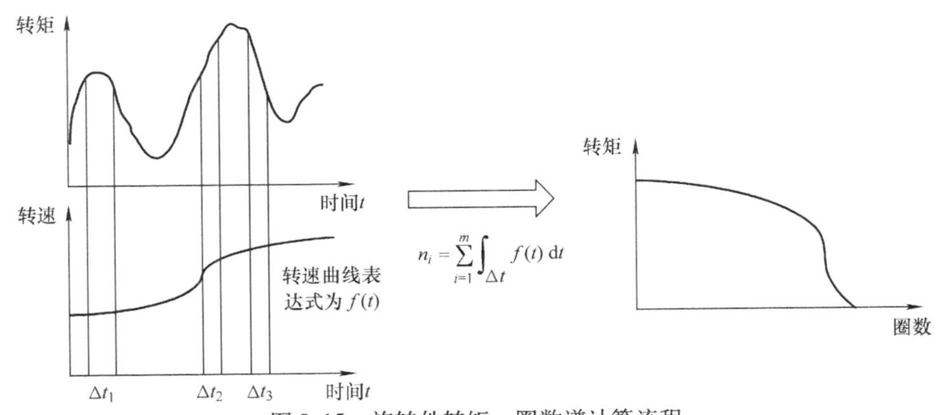

图 8-15　旋转件转矩－圈数谱计算流程

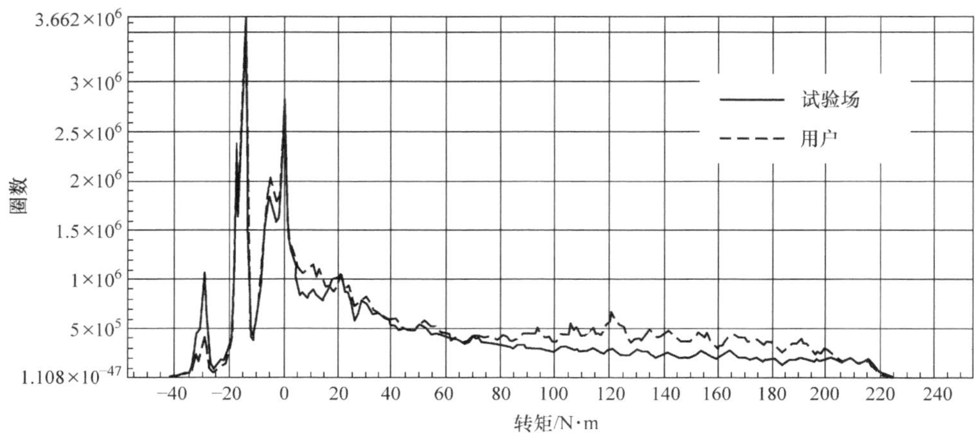

图 8-16　用户与试验场的转矩 – 圈数对比

建立用户关联模型后，需要对其进行求解，求解结果有无数个，需要根据试验场实际情况，寻找出试验时间与里程最短的最优解，确定各工况循环数。寻求最优解的算法主要有遗传算法、模拟退火算法、爬山算法、粒子群算法、蚁群算法，各算法的优缺点见表 8-5。

表 8-5　优化算法比较

算法类型	优点	缺点
遗传算法	能很好地处理约束，挑出局部最优解，全局搜索能力强，适合求解离散问题	收敛较慢，局部搜索能力较弱，运行时间长且容易受参数影响
模拟退火算法	局部搜索能力强，运行时间较短	全局搜索能力差，容易受参数影响
爬山算法	运行简单，效率高	处理多约束大规模问题的能力差
粒子群算法	算法简单，计算方便，求解速度快	容易陷入局部最优解
蚁群算法	适合在图上搜索路径问题	计算成本较高

工况循环数确定后，因试车场各工况的地理位置不同，驾驶人换班休息，试验检查等，工况衔接与车辆进出场过程中存在大量过渡路面，在设计工况循环顺序时应尽可能地使过渡路面里程最少，工况均匀分配，最终完成整车试验场试验规范的制定。

8.2.5　动态载荷分解技术

传统整车结构疲劳仿真与分析采用静态载荷分解技术，在动力学模型中通过对车轮加载典型经验工况，分解获得各点的载荷值。该方法虽然投入成本较低，周期较短，但载荷输入单一，无法体现多向应力耦合性，载荷分解的结果与实际道路载荷关联性较低，无法满足现阶段项目开发需求，因此许多企业已经引入了动态载荷分解技术。

动态载荷分解技术是根据实测载荷谱的载荷和响应，反算出轴头的垂向位移激励作为路面不平度数据，直接施加在无约束的整车刚柔耦合动力学模型上，求得各节点的力或力矩。实测的载荷需要在一定的数据处理如滤波和数据剪切后作为载荷分解的输入。虚拟迭代则可以利用仿真分析建立虚拟系统对象，将分析系统假设为一个可逆的线性数学系统，由初始的输入驱动虚拟系统获得输出信号，与实测载荷进行对比，以线性数学系统修正输入，再反复

对比、修正，形成一个闭环，当误差在允许范围内时，输入信号就被认为是系统的真实输入。最终比较计算值与实测值的时域/频域曲线的相位、幅值和趋势吻合度及相对损伤是否接近，并确定是否停止虚拟迭代进行最终解，获得各节点的载荷。图 8-17 所示为载荷分解技术路线。

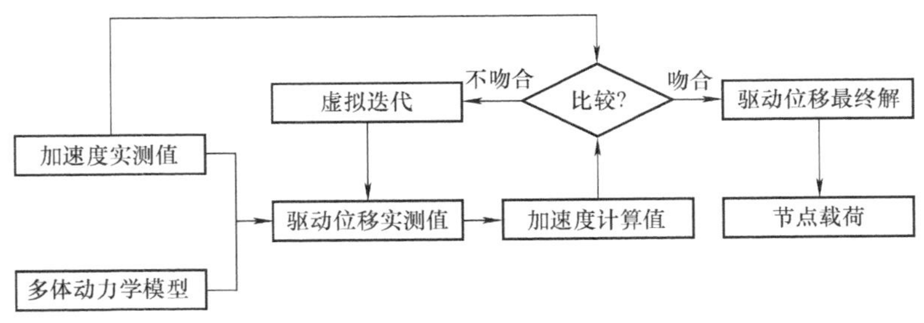

图 8-17　载荷分解技术路线

动态载荷分解由于可以得到各节点的载荷，有助于虚拟分析工程师了解零件应力分布，完成虚拟疲劳分析；有助于产品设计工程师了解无法直接测得的零件在各工况下的载荷及振动水平；有助于复核零部件及子系统台架试验规范的强度。相较于静强度分析技术，动态载荷分解技术与实际工况的匹配性较好，同时也可以减少前期数据采集工作的任务量，更能满足项目开发需求。在前期项目开发阶段，提前发现设计问题，可减少后续实车验证中造成的时间及成本上的损失。图 8-18 所示为工作时间示意图。

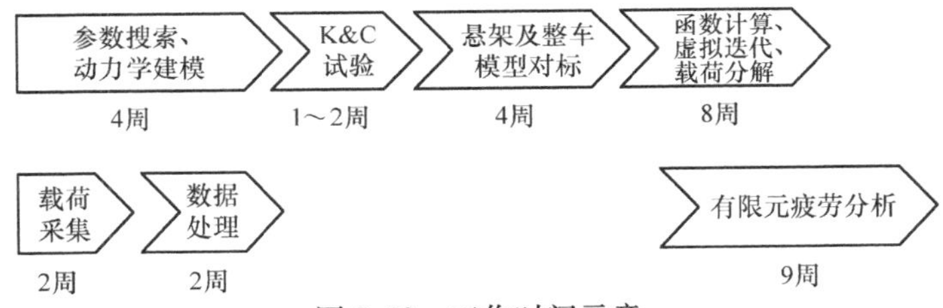

图 8-18　工作时间示意

动态载荷分解技术虽然有如此多的优势，但在其进行过程中也有下述几点因素直接影响载荷分解精度：

（1）载荷输入的准确性　载荷谱的处理可以基于损伤特征计算通道的伪损伤时间历程，删除损伤值较低的部分，但必须保留 90% 以上的相对损伤值；也可兼顾功率谱密度（PSD）综合编辑载荷谱，确保 PSD 损失低于 20%，将 PSD 的控制作为另一个维度，从而在时域及频域上避免出现后期耐久性分析中失效模式不一致的可能性。项目开发前期可能没有物理样车或只有类似车型试验样车，需要满足一定的基本要求，如底盘硬点偏差小于 5%，质心及前后轴载荷必须保持一致，车身刚度需要保证 80% 以上。

（2）多体动力学模型搭建　多体动力学模型中有许多非线性力模型，如衬套、板簧、可变悬架等。如衬套是整车上常见的弹性件，悬架载荷的传递基本都是通过衬套进行，尤其对于一些极限工况，仿真中衬套的压缩会达到极限状态，因此需要考虑衬套刚度数据的非线性特性，否则衬套刚度在极限变形时会显著偏小，导致悬架运动状态发生较大变化。

但是，目前受限于国内供应商能力不足，各大主机厂往往无法获得及时准确的衬套阻尼参数。基于大量仿真对标研究，建议衬套阻尼按一定比例的线性段刚度来设定。此外，在对耐久性路面数据进行载荷分解时，悬架有上下跳动的动作，尤其是在以方坑为代表的极限路面上，缓冲块对减振器安装点的载荷有较大影响，但由于各个阶段车辆状态存在差异，缓冲块间隙几乎没有规律可循，通常情况下，建议直接在实车上测得缓冲块间隙，但由于人为测量存在误差，实测与设计状态下减振器安装点处峰值载荷在方坑工况下的受力会相差很大。图 8-19 所示为仿真与实测对比曲线。

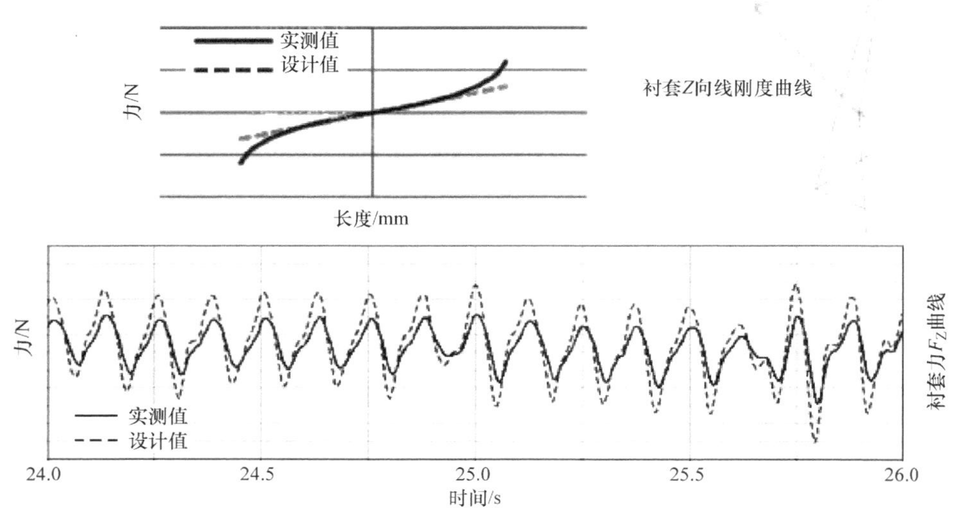

图 8-19　仿真与实测对比曲线（见彩插）

8.2.6　道路模拟试验技术

道路模拟试验是目前主流主机厂常用的加速可靠性试验技术，直接模拟在路面激励下车辆上各相应点的响应情况。道路模拟试验可以不受场地、天气及人员因素等的影响，而且不需要消耗大量的人力物力，时间周期也相对较短，在疲劳耐久性方面已成为各大整车厂的主流试验手段之一。

常见的道路模拟试验台架有 4 立柱或 6 立柱轮耦合道路模拟机、12 通道悬架系统道路模拟机、24 或 27 通道轴耦合道路模拟机及多轴耦合振动台（MAST）等，车轮耦合主要模拟道路的垂向振动，适合研究车辆悬架系统、整车及零部件的疲劳寿命，如 4 立柱试验。车轴耦合可对轴头施加 6 个方向的载荷来模拟 F_x、F_y、F_z、M_x、M_y、M_z 对整车的影响，该耦合方式可以更好地考核整车底盘结构件的耐久性。图 8-20 所示为美国 MTS 公司 329 道路模拟试验台。

图 8-20　美国 MTS 公司 329 道路模拟试验台

对于道路模拟试验，首要准则就是保证试验中出现的失效零件、失效形式及寿命分布应与道路试验相一致。道路模拟试验一般包含如下几个步骤：

1）采集获得准确的载荷谱，一般采用六分力传感器、应变片、加速度传感器及位移传感器获得试验场中的载荷。

2）对载荷谱进行数据处理，同时也是对工况进行加速。

3）在道路模拟试验台架上通过迭代的形式复现目标信号，形成试验台架的加载输入。

4）以不同工况对应不同循环数的加载进行道路模拟试验。

其中，载荷谱的采集及处理是台架的先决条件，同一个驾驶人在重复性的采集过程中，其驾驶方式必然会变化，即使在同一条路面上采集到的几组信号也会有差异，因此在数据采集时建议同一种工况最少采集 3 次以上，再根据时域信号、相对损伤及标准差值筛选出相对稳定的载荷信号，对载荷谱时域信号的压缩前面有所阐述。迭代加载过程如图 8-21 所示。

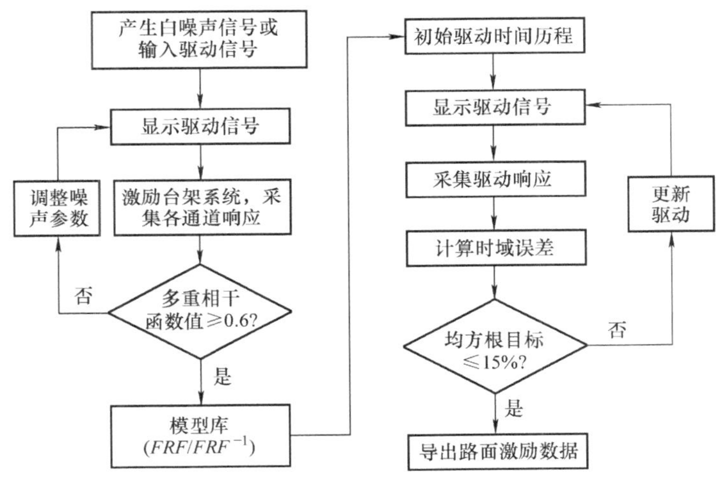

图 8-21 迭代加载过程

迭代过程中白噪声的截止频率与振幅设计十分重要，白噪声幅值过大将使得模型有明显的非线性特性，得到的响应函数的质量会降低。迭代过程中的难点之一是 gain 值（增益值）的设定，其取决于目标系统的线性度，若为刚性系统，则可以直接设为 1，非线性系统则必须小于 1。初次迭代时，gain 值应从小到大慢慢修改，建议设定在 0.3 ~ 0.5 之间。gain 值的设定是一个实时的过程，根据每次迭代收敛情况进行实时调整。此外在整车台架的迭代过程中还需要注意减振器的发热情况，减振器因不断剧烈振动导致其阻尼变化，而车辆实际行驶过程中有空气对流的冷却作用，因此为了迭代具有足够的精度，需要采用工业风扇进行冷却。

以轴耦合 24 通道为例，车身并未受工装约束，而是采用浮动式。在垂向，整车对台架产生的反力依靠惯性产生。另一个例子是 1/2 悬架系统试验，一半或整个白车身作为工装参与到试验中，或者使用相同硬点的工装代替车身，这种情况下，工装对悬架系统产生的是固定反力。前者在固定时考虑了车身动刚度对底盘硬点的影响，模拟相对更精确，更贴近实车要求，但其造车成本增加，试验台架本身的效率也会随之降低。后者在验证底盘件时更加严格的同时，对迭代整理评估也更加复杂。更显著的优势是即使没有“骡子车”也可以开展试验。

道路模拟试验台架虽然比试验场道路试验周期短，但已经渐渐无法满足日益缩短的项目开发周期，在开发阶段的前期已经广泛应用 CAE（计算机辅助工程）技术来替代试验验证。国外一些主机厂已经能够利用多体动力学的虚拟路面载荷分析，基于有限元的复杂整车模型的疲劳耐久性分析和虚拟台架分析来加速试验，但是这种道路模拟技术受限于需要构建精确的轮胎模型及高精度的路面模型，目前还没有在国内进行大范围的应用。

8.2.7 振动台试验规范制定技术

对于汽车子系统，如散热器、冷凝器、发动机附件、内外饰附件及电子器件等，通常使用电磁振动台做加速耐久性试验，其输入的信号是直接的 PSD 信号，而非时间域信号，所以，此类试验也被称为频域加速试验。目前的频域加速耐久性试验通常以试验场数据为基础合成目标加载谱。频域加速理论基于单自由度（Single Degree of Freedom，SDOF）系统假设，主要用于解决单个振动部件的耐久性问题。单自由度系统模型如图 8-22所示。

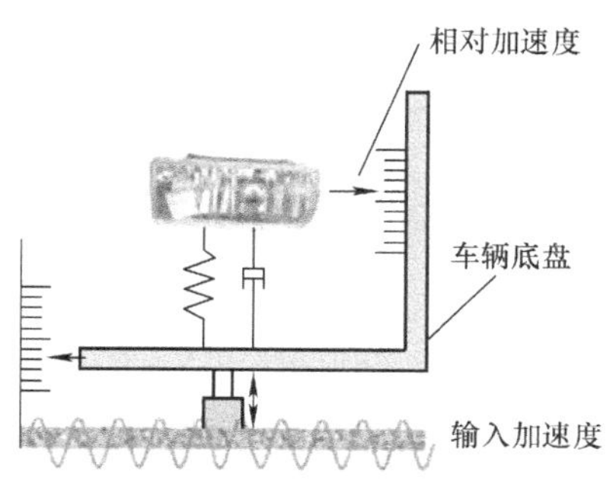

图 8-22　单自由度系统模型

冲击响应谱是指一系列固有频率不同的单自由度线性系统受到同一冲击激励而产生响应的总结果，冲击响应谱的计算过程如图 8-23 所示。

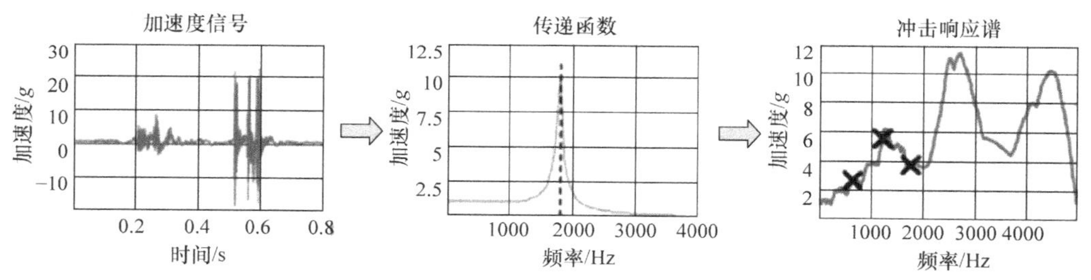

图 8-23　冲击响应谱计算过程

由图 8-23 可知，输入的时域信号经过 SDOF 系统传递方程后，得到最大的响应加速度，最大响应值的计算公式为

$$SRS(t) = -\frac{1}{f\sqrt{1-\xi^2}}\int_0^t \ddot{u}(\tau)\exp[\xi f(t-\tau)]\sin[f\sqrt{1-\xi^2}(t-\tau)]\mathrm{d}\tau \tag{8-20}$$

式中　f——SDOF 系统的固有频率；

ξ——SDOF 系统的阻尼系数；

$\ddot{u}(\tau)$——加速度时间历程。

可以从一段时域加速度信号获得冲击响应谱，但是对于一个随机振动的时间历程，更适合用功率谱密度（PSD）来表示。在 SDOF 系统中，对于窄带随机响应，PSD 的幅值概率密度函数服从瑞利分布，极限响应谱的计算公式为

$$ERS(f) = \sqrt{\pi f Q G(f)\ln(f,t)} \tag{8-21}$$

式中　$G(f)$——频率 f 的加速度的 PSD 幅值；

Q——动态放大因子。

工程中的耐久性加速试验都是基于损伤等效原则，需要对采集的加速度信号进行疲劳损伤计算，得到疲劳损伤谱（FDS）。Lalanne 给出了用于计算疲劳损伤谱的计算公式：

$$FDS(f) = ft\frac{K^b}{C}\left[\frac{QG(f)}{2(2\pi f)^3}\right]^{\frac{b}{2}}\Gamma\left(1+\frac{b}{2}\right) \tag{8-22}$$

式中　K——SDOF 系统弹簧刚度；

b、C——S-N 曲线的参数。

由式（8-22）可知，疲劳损伤的大小与固有频率 f 有关，所以计算 FDS 的过程和计算 SRS 的过程类似，需要先计算每个固有频率下的疲劳损伤大小，再对这些疲劳损伤值做包络线可得到 FDS，计算过程如图 8-24 所示。

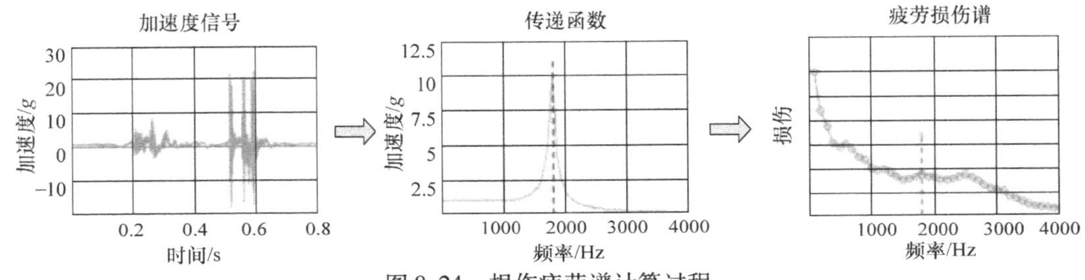

图 8-24　损伤疲劳谱计算过程

由输入的加速度谱计算得到 FDS，然后根据疲劳损伤等效原理进行 PSD 合成和加速计算，在得到台架试验 PSD 后，需要对其进行检验，避免因过度加速导致失效模式改变，即将台架试验 PSD 谱做类似于 SRS 过程的 ERS 计算，得到最大加速度谱，该值应小于输入的各个工况加速度谱的 SRS 最大值包络线，否则说明台架试验 PSD 加速谱不合理，将导致不能复现试车场工况或者加速过度的后果。

需注意的是，振动台试验不是实际环境的再现，而是代表了不同人在不同场合进行试验结果的一致性，所以无法在时间进程上与试验场或道路模拟相对比，振动台的疲劳累积效应其实是通过增大量级来缩短试验时间。若其与温湿度相结合，就可以模拟工作环境、温度引起的材料性能改变、振动传递特性变化等。该类型试验对夹具的要求如下：

1）需真实模拟边界条件。

2）方便与振动台和试件连接。

3）将振动不失真地传递给试件。

4）重量轻，但动态特性要求较高（一阶频率高于试验频率 2 倍以上）。

8.3　展望

8.3.1　基于网联技术的用户目标获取

企业设计和制造水平的提升，缩短了产品开发和验证的周期。为确保整车可靠性，同时为适应市场的新变化，越来越多的新技术被引入到车辆的开发环节中。通过借助网联化手段，细化用户画像的颗粒度，有助于摸清安全件的载荷范围和累积，以及功能件的使用频次等，从而确定更加精确的产品寿命目标，例如 B10 寿命。

车联网技术普及以前，制定用户目标的数据来源主要是三包数据、用户调研等，其局限性是不能得到所有实际使用车辆的全部数据。车联网技术的特点是把每台终端车辆当作一个复杂传感器的集合体，利用网络把车辆总线及定位信号实时传输到云端服务器，利用预设的算法模型把原始信号转换成可靠性工程师需要的工程语言。表 8-6 给出了部分调研数据。目前部分新能源汽车企业已逐步开始应用此技术，随着车辆数量逐渐增加，车辆每个系统的使用频次均可作为单一样本，参与到模拟分布中，这样可以轻松获取分布中 90 百分位的目标，也可以识别出特殊用户具体的“滥用”工况，有利于试验场可靠性试验规范的迭代优化。

表 8-6 部分调研数据

调研需求	需求分解	车联网匹配通道	说明
车辆使用信息	地理位置、路面比例	定位信号	需地图供应商协助并获取每百公里各等级路面比例
	环境温湿度	温湿度传感器	—
	里程信息	累积里程	—
转向系统	转向盘转角、转速	总线转向盘转角信号	转向角度与车速关系
制动系统	制动力占比	制动踏板位置、主缸压力等	—
悬架系统	悬架动行程	角度传感器、加速度传感器	各等级典型路面不平度
传动系统	传动轴转速及转矩	档位、车速、发动机转速、转矩、发动机起停位置、加速踏板位置等	—
冷却系统	空调年运行时间	空调工作状态	—

8.3.2 虚拟路面技术

载荷分解的方法在各主机厂得到了广泛的应用，但人们仍在探寻更加有效和快速的解决方案，由于项目开发周期缩短，传统验证手段虽然可以保证验证的充分性，但试验周期仍无法满足开发要求。实测数据除了与路面不平度有关以外，很大程度上与整车状态密切相关，前期设计迭代频繁，整车状态后期更改较大便会造成前期载荷谱的有效性大大降低。

近些年，虚拟路面的诞生及 FTire 轮胎模型的成熟，加速了研究的步伐。借助激光扫描仪、摄像头、定位信号接收器、惯性测量单元等设备，可以获取试验场路面高精度的特征网格数据，再经过一系列数据后处理，就能够得到可用的路面文件。在虚拟试验场中按照试验车速对多体动力学模型进行仿真，输出轮心或硬点的动态载荷，最后进行零部件疲劳寿命的有限元分析。除一次性扫描路面后，其余过程无需物理样车参与，全部在计算机中完成，并且可以实时修改各项参数，完成模型仿真。图 8-25 所示为虚拟试验场技术路线。

由于虚拟路面技术及虚拟样车技术对路面、轮胎模型要求较高，整车动力学模型精度受减振器、衬套等阻尼零件特性的影响较大，该技术目前仍没有在各大主机厂大规模应用，但随着国内零部件供应商技术能力不断提升，以及主机厂样车制造水平的不断提升，未来，物理样机会逐步被虚拟样机所替代，在整车可靠性开发和验证领域发挥其重要作用。

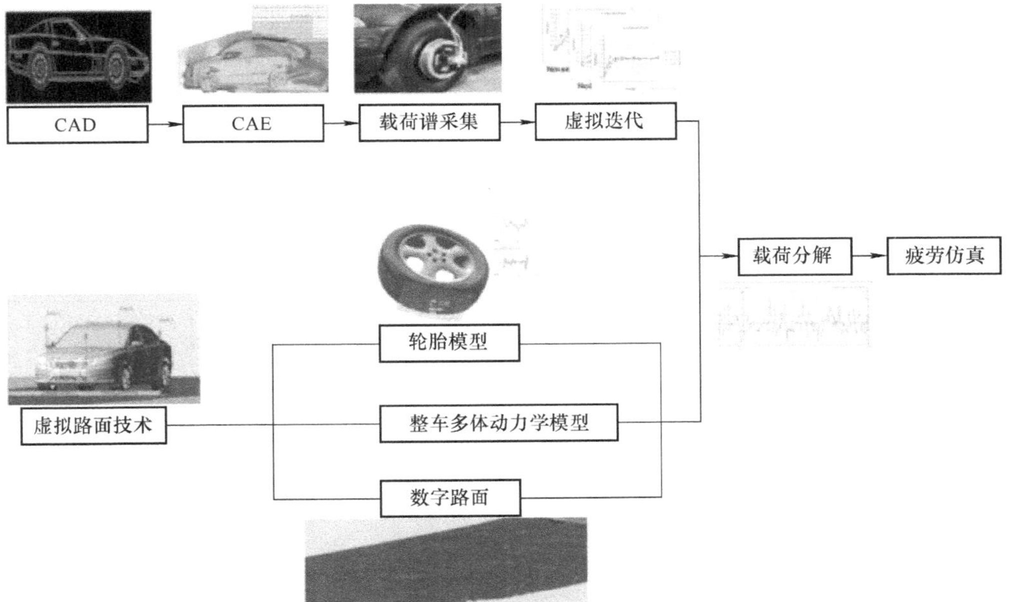

图 8-25　虚拟试验场技术路线

第3篇　舒适性能

第9章 车内环境品质

9.1 车内环境品质概述

9.1.1 汽车车内环境污染

随着我国汽车保有量的不断上升，车内空气质量问题越来越受到人们的关注，对汽车内饰环保性、舒适性的要求也不断提高，消费理念也更加绿色和环保。车内空气环境污染主要是因汽车内饰件散发出的挥发性有机化合物（VOC）或外部的有害气体、颗粒进入车内，导致车内有害物质浓度上升或产生异味的现象。

9.1.2 汽车车内污染物危害

车内空气污染的特征：积累性、长期性、多样性、多变性。

（1）积累性　汽车内饰件及装饰品，如座椅、地毯、空调等都可能释放出一定的化学物质，若不采取有效的控制措施，将在车内逐渐积累，导致污染物浓度逐渐增大，对人体造成危害。

（2）长期性　由于人要经常在车内驾驶、乘坐，即使浓度很低的污染物，长期作用于人体，也会影响人体健康。

（3）多样性　车内空气污染的多样性既包括污染物种类的多样性，如生物性污染物（细菌）、化学性污染物（甲醛、苯、甲苯、一氧化碳、二氧化碳等），又包括车内污染物来源的多样性，如车外污染源（道路上浓度较高污染物——汽车尾气）、车内污染源（装饰材料在车内释放的污染物）。

（4）多变性　车内空气污染的程度随汽车工作状况的多变而多变，如汽车工作状态（运动与静止）、使用状况（新与旧）、环境状况（气温与环境本底污染状况）等都会影响车内空气污染状况。

当车内空气污染物达到一定浓度时，短时间内人们会产生干咳、头疼、恶心、过敏等症状，并伤害人的肝脏、大脑和神经系统、甚至有致癌风险。以GB/T 27630—2011《乘用车内空气质量评价指南》中规定的VOC八项物质的特征及危害进行举例说明，详见表9-1。

表9-1　VOC八项物质的特征及危害

有机物	特征	致癌等级
甲醛	无色、易溶的刺激性气体	2A级
乙醛	无色、易燃、易挥发，有强烈刺激性气味	2B级

（续）

有机物	特征	致癌等级
丙烯醛	无色或淡黄色液体，有恶臭	3 级
苯	无色而且具有特殊芳香气味	1 级
甲苯	无色透明易挥发，有刺激性芳香气味	3 级
乙苯	无色有芳香气味	2B 级
二甲苯	与苯类似，具有麻醉作用	3 级
苯乙烯	易燃、有刺激性，不溶于水，溶于乙醇及乙醚	2A 级

注：根据对人的致癌危险将致癌等级分为 1 级、2 级（2A 级、2B 级）、3 级、4 级。

1 级：对人致癌，共 118 种。

2A 级：对人很可能致癌，共 79 种。此类致癌物质对人类的致癌性证据有限，对实验动物的致癌性证据充分。

2B 级：对人可能致癌，共 290 种。此类致癌物质对人类的致癌性证据有限，对实验动物的致癌性证据并不充分；或对人类的致癌性证据不足，对实验动物的致癌性证据充分。

3 级：对人的致癌性尚无法分类，即疑似可对人类致癌，共 501 种。

4 级：对人很可能不致癌，仅 1 种。

9.2 车内环境品质控制标准

车内环境品质的控制主要包含了整车测试、零部件测试、材料测试。通过逐级控制的方法达到对车内散发物质的管控。国内外整车测试采样方式各厂不同，零部件及材料测试方法相互借鉴，均没有统一的限值要求。车内环境品质的评估一般包括散发四项：有机挥发物、醛酮类、气味、冷凝雾化。

9.2.1 国外标准

1. 国外整车标准及限值介绍

1999 年，俄罗斯就已经颁布并实施了标准 P51206—1998《车辆车内污染物评价标准及方法》，旨在防止汽车驾驶室的空气受到污染。俄罗斯国家标准 P51206—2004《汽车交通工具乘客厢和驾驶室空气中污染物含量实验标准和方法》包含两种工作制度，Ⅰ制度试验为动态试验，车辆以 50km/h 的速度行驶，行驶速度稳定 20min 后测试；Ⅱ制度试验为空转，以主机厂规定的最小稳定转速空转 20min 后测试。不同工作制度下均需使用便携式分析仪对车内空气中的部分气体进行即时分析，同时还需对车内空气进行采样，带回实验室对其他组分进行进一步分析。俄罗斯标准视发动机型号和使用的发动机燃料不同，规定了不同的检测物质，总体来看，检测物质包括一氧化碳、二氧化氮、一氧化氮、甲烷、极限酯族烃、甲醛。俄罗斯标准与其他 VOC 标准最大的区别在于采样过程不在 VOC 测试环境舱内进行。

大众公司标准 PV3938 是最有代表性的德系整车车内 VOC 测定标准，该标准规定使用红外灯同时照射汽车的不同部位，使其表面温度达到 65℃，封闭一段时间后采集车内空气样品。此试验用于测试整车的释放潜力，德系标准中还有用于模拟驾驶人实际驾驶情况的暴露模式试验。

2005 年，日本汽车工业协会以自主行动计划形式发布了《小轿车车内空气污染治理指

南》，2010 年发布 JASO Z125（适用于乘用车/客车/货车），2017 年协调到 ISO 12219 -1，修订 JASO Z125（适用于客车/货车）。

2007 年，韩国建设交通部颁布了《新规制作汽车的室内空气质量管理标准》。测试对象为下线 4 周内的轿车，规定了新车空气中甲醛、苯、甲苯、二甲苯、乙苯、苯乙烯的浓度限值和检测方法。试验温度为（25 ±2）℃，车辆封闭阶段 2h 后开始采集车内空气。

2012 年，国际标准化组织发布了 ISO 12219 -1—2012《道路车辆内空气—第 1 部分：整车试验室—驾驶室内挥发性有机化合物测定方法和规范》。该标准引入了常温、光照、通风三种工况模拟汽车使用过程中的不同情形。ISO 标准为整车 VOC 测试提供了方法，却没有提出 VOC 管控组分及对应限值。

美国和澳大利亚没有专门的汽车内部总挥发性有机化合物（TVOC）含量的限值标准，均参照室内 TVOC 含量标准。其他没有官方的车内污染物限值标准的国家，在进行车内污染物测定时，也较多地沿用或者参考室内空气质量的标准和限值。

表 9-2 所列为相关标准整车测试采样方法的比较。

表 9-2 相关标准整车测试采样方法的比较

标准	俄罗斯 GOST P 51206—2004	德国 PV3938	韩国 MOLIT2013 -549	国际标准 ISO 12219—2012
测试方法	动态测试 模式一：以 50km/h 的速度匀速行驶，行驶速度稳定 20min 后测试 模式二：以制造厂家规定的最小稳定转速空转 20min 后测试	将整车静止，密封地放置在恒温恒湿标准测试环境中，汽车所有门窗打开，在室温中放置 24h 后关闭汽车门窗，使用红外灯同时照射车内不同部位使其表面温度达到 65℃，4h 后采集车内空气样品	下线 4 周内的轿车，试验温度为（25 ±2）℃，30min 换气后，车厢内密封 2h 后取样	需在环境模式、停车模式、驾驶模式三种情况下采样 环境模式：在恒温恒湿环境舱中打开汽车所有门窗 1h 后密封 7.5h，采集驾驶室及环境舱内的 VOC 及羟基化合物 停车模式：使用红外灯照射 3.5h 后，采集驾驶室及环境舱内的醛类物质 30min 驾驶模式：红外灯照射 4h 后，打开空调压缩机开关，打开车门（时间不小于 60s），再次采集驾驶室及环境舱内的 VOC 羟基化合物

表 9-3 所列为整车挥发物限值的比较。

表 9-3 整车挥发物限值的比较

物质名称	日本限值/(μg/m³)	韩国限值/(μg/m³)
甲醛	100	100
乙醛	48	50
丙烯醛	—	50
苯	—	110
甲苯	260	1100
二甲苯	870	1500
乙苯	3800	1500

（续）

物质名称	日本限值/（μg/m³）	韩国限值/（μg/m³）
苯乙烯	220	260
邻苯二甲酸二丁酯	220	—
正十四烷	330	—
邻苯二甲酸二（2－乙基己基）酯	120	—

2. 国外零部件/材料空气质量的测试方法介绍

（1）挥发性有机物　汽车零部件或材料有机挥发物含量的测试标准主要有美系、欧系及日系三种（表9-4），分别对应的是顶空法（HS－GC/MS）、热解析法（TD－GC/MS）及袋子法（Bag－TD－GC/MS），三种测试方法的技术比较见表9-5。

表9-4　有机挥发物评价方法的对比

区分	美系	欧系	日系
测试方法	顶空法（HS－GC/MS）	热解析法（TD－GC/MS）	袋子法（Bag－TD－GC/MS）
	顶空加热样品到120℃，转移样品挥发出来的物质到气相色谱质谱联用仪（GC-MS）	从待测样品上截取一定质量（10～30mg）的材料放入热解析管中；将热解析管放入热解析仪中进行30min的90℃热解析，试验样品挥发出来的有机物经过传输线进入气质联用仪	采样使用的采样袋由厚度为0.05mm的聚氟乙烯（PVF）制成，根据采样袋容积分为大袋子和小袋子两种方法，分别用于测量零部件和材料的VOC含量。袋子法主要被日系主机厂（包括丰田、日产和铃木等）及其合资企业采用

表9-5　三种测试方法的技术比较

方法	顶空法	热解析法	袋子法
测试方法	半定量	半定量	定量
所需样品	2g	10～30mg	规定尺寸
测试温度	120℃	90℃	60℃
测试结果	不具代表性	不具代表性	比较符合实际情况

总结：袋子法应用较为广泛，也比较符合实际情况，测试方法也逐渐被ISO及各大主机厂采用，如通用汽车，其应用情况见表9-6。

表9-6　零部件VOC测定——袋子法应用情况

区分	标准编号	标准名称
日本汽车工业协会	JASO M 902	汽车内饰件挥发性有机化合物（VOC）测试方法
丰田汽车	TSM0508G	VOC采样袋检测方法
尼桑汽车	NES M0402	汽车内饰零部件挥发性有机化合物的测试方法
马自达汽车	MES CF 090	汽车内饰件VOC检测方法
本田汽车	0094Z－T0A－0000	汽车内饰件VOC检测方法
通用汽车	TS－BD－003	车内零部件挥发性有机化合物的测试方法——袋子法
国际标准	ISO 12219－2	内饰件和材料VOC测试方法

还有一种测试方法称为微舱法，其试验空间是一个体积为（1 ±0.05）m^3 的密闭空间，内部装有调节空气均匀度的装置和样品支架。为了调节空气交换率，试验箱体上安装有进气管和排气管。压缩空气需经过湿度调节装置以规定的湿度进入检测舱。美国通用汽车公司，德国大众汽车公司和宝马汽车公司，韩国现代汽车公司等及其合资企业采用此方法进行零部件的 VOC 检测。

（2）醛酮类物质　醛酮类物质一般采用液相色谱仪（HPLC）进行测试，不同主机厂或不同零件，限值一般不同。表 9-7 所列为醛酮类物质评价方法的对比。

表 9-7　醛酮类物质评价方法的对比

区分	测试标准	测试项目	限值	测试设备
大众汽车	PV3925	甲醛	10mg/kg	紫外分光光度计
通用汽车	GMW15635	甲醛、乙醛、丙酮、丙烯醛	甲醛 5mg/g 乙醛 0.5mg/g 丙烯醛 0.5mg/g 丙酮不做限值管控	液相色谱仪（HPLC）

（3）气味　目前，汽车行业中较成熟的气味评价方法主要为材料级气味评价方法，各大主机厂气味评价方法的具体规则虽然均有差异，但大体可以分为三类。

第一类是德系标准，以德国汽车行业协会和大众汽车为主，其他企业大多参照其方法，如沃尔沃汽车是将样品分别加热至 3 个温度（23℃、40℃、80℃），其中前两个为湿态，保温 24h，最后 1 个高温时为干态，保温 2h，随后试验人员分别用鼻子嗅辨评分。气味等级判定都是按照 6 级气味强度来评定气味等级，且 1 级为最好气味等级，6 级为最差气味等级。同时虽然各主机厂的评判标准稍有差异，但是表达的内容是基本一致的，该方法在汽车行业中应用最广，采纳应用的企业也最多。

第二类是美系标准，以通用汽车为主，参考了德系方法，其方法是将样品按照在车内位置分为直接照射和非直接照射，直接照射的样品是在 105℃恒温保温 2h，非直接照射是 40℃或 70℃加热，恒温保温 24h，其试验加热温度相对德系方法要高很多。该方法是按 10 级气味强度等级来评定的，评判等级和德系是相反的，10 级为最好的无气味等级，1 级最差。

第三类是日系标准，日系的试验方法各企业也有很大不同，比较复杂。如丰田汽车，样品要进行最初的气味试验和老化后的气味试验，加热温度与美系相同，直接照射和非直接照射样品的加热温度有区别，评判要求也相对复杂。气味等级按级评价，5 级为最好气味等级，1 级最差。丰田汽车和日产汽车除了评定气味强度，还评定舒适度，且它们各自的气味强度和舒适度的评定等级数也不相同，此外日产汽车还增加了气味特征的要求。

表 9-8 所列为气味评价方法的对比。

表 9-8　气味评价方法的对比

区分	德系	美系	日系
代表车企	大众汽车	通用汽车	丰田汽车
标准编号	VDA270	GMW3205	TSM0508G
试验条件	3 种	2 种	4 种
气味强度	6 级	10 级	5 级

（4）冷凝雾化　目前，汽车内饰材料的成雾试验标准有许多种，这些标准共涉及了三种试验方法，即光泽度法、雾度法、重量法。

1）光泽度法。试样在起雾杯中被加热，蒸发出的气体冷凝在低温玻璃板上，通过对玻璃板冷凝前后的光泽度值进行对比并计算，可得出试样的成雾值。

2）雾度法。试样在起雾杯中被加热，蒸发出的气体冷凝在低温玻璃板上，通过对玻璃板冷凝前后的雾度值进行对比并计算，可得出试样的成雾值。

3）重量法。试样在起雾杯中被加热，蒸发出的气体冷凝在低温铝箔上，通过称量铝箔冷凝前后的重量变化，可得出试样雾化－凝结物的重量。

表 9-9 所列为部分冷凝雾化测定标准。

表 9-9　部分冷凝雾化测定标准

标准编号	全 称	测量方法
大众 PV3015	《冷凝组分的测定》	重量法
大众 PV3920	《非金属内饰材料雾度值测定》	雾度法
丰田 TSM0503G	《冷凝组分的测定》	光泽度法、重量法
德国 DIN 75201	《汽车内部设备所用材料雾化性能的确定》	光泽度法、重量法
美国 SAE J1756	《确定汽车内饰件雾度特性的测试方法》	光泽度法、重量法
ISO 6452	《橡胶、塑料、人造革——汽车内饰件雾度特性的测定》	光泽度法、重量法
日产 NES M0161	《内装材料起雾性试验方法》	雾度法
三菱 ES－X83231	《内饰材料的成雾性》	雾度法、重量法

9.2.2　国内标准

1. 国内整车标准及限值介绍

目前，我国出台的有关乘用车 VOC 的直接标准主要有 HJ/T 400—2007《车内挥发性有机物和醛酮类物质采样测定方法》和 GB/T 27630—2011《乘用车内空气质量评价指南》。2018 年，由原环境保护部和原国家质量监督检验检疫总局联合制定的强制性国家标准《乘用车内空气质量评价指南》征求意见稿正式发布，该标准是在 GB/T 27630—2011 的基础上，重新明确了乘用车内 8 种挥发性污染物的浓度限值，特别是针对苯、甲苯等致癌物质提出了更严格的要求。

表 9-10 所列为我国整车标准及限值。

表 9-10　我国整车标准及限值

	HJ/T 400—2007《车内挥发性有机物和醛酮类物质采样测定方法》
采样方法	环境温度为（25.0±1.0）℃，相对湿度为（50±10）% 测试方法： 1）受检车辆放入符合规定的车辆测试环境中 2）新车应为合格下线（28±5）d 并要求内部表面无覆盖物 3）车窗、门打开，静止放置时间不少于 6h 4）准备期间车辆测试条件应符合规定，安装好采样装置 5）关闭所有门窗，受检车辆保持封闭状态 16h，开始进行采集

（续）

限值	GB/T 27630—2011《乘用车内空气质量评价指南》								
	物质	苯	甲苯	乙苯	二甲苯	苯乙烯	甲醛	乙醛	丙烯醛
	原标准限值/(mg/m^3)	≤0.11	≤1.10	≤1.50	≤1.50	≤0.26	≤0.10	≤0.05	≤0.05
	征求意见稿限值/(mg/m^3)	≤0.06	≤1.00	≤1.00	≤1.00	≤0.26	≤0.10	≤0.20	≤0.05

2. 国内零部件/材料空气质量的测试方法介绍

（1）挥发性有机物及醛酮类　GB/T 27630—2011《乘用车内空气质量评价指南》是我国整车 VOC 限值标准，然而对于原材料和零部件的 VOC 相关项目，我国并无相关的国家标准。目前各大主机厂都根据自身条件制定了原材料和零部件相关项目标准，对于空气质量的检测方法，国内也没有统一的标准，主要参照成熟的欧美和日本的检测标准。

国内主机厂挥发性物质评价基本采用袋子法，袋子容积一般为 10～2000L，测试条件大部分为 65℃2h。零件的限值根据各车企管控规范自行制定。表 9-11 所列为国内车企挥发性有机物测试方法。

表 9-11　国内车企挥发性有机物测试方法

车企	标准编号	标准名称	方法
广汽	QJ/GAC 1550.002—2016	车内非金属材料及零件挥发性有机物和醛酮类物质采样测定方法	不同容积、袋子法、65℃2h
长城	Q/CC SY248—2011	车内非金属零部件挥发性有机物和醛酮类物质采样测定方法	不同容积、袋子法、60℃2h
一汽	Q/FC-CD05-002—2013	车内非金属总成零部件有机化合物测试方法及限值（袋子法）	2000L 袋子法、65℃2h
上汽	SMTC 5 400 018	轿车内饰零件 VOC 测试方法（袋式法）	2000L 袋子法、65℃2h
长安	VS-01 00-T-13012	内饰零部件/材料 VOC 采样测定试验规范	不同容积、袋子法、65℃2h
吉利	Q/JLY J7110274B—2014	车内零部件挥发性有机物测定方法	不同容积、袋子法、60℃2h

（2）气味　气味测试是基于人嗅觉感官和舒适度的主观评价，能够直观地反映汽车内饰件的优劣，是评价车内环境的重要手段。气味测试通过加热样品，让其气味大量释放，测试员通过闻气味给出评价。测试方法借鉴国外标准，但目前各个汽车主机厂关于气味等级的划分是不一致的。表 9-12 所列为国内车企气味测试方法。

（3）冷凝雾化　凝雾化散发评估方法相对统一，基本采用重量法进行评估。

表 9-12　国内车企气味测试方法

车企	标准编号	标准名称	测试条件	气味分级	测试员数量
广汽	QJ/GAC 1510.006—2017	汽车材料气味性评定方法	湿态 23℃24h 湿态 40℃24h 干态 80℃2h	6 级制	5 名
奇瑞	Q/SQR.04.103—2009	散发性能检验——气味性试验		6 级制	3～5 名
长城	Q/CC JT001—2010	汽车内饰材料气味散发性试验方法和限值		6 级制	6 名
上汽	SMTC 5 400 012	轿车内饰零件及材料气味性试验方法		6 级制	5 名
北汽	BA（M）S－455	汽车内饰件气味性试验方法		6 级制	3～5 名
吉利	Q/JLY J7110538 C—2016	车内非金属部位及材料气味性试验方法	阳光直射： 干态 105℃2h 其他部位： 干态 70℃24h 湿态 70℃24h	10 级制	7 名
长安	VS－01.00－T－14004－A4—2016	车内非金属材料气味试验规范	干法 80℃2h 干法 65℃2h	6 级制	5 名

3. 国内标准发展趋势

随着我国汽车保有量不断增加，车内空气质量越来越引起人们的关注，与汽车车内空气质量相关的消费投诉也时有发生，甚至成为汽车投诉的新热点。我国将出台强制性的“车内空气质量控制标准”，即整车挥发性物质限值标准将成为强制性标准，该标准对于整车企业和零部件企业及材料企业提出了更加明确的新要求，甚至还将成为“汽车召回”的依据之一。新标准拟增加车内电磁辐射公众暴露限值、试验方法及其相关要求，增加车内空气污染指数评级和生产一致性检查等技术要求。零部件级气味及 VOC 测试方法各车厂均制定了企业标准，目前无统一的评估方法及限值要求，国内机构有计划编制相对应的国家标准，如针对气味，拟参照成熟且应用较多的德系标准修订相关标准；针对 VOC，拟参照日系标准修订相关标准。整车标准的强制执行，零件及材料级标准的拟定，都会对汽车企业产生更强的约束力，同样使生产满足消费者要求的环保乘用车，更向前迈进一步。

9.3　车内污染物的成因分析

9.3.1　来源分析

车内污染物主要有两种：一是车外污染物进入车内，如汽车尾气、粉尘等；另一个是汽车内饰产生与累积的 VOC 等有害或无害但是令人不适的气味。

此处着重介绍汽车内饰污染物的来源及生成机理。汽车内饰污染物的来源如图 9-1 所示。

可将内饰零件污染物来源分为以下几类：

（1）塑料类　仪表板、副仪表板、立柱、门板。

（2）面料类　座椅面料、顶棚面料、地毯面料等。

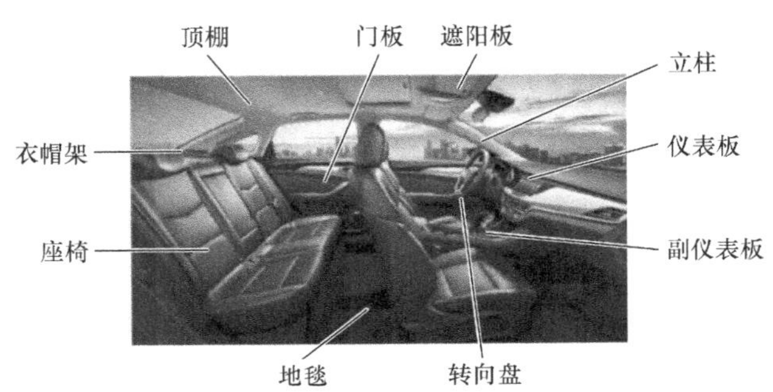

图 9-1　汽车内饰污染物的来源

（3）聚氨酯（PU）发泡类　座椅发泡、顶棚发泡。

（4）橡胶类　密封条、备胎。

（5）其他　胶品类。

塑料是乘用类汽车常用的非金属材料之一，中级轿车塑料的用量已经占到整车质量的12% ~15%。

塑料类污染物主要来源有：

1）基础原材料本身含有较多可挥发的有机物。

2）生产过程挤出、注塑成型受到高温剪切作用后，零件内产生小分子物质，如小分子的烷烃、醛酮类物质。

3）注塑过程使用的脱模剂，模具防护用的清洗剂、防锈油等均会对零件造成污染，从而将污染物带入车内。

座椅面料目前整车厂多使用聚氯乙烯（PVC）人造革，其污染性主要表现为气味差，不同配方及工艺气味类型差异较大，可冷凝，可挥发性有机物含量较多。这里对其污染物的来源进行简单介绍。

1）PVC 革原材料。PVC 粉、增塑剂、稳定剂、颜料、其他添加剂（抗老化剂、抗氧化剂、耐刮擦剂等）等混合成糊状物，一般 PVC 粉的溶剂为增塑剂，且用量较大，其中耐寒增塑剂气味较大，是 PVC 面料气味的主要来源之一。

2）工艺过程处理剂。PVC 面料表面处理工艺使用的处理剂类型的选择直接影响成品 PVC 革的气味及 VOC 含量。常规溶剂型处理剂含有二甲基甲酰胺（DMF），具有特殊臭味，变质的二甲基甲酰胺则有鱼腥味，该物质属于2A 类致癌物。

PU 发泡分为软质发泡与硬质发泡，是聚醚多元醇与异氰酸酯在催化剂、发泡剂、交联剂、稳定剂的共同作用下反应生成的化合物。发泡多会表现出胺臭味、生大豆味等典型气味类型。VOC 测试则多发现其苯乙烯与乙醛含量不合格。以上污染物来源为：

1）原材料。胺味主要来自于非反应型胺类催化剂，其催化效率比反应型催化剂高；生大豆味受泡沫稳定剂硅油的影响，恰当选择硅油则可有效避免；苯乙烯、乙醛等物质主要来自于石油原材料。

2）成品存放。发泡可在通风良好的环境下，随着下线时间变长其气味变好，但是如果存放不当，阳光暴晒则会导致 PU 发泡老化降解，导致甲醛、乙醛含量升高。

橡胶类产品在车内主要用于密封条、备胎，此类产品使用的原材料多为三元乙丙橡胶，

辅料为石蜡油，通过硫化工艺挤出成型，原料和生产过程都会带来或产生气味与 VOC。

各种胶粘剂、密封剂在汽车中的应用非常广泛，其品种已达到数十种，单车用胶量为 20～40kg。如果内饰用胶选择溶剂型胶粘剂，则会产生苯、甲苯、二甲苯、甲醛等挥发性有机物，且气味差。

除以上内饰零件、汽车内使用辅料带来的污染，也不可忽视汽车装饰材料带来的污染，在此不多赘述。

9.3.2 影响因素

汽车内饰件污染物产生的影响因素主要有以下三个方面：

（1）源头管控——原材料、辅料的选择、配方的优化　应选择低 VOC 散发、气味小的原材料及各类添加剂、助剂、填料，如汽车内饰件中尽量不使用废纤毡（图 9-2），用其他材料代替废纤毡。零件生产过程中尽量不使用修补漆、脱模剂、防锈油、洗模液等能够带入 VOC 和气味的化学产品。

图 9-2　废纤毡

（2）生产加工成型过程管控　实践及试验验证数据表明，塑料粒子注塑前烘料与否，注塑过程温度、压力、速度等均会对 VOC 及气味造成影响。表 9-13 所列为塑料件乙醛含量变化及气味等级变化，可知，随着注塑温度的升高，醛类物质含量随之升高，气味同样呈正相关趋势变差。软内饰如座椅 PVC + 聚醚海绵复合材料，顶棚针织面料 + 聚酯海绵复合材料，复合后是否有进行烘烤除味工序，VOC 及气味差异十分显著。

表 9-13　塑料件乙醛含量变化及气味等级变化

注塑温度/℃	乙醛/(mg/m³)	气味等级		
		23℃≤3.0 级	40℃≤3.0 级	80℃≤3.5 级
190	11.17	2	3	3
210	26.66	2	3	3.5
230	70.2	2.5	3.5	4
250	132.32	2.5	3.5	4.5

（3）内饰件的存储条件管控　成品包装袋/包装箱无异味，通风良好、无污染的储存环境。

原材料及辅料的选择、生产加工成型过程需在前期开发阶段做好用材定义，并进行固化，指导后续量产。量产一致性管控是控制零件挥发性污染物含量波动的重要手段。存储条件则主要在量产管控阶段进行合理管控。

综上所述，减少车内空气污染物最根本的途径是优化原材料：选择低 VOC、气味小的原材料；合理使用添加剂，减少溶剂的使用，开发水溶性产品；调整生产工艺过程，降低带入成品件的 VOC 的量，增加适当的烘烤工序；建立良好的通风储储环境，在避免交叉污染的同时，加快成品件的 VOC 散发。随着相关法规及标准的出台，全汽车产业链对车内空气质量改善的重视，必将使相关原材料、汽车零部件、整车制造业整体水平得到提升，向绿色环保转型升级。

9.4　车内环境品质开发与管控

9.4.1　汽车内外饰用材开发

1. 汽车内饰选材设计

汽车内饰材料主要是以高分子材料为主，包含塑料、皮革、织物、无纺布、橡胶等。根据造型设计和车型定位，内饰零件选用的材料类型各有不同。常用塑料见表 9-14，以仪表板为例，常用的材料类型见表 9-15。

表 9-14　塑料常用简称对照表

序号	简称	中文名称
1	ABS	丙烯腈 - 丁二烯 - 苯乙烯共聚物
2	ASA	丙烯腈 - 苯乙烯 - 丙烯酸脂共聚物
3	EPDM	三元乙丙共聚物
4	EVA	乙烯 - 乙酸乙烯酯共聚物
5	HDPE	高密度聚乙烯
6	PA6	尼龙 6
7	PA66	尼龙 66
8	PBT	聚对苯二甲酸丁二醇酯
9	PC	聚碳酸脂
10	PE	聚乙烯
11	PET	聚对苯二甲酸乙二醇酯
12	PMMA	聚甲基丙烯酸甲酯
13	POM	聚甲醛
14	PP	聚丙烯
15	PPS	聚苯硫醚
16	PVC	聚氯乙烯
17	TPE	热塑性弹性体
18	TPO	热塑性聚烯烃
19	TPV	交联热塑性弹性体

表 9-15　仪表板常用材料类型

序号	材料类型	仪表板应用区域
1	PP + EPDM - TD20	仪表板本体、仪表板骨架、仪表板左下护板、杂物箱外板、杂物箱内板
2	PP - TD20	转向管柱上下罩、仪表板左右侧端盖、左右侧除霜格栅、除霜风道管道
3	PC + ABS、PP - GF10	前除霜格栅
4	PP - LGF20	仪表板上罩骨架、仪表板本体骨架
5	搪塑 PVC、阴模成型 TPO	软质仪表板表皮

（续）

序号	材料类型	仪表板应用区域
6	HDPE	除霜风道、吹面风道
7	PC + ABS	抬头显示装饰罩、扬声器面罩、DVD 屏盖板、电镀饰条
8	TPO	安全气囊框
9	PA6 - GF30	副仪表板扶手箱外盖板
10	POM	杂物箱阻尼器、杂物箱锁舌、发动机舱盖锁开启手柄安装支架、杂物箱开启限位器
11	TPE	杯托胶垫、副仪表板扶手箱垫、无线充电防滑垫
12	PVC 表皮	仪表板饰板蒙皮、扶手箱盖蒙皮
13	PP + PET	双组分吸声棉
14	PU 泡棉	前除霜格栅密封条

针对车内环境品质的开发，特别是车内空气的表现，主要是受内饰零件的影响，特别是座椅、仪表板、副仪表板、门板、顶棚、地毯等。因此，选择合适的材料，成为汽车内饰零件开发和设计的重要过程。以下针对内饰常用的材料，以及内饰主要零件的选材做简要介绍。

（1）汽车内饰常用材料

1）塑料。塑料是目前汽车内饰零件用量最大的材料之一。塑料是以单体为原料，通过加聚或缩聚反应生成树脂基材。汽车内饰零件在使用过程中，为满足强度、耐光老化、耐久等性能要求，须在基材基础上添加增塑剂、稳定剂、抗氧化剂、润滑剂、色母粒等或者其他助剂。塑料粒子加工过程如图 9-3 所示（以 PP 粒子为例）。

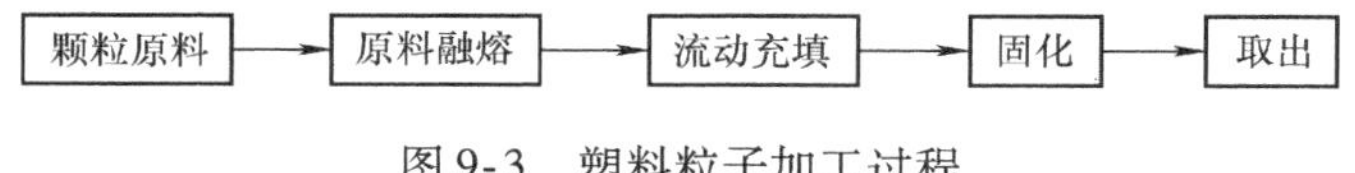

图 9-3　塑料粒子加工过程

聚丙烯材料是塑料中密度最小的，具有较高的强度、硬度和耐热性，是一种制造成本低，物美价廉的合成树脂。聚丙烯树脂也存在一些明显的不足，由于聚丙烯是非极性材料，表面张力较低，对油漆的附着力不足，收缩率过大、线膨胀系数大，直接树脂注塑制件的尺寸精度难以控制。因此需要对聚丙烯进行改性。经常添加表 9-16 给出的助剂对聚丙烯进行改性。

表 9-16　塑料常用助剂类型及作用

序号	助剂类型	助剂作用
1	增韧剂	提高材料的韧性
2	抗氧化剂	防止聚丙烯在加工和使用过程中降解
3	光稳定剂	吸收屏蔽紫外线，保护高分子免受紫外线破坏
4	润滑剂	减小聚合物分子间的内摩擦力和与加工设备间的摩擦力
5	填料（滑石粉）	提高材料的刚性、硬度、尺寸稳定性
6	相容剂	改善基料与助剂、填料等成分的分散性及结合力
7	阻燃剂	提高材料的阻燃性

2）真皮。真皮是汽车内饰使用的高档材料之一。真皮是由动物皮革加工而成的，汽车多采用牛皮。真皮按照结构可以分为头层皮、二层皮，头层皮的价格相对较高；按照鞣制剂可以分为铬鞣和无铬鞣。真皮一般在座椅、仪表板、副仪表板等包覆区域使用。真皮的加工过程如图 9-4 所示。表 9-17 所列为真皮常见分类。

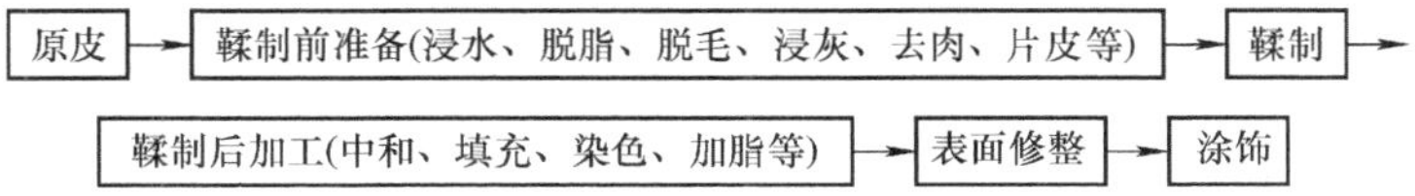

原皮 → 鞣制前准备(浸水、脱脂、脱毛、浸灰、去肉、片皮等) → 鞣制 →

鞣制后加工(中和、填充、染色、加脂等) → 表面修整 → 涂饰

图 9-4　铬鞣头层皮加工过程

表 9-17　真皮常见分类

皮革种类	特　点
中度修面压花真皮	1）涂饰厚 2）耐化学性能极佳 3）伤残的遮盖性强，天然的伤残少 4）皮革的利用率高，成本相比细皮纹低
轻度修面压花真皮	1）涂饰较轻 2）价格高于中度修面压花真皮 3）档次高于中度修面压花真皮
粒面压花真皮	1）涂层较修面皮薄，产品的透气性好，对伤残遮盖性差 2）档次高于修面皮
NAPPA 真皮	1）优异的饱满性能，真皮感极强 2）自然纹理，保有皮革自身产品的特点，如透气性、透水蒸气性好 3）涂层薄，伤残的遮盖性差，利用率低 4）开发成本高，价格高
苯胺、半苯胺真皮	1）手感非常细腻，且透气性好 2）环保、奢华、成本高

3）PVC 皮革。PVC 皮革是聚氯乙烯皮革的简称，是车内应用最广的人造皮革材料。PVC 皮革由 PVC 树脂、底布和表面处理剂、增塑剂、热稳定剂、发泡剂等助剂组成。PVC 皮革与真皮类似，一般使用在座椅、仪表板、副仪表板等包覆区域。PVC 的加工过程如图 9-5所示。

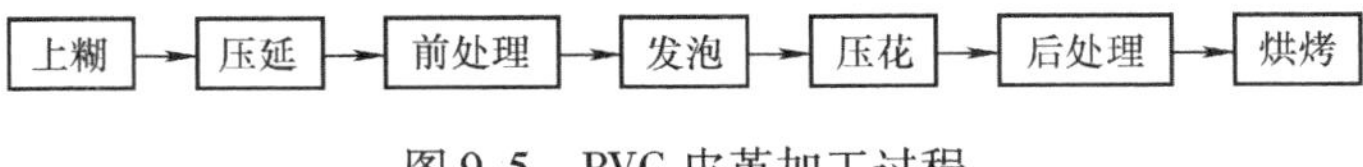

图 9-5　PVC 皮革加工过程

随着技术的发展，PVC 皮革的加工性能、易着色性能、易包覆性能等逐步提升，且相比真皮、PU、仿麂皮等材料，具有明显的成本优势。通过优化增塑剂类型，提高增塑剂纯度，PVC 皮革的气味也有一定的改善。表 9-18 所列为 PVC 组成结构及其作用。

表 9-18 PVC 组成结构及其作用

序号	结构	作　用
1	底布	提供力学性能
2	发泡层	改善手感
3	密实层	提供表面性能
4	表面涂层	改善皮革触感、耐磨等表面性能

4）仿麂皮。仿麂皮是由超细聚酯纤维通过针刺无纺工艺浸染聚氨酯制成的独特面料，由于具有特殊的超细聚酯纤维材料及立体的空间结构，仿麂皮相对于其他面材料具有以下独特优势：

① 独特绒面、高档的外观品质。

② 柔软、舒适的触觉感知。

③ 优秀的防滑性能。

④ 优秀的透气性。

⑤ 优秀的耐磨性能。

⑥ 独特的保温散热性能。

图 9-6 所示为仿麂皮皮革加工过程。

含浸 → 减量 → 磨毛 → 修色 → 表处定型 → 检查

图 9-6　仿麂皮皮革加工过程

5）织物。织物主要应用于座椅、顶棚、遮阳板的表面包覆，可以实现花式各异的造型，满足用户个性化的需求。织物面料按照加工工艺一般可以分为机织面料、经编面料和纬编面料。在汽车内饰零件使用过程中，为满足颜色、阻燃、耐光老化、耐久等性能要求，须在纤维基础上添加色母粒、阻燃剂、稳定剂、抗氧化剂等或者其他助剂。图 9-7 所示为织物加工过程，图 9-8 所示为纬编织物加工过程。

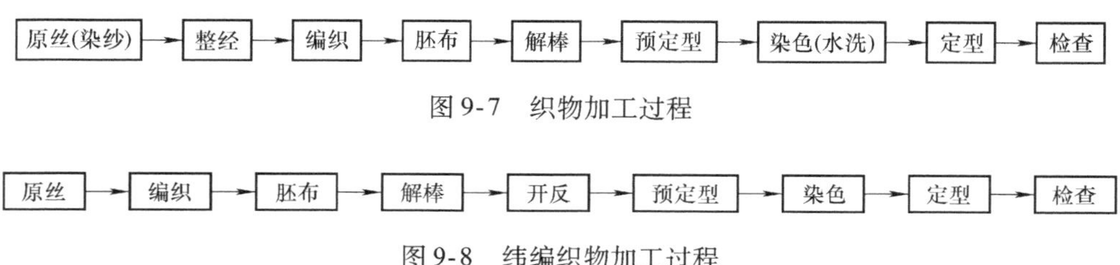

图 9-7　织物加工过程

图 9-8　纬编织物加工过程

6）无纺布。无纺布主要应用于顶棚、地毯、行李舱地毯等零件的表面包覆，是一种低成本的降低内饰塑料感的开发方案。无纺布面料按照加工工艺一般可以分为热轧无纺布、水刺无纺布和针刺无纺布。汽车内饰零件在使用过程中，为满足颜色、阻燃、耐光老化、耐久等性能要求，须在纤维基础上添加色母粒、阻燃剂、稳定剂、抗氧化剂等或者其他助剂。图 9-9所示为无纺布加工过程。

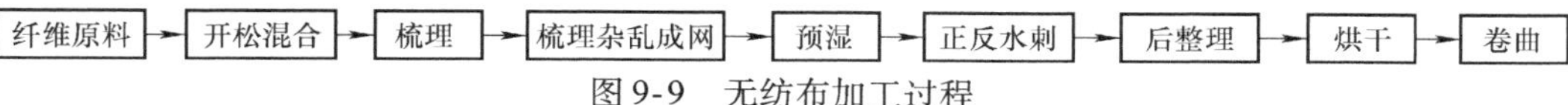

图 9-9　无纺布加工过程

7）泡沫材料。泡沫材料是以 PU、PE、PP、EPDM 等塑料或橡胶材料为基础，通过物理发泡、化学发泡、机械发泡等形式生产的材料。泡沫材料起到缓冲、密封、吸声、隔热等重要作用，是影响汽车内饰零件舒适度的重要材料之一。泡沫的组成复杂，主要包含基料、催化剂、引发剂、稳定剂、抗氧化剂等。常见的泡沫有微孔弹性体、软质泡沫和硬质泡沫。泡沫的加工过程如图 9-10 所示（以前围 PU 发泡为例），泡沫常用助剂类型及其作用见表 9-19。

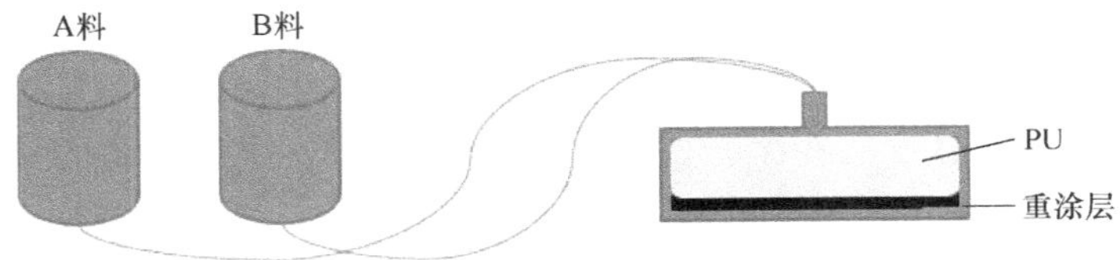

图 9-10　PU 发泡加工过程

表 9-19　泡沫常用助剂类型及其作用

序号	助剂类型	助剂作用
1	催化剂	调节反应速度
2	匀泡剂	调整泡孔结构
3	开孔剂	防止泡沫收缩
4	发泡剂	保证发泡成型

8）隔声隔热类材料。隔声隔热类材料主要分为纤维毡材料、重层材料、板材材料。纤维毡材料根据材料组成，可以分为纯 PET 毡、回收棉毡、PP/PET 双组分吸声棉等。重层材料根据材料组成，可以分为 EVA、POE（聚乙烯辛烯弹性体）、EPDM 等。板材材料根据材料组成，可以分为木粉板、PP 玻璃纤维板、PP 蜂窝板、PP 玻璃纤维纸蜂窝板、PP 玻璃纤维蜂窝板等。

纤维毡材料中，纯 PET 毡和回收棉毡的生产工艺有梳理成型、气流成型；双组分吸声棉采用熔喷的工艺。纤维毡的加工过程如图 9-11 所示（以梳理成型 PET 毡为例）。

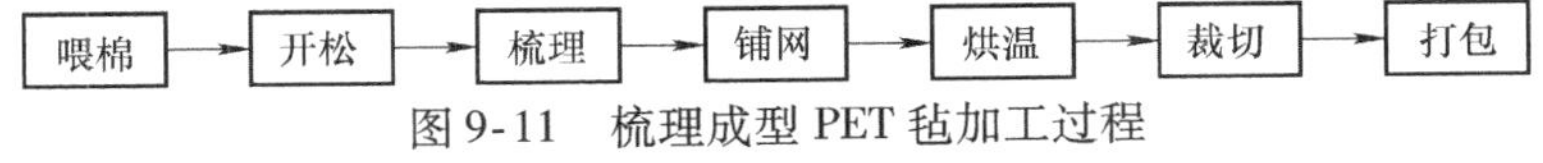

图 9-11　梳理成型 PET 毡加工过程

重层材料在加工过程中，是以 EVA、POE 等材料为基础，需添加大量重钙、石蜡油、阻燃剂等助剂。重层材料在实际应用中，一般需配合泡沫和棉毡材料使用，分别起到隔声和吸声的作用。重层材料的加工过程如图 9-12 所示（以 POE 材料为例）。

板材材料的应用，须根据零件应用区域、承重要求等选择对应的材料类型。木粉板由于其气味极差，且改善困难，已经属于淘汰的材料。板材材料的加工过程如图 9-13 所示（以 PP 玻璃纤维板材料为例）。

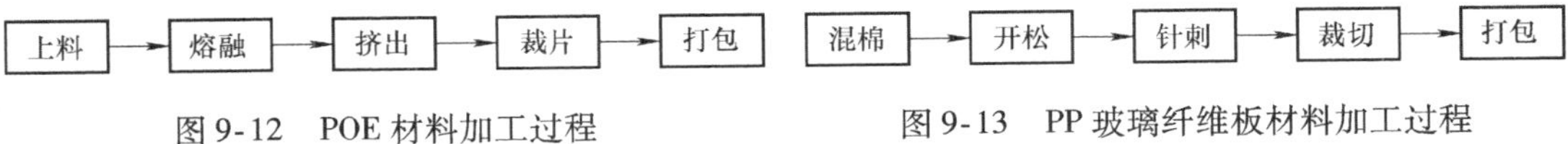

图 9-12　POE 材料加工过程　　图 9-13　PP 玻璃纤维板材料加工过程

9）工艺辅料类材料。汽车内饰工艺辅料主要涉及表面材料。表面材料一般为油漆、水转印材料、电镀材料、膜内转印材料等。油漆是指采用不同的施工工艺涂覆在物件表面上，形成黏附牢固、具有一定强度且连续的固态薄膜的材料。根据溶剂体系的不同，油漆可以分为溶剂型漆和水性漆。油漆的施工过程如图 9-14 所示（以溶剂型漆为例）。

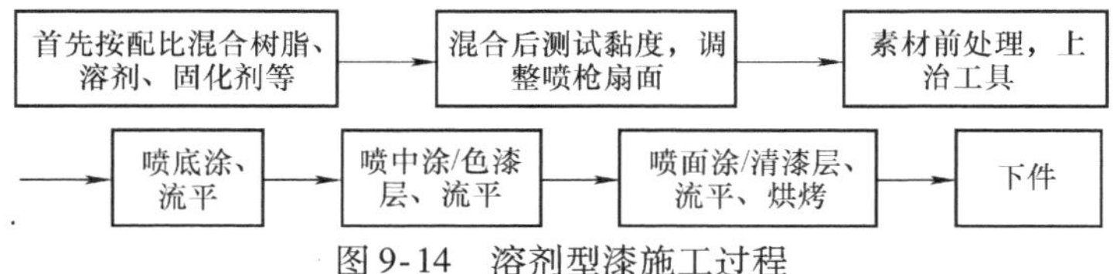

图 9-14　溶剂型漆施工过程

水转印是将水作为媒介把已经印刷在纸基或者特种 PVA 上的彩色图案转移到承印物表面的印刷技术。水转印的加工过程如图 9-15 所示。

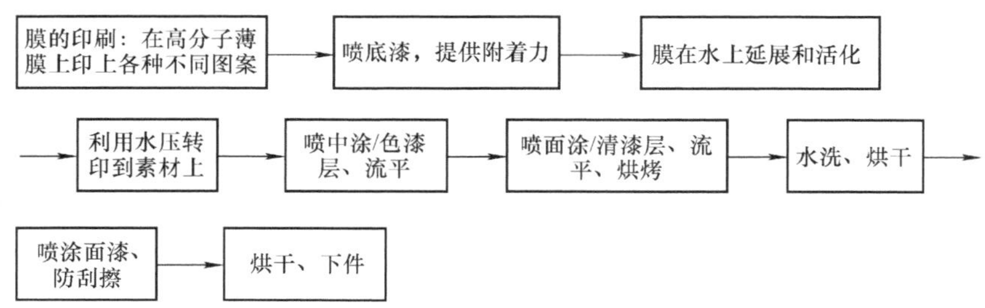

图 9-15　水转印加工过程

电镀是通过电解原理在素材表面附着上一层金属膜的工艺，从而起到防止金属锈蚀和使非金属美观的作用等。电镀工艺过程如图 9-16 所示（以塑料电镀为例）。

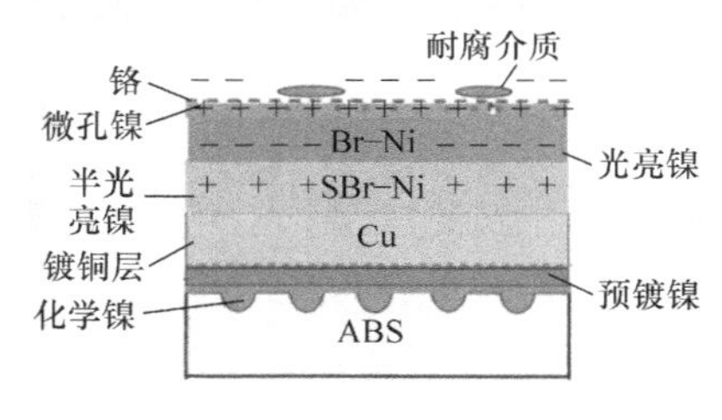

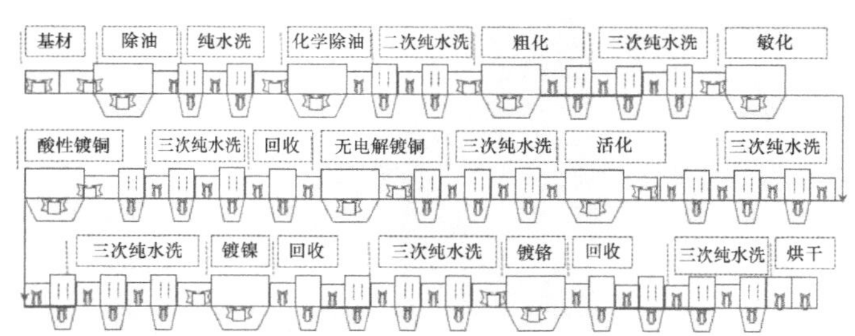

图 9-16　电镀工艺过程

膜内转印可以分为模内嵌片注塑（INS）、模内装饰（IMD）和三次元成型（TOM）等。以 INS 为例，INS 是将膜片预先在成型模具中通过高压吸附形成产品外表面形状，再经过裁边后放到产品的注塑模具中，然后与熔融状态的塑胶一起注塑成型。膜内转印的加工过程如图 9-17 所示（以 INS 为例）。

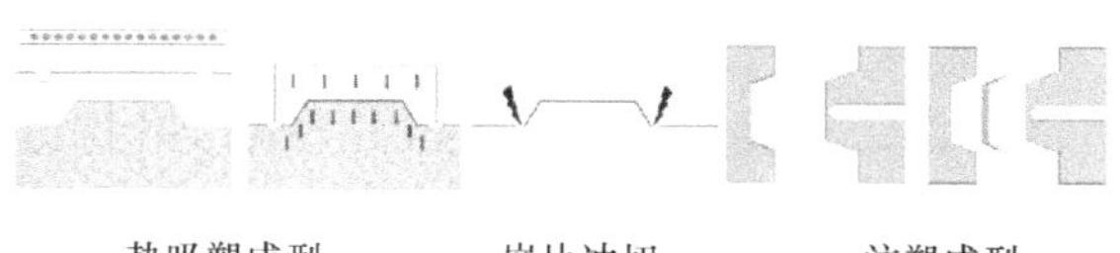

图 9-17　INS 膜片制造工艺过程

10）橡胶。橡胶分为天然橡胶和合成橡胶两大类。天然橡胶主要从橡胶树上提取，经过凝固、干燥等工艺处理后制得。合成橡胶也称为合成弹性体，是由不同单体在引发剂和催化剂的作用下，经一定条件聚合而成的高分子聚合物。

目前，橡胶材料主要应用于轮胎，在内饰零件中，主要应用于缓冲零件，如车门缓冲垫、杯垫、扶手箱垫等，涉及的材料类型为 EPDM、TPV 等。

（2）汽车内饰零件选材设计　目前主流的主机厂都设立了材料数据库，以材料数据库指导零部件的选材和开发。此处的选材，主要关注车内环境的提升，特别是气味性能的影响。

1）仪表板。仪表板通常包括仪表板本体、仪表板上罩、组合仪表装饰罩、左右护板、杂物箱及空调出风口等，副仪表板通常包含副仪表板本体、面板装饰板、扶手箱及中部储物盒等。

仪表板的主要功能是安装各种仪表，提供优美外观，突显汽车的个性和风格，同时具有吸收噪声、振动和冲击的作用。仪表板可承受仪表表、管路和杂物等施加的负荷，能抵抗一定的冲击，具有很好的装饰性。

表 9-20 所列仪表板选材方案推荐依据硬质仪表板本体、软质仪表板表皮、软质仪表板骨架、仪表板附件护板分别展开。

表 9-20　仪表板选材方案推荐

零部件	类型	材质	工艺特点	材质特点	轻量化	成本	气味
硬质仪表板本体	有缝	PP + EPDM – TD20	成本较低，维护方便	韧性差	+	●	+
	无缝	PP + EPDM – TD20（增韧）	无缝仪表板一体化，外观整体感强	韧性高，满足爆破要求	+	●	+
	软触漆喷涂	PP + PU（软触漆）	触摸手感较好，按压手感差，可遮蔽缺陷	高温易发黏	+	+	●
软质仪表板表皮	阳模真空吸覆	PVC + 聚丙烯泡沫（PPF）	软触，工艺简单，皮纹拉伸后会变形/变浅，倒扣结构有限制	皮质感、气味差	●	+	+
		TPO + PPF		轻量化，气味小	●	+	+ +
	阴模真空吸覆	TPO + PPF	皮纹复制较阴模提升		+ +	+ + +	+ + +
	搪塑	PVC	皮纹复制佳，国内搪塑线体较多，模具成本较低（模具寿命较短），设计自由度较高	皮质感、气味差	●	+ +	●
		TPU（热塑性聚氨酯弹性体）		耐久、耐低温、韧性好、轻质、低 VOC	●	+ + +	+ + +
	PU 喷涂	PU	设备/环境要求高，国内线体较少		●	+ + +	+
	皮革包覆 + 三维网状织物（3Dmesh）	仿皮	手工包覆较多，更改颜色皮纹方便，适于个性化生产，触感/质感最佳	轻质	●	+ + +	+ +
		真皮		高贵	●	+ + +	+ +

（续）

零部件	类型	材质	工艺特点	材质特点	轻量化	成本	气味
软质仪表板骨架	普通壁厚	PP + EPDM - TD20	常规注塑	刚性、耐热性稍差	+	+	+
	薄壁	PP - LGF20	壁较薄，注塑压力大	刚性好、耐温高	+ +	+ +	-
仪表板附件护板	普通壁厚	PP + EPDM - TD20	常规注塑	刚性、韧性平衡	+	+	+

注：被用于对比的基础类型用“●”表示；一个“-”表示与基础类型相比，其成本更低，气味更差，轻量化效果更差等，两个“-”表示比一个“-”更低/更差；一个“+”表示与基础类型相比，其成本更高，气味更好，轻量化效果更好等，两个“++”表示比一个“+”更高/更优，以此类推（后同）。

2）副仪表板。副仪表板通常包含副仪表板本体、面板装饰板、扶手箱及中部储物盒等。

副仪表板的主要功能是安装各种变速机构，提供优美外观，突显汽车的个性和风格。

表9-21所列副仪表板选材方案推荐依据副仪表板骨架，副仪表板两侧护板、副仪表板附件，副仪表板控制面板、副仪表板装饰条，扶手箱，风道分别展开。

表9-21　副仪表板选材方案推荐

零部件	类型	材质	工艺特点	材质特点	轻量化	成本	气味
副仪表板骨架	普通壁厚	PP - TD20	常规注塑，适用于不需要承重过大的骨架设计	刚性差、耐热性稍差、成本较低	+	+	●
	薄壁	PP - LGF20	壁较薄，注塑压力大	刚性好、耐温高	+ +	+ +	-
副仪表板两侧护板、副仪表板附件	普通壁厚	PP + EPDM - TD20	成本较低，维护方便	刚性差、耐热性稍差	+	●	●
副仪表板控制面板、副仪表板装饰条	喷漆件	PC + ABS 油漆	喷漆环境污染大，气味较大	气味较大	+	+	- -
	水转印件	PC + ABS 油漆 + 膜 + 油漆	需要喷多道油漆，气味较大	工序多、气味较大、成本低	+	+ +	- - -
	膜片件	PC + ABS 膜片	成本较高，工艺复杂	外观质感好	+	+ + +	- -
	电镀件	PC + ABS 金属镀层	电镀线体环境污染大，零件对电镀线体的要求高	质感好、触感好	+	+ +	●
扶手箱	表皮	水性 PVC 革	喷涂水性胶水，气味性需要控制烘烤工艺	环保、气味小	●	+ +	-
		超纤底布 PU 皮革	喷涂水性胶水，气味性需要控制烘烤工艺	力学性能好，更接近真皮手感	●	+ + +	+
	骨架	PC + ABS	注塑温度较高	气味性相对 ABS 较好	●	+ +	●
风道	本体	HDPE	吹塑成型	常规通用化用材	●	●	●

3）座椅。汽车座椅分为主、副驾座椅和后排座椅，一个座椅又主要分为坐垫、靠背和头枕三个部分。其结构主要由骨架、泡沫和面套等组成。此外，根据不同的市场需求和产品定位，许多座椅还装有具有其他功能的部件，如安全提醒、按摩、加热、通风等。

座椅面套是与人直接接触的部分，其用材更加值得关注。从消费者角度来讲，座椅面套和面料，直接影响消费者的视觉、触觉、嗅觉感受，也影响着消费者的驾驶舒适性和安全。

座椅面套的造型，面料的颜色、纹理及孔型，直接影响了整车内饰整体的造型风格，同时，座椅面套和面料在整车气味性评价和 VOC 性能方面，起到了至关重要的作用。

表 9-22 所列座椅选材方案推荐依据面料（主要材质有真皮、仿皮、织物等）、复合品（主要有聚醚海绵、3Dmesh 等）、塑料件（主要涉及背板、侧护板、调节手柄等）、座椅发泡等分别展开。

表 9-22 座椅选材方案推荐

类型	材质	材质特点	轻量化	成本	气味
面料	织物 - 机织	力学性能好，拉伸性能差	+ + +	-	+ + +
	织物 - 经编	力学性能稍差，拉伸性能好	+ + +	-	+ + +
	织物 - 纬编	力学性能稍差，拉伸性能好	+ + +	-	+ + +
	仿麂皮	气味比织物差，优于真皮	+ +	+ + +	+
	水性处理 PVC 皮革	环保、气味小	●	●	+ +
	针织底布 PU 皮革	力学性能略差，手感柔软	+ +	+	+ +
	超纤底布 PU 皮革	力学性能好，更接近真皮手感	+	+ +	+ +
	中度修面压花	花纹设计度高，表面涂层厚，原皮等级低，气味略差	●	+ + +	●
	轻度修面压花	涂层稍薄，气味一般	●	+ + +	●
	全粒面	手感柔软，透气吸湿性佳，原皮等级高，气味稍好	●	+ + + +	●
复合品	聚醚海绵	常规用材，双组分发泡	●	●	●
	3Dmesh	回弹性好，成本高，织物材质，气味好	+	+ +	+ + +
背板、侧护板塑料	PP + EPDM - TD20（B1）	用于侧护板、护盖	●	●	●
	PP + EPDM - TD20（B3）	有较高爆破要求，座椅背板	●	+	●
	ABS	有较高的强度和较好的尺寸稳定性，座椅背板	●	+ +	-
座椅调节手柄塑料	PA6 - GF15	用于座椅调节手柄	通用材料	●	●
座椅 PUR（聚氨酯泡沫）发泡	TM①体系	回弹性略差，舒适性略差	+ +	●	+ +
	MT①体系	回弹性好、舒适性好	+ + +	+	+ +

① TM 和 MT 是指聚氨酯发泡中使用的异氰酸酯，T 代表 TDI（甲苯二异氰酸酯），M 代表 MDI（即多亚甲基多苯基二异氰酸酯），TM 为 TDI 和 MDI 的混合，但以 TDI 为主；MT 也是二者的混合，但以 MDI 为主。

4）地毯。地毯总成位于乘员舱内，安装于地板上。起到隔热、吸声、隔声的作用，是车内 NVH（噪声、振动与声振粗糙度）件的重要组成部分。

地毯总成是乘员舱吸声降噪的重要部分，并且作为乘员舱的一部分，其用材更加值得关注，也影响着消费者的驾驶舒适性。

地毯总成的材料选择、加工方式和结构设计等，直接影响了其声学性能对整车的效果，而且该零件在整车气味性评价和 VOC 性能方面，也起到了重要的作用。表 9-23 所列为地毯选材方案推荐。

表 9-23 地毯选材方案推荐

零部件	材质	工艺特点	轻量化	成本	气味	NVH
地毯面毯	PVC	硬触，工艺简单	+ + +	●	●	●
	PET 针刺起绒	软触，工艺简单	+ + +	+	+ + +	+
	PET 复合 POE 基材地毯	软触，挤出复合工艺，复杂	+	+ +	+ +	+ + +
	PA 簇绒复合 POE 基材地毯	软触，挤出复合工艺，复杂	●	+ + +	+ +	+ + +
地毯下隔声垫	回棉（≤30%）+纯 PET	气流成网工艺，效率高	+ +	●	●	●
	纯 PET 毡	梳理成网工艺	●	+ +	+ + +	—
	PU	发泡工艺	+ +	+ +	+ +	+
	3M（PET 超细纤维）	烘温热成型	+ + +	+ + +	+ + +	+ + +

注：1. 基于气味、重量和成本，建议前围隔声垫材料优先采用纯 PET 纤维毡，禁止使用纯回收棉方案。
2. 禁止使用 EVA（乙烯－乙酸乙烯酯共聚物）材料，推荐使用 POE（聚乙烯辛烯弹性体）。

5）顶棚。汽车顶棚又称顶盖内饰板，顶棚结构比较简单，一般由面饰材料（主要为 PVC 复合面料、针织面料复合材料或无纺布）与骨架基材（主要由聚氨酯泡沫和玻璃纤维毡通过聚氨酯胶或 PE 热熔胶粉等热压而成的复合材料）热压成型，还包括其他辅材或附件，如顶灯框架、隔声棉和天窗框等。

顶棚的主要生产工艺有两类：干法和湿法。通常根据有无天窗又可将顶棚区分为天窗型和无天窗型。

顶棚可以装饰顶部空间，阻隔汽车顶部绝大部分的噪声和热量，同时也对乘员头部起保护作用。表 9-24 所列为顶棚选材方案推荐。

表 9-24 顶棚选材方案推荐

零部件	材质	结构	特点	NVH	轻量化	成本	气味
面料复合品	PVC	PVC＋海绵/无纺布	易清洁养护，气味和 VOC 差，触感差	−	−	+	−
	无纺布（普通）	无纺布	成本较低，NVH、产品档次感和舒适性最差	−	+	− −	+
	无纺布（3D 印花）		3D 印花模仿织物纹理，外观档次感提升	−	+	−	+
	针织面料（单色）	面料＋背覆海绵＋无纺布	单色纱线针织后染色，颜色较单一	●	●	●	●

（续）

零部件	材料	结构	特点	NVH	轻量化	成本	气味
面料复合品	针织面料（双色）	面料＋背覆海绵＋无纺布	两种以上颜色纱线针织，面料纹理花型更加多样立体	●	●	＋	●
	针织面料（磨毛）		超细纤维织物磨毛，模仿仿麂皮效果	●	●	＋＋	●
	仿麂皮		超细纤维绒毛，手感舒适细腻，奢华品质外观，需专业护理	●	●	＋＋＋	●
基材复合品	干法	玻璃纤维毡＋PU板＋玻璃纤维毡＋无纺布（PE胶粉复合）	预热基材后铺面料复合品热压成型，工艺较简单，成本有一定优势	●	●	●	●
	湿法2步法	无纺布＋玻璃纤维毡＋PU板＋玻璃纤维毡＋无纺布（聚氨酯胶成型）	成品外观更加有型饱满，结构及轻量化优势明显	＋	＋	＋	－
辅材	热熔胶	无	用于线束、天窗框架及附件等的粘接及包边（不推荐氯丁胶）	●	●	●	●
	海绵垫块（PE）	无	用于顶棚与车身结构较空的位置，支撑和填充	●	●	●	●
	海绵垫块（XPE）	无	回弹性较差	●	●	＋	＋＋
	双组分吸声棉	无	用于填充，改善吸声、隔声效果，气味和NVH性能更好	●	●	●	●

6）行李舱地毯。行李舱地毯通常包括面毯和基板等，行李舱地毯的主要功能是承载物品，同时遮挡备胎及工具盒，呈现出美观效果，设计上注重耐磨损、耐脏污、易清洗打理。表9-25所列为行李舱地毯选材方案推荐。

表9-25 行李舱地毯选材方案推荐

零部件	类型	材质	工艺特点	材质特点	轻量化	承载力	成本	气味
面毯	面毯	PET针刺面毯	针刺成型	触感偏硬，成本低	●		●	●
		PA簇绒面毯	簇绒成型	触感柔和，外观优美，成本高	＋		＋＋	●
基板	方案1：PP玻璃纤维板	PP玻璃纤维板	热压成型（复合面毯）	承载性能差，气味较好	＋＋＋	●	●	＋＋
	方案2：PP蜂窝板	PP蜂窝板	挤出成型（复合面毯） 热压成型（复合面毯）	承载性能一般，气味较好	＋＋	＋	＋	＋＋

（续）

零部件	类型	材质	工艺特点	材质特点	轻量化	承载力	成本	气味
基板	方案3：PP玻璃纤维毡+纸芯+PP玻璃纤维毡	PP玻璃纤维毡	热压成型（复合面毡）	承载性能较好，气味一般	+	++	++	+
		白纸芯						
	方案4：PU发泡+玻璃纤维毡+白纸芯+玻璃纤维毡+PU发泡	PU发泡	PU喷涂模压成型（复合面毡）	承载性能最好，气味较差	●	+++	+++	●
		玻璃纤维毡						
		白纸芯						
	方案5：PP六角/圆柱蜂窝板	PP六角蜂窝板	热压成型（复合面毡）	承载性能较好，气味较好	++	++	+++	++

注：1. 纸芯禁用回收料做的黄纸芯，推荐使用原生浆料做的白纸芯。

2. 行李舱系统目前不涉及簇绒面毡（价格30元/m² 左右），都使用针刺面毡（10元/m² 左右）。

7）行李舱隔板装饰板。行李舱隔板装饰板又称衣帽架，根据车型不同，分为两厢车、SUV和三厢车行李舱隔板装饰板。两厢车和SUV行李舱隔板装饰板通常包括面毯、基板、缓冲垫和泡沫垫等，三厢车行李舱隔板装饰板通常包括面毯、基板、吸声棉、缓冲垫和泡沫垫等。

行李舱隔板装饰板的主要功能是隔挡行李舱和乘客舱，起到一定的美观作用，同时可放置较轻的物品，如衣服、帽子和小物品等，三厢车的行李舱隔板装饰板还起到一定的吸声、隔声作用。表9-26所列为行李舱隔板装饰板选材方案推荐。

表9-26　行李舱隔板装饰板选材方案推荐

车型	零部件	部位	材质	工艺特点	材质特点	NVH	轻量化	成本	气味
两厢车/SUV	行李舱隔板装饰板	面料	PET针刺面毡	针刺成型	触感偏硬，成本低		+	●	●
			PA簇绒面毡	簇绒成型	触感柔和，外观优美，成本高		●	++	●
		基板	PP玻璃纤维板	热压成型（复合面毡）	承载性能一般，气味较好		●	●	●
			PP六角蜂窝板		承载性能较好，气味较好，成本高		+	+	+
		缓冲块	TPV/TPE		气味较好，成本高				
		泡沫垫	XPE		轻质、回弹性好				
	行李舱遮物帘（PVC）	面料	PVC乳胶皮	热压成型	美观、简约		●	●	●
		拉板	PP玻璃纤维板						
		内外管（金属制品）							
	行李舱遮物帘（无纺布）	面料	PET无纺布	热压成型	美观、简约、气味好、档次高		+	+	+
		拉板	PP玻璃纤维板						
		内外管（金属制品）							

（续）

车型	零部件	部位	材质	工艺特点	材质特点	NVH	轻量化	成本	气味
三厢车	行李舱隔板装饰板	面毯	PET 针刺面毯	针刺成型	触感偏硬，成本低		+	●	●
			PA 簇绒面毯	簇绒成型	触感柔和，外观优美，成本高		●	+ +	●
		基板	PP 玻璃纤维板	热压成型（复合面毯）	承载性能一般，气味较好				
		缓冲块	TPV/TPE	注塑成型	气味较好，成本高				
		泡沫垫	XPE	物理发泡	轻质、回弹性好				
		吸声棉	PET 平铺棉	超声波焊接	材质较重，吸声性能较好	+	●	●	●
			直立棉	超声波焊接	回弹性好，吸声性能一般	●	+	+	+
			双组分吸声棉	超声波焊接	材质轻盈，吸声性能优异	+ +	+ +	+ +	+ +

8）车门内饰板。门饰板通常包括左前门内饰板、右前门内饰板、左后门内护板及右后门内护板等。车门内饰板的主要功能是包覆车门钣金门板，提供优美外观，与仪表板等内饰协调一致，对车外噪声具有一定的屏蔽作用，为乘员提供一个安静、舒适的乘坐环境。车门内饰板有一定的储物空间，满足人机工程、舒适性、功能性和方便性要求，在侧碰时提供适当的吸能保护，以减小乘员被伤害的可能。表 9-27 所列为门板隔板装饰板选材方案推荐。

表 9-27　门板隔板装饰板选材方案推荐

零部件	类型	材质	工艺特点	材质特点	轻量化	成本	气味
上饰板	注塑	PP－TD10	生产速度快、效率高，适用于大量生产与形状复杂产品	模量较低，尺寸稳定性不好	+ +	－	+ +
		PP + EPDM －TD15			+	－	+
		PP + EPDM －TD20			+	－	+
	注塑（仅骨架）	ABS		模量高，韧性较好，耐高温	●	●	●
		PC + ABS			－	+	●
	模压	木纤维	模具寿命长，成型压力较高，成型工序较复杂	轻量化、可回收、气味差	+ +	+ + +	－ － －
		麻纤维			+ +	+ + +	－ －
	阳模真空吸覆	PVC + PPF	软触，工艺简单，皮纹拉伸后会变形/变浅，倒扣结构有限制	皮质感、气味差	●	●	●
		TPO + PPF		轻量化，气味小	+	+ +	+
	阴模真空吸覆	TPO + PPF	表皮花纹效果好，生产效率高，成型效果好	轻量化，气味小	+	+ +	+
	搪塑	PVC + PU 发泡	皮纹复制佳，国内搪塑线体较多，模具成本较低	皮质感、气味差	●	－	●
		TPU + PU 发泡		耐久、耐低温、韧性、轻质、低 VOC	●	+ +	+ +

（续）

零部件	类型	材质	工艺特点	材质特点	轻量化	成本	气味
中饰板/扶手	注塑	PP－TD10	生产速度快、效率高，适用于大量生产与形状复杂产品	模量较低，尺寸稳定性不好	＋＋	－	＋＋
		PP＋EPDM－TD15			＋	－	＋
		PP＋EPDM－TD20			＋	－	＋
	注塑（仅骨架）	ABS		模量高，韧性较好，耐高温	●	●	●
		PC＋ABS			－	＋	●
	低压注塑（扶手不适用）	PP＋EPDM－TD15	注塑压力低，工艺周期短，尺寸精度高	模量较低，尺寸稳定性不好	＋	－	＋
		PP＋EPDM－TD20			＋	－	＋
		PC＋ABS		耐高温，尺寸稳定性好	－	＋	●
	模压	木纤维	模具寿命长，成型压力较高，成型工序较复杂	轻量化、可回收、气味差	＋＋	＋＋＋	－－－
		麻纤维			＋＋	＋＋＋	－－
	低压注塑	织物	手工包覆较多，更改颜色皮纹方便，适于个性化，触感/质感最佳	软触感	＋＋	－	＋＋＋
	包覆	PVC		价格低	●	●	●
		PU		手感柔软	＋	＋＋	＋＋
		仿麂皮		轻质	＋	＋＋＋	＋＋
		真皮		高贵	－	＋＋＋	－
装饰条	喷漆	PC＋ABS水性漆	施工环境要求较高，污染较大	效果单一，气味较大	●	●	●
	水转印件	PC＋ABS油漆＋膜＋油漆	需要喷多道油漆，气味较大	工序多，气味较大	●	＋	－
	膜片件	PC＋ABS膜片	设计自由度高	光学性能好，可获得多种效果	●	＋＋	－
	电镀件	PC＋ABS金属镀层	电镀线体环境污染大，零件对电镀线体的要求高	质感好、触感好	－	＋＋	＋
	复合注塑	真铝	工艺难度较大	高质感	－	＋＋＋	＋＋
	复合注塑	真木	工艺难度较大	高质感	－	＋＋＋	＋＋
下饰板	注塑	PP－TD10	生产速度快、效率高，适用于大量生产与形状复杂产品	模量较低，尺寸稳定性不好	＋＋	－	＋＋
		PP＋EPDM－TD15			＋	－	＋
		PP＋EPDM－TD20			＋	－	＋
	注塑（仅骨架）	ABS		模量高，韧性较好，耐高温	●	●	●
		PC＋ABS			－	＋	●
	双组分吸声棉	PP＋PET		用于填充，改善吸声效果，气味和NVH性能较好	●	●	●

2. 车身工艺胶开发

车身工艺胶在汽车制造中虽然只是辅助工艺材料，但是由于其可以简化汽车生产工艺，节省材料用量，增加结构强度，尤其在防振、防腐、密封、降噪、轻量化及提高汽车舒适性和安全性等方面有着特殊的作用。车身工艺胶已经成为汽车生产工业中不可或缺的工艺材料。

在汽车生产过程中，车身工艺胶主要涉及焊装用胶、涂装用胶和总装用胶。焊装用胶主要包含折边胶、结构胶、点焊胶和减振胶，涂装用胶主要包含焊缝密封胶、抗石击涂料，总装用胶主要包含车窗玻璃胶。

（1）焊装用胶

1）折边胶。

① 折边胶的应用。折边胶主要用于四门两盖钣金折边部位，是一种替代点焊且具有较高强度的胶粘剂，其应用部位如图9-18绿色部位所示。折边胶一般由环氧树脂、固化剂、固化促进剂、增韧剂和填料组成。

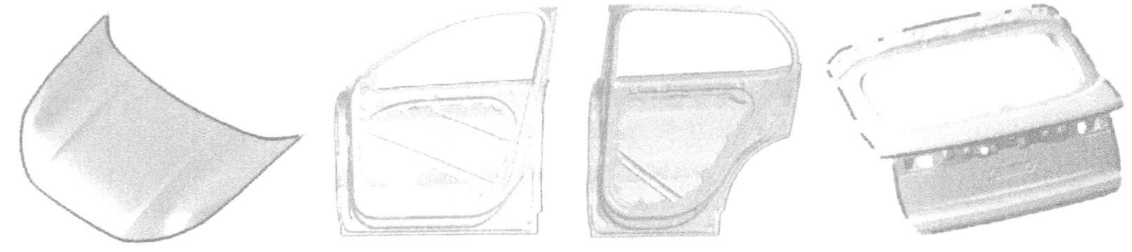

图9-18 折边胶应用部位（见彩插）

② 折边胶的作用。折边胶取代了部分点焊，除了改善外观、降低成本、简化工艺之外，还使得组装工件的应力分布更加合理，避免焊接造成的应力集中现象，同时提高包边部位的密封性，提高结构的耐腐蚀能力。

③ 折边胶的分类。折边胶常见的分类方式有按强度分类、按组分分类等，见表9-28。

表9-28 折边胶常见分类

分类		特 征
按强度分类	低强度	低黏度、易施工、低成本，用于一些强度不高的特殊车型的特殊部位
	中强度	中黏度、中强度，应用普遍
	高强度	高粘度、高强度、高韧性，特殊强度要求应用
按组分分类	单组分	一般以环氧树脂为主体，加热高温固化
	双组分	一般以环氧树脂或丙烯酸树脂为主体，室温下可初步固化

2）结构胶。

① 结构胶的应用。结构胶一般用于具有拉伸、剪切、冲击及振动等受力状况部位的结构粘接，是一种对机械强度和耐久性要求较高的胶粘剂。

② 结构胶的作用。结构胶的应用可增加车身结构的连接强度，提高车身刚度，避免焊接应力引起的局部开裂或变形，降低车内低频振动和低频噪声，提升NVH性能。结构胶的弹性作用可以吸收部分能量，提高整车安全性和耐久性。结构胶连接不同金属材料还可防止

电机电位差引起的电偶腐蚀。

③ 结构胶的分类。结构胶根据其主要组成成分可分为环氧树脂型和丙烯酸酯型，见表9-29。

表 9-29　结构胶常见分类

分类	特　征
环氧树脂型	一般改性的环氧树脂型结构胶主要用于白车身钣金粘接，加热后固化 特殊改性的环氧树脂型结构胶可用于钢板和铝板不同金属之间的粘接，也可用于钢板和纤维复合材料的金属和非金属材料之间的粘接
丙烯酸酯型	一般用于室温固化的轻金属材料或非金属材料的粘接，如铝合金、复合材料等

3）点焊胶。

① 点焊胶的应用。点焊胶一般用于车身钣金冲压件搭接焊缝内的密封，用来保护焊点和密封缝隙。点焊胶通常由合成橡胶、增塑剂、增黏剂、交联剂等组成。

② 点焊胶的作用。点焊胶主要是对焊点周围及焊点之间的缝隙起密封作用。点焊胶几乎适用于所有车身焊缝处，尤其是焊装之后被零件遮蔽或不宜涂布焊缝密封胶的部位，点焊胶也可以与焊缝密封胶并用，密封焊缝，提高结构的密封性，提升车身的耐腐蚀能力。

③ 点焊胶的分类。点焊胶常见分类见表9-30。

表 9-30　点焊胶常见分类

分类		特　征
按主要组分分类	橡胶型	汽车上主要应用的类型，施工性能好，能与电泳烘烤工艺较好地匹配
	PVC 树脂型	适用于无电泳烘烤的低温固化环境，因点焊中 PVC 易分解锈蚀点焊部位，逐渐被淘汰
按体积变化率分类	非膨胀型	主流产品，无发泡膨胀
	膨胀型	主要适用于凹凸不平的密封面，可在加热固化后填充缝隙，但施胶工艺要求较高

4）减振胶。

① 减振胶的应用。减振胶主要用于车身覆盖件与钣金加强梁之间的缝隙，用来减小振动和噪声。减振胶一般由合成橡胶、合成树脂、增塑剂、硫化剂及发泡剂等组成。

② 减振胶的作用。减振胶的应用，避免了钢板与加强梁之间的直接接触，防止了二者碰撞产生振动和噪声。减振胶也增加了钣金的稳定性，加固了车体结构，改变了车体的固有频率，控制共振。除此之外，特殊部位使用减振胶可以取消或减少焊点，提高车身的外观质量。

③ 减振胶的分类。减振胶常见分类见表9-31。

表 9-31　减振胶常见分类

分　类		特　征
按体积变化率分类	非膨胀型	粘接强度高
	膨胀型	加热固化后可对粘接部位进行填充，提高粘接效果

（2）涂装用胶

1）焊缝密封胶。

① 焊缝密封胶的应用。焊缝密封胶主要涂敷于车身钢板内、外焊缝及钢板搭接部位，随面漆烘烤一同固化，可起到防漏防锈蚀、增加车体美观性的作用。具有易涂敷、附着力强、涂装性好、耐老化及耐腐蚀等特点。

② 焊缝密封胶的分类。常见的焊缝密封胶有聚氯乙烯（PVC）焊缝密封胶、单组分聚氨酯焊缝密封胶、丙烯酸型焊缝密封胶、预成型焊缝密封胶等类型，见表9-32。

表9-32 焊缝密封胶常见分类

分类	特 征
聚氯乙烯（PVC）焊缝密封胶	最常用的焊缝密封胶，制造工艺简单、价格低廉、施工性好，加热固化后耐磨性、耐挠曲、耐化学介质性能优异，能与电泳漆、环氧聚酰胺底漆等良好结合
单组分聚氨酯焊缝密封胶	固化后具有很高的强度，弹性好，耐冲击性好，挠曲性优异，体积收缩率低，耐老化性能好
丙烯酸型焊缝密封胶	相比于聚氯乙烯（PVC）焊缝密封胶，丙烯酸型焊缝密封胶不含氯，使涂装用胶去“卤”化，提升环保性能
预成型焊缝密封胶	以EVA为主体材料，主要在外表面作为装饰性密封材料使用

2）抗石击底涂。抗石击底涂主要由高分子材料与无机填充材料组成，常用的是PVC抗石击底涂。通常喷涂于轮罩、底盘及车身下侧部位。它可以提高车身底板的耐腐蚀能力，对外界冲击起到缓冲作用，保护车身，减小由发动机、车轮与路面接触及车身振动产生的噪声，同时对底部及轮罩内的缝隙和凹坑有一定的密封作用。

（3）总装用胶　总装用胶主要有车窗玻璃胶，车窗玻璃胶主要用于汽车前后风窗玻璃、侧窗玻璃、三角玻璃等与车身的粘接和密封。车窗玻璃胶通常与清洗活化剂、底涂剂配合使用，增强粘接处的粘接强度与耐老化性能，其粘接结构示意图如图9-19所示。

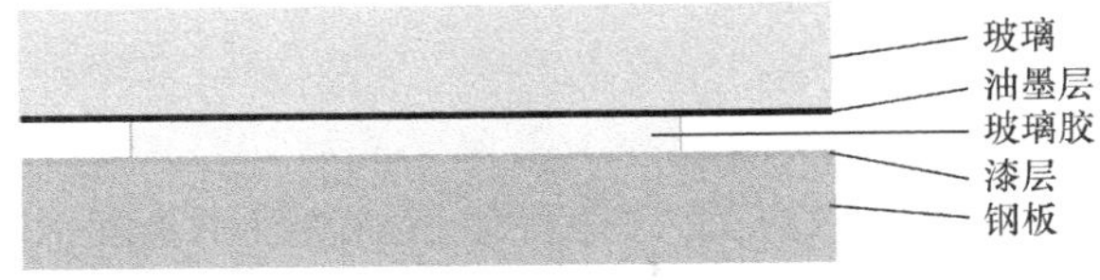

图9-19　车窗玻璃胶粘接结构示意图

清洗活化剂主要用来清洗并活化玻璃和窗框被粘接表面，提高粘接强度。底涂剂分为玻璃底涂剂、漆面底涂剂，都具有提升被粘接表面粘接适应性的效果。油墨层也是底涂剂的一种，其除增强粘接效果外，还起到提高车窗玻璃胶耐老化性的作用。

3. 低挥发性材料数据库建设与管理

（1）低挥发性材料数据库建设的意义　对于车内内饰零件而言，低挥发性材料的选择和管理是保证车内环境健康、安全、环保的基础。为了有效管理内饰材料的选择，持续优化，横向对标，整改问题，建立一套关联材料、部位、零件、整车的数据库管理系统非常必要。

由于影响材料挥发性的因素众多，且这些因素往往不易调查清楚，往往每次测试的数据之间存在很大的差异，单次测试的结果不能说明材料的好坏，对低挥发性材料的应用推广造成很大困扰。为了解决这个问题，可以采用系统的研究方法，通过对材料多次测试数据进行分析从而掌握材料的总体趋势，关联材料、零件和整车之间的数据，快速锁定导致整车、零件不达标的材料。

（2）企业低挥发性材料数据管理现状分析　很多企业都开发了财务管理系统及物料进出库管理系统，通过系统可以将相关业务进行关联。但对于一些专业领域的业务未开发数据管理系统。实际工作过程中，通过表格软件（如 Excel）来记录业务产生的数据。例如，将材料信息存储在一张表单中，将材料的挥发性数据存储在另外的表单中，将零部件的信息及挥发性数据存储在另外的表单中，这样分散式存储的数据无法进行关联，同时由于存储的表单过多，人员的变动很容易导致数据的丢失和不完整。各业务过程中的数据不能关联起来，给低挥发性材料应用分析造成不便，从而导致不能通过大数据，多业务的关联性对数据进行分析和处理，无法真正识别出低挥发性材料，影响低挥发性材料的推广和应用。

（3）低挥发性材料数据库逻辑　数据库是存储和分析多张相关联表的工具，同时它还具有对每种表进行管理的功能。一张表代表一个实体或抽象对象，表中一列代表一个属性，表中一行代表一条记录，属性之间具有独立性。表与表之间通过主外键进行关联，也就是两个表之间存在相同属性的列，这里所说的表与 Excel 中的表不同，其具有以下几个特征：

1）表中行不能重复。

2）每一列的数据类型相同。

3）单元格不能合并。

4）行或列与存储次序无关。

两表之间的关联是通过两表之间相同属性的值实现的。例如，在 A 表中将 A 的编号作为主键，在 B 表中将 A 的编号作为外键，这样 A 表中相同编号的行和 B 表中相同编号的行关联起来。如果 A 表中的一个编号在 B 表中找到 n 行，而 B 表中的一个行在 A 表中只有唯一一行，那么 A 与 B 的关系为一对多的关系，如果 B 表中的一行在 A 表中也可以找到多行，那么 A 与 B 的关系为多对多的关系。

低挥发性材料数据库的建立是通过定义材料表、部位表、零件表、整车表及对各层级的实体建立属性表，通过在具有直接关联的表中设置相同属性字段将表之间进行关联。例如，在材料表中将材料牌号作为主键，在部位表中设将材料牌号作为部位的一个属性，从而将材料表和部位表进行关联。另外再建立材料 VOC/气味属性表，在属性表中将材料牌号作为一列（外键），从而将材料信息和材料 VOC/气味属性直接关联起来，通过材料表将材料 VOC/气味属性和部位间接地关联起来。其余表之间的关系以此类推，从而使得所有表之间建立联系，就像建立一张网，将周边的及非周边的普遍联系起来。

（4）低挥发性材料数据库结构　低挥发性材料数据库基于材料、部位、零件、整车之间的层级关联搭建，每个层级之间通过其业务逻辑形成一对多、多对多的关系。具体要根据实际情况而定，下面说明每个层级之间的关系。

1）材料和部位之间的关系。材料是组成部位的基础原料，部位是材料的实物表现。一种材料可以制造不同的部位，对于一个零件具体部位，往往只选择一种材料进行生产，所以材料和部位之间形成一对多的业务关系。

2）部位和零件之间的关系。部位是组成零件的最小单元，一个零件由多个部位组成，而一个部位可以生产不同的零件（同一车型不同配置的零件），从而形成一种复杂的多对多关系。

多对多的关系会形成相同的行，这与表的要求相矛盾，所以在实际处理中，会将多对多的关系转化为两个一对多的关系。在这个转化过程中会形成一个新表（关系表），用于存放关系中较多的数据。

3）零件和整车之间的关系。每辆车都是由多个零件通过一定的次序装配在特定位置而成的，每个零件只能装配在一个特定配置的车内，所以整车和零件形成一对多的关系。

4）实体和属性之间的关系。每个层级（材料、部位、零件、整车）可以被视为一个实体，每个实体具有特定的属性，如材料具气味、VOC、组成、力学性能等特性。每个材料可以测试多次，产生多次测试数据，每个数据都是对应某个具体的实体，所以实体和属性之间是一种一对多的关系。

通过以上对各实体的分析可以看出，每个实体之间通过某一共同属性列关联起来，最终各个独立的实体互相产生关联，甚至不同层级之间的属性之间产生联系。从而形成一个关联到零件、整车的材料数据库，通过不同层级数据之间的关联识别出低挥发性的材料。

9.4.2 车内环境研发体系与管控方式

1. 目标设定与系统选型

零件的设计选型对于零件最终能够达到的气味和 VOC 状态有着至关重要的作用。受各种材料基本性质的限制，各种材料的散发性能所能达到的上限存在一个隐形的“天花板”，试图突破“天花板”的动作常常会较大幅度地影响其他的相关性能和成本、产量和生产效率等指标，往往会造成得不偿失的结果。虽然各种材料可以通过工艺优化、后端处理等方式提高性能，但是零件设计方案的选型、零件结构优化、零件选材优化等前端设计方案才是最有效率的获得良好的车内空气设计指标的路径。

2. 实物验证

根据新车开发流程，零件的开发通常经过设计选型、虚拟验证、零件实物验证、装车验证等数个阶段。对车内空气属性最重要的阶段即为零件实物验证阶段。零件实物验证阶段又分为零件选材验证阶段、零件设计符合性验证阶段和零件量产一致性验证阶段。

各验证阶段的开发节点情况和验证周期情况如图 9-20 所示（见彩插）。

在零件选材验证阶段，必要时可以借用供应商其他项目的模具生产材料或者零件进行状态摸底，提前获得材料或者零件性能的大致状态，以提前对零件进行整改，获得更多的整改时间，减轻项目节点的压力。材料分供方管理如图 9-21 所示。

推荐的重点管控材料清单见表 9-33。

在零件设计符合性验证阶段，需要结合气味前置开发工作，压缩实物验证的试验周期和整改风险。并采用冻结资料，固化材料、工艺、仓储等管控点，作为一致性审核依据。图 9-22 所示为一致性审核。

在零件量产一致性验证阶段，需要研发部门和质量部门及生产部门密切配合，成立气味管控专项团队，开展定期碰头和工作验收等，并每月完成零件抽检和供应商现场飞行检查，持续整改问题点。图 9-23 所示为零件一致性检查流程图。

表 9-33 管控材料清单

设计部位	部件	零件供应商	子部件	材料类型	材料牌号	材料供应商	库内/外	气味评定（最近一次）				VOC 评定（最近一次）			
								完成日期	测试结果	说明	状态	完成日期	测试结果	说明	状态
内饰及附件	仪表板		本体骨架	PP – LGF											
			饰护板	PP + EPDM + T20											
			装饰条	喷漆/水转印/INS											
			搪塑表皮	PVC											
			软质发泡层	PUR											
			位销、卡子、锁止	POM											
			隔声垫	PET + PP											
	副仪表板		本体骨架	PP – LGF											
			饰护板	PP + EPDM + T20											
			扶手箱包覆表皮	PVC + PU											
			隔声垫	PET + PP											
	座椅总成		靠背、坐垫	PU 发泡											
			座椅面料	织物面料											
			座椅面料	PVC 面料											
			座椅面料	真皮											
			织物/PVC 海绵	PUR											
			座椅底布	PET											
	顶盖内饰板		低配面料	PET											
			高配面料	经编面料 + PU											
			基材	PU 玻璃纤维毡											
	地毯总成		地毯面料	PET + POE + PE											
			地毯隔声垫	PU											
	地毯隔声垫		本体	PET											
	行李舱隔板		基材	PP + GF											
			面料	PET											

内饰及附件	行李舱隔物帘		拉板基材	木纤维板											
			面料	PET											
	行李舱地毯		基材	蜂窝板											
			面料	PET											
	左右侧饰板		基材	PET + PP + PET											
			PET	吸声棉											
			隔声垫	PET											
	前围隔声垫		硬层	POE											
			软层	PU 发泡											
	车门内饰板		本体	PP + EPDM + T20											
			中饰板面料	PVC + PU											
			防撞块	EPP											
			隔声垫	PET + PP											
	立柱及门槛		本体	PP – EPDM – T20											
			PET	吸声棉											
			卡扣	POM											
	遮阳板		面料	针织面料 + PU + PET											
	通风管道		本体	HDPE											
安全	转向盘		发泡基材	PU											
			包覆层	PU/真皮											
开闭件	车门密封条		海绵胶	EPDM											
热管理	空调主机		壳体/盖板/风道	PP – T20											
			密封海绵	PU/EPDM											

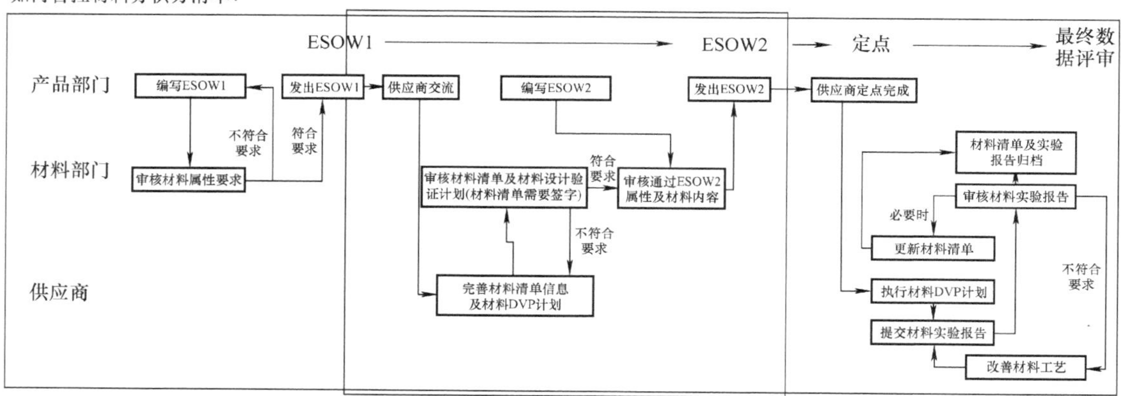

图 9-21　材料分供方管理

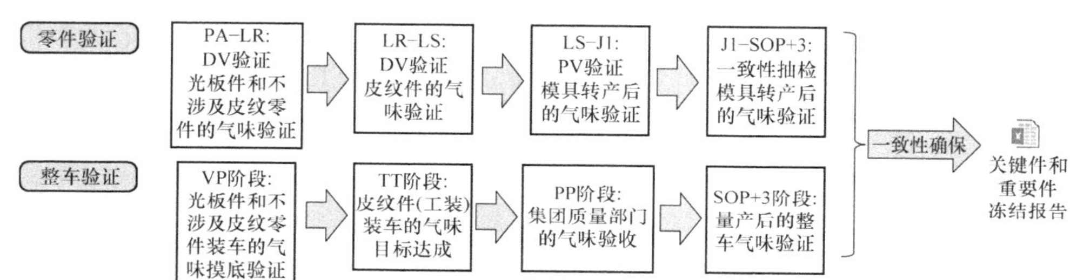

图 9-22　一致性审核

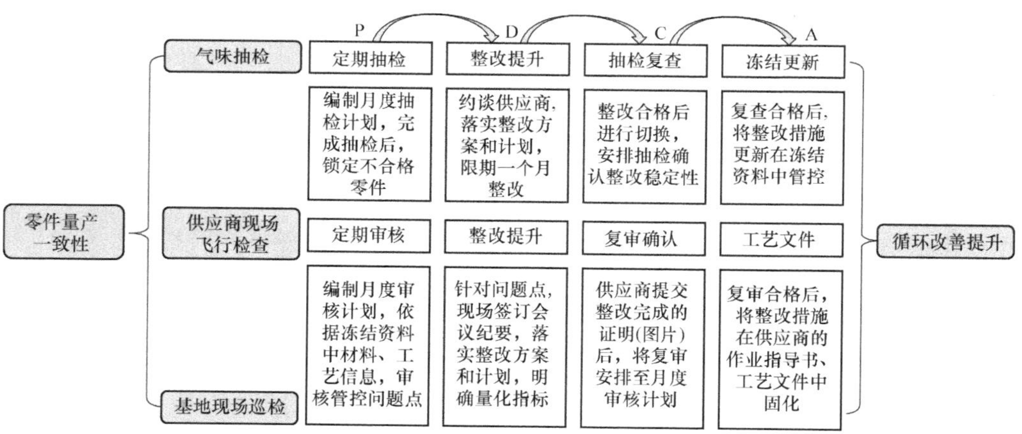

图 9-23　零件一致性检查流程图

3. 弱点问题规避

问题分析见表 9-34。

表 9-34　问题分析

问题描述	问题原因	整改措施
某车型纸蜂窝玻璃纤维材料（PHC）材质备胎盖板气味超标	PHC材质的原料所决定的，其中会用到较多的木纤维和胶，会对气味产生很大影响	采用PP蜂窝板材代替PHC板材，采用PE膜热压替代胶粘工艺
某车型玻璃纤维增强PP材质的隔板气味无法达到6级，虽然优于木粉板	PP材料在200℃的高温下非常容易碳化，出现焦臭味	优化材料：在玻璃纤维增强PP表面添加一层阻隔胶膜层，有效阻隔气味散发
某车型座椅真皮面料气味超标	真皮材质原料及后处理工艺决定，其中会用到很多化学溶剂处理真皮原料以改善其物理性能，会释放出很多难闻气味	优化后处理工艺：延长皮革复鞣水洗时间及真空干燥时间，并增加挂晾工序
某车型行李舱隔物帘一般为PVC材质，气味方面存在较大问题，一般只能达到5级	受原材料及生产工艺影响，PVC面料的气味基本无法达到6级需求	优化材料：将PVC面料更换为仿PVC皮的无纺布面料
某车型在试乘试驾时，有试驾员反馈空调出风口会释放异味。空调异味伴随压缩机起停呈现规律性出现，每次异味持续时间为3～5s	问题源头为蒸发器，异味出现时刻锁定为蒸发器温度为－1～0℃左右，压缩机停止后3～5s内 台架测试和整车测试能规律复现 经与业内系统供应商及材料供应商等交流，关于此异味，目前行业内比较认可的解释为：大气中含有的能溶于水的酸性物质，随水附着在蒸发器表面，当蒸发器表面温度降低到0℃以下后，温度再上升，导致蒸发器表面的水凝结成冰之后吸热蒸发，随鼓风机吹出，从而被感知	优化蒸发器结构：更换为平行流蒸发器，使得蒸发器各点的温度均一性提供 优化空调温度控制逻辑：使得蒸发器各点的温度保持大于0℃
某车型由于NVH的需求，经常需要添加EVA材料，而该材料由于自身的材质问题，气味始终无法整改合格	EVA本身的材料是橡胶，而目前供应商为节省成本，需要添加70%以上的碳酸钙，为使得无机物和橡胶充分混合，需要添加各类的相容剂，而相容剂由于分子链较小，基本无法满足气味标准	优化材料：用双阻抗材料取代EVA＋PU结构，既能满足气味要求，同时NVH性能也没有降低
某车型的转向盘真皮气味干、湿态均为5.5分，不能满足6分的要求。	真皮本身为天然材料，而且加工工序复杂，在鞣制、复鞣过程中会加入很多化料，底涂和顶涂过程也会对气味有影响	通过过程工艺和后处理过程的优化改善气味： 增加水洗次数，从3次增加到4次（每次为在60℃条件下水洗10min） 延长皮胚干燥的时间，由3h增加至4h 皮革成品后不要立即包装，静置24h以上
某车型车门密封条气味等级只有4级，不满足新标准提升要求	橡胶混炼胶中含有炭黑、石蜡油、硫磺和促进剂等物质，在橡胶的硫化交联反应中会释放出一部分有机挥发物和一些有气味的小分子挥发物，一部分气味物质会残留在产品上，随着时间的延长和温度的升高慢慢挥发。以上是造成产品气味超标的主要原因	提高配方中石蜡油的闪点，由250℃左右提高到300℃左右
某基地发现行李舱工具盒的颜色发白，同时抽检发现气味劣化明显，发泡聚丙烯（EPP）材料气味5.5级	经过供应商生产现场检查，供应商出于生产便利性，将聚苯乙烯泡沫（EPS）发泡件与EPP共线生产。EPS材料的气味表现较差，造成污染问题	将EPP与EPS产线分开 新建预压罐4个，EPP原料独立存储 改造了5台EPP设备，直接用自来水生产冷却 新建干燥室三间，这三间干燥室只生产EPP产品

（续）

问题描述	问题原因	整改措施
某车型仪表台装车发现焦臭味严重	PVC 表皮粉末未优选 PVC 表皮结皮温度过高。根本原因是 PVC 结皮模具较少，为加快生产流程，不得不采用较高的结皮温度 搪塑发泡类型不合适导致背部溢料。发泡催化剂类型不合适导致反应速度过快，内部压力大导致溢料，造成粘膜；所使用脱模剂气味大，影响不良	优选搪塑粉末牌号 降低 PVC 表皮结皮温度，由 380℃降低至 350℃ 短期措施：推荐使用气味性能好的水性脱模剂 永久措施：调整发泡体系，选取反应慢的催化剂，从而改善背部溢料，取消使用脱模剂 调节设备，更改加热炉吹风口角度（向上模方向调节 15°），优化一模两件产品一致性，使有问题的上模背部流平改善，下模气味问题得到一定的缓解 改善生产环境，防止污染

9.4.3 车内环境量产一致性管制

1. 量产管控总体思路

量产管控总体思路如图 9-24 所示。

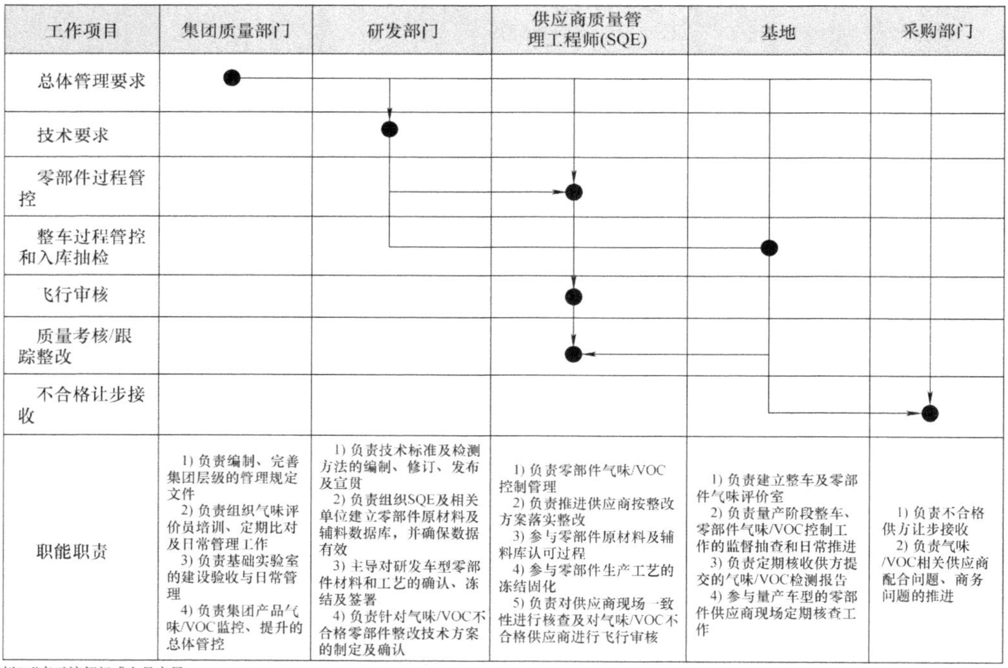

工作项目	集团质量部门	研发部门	供应商质量管理工程师(SQE)	基地	采购部门
总体管理要求	●				
技术要求		●			
零部件过程管控			●		
整车过程管控和入库抽检				●	
飞行审核			●		
质量考核/跟踪整改			●		
不合格让步接收					●
职能职责	1) 负责编制、完善集团层级的管理规定文件 2) 负责组织气味评价员培训、定期比对及日常管理工作 3) 负责基础实验室的建设验收与日常管理 4) 负责集团产品气味/VOC监控、提升的总体管控	1) 负责技术标准及检测方法的编制、修订、发布及宣贯 2) 负责组织SQE及相关单位建立零部件原材料及辅料数据库，并确保数据有效 3) 主导对研发车型零部件材料和工艺的确认、冻结及签署 4) 负责针对气味/VOC不合格零部件整改技术方案的制定及确认	1) 负责零部件气味/VOC控制管理 2) 负责推进供应商按整改方案落实整改 3) 参与零部件原材料及辅料库认可过程 4) 参与零部件生产工艺的冻结固化 5) 负责对供应商现场一致性进行核查及对气味/VOC不合格供应商进行飞行审核	1) 负责建立整车及零部件气味评价室 2) 负责量产阶段整车、零部件气味/VOC控制工作的监督抽查和日常推进 3) 负责定期核收供方提交的气味/VOC检测报告 4) 参与量产车型的零部件供应商现场定期核查工作	1) 负责不合格供方让步接收 2) 负责气味/VOC相关供应商配合问题、商务问题的推进

标"●"表示该部门或人员主导。

图 9-24　量产管控总体思路

2. 制造基地日常管控能力建设

制造基地日常管控能力建设见表9-35。

表9-35 制造基地日常管控能力建设

能力建设	执行要求
气味管理专员	气味专员，各制造公司安排至少2名气味管理专员，负责基地内部气味问题的总管控，作为基地与集团/研究院/SQE中心等各单位的气味唯一对接人
气味评价室	各基地建立气味评价室（整车和零件），用于整车和零件日常监控
气味评价员	各单位气味评价员统一培训，各单位实验室气味评价员不得少于10人，各单位气味评价员每半年进行气味比对工作

3. 主要工作模式

主要工作模式见表9-36。

表9-36 主要工作模式

项目	抽查样件	抽查频次		备注	实施方
		量产批准至销量批准	销量批准后		
气味	整车	2次/月	1次/月	可接受非标准测试环境	基地
	零部件（袋子法）(17类关键件和重要件)	1次/月	1次/季度	重点零部件①提高到1次/月	基地
VOC	整车	1次	1次/半年	优先采用标准测试环境，可接受非标准测试环境	基地
	零部件（17类关键件和重要件）	1次	供应商1次/半年，基地1次/年	标准测试	基地/供应商
冻结资料	每月对供方进行气味/VOC管控过程的专项审查，按照《零部件材料、工艺冻结报告》对其生产过程中的原材料、工艺及辅料等进行验证				SQE
处罚和装车要求	负责抽样并验证整改效果，供方产品不合格时按照质量协议进行处理；对不配合改进或私自变更材料和工艺的供应商，需要同步提起处罚流程，零部件气味等级低于目标等级一级以上时不允许装车				SQE/基地

① 重点零部件：不合格（未能连续三次测试合格）零部件或质量下降零部件。

4. 制造基地日常业务工作

（1）整车及关键件和重要件试验抽检　基地气味专员每月20日制定下月的抽检计划，不合格项由SQE予以重点考核，涉及的抽检计划、审核过程资料及处理结果均提交至组长和副组长。

（2）一致性飞行检查　关键件和重要件检查频次为1次/月，各项目由SQE制定计划，每月20日提报下月计划至组长和副组长，审核过程和结果及时进行通报，不符合项由SQE进行重罚，将不诚信、无商业道德的供应商列入“黑名单”，新产品开发受限。

（3）基地内部巡检　库房、线边零部件及影响因素每周巡查结果、零部件禁用情况周五下班前进行通报。若发现气味较大的零部件，直接粘贴不合格标识，追溯批次号，立即隔离。若零部件试验测试出现不合格情况，禁止装车使用，退货处理。停线造成的损失由供应商承担。特殊情况需要装车的，需经基地总经理签字确认后方可装车。并按照让步接收原则对供应商进行处罚。

（4）识别优化提升项目　优化提升方案的制定、评审和落地：可持续气味提升的措施，由联合小组共同执行并落实到位，由副组长监督落实情况。

9.5 展望

健康是人们越来越关注的焦点，近年来，各车企为改善车内环境积极创新，逐步研发出新风系统、微正压、车内一键杀菌、香氛体验等功能，建立动静态防护一体的健康车。

9.5.1 车内环境净化

1. N95 滤芯

现有量产汽车空调使用的普通滤纸型滤芯、活性炭滤芯尚未能够过滤 95% 的直径在 0.3μm 以上的颗粒，并不能达到 CN95 型口罩级的净化效果。与人们戴上 CN95 型口罩单纯带来呼吸阻力不同，车载空调需要平衡风阻和容尘量，既要增大滤芯面积，确保过滤效率，控制过滤阻力，还要保证滤芯的长效使用。表 9-37 ~ 表 9-39 所列为相关要求。

表 9-37　过滤效率级别

过滤效率分级		Ⅰ级	Ⅱ级	Ⅲ级
过滤效率（%）	盐性介质	≥99	≥95	≥90
	油性介质	≥99	≥95	≥90

表 9-38　不同防护效果级别口罩的防护效果要求

防护效果级别	A 级	B 级	C 级	D 级
防护效果（%）	≥90	≥85	≥75	≥65

表 9-39　过滤效率

过滤元件的类别和级别	用氯化钠颗粒物检测	用油类颗粒物检测
KN90	≥90.0%	不适用
KN95	≥95.0%	
KN100	≥99.97%	
KP90	不适用	≥90.0%
KP95		≥95.0%
KP100		≥99.97%

车规级“CN95 口罩”空调滤芯可实现对直径为 0.3μm 的颗粒的过滤效率达到 95% 以

上，该系统还能有效过滤空气中的 PM2.5（细颗粒物）颗粒，拦截效率达 99.9% 以上。若同时配合紫外灯、臭氧、等离子等杀菌物品，可做到对病毒、细菌等有害物质进行有效隔离，为用户带来无菌化的车内环境。

CN95 滤芯分为多个类别，除基础版的无纺布 CN95 滤芯外，另有升级版的 CN95 活性碳滤芯、CN95 活性碳抗菌滤芯、CN95 活性碳抗菌抗过敏滤芯。

以上新滤芯在过滤效率方面全部达到能过滤 95% 以上的直径为 0.3μm 的颗粒，另外活性碳滤芯可强力吸附汽车尾气、香烟等有害气体，有效清除异味，去除空气中的苯、甲醛等有害物质；抗菌滤芯采用天然抗菌添加剂，部分采用银离子杀菌技术。在银离子的作用下，细菌细胞壁被破坏，细菌呼吸被禁止且食物摄入被阻碍，细胞的分裂受到抑制，无法完成正常的新陈代谢，能有效抑制细菌/霉菌繁殖（大肠杆菌杀菌效果为 94%，金黄色葡萄球菌杀菌效果为 99%）；抗过敏滤芯采用天然植物多酚添加剂，可有效抑制花粉、霉菌等过敏原。

2. 微正压

微正压的概念最先由特斯拉提出，利用车身良好的密封性，同时配置体积比普通汽车大将近 10 倍的 HEPA（高效空气过滤器）滤芯，通过 HEPA 过滤器吸入所有循环空气，风扇以最大速度运转，以在车厢内形成适量正压，这样可以防止外部空气从门窗缝隙进入。数据显示，HEPA 过滤器能够实现对空气中直径为 0.3μm 微粒具有 99.97% 的过滤效果，配合微正压，对于普通的雾霾有很好的过滤作用，也能够在一定程度上抵挡细菌、花粉和灰尘，有利于提升车内空气质量，从而降低对驾乘人员的健康威胁。

3. 新风系统

解锁和驻车新风系统有助于清新车内空气，新风系统运行时，空调鼓风机会以最大档自动工作，将车外新鲜空气送入车内，同时通过排风口送出车内密闭受污染的空气，持续时间不等，通常为 60s 左右。

（1）解锁新风系统　在发动机未起动时，按下遥控钥匙的解锁按钮，新风系统开启并持续约 60s，此时若打开车门，新风系统将立刻停止工作。

（2）驻车新风系统　在车辆停车熄火后，每隔一段时间（通常为 2～4h），新风系统自动开启并持续约 60s，此时若打开车门，新风系统将立刻停止工作。

新风系统在部分特殊工况下不予起动，如车外温度过低，蓄电池电量太低，发动机关闭时长不足，因车龄原因新风系统不再启用。

4. 负离子空气净化

原子失去或获得电子后所形成的带电粒子称为离子，而负离子就是带一个或多个负电荷的离子也称为阴离子。

我们这里所指的负离子是空气负离子，即是指获得多余成对电子而带负电荷的氧气离子。空气负离子由于带有负电荷，能使通常带正电荷的室内尘埃、烟雾、病毒、细菌相互聚集，失去在空气中自由漂浮的能力迅速降落，从而净化空气。

负离子空气净化器是一种利用自身产生的负离子对空气进行净化、除尘、除味、灭菌的环境优化电器，其与传统的空气净化机的不同之处是将负离子作为作用因子，主动“捕捉”空气中的有害物质，而传统的空气净化机是风机抽风，利用滤网过滤粉尘来净化空气，为被动吸附，需要定期更换滤网，而负离子空气净化器则无需耗材。

与较粗的大气颗粒物相比，PM2.5 粒径小，且在大气中的停留时间长、输送距离远，因而对人体健康和大气环境质量的影响更大。负离子可以和空气中的细菌、灰尘、烟雾等带正电的微粒相结合，使其凝聚并沉淀，有效去除空气中直径为 2.5μm（PM2.5）的微尘，甚至是直径为 1μm 的微粒，从而降低 PM2.5 对人体健康的危害，实验证明，飘尘直径越小，越易被负离子沉淀。

目前，车载负离子发生器技术较成熟，可分为前装和后装两种形式，负离子通常由空调管道吹出，近年来由于市场反馈该功能感知较弱，负离子发生器逐渐被各车企取消，被其他一键杀菌功能替代。

5. 车内一键杀菌

法国健康杂志《TOPSANTE》公布调查结果，随机抽取 1300 辆共享汽车和 1200 辆私家车，结果发现，汽车转向盘平均每平方厘米就有 800 种细菌，而洗手间的抽水马桶每平方厘米仅有 80 种左右。图 9-25 所示为部分汽车转向盘细菌种类。

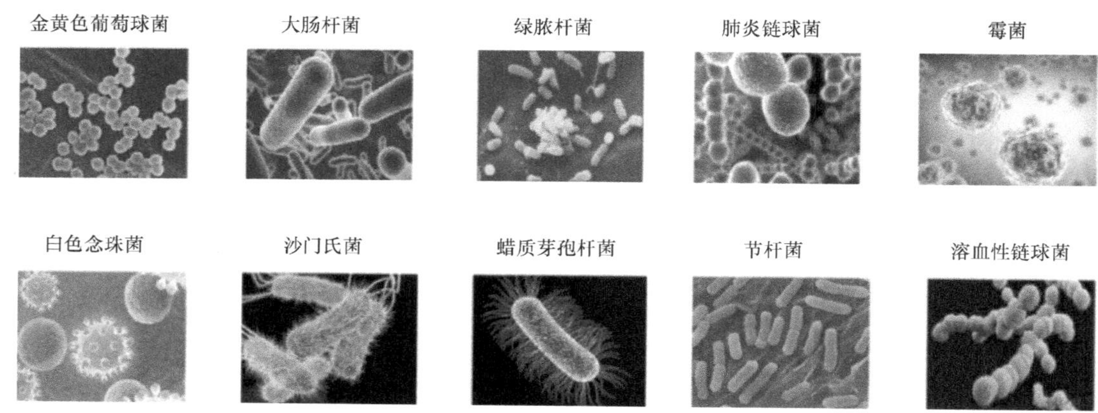

图 9-25　部分汽车转向盘细菌种类

目前市场上常见的杀菌方式有紫外线杀菌、臭氧杀菌、等离子杀菌、远红外线杀菌。

（1）紫外线杀菌　紫外线杀菌是利用适当波长的紫外线破坏微生物机体细胞中的 DNA（脱氧核糖核酸）或 RNA（核糖核酸）的分子结构，使生长性细胞死亡和（或）再生性细胞死亡，达到杀菌消毒的效果。

（2）臭氧杀菌　臭氧由于其具有强氧化性，呈现出突出的杀菌、消毒作用，是一种高效广谱杀菌剂。臭氧还可以杀灭肝炎病毒、感冒病毒等。臭氧在空气中弥漫快而均匀，消毒无死角。

（3）等离子杀菌　在常温常压下向空间循环释放等离子群，电离空气中的 O_2、H_2O 形成大量的氧原子（O）和羟基（OH），等离子可迅速破坏细菌、病毒等微生物的内部结构，对各种致病微生物有强大的杀灭作用。

（4）电场杀菌　通过利用电场电晕净化技术，开发智能空调净化滤芯，隐藏安装在原车空调滤芯的位置，并结合原车的通风系统，把净化过的空气通过车内各个风道输出，以最大化地净化车内每一个角落，实现整车内部无菌化。

（5）远红外线杀菌　远红外线来自于太阳光中的红外线。红外线的波长范围很宽，人们将红外线分为近红外线、中红外线和远红外线。图 9-26 所示为远红外线杀菌原理。

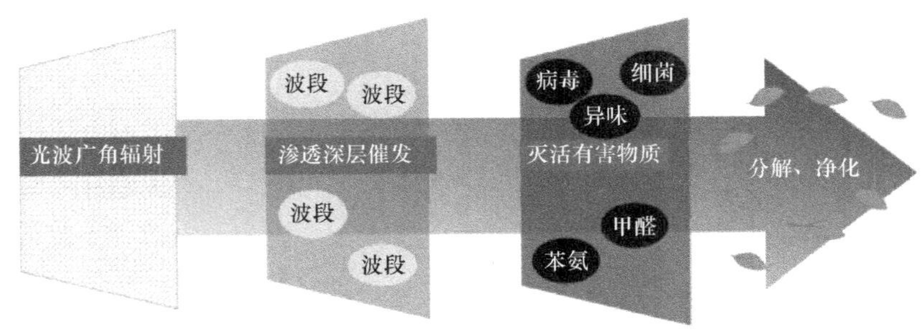

图 9-26　远红外线杀菌原理

6. 其他净化材料

消费者对整车空气质量问题的关注度逐年提高，受限于目前的技术发展水平，车内环境品质在各品牌车型中尚未形成差异化竞争，市场上出现了一部分以车内环境后处理为主要目标的精品服务，主要用于新车售出后、使用前为消费者除甲醛等挥发性有机物。主要处理材料有光触媒、生物酶、活性炭。另有一些厂家提供高分子除味、水离子净化等处理服务，因其原理尚不明确，此处不多赘述。

（1）光触媒　具有代表性的光触媒材料是二氧化钛，它能在光照射下产生具有强氧化性的物质（如羟基自由基、氧气等），并且可用于分解有机化合物、部分无机化合物、细菌及病毒等。日常生活中，光触媒能有效地降解空气中有毒有害气体如甲醛等，高效净化空气；同时，能够有效杀灭多种细菌，并能将细菌或真菌释放出的毒素分解及无害化处理。图 9-27 所示为光触媒作用原理。

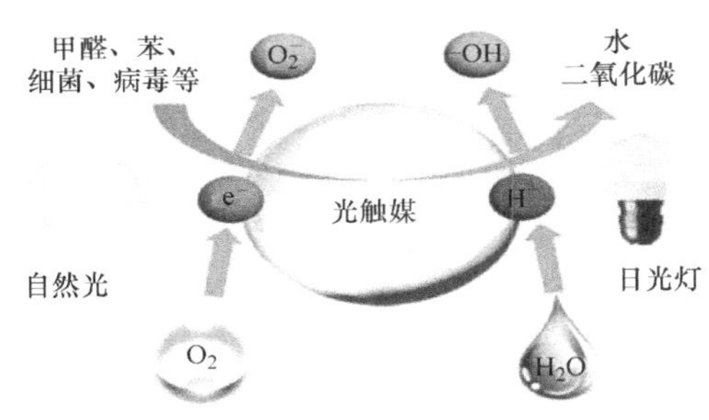

图 9-27　光触媒作用原理

（2）生物酶　生物酶是由活细胞产生的具有催化作用的有机物，大部分为蛋白质，也有极少部分为 RNA。生物酶是一种无毒、对环境友好的生物催化剂，其化学本质为蛋白质。酶的生产和应用，在国内外已有多年的历史，进入 20 世纪 80 年代，生物工程作为一门新兴技术在我国得到了迅速发展，酶的制造和应用领域逐渐扩大，酶在纺织工业中的应用也日臻成熟，由过去主要用于棉织物的退浆和蚕丝的脱胶，到现在在纺织染整的各领域的广泛应用，体现了生物酶在染整工业中的优越性。现在酶处理工艺已被公认为是一种符合环保要求的绿色生产工艺，它不仅使纺织品的服用性能得到改善和提高，又因无毒无害、用量少、可生物降解废水、无污染而有利于生态环保。生物酶广泛应用于纺织、石油、造纸、食品加工、污染治理等领域，同时，生物酶也应用于治理室内装修污染领域，通过催化、吞噬、分解等方式，消除室内装修产生的异味、甲醛等污染。图 9-28 所示为生物酶的作用原理。

（3）活性炭　活性炭是一种经特殊处理的炭，将有机原料（果壳、煤、木材等）在隔绝空气的条件下加热，以减少非碳成分（此过程称为炭化），然后与气体反应，表面被侵蚀，产生微孔发达的结构（此过程称为活化）。活化的过程是一个微观过程，即大量的分子碳化物表面侵蚀是点状侵蚀，因此活性炭表面具有无数细小孔隙。活性炭表面微孔的直径大多在 2 ~ 50nm 之间，即使是少量的活性炭，也有巨大的表面积，每克活性炭的表面积为 500 ~ 1500m^2，活性炭的一切应用，几乎都基于活性炭的这一特点。活性炭对小分子物质具有良好的吸附效果，但饱和后容易发生反释放，产生二次污染。图 9-29 所示为活性炭应用案例。

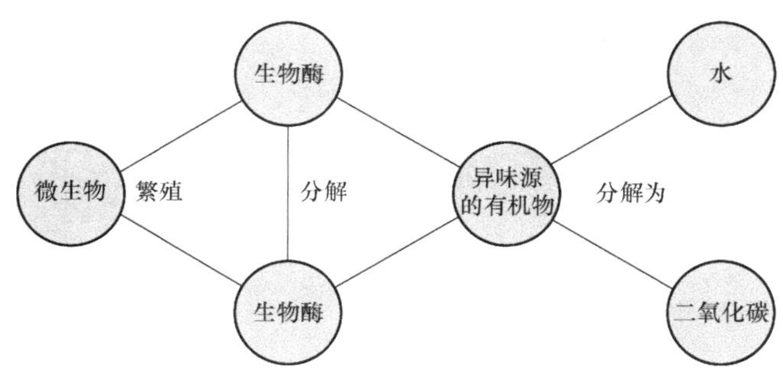

图 9-28　生物酶的作用原理

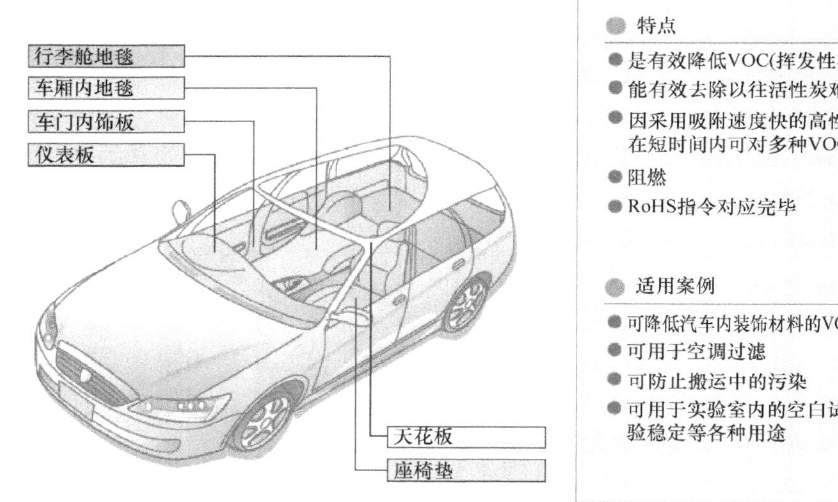

图 9-29　活性炭应用案例

9.5.2　车载香氛系统

各车企为提高驾乘舒适性，不断创新，研发出香氛系统，在传统视觉、触觉、听觉之外，第一次将车内氛围塑造提升到嗅觉层面。

香氛是由水、酒精、香精等组成的（有些是无酒精的，选用其他醇类代替），一般香精的含量是最少的，水和酒精的含量不同的产品有所不同。香氛可以根据酒精和香精浓度的不同而分成几个等级，一般来说，香氛有藤条香薰、喷雾香薰、精油香薰、蜡烛香薰、线香香薰等。不同等级的香氛的持久性和价格也有区别。

车载香氛系统通常安装在杂物箱或扶手箱中，采用独立出风口，散香方式为出风带动香味散发，出于安全考虑，车内香块形式大多为固体，如使用陶瓷或胶体。香氛系统触发功能通常集成在多媒体界面，能够结合用户的需求，在不同场合中进行调换，并为用户提供多种香氛选择，为汽车用户营造一种极致的驾乘体验。

整车NVH性能

10.1 NVH 概述

NVH，即 Noise（噪声）、Vibration（振动）、Harshness（声振粗糙度）。根据汽车行业知名调研机构 J. D. Power 发布的新车质量研究（Initial Quality Survey，IQS），“风噪声大”“发动机噪声大”“轮胎噪声大”“怠速抖动”等振动噪声问题长期占据国内外用户投诉抱怨“排行榜”前列。福特公司前总裁、克莱斯勒公司前总裁 Lee Iacocca 在其自传中明确指出“一款新车能凭借款式和价格销售，而品质则保证了持续的销量。”NVH 性能作为可感知质量（Perceptual Quality）的组成部分被汽车行业公认为汽车产品品质（Vehicle Refinement）的决定性因素。图 10-1 所示为 NVH 客户感知度。

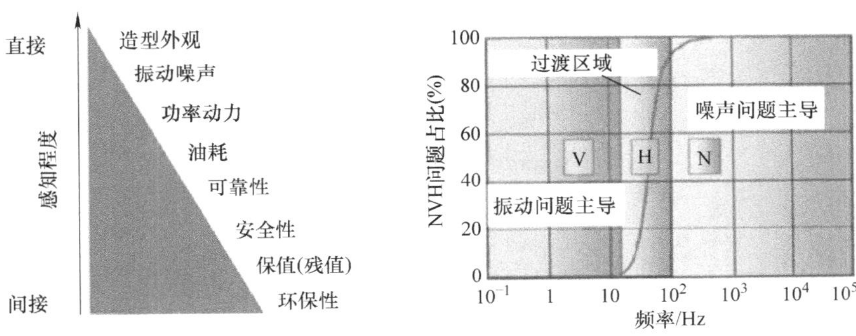

图 10-1 NVH 客户感知度

根据人体对不同频率范围振动噪声的感知程度，可以将 NVH 问题划分三类，低频（20Hz 以下）时人体主要感受到的是振动问题，高频（1000Hz 以上）时则是噪声问题，在频率从低到高过渡的区域（几十到几百 Hz 的频率范围），人体能同时感受到振动和噪声，也就是所谓的声振粗糙度问题，如图 10-1 所示。

在车辆使用的过程中，几乎各零部件都可能产生 NVH 问题，各个总成之间通过力和声振耦合作用也会产生 NVH 问题。表 10-1 列出了部分整车 NVH 性能开发所涉及的车辆总成系统关联性。以车身刚度为例，车身刚度不足会直接引起怠速和行驶工况下的振动问题，车内异响发生的概率大。有研究通过对比 13 个车型的车身刚度与在粗糙路面行驶时的车内噪声测量值并结合主观评价结果，得出了整车 NVH 性能和车身刚度呈直接正相关的结论。NVH 性能是受汽车整体工业技术发展水平、车型成本定位和其他车辆性能所限制的，如近年来新上市的紧凑车型的车内噪声水平已经相当于 20 世纪 80 年代豪华车型的水平，如图 10-2所示。

表 10-1　各总成与整车 NVH 关联性

车辆总成系统	NVH 性能		
	车内噪声	车外噪声	车内振动
底盘	●	●	●
发动机	●	●	●
传动系统	●	●	●
供油系统	●	▲	
电器系统	▲	●	
车身	●	▲	●
座椅	▲		●
空调	●		●
内饰	●		●
外饰	▲	●	

注：●表示直接相关，▲表示间接相关。

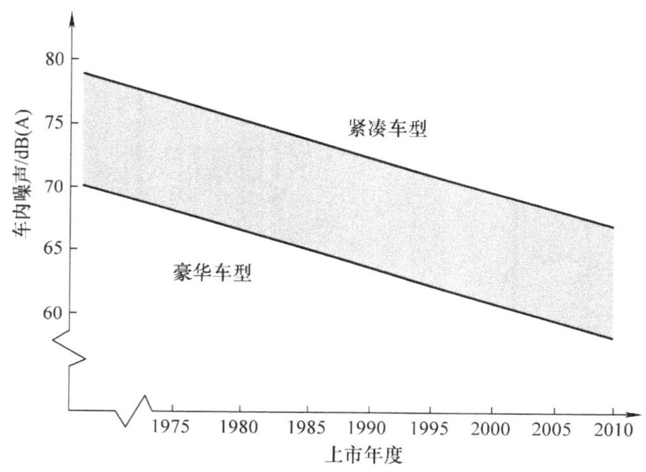

图 10-2　各年度车型车内噪声水平

NVH 工程实践所涉及的理论基础是由多个学科交叉构建的，包括机械振动、结构力学、弹性力学、流体力学、多体动力学、理论声学、管道声学、建筑声学等。振动是物体的基本运动形式之一，即物体围绕某个中心位置进行往复运动。声音产生于振动源，又以特定的振动形态传播。因此，有的车辆工程研究人员将 NVH 的理论基础统称为工程噪声控制学（Engineering Noise Control），或直接称为振动声学（Vibro – Acoustics）。

10.2　NVH 设计理论与方法

10.2.1　振动控制理论基础

隔振和吸振是车辆振动控制的两种基本手段。通过修改结构参数，实现系统动态特性优化的减振方式称为“被动”减振，与之对应的是需要额外能量输入的“主动”减振。要掌握“被动”减振的理论基础，首先需要掌握振动的基本表达形式和特征属性。频率和振幅是用来描述振动的基本物理量。频率f是指单位时间内振动的循环次数，是振动周期T的倒数，单位为赫兹（Hz）。振幅A是指一个周期内振动所达到的最大幅值。弹簧质量系统是描述机械振动的基础模型，单自由度振子模型则是这一基础的第一块基石，振动方程为

$$m\ddot{x} + c\dot{x} + kx = 0$$

式中　m——质量；

c——阻尼；

k——刚度。

通过归一化转换，方程可以改写为

$$\ddot{x} + 2\zeta\omega_0\dot{x} + \omega_0^2 x = 0$$

式中　$\omega_0 = \sqrt{\dfrac{k}{m}}$——固有圆频率；

ζ——阻尼比。

与车辆NVH性能相关的振动大多处于弱阻尼（或称为欠阻尼）情况，即阻尼比ζ在0~1的范围，振动方程的解为

$$x(t) = \mathrm{e}^{-\zeta\omega_0 t}(a\cos\omega_\mathrm{d}t + b\sin\omega_\mathrm{d}t)$$

式中　$\omega_\mathrm{d} = \omega_0\sqrt{1-\zeta^2}$；

a和b——由初始条件决定的待定系数。初始条件分别为$x_0 \neq 0$，$x_0 = 0$的振动响应如图10-3所示。可见阻尼是振幅按几何级数衰减的关键因素，系统的固有频率则主要取决于质量和刚度。

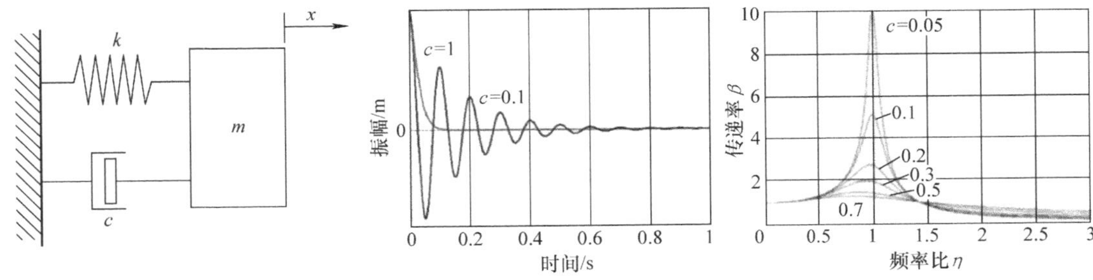

图10-3　单自由度振动

在持续激励的作用下，弹簧质量系统由自由振动转变为受迫振动。受迫振动的特性通常由系统传递率β（系统的输入量和输出量的幅值比）描述，函数的自变量是激励频率ω和系统固有频率ω_0之比η。当$\eta \ll 1$时，系统振动处于刚度控制区；当$\eta \approx 1$时，系统则处于共振区；当$\eta \gg 1$时，系统振动处于惯性控制区，即系统具有隔振的作用。

对于位移激励

$$\beta = \frac{X(\omega)}{X(0)} = \frac{1}{\sqrt{(1-\eta^2)^2 + (2\zeta\eta)^2}}$$

式中　$x(0)$——激励位移幅。

对于力激励

$$\beta=\frac{F(\omega)}{F(0)}=\frac{\sqrt{1+(2\zeta\eta)^2}}{\sqrt{(1-\eta^2)^2+(2\zeta\eta)^2}}$$

式中　$F(0)$——激励力幅。

工程上，通常采用对数形式的隔振率表征系统受力的衰减程度，弱阻尼理想弹簧隔振系统的隔振率为 $D=-20\lg\beta$。对于单级隔振系统，当激励力的频率范围较大时，若要得到较大的隔振率，最有效的措施是降低系统的固有频率，以得到尽可能大的频率比。车辆动力总成的隔振原件在加速工况下的隔振率应不小于20dB。通过降低固有频率实现传递力的衰减，最直接的方法是降低弹性元件的刚度，但随之而来的问题是静态受力的变形量将大增，可能产生强度问题，常用的应对措施有采用具有非线性特性的隔振元件或二级减振系统（图10-4）。

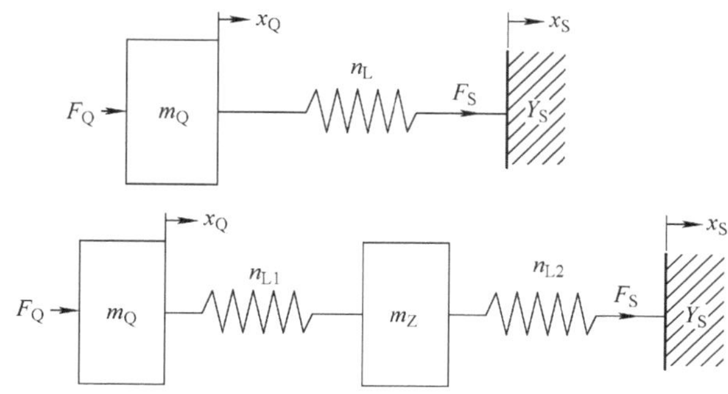

图10-4　单级和二级减振系统

二级减振系统在车辆上也有广泛应用，与之对应的是二自由度振子模型，主动激励力 F_Q 传输到被动接受侧力 F_S 取决于每级振子系统解耦时的固有频率 ω_{01} 和 ω_{02}。传递率为

$$\beta=\left|\frac{F_S}{F_Q}\right|=\frac{1}{\left|\left[1-\left(\frac{\omega}{\omega_{01}}\right)^2\right]\left[1-\left(\frac{\omega}{\omega_{02}}\right)^2\right]\right|}$$

由此可知，二级减振系统的频率设定有两种策略：

1）将两个固有频率都尽可能降低，在激励频率较高时，可获得较一级减振系统更大的隔振率。

2）将两个固有频率尽可能错开，使激励频率落在两个固有频率之间，这种策略往往通过减小中间质量实现，利于提升对中低频率激励的隔振率。

对于振动激励频率范围较窄的问题，使用动力吸振器（Dynamic Vibration Absorber，DVA）是有效和常用的减振手段，即在原有振动系统的主质量 m_1 上附加一个共振频率与激励频率接近的弹簧质量系统，附加质量为 m_2（图10-5）。当设定附加质量的固有频率 ω_2 与原系统固有频率 ω_0 相等时，主质量的稳态振幅比为

$$\left|\frac{X_1(\eta)}{X_1(0)}\right|=\left|\left[1-\eta^2+j\eta2\zeta_1-\frac{\eta^2(1+j\eta2\zeta_2)}{1-\eta^2+j\eta2\zeta_2}\mu\right]^{-1}\right|$$

其中，频率比 $\eta=\frac{\omega}{\omega_0}$；质量比 $\mu=\frac{m_2}{m_1}$；阻尼比 $\zeta_1=\frac{c_1}{2\omega_0 m_1}$，$\zeta_2=\frac{c_2}{2\omega_0 m_2}$。

图 10-5 中，$\lambda=\frac{\omega_2}{\omega_0}$。

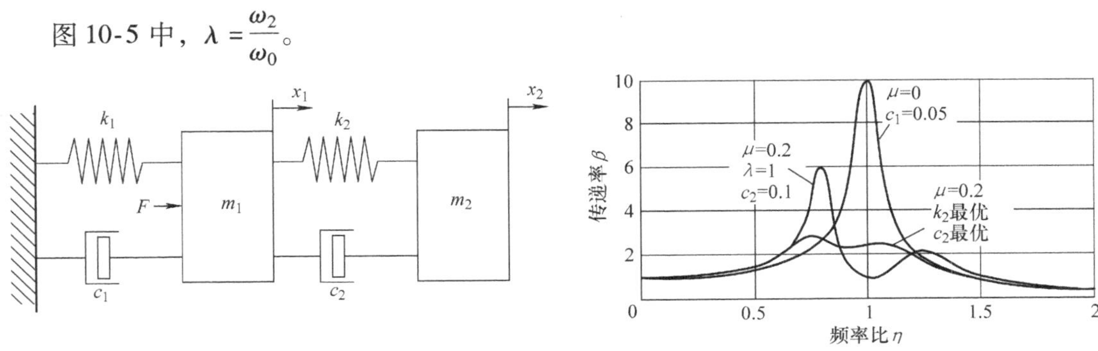

图 10-5 动力吸振器的原理及其传递率

为了确保动力吸振器既能较好地吸收主质量共振能量，又能限制附加质量产生的额外共振，通常将质量比μ控制在 0.2 以下，并根据质量比调整刚度比和阻尼比：推荐刚度比$\frac{k_2}{k_1}=\frac{\mu}{(1+\mu)^2}$；推荐阻尼比$\zeta_2=\sqrt{\frac{3\mu}{8(1+\mu)^3}}$。经过优化的动力吸振器能在更宽的频率范围内实现吸振，因此也称为“最优吸振器”或“宽频吸振器”。

10.2.2 噪声控制理论基础

声音是由能量对局部空气的短时扰动形成的。由于空气作为流体不能传递剪切力，声音在空气中以纵波的形式传播。声压 p 是大气压强受声能扰动产生的波动幅值，单位为帕斯卡（Pa）。由于声压的绝对值范围往往会横跨多个数量级，因此声音的幅值通常采用声压级 L_p 衡量，即声压与参考声压 p_0（1000Hz 的听阈下限）比值的对数值，单位为分贝（dB）。由于不同位置的声压的大小不同，为了衡量声源单位时间辐射的能量大小，采用声功率 W 描述，单位为瓦（W）。假设声源处于一个空间封闭的包络面内，包络面上某一位置单位面积法向流出的声功率被视为该位置的声强 I，单位为瓦/米^2（W/m^2），声强是描述声音指向性的矢量。与声压类似，声强和声功率通常也采用对数表达，即采用声强级 L_I 和声功率级 L_W 衡量。表 10-2 所列为基本声学物理量及其对数表达。

表 10-2 基本声学物理量及其对数表达

声压 p	声压级 $L_p=10\lg\left(\frac{p}{p_0}\right)^2=20\lg\frac{p}{p_0}$	参考声压 $p_0=2\times10^{-5}$Pa
声强 I	声强级 $L_I=10\lg\frac{I}{I_0}$	参考声强 $I_0=10^{-12}$ W/m^2
声功率 W	声功率级 $L_W=10\lg\frac{W}{W_0}$	参考声功率 $W_0=10^{-12}$W

两个以上声源产生的声压叠加不仅取决于幅值，也和频率及相位相关。当两个频率接近的声波叠加时，会产生拍振现象。当多个声源产生的声波不相干（频率不同，相位随机）时，它们产生的声压可以通过声压的平方进行叠加。假设有三个不相干声源的声压级分别为 $L_{p1}=90$dB，$L_{p2}=88$dB，$L_{p3}=85$dB，叠加后的声压级 $L_{pt}=10\lg(10^{\frac{90}{10}}+10^{\frac{88}{10}}+10^{\frac{85}{10}})=92.9$dB。

噪声控制根据声音的传递路径，可分为对空气声和结构声（又称“固体声”）的控制。

对空气声的控制主要包括三项内容：密封性、吸声和隔声。以发动机噪声为例，车内噪声的空气声成分包括直接穿过车身孔洞抵达乘员舱的直达声，以及经过车身吸隔系统（前围防火墙、地板和前风窗玻璃等）阻隔衰减的透射声。

根据统计能量法的分析结果，由于前围的密封不良所泄漏的直达声，在中高频段（>1600Hz）占空气声成分的一半左右。密封性的检测方法有超声波检漏法和压差检测法，通过流量和压差可以推算出白车身的泄漏面积，一般要求控制在 $15cm^2$ 以内。采用压差检测法（保持车内外有一定的压差）结合烟雾，可以直观地发现车身不密封的位置和声泄漏路径。图 10-6 所示为前围密封性对车内噪声的影响。

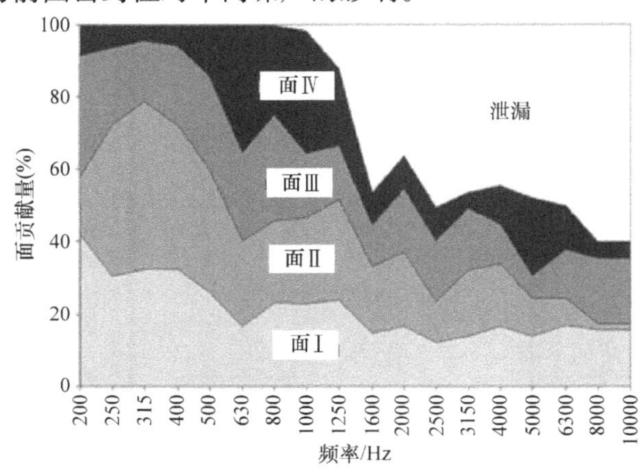

图 10-6　前围密封性对车内噪声的影响

吸声和隔声性能通常用隔墙模型描述。如图 10-7 所示，入射声能 E_i 因反射 E_r、耗散 E_d 和固体声传递 E_f，仅有一部分透射 E_t 通过空气声继续传播，即 $E_i = E_r + E_d + E_f + E_t$。分析吸声性能时，通常需排除隔墙模型中透射和传递能量流，材料吸声系数 $\alpha = \frac{E_d}{E_i} = 1 - \frac{E_r}{E_i}$。分析隔声性能时，基于声传递率 $\tau = \frac{E_t}{E_i}$ 来描述。工程上，隔声性能通常用声传递损失、隔声量和插入损失来描述。对于单层板结构的隔声性能，质量、刚度和阻尼分别在不同的频段起主导作用。当然，在质量相同时，采用多层结构的隔声量要明显高于单层结构（图 10-8、图 10-9），如前围、地板区域的隔声系统。

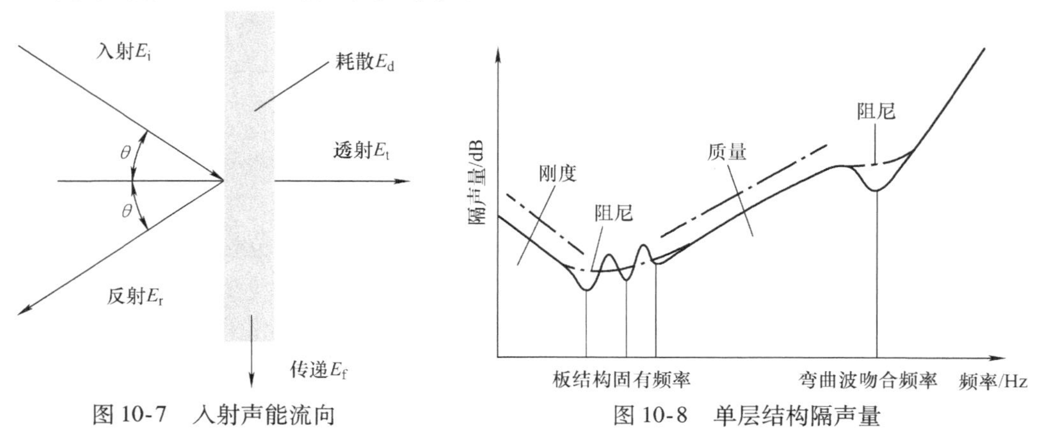

图 10-7　入射声能流向　　图 10-8　单层结构隔声量

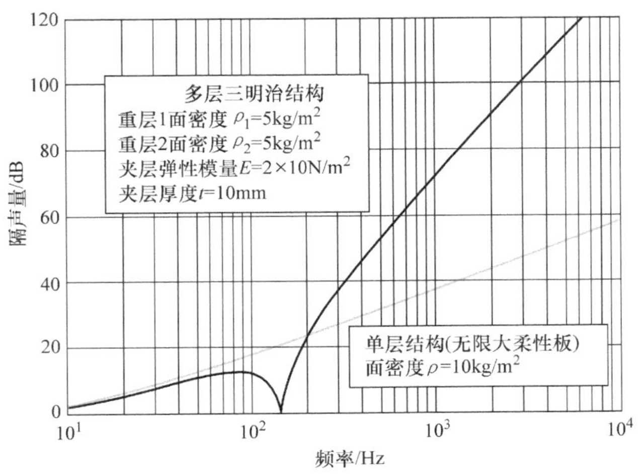

图 10-9 多层结构隔声量优势

在底盘激励力一定的情况下，整车结构声的控制关键在于控制好车身的整体模态和局部模态。对于相同级别的车型，车身整体模态振型相对确定，主要工作是针对激励频率调整整体模态的频率，实现错频的控制目标。对于车身局部模态，除了需要实现局部模态和激励频率的错频、局部模态和整体模态的解耦，还需要考虑板件的声辐射的机制。板件的声辐射功率为

$$W_r = \sigma\rho_0 cS \langle \overline{v^2} \rangle ,$$

式中 σ——声辐射系数；

ρ_0——空气密度；

c——声速；

S——板面积；

$\langle \overline{v^2} \rangle$——板面振速均方值。

对于车身局部结构的声辐射优化，可以从阻尼（加贴阻尼片）、刚度（加筋、加强框架）、质量（配重）和能量传递（吸振器）等方面入手。系统的结构声通常采用有限元仿真进行分析，并通过车身模态试验验证。

10.2.3 振动噪声测量技术

在仿真计算技术日新月异、突飞猛进的今天，试验凭借其客观性、可重复性、准确性的属性，仍然是整车 NVH 开发最重要的手段。在 NVH 开发的各个环节（从前期的整车目标设定到零部件目标分解，以及零部件性能验证和最终整车 NVH 性能验收）基于试验的数据库可以说是 NVH 开发的核心“Know - How”。NVH 试验按照试验对象可以分为整车试验、总成试验和关键零部件试验，根据开发深度和范围的不同，一个车型的 NVH 相关试验少则数十项，多则百余项。这些试验的的基础是测试技术，包括测试环境、传感器、数据采集与分析。

按照测试环境，NVH 试验可以分为用户道路试验、试车场试验和试验室试验。为了确保试验具有可重复性，大多数 NVH 试验是在试车场和试验室进行的。NVH 试验道通常包括道路

激励噪声特殊路面和车外噪声的长直道。常见的 NVH 试验室包括整车消声室、发动机消声室、混响室和窗口试验室。消声室是人们设法在室内建立近似的自由声场，尽可能消除声反射。在房间六个面均铺设有消声结构（吸声层）的消声室，称为全消声室（图 10-10）。与全消声室不同的是，半消声室（图 10-11）的地面是坚实平面，形成声反射面。整车消声室出于对工艺造价、试验对象体量及试验室模拟实际工况等因素的考虑，多采用半消声室。

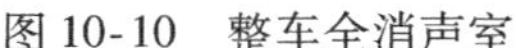

图 10-10　整车全消声室

图 10-11　整车半消声室

混响室是在室内建立近似扩散声场，房间的所有内表面尽可能形成声反射，以达到一个具有尽可能长的混响时间的效果。通过测量混响时间，利用赛宾公式可以进行吸声相关的测量。第三类典型的声学试验室是窗口试验室，又称为“隔声测试套组”。与建筑声学发声室和接收室均为混响室的组成不同的是，车辆零部件隔声测试套组的常见组合是混响室（发声室）-消声室（接收室）。在窗口安装不同的车身部件，如前围或地板总成，可以测得不同部件的隔声量。窗口试验室与声成像技术结合，则可以发现零部件的声泄漏点。图 10-12 所示为隔声测试。

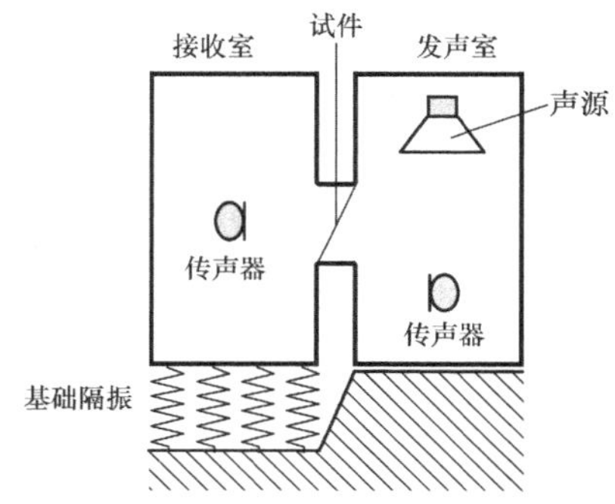

图 10-12　隔声测试

除了合适的声学环境，完整的 NVH 测试系统还应该包括传感器、数据采集与调理装置（数采前端）、数据处理与分析装置和数据存储与管理系统。最基本的 NVH 传感器包括振动加速度计（图 10-13）和传声器（麦克风）。大部分的加速度计都是基于压电原理工作的，其内部包括基板、质量块和压电元件。在选择和使用加速度计时，应注意以下事项：

1）应选择频率特性匹配的加速度计（被测物的待测频段大致落在加速度计的低通频段内）。

2）应选择自身质量较小的加速度计（自重不应超过被测物的10%，避免附加质量效应导致误差过大）。

3）应确保加速度计的测量方向和被测振动方向一致（若不一致应准确记录向序和欧拉角）。

4）应确保加速度计的安装牢固可靠（应避免安装在粗糙、有弧度或易损坏的安装面上）。

与加速度计须安装在被测物体的表面进行测量不同，激光测振仪（图10-14）是一种基于激光多普勒效应的非接触式振动测量设备。激光测振仪应用的场景包括车辆钣金振动测量和轴系弯曲振动测量等。

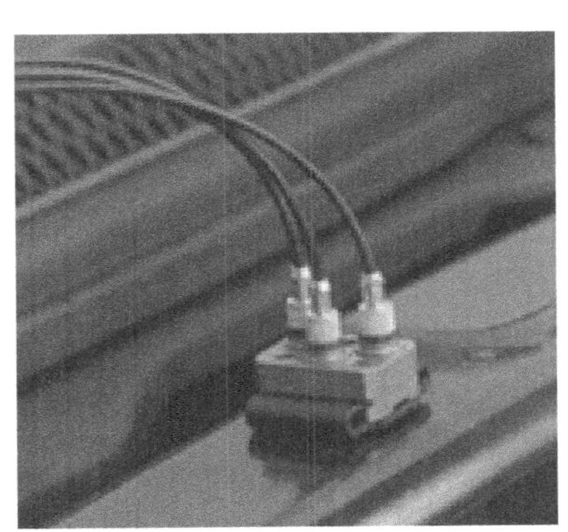

图10-13 加速度计

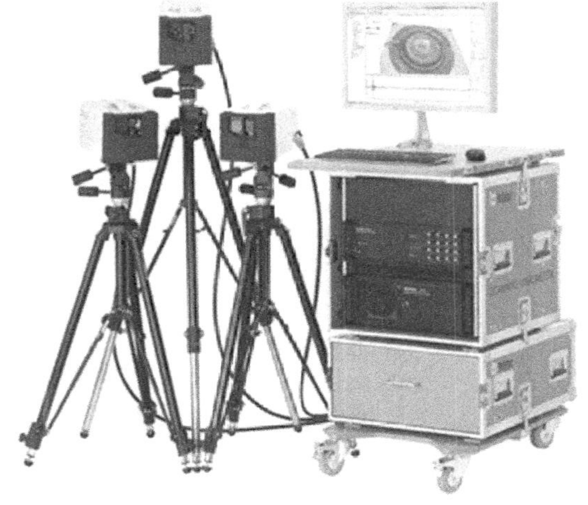

图10-14 激光测振仪

声学测量用的传声器，通常采用电容式传声器，其构造如图10-15所示，具有灵敏度高、频响范围宽和稳定性好等特性。传统的极化电容式传声器内部是由振膜和固定电极及两者之间的空气形成的电容器，电容的两端加载有200V直流极化电压。声波引起空气压力变化改变电容量，并通过放大器输出电压波动信号。新型的预极化电容式传声器采用驻极体高分子材料制作振膜或固定电极，不需外加极化电压。由于传声器的内部结构和工艺均达到了微米级，使用的过程中应注意“轻拿稳放”，此外传声器的选择和使用还有如下注意事项：

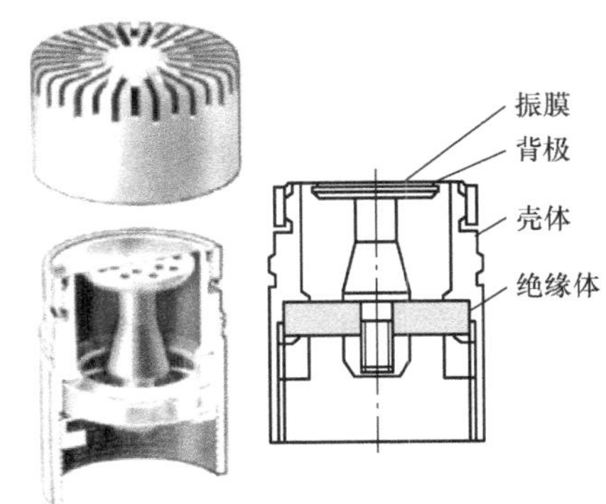

图10-15 电容式传声器构造

1）应根据声场环境（自由场、扩散场或压力场）的不同选择不同指向特性的传声器。

2）应根据声源的频率和声压级水平，选择频响特性与动态范围与之匹配的传声器。

3）对于不同类型的传声器，应注意测量电路的供电和阻抗匹配。

4）在室外及特殊环境进行声学测量时，应注意采用防风球、防雨罩和鼻锥等附件，以确保测量精度并保护传声器。

表10-3所列为电容式传声器类型及其技术参数。

表 10-3 电容式传声器类型及其技术参数

传声器直径/in	灵敏度/(mV/Pa)	最大声压级/dB	频率范围/kHz
1	50	146	2/6～18
1/2	50	146	4～100
1/4	5	168	4～100

注：1in＝2.54cm。

将两个或两个以上传声器进行有机的组合则可以形成专用声学测试系统，如用于立体声采集和回放的双耳传声系统（模拟人工头）、用于近场扫描的声强探头和用于声源定位的传声器阵列，如图 10-16 所示。

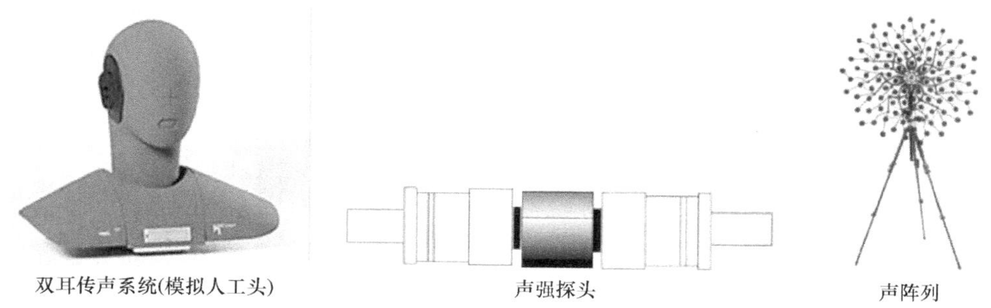

图 10-16 多传声器组成的声学测试系统

要确保传感器采集的数据有足够的精度，需要定期采用声校准器和振动校准器对测量系统（包括完整的测量链）进行标定。数据采集的关键是确保采样频率大于关心信号最高频率的 2.5 倍。常用的声振数据分析方法按照“分析域”的不同可以分为：

1）时域分析：时间历程、扭振分析、转角分析。

2）频域分析：倍频程分析、快速傅里叶变化（FFT）、自功率谱分析、互功率谱分析。

3）短时域分析：CQT（恒 Q 变换，Q 为滤波器的品质因数）分析、小波分析、Wigner－Ville 转换。

4）阶次域分析：阶次跟踪、卡尔曼滤波。

5）统计分析：主成分分析（PCA）。

10.2.4 主观评价与心理声学

主观评价是 NVH 开发的重要手段。可以说主观评价贯穿了 NVH 开发的整个过程，从企业内部看，NVH 对标试车和整车性能验收试车分别标志着 NVH 开发的起始和结束。从客户角度看，主观评价是 NVH 问题满意度的唯一指标。由于问题和应用场景不同，主观评价分为试车评价法和回放评价法。

试车评价法是指通过整车静态和动态的试乘试驾，对整车的 NVH 性能进行评价。针对诊断问题的试车评价，评价人员需要经过特定的培训，并掌握车辆和问题的背景信息。NVH 性能验收试车，一般参与评价的人数较多，需要事先进行周密的组织计划和准备工作，并高效、准确地收集评价信息，以便得到完整可靠的评价结果。主观评价评分表是常用的评价工具，评分表不仅需要列明需要评价的项目，还需注明评价的标准。表 10-4 所列为在

VDI 2563《机动车噪声成分—测量技术和评价》基础上发展而来的 10 分制评分标准。

表 10-4　主观评价评分标准

可接受度	拒绝			临界情况		可接受				
分数	1	2	3	4	5	6	7	8	9	10
失效风险评估	危及安全	不合格，导致用户投诉		不舒服，可能导致用户投诉		需改进，可能导致挑剔用户投诉		好或很好，挑剔用户也几乎没有抱怨		优秀
抱怨发生频度	持续	明显可重复		频繁发生		较少发生，某些情况不可重复		极少发生，不具可重复性		未见
可察觉度	所有用户	一般用户			挑剔用户			专业人员		无

回放评价法是指在声学评价室（又称听音室）通过专业回放设备，对特定声学问题进行评价。为了保证回放质量，评价人员通常需要佩戴高保真耳机。回放评价通常是针对同一车辆的不同状态，或同一主题不同车辆的对比评价。回放评价往往需要事先约定评价描述用词的含义，以便获得有统计意义的结论。图 10-17 所示为回放评价。

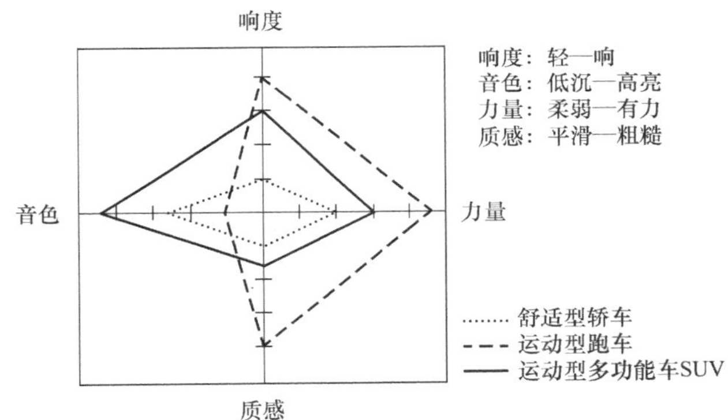

图 10-17　回放评价

客观测量与主观评价有机结合，才能构建起完整的 NVH 评价方法体系。要实现这种结合，首先需要理解人体感受器官本身对声振的响应特性。根据 VDI 2057 所描述的机械振动对人体的影响，可得人体成坐姿时不同部位（足部、背部和臀部）对不同频率振动的敏感度曲线。在车辆振动评价中，往往需要采用三向加速度的均方根值 a_{wT} 来描述，$a_{wT}=0.015\mathrm{m/s^2}$ 是振动能否被感受到的临界。当 $a_{wT}\leqslant 0.02\mathrm{m/s^2}$ 时，振动对舒适性几乎没有影响；当 $0.02\mathrm{m/s^2}<a_{wT}<0.08\mathrm{m/s^2}$ 时，振动对舒适性开始产生影响；当 $a_{wT}\geqslant 0.08\mathrm{m/s^2}$ 时，往往会受到抱怨；当 a_{wT} 超过 $0.315\mathrm{m/s^2}$ 时，则要考虑振动对人体健康的伤害。图 10-18 所示为人体对振动感受与客观测量的对应关系。

人耳是人体感受声音的器官，正常听力是限定在一定频率范围（一般为 20～20000Hz）和声压级范围（0～120dB）内的。大量统计研究表明，人耳对声音信号响度（Loudness）的感受与频率呈非线性关系，尤其对 1000～5000Hz 频段的声音最敏感。因此，对实测线性声压级在各频段进行加权修正所获得的 A 计权声压级（图 10-19）更贴近人耳特性，在 NVH 评价中被广泛采用。

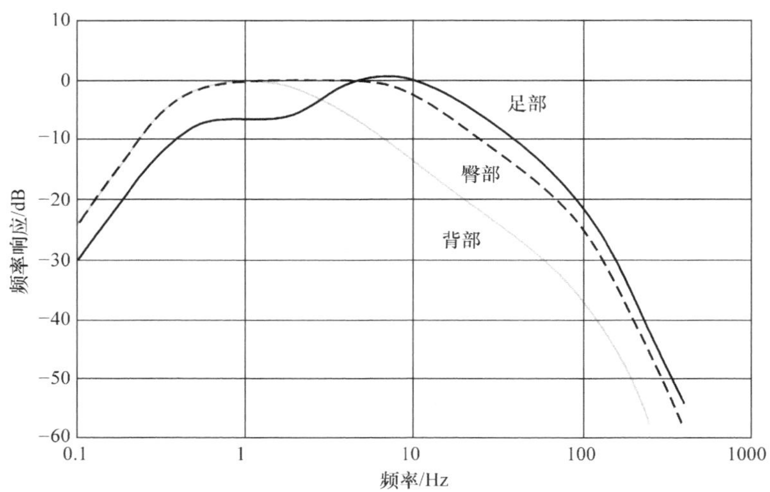

图 10-18 人体对振动感受与客观测量的对应关系

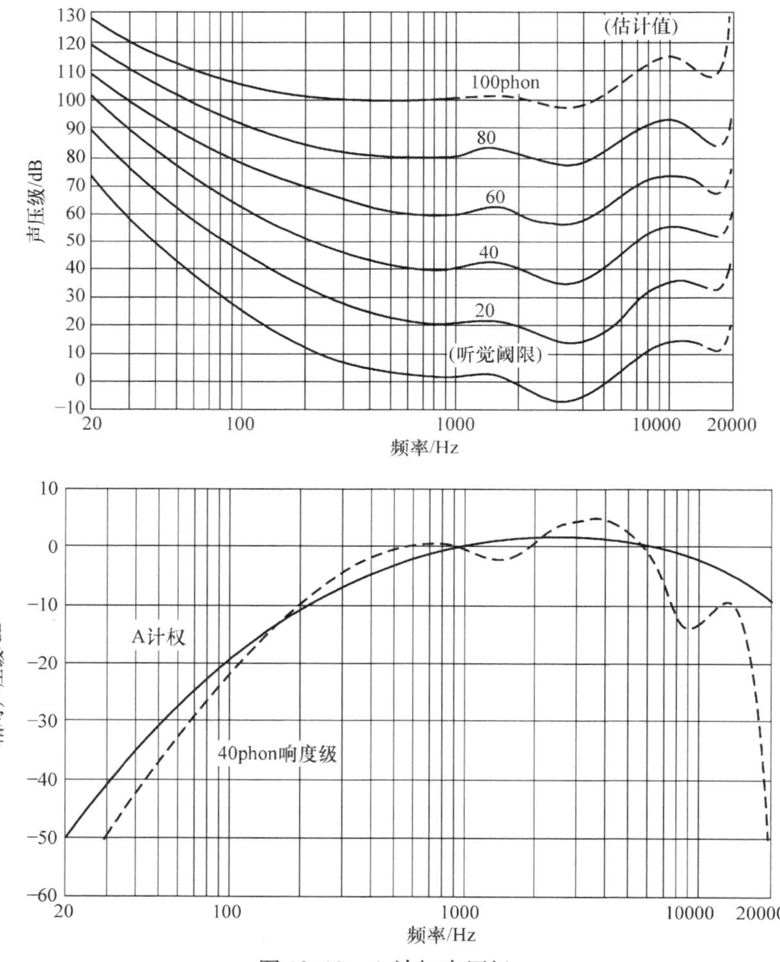

图 10-19 A 计权声压级

心理声学是专门研究声音如何影响人们感受的学科。描述声学的基本物理量，如频率和声压难以全面和准确地说明人们对声音的心理反应，心理声学引入了一系列指标（包括上文提到的响度）尝试更便捷、准确客观地表述人们对声音的主观感受。

波动度（Fluctuation，也称抖晃度）和粗糙度（Roughness）广泛应用于内燃机动力总成噪声的声品质评价。这两个指标都与声音的调制有关。人耳对幅值变化的声音能够清楚地分辨并感知，一般调制频率在4Hz时波动度感受最明显，当调制频率超过20Hz以后，人体的感受则逐渐过渡为粗糙度。粗糙度不需要很明确的调制频率，但必须在15～300Hz的范围内。因此，很多的窄带噪声表现出粗糙度的感受，虽然其时域波形并没有周期的变化。

尖锐度（Sharpness）和音调度（Tonality）是近年来对电驱动噪声分析的热门指标。尖锐度对应的是噪声中高频成分给人的感受，和噪声频谱的结构有直接关系。音调度则是为了说明人耳对纯音成分的感受。音调度有不同的算法，包括Tonality DIN45681、Prominence Ratio、Tonality（Hearing Model）等。

语音清晰度（Articulation－Index）是衡量背景噪声对语音干扰程度的指标，用百分比表示。车速越高，车内噪声越大，车内谈话清晰度越差，语音清晰度越低。语音清晰度广泛应用于对稳态车内噪声的评价，如等速车内路噪、等速车内风噪。图10-20所示为语音清晰度曲线。

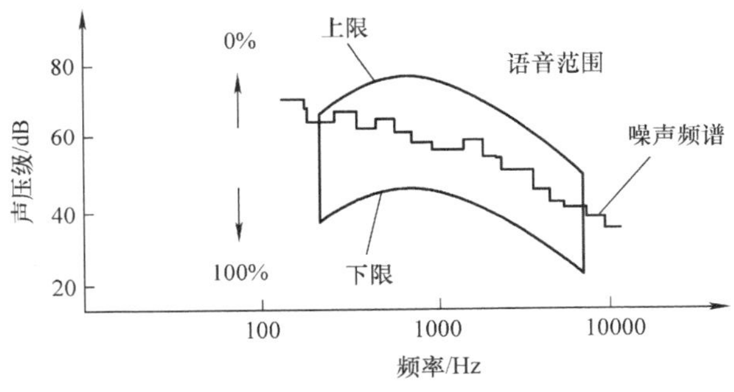

图10-20 语音清晰度曲线

10.2.5 试验与仿真分析

试验与仿真是NVH分析的两个方面。“虚（仿真计算）实（试验试制）”结合提升NVH开发的质量和效率是目前的通行方法和普遍共识。一些车企针对部分车型已开始实践“无实物样车的数字化NVH虚拟开发”理念，以最大限度地实现设计与验证无缝对接，即产品开发的快速迭代。由于NVH问题的复杂性，能够直接通过力学公式建模的问题只占有限的一部分，常用的仿真分析方法还包括多体动力学分析、有限元分析、边界元分析和统计能量分析等。

多体动力学分析不仅应用于NVH的振动舒适性分析，还是车辆系统动力学分析（车辆操纵稳定性）和驱动及传动系统动力学分析的重要组成内容。一个多体动力系统由一系列刚体通过运动副连接（几何连接）或弹簧阻尼力耦合（物理连接）。刚体通过几何形状和质心来定义，做平动和转动，可以用矢量 $\boldsymbol{P}$ 和 $\boldsymbol{R}$ 描述，具有六个自由度，受到连接件和力的约束。多体动力学分析程序根据符号化的模型参数和边界条件的输入，生成受力分析方程组，并得出时域运动学和动力学的解，包括运动位移、所受内力和外力等，并辅以动画演示。矢量 $\boldsymbol{P}$、$\boldsymbol{R}$ 及力 F 和力矩 M 的表达式如下：

$$\boldsymbol{P} = (xyz)^{\mathrm{T}} \quad \boldsymbol{R} = (\varphi\theta\psi)^{\mathrm{T}}$$

$$\begin{pmatrix} F_x \\ F_y \\ F_z \end{pmatrix} = m \cdot \ddot{\boldsymbol{P}} \quad \begin{pmatrix} M_x \\ M_y \\ M_z \end{pmatrix} = I \cdot \ddot{\boldsymbol{R}} + \dot{\boldsymbol{R}} \times I \cdot \dot{\boldsymbol{R}}$$

式中　m——刚体的质量；

I——刚体的转动惯量。

图 10-21 所示为整车多体动力学模型。

在 NVH 分析中，多体动力学分析常用于计算动力悬置系统的受力、传动系统的受力及轮胎受到地面不平激励对底盘悬架系统的作用力分析，由这些分析的结果可以直接得出部分振动舒适性分析的结论，也可以作为车身有限元分析的载荷输入。目前主流的商用多体动力学分析软件有 ADAMS、DADS 和 SIMPACK 等。

图 10-21　整车多体动力学模型

有限元分析（FEM）是工程应用非常广泛的离散数值分析方法，在本章，FEM 特指面向 NVH 性能的有限元分析，适用频段在 10 ~ 1000Hz 之间。基于当前的技术水平，通过两百多万个有限单元对车身结构、内外饰件、底盘和动力驱动系统的建模，已可以进行整车声学有限元分析。需要说明的是，这并不意味着能对乘员听到的噪声进行实时仿真，只是能实现特定频段的指定工况（通常是稳定工况）的预测，用于辅助产品开发。NVH 有限元分析主要用于车身振动舒适性和车内噪声结构声成分的仿真，具体包括车身结构模态分析和车身声辐射特性估计。由于车身结构和车内的空腔是相互耦合的，需要注意的是空腔模态和结构模态并不能一一对应，在 200Hz 范围内，车身结构模态有 400 个，而空腔模态只有 20 个。因此，基于 FEM 的声学分析，还需要包括结构的有效辐射功率（ERP）和板贡献量分析，如此才能完整反映固体的声振耦合最终对车内的影响。图 10-22所示为有限元分析。

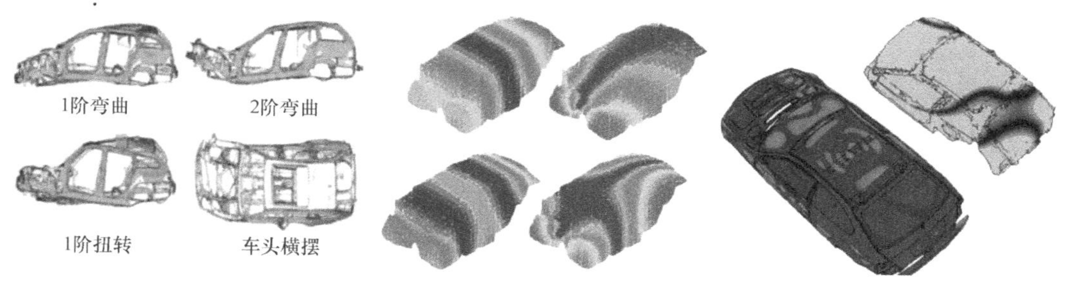

a) 前4阶车身结构模态　b) 前4阶空腔模态　c) 200Hz结构模态与空腔模态

图 10-22　有限元分析（见彩插）

边界元分析（BEM）仅针对边界面进行有限元建模仿真。与“传统”有限元分析将建模对象视为实体的做法不同，边界元分析法将问题从三维降到了两维，大幅减少了模型的计

算量，而且简化了计算预处理——网格划分工作。基本的步骤是确定物体表面的声压，然后将表面条件结合声波传播的函数，即可得到接收点的声压结果。由于车外声传播环境接近自由声场，因此 BEM 特别适合车外噪声的模拟仿真计算。此外，有的边界元计算模型将（结构有限元计算得到的）结构激励的表面声速作为附加的声源，用来分析外部噪声对车内噪声的影响。图 10-23 所示为边界元分析模型。

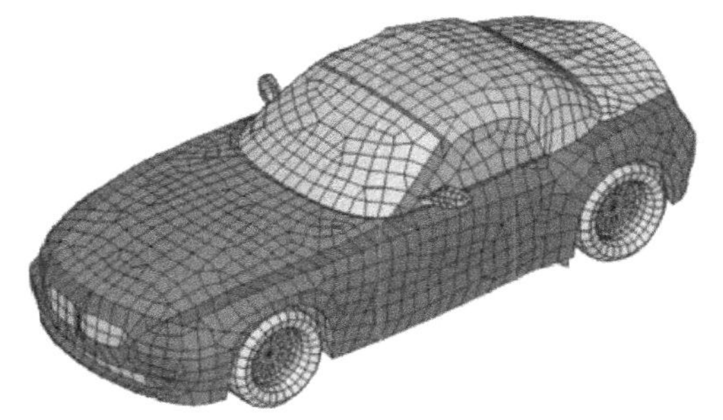

图 10-23 边界元分析模型

统计能量分析（SEA），顾名思义是通过统计的方法，对耦合的声振系统的能量进行分析，分析模型如图 10-24 所示。统计能量分析法起源于航空界应对高频振动的模态密集问题。由封闭空间的模态分布经验公式可知，空腔模态密度随着频率的升高而增大，呈平方正比关系：

$$\frac{\Delta N}{\Delta f} \approx 4\pi V \frac{f_m^2}{c^3}$$

式中 Δf——频率带宽；

f_m——频带中心频率；

ΔN——带宽中的模态数；

V——空腔容积；

c——声速。

统计能量分析法适用的前提是系统是一个线性、保守和模态能量均衡的系统。为了满足以上前提，通常认为每个频率带宽内的模态数最好不少于 6 个。空腔越小，频带越窄，统计能量分析法所适用的频率下限就越高，在 NVH 分析中，下限频率一般定为 400 ~ 500Hz。下面以窗口试验室（隔声测试套组）为例，说明统计能量分析如何建模分析，系统包括发射室 1、隔墙 2 和接收室 3，如图 10-25 所示。声能在各个子系统传递和损耗。如果发射室没有持续的能量输入（扬声器持续发声），即使没有隔墙透声，所存储的声能 W_1 也会因系统内部损耗不断损耗殆尽，消耗的功率为 P_{11}：

$$P_{11} = -\frac{-\partial W_1}{\partial t} = \omega \eta_1 W_1$$

式中 ω——频率；

η_1——系统 1 内部能量损耗因子。

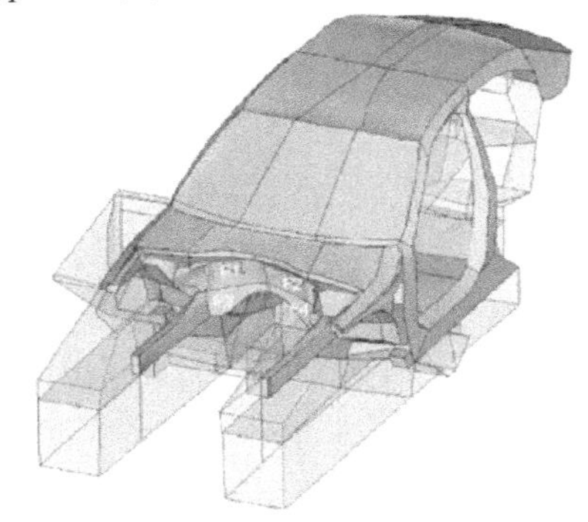

图 10-24 统计能量分析模型

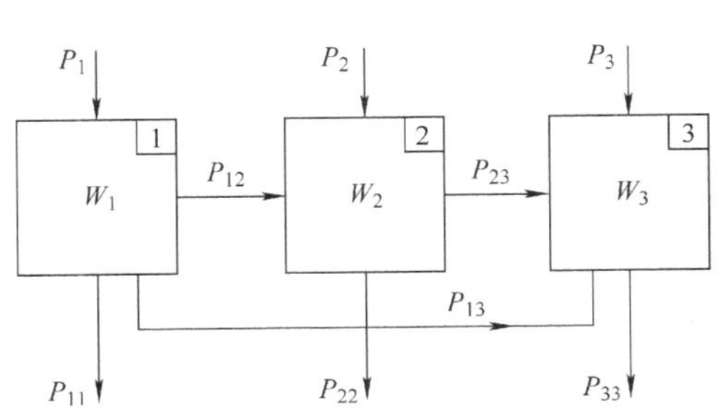

图 10-25 窗口试验室能量流

对于模态数分别为 N_1 和 N_2 的发射室、隔墙，振动能量的传递为

$$P_{1\leftrightarrow 2}\approx\omega N_1N_2\left(\frac{W_1}{N_1}-\frac{W_2}{N_2}\right)$$

根据互易原则，可以改写为

$$P_{1\leftrightarrow 2}=\omega(\eta_{12}W_1-\eta_{21}W_2)=P_{12}-P_{21}$$

整个系统的功率流矩阵为

$$\begin{pmatrix}P_1\\P_2\\P_3\end{pmatrix}=\omega\begin{pmatrix}\eta_{11} & -\eta_{21} & -\eta_{31}\\-\eta_{12} & \eta_{22} & -\eta_{32}\\-\eta_{13} & -\eta_{23} & \eta_{33}\end{pmatrix}\begin{pmatrix}W_1\\W_2\\W_3\end{pmatrix}$$

式中　η_{ij}——系统 i 到系统 j 能量流的损耗因子。

即 $P=\omega\eta W$。

每个房间声能为 $W=\frac{1}{\omega}\eta^{-1}P$，根据房间声能 W_i 和声压 p_i 的关系可得

$$W_i=\frac{V_i\langle p_i^2\rangle}{Z^2}$$

式中　Z——空气阻抗。

在本例中，$P_2=P_3=0$，因此房间之间的隔声量为

$$L=10\lg\frac{W_1}{W_3}=20\lg\frac{\langle p_1\rangle}{\langle p_3\rangle}=\frac{(\eta_2+\eta_{21}+\eta_{23})(\eta_3+\eta_{31})+(\eta_2+\eta_{21})\eta_{32}}{\eta_{13}(\eta_2+\eta_{21}+\eta_{23})+\eta_{12}\eta_{23}}$$

由于统计能量分解极大地简化了各子系统之间的耦合关系，使得声学仿真简化为已知输入能量和系统损耗，求解输出声能的问题。整车 NVH 分析的输入能量可以通过测量值或多体动力学计算结果导入，系统损耗因子则可以通过标准声源的试验，利用 $\eta=\frac{1}{\omega}PW^{-1}$ 得到。另一种获得子系统损耗因子的方式是通过材料结构参数，依据材料声学各种理论模型构建，如针对纤维多孔泡沫材料的 Biot－Allard 声学建模理论。需要说明的是，为了节省多重建模的时间，拓展分析频率范围，FE－SEA 混合模型（或称“统一”模型）是目前主流商用声学软件的发展趋势。

10.3　NVH 工程应用案例

10.3.1　NVH 目标设定

NVH 性能涉及的整车工况种类多，零件范围广，难以用若干指标简单加以衡量。NVH 性能需要通过由一系列不同层次的 NVH 开发目标所构建的指标体系的实现来保证。NVH 开发目标通常受到企业内外部的多方面因素的约束，包括政府政策法规、用户需求与满意度、市场竞争情况、企业技术能力与开发流程等。

整车层级的 NVH 性能开发目标（性能指标）是指动力总成噪声、路面激励噪声（胎噪、路噪）、空气动力噪声（风噪）和振动舒适性。在开发初期，基于车型定位和市场竞争情况等信息确定核心竞争车群后，需要对核心竞争车群和在开发车型的前辈车型进行整车

NVH 对标分析，确定新车型的 NVH 整车目标，而后通过定义子系统和零部件的目标，实现目标的分解。通过零部件的试制和试验完成子系统的目标验证，最终通过试验样车完成 NVH 性能整车目标的验收。近年来，随着仿真技术的精度不断提高，NVH 开发目标的分解和验收增加了仿真计算这条通道。对于 NVH 开发的目标分解而言，仿真计算能够更好地关联各子系统目标和整车目标。对于新开发车型，将基础车型的数据模型在设计前期用于重要总成不同方案的评估是非常有效的方法。图 10-26 所示为整车 NVH 开发目标。

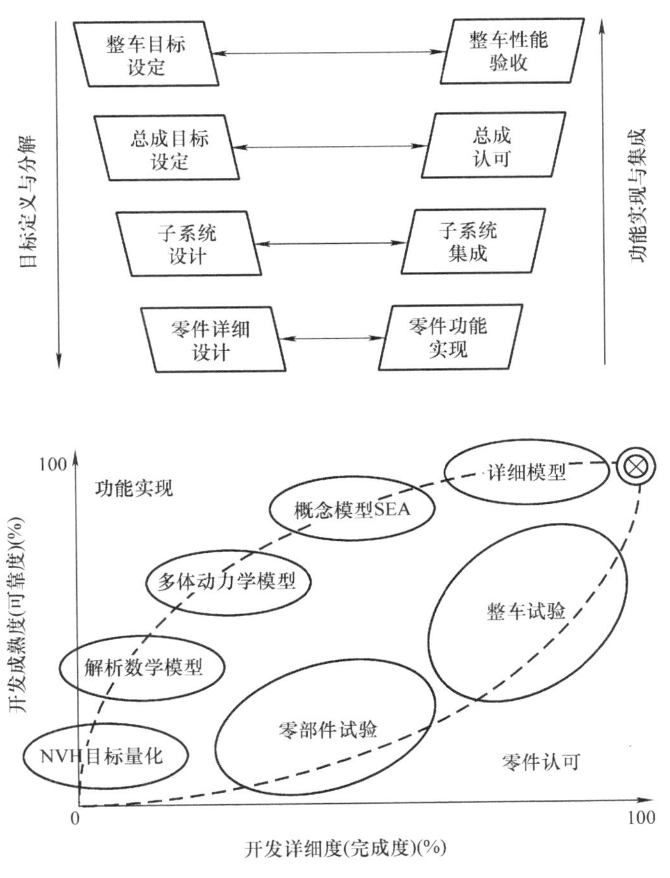

图 10-26 整车 NVH 开发目标

车身是 NVH 开发目标分解和性能集成的关键。传统的 NVH 目标分解方法集中应用于车身 NVH 开发：模态分离和传递路径及贡献量分析。模态分离是指将激励和结构模态频率分离，将相邻结构的模态频率分离。传统的模态分布表就是实现车身模态分离开发目标的重要开发工具。从仿真分析的角度看，传统的模态分布表虽实用，但略显粗略，激励频率和车身某个频率吻合是如何引发“共振”的，以及如何修改都无法通过模态分布表回答。而且模态分布表也可能导致“共振”问题的“过度预测”和“不足预测”。

传递路径及贡献量分析是 NVH 目标分解的重要手段。将车身系统视为一个完整的声传递系统时，系统的输入包括交变力和体积声源，系统的输出是声压和粒子振速。乘员耳部的声压（系统输出）目标，在声源和振源激励（系统输入）一定的情况下，可以分解为各条传递路径上的传递函数的目标：

$$p_k = \sum_i F_i H_{i,k}^{p/F} + \sum_i q_i H_{i,k}^{p/q}$$

式中　p_k 为第 k 点的声压；F_i 为第 i 点输入的力；$H_{i,k}^{p/F}$ 为第 i 点输入的力到第 k 点位置的力；q_i 为第 i 点输入的空气声能；$H_{i,k}^{p/q}$ 为从第 i 点输入的空气声能到第 k 点位置的声压。

图 10-27 所示为传递路径及贡献量分析。

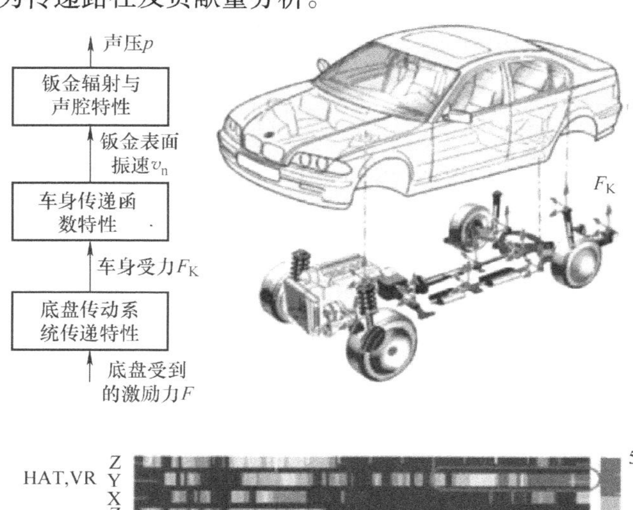

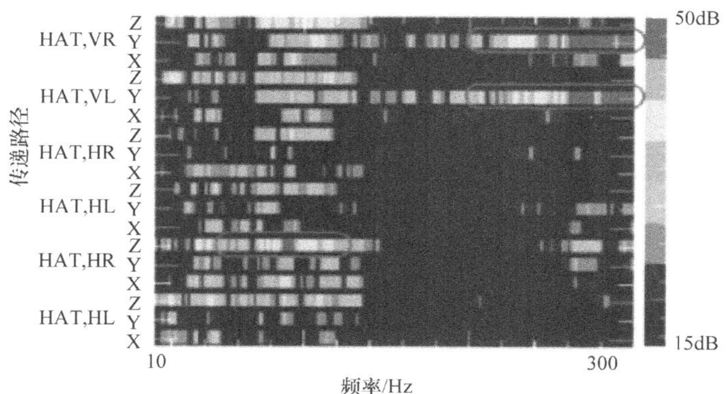

图 10-27　传递路径及贡献量分析（见彩插）

除了传统的传递函数外，利用运行工况的传递路径分析（OTPA），即实测的时域信号作为输入，可以预测出声振的时域响应。通过灵敏度分析，就可以明确各个路径的优化潜力。图 10-28 所示为 OTPA 分析过程。

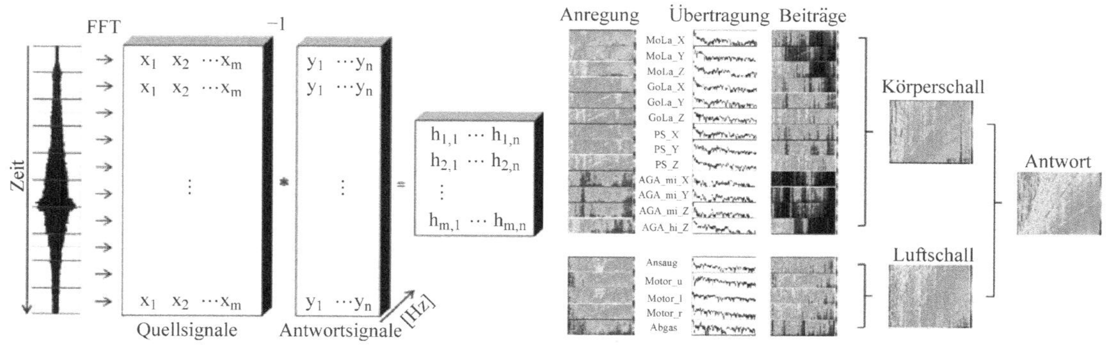

图 10-28　OTPA 分析过程（见彩插）

10.3.2 动力总成噪声

传统车辆动力总成系统包括发动机、变速器等，动力总成噪声大致也可以根据零部件的组成分为发动机本体辐射声（包括燃烧噪声和机械噪声），由气缸压力波动和活塞惯性形成的不平衡力对动力总成悬置的作用力传递到车身的结构声，进排气系统管口噪声及其次级辐射噪声，变速器及发动机附件的机械噪声。

发动机本体辐射噪声与内燃机的燃烧特性密切相关。虽然发动机噪声水平与发动机功率、油耗和排放特性同等重要，但往往又与其他特性对燃烧的要求相矛盾。在工程实践中，常见而有效的燃烧噪声控制方法是提高缸体和曲轴箱结构刚度，如在相关结构表面加筋。机械噪声是指所有和发动机负荷不直接相关的噪声，由于这部分噪声可以通过倒拖或空载运转测得，又称为倒拖噪声。这部分噪声包括曲轴系统和配气正时机构噪声等。有的轻量化发动机则采用耐高温声学复合材料对缸体、缸盖、配气正时系统和油底壳进行包覆，以减小发动机本体噪声辐射。

对于四缸发动机，结构声的主要来源是发动机的二阶激励，它是由气体压力波动（激励频率$f_G=\frac{阶次}{2}\times\frac{转速}{60}$）和活塞惯性力（激励频率$f_M=阶次\times\frac{转速}{60}$）共同作用在曲轴上形成的，如图10-29所示。平衡轴是有效减弱发动机阶次激励的有效措施，不仅降低了主要阶次的噪声，而且改善了总声压级的线性度，如图10-30所示。

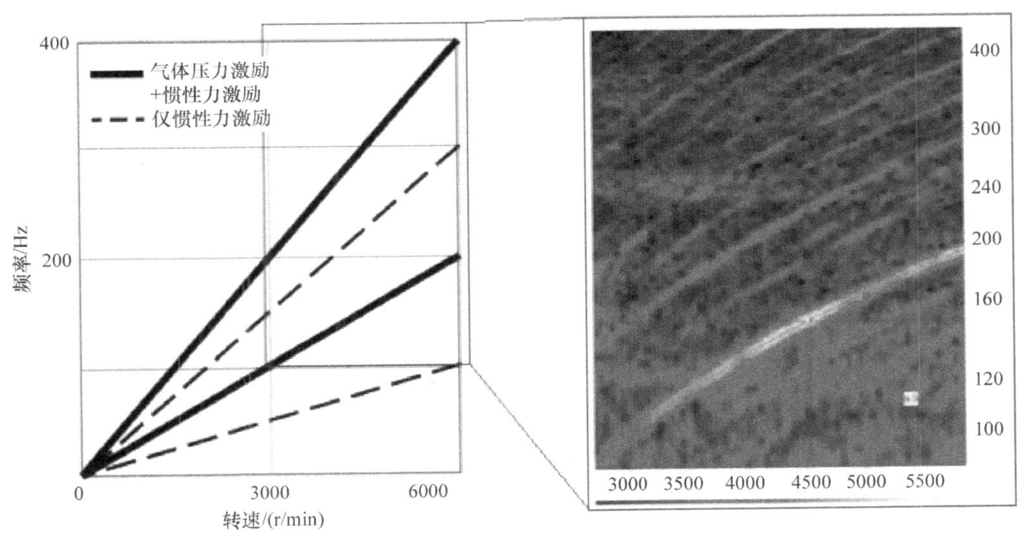

图10-29 四缸内燃机频率阶次关系（见彩插）

由于不平衡是无法完全消除的，在动力传动系统传递转矩的过程中，转速及转矩的波动引发的底盘振动是发动机结构声传递途径之一。双质量飞轮（Dual Mass Flywheel，DMF）离合器被认为在内燃机常用转速范围内较传统离合器扭转减振器（Torsion Damper，TD）能更好地消减整个传动系统扭振。需要说明的是，引入双质量飞轮的传动系统在80～120Hz内存在扭振峰值，需要在整车模态匹配时予以关注。图10-31所示为双质量飞轮离合器减振。

动力总成悬置是传递发动机结构声的另一条路径。横置发动机动力总成悬置较普遍地采

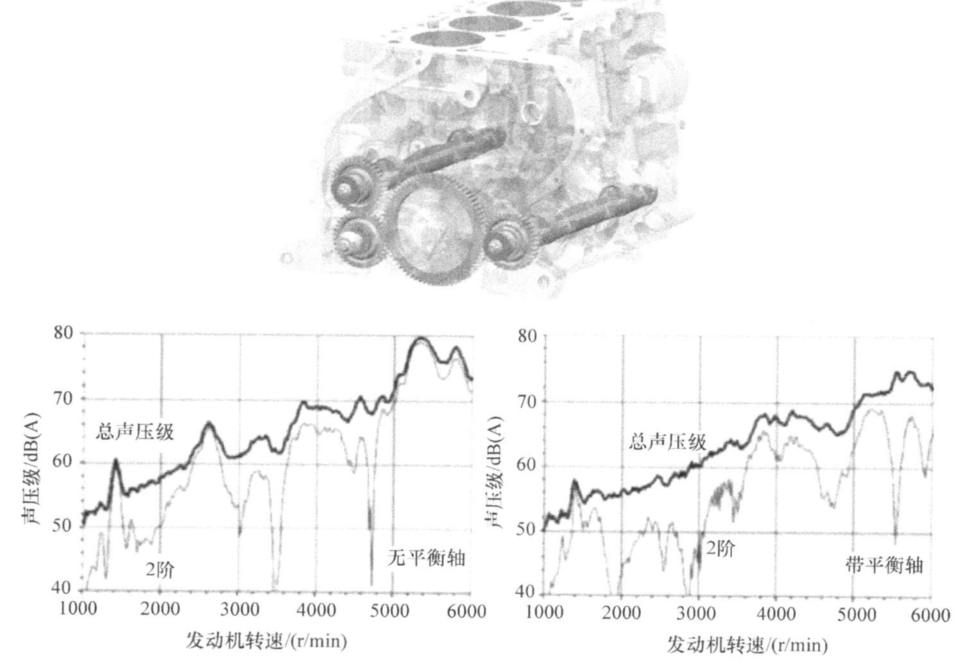

图 10-30　平衡轴对动力总成噪声的优化作用

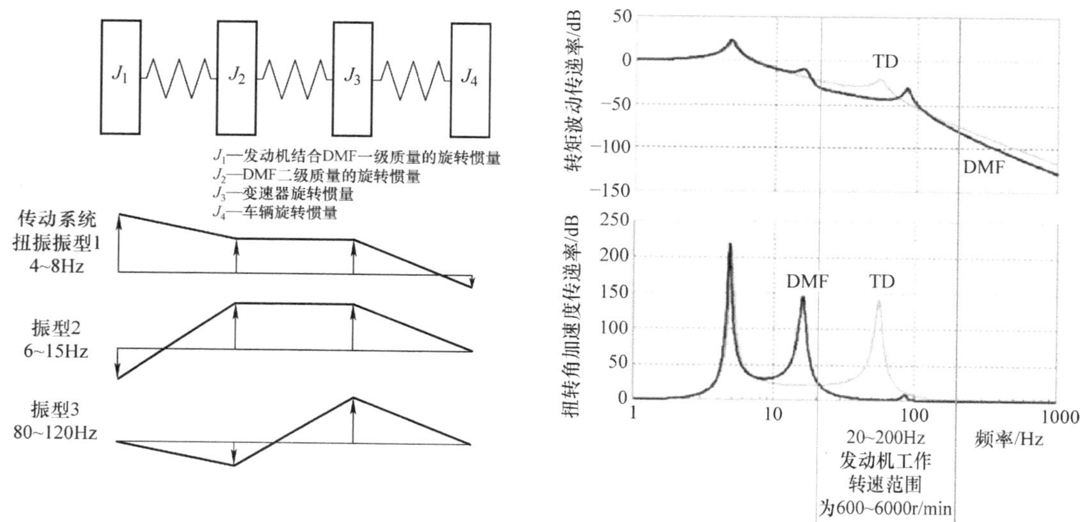

图 10-31　双质量飞轮离合器减振

用三点布置悬置系统（图 10-32）：左、右支撑（又称“发动机支撑”和“变速器支撑”）承受垂向载荷，发动机/变速器总成的重心偏置于左、右悬置的连线，以使得驱动转矩反力由左、右、下支撑（又称“扭力臂”或“摆动支撑”）共同承担。对于固体声的隔振，动力总成悬置的刚度和阻尼应尽可能小，以提高隔振率，详见表 10-5。但是悬置元件有针对

其他载荷的 NVH 性能要求，因此悬置元件往往需要具备非线性刚度和阻尼特性。

在发动机的吸气、压缩、做功、排气的四个行程中，气流会产生压力脉动、涡流、边界层气流扰动、排气口喷注等，这是进气、排气噪声产生的根源。进气和排气管口是车外噪声的主要来源。另外，空气过滤器、进排气消声元件均为薄壁元件，在气流的冲击下可能产生次级辐射噪声。用于连接进排气系统和车身的橡胶减振件是动力总成结构声向车身传递的部件。图 10-33 所示为排气系统噪声测试。

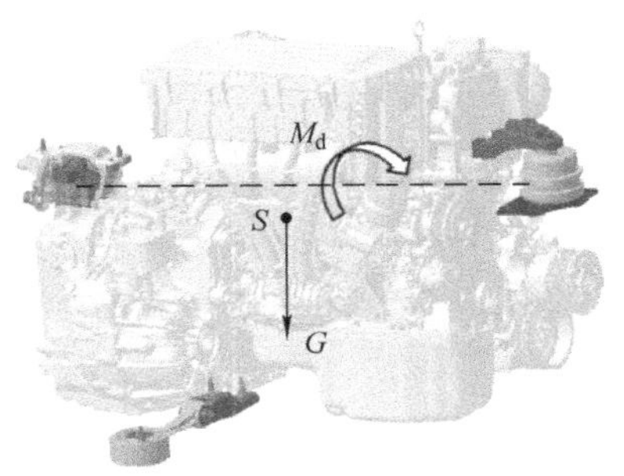

图 10-32　三点布置悬置系统

表 10-5　悬置元件特性需求

作用	载荷类型	载荷特点		悬置特性需求	
		频率	幅值	刚度	阻尼
隔声、隔振（发动机激励）	发动机结构声传递	中高	小	小	小
	发动机怠速抖动	中	中	小	小
	发动机起停抖动	低	大	大	大
减振（路面激励）	路面颠簸引发动力总成反跳	低	大	大	大

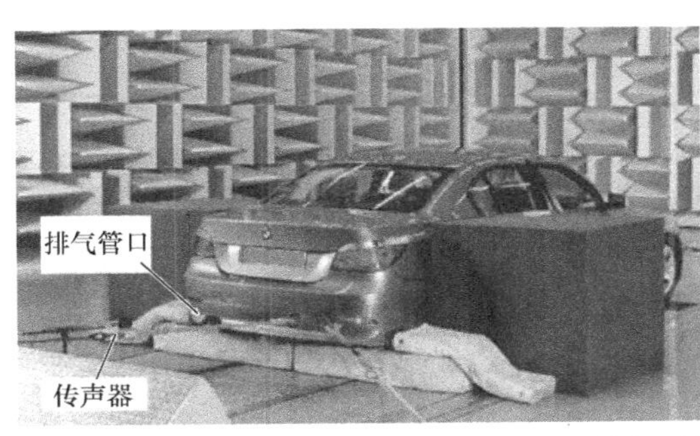

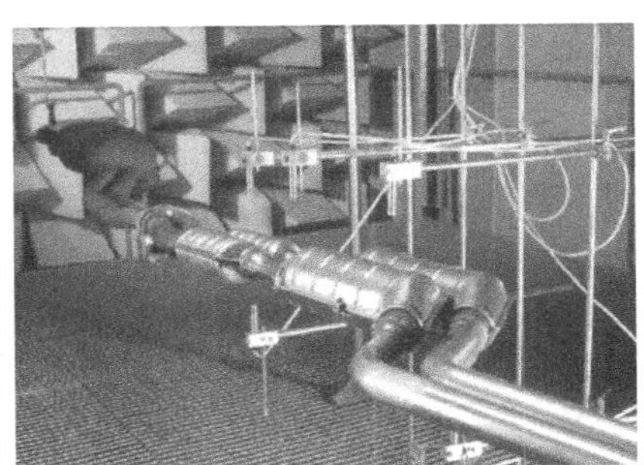

图 10-33　排气系统噪声测试

电驱动是新能源汽车的动力总成的主要形式。电驱动系统包括驱动电机、减速器和电控单元。新能源汽车采用的驱动电机主要有永磁同步电机和感应异步电机。电驱动系统噪声包括电磁噪声和机械噪声。相比内燃机动力总成噪声，电驱动噪声具有高频成分占比大、阶次成分复杂等特点。电驱动噪声如图 10-34 所示。

驱动电机和电控单元是电磁噪声产生的两大源头。驱动电机的电磁噪声主要是由旋转电磁场作用于定子和转子间的径向力波引起的，当电磁力的空间分布与电机结构模态发生耦合时，将大幅增加电磁噪声的辐射；另一部分更高频率的电磁噪声来源于电控单元的逆变装置，即高压直流电转变为交流电时产生的噪声。机械噪声由减速器齿轮啮合、轴承游隙、转子不平衡激励引起。电机控制器壳体结构薄弱点如图 10-35 所示。

10. 3. 3　路面激励噪声

路面激励噪声是指路面不平激励通过轮胎直接（空气声）或由底盘振动间接（结构声）

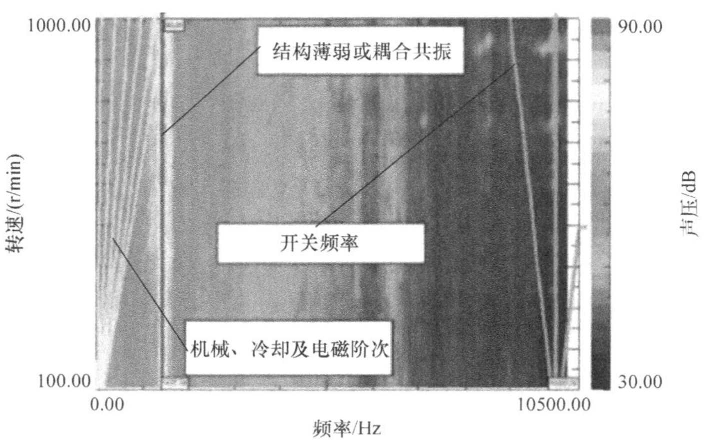

图 10-34　电驱动噪声（见彩插）

传递到车厢内部的噪声，也称路噪或胎噪。随着发动机噪声的持续优化，新能源电驱动的大力推广，路面激励噪声问题日益突出。车辆行驶的道路情况纷繁复杂，但从声振激励的角度看，大致可以将路面分为两类，即稳态激励路面和瞬态（冲击）激励路面。稳态激励路面包括粗糙沥青路面（图 10-36）、刻槽水泥路面、石块铺砌路面和砂石路等。常见的瞬态（冲击）激励路面有减速带、铁轨和路面接缝等，此类激励问题主要侧重于振动舒适性，详见表 10-6。下面重点探讨粗糙路面稳态激励所引发的车内噪声问题。

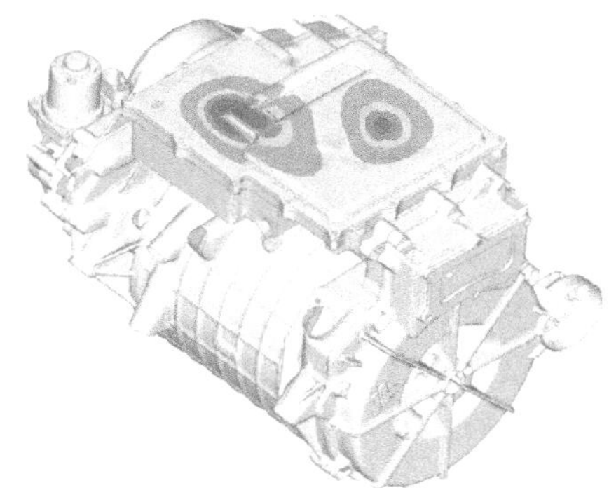

图 10-35　电机控制器壳体结构薄弱点

图 10-36　粗糙沥青路面

表 10-6　路面激励 NVH 问题分类及传递途径

激励	传递路径	接收者响应
瞬态	轮胎—底盘—车身	车内振动及噪声
稳态	轮胎—空气声辐射	车外噪声
	轮胎—空气声辐射	中高频车内噪声
	轮胎—底盘—车身	中低频车内噪声

粗糙路面通过激励轮胎引发的多种轮胎噪声问题的产生机制可以通过频率进行划分，划分的界限为 500Hz。在中低频段（500Hz 以下），路面不平所激发的轮胎模态是路面噪声的主要源头，即轮胎对路面随机激励施加了带通滤波作用。值得一提的是，轮胎空腔（气柱）模态的传递路径复杂，通常需要在轮胎空腔中增加消声装置，从源头予以消除。图 10-37 所

示为轮胎噪声。

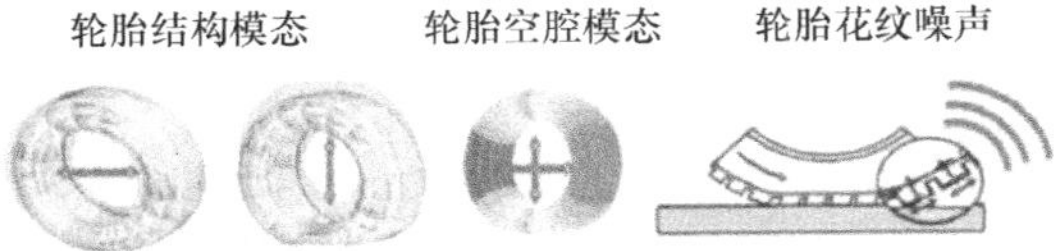

图 10-37　轮胎噪声

中低频路面噪声控制和优化需要对结构声传递路径的的底盘和车身这两个环节分别进行严格的控制。结构声在底盘传递环节的控制目标是确保路面不平经过底盘传递到车身固定点的交变力受控（交变激励力应限制在 10N 以下），具体的 NVH 开发任务包括轮胎及车轮总成模态控制、底盘弹性减振元件优化。结构声在车身传递环节的控制目标是确保车身受力（振动）转化为的车内乘员耳边的声压受控（通常将车身声振灵敏度的控制目标设定为 0.01Pa/N 或 55dB/N）具体需要开展声腔模态与车身模态耦合控制、车身钣金声辐射与阻尼设计优化等。图 10-38 所示为中低频路面噪声控制和优化。

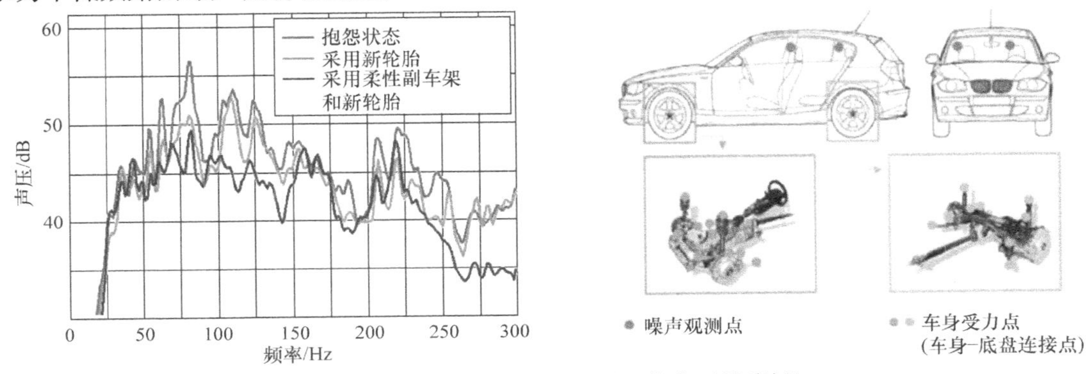

图 10-38　中低频路面噪声控制和优化（见彩插）

中高频（500Hz 以上）路面噪声则是路面和轮胎花纹摩擦作用的结果，因此通常也称为轮胎花纹噪声。轮胎花纹对车辆的多重性能（制动性能、操纵稳定性、燃油经济性）起着至关重要的作用，因此面向路面噪声的轮胎花纹优化修改往往面临周期长、成本高、投产难的困境。此外，轮胎花纹的设计“Know - How”几乎完全由轮胎供应商掌握，主机厂 OEM 通常只能在底盘平台（架构）换代时，对轮胎供应商提出设计要求。在声源难以控制的情况下，NVH 开发目标则转化为提高车身对空气声的吸隔声水平。提高车身密封性和优化车身声学包是解决中高频路面噪声的有效手段。图 10-39 所示为中高频路面噪声优化。

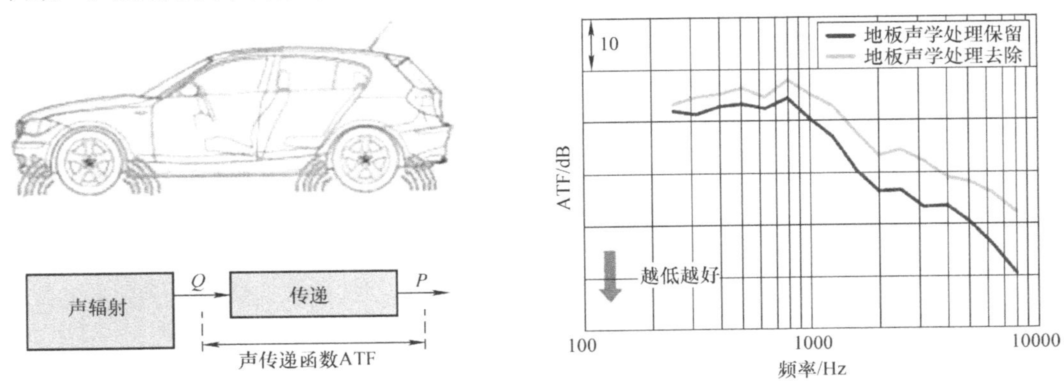

图 10-39　中高频路面噪声优化

10.3.4　振动舒适性

在 NVH 的工程实践中，振动舒适性问题由于涉及底盘和车身结构件的设计缺陷，相比噪声问题往往难度更大，周期更长。因此，对于振动问题的“预防”胜于“治疗”，整车企业通行的做法是在跨车型的平台架构开发早期即开始设计和分析，并在平台开发的全过程进行评估。车辆使用工况中，振动主要来源于两个方面，即路面和动力传动系统。振动舒适性相关问题见表 10-7。

表 10-7　振动舒适性相关问题

振动问题	现象描述	频段/Hz
整车刚体运动	车身六自由度运动（三向平动、三轴转动）	1～3
座椅振动	人体－座椅系统共振	10～8
小幅颠簸	由路面不平引起的车身轻微晃动	10～8
大幅颠簸	动力总成悬置与底盘悬架的耦合振动	8～12
底盘冲击	车轮受到的路面冲击（铁轨、窨井盖等）引发的整车振动	2～15
底盘隔振	由车轮、减振器总成对路面粗糙度的隔离	8～30
车身抖动	由于车身刚度不足而放大的路面激励振动问题	12～40
车轮激励	起动抬头/制动点头、车轮不平衡等	12～18
前桥振动	由前桥系统工作（制动摩擦、发动机点火、怠速、离合器断合、变速器换档）引发的转向盘及车身耦合振动	10～40

10.3.5　空气动力噪声（风噪）

当车速大于 50km/h 时，匀速行驶时车内噪声随速度增大而增大，在 50～100km/h 的范围，车速增大一倍，车内噪声相应增加约 6dB。在车速超过 100km/h 时，空气动力噪声已经成为车内噪声的主导成分，车内噪声随车速的增大趋势更明显，可达 18dB/倍速。图 10-40 所示为空气动力噪声。空气动力噪声大致可分为四类，即脉动噪声、泄漏噪声、空腔噪声和

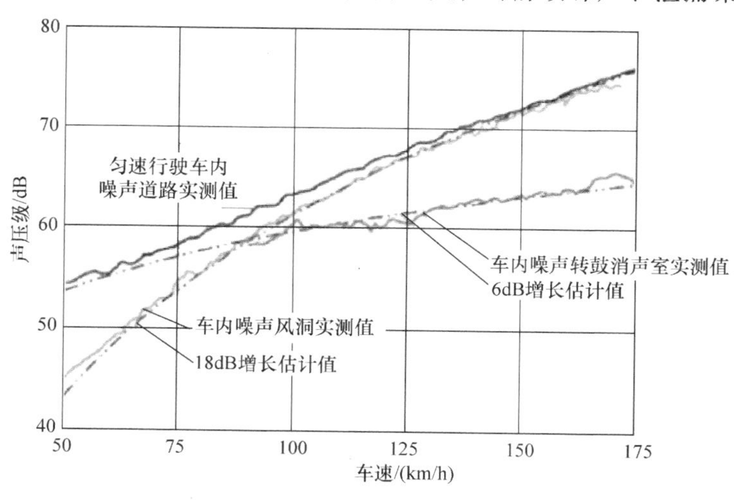

图 10-40　空气动力噪声

风振噪声。

脉动噪声是指气流在车身表面不断摩擦、湍流分离等产生的空气脉动压力波动“敲击”车身表面，形成结构声向车内辐射。脉动噪声属于双极子噪声源，其声功率与气流速度的6次方成正比。在湍流分离区，压力波动产生的噪声可达附着区的10倍以上。脉动噪声的主要影响因素有整车造型、迎风面覆盖件形状、湍流分离区局部造型优化（后视镜、A柱和天线等）、车门及玻璃隔声量、轮罩及地板区域隔声量。

泄漏噪声是指由于静态和动态的密封性问题，产生了缝隙成为声音传播的通道。泄漏噪声可能同时存在单级子、双级子和四级子噪声源，主要成分为单级子噪声。泄漏噪声虽然相较脉动噪声强度低，但是接近纯音信号，频率接近听力敏感频段，有时还会产生频率的抖晃，往往更易对乘员产生影响。泄漏噪声的主要影响因素有车门密封、摇窗玻璃密封、后视镜安装处密封、前后风窗密封、车门把手密封和行李舱盖密封。

空腔噪声是指在车身外覆盖件的拼缝位置形成了并不与车内联通的空腔，气流通过这些空腔时会产生亥姆霍兹谐振效应。消除和降低空腔噪声的方法是通过填充或封闭消除此类空腔。前、后车门和B柱之间形成的拼缝空腔与前排乘员耳部距离很近，是空腔噪声最需要关注的位置之一。通过封闭B柱中缝空腔，在特定频段可有效改善外耳位置高速车内风噪达3～5dB。

风振噪声是指车辆在行驶的过程中，在打开天窗或车窗时，车内强烈的轰鸣声。如图10-41a所示，风振的激励源来自车身表面的气流剪切层，当剪切流到达天窗开口前边缘（A点）时，形成旋涡脱离车身向后运动，在碰到天窗开口后边缘（B点）时，旋涡破裂，向四周扩散压力波，一部分压力波被反射到天窗前边缘，形成新的旋涡，如此按照一定的频率反复，即是卡门涡街的一种表现形式。在天窗打开时，车内声腔又形成了一个巨大的亥姆霍兹谐振腔，当涡流的激励频率和车内声腔频率接近时，则会产生共振，即产生风振噪声。风振噪声的声压级瞬时可超过100dB，应急措施是迅速关闭天窗（消除旋涡），或同时开启两个以上的车窗（破坏声腔）。同一车型（车内空腔容积一定）的风振噪声频率，取决于车速、开口位置、形状和大小。对于天窗开启引起的风振噪声，通常有两种设计解决方案：一种是采用天窗斜向开启模式，即以天窗前缘为支点，后缘向上开启到B'位置（图10-41a），这样旋涡在脱离天窗时，也将越过天窗开口的后缘，不再激励车内声腔；另一种是在天窗平开时，车窗开口前缘伸出导风板或挡风网（图10-41b），以破坏或削弱涡流的形成。

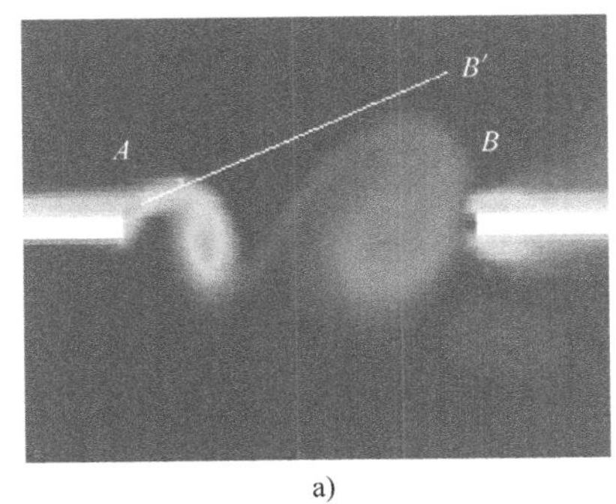

a)

b)

图10-41 天窗风振噪声

风洞试验是空气动力噪声最有效的分析方法。由于乘员双耳相对车窗的距离有差异，左右侧人耳位置的声压差值可达 2～3dB（A）。此外，车内扩散声场中，两侧人耳位置当频率在 200Hz 以上时随着频率的升高声压信号的相关度也急剧变小（图 10-42a）。因此在风洞测量车内噪声时，应考虑使用人工头双耳测试系统。在风洞测试准备阶段，常会使用胶带、胶泥等辅料对可能产生泄漏和空腔噪声的缝道进行封闭和填充等临时处理，以便在“理想状态”对比和检验脉动噪声是否达标，如某中级车 150km/h 风洞试验车内噪声测试结果，整个频谱声压级呈每十陪频程 35dB 递减趋势（图 10-42b），几乎没有明显的窄频“啸叫”成分。在此基础上，通过移除试验准备阶段附加的临时处理，所测得的车内噪声增量，即可视为泄漏和空腔噪声的贡献量。另外，采用表面传声器测量车身表面的压力分布（图 10-42c），对于明确和改进脉动噪声的声源是非常实用的。除了车内噪声，还可以通过基于波束成形（Beamforming）的声阵列成像技术和激光测振仪在不干扰空气流场的情况下进行非接触式测量，明确主要的空气声和结构声贡献，如图 10-43 所示。

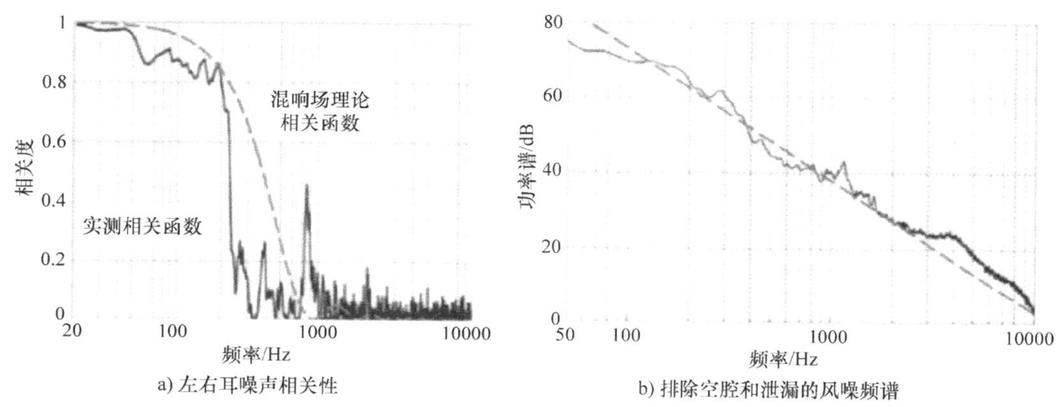

a) 左右耳噪声相关性

b) 排除空腔和泄漏的风噪频谱

c) 表面传声器

图 10-42　风洞风噪测量

流体力学（Fluid Dynamics）是最早运用数值方法求解问题的学科之一，形成了计算流体力学（Computational Fluid Dynamics，CFD）。Lighthill 在传统连续介质的 N－S 方程基础上，建立了经典声学和流体力学的联系，开创了空气动力声学（Aeroacoustics）。Curl 完成了流体和固体的相互作用的研究，形成了 Lighthill－Curl 相似理论。随着非连续介质思想的兴起，格子－玻尔兹曼法也在流体力学，进而在空气动力声学中得以应用。可以说，空气动

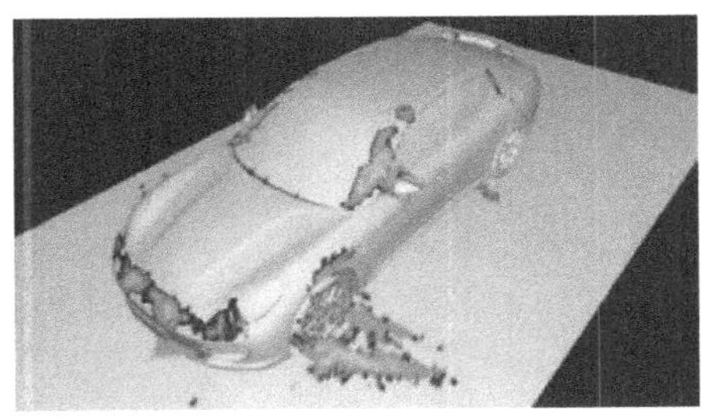

图 10-43　3D 波束成形声阵列在风洞试验中的应用（来源：朗德科技）（见彩插）

力声学是一种与声学相结合产生的流体力学变种，并随着流体力学的发展而不断演化。有的观点认为，目前的空气动力声学的理论和研究方法应称为计算空气动力声学（Computational Aeroacoustics），这样能更准确地与计算流体力学对接。图 10-44 所示为计算空气动力声学仿真。

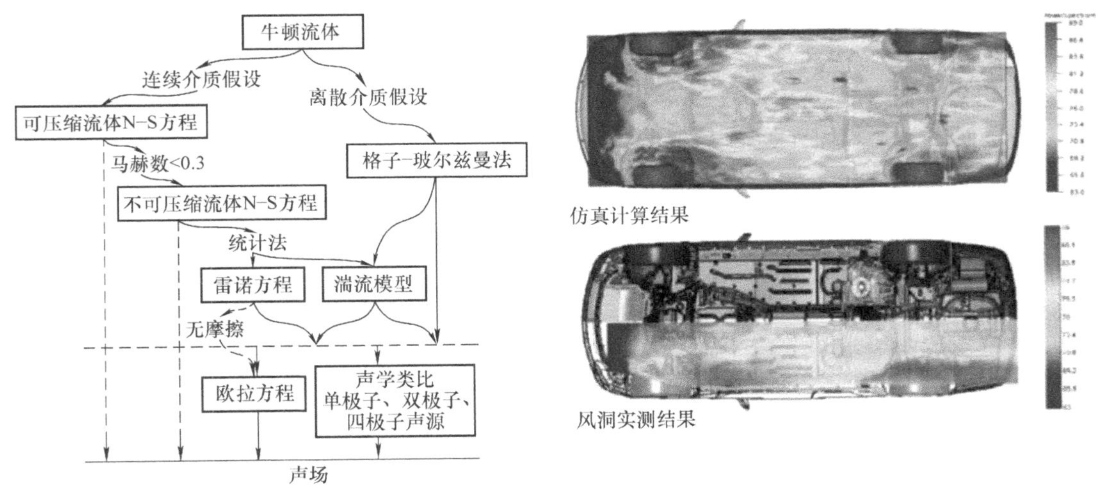

图 10-44　计算空气动力声学仿真（见彩插）

目前主流的商用 CFD 软件也普遍兼具空气动力声学分析功能，如 FLUENT、Power Flow 和 Star - CCM + 等。通过上述软件计算车外风噪后，可以结合统计能量分析 SEA，分析空气动力噪声对车内噪声的影响。

10.3.6　机电辅助系统噪声

车辆机电辅助系统噪声是指除了动力总成、车身、底盘悬架系统以外，不直接参与车辆的行驶和承载功能的系统总成运行所发出的噪声。随着整车内部噪声的不断优化，车辆辅助系统噪声日益突出。极端情况，如电动汽车的停车工况，车内没有传动内燃机怠速噪声的掩蔽，从内燃机车型直接沿用的辅助系统往往受到更多的噪声问题影响。辅助系统遍布车辆各处，它们具有相对独立的传感和执行装置，对辅助总成噪声的分析和控制需要从理解执行装置运行原理入手，进而优化噪声源和传递路径。根据噪声的持续时间和对人产生的影响的程度，常见的辅助系统噪声可以归为表 10-8 所列类别。图 10-45 所示为机电辅助系统的整车分布。

表 10-8 辅助系统噪声分类

持续时间	对人产生的影响程度低	对人产生的影响程度高
持续时间短	转向助力系统 制动真空助力泵	摇窗机 座椅电动调节 后视镜电动调节
持续时间长	发动机散热系统 燃油泵	空调风扇 刮水器 座椅通风装置

电机是众多辅助系统的噪声源。在高级别的车型上，整车的驱动和控制电机多达数十个。辅助系统用电机噪声的主要成分包括电磁噪声、机械噪声、气动噪声和电控噪声。电磁噪声取决于电机定子和转子的形态及电磁场的均匀性。因此，极对数、绕组匝数和转子的轴承动态变形量引发的磁隙变化是电磁噪声的重要影响因素。机械噪声产生的原因包括转子不平衡、转轴弹性弯曲挠度和轴承径向跳动。大型电机在高速转动过程中还会引起气动噪声。

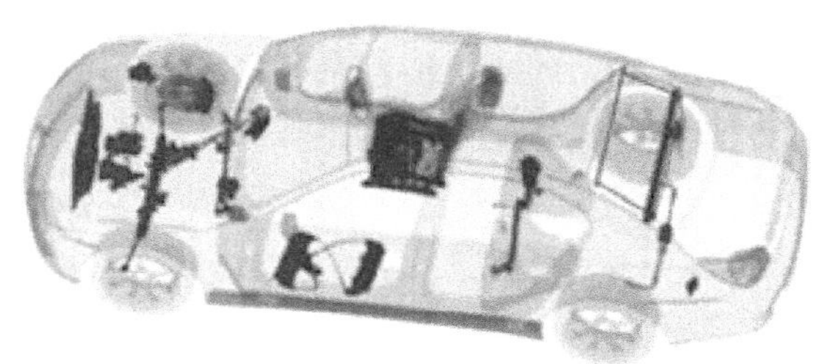

图 10-45 机电辅助系统的整车分布

电控噪声，比较典型的有摇窗电机噪声（图 10-46）和座椅位置调节电机噪声，电机噪声和电机的驱动电流正相关。以摇窗电机噪声为例，电机的驱动电流是根据摩擦负荷的变动而自动调节波动的，直到车窗达到上止点。适当降低加载电压，减小驱动电流在一定程度上能降低噪声值，但过度降低电压会导致噪声驱动力不足而产生功能性问题，还会使得电机噪声的声压波动加大，电机转速变化所对应的噪声频率变化也会非常容易让人察觉而影响舒适性。

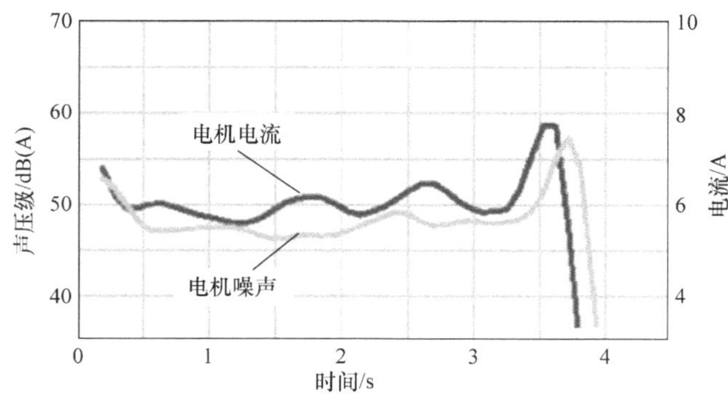

图 10-46 摇窗电机噪声

发动机散热风扇噪声（图 10-47）的成因是除了上述电磁噪声，还包括风扇旋转形成的气动噪声（空气直达声），以及风扇产生的压力波动和不平衡力通过橡胶减振元件经散热模块框架向车身传递及辐射的噪声（结构次级声）。主要影响因素包括风扇的叶片数量、叶片

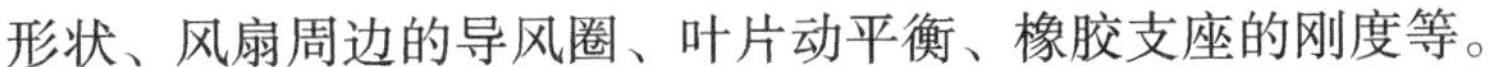

形状、风扇周边的导风圈、叶片动平衡、橡胶支座的刚度等。

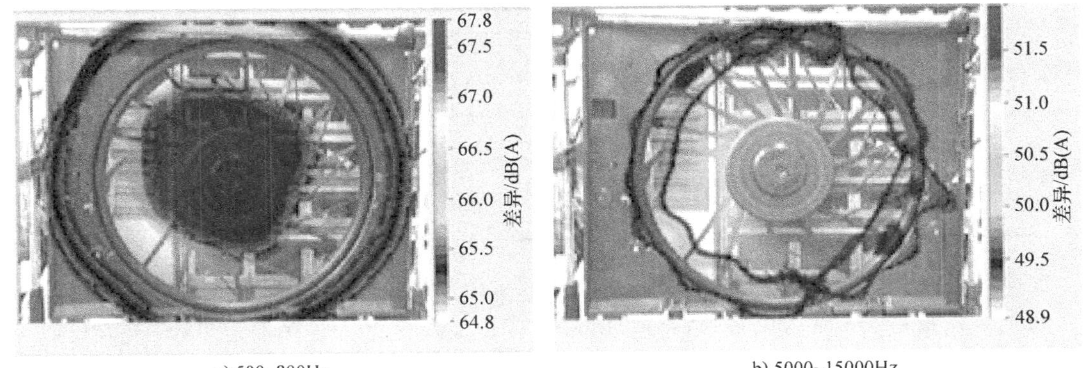

图 10-47 发动机散热风扇噪声

空调系统噪声（图 10-48）包括制冷剂循环路径上的各个环节：压缩机噪声、制冷剂流动噪声、脉动噪声、鼓风机不平衡激励噪声等。对于空调噪声的控制，有效的方法是确定一个开发定型的“封样件”，测定其全工况范围（压缩压力和转速）的运行噪声脉谱图，以便在选择额定工况点时，避开噪声大的工作区域。制冷剂流动和压力脉动噪声通常采用管道消声器消除。空调鼓风机噪声随着风量的增大而增加，用户对此是可以理解的。不仅要优化鼓风机运转噪声，而且应合理分配鼓风机的每一级风量，使得空调制冷效果和空调鼓风机的噪声水平相互匹配。

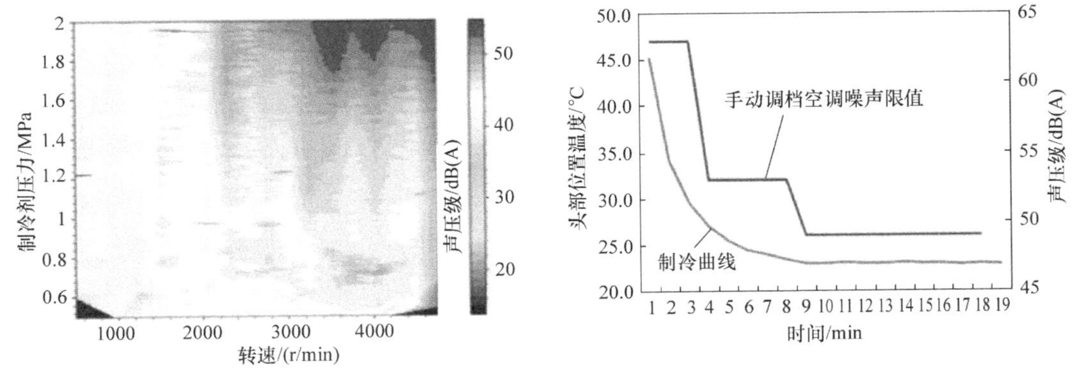

图 10-48 空调系统噪声

10.3.7 车外噪声

车内噪声直接影响用户驾乘舒适性，在市场竞争和用户投诉的双重压力下，整车企业往往会进行持续的改进。然而，车外噪声水平的改善并不会直接为汽车产品带来附加价值，各国治理城市环境噪声污染的主要源头——道路交通噪声的手段通常是颁布车辆准入的相关法律法规，以测试限值的形式推动整车企业采取措施降低车外噪声。我国汽车车外噪声相关规范见表 10-9。

表 10-9　汽车车外噪声相关规范

车外噪声测试	测点位置	规范依据
加速行驶车外噪声	整车两侧 7.5m 处	GB 1495—2002《汽车加速行驶车外噪声限值及测量方法》
定置噪声	发动机侧面 排气管口	GB/T 14365—2017《声学　机动车辆定置噪声声压级测量方法》 GB 16170—1996《汽车定置噪声限值》

加速行驶车外噪声又称为通过性噪声（Pass - by Noise），是最具代表性的车外噪声指标，即车辆在半径为 50m 的空旷场地以 50km/h 的起始速度全力加速通过 20m 的直线段，测量距离中心线两侧 7.5m 处离地 1.2m 高位置的声压级。车外噪声测量方法、场地要求和数据处理在世界范围较为统一稳定，测试结果具有一定的横向（同一时期不同车型）和纵向（同一车型代际间）可比性。由欧洲和自 20 世纪 70 年代至今所颁布的及我国历年颁布的针对 M_1 类汽车（小型乘用车）的限值变化情况看，车外噪声呈阶段性降低的趋势（图 10-49）。

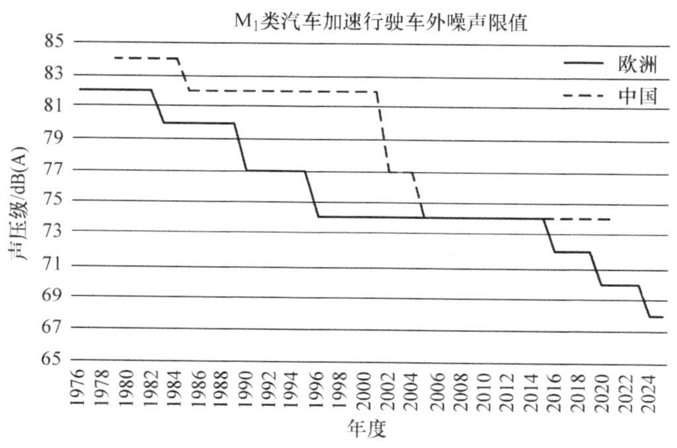

图 10-49　加速行驶车外噪声

车外噪声的控制和优化流程通常为：首先对车外噪声源进行识别，并确定各噪声源的贡献量顺序，进而对最主要的一个或若干声源及其传递途径加以优化。车外噪声的主要特征是其传递途径明确，即为空气声。因此，车外噪声源的识别方法相对固定，主流的方法为屏蔽法（窗口法），如图 10-50 所示，即通过包覆（吸隔声材料）、隔离（在声源附近加板或罩体结构）或替换（使用绝对消声器）等方法，隔绝整车主要对外辐射声源，然后逐一或分组移除相关附加声学处理，从而得到各个声源对车外噪声测点的单独声压贡献：

$$L_{Si}=10\lg\left[10^{\frac{L_u}{10}}-10^{\frac{L_S}{10}}\right]$$

式中　L_{Si}——声源 i 的视在声压级；

L_u——声源 i 处声学处理被移除后的车外噪声总声压级测量值；

L_S——声源 i 处声学处理被移除前的车外噪声总声压级测量值。

声阵列成像法是指采用基于远场波束成形的声学成像设备在测试道对车外噪声进行定

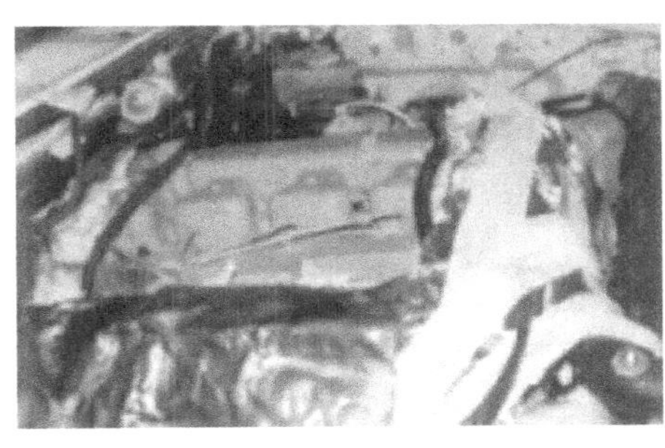

图 10-50　采用屏蔽法分析车外噪声成分

位。由于波束成形原理的算法分辨率和设备精度的局限，通常在确定主要声源大致辐射情况后，需要在整车转鼓试验台或发动机台架上采用近场声全息（Acoustic holography）技术进一步确定声源的的具体空间分布。图 10-51 所示为车外噪声成像，图 10-52 所示为车外噪声（30Hz）BEM 计算结果。

图 10-51　车外噪声声源成像（见彩插）

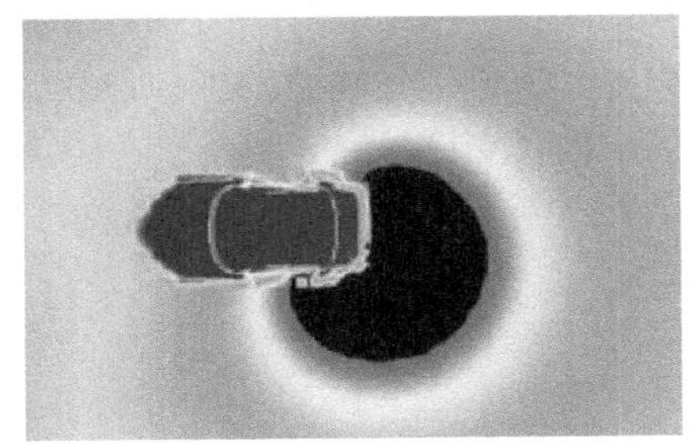

图 10-52　车外噪声（30Hz）BEM 计算结果（见彩插）

利用边界元分析法结合传递路径可对车外噪声进行建模。以进气管口噪声 p_{IN} 和排气管口噪声 p_{EX} 对通过性噪声的贡献分析为例，由进排气系统在车外噪声测点产生的声压为 $p_M = p_{IN}TF_{IN} + p_{EX}TF_{EX}$，其中 TF_{IN} 和 TF_{EX} 为进排气管口到车外测点的传递函数，可以通过仿真计算或实测的方式得到。在车型概念设计阶段，凭借建模仿真分析可以对排气管口的位置、前舱声源分布和车辆底护板的设计方案进行虚拟评审。

大量研究和统计结果表明，加速行驶车外噪声 74dB（A）限值附近的车型向外辐射的声源集中在动力总成系统，包括发动机进排气系统、发动机本体和变速器等。然而随着车外噪声限值要求日益严格，在动力总车噪声持续优化后，轮胎噪声对车外噪声的贡献日益突显。欧盟于 2012 年开始实施的轮胎标签规定中已包括了轮胎噪声的分级。根据 ECE R117（对应我国 GB/T 22036—2017）的要求，应用于 M_1 车型的 C1 类轮胎的惯性滑行（Coast-by）噪声限值在第二阶段已低至 70dB（A）。整车滑行法的测点通常是指 ECE R117 所规定的远场测试点（与通过性噪声测点相同）。车外轮胎噪声的测试方法主要有三种，即整车滑行法、拖车法、转鼓法。轮胎噪声相关测试规范见表 10-10。

与传统内燃机汽车需要降低车外噪声不同，电动汽车在低速行驶时过于安静，增加了人车事故风险。根据 GB/T 37153—2018《电动汽车低速提示音》的要求：

表 10-10　轮胎噪声相关测试规范

车外噪声测试（轮胎相关）	测点位置	规范依据
整车惯性滑行法	整车侧面 7.5m 处	GB/T 22036—2017《轮胎惯性滑行通过噪声测试方法》
轮胎噪声测试方法（转鼓法）	轮胎径向 1m 和轴向 1.5m	GB/T 32789—2016《轮胎噪声测试方法　转鼓法》

1）频移：提示音频率随车速变化而变化。

2）总声压级和 1/3 倍频程最低限值。

3）不能使用特殊交通工具音效。

4）配置暂停开关。

目前，多数新能源电动汽车遵循了推荐标准中“类似传统发动机的声音”建议以满足上述要求，这样既有利于行人识别车辆，又避免了造成额外环境噪声污染的风险。

10.3.8　异响

异响是车辆行驶过程中出现的非正常的声响，与其他常见的持续且有规律的噪声（如发动机噪声等）不同，异响的发生和持续时间具有很强的随机特性。异响通常是由两个或两个以上的表面发生接触形成摩擦或者碰撞，进而引发尖叫声（squeal）和敲击声（rattle）造成的，因此异响也称为 S&R 特性。摩擦尖叫机理和碰撞敲击机理分别如图 10-53 和图 10-54所示。

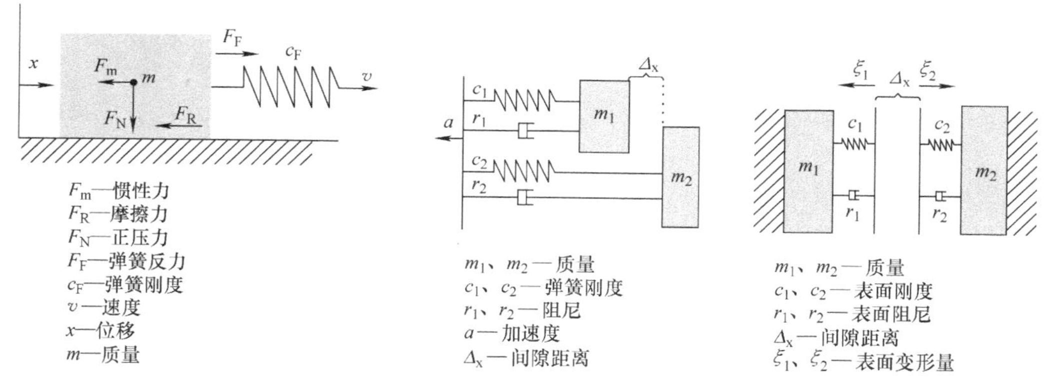

F_m—惯性力
F_R—摩擦力
F_N—正压力
F_F—弹簧反力
c_F—弹簧刚度
v—速度
x—位移
m—质量

图 10-53　摩擦尖叫机理

m_1、m_2 — 质量
c_1、c_2 — 弹簧刚度
r_1、r_2 — 阻尼
a — 加速度
Δ_x — 间隙距离

m_1、m_2 — 质量
c_1、c_2 — 表面刚度
r_1、r_2 — 表面阻尼
Δ_x — 间隙距离
ξ_1、ξ_2 — 表面变形量

图 10-54　碰撞敲击机理

由异响的摩擦和碰撞若干模型可知，摩擦尖叫声的影响因素主要是摩擦副的摩擦系数（材料特性及温湿度）、接触面正压力和激励频率。碰撞敲击声的影响因素是空间间距、结构特性（车身刚度和模态）、接触面材料配对、激励频率与幅度。

异响的识别和评价，主要通过整车道路试验和台架试验进行。坏路面输入异响试验如图 10-55所示，常用于评价异响的“坏路面”包括鹅卵石路、比利时路、锯齿冲击路（搓衣板路）等。通过对不同路面车辆异响水平进行评价打分，并进行加权汇总，可得到用来评价整车异响水平的异响指数（Squeak Rattle Index，SRI）。

此外，特定的路面试验有利于复现对用户造成影响的工况，锁定问题的来源（Trouble -

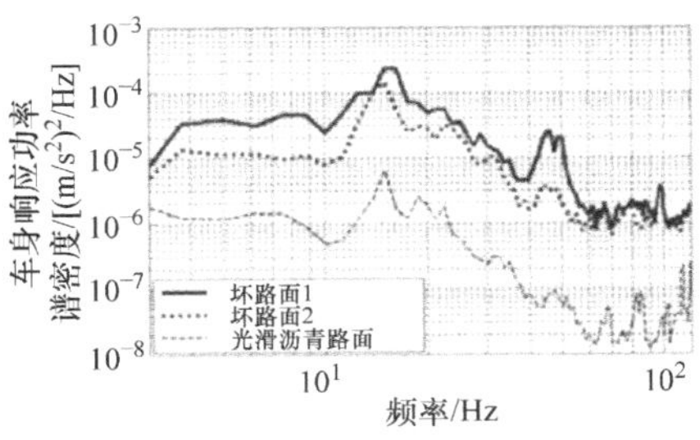

图 10-55 坏路面输入异响试验

shooting)。对于深入分析异响，并进行客观测量，则离不开异响激振台，通过随机、正弦扫描、道路谱、单频信号输入，使四个车轮受到可控的激励，模拟不同的路面激励。由于摩擦尖叫与环境温湿度条件密切相关，部分异响激振台安置在整车环境舱，以实现全天候模拟。测试人员不仅可以通过 NVH 听诊器（听管）和手持式声学成像装置进行异响源的探查，还可以使用 NVH 常规声振测量设备进行测量。据统计，车身异响源主要集中在仪表板总成、转向盘/转向柱及其支架、座椅、闭合件和下车身等部位。图 10-56 所示为异响识别与评价。

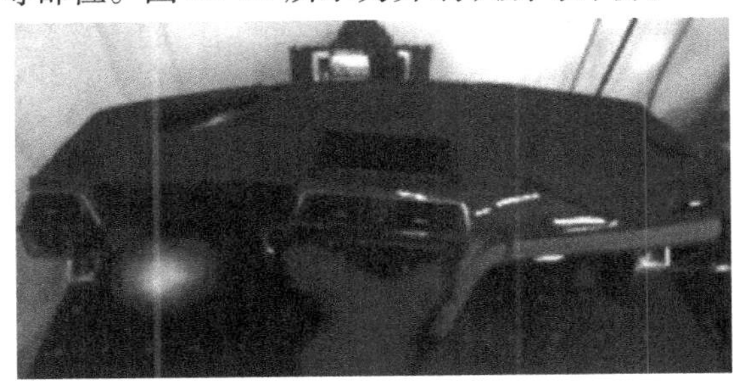

图 10-56 异响的识别与评价（见彩插）

异响控制不再局限于用户影响应对和基于样车设计问题改进，已经延伸到了设计前期的 CAE 分析和生产制造及使用的产品寿命的全过程。车身异响的 CAE 分析主要包括车身及车门的动静刚度分析、子系统模态分析、车身异响灵敏度分析、整车异响响应分析。需要说明的是，进行整车异响 CAE 分析前，需要对比在相同路面激励下车身和底盘若干关键点的加速度响应验证整车模型的有效性。异响设计的内容包括隔振与减振校核、连接件刚度设计、模态分离、闭合件变形、部件间隔设计、紧固件设计和隔声与吸声处理。

另外，在异响相关的设计中应考虑以下两方面影响因素，实现异响稳健性设计：

1）充分考虑零件制造公差和安装匹配误差。

2）充分考虑随着车辆使用里程的增加，零部件性能的衰减，如橡胶减振元件刚度、螺栓预紧力和车身刚度的变化。

10.4 展望

10.4.1 轻量化与 NVH

轻量化对传统内燃机汽车的燃油经济性改善和尾气排放达标做出了重要贡献，对新能源电动汽车的续驶里程也至关重要。然而，整车轻量化对 NVH 性能带来了更严苛的设计约束和更大的集成难度，同时也推动了 NVH 设计从“粗放设计”向“精益设计”的升级。

车身轻量化潜在的影响是车身刚度受到削弱。在降低车身总重量的目标下，前期为提高车身刚度而开发的措施，如提高车头扭转刚度的 V 字形加强撑杆，不应轻易地取消，而应评估其在相同重量下对刚度的贡献，并对车身的梁柱截面进行全面评估和拓扑优化，确定不降低 NVH 性能的轻量化措施。车身轻量化也对整车阻尼设计（布放位置、材料种类）提出了更精细的要求。图 10-57 所示为车身轻量化。

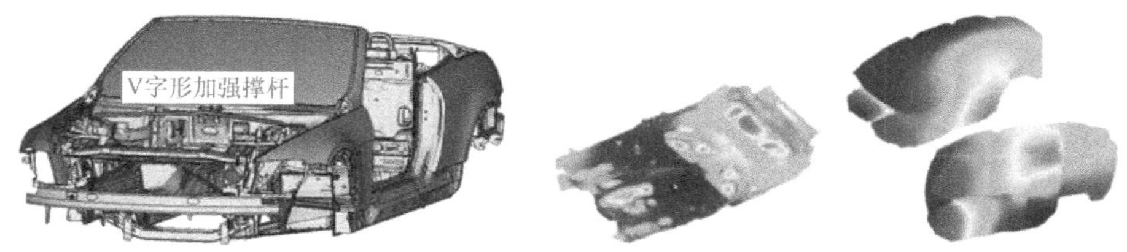

图 10-57 车身轻量化（见彩插）

动力总成轻量化的潜在影响是发动机本体声辐射增大。在金属壁面减薄的区域，如缸体表面、缸盖和油底壳等位置，采用耐高温的吸、隔声材料封装是一种可行的轻量化 NVH 措施，与发动机本体表面直接接触的区域通常选用聚氨酯类材料及其与其他材料组成三明治结构复合材料。由于电驱动系统的工作温度相对较低，可用来进行近场吸、隔声处理的材料的选择范围更广。图 10-58 所示为动力总成轻量化。

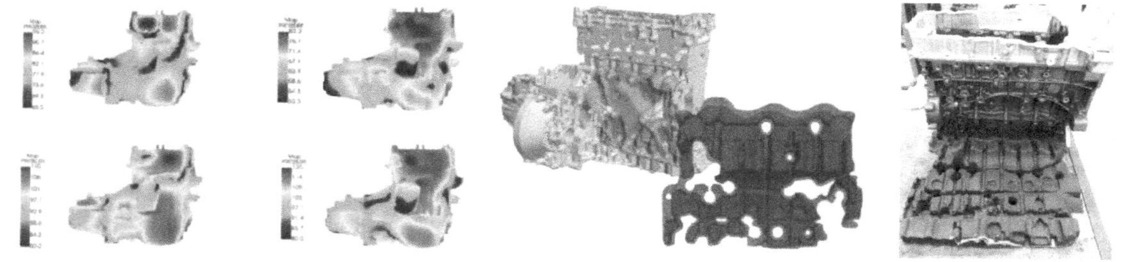

图 10-58 动力总成轻量化（见彩插）

面向轻量化应用的一大部分声学材料为非金属复合材料，零件建模的基础是对声学特性相关材料结构参数进行识别，常用的参数包括密度、弹性模量、阻尼损耗因子、流阻率、孔隙率、曲折度等。对于由多孔材料（纤维类和泡沫类材料）组成的三明治复合结构，则需要基于 Biot – Allard 等理论，通过单层材料结构参数对复合材料进行建模，通过标准材料的声学性能（吸、隔声）试验验证，确认复合结构材料的参数有效性，然后才能作为零件 NVH 仿真分析输入。

10.4.2 主动降噪与减振

主动降噪又称为主动噪声控制（Active Noise Control，ANC），是指区别于传统通过吸、隔声“被动”降噪手段，通过增加声源与目标声源抵消，“主动”地控制噪声，如图 10-59 所示。主动降噪可以追溯到 1933 年 P. Lueg 申请的关于声

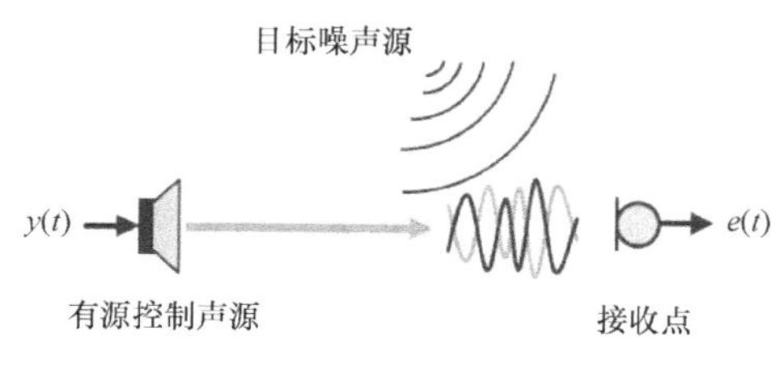

图 10-59 主动降噪原理

波有源干涉消声的专利，它为主动降噪技术做了思想上的奠基。从 20 世纪 90 年代开始，主动降噪技术开始在汽车上应用，ANC 相关研究随之蓬勃发展。图 10-60 所示为排气噪声主动降噪。

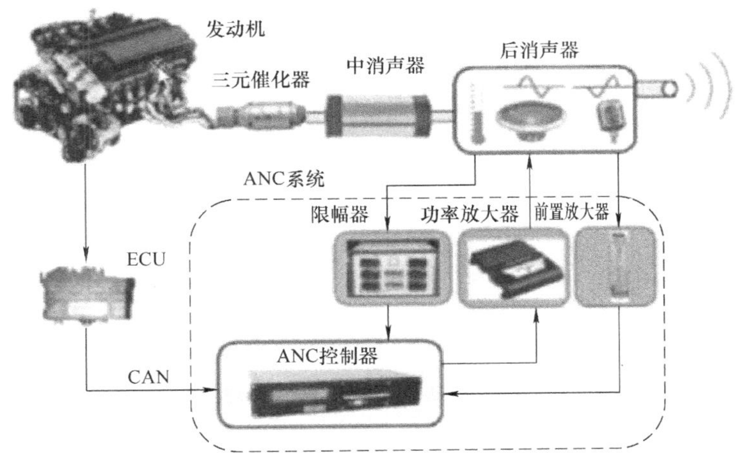

图 10-60 排气噪声主动降噪

车内三大噪声激励源中，相对道路噪声和风噪声，动力总成噪声尤其是阶次噪声，激励源和传递路径清晰，ANC 技术首先得以应用。在动力总成噪声 ANC 技术发展早期，针对噪声源的采集和作用位置的不同，有不同的技术路线，如有的系统将反向声波直接作用于排气消声系统。目前主流的 ANC 技术方案则是直接作用于车内声场，整个系统包括转速信号采集、参考传声器（用于校正误差）、车内扬声器系统和 ANC 控制系统。对于动力总成噪声，如由发动机的阶次噪声经过车身结构放大的轰鸣声，ANC 的改善作用尤为明显。图 10-61 所示为 ANC 降噪。

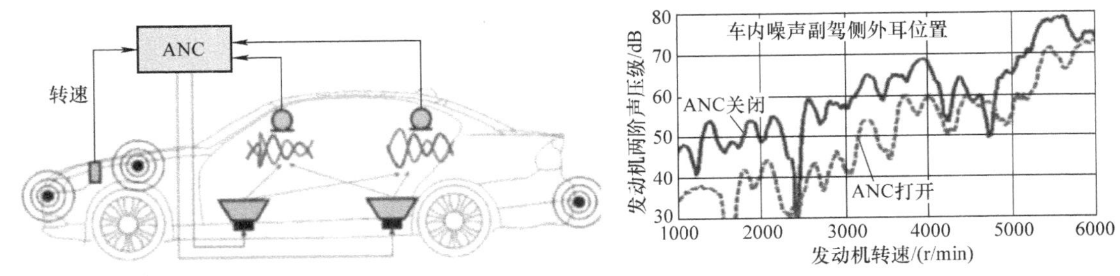

图 10-61 ANC 降噪

近年来，如何将 ANC 技术应用到电动汽车的主要声源路噪和风噪，是一个正在兴起的研究热点。相对于发动机噪声，路噪和风噪激励的确定性更大、频率更高，对主动控制响应速度的要求更高。现代汽车公司在 2019 年宣称率先实现面向路噪的主动降噪技术（RANC）的批量产品化应用。

相对主动降噪，主动悬架技术有更长的应用历史。早在 1987 年，宝马公司就推出了特性曲线呈三段式的电控悬架（Electronic Damper Control，EDC）。1999 年，奔驰公司推出的主动车身控制系统（Active Body Control，ABC），真正实现了悬架的刚度和阻尼完全可调。

图 10-62 所示为阻尼可调式减振器。此外，德尔福公司开发的电磁式半主动悬架（Magnetic Ride）在奥迪 TT 和奥迪 R8 上得到应用。除了主动降噪系统和主动悬架技术外，主动悬置系统和主动座椅也是有源主动控制在 NVH 领域的应用。主动控制技术能否进一步降低成本和能耗，是将来能否推广的关键。

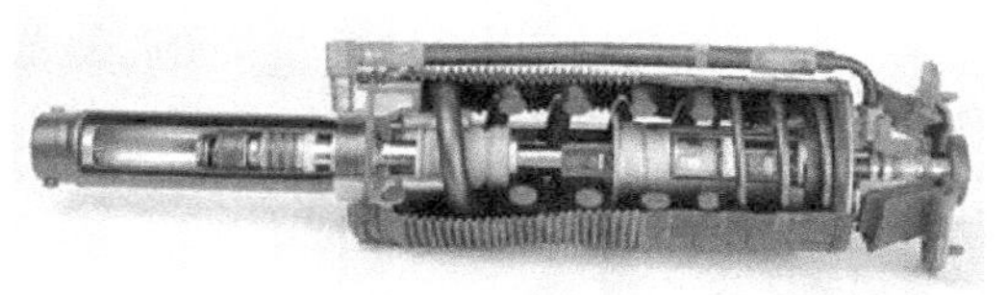

图 10-62　阻尼可调式减振器

10.4.3　声品质设计

声品质设计的提出和发展，说明汽车 NVH 性能的目标已经从减振降噪发展到了通过声学进一步提升汽车产品及企业品牌形象的新高度。当然，做好传统的减振降噪工作既是声品质设计的基础，也是声品质开发的题中应有之意。

整车声品质的范围很广，主要包括动力总成声品质、电器附件声品质和车身闭合件的声品质。它们的共同特点是，用户在进行某项操作时产生的声音要符合用户的心理预期。图 10-63所示为发动机声品质定义。因此，声品质设计需要首先定义目标声。不同功能的车型，声品质的目标声不能仅仅停留在语言的描述上，还需要落实到可测量的客观量上。如对于某型敞篷跑车以 100km/h 的速度节气门全开加速时发动机噪声应大于风噪 8dB（A）。对于需要增加声音律动感的车型，目标声应增加半阶成分。通过车载扬声器发生或激振发声器发出类似内燃机噪声的声音以掩蔽令人厌烦的高频啸叫声，是新能源电驱动声品质设计可以向传统动力声品质设计借鉴的方法。

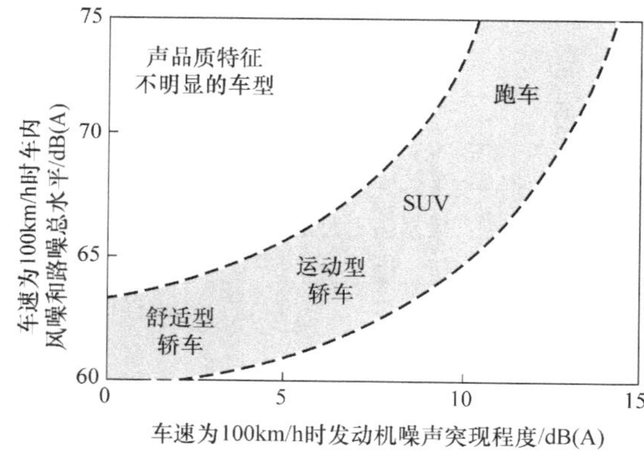

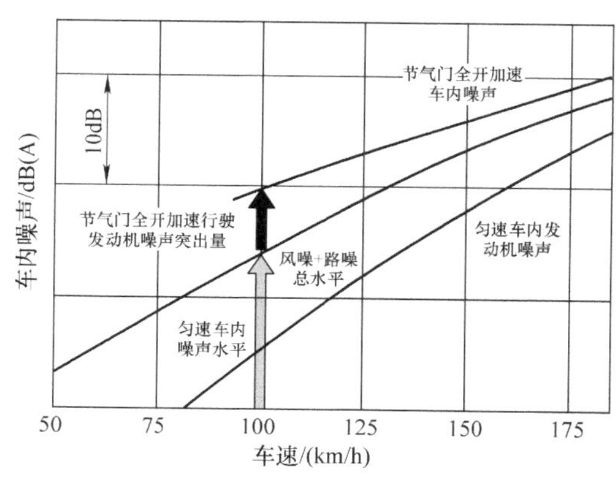

图 10-63　发动机声品质定义

关门声是长期以来研究的车身闭合件声品质设计主题。随着人们对关门声的主客观评价方法（包括心理声学指标的测量）、形成机理（多次撞击）和控制要点（车门、密封、车锁及窗玻璃）的掌握，已经形成了较为成熟的开发流程。可见对于撞击和摩擦类等难以用仿真计算进行预测的瞬态声品质的设计，试验和主观评价相结合辅以零件设计准则仍是有效的声品质设计方法。图 10-64 所示为利用机械式发声装置改变发动机声品质。

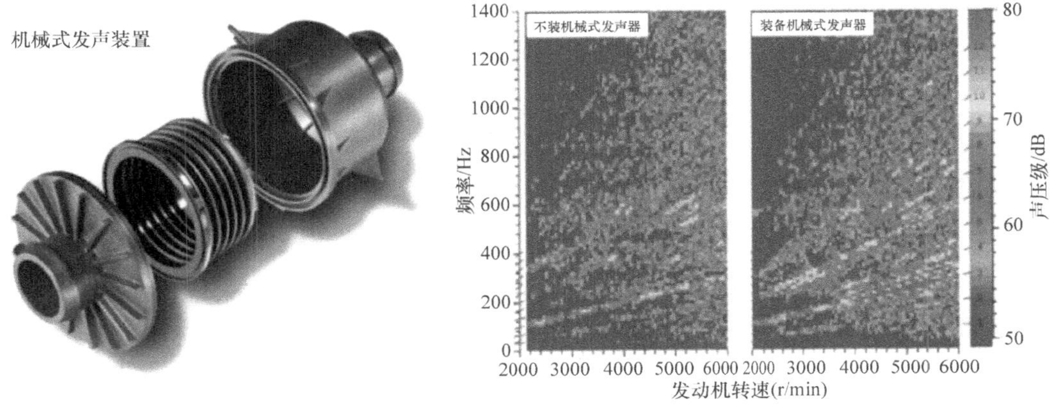

图 10-64　利用机械式发声装置改变发动机声品质（见彩插）

空调性能

11.1 汽车空调性能概述

汽车空调系统具有对乘员舱进行采暖、制冷、通风换气、除霜除雾、空气净化等功能。

不同的车型、不同的使用要求及不同的销售区域，对空调性能的要求是不同的。空调性能要求包括舒适性、操作性、安全性和节能性。舒适性即要求汽车空调可实现冬暖夏凉，同时限制空调噪声（包括鼓风机、空调风道、压缩机噪声）；操作性即汽车空调的手动操作和自动控制性能；安全性即要求空调可及时除霜除雾，不影响行车视野，保证行车安全；节能性即高效空调，对于燃油车型而言可以在一定程度上降低油耗，对于新能源车型而言可以降低对续驶里程的影响。同一类型的不同级别的车型，对空调的性能要求是不同的。豪华型汽车对空调的舒适性要求较高，即要求有较好的空调制冷能力和采暖能力，并且对空调噪声有较严格的限制，而且配置自动空调系统。而对于一般车辆，舒适性和操作性等则可不同程度地稍微降低，可选配手动空调系统。

目前整车上可量化考核的空调性能主要是指舒适性和安全性，可分为空调的制冷性能、采暖性能、除霜除雾性能及 NVH 性能。乘客所感知的制冷和采暖性能，可转化为乘客舱内各排乘客的头部温度（即呼吸点温度）和脚部温度。具体指标通常需要对比市场中同类竞争车型的空调性能。其中，空调的快速降温和快速升温性能为乘客感知最明显的指标，因此需要对比各车型之间的最大制冷和最大采暖能力。同时，为了使性能指标具有可比性，空调性能指标的设定需以环境模拟试验为基础，即设置相同的环境条件。以我国为例，最高制冷试验的环境模拟条件可设置为环境温度为38℃，环境相对湿度为40%，太阳辐射强度为1000W/m^2，中东地区可提高环境温度为45℃；国内采暖试验的环境温度最低可设置为-20℃。至于具体考核工况的设定，各车企标准可能有所不同。

空调的除霜除雾性能涉及行车安全，国内的相关试验标准为 GB 11555—2009《汽车风窗玻璃除霜和除雾系统的性能和试验方法》，GB/T 24552—2009《电动汽车风窗玻璃除霜除雾系统的性能要求及试验方法》，相关要求见表 11-1。

表 11-1 传统车与电动车除霜除雾性能指标对比

考核内容	试验时间	M_1 类传统汽车除霜除雾要求	M_1 类电动汽车除霜除雾要求
除霜性能指标	20min	A 区除霜≥80%	A 区除霜≥80%
	25min	A′区除霜≥80%	A′区除霜≥80%
	40min	B 区除霜≥95%	B 区除霜≥90%
除雾性能指标	10min	A 区除雾≥90% B 区除雾≥80%	A 区除雾≥90% B 区除雾≥80%

11.2 汽车空调性能设计理论与方法

11.2.1 整车热负荷的计算

汽车空调的作用是在车厢内营造一个人体感觉舒适的环境，并能预防或去除风窗玻璃上的雾、霜或冰雪，保障乘员健康、视野和行车安全。最主要的挑战是应尽可能地减小对动力消耗的影响，尤其对电动汽车而言，汽车空调的节能问题更加迫切。为了同时满足舒适性和节能性要求，需选择合适且动力消耗小的空调装置，因此选择合理的空气参数进行整车热负荷计算是非常重要的。

车内舒适性是一种主观量，是由乘员对温度、湿度、空气流速、车厢内空气的压力、洁净度、气味、噪声、振动等指标的感受和反映来决定的。其中，温度、湿度、空气流速是最重要的控制因素。对于不同车型、不同用途的豪华型、经济型空调车，车内空气参数的设定是不同的。

不同使用地区和不同工作条件下，车外空气设计参数也是不尽相同的。确定了车内外空气设计参数后，可根据车身结构、玻璃大小、乘员人数等计算车厢冷、热负荷。精确地计算整车冷、热负荷需应用非稳态分析方法，该方法还处于研究阶段，因此为了简化计算，目前整车冷、热负荷更多地采用稳态计算方法。只要选定的各参数接近实际工况，其计算结果基本上可靠。

汽车车厢与外界环境之间有三种热传递方式进行热交换，即导热、对流、辐射。汽车空调负荷包括车身壁面传热、太阳辐射热、车窗玻璃传热、新风（或漏风）热、乘员散热散湿、设备照明放热等形成的负荷，如图 11-1 所示。

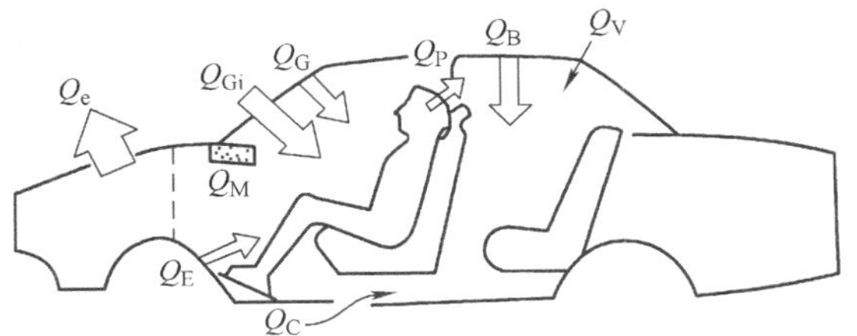

图 11-1 汽车与外界环境热交换图

由图 11-1 可知，空调热负荷计算式为

$$Q_e = Q_B + Q_G + Q_{Gi} + Q_E + Q_C + Q_M + Q_P + Q_V$$

式中 Q_e——空调热负荷（W）；

Q_B——通过车顶、侧围及后围传入车厢的热负荷（W）；

Q_G——通过各玻璃表面以对流方式传入车厢的热负荷（W）；

Q_{Gi}——通过各玻璃表面以辐射方式直接传入车厢的热负荷（W）；

Q_E——从前舱一侧传入车厢的热负荷（W）；

Q_C——从车厢地板传入车厢的热负荷（W）；

Q_M——空调风机及其他用电设备造成的热负荷（W）；

Q_P——乘员散发的热负荷（W）；

Q_V——由通风和密封性泄漏传入车厢的热负荷（W）。

（1）车身壁面传热 空调汽车的车身壁面是指除门窗玻璃以外，由外板、隔热层、内饰板组成的围护结构，包括车顶、侧围、前围、后围及地板。

壁面传热计算式为

$$Q = KF\Delta t$$

式中 K——壁面传热系数；

F——传热面积，$F=\sqrt{F_{内}F_{外}}$，$F_{内}$ 为内传热面积，$F_{外}$ 为外传热面积；

Δt——传热温差。

不考虑太阳辐射热影响时，外壁面的对流换热量为

$$Q_1 = \alpha_H F(t_H - t_1)$$

式中 α_H——外壁面对流传热系数，与壁面相对气流相关，计算整车热负荷时，设定车速不会超过50km/h，$\alpha_H = 8.36 + 41.8\sqrt{v}$（$kJ/m^2 \cdot h \cdot ℃$），计算从前舱一侧传入车厢的热负荷 Q_E，前围的壁面对流放热系数一般取41.8$kJ/m^2 \cdot h \cdot ℃$；

t_H——车外环境温度。

内外壁面之间的热传导换热量为

$$Q_2 = \frac{1}{R_D}F(t_1 - t_2)$$

式中 R_D——内外壁面之间的热阻，包括内饰及隔热层的厚度及其导热系数、空气层的厚度及其导热系数和钢板的厚度及其导热系数，可运用多层均匀壁面进行简化，需查表取值。

内壁面对流换热量为

$$Q_3 = \alpha_B F(t_2 - t_B)$$

式中 α_B——内壁面对流传热系数，计算整车热负荷时，车内气流流速为0.25～0.5m/s，可取$\alpha_B \approx 60kJ/m^2 \cdot h \cdot ℃$；

t_B——车内空气温度（℃）。

整车热负荷传递是稳定传热过程，即 $Q_1 = Q_2 = Q_3$，由此可得壁面传热系数为

$$K = \frac{1}{\dfrac{1}{\alpha_H} + R_D + \dfrac{1}{\alpha_B}}$$

相应的壁面传热量为

$$Q = KF(t_H - t_B)$$

实际上，车身壁面传热量 Q_B 不仅包含由车内外空气温差导致的对流换热量，也包含车身外表面从太阳中吸收的热量。因此在计算空调热负荷时，可以将太阳强度转化为相当的温度，与车外环境温度叠加在一起，形成日照表面综合温度 t_C。

当外壁面热平衡时，车身壁面吸收的太阳辐射热为

$$\varphi IF = \alpha_H F(t_{CB} - t_H) + KF(t_{CB} - t_B)$$

式中 φ——车身外壁面吸收系数，根据铁板涂色法，白漆取0.47，黑漆取0.89，汽车在长期使用后，ρ 值增加，白漆为0.9，黑漆为0.98；

I——太阳辐射强度，已知太阳常数$I_C = 1366W/m^2$，大气透明度 P 可取0.65～0.75，太阳高度角 h 不同时，可按照如下的理论方法进行直射和散射辐射强度计算：

1）水平面太阳直射辐射强度 $I_{DH} = I_C \sin h P^{1/\sin h}$；

2）垂直面太阳直射辐射强度 $I_{DV} = I_C \cos h P^{1/\sin h}$；

3）水平面天空散射辐射强度 $I_{SH}=0.5I_C\sinh(1-P^{1/\sinh})/(1-1.4\ln P)$；

4）垂直面天空散射辐射强度 $I_{SV}=0.5I_{SH}$；

t_{CB}——外壁面日照综合温度（℃）。

由于 $K \ll \alpha_H$，可得外壁面日照综合温度为

$$t_{CB}=\frac{\varphi I}{\alpha_H}+t_H$$

通过车顶、侧围及后围传入车厢的热负荷为

$$Q_B=KF(t_{CB}-t_B)a_1$$

式中 a_1——车身制造水平系数，取1.1～1.25。

对于传统燃油汽车而言，前围传入的热负荷 Q_E 需考虑发动机高温的辐射热，可取85℃；对于纯电动汽车而言，前围的日照表面综合温度可取60℃。

计算从车厢地板传入车厢的热负荷 Q_C 时，由于地板受到地面辐射及排气辐射，地板外壁面温度比环境温度高（一般高2～3℃）。

（2）玻璃传热计算　与车身壁面传热计算相似，玻璃传热也包括对流传热 Q_G 和辐射传热 Q_{Gi} 两部分热量：

$$Q_G=K_GF(t_H-t_B)$$

$$Q_{Gi}=K_GF(t_C-t_H)+\eta IK_G=\left(\frac{\varphi K_G}{\alpha_H}+\eta\right)IFa_2$$

式中 K_G——玻璃传热系数，与玻璃材料和遮阳措施相关，可查表取值；

η——玻璃太阳能透射率；

a_2——遮阳修正系数，取0.74～0.94。

其中，前窗太阳辐射强度为

$$I=\cos\theta I_{DH}+\sin\theta I_{DV}+\cos^2(0.5\theta)I_{SH}$$

侧窗、后窗的太阳辐射强度为

$$I=\cos\theta I_{DH}+\cos^2(0.5\theta)I_{SH}$$

式中 θ——玻璃倾角。

（3）其他热负荷计算　为满足人体卫生要求，需要向车内输送一定的新风。新风的传入有两个途径，一是门窗缝隙，二是新风系统。相应新风热为

$$Q_V=\rho VN(h_H-h_B)$$

式中 ρ——空气密度（kg/m^3）；

V——新风量，美国推荐每人每小时新风量为 $11m^3/h$；

N——乘员数；

h_H、h_B——车外、车内空气焓值（kJ/h）。

计算整车热负荷时，人也属于热源之一，而人体散热量与劳动强度、周围空气温度、性别、年龄、衣着等很多因素相关。计算整车热负荷时建议整车中每人每小时发热量按418kJ计算，即总的人体散热量为

$$Q_P=418N$$

计算整车冷负荷时

$$Q'_P=-(0.25\sim0.3)Q_P$$

车内设备、照明等发热元件的热量也会消耗冷量，此部分发热量 Q_M 即为用电器功率 P 大小，即

$$Q_M = P$$

11.2.2 空调系统型式及零件匹配计算

汽车空调系统主要由压缩机、冷凝器、储液干燥器、蒸发器、膨胀阀、暖风芯体/PTC（正温度系数空调加热器）、鼓风机、送风道组成。其中鼓风机、蒸发器、暖风芯体/PTC 一般集成在空调箱（HVAC）内，形成冷暖一体式/单冷/单暖空调箱。不同类型不同档位的汽车会选择不同的型式，MPV 车型一般选择双空调系统，SUV 车型一般选择单蒸空调系统。新能源车型，尤其是纯电动车型，为了减少空调对续驶里程的影响，各车企都在积极研发和运用热泵空调系统，而为了提高电池充放电效率，电池需要液冷液热。对于空调系统而言，前者主要多了一个室内冷凝器，后者主要多了电池散热器，可以分为仅实现液冷的单芯制冷机（chiller）、既可实现液冷也可实现液热的集成一体式的双芯 chiller 和独立用于电池液热的水暖 PTC。

确定了整车热负荷和整车空调系统架构，根据空调系统的设计工况和制冷循环原理，如图 11-2 所示，需对该系统的主要零件进行匹配计算选型，确保空调系统工作可靠又节能。

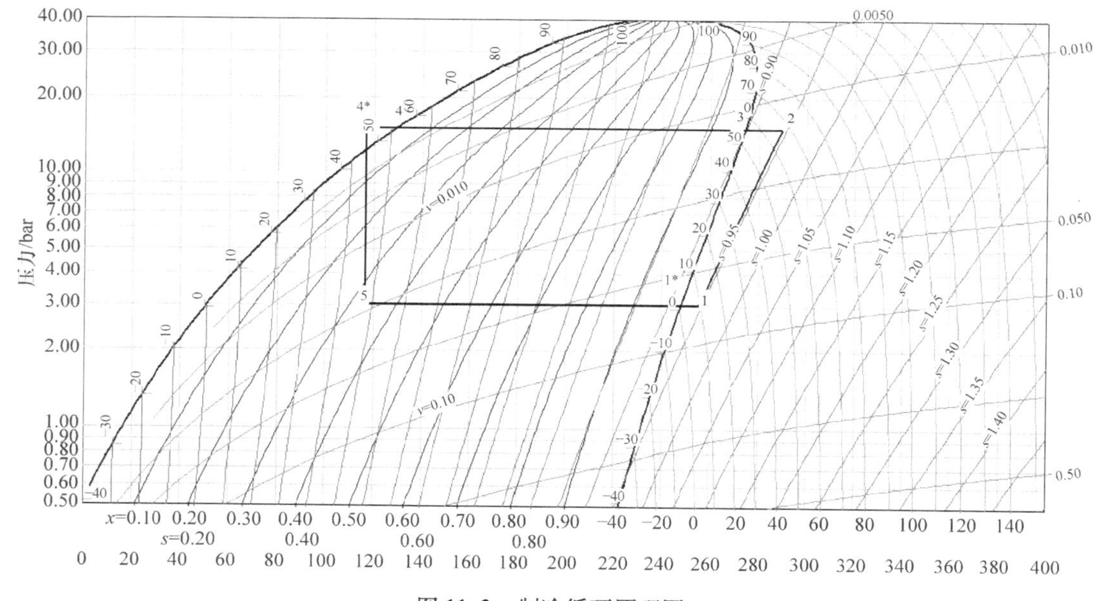

图 11-2 制冷循环原理图

空调系统制冷的设计工况为：车速为 50km/h，环境温度为 38℃，蒸发压力 p_e 为 0.3MPa（A），冷凝压力 p_c 为 1.7MPa（A），制冷剂过冷度为 5℃，制冷剂过热度为 10℃，鼓风机电压为 13.5V。

空调暖水系统的设计工况为：车速为 50km/h，环境温度为 -20℃，暖风芯体进口冷却液温度为 85℃，冷却液流量为 6L/min，鼓风机电压为 13.5V。

（1）压缩机匹配计算 传统燃油车型一般使用循环离合器控制的压缩机，压缩机转速

受限于发动机转速；而新能源车型一般使用独立的电动压缩机，压缩机转速可电气控制。其中，大型客车以活塞式压缩机为主，中小型汽车以摆动斜盘式、旋转斜盘式、涡旋式和滑片式压缩机为主。摆动斜盘式压缩机是目前国内应用批量最大的压缩机机型，其结构如图 11-3 所示。

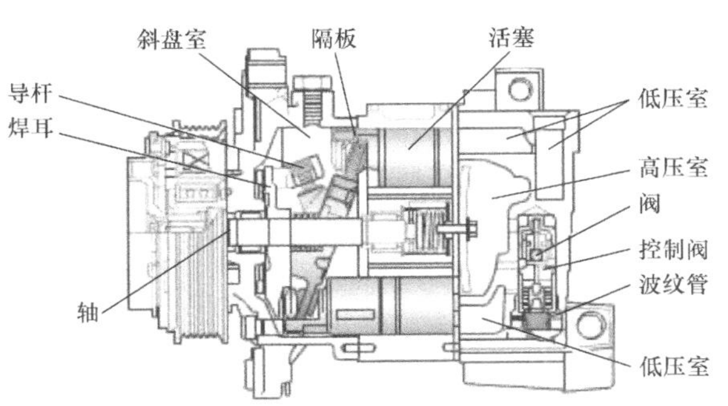

图 11-3　摆动斜盘式压缩机结构

根据空调系统制冷的设计工况，查表可知冷凝压力对应的饱和温度和蒸发压力对应的饱和温度，根据过冷度和过热度的要求，可得 t_{4*} 和 t_1 值，结合压力温度，查表可得 h_1、v_1、h_{4*}，从而可得系统的理论单位质量制冷量 $q=h_1-h_{4*}$，基于整车热负荷 Q_e，可得制冷剂的理论体积流量 $V=\dfrac{Q_e}{q}$。

空调系统设计工况要求的压缩机额定转速为 $n=2000\text{r/min}$，对于往复式压缩机而言，压缩机转速受限于发动机，因此需要规定传动比。在设计工况下，压缩机的容积效率 η 为

$$\eta \approx 0.94-0.085\left[\left(\frac{p_c}{p_e}\right)^{\frac{1}{m}}-1\right]$$

R134a 制冷剂按照 $m=1.14\sim1.15$ 选取。

基于压缩机转速和容积效率，可计算得到压缩机的排量 $V_p=V/(n*\eta)$。对于往复式压缩机而言，若计算所得 V_p 大于目前量产的压缩机排量，则需要将其拆解成双压缩机方案，需要根据各厂商的压缩机型号进行选择匹配。

（2）冷凝器匹配计算　冷凝器（图 11-4）是将压缩机排出的高温高压过热制冷剂蒸气，通过金属管壁和（或）翅片放出热量给冷凝器外的空气，从而使过热气态制冷剂冷凝成高温高压的液体的换热设备。

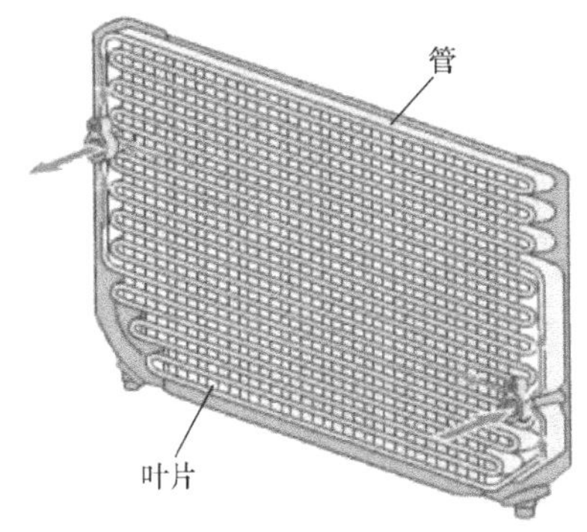

图 11-4　冷凝器

在汽车空调系统中，冷凝器都是以空气作为冷却介质，即风冷式结构。这种换热器通常传热系数小，导致体积比较大，而汽车空调要求冷凝器体积尽可能小，因此冷凝器表面需进行紧凑化设计，在尽可能小的体积下增大传热面积。

冷凝器的设计计算有两种类型：一种是设计性计算，即根据整车热负荷，确定冷凝器的换热量；另一种是校核性计算，冷凝器的结构、尺寸一定，校核该冷凝器的换热能力和出口参数是否满足要求。

根据整个制冷系统能量平衡的原理，在稳态工况下，冷凝器的放热量 Q_{cd} 与制冷量 Q_e 和压缩机功率 P 三者之间必须平衡，即

$$Q_{cd}=Q_e+P=mQ_e$$

式中　m——符合参数，汽车空调上的冷凝器工作条件恶劣，一般取值为 1.4。

从系统匹配角度而言，冷凝器总成的设计不仅包括冷凝器的换热性能，也包括冷凝器风

机和空气流束的设计要求。对于商乘用车，冷凝器风机一般与发动机散热风机为同一个，即散热风扇，一般布置在发动机前。而冷凝器的空气流束匹配是指冷凝器迎风面的空气分布，为了使冷凝器的换热性能得到充分发挥，要求冷凝器表面进风均匀，且无前舱内回流气流，也就是要求散热风扇居中布置，且冷凝器四周的导流为全密封结构。

商乘用车的冷凝器一般布置在车头，冷凝器迎风面受前部格栅开口影响导致表面进风不均匀，因此设计或匹配冷凝器时选择合理的进风流速极为关键。在空调系统制冷的设计工况下，冷凝器表面进风温度为38℃，工程经验要求冷凝器表面进风平均流速为3m/s时，冷凝器的换热量应达到设计值 Q_{cd}。而冷凝器表面的气流分布及进风平均流速受到前部格栅开口和散热风扇的影响，在开发阶段需要进行评估。

由于冷凝器四周并不能完全密封，怠速时要求冷凝器进风温度不高于环境温度8℃，同时要求此时表面进风平均流速为2m/s，冷凝器的换热量应达到 $0.8Q_{cd}$。

（3）蒸发器匹配计算　蒸发器也属于直接风冷式结构，但它的作用原理与冷凝器正好相反，来自膨胀阀或节流短管的制冷剂进入蒸发器后，由于体积突然膨胀而变成低温低压雾状物，这种状态的制冷剂接触到温度较高的蒸发器壁面时很容易吸收其热量而汽化。空气从蒸发器表面流过接触到表面温度极低的蒸发器管片时，空气中的热量被管片吸收，传给蒸发器内的制冷剂，使液态制冷剂汽化，而空气则因为热量被带走而变冷，甚至会在蒸发器表面凝结成水，从而达到降温或降温除湿的目的。图11-5所示为蒸发器结构。

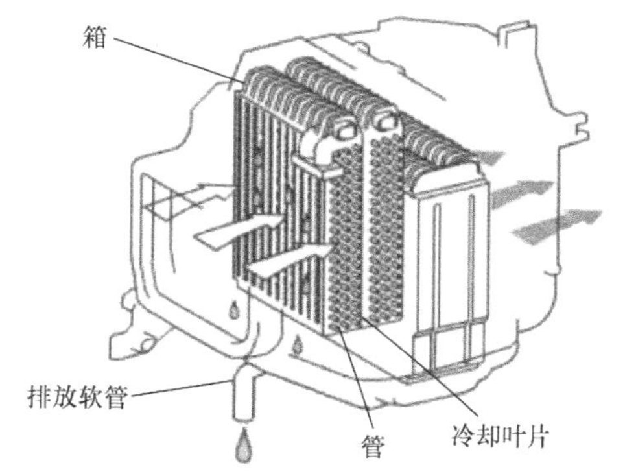

图11-5　蒸发器结构

前面经过理论计算得到的整车热负荷，就是蒸发器的理论换热性能要求，考虑到蒸发器的换热环境，在设计或选配蒸发器时需乘以一个储备系数，工程经验一般取值为1.05～1.1，即蒸发器的制冷量要求为 $1.1Q_e$。当蒸发器总制冷功率超过5.5kW时，由于前空调箱一般布置在仪表板下，尺寸受限，需要将蒸发器拆分到两个空调箱体内，前后制冷量比例可根据车型大小进行匹配。

汽车内的蒸发器一般都集成在HVAC空调箱内，HVAC空调箱还包括膨胀阀、鼓风机、混合风门、继电器等。与冷凝器类似，蒸发器的表面气流分布对蒸发器的换热性能有很大的影响，而蒸发器的表面气流取决于鼓风机的选型及箱体设计。制冷性能主要考虑降温速率和舒适性，因此主要考核内循环时吹面模式的风量，可根据车内外空气的设计参数进行计算，此即鼓风机电压为13.5V时流经蒸发器表面的风量，也就是蒸发器制冷量的设计工况。

（4）暖风芯体匹配计算　传统能源车型及轻混燃油车型上，空调制热系统主要采用水暖式采暖装置，即暖风芯体，集成在空调箱体内。一部分的发动机循环冷却液流经空调箱体内的暖风芯体，通过风机的强制对流作用，迫使空气流过加热器表面而吸热升温，实现车室内采暖。由于暖风芯体利用的是发动机余热，因此整车暖风性能主要受汽车运行工况的影响，即发动机冷却液流量和温度是暖风性能的主要影响因素。图11-6所示为暖风芯体结构。

设计暖风芯体时，不仅要考虑冷却液侧的设计参数，也需要考虑空气侧的设计参数。考

虑到驾驶安全性，暖风性能一般采用外循环，因此主要考核外循环时吹脚模式下的风量，此即鼓风机电压为13.5V时流经暖风芯体表面的风量。因此暖风芯体的设计工况为：环境温度为－20℃，暖风芯体进口冷却液温度为80℃，冷却液流量为6L/min，鼓风机电压为13.5V。

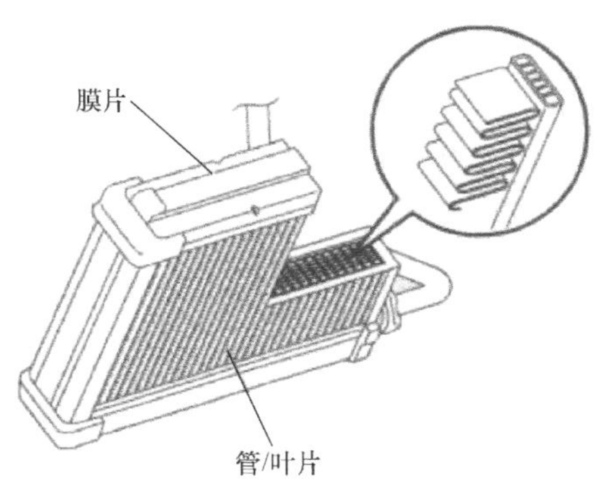

图11-6 暖风芯体结构

前面计算所得的冷负荷即整车所需采暖热量，换热器效率一般取值为0.95～0.98。

（5）PTC匹配计算 新能源汽车，尤其是纯电动车型，由于无发动机，空调暖风装置一般采用电能制热，即采用风暖PTC。风暖PTC也集成在空调箱内，其工作原理是直接利用电能加热流经PTC表面的空气，从而实现车厢内采暖功能，该过程为电能直接转化为热能，转换效率接近100%，因此风暖PTC的设计要求即为高压状态达到整车所需制热量。而混合动力车型，为了有效利用发动机余热，目前大部分车型采用的仍是水暖式采暖装置，但混合动力车型有纯电行驶模式，因此也需要电能制热功能，即在暖风水路循环中增加一路水暖PTC制热，其工作原理是利用电能加热冷却液，高温冷却液流经空调箱内的暖风芯体，从而加热暖风芯体表面的空气，实现车厢内采暖，整个制热过程为二次转换过程，因此在选择水暖PTC时，设计工况需要考虑暖风芯体的换热效率。

（6）膨胀阀匹配计算 汽车空调制冷的直接元件是蒸发器，即蒸发器内液态制冷剂在蒸发器中吸收了蒸发器表面空气的热量而汽化，从而降低空气温度实现车内降温。液态制冷剂必须在低压状态下才容易吸热蒸发，而通过冷凝器出来的液体处于高压状态，因此必须经过节流元件减压。在汽车空调中，节流元件一般采用膨胀阀，其内部结构如图11-7所示。

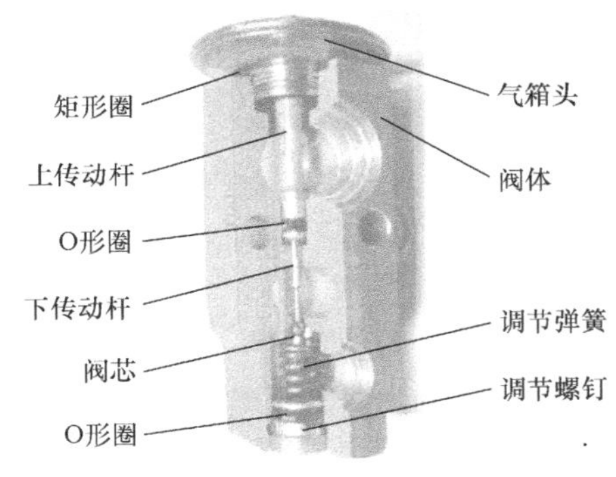

图11-7 膨胀阀内部结构

膨胀阀的工作原理是通过感温包感受蒸发器出口端过热度的变化，导致感温受压系统内充注工质产生压力变化，并作用于传动膜片上，促使膜片产生上下位移，再通过传动片将此位移传递给传动杆，从而推动阀针上下移动，使阀门关小或开大，起到降压节流作用，同时自动调节蒸发器的制冷剂供给量并保持蒸发器出口端具有一定的过热度，以保证蒸发器传热面积的充分利用，以及减少压缩机液击现象的产生。

为汽车空调系统匹配膨胀阀，需选择与蒸发器相匹配的膨胀阀容量。容量选择过大，膨胀阀将常处于小开度工作，导致阀频繁开闭，影响车内温度稳定并缩短阀门寿命；容量选择过小，则流量过大，不能满足车内制冷需求。一般情况下，膨胀阀容量应比蒸发器/chiller大20%～30%。

（7）冷却系统匹配计算 对于新能源车型，动力蓄电池有风冷和液冷需求，其中液冷车型一般都是通过空调制冷系统实现，即在原系统的基础上并联一路制冷剂用于冷却电池。该换热设备即冷却系统换热器，一侧为冷却液，一侧为制冷剂，原理也是通过制冷剂蒸发吸热降低冷却液的温度，从而实现电池的降温。冷却系统的制冷能力需求由电池的设计工况和空调的制冷剂参数共同确定。

可以快充的动力蓄电池一般会分行车放电和停车充电两种液冷需求，这种液冷系统内的冷却系统需要配置电子膨胀阀，通过电动控制膨胀阀开度，实现液冷档位的切换。

11.2.3 空调风道设计

汽车空调风道包括除霜风道、IP 吹面风道、CNSL 风道、前吹脚风道、地毯吹脚风道、后吹脚风道和后顶棚吹面风道，各风道在设计时要综合考虑风量、压降、风速、风量分配、出口面积、流线和出风均匀性等因素。其中风量根据车型而定，压降则取决于风道的形状和风量。为了降低风道的噪声和振动，应减小风道内风速，出风风速则取决于风量的分配及其作用，出口面积对出风口风速和风量分配起着至关重要的作用。出风均匀性可作为各个出风口风量均匀性的参考值。

空调风道是空调系统的重要组成部分，为了降低风道压降和噪声，避免无风和涡流区域，具体遵循以下几个原则：

1）长度最短，弯曲数量最少，截面变化最小。

2）风道截面尽量圆滑，截面积尽量大。

3）风道弯曲处的内圆半径尽量大，使风道的压力损失最小。

4）避免出现突变的膨胀和收缩，整个收缩的角度建议小于 40°，整个膨胀的角度建议小于 14°，如图 11-8 所示。

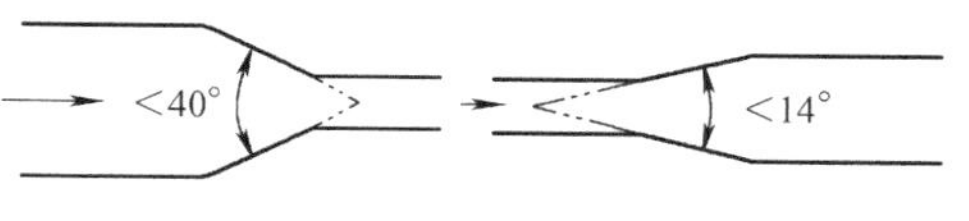

图 11-8　风道转变角度要求

5）风道的交接面不应有突变的台阶和间隙。

6）风道阻力系数尽量小。

（1）吹面风道设计　空调吹面风道的主要作用是将符合要求的空气送入车厢，以获得相对舒适的车厢内环境。小型车会在仪表板上设置四个吹面风口。仪表板两侧风口的主要作用是向驾驶人侧及副驾驶侧送风；仪表板中间两个风口更倾向于向车厢后排送风，驱动整个乘客舱的空气循环。对于 MPV 车型，仅仪表板出风口吹风无法满足后排乘客舒适性要求，一般会增加顶棚出风口。

1）风量分配。出风口的风量分配是衡量吹面风道是否有效工作的重要指标。一般来说，考虑到驾驶人需要更加舒适的环境以保持清醒敏捷的头脑，且需要增强中间风口的送风能力等因素，在风量分配时将遵循驾驶人侧风量大于副驾驶侧，中间两个风口风量大于两侧的原则，推荐值见表 11-2。

表 11-2　仪表板风口风量分配（一）

驾驶人左侧	驾驶人右侧	副驾驶左侧	副驾驶右侧	总风量
25% ~26%	25% ~28%	24% ~25%	22% ~25%	400 ~500m^3/h

若前 HVAC 吹面风道包括前吹脚和 CNSL 风道，其风量分配较为典型的数值见表 11-3。对于后 HVAC 吹面风道，要求各出风口风量分配均匀，一般人均风量为 70m^3/h。

2）流场分布。借助 CFD 软件计算风道流场，来评价风道的通风性能。整个流场的流线

走势应平顺无扭曲。仪表板吹面风道（带格栅）总压应不高于120Pa，其他吹面风道（带格栅）总压应不高于150Pa。为防止涡旋的产生，整个流场应不存在负压区。吹面风道离人耳较近，为防止流动风噪过大，风道内任意截面上的风速应不大于15m/s。为防止气流脱离风道内壁面产生涡流，气流应充满整个风道内部空间。图11-9所示为某车型的前IP吹面出风口上下极限流线图，图11-10所示为后顶棚吹面风道气流分布。

表11-3　仪表板风口与CNSL风口风量分配

吹脚风道总风量	IP风道风量	CNSL风道风量	左侧风量	右侧风量
100%	75%～80%	20%～25%	50%	50%

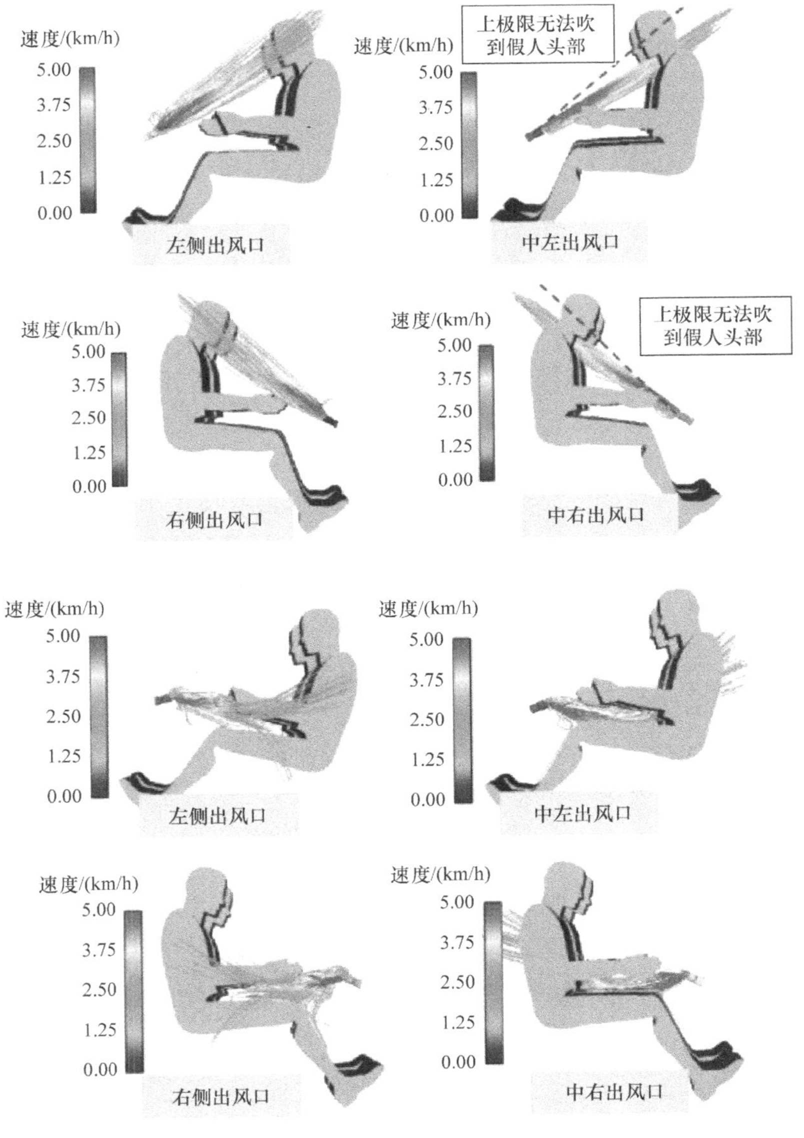

图11-9　前IP吹面出风口上下极限流线图（见彩插）

3）出风口位置。由于吹面出风口位置明显，为与汽车内饰的对称分布相适应，其出风口位置应设置为对称分布。考虑到格栅调节的易操作性，出风口位置应设置在乘客和驾驶人在正常坐姿下，双手可操控的范围之内。为了减弱通过车窗玻璃的太阳辐射热对人体的影响，仪表板两侧出风口位置应尽量靠近侧车窗玻璃。为增强仪表板中间两个风口的后排扰流能力，该风口位置应尽量高。出风口扫风范围均需要覆盖人体头部、胸部、腹部区域。驾驶人侧出风口应距离转向盘边缘 25mm 以上，防止吹手影响舒适性。

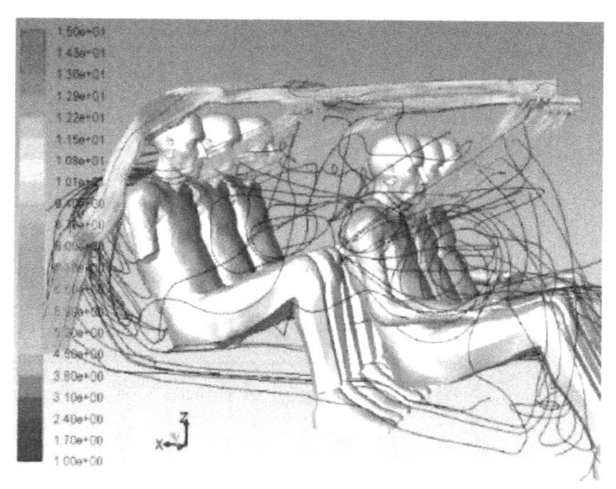

图 11-10　后顶棚吹面风道气流分布（见彩插）

4）出风口长宽比。广义上的出风口长宽比即指出风口两个方向上的内径之比，但一般来说，吹面风口都会设置可调节格栅，因此在这里，使用垂直于叶片方向的出风口内径与平行于叶片方向的内径之比来作为长宽比。对于一组调节叶片，长宽比为 1～3.5 较为合理。其值太小将不能对空气流动方向进行有效的调节，值太大会使空气流动阻力增大。

5）出风速度及其衰减率。对于吹面风口来说，其一方面承担着使车厢内空气尽快冷却或升温的作用，出风速度越大越好，另一方面承担着使长期身处车厢内的人感到舒适的作用，为避免风口噪声和体感不适，风速不能太高。因此出风口风速应为 7.5～10.5m/s。

出风速度的衰减率是指出风口平均风速和到达人体面部平均风速的比值。一般来说人体面部受风速度在 1～2m/s 之间较为舒适，衰减率应控制在 4～8 之间。

（2）吹脚风道设计　吹脚风道的作用是为乘客的脚部和乘客舱输送温暖的空气，使车内乘客感觉舒适。确保乘员脚部能受到热风吹拂，尤其是驾驶人踩制动踏板侧的脚部。

吹脚风道的外形不能影响乘客的脚部活动，尤其是驾驶人脚部的正常活动。风道走向应合理，避免急转弯，避免与可移动部件、尖角或金属部件接触。管道内部应光滑，转弯处应圆滑过渡，并有足够的截面尺寸。

1）风量分配。大部分汽车的吹脚模式中，前 HVAC 大部分风量从吹脚风道送出，可能有较小一部分经过除霜除雾风道吹出，其具体数值见表 11-4。

表 11-4　前吹脚模式风量分配

吹脚风口	除霜除雾风口	吹脚模式总风量
90%～100%	0%～10%	300～500m^3/h

若前 HVAC 吹脚风道包括前吹脚和地毯风道，其风量分配较为典型的数值见表 11-5。

表 11-5　前 HVAC 吹脚风量分配

吹脚风道总风量	前吹脚风量	地毯风道风量	左侧风量	右侧风量
100%	55%～75%	25%～45%	50%	50%

对于带后空调系统的汽车，要求后 HVAC 各吹脚出风口风量分配均匀，一般人均风量

为60～80m^3/h。

2）吹脚风速。对舒适性而言，吹脚风速应在8～12m/s的范围内。对于乘客而言，其脚部最大承受风速在2.5m/s左右为宜，长期吹风应控制在0.5m/s左右。

3）出风方向。吹脚出风方向要保证能覆盖乘客脚面区域，如图11-11所示。一般而言，吹脚风道导向出风口至少为2个，为提高出风均匀性，可增加导向出风口的数量。

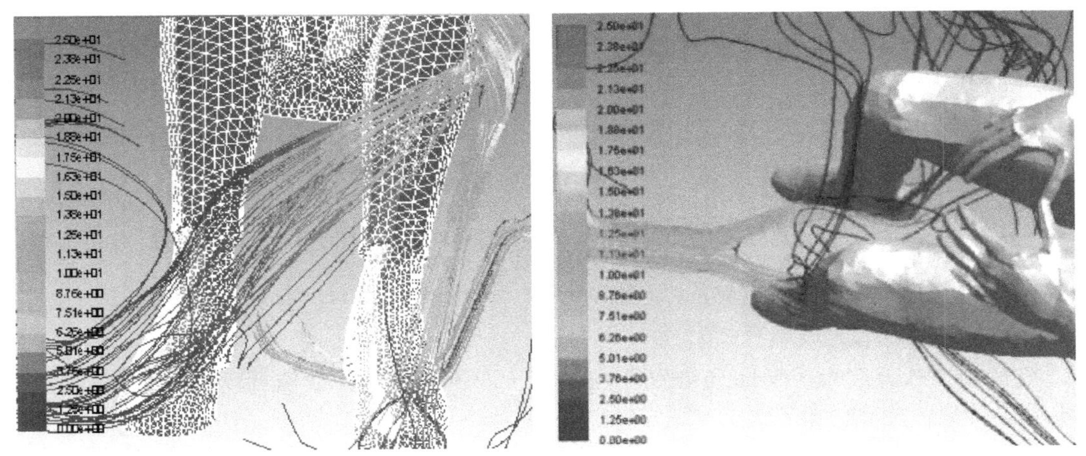

图11-11 吹脚出风方向（见彩插）

4）通风有效面积。在一定的入口风量下，出风口有效开口面积=风量/风速，因此，开口面积有最低要求。以360m^3/h吹脚风量为例，地毯风道最大风速不超过12m/s，最小开口面积A应满足

$$A > \frac{360 \times 0.85 \times 0.45}{3600 \times 12 \times 2} m^2 = 0.0016 m^2$$

5）出风口高宽比。一般地，吹脚风道出风口的高宽比H/W要求在0.25～1之间，以使得出风口对气流流动的限制尽可能地小，以减小涡流损失。

（3）除霜风道设计　除霜风道的作用是通过出风清除前风窗玻璃和驾驶人左右侧窗玻璃可视区域的雾层和霜层，为驾驶人提供安全可行的视线环境。一般在仪表板上设置4个除霜风口，其中，仪表板中间两个出风口是向前风窗玻璃吹风，仪表板两侧风口则是向左右侧窗吹风，除霜除雾或防止起雾起霜，以使得驾驶人能够看清侧后视镜的对应区域。一些车将中央除霜出风口设置为4～8个，是为了配合除霜风道结构，合理分配出风口气流，使出风口风速合理化，且能均匀覆盖前风窗玻璃的A、A′、B区域。

1）风量分配。在设计除霜性能时，侧除霜占总除霜的分配比例在20%左右，中央除霜风量占比在80%左右，同时应适当增加驾驶人侧风量的分配比例。推荐值见表11-6。

表11-6　仪表板风口风量分配（二）

左侧除霜	中央左除霜	中央右除霜	右侧除霜	总风量
10%	40%	40%	10%	330～360m^3/h

2）出风口位置及其高宽比。侧除霜风口的位置定义（针对IP侧除霜出风口）主要由以下几点决定：

① 冲击点位于后视镜可视区域前下角。

② 侧除霜风口距离冲击点 125～275mm。

③ 风口吹风方向与侧窗夹角为 20°～40°。

④ 风口中心出风气流应对准后视镜可视区域后上角位置。

图 11-12 所示为出风位置。

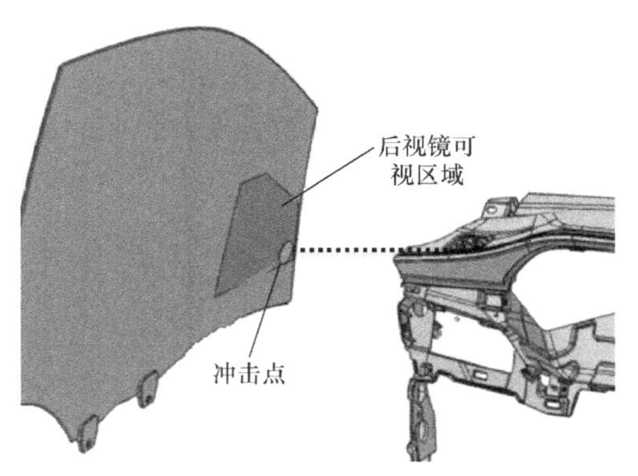

图 11-12　出风位置

前除霜风口的位置定义主要由以下几点决定：

① 气流在冲击玻璃后，应向上和两侧流动，把整个玻璃表面覆盖住，这样能把整个玻璃的霜或雾除干净，因此要求冲击点距离 A 区下边缘 0～40mm。

② 风口距离冲击点至少 140mm（如果太近，在低温情况下，有可能因为除霜时玻璃内外表面温差过大而造成玻璃开裂）。

③ 风口吹风方向与风窗面夹角为 20°～40°（冲击角太大，会使气流反弹太小而造成传热不充分，导致除霜效果不佳）。

图 11-13 所示为风口吹风方向。

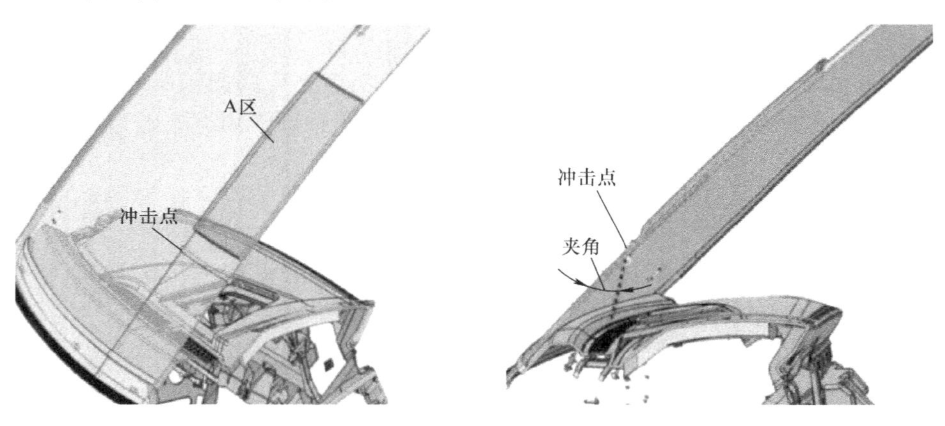

图 11-13　风口吹风方向

3）通风面积。前除霜风口最大出风量一般要求达到 300m^3/h 左右，最大出风速度为 6～9m/s，出风口有效面积要求在 90cm^2 以上，出风口前后方向开口尺寸至少为 18mm。侧窗除霜的总风量至少应占总除霜风量的 15%，一般单侧风口的出风量应在 14～27m^3/h 之间，风速最高不超过 9m/s，出风口有效面积一般在 600～970mm^2 之间。中央除霜风口的前后宽度至少为 18mm。叶片间距一般要求在 4～12mm 之间，叶片角度一般要求小于 60°。

4）出风口高宽比。一般地，侧除霜出风口的高宽比 H/W 要求在 1～3 之间，以使得出风口对气流流动的限制尽可能地小，以减小涡流损失。图 11-14 所示为出风口高宽比示意图。

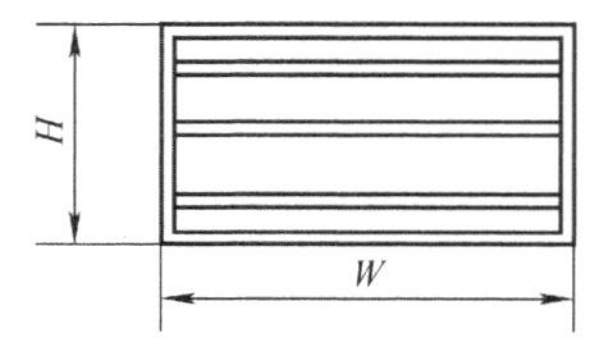

图 11-14　出风口高宽比示意图

5）出风速度及其衰减率。为了使到达前风窗玻璃 A、A′、B

区域和侧窗可视区域的气流速度均大于 2.5m/s，除霜出风口风速应在 6～9m/s 之间，过大会造成驾驶人眼睛干涩及噪声过大。

出风速度的衰减率是指出风口平均风速和到达玻璃可视区域平均风速的比值。前风窗玻璃 A、A′、B 区域和侧窗可视区域的气流速度均大于 2.5m/s，衰减率应控制在 2～4 之间。图 11-15所示为某车型前风窗除霜气流分布，图 11-16 所示为某车型侧窗玻璃除霜气流分布。

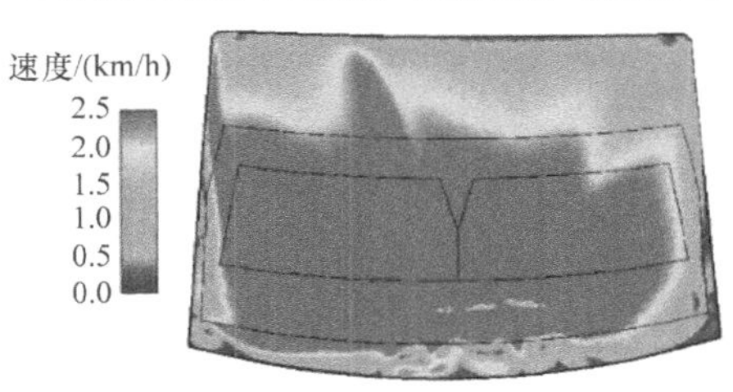

图 11-15 某车型前风窗除霜气流分布（见彩插）

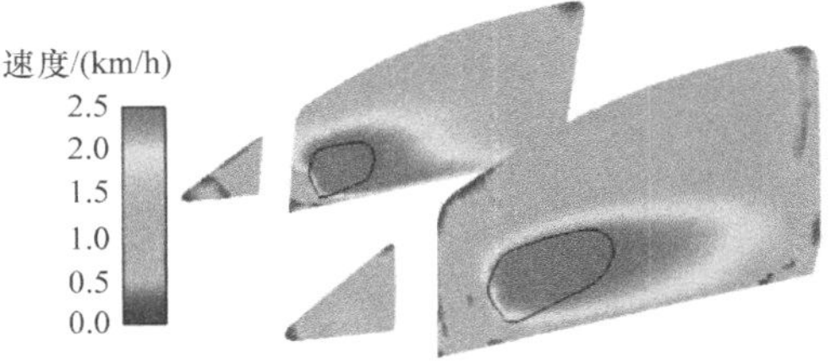

图 11-16 某车型侧窗玻璃除霜气流分布（见彩插）

6）风道的特殊要求。为了使气流吹到前风窗玻璃和侧窗玻璃上，距离出风口 50mm 的一段风管的中心线应与气流冲击方向相同。若风道无法实现 50mm 的直线段（如与 IP 组成一体的风道结构），则应在叶片上实现，尽量加长叶片高度。

11.2.4 空调系统台架试验规范

经由理论计算选型的汽车空调系统零件，需要对其进行单体性能试验验证，评估是否满足空调性能指标要求，并搭建空调系统台架试验，验证整个空调系统是否匹配合理，系统运行是否稳定可靠，为整车空调性能试验奠定基础。

（1）HVAC 汽车空调箱 HVAC 如图 11-17 所示。商乘用汽车空调箱 HVAC 通常集成了采暖、制冷、通风功能，即包含了蒸发器、暖风芯体、鼓风机、冷暖风门、循环风门、模式风门、继电器、膨胀阀等零件，因此评估 HVAC 空调箱时，需验证对应的制冷性能、采暖性能、通风性能、出风温度均匀性指标、线性度指标、密封性指标等。

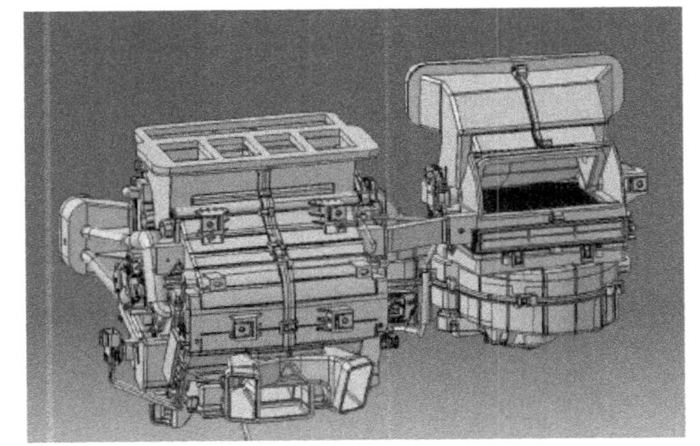

图 11-17 汽车空调箱 HVAC

1）HVAC 制冷性能指标。HVAC 的制冷性能对应蒸发器能力，通风量受送风管道阻力影响，进而影响制冷能力，因此，评估 HVAC 制冷性能前应考核蒸发器表面温度均匀性，试验规范如下：

根据蒸发器芯体大小在芯体背风面均匀布点，布点间隔为 30mm。表面式热敏电阻布点时，热电偶与芯体表面距离为安装卡高度（5±1）mm，插入式热敏电阻布点时，热电偶插入芯体的深度不得超过芯体厚度的 3/4，需和所选热敏电阻探头深度一致。将热电偶由壳体出风口处伸出，组装牢固，调节风门，使其处于最大制冷、内循环、吹面模式。将 HVAC 平放在台架上，保证冷凝水顺利排出。将热电偶连入试验系统，当每个热电偶显示温度均为室温时即可开启试验。鼓风机试验电压必须包括实车各档风量下的鼓风机电压，且每个试验电压相差1V以上。具体试验条件见表11-7。

根据表11-7所列的13组试验数据结果可以确定蒸发器传感器的最佳位置，即温度最低位置，以避免蒸发器结霜，且根据表中的试验结果，若每组工况的蒸发器表面温差均<6℃，则说明该蒸发器芯体的温度均匀性满足要求。

表11-7 蒸发器表面温度均匀性试验条件

进风温度/℃	湿度（%）	风量/(kg/min)	蒸发器出口压力/MPa	膨胀阀进口压力/MPa	膨胀阀进口过冷度/℃
15	70	3	0.293	1.52	5
15	70	6			
15	70	8			
25	80	3			
25	80	6			
25	80	8			
38	50	3			
38	50	6			
38	50	8			
40	15	6			
40	15	8			
40	40	6			
40	40	8			

评估HVAC制冷性能时，HVAC需装配对应的送风风道（前空调箱装配IP吹面风道，若有后吹面风道也需同时装配上该风道，后空调箱需装配顶棚吹面风道），试验规范如下：

HVAC进口压力为1.64MPa，出口压力为0.2MPa，出口过热度为5℃，进口过冷度为5℃，鼓风机电压为13.5V，进风温度为27℃，相对湿度为50%，调节至全冷内循环吹面模式，测试空气侧换热量、制冷剂换热量、容积风量和蒸发器流阻，若3个样本的试验结果均能达到性能指标，则说明该HVAC单体的制冷性能满足设计要求。

2）HVAC采暖性能指标。HVAC采暖性能对应暖风芯体/风暖PTC能力，与制冷性能相似，采暖性能也受通风量的影响，因此进行HVAC采暖性能试验时，需安装对应的送风管道，前HVAC装配主副驾吹脚风道，若有二排吹脚风道，也需同时装配，后HVAC装配后吹脚风道。

针对暖风芯体的HVAC采暖性能，试验规范如下：

维持HVAC进水温度为80℃，进风温度为20℃，水流量为6L/min，鼓风机电压维持在13.5V，调节至全热外循环吹脚模式，测试空气侧换热量、暖水换热量、容积风量和暖风芯体流阻，若3个样本的试验结果均能达到性能指标，则说明该HVAC单体的采暖性能满足设计要求。

针对风暖PTC的HVAC采暖性能，试验规范如下：

维持HVAC进风温度为-20℃，相对湿度为50%，PTC电压为350V，鼓风机电压为13.5V，调节至全热外循环吹脚模式，测试空气侧的换热量，若3个样本的试验结果均能达到性能指标，则说明该HVAC单体的采暖性能满足设计要求。

3）HVAC 通风性能。HVAC 通风性能包括各模式风量指标及各模式下风量分配指标。

根据车内外空气参数和整车热负荷、冷负荷，可计算得到各模式下对应的风量指标，由于车内实际送风量与送风管道有关，因此在评估 HVAC 的风量时，需要装配上相应的送风管道，测试前后空调箱各模式对应的风量，若 3 个样本的出风量与指标相符，则说明该 HVAC 总成的通风量满足设计要求。

将 HVAC 及其匹配的风道按实际装车状态固定在试验台上，鼓风机输入规定的电压（13.5V），用集风器分别收集各个出风口的风量，风量分配应满足表 11-8 所列要求（实测风量允许有 ±5% 的偏差）。

表 11-8　HVAC 风量分配要求

<table>
<tr><th rowspan="3">模式</th><th rowspan="3">冷暖风门位置</th><th colspan="4">FACE</th><th colspan="2">FOOT</th><th rowspan="3">DEF</th></tr>
<tr><th colspan="4">Fr</th><th rowspan="2">Fr</th><th rowspan="2">Rr</th></tr>
<tr><th>Dr. S</th><th>Dr. C</th><th>Pa. C</th><th>Pa. S</th></tr>
<tr><td>FACE</td><td>最冷至冷暖风门 3/8</td><td>25%</td><td>25%</td><td>25%</td><td>25%</td><td colspan="2">—</td><td rowspan="2">—</td></tr>
<tr><td>B/L</td><td>冷暖风门 3/8 至 5/8</td><td>12.5%</td><td>12.5%</td><td>12.5%</td><td>12.5%</td><td colspan="2">50%</td></tr>
<tr><td>FOOT</td><td>冷暖风门 5/8 至全暖</td><td>5%</td><td colspan="2" rowspan="3">—</td><td>5%</td><td>40%</td><td>30%</td><td>20%</td></tr>
<tr><td>F/D</td><td>冷暖风门 5/8 至全暖</td><td>5%</td><td>5%</td><td colspan="2">50%</td><td>40%</td></tr>
<tr><td>DEF</td><td>冷暖风门 5/8 至全暖</td><td>5%</td><td>5%</td><td colspan="2">—</td><td>90%</td></tr>
</table>

若 HVAC 带后吹面风道，则对应的风量分配应满足表 11-9 所列要求。

表 11-9　带后吹面的 HVAC 风量分配要求

<table>
<tr><th rowspan="3">模式</th><th rowspan="3">冷暖风门位置</th><th colspan="5">FACE</th><th colspan="2">FOOT</th><th rowspan="3">DEF</th></tr>
<tr><th colspan="4">Fr</th><th>Rr</th><th rowspan="2">Fr</th><th rowspan="2">Rr</th></tr>
<tr><th>Dr. S</th><th>Dr. C</th><th>Pa. C</th><th>Pa. S</th><th>R. S</th></tr>
<tr><td>FACE</td><td>最冷至冷暖风门 3/8</td><td>20%</td><td>20%</td><td>20%</td><td>20%</td><td>20%</td><td colspan="2">—</td><td rowspan="2">—</td></tr>
<tr><td>B/L</td><td>冷暖风门 3/8 至 5/8</td><td>10%</td><td>10%</td><td>10%</td><td>10%</td><td>10%</td><td colspan="2">50%</td></tr>
<tr><td>FOOT</td><td>冷暖风门 5/8 至全暖</td><td>5%</td><td colspan="2" rowspan="3">—</td><td>5%</td><td rowspan="3"></td><td>40%</td><td>30%</td><td>20%</td></tr>
<tr><td>F/D</td><td>冷暖风门 5/8 至全暖</td><td>5%</td><td>5%</td><td colspan="2">50%</td><td>40%</td></tr>
<tr><td>DEF</td><td>冷暖风门 5/8 至全暖</td><td>5%</td><td>5%</td><td colspan="2">—</td><td>90%</td></tr>
</table>

4）HVAC 出风温度均匀性指标。将 HVAC 放置在温度为（5 ±1）℃的环境中，维持暖水温度为（85 ±2）℃，水流量为（6 ±0.5）L/min，鼓风机电压为 8V 的工况，带风道总成的 HVAC 的出风温度均匀性要求见表 11-10。

表 11-10　HVAC 出风温度均匀性要求

模式	上下温度差/℃	吹出口间温度差/℃	温度控制评价范围
FACE	—	FACE≤5℃ MaxCool 时温差≤2℃	全部冷暖风门位置
B/L	FACE/FOOT 平均温度差为 6 ~ 14℃	FACE≤5℃ FrFOOT ≤5℃ RrFOOT≤5℃	全部冷暖风门位置

（续）

模式	上下温度差/℃	吹出口间温度差/℃	温度控制评价范围
FOOT	FOOT/DEF 平均温度差≤14℃	FrFOOT≤5℃ RrFOOT≤5℃ MaxHot 时温差≤3℃	FrFOOT 吹出平均温度 35℃以上
F/D	FOOT/DEF 平均温度差≤14℃	FrFOOT≤5℃ RrFOOT≤5℃	FrFOOT 吹出平均温度 35℃以上

（2）冷凝器　实车上的冷凝器，由于布置位置不同，冷凝器迎风面的气流分布情况通常做到均匀分布，且行驶工况和怠速工况的表面迎风温度会因热气回流而不尽相同，因此进行冷凝器的单体试验时，需区分车辆运行工况，并且多校核几组数据，性能要求见表 11-11。

表 11-11　冷凝器性能要求

试验工况	风速/(m/s)	换热能力/W	风阻/Pa	流阻/MPa
进口压力：1.67MPa in：38℃ 进口过热度：20℃ 出口过冷度：8℃	4			
	3			
	2			
	1			
进口压力：1.8MPa in：50℃ 进口过热度：20℃ 出口过冷度：5℃	1.5			

（3）压缩机　对于传统能源车型，压缩机转速受限于发动机运行状态，因此单体性能验证时需要多验证几组工况，性能要求见表 11-12。

表 11-12　压缩机性能要求

试验工况	转速/(r/min)	制冷能力	容积效率	COP
进口压力：0.18MPa 进口过热度：10℃ 出口压力：1.7MPa 过冷度：5℃	3000			
	2000			
	1000			
进口压力：0.3MPa 进口过热度：10℃ 出口压力：2.0MPa 过冷度：2℃	2000			
	1000			

（4）电池换热器 chiller　对于 chiller 而言，如果匹配的是热力膨胀阀，则只需验收单体能力，性能指标见表 11-13。

表 11-13 电池换热器 chiller 性能指标

制冷剂参数		冷却液参数
进口压力为 1.64MPa（G）	出口压力为 0.3MPa（G）	冷却液流量为 15L/min
进口过冷度为 5℃	出口过热度为 5℃	冷却液进口温度为 23℃

若 chiller 匹配的是电子膨胀阀，则需对电子膨胀阀的性能进行验证，具体对应每个阀开度的过热度和 chiller 制冷量指标。

（5）空调系统台架试验要求 对于单空调系统，其系统试验规范见表 11-14。

表 11-14 单空调系统试验规范

蒸发器室干球温度/℃	湿度（%）	冷凝器室干球温度/℃	鼓风机电压/V	风压/Pa	冷凝器进风风速/(m/s)	压缩机转速/(r/min)
27	50	35	13.5	150	2	1000
27	50	35	13.5	150	3	2000
27	50	35	13.5	150	5	2500
27	50	30	6	80	3	2000
25	40	35	6	80	5	2500
25	40	35	8	100	5	2500
25	40	35	13.5	150	3	2000
35	60	45	13.5	150	2	1000
35	60	35	13.5	150	3	2000
35	60	35	13.5	150	5	2500

对于双蒸系统，试验规范见表 11-15。

表 11-15 双蒸系统试验规范

蒸发器室干球温度/℃	湿度（%）	冷凝器室干球温度/℃	前鼓风机电压/V	后鼓风机电压/V	风压/Pa	冷凝器进风风速/(m/s)	压缩机转速/(r/min)
27	50	35	13.5	0	150	2	1000
27	50	35	13.5	0	150	3	2000
27	50	35	13.5	0	150	5	2500
27	50	30	6	0	80	3	2000
25	40	35	6	0	80	5	2500
25	40	35	8	0	100	5	2500
25	40	35	13.5	0	150	3	2000
35	60	45	13.5	0	150	2	1000
35	60	35	13.5	0	150	3	2000
35	60	35	13.5	0	150	5	2500
27	50	35	13.5	13.5	150	2	1000
27	50	35	13.5	13.5	150	3	2000

（续）

蒸发器室干球温度/℃	湿度（%）	冷凝器室干球温度/℃	前鼓风机电压/V	后鼓风机电压/V	风压/Pa	冷凝器进风风速/(m/s)	压缩机转速/(r/min)
27	50	35	13.5	13.5	150	5	2500
27	50	30	6	6	80	3	2000
25	40	35	6	6	80	5	2500
25	40	35	8	8	100	5	2500
25	40	35	13.5	13.5	150	3	2000
35	60	45	13.5	13.5	150	2	1000
35	60	35	13.5	13.5	150	3	2000
35	60	35	13.5	13.5	150	5	2500

要求监测各个零部件的性能、蒸发器出口过热度、蒸发器表面温度场的分布、空调系统压力及蒸发器表面是否结霜。

11.2.5 汽车空调性能试验

汽车空调系统台架试验得到的性能结果，不考虑空调系统在整车布置的影响，由此所得的空调结果无法准确说明实车效果，因此必须进行汽车空调系统整车道路试验。整车道路试验虽然最贴近实际使用工况，但受环境气候条件、道路工况和使用习惯的影响，难以重复，试验结果缺乏可比性，因此需进行环境舱模拟试验，以避免道路试验所带来的缺陷，对汽车空调性能进行有效的验证。

环境舱实验室通常配置空气处理系统、太阳辐射模拟系统、风速模拟系统、模拟汽车行驶条件的底盘测功机系统、发动机废气排放系统、新风系统、计算机控制系统、安全监控及报警系统、数据采集及处理系统，可以稳定控制舱内环境温度、湿度及汽车行驶工况，从而实现对试验的重复验证，使得试验结果更加可靠。

为了使不同车型的空调性能能进行横向对比，汽车空调性能试验通常分为高温最大制冷试验、低温最大采暖试验和除霜除雾试验。

（1）最大充注量试验　为了确定空调系统的充注量，需进行汽车空调最大充注量试验，试验规范包含了环境条件设置、车辆准备、测点布置、试验预处理方法、车内空调设置及行驶工况设置。

1）环境条件设置。最大制冷试验环境条件见表11-16。

表11-16　最大制冷试验环境条件

项目	要求
环境温度/℃	38
空气相对湿度（%）	40
太阳辐射强度/(W/m^2)	0
迎面风速/(km/h)	40

2）车辆准备。试验前需提前完成加油或充电，确保有充足的油量和电量用于完成所有

测试工况。需确认试验车辆空调系统的装配达到设计要求，且功能正常，并确保空调系统无泄漏。若试验车辆配有无刷电机电子风扇，应将电子风扇电压调至9V，若配有有刷电机电子风扇，应将电子风扇调至中档。若试验前车辆已经充注了制冷剂，应先将系统抽真空。

3）测点布置。测点主要采集系统高低压力、冷凝器进出口温度、膨胀阀进出温度和压缩机进出口温度，其他测点可根据相关要求选取后布置。

4）试验预处理方法。对于传统能源车型，可先设置怠速稳定转速为1500r/min，以稳定试验过程中的压缩机转速，对于配置电动压缩机的车辆，试验中应将压缩机转速固定为某一合理转速。

5）车内空调设置及行驶工况设置。试验过程中，车内空调设置温度至LO，鼓风机转速最大，外循环吹面模式，应打开车窗玻璃（确保整个试验过程为外循环）。为确保安全，试验过程中应维持怠速状态。

当环境舱温度达到试验温度时，从低压充注口向系统内充注预估最大充注量的30%的制冷剂，如果无法预估最大充注量，则用冷凝器进出口内部体积乘以制冷剂密度的1/2作为系统充注量。每次添加30~50g的制冷剂，记录充注时间和低压状态，待高压稳定后继续添加制冷剂，重复试验，当添加制冷剂后高压无上升维持稳定时，即达到系统充注量平台，继续试验，直至冷凝器出口过冷度达到25℃或者冷凝器出口压力达到2.7MPa。

（2）最大制冷试验　汽车空调最大制冷试验规范包含环境条件设置、车辆准备、测点布置、试验预处理方法、车内空调设置及行驶工况设置。

1）不同使用地区对应的环境条件不同，见表11-17。

表11-17　最大制冷实验环境条件

项目	A类地区	B类地区
环境温度/℃	38	45
空气相对湿度（%）	40	40
太阳辐射强度/(W/m^2)	1000	1000

注：A类地区指的是环境温度≤38℃的地区，B类地区指的是环境温度>38℃的地区。

2）车辆准备。温降试验最好选取深色车身、黑色内饰、配饰天窗、普通玻璃等可导致整车热负荷增加的车型配置，若该阶段的车型车身进行了伪装，应进行最大程度的还原。实验前须按要求完成整车气密性试验，确认车辆密封性能良好，且无漏气、漏油、漏水等情况。针对新能源车型，须提前完成加油或充电，保证有充足的油量和电量用于完成所有测试工况，且需保证乘员舱干净整洁，确认轮胎气压符合车辆使用说明书的规定。试验前需确认空调系统的装配达到设计要求，且功能正常，座位调整至设计位置。试验前需重新充注制冷剂，确保空调系统无泄漏。

3）测点布置。呼吸点温度测点根据相关要求进行布置，前排IP出风口主气流应经过呼吸点左右附件，避免直接吹到呼吸点，后排出风口主气流应经过呼吸点下部附件，避免直接吹到呼吸点。其他测点根据相关要求选取后布置。

温降环模试验时需加载满载滑行曲线，试验过程中应选择合理档位，示例见表11-18。

表 11-18 档位设置（一）

变速器	车速		
	50km/h①	80km/h	怠速
5 档手动变速器（宽传动比）②	4	5	N
5 档手动变速器（窄传动比）③	5	5	N
6 档手动变速器（宽传动比）	4	6	N
6 档手动变速器（窄传动比）	5	6	N
自动变速器④	D	D	P
纯电、油电混合、燃料电池新能源车型变速器	D	D	P

① 对 6 档手动变速器来说，50km/h 下发动机转速应为（1650 ± 250）r/min，否则需降一档或升一档。

② 5 档为超速档。

③ 5 档为直接档。

④ 对自动变速器车型重复试验，需保证相同车速下转速一致。

4）试验预处理方法。最大制冷试验前预处理方法见表 11-19。

表 11-19 最大制冷试验前预处理方法

先后步骤	1	2	3
	温车①	预浸润	浸润
风速	≤5km/h	50km/h	≤5km/h
环境温度	38℃（根据整车技术指标定义环境温度）		
发动机	关闭	怠速②	关闭
空调鼓风机	风速中档		关闭
蓄电池	充电		
车窗状态	开启		关闭
空调出风口	全部开启		
内/外循环	—	外循环	内循环
光照	开启	关闭	开启
持续时间	至乘员舱内金属件表面温度达到环境温度	30min	120min

① 如果车体（如座椅金属导轨）温度与环境温度差异在 15℃之内，则不需要温车。

② 针对新能源车型（纯电、油电混合、燃料电池），怠速时将变速器挂入 P 档。

5）车内空调设置及行驶工况设置。试验时需保证车门、车窗关闭、天窗关闭、拉上天窗挡板或卷帘，车内温度设置 LO，鼓风机最大，内循环，吹面模式，行驶工况各车企有不同的 VTS 规范，数据采集以不低于 1s 的采样频率进行直至试验结束。

（3）最大采暖试验　与汽车空调最大制冷试验规范相似，最大采暖试验规范也包含了环境条件设置、车辆准备、测点布置、试验预处理方法、车内空调设置及行驶工况设置。

1）汽车空调最大采暖试验的环境条件见表 11-20。

表 11-20 最大采暖实验的环境条件

项目	要求
环境温度/℃	−20
空气相对湿度（%）	无
太阳辐射强度/(W/m^2)	0

2）车辆准备。与最大制冷试验相似，由于采暖试验无太阳热负荷，因此天窗、玻璃等配置没有特殊要求。

3）测点布置。脚部温度测点根据相关要求进行布置，前排取 5 个脚部测点温度平均值，后排取 3 个脚部测点温度平均值，也可根据实际情况进行调整计算。

温升环模试验时需加载空载滑行曲线，试验过程中应选择合理档位，示例见表 11-21。

表 11-21 档位设置（二）

变速器	车速		
	40km/h	60km/h	怠速
5 档手动变速器（宽传动比）①	3	4	N
5 档手动变速器（窄传动比）②	3	5	N
6 档手动变速器（宽传动比）	4	4	N
自动变速器③	D	D	P
纯电、油电混合、燃料电池新能源车型变速器	D	D	P

① 5 档为超速档。

② 5 档为直接档。

③ 若自动变速器车型需重复试验，每次试验时应保证相同车速下转速一致。

4）试验预处理方法。浸车时间应≥10h，直到座椅滑轨温度、冷却液温度和机油温度达到试验环境温度为止。若需加快试验进程，可考虑降低试验温度浸车。

5）车内空调设置及行驶工况设置。试验时需保证门窗完全关闭，若配备座椅加热系统，试验开始同步开启至最高档。车内空调设置温度至 HI，鼓风机最大，外循环吹脚模式。行驶工况各车企有不同的 VTS 规范，数据采集以不低于 1s 的采样频率进行直至试验结束。

（4）除霜除雾试验　除霜除雾性能涉及驾驶安全性，因此有法规强制要求，国内的相关试验标准为 GB 11555—2009《汽车风窗玻璃除霜和除雾系统的性能和试验方法》及 GB/T 24552—2009《电动汽车风窗玻璃除霜除雾系统的性能要求及试验方法》。

针对新能源车型，须提前完成加油或充电，保证有充足的油量和电量用于完成所有测试工况。试验前需将风窗玻璃的内外表面用含甲醇的酒精或类似的去污剂彻底清除油污，待干后用清洗剂进一步擦拭，最后再用干棉布擦净。

除霜试验要求在环境温度为（−18±3）℃的环境中，整车静置时间≥10h，直至发动机冷却液、机油温度等达到环境温度。然后用规定的喷枪将水均匀地喷射到玻璃外表面，生成均匀的冰层。生成冰层后，试验车应继续静置 30～40min，然后开始试验。对于燃油车型，全程怠速，且维持发动机转速不超过最大功率转速的 50%，对于新能源车型，只需维持高压怠速。车内设置温度到 HI，鼓风机最大，全除霜模式。试验开始后，试验人员每隔 5min 在风窗玻璃内表面上描出除霜面积轮廓图。

除雾试验要求在环境温度为（-3 ± 1）℃的环境中，整车静置，直至发动机冷却液、机油温度等达到环境温度。蒸汽发生器应放在紧挨车辆前座椅靠背后面的位置，其出气口应在驾驶人座椅的 R 点上方（580 ± 80）mm 处座椅中心平面上，若座椅靠背是可调的，则应调至规定角度；若座椅靠背后安放不下，则可将蒸汽发生器放在座椅靠背前最接近上述要求的合适位置。将装有至少 1.7L 水的蒸汽发生器加热至水的沸点，待稳定后，将其尽快放入车内，关好车门。蒸汽发生器在车内工作 5min 后，1～2 名试验人员进入车辆内前部。蒸汽发生器输出的蒸汽量应按每个进入车内的试验人员减少（70 ± 5）g/h。试验人员进入车内 1min 后，起动发动机，并开启除霜模式，试验 10min 后，描绘或拍摄除雾面积轮廓图。

11.3 空调性能开发案例

以某混合动力 SUV 车型的空调性能开发为例，计算整车冷、热负荷时，根据以往工程经验，选取表 11-22 所列的车内外空气参数。

表 11-22 车内外空气参数设定

项目	夏季	冬季
车外温度/℃	38	-20
车外相对湿度（%）	50	50
车内温度/℃	24～26	16～20
车内相对湿度（%）	40	—
车内空气流速/(m/s)	0.25～0.5	0.15～0.25
车内新风量/[m^3/(h·人)]	11	20～30

基于表 11-22 所列的车内外空气参数，结合车身尺寸、玻璃尺寸等计算所得整车冷、热负荷组成，见表 11-23 和表 11-24。

表 11-23 某混合动力 SUV 车型空调热负荷组成

因素	Q_C	Q_E	Q_B	Q_G	Q_{Gi}	Q_V	Q_P	Q_M
热量值/W	145.1	518.3	171.4	697.4	999.2	551.1	100	580.6
占比（%）	3.86	13.77	4.55	18.53	26.55	14.64	2.68	15.43

表 11-24 某混合动力 SUV 车型空调冷负荷组成

因素	Q_C	Q_E	Q_B	Q_G	Q_{Gi}	Q_V	Q_p	Q_M
热量值/W	-367.7	621.9	-355.5	-2145.7	0	-2927.6	-174.2	100
占比（%）	7.01	-11.85	6.77	40.88	0	55.78	3.32	-1.91

根据市场需求输入，该车型的空调系统需协同电池热管理性能开发，其空调系统架构如图 11-18 所示。

由于该空调系统并联电池热管理系统，在选配零件单体性能时，需要增加电池的加热与冷却需求，即冷凝器单体能力和压缩机单体能力要额外体现电池的冷却需求。为了满足纯电工况下的乘客舱制冷需求，该系统选用的是涡旋式压缩机，涡旋式压缩机的特性不同

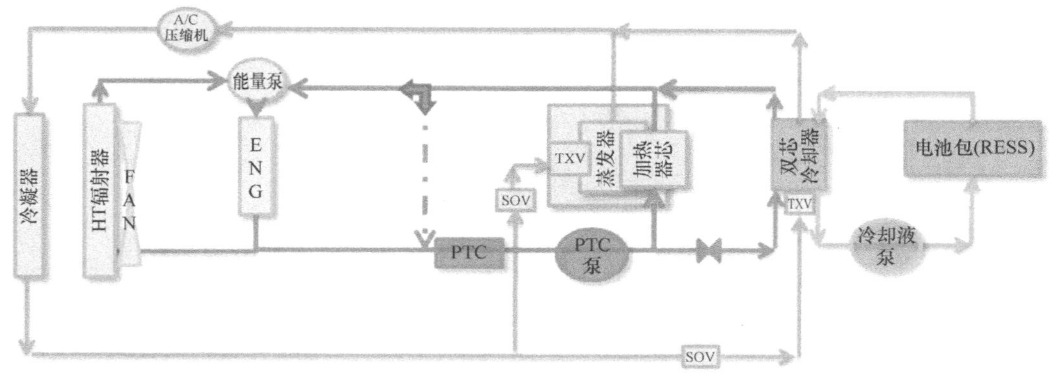

图 11-18　某液冷液热车型的空调系统架构

于斜盘式压缩机，其单体性能要求相应更改为：在进口压力为 0.18MPa，过热度为 10℃，出口压力为 1.7MPa，过冷度为 5℃时，压缩机可持续高转速下的制冷量需满足空调性能需求。压缩机高转速伴随着 NVH 问题，因此在选配压缩机时，需要综合考量制冷性能和 NVH 性能。

该系统中电池加热由空调暖水系统完成，且为了满足纯电工况下乘客舱的采暖需求，该系统选用的是水暖 PTC，其单体能力也要额外体现电池的加热需求。

该系统中运用双芯 chiller，既可实现电池加热，也可实现电池冷却，其结构如图 11-19 所示。

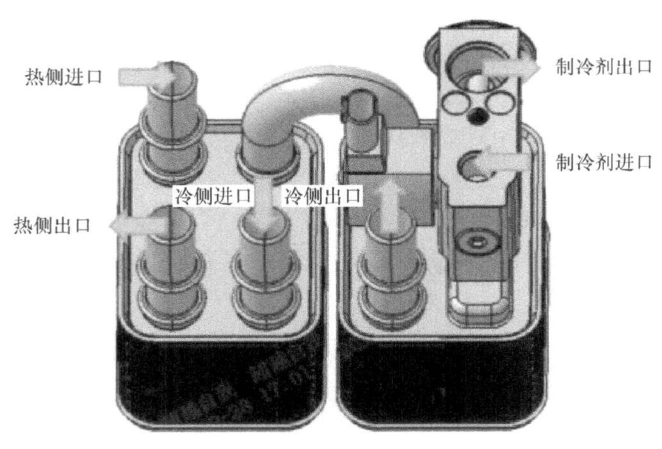

图 11-19　双芯 chiller

双芯 chiller 设计参数见表 11-25。

对于带电池冷却系统的空调系统而言，由于试验过程中电池冷却负荷在不断变化，需要配置空调系统试验台，可将一个固定的冷却负荷作为电池系统的热质量，冷凝器和蒸发器空气流量和温度必须与环模试验所需达到的状态一致，从而保证最大充注量试验的顺利进行。

表 11-25 双芯 chiller 设计参数

<table>
<tr><td colspan="3">制冷能力需求：>1500W</td></tr>
<tr><td colspan="2">制冷剂参数</td><td>冷却液参数</td></tr>
<tr><td>进口压力：1.64MPa（G）</td><td>出口压力：0.3MPa（G）</td><td>冷却液流量：15L/min</td></tr>
<tr><td>进口过冷度：5℃</td><td>出口过热度：5℃</td><td>冷却液进口温度：23℃</td></tr>
<tr><td colspan="3">制热能力需求：>3500W</td></tr>
<tr><td colspan="2">暖水参数</td><td>冷却液参数</td></tr>
<tr><td colspan="2">冷却液热侧流量：3L/min</td><td>冷却液流量：12.5L/min</td></tr>
<tr><td colspan="2">冷却液侧进口水温：60℃</td><td>冷却液进口温度：35℃</td></tr>
</table>

尽管空调性能设计要求零件能力需额外体现电池加热与冷却需求，但实际上，受限于经济和工程应用，空调系统零件的选型设计未必能满足最大能力需求，因此在整车空调性能试验阶段，除了前述最大制冷、最大采暖试验工况外，还需要增加工况综合全面地校核空调性能和电池热管理性能，如电池高倍率放电和快速充电工况。设计乘客舱低温采暖性能时，由于水暖 PTC 的功率取决于电池放电功率，而电池放电功率又取决于电池的效率，涉及电池加热需求，因此整车采暖性能试验也应考核乘客舱暖风需求和电池加热的工况。除霜性能试验也是如此。

11.4 展望

空调性能开发主要基于整车热负荷进行空调零件选型及系统匹配，设计空调风道及出风口使乘客舱内气流场分布合理，最终得到满足乘客舒适性和安全性需求的整车制冷、采暖、除霜性能状态。如前所述，当前的空调性能设计大部分都基于工程经验参数，如在进行冷凝器的匹配选型计算时，由于整车状态中其进风速度和进风温度的分布与单体性能试验时并不相同，需要对其单体能力进行工程经验参数补偿处理，以修正表面空气分布不均导致的偏差。而这种设计方法虽然适用于工程应用，但不够准确，可能会导致过量设计，随着仿真计算能力的提升，这部分的优化设计未来可以通过整车热流场的仿真计算逐步实现。

当前的空调性能前期仿真计算，主要考虑的是乘客舱内气流场的分布，通过风速风向判断舒适性，但实际上，乘客的舒适性不仅受风速风向的影响，风温及湿度也是关键因素。风温相同而风速及湿度不同，人体感受是不同的，因此仿真计算还需要考虑乘客舱内温度场和湿度场的分布情况。现已有仿真软件可以引入三维人体模型（对人体进行分块处理，且加入生化反应模型），不仅可以计算乘客舱内的风温分布，还可以计算人体各部位的舒适性，从前期仿真阶段就可进行整车空调性能的舒适性判断，可以提高空调性能设计的准确性，这种仿真方法已在各大整车厂推广应用。而这种仿真方法也影响了空调性能指标的设定，目前考核指标都是以温度值为标准，但是引入舒适度概念后，考核指标也需随之改变，由具体的温度值改为舒适度等级，将偏向主观感受的舒适度等级作为量化的指标进行考核和对标，是整车厂的一大挑战，但其更符合实际应用，因此如何准确使用舒适度为考量标准将会是未来空调性能的研究趋势。

对于新能源车型而言，空调性能设计还需协同开发动力蓄电池的热管理性能。市面上很多新能源车型的电池热管理系统都是并联在已有的空调系统中的，因此应全面平衡动力蓄电池的冷却与加热及乘客舱制冷采暖需求，既要保护电池并使电池发挥最高效率，也要满足乘客的舒适性要求。对于新能源车型而言，最重要的是续驶里程的竞争力，从空调性能设计角度考虑，使用热泵系统将成为较好的方案。而热泵系统的设计相较当前常用的空调系统而言，不仅增加了空调系统零件的设计，还使空调性能的控制策略更加复杂，是空调性能设计的机遇与挑战。

整车热管理

12.1 热管理概述

整车热管理主要负责优化整车和子系统之间能量传递的关系，保证各子系统或零部件在最佳的温度范围内稳定可靠地运行，实现降低整车能耗、提高整车的舒适性及确保安全性等目的。传统整车热管理性能开发所涉及的内容包括发动机冷却、增压空气冷却、变速器冷却、空调性能、高温热源周边零部件热保护等。其具体内容包括一维冷却系统匹配及优化、空调性能分析及优化、三维前舱流场和温度场分析及优化等。在汽车研发实践过程中，一般将空调性能从整车热管理中独立出来，设置独立的空调开发团队，本章所介绍的整车热管理不包括空调性能的内容。

12.2 热管理设计理论与方法

12.2.1 传热学基础

热量传递主要由导热、对流和辐射三种基本方式组成。例如，发动机排气管外壁面热量的传热过程可以分为以下几种：

1）高温排气以对流换热的方式把热量传到排气管的内壁面。

2）排气管内壁面以导热的方式把热量传递到排气管外壁面。

3）排气管外壁面以对流和辐射换热的方式把热量传递到外界环境中（排气管周边的空气及零部件被加热升温）。

（1）导热　导热也称为热传导，是指温度不同的物体各部分无相对位移或不同温度的物体直接紧密接触时，依靠物质内部分子、原子及自由电子等微观粒子的热运动而进行热量传递的现象。导热是物质的固有属性，热量由固体的高温部分传递到低温部分的现象就属于导热。

导热可以发生在固体、液体和气体中，但在地球引力场的范围内，只要有温差存在，液体和气体因密度差的原因不可避免地要产生热对流，因而很难维持单纯的导热。因此，单纯的导热现象仅发生在密实的固体材料中。

（2）对流　依靠流体的运动，把热量从一处传递到另一处的现象称为热对流。传热学中常将热对流简称为对流，它是热量传递的基本方式之一。热对流仅发生在流体中，由于流体在运动的同时存在温差，流体微团之间或质点之间因直接接触而存在导热，因此热对流也同时伴随着导热。工程上所遇到的实际传热问题常常不是单纯的热对流，而是流体与温度不同的固体壁面接触时所发生的传热过程，这种传热过程称为对流换热。

应注意，热对流与对流换热是两个完全不同的概念，其区别为：

1）对流是传热的三种基本方式之一，而对流换热不是传热的基本方式。

2）对流换热是导热和热对流这两种基本方式的综合作用。

3）对流换热必然具有流体与固体壁面间的相对运动。

传热学中，重点讨论的是对流换热问题。

（3）热辐射　物体表面通过电磁波（或光子）来传递热量的过程称为热辐射。热辐射现象在日常生活中是常常可以感受到的。例如，打开冰箱门可以感受到凉意，冰箱内没有风扇，凉的感觉来自冷辐射；走向灼热的铁板，感受到的热则来自热辐射。

辐射是物质固有的本质之一。物质由分子、原子、电子等微观粒子组成，这些微观粒子受到振动和激发时就会产生交替的电场和磁场，释放出电磁波（或光子），电磁波沿直线传播（类似于光），直到遇到其他物体，被这些物体中的微观粒子吸收。需要说明的是，多种原因会使微观粒子受到振动或激发，因而热辐射现象是普遍存在的。

热辐射具有以下三个特点：

1）辐射能可以通过真空自由地传播而无需任何中间介质（与导热、对流完全不同）。

2）一切物体，只要温度高于0K，就能持续地发射出辐射能，同时也能持续地吸收来自其他物体的辐射能。

3）热辐射不仅具有能量的传递，而且具有能量形式的转换，即热能—电磁波—热能。

由上述热辐射的第二个特点可知，一切物体均具有发射和吸收辐射能的能力。工程上所关心的是某一物体与其他物体之间不断进行辐射和吸收的最终结果，高温物体支出多于收入，而低温物体收入多于支出。高温物体正是通过这种差额辐射把热量传递给低温物体的。这种依靠辐射进行的热量传递过程，称为辐射换热。

12.2.2　热管理开发内容

对于发动机前置车型，排气管从排气歧管引出，经由前舱、底盘，最后延伸至车尾。由于发动机排气温度高（某些恶劣工况下排气温度可能高达900℃以上），高温排气经过歧管（外置）、涡轮（涡轮增压发动机）及排气管，使得上述零件的温度快速上升，对布置在周边的零部件进行加热，若温度超出零件耐受能力，则会导致零件热老化、热失效，甚至会引起整车自燃（图12-1）等严重后果。为此，整车热管理需要从零件布置阶段开始，对可能产生的热风险零件进行评估和优化，通过优化热源和零件的相对位置、增加冷却气流、

图12-1　高温导致水管失效及整车自燃

设计隔热措施、提升材料耐温等措施，确保整车所有可能受高温排气影响的零部件在整个生命周期内满足热性能要求。确保零件功能正常和行车安全。

为保证发动机高效安全地工作，需要保证发动机的机油和冷却液温度合适。发动机冷却液温度过高可能导致限扭、“开锅”（图 12-2）甚至拉缸等严重后果；冷却液温度过低又会使混合气燃烧不充分，功率降低，并造成润滑不良，还会引起排放超标。另外，冬季冷却液温度过低还会影响乘员舱采暖性能，使得乘员舱加热缓慢，影响舒适性。因此，如何设计合理的发动机冷却系统，并制定相应的控制策略，保证发动机始终保持在舒适温度区间工作已成为整车热管理性能开发的重要工作。

图 12-2　发动机冷却液温度过高导致“开锅”

典型的发动机冷却系统由散热器、散热风扇、水泵、节温器、冷却液膨胀壶、气缸水套、连接管路等构成。其中散热风扇主要分为机械风扇和电子风扇，电子风扇又分为有刷电子风扇和无刷电子风扇。水泵可分为机械水泵和电子水泵，节温器也有蜡式节温器、电子节温器及近些年出现的能够更精准控制冷却循环流量的发动机热管理模块。图 12-3 所示为传统发动机冷却系统。

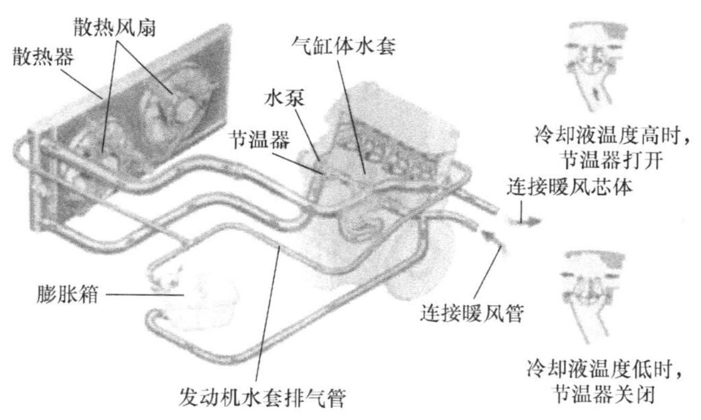

图 12-3　传统发动机冷却系统

除了发动机冷却外，对于带涡轮增压的车型，由于空气被增压后温度升高，需要对高温增压空气进行冷却，然后进入发动机。因此，需要设计合适的冷却系统对增压空气进行冷却。增压空气冷却系统通常比较简单，主要分为空空中冷和水空中冷两种冷却形式。其中，空空中冷最为简单，即高温空气直接经过换热器（空空中冷器）内部，由外部冷却空气将热空气的热量从散热器带走。这种冷却系统有时甚至不需要冷却风扇，直接依靠车辆行驶过程中的迎面风对中冷器进行冷却。另外一种水空中冷器系统则相对复杂一些，高温增压空气经过水空中冷器，和冷却液进行换热，被加热的冷却液再经过一个低温散热器和外部空气进行换热，最终由外部冷空气将热量带走。图 12-4 所示为空空中冷及水空中冷系统。

自动变速器一般是通过液力变矩器进行动力传动，传动效率在 80% 左右，其余 20% 的

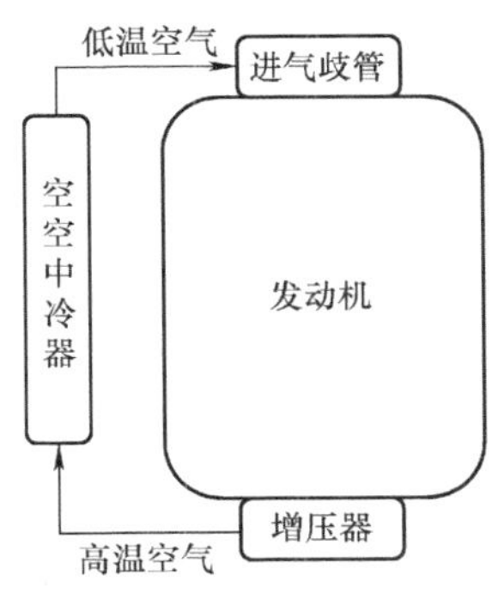

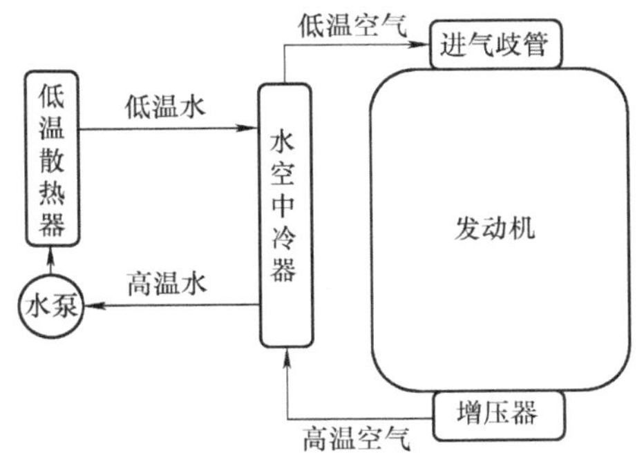

图 12-4 空空中冷及水空中冷系统

能量以克服零部件阻力及热量的形式消耗。这部分热量足够变速器油升温至 120℃甚至更高，直至变速器油高温氧化，黏度急剧下降，润滑效果变差，最终增加功率损耗，影响变速器寿命。为了保证变速器及变速器油能够在正常的温度下工作，不至于温度过高，整车热管理需要对通过液压传动的自动变速器进行专门的冷却设计。图 12-5 所示为变速器油冷系统。

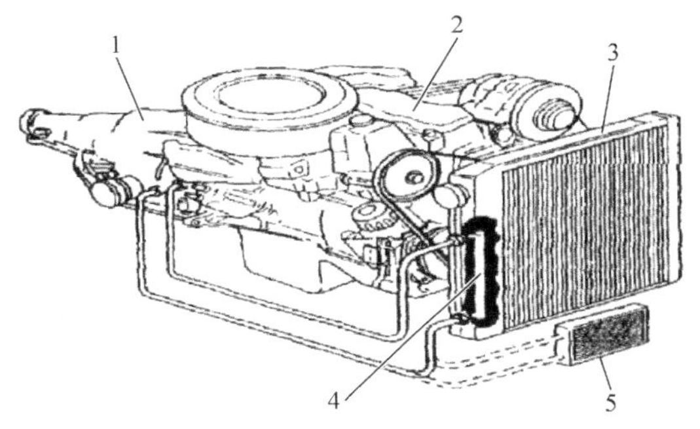

图 12-5 变速器油冷系统

1—变速器 2—发动机 3—散热器 4—油冷器 5—副油冷器

对于新能源车型，整车热管理需要对动力蓄电池、电驱系统、电控系统及燃料电池电堆、空气压缩机等进行冷却。对于动力蓄电池系统，还需要考虑热失控的评估和预防。另外在低温环境下，动力蓄电池的加热需求也是热管理需要进行开发的内容。图 12-6 所示为新能源车型冷却系统。

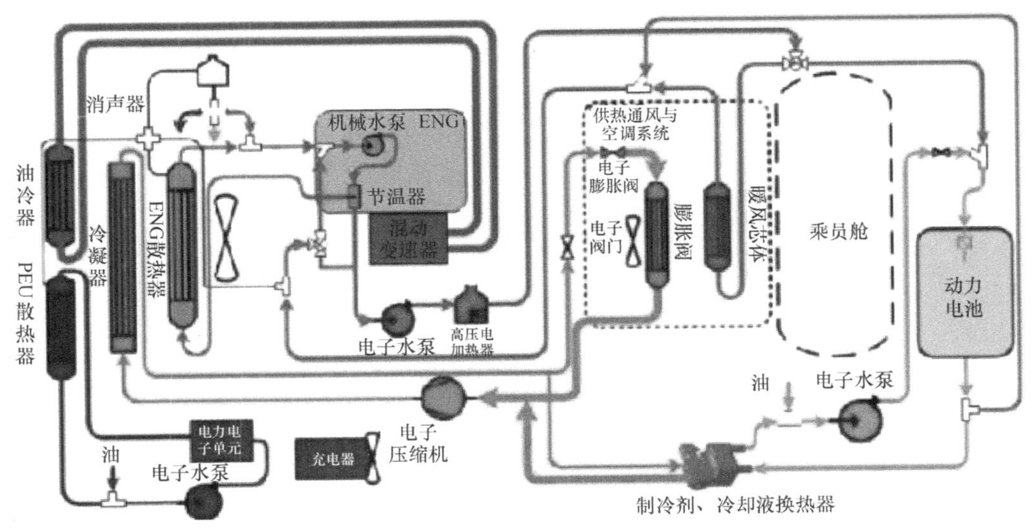

图 12-6 新能源车型冷却系统（见彩插）

12.2.3 热管理虚拟仿真技术

整车热管理性能开发的虚拟仿真主要分为一维冷却系统匹配分析及整车和零部件三维流场和温度场计算。

目前，热管理一维仿真工程软件主要有 KULI、GT - Cool、AMESIM、Flow - Master 及 EES 等。不同主机厂使用的软件不尽相同，但软件功能相似且各有特点，主机厂一般同时购买多种软件。热管理三维仿真软件主要有 Star CCM + 和 Fluent。另外，还有众多相对小众的三维仿真软件，如 TAITherm 等也被越来越多地使用。TAITherm 作为主流三维热性能计算的辅助软件，可以独立完成零件热性能快速计算和评估，同时还可以和 Star CCM + 或者 Fluent 等进行耦合迭代，有效提高复杂瞬态热性能计算的效率。

对于三维流场及温度场仿真计算，除了求解器之外，还需要使用网格前处理软件。目前使用比较广泛的前处理专用软件主要有 Hypermesh 和 ANSA。Star CCM + 及 Fluent 等也集成了网格前处理的功能，特别是对于复杂结构零部件的包面处理方式大大提升了网格划分的效率。虚拟仿真的准确性在很大程度上取决于仿真计算模型的准确性。因此，整车热管理虚拟开发的建模对于计算结果的可信度非常重要。

（1）一维计算　热管理一维仿真模型比较简单，以 Flow - Master 为例，比较典型的发动机冷却系统计算模型如图 12-7 所示。

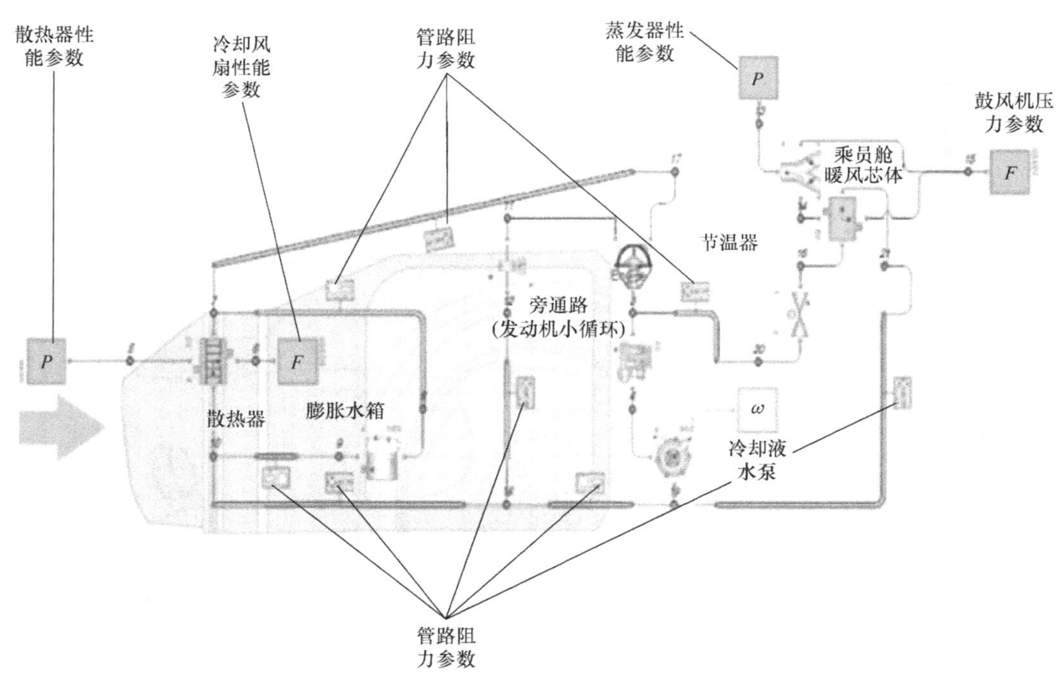

图 12-7　一维冷却性能仿真计算模型

根据实际冷却系统回路依次在软件中选择对应的零件模型，分别将冷却系统中零部件（含管路）的单体性能输入模型中，结合整车三维计算获取的换热器风量和风温等信息，就可以得到冷却系统的计算结果。对于复杂的冷却系统，一维计算的难点在于能否准确地搭建完整的系统回路，并且准确地获取所有相关单体零件的性能参数。通常情况下，对于难以获取内部结构的“黑匣子”零部件，在仿真建模时会做一定的简化，并通过试验测试“黑匣子”件的整体性能参数。例如，对于外购的发动机，很难获取发动机内部详细的结构和性能参数，有时就需要利用台架试验对发动机的性能参数进行测试。

（2）三维计算　相比于一维计算，热管理三维仿真分析模型的复杂性要大很多。热管理三维计算需要基于整车数模建立计算网格，然而网格的建模没有统一的标准，网格尺寸、分布形式、边界层的设置，加密区的选择、加密程度、加密范围等都是人为设定的，因此不同的工程师完成的网格模型不可能完全一样，甚至会差别很大。而网格模型的质量及处理方式直接影响仿真计算的准确性和计算速度。低质量的网格会导致计算难以收敛甚至导致计算发散，因此对于热管理三维仿真计算，网格前处理过程非常重要。

以 Fluent 整车热管理模型使用的网格为例，计算域主要是由四面体网格组成的非结构网格。通常情况下，不同的子系统最好使用四面体网格之外的网格类型，例如，换热器需要使用直角棱柱网格。为此，第一步应先在 ANSA 或者 Hypermesh 中建立封闭的面网格（节点和节点连接）。然后根据面网格分隔出的整个计算域在 T - Grid 中生成体网格。

由于整车级热分析中相关的几何模型及物理现象很复杂，对计算资源的要求也很高，整车级的热模型通常是一种折中和平衡。

最大体网格数量的目标应基于以下条件确定：

1）可用的计算资源。

2）希望的计算运行时间（推荐最长的计算时间为 2 天）。

3）包含的内容及模型需要仿真的物理过程。

不同零件的平均面网格尺寸主要由以下几点决定：

1）零件本身及和其他零件之间的距离。

2）该零件是否严重影响气流流动，是否为热源、隔热罩或者需要评估热害的零件。

如果两个零件之间间隙很小，那么画面网格时需要保证零件的网格尺寸小于零件最小间隙尺寸的 1/3，否则可能导致在该区域出现具有很高扭曲度的四面体网格，这不仅影响计算精度，还会导致计算很难收敛。图 12-8 所示为某车型整车热管理性能计算网格。

图 12-8　某车型整车热管理性能计算网格

如上所述，零部件上的温度分布取决于其表面的对流、导热和辐射热通量之间的平衡关系。因此，整车热模型需要同时对三种热传输的方式进行模拟。另外，还需要对其他子系统和零部件进行单独建模（如换热器、排气系统及风扇模型等）。

仿真计算过程中的湍流模型和流动模型推荐如下：

1）湍流模型（far field）：标准 K - ε 模型（Standard K - Epsilon）。

2）近壁面处理（Near-wall Treatment）：标准壁面函数（Standard-wall Function）。

动量和能量运输之间的雷诺相似定义了热边界层中平均温度的壁面函数。

对流换热的正确处理取决于各种零部件和隔热罩表面边界层的合理计算。壁面函数的对数法则对于 Yplus >㊀30～60 时是有效的。Yplus 的上限和压力梯度及雷诺数有关。最好保证 Yplus 处于推荐范围的下限，但是在实际操作中很难使整车热模型保证这一点。

值得注意的是，目前整车热模型（稳态）零件的处理方法是用中空的“盒子”来代表绝大部分的零部件，可以模拟零件和周围空气的对流换热及和周围零件的辐射换热。对于这些零件的导热模型，可以使用 Fluent 中的平面导热模型，并对各零部件表面（向着前舱和底盘空气的一侧及远离前舱和底盘空气的一侧）定义合适的边界条件。

如果需要关注零部件（如吊耳、发动机悬置、排气法兰、衬套等）厚度/深度方向上的温度分布模型需要处理成三维体网格。除了前舱和底盘不同的热源和零部件之间的辐射换热，对于双层壁面（有空气层）的歧管或者多层隔热罩（有空气层）等子系统，推荐设置选用 DO 辐射模型。表 12-1 所列为一些 Fluent 中整车稳态三维热分析模型中相关的参数及它们的推荐数值。

表 12-1　Fluent 中整车稳态三维热分析模型参数设置

动量	初始计算时使用一阶迎风格式（小于或等于 200 步计算），大于 200 步时使用二阶迎风格式
压力	二阶
压力-速度耦合	SIMPLE（稳态）
湍流参数	初始计算时使用一阶迎风格式（小于或等于 200 步计算），大于 200 步时使用二阶迎风格式
能量	初始计算时使用一阶迎风格式（小于或等于 200 步计算），大于 200 步时使用二阶迎风格式
DO-辐射模型-Angular Discretization and Pixelation（for grey-diffuse radiation）	2 Theta Divisions 2 Phi Divisions 1 Theta Pixels 1 Phi Pixels
每次辐射迭代的流动迭代	2
松弛因子	0.6 动量 0.2 压力 0.5 湍动能 0.5 湍流耗散 0.9 能量 0.9 DO-辐射传输方程
残差收敛标准	0.001 压力（连续性） 0.001 动量 0.001 湍流参数 0.000001 能量 0.000001 Do-辐射模型

㊀ Yplus 表示无量纲化的壁面距离。$\text{Yplus}=\frac{y}{\delta_v}$，$\delta_v=\frac{v}{u_t}$。其中 v 表示运动黏性系数；u_t 表示壁面附近空气的速度量。

3）有的模拟必须满足以上提及的离散化的要求。

4）上面列出的松弛因子是经验值，因此这只是作为初始的设置，不同的计算模型需要进行适当的调整。

5）关于收敛准则，需要注意的是有时这些限制可能需要调整。在这些情况下，需要充分的工程判断来放宽限制或者提高标准。

目前，整车热管理的仿真计算主要针对稳态工况及相对简单的瞬态工况，对于复杂的瞬态工况（如加强城市工况等），虽然技术上可以计算，但由于边界条件获取、计算资源消耗等限制，工程开发过程的应用相对较少。

12.2.4 热管理试验开发技术

热管理性能开发试验分为零部件级试验和整车级试验。零部件级试验主要是指针对冷却系统相关的换热器及风扇等在内的冷却模块单体性能测试，以及零部件耐高温性能测试。整车级试验主要分为试验室试验和道路试验，道路试验又可以分为试验场道路试验和社会道路试验。

（1）冷却模块单体性能测试 在冷却系统性能匹配过程中，需要根据散热需求选择或者设计满足性能需求的换热器及风扇。初步选型确定后，需要对换热器及风扇样件进行单体性能测试，进一步确认冷却模块单体性能是否满足设计要求。对于换热器，一般需要测试内部流阻、外部流阻及换热性能。测试选择的流速需要覆盖热管理典型工况下的流速，并且需要保证至少有3组不同流速下对应的压降数据。对于散热风扇的测试，通常会选择风扇最高档位对应的性能参数。但为了优化风扇控制策略，有时也需要增加更多档位下的性能测试。

冷却模块单体性能测试通常是由供应商完成的，但是为了检查供应商测试数据的准确性，有时也需要要求供应商提供样件，委托可靠的第三方进行测试。图12-9所示为散热器、风扇性能测试，图12-10所示为散热器和风扇压降曲线。

a) 散热器性能测试

b) 风扇性能测试

图12-9 散热器、风扇性能测试

（2）非金属耐高温试验 非金属材料的耐高温性能通常包含在零件的ADV（Analysis/Development/Validation，分析/开发/验证）试验中，但部分零部件的ADV试验不能很好地对应耐高温性能试验和整车实际可能经历的高温过程。因此，针对部分非金属材料，可以在耐高温试验箱（图12-11）中按照热管理工况定义的条件进行耐温性能验证。

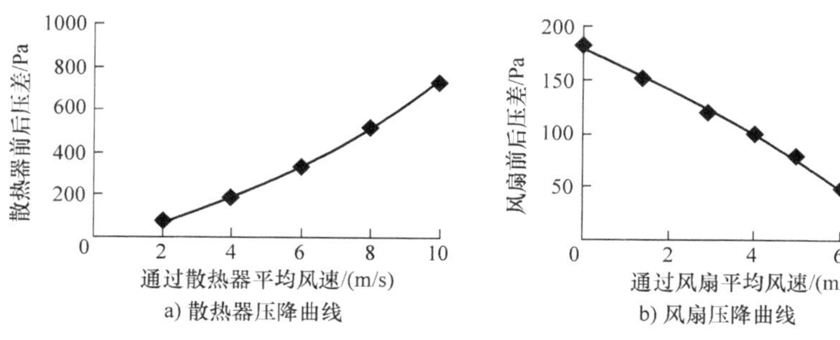

图 12-10　散热器和风扇压降曲线

如图 12-12 所示，将 PA66 材料的扎带和 138HTCA 材料的扎带分别在 212℃ 的高温下进行测试，8h 后，2 种扎带均完好，44h 后，PA66 扎带颜色明显变化且强度明显下降，出现断裂现象，138HTCA 扎带颜色也出现变化，但强度没有明显下降，耐热性能优于 PA66 扎带。

图 12-11　材料耐高温试验箱

（3）整车热管理性能试验　整车热管理性能试验是热管理性能开发必不可少的环节。由于虚拟开发的精度及评估工况的完整性不足，需要借助整车试验对热管理性能进行补充验证和优化。热管理性能试验室可以精确地控制各种工况的边界条件，且不受天气路况的影响，可以很好地模拟和验证整车热管理性能状态，因此，整车热管理性能试验主要在试验室完成。整车热管理性能试验室通常分为环境舱和环境风洞（图 12-13）。相比于环境舱，环境风洞风口尺寸更大、环境控制更接近于真实的环境，因此也更适合作为热管理性能开发的试验室。但是，由于环境风洞造价较高，目前大部分企业会选择通过环境舱来开展整车热管理性能试验，并利用道路试验对环境舱试验结果进行修正和补充。

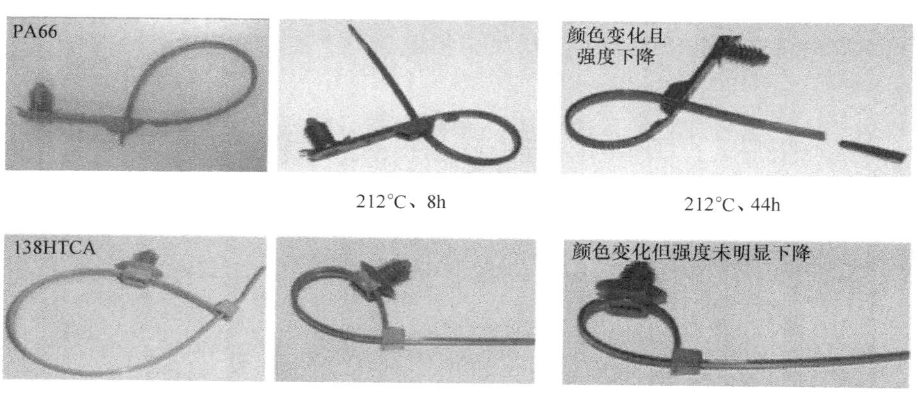

图 12-12　扎带耐高温试验

环境舱或环境风洞通常由转鼓、风机、温度控制系统、湿度控制系统及阳光模拟系统组成。通常可以模拟 −40 ~ 60℃ 环境温度下车辆不同工况的运行过程。部分环境风洞除了具有全光谱阳光模拟外，还有降雨/降雪模拟、除霜性能模拟、热路辐射模拟，可实现常见气候与极端暴风雨或雪的全覆盖模拟。

a) 环境舱　　b) 环境风洞

图 12-13　环境舱和环境风洞

由于试验室风口尺寸的限制，车辆底盘特别是底盘后部区域的风速和真实环境存在一定的差异，环境风洞中测得的底盘零件的温度和真实道路中的底盘零件温度可能存在差异。另外，由于试验室需要将排气尾管接入尾气收集装置，排气尾管及尾气对后保区域的影响也无法评估。基于以上原因，需要在实际道路进行部分补充试验，如图 12-14 所示。

图 12-14　实车道路试验

12.3　热管理开发案例

12.3.1　热管理开发目标设定

整车热管理通常将车辆的运行过程分为 3 种不同的类型，即持续工况、恶劣工况和极限工况。

1）持续工况是指客户可能长时间使用的工况，如城市城郊工况、高速工况等，对于持续工况，需保证整车各零部件或子系统的温度满足长时间使用的需求。

2）恶劣工况是指客户可能会遇到，但相对频次很低的大负荷工况，如高温环境下满载长时间爬坡等。需要保证车辆在恶劣工况下，零部件及子系统的温度能够满足短时间使用要求且性能无影响。

3）极限工况是指车辆出现故障或客户滥用车辆导致车辆出现极端恶劣的热环境，此时非关键零部件可以损坏，但需保证车辆可以驾驶且无安全隐患。

对于动力总成冷却性能，整车热管理开发的原则是在确保冷却性能满足客户使用过程中各冷却系统最大冷却需求的同时尽可能通过优化散热风扇、电子水泵、智能格栅等控制策略，保证发动机、变速器等需要冷却的零部件或子系统在最舒适的工作温度范围，进而提高系统效率，降低整车能耗。表 12-2 和表 12-3 所列分别为某车型动力总成冷却目标和零件热保护目标。

表 12-2　动力总成冷却目标

性能条目	工况类型	参考目标
发动机冷却液温度	持续工况	≤110℃
	恶劣工况	≤115℃
发动机机油温度	持续工况	≤140℃
	恶劣工况	
变速器油温	持续工况	≤90℃
	恶劣工况	≤120℃
中冷出气温度	持续工况	≤85℃
	恶劣工况	

表 12-3　零件热保护目标

性能定义	工况类型	参考目标
整车零部件温度	持续工况	满足零件耐受温度
	恶劣工况	
散热风扇出风温度	持续工况	≤90℃
	恶劣工况	≤100℃
乘员皮肤可接触地板覆盖材料（金属）的温度	持续工况	≤40℃
	恶劣工况	≤42.5℃
乘员皮肤可接触地板覆盖材料（塑料）的温度	持续工况	≤50℃
	恶劣工况	≤57℃
城市工况下裸露高温热源表面温度	城市工况	≤370℃

12.3.2　热管理开发流程

整车热管理开发流程通常分为 4 个阶段：竞品分析阶段、概念开发阶段、整车虚拟开发阶段和试验验证阶段，如图 12-15 所示。

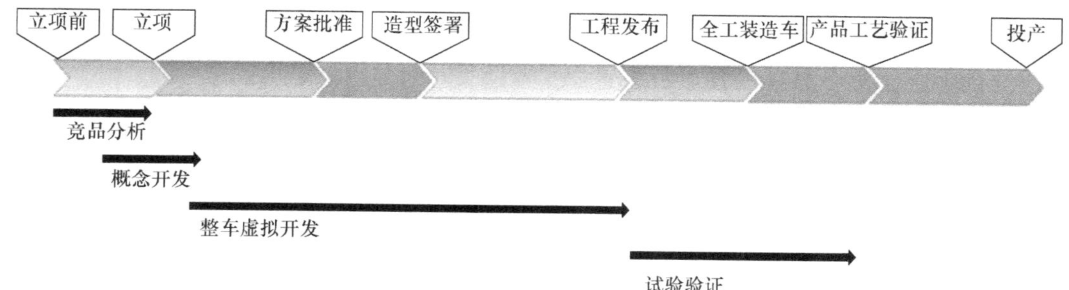

图 12-15　整车热管理开发流程

（1）竞品分析阶段　竞品分析阶段的主要工作是对市场上竞品标杆车型进行对标和摸底，了解竞品车型的热管理性能、工作原理、冷却系统布置等，同时对竞品车型开展热管理试验工况的测试，为设定热管理性能目标做准备。同时，很重要的一项工作是要确定本项目的热管理性能考核工况。这个阶段热管理开发的主要任务是开展竞品车型的虚拟仿真工作。一维仿真方面，要对竞品车型的冷却系统进行分析；三维仿真方面则是对竞品车型进行整车的流场及温度场仿真分析。但由于目前国内对于竞品车型的分析更多地是集中于对布置、材料、尺寸等进行对标，很难获得完整的一维零部件数据和三维的整车数据，这个阶段热管理工作主要是进行一些局部的仿真和校核，同时可以在环境舱对竞品车型的动态热管理性能进行部分测试，为后续项目热管理性能开发提供一些参考数据。

（2）概念开发阶段　概念开发阶段，虚拟仿真开始大量介入工程项目。一维仿真方面，主要是对热管理冷却系统需求进行校核，根据热管理性能目标确定关键零部件如散热器、水泵、风扇等的单体性能目标，同时为零部件选型提供指导。三维仿真方面，这一阶段的工作重点是向造型部门提出满足冷却系统要求的最小格栅开口面积。由于概念开发阶段整车数据还没有发布，此时的三维仿真常用造型的CAS（Concept A Surface，概念造型面）数据和现有相似车型的下车体数据来完成建模，其中冷却系统关键部件需要在三维模型中体现，如散热器的大小、阻力等。另外，总布置方面会有一些关键零部件热防护的温度场分析任务，目的是在数据发布前就对温度场进行校核，防止出现热害风险，减少后期布置调整的工作量。

（3）整车虚拟开发阶段　这个阶段整车数据已正式发布，热管理工程师需要对整车数据进行全面的冷却性能及热害性能仿真分析。一维方面，结合三维流场仿真的冷却模块风量，分析冷却系统性能是否满足要求，包括散热器、冷凝器、中冷器、油冷器等单体性能是否满足散热需求。三维方面，需要建立整车模型，对热管理考核工况下的前舱流场和温度场进行分析。

前舱流场方面主要关注各个冷却模块风量是否满足要求，前舱内流场是否顺畅，冷却模块周边密封是否到位，是否存在怠速回流情况，根据流场分析结果，要评价格栅开口面积是否满足要求，对冷却模块周边导风板的设计提出要求。

前舱温度场方面，要排查所有零部件是否工作在材料耐温限值范围内，重点是发动机排气系统周边，如防火墙附近的电子电器元件、排气吊耳、油箱、后保险杠等。如果存在温度超标的零部件，需要提出优化改进措施，并通过CFD仿真验证，主要措施包括增大与排气管热源之间的距离，增加隔热罩，在零部件表面贴铝箔，或者更换材料提高零部件的耐温限值等。整车虚拟开发阶段一般会有多个整车数据版发布，热管理分析的重点是第一轮的数据，后面几轮数据根据变更范围的大小，热管理工程师可依据经验判断是否要重新进行分析，数据发布结束后，所有仿真中存在的问题必须全部得到解决。

（4）试验验证阶段　这个阶段工程样车开始下线。样车下线后，热管理工程师需要着重检查样车状态，观察关键零部件是否达到了设计状态，如前格栅的大小，导风板状态是否到位，还要重点查看工程设计阶段存在风险的零部件是否按要求整改到位。同时还需要检查标定版本，风扇控制策略、水泵控制策略、智能格栅控制策略等热管理相关的软件功能是否按照设计状态运行。此时，热管理工程师的工作重心从虚拟开发转向实车验证。这个阶段通常会有两轮的热管理环模舱试验和一轮路试试验。

12.3.3 传统动力总成冷却性能开发

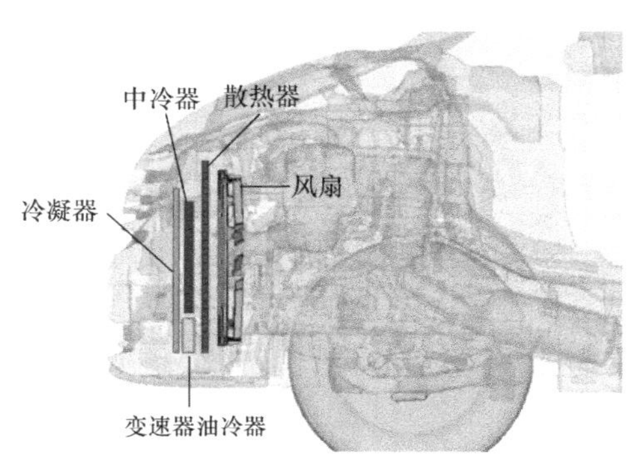

图 12-16 冷却模块布置位置

对于传统能源车型，动力总成冷却性能的内容主要包括发动机冷却液冷却、发动机机油冷却、（自动变速器）油冷却及增压空气冷却（涡轮增压发动机）。其中发动机机油冷却通常是集成在发动机本体上，通过控制发动机冷却液温度来实现发动机机油的冷却。图 12-16 所示为冷却模块布置位置。

（1）冷却性能目标确定　发动机冷却系统在维持发动机正常工作方面起着重要的作用。现代汽车的发动机冷却系统绝大部分采用冷却液作为冷却介质，通过冷却液循环运动和散热器的对流换热作用带走发动机工作中产生的热量，冷却系统散热能力的强弱直接影响冷却液温度的高低，进而对发动机的工作性能产生重要影响。通常情况下，发动机冷却液温度需要控制在合适的范围内，冷却液温度过低会导致机油润滑效果下降、燃油燃烧不充分，造成发动机零件磨损加剧，影响排放等后果；冷却液温度过高则会导致机油失效、车辆限扭、冷却液泄漏甚至引起发动机拉缸等严重后果。发动机冷却性能的目标一般会设定为发动机所能承受的最高冷却液温度，该温度由发动机定义。例如，某发动机定义的冷却液温度要求为持续工况不超过 110℃，恶劣工况不超过 115℃。热管理在进行发动机冷却系统匹配时，则需要保证冷却系统的最大能力能够满足发动机冷却液温度限值的目标要求，通过节温器、散热风扇的策略控制发动机运行过程中的冷却液温度范围。

与发动机相似，变速器的性能与变速器油的温度有着必然的关系，自动变速器油的最佳工作温度在 90℃左右，此温度是形成润滑油膜的最佳温度，只有在 90℃左右的工作环境下才能发挥变速器的最优性能。温度过低会导致变速器油的黏度过高，变速器的润滑和传动效果很差，温过高则会导致油的黏度迅速降低，阻碍油膜的建立，最终使自动变速器丧失润滑性能，造成变速器内部的相关零部件烧蚀或失效。因此，变速器冷却性能设计的目标是要保证冷却系统的最大冷却能力能够覆盖变速器最大散热需求，保证变速器油温在安全范围内。例如，某变速器油温要求为在持续运行工况下不超过 90℃，在恶劣工况下不超过 120℃。

经过涡轮增压后的高温高压空气需要进行冷却才能进入发动机，增压空气冷却性能的需求则是要控制发动机进气温度，进气温度过高会导致发动进气量不足，功率下降，对于汽油机甚至会引起发动机严重爆燃，进而对发动机造成严重伤害。另外，发动机进气温度高还会对排放性能造成影响。对于汽油机，增压后空气温度一般要求不超过 75℃，对于柴油机，增压后空气温度一般要求不超过 85℃。

（2）冷却架构确定　为满足发动机、变速器及增压空气的冷却需求，需要在架构允许的空间内选择合适的冷却架构和冷却形式。

发动机冷却系统（除发动机内部结构）结构比较简单，通常由散热器、风扇、水泵、节温器、膨胀壶及连接水管等组成。散热器和风扇一般布置在车辆前端，利用外部空气和散热器的对流换热，降低发动机冷却液温度。

对于变速器的冷却方式，按照冷却介质的不同，分为水冷和风冷两种方式。水冷方式按其功能的不同分为两种冷却回路，一是具有预加热功能的冷却回路，二是无预加热功能的冷却回路。具备变速器油预加热功能，就是当车辆运行时，利用发动机冷却液的热量，对变速器油进行先行加热，使其温度升高，减小变速器油的黏度，减小摩擦损失，改善传动效率及变速器的换档速率，从而改善车辆的燃油消耗。此种变速器的冷却回路，需结合发动机冷却系统的冷却液循环回路进行布置设计，根据发动机冷却系统冷却液循环回路的特性，将变速器的冷却回路布置在发动机冷却液循环回路的旁通回路（常开回路），从而保证发动机冷却液始终对变速器油有加热功能。而且，此种方式可以通过对变速器油冷器的性能进行优化和改进，大大缩短变速器油温升时间，改善其加热效果。图 12-17 所示为有预加热功能的变速器冷却回路。

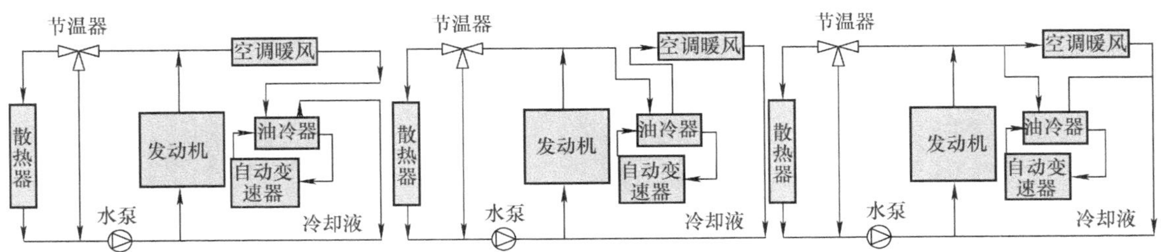

图 12-17　有预加热功能的变速器冷却回路

不具备预加热功能的变速器冷却系统是根据发动机冷却系统的冷却液循环回路的特点，将变速器冷却回路布置在发动机冷却液循环回路的大循环回路中，变速器油冷器的冷却液进口位于散热器出水口处或将变速器油冷器集成在散热器下水室中，从而保证温度较低的发动机冷却液作为变速器油冷器的冷却介质，达到冷却效果。此种冷却效果相比有变速器油预加热功能的布置方式，具有更好的冷却性能。图 12-18 所示为无预加热功能的变速器冷却回路。

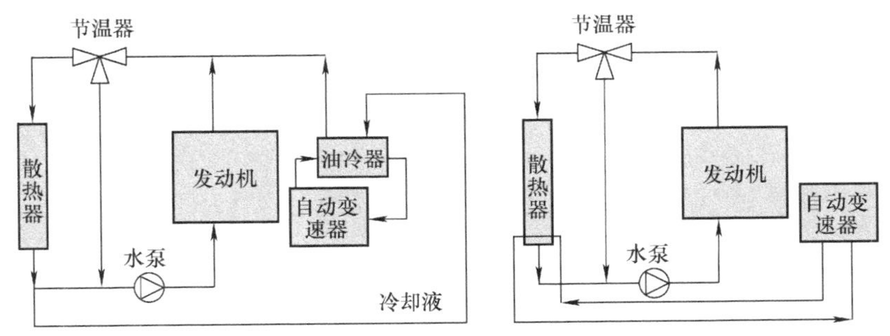

图 12-18　无预加热功能的变速器冷却回路

对于需要油温要求更低的变速器而言，利用发动机冷却液有可能无法达到很好的冷却效果，例如，某变速器油温要求工作温度不超过 90℃，而发动机冷却液温度较高时则很难满足变速器油温的散热需求，此时可以利用外置强制风冷的形式对变速器油进行冷却。

增压空气的冷却形式通常有空空中冷和水空中冷。根据冷却需求、布置空间等确定具体的冷却形式。

（3）布置位置和尺寸确定　为满足最佳的换热条件，冷却模块通常布置在车辆前部，同时需要将车辆前端开口，以保证换热器有足够的进风量。原则上，前端开口应正对冷却模块，并且需保证有足够的有效开口面积。通过对标，主流车型的格栅有效开口面积和散热器面积的比值平均在28%左右，如图12-19所示。

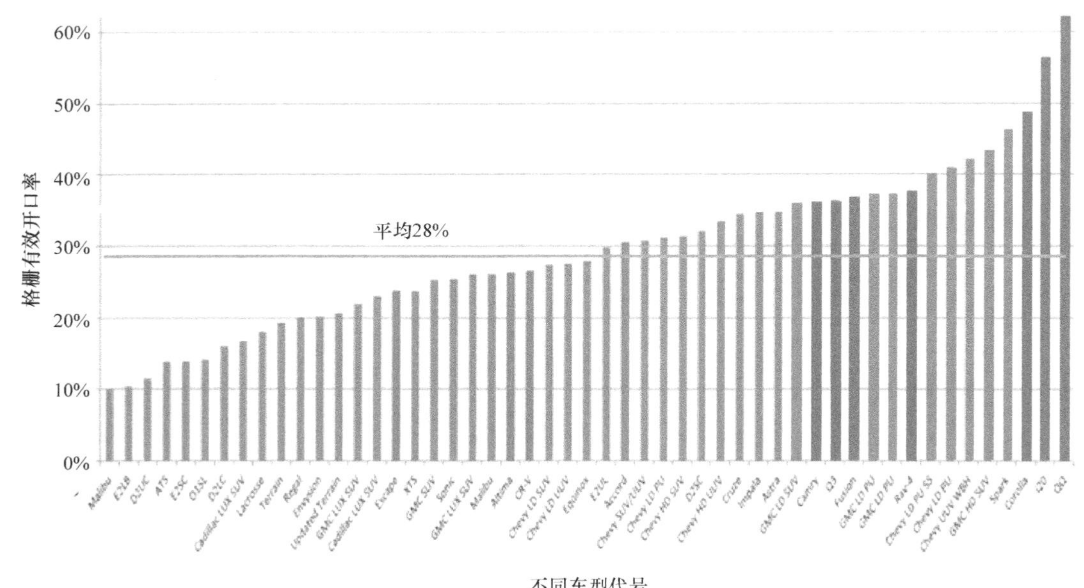

图12-19　不同车型格栅有效开口面积与散热器面积的比值

由于前端进风量主要由车辆行驶过程中直接吹入冷却模块的风量和风扇工作共同决定。格栅开口越大则行驶过程中吹入的风量越大，可以选择功率更小的散热风扇。但过大的开口可能会导致整车风阻增大，油耗增加。在满足冷却性能需求的前提下，通过对不同格栅开口面积和不同风扇功率组合（图12-20）进行研究，可以获得最佳的燃油经济性结果。

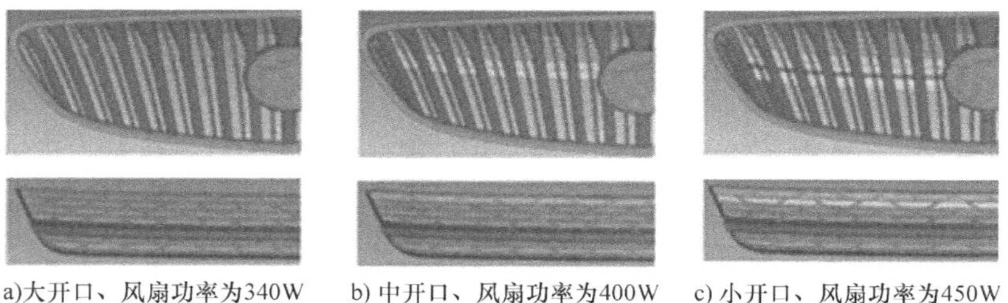

a)大开口、风扇功率为340W　b) 中开口、风扇功率为400W　c) 小开口、风扇功率为450W

图12-20　不同格栅开口面积和不同风扇功率组合

具体确定格栅开口、换热器尺寸及风扇功率还是需要统筹考虑冷却性能、单车成本及能量消耗等多方面的因素。但一般情况下，初始风扇功率的选择因首先保证怠速工况下空调性能的散热需求，以25℃的环境温度下，120km/h车速行驶过程中冷却性能不需要开启风扇为格栅开口的最小要求。

（4）性能验证及优化　性能验证包含虚拟验证和实车验证。虚拟验证过程只针对不同阶段的数据评估和校核冷却性能是否满足设计要求。针对不满足的内容，根据仿真计算结

果，对格栅开口、换热器尺寸及性能、风扇功率、冷却模块布置形式、密封导流等可能影响冷却性能的所有参数进行优化。

工程样车下线后，热管理可以基于考核工况，对整车冷却性能进行验证和确认，根据试验结果对不满足的内容进行进一步的改进直至满足设计要求。图 12-21 所示为车辆前端压力及散热器表面温度分布，图 12-22 所示为散热器进风量和冷却液温度计算模型。

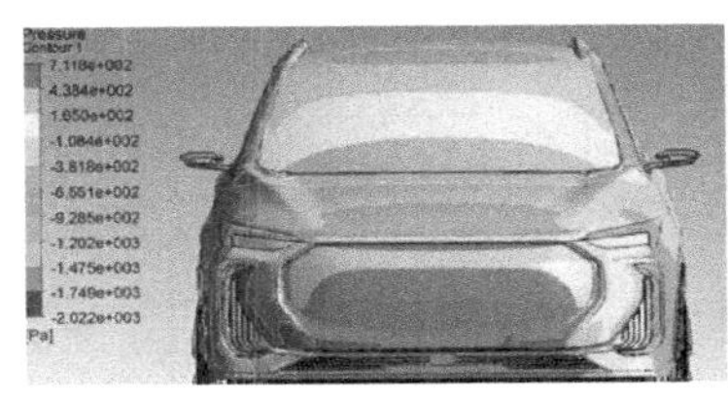

a) 车辆前端压力分布

b) 散热器表面温度分布

图 12-21　车辆前端压力及散热器表面温度分布（见彩插）

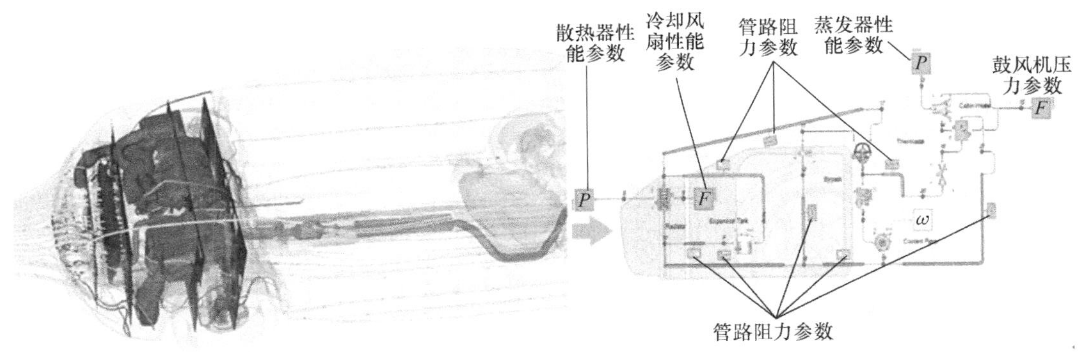

图 12-22　散热器进风量和冷却液温度计算模型

12.3.4　零件热保护性能开发

零件热保护的目标是通过架构布置、气流组织优化、热防护等手段确保受发动机及排气等高温热源影响的整车零件满足整车寿命周期内的热性能要求。零件热保护性能开发通常包含以下几个阶段：

（1）目标收集　由于零件热保护包含的零件数量多且种类庞杂，包括前舱和底盘的几乎所有零件，如何完整确定零件热保护的开发目标是热管理中非常重要且非常繁琐的工作。由于目前车辆配置越来越多，甚至很多车企在车型开发过程中不断增加选配内容，热管理需要不断更新考核零件内容，并且需要详细了解不同零件不同区域的温度要求。

通常情况下，零件的温度会分为持续工作耐受温度和恶劣（短时）工作耐受温度。确认零件耐温的过程通常需要热管理工程师和零件设计工程师多次沟通确认，对于重要的零件，甚至要求写入零件开发的性能要求中。

（2）架构布置　在初步收集零件耐温需求后，热管理工程师会根据现有性能开发经验联合总布置工程师对关键零件的布置进行热风险规避。例如，根据发动机布置形式及排气管的走向，热管理工程师初步给出热源周边不同范围内的温度分布，避免不满足温度要求的零件布置在该范围内。降低后期更改和调整的代价。图 12-23 所示为架构布置热保护，图 12-24所示为前舱主要零件布置。

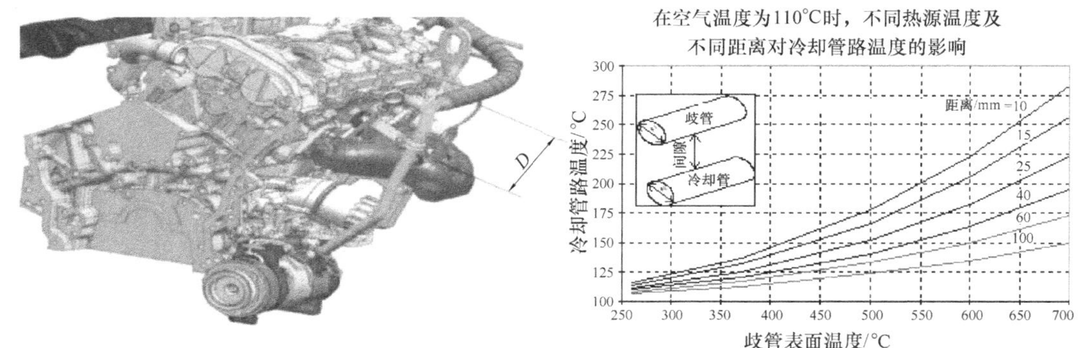

图 12-23　架构布置热保护 BP

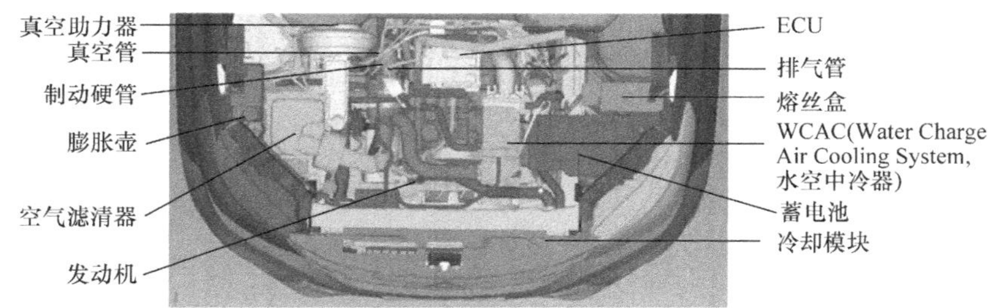

图 12-24　前舱主要零件布置

（3）虚拟仿真　零件热保护的虚拟仿真主要分为两种：在整车数据不完整，不足以支持整车热性能计算时进行虚拟仿真，或者需要快速评估受热辐射影响较大零件的温度时进行仿真。可借助 TAITherm 等快速仿真软件计算热源对零件温度的影响。

在整车数据相对完整后，可建立整车三维模型综合考虑导热、对流及辐射三种传热影响下的零件温度分布，根据仿真结果可以判断影响零件温度的主要原因并根据主要原因寻找优化方案。当前，对于稳态工况的热性能仿真比较成熟，精度也相对较高，可以比较准确地预测零件的温度分布。图 12-25 所示为整车零件温度分布。

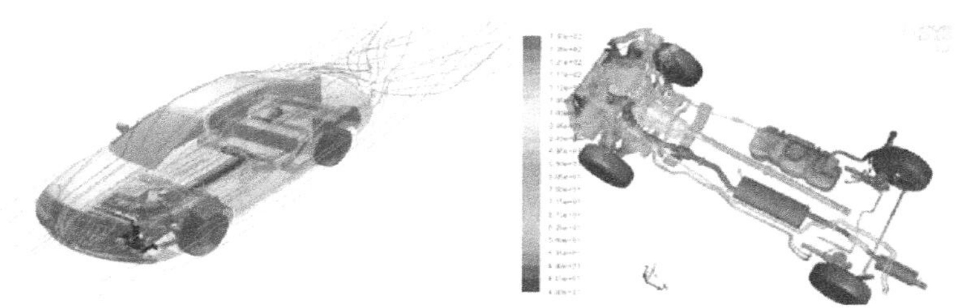

图 12-25　整车零件温度分布（见彩插）

对于排气尾管对后保险杠产生的热害影响，由于试验室尾气收集装置的限制，尾气会直接被吸收并排出试验室，无法在试验室确认高温尾气的流动对后保险杠区域零件的热害

风险。借助三维虚拟仿真，可以清晰地判断尾气流动的形式及温度影响的范围。图 12-26 所示为高温排气对后保险杠温度的影响。

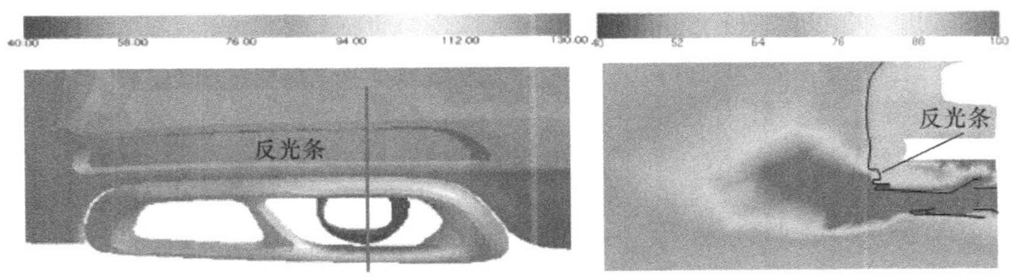

图 12-26 高温排气对后保险杠温度的影响（见彩插）

部分复杂瞬态工况下零件热害的性能也可通过虚拟仿真进行计算和评估，但目前仿真计算的精度相对较低，且计算周期长，计算资源消耗比较大，实际用于工程开发的企业并不多。

零件热保护虚拟仿真开发过程基本贯穿整个车型开发周期，在制造工装样车之前，所有的评估和优化几乎全部由虚拟分析完成，甚至在实车试验阶段也会根据需求，借助虚拟仿真的手段协助问题分析和解决。

图 12-27 所示为热机停车后热空气上浮过程，图 12-28 所示为再生过程对燃油箱及管路温度的影响。

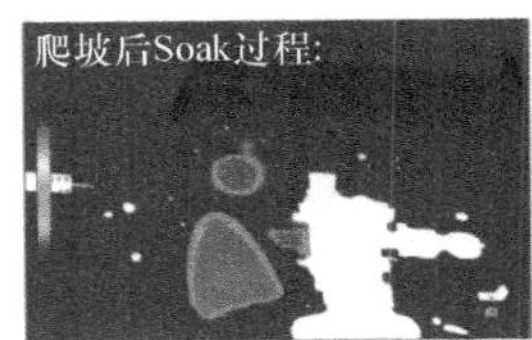

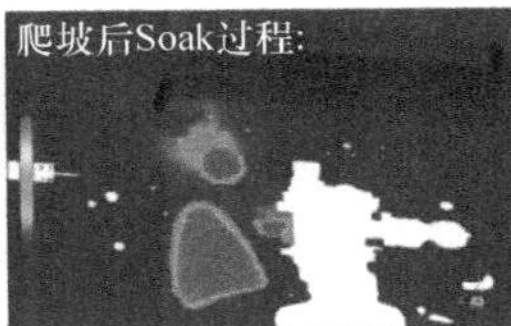

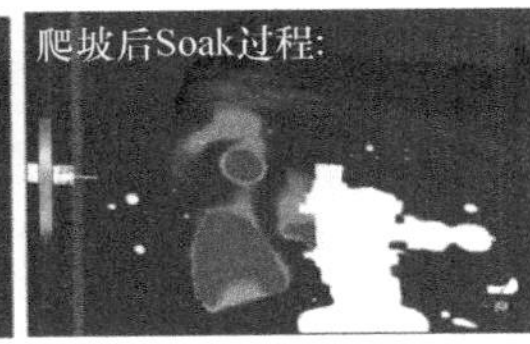

图 12-27 热机停车后热空气上浮过程（见彩插）

（Soak 表示车辆熄火浸置）

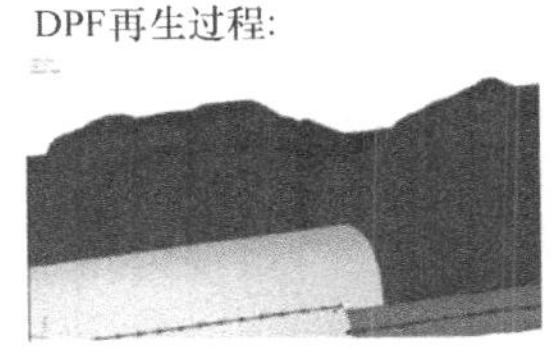

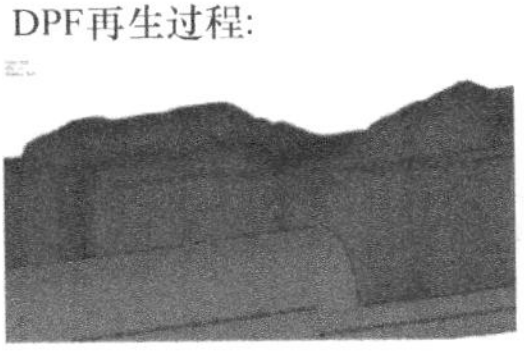

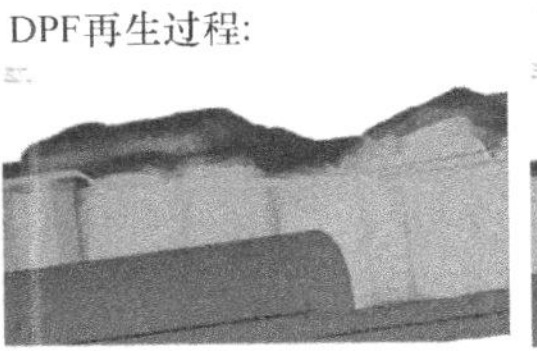

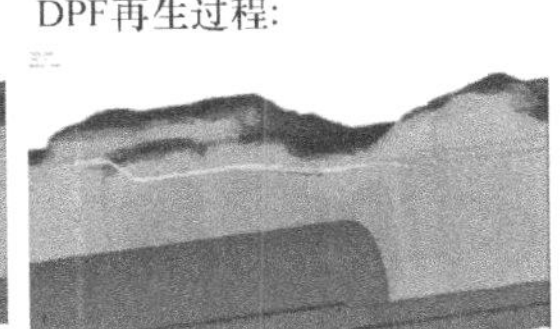

图 12-28 DPF 再生过程对燃油箱及管路温度的影响（见彩插）

（DPF 全称 Diesel Particulate Filter，代表柴油颗粒捕捉器）

（4）试验验证 目前，零件热保护虚拟仿真还不足以取代开发试验，热管理需要 1 ~ 2 轮的实车试验对整车所有零件的热害性能进行进一步确认和验证，同时可以积累试验数据，提高虚拟仿真的精度。不同车企对于零件热保护的考核工况也不尽相同。

试验前，热管理工程师需要对试验车辆状态进行检查，确保热性能相关硬件软件状态正确。例如，需保证格栅、导流板等影响前舱进风的零件为设计状态，确保散热风扇、水泵、节温器、智能格栅（若有）控制策略正确。对于整车标定数据，首轮热管理试验车辆需具备65%以上整车标定数据，第二轮试验车辆需保证80%整车标定数据以上。

为了获得试验过程中各零件的温度信息，需要通过热电偶和数据采集设备对零件温度进行采集和记录。正确地布置热电偶对保证采集数据的准确性至关重要。例如，管路内或者腔体内液体或气体温度的测量最好采用铠装热电偶，将热电偶测点固定在液体或者气体中间，或者充分浸置在液体或气体中。图12-29所示为管路及腔体内流体温度测量。

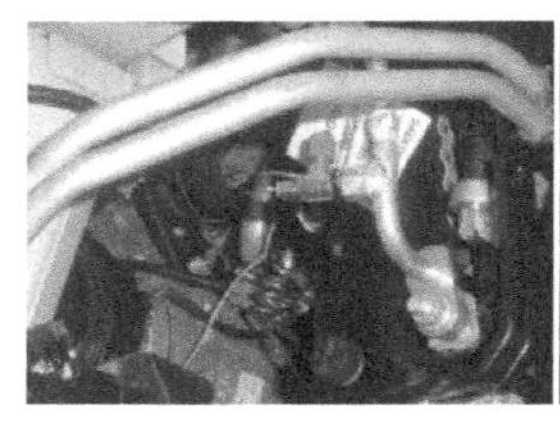 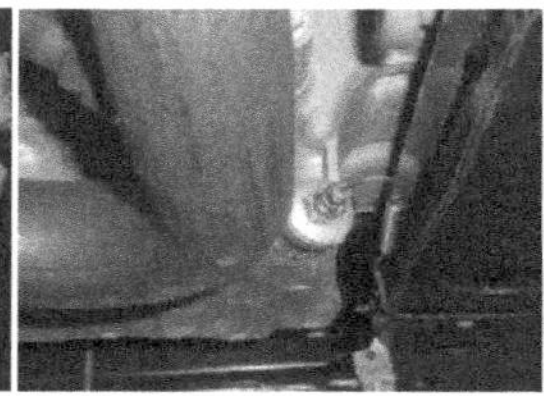  

图12-29　管路及腔体内流体温度测量

对于排气管等金属材料表面温度的测量，需要先将金属表面的氧化层打磨掉，然后用点焊机将热电偶焊接至金属表面，再用金属片焊接固定。图12-30所示为铸铁表面温度测量。

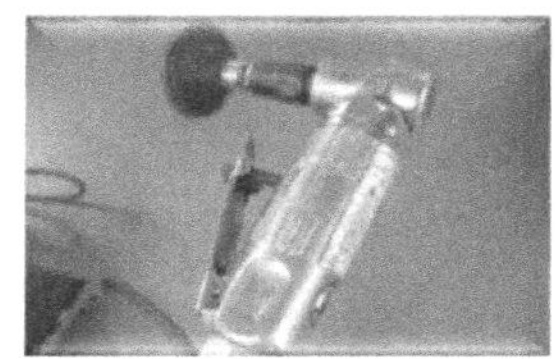  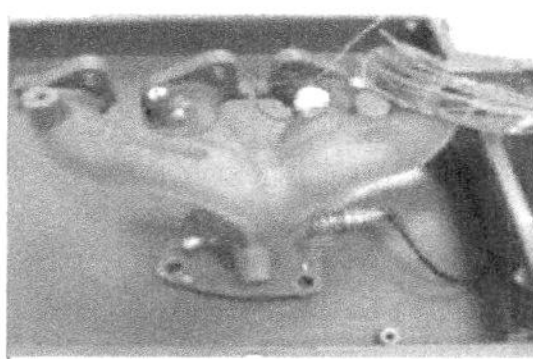 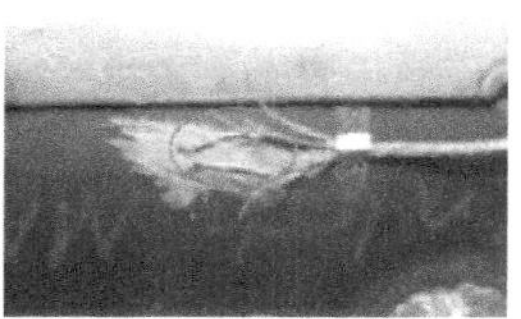

图12-30　铸铁表面温度测量

蓄电池电解液温度的测量（图12-31）需要将热电偶浸置在电解液中，但是不能将热电偶和电解液直接接触。

将热缩管加热

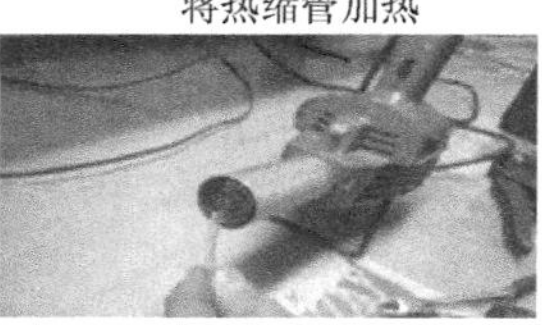

将热缩管尾端密封

将热电偶植入热缩管中

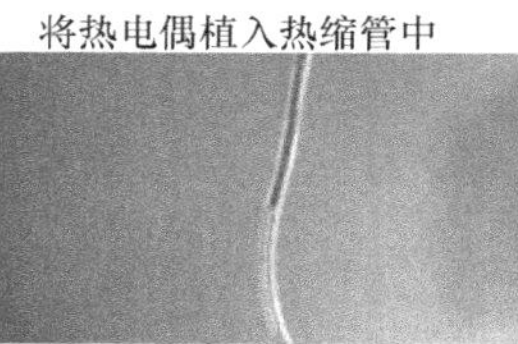

将热缩管插入蓄电池中，并在外侧用胶水密封

图12-31　蓄电池电解液温度的测量

对于塑料件温度的测量，有多种布点方式。塑料管表面温度测量可以用同色的扎带将热电偶测点固定在管壁上；塑料平板表面温度测量可以将塑料板局部加热，将热电偶测点熔在塑料表面，并用塑料将测点覆盖；也可以用和塑料件同色的胶覆盖和固定热电偶测点。图12-32所示为塑料表面温度测量。

试验过程中，除了测试车辆各种运行零部件的温度变化，还需要对发动机性能相关参数、各冷却模块进出风温度、主要热源的温度及散热风扇等运行状态信息进行记录。若发现影响安全的异常现象，应立即停止试验。

对于试验过程中发现的零件热害问题，需要评估分析并对潜在优化方案进行验证。另

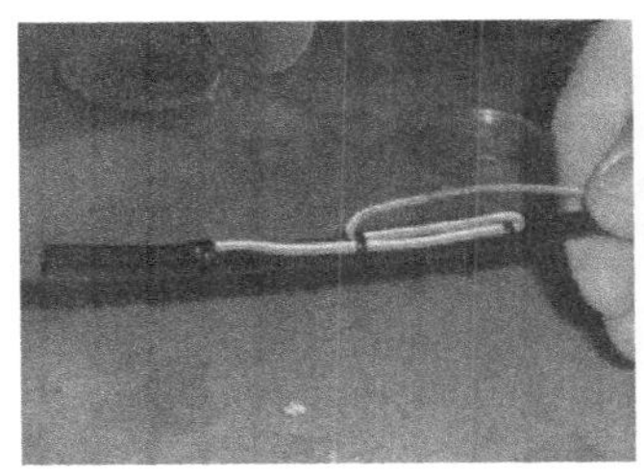
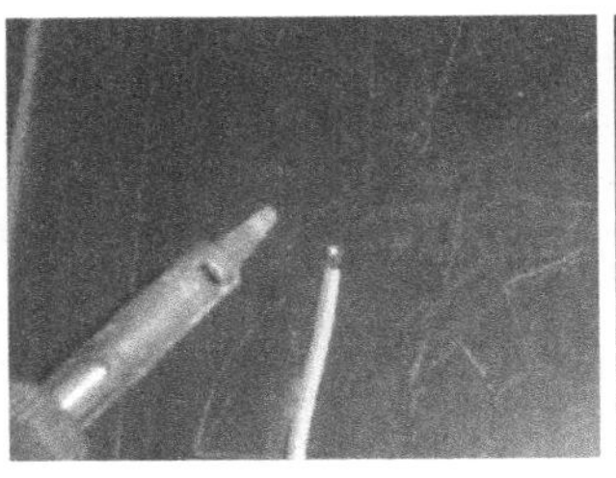

图 12-32 塑料表面温度测量

外，一些再生等工况需要联合标定工程师标定不同再生策略工况对零件热害性能的影响。

12.3.5 热管理控制与标定

整车热管理性能除了保证最大的冷却能力及零件高温保护外，还涉及部分控制策略的制定及标定工作。对于传统能源车型，散热风扇控制策略、冷却液温度仪表显示策略及智能格栅控制策略等都需要热管理主导完成制定和验证。

目前常用的散热风扇大多为电子风扇，对于有刷电子风扇，一般都会有2种以上的档位选择；对于无刷电子风扇，根据需求可以实现无极变速。风扇的最大能力通常是由冷却性能和空调性能最大需求确定的。为了避免风扇长时间在高速档运行造成能源浪费及NVH性能问题，在动力总成散热或空调负荷较低时，可以选择在较低档位运行，以在满足冷却需求的同时兼顾能耗和NVH等性能需求。通常情况下，触发风扇的信号主要有发动机冷却液温度、空调压力及变速器油温等。一般设置风扇初始档位对应的冷却液温度略高于发动机冷却液温度舒适值，最高档位对应的冷却液温度比发动机冷却液温度限制低9℃左右（具体值可通过试验进行标定和修正），中间档位则可以通过线性插值进行均分。空调性能根据热负荷大小及压缩机压力也会分别定义不同的风扇档位需求。发动机冷却液温度触发的风扇档位一般可以覆盖油冷器的需求，从变速器油温保护考虑，可以增加直接请求风扇的变速箱油温值。

DPF或GPF在驻车再生过程中会产生大量的热量，对周边零部件造成较大热风险，因此，一般会设置DPF或GPF驻车再生过程中强制散热风扇运行，对热源周边零件进行冷却降温。

传统的发动机冷却液温度仪表为指针形式，如何定义和验证冷却液温度仪表显示的合理性也是热管理工程师需要考虑的问题。不同于其他仪表指针，用户对于冷却液温度的具体数值并不关心，不合理的显示方式可能会导致用户对于冷却液温度状态产生误解。例如，抱怨冬季冷却液升温慢或者担心冷却液温度过高，另外如果实时显示的冷却液温度指针波动，则可能导致用户担心发动机状态。所以，目前对于部分车企，热管理工程师会根据不同工况下冷却液温度的分布范围对冷却液温度仪表显示策略进行优化，通过试验标定和验证显示策略的效果。冷却液温度仪表显示的基本原则是：在发动机正常运行过程中（冷却液温度在合理范围），仪表指针固定在刻度中点或者之前一点，当冷却液温度超出一定范围时，仪表指针才会超过刻度中点。当冷却液温度接近限值时，指针进入红线范围。典型的冷却液温度仪表显示策略如图12-33所示。

智能格栅（图12-34）又称为主动进气格栅，一般安装在保险杠和冷却模块之间，其电机通过接收ECU发出的信号控制叶片的旋转角度，可根据需求选择开启或关闭。合理地设

冷却液温度/℃	指针指示位置
50	C(校验点)
60	1/8
70	2/8
80	3/8
85~106	4/8(校验点)
110	5/8
112	解报点(6/8)
119	报警点(7/8)
124	F(校验点)

图 12-33　水温仪表显示策略

定智能格栅的控制策略能够降低整车风阻和能耗，对冬季冷起动和快速暖机有利。

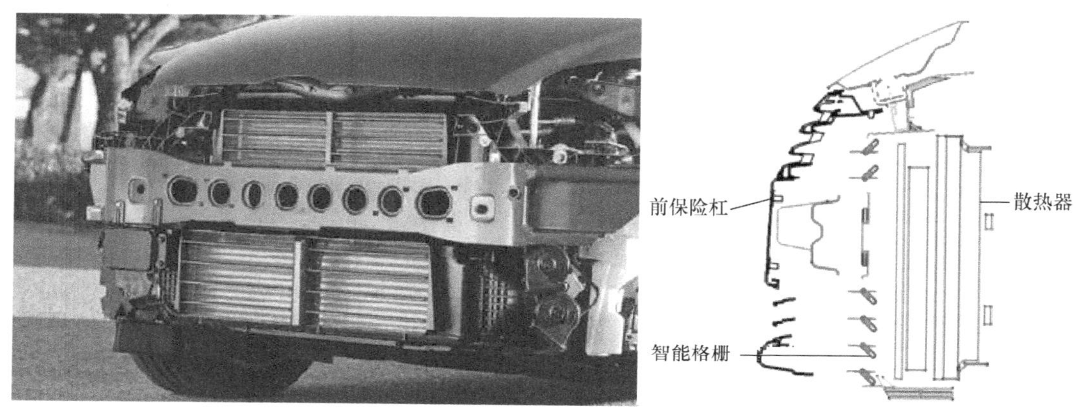

图 12-34　智能格栅

一般智能格栅的开闭策略会基于风扇控制策略进行定义，影响风扇控制策略的因素包括发动机冷却液温度、电子节温器策略、空调压力、变速器油温等。智能格栅策略的基本原则为：

1）在低温环境下（如环境温度 <4℃），为了快速暖机，在风扇达到开启条件之前，保持智能格栅关闭。

2）当环境温度较高（如环境温度 >4℃）时，在低车速工况下，始终保持智能格栅开启；在中等车速工况下，保持智能格栅关闭，直到风扇达到开启条件；在高车速工况下，由于风阻占总行驶阻力比例大，关闭智能格栅带来的能耗收益可能高于风扇低档的能量消耗，在风扇请求较高档位之前可保持智能格栅关闭。

控制策略中具体的参数需要结合冷却性能、空调性能、空气动力学性能、冷起动需求、能耗等综合因素的试验结果进行调整和优化。

12.3.6　自燃风险预防

对于传统能源车型（内燃机车型），热管理除了需要对冷却性能及零件热害性能进行评估和优化外，还需要对车辆在非碰撞情况下潜在的自燃风险进行排查和规避。由于自燃风险是一种概率，可以根据对潜在影响因素的排查减小风险，没有绝对的通过和不通过标准。

因为完全消除车辆自燃风险几乎是不可能的。

车辆自燃通常包含两个阶段：起火点和火焰传播。

除非一些极端情况，否则车辆上的可燃液体或材料的自燃所需燃点温度只能通过接触高温热源表面才能达到。当着火发生后，火焰可能自行熄灭也可能开始传播。决定火焰是否能传播的因素是着火始发点靠近的二级燃料及接触高温表面一级材料的数量。检查自燃风险时必须考虑以下因素：

1）是否存在可燃液体或材料接触到排气管路的可能。

2）有多少材料可能接触到排气管路。

3）可能接触发生的位置是否可能是二级燃料潜在源，尤其是在位置上方点。

4）可能会有多少潜在的二级燃料可用。

对潜在热表面进行工程观测，区分哪些是排气系统的一部分（包括隔罩和歧管表面）并且能够聚集少量可燃液体。只有那些在城市工况下表面温度超过370℃的区域需要进行检查和确认。如果可燃液体能够绕过隔热罩接触到排气歧管或排气管，那么需评估排气歧管或者排气管本体表面是否超过370℃。另外，还需要关注那些可能引起局部气流严重阻塞的排气系统结构。

接近370℃或更高温度的排气系统表面区域同样需要进行检查。如果可能发生燃油泄漏，识别潜在聚积可燃液体的区域。尤其是那些有可能让聚积的可燃液体在车辆加速、转弯和紧急制动时泼出到热表面的区域。前舱和底盘气流速度低（低于2m/s）的区域也要预先进行检查。

靠近排气管热表面区域的易燃材料也应该进行评估，以保证它们都低于温度限值。特别对于输送可燃液体的管路和配件，需要仔细进行评估。塑料盒、流体容器，电线导管和塑料涂层电缆也应进行检查。

对于前舱，需要进行工程分析来确定由不合格的维修、服务或误用导致的可燃流体泄漏潜在区域。重点可参考如下方面的检查：

1）冷却系统软管、接头和开关/传感器。

2）动力转向软管、接头、开关/传感器。

3）变速器油冷器软管、接头和开关/传感器、进出口。

4）发动机/变速器密封接头和开关/传感器。

5）软管和管路（机油、燃油）。

6）因用户粗心或乱用导致的泄漏。

7）发动机机油冷却系统。

8）发动机机械故障。

12.4 展望

目前，大部分主机厂都在经历由传统车型向新能源车型转变的过程。这里主要介绍混合动力车型、纯电动车型及燃料电池车型的热管理系统开发。

12.4.1 混合动力车型热管理性能开发

混合动力车型的热管理系统比传统车型和纯电动车型复杂，因为混合动力车型既有传统的发动机，又有新能源三电（电池、电机和电控）系统。混合动力本身的架构也比较复杂，从动力系统构型角度分，又有 P0、P1、P2、P3、P4 类型。以插电式混合动力汽车（PHEV）为例，相比于传动能源车型，热管理性能开发会增加不少工作量。

首先，传统车型包含的发动机冷却系统、增压中冷器、变速器油冷器等在 PHEV 中都存在，所以应对它们进行设计选型校核仿真工作及试验验证工作。其次，传统车型涉及的零件热保护性能，PHEV 中同样存在，而且由于 PHEV 增加很多电气元件，需要进一步校核它们的热害风险，如电池包往往布置在中通道上，与排气管非常接近，需要考虑排气辐射对电池包表面及内部温度场的影响。再如，充电机和电机控制器也往往布置在前舱内，耐温要求有限，也需要重点校核。最后，PHEV 增加了三电系统，需要对电池和电机的冷却回路进行设计分析。由于目前采用的锂电池对温度非常敏感，电池包热管理对冷却系统设计和控制都提出了更高的要求。另外，电池包冷却系统与空调系统通过 chiller 换热器耦合到一起，chiller 的选型、制冷剂在空调和 chiller 回路的流量分配控制策略、电池包冷却对空调压缩机能耗的影响、对乘员舱舒适性的影响也是热管理工作的重点。另外，测试工况方面的工作量也有了大幅增加，不仅要考察传统车型的热管理工况，还要考察混合动力车型的热管理工况。

12.4.2 纯电动车型热管理性能开发

纯电动车型完全取消了发动机。从热管理性能开发的角度看，其热管理的工作量是减少的。因为取消了发动机以后，没有了高温的排气管，基本不存在整车热害风险，可以省去大量的热害评估和优化工作。冷却方面，不需要考虑发动机的冷却，也省去了大量的工作内容。测试工况方面，仅需考虑纯电动的热管理测试工况。当然电池和电机的热管理设计控制难度大大增加，不仅要考虑电池降温，也要考虑电池加热，包括电池电机快慢充过程中的冷却。而且纯电动车型的热管理工作直接和续驶里程强相关，因此，热管理在纯电动车型中同样非常重要。

12.4.3 燃料电池车型热管理性能开发

燃料电池汽车拥有“零排放、长续驶里程、燃料补给快”等显著优点，近些年在国内慢慢兴起，如上汽荣威 950 燃料电池轿车。目前国内绝大多数企业还处在起步研究阶段，但不乏技术领先的企业率先实现了商业化运营，如上汽大通 FCV80 燃料电池轻型客车（图 12-35）。

图 12-35 上汽大通 FCV80 燃料电池轻型客车

燃料电池系统热管理（冷却）比传统内燃机复杂很多，传统内燃机的热量，大约 15% 是通过发动机机体散出的，40% 通过尾气排出，只有 45% 的热量是通过散热器散出的。对于燃料电池电堆，在正常工作条件下，电堆热效率约为 41%，在恶劣工况下，电堆热效率仅为35%，而此时只有约3% ~5%的热量通过尾气排出，而电堆本体几乎是绝热的，所以电堆散热量的95%以上需要通过外部散热器带走。由于质子交换膜对温度敏感，为确保燃料电池温度分布均匀，进出口冷却液温差一般不超过9℃。另外，由于燃料电池排气温度不高，相比传统车型与环境温度温差小。因此，燃料电池汽车的散热量远大于内燃机车型，这对燃料电池汽车的整车热管理系统设计提出了很大的挑战。

由于燃料电池发动机的散热器是通过空气对燃料电池的冷却液进行冷却的，当环境温度升高时，散热器的散热能力会下降，不能满足燃料电池电堆的散热需求，当燃料电池汽车负荷升高时，散热量会进一步增大。因此，必须提高散热器的换热系数或增大散热器的换热面积来提高散热能力。另外，为解决电堆散热器、空调冷凝器、电驱散热器的散热冲突，如何对各散热器进行合理布局和设计，也是热管理未来需要面临的难题。

座椅舒适性

舒适是一个主观感受，如高兴、愉快或令人享受的感觉，很难定义或度量。通常定义舒适性都是从不舒适的现象入手，也就是在舒适性缺乏时，乘客会产生哪些愤怒和不满。座椅舒适性设计的目标就是最大限度地消除不舒适感，提升舒适性。基于这一原则，舒适性的有效定义就是没有不舒适感。不舒适感多数源于表 13-1 所列状况。

表 13-1　不舒适性描述

序号	不舒适性描述	序号	不舒适性描述
1	姿势压力	6	座椅内环境（如热舒适度、噪声舒适度）
2	肌肉张力	7	座椅轮廓和几何尺寸
3	接触压力	8	开关控制的操作
4	受到振动	9	间隙
5	视野不佳	10	道路颠簸和冲击等

座椅舒适性设计开发是一项系统工程，它与人机界面、座椅外形、座椅结构、功能配置及做工用料等都密切相关。座椅舒适性开发必须掌握用户的需求和关注点，进行针对性的设计，这样才能提升顾客对舒适性的感知。

13.1　座椅舒适性概述

13.1.1　静态舒适性

静态舒适性，指在车辆静止情况下，乘员的主观舒适性感受。也正是由于在静止的环境状态下评测，座椅的静态舒适性主要由其自身的相关特性所决定，与汽车底盘悬架、道路工况、座椅在车身环境中的周边零件的特性等关系不大。座椅哪些特性与静态舒适性相关，这些特性的影响机理是什么？一直是静态舒适性研究的重要课题。就汽车座椅来讲，影响座椅舒适性的因素较多。根据大量企业实践和工程经验，影响座椅静态舒适性的因素主要有：

（1）座椅的外轮廓尺寸　座椅外轮廓如头枕高度、靠背高度、腰托位置、靠背离去点、座垫离去点、座垫长度、各截面的景中㊀宽度及侧翼高度等均影响静态舒适性。如图 13-1 所示。

㊀ 景中是指臀部下面或后背后面相对平坦的区域。

（2）Meat to Metal 值　Meat to Metal 值是指各舒适截面上，假人与座椅骨架间最小的直线距离，用 MTW 表示，如图 13-2 所示。

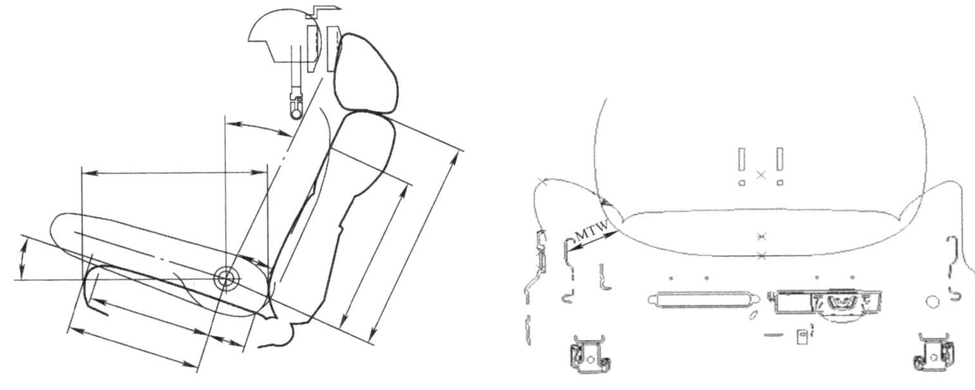

图 13-1　座椅 Y 向断面示意图　　图 13-2　座椅 X 向断面示意图

（3）悬挂件/蛇形弹簧的弹性系数　在前排座椅靠背或座垫的中部支撑区域，通常有悬挂件/蛇形弹簧，如图 13-3 所示。悬挂件/蛇形弹簧均属于簧类零件，其挠度特性直接影响座椅对人体的支撑效果，从而影响静态和动态舒适性。

（4）面料张紧力　座椅护面的原材料都有一定的拉伸性。设计护面时，为避免出现褶皱、空浮等问题，都会将各块裁片的面料适度拉紧。这样护面包覆在座椅上时，各个区域的护面都有一定的张紧力。这些张紧力使得护面像吊床一样，对人体起到一定的支撑作用，对静态舒适性有一定的影响。

（5）发泡压陷硬度　发泡压陷硬度是发泡软硬程度的客观特性值，与座椅 H 点的达成有关，是影响座椅静态舒适性的重要因素。泡沫是具有黏弹性的物质（图 13-4），具备比较好的滞后损失，较高的压缩比，能够在振动时吸收能量，起减振的作用，并且它的成形性、弹性都比较好，这也是汽车行业选择聚氨酯泡沫来作为汽车座椅泡沫的主要原因。

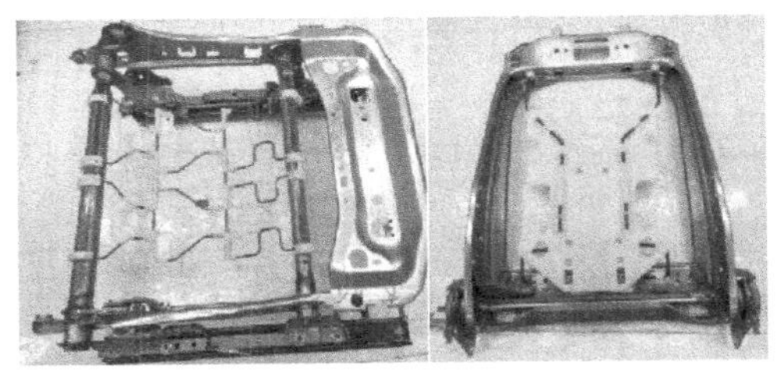

图 13-3　座椅座垫和靠背悬挂示意图

图 13-4　座椅双硬度发泡

对于泡沫供应商，需要从具体的试验测试方法和标准方面着手研究和控制发泡的性能，以保证静态舒适性。

通过大量工程实践，识别座椅静态舒适性的影响因素，在设计和工业化过程中加以控制。按照这一过程制造的座椅是否能满足用户的需求，需要对座椅进行静态舒适性评价。静态舒适性评价主要从以下几个方面评估：落座感、柔软性、包裹感、弹性、背部支撑性、腰部支撑性、臀部支撑性、大腿支撑性等。基于以上舒适性评估项，对产品进行自我评价和调整，逐级提升静态舒适性，直至达到用户的要求。

13.1.2 动态舒适性

汽车座椅的动态舒适性主要是指座椅的振动传递特性，它对汽车的平顺性有一定的影响。一个传递特性与振动输入匹配良好的座椅，可以使平顺性评价指标总加权加速度振级下降2~6dB。汽车座椅的动态舒适性研究主要是指在不改变车辆轮胎、悬架的前提下，通过对座椅动态参数进行选择和优化，使得由座椅底板上传递过来的振动，在经过座椅后得到明显的衰减，从而使振动对人的工作效率及身心健康的影响尽可能减小。汽车座椅的动态舒适性设计主要是针对座椅进行隔振、减振设计，以谋求“人—椅—车”的合理匹配，使人体承受的振动负荷在规定的振动舒适允许的标准下，对于驾驶座椅，还应尽量使驾驶人和座椅相对转向盘、操纵杆和脚踏板的振动位移不随驾驶人的体重而变化，弹性振动位移不超过75mm。

座椅的动态舒适性与座椅系统的动态参数固有频率 ω_0 和相对阻尼系数 ξ 有关，因此对座椅动态舒适性的设计就转化为对两个动态参数的选择。

（1）座椅固有频率　座椅固有频率主要取决于座垫刚度。座垫刚度的选择，一方面要从人体器官对各种频率的放映情况来考虑，另一方面要从座垫固有频率与悬架、轮胎的固有频率匹配角度来考虑。

在垂直方向，人体内脏器官最敏感的振动频率是4~8Hz，人的内耳对0.5~0.75Hz的低频较敏感（易导致晕眩），18~20Hz的高频对头、胫骨的影响显著，因此“人—椅”系统的固有频率首先要避开上述人体器官敏感的频率范围。

其次，座椅的固有频率应避开悬架的固有频率，以避免产生共振。悬架的固有频率一般有两个或者两个以上。据统计，轿车悬架系统的固有频率，高频为10.8Hz左右，低频为1.2~1.5Hz。座椅的固有频率在3Hz附近时，它不仅不衰减车身的加速度，反而会放大车身加速度，因此座椅的固有频率一般也不选在3Hz附近。座垫固有频率不能太高或者太低，固有频率影响座垫刚度。固有频率太高，则座垫刚度大，座椅可能太硬；固有频率太低，则座垫刚度小，变形及动刚度可能太大，这会对座椅设计布置造成困难，如果路况差，阻尼小，座垫弹簧可能被完全压住，产生较大冲击。

（2）阻尼　阻尼对座垫振动特性的影响很大，阻尼发生变化时，幅频响应也将随之变化。相对阻尼系数越大，共振区的放大因子越小，但相对阻尼系数不能过大，否则将带来过大的冲击。实践证明，当激振频率与固有频率之比大于$\sqrt{2}$时，大阻尼系统的振幅比小阻尼系统的振幅大，因此，需选择适当的座垫阻尼系数，应将汽车经常行驶的路况考虑进去。座垫的阻尼系数通常取0.3~0.4。

普通车辆的座椅，考虑到经济性、方便性的要求，选择其固有频率和阻尼时，往往只从刚度和阻尼是否匹配方面来考虑，而忽略座椅位置和车速的影响。

13.1.3 舒适性功能

随着消费者要求的提升，人们已经不能满足于单纯的静态和动态舒适性，而提出了更高的舒适度和便利性的要求。各个主机厂为满足用户需求，也在大力开发新的座椅功能，主要从舒适感知和实用便利方面着手，如图13-5所示。

(1) 舒适感知的功能配置

1) 加热通风。在寒冷和炎热时，可以向乘员提供适宜的温度，让体感更舒适，如图 13-6所示。

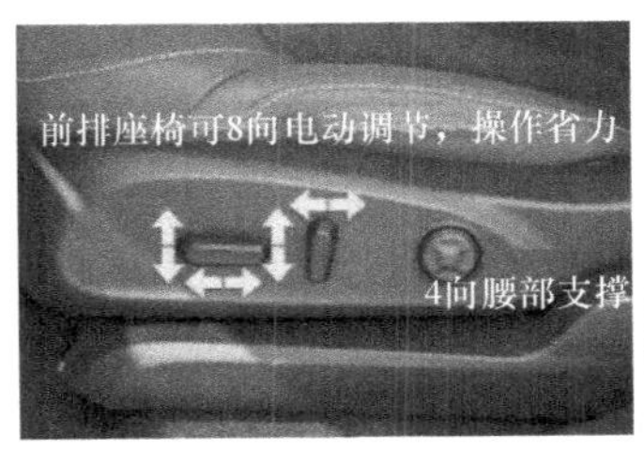

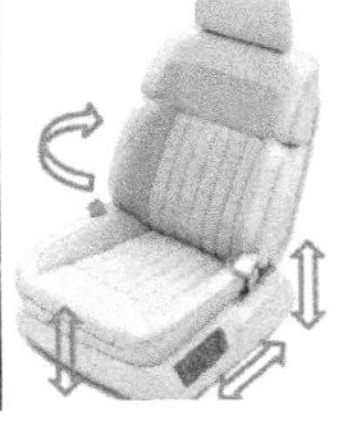

图 13-5 座椅功能调节示意图

图 13-6 座椅加热通风示意图

2) 腰托按摩。乘员疲劳时，可以通过开关控制腰托/按摩系统，提供多种模式按摩，缓解疲劳，如图 13-7 所示。

3) 睡眠头枕。如图 13-8 所示，头枕两侧增加可调节的侧翼，在乘员休息时，对头部给予侧向支撑，提升舒适性。

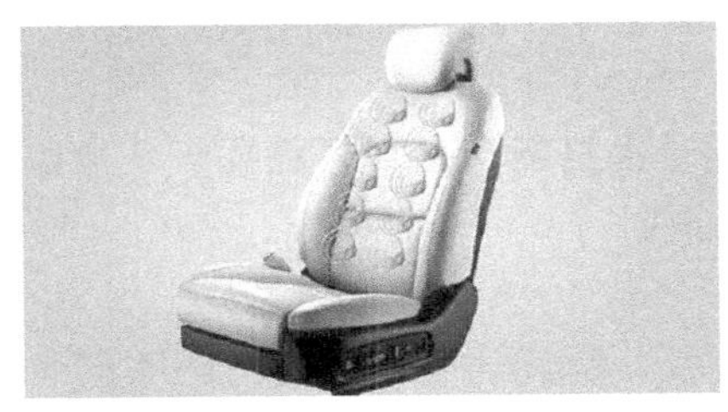

图 13-7 座椅功能调节示意图

图 13-8 座椅睡眠头枕示意图

(2) 实用便利配置

1) 老板键。如图 13-9 所示，老板键一般布置在副驾驶靠背上，用于后排乘员控制前排座椅的移动，以改变后排的乘坐空间并改善舒适性。

2) 进出第三排的方式。对于具有三排座椅的 SUV 和 MPV 车型，能否轻松地进入第三排是衡量车辆功能舒适性的重要指标，通常有三种进出方式，如图 13-10 所示。

图 13-9 座椅老板键示意图

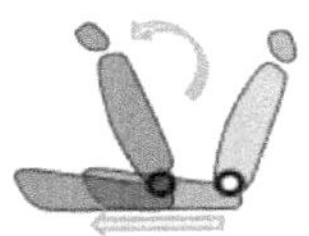

靠背前倾+整体滑动

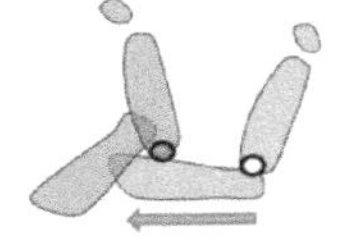

整体前倾+整体滑动

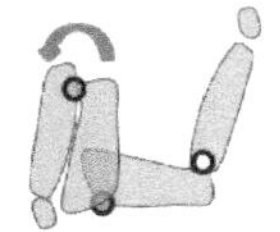

靠背折叠+整体前翻

图 13-10 三排乘员进出示意图

随着人们生活节奏的加快和生活水平的提升，汽车正由代步工具向生活空间发展和延伸，因此人们在选购汽车时，除了考虑节能、安全、环保外，对乘坐舒适性的要求也越来越高。汽车舒适性的评价、涉及人体工程和汽车振动等方面，同时与人体主观感觉也相关。通常有两种互为补充的评价方法：主观评价和客观评价。

主观评价是依据评价者实际乘车的体验感受，给出比较主观的评定。客观评价又称物理评价，是以实测振动参数为评定的客观依据。评价最终仍需以人的主观感觉来检验，但是主观感觉难于把评定结果和座椅结构参数联系起来，不便实施结构设计和工程改善。因此必须将两类评价结合起来，给出乘坐舒适性的全面评价。

13.1.4 主观评价

（1）车辆、座椅及道路场地要求

1）车辆要求。需要驾驶汽车才能完成的评价项目，应对以下信息进行确认，保证安全及评价的准确性：

① 试验汽车符合设计要求，部件应齐全且完好。

② 确认试验车辆状况，检查载荷是否均匀。固定、检查轮胎气压。

③ 座椅及安全带是否安装正确、牢固，安装力矩是否符合设计要求。

2）座椅的要求。待进行舒适性评价的座椅，其外形尺寸要符合座椅 CAS 面轮廓要求，座椅 H 点符合要求，座椅发泡硬度要符合要求，并有记录。路试前，座椅需要做体压分布测试，并保留测试记录。

3）道路场地条件。应规定评价道路和路线，评价道路需包括良好路面、一般路面、坏路等，一般结合所在地区道路状况规划出一条测试路线。

（2）评价人员要求

1）评价前，应进行人员的确认（是否需要满载），或者针对变更座椅的不同，仅进行变更座椅的确认。评价时，评价人员需要记录乘坐位置并注明个人身高和体重等信息。

2）评价人员构成。座椅舒适性专业评价小组（至少 18 人），建议其人员见表 13-2。

表 13-2 座椅舒适性专业评价小组成员定义

序号	性别	百分位	肥胖	身高/mm	体重/kg	人数
1	女	5%	瘦弱	1550	44.2	2
2	女	5%	中等	1550	50.9	2
3	女	50%	中等	1630	56.3	2
4	男	50%	中等	1750	64.9	4
5	男	50%	胖	1750	85.8	4
6	男	95%	中等	1840	71.8	2
7	男	95%	胖	1840	94.8	2

（3）评价方法　可按表 13-3 所列条目要求进行打分，完成动态评估后，统计相关分数，参与路试的车辆可以包含竞品车，评分标准见表 13-4。

（4）评价结果判定　路试过程中，问卷的评分可以进行横向对照，解读动态舒适性的问题点，并完成问题的识别和分析，必要时可以进行二次路试或者增加竞品车协同路试予以确认。

表 13-3 动态舒适性评价表

<table>
<tr><td colspan="2">□第一排/First Row</td><td colspan="3">□第二排/Second Row</td><td colspan="3">□第三排/Trird Row</td><td rowspan="2">座椅号/Seat No.</td></tr>
<tr><td>□左</td><td>□右</td><td>□左</td><td>□中</td><td>□右</td><td>□左</td><td>□中</td><td>□右</td></tr>
<tr><td colspan="2">身高/Stature</td><td colspan="4">体重/Weight</td><td colspan="3">评价人/Rater</td></tr>
</table>

<table>
<tr><td rowspan="2">位置</td><td rowspan="2">序号</td><td rowspan="2">评价项目</td><td colspan="3">评分</td><td rowspan="2">备注</td></tr>
<tr><td>第 10 ~ 15min</td><td>第 45 ~ 60min</td><td>第 90 ~ 120min</td></tr>
<tr><td rowspan="6">座垫</td><td>1</td><td>座垫前部支撑</td><td></td><td></td><td></td><td></td></tr>
<tr><td>2</td><td>座垫侧向支撑位置（特别是转向）</td><td></td><td></td><td></td><td></td></tr>
<tr><td>3</td><td>座垫侧向支撑（特别是转向）</td><td></td><td></td><td></td><td></td></tr>
<tr><td>4</td><td>座垫软硬度</td><td></td><td></td><td></td><td></td></tr>
<tr><td>5</td><td>座垫的振动吸收（凹凸路面）</td><td></td><td></td><td></td><td></td></tr>
<tr><td>6</td><td>座垫整体舒适度感觉</td><td></td><td></td><td></td><td></td></tr>
<tr><td rowspan="5">靠背</td><td>7</td><td>腰部支撑强度/感觉</td><td></td><td></td><td></td><td></td></tr>
<tr><td>8</td><td>肩部支撑和接触感觉</td><td></td><td></td><td></td><td></td></tr>
<tr><td>9</td><td>肩部/腰部侧向支撑</td><td></td><td></td><td></td><td></td></tr>
<tr><td>10</td><td>靠背软硬度</td><td></td><td></td><td></td><td></td></tr>
<tr><td>11</td><td>靠背整体舒适度感觉</td><td></td><td></td><td></td><td></td></tr>
<tr><td rowspan="4">头枕</td><td>12</td><td>头枕位置（前后）</td><td></td><td></td><td></td><td></td></tr>
<tr><td>13</td><td>头枕位置（上下）</td><td></td><td></td><td></td><td></td></tr>
<tr><td>14</td><td>头枕硬度</td><td></td><td></td><td></td><td></td></tr>
<tr><td>15</td><td>头枕舒适性</td><td></td><td></td><td></td><td></td></tr>
<tr><td rowspan="3">综合</td><td>16</td><td>质感</td><td></td><td></td><td></td><td></td></tr>
<tr><td>17</td><td>最终稳定姿势</td><td></td><td></td><td></td><td></td></tr>
<tr><td>18</td><td>综合评价</td><td></td><td></td><td></td><td></td></tr>
</table>

注：评价前应先将座椅调节到适合乘坐的位置。

表 13-4 评级分数说明

评分	状况描述	特征描述	客户反应
1	使客户感到痛苦或受到伤害	极差	—
2	所有客户都无法忍受	很差	—
3	客户不可接受并且必须改进	差	生气
4	客户感到苦恼并且希望有改进措施	较差	苦恼
5	客户不期望的，或不具有竞争性但不会使客户苦恼	合格	失望
6	客户经常感知到，但认为不是问题	较好	可察觉
7	客户很少感知到	好	满意
8	极其敏感的客户才能感知到	很好	高兴
9	经过专业培训的评价员需要进行仔细观察才能感知到	极好	—
10	主观上感知不到	完美	—

13.1.5 客观评价

客观评价需要进行客观试验，座椅动态舒适性的客观试验主要有：

（1）振动传递率测试　本试验为台架试验，用来记录座椅谐振曲线并测定振动技术方面有意义的特性参数。

1）测量设备（电磁或液压振动台）。一个质量为45kg的按SAE J826标准规定的臀部模型，在 Z 方向需要能够自由运动，如图13-11所示。

图13-11　振动传递试验前示意图

2）测量的实施。首先以1 mm激励振幅（a_0）在座椅的谐振频率 f_0 下预振动5min，然后以1Hz/min的扫频速率进行从0～7Hz或11Hz的扫频1～3次。按此方式获得的座椅谐振曲线，其形状与理想座椅谐振曲线相似。从曲线可以读出：

① 在频率 F_0 时的最大振幅放大 V_0。

② 谐振之后 $V=1$（阻尼）的频率 f_1。

利用参数 V_0 和 F_0，结合激励振幅 a_0 和臀部模型的质量 m 可以计算出标准阻尼程度 D、弹簧刚度 C 和 V_0 时的加速度 X''：$D=0.5/V_0$，$C=(2\pi f_0)^2 m$，$X''=(2\pi f_0)^2 a_0 V_0$

采用动态舒适性的评价标准要求试验样件经过最少168h的泡沫熟化和DIN 50 014－23/50－2条件下的6h存放后再进行试验。采用带有竖直导向的质量为45kg的假臀作为负载，然后以1mm的振幅，1Hz/min的扫频速率先进行0～10Hz的扫频1次，再进行0～25Hz的扫频1次并记录此次的振动特性曲线，作为动态舒适性的参考指标，如图13-12所示。

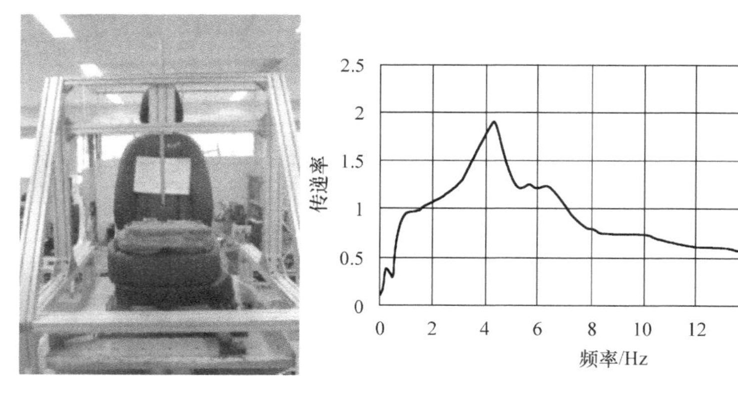

图13-12　振动传递试验及传递函数曲线示意图

3）测量的评价。试验结果作为工程信息，需要提交试验曲线给用户。本试验也可以选择真人测试或者真人路试测试，由于真人体重不同，测量结果也有偏差，分析相关结果时需要考虑。

（2）阻尼比测试

1）测量设备。本试验在振动台上完成，采用假臀模拟跌落试验。

2）测量实施。假臀与 H 点对齐，从乘坐位置上方50cm处跌落，测量振动曲线，如图13-13所示。

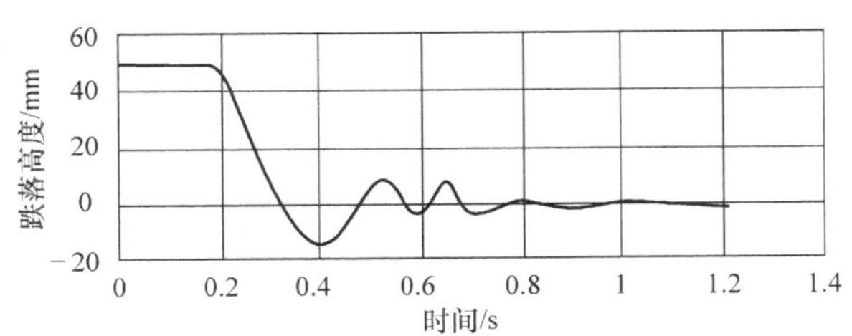

图 13-13 阻尼比试验曲线示意图

3）测量评价。通过协同竞品车或者标杆车进行对照测试判定。

13.2 座椅舒适性设计理论与方法

车辆在行驶过程中会承受路面颠簸及发动机振动而引起的车身整体及部件的结构振动。这些振动通过座椅直接传递到驾乘人员的身体上，造成人体感觉不适，长时间作用可能引起人体某些部位损伤。因此除了要考虑座椅的静态舒适性以外，更应该注重座椅的动态舒适性表现。

13.2.1 汽车-座椅-人系统介绍

汽车在行驶过程中，受路面不平整影响，产生了不规则的随机振动影响驾乘人员，另外汽车内部系统的动态过程也会产生和传递某些振动，如图 13-14 所示。这些振动分别以不同的强度、频率、时间、方向和作用部位，影响人体的全身及单个器官。此时有可能出现各个器官产生相对运动及局部的共振。现已趋向于把“路面-汽车-人”这三个方面作为一个整体，研究由道路状态导致的原始振荡和传到人体的实际振动之间在频率和振幅方面的差别，以及在心理和生理上的感觉反应。

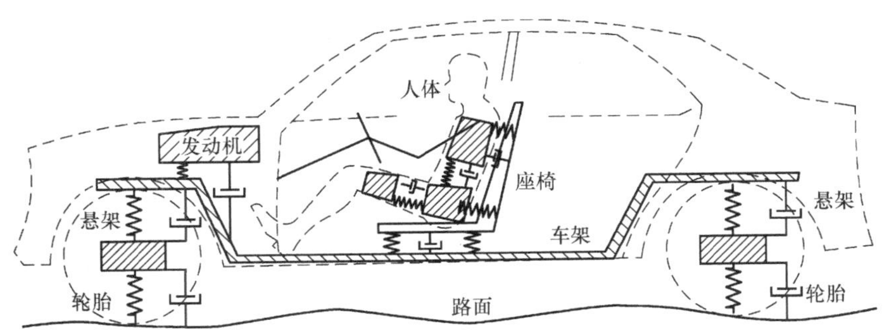

图 13-14 行驶轨迹-汽车-座椅-人系统振动传递示意图

13.2.2 座椅动态舒适性的设计原则

在“路面-汽车-人”系统中，人是振动的受体。人体对振动的反应，是评价汽车平顺性的基础。汽车在不平路面上行驶时将承受各种随机振动，从而导致驾乘人员在不同程度上产生疲劳和不适的感觉。人的身体素质、年龄及生理存在差异，因此对振动的感受程度会有很大不同，见表 13-5 和表 13-6。

表 13-5　人体共振频率

身体部位	共振频率/Hz
全身	4～8
头部	20～30
胸部	4～6
胃	4～5
眼	20～25
肩部	2～6
手臂	10～20
脊柱	3～5

表 13-6　主观感受对比

症状	频率/Hz
一般的不适	4～9
呼吸受影响	4～8
尿意	4～9
胸痛	5～7
腹痛	4～10
下颚不适	6～8
喉咙哽咽	12～16
肌肉收缩	10～18
头部不适	13～20
说话受影响	13～20

到目前为止，人们还无法用简明的物理量客观评价振动对人体的影响，目前广泛采用的方法仍然是感觉评价。

近年来，国际标准化组织（ISO）在综合大量资料的基础上所提出的 ISO 2631 标准已经被广泛承认和采纳。该标准用垂直和水平两个方向的加速度方根值给出了在 1～80Hz 的振动频率范围内，人体对振动反应的三种不同感觉极限，即暴露极限、疲劳－降低工作效率界限和舒适降低界限。在座椅研究中，主要应用疲劳－降低工作效率界限曲线，如图 13-15 所示。

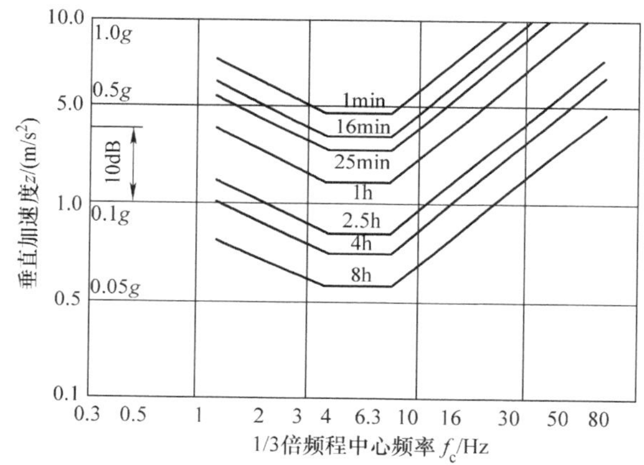

图 13-15　加速度－舒适性降低界限示意图

人体忍受垂直振动的能力大于忍受水平振动的能力。因此，除要考虑垂直振动外还应考虑水平振动的影响。随着承受振动持续时间的加长，感觉界限所容许的加速度值下降。人体最敏感的频率范围（即忍受加速度最小的频率范围）：对垂直振动为 4～8Hz，对水平振动则在 2Hz 以下。而且在 2.8Hz 以下同样的持续时间内，水平振动容许的加速度值低于垂直振动，在 2.8Hz 以上则相反。

在座椅－人体系统的振动过程中，应当注意确保该系统的固有频率并不在人体器官的汽车谐振范围之内。因为按照经验，人在其身体的主谐振范围之内（4～8Hz）最为敏感，而对于 2～4Hz 的振动相对不敏感。

13.2.3　座椅动态特性参数

“路面－汽车－人”系统的振动传递主要有轮胎、悬架和座椅三个环节。为了降低传递

到人体的振动强度，通常选用弹性适当的轮胎和减振适当的底盘悬架系统。研究和实践表明，若要提升行驶的平顺性，可以通过降低轮胎气压减小轮胎垂直刚度，还可以降低悬架的刚度和增加阻尼。但是这些措施会影响轮胎的使用寿命，影响操纵稳定性和制动稳定性，因此这些方法对性能的影响很大，可以调整的范围很小。相比之下，座椅作为一个独特的隔振环节，可以在不涉及轮胎、底盘悬架等结构的情况下，单独匹配改进，同时座椅制造方便易行，周期短，见效快。研究和改善座椅的动态舒适性对于提升整车的乘坐舒适性具有十分重要的意义。

研究座椅动态舒适性，首要是识别座椅动态特性参数。

(1) 固有频率 ω_n　固有频率计算式为

$$\omega_n = \sqrt{\frac{C}{m}}$$

式中　C——座椅系统的刚度 (N/mm)；

m——人和座椅的总质量。

因为 m 的变化范围不大，可以认为固有频率 ω_n 的平方与刚度 C 成正比。

(2) 座椅传递率 β_0　在行车过程中，人的臂部运动与车身地板运动是不同的。通过大量的道路试验可以获得臂部加速度相对于车身地板垂直加速度放大因素的关系曲线，用以表示座椅的传递特性，用传递率 β_0 表示：

$$\beta_0 = \frac{y}{x} = \frac{\omega^2 y}{\omega^2 x} = \frac{d^2 y}{d^2 x}$$

式中　x——地板的垂直位移；

y——臂部的垂直位移；

ω——共振频率；

$d^2 y$——臂部加速度；

$d^2 x$——地板加速度。

当激振频率在 4Hz 附近时，将产生共振，此时的振幅出现峰值，如图 13-16 所示。

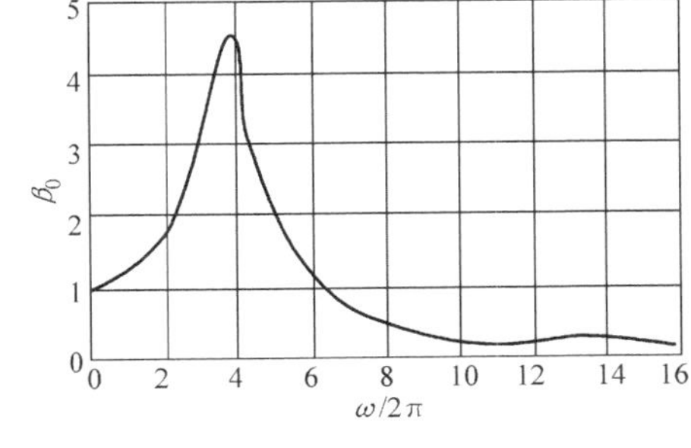

图 13-16　理想的座椅谐振曲线（传递函数）

通过以上分析，座椅动态舒适性改善的主要途径是调整 ω_n 避开 4～8Hz 的人体敏感频率范围，或者降低振动传递率 β_0，减小来自车身的振动。

13.3　座椅舒适性开发案例

13.3.1　座椅隔振、吸振性能开发

(1) “人－椅”系统的动力学分析　座椅的动态性能受坐在座椅上的人体模型的动态性能的影响，在动态舒适性研究中，一般将人体模型分为 3 种：

1) 人体作为座垫上的刚性体，但这不符合人体的特征。

2) 人体作为单自由度的模型，经过试验验证，单自由度模型过于简单，不能综合反映“人－椅”系统动力学特性。

3) 人体作为二自由度的动态模型，构成三自由度“人－椅”系统，较好地模拟动态舒

适性的频率响应特性。

三自由度“人－椅”动态模型如图 13-17 所示，m_1、c_1、k_1、z_1 分别为人体头胸部分的质量、阻尼、刚度和垂直位移；m_2、c_2、k_2、z_2 分别为人体骨盆和腹部的质量、阻尼、刚度和垂直位移；k 为悬架刚度，c 为阻尼器阻尼。由于路面、车身、轮胎和悬架传递的激振力是不确定的。设 y 为地板垂直位移，m 为分析质量，z 为质量块的垂向绝对位移。

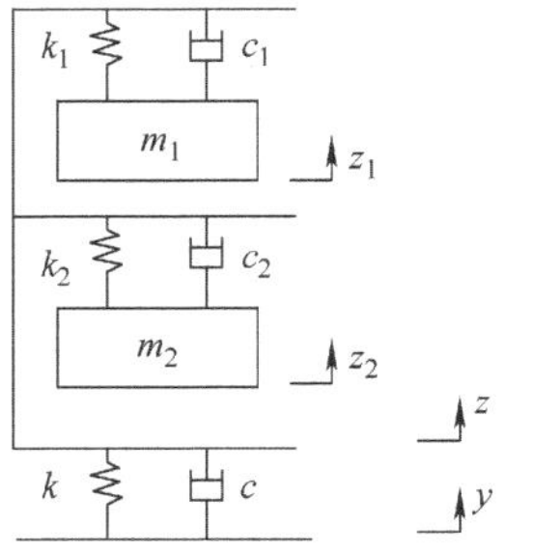

图 13-17　三自由度“人－椅”动态模型

根据牛顿第二定律，建立三自由度“人－椅”系统的振动微分方程：

$$\begin{cases} m_1\ddot{z}_1+c_1(\dot{z}_1-\dot{z})+k_1(z_1-z)=0 \\ m_2\ddot{z}_2+c_2(\dot{z}_2-\dot{z})+k_2(z_2-z)=0 \\ (m_1+m_2)\ddot{z}+c(\dot{z}-\dot{y})+k(z-y)=0 \end{cases}$$

令

$$\omega_0=\sqrt{k/(m_1+m_2)}$$
$$\lambda=\omega/\omega_0$$
$$\xi=c/[2\sqrt{k(m_1+m_2)}]$$
$$\omega_{01}=\sqrt{k_1/m_1}$$
$$\lambda_1=\omega/\omega_{01}$$
$$\xi_1=c_1/[2\sqrt{k_1m_1}]$$
$$\omega_{02}=\sqrt{k_2/m_2}$$
$$\lambda_2=\omega/\omega_{02}$$
$$\xi_2=c_2/[2\sqrt{k_2m_2}]$$
$$\mu_1=m_1/(m_1+m_2)$$
$$\mu_2=m_2/(m_1+m_2)$$
$$A=1+2i\xi\lambda$$
$$B_1=(1+2i\xi_1\lambda_1)/(1-\lambda_1^2+2i\xi_1\lambda_1)$$
$$B_2=(1+2i\xi_2\lambda_2)/(1-\lambda_2^2+2i\xi_2\lambda_2)$$

式中　ω——外界激振角频率（rad/s）；

λ——频率比；

ξ——阻尼比；

i——解的复数部分。

由以上得到“人－椅”系统的频率响应函数 $H(\omega)$ 为

$$H(\omega)=A/[A-(\mu_1B_1+\mu_2B_2)\lambda^2]$$

由函数 $H(\omega)$ 可知，模型的频率响应特性与人体模型参数有关，还与座椅的固有圆频率 ω_0 和阻尼比 ξ 有关，固有圆频率 ω_0 与固有频率 f_0 的关系为 $\omega_0=2\pi f_0$。通过带入参数进行模拟测算发现相关特性，如图 13-18 和图 13-19 所示。

由图 13-18、图 13-19 可知，座椅固有频率、阻尼比对幅频特性的影响，在相同阻尼比下，随着固有频率的增加，高频共振峰值降低，由于高频曲线斜率减小，高频减振性能变差；在相同的固有频率下，随着阻尼比增加，共振峰值明显降低，高频曲线斜率减小，所以高频减振性能变差。

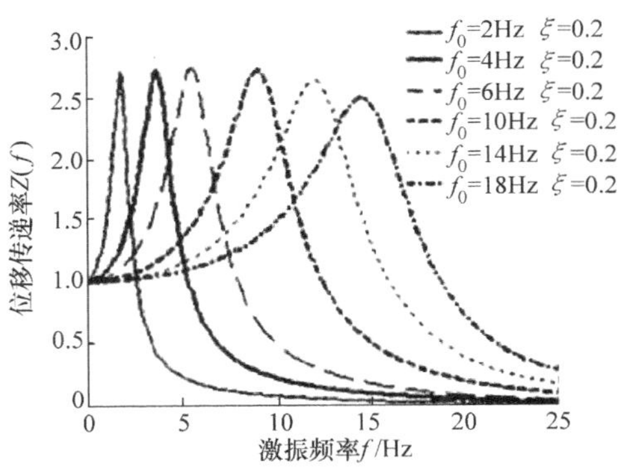

图 13-18 相同阻尼比、不同固有频率的幅频特性

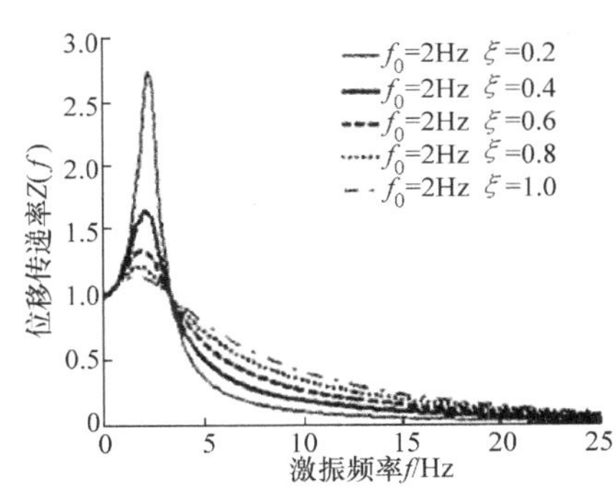

图 13-19 相同固有频率、不同阻尼比的幅频特性

由“人－车－路”系统的振动传递分析可知，座椅、悬架和车轮构成了一个串联的弹性系统。座椅既要避免与悬架、车轮的固有频率重合，又要避开人体最敏感的4～8Hz的频率范围。一般车身悬架的固有频率为1.2～2Hz，车轮轴的固有频率为9～11Hz。因此座椅固有频率在2～3Hz之间，座垫刚度在78～118N/cm之间，阻尼比在0.2～0.4之间较好。

（2）隔振、吸振的改善方向 由前文可知，座椅动态舒适性主要与质量、刚度、固有频率和阻尼比等参数有关。座椅包括骨架总成（含靠背骨架、座盆、调角器和高调器）、发泡、护面和座靠悬挂弹簧等。大量研究和试验表明：

1）试验研究发现不同座椅的“人－椅”系统的固有频率差别较小，通过固有频率改善座椅的动态舒适性很难。

2）在固有频率变化很小的情况下，只能采用隔离的方法，将路面振动传递来的能量与人体隔离开。

3）座椅中座盆弹簧、发泡和护面相当于一个弹簧阻尼系统，起到吸能和隔绝振动的作用。

目前多数的前排座椅带有座盆弹簧，振动衰减影响度见表13-7。

表 13-7 座椅振动衰减影响度

座椅	振动衰减影响度		
	座盆弹簧	护面	发泡
前排座椅	35%～45%	25%～35%	20%～40%
后排座椅	—	50%～60%	40%～50%

在隔绝振动环节中，面套的作用比预期的要大，相反，发泡起到的作用并不大，如果装有座盆弹簧，它也起到了非常重要的作用。

13.3.2 侧翼支撑技术开发

座椅的侧翼支撑（或称座椅包裹性），与操纵稳定性和安全性有关，如高尔夫GTI等运动型轿车，座椅侧向有凸起而且很硬，在快速过弯时，可以对驾乘者起到良好的支撑作用，侧翼支撑在动态过弯和事故碰撞中，会比一般座椅对乘员有更好的保护作用。但这种座椅的侧翼支撑太强，人体受到束缚，难以调整空间和坐姿，长时间乘坐并不舒服，所以除非运动型车，否则侧翼支撑不会设计太强。图 13-20 所示为侧翼支撑。

图 13-20　侧翼支撑

改善侧翼支撑性主要从两方面开展：限制侧倾位移和降低侧倾时侧摆速度。

（1）限制侧倾位移　座椅在侧倾时，经过对比试验，人体的第三腰椎受到的支撑压力最大。第三腰椎距离 H 点平均为 250mm，设计要点围绕靠背 250mm 位置，布置防倾支架，结构上可以选择支撑钢丝、支撑板或者支撑气袋等方式，如图 13-21 和图 13-22 所示。

图 13-21　侧翼支撑骨架

（2）降低侧倾时侧摆速度　增加靠背海绵的阻尼系数，增加背侧翼硬度，或者侧翼中增加发泡海绵垫块，提高海绵的硬度，需要结合实车评价确定硬度及海绵垫块大小等参数，如图 13-23 所示。

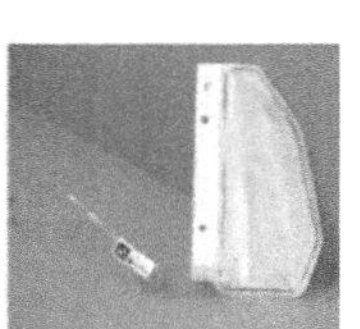

图 13-22　侧翼支撑气袋

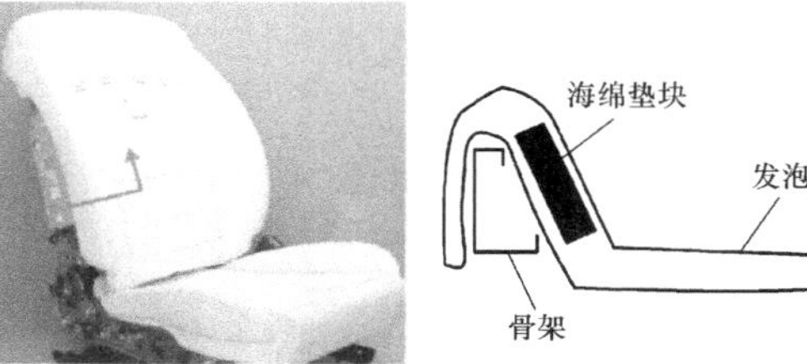

图 13-23　侧翼支撑海绵垫块示意图

13.3.3　人－椅系统模态与共振频率开发

座椅是安装在汽车车身上与人体直接接触的零件，我们在乘车时坐在座椅上，倚靠在靠背上，臀部和背部都可以直接感觉到座椅传递过来的振动，耳朵可以直接感觉到座椅产生的异响，眼睛可以直接看到座椅的晃动和抖动，这在一定程度上反映了车辆的安全、可靠等质量水平，也会影响消费者对汽车品质的评价。

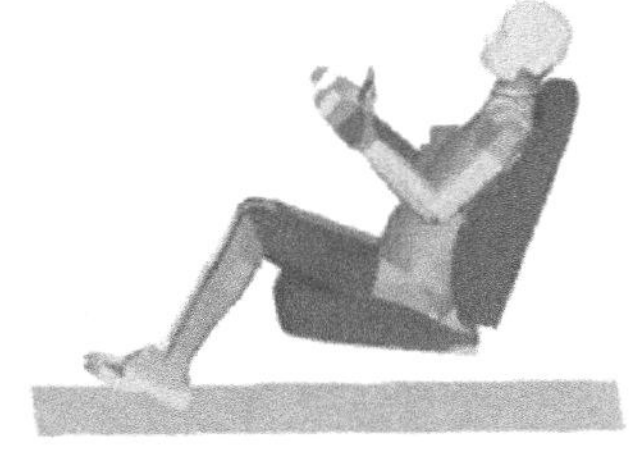

图 13-24　人－椅模态示意图

如图 13-24 所示，任何一个振动系统都可以用“输入－系统特性－输出”模型来表示：输入是这个振动系统受到的激励；系统特性（FRF）是这个振动系统本身的结构特性；输出是这个振动系统在受到激励后的表现，如振动和异响等。共振

和模态分析就是依据系统的输入和输出，求出结构系统特性的过程，如图 13-25 所示。如果知道输入信号（激励信号）和振动系统特性（FRF），就可以预测振动系统在受到激励以后表现出来的振动和噪声等现象，如图 13-26 所示。

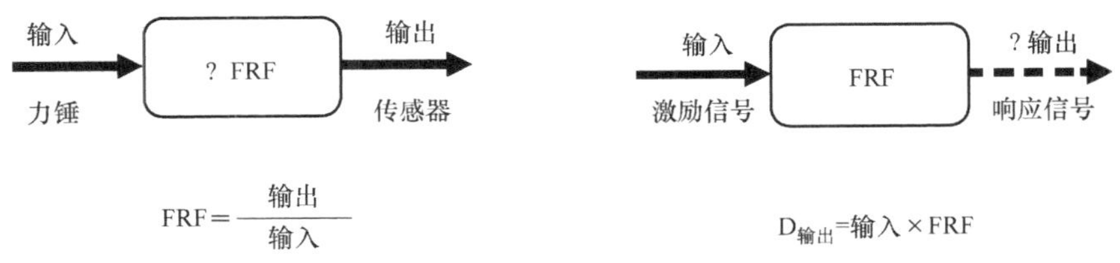

图 13-25 系统振动输入输出示意图　　图 13-26 系统振动预测示意图（D 为位移）

如果输入信号（激励信号）的能量集中在 10Hz，振动系统的系统特性（FRF）在 10Hz 附近有个峰值，那么这个系统将会在 10Hz 处发生共振，如图 13-27 所示，这可能引起严重振动异响问题。

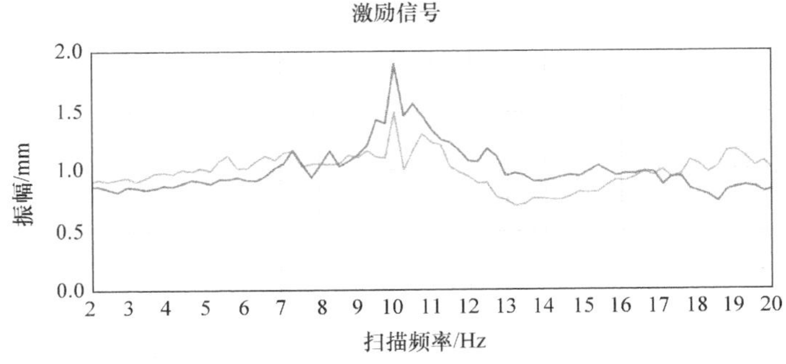

图 13-27 系统共振示意图

座椅系统振动输入主要来自发动机和不平路面的振动，这些信号通过试验通常容易获得。如果知道座椅系统的特性（通过模态分析可获得），就可以预测座椅系统在受到激励后的响应信号，进而可以在座椅设计之初考虑到后期可能发生的共振问题。

座椅模态开发设计的影响因素如下：

（1）理论分析　如图 13-28 所示，可以把座椅靠背简化为悬臂梁，假设悬臂梁的长度为 l，弯曲刚度为 EJ（E 为材料弹性模量，J 为材料惯性矩），人体对靠背的作用力为 F，由材料力学知识可知，在力 F 的作用下，悬臂梁自由端的静挠度为

$$\delta = \frac{Fl^3}{3EJ}$$

这里悬臂梁起到弹簧的作用，故可求出悬臂梁的等效刚度为

$$k = \frac{F}{\delta} = \frac{3EJ}{l^3}$$

悬臂梁的末端振动微分方程为

$$m\ddot{y} = -\frac{3EJ}{l^3}y$$

式中 y——悬臂梁的末端挠度；

m——等效质量。

可知结构的固有频率为

$$f=\frac{1}{2\pi}\sqrt{\frac{3EJ}{ml^3}}$$

（2）设计要点 座椅共振模态分析主要针对靠背振动的控制，座椅模态与座椅的刚度和质量分布（几何形状和材料种类，材料的弹性模量）有关，座椅靠背可以被视为一根悬臂梁，梁的根部是靠背和座盆的接合处。如果靠背刚度低，滑轨处很小的振动传递到靠背上，振动可能就非常强。因此靠背刚度一定要足够大，决定靠背刚度的因素有靠背自身刚度和接合处的刚度，常用的改善方式如图 13-29 所示。

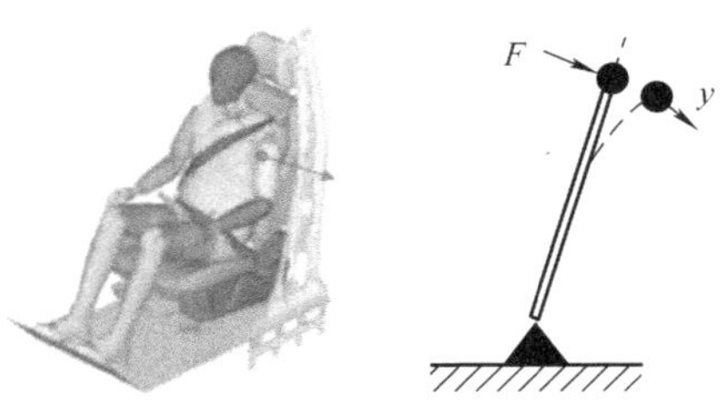

图 13-28 座椅靠背振动简化示意图

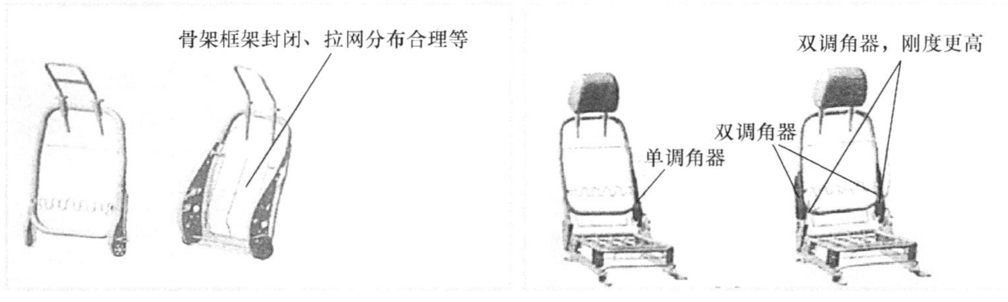

图 13-29 座椅靠背刚度改善示意图

（3）改善方向 座椅模态问题基本上都是模态频率太低，容易被发动机、不平路面所激励，优化的两个方向是提高模态频率和降低靠背振幅，主要途径如图 13-30 所示。

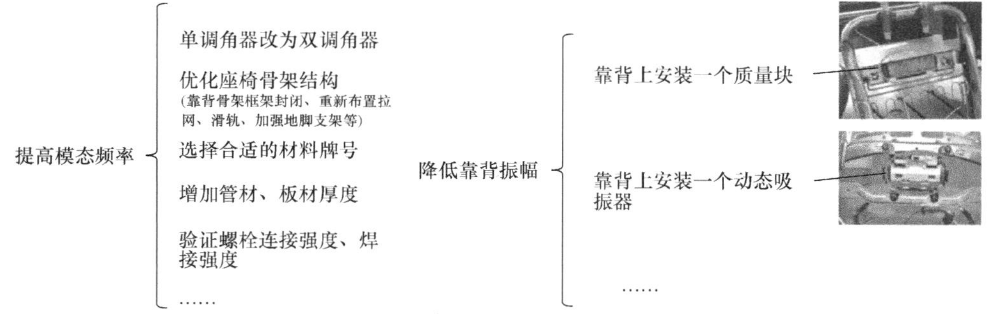

图 13-30 优化座椅模态的主要途径

13.3.4 座椅舒适性仿真技术

汽车座椅的动态舒适性是车辆设计过程中的重要性能指标，是车型开发中设计减振系统时需重点考虑的问题，座椅的动态舒适性与座椅的振动特性相关，是乘员在行驶过程中所感受的主观感受。这些振动输入量因发动机、传动系统和路面不平而产生。通常验证振动的方法就是进行试验，由于周期比较长，影响因素太多，动态舒适性的数值化研究一直是行业的热点。

座椅动态舒适性仿真是研究的重要手段。目前行业内广泛运动的仿真软件是 Pam comfort 和 CASIMIR。

（1）Pam comfort　Pam comfort 是法国 ESI 开发的软件，目前在日系车厂和部分座椅供应商处获得运用。Pam comfort 可以完成的测试有泡沫注塑成型、泡沫护罩织物缝合、座椅骨架钣金成形、初始柔度和硬度测试、座椅腰托顶出、坐姿舒适性（人机工程 *H* 点评估）、静态舒适性（静态体压分布）、动态舒适性（座椅动态传递函数评估）、热舒适性（流体 open foam）、座椅安全性（鞭打试验）分析，如图 13-31 所示。

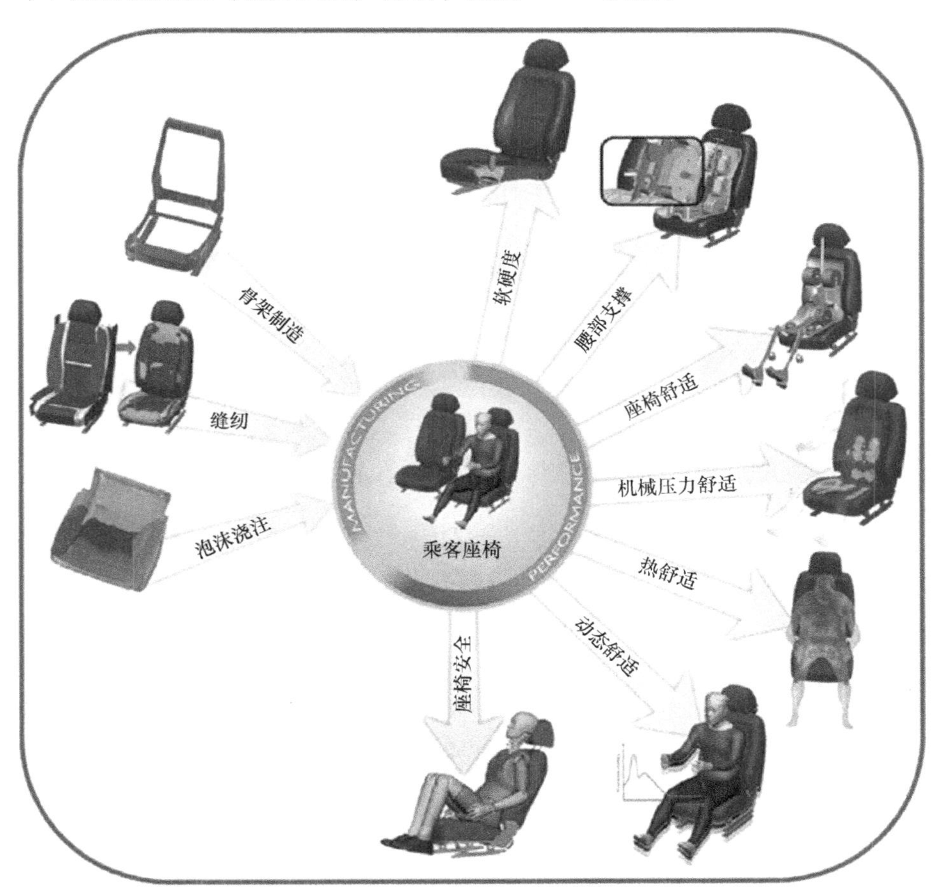

图 13-31　Pam comfort 部分功能介绍示意图

（2）CASIMIR　CASIMIR 是德国 Wolfel 开发的软件，目前在德系车厂和部分座椅供应商处获得运用。CASIMIR 可以完成的测试有：

1）静态分析（体压分布、MTM㊀、人机布置检查、*H* 点测量）

2）动态分析（座椅传递函数）。

㊀ MTM 是 Meat to Metal 的缩写，表示人体到金属的距离。

13.4 展望

13.4.1 座椅动态舒适性的发展方向

不管是卡尔设计的汽车还是戴姆勒设计的汽车，车上都有一个重要的零部件——汽车座椅。在欧洲国家两次工业革命的影响下，汽车的出现明显提高了人类出行的速度，成为人们短途出行的有利工具，是现代社会伟大的发明之一。世界上第一辆汽车的座椅是由马车座椅演变而来的，座椅面料为皮质面套，座垫充填棉花。这种座椅延续了马车及蒸汽机等代步设备的座椅结构，安全性和舒适性较差，只是基本满足了驾驶人的坐姿的操作需求。

19 世纪末到 20 世纪初，随着汽车技术的发展和深化，汽车轮胎也有了很大改进，逐步减少了轮胎骨架结构与地面的直接接触，增加了车身与地面的缓冲力，减小了汽车的振动，使得车辆拥有越来越高的舒适性，与此同时，人们也逐渐增加了汽车座垫的厚度与靠背的高度，使乘员多一层缓冲保障，在驾驶汽车时也能受到靠背的支撑，减小驾驶疲劳度。早期沙发式座椅如图 13-32 所示。

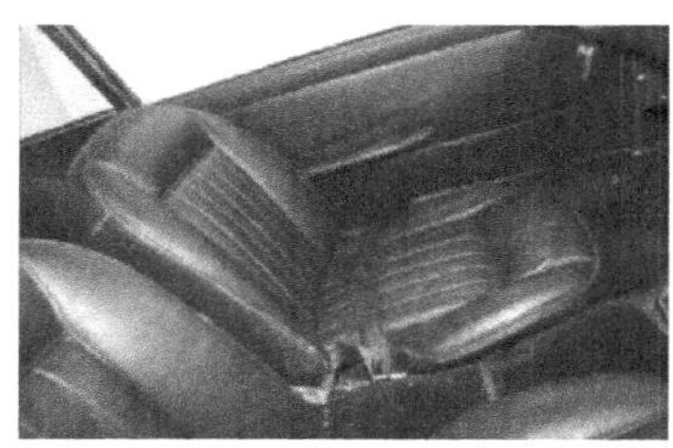
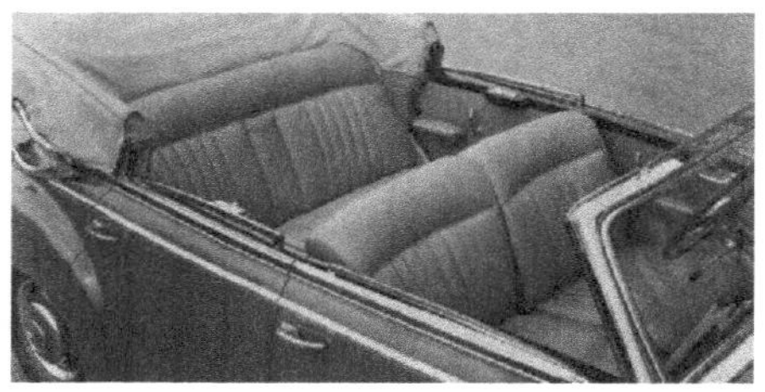

图 13-32 早期沙发式座椅

后来随着公路材料和技术的改进，汽车的行驶更加平稳，汽车技术的发展使人们对于座椅的舒适性也越来越重视，生产者与设计者逐渐完善了头枕结构的设计与优化。近代座椅雏形如图 13-33 所示。

随着汽车的应用越来越广泛，它逐渐成为现代人出行代步的主要工具，在生活中变得不可或缺，因此汽车座椅的美观和舒适就变得格外重要。汽车制造技术的发展使座椅的整体结构和功能越来越复杂。首先，座垫由之前的简单填充到运用弹黄作为减振工具。其次，座椅成为人体与汽车底盘间的缓冲装置。再次，更多的设计针对睡椅模块的拆分组合与各个方向的调节。最后，汽车座椅现在开始拥有加热冷却的功能。靠背和座垫的造型设计是座椅造型外观的设计重点，要求其造型成形简单，可使复杂曲面的一次成形。填充物材质的选择及柔软度则直接关系人体乘坐座椅时的舒适性，座椅面套的材质和颜色也关系着座椅的品味及汽车内饰整体的美观程度。现代座椅如图 13-34 所示。

座椅舒适性是车辆乘坐舒适性评价范畴中的重要方面，它在自身的发展过程中，有机地吸收和融合各相关学科的理论，如人机工程学、人体解剖学、神经学及多体动力学等，通过不断地吸收其他学科的理论研究成果，结合试验，完善座椅动态舒适性的基本概念、理论体系、研究方法、技术标准和规范。简而言之，座椅动态舒适性研究在未来将是多学科融合、理论联系实际、主观联系客观的创新型门类。

图 13-33 近代座椅雏形

图 13-34 现代座椅

亟待加强研究的方向有：

（1）建立人-椅系统三自由度模型 如图 13-35 所示，结合 ISO 2631 对模型进行人体振动舒适性的定量评价，设计座椅的动态参数，并根据试验结果对参数进行仿真分析与评价。

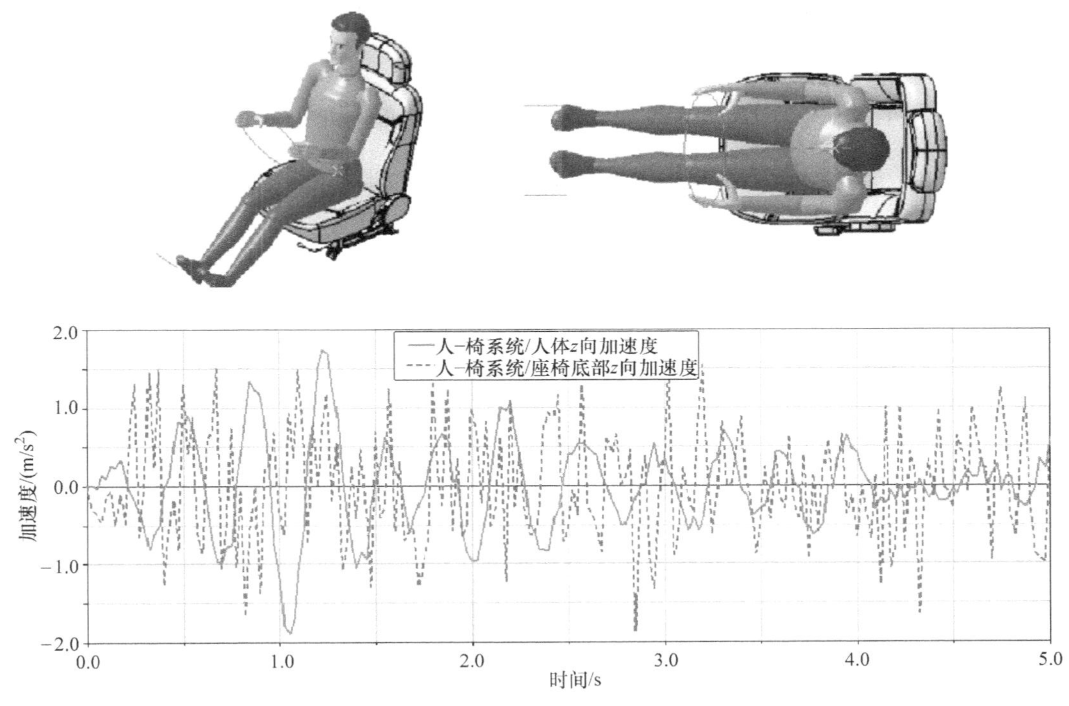

图 13-35 多自由度人体模型和振动示意图

（2）根据人体统计数据，建立人体坐姿模型和数学模型 如图 13-36 所示，以人体各关节的舒适活动角度为约束条件，应用计算机技术绘制小身材女性、中等身材男性和大身材男性驾驶人舒适驾驶位置时的 *H* 点区域图，为座椅的布置和调整提供理论依据。

（3）测量不同坐姿下人体脊柱的形状和各椎骨的位置 如图 13-37 所示，分析不同坐姿下腰椎的形状变化，为座椅设计提供人机工程学上的参考数据，根据测量的脊椎数据设计座椅的结构尺寸，以满足乘员乘坐的舒适性要求。

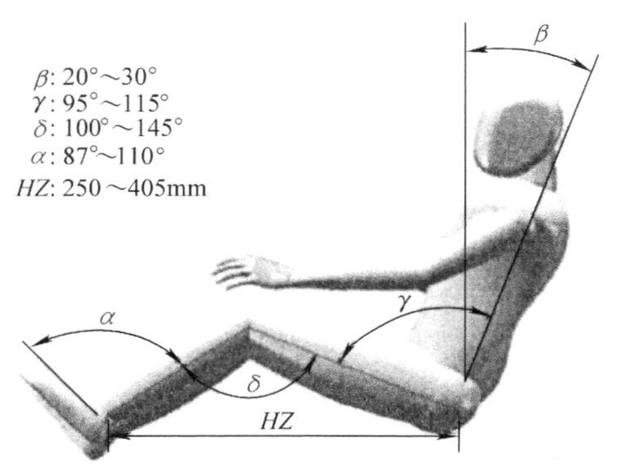

图 13-36 人体坐姿参数化模型示意图

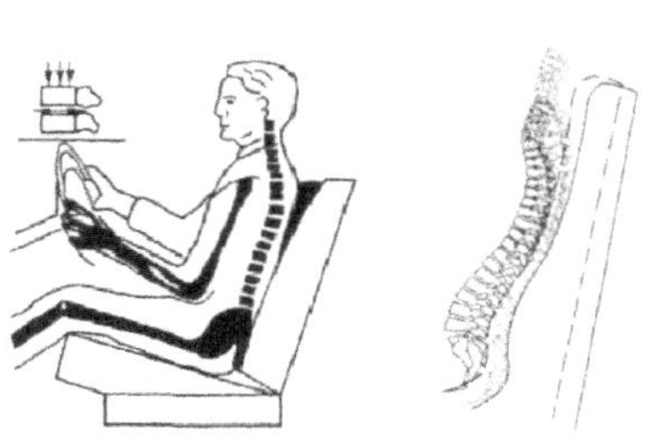

图 13-37 人体脊椎解剖示意图

13.4.2 座椅动态舒适性支撑技术

基于动态舒适性理论，结合调查的用户关注点，可以通过结构和功能创新提升座椅的动态舒适性，业内目前开展的相关支撑技术如下：

（1）新型发泡技术 现在汽车工业大规模使用的聚醚多元醇是以甘油为起始剂，环氧丙烷和环氧乙烷为反应物，制备得到的三官能团聚醚多元醇。由于环氧丙烷在聚合过程中发生副反应，生成一端为不饱和双键的聚醚多元醇，生成的聚醚多元醇的官能度降低（不饱和度较高）。不饱和双键不能参与形成氨酯键的反应，用此含有不饱和双键的聚醚多元醇和异氰酸酯反应生成的聚氨酯泡沫，会产生结构缺陷，这些缺陷部位在聚氨酯泡沫受力时会降低泡沫整体性能。发泡分子结构如图 13-38 所示。

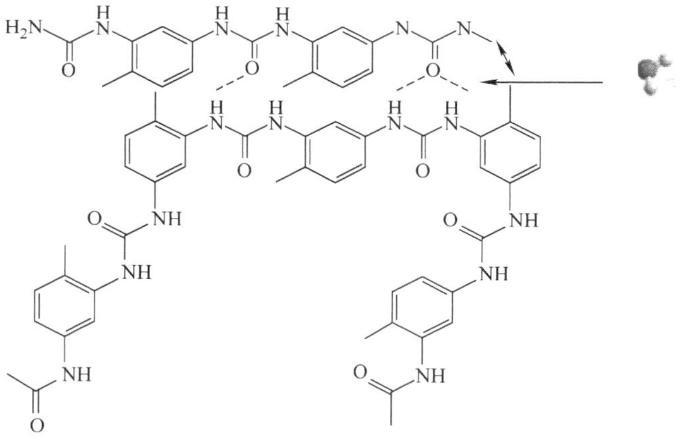

图 13-38 发泡分子结构

研究发现，将甘油作为起始剂，但结构有所不同的低不饱和度的三官能团聚醚多元醇制备的聚氨酯泡沫产品（简称 VT 泡沫）中交联密度较高，与传统 HR（High Rebound，高回弹）泡沫相比具有以下几方面的优点：

1）对振动有很好的隔绝效果。

2）应力松弛效果明显。这有助于降低 H 点。

3）强度高提高产品的使用寿命长。

4）有更好的支撑效果。

5）泡沫产品的受力分布比较均匀，可以改善振动的传递。

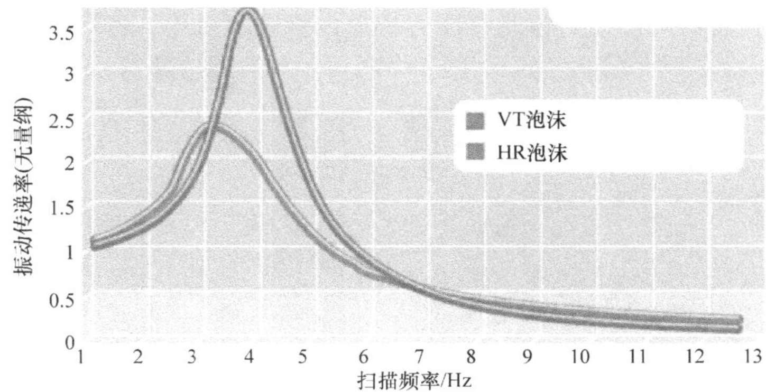

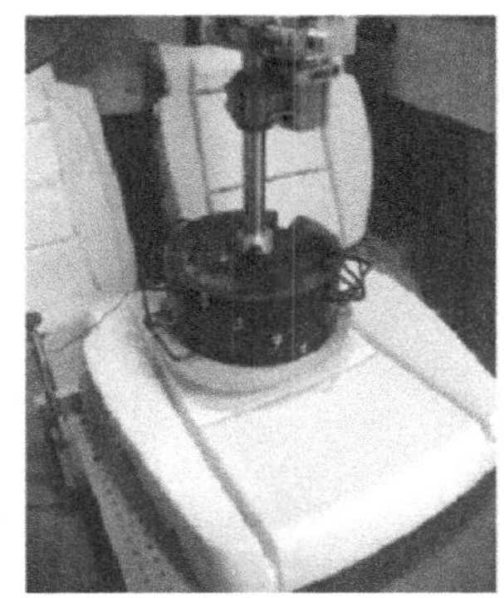

图 13-39 不同发泡振动传递对比示意图（见彩插）

VT 泡沫的自身频率与 HR 泡沫相比，从 4.2Hz 降低至 3.8Hz，理想的泡沫自身频率也是在 2.5～4.0Hz 之间，因此 VT 泡沫对人体不适的振动频率具有较强的隔绝性。

在高速公路路面传递到车身的振动频率为 10～20Hz 时，VT 泡沫对振动的过滤与 HR 泡沫相比，提高 40%，因此用 VT 泡沫制备的座椅具有较好的动态舒适性。同时由于 VT 泡沫内部具有均一的泡孔，其产品的力学性能优越，所需的泡沫可以更薄，传统 HR 泡沫制备的座椅座垫的厚度为 50mm，而使用 VT 泡沫后可以减薄 30%，降低至 35mm。因此使用 VT 泡沫对于车身减重也具有重要意义。

（2）臀部按摩技术　如图 13-40 所示，长时间乘坐，臀部肌肉疲劳，通过布置于座椅面套下的左右气袋调节机构反复振动施加刺激，缓解臀下肌肉疲劳，减轻久坐带来的不适感。具体结构是：座垫护面与发泡之间布置按摩气袋，通过不同模式的按摩频率，实现使臀部体压得到局部缓解，改善血液循环和体表透气散热。从而提升乘坐舒适性。

（3）侧翼支撑技术　座椅侧向有专门的凸起而且很硬，以满足在快速过弯时对驾乘者起到良好的支撑作用，侧翼支撑在动态过弯和事故碰撞中，也会比一般座椅对乘员有更好的保护作用。为了强化这种保护性和运动驾驶的乐趣，在侧翼上增加气袋，可以通过传感器检测路面状况、过弯的速度和车身姿态，通过车载电脑判断，适时开启充气系统，为乘客提供及时有效的侧翼支撑，如图 13-41 所示，目前这种技术在宝马等高级车上都有应用。

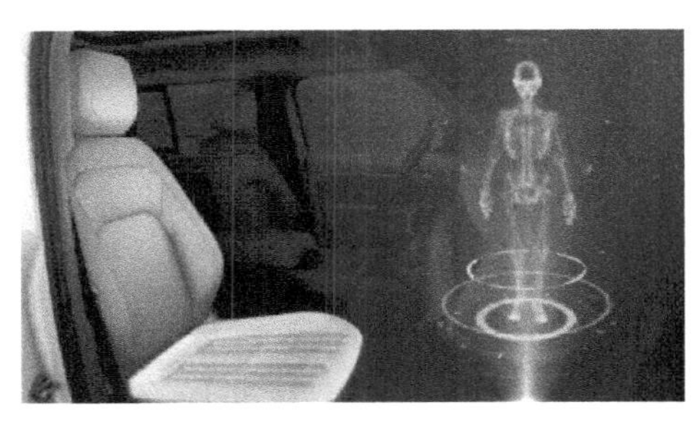

图 13-40 臀部按摩示意图

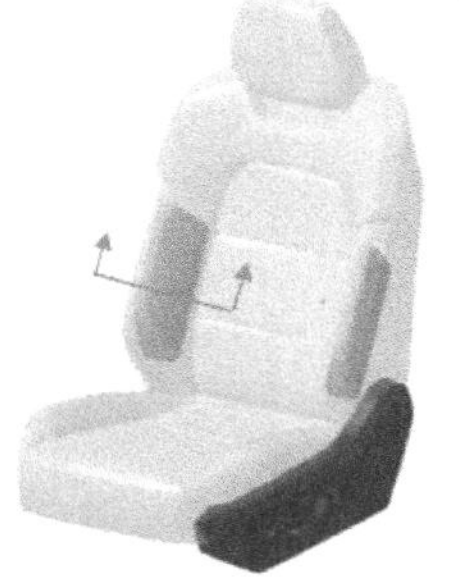
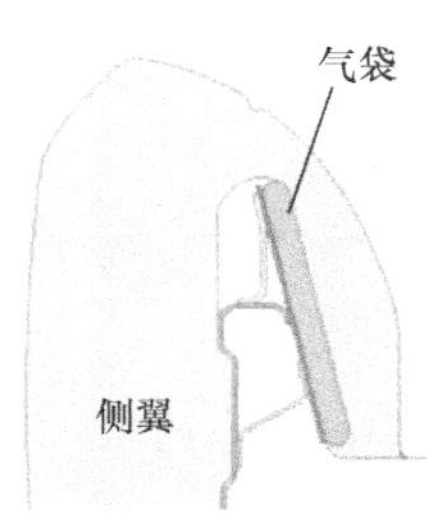

图 13-41 侧翼支撑气袋示意图

（4）自适应调节技术　现有车型的座椅只可以进行普通的调节，对于身体状态不同的人群，单一的座椅型面不能适用于所有人体的舒适性要求，初步乘坐和长时间驾乘过程中容易感到疲劳。针对此类问题，在座椅各位置布置压力传感装置（压力传感器），识别座椅表面乘坐压力，传递至控制器，控制器通过控制座椅内部气袋或机械调节机构，将压力释放，满足不同人群的舒适性乘坐需求，使乘员舒适驾乘。图 13-42 所示为自适应座椅示意图。

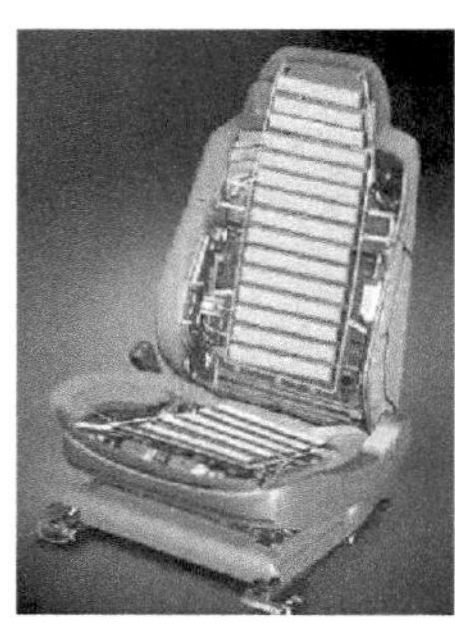
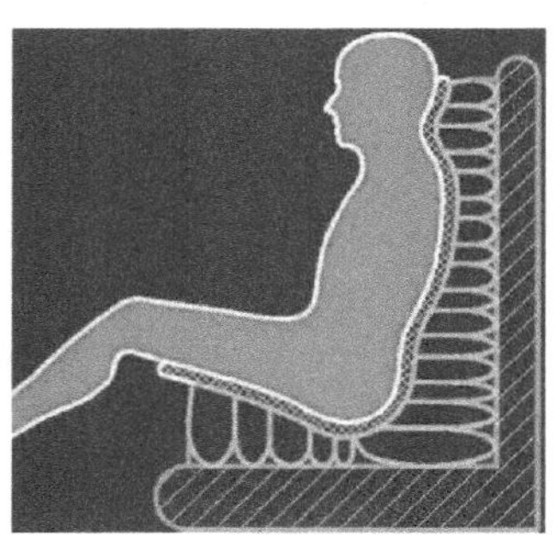

图 13-42　自适应座椅示意图

第14章 汽车人机工程

人机工程学，也称人机工效学，是研究人和机械之间相互关系及规律的学科。即在人设计使用机械的过程中，如何改进机器设计，便于人员操作、理解、感知并发挥人和机械协作的最大效能。本章所涉及的人机工程开发适用于SAE J1100规定的A类车，即坐高小于或等于405mm的车型开发，主要包括乘用车、MPV、宽体轻型客车及厢式货车等。

14.1 汽车人机工程概述

14.1.1 人机工程发展历史

人机工程学初始在军事领域应用，起源于第一次世界大战，并在第二次世界大战中得到了飞速的发展。其运用人类生理学、心理学、系统工程学等学科的理论和手段，研究最佳的人机匹配方案，提升武器装备的佩戴安全性、操作方便性、乘坐舒适性及使用人员的整体生理感受，以达到增强战斗力的目的。从士兵头盔的更新换代，坦克内舱风道、座椅尺寸、潜望镜位置、舱门尺寸的设计，到飞机油箱盖的改进等，可以说武器装备的发展史就是人机工程学的发展史。

汽车是人来操纵和使用的一种运动机械，它也是和人的工作及日常生活最为密切的一种机械，要求汽车符合人的生理特征和满足人的心理需要。随着汽车在民用领域占有率的提高甚至普及，人机工程学在汽车设计领域越来越得到重视和发展。1961年，美国政府在对军用汽车的要求（AD261132）中提出人机工程，当时的要求包括座椅舒适性、操纵机构便利性、仪表板警告指示可视性、上下车安全和方便性、维修保养便捷性等，经过几十年的发展和实践，尤其是1995年之后计算机技术三维数模的引入，可以在汽车总布置中对人机工程进行细致和精确的设计及校核。汽车设计中的人机工程用HVI来形象地表达，其是Human Vehicle Integration的简写，代表人和车辆的集成。

14.1.2 人机工程开发职责及研究范围

在整车开发流程中，人机工程在整车开发立项之前的预研阶段就启动相关工作，一直持续到实车验证阶段，人机工程完成的主要工作任务如下：

1）乘员布置及硬点确定。

2）内部空间开发。

3）进出方便性开发。

4）操作舒适性开发。

5）视觉舒适性开发。

6）整车储物及多功能性开发。整车开发人机工程确保上述六大关键要素满足用户使用需求，并能够给用户带来愉悦的感受。对于整车开发而言，重要的项目节点有确定单一造型主题，第一辆全功能工程样车试制，产品零部件生产认证等。根据这些重要节点，人机工程相应的分为前期分析、中期开发、后期验证三个阶段。人机工程的开发过程实际上就是前期目标定义、中期开发执行、后期检查执行结果及工程改进的过程。图 14-1 所示为人机工程设计开发流程图。

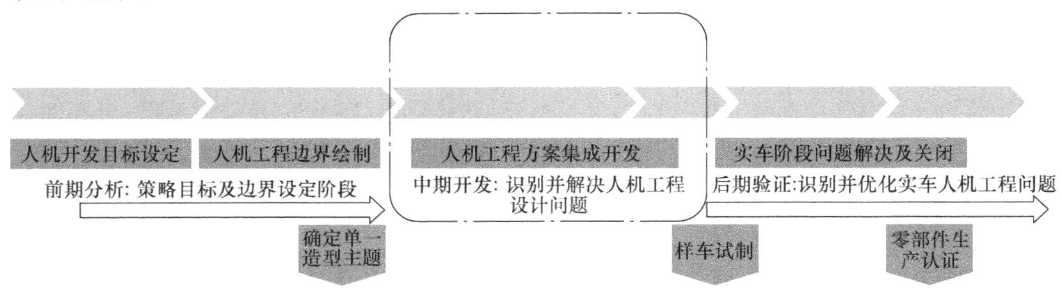

图 14-1　人机工程设计开发流程图

确定单一造型主题之前的阶段是整车开发的前期阶段。人机工程在此阶段的工作主要是给出前期策略与目标制定：对同级别竞争车型从上述六方面进行分析，并从这六方面为开发车型定出量化的目标值，以核心竞品及市场输入为基础，完成整车架构方案的开发，其中包括乘员布置及驾驶舱人机工程关键尺寸参数定义，如内部空间开发，整车前、侧、后 360°视野及乘员进出方便性，完成操纵舒适性及储物策略目标的定义，结合造型主题完成初始视觉舒适性策略的定义，确保整车架构人机工程开发有制胜点及优越性。

从确定单一造型主题到第一辆全功能工程样车生产出来之前的阶段是整车开发的中期阶段。人机工程在此阶段的工作主要包括根据人机工程需求及规范，开发三维限制数模及边界，用以限制工程结构设计并约束造型；对不同阶段的油泥模型、造型发布 CAS 进行评估，列出问题清单并同步跟踪解决，以保证初期设定的人机工程目标能够被顺利执行。

从生产出第一辆全功能工程样车到产品零件生产认证的阶段是整车开发的后期阶段。车辆即将投产，人机工程在此阶段的工作主要包括运用各种评估工具，对样车进行评估，并且与项目初期设定的目标值进行比较，判断是否达到预期目标。

14.1.3　人机工程法规及设计规范

目前，国内引进的人机工程相关标准主要为北美、欧洲等地的标准、法规指令，以及一些国际知名整车设计企业的人机工程设计技术规范。国内主机厂依据以上输入，结合多年的技术经验，总结及积累形成了人机工程相关的技术要求体系。汽车人机工程相关主要国际、国内标准、法规、指令见表 14-1 ~ 表 14-3。

表 14-1　美国汽车工程师学会（SAE）标准

标准编号	标准名称
SAE J287	驾驶人手伸及区域
SAE J826	*H* 点装置及工具的设计过程及有关规定
SAE J833	人体尺寸

（续）

标准编号	标准名称
SAE J902	乘用车风窗玻璃除雾系统
SAE J903	乘用车风窗玻璃刮水器系统
SAE J941	汽车驾驶人眼睛位置
SAE J1050	驾驶人视野的定义与测量
SAE J1052	汽车驾驶人及乘客头部位置
SAE J1100	车辆尺寸
SAE J1138	乘用车、多用途车、货车（10 吨及以下）的驾驶人手操纵区设计标准
SAE J1139	汽车手操纵区域运动趋势
SAE J1516	假人布置工具参考点
SAE J1517	驾驶人可选的乘坐位置
SAE J4002	*H* 点测量装置的说明和 *H* 点确定程序 – 核查车辆座椅
SAE J4003	*H* 点测量二代假人 – 竞品车型座椅 *H* 点确定的过程
SAE J4004	*H* 点设计工具的定位 – 乘坐参考基准点及座椅滑轨长度

表 14-2 欧洲经济委员会（ECE）汽车法规

标准编号	标准名称
ECE R16	安全带及成人约束系统
ECE R35	关于就脚控制件的布置方面批准车辆的统一规定
ECE R46	关于批准后视镜和就后视镜的安装方面批准机动车辆的统一规定
ECE R125	关于机动车驾驶人前方视野的统一规定

表 14-3 中国国家标准

标准编号	标准名称
GB 10000—1998	中国成年人人体尺寸
GB 11555—2009	汽车风窗玻璃除霜和除雾系统的性能和试验方法
GB 11562—2014	汽车驾驶员前方视野要求及测量方法
GB 15085—2013	汽车风窗玻离刮水器和洗涤器 性能要求和试验方法
GB/T 12673—2019	汽车主要尺寸测量方法
GB/T 14166—2013	机动车乘员用安全带、约束系统、儿童约束系统和 ISOFIX 儿童约束系统
GB 15084—2013	机动车辆 间接视野装置性能和安装要求
GB/T 15759—1995	人体模板设计和使用要求
GB/T 17346—1998	轿车 脚踏板的侧向间距
GB/T 17867—1999	轿车手操纵件、指示器及信号装置的位置
GB 7258—2017	机动车运行安全技术条件
GB/T 19234—2003	乘用车尺寸代码

驾驶人腿部、脚部操作等空间要求，上下车方便性相关控制参数及推荐尺寸，乘客坐姿舒适性推荐范围，人机操作舒适性指导标准，视觉舒适性、储物空间尺寸要求等传统人机工程开发均形成了完备而成熟的工程设计技术规范。特别指出，人机工程开发与其他工程技术的不同之处在于在设计过程中要考虑独特的文化与地域、人种差异。例如，手机尺寸日益增大，数字座舱的迅猛发展，用户驾车时随身携带物品发生变化。再如，语音识别、眼球追踪等高科技人机交互方式的出现，在人机交互过程中，触及性、可视性的需求逐渐降低。因此，人机工程的开发是与社会发展、人文环境密切相关的，是动态变化的，是需要结合未来用户的需求去调整和适应的，其设计规范也是与时俱进、逐渐更新迭代的。

14.2 乘员布置及人机工程尺寸定义

汽车设计的目的就是要载人移动，所以人的舒适性是汽车开发的重要指标，乘员位置及乘员周边零部件的设计，称为乘员舱的布置，乘员布置是乘员舱布置的基础。在整车预研阶段，架构方案开发过程中，乘员布置是一项非常重要的研究开发工作，乘员布置包括三方面的工作：

1）驾驶人及乘客舱假人布置和乘坐空间尺寸开发。

2）整车视野开发。

3）上下车方便性开发。

14.2.1 二维假人模板

在汽车前期开发中，汽车设计以总体布置为核心，而汽车总体布置又是从驾驶舱开始的。SAE J826 定义了标准的假人人体模型，该人体标准模型由相互铰接的躯体、大腿、小腿、脚掌、手臂等元件组成，并明确了人体标准模型的具体尺寸，如图 14-2 所示。

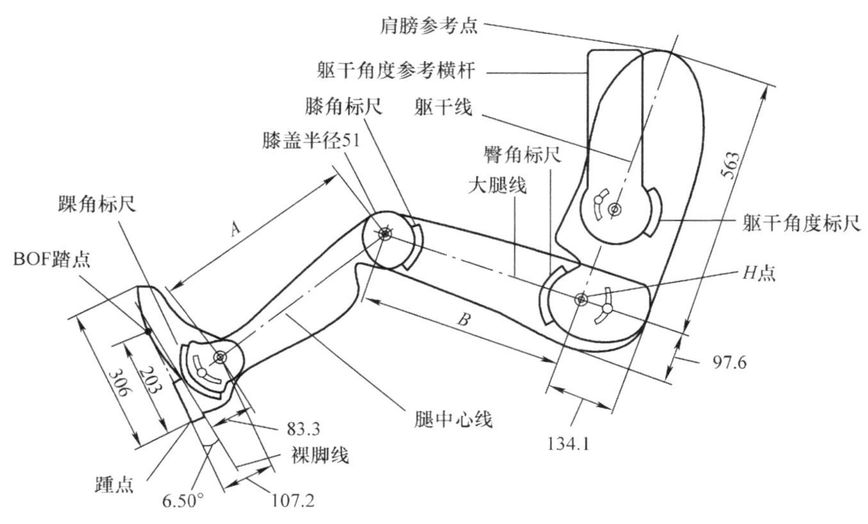

图 14-2 人体标准模型尺寸

根据成年男子和成年女子的人体尺寸测量统计数据，通常把人体模型按比例5%、50%和95%分为三种。5%指所有驾驶人中有5%的人身高小于或等于这个尺寸，其余95%的人身高大于这个尺寸。50%指所有驾驶人中有50%的人身高小于或等于这个尺寸，其余50%的人身高大于这个尺寸。95%指所有驾驶人中有95%的人身高小于或等于这个尺寸，其余5%的人身高大于这个尺寸。

国际汽车设计界中所应用的假人尺寸总范围在5%～95%之间，它涵盖了90%的人群，在设计初期，一般使用SAE J826定义的95%二维假人模板进行初始的乘员布置，并以此为准绳来安排驾驶舱各个操作部件位置。

SAE J1100推荐了一系列整车硬点的定义、测量方法及尺寸代号等，代号采用大写英文字母+数字的形式，如H30。其中大写英文字母和数字的含义见表14-4。

表14-4　SAE J1100中代号英文字母和数字的含义

英文字母或数字	含义	英文字母或数字	含义
W	宽度方向的尺寸	H	高度方向的尺寸
V	容积尺寸	L	长度方向的尺寸
PD	乘员分配尺寸	S	面积尺寸
SL/SW/SH	座椅面方向尺寸	PL	踏板长度
PW	踏板宽度	PH	踏板高度
TL－H	点长度位置和行程	TH－H	点高度位置和行程
1～99	内部空间尺寸	100～199	外部空间尺寸
200～299	货箱、行李舱尺寸	300～499	货车和MPV的外部尺寸
500～599	货车和MPV的货箱尺寸		

1. 假人模板关键硬点定义

假人关键硬点如图14-3所示。

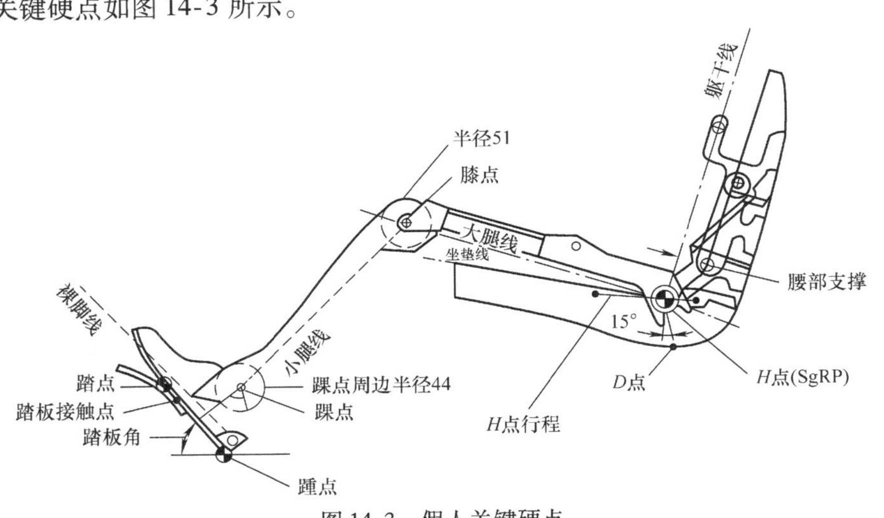

图14-3　假人关键硬点

（1）SgRP　乘坐基准点，是指座椅上的一个设计参考点，它是整车制造厂规定的设计基准点。它表征当第95百分位的人体模型按规定摆放在座椅上时，实际*H*点应与座椅参考点重合。

（2）*H* 点　*H* 点指三维人体模型的躯干线与大腿线的交点（针对的是人体模型）。

（3）驾驶人踵点（AHP）　驾驶人右脚放置在地毯和加速踏板上时，加速踏板位于初始状态，驾驶人右脚的足跟点。一般情况考虑5mm 地毯压缩量。

（4）加速踏板参考点　加速踏板平面与加速踏板上表面的切点，位于加速踏板上表面的中心线上。

（5）驾驶人脚部球形点　也称脚部踏点（BOF），在侧视图上，过驾驶人踵点作人体样板鞋底的切线，在该切线上与踵点的距离为203mm 的点。

踵点与加速踏板参考点的关系如图 14-4 所示。

2. 头部包络面定义

头部包络面是指坐在车辆内时，头部占据的三维空间。座椅移动的驾驶人头部包络面应用于水平方向前后可调的座椅上驾驶人。座椅不可移动的头部包络面应用于固定座椅上乘客和驾驶人。SAE J1052—2002 明确定义了驾驶人及乘客头部位置。表 14-5 和表 14-6 所列分别为 95 百分位及 99 百分位头部包络面大小（椭圆三个轴的长度），如图 14-5 和图 14-6 所示。

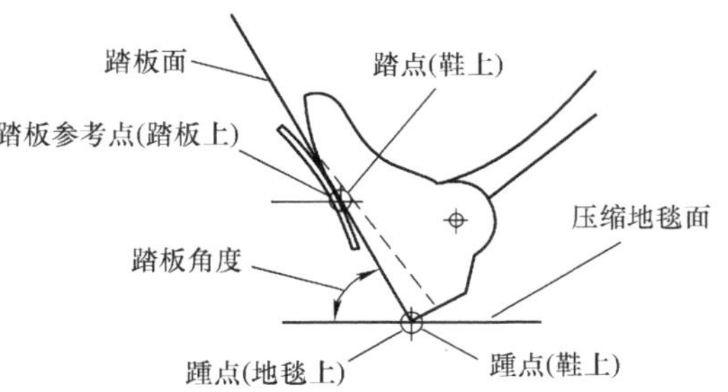

图 14-4　踵点与加速踏板参考点的关系

表 14-5　95 百分位头部包络面大小（椭圆三个轴的长度）

乘员座椅位置	座椅轨迹行程（TL23）	*X*	*Y*（内侧）	*Y*（外侧）	*Z*
驾驶人和前排外侧乘客	>133mm	±211. 25mm	143. 75mm	166. 75mm	±133. 50mm
	≤133mm	±198. 76mm	143. 75mm	166. 75mm	±133. 50mm
	0mm（固定座椅）	±173. 31mm	143. 41mm	166. 41mm	±147. 07mm
前排中心乘客	>133mm	±211. 25mm	143. 75mm	143. 75mm	±133. 50mm
	≤133mm	±198. 76mm	143. 75mm	143. 75mm	±133. 50mm
其他乘客	0mm（固定座椅）	±173. 31mm	143. 41mm	143. 41mm	±147. 07mm

表 14-6　99 百分位头部包络面大小（椭圆三个轴的长度）

乘员座椅位置	座椅轨迹行程（TL23）	*X*	*Y*（内侧）	*Y*（外侧）	*Z*
驾驶人和前排外侧乘客	>133mm	±246. 04mm	166. 79mm	189. 79mm	±151. 00mm
	≤133mm	±232. 40mm	166. 79mm	189. 79mm	±151. 00mm
	0mm（固定座椅）	±198. 00mm	165. 20mm	188. 20mm	±169. 66mm
前排中心乘客	>133mm	±246. 04mm	166. 79mm	166. 79mm	±151. 00mm
	≤133mm	±232. 40mm	166. 79mm	166. 79mm	±151. 00mm
其他乘客	0mm（固定座椅）	±198. 00mm	165. 20mm	165. 20mm	±169. 66mm

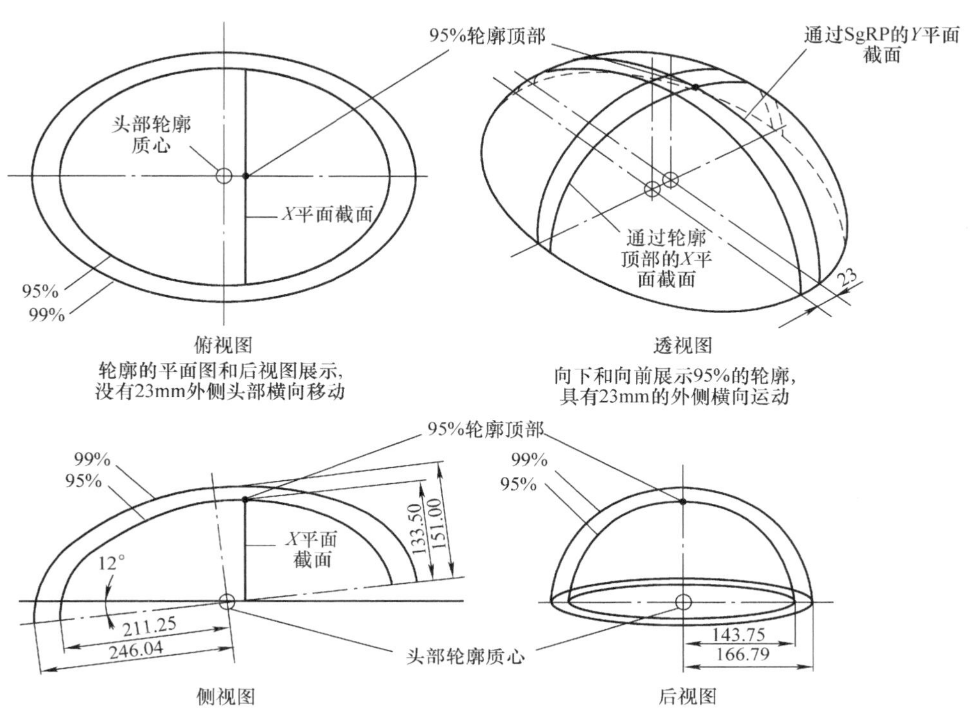

图 14-5 头部包络面大小—座椅前后调节量大于 133mm（椭圆三个轴的长度）

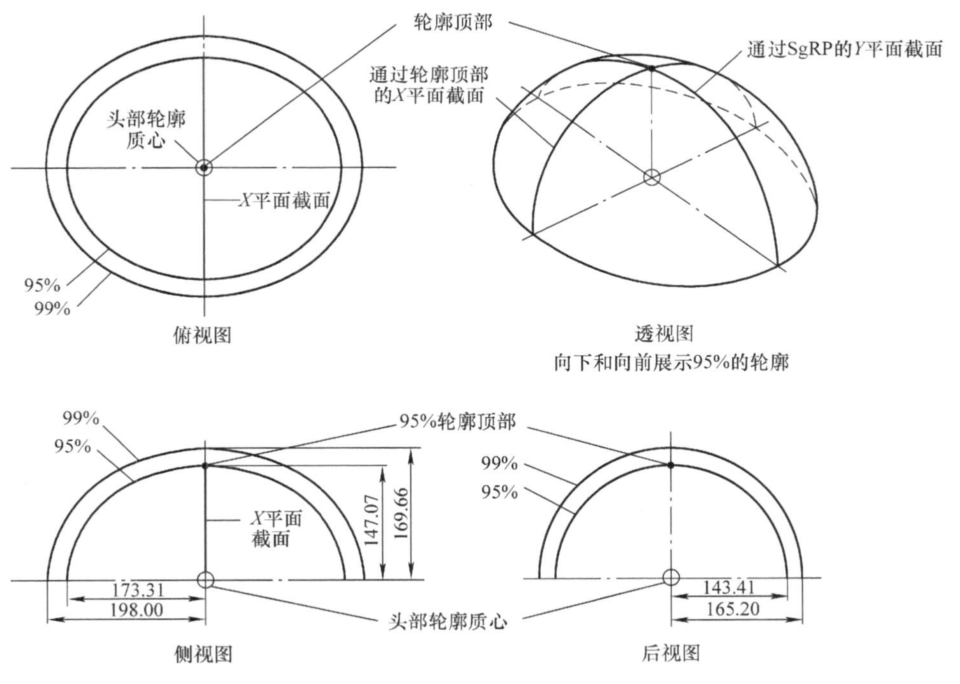

图 14-6 头部包络面大小—固定座椅（椭圆三个轴的长度）

表 14-7 所列为头部包络面中心位置。

表 14-7 头部包络面中心的位置（基于 SAE J941 眼椭圆质心到头部包络椭圆体质心的距离）

座椅行程（TL23）	X_h	Y_h	Z_h
>133mm	90.6mm	0mm	52.6mm
≤133mm	89.5mm	0mm	45.9mm
0mm（固定座椅）	85.4mm	0mm	42.0mm

3. 驾驶人眼点相关定义

（1）眼椭圆 一个表示眼睛分布位置的椭圆，在定位汽车内部参考点相对的三维空间中用来描述统计眼睛位置分布。SAE J941 对眼椭圆有详细定义。

（2）相切眼椭圆 三维空间的眼椭圆来源于无数区分眼睛位置平面形成的边界，$P\%$ 的眼睛在一边，$(100-P)\%$ 的在另一边。

值得注意的是，95 百分位眼椭圆是由 95% 相切眼椭圆组成的，并不意味着 95% 的眼点被包含在该眼椭圆内。95 百分位眼椭圆包含了 56% 的眼点，99 百分位眼椭圆包含了 86% 的眼点。图 14-7 所示为 5 百分位和 95 百分位眼椭圆图示，表 14-8 所列为 95 百分位及 99 百分位相切左右眼椭圆的轴长。

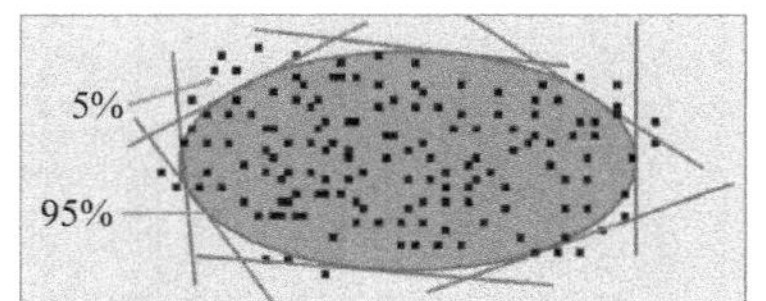

图 14-7 5 百分位和 95 百分位眼椭圆图示

表 14-8 95 百分位及 99 百分位相切左右眼椭圆的轴长

座椅调节行程/mm	百分比（%）	X 轴长/mm	Y 轴长/mm	Z 轴长/mm
>133	95	206.4	60.3	93.4
	99	287.1	85.3	132.1
1～133	95	173.8	60.3	93.4
	99	242.1	85.3	132.1

图 14-8 所示为眼椭圆各方向轴长示意图，图 14-9 所示为眼椭圆位置。

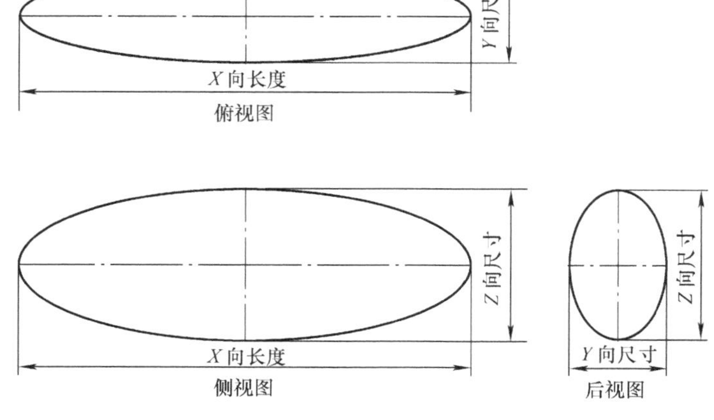

图 14-8 眼椭圆各方向轴长示意图（椭圆三个轴的长度）

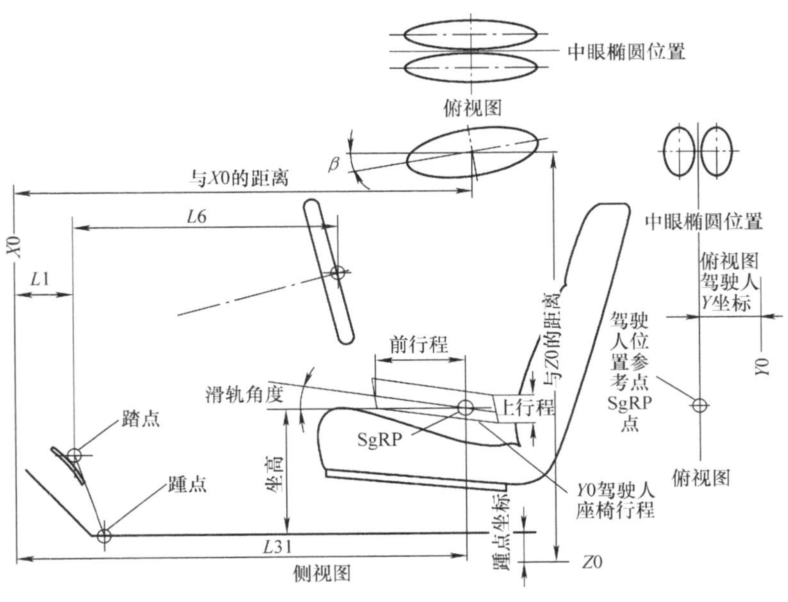

图 14-9 眼椭圆位置

除了眼椭圆，人机工程视野相关设计及校核所用到的还有如下眼点：

1）*V* 点。在乘员舱内，通过前排外侧乘坐位置中心线的纵向铅垂平面，与 *R* 点及设计座椅靠背角有关。此点用于检查汽车视野是否符合要求。

2）风窗玻璃基准点。从 *V* 点向前的射线与风窗玻璃外表面的交点。

3）*P* 点。当驾驶人水平观察物体时头部绕其旋转的点。

4）*E* 点。驾驶人眼睛的中心，用于评估 A 柱妨碍视野的程度。

5）驾驶人直接视野视点。参考机动车辆后视镜的性能和安装要求，用于校核 A、B、C 柱直接视野障碍角度的视点，相对驾驶人 *R* 点的坐标为（0，0，635）。

14.2.2 乘员布置及核心硬点确定过程

乘员乘坐位置的确定需要和车辆的整体架构方案做权衡，很大程度上受到基础平台（沿用件、地板形式、地面线、座椅结构、坐高、仪表板骨架等架构件）和外造型（顶高、前风窗玻璃倾角）的影响。乘员乘坐舒适性需通过对标分析，结合市场调研、整体架构要求及造型因素做一定程度的平衡。

1. 驾驶人坐姿确定

第一步确定假人模板脚部的位置及姿态，首先建立以 AHP 及 BOF 点交点为原点的初始坐标系，初步定义 *H*30 高度，建立坐高平面，然后根据 SAE J4004 定义的 *A*47（SPA）计算公式，确定驾驶人脚底平面角度，在初始坐标系内锁定 AHP 点及 BOF 点。SPA 计算公式为

$$SPA=2.522\times10^{-7}\times(H30)^3-3.961\times10^{-4}\times(H30)^2+0.04644\times(H30)+73.374$$

图 14-10 所示为假人脚部硬点示意图。

第二步锁定踝角及 *H* 点位置，参照 SAE J1517 的规定，通过标准公式确定各百分位驾驶人 *H* 点曲线，*H*30 坐高平面与 95% *H* 点舒适曲线相交的点即为 SAE95% 驾驶人人体模型 *H*

点。该组曲线与设计 H 点位置沿座椅前后运动轨迹的交点为各百分位驾驶人人体模型 H 点的位置。依据 SAE J826 的规定，锁定 $A46$ 踝角为 87°，锁定膝点位置。95% 人体 SgRP 点位于 BOF 点之后的 X 向位置计算公式如下：

$$X_{95} = 913.7 + 0.672316 \times (H30) - 0.0019553 \times (H30)^2$$

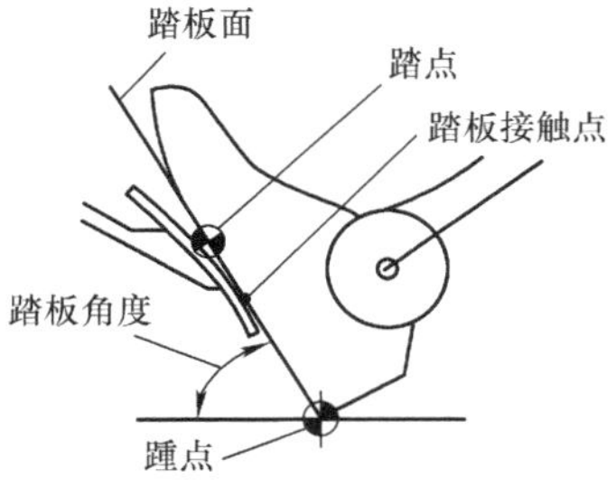

图 14-10　假人脚部硬点示意图

此时驾驶人假人模板各部分肢体硬点锁定，靠背角一般选为 25°，也可根据开发车型的特点及坐姿高低选用其他靠背角度，调整范围一般为 20°～30°。这样，驾驶人坐高、踵点、踏点、踝角、膝角、躯干角、靠背角均完成初始定义，驾驶人坐姿确定。图 14-11 所示为 SAE 标准驾驶人假人坐姿确定示例。

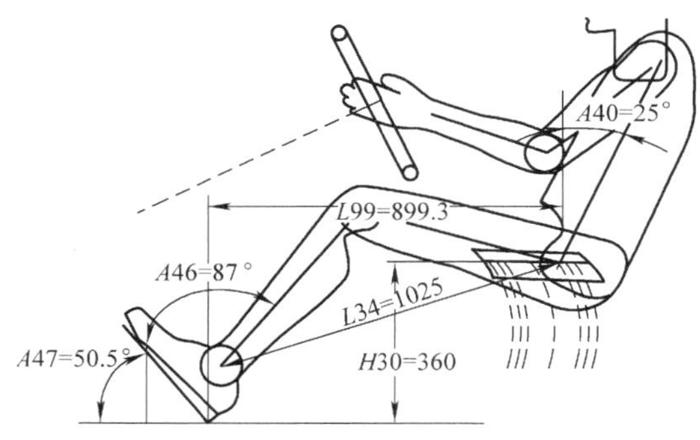

图 14-11　SAE 标准驾驶人假人坐姿确定示例

2. 乘员舱后排乘员坐姿确定

首先，根据 SAE J1100 关于各排 H 点间距 $L50$ 的定义，参考对标车型，选定 $L50$ 目标值，确定乘员假人坐高 $H30$，从而确定乘员 H 点位置。一般后排乘员 H 点要高于前排乘员 H 点 20mm，以提升后排乘客的视野舒适性及通透性。

其次，确定乘客踵点前后位置，如图 14-12 所示，将后排乘客的脚模型尽可能地向前布置，直到与前排设计位置座椅刚开始发生干涉，若此时后排乘员的踝角小于 130°，则取此位置的踵点位置为后排乘员踵点的位置，若此时后排乘员的踝角大于 130°，则将脚模型向后移动至使后排乘员的踝角等于 130°的位置，此时的踵点位置为后排乘员的踵点位置。

最后，根据踵点、后排乘员设计 H 点及座椅靠背角确定后排乘员坐姿。

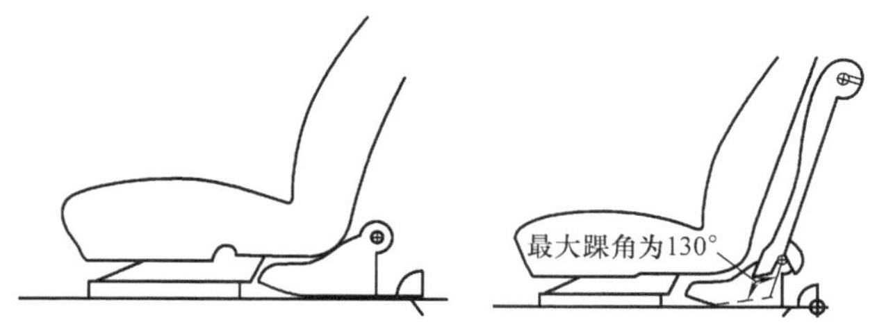

图 14-12　后排乘客踵点确定方法

3. 驾驶人及人体舒适坐姿推荐范围

在设计过程中，选择的人体关节角度及人体坐姿与驾驶和乘坐的舒适和疲劳程度直接相关。由于人体坐姿随车型的不同而变化较大，各自选择的舒适姿势下的关节角度也有较大差别。根据 SAE J1100 规定的 A 类汽车，其人体坐姿舒适度可以参考表 14-9。在具体设计过程中，一般在尺寸范围内设计，才能保证驾驶人操作过程中的坐姿的舒适性。

表 14-9　驾驶人坐姿舒适推荐值

符号	尺寸名称	舒适参考范围
*H*30	坐高：胯点到踵点的垂直距离/mm	250 ~ 405
*A*40	靠背角/(°)	23 ~ 27
*A*42	躯干与大腿的夹角/(°)	95 ~ 115
*A*44	膝角/(°)	100 ~ 145
*A*46	足角/(°)	81 ~ 96

4. 驾驶人 *Y* 向位置 *W*20 的确定

驾驶人 *Y* 向位置确定主要取决于整车外轮廓宽度尺寸、轮胎包络、假人模板 BOF 及 AHP 点相对前轮心的位置（*X* 向及 *Z* 向）、动力总成配置、转向系统性能、左右舵架构保护等关键因素。

在项目开发初期，根据核心竞品及细分市场的的定位，对整车外轮廓尺寸进行初始定义。基于外轮廓尺寸，结合横向空间开发效率的管控，初步定义肩部空间的宽度 *W*3。*W*3 的内部空间效率基本在 77% ~82% 之间，不同车型的外造型需求差异明显，如 SUV 车门处相对轮眉处会内收较多，或者 SUV 车型在轮眉处对轮眉造型的要求更高，所以 SUV 车型在宽度方向上的内部空间效率相对较低。图 14-13 所示为竞品车型横向内部开发效率。

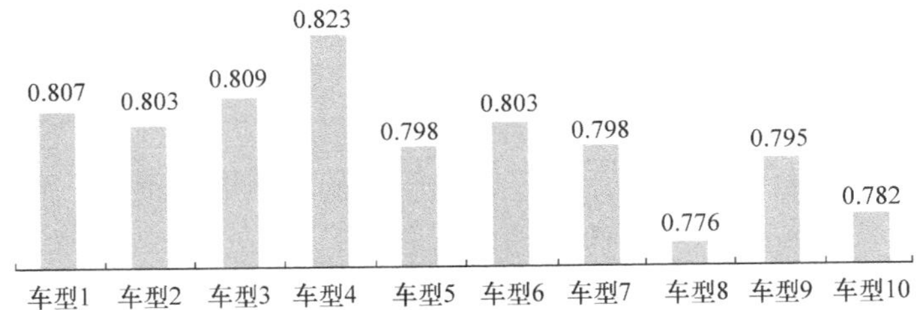

图 14-13　竞品车型横向内部空间开发效率

基于肩部空间的初始目标定义，结合不同车型驾驶人肩部空间的分配及造型对 CNSL 宽度的初步定义，确定驾驶人初始 *Y* 向位置 *W*20。人体与门板的距离尺寸在前期必须进行管控，人体太靠外，会造成人距离门板过近，导致驾驶人有空间、视野局促感，且会带来驾驶人与三踏板之间的操作舒适性问题。人体太靠近车内，将导致驾驶人在驾驶过程中无法触及门板扶手，以及乘员间 CNSL 尺寸过小，降低横向空间尺寸的有效利用率。

在完成 *W*20 初步确定以后，进一步根据轮胎包络，三踏板的布置及转向系统的传动平顺性指标，确定最终的 *W*20。后排乘员 *W*20 的确定与驾驶人类似。图 14-14 所示为三踏板与人体的关系校核。

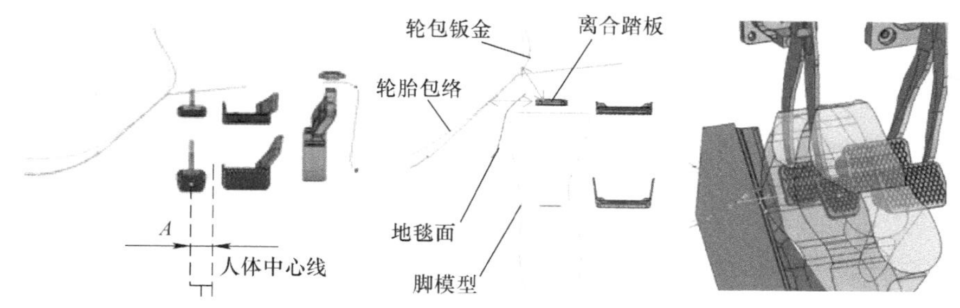

图 14-14　三踏与人体的关系校核

5. 转向盘中心点及座椅行程的确定

转向盘中心点是转向管柱旋转轴与转向盘外缘上表面切平面的交点。在完成驾驶人坐姿设定后，需进一步确定转向盘中心点位置。确定转向盘中心点时需考虑驾驶人能够方便地操控车辆踏板，且根据乘员保护安全需求，确保驾驶人的生存空间。因此需以 BOF 点及 AHP 点为基准，寻找到一个合适的位置，确保驾驶人的操作舒适性及乘坐安全性。表 14-10 所列的几个参数可协助确定转向盘中心点。转向盘作为整车设计非常重要的硬点，在确定初始位置后，需进行实物评审，以确保设计的准确性，避免工程反复。

表 14-10　转向盘布置核心控制参数

符号	尺寸名称	舒适参考范围
*L*6	转向盘中心点与 BOF 点的 *X* 向距离/mm	496 ~612
*L*7	转向盘与躯干线距离/mm	推荐 360
*H*13	转向盘与大腿中心线距离/mm	推荐 110
*A*18	转向盘角度/(°)	22 ~30
*A*16	*Y* 平面内 *V*2 点与转向盘上缘夹角/(°)	>1
*W*9	转向盘轮辐直径/mm	350 ~390

驾驶人坐姿及转向盘中心点确定后，座椅滑轨行程又该如何设计，才能满足不同百分位驾驶人的驾乘需求？SAE J4004 对座椅的滑轨行程进行了定义，如要覆盖 95% 的人体，含 2.5% ~97.5%，其要求滑轨整体长度不能小于 240mm。目前市场主流车型的滑轨长度一般都大于 240mm，若因个别项目需要将行程缩短，需要总布置进行研究，确定受影响人体范围及存在的人机工程隐患。表 14-11 所列为座椅滑轨长度要求。

表 14-11　座椅滑轨长度要求

期望的乘员布置（%）	驾驶人 *H* 点前行程/mm	驾驶人 *H* 点后行程/mm	座椅全行程长度/mm
98（1 ~99）	-135	145	280
97.5（1.3 ~98.8）	-131	140	271
95（2.5 ~97.5）	-116	124	240
90（5 ~95）	-100	106	206
80（10 ~90）	-79	83	162

碰撞安全法规要求碰撞时假人摆放位置与座椅滑轨行程密切相关，表 14-12 列出了不同

的碰撞安全法规要求。

表 14-12　碰撞安全法规要求

法规	GB 11551—2014 50%混Ⅲ模型	FMVSS 208 50%混Ⅲ模型	ECE R94	IIHS	Euro NCAP
前排座椅试验位置	*H*点位于中间位置或最接近于中间位置的锁止位置，并处于厂家规定的高度位置	*H*点位于中间位置或最接近于中间位置的锁止位置；高度处于最低位置	*H*点位于中间位置或最接近于中间位置的锁止位置，并处于规定的高度位置	将测得的数据输入相应的三坐标测量数据表，根据计算出的数据进行最终定位	*H*点位于95%男性位置与最前位置的中间。如果在这个位置不能被锁定，就移动到中点后第一个锁止位置。座椅高度处于最低位置

由表 14-12 可知，Euro NCAP 相对 GB 11551—2014 及 FMVSS 更加严格，对于同一款车辆，碰撞假人周边的环境是一致的，但是碰撞假人所处的位置不同（Euro NCAP 更加靠前），将得到不同的试验结果，碰撞假人越靠后，对应的伤害值将越小，则相应的碰撞得分越高，星级也就越高。基于对以上基本原则的共同认知，碰撞安全在整车总布置前期对于驾驶人 *R* 点及座椅的滑轨行程设计均提出了较高的约束条件，如在人机工程开发前期不集成安全性能对乘员舱布置的要求，在项目后期为了实现碰撞安全试验，将对整车架构布置方案或者人机工程产生重大影响。图 14-15 所示为50%混Ⅲ碰撞假人虚拟分析。

目前整车采用的座椅骨架及滑轨基本是平台选型件，座椅滑轨行程（Travel Box）是座椅平台的物理参数属性，一旦座椅平台选定，其滑轨行程基本已经锁定，因此在进行座椅滑轨选型时，要充分考虑人机工程操作舒适性及碰撞安全性的要求，在满足人机工程覆盖小百分位人体的前提下，将座椅滑轨行程最大限度地后移。

综上，完成初始乘员布置方案，并形成类似图 14-16 所示的三维边界数据。

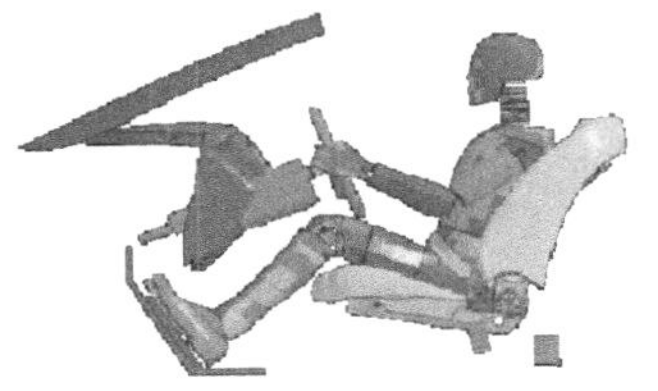

图 14-15　50%混Ⅲ碰撞假人虚拟分析

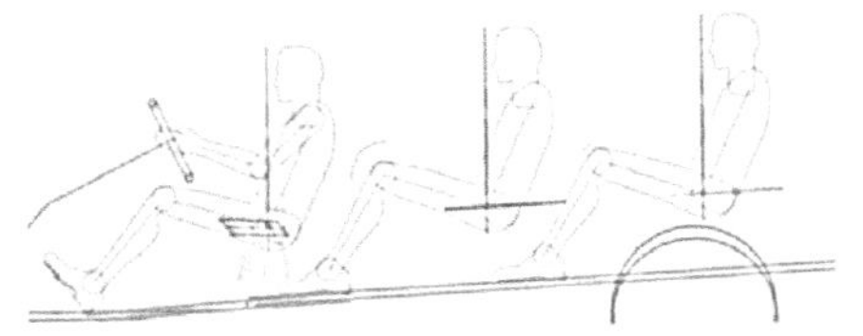

图 14-16　初始乘员布置及关键硬点定义

6. 乘员内部乘坐空间开发

参照 SAE J1100 各空间尺寸定义，在车辆开发中重点管控头部空间、肩部空间、肘部空间、臀部空间、膝部空间、腿部空间及脚部空间。乘员布置完成后，依据竞品信息及市场制胜策略，确定内部空间的开发目标值，并在架构方案冻结时完成三维数据边界及限制面的绘制及发布，得到整车前期开发中的初始总布置图（图 14-17），用以指导、约束造型及工程开发。

14.2.3　整车人机工程视野舒适性开发

整车视野作为影响车辆行驶安全性的重要因素，消费者的关注度也不断提高，视野舒适

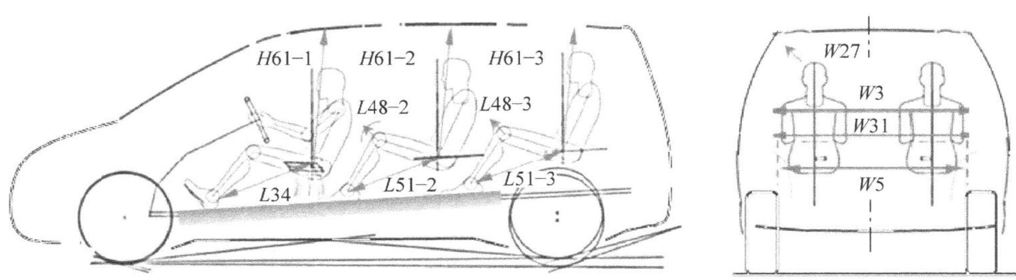

图 14-17 整车初始总布置图

性开发是产品的重要制胜点之一。但由于视野评价的主观性，且与外造型流程趋势强相关，如何合理的满足用户视野需求，有哪些控制及评价指标，与工程设计紧密联系起来，最终形成量化的设计标准，是需要人机工程师不断更新完善的课题。

1. 视野舒适性开发方法

对于视野舒适性开发而言，关键的整车开发节点为架构冻结（Architecture Complete，AC）和造型方案工程可行性签署（Engineering Sign Off，ESO）。根据关键的开发节点，视野舒适性的完整开发过程相应分为前期分析、中期开发、后期验证三个阶段。整个过程是计划、执行、检查执行结果和改进，循环运用以实现既定目标的过程。整车视野作为前期架构人机开发关键参数指标，其目标定义及可行性分析与乘员及空间开发进度基本一致，需在架构方案锁定时，完成工程可行性的确认并发布硬边界。图 14-18 所示为视野舒适性开发流程图。

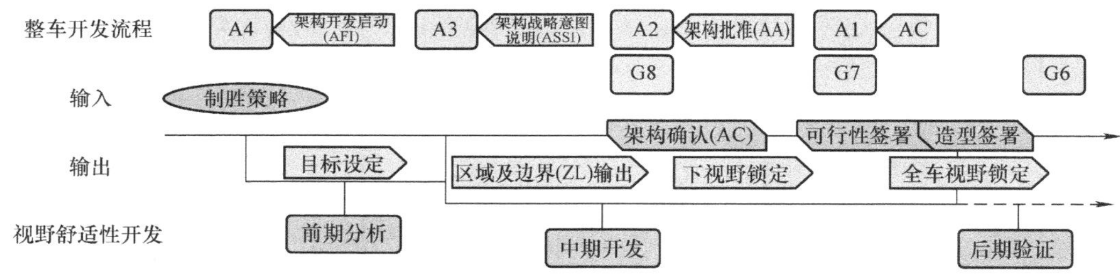

图 14-18 视野舒适性开发流程图

在架构战略意图说明（Architecture Statement of Strategic Intent，ASSI）之前的阶段，是视野舒适性开发的前期分析阶段，主要工作是根据市场的制胜策略输入，结合核心竞品的性能参数，量化出整车视野各项指标的目标值。目标值获得项目认可后到造型签署（Design Sign Off，DSO）之前的阶段，是视野舒适性开发的中期开发阶段，主要工作是将目标值转化为约束标准、限制数模（Zone & Limit），约束、校核相关架构件布置和造型（如下视野约束前舱盖高度，前方侧视野约束 A 柱位置及倾角等）。此阶段可通过架构问题清单和造型伴随问题清单对视野相关问题进行跟踪，以保证目标值能够顺利达到。在中期开发阶段，作为驾驶人视野舒适性开发中重要性最高的前下视野（盲区），在架构冻结时工程可行性即锁定，所以在此阶段应着重关注前下视野的工程方案。在 DSO 之后到第一台全功能工程样车生产完成之前的阶段，是视野舒适性开发的后期验证阶段，主要工作是运用各种软件工具，结合实物模型评审，跟踪造型伴随开发中目标的执行结果及工程开发状态。

作为中期开发阶段重要性最高的前下视野（车前盲区）开发，其限制因素较多，在驾驶人坐姿锁定的前提下，前舱盖距离眼点越近，高度越低，则下视野越好。因此，在架构开发前期，如何降低前舱盖高度，如何提升人体与前舱的集成效率，是人机工程师应重点关注的问题。图 14-19 所示为驾驶人位置纵向架构断面。

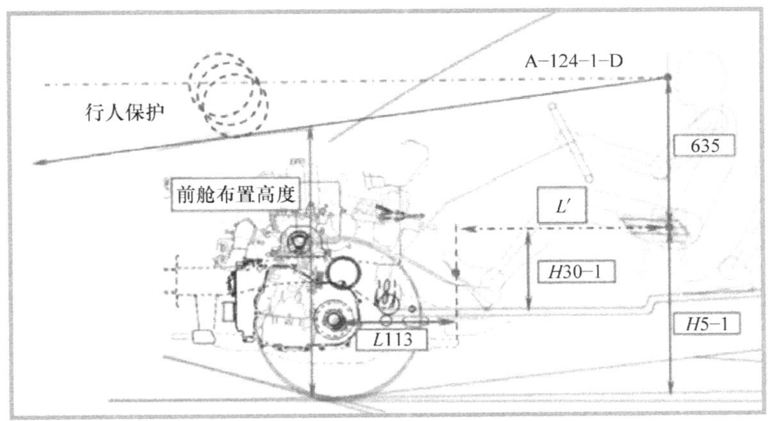

图 14-19 驾驶人位置纵向架构断面

2. 整车视野开发的工程控制参数

整车人机工程视野开发主要分为驾驶人视野开发和乘员视野开发两大类，每一类中又分为若干细节视野评价内容。其中部分评价项有相应的强制或行业内通行的评价标准，见表 14-13，其中各个指标的权重及评价条目不是一成不变的，将根据车型及驾驶人需求进行适当调整。

表 14-13 整车视野控制参数

视野分类	视野评价项	加权比重	备注
驾驶人视野	眼点高度	4%	以架构开发为主，同级别车型进行比对
	前方上视野	8%	GB 11562—2014《汽车驾驶员前方视野要求及测量方法》
	前方下视野（盲区）	8%	
	内后视镜基座遮挡	1%	以主观评价为主，无标准要求
	刮水器位置	1%	
	A 柱盲区（主副驾侧）	20%	GB 11562—2014《汽车驾驶员前方视野要求及测量方法》
	A 柱位置	10%	结合外造型诉求，合理管控，并与核心竞品车对比竞争力
	外后视镜底座尺寸	7%	
	外后视镜位置	1%	
	侧方上视野	5%	
	侧方下视野（盲区）	10%	
	B 柱位置	5%	
	C/D 柱遮挡盲区	5%	
	后上视野	3%	

（续）

视野分类	视野评价项	加权比重	备注
驾驶人视野	后视野障碍最高点	10%	结合外造型诉求，合理管控，并与核心竞品车对比竞争力
	后窗遮挡（主观）	1%	
	高科技间接视野装置	1%	
乘员视野	前方视野		结合造型诉求，主观评价为主
	侧方视野		

3. 整车视野开发评价指标

下面对一些用户比较关注，权重比较高的视野参数进行主观评价说明。其中主观评价得分情况可作为参考，各指标评价得分在0～5分之间线性分布。

（1）前方上视野（8%） 驾驶人中心纵向断面处的前方上视野（A－124－1－U），较大的上视野有助于感知识别交通信号灯及提升驾驶人的空间通透感，缓解驾驶疲劳。图14-20所示为前方上视野。

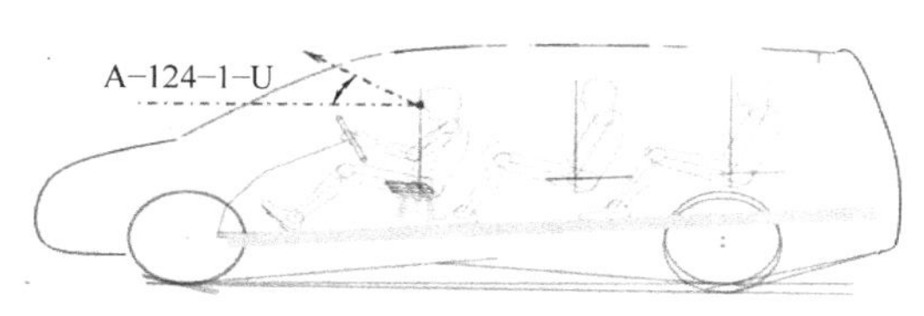

前方上视角	大致得分
20°	5
17.5°	3
14.5°	1

图14-20 前方上视野

（2）前方下视野（盲区）（8%） 驾驶人中心断面处，由GCIE（全球汽车生产商信息交换）眼点出发的下视野线延长线与空载地面线延长线的点交至车辆最前端的距离；缩短视野盲区有助于驾驶人识别更靠近车前的障碍物。图14-21所示为前方下视野（盲区）。

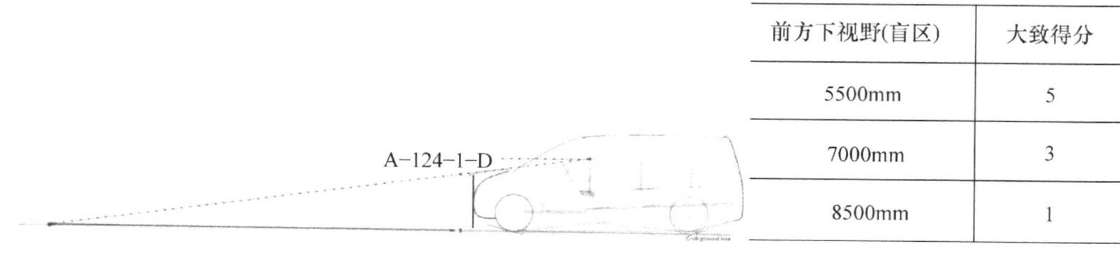

前方下视野(盲区)	大致得分
5500mm	5
7000mm	3
8500mm	1

图14-21 前方下视野（盲区）

（3）A柱障碍角（20%）

1）单A柱障碍角。在过GCIE眼点的水平断面上测量A柱障碍角，即A151－L－1。与GB 11562—2014给出的测量方法不同，此为简化测量方法。副驾侧为A151－R－1，较小的A柱障碍角可以提升转弯时的视野。

2）双A柱障碍角。在GCIE眼点水平断面上测量A柱障碍角，使用A151－L－1＋（A151－L－2×0.8）－视角，（若视角<1.5°，则近似为A151－L－1＋A151－L－2）。

图14-22所示为A柱障碍角。

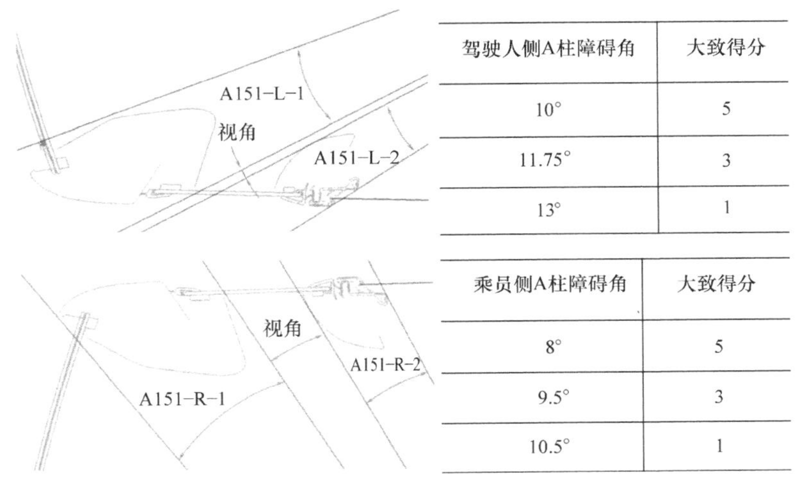

驾驶人侧A柱障碍角	大致得分
10°	5
11.75°	3
13°	1

乘员侧A柱障碍角	大致得分
8°	5
9.5°	3
10.5°	1

图 14-22　A 柱障碍角

（4）A 柱位置（10%）　在 GCIE 眼点水平断面处测量由 GCIE 眼点出发与驾驶人侧 A 柱相切的直线和 X 轴的夹角，此夹角越大，驾驶人前方侧视野越好。图 14-23 所示为 A 柱侧视野角。

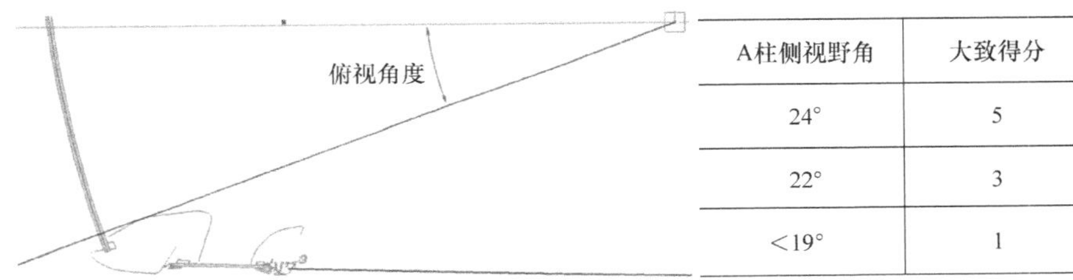

A柱侧视野角	大致得分
24°	5
22°	3
<19°	1

图 14-23　A 柱侧野角

（5）外后视镜底座尺寸（7%）

1）普通单 A 柱。在水平断面上前风窗黑边到外后视镜底座最后沿的最小长度。

2）A1 及 A2 柱。尺寸 <300mm 可视为较好的开发状态，325mm 为平均水平，≥350mm 则需要改进提升。前门侧窗有固定玻璃的，分隔立柱的尺寸也要计入总尺寸。较小的外后视镜底座/A 柱根部尺寸有助于减小转向时的视野盲区。图 14-24 所示为外后视镜底座尺寸。

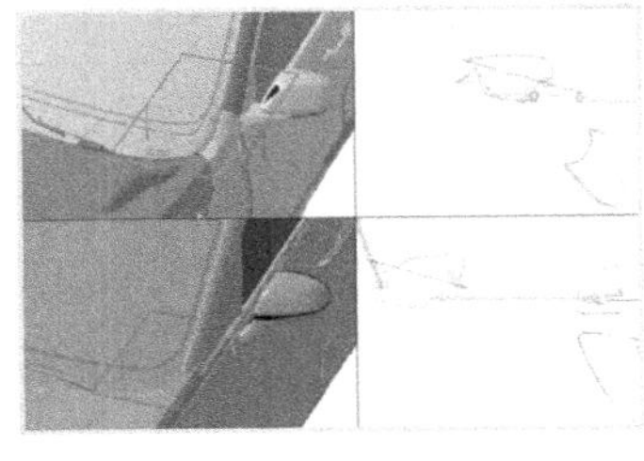

底座最小尺寸	大致得分
275mm	5
325mm	3
375mm	1

图 14-24　外后视镜底座尺寸

（6）侧方上视野（5%）　过 SgRP－1st 的 X 平面上，从 GCIE 眼点出发过侧窗 DLO（玻璃透明区）点的视野线与水平面的夹角。较大的风窗有助于提升侧方上视野角度。图 14-25 所示为侧方上视野。

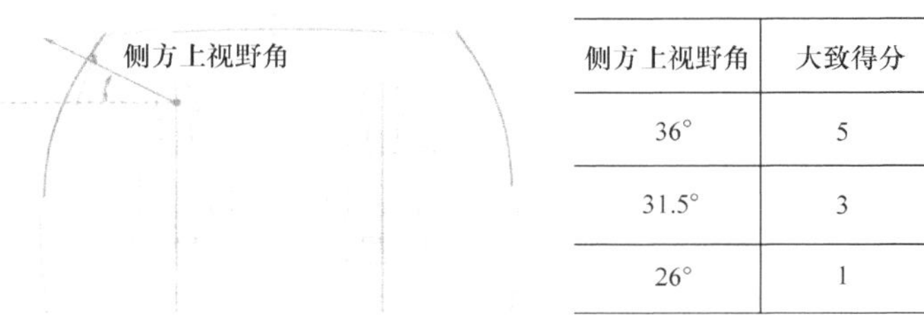

侧方上视野角	大致得分
36°	5
31.5°	3
26°	1

图 14-25　侧方上视野

（7）侧方下视野（盲区）（10%）　过 SgRP－1st 的 X 平面上，从 GCIE 眼点出发的侧下视野线延长线与空载地面线延长线的交点与 SgRP 的 Y 向距离。较大的风窗、较低的水切有助于减小侧方下视野盲区长度。图 14-26 所示为侧方下视野。

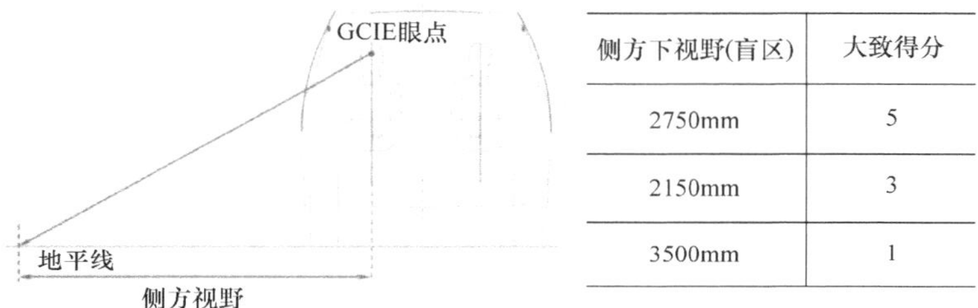

侧方下视野(盲区)	大致得分
2750mm	5
2150mm	3
3500mm	1

图 14-26　侧方下视野

（8）B 柱位置（5%）　过 GCIE 眼点的水平断面上，从 GCIE 眼点出发过与 B 柱相切的视野线和 Y 轴的夹角，此角度越大，越有助于增大变道时的侧向视野。较大的侧窗尺寸、紧凑的 B 柱结构有助于增大此角度，但需综合考虑 B 柱的结构位置。图 14-27 所示为 B 柱位置。

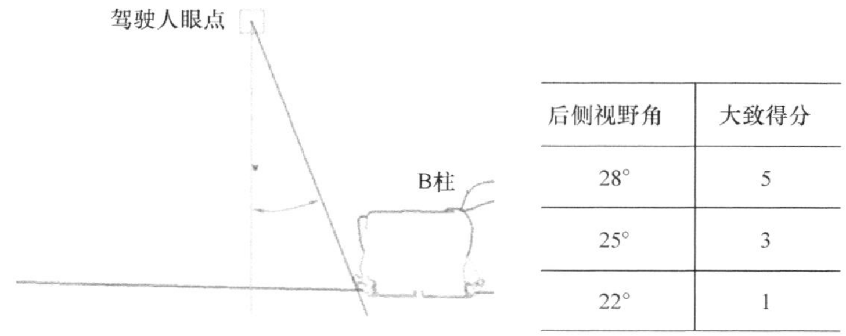

后侧视野角	大致得分
28°	5
25°	3
22°	1

图 14-27　B 柱位置

（9）C/D 柱遮挡盲区（5%）　过 GCIE 眼点的水平断面上，从 GCIE 点出发做 C/D 柱的视野遮挡角度。紧凑的立柱结构有助于减小视野盲区；较小的盲区有助于增大变道和倒车时的视野。图 14-28 所示为 C/D 柱遮挡盲区。

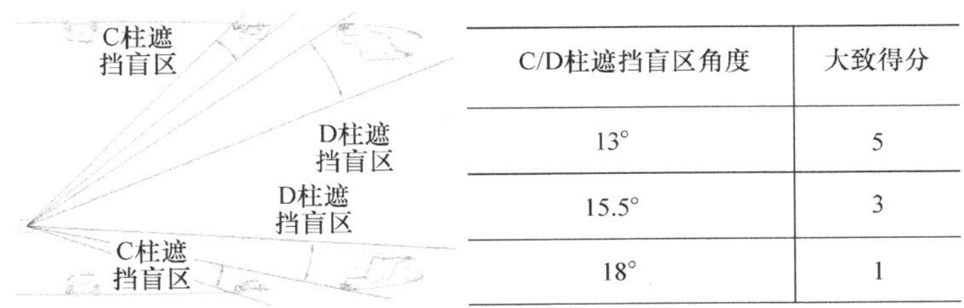

C/D柱遮挡盲区角度	大致得分
13°	5
15.5°	3
18°	1

图 14-28　C/D 柱遮挡盲区

（10）后下视野（10%）　在车辆 *Y*0 断面内，后下视野的切点与空载地面线的 *Z* 向高度。降低此高度可以减小后下视野的盲区。图 14-29 所示为后下视野。

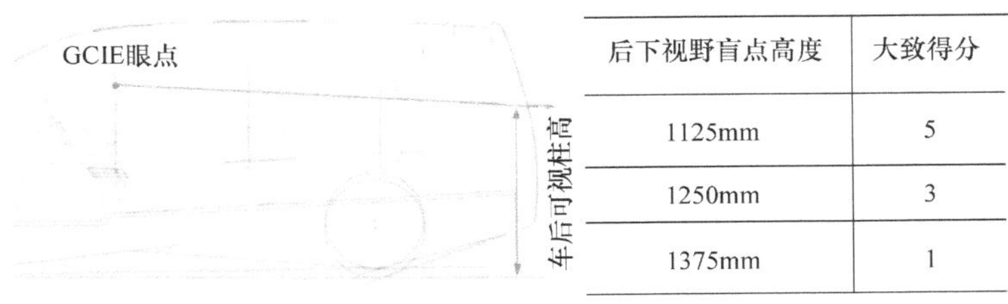

后下视野盲点高度	大致得分
1125mm	5
1250mm	3
1375mm	1

图 14-29　后下视野

14.2.4　乘员上下车方便性开发

整车开发中，乘员上下车方便性是人机工程开发的重点，基于对人体生理特征和车辆结构相互关系的研究，上下车方便性相关参数可分两类，第一类为脚部及腿部控制参数，第二类为上身躯干及头部控制参数。上下车方便性开发中，主要对如下参数进行控制：

（1）脚部出入空间 *L*18、*L*19　如图 14-30 所示，考核座椅和立柱或门饰板的最小距离。设定目标值要优先考虑脚部进出车舒适性，避免出现出车时脚踝关节过度扭曲或脚部前后撞击的现象。

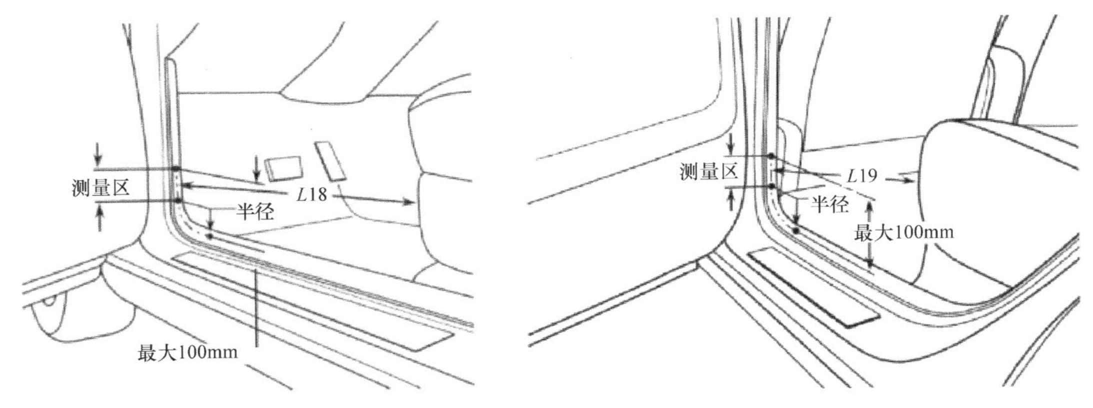

图 14-30　脚部出入空间示意

（2）横向、纵向脚部出车空间 *W*84、*H*44　如图 14-31 所示，考核门槛的两个尺寸控制

小腿跨出门槛时，脚部横向移动及抬升的便利性。

（3）踵点到 A 柱下 X 向距离 c　如图 14-32 所示，用以评价驾驶人出车时脚需要回收的距离。

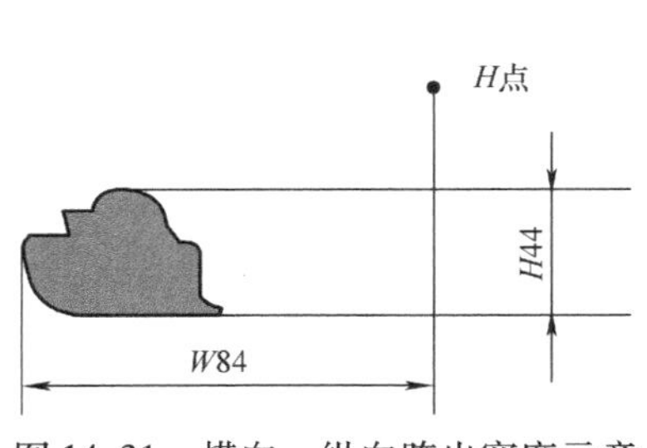

图 14-31　横向、纵向跨出宽度示意

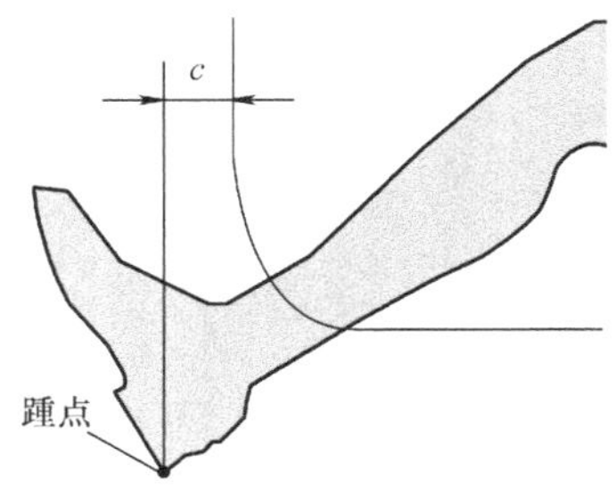

图 14-32　脚部回收示意

（4）门槛离地高度、侧踏板离地高度及乘员 R 点离地高度　如图 14-33 所示，用以评价驾驶人进出车时脚部进出及大腿根部离地高度。

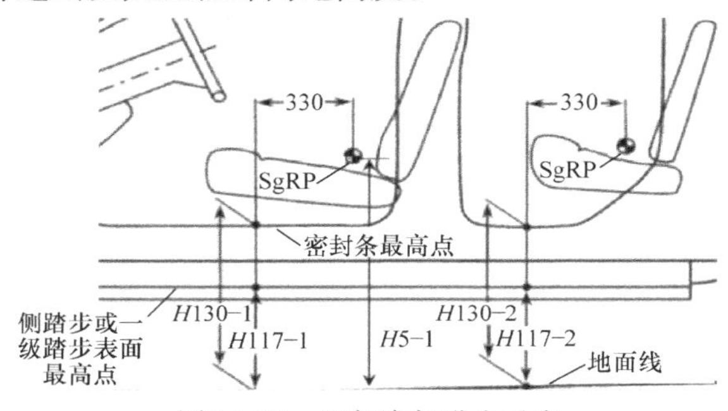

图 14-33　腿部脚部进出示意

（5）转向盘下缘与人体大腿中心线距离及驾驶人膝部空间　如图 14-34 所示，用以评价驾驶人通过转向盘下方的便利性。

（6）转向盘到假人躯干线的距离 $L7$　如图 14-35 所示，用以评价驾驶人躯干进出车内的便利性。

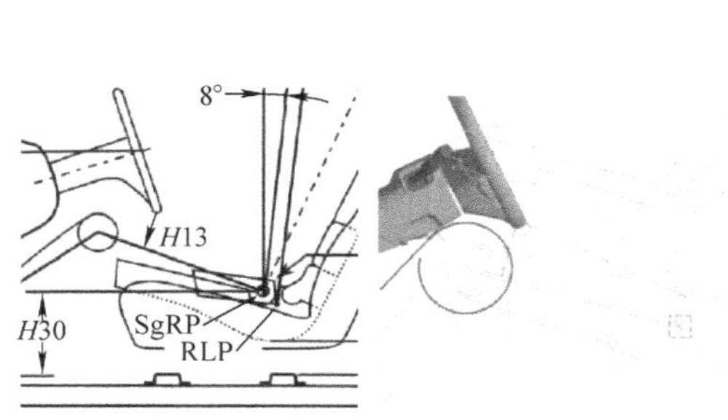

图 14-34　大腿横向通过性示意

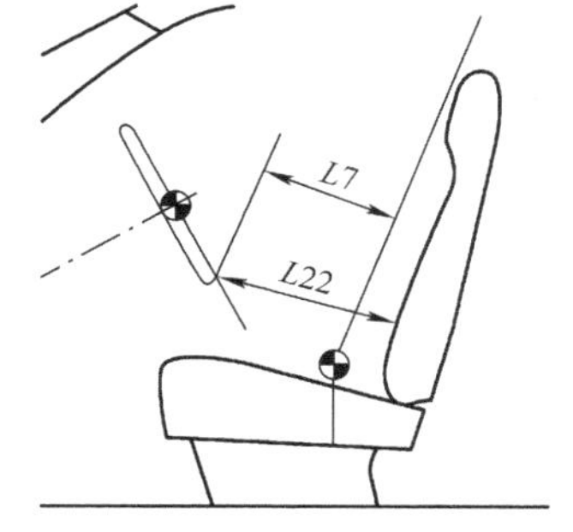

图 14-35　躯干通过性示意

14.3　视觉舒适性设计

随着智能座舱及虚拟显示技术的迅猛发展，整车设计追求科技化、智能化，车载显示设

备的尺寸越来越大，数量越来越多，且出现显示屏无帽檐化的设计，这种新的设计趋势带来了新的问题：很多汽车驾驶人在白天驾车时发现显示屏会明晃刺眼，在夜晚时则发现前风窗玻璃或侧窗上有显示屏影像，当这些眩目和投影出现在驾驶人的前方或侧方视野内时，就会给驾驶带来安全隐患。这就是人机工程开发中非常重要的驾驶人视觉舒适性问题。

14.3.1 视觉舒适性定义

驾驶人需要通过眼睛感知路况及驾驶环境、读取车辆信息屏的有效信息，以便做出正确的判断与操作，所以需要有效控制驾驶人的视觉舒适性。光视觉舒适性问题分为四类：炫目（Glare）、风窗投影（Reflection）、视野遮挡（Obscuration）、泛白（Washout/Haze）。

1. 炫目干扰

太阳光透过前风窗玻璃或其他透明玻璃直射到车内高反射率零件表面，环境光经一次反射到驾驶人眼睛，视野内有强光照射，使人的眼睛产生不舒适感及视觉障碍的现象为眩目，如图 14-36 所示。如果强光长时间射入驾驶人的眼睛，光线经过眼底反射聚在眼球上会灼伤视网膜黄斑，因此炫目既影响行车安全又损害驾驶人身体健康，其危害性较大，在设计过程中应该坚决避免。

图 14-36 炫目干扰原理及现象示意

2. 投影干扰

投影又可分为夜间投影与日间投影。夜间投影是指由于车内的组合仪表背光、按键背光、氛围灯光及其他发光液晶屏在前风窗玻璃和侧风窗玻璃上形成的影像，以及日间组合拨杆、转向盘或者人体在仪表镜头上的投影，如图 14-37 所示。

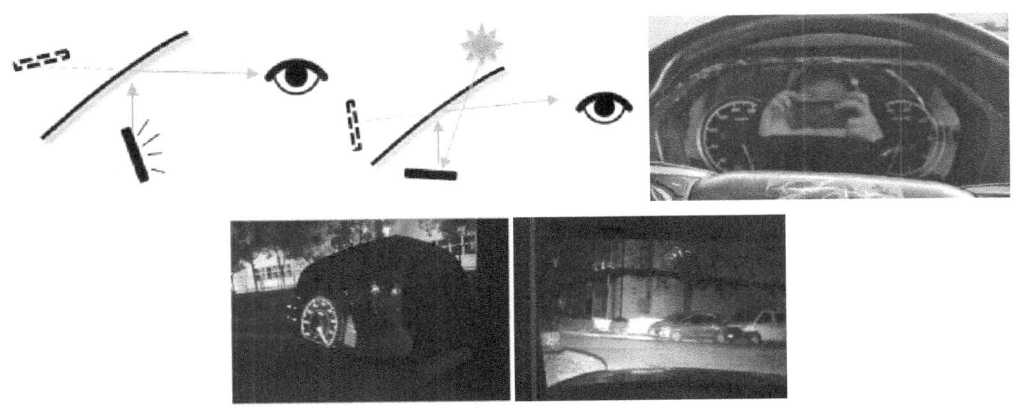

图 14-37 投影干扰原理及现象示意

日间投影是指阳光直射到车内零件表面，由于零件的特征棱线、分缝线、分界线或分色，产生有对比度的影像，在风窗玻璃或大屏幕上产生的薄纱效应成像，如图 14-38 所示。

图 14-38　日间投影干扰示意

3. 视野遮挡

视野遮挡指观察组合仪表、娱乐信息屏、开关的直接视野被转向盘、变速杆、周边饰板等遮挡的状态，如图 14-39 所示。

图 14-39　视野遮挡示意

4. 泛白

泛白是因环境光经风窗玻璃或车窗玻璃直射到仪表或屏幕的表面产生漫反射引起的，如图 14-40 所示。通常发生在仪表或屏幕的表面，会导致驾驶人阅读信息困难，给驾驶人的判断造成不必要的麻烦，甚至造成行车危险。影响泛白的主要因素是环境光强度，屏幕位置、曲率和角度。

图 14-40　泛白原理及现象示意

14.3.2　视觉舒适性开发方法

产生视觉舒适性问题的零部件主要集中在 IP/CNSL 区域，该区域是造型开发核心区域，且在立项初期造型主题草图设计阶段，显示屏配置、初步位置，风口的位置，装饰条等就已经有了初步设计概念。因此，视觉舒适性开发在造型启动及设计意图讨论阶段就需要人机工程师介入，伴随造型的主题变化，展开视觉舒适性工程应对方案设计及开发。否则，一旦造型主题确定，虚拟开发阶段不进行管控，实车阶段出现的视觉舒适性问题只能进行优化，而无法有效解决，若要彻底解决，往往会引起仪表板整体造型风格和结构设计的较大改变，严重影响项目的正常时间进度，甚至需要投入上百万的工程更改费用。

1. 视觉舒适性开发流程

（1）前期策略及目标定义阶段　定义前风窗 A、B 区和侧车窗外后视镜观察区为视野关键区域，如图 14-41 所示，管控仪表、各种显示屏、风口位置和角度布置，利用光学几何原理借助工程软件完成简单的光路传递分析，或者利用专业 OPTIS 光学分析软件，完成一轮简单的 GROW（炫目、风窗投影、视野遮挡、泛白）状态模拟，影响并限制造型及内饰件色彩材质定义，尽量避免高光泽度产生炫目。

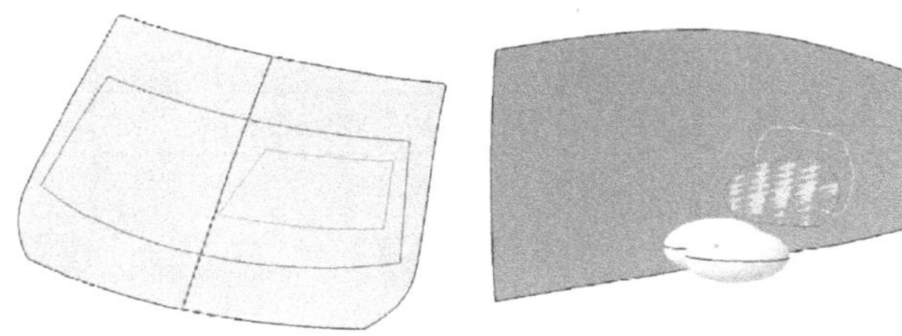

图 14-41　风窗玻璃视野关键区域

（2）中期视觉舒适性开发阶段　造型主题确定至 G5 前伴随造型开发，完成组合仪表、导航及空调显示屏等信息系统的炫目/耀眼、风窗投影、视野遮挡、泛白等几何方法校核，在造型冻结（SF）前解决物理光学几何问题。数模阶段的校核对于解决反光、成像问题至关重要，如果及时发现问题进行更改，虚拟分析结果与实车结果基本一致，可规避重大视觉舒适性问题。造型伴随期间，需完成两到三轮完整 OPTIS 虚拟校核分析：SF 前支持造型意图实现，G6 前支持 A 面及内饰件色彩材质定义。

（3）样车制造阶段　完成组合仪表、导航及空调显示屏等信息显示系统的炫目/耀眼、风窗投影、视野遮挡、泛白问题的实车验证，确保视觉舒适性问题得到规避及部分遗留问题得到优化。

2. 视觉舒适关键件布置集成

与视觉舒适性相关的核心零部件主要有仪表、娱乐信息屏，其初始的布置位置需由人机工程师进行推荐并进行最终确认。

仪表布置过程中的关键控制参数如图 14-42 所示，全液晶仪表角度若无法避免侧窗光线形成炫目，可以适当减小角度 $A2$。

娱乐信息屏布置过程中的关键控制参数主要有信息屏的下视野角度及显示面与视线的夹角，如图 14-43 所示。其中 $A5$ 可以依据反光成像的结果及直接视野的舒适性进行调整，平衡优化二者性能。

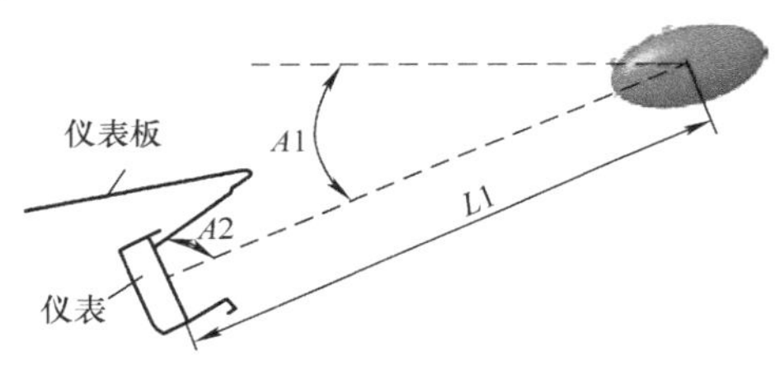

图 14-42　仪表布置关键控制参数

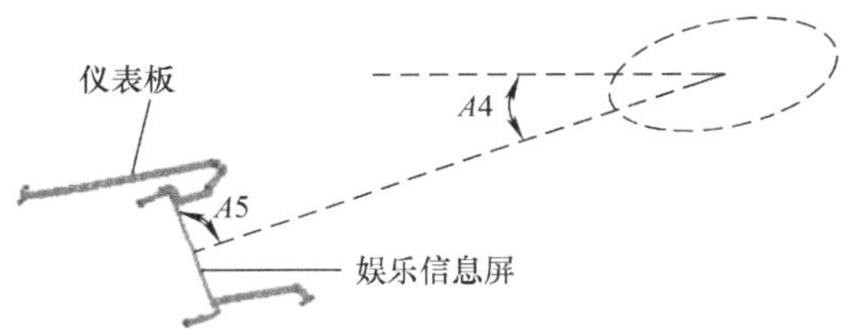

图 14-43　娱乐信息屏布置关键控制参数

校核仪表及娱乐信息屏视觉反光、成像的几何关系，根据视觉舒适性判定标准，微调仪表及娱乐信息屏的布置位置与角度。校核软件可以为 CATIA、OPTIS、CAVA、UG 中的任意一种，分别校核眼椭圆 12 个极限眼点，以最恶劣的眼点做结果评估。若在虚拟校核结果中发现红色不可接受问题，如大面积炫目、风窗关键观察区域成像，必须进行优化，推进造型及相关工程师采取必要措施，如增加帽檐长度、改变风窗透明区大小及角度、改变显示屏的位置及角度、对屏幕表面进行特殊化处理等，并结合实物模拟验证确认方案有效。

3. GROW 虚拟分析工况

表 14-14 所列为视觉舒适性虚拟分析工况参考条目。

表 14-14　视觉舒适性虚拟分析工况参考条目

<table>
<tr><td colspan="2">一、仪表</td></tr>
<tr><td colspan="2">仪表直接视野：转向盘、护罩、驾驶人监控系统（DMS）会对仪表有视野遮挡</td></tr>
<tr><td rowspan="2">仪表反光问题</td><td>显示屏：校核目标为所有玻璃窗</td></tr>
<tr><td>镜头：校核目标为所有玻璃窗</td></tr>
<tr><td rowspan="2">仪表风窗玻璃投影问题</td><td>在前风窗玻璃上成像</td></tr>
<tr><td>在侧风窗玻璃观察区成像</td></tr>
<tr><td rowspan="3">仪表成像</td><td>在显示面成像：转向盘、护罩、组合拨杆、人体等</td></tr>
<tr><td>在镜头成像：转向盘、护罩、组合拨杆、人体等</td></tr>
<tr><td>在仪表饰圈成像：仪表发光部件</td></tr>
<tr><td colspan="2">二、娱乐信息屏</td></tr>
<tr><td colspan="2">娱乐信息屏直接视野：转向盘、组合拨杆、变速杆、杯托内高水杯等会产生大屏视野遮挡</td></tr>
<tr><td colspan="2">反光炫目：所有玻璃窗透明区</td></tr>
<tr><td rowspan="2">娱乐信息屏风窗投影问题</td><td>在前风窗玻璃上成像</td></tr>
<tr><td>在侧风窗玻璃观察区成像</td></tr>
<tr><td colspan="2">娱乐信息屏显示面成像：人体、座椅、顶棚、立柱、变速杆等</td></tr>
<tr><td colspan="2">三、背光件/开关</td></tr>
<tr><td rowspan="2">直接视野</td><td>被转向盘遮挡：布置在 IP 靠近转向盘的开关</td></tr>
<tr><td>被变速杆遮挡：布置在 CNSL 变速杆副驾侧或前侧的开关</td></tr>
<tr><td rowspan="2">风窗投影问题</td><td>在前风窗玻璃上成像</td></tr>
<tr><td>在侧风窗玻璃观察区成像</td></tr>
<tr><td colspan="2">四、所有高亮电镀件</td></tr>
<tr><td colspan="2">反光问题：校核所有高亮电镀件</td></tr>
<tr><td rowspan="2">风窗投影问题</td><td>在前风窗玻璃上成像</td></tr>
<tr><td>在侧风窗玻璃观察区成像</td></tr>
<tr><td colspan="2">五、IP 上表面造型特征</td></tr>
<tr><td colspan="2">IP 上表面造型特征在前风窗玻璃上成像：抬头显示（HUD）、除霜除雾风口及其他明显造型特征线等</td></tr>
</table>

4. GROW 光视觉问题优化路径

理解光视觉问题的成因，可以有针对性地进行设计和优化。

解决炫目问题的主要手段是优化零件表面的处理工艺，一些车型为了提高产品的品质感会在仪表板的表面增加高反射率的装饰零件，如镀铬饰条等，此时的材料表面处理工艺应选择亚光镀铬或银漆处理等方式，既满足造型的要求，还要兼顾弱化反光；显示屏幕表面在设计过程中也应该避免产生眩光，一旦出现眩光则需要优化屏幕表面的工艺处理，如增加AR/AG膜或重新设计屏幕的位置与角度。

投影问题主要通过优化玻璃位置、角度、曲率及发光零件的位置解决。使灯光反射在玻璃上的投影产生集聚、减小投影面积、弱化投影产生的影响。日间投影的危害性虽然不强，但是在设计过程中较难控制。其原因是日间投影的影响因素和许多工程要求存在矛盾，如IP前端除霜除雾出风口位置，视觉舒适性期望越靠近前风窗下边缘越好，但太靠近前风窗会影响除霜除雾效能；又如视觉舒适性期望仪表板上表面无特征，且仪表板上表面不要做分色，但这将严重束缚造型发挥空间，使得产品单一化，无差异化竞争力。因此设计过程中需结合项目的实际要求来平衡各方诉求。

解决视野遮挡问题的主要手段是优化零件布置位置，实现车辆信息单目可见。

解决泛白问题，设计主要控制三个方面：第一，增加周边罩盖遮挡使车外光线不能直接照射到屏幕表面，减弱光强度；第二，调整屏幕的位置和角度；第三，提高屏幕本身的清晰度及分辨率。

14.3.3 视觉舒适性主观评价

工程样车阶段，依据虚拟评审及优化方案实施情况进行视觉舒适性实车验证。

评价目的：对虚拟阶段的校核查漏补缺。

试验时间：晴天的早晨（傍晚）、正午、夜晚（或暗室）进行3次试验。

试验路况：选择空旷场地或环形试车场的跑道，评估者为HVI工程师。

表14-15所列为视觉舒适性实车主观评价表。

表14-15 视觉舒适性实车主观评价表

炫目			
评价零部件	评价时间	评价得分	炫目描述
仪表炫目	日间		
信息娱乐屏炫目			
饰条炫目			
其他炫目			
成像			
评价区域	评价时间	评价得分	成像物
前风窗玻璃成像	夜间		
侧风窗玻璃成像			
信息娱乐屏自成像			
前风窗玻璃成像	日间		
侧风窗成像			
中控娱乐屏成像			
仪表成像			
其他屏成像			

（续）

视野遮挡			
评价零部件	评价时间	评价得分	遮挡物与被遮挡物
仪表直接视野	日间或夜间		
中控娱乐信息屏直接视野			
IP 按键遮挡			
CNSL 按键遮挡			
泛白			
评价零部件	评价时间	评价得分	泛白描述
娱乐信息屏泛白	日间		
仪表泛白			
其他屏泛白			

14.4 操作舒适性设计

人机操作舒适性的目标确立、规范制定及设计审核都是基于人体生理学、心理学的研究，结合人体生理尺寸参数来进行的。人机操作舒适性开发包括四方面的工作：人机操作舒适性策略目标定义、人机操作舒适性工程要求限制边界开发、伴随造型主题展开操作舒适性开发及实车操作舒适性主观评价。

14.4.1 操作舒适性开发流程及范围

前期根据人机操作舒适性设计技术规范标准库，完成关键操作部件布置位置的策略规划，并绘制核心工程要求边界。中期造型主题确定后，人机工程需依据人机工程具体要求完成所有工程边界开发，如操作件布局、操作空间、手握空间、触及性等对操作件提出具体工程要求，并转化为三维工程边界，限制约束并协助工程及造型完成相关零部件的开发。然后随着造型主题的锁定及造型 CAS 成熟度的提升，结合不同区域关键控制 CHECKLIST 清单，展开对造型 CAS 及工程数据的操作舒适性校核，发现并推动解决操作舒适性问题。后期结合人机工程主观评价清单，对工程样车进行主观评价，最终确定是否满足人机操作舒适性目标。图 14-44 所示为操作舒适性开发流程。

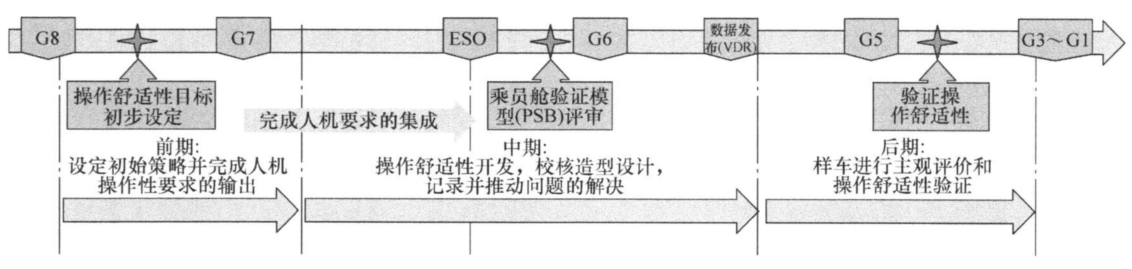

图 14-44 操作舒适性开发流程

实车阶段人机操作舒适性主观评价是从乘员的感受出发，通过以下几个方面进行考核：

1）零件的位置是否合理：是否容易被驾驶人或乘员找到并使用，零件功能是否进行分类规划。

2）零件是否容易被触及：是否被安全带束缚而很难触及，触及的过程是否会被其他零部件阻挡。

3）零件操作空间是否合理：所有必需的空间是否已经预留且足够。

4）零件表面细节设计是否会引起硌手，实车驾驶中是否有误操作等问题。

14.4.2 操作舒适性开发策略

1. 开关布置策略

按照规定、使用频率、开关属性和驾驶习惯定义开关布置策略，要求开关分区逻辑清晰，易读易懂，操作方便快捷。近几年随着智能座舱的发展，以及人机工程交互方式的多样性，如语音、手势、眼球追踪等高科技的发展，整车硬开关的数量在逐渐下降，开关布局除了考虑硬开关的布置位置功能分组之外，还需考虑大屏内虚拟开关的设计逻辑层次，提升用户的交互感知质量如图 14-45 和图 14-46 所示。

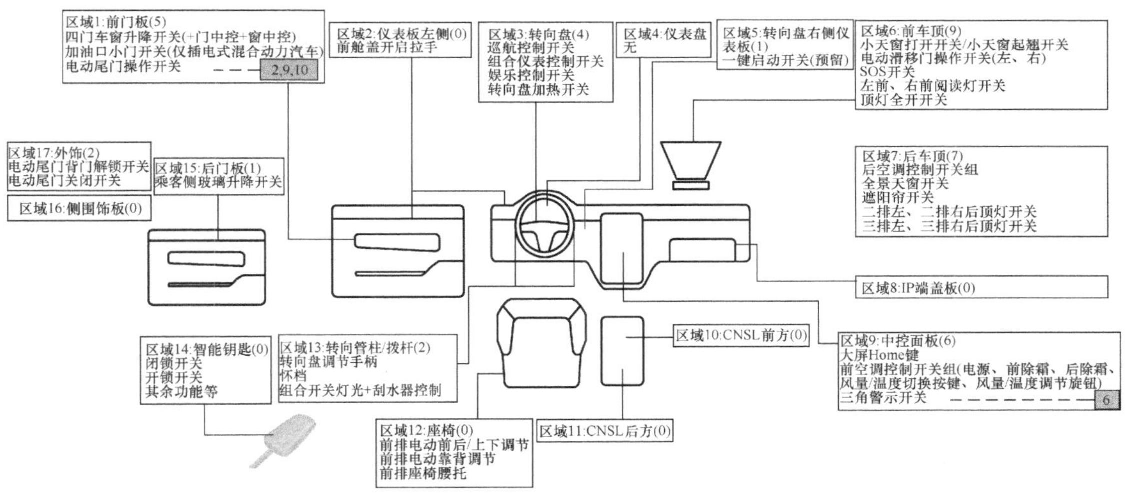

图 14-45 某车型硬开关布置策略

2. 操作件布置策略

按照法规规定，操作习惯，人体特点定义操作件的布置策略，确保驾驶人能安全、准确、迅速、舒适、方便地持续操作而不至于疲惫及误操作。图 14-47 所示为某车型操作件布置策略。

14.4.3 操作舒适性开发方法

1. 人机尺寸对标，建立操作舒适性数据库

表 14-16 所列为人机工程竞品数据库。

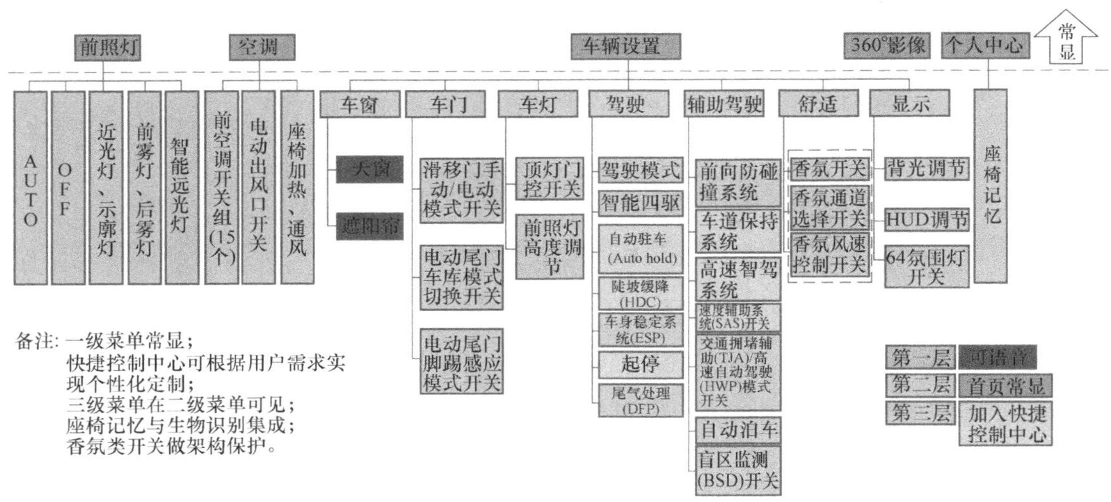

图 14-46 某车型虚拟开关布置策略（见彩插）

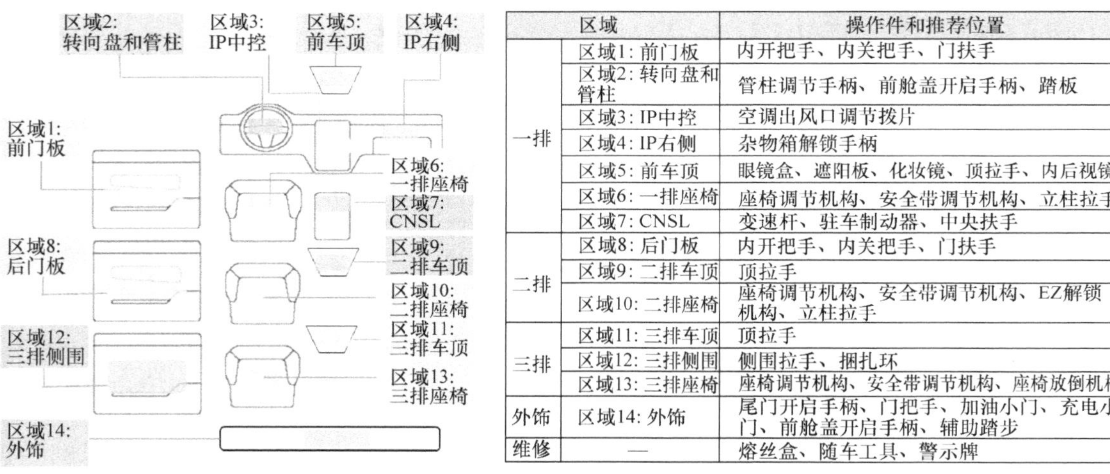

区域		操作件和推荐位置
一排	区域1: 前门板	内开把手、内关把手、门扶手
	区域2: 转向盘和管柱	管柱调节手柄、前舱盖开启手柄、踏板
	区域3: IP中控	空调出风口调节拨片
	区域4: IP右侧	杂物箱解锁手柄
	区域5: 前车顶	眼镜盒、遮阳板、化妆镜、顶拉手、内后视镜
	区域6: 一排座椅	座椅调节机构、安全带调节机构、立柱拉手
	区域7: CNSL	变速杆、驻车制动器、中央扶手
二排	区域8: 后门板	内开把手、内关把手、门扶手
	区域9: 二排车顶	顶拉手
	区域10: 二排座椅	座椅调节机构、安全带调节机构、EZ解锁机构、立柱拉手
三排	区域11: 三排车顶	顶拉手
	区域12: 三排侧围	侧围拉手、捆扎环
	区域13: 三排座椅	座椅调节机构、安全带调节机构、座椅放倒机构
外饰	区域14: 外饰	尾门开启手柄、门把手、加油小门、充电小门、前舱盖开启手柄、辅助踏步
维修	—	熔丝盒、随车工具、警示牌

图 14-47 某车型操作件布置策略

表 14-16 人机工程竞品数据库

车型		某车型	某车型
参数说明			
外开把手离地高度/mm	前门	1088	1103
	后门	1105	1160
	尾门	1070	1170

2. 完成人机要求集成并进行造型数据校核

结合人机指南绘制操作舒适性限制边界和包络，通过三维数模或工程的限制面来指导、约束造型及工程开发。典型的人机工程边界有触及性边界，转向盘区域组合拨杆布置操作边界，变速杆、驻车制动器操作边界，门板区域零部件布置边界，扶手位置及脚部空间限制边界等。图 14-48 所示为人机工程要求边界。

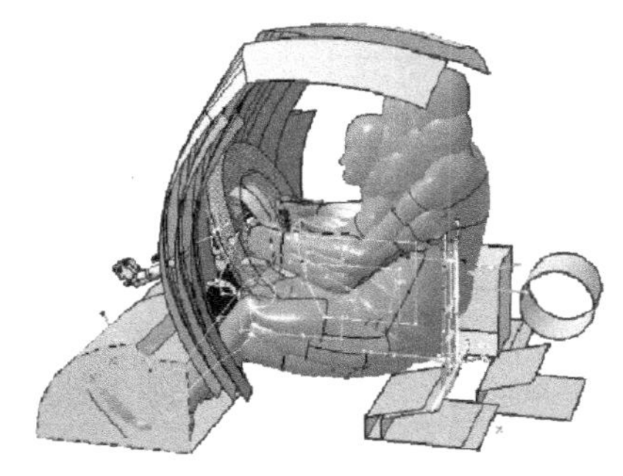

图 14-48 人机工程要求边界

3. 人机操作舒适性校核清单（表 14-17）

表 14-17 人机工程操作舒适性校核清单

IP&CNSL	
1.1	变速机构舒适区
1.2	驻车制动器舒适区
1.3	CNSL 扶手高度、长度舒适区
1.4	knee splay 要求
1.5	开关操作（按提式、跷跷板式、旋钮式、波轮式、外后视镜及其他类型）
1.6	开关布局
1.7	组合仪表位置（视距、角度、可视性）
1.8	烟灰缸盖 、点烟器、杯托位置
1.9	空调控制面板的位置（可触及性和旋钮的操作舒适性）
1.10	大屏位置（可触及、易操作）
1.11	运动包络（IP 左下储物盒、杂物箱、CNSL 储物盒盖、变速杆其手操、驻车制动器及其手操、饮料瓶、点烟器、12V 电源、USB/开关、前舱盖解锁、空调旋钮、油箱口盖解锁）
1.12	储物要求（手机、杯托、12V 电源、USB、纸巾盒、雨伞、冰箱、杂物箱等）
1.13	车身控制模块（BCM）、智能进入及启动系统（PEPS）的线束插拔空间
1.14	仪表电器盒的维修性要求
门和立柱	
2.1	门可接触舒适区域
2.2	门关闭手伸及线舒适区域
2.3	门扶手高度舒适区
2.4	玻璃升降器的操作舒适性
2.5	门内开把手操作舒适性
2.6	关门把手操作舒适性
2.7	立柱上的辅助把手操作舒适性
2.8	尾门关门拉手操作舒适性
2.9	尾门内饰板不碰头
2.10	运动包络（内开把手、饮料杯、雨伞、玻璃升降器开关、外后视镜镜片，前后门、后背门、备胎）

（续）

门和立柱	
2.11	储物要求（捆扎环、遮物帘、12V电源、220V电源、USB、雨伞、饮料瓶、地图袋等）
2.12	门板上的遮阳帘的操作
顶棚和地毯	
3.1	顶棚辅助拉手舒适区
3.2	内后视镜位置（操作时与顶棚、遮阳板的距离）
3.3	内后视镜调节撑杆在设计位置和反射镜面中心切面的夹角
3.4	内后视镜中点到后风窗上边界线连线角度
3.5	遮阳板位置（操作、遮光要求）
3.6	天窗遮阳板操作舒适性
3.7	天窗布置（与 H 点的关系）
3.8	运动包络（顶棚拉手、眼镜盒、天窗遮阳帘、遮阳板、内后视镜、顶出风口调节等）
转向盘、踏板和座椅	
4.1	转向盘舒适区域
4.2	驾驶人位置舒适曲线
4.3	转向盘盘面倾角
4.4	转向盘直径
4.5	组合拨杆、变速拨片、怀档的手操作舒适性
4.6	开关与周边件关系以防误触
4.7	转向管柱的角度
4.8	踏板布置距离
4.9	歇脚踏板的尺寸
4.10	座椅调节机构的尺寸
4.11	座椅操作时与门板、CNSL等的距离
4.12	座椅小桌板、头枕屏、触摸控制屏、腿拖、脚拖的操作舒适性
4.13	运动包络（座椅调节及翻转、座椅头枕调节、安全带锁扣、安全带高调器、转向盘、组合拨杆、点火钥匙及其手操、管柱、踏板、转向管柱、管柱调节手柄、变速拨片）
门盖	
5.1	前舱盖1级、2级解锁间隙
5.2	前舱盖开启高度
5.3	外开把手高度，外开把手长度和与门板的距离
5.4	尾门把手的高度，外门把手的宽度和入手尺寸
5.5	加油小门/充电小门的高度，加油盖操作空间
5.6	前舱盖和尾门打开位置舒适区

4. 排查负面清单，避免操作舒适性问题重复出现

表14-18所列为人机工程负面清单。

表 14-18 人机工程负面清单

问题描述	问题来源	解决方案	后续规避方案
离合器踏板臂在踩踏过程中硌脚尖	竞品车型试乘试驾	踏板臂前推，避让脚尖踩踏区域	绘制并保护踩踏空间 实物专项评审

5. RAMSIS 虚拟分析排查操作舒适性问题

RAMSIS 是德语“Rechnergestütztes Anthropologisch – Mathematisches System zur Insassen – Simulation”的缩写，意为“用于乘员仿真的计算机辅助人体数字系统”。作为世界领先的人机工程工具，多年来被广泛应用于开发轿车、货车、飞机和建筑机械等产品，可以显著减少产品开发周期和成本。如触及性分析，RAMSIS 可以对任意定义的运动连接链自动计算其触及性包络面，并能够非常直观地呈现虚拟校核结果，有利于问题的重视及推动解决。图 14-49 所示为 RAMSIS 应用实例。

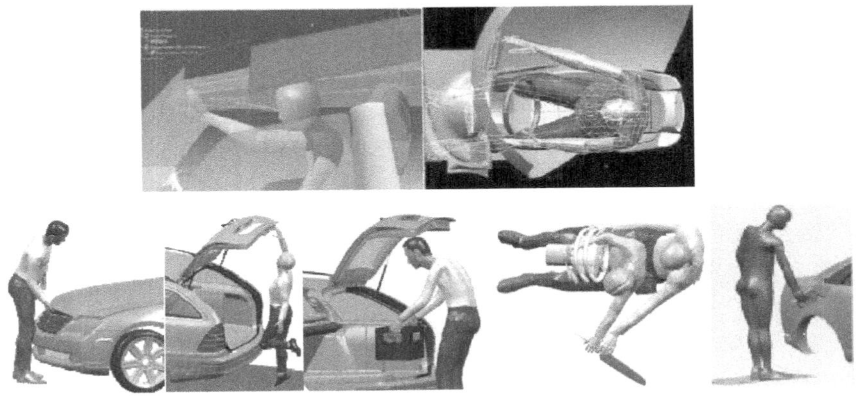

图 14-49 RAMSIS 应用实例

6. 人机操作舒适性的模型及实车评审

整车乘员座舱验证模型（Passenger Seating Buck，PSB）用于验证新车型初始整车架构尺寸及人机参数目标设定的合理性。在 PSB 模型上进行多人次全方面人机操作评审，通过打分和贴点充分验证操作件的位置和操作感受，暴露潜在问题点。模型暴露的操作舒适性问题，可通过多轮快速验证有针对性地进行整改。模型评审是在实车制造前非常重要的一种人机工程验证方法，与虚拟评审相互补充，查漏补缺，充分暴露问题，节约工程开发时间并降低工程开发风险。

虚拟开发阶段，除了整车座舱验证模型，还可以制作局部验证模型，或者手工模型来辅助验证。实车阶段的评审验证，参照虚拟阶段的各操纵系统的分析结果，逐项进行验证，确保工程开发结果符合人机工程要求并验证虚拟校核准确性。图 14-50 所示为 PSB 模型评审案例。

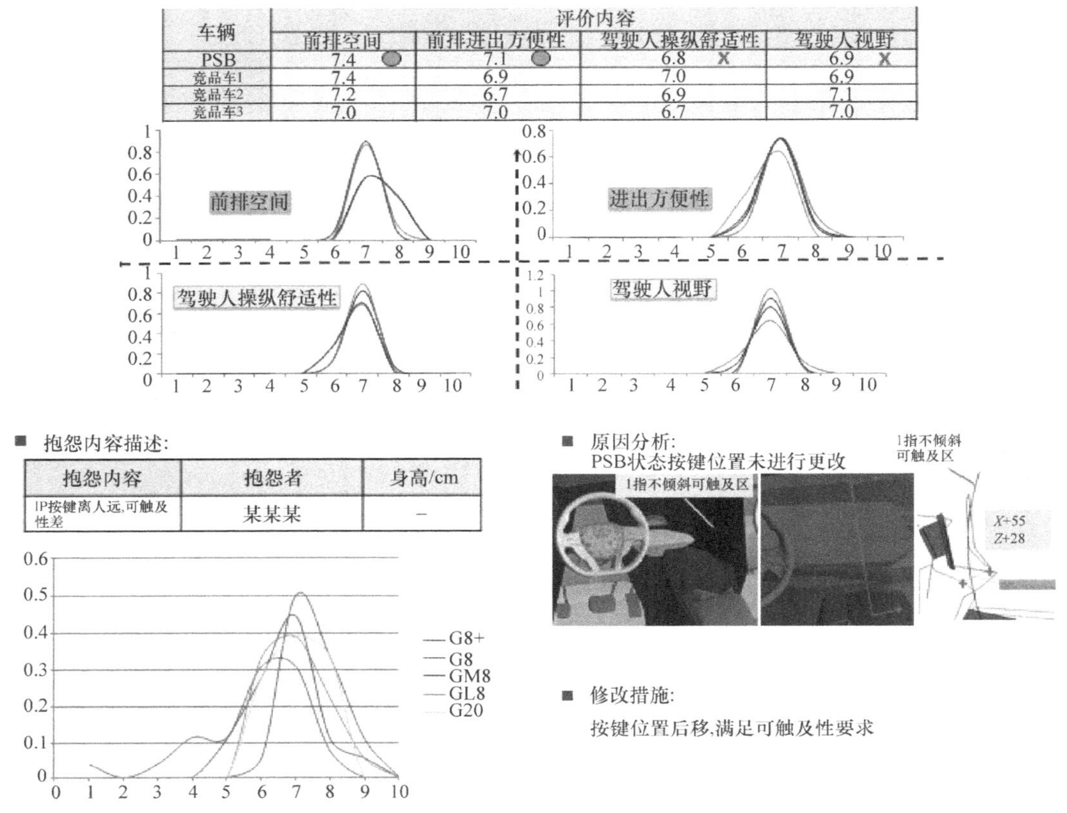

图 14-50 PSB 模型评审案例（见彩插）

14.5 储物及多功能性设计

随着人们生活水平的提高和生活方式的变化，人们对汽车的要求不断提升。储物空间作为内饰设计的一个重要组成部分，它的设计好坏将直接影响乘员日常使用的方便性和舒适性。因此，越来越受到消费者的关注。功能丰富与人性化储物空间的设计不仅可以给乘员带来舒适和方便的享受，还能在很大程度上提高用户对整车的满意度。因此，如何有效控制车内有效储物空间的开发是汽车设计开发过程中一个很重要的课题。

14.5.1 储物空间定义

车内的储物空间是指有足够的开口尺寸和容积、手容易触及、使用方便且能较好地保持和保护被存放物体，并具有多功能性的储物空间。工程师应在合理利用车内空间的前提下，以消费者要求为核心，以巧妙的空间布置、人性化、方便性为思想进行设计。这是对工程师储物空间设计水平高低的考验。

常见的储物空间若按照车内从前到后，从左到右的顺序，可将储物区域分为：

（1）前排区域　前门内饰板区域，仪表盘区域、副驾驶区域、顶部区域、座椅区域。

（2）二排区域　后门板区域、副仪表盘后部区域、前排座椅后部区域、二排座椅区域、二排顶棚/B 柱区域、二排地板区域。

（3）三排区域　二排座椅后部区域、三排座椅区域、后侧围区域。

（4）行李舱区域　后部行李舱区域及地毯下的备胎和随车工具储存区域等。

图 14-51 所示为整车储物空间示意。

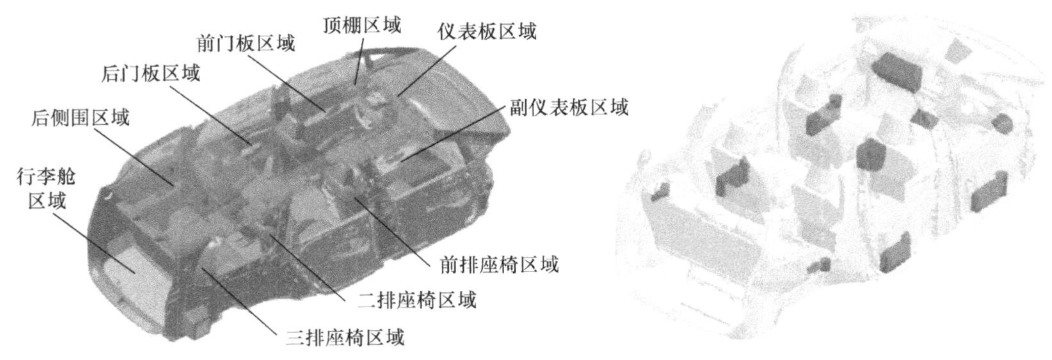

图 14-51　整车储物空间示意

14.5.2　储物空间开发流程

在整车开发过程中，预留并设计出足够的储物空间需要细致和长时间的跟踪和努力，制定合理的目标，反复检查工程断面和造型 CAS，并在 PSB、油泥模型、局部验证模型及实车上进行多轮验证，这是一个不断校核和持续改进的过程，其开发设计过程大致可以分为图 14-52所示的三个阶段。

图 14-52　整车储物空间开发流程

1）前期策略与目标制定。根据竞品分析、用户调研确定开发车型储物策略及存储物品跟踪清单。

2）中期开发。准备所有目标存储物体的数模，按照初始策略在最初造型面上占据并预留储物空间，集成工程师进行存储物品的集成开发，并根据工程开发的限制条件适当调整储物策略；在整车开发流程中 ESO 之前完成所有储物方案的冻结。

3）后期验证。通过实物测量和实车验证，以确保有效储物空间得以实现。

1. 整车储物前期策略及目标制定

（1）竞品分析　首先，对竞争车型进行 Benchmark 评估，对车内所有储物空间的数量、尺寸、图片等进行测量和记录，并对竞品车的储物功能进行主观评估，记录竞品车型前排、二排、三排、行李舱、总体储物评分，对主要问题和设计亮点在评估问题汇总页加以备注。表 14-19 所列为 MPV 竞品车型 IP 杂物箱储物空间的尺寸比较，表 14-20 所列为某款 MPV 竞品车型整车储物主观评分汇总表。

表 14-19 储物功能竞品分析表

图示		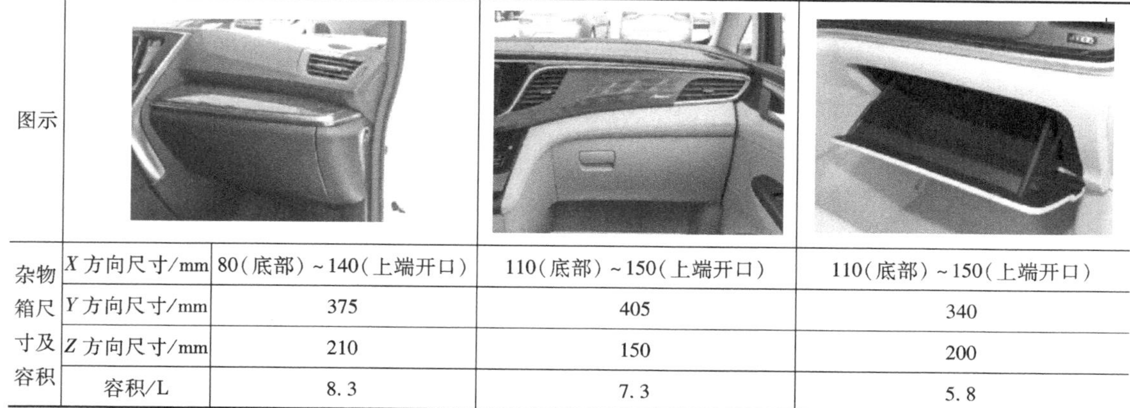		
杂物箱尺寸及容积	X 方向尺寸/mm	80（底部）~140（上端开口）	110（底部）~150（上端开口）	110（底部）~150（上端开口）
	Y 方向尺寸/mm	375	405	340
	Z 方向尺寸/mm	210	150	200
	容积/L	8.3	7.3	5.8

表 14-20 某款 MPV 竞品车型整车储物主观评分汇总表

序号	储物空间	主观评分
1	第一排乘员舱	7.3
2	第二排乘员舱	7.1
3	第三排乘员舱	7.1
4	行李舱/后部载货舱	7.2
5	整体评价	7.2

（2）用户调研　为了使整车储物目标定义更有未来市场竞争力，还应充分地听取新开发车型潜在用户的呼声。通过走访、调查、了解用户意见，对用户进行不同使用场景的储物需求调研，了解用户的储物需求及过往车型痛点，在新车型储物定义中保持储物亮点、解决储物痛点，以使储物功能更加能满足用户的需求。某车型用户呼声调研示意如图 14-53 所示。

图 14-53　某车型用户呼声调研示意

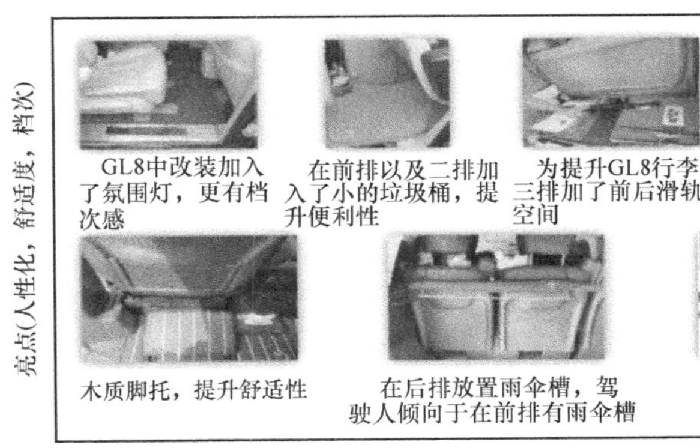

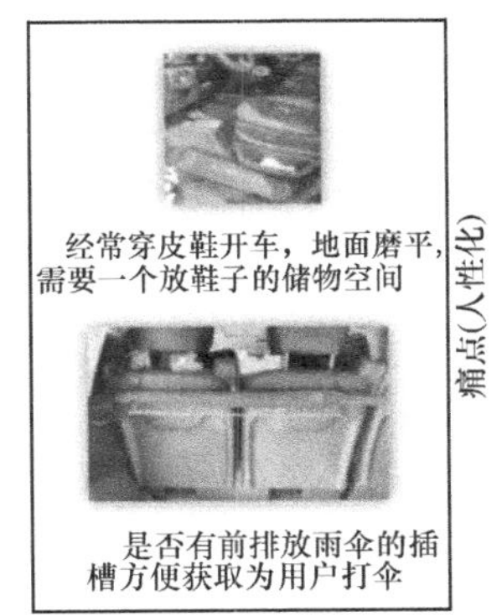

图 14-53　某车型用户呼声调研示意（续）

调研评估方式和内容可以多样化，为了让用户公证客观地做一次横向间的比较，可以大致从以下六个方面进行评估：

1）驾驶人及前排乘客储物能力。

2）后排乘客储物能力。

3）储物空间多功能实用性及人性化。

4）整车运载能力。

5）整车储物亮点。

6）整车储物总体评价。

根据用户对各竞争车型的评估结果，由专用表格（表 14-21）统计得到一张直观的雷达图（14-54），从图中可以判断各车型间储物能力的优劣及用户喜好，这对于制定目标储物策略具有重要的指导意义。

表 14-21　整车储物能力评估表

车型信息： 评审人员信息　姓名：　性别：　身高：		
序号	评审项目	打分
1	驾驶人及前排乘客储物能力：前排储物空间是否足够，驾驶人和乘员是否方便触及储物空间	
2	后排乘客储物能力：后排储物空间是否足够，乘员是否方便触及储物空间	
3	储物空间多功能实用性及人性化：储物空间实用性、人性化	
4	整车运载能力：行李舱大小、行李舱装卸货物的方便性	
5	整车储物亮点：令人惊喜的储物亮点	
6	整车储物总体评价：整车评价	

（3）储物策略目标制定　根据竞品车各区域的储物空间功能、用户调研结果、市场储物制胜策略等信息，制定开发车各区域的储物空间数量。根据常用物品的销量、外形尺寸变化、用户使用习惯、市场趋势等信息确定各储物空间储物明细目标。图 14-55 所示为某车型整车储物策略总览。例如，以手机为例，根据手机市场销量占比、手机充电方式未来发展趋势、用户使用手机壳习惯最终确定手机存储目标尺寸。

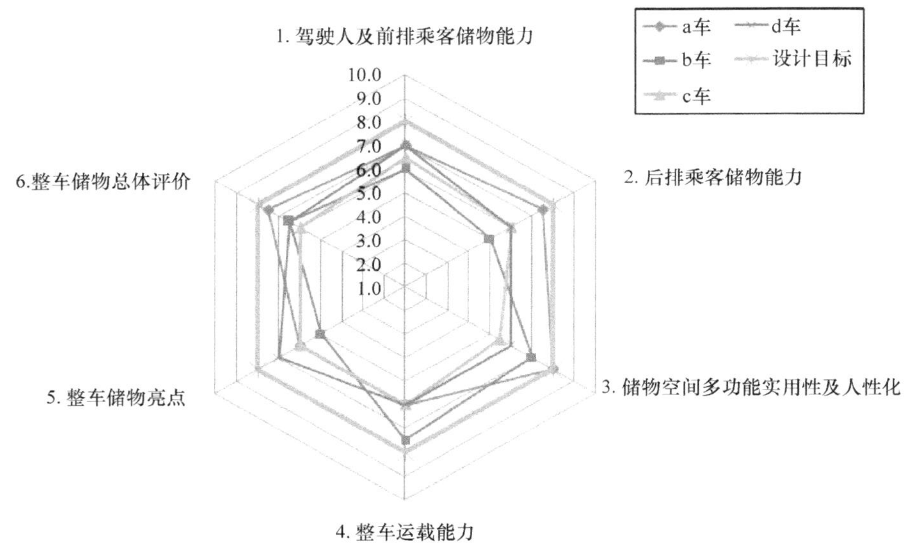

图 14-54　整车储物功能雷达图

	区域	序号	储物名称	×××目标	埃尔法	GL8-358	GM8	G20
前排	IP	1	IP左侧储物盒	1	1	1	1	1
		2	杂物箱(集成挂钩及笔夹)	1	1	1	1	1
		3	IP中控储物盒	1	0	1	0	0
	CNSL镂空处	4	储物槽(2L保温壶或相机包)	1	2	3	1	1
	CNSL面板	5	杯托	2	3	2	2	2
		6	烟灰缸	1	1	1	0	1
		7	无线充电	1	1	0	1	0
		8	卡槽	1	0	0	0	0
		9	纸巾盒	1	0	0	0	0
	CNSL内部	10	扶手箱(集成笔夹)	1	1	1	1	1
二排	……							

图 14-55　某车型整车储物策略总览

2. 整车储物中期开发状态跟踪

（1）储物模型制作及工程可行性分析　根据储物策略及储物明细目标，建立相应存储物品的 3D 数模，将储物模型集成至架构断面或典型断面中，分析工程可行性，并制作成工程边界输入给造型。图 14-56 所示为杯托 3D 数模，图 14-57 所示某车型前门板杯托处典型断面。

（2）造型 CAS 储物状态校核　存储的物品及工程要求边界已经发布造型，但造型往往并不会严格执行工程的要求，必须对造型发布的 CAS 进行校核分析，确保储物功能的实现。虚拟校核主要针对存储功能性进行校核，如储物空间大小、触及性、取放方便性等，同时可结合 PSB、油泥模型、3D 打印模型进行验证。为了便于解决跟踪检查过程中发现的问题，

应建立相应的问题清单，详细记录解决措施及过程。图 14-58 所示为触及性 Ramsis 校核，图 14-59 前门板杯托 3D 打印验证模型。

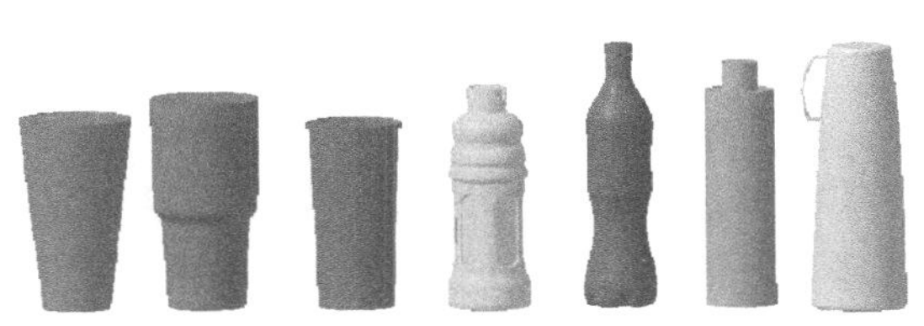

图 14-56 杯托 3D 数模

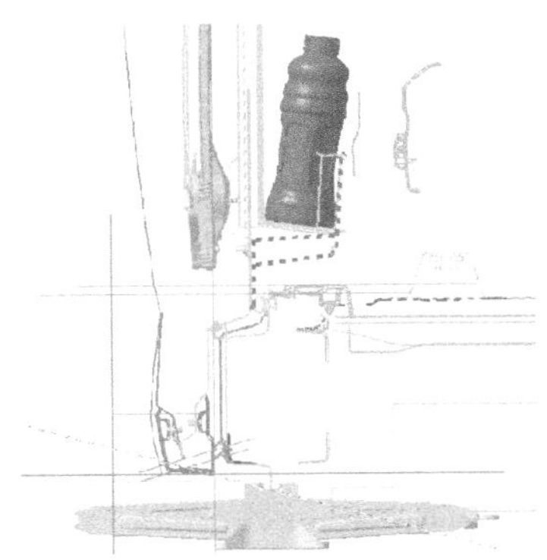

图 14-57 某车型前门板杯托处典型断面

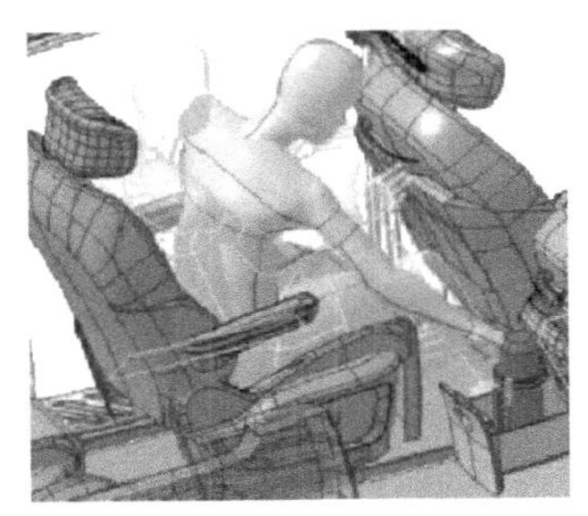

图 14-58 触及性 Ramsis 校核

图 14-59 前门板杯托 3D 打印验证模型

（3）平衡工程与造型，适当调整储物策略 储物目标确定后，并非一成不变，随着总布置工作和工程分析研究的深入，储物功能会与某些零部件的布置集成及造型意图之间产生冲突，需根据实际总体集成状态进行平衡调整。人机工程师需积极与集成工程师及零件工程师进行沟通，及时了解空间布置状态并对工程断面及造型 CAS 进行校核。一旦发生工程结构或零件、造型侵占到用户非常关注的储物空间的问题，则需要从项目角度协调工程结构或零件、造型与储物目标间的平衡，在保证零件功能的前提下，尽可能地满足储物要求，并根据工程方案实时更新储物明细跟踪表。

3. 后期实车储物功能验证

结合虚拟开发阶段锁定的储物明细跟踪表及工程开发状态，工程样车试制完成后，需对实车进行储物功能验证，以确保数模上的储物空间得以实现并且是能够有效储物的。

除了少部分可能由制造原因引起的质量问题外，大部分问题均应在前、中期阶段有确定的原因及解决措施，并有详细的历史记录，因此在后期评估时发现任何与先前校核不一致的问题都需要找出根本原因，并且确认最终的储物状态。

14.5.3 整车储物功能评价指标

无论在竞品分析还是在工程样车评估中，储物功能的评价指标主要为以下几个方面：

1. 储物空间协调性

应是在不破坏汽车整体结构和原则的基础上，对储物空间进行合理的设计，以便于物品的存放。应在主功能充分实现的前提下，巧妙地利用空间，将储物设计与整车融为一体，达到载人载物的目的。

2. 储物空间布局及大小

前排、中排、后排、行李舱的储物空间应根据各排乘员人数、使用场景合理地布局，巧妙利用车内空间，结合储物需求，提高储物空间的大小，提升整车储物能力。

3. 储物空间多功能性

灵活多变的储物空间可以满足不同场景、不同物品的储放。如小桌板集成手机和平板电脑支架、地图袋集成雨伞槽、可移动垃圾桶等都使储物空间的功能性更强；通过增加可移动托盘、活动隔板等方式让储物空间更加灵活多变，以满足不同使用场景存储不同物品的需求；通过增大二、三排座椅的可调行程，实现行李舱空间的灵活多变，以满足短途游、长途游等不同场景的行李储放需求。储物空间的多功能性，能提升空间利用效率，大大提升客户的满意度。图 14-60 所示为储物空间多功能性拓展。

图 14-60　储物空间多功能性拓展

4. 储物空间操作便利性

储物空间布置是否顺手、使用是否方便，是评价储物功能的一项重要指标。尤其对于在行驶过程中驾驶人需使用的储物空间，其取放物品的便利性也是保证行驶安全的一个重要因素。因此，经常被驾驶人使用的储物空间应布置在手伸及界面范围内（参考 SAE J287《驾驶人手控制区域》）。同时，还应考虑储物盒的开启方式、开启力等需以最适合人体触摸的最佳形式存在，在满足必要功能的前提下，让取放物体的行为变得更简单直接。

5. 储物空间人性化

储物空间的设计还可通过视觉和形式的暗示进行意义传达，并在周边增加照明灯，以方便乘客在黑暗环境中使用。如杯托和眼镜盒做上标注，或者杂物箱内增加照明灯，这样使用者能明确知道物品该放在哪里或更轻松地存取物品，充分体现对驾驶人和乘员的人文关怀，如图 14-61 所示。

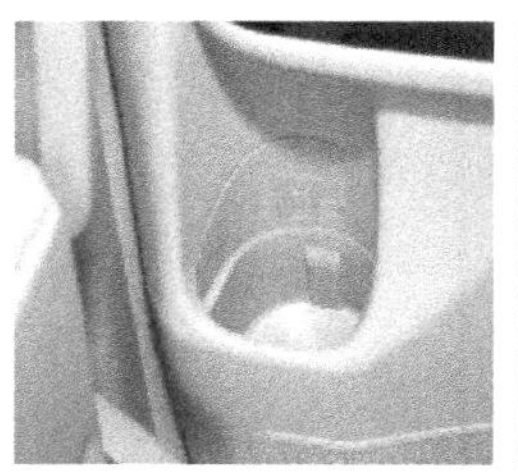

图 14-61　储物功能的人性化设计

上述方法能有效地保证整车储物空间开发，且具有普遍适用性，可推广适用于其他新车型的开发过程，使用户的需求得到充分满足，从而最大限度地提升顾客对整车的满意度。

第 4 篇　综 合 性 能

第15章 整车性能主观评价

15.1 整车性能主观评价概述

我国汽车研发起步比较晚，整车性能开发和评价方面还处在不断摸索中，国内大部分自主品牌车企还处于积累阶段。为使汽车产品性能开发更好满足市场用户需求、准确体现公司的品牌定位，大部分公司在学习和借鉴外资或合资公司工程方法的基础上，结合自身企业发展情况，通过 Benchmark 对标分析、项目开发积累等方式形成了各自企业整车性能开发模式。

随着我国汽车产业不断发展和用户需求不断提高，现如今用户在重视汽车产品传统的可靠性、外观美学、功能性的基础上，对车辆的舒适性、操控性等更高层面的品质提出了更多的要求。如图 15-1 所示，随着居民收入不断提高，消费者对汽车产品的需求从基础的可靠性需求向感官品质、性能方向升级，未来具有优秀感知品质和性能的汽车产品才有可能在市场竞争中占据优势地位。图 15-1 所示为人均 GDP 与需求结构的关系。

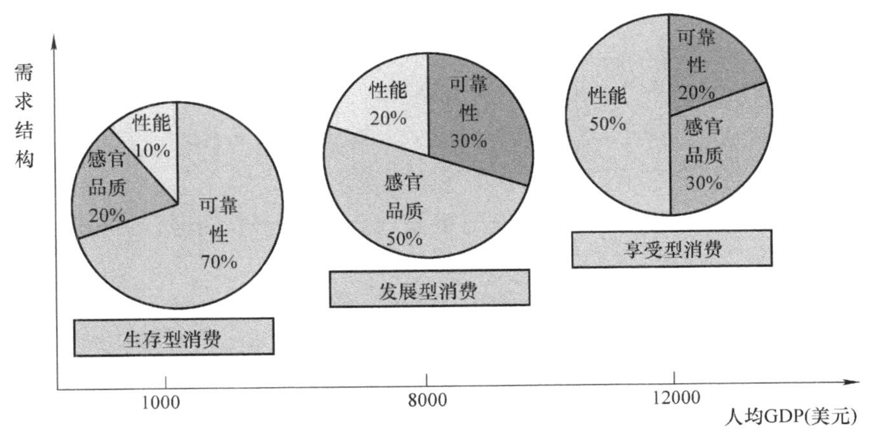

图 15-1　人均 GDP 与需求结构的关系

目前，我国各大汽车厂家都是通过仿真分析、客观测试和主观评价三种方法来进行评估、测试和评价汽车的品质。仿真分析是基于专业工程分析软件，结合整车及零部件参数输入及相关数据库进行分析评估，为汽车研发人员提供评估结果和过程数据支撑。主观评价是利用人的感觉进行的感官评价或者称知觉评价，但是不能因为是主观评价就可以按照自己的喜好进行评价，而是按照客观设定的基准进行评价，这一点必须要注意。所以，受过专业训练的评价人员评价出的结果应该是基本一致的。客观评价用测量仪器采集数据，因此称为测量评价，特别在评价优劣时可以作为准确的证明材料。但是，数据差异较小时人们是很难察觉到的，如NVH的2dB（A）差异。相比于在汽车试车场进行的主观评价，社会道路综合路试更接近于消费者的日常使用情况，更重要的是参与试验的人员要站在用户的立场上，以普通消费者的心态，专业细致的水准对试验样车进行逐项评分并给出详细的主观描述。

另外，汽车性能评价还可分为绝对评价和相对评价。绝对评价是指表现评价结果的绝对性水平，主要利用测量数据进行。它只能表现绝对的水准，评价结果的判断要单独进行。例如，怠速NVH为90dB；100~0km/h制动距离为40m；后座椅头部空间为900mm等。相对评价是指评价结果的分数比数据值水准更为优越明确的评价，是评价人员之间的评价基准不同或者评价结果不同时使用的方法，如日产汽车和现代汽车的工程师在评价上下车时腿部干涉时等。

主观评价既有优点，同时也伴随有缺点。其优点是可以与用户实际感觉相同的经验评价进行。车辆评价的最终目的是用户的满足和与其相对应的车辆销售量的增加，对特定性能可以进行综合或者总体性的评价。人的感觉和感知根本上的特征是总体而且综合的。例如，车辆的头部空间测量部位不仅有测量的数值，还要包括周边部位的感觉。主观评价的缺点是评价人员之间的偏差相对比较大，评价人员之间喜好不同或者熟练度不同时尤其明显，评价人员会收到身体不适或者感觉疲劳等的影响。特别在集中评价和反复评价时容易出现混淆。

在评价汽车综合性能时，主观评价法具有较好的效果，众多主流车企在汽车研发过程中均采用主观评价，如Benz、BMW、VW、Hyundai、Nissan、上汽集团、吉利汽车、长城汽车、比亚迪汽车等。

顾名思义，主观评价判定基准的主观性很强，但需要将结果客观化。主观评价一般可分为用户评价、一般主观评价和专家主观评价。

（1）用户评价　以使用车辆及可能使用车辆的用户为对象实施的评价。主要对车辆内外造型及车辆操作性、舒适性、行驶性进行评价。

（2）一般主观评价　研发人员为了掌握车辆一般及整体的状态实施的评价。在短时间内对车辆进行整体状态及性能评价，简单化评价项目。

（3）专家主观评价　专家按车型开发的各阶段或对竞标车辆进行评价。车辆按系统区分项目，各系统试验专家细分试验项目并实施评价。

主观评价是一种传统而又非常行之有效的整车性能评价方法。进行主观评价时，经过培训的评价人员通过针对某一具体性能目标的观察和感受，对车辆的性能进行评价。这种方法是能够全面、有效地评价汽车复杂行驶过程的方法。

15.2　准备工作

整车性能主观评价是以人的感觉器官为主，受到评价者个人主观因素的影响较大，不同评价者给出的评价分值和语言描述也可能差别较大。但是，测量仪器很难代替人的细微和感性的主观感觉，如座椅舒适性、悬架舒适性等舒适性相关的评价。经过培训且有一定经验的主观评价人员，能给出特定目标用户群的真实感受。因此，主观评价在汽车开发过程中是被公认的不可或缺的重要环节。同时，主观评价也能与客观测试相结合，进行综合分析判断。

良好的准备工作是整车性能主观评价顺利开展的重要保证。前期准备工作包含以下几个

方面：

（1）试验车辆准备　在开展主观评价前，需要对车辆进行详细的检查，确认车辆是否被调整至生产厂家所给出的正常状态。影响车辆行驶的因素应该重点关注。如车辆参数（几何尺寸、四轮定位参数、载荷、姿态）、轮胎（轮胎磨损程度、气压）等。

（2）试验道路规划　试验道路是进行整车综合路试的重要场地，一个完整的整车综合路试应尽可能包含多种路段测试，以便于满足各个评价项目的路面条件。

（3）评价人员选定　评价人员是整车性能主观评价的主体，必须由有一定驾驶经验的驾驶人员组成，以保证评价结果的准确性和可靠性。在实际工作中，一个稳定的主观评价团队得出的试验结论有利于对车型各个阶段的状态进行持续跟踪，且有利于汽车品质的改善。

选取的评价人员应该符合如下条件：

1）评价人员应当有良好的驾驶技能。

2）应当有良好的分辨能力、识别能力、语言表达能力。

3）参与评价的人员应当尽可能对被评车辆是未知的（一般而言，盲评效果最佳），且应该避免在不同时期多次接触测试车辆，以防止主观感受的积累和使用自身已掌握的信息对结果产生的干扰。

评价人员应尽量符合该车型的目标用户群体，性别、年龄、身高、体重等要素应该分散，以便获取比较全面、客观的评价结论。

（4）评价人员培训　在确定评价人员之后，需要将评价人员召集起来，进行一定的培训。包括评价活动的时间表、评价内容、评价线路、安全事项等。由于整车性能主观评价一般是在汽车试车场或社会公共道路上进行的，应当对驾驶人员提出要求，使其遵守交通法规且不能影响其他道路使用者。另外在穿着方面，做动态性能评价时需要穿软底鞋，使脚部感知更清晰，不能戴手套。

15.3　常用道路

汽车行驶需面临多种不同的路况和路面，汽车性能评价时为了尽可能覆盖多样化行驶工况和路面，尤其是为了安全，一般采用专业汽车试车场和社会道路相结合的方式。整车性能主观评价的基本原则是基于用户，主观评价应尽可能全面地模拟用户的使用条件和操作方式，因此评价道路的选择应充分考虑用户群体、路面、气候等因素的影响，同时还要根据评价项目和内容进行路面的选择。

15.3.1　汽车试车场

汽车试车场由多种典型特征路面组成，如高速环道、直线性能道、平顺性及操纵稳定性环道、长坡桥、标准坡道、耐久性能试验区、动态试验区等，在确保安全的前提下，便于开展各项整车性能主观评价工作，同时具有可复现性强的优点。以安徽广德试车场为例，其总面积5.67km^2，配备总长超过60km的试验道路及超过70种典型特征路面，年试验里程达到2000万km，是目前国内规模较大、试验道路较齐全的综合性试车场，如图15-2所示。

（1）高速环道　广德试车场高速环道（图15-3）周长超过9km，共有四条车道，并且采用了沥青路面。最外侧车道在弯道内的设计车速为220km/h，整个环道的最高安全车速为

280km/h。高速环道可以进行动力总成、传动、车轮、轮胎等系统开发试验，制动性能试验，高速行驶平顺性、动力性、振动噪声、操纵稳定性、舒适性、最高车速、高速滑行试验等专项性能试验、标定试验及可靠性、耐久性试验和整车性能主观评价等。

图 15-2　安徽广德试车场

（2）直线性能道　广德试车场直线性能道（图 15-4）为沥青路面，听筒形。周长超过 5400m，直线段三车道平行布置，车道宽 4m，长度分别为 2290m、1980m、1980m。用于汽车动力性、燃油经济性、滑行阻力试验、操纵稳定性、制动性能试验、标定试验及其专项试验和整车性能主观评价。

图 15-3　高速环道

图 15-4　直线性能道

（3）平顺性及操纵稳定性环道　平顺性及操纵稳定性环道由 9 种不同特征的道路组成，涵盖了各种典型路面特征，并且区域内全球道路的路谱与各大试车场的相似性极强，可以保证全球汽车研发的一致性。如水泥裂缝和沥青补块路，极限弯道，可以模拟现实生活中的各种路段，包括各种弯道、不同材质的路面等，以检验车辆在实际使用中可能存在的操纵性问题，如转向指向性，自动回正效果，侧倾程度等。相关道路如图 15-5 ~ 图 15-12 所示。

图 15-5　正弦波路

图 15-6　水泥裂缝和沥青补块路

图 15-7　沥青冻涨变形路

图 15-8　随机短波路

图 15-9　沥青振动带

图 15-10　水泥台阶路

图 15-11 沥青鼓包路

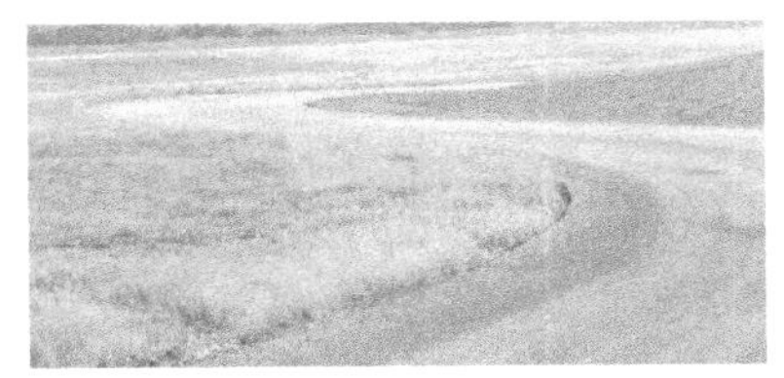

图 15-12 极限弯道

（4）长坡桥 广德试车场长坡桥（图 15-13）分别由坡度为 7% 和 12% 的长坡组成，长度分别为 456m 和 300m。长坡设置的目的是对动力总成“加载”进行试验和主观评价。从汽车技术原理上讲，坡道负荷和高速环道等路面的负荷特点是不一样的。（倾角为 45°对应 100% 坡度，一般桥梁的坡度在 3% 以下，地下车库的坡道一般在 12% 以下）。

（5）标准坡道 广德试车场除了长坡外，还有标准坡度测试区，分别包含坡度为 8%、10%、20%、25%、30% 的坡道，宽度为 4m，试验段长度为 25 ~ 30m。标准坡道可以进行爬坡性能、坡道起步性能客观测试，以及动力性和驾驶性主观评价等。标准坡道如图 15-14 所示。

图 15-13 长坡桥

图 15-14 标准坡道

（6）耐久性能试验区 耐久性能试验区可以模拟市场用户在日常使用情况下，使用15 万 ~ 20万 km 是什么样的一种结果。基本原理是使用更加恶劣的环境进行强化测试，一般强化系数超过 4（即汽车在试车场行驶 4 万 km 相当于在社会道路上行驶 16 万 km 的实际效果），个别路段（如比利时路）的强化系数超过 10。各种路面承担的测试和评价作用有所不同。如扭曲路，高强度和高频率的扭曲可以检验车身和车架连接强度；振动带可以直观地检验内饰的紧固效果及整车异响情况；盐溅槽用于模拟冬季道路积雪，交通部门往道路撒盐融雪的情况，以考虑车身、底盘等零部件的耐腐蚀性。相关道路如图 15-15 ~ 图 15-24 所示。

图 15-15 扭曲路

图 15-16 振动带

图 15-17 比利时路

图 15-18　强化砂石路

图 15-19　线索路

图 15-20　中波搓板路

图 15-21　摇摆路

图 15-22　方坑路

图 15-23　高温高湿试验室

（7）动态试验区　动态试验区（图 15-25）直径超过 300m，加速直道超过 1000m，另外具备两条沥青铺装的切线返回道。动态试验区可用于汽车动力性、驾驶性、振动噪声、制动性能、转向性能、操纵稳定性调教、测试及主观评价等。

图 15-24　盐溅槽

图 15-25　动态试验区

15.3.2　社会道路

汽车试车场具有道路多样化且使用便捷等优点，但社会道路仍然是进行主观评价的重要道路。社会道路能完全真实反映基于用户场景下的使用情况，能呈现车流、人流多样化性等这些在试车场无法获得的工况特征。常见的社会道路类型有沥青路、水泥路、山路、砂石土路、破损路、湿滑路等，如图 15-26 ~ 图 15-31 所示。特别值得注意的是，社会道路主观评价由于路况复杂，评价过程容易分心，安全考虑永远需要放在第一位。

（1）沥青路　最常见，市区和高速公路一般为该路面。

（2）水泥路　较常见，如部分市区，乡村道路。

（3）山路　较为偏远地域，坡长而陡，路窄弯急，云雾多，险情多。

（4）砂石土路　乡村路面或临时通行路面。

（5）破损路　很常见，如传统的裂缝，松散，坑槽。

（6）湿滑路　由天气或人为因素引起的路面条件变化，属于非长期存在的路面。

图 15-26 沥青路

图 15-27 水泥路

图 15-28 山路

图 15-29 砂石土路

图 15-30 破损路

图 15-31 湿滑路

15.4 评分标准

15.4.1 评分标准选择

下面介绍如何把主观评价较为感性、直觉而模糊的感受进行具体化和数据化，用于指导产品评价和改进。汽车主观评价有定性评价和定量评价。定性评价包括排序评价和语义分级评价，定量评价分为等级打分评价和 AUDIT 评级。

从多年工程实践中总结出汽车性能开发过程中的主观评价以等级打分评价最为实用。等级打分评价是在规定的评分范围内对汽车样本进行打分的评价方法，而评价等级和评价分数采用一定对应关系进行关联定义。日本车企常用 5 分制，而国内和欧美车企一般采用 10 分制评价打分，见表 15-1 和表 15-2。

表 15-1 5 分制评分标准

分值	1	2	3	4	5
评价等级	极差	差	较差	稍差	接受
用户满意度	不满意		基本满意	满意	非常满意
期望改进者	所有用户、一般用户		挑剔用户	受训人员	难以察觉

表 15-2 10 分制评分标准

分值	1	2	3	4	5	6	7	8	9	10
含义	极差	差	较差	稍差	接受	合格	好	很好	极好	完美
解释	拒绝接受，需重新设计				可接受，需进一步改进		没问题或问题极少			完美

在10分制打分标准中，评价人员根据样本和标杆车的性能差距，综合考虑汽车的相关特征、用途、使用场景、价格等具体因素，为汽车样本进行打分评价。一般不同车型级别、不同类型的车型评价标准不同。等级打分评价具有结果精细、定位明确、可较为准备地表达结果的优点，但其缺点是对评价人员的经验和专业能力要求较高，推广使用的普及性略低。

整车性能主观评价因人而异，有时评分平均值无意义；主观评价标准有差异，个体对好坏判断标准存在差异；消费者易“见异思迁”，存在潮流与反潮流两种倾向；主客观评价结果对应困难，主观评价结果有时难以与客观结果相吻合，当主观评价和客观结果不吻合时，建议采纳主观评价结果。

15.4.2 实施方法

1）参加评价的试验人员需认真熟悉试验车辆性能及结构，并通过多次反复操作后认真填写评价表。

2）除按照规定评分外，10分制中，当评分低于或等于6分时，必须对评价结果加以说明，对其他评分也希望有这种说明。

3）试验结果取全体参加评价的试验人员的评价结果分值的平均值。

4）除评分之外，对于应改进的项目，列出改进项目表，进行分级，级别分为A、B、C三级，具体含义如下：

① A级：用户不能接受，必须加以改进才能生产，销售时不能出现。

② B级：50%的用户会发现，对整车性能和可靠性无重大影响，但会影响用户的购买欲望和影响公司的品牌形象，建议更改。

③ C级：只有专业人员才能发现，对车辆有细微的影响，可以边生产边进行改进。改进项目表的格式见表15-3。

表15-3 改进项目表

序号	项目名称	严重程度	建议改进方法
1			
2			
3			

15.5 主观评价方法

整车性能主观评价涉及内容众多，一般认为至少涵盖动力性、驾驶性、NVH、制动性能、转向性能、操纵稳定性、平顺性、空调性能等方面。

（1）动力性　动力性指汽车在良好、平直路面上行驶时，汽车由所受到的纵向外力决定的、所能达到的平均行驶速度。汽车是一种高效的运输工具，运输的快慢、效率在很大程度上取决于动力性的好坏。包括最高车速、加速能力、爬坡和坡起能力等。

（2）驾驶性　驾驶性指驾驶人感受车辆对人为操控的响应，这种响应主要指与车辆纵向加速度相关的特性。

（3）NVH　即噪声、振动与声振粗糙度。它是衡量汽车设计和制造质量的一个综合性状态，它给汽车用户的感受是最直接和最表面的，指用户对车内和车外噪声振动的直观感受。

（4）制动性能　车辆行驶时能在短距离内停车且维持行驶方向稳定性，以及在长下坡时能够维持一定车速的能力。

（5）转向性能　车辆能够按照驾驶人意图和要求改变行驶方向，以及在行驶过程中能够抵抗外界干扰，即使受到干扰也能迅速恢复到稳定平衡状态的性能。

（6）操纵稳定性　指在驾驶人不感觉过分紧张、疲劳的条件下，汽车能按照驾驶人通过转向系统及转向车轮给定的方向（直线或转弯）行驶；且当受到外界干扰（路不平、侧风、货物或乘客偏载）时，汽车能抵抗干扰而保持稳定行驶的性能。

（7）平顺性　频率在0.5～25Hz内的振动，声音和冲击对乘客舒适性的影响程度。

（8）空调性能　空调是实现对车厢内空气进行制冷、加热、换气和空气净化的装置，还可实现除霜除雾等功能。它可以为乘车人员提供舒适的乘车环境，降低驾驶人的疲劳强度，提高行车安全。

15.5.1　动力性主观评价

1. 概述

汽车动力性是汽车最基本的使用性能。汽车无论是用作生产工具，还是用作生活用具，其运行效率均取决于是否拉得动、跑得快，即取决于运行速度。在运行条件（地理、道路、气候条件及运输组织条件等）一定时，汽车的平均运行技术速度主要取决于汽车的动力性。显然汽车动力性越好，汽车运行的平均技术速度就越高，汽车运行效率也就越高。因此，用户都很看重汽车的动力性。汽车具有什么样的动力性算好，如何评定，观点不同，评价的依据也就不同，目前尚无统一公认的评价指标，更无标准。汽车工程界基于具有最高的平均运行技术速度的观点，以汽车的最高速度、加速时间和最大爬坡度为量标，评定和比较汽车动力性的优劣。对于汽车动力性，人们基本认同这三大指标。

值得注意的是，此处介绍的汽车动力性指节气门全开输入条件下的性能表现，而节气门部分开启下的动力性则划归至驾驶性范畴。

2. 评价准备

试验路面须是水泥或沥青铺装路面，干燥无积水，部分试验需在试验场性能道内进行。

（1）气象条件　试验时应为无雨无雾天气，试验期间最大风速不超过5m/s。

（2）试验载荷　需要在汽车满载、半载、空载条件下分别进行评价，也可按照不同目的确认，载荷应按照规定均匀分布。

（3）车辆条件　主观评价前，车辆制动系统应经过充分磨合，轮胎花纹为原始深度的50%～90%；车辆空载条件下，冷态时轮胎压力应符合车辆技术条件的规定。

3. 评价方法

（1）平坦路面起步性能评价　离合器踏板与加速踏板正常操作和快速操作时，评价发动机是否容易熄火，转速下降特性，各种警报信号是否正确报警。

（2）坡路起步性能评价　在各种坡路上（坡度为5%至最大爬坡度）考核起步的易操作性，离合器缓慢接合，评价发动机是否容易熄火，转速下降特性，各种警报器是否能发出警报。

（3）加速时过渡性评价　评价加速踏板踏下（普通、急踏）1s 内车速（或发动机转速）的响应性。使用档位为二档至最高档，初始车速为各档最低稳定车速。

（4）加速过程中过渡性评价　评价加速踏板踏下（普通、急踏）5s 时车速（或发动机转速）的响应性。使用档位为二档至最高档，初始车速为各档最低稳定车速。

（5）加速性能评价　评价各档位的加速性能。

（6）爬坡性能评价　在设计最大爬坡度情况下评价行驶情况。在山区一段 10km 的路段（平均坡度 5%、最大坡度 8% ~10% 左右）上节气门全开行驶，评价各档的爬坡能力。

（7）最高车速评价　汽车工程一般认为最高车速属于明确性客观性能指标，通过执行 GB/T 12544—2012《汽车最高车速试验方法》即可获取数据，与其他车型进行简单对比即可判断最高车速的优劣。

4. 评价表

表 15-4 所列为整车动力性主观评价表。

表 15-4　整车动力性主观评价表

序号	模块	条目	车型 1	车型 2	车型 3	备注
1	最高车速	最高档最高车速/转速				
2		次高档最高车速/转速				
3		持续最高车速/转速				适用于电动汽车
4	爬坡能力	一档最大爬坡能力				
5		一档最大坡起能力				
6		倒档最大爬坡能力				
7		最大持续爬坡能力				适用于电动汽车
8	加速能力	一档，从静止连续换档加速能力				
9		二档，起步加速能力				
10		行进中，40 ~80km/h 加速能力				
11		行进中，80 ~120km/h 加速能力				
12		定档位（二档）加速能力				
13		定档位（三档）加速能力				
14		定档位（四档）加速能力				
15		定档位（五档）加速能力				
16		定档位（最高档）加速能力				
17	最低稳定车速	一档最低稳定车速				
18		二档最低稳定车速				
19		倒档最低稳定车速				

15.5.2　驾驶性主观评价

1. 概述

汽车驾驶性是指在任何天气、任何驾驶条件下、汽车的发动机和动力传动系统按照驾驶人的意志进行平稳运转的能力。

驾驶性相关术语见表15-5。

表15-5 驾驶性相关术语

术 语	定义
怠速高	实际怠速转速高于目标怠速转速范围
怠速低	实际怠速转速低于目标怠速转速范围
怠速波动	实际怠速转速反复偏离目标怠速转速范围
怠速不稳	怠速时发动机转速无规律地随机变化、有不规则的排气声
回火	在进气系统内发生的混合气燃烧、爆炸声
放炮	在排气系统内发生的混合气燃烧、爆炸声
爆燃	不正常燃烧，导致在加速和稳定工况下产生的一种金属敲击声
熄火	以某种工况运转时发动机自行停止运转
喘振	整车发生的前后方向的轻微或明显的连续窜动
冲撞	整车发生的前后方向的大幅的或猛烈的连续窜动
加速迟滞	加速时对操纵加速踏板的反应延迟
加速踌躇	加速时发动机转速和车速有瞬时的下跌
减速制动	松加速踏板减速时整车出现的制动感
转速停滞	减速滑行或发动机转速回落过程中在某一转速的停留
转速波动	匀速或减速时发动机转速的反复偏离
转速上升	未操作、操作完加速踏板或匀速工况下发动机转速自行上升
转速下降	未操作、操作完加速踏板或匀速工况下发动机转速自行下降
节气门开度较小	≤30%加速踏板角度
中节气门开度中等	>30%～60%加速踏板角度
节气门开度较大	>60%～<100%的加速踏板角度
节气门全开	100%加速踏板角度
慢加速	缓慢而且均匀地踩下加速踏板加速
快加速	快速而且均匀地踩下加速踏板加速
急加速	突然而且急促地踩下加速踏板加速
慢减速	缓慢而且均匀地松开加速踏板减速
快减速	快速而且均匀地松开加速踏板减速
急减速	突然而且完全地松开加速踏板减速
轻制动	踩下≤30%制动踏板角度制动减速
中制动	踩下30%～60%制动踏板角度制动减速
重制动	踩下>60%制动踏板角度制动减速

2. 评价准备

试验路面须是水泥或沥青铺装路面，干燥无积水，部分试验需在试验场性能道内进行。

（1）气象条件　试验时应为无雨无雾天气，试验期间最大风速不超过5m/s。

（2）试验载荷　需要在汽车满载、半载、空载条件下分别进行评价，也可按照不同目的确认，载荷应按照规定均匀分布。

（3）车辆条件　主观评价前，车辆制动系统应经过充分磨合，轮胎花纹为原始深度的50%～90%；车辆空载条件下，冷态时轮胎压力应符合车辆技术条件的规定。

3. 评价方法

（1）手动档车型

1）怠速工况评价（车辆安全停放，拉紧驻车制动器，变速杆放置在空档位置，离合器接合）。

① 起动发动机，不开空调，怠速运转5s，猛踩加速踏板急加速到发动转速≥3500r/min，松加速踏板怠速。慢加速到发动机转速≥3500r/min，松加速踏板怠速。

② 怠速运转，开、关空调。

③ 怠速运转，不开空调，逐一开、关灯光、鼓风机等电器负荷。

④ 怠速运转，同时开、关空调、灯光负荷。

⑤ 怠速运转，不开空调，连续转向到极限位置。开空调重复。

⑥ 怠速运转，不开空调，连续快速踩制动踏板到底。开空调重复。

⑦ 怠速运转，不开空调，慢加速到发动机转速≥3500r/min，松加速踏板怠速。开空调重复。

⑧ 怠速运转，不开空调，急加速到发动机转速≥4000r/min，松加速踏板怠速。开空调重复。

⑨ 怠速运转，急加速到发动机转速≥3500r/min，松加速踏板回落到怠速时，同时打开空调、灯光负荷。

⑩ 怠速运转，不开空调，发动机转速从1000r/min开始，每间隔200r/min匀速运转直至达到5000r/min。

⑪ 怠速运转，不开空调，分别用小节气门开度、中节气门开度、大节气门开度连续急加速到发动机最高转速。开空调重复。

⑫ 发动机达到正常工作温度，不开空调和电器负荷，怠速运转≥30min，开空调重复。

⑬ 发动机冷机起动，不开空调和电器负荷，怠速运转≥10min，开空调重复。

发动机冷机和发动机正常工作温度两种状态均按以上检查内容进行。但第13项检查应在发动机冷机时单独进行。当环境温度≤0℃时，空调系统有可能不工作，则开空调工况可不检查。对起动、初始怠速转速、怠速稳定性、空调和散热风扇的控制、加减各种负荷时转速的波动等进行检查。

2）冷机行驶工况评价（冷机起动后即可开始）。

① 一档：怠速行驶，不开空调，慢加速到发动机转速达到3000r/min，松开加速踏板滑行到怠速。开空调重复。

② 一档：怠速行驶，不开空调，快加速到发动机转速达到3000r/min，松开加速踏板滑行到怠速。开空调重复。

③ 一档：怠速行驶，不开空调，急加速（节气门全开）到发动机转速达到3000r/min，松开加速踏板放空档滑行。开空调重复。

④ 一档：怠速行驶，逐一开关、空调、灯光负荷。

⑤ 一档：怠速行驶，同时开关、空调及灯光负荷。

⑥ 一档：怠速行驶，不开空调，制动到发动机快熄火时分离离合器。开空调重复。

分别用二档和三档重复以上检查内容。直到发动机达到正常工作温度。当环境温度≤0℃时，空调系统有可能不工作，开空调工况可以不检查。对冷机及暖机过程中的加减速，加减各种负荷和空档滑行时的转速控制等进行检查。

3）低速行驶工况评价。

① 一档和二档：不开空调，不踩加速踏板起步，怠速行驶。开空调重复。

② 一档和二档：不开空调，稳定发动机转速在1500r/min起步，起步后怠速行驶。开空调重复。

③ 一档和二档：怠速行驶，左右转向到极限位置。开空调重复。

④ 一档和二档：怠速行驶，制动到发动机快熄火时分离离合器。开空调重复。

⑤ 各档：怠速行驶，逐一开、关空调和灯光负荷，再怠速行驶，同时开、关空调和灯光负荷。

⑥ 对车辆的起步性能、怠速行驶的稳定性，低速的加减速、空调控制、加减各种负荷时转速的控制等进行检查。

4）加速行驶工况评价。

① 各档：不开空调，怠速行驶，用慢加速、快加速、急加速三种速度加速到发动机转速≥5000r/min。开空调重复。

② 各档：不开空调，怠速行驶，用小节气门开度、中节气门开度、大节气门开度三种节气门开度分别进行连续急加速。开空调重复。

③ 各档：不开空调，分别在发动机转速为2000r/min、3000r/min、4000r/min、5000r/min时急减速行驶，再分别用小节气门开度、中节气门开度、大节气门开度、节气门全开急加速≥5s。开空调重复。

④ 各档：不开空调，发动机转速在1000r/min时开始，节气门全开急加速到2000r/min，松加速踏板滑行到1500r/min，再节气门全开急加速到2500r/min，松加速踏板滑行到2000r/min，再节气门全开急加速到3000r/min，松加速踏板滑行到2500r/min，再节气门全开急加速到3500r/min，以此类推，加速到发动机转速为5500r/min。

⑤ 对各种节气门开度、各种速度的加速，加速时空调的控制、爆燃等进行检查。

5）减速行驶工况评价。

① 各档：不开空调，分别在发动机转速为1500r/min、2000r/min、3000r/min时匀速、急减速行驶，分别轻、中、重制动减速到1000r/min，分离离合器。开空调重复。

② 各档：不开空调，分别在发动机转速为2000r/min、3000r/min、4000r/min、5000r/min时匀速行驶，分别慢减速、快减速、急减速。开空调重复。

③ 各档：不开空调，分别在发动机转速为2000r/min、3000r/min、4000r/min时急减速滑行到怠速。开空调重复。

④ 各档：分别在发动机转速为1500r/min、2000r/min、3000r/min时急减速放空档滑行。开空调重复。

⑤ 对减速、空档滑行时转速的控制等进行检查。

6）匀速行驶工况评价。各档：不开空调，发动机转速从1000～5000r/min每间隔250r/min为一点，在各点匀速行驶≥10s。

7）驻坡及坡道起步工况评价。将试验样车（要求样车为厂定最大总质量状态）分别停放在坡度为5%、10%、20%、30%的坡道上进行驻车制动器驻坡试验，并在满足驻车制动器驻坡的前提下进行坡道起步。

（2）自动档车型

1）怠速工况评价（车辆安全停放，拉紧驻车制动器，变速杆放置P或N位位置）。

① 起动发动机，不开空调，怠速运转5s，大节气门开度急加速到≥3500r/min，松加速踏板怠速。慢加速到≥3500r/min，松加速踏板怠速。

② 怠速运转，开、关空调。

③ 怠速运转，不开空调，逐一开、关灯光、鼓风机等电器负荷。

④ 怠速运转，同时开、关空调、灯光负荷。

⑤ 怠速运转，不开空调，连续转向到极限位置。开空调重复。

⑥ 怠速运转，不开空调，连续快速踩制动踏板到底。开空调重复。

⑦ 怠速运转，不开空调，用力踩住制动踏板，在P、R、N、D位间逐一进行换档操作。开空调重复。

⑧ 怠速运转，不开空调，慢加速到发动机转速≥3500r/min，松加速踏板怠速。开空调重复。

⑨ 怠速运转，不开空调，急加速到发动机转速≥4000r/min，松加速踏板怠速。开空调重复。

⑩ 怠速运转，急加速到发动机转速≥3500r/min，松加速踏板回落到怠速时，同时打开空调、灯光负荷。

⑪ 怠速运转，不开空调，发动机转速从1000 r/min开始，每间隔200 r/min匀速运转直至5000r/min。

⑫ 怠速运转，不开空调，分别用小节气门开度、中节气门开度、大节气门开度连续急加速到最高转速。开空调重复。

⑬ 怠速运转，用力踩住制动踏板，变速杆分别放R、D位位置，同时开空调和灯光负荷，并连续转向到极限位置。

⑭ 发动机达到正常工作温度，不开空调和电器负荷，怠速运转≥30min，开空调重复。

⑮ 发动机冷机起动，不开空调和电器负荷，怠速运转≥10min，开空调重复。

发动机冷机和发动机正常工作温度两种状态均按以上检查内容进行。但第15项检查应在发动机冷机时单独进行。当环境温度≤0℃时，空调系统有可能不工作，则开空调工况可不检查。对起动、初始怠速转速、怠速稳定性、空调和散热风扇的控制、加减各种负荷时转速的波动等进行检查。

2）冷机行驶工况评价（冷机起动后即可开始）。

① D位起步，怠速行驶，不开空调，慢加速到发动机转速达到3000r/min，松加速踏板滑行到怠速行驶。开空调重复。

② D位起步，怠速行驶，不开空调，快加速（中节气门开度）到发动机转速达到3500r/min，松加速踏板滑行到怠速行驶。开空调重复。

③ D位起步，怠速行驶，不开空调，急加速（节气门全开）到发动机转速达到4000r/min，制动停车，10s后，放入N位。开空调重复。

④ D 位：怠速行驶，逐一开、关空调、灯光负荷。再怠速行驶，同时开、关空调、灯光负荷。重复以上检查内容。直到发动机达到正常工作温度。当环境温度≤0℃时，空调系统有可能不工作，则开空调工况可不检查。对冷机及暖机过程中的加减速，空调控制，换档转速、换档质量及加减各种负荷时的转速控制等进行检查。

3）低速行驶工况评价。

① D 位：怠速行驶，逐一开、关空调、灯光负荷。再怠速行驶，同时开、关空调和灯光负荷。

② D 位：怠速行驶，不开空调，左、右转向到极限位置行驶。开空调重复。

③ D 位：在三个不同的坡道上停车（最大坡度≤14%），不开空调，松开制动踏板，不踩加速踏板，怠速行驶。开空调重复。

④ D 位：在三个不同的坡道上停车（最大坡度≤14%），分别用小、中、大节气门开度加速≥5s。

⑤ D 位停车：不开空调，小节气门开度慢加速≥5s，轻制动直至停车，2s 后中节气门开度急加速≥5s，中制动直至停车，2s 后大节气门开度急加速≥5s，重制动直至停车，5s 后放 N 位。开空调重复。对车辆的起步、怠速行驶、加减各种负荷及加减速的转速控制、空调控制等进行检查。

4）加速行驶工况评价。

① D 位：不开空调，怠速行驶，小节气门开度慢加速直至换入最高档。开空调重复。

② D 位：不开空调，怠速行驶，中节气门开度快加速直至换入最高档。开空调重复。

③ D 位：不开空调，怠速行驶，大节气门开度急加速直到换入最高档。开空调重复。

④ D 位：怠速行驶，分别进行节气门全开但不进入 kick down 模式和节气门全开进入 kick down 模式急加速，直到换入最高档。

⑤ 一档，车辆停止：小节气门开度急加速，并在发动机转速达到 2000r/min 时手动加档，直到最高档。

⑥ 一档，车辆停止：中节气门开度急加速，并在发动机转速达到 3000r/min 时手动加档，直到最高档。

⑦ 一档，车辆停止：大节气门开度急加速，并在发动机转速达到 4000r/min 时手动加档，直到最高档。

⑧ 一档，车辆停止：节气门全开急加速，并在发动机转速达到 6000r/min 时手动加档，直到最高档。

⑨ D 位：分别以 50km/h、70km/h、90km/h、120km/h 的车速匀速行驶，用小、中、大节气门开度急加速≥5s 和节气门全开进入 kick down 模式急加速到发动机转速为 6000r/min。

⑩ D 位：不开空调，分别在车速为 50km/h、70km/h、90km/h、120km/h 时，急减速，再分别用小、中、大节气门开度急加速≥5s。开空调重复。

对换档质量、换档时间、换档转速、空调控制、爆燃等进行检查。

5）减速行驶工况评价。

① D 位：不开空调，车速≥100km/h，松加速踏板滑行到怠速。开空调重复。

② D 位：不开空调，车速≥100km/h，分别轻、中、重制动直至停车，5s 后放 N 位。开空调重复。

③ D 位：不开空调，在车速为 50km/h、70km/h、100km/h 时分别慢减速、快减速、急减速。开空调重复。

④ D 位：车速≥50km/h，在三个不同的坡道上（最大坡度＜30%），不踩制动踏板向下滑行，分别用中、重制动重复。

⑤ 车速≥120km/h：轻制动，并在发动机转速为 4000r/min 时手动降档，直到最低档。分别用中、重制动重复。

⑥ 车速≥120km/h：轻制动，并在发动机转速为 2000r/min 时手动降档，直到最低档。分别用中、重制动重复。

对减速时降档质量、减速滑行时转速的控制等进行检查。

6）匀速行驶工况评价。

① 一档：分别在速度为 10km/h、20km/h、30km/h、40km/h、50km/h、60km/h 时匀速行驶≥10s。

② D 位：分别在速度为 20km/h、30km/h、40km/h、50km/h、60km/h、70km/h、80km/h、90km/h、100km/h、110km/h、120km/h、130km/h、140km/h、150km/h、160km/h时匀速行驶≥10s。若车辆的最大车速≤140km/h，则到最大车速。

对各档、各转速匀速行驶时发动机转速的控制，换档点等进行检查。

7）加速、减速混合行驶工况评价。

① D 位：不开空调，发动机转速为 1000r/min 时开始，节气门全开急加速到 2500r/min，松加速踏板急减速到 1500r/min，再节气门全开急加速到 3000r/min，松加速踏板急减速到 2000r/min，再节气门全开急加速到 3500r/min，松加速踏板急减速到 2500r/min，再节气门全开急加速到 5000r/min，以此类推，加速到发动机额定功率转速的 90%。开空调重复。

② D 位：不开空调，在车速为 50km/h、70km/h、100km/h 时分别节气门开度急加速≥5s 然后松加速踏板急减速（要求减速度≥0.5g）并再次节气门开度急加速≥5s。开空调重复。

③ D 位：不开空调，在车速为 50km/h、70km/h、100km/h 时分别松加速踏板急减速（要求减速度≥0.5g），然后节气门全开急加速≥5s 并再次松加速踏板急减速（要求减速度≥0.5g）。开空调重复。

8）P 位驻坡及坡道起步工况评价。将试验样车（要求样车为厂定最大总质量状态）分别停放在坡度为 3%、5%、10%、16.6%、20%、30% 的坡道上进行 P 位驻坡试验，并在满足 P 位驻坡的前提下进行坡道起步。

9）失速工况评价。D 位：不开空调，踩住制动踏板，慢加速至发动机转速不能上升为止。

4. 评价表

表 15-6 所列为驾驶性主观评价表。

表 15-6　驾驶性主观评价表

序号	第一层级	第二层级	第三层级	车型 1	车型 2	车型 3	备注
1	静态性能	加速踏板评价	踏板力				
2			踏板行程				
3			人机布置				
4		离合器踏板评价	踏板力				
5			踏板行程				
6			人机布置				
7		发动机起停评价	起停响应				
8			起停平顺性				
9		发动机怠速评价	怠速稳定性				
10			上升/回落响应				
11			静态换档评价				
12		静态换档评价	换档冲击（自动变速器 AT）				
13			换档力（手动变速器 MT）				
14			换档人机（手动变速器 MT）				
15	起步性能	怠速起步	起步响应				
16			起步加速度				
17			起步平顺性				
18		小节气门开度起步	起步响应				
19			起步加速度				
20			起步平顺性				
21		中节气门开度起步	起步响应				
22			起步加速度				
23			起步平顺性				
24		大节气门开度起步	起步响应				
25			起步加速度				
26			起步平顺性				
27	加速性能	节气门全开百公里加速	加速时间				
28			加速度大小				
29		节气门全开区间加速	加速时间				
30			加速度大小				
31		急踩加速踏板加速	加速时间				
32			加速度大小				
33		缓踩加速踏板加速	加速时间				
34			加速度大小				

（续）

序号	第一层级	第二层级	第三层级	车型 1	车型 2	车型 3	备注
35	爬坡和坡起性能	爬坡	一档或 D 位最大爬坡能力				
36			R 位最大坡起能力				
37		坡起	一档或 D 位最大坡起能力				
38			R 位最大坡起能力				
39			坡起过程溜坡情况				
40	匀速性能	蠕行	蠕行车速大小				
41			蠕行稳定性				
42			蠕行加速度大小				
43		匀速巡航	加速踏板深度（80～120km/h）				
44			巡航平顺性				
45	换档性能	定加速踏板深度升档	换档响应				
46			换档时间				
47			换档平顺性				
48		松加速踏板升档	换档响应				
49			换档时间				
50			换档平顺性				
51		动力降档	换档响应				
52			换档时间				
53			换档平顺性				
54		滑行降档	换档响应				
55			换档时间				
56			换档平顺性				
57		手动升降档	换档响应				
58			换档时间				
59			换档平顺性				
60	Tip in/Tip out	D 位 Tip in/Tip out	加速度大小				
61			响应				
62			平顺性				
63		M 位 Tip in/Tip out	加速度大小				
64			响应				
65			平顺性				

15.5.3 NVH 主观评价

1. 概述

汽车 NVH 已越来越受用户和车企的重视，因此如何开展 NVH 主观评价对于识别和解决 NVH 问题非常关键，它也在产品开发过程中的标杆研究和产品定型、积累设计数据起非常重要的作用。

值得注意的是，参加汽车 NVH 主观评价的人员需要对车辆结构和功能比较熟悉，具备熟练的驾驶技术，评价人数建议不少于 4 人。而且评价场地要包括至少 95% 的用户路面，路面一般包括高速路、坑洼路、盘山路、乡村路、泥水路、停车场方块砖路及试验场异响评价专用路等。此外，还应包括某些特殊环境或路面，如极寒环境、极热环境、夜间环境、冰雪路面。

典型 NVH 主观评价用语：

（1）抖动　发麻的感觉（频率为 10～30Hz，如转向盘、地板、变速杆、扶手箱、仪表板抖动等）。

（2）摆振　转向盘扭转振动（通常由轮胎动不平衡诱发）。

（3）嘀嗒声　类似机械钟表走动的声音，频率为 200～20000Hz（如电磁阀、喷油器、气门声等）。

（4）轰鸣声　低频共鸣声，耳膜有压力感，频率低于 200Hz，怠速/匀速/加减速均有可能出现，通常是由路面激励、动力总成激励导致的整车局部共振或由进排气自身共振导致。

（5）呻吟声　像风吹过竹管产生的声音，如转向泵液压动力系统发出的声音。

（6）啸叫声　阶次噪声，随转速变化，定转速时为纯音，主要由齿轮、链轮等啮合引起。

（7）嘎吱声　摩擦挤压声，一般由内饰松动引起。

（8）敲击声　齿轮与齿轮之间的碰撞声。

（9）高频嚓嚓声　不连续的高频金属声，如消声器隔热罩与车身干涉产生的声音。

（10）隆隆声　车轮滚动声，150～500Hz 中低频范围。

（11）泄气声　主要表现为配有涡轮增压发动机的车辆在加速完成后松加速踏板瞬间产生的声音。

（12）增压器啸叫　频率通常在 1500Hz 以上，表现为不规则的阶次。

（13）呜呜声　由齿轮啮合产生，属中高频噪声。

（14）嗡嗡声　由路面不规则引发的噪声。

（15）声音品质　指声音令人厌烦的程度。如有些声音虽声压级不高，但听起来令人十分不安和烦躁，而有些声音声压级高，但听起来却十分悦耳。

（16）语言清晰度　指在车内乘员之间说话的清晰程度。

2. 评价准备

（1）试验场地　为保证评价结果的一致性，评价应在汽车试验场进行，评价路面包括平坦路面、粗糙路面和冲击路面，路面均应保持干燥且清洁。平坦路面应选择试车场的长直线试车道，粗糙路面选择试车场的小卵石路，冲击路面选择试车场减速带路面。试验条件如下：

1）风速不大于 3m/s。

2）大气温度允许在 -20～40℃范围内。

3）环境噪声应低于被测噪声 10dB（A）。

（2）车辆技术状况

1）汽车各总成、部件、附件及所属装置（包括随车工具与备胎）必须按规定装备齐全；汽车制动、操纵等各系统必须按该车技术条件规定调整到位，确保车辆安全。

2）若试验车辆是新车，应完成2000km 的磨合。轮胎花纹高度不小于3mm；气压应符合该车技术条件规定，误差不超过±10%。

3）整车姿态和四轮定位必须按该车技术条件规定调整到位。

4）试验车应清洁卫生。

（3）试验载荷　按轻载、满载两种状态进行评价，需做半载视具体情况而定。

1）轻载状态为整备质量加一名驾驶人质量，也可视具体情况再加一名乘员。

2）满载状态为满载设计载荷，载荷可以是乘员，也可以是人体模型，人体模型需摸拟人体状态固定可靠。

3. 评价方法

（1）振动主观评价

1）停车时的振动评价。

① 起动/停机时的振动评价。车辆停放在平整的场地上，进行起动、停机操作，对在起动和停机时车身、座椅、离合器踏板、加速踏板、变速杆等部位的振动/抖动情况进行评价。

② 怠速运转时的振动。车辆停放在平整的场地上，发动机怠速运转，对离合器踏板、加速踏板、制动踏板、变速杆、转向盘、地板、座椅、行李架、顶棚、天窗、侧窗、车身及车厢、内外后视镜等部位的振动/抖动情况进行评价。

2）起步、制动时的振动评价。

① 起步时的振动评价。用正常起步应当使用的档位平缓起步，对车身、离合器踏板、加速踏板、变速杆、转向盘部位的振动/抖动情况进行评价。

② 制动时的振动评价。在干燥的平直路面上以一定初速度平缓制动到停车，制动初速度：M_1 类车为80km/h，其他车辆为65km/h。对制动过程中的车身振动、制动点头、制动踏板抖动、转向盘抖动情况进行评价。

3）行驶时的振动评价。

① 车身振动评价。对座垫、后视镜、地板、顶棚、行李架、侧窗玻璃、车门、前舱盖、仪表台、车身内饰板等部位的振动/抖动情况进行评价。

② 操纵件抖动评价。对转向盘、变速杆、驻车制动器、加速踏板、离合器踏板、制动踏板等部位的振动/抖动情况进行评价。

③ 晃动评价。车身的左右晃动评价。

④ 振动评价。匀速行驶时通过水泥路面接缝时的振动。

（2）噪声主观评价

1）怠速运转时车外噪声评价。汽车停放在空旷、平坦的场地上，距离周围能产生回声的障碍物的距离不应小于10m。汽车发动机怠速运转，分别在汽车外部正前方、左右正侧面和正后面距离车辆1~2m 处对车辆噪声情况进行评价，并在记录表的“评分说明”栏中说明噪声来源。

2）起动、怠速运转和熄火时车内噪声评价。汽车停放在空旷、平坦的场地上，距离周围能产生回声的障碍物的距离不应小于10m。侧窗关闭，在车内评价下列项目，并在记录表中说明噪声来源。

① 门开关声、暖风/空调噪声、顶部换气扇运转噪声。

② 起动时车内噪声。

③ 发动机怠速运转时，室内共振噪声、座椅振动噪声、内饰振动噪声、侧窗玻璃振动噪声、顶窗/换气扇振动噪声、发动机运转噪声、变速器空档噪声（离合器接合与分离两种工况）、异响。

3）行驶时车内噪声评价。汽车侧窗关闭，在干燥的平直路面上行驶，行驶方法为：

① 匀速行驶。40km/h 至最高车速之间（其中每 20 km/h 为一级）。

② 加减速行驶。40km/h 平缓加速至最高车速的 80%，再平缓减速至 40km/h。

③ 滑行。发动机怠速运转，变速器空档，自最高车速的 80% 滑行至停车。

④ 制动减速行驶。以正常操作自最高车速的 80% 平缓制动减速至停车。

⑤ 排气制动减速行驶。以排气制动自最高车速的 80% 制动减速至停车。

在不同位置乘坐，进行有效区分并评价吸气噪声、排气噪声、风扇噪声、发动机噪声、变速器噪声、传动轴噪声、后桥噪声、轮胎噪声、风噪声、共振噪声、顶棚振动噪声、顶窗/换气扇振动噪声、后围/后背门振动噪声、侧窗振动噪声、座椅振动噪声。

（3）汽车异响主观评价　汽车异响是指汽车在道路行驶过程中由于振动和驾驶操作引起的，内外部件发出的不可预料的“尖叫”声和“咔哒”声，以及静态操作和使用等情况产生的令人不愉悦的声音。

1）异响主观评价。

① 活动部件异响。

② 功能件异响。

③ 冷车异响。

④ 平滑路况异响。

⑤ 一般坏路异响。

⑥ 恶劣路况异响。

⑦ 自由评价。

2）异响辅助评价。

① 典型环境道路异响。

② 扫频异响。

③ 道路模拟异响。

④ 典型环境台架异响。

3）典型环境道路。

① 高温、高湿道路。

② 高温、干湿、沙尘环境道路。

③ 极低温、冰雪路面道路。

④ 山路。

⑤ 积水路面。

⑥ 背景噪声低且有声音反射的环境（地下停车库）。

4）功能件异响。

① 点火开关调至 ON，检查外部功能件（如刮水器、外后视镜、四门玻璃、天窗等）。

② 按前后顺序检查内部功能件异响（如收音机开闭）。

③ 起动/关闭发动机，检查起动瞬间、怠速及不同转速运行、熄火过程的异响情况。

④ 原地转动转向盘，检查异响情况。

⑤ 起动/关闭空调，在起动、运行、关闭过程中检查异响情况。

4. 评价表

表 15-7 所列为振动噪声主观评价表。

表 15-7　振动噪声主观评价表

<table>
<tr><td colspan="2">日期</td><td></td><td>地点</td><td></td><td>评价人</td><td></td></tr>
<tr><td colspan="2">天气</td><td></td><td>温度</td><td></td><td>车型平台</td><td></td></tr>
<tr><td colspan="2">车辆编号</td><td></td><td>造车阶段</td><td></td><td>行驶里程</td><td></td></tr>
<tr><td colspan="2">轮胎型号</td><td></td><td>发动机排量</td><td></td><td>变速器及档位数</td><td></td></tr>
<tr><td colspan="3">评分项目</td><td>评分</td><td colspan="3">评价</td></tr>
<tr><td rowspan="6">用户操作声品质（电机起动和运行工况）</td><td colspan="2">开/关门声品质</td><td></td><td colspan="3"></td></tr>
<tr><td colspan="2">刮水器</td><td></td><td colspan="3"></td></tr>
<tr><td colspan="2">玻璃升降器</td><td></td><td colspan="3"></td></tr>
<tr><td colspan="2">天窗调节机构</td><td></td><td colspan="3"></td></tr>
<tr><td colspan="2">座椅调节</td><td></td><td colspan="3"></td></tr>
<tr><td colspan="2">娱乐系统</td><td></td><td colspan="3"></td></tr>
<tr><td rowspan="4">部件振动噪声（电机起动和运行工况）</td><td colspan="2">起动机</td><td></td><td colspan="3"></td></tr>
<tr><td colspan="2">空调鼓风机各档下</td><td></td><td colspan="3"></td></tr>
<tr><td colspan="2">散热风扇</td><td></td><td colspan="3"></td></tr>
<tr><td colspan="2">其他电器设备</td><td></td><td colspan="3"></td></tr>
<tr><td rowspan="9">动力总成引起的振动和噪声</td><td colspan="2">起动、熄火振动、噪声</td><td></td><td colspan="3"></td></tr>
<tr><td rowspan="2">怠速振动噪声</td><td>空调关</td><td></td><td colspan="3"></td></tr>
<tr><td>空调开</td><td></td><td colspan="3"></td></tr>
<tr><td colspan="2">怠速噪声</td><td></td><td colspan="3"></td></tr>
<tr><td colspan="2">转向盘振动</td><td></td><td colspan="3"></td></tr>
<tr><td colspan="2">变速杆振动</td><td></td><td colspan="3"></td></tr>
<tr><td colspan="2">座椅振动</td><td></td><td colspan="3"></td></tr>
<tr><td colspan="2">地板振动</td><td></td><td colspan="3"></td></tr>
<tr><td colspan="2">进排气噪声</td><td></td><td colspan="3"></td></tr>
<tr><td rowspan="9">加速行驶振动噪声：在平滑沥青路面上进行</td><td colspan="2">加速行驶振动和噪声</td><td></td><td colspan="3"></td></tr>
<tr><td colspan="2">发动机声品质</td><td></td><td colspan="3"></td></tr>
<tr><td colspan="2">转向盘振动</td><td></td><td colspan="3"></td></tr>
<tr><td colspan="2">变速杆振动</td><td></td><td colspan="3"></td></tr>
<tr><td colspan="2">座椅振动</td><td></td><td colspan="3"></td></tr>
<tr><td colspan="2">地板振动</td><td></td><td colspan="3"></td></tr>
<tr><td colspan="2">加速踏板振动</td><td></td><td colspan="3"></td></tr>
<tr><td colspan="2">离合器踏板振动</td><td></td><td colspan="3"></td></tr>
<tr><td colspan="2">进/排气噪声</td><td></td><td colspan="3"></td></tr>
</table>

（续）

评分项目			评分	评价
变速器噪声：在平滑沥青路面上进行	手动档	自动挡		
	一档	D 位		
	二档	R 位		
	三档	N 位		
	四档			
	五档			
	六档			
	倒档			
	换档声品质			
道路振动和噪声	平滑沥青路面噪声和振动			
	粗糙沥青路面噪声			
	冲击轰鸣声			
	水泥路面噪声			
	坏路面振动			
转向系统噪声：缓慢将转向盘从中心位置转至左锁止点和右锁止点	定置时			
	较高档缓慢行驶时			
风噪：在平滑沥青路面上以最高档行驶	80km/h 行驶			
	100km/h 行驶			
	120km/h 行驶			
机械性杂音	坏路			
	鹅卵石路			
	减速带			
	波浪路			

15.5.4　制动性能主观评价

1. 概述

汽车制动性能是指汽车在行驶中能强制减速以致停车，或在下坡时保持一定速度行驶的能力。汽车的制动过程是人为地增加汽车的行驶阻力，借助于车轮制动器、发动机或专门的辅助制动器来进行。制动时，通过制动车轮与道路路面相互作用而产生与汽车行驶方向相反的路面对车轮的切向反作用力（即制动力），对汽车的制动性能有着决定性的影响，其最大值取决于轮胎与路面间的附着力。在进行汽车制动性能主观评价前需要对相关专业术语进行熟悉和理解。

2. 评价准备

试验路面须是水泥或沥青铺装路面，干燥无积水，部分试验需在试验场性能道内进行。

（1）气象条件　试验时应为无雨无雾天气，试验期间最大风速不超过5m/s。

（2）试验载荷　需要分别在汽车满载、半载、空载条件下进行评价，也可按照不同目的确认，载荷应按照规定均匀分布。

（3）车辆条件　主观评价前，车辆制动系统应经过充分磨合，轮胎花纹为原始深度的50%～90%；车辆空载条件下，冷态时轮胎压力应符合车辆技术条件的规定。

3. 评价方法

（1）制动效能　驾驶人对制动系统/整车输入与输出之间进行的对比，以50km/h、80km/h的车速进行紧急制动，从中体会整车制动响应的快慢，制动减速度、制动距离能否达到预期的效果，制动力大小、踏板行程是否合适。

（2）制动系统　车辆以80km/h的速度运行，增加制动力使其产生最大减速度，当车速逐渐降低到20km/h时，再加速至80km/h，重复上述试验10次，体会在这个过程中制动力与减速度、空行程是否一致。

（3）制动系统调节　在不同车速下，通过设定目标去感受制动效果。分别以80km/h、50km/h、30km/h的车速对试验样车进行轻微制动、再加重制动、再减轻制动、再加重制动至平稳停车，从中体会制动系统生效的快慢、空行程的长短。

（4）延迟　能否通过调节制动力（调节制动强度）达到预期的要求，并可以维持一定的减速度。

（5）抱死点（ABS触发点）　车轮抱死点/ABS触发点的力是否能达到驾驶人预期的要求，这些力是过高还是过低，制动力分配是否合理。以80km/h的车速逐步增加制动力至ABS起作用，体会这个过程中ABS生效时制动力的大小（有ABS的样车一定要进行该项目试验）。无ABS（有则使ABS失效）进行上述试验，检查车轮抱死点发生在前轮还是后轮，以及抱死时制动力的大小、踏板的行程。

（6）ABS感觉　ABS能否给驾驶人以信心，在极限制动的情况下，整车能否保持稳定和保持转向的能力。

（7）制动稳定性　以不同的车速在不同的路面上进行直线制动、弯道制动，制动时车轮应处在抱死或ABS工作的临界点上；使ABS和EBD失效，以不同的车速在不同的路面上进行直线制动。制动时直线行驶的稳定性和轨迹性，弯道时的稳定性和轨迹性；使ABS和EBD失效后，制动使车轮刚刚抱死，观察能否达到驾驶人预期的减速度，车轮抱死时车辆的稳定性和轨迹性，车辆是否偏离了3.5m的通道。

（8）制动时的轨迹性　当在各种路面上制动时，会不会因为路面的原因导致转向而偏离原来的轨迹。

（9）制动噪声（综合）　制动系统有无明显的制动噪声，包括长而尖的声音，制动时制动蹄片与制动盘的摩擦声。噪声的产生与车速、蹄片温度、大气湿度、制动强度等有关。通过低、中、高车速进行，冷态、热态进行，大、小制动强度分别进行评价。在释放制动

时，有无制动摩擦盘与制动蹄片产生的摩擦声，该噪声如同金属丝刷在材料表面摩擦的声音（一般只有在很轻微的制动时才能够感觉到）。

（10）驻车制动性能（应急制动） 在紧急情况下，驻车制动应能提供一个理想的（主观感觉）制动减速度，但车速≥30km/h时车轮不应抱死，以保证制动稳定性；制动减速度是否容易调节和控制。

（11）驻车制动感觉（力/行程） 驻车制动能否提供好的力/行程的感觉。侧重于驻车制动手柄与制动行程是否为线性关系，如果试验中感觉驻车制动手柄效果较差，可以根据具体情况进行适当调整。

（12）驻车制动人机工程学（手柄位置/手感） 驻车制动在使用时能否提供一个良好的人机工程位置而易于操作；机构中棘轮的按钮能否产生预期的效果和合适的操作力。

（13）驻车制动效果 在静态时，能否按照输入的力与行程有一个好的静态性能，在一定的坡道（坡度≥20%）上应该能和在水平路面上一样完成驻车制动。驻车制动系统应能满足在最大坡度（试验车起步的最大坡度）坡道上驻车。

（14）制动踏板感觉 以不同的减速度在低、中、高车速下直线制动，以不同的减速度在不同的车速下体会整车制动的响应，踏板的感觉，制动系统给驾驶人的信心。制动时空行程是否合适，踏板力和行程是否合适，制动时在踏板力和踏板行程线性增加时，能否得到线性的减速度，制动调节是否良好，快慢是否合适，制动强度是否合适。

（15）制动系统抗衰退性能 以最短的时间连续进行100～0km/h的10次全力制动试验。在制动过程中体会踏板力，踏板行程与减速度的变化，整个过程中踏板力，踏板行程与减速度是否一致。

（16）ABS性能 分别以直线制动、转弯制动和移线制动进行。除去ABS极限制动，评价EBD的性能。评价ABS工作时的稳定性、轨迹性、可转向性能和ABS的噪声；除去ABS，EBD能否提高整车的稳定性，在转弯制动中能否提高驾驶人的信心。

（17）制动噪声 以不同的车速，不同的踏板力在制动器不同温度下进行制动；在坡道上进行停车、驻车时的噪声；车辆停在户外，早晨第一次制动。制动器有无明显的制动噪声，包括长而尖的声音，制动时制动蹄片与制动盘的摩擦声，制动蹄片和制动钳由于相对运动产生的敲击声等噪声，在评价时对制动噪声在什么情况下产生等进行详细说明。

（18）制动抖动 以不同的车速，中等的踏板力从车速为120km/h开始，在制动器不同的温度下进行制动，制动时ABS不允许工作。制动时转向盘、制动踏板或车身底板是否有明显的抖动。

（19）驻车性能 在不同的斜坡上进行停驻，最大坡度不超过30%；车速为30km/h时进行动态驻车，但车轮不能抱死。是否能可靠地停驻在坡道上；在紧急情况下，驻车制动应能提供一个好的（主观感觉）制动减速度，制动减速度是否容易调节。

（20）专项操作评价

1）山区行驶制动性能评价。试验汽车满载，在山区一段长度不小于10km、平均坡度不小于5%的下坡坡道上行驶，评价连续制动效果、制动系统容量、振动、异响、制动点头、踏板力与踏板行程随制动摩擦副温度升高的变化。

2）弯道制动性能评价。在一块足够大的平坦场地上画出一个弯道，弯道半径为15m，分别在良好干燥路面、湿滑路面、涉水路面的情况下以初速度 30km/h 进行（缓、紧急）制动，评价制动效能，方向可控性，跑偏、甩尾情况。

3）排气制动性能评价。试验车满载，在良好干燥路面上使用排气制动，评价下列项目：

① 评价平直道路上各种车速下的减速效果、噪声、异响。

② 评价山区下坡行驶时减速效果、噪声、异响。

4. 评价表

表 15-8 所列为制动性能主观评价表。

表 15-8 制动性能主观评价表

序号	模块	条目	车型 1	车型 2	车型 3	备注
1	制动效能	减速能力				
2		衰退水平				
3	制动稳定性	直线制动 – 制动跑遍				
4		直线制动 – 制动摇摆				
5		直线制动 – 横摆稳定性				
6		弯道制动 – 转向盘修正速度				
7		弯道制动 – 转向盘修正角度				
8		弯道制动 – 最大横摆角				
9		弯道制动 – 横摆阻尼				
10		变线制动 – 转向盘修正速度				
11		变线制动 – 转向盘修正角度				
12		变线制动 – 侧倾控制				
13		变线制动 – 变线能力				
14	制动踏板感	一般制动（加速度在 0.3g 以内） – 制动响应				
15		一般制动（加速度在 0.3g 以内） – 制动调节				
16		中等制动（加速度为 0.3 ~ 0.6g） – 制动响应				
17		中等制动（加速度为 0.3 ~ 0.6g） – 制动调节				
18		强制动（加速度在 0.6g 以上） – 踏板线性度				
19		强制动（加速度在 0.6g 以上） – 迟滞感				
20		强制动（加速度在 0.6g 以上） – 踏板力				
21		强制动（加速度在 0.6g 以上） – 踏板行程				
22	制动舒适性	恒减速度 – 俯仰大小				
23		恒减速度 – 突然性				
24		瞬态制动 – 俯仰大小				
25		瞬态制动 – 突然性				
26		瞬态制动 – 振荡衰减				
27		停止时 – 车身摇曳大小				
28		停止时 – 车身摇曳突然性				
29		停止时 – 车身摇曳衰减				

（续）

序号	模块	条目	车型1	车型2	车型3	备注
30	驻车制动	操作力				
31		操作行程				
32		驻车效能				
33		释放难易度				

15.5.5 转向性能主观评价

1. 概述

转向性能是指车辆在行驶和停车过程中，通过施加转向输入，车辆所表现出的动态响应及包括转向感觉、转向反馈和转向做功在内的车辆转向特性。

（1）泊车/操纵性　泊车/操纵性是指在停车场或路边停车时汽车以非常低的速度行驶和泊车的性能。

1）转向力。考察车辆静止时转向力，车辆以非常低的速度转弯转动转向盘时，转向力是否有波动，即转向力是否均匀。

2）回正性。评价车辆以非常低的速度前进或倒车行驶时转向盘自动回到直线行驶的状态。考察转向盘回正是否平滑、一致、稳定，自动回正后转向盘位置接近直线行驶状态的程度，自动回正的速度，回到直线行驶状态是否需要驾驶人辅助。

3）操控性。评价在行驶空间狭小时车辆的操纵性。在泊车时考察转向盘转动的角度大小，是否感觉到车辆受狭窄道路、转向轮转角及车体外伸部分（转向半径）的限制。

（2）直线行驶可控性　直线行驶可控性是指转向盘在直线行驶附近时汽车的转向特性，在该位置时驾驶人是否可以精确、自信地进行转向控制。该特性反映了驾驶人为保持汽车直线行驶进行方向修正时，汽车的响应和转向力矩反馈的大小。

围绕汽车直线行驶位置，即少量转向输入时，评价汽车的响应品质。考察少量转向输入时汽车的响应量，要在不同的速度下评价；是否有响应量很小或没有的转向盘角度范围，在该转向盘角度范围内及范围外，转向响应量有什么不同；最后要考察左右转向响应的对称性。

1）中心感和力矩反馈。在直线行驶位置附近的转向力矩反馈。随着转向力的增加，是否有一个明显的中心点，即使有少量的偏差，或是否有转向感很差的转向角范围。考察转向力矩随小转向角变化而改变的程度，这种感觉是弱还是强，转向力矩的增大是线性的、不连续的还是滞后的；是否有摩擦阻力感；是否有转向盘刚性地连接到转向轮的感觉，或者是柔性地连接到转向轮上的感觉。

2）转向力。在不同的车速下评价。有小的转向修正（直线行驶）时转向力是否合适，是轻还是重。

3）转向精确度。考察转向盘力矩、转向盘转角与车辆响应的联系（直线行驶，小转向盘转角输入）。在中心附近，转向力矩与车辆响应是否匹配，是否有缺乏与车辆及路面关系的转向感觉，是否有转向修正的精确感。

（3）转向可控性　转向可控性是指转向时的转向特性，以及这些特性如何使驾驶人精确、自信地控制汽车，转向特性包括转弯时车辆响应、力矩反馈，使车辆既进入弯道又使车辆按预定线路行驶的转向盘转角调整，也包括车辆出弯道时的自动回正特性。

1）响应。在各种转弯情况下车辆关于转向盘输入的响应品质。考察车辆对转向输入的响应量，特别是在弯道行驶阶段，是否有明显的转向滞后现象，转向盘输入和车辆响应是否成比例或有可预见性。

2）力矩/反馈感。转弯时来自转向盘的力矩反馈特性和感觉。当转向盘转角增大或减小时，是否有明显的或明确的转向盘力矩增加或减小；在整个转向盘转角操作范围内，转向盘力矩是否连续或与转向盘转角成比例；当少量调整转向盘转角时，是否有转向盘力矩阶跃改变的感觉（转向力矩滞后感）；转向是否有路感，是否有僵硬直接或柔性顺从感（Compliance feel）。

3）转向力。不同车速下的转向力。转弯时的转向力和把持力是否合理，是轻还是重。

4）回正性。从不同转弯状态恢复到直线行驶状态的能力。回正运动是否平滑、一致和稳定；自动回到直线行驶状态的程度；自动回正的稳定性、超调量和振荡次数（衰减特性）。

5）转向精确度。考察转弯时转向盘力矩、转向盘转角与车辆响应的联系（直线行驶，小转向盘转角输入）。车辆响应对转向盘输入是否直接和精确；在整个转向操作范围内转向盘力矩反馈与车辆响应是否匹配；是否有转向修正的精确感。

（4）转向扰动　转向扰动是指由其他原因（驾驶人输入除外）导致的不希望出现的转向响应或反馈。力矩转向指发动机关闭或打开时车辆偏离行驶路线。评价驱动力矩改变或换档时，汽车直线行驶的稳定性。

1）跑偏。在平滑路面上行驶时，汽车是否总是偏向一侧；踩下离合器踏板、不制动、转向盘自由时，考察车辆侧身偏移量，评价维持汽车直线行驶的转向盘力矩。

2）冕状路面敏感性。车辆对冕状路面的反应偏离行驶路线是否显著，需要多大的转向盘转角补偿扰动，评价维持汽车直线行驶的转向盘力矩。

3）车轮摆振。评价转向轮在不平路面上的运动。单边路面激励时的车辆振动，如汽车通过凹坑、非对称不平路面等。

4）扭振。由于车轮不平衡，在平滑路面上行驶时转向盘扭振。

2. 评价准备

试验路面须是水泥或沥青铺装路面，干燥无积水，部分试验需在试验场性能道内进行。

（1）气象条件　试验时应为无雨无雾天气，试验期间最大风速不超过5m/s。

（2）试验载荷　需要分别在汽车满载、半载、空载条件下进行评价，也可按照不同目的确认，载荷应按照规定均匀分布。

（3）车辆条件　主观评价前，车辆制动系统应经过充分磨合，轮胎花纹为原始深度的50%～90%；车辆空载条件下，冷态时轮胎压力应符合车辆技术条件的规定。

3. 评价方法

（1）驻车/低速转向力

1）试验路面。沥青或水泥路面。

2）驾驶方式。停车，发动机起动，均匀地转动转向盘至左右极限位置，松开驻车制动器；低速转向车速为10km/h左右。

3）评价内容。转向力的大小及是否存在周期或非周期性的波动；极限位置是否清晰，转向力是否有大的变化。

（2）动力转向泵噪声和转向盘振动

1）试验路面。沥青或水泥路面。

2）驾驶方式。停车，发动机起动，均匀地转动转向盘至左右极限位置。

3）评价内容。转向泵的噪声、转向盘在静止状态和转动时的振动。

（3）回正能力

1）试验路面。平直沥青或水泥路面。

2）驾驶方式。原地将转向盘向左或向右打至极限位置，然后车辆起步加速到40km/h；车速在20km/h到最高车速80%间变换，向左或向右转动转向盘（90°左右），达到中高侧向加速度。

3）评价内容。转向盘回到中间位置的表现，不应过快或过慢，超调量应小且振荡应快速衰减。

（4）Catch up

1）试验路面。平直沥青或水泥路面。

2）驾驶方式。怠速，快速向左右转动转向盘，然后逐渐增加发动机转速；变速器置于二档，发动机转速在2000～5000r/min之间，快速向左右转动转向盘。

3）评价内容。Catch up是否出现及出现的强烈程度。

（5）转向间隙

1）试验路面。平直路面。

2）驾驶方式。以40～120km/h的速度行驶，以小角度左右转动转向盘。

3）评价内容。感觉中间位置左右无响应的角度范围，此范围应越小越好。

（6）中间位置力感觉

1）试验路面。平直路面。

2）驾驶方式。以40～120km/h的速度行驶，左右转动转向盘，转角不超过10°。

3）评价内容。中间位置的转向力感觉。

（7）中间位置响应

1）试验路面。平直路面。

2）驾驶方式。以40～120km/h的速度行驶，左右转动转向盘，转角不超过10°。

3）评价内容。中间位置的转向响应。

（8）转向摩擦感觉

1）试验路面。平直路面。

2）驾驶方式。分别以40km/h、80km/h、120km/h或更高的速度行驶，向左或向右转动转向盘，侧向加速度不超过0.4g。

3）评价内容。评价是否有摩擦的感觉。

（9）力的建立

1）试验路面。平直路面。

2）驾驶方式。车速为20～120km/h，从中间位置开始向左或向右均匀对称转动转向盘，侧向加速度不超过0.4g。

3）评价内容。转向力开始建立的感觉及随车速的变化，左右转向力的对称性。

（10）转向力线性

1）试验路面。平直路面。

2）驾驶方式。以40～100km/h的速度行驶，向左或向右转动转向盘，逐渐增大转向盘转角，侧向加速度不超过0.6g。

3）评价内容。转向力的变化是否是逐渐增长的，不应有突然变大或变小的情况。

（11）弯道中转向响应

1）试验路面。中等半径沥青或水泥弯道。

2）驾驶方式。在弯道中以中等侧向加速度（0.4～0.5g）行驶，增大或减小转向盘转角。

3）评价内容。评价在弯道中的转向响应。

（12）响应线性

1）试验路面。平直路面。

2）驾驶方式。以40～100km/h的速度行驶，以不同大小的转角向左或向右转动转向盘，从低到中高侧向加速度。

3）评价内容。评价转向响应在整个侧向加速度区域内是否有大的变化。

（13）KICK BACK

1）试验路面。中等半径沥青或水泥弯道，弯道中有碎石、小坑、接缝等。

2）驾驶方式。在弯道内以不同侧向加速度匀速通过。

3）评价内容。是否出现回敲的感觉，在何种侧向加速度情况下出现及出现的强烈程度。

（14）转向角度

1）试验路面。平直路面。

2）驾驶方式。以40～100km/h的速度行驶，以不同大小的侧向加速度做移线动作；在不小于20m半径的圆上行驶，逐渐增加车速。

3）评价内容。评价需要的转向盘转角是否太大或太小。

（15）力的水平

1）试验路面。中等半径的沥青或水泥弯道。

2）驾驶方式。以不同的车速通过同一个弯道，弯道中保持转向盘转角不变。

3）评价内容。在弯道中匀速行驶时转向力的大小及随通过车速的变化。

（16）直线行驶能力

1）试验路面。平直路面。

2）驾驶方式。以40～100km/h的速度沿直线行驶，松开转向盘，并进行加速和制动，观察车辆是否跑偏。

3）评价内容。车辆在匀速行驶及加减速时是否跑偏及跑偏的程度。

4. 评价表

表15-9所列为转向性能主观评价表。

表 15-9　转向性能主观评价表

序号	模块	条目	车型1	车型2	车型3	备注
1	直线行驶稳定性	方向偏移				
2		横摆稳定性				
3		侧倾转向				
4		侧风敏感性				
5		加速时行驶稳定性				
6		减速时行驶稳定性				
7	弯道行驶稳定性	固有转向特性				
8		动力中断时的转向特性				
9		加速下的转向特性				
10		弯道制动下的转向特性				
11		弯道减速能力				
12		侧倾控制 – 侧倾角				
13		侧倾控制 – 侧倾平衡				
14	瞬态操纵稳定性	稳定性				
15		可控制性				

15.5.6　操纵稳定性主观评价

1. 概述

操纵稳定性是指汽车操纵性和稳定性的综合特性。操纵性是汽车及时而准确地执行驾驶人转向指令的能力。稳定性是汽车在行驶过程中，受到外界干扰后维持或迅速恢复原来运动状态的能力。操纵稳定性既反映汽车的实际行迹与驾驶人主观意图在时间上和空间上的吻合程度，又反映汽车运行的稳定程度。可以说稳定性是操纵性的保证，稳定性丧失便导致操纵失控，两者性质不同而相互依存。驾驶人依据环境条件及汽车行驶状态，通过转向盘等操纵机构对汽车发出调整行迹的指令，汽车实际行迹的变化又通过驾驶人感官的主观感觉与原意图进行比较，再发出修正指令直到满意为止。

2. 评价准备

试验路面须是水泥或沥青铺装路面，干燥无积水，部分试验需在试验场性能道内进行。

（1）气象条件　试验时应为无雨无雾天气，试验期间最大风速不超过5m/s。

（2）试验载荷　需要分别在汽车满载、半载、空载条件下进行评价，也可按照不同目的确认，载荷应按照规定均匀分布。

（3）车辆条件　主观评价前，车辆制动系统应经过充分磨合，轮胎花纹为原始深度的50% ~90%；车辆空载条件下，冷态时轮胎压力应符合车辆技术条件的规定。

3. 评价方法

（1）不足/过多转向

1）试验路面。操纵稳定性广场。

2）驾驶方式。围绕半径不小于24m的圆缓慢加速直至发生侧滑，应均匀修正转向盘以保证行驶在圆轨迹上。

3）评价内容。不足转向度是否合适。

（2）侧倾角

1）试验路面。操纵稳定性广场。

2）驾驶方式。在半径为24m的圆上逐渐增加速度行驶；以60～100km/h的速度行驶，以不同大小的转角向左或向右转动转向盘，由低到中高侧向加速度。

3）评价内容。评价侧倾角大小在整个侧向加速度区域内是否比较合适。

（3）侧倾速度

1）试验路面。平直路面。

2）驾驶方式。以不小于80km/h的速度行驶，以不同大小的侧向加速度做移线动作。

3）评价内容。评价移线时的侧倾速度，以及前后轴侧倾速度是否平衡。

（4）侧倾线性

1）试验路面。操纵稳定性广场。

2）驾驶方式。以60～100km/h的速度行驶，以不同大小的转角向左或向右转动转向盘，由低到中高侧向加速度。在固定半径圆上缓慢加速。

3）评价内容。评价侧倾角是否随侧向加速度增大而均匀增加。

（5）转矩转向

1）试验路面。平直路面。

2）驾驶方式。沿直线以二档或三档低速行驶，松开转向盘，迅速将加速踏板踩到底。

3）评价内容。评价车辆在急加速中是否有向一边跑偏的情况。

（6）俯冲、蹲伏

1）试验路面。平直路面。

2）驾驶方式。以二档50km/h，三档80km/h行驶，加减节气门开度及制动力。

3）评价内容。评价车身俯仰、蹲伏的程度。

（7）回正性能

1）试验路面。平直路面。

2）驾驶方式。以60～100km/h的速度行驶，转动转向盘达到中高侧向加速度，松手。

3）评价内容。评价车身收敛的快慢、整车是否有振荡及振荡的程度。

（8）转弯轮胎抓地能力

1）试验路面。操稳广场。

2）驾驶方式。以60～100km/h的速度直线行驶，向左或向右快速转动转向盘并逐渐增加侧向加速度直至发生侧滑；以S形或单移线轨迹行驶。

3）评价内容。感觉后轮是否很容易失去抓地力而发生侧滑。

（9）转弯稳定性

1）试验路面。不同半径沥青或水泥弯道。

2）驾驶方式。以中高侧向加速度匀速、加速通过弯道。

3）评价内容。评价轮胎抓地性能、俯仰和侧倾的摆动。

（10）弯道制动表现

1）试验路面。不同半径沥青或水泥弯道。

2）驾驶方式。以中高侧向加速度进入弯道，在弯道中以不同的减速度进行制动。

3）评价内容。车辆保持原来行驶轨迹的能力，车辆是否容易控制。

（11）弯道驱动能力

1）试验路面。小半径（半径 $R=15\text{m}$）沥青或水泥弯道。

2）驾驶方式。以二档或三档的中等转速在弯道内在节气门全开的情况加速。

3）评价内容。内侧驱动轮是否容易打滑空转。

（12）弯道中松加速踏板的表现

1）试验路面。不同半径沥青或水泥弯道。

2）驾驶方式。以中高侧向加速度进入弯道，在弯道中松开加速踏板。

3）评价内容。车辆保持原来的行驶轨迹的能力，是否容易控制。

（13）弯道中增大节气门开度表现

1）试验路面。不同半径沥青或水泥弯道。

2）驾驶方式。以中高侧向加速度通过弯道，在弯道中迅速增大节气门开度，档位根据情况选择三档或四档。

3）评价内容。车辆保持原来行驶轨迹的能力，是否容易控制。

（14）移线稳定性

1）试验路面。平直路面。

2）驾驶方式。以不小于 80km/h 的速度行驶，以不同大小的侧向加速度做移线动作，需要摆桩并按照试验车辆的实际尺寸设置通道宽度。

3）评价内容。评价移线时的通过速度、稳定性、轮胎的抓地性能、车身侧倾及前后轴侧倾的一致性等。

（15）控制准确性

1）试验路面。普通公路。

2）驾驶方式。以正常的驾驶方式在普通公路上行驶。

3）评价内容。评价转弯、超车时的转向准确性及控制的容易程度。

（16）不平路面上直线行驶能力

1）试验路面。不平路面。

2）驾驶方式。车速在 40～60km/h 之间，沿直线行驶，松开转向盘。

3）评价内容。观察车辆行驶轨迹是否发生变化及变化的程度。

（17）破损路面弯道行驶稳定性

1）试验路面。破损路面弯道。

2）驾驶方式。以中低侧向加速度在破损路面弯道上匀速行驶。

3）评价内容。评价车辆在破损路面弯道上行驶时的稳定性。

（18）高速行驶稳定性

1）试验路面。高速公路或高速环道。

2）驾驶方式。以不小于 100km/h 的速度行驶，做小幅度的转向和移线动作。

3）评价内容。评价车辆的稳定性及驾乘人员的信心。

（19）侧向风稳定性

1）试验路面。高速公路。

2）驾驶方式。在高速公路上有侧向风的情况或超过大型车辆时进行评价，车速不低于100km/h。

3）评价内容。评价车辆在有侧向风或超过大型车辆时的情况下是否有较好的稳定性，以及车辆是否容易控制。

4. 评价表

表15-10所列为操纵稳定性主观评价表。

表15-10 操纵稳定性主观评价表

序号	模块	条目	车型1	车型2	车型3	备注
1	直线行驶稳定性	直线行驶－行驶偏移				
2		直线行驶－横摆稳定性				
3		直线行驶－侧倾转向				
4		侧风敏感性				
5		加速行驶－加速俯仰				
6		加速行驶－打滑或弹跳				
7		加速行驶－稳定性				
8		减速行驶－稳定性				
9	弯道行驶稳定性	弯道行驶－固有转向特性				
10		弯道行驶－动力中断下转向特性				
11		弯道行驶－加速时转向特性				
12		弯道行驶－弯道制动时转向特性				
13		弯道减速能力				
14		侧倾控制－侧倾角				
15		侧倾控制－侧倾平衡				
16	瞬态操纵稳定性	稳定性				
17		可控制性				

15.5.7 平顺性主观评价

1. 概述

汽车平顺性是指车辆在一般行驶速度范围内行驶时，能保证乘员不会因车身振动而引起不舒服和疲劳的感觉，以及保持所运货物完整无损的性能。由于汽车平顺性主要是根据乘员的舒适程度来评价，又称为乘坐舒适性，它是考核汽车性能的主要指标之一。通常讨论的主要是指路面不平引起的汽车振动导致的平顺性问题，振动频率范围为0.5～25Hz。

主观评价方法一般用于在同样的试验条件下（路况、车速、气象条件等相同）的车辆比较，由专业人员根据主观评价规范，通过对被评车辆进行观察、操作感受、典型路况的驾乘等，对车辆进行评价后，对每一评价项目进行打分，给出评语。主观评价的要素主要有座椅垂直振动、座椅前后振动、座椅横向振动、转向盘振动、驾驶室的摇摆及车辆地板的振动等。

2. 评价准备

试验路面须是水泥或沥青铺装路面，干燥无积水，部分试验需在试验场性能道内进行。

1）气象条件。试验时应为无雨无雾天气，试验期间最大风速不超过5m/s。

2）试验载荷。需要分别在汽车满载、半载、空载条件下进行评价，也可按照不同目的确认，载荷应按照规定均匀分布。

3）车辆条件。主观评价前，车辆制动系统应经过充分磨合，轮胎花纹为原始深度的50%～90%；车辆空载条件下，冷态时轮胎压力应符合车辆技术条件的规定。

4）评价使用的新轮胎，应至少经过200km的磨合，且未经剧烈工况的使用（如急转向、制动或急加速等），若评价旧轮胎，残留花纹的高度应不小于15mm，胎压须符合规定要求。

5）除非特殊要求，大气温度应在0～40℃的范围内。

6）应选择最新最高配置的车辆。

7）应确认悬架部件、转向系统及试验车辆轮胎的技术参数，检查安装状况。若需要，应准备以下台架试验检测参数。

① 悬架弹簧刚度及加载后高度数据。

② 套筒压伸技术参数。

③ 减振器压伸技术参数。

④ 稳定杆尺寸参数。

⑤ 悬架衬套技术参数。

⑥ 转向系统技术参数。

⑦ 轮胎技术参数、生产厂家。

8）以下参数需测量，不能仅依赖技术参数，必要时应进行调节。

① 质量分布。

② 车轮定位。

③ 悬架高度。

9）轮胎应做动平衡，充气至额定胎压。

3. 评价方法

（1）俯仰角

1）试验路面。普通沥青公路，路面有大的起伏、小坑、轻微鼓包等特征。

2）驾驶方式。以60～100km/h的速度沿直线行驶。

3）评价内容。评价通过不同路面时的车身俯仰表现。

（2）受路面干扰引起的侧倾

1）试验路面。普通沥青公路，路面有小坑、轻微鼓包等特征。

2）驾驶方式。以60～80km/h的速度沿直线行驶。

3）评价内容。评价通过不同路面时车身的侧倾表现。

（3）侧倾晃动（头部摆动）

1）试验路面。普通沥青公路（路面有较小的高低差）。

2）驾驶方式。以40～80km/h的速度沿直线行驶。

3）评价内容。评价乘员头部左右摆动的表现。

（4）上下起伏

1）试验路面。平滑普通沥青公路，有大的起伏。

2）驾驶方式。以 60～100km/h 的速度沿直线行驶。

3）评价内容。评价车身随路面的上下低频起伏的表现。

（5）点头／后蹲

1）试验路面。平直路面。

2）驾驶方式。分别以三档 40～60km/h、四档 60～80km/h 的速度沿直线行驶，施加不同强度的制动以评价制动点头表现，评价不同节气门开度下的加速后蹲表现。

3）评价内容。评价加速或施加制动时的后蹲或点头的表现。

（6）转向管柱振动

1）试验路面。普通沥青或水泥公路，路面有小坑、轻微鼓包、接缝等特征。

2）驾驶方式。以不同的速度沿直线行驶。

3）评价内容。评价通过不同路面时通过转向盘传递的振动表现。

（7）非簧载部分振动

1）试验路面。普通沥青公路，路面有大的起伏、小坑、轻微鼓包等特征。

2）驾驶方式。分别以 60km/h、80km/h 的速度沿直线行驶。

3）评价内容。评价通过不同路面时轮胎等非簧载部分的振动表现。

（8）车轮滚动舒适性

1）试验路面。平直光滑沥青路面。

2）驾驶方式。以 60～100km/h 或更高的速度沿直线行驶。

3）评价内容。评价车轮滚动所产生的颤抖的感觉。

（9）轮胎噪声

1）试验路面。平直水泥或沥青路面。

2）驾驶方式。以不小于 80km/h 的速度沿直线行驶，关闭发动机滑行。

3）评价内容。评价轮胎滚动产生的噪声。

（10）大的冲击

1）试验路面。普通沥青公路，路面有大坑、减速坎等特征。

2）驾驶方式。以正常行驶速度沿直线行驶。

3）评价内容。评价遇到大的冲击时的衰减性能。

（11）小的冲击

1）试验路面。普通沥青公路，路面有碎石、小坑、接缝、轻微鼓包等特征。

2）驾驶方式。60～100km/h 的速度沿直线行驶。

3）评价内容。评价遇到小的冲击时的衰减性能。

（12）振动吸收能力

1）试验路面。普通粗糙沥青公路。

2）驾驶方式。以 60～80km/h 的速度沿直线行驶。

3）评价内容。评价在粗糙路面上行驶时对高频振动吸收和隔振的能力。

（13）车厢紧密性

1）试验路面。普通沥青公路，路面有碎石、小坑、轻微鼓包等特征。

2）驾驶方式。以不同速度沿直线行驶。

3）评价内容。评价内饰件等的振动、由车厢传入的噪声等。

4. 评价表

表15-11所列为平顺性主观评价表。

表15-11　平顺性主观评价表

序号	模块	条目	车型1	车型2	车型3	备注
1	主要乘坐性能	跳动位移				
2		跳动延迟				
3		跳动衰减				
4		衰减平衡				
5		俯仰程度				
6		侧倾程度				
7	主要冲击性能	突然性				
8		头部晃动				
9		限位冲击				
10		回弹冲击				
11		冲击概率				
12	次级乘坐性能	不规则频率的振动				
13		固定频率的振动				
14		转向盘固定频率的振动				
15		地板固定频率的振动				
16		座椅固定频率的振动				
17	离散冲击性能	前悬架冲击响应				
18		后悬架冲击响应				
19		前悬架冲击声音				
20		后悬架冲击声音				

15.5.8　空调性能主观评价

1. 概述

空调需在任何气候和行驶条件下，改善车内驾驶人和乘客的乘坐条件，包括控制车内温度、湿度、空气流速、含氧量、有害气体含量，以及除霜、除雾，对汽车车内舒适性和安全性至关重要。

2. 评价准备

试验路面须是水泥或沥青铺装路面，干燥无积水，部分试验需在试验场性能道内进行。

（1）气象条件　试验时应为无雨无雾天气，试验期间最大风速不超过5m/s。

（2）试验载荷　需要分别在汽车满载、半载、空载条件下进行评价，也可按照不同目的确认，载荷应按照规定均匀分布。

（3）车辆条件　主观评价前，车辆制动系统应经过充分磨合，轮胎花纹为原始深度的

50%～90%；车辆空载条件下，冷态时轮胎压力应符合车辆技术条件的规定。

3. 评价方法

（1）寒冷环境适应性评价

1）除霜性能评价。评价除霜速度、除霜面积、盲区位置。

2）除雾性能评价。评价除雾速度、除雾面积、盲区位置。

3）保温性能评价。评价前围下部的保温性能。

4）采暖性能评价。采暖性能评价操作方法见表15-12。

表15-12 采暖性能评价操作方法

<table>
<tr><th colspan="2">项目</th><th colspan="2">暖机</th><th>温升</th><th>平衡</th><th>等待</th></tr>
<tr><td colspan="2">车速/(km/h)</td><td colspan="2">0（怠速）</td><td colspan="2">50（最高档）</td><td>0（怠速）</td></tr>
<tr><td rowspan="4">暖风控制</td><td>温度控制</td><td colspan="5">温控开关调至“热”档</td></tr>
<tr><td>模式控制</td><td rowspan="2">—</td><td colspan="4">脚部</td></tr>
<tr><td>循环控制</td><td colspan="4">外</td></tr>
<tr><td>暖风开关</td><td>关</td><td colspan="4">全开</td></tr>
<tr><td colspan="2">试验时间</td><td>至水温达到50℃</td><td colspan="2">至水温达到平衡</td><td>至室温达到平衡</td><td>15min</td></tr>
</table>

评价时，从以下四个方面进行考虑：怠速运转（暖机）时温升速度、从行驶开始到驾驶室温度平衡的温升速度、行驶时温度平衡情况、等待客人时车辆的保温性能（等待客人、等待信号时停车，发动机怠速运转时室内温度下降的情况）。

（2）炎热环境适应性评价

1）座椅的通气性评价。评价大腿、臀部、背部的通气情况及出汗情况。

2）通风性能评价。汽车以30km/h的车速行驶，分别评价在侧窗全开/半开、顶窗开/关时各通风口的风量和各乘员座的面部、颈部、肩部、腹部、膝盖等部位感受到的风量和风速。

3）隔热性能评价。评价顶部隔热性能，驾驶人、副驾驶人及乘员脚部周围的地板或前围部位的隔热性能，前舱周围有无热气漏入驾驶室内。

空调性能评价操作方法见表15-13。

表15-13 空调性能评价操作方法

<table>
<tr><th colspan="2">项目</th><th>行驶温降</th><th>平衡</th><th>等待</th></tr>
<tr><td colspan="2">车速/(km/h)</td><td>50(最高档)</td><td>50(最高档)</td><td>0(怠速)</td></tr>
<tr><td rowspan="4">空调控制</td><td>温度控制</td><td colspan="3">温控开关调至“冷”档</td></tr>
<tr><td>模式控制</td><td colspan="3">头部</td></tr>
<tr><td>循环控制</td><td colspan="3">内</td></tr>
<tr><td>空调开关</td><td colspan="3">全开</td></tr>
<tr><td colspan="2">试验时间</td><td>至室温达到平衡</td><td>至室温达到平衡</td><td>15min</td></tr>
</table>

评价时，从以下三个方面进行考虑：从行驶开始到驾驶室温度平衡的温度下降速度、行驶时温度平衡情况、等待客人时车辆的保温性能（等待客人、等待信号时停车，发动机怠速运转时室内温度升高的情况）。

4. 评价表

表15-14所列为空调性能主观评价表。

表15-14 空调性能主观评价表

序号	模块	条目	车型1	车型2	车型3	备注
1	制热	怠速采暖				
2		城市道路工况采暖				
3		城郊道路工况采暖				
4		高速工况采暖				
5		综合工况采暖				
6		风量分配				
7		风速风量				
8		密封性				
9	制冷	怠速降温				
10		城市道路工况降温				
11		城郊道路工况降温				
12		高速工况降温				
13		综合工况降温				
14		风量分配				
15		风速风量				
16		密封性				
17	除霜除雾	静态除霜				
18		静态除雾				
19		道路工况除霜除雾				

15.6 评价结果展示

德国心理学家艾宾浩斯（H. Ebbinghaus）研究发现，遗忘在学习之后立即开始，而且遗忘的进程并不是均匀的。最初的遗忘速度很快，以后逐渐缓慢。根据人的这种固有记忆特性，在不同时间对同一款车进行评价也会有不同的结果，因此同样属性对标必须在同一天、同样的场地、由同样的人进行。特定的问题评价可以在不同时间进行，但是尽量在不同时间评价之前回顾之前的结果再进行评价。

通常情况下，评价需要团队进行而不是个人，总结评价结果时需要综合所有人的意见。非常重要的一点是评价团队成员必须是具备评价资质的，掌握必要的方法和逻辑，减少不必要的误导。同时如何权衡、取舍评价的分数和意见，还需要结合市场定位和目标消费者的定位。当有不同意见时，首先需要重新回顾评语，必要时重新评价，若充分讨论之后仍有分歧，需要听取资深专家的意见，当没有令人信服的资深专家时，可以采用德尔菲法（又称专家意见法，是依据系统的程序，采用匿名发表意见的方式，即团队成员之间不得互相讨论，反复地填写问卷，以集结问卷填写人的共识及收集各方意见，可用来构造团队沟通流程，应对复杂任务的共识及难题的管理技术）。

在主观评价结果表达中，雷达图（也称蜘蛛图）能清晰且直观展示结果。这种表达方式能够使读者对评价结果和评价标准的差异一目了然。为了便于数据处理，一般在主观评价结束后，先将各个评估板块和评估项目及相应的评分结果做成表格，并输入计算机，然后通过商业软件直接生成雷达图。所有评价车型的各个项目的表现都会通过给出具体分值来评判，每个评价人员均要给出定量的绝对分值（有的试验有量产的竞品车参加试验，此时也可给出相对分值）。

在雷达图中，将需要对比的性能板块指标作为坐标轴，将车型样本评价结果标注在性能坐标轴中，再连接所有的性能指标结果，即可表达车辆的总体整车性能评价结果，如图 15-32所示。对于不同的车辆，可将评价结果用一张雷达图进行表达并标示，从而直观展示车辆性能对比情况。非常方便地展示出车辆的亮点或短板。当然，对比不同车辆的整车性能时，必须是在相同条件和尺度下，这样对比图才有价值，如图 15-33 所示。

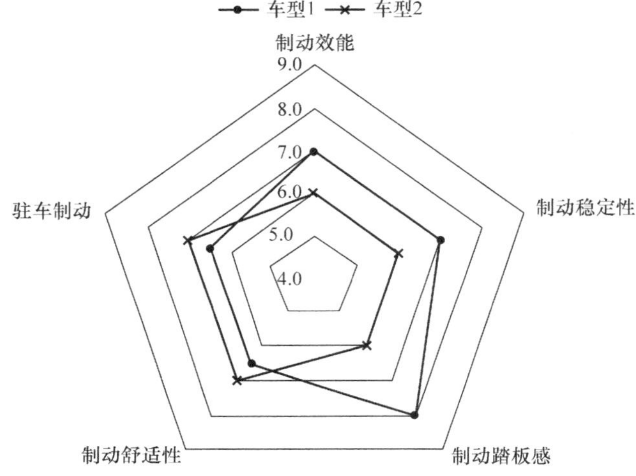

图 15-32　制动性能主观评价雷达图

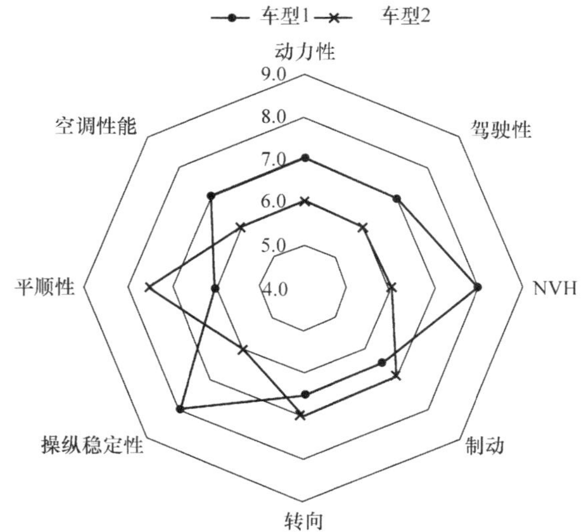

图 15-33　综合性能主观评价雷达图

15.7 主观评价能力建设

整车性能主观评价能力建设是一项系统工程，除了需要具备较强的驾驶操作技能、整车性能感知辨识能力，以及对各类车型的结构、工作原理、控制逻辑有较为深入的了解之外，还需要综合理解车型的市场定位、行业细分市场发展情况、统计学分析技术等。随着时代进步，技术发展也日新月异，只有不停地更新自身的知识，包括汽车研发、生产、消费者认知、市场趋势知识等，才能跟上时代的步伐，做出更符合时代进步需求的评价。

此外，主观评价团队还需避免受项目实际困难的影响。任何项目开发都会面临矛盾：时间、成本和质量——如何把握进行最优化的平衡往往是非常困难的。但需要注意的是，平衡不是主观评价的内容，作为项目开发中的一个环节，主观评价不应该受到时间、成本、难度的影响，而是应该从其实际情况出发进行评价，这样才能回归其从第三方（用户）角度出发的评价作用。最终评价的优缺点如何权衡取舍交由项目管理层、决策层根据对用户和市场的影响把握。因此，主观评价的主体应该是项目开发以外的人，不受项目本身困难的影响可以给出公正的评价；Audit 评价由质量部门负责，不负责生产的具体过程但是对生产的质量进行评价验收；属性开发过程中的评价由项目内部的专业团队负责，了解目标要求、验证计划、开发过程中的零部件系统变更状态，熟悉在各个阶段多轮次调校的结果及细节，但是不作为阀点签收责任人。

为了能够科学、系统地建立团队主观评价能力，下面列出通过总结多年工程实践经验得到的一系列方式方法。

（1）保持持续学习的能力，积累主观评价所需的知识

1）熟练掌握评价和打分的方法。

2）了解汽车的基本结构和工作原理。

3）熟练掌握汽车驾驶技术。

4）了解整车及子系统开发基础知识。

5）了解不同产品目标用户之间的共性和差异化需求。

6）了解影响目标用户喜好、差评的各项因素，熟悉关键因素对所评价性能的影响。

7）能够清楚地掌握车辆细分市场、技术发展趋势、竞品水平的一般知识。

8）了解竞品设定和目标设定的主要方法。

9）了解外部（数据库、网络用户口碑等）数据源。

10）深入地理解硬件对属性的影响，能够评价潜在的设计变化对整体车辆属性的影响，从用户期望角度出发推动最佳的取舍决策。

（2）持续训练性能评价能力

1）经常浏览网络用户发表的意见，从不同维度了解用户的需求，丰富用户使用场景库，完善评价方法。

2）与内部、外部用户面对面交流，参加车主俱乐部的活动，深入了解用户的诉求及背后的原因。

3）关注主流媒体的评价报告，关注媒体关注的角度和衡量的方法，尤其是著名的媒体文章。一些媒体的浏览量越来越多，已经成为各 OEM 的关注对象，其喜好、取舍在很大程

度上代表、影响了广大消费者。

4）了解市场端用户反馈，参加各种用户调研，包括前期和后期的调研。不只是外部用户调查，同时也包括细节取舍的内部调查，如按键、开关力的反馈。通过内部调查可以取得更为细致的信息，也便于回访。

5）在项目初期选型阶段、开发过程、问题解决过程，深入地与研发工程师共同评价不同设计方案，对其不同的表现进行直接的对比。这样不仅能够更深入地评价所有细节，还可以了解其局限性及固有特性，使评价针对性更强。

6）尽可能多地评价各种品牌、各种类型和各种风格的车辆。

7）在初学阶段，对标时避免一次评价所有属性，需要针对单一（或同类的）属性评价所有车辆，然后再评价其他属性。在评价完每一辆车时需要记下所有的笔录，评价完一项属性时要回顾及总结。

8）经常组织评价团队针对某些属性进行深入讨论，找到认识的盲区，与同行之间互相探讨学习。

（3）建立标杆（即基准）　建立评价能力的过程，也是建立标杆的过程。建立针对每一个细微属性表现的认知标杆，如转向力多大合适，不好的转向力有多大，而转向盘的粗细手感等干扰因素会对其产生认知的影响。建立评价能力的过程，就是在心里建立标杆的过程。在此过程中，理解评价的方法，能够清晰地感知各种标杆区别（好、中、差），并且能够理解不同的市场定位及不同消费者的需求。

1）在建立标杆的过程中，首先需要清楚标杆确定时的关键因素，这样才能够全面地理解和建立标杆。

2）从用户需求角度出发理解功能、使用操作、性能、品质等问题/惊喜及发生的情形，通过场景的使用理解该评价所受的局限性。

3）在建立标杆的过程中，还需要遵照循序渐进的方式逐步提高评价能力。

① 首先从细小的部件/细微的属性开始，再扩展到大的系统/属性，逐渐提高、积累认识的深度和广度。不能为了追求速度而囫囵吞枣。以转向为例，首先从低速练习开始，覆盖停车入库、转向、掉头等场景：

a. 低速时感受转向力的大小，单纯的力的大小。

b. 低速时感受转向力的大小在不同转向角度下的波动。

c. 低速时感受转向力的大小在不同车速和转向角度下的波动。

d. 低速时感受在不同车速和转向角度时转向回正力的大小、产生速度、变化。

e. 感受转弯半径的大小。

f. 路面质量、坡度、速度不同时，感受转向时的噪声、异响、振动。

g. 感受转向力的对称性。

② 当低速转向练习熟练，能够准确地评价之后，再练习中高速转向、弯路转向的问题评价方法。

③ 当掌握所有的转向评价的细节之后，根据完整的评价流程，在特定的路面、按照特定的操作顺序完成所有的转向评价。

④ 在熟练掌握所有的方法之后，需要做到每个评价操作都能够形成肌肉记忆，在不同的时间评价都能够保持一致。

⑤ 在做到具有高度的评价动作一致性之后，能够具备代表不同的驾驶人（男性、女性、不同身高的驾驶人、新手、老手、资深驾驶人等的不同）评价的能力，即需要理解并且能够按照不同驾驶人的喜好评价的能力。

⑥ 当具备全方位转向评价能力之后，就可以根据需求开创特定的转向评价方法。

(4) 持续训练提高感知敏感度

1）很多时候无法感知，可以从较差的车开始。选择状态较差的车，因为这种车问题比较明显，容易感受问题的特征。当对此特征熟悉之后，就更容易在问题不明显的车辆上发现，或者是在特征不明显的车上感受不同车辆的细微差别。

2）反复比较。刚开始评价时，或者刚接触一个新属性评价时，往往不容易清晰地发现细微的区别，如离合器踏板力。可以先感受离合器踏板力较大的车，再去体会离合器踏板力很小的车，然后去体会中间水平的车。体会力大小的不同之后，反复比较，能够对力的大小形成肌肉记忆。当感受不明显时，需要反复比较两个不同的车。在踏板力形成肌肉记忆之后，在整个踏板行程中感受力的大小、变化、波动，包括离合器踏板到底、半联动、松开过程，并形成肌肉记忆。

3）与专家对比。在对某一特征进行评价之后，对比专家评价的结果，以及专家关注的点和程度，然后再重复评价体会前后感受有差别的原因。也要特别注意专家的评价操作方法。通过反复地对标，可以加强对细微特征感受的敏感度。

4）用更小的单位标定自己的感受。经常体会日常生活中细微的力、振动、声音、颜色、尺寸区别，通过对各种程度细小的反馈进行感知，提高感知的敏感程度，如同运动员通过颠球的动作来培养球感一样。也有点类似测量系统，不断使用更精准的仪器来标定设备。

5）用生活中常用的物品来标定评价的感受。例如：在使用家用的灯具/遥控器/灶台等的开关、按键、旋钮时，可以感受其力的大小、力的变化、摩擦力、行程、松旷程度、人机、声音品质等。体会类似的开关可以做到多好、多差。在触摸或观看沙发、衣服、家具时，感受不同材质带来的不同的顺滑、柔软、磨砂、质感、色彩的高档感以及色彩的搭配和谐程度等。

提高驾驶技能，熟记评价用语，掌握同类车型信息（基本式样、配置等），排除个人喜好及习惯，反映一般用户的取向，从而设定一个判定基准并熟记于心。评价者通过视觉、听觉、触觉、嗅觉的认知，对各种属性进行评价。

15.8 展望

汽车市场的竞争日趋激烈，消费者的需求越来越高，汽车产品的开发效率需要提升。整车性能主观评价的运用和持续改进，有利于缩短产品开发周期，降低整车开发成本，更快找出产品的不足，对提高产品的市场竞争力有重要意义。

本章通过对整车性能主观评价标准和方法等进行综合论述，试图对目前汽车行业使用的主流评价方法进行总结。在汽车研发过程中，汽车性能主观评价为汽车性能评价和改进提供了科学有效的评定依据。尽管测量技术和 CAE 仿真分析技术不断取得飞速发展，但作为站在用户角度的主观评价方式和方法，在汽车高品质研发和快速迭代改进过程中仍然是不可替代的。但是，必须清醒地认识到，主观评价能力会受到人自身的弱点所影响，如心情状态、容易过于相信经验等。在开展主观评价时特别值得注意的是要意识到人感知能力的极限，因而对评价结果要保持客观而谨慎的态度。

随着汽车开发，企业更加注重短周期和低成本，在前期对整车性能进行预测的需求日益增加。而开展性能仿真的基本目标之一是通过整车综合性能虚拟仿真指导整车参数选型，也就是通过整车参数优化在前期改善综合性能表现。随着工程软件的飞速发展及大数据分析方法的持续研究与运用，某些以往过于依赖主观评价的性能评价有了新的突破。例如，奥地利AVL公司近年来推出的AVL DRIVE系统就能快速而全面地对整车驾驶性、NVH、操纵稳定性、平顺性等进行综合测试和评价，同时结合AVL VSM、CAMEO等工具链可对整车综合性能进行快速全局优化。

第16章

整车性能融合开发

广义上讲，整车集成开发可分为物理集成和性能集成。物理集成将汽车各部件组装在一起，属于有形的集成，构成了整车性能的载体；而性能集成则是无形的，通常能被感知到的性能是集成后的专项性能，形成了整车灵魂或品牌基因，如动力性和经济性、车辆动力学性能、碰撞安全、NVH、环保性能、舒适性等。随着汽车产业的发展和成熟，整车的每一个零部件几乎都能通过采购获得，但是一个品牌的基因、调校的性能则无法购买和复制，需要汽车主机厂进行性能定位定义和集成开发。

整车的各性能之间既互相制约，又彼此联系。从设计早期到CAE计算到中期样车开发，乃至最终的量产验证，各性能之间的冲突和联系始终存在。性能集成的目的是对各项性能进行最优目标设定，并在规定的时间、预设的成本内进行综合呈现，既不能让某一性能的最大化过分影响其他性能，又不能让各个性能都过分平庸，否则所开发的车型是无法具有竞争力的。在性能开发过程中对于技术方案的取舍和资源的导向，是性能集成开发最具挑战性的部分。

性能集成需要一个团队对所有的性能开发都非常了解，从而能够对各个性能进行协调和平衡。通常一个有经验的工程师要了解众多性能，必须经过大量项目经历实践和不懈的知识累积，包括开发数据和流程，这样才能平衡整车的各项性能，设计出性能恰到好处的产品。

本章共分四节。第一节阐述性能集成的基本概念，详细说明整车性能的子性能；第二节从集成的角度讲述性能集成的理论与特点，从物理学基础阐述影响性能表现的参数，透过现象看本质，详细解释同一物理参数对不同性能的影响，为开发做参考；第三节则从案例着手，详细地描述在整车性能集成开发时，各性能块如何融合及集成；第四节为展望与趋势。

16.1 整车性能概述

整车性能是车辆产品力和竞争力的重要指标，主要包括动力经济性、驾驶性、NVH、安全性、结构耐久性、热管理、操纵稳定性、空气动力学、舒适性等性能。各性能之间互相制约，又互相关联。

（1）人机工程　指使整车设计适应人体结构的要求，确保人-机系统工作的高效、舒适性，即指乘坐舒适性和人机界面性能。具体评价指标有车内乘坐姿态及空间、操作方便性、上下车方便性、座椅舒适性、视野等。

（2）动力性　指汽车在良好路面上直线行驶时由车辆受到的纵向外力决定的、所能达到的平均行驶速度。其评价指标为最高车速、加速能力、爬坡能力、驾驶性、牵引能力等。

（3）燃油经济性　指汽车以最少的燃料消耗量完成单位运输工作量的能力，其评价指标为设计标准载荷下每行驶100km消耗掉的燃料量（L）或电能（kW·h）。汽车燃油经济性的指标包括等速油耗、综合油耗、续驶里程等。

（4）平顺性　指汽车在行驶状态下，由路面不平而引起的座椅振动对乘员舒适性的影响程度。其评价指标包括随机输入（等效均值等）、不平路面座椅振动等。

（5）可靠性与耐久性　可靠性指汽车在规定的条件下，规定的时间内，完成规定功能的能力。耐久性指汽车在规定的使用和维修条件下，达到某种技术或经济指标极限时完成功能的能力。可靠性评价指标包括汽车平均故障间隔里程、平均首次故障里程、故障率等，耐久性评价指标包括整车及关键零部件使用寿命等。

（6）NVH　指汽车的噪声（Noise）、振动（Vibration）及声振粗糙度（Harshness）三项指标，主要评价指标包括整车及系统主要零部件的 NVH 性能。

（7）重量　指整车自重、重量分解、载重能力等各项指标。

（8）热管理　指乘员热适应性（室内空调暖风）和车辆热适应性（前舱热管理、除霜化冰、低温冷起动性）等。

（9）安全性　指汽车防止或减少道路交通事故发生的能力，以及降低在交通事故中乘员及行人伤害程度的能力。此处所指的汽车安全性包括主动安全、被动安全及灯光和信号安全。其中主动安全包括制动性能、ESP 等；被动安全包括乘员安全性、行人保护、低速碰撞指标等；灯光和信号安全包括灯光和信号装置的配光性能、信号强度等。

（10）环保性　指汽车对环境的影响程度，包括汽车尾气排放、回收再利用、驾驶室内空气污染物控制及电磁兼容。尾气排放指对汽车排放废气中有毒有害物质的控制、排气烟度控制、燃油蒸发物控制等指标。

（11）回收再利用　指报废汽车的可回收、零部件及材料可再利用的能力，包括汽车产品禁用限用物质的控制与标识、整车可回收性的识别与标识、整车回收利用率的指标控制等。

（12）车内空气污染物控制　指车内零部件及材料的挥发性有机物和酮醛类物质的识别与控制。

（13）电磁兼容性　指汽车的电子电器设备或系统在其电磁环境中不会因为周边的电磁环境而导致性能降低、功能丧失或损坏，也不会在周边环境中产生过量的电磁能量，以致影响周边设备的正常工作的能力。包括电磁干扰性和电磁敏感性。

16.2　整车性能融合的理论与特点

整车性能集成表面上是零部件的组合，实际上是多种学科、多种技术、多种结构、多种材料的集成与融合，支撑集成的是物理学原理。本节将关注与安全、耐久、NVH、热管理、操纵稳定性、动力经济性、水管理、空气动力学等相关的性能。从物理学的视角来揭示各性能与物理学参数的关系，从而建立各性能开发之间的内在联系，为整车性能融合开发做技术储备。整车性能集成贯穿于项目开发的整个过程中，有以下特点：

1）在项目的不同开发阶段，性能开发的重点在动态变动。

2）前阶段的小问题到后阶段可能会变成大问题，而项目只有一次机会，在各阶段必须完成确认的开发任务。

3）性能目标之间也存在互相制约，各性能的边界也不完全清晰。

4）性能集成的开发影响因素多，涉及面广，风险大。

16.2.1 整车性能融合的物理学基础

1. 力学

力学是物理学、天文学和工程学的基础，机械、建筑、航天器和船舰等的合理设计都必须以经典力学为基本依据。力学可粗分为静力学、运动学和动力学三部分：静力学研究力的平衡或物体的静止问题；运动学只考虑物体如何运动，不讨论它与所受力的关系；动力学讨论物体运动和所受力的关系。力学与整车性能的关系很大，与动力性、安全耐撞性、结构强度、NVH、空气动力学、操纵稳定性、制动性等相关。下面重点介绍和上述性能有关的力学参数。

（1）密度　密度是对特定体积内的质量的度量，密度等于物体的质量除以体积，单位为 kg/m^3。密度直接影响的整车性能有动力性、经济性、NVH 等。当车辆部件采用低密度的材料时，将会减小整车的质量，提高车辆的动力性和经济性。对于密实型材料来说，减小密度则通常会降低对空气声的隔声量，密度的变化也会影响多孔吸声材料的吸声性能。轻量化材料的使用虽然提高了动力性和经济性，但也需要综合考虑对 NVH 的不利影响。

（2）应力/应变　应力是材料单位面积受到的内力，单位为 Pa。应力的大小主要影响车体碰撞后材料的塑性变形量及整车的疲劳寿命。物体在外力的作用下会产生一定的变形，而变形的程度称为应变。通过应变的大小可以判断结构中刚度/强度的薄弱点，有针对性地进行改进可提高 NVH 性能、安全侵入量和疲劳寿命。

（3）弹性模量　弹性模量是描述固体材料抵抗形变能力的物理量，定义为在胡克定律适用的范围内应力与应变的比值，因为应变为无量纲量，所以其单位与应力单位同为 Pa。它衡量的是一个各向同性弹性体的刚度（stiffness），仅取决于材料本身的物理性质。弹性模量的大小表征了材料的刚性，弹性模量越大，越不容易发生形变。

（4）泊松比　泊松比是材料在单向受拉或受压时，横向正应变与轴向正应变的绝对值的比值，也称横向变形系数。它是反映材料横向变形的弹性常数，属于无量纲量。

（5）刚度　刚度反映材料或结构在受力时抵抗弹性变形的能力，是材料或结构弹性变形难易程度的表征。在宏观弹性范围内，刚度是零件荷载与位移的比例系数，即引起单位位移所需的力，单位为 N/m。它的倒数称为柔度，即单位力引起的位移。车身刚度就是汽车车身抵抗可恢复变形的能力，刚度可分为静刚度和动刚度，其大小与材料的弹性模量 E、截面积 A 和长度 l 有关。等直杆件的拉伸刚度为 $k=EA/l$。

（6）屈服强度　屈服强度是金属材料发生屈服现象时的屈服极限，也就是抵抗微量塑性变形的应力，单位为 Pa。对于无明显屈服现象出现的金属材料，规定以产生 0.2% 残余变形的应力值作为其屈服极限，称为条件屈服极限或屈服强度。大于屈服强度的外力作用，将会使零件永久变形；小于屈服强度的外力作用，零件仍会恢复原样。

（7）抗拉强度　抗拉强度是金属由均匀塑性形变向局部集中塑性变形过渡的临界值，也是金属在静拉伸条件下的最大承载能力，单位为 Pa。抗拉强度即表征材料最大均匀塑性变形的抗力，拉伸试样在承受最大拉应力之前，变形是均匀一致的，但超出之后，金属开始出现缩颈现象，即产生集中变形。

（8）硬度　硬度表征材料局部抵抗硬物压入其表面的能力。目前硬度标准的力学含义不同，不同测量方法和标准下的硬度相互间不能直接换算，但可通过试验加以对比。金属材料的各种硬度值之间，硬度值与强度值之间具有近似的相应关系。因为硬度值是由塑性变形抗力决定的，材料的强度越高，硬度值也就越高。压入法（布氏硬度、洛氏硬度、维氏硬度）常见于金属硬度的测量，肖氏硬度的测量方法主要用于橡胶和软塑料的硬度测试。

当材料的变形在小应变范围内时（变形 $<0.2\%$），材料表现为弹性变形，且满足胡克定律，适用于 NVH 性能和疲劳性能；当材料的应变继续加大或应力大于屈服强度时，材料出现塑性变形，适用于安全和强度性能。

金属的硬度和强度都是材料的属性，所以不同的硬度之间、硬度和强度之间可以进行转换。将一种硬度单位换算成另一种硬度单位或强度，需要借助硬度换算表等工具。根据 GB/T 1172—1999《黑色金属硬度及强度换算值》，只有当试件的材料组织均匀一致时，才能得到较精确的硬度换算值。有多种硬度换算表可供使用，但直接使用适当的硬度计进行测试是最为准确的方法。

对于硬度和刚度之间的关系，硬度属于材料属性，刚度属于结构属性，所以两者无法直接换算。例如，相同硬度的橡胶材料可以通过不同的结构设计，来满足整车不同动静刚度的要求。当衬套橡胶在径向增大时，刚度减小；在轴向延长时，刚度增大。

2. 热学

热学是研究物质处于热状态时的有关性质和规律的物理学分支，它起源于人类对冷热现象的探索。下面介绍热传递的三种方式：热传导、热对流和热辐射。

（1）热传导　热从物体温度较高的部分沿着物体传到温度较低的部分，称为热传导。热传导是固体中热传递的主要方式。各种物质都能够传导热，但是不同物质的传热本领不同，有热的良导体和不良导体之分，根本原因就在于热导率不同，热导率的单位为 W/(m·K)。例如，铝的热导率比铁高，棉花、石棉、软木、毛毡等材料的热导率较低。

（2）热对流　靠液体或气体的流动来传热的方式称为热对流，其本质上是流体受热部分因热膨胀而上升。热对流的效果与传热系数有关，传热系数的单位是 $W/(m^2 \cdot K)$。对流是液体和气体中热传递的主要方式，气体的对流现象比液体更明显。

（3）热辐射　物体的温度在高于绝对零度时向外界发出辐射（电磁波），这种辐射称为热辐射。辐射能力的大小用热辐射系数来表示，热辐射系数为无量纲量，黑体辐射器的辐射系数最大，其数值为 1。通过辐射方式传递热量不需要任何介质，因此辐射可以在真空中进行。一切温度高于绝对零度的物体都能产生热辐射，且温度越高，辐射出的总热量就越大，短波成分也越多。人体表面的热辐射波长在 2.5～15μm 之间，峰值波长约为 9.3μm。

3. 光学

光学是研究光的行为和性质的物理学科，是物理学的重要分支和组成部分，也是与光学工程技术相关的学科。狭义的光学是关于可见光的科学，广义的光学是研究从微波、红外线、可见光、紫外线直到 X 射线和 γ 射线的宽广波段范围内的电磁辐射的产生、传播、接收和显示，以及与物质相互作用的科学，着重研究的范围为红外到紫外波段，激光雷达、毫米波雷达是光学在检测技术中的应用。

4. 声学

声学是一门既古老而又发展迅速的学科，是物理学的重要分支之一。声音是由振动产生的，声波是一种纵波，区别于光波，其传播依赖于介质，在 15℃ 的空气中的传播速度为

340m/s，在水中的传播速度为1500m/s，在钢铁中的传播速度为5200m/s，和光波的传播速度相差很大。根据频率，声波可以分为次声波（频率为0～20Hz）、可听声（频率为20～20000Hz）和超声波（频率>20000Hz）；根据传递途径的不同又可分为结构声和空气声。影响材料结构声传播和辐射的密度、弹性模量、泊松比等参数已在力学部分做了介绍，下面关注影响空气声部分的参数。

（1）隔声性能

不透气的固体材料，对于空气中传播的声波都有隔离效果。隔声量的大小取决于材料单位面积的质量。对于单层墙来说，频率每增加1倍或者厚度每增加1倍都能够使隔声量提高6dB。同一隔声体对不同频率声波的隔声量是不一样的，低频的隔声比高频的隔声要困难很多。整车有车门和窗玻璃，其隔声量因为配合误差的原因而与其他位置相比较小，而整车的隔声能力由隔声能力较低的门和窗的薄弱区来决定。因此为了提高整车的隔声量，处理好门、窗玻璃等处的隔声薄弱区至关重要。

（2）吸声性能　如果材料内部有很多互相连通的细微空隙，由空隙形成的空气通道类似于固体框架间形成的许多细管或毛细管组成的管道。当声波传入时，因细管中靠近管壁与管中间的声波的振动速度不同，由媒质间速度差引起的内摩擦使声波振动能量转化为热能而被吸收。好的吸声材料多为纤维性材料，或称多孔性吸声材料，如玻璃棉、岩棉、矿渣棉、棉麻和人造纤维棉、特制的金属纤维棉等，也包括空隙连通的泡沫塑料。吸声性能与材料的纤维空隙结构有关，如纤维的粗细（几微米至几十微米）和材料密度（决定纤维之间“毛细管”的等效直径）、材料内空气容积与材料体积之比（称空隙率，玻璃棉的空隙率在90%以上）、材料内空隙的形状结构等。

16.2.2　整车性能融合的特点

1. 系统性

整车性能目标之间也存在互相制约，各性能的边界也并不完全清晰；安全性、耐久性、NVH、热管理、操纵稳定性、动力性、经济性、水管理、空气动力学、腐蚀性等各种性能之间也是紧密联系、互相影响和渗透的。性能和系统之间的关系也非常复杂，以碰撞为例，碰撞性能的表现几乎和车身的每一个系统（动力系统、车身、底盘、电器、燃油系统、座椅、内饰）都有直接或间接的联系，图16-1所示为性能与系统的关系。

2. 复杂性

影响整车性能目标制定和达成的因素多、环节多、涉及面广。一是车辆的性能目标定义要符合相关要求，尤其是排放、安全、噪声等性能的要求；二是性能目标要对标竞品并形成自己的产品特色，即在某些指标上要打造成产品的特色和亮点，某些指标上做到行业平均水平即可；三是公司和供应商的开发水平，产品的开发周期、范围、费用、工厂的制造工艺水平等。

性能集成的最终目标是满足用户的使用需求，图16-2所示为产品属性与满意度的关系。产品性能和用户满意度之间具有非线性关系：

（1）必备属性　客户购买产品默认的产品品质。

（2）一元属性　品质越好，用户满意度越高，品质越差则用户满意度越低。

（3）魅力属性　客户愿意支付溢价来购买的性能。

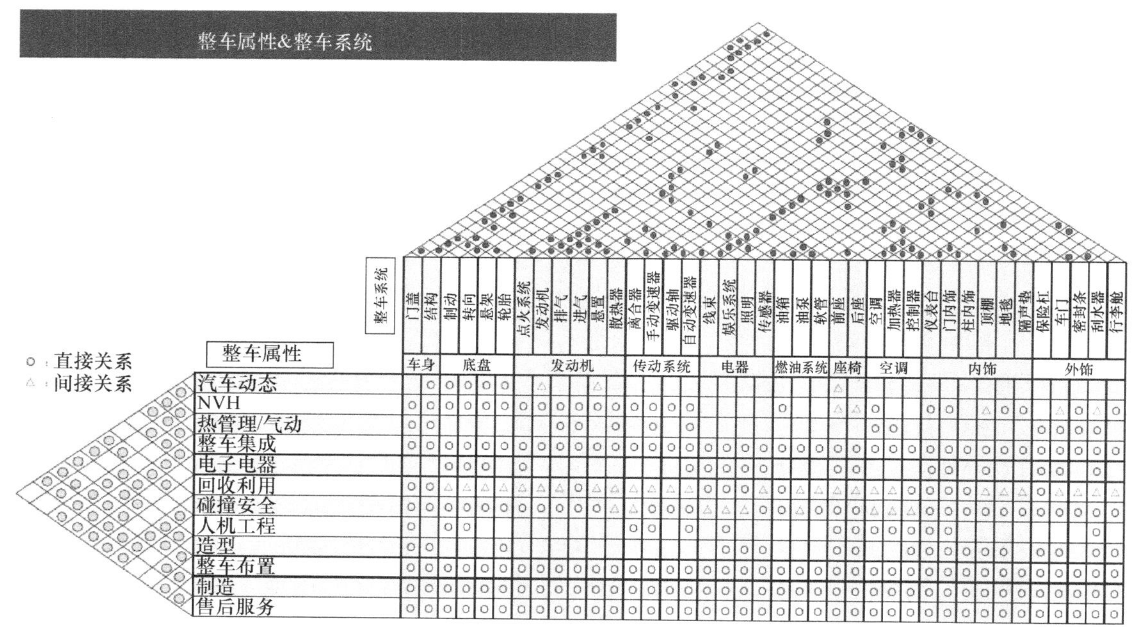

图 16-1　性能与系统的关系

具体到汽车上，必备属性包括排放、耐久、安全等，一元属性包括 NVH、热管理、密封、EMDQ（能量、质量和驾驶质量）等，魅力属性包括 ADAS 和酷炫的 HMI（人机界面）、车机交互功能等。随着技术的发展和进步，必备属性、一元属性和魅力属性也会发生改变和调整。

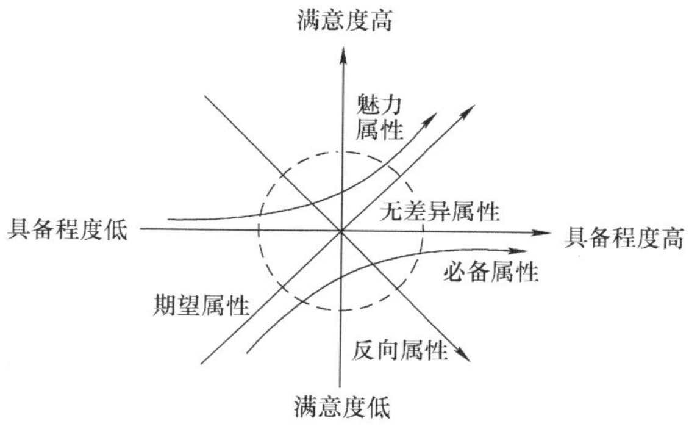

图 16-2　产品属性与满意度的关系

3. 动态性

整车性能的开发贯穿于产品的整个开发周期，项目前期的市场调研用于了解潜在用户的需求、竞品车的优点和缺点，并制定产品的制胜策略；产品整车性能目标确定后，在开发的虚拟和实车验证阶段都需要对产品性能进行反复验证和校核，包括产品上市后性能一致性的检查及迭代。图 16-3 所示为整车性能的开发过程，其中对于整车性能开发，早期关注架构布置、产品配置和可维修性、油耗、动力性、NVH、重量、排放、热管理的虚拟验证，后期对实车进行性能的试验验证，确保达到前期的 VTS 目标。对于虚拟阶段发现的整车性能问题，须针对相关的零部件参数提出更改建议，若需要后期验证，则须制定实车跟踪计划。针对虚拟阶段无法进行评估的风险，则须做好措施的预留，尤其是产品架构布置的预留。

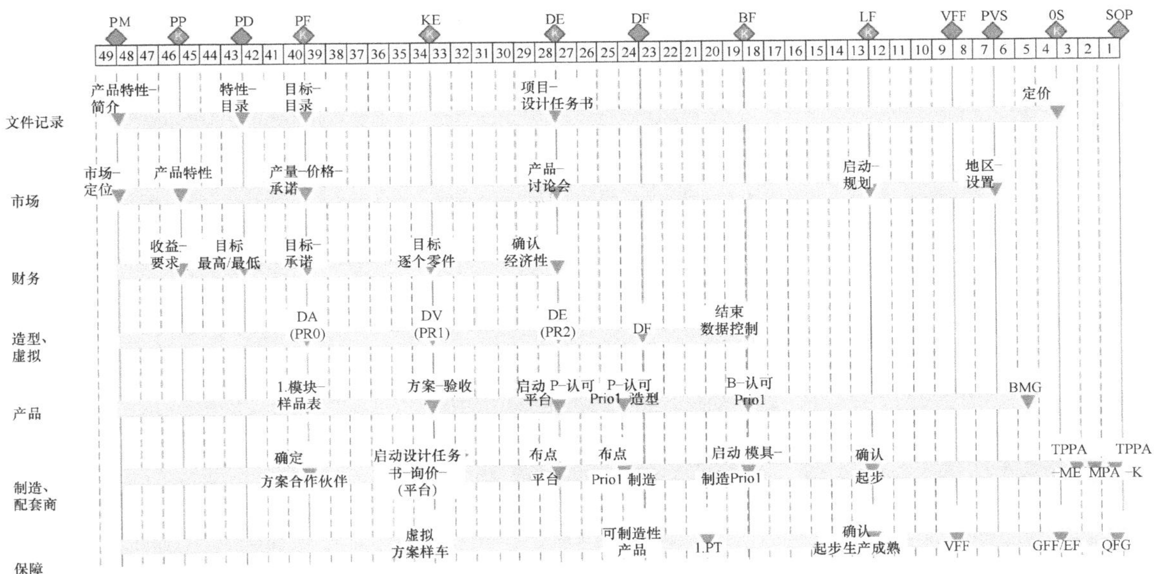

图 16-3 整车性能的开发过程

16.3 整车性能融合开发案例

在整车性能开发中，单个零部件除了要满足功能的需求外，同时也是诸多性能的载体。如何在一个或几个零部件的设计中融入更多的性能需求，以降低开发成本并提升整车性能，是性能集成开发技术的重要内容。本节将通过若干案例来阐述融合开发的思路，案例主要集中在 NVH 和安全性、耐久性等的融合，未能涉及整车性能融合开发的所有问题，目的是引导读者在理解本书内容以后，举一反三，触类旁通。

16.3.1 轻量化与性能融合

随着汽车行业的发展，特别是近年来电动汽车产业的蓬勃发展，为了降低油耗及提升续驶里程，整车轻量化设计是汽车产业研发的热点之一，车身是轻量化的首要部件。可通过降低材料密度和优化设计（图 16-4），减轻车身重量，提升车身的刚度，同时提高续驶性、动力性、操纵稳定性等性能。由表 16-1 可知，由于钢、铝合金、碳纤维的密度不同，在材料厚度相同时，钢板的隔声量比铝合金板高 9dB，铝合金板又比碳纤维板高 4dB。如果整车隔声目标不变，则轻量化的白车身会带来空气声的隔声风险，声学包的设计需补偿白车身轻量

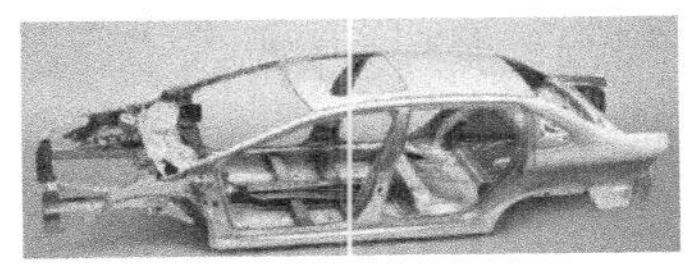

a) 钢车身

b) 铝合金车身

c) 碳纤维车身

图 16-4 不同材料车身

化带来的隔声损失。图 16-5 所示为不同材料的隔声垫及其声学特性。从隔声性能的角度来讲，PU + EVA 隔声垫比单层的废棉毡隔声效果要好，前提是孔洞等的薄弱区要处理好。

表 16-1　钢、铝合金和碳纤维车身物理参数

材料	密度/(kg/m^3)	杨氏模量/GPa	抗拉强度/MPa	泊松比
钢	7800	206	570	0.3
铝合金	2700	72	124	0.33
碳纤维	1750	230	3500	0.307

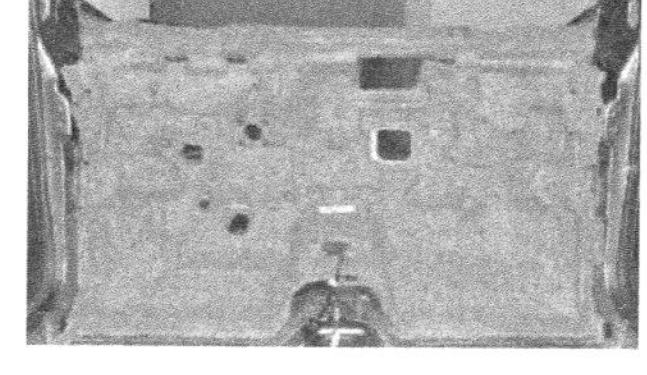

a) 单层毛毡隔声垫

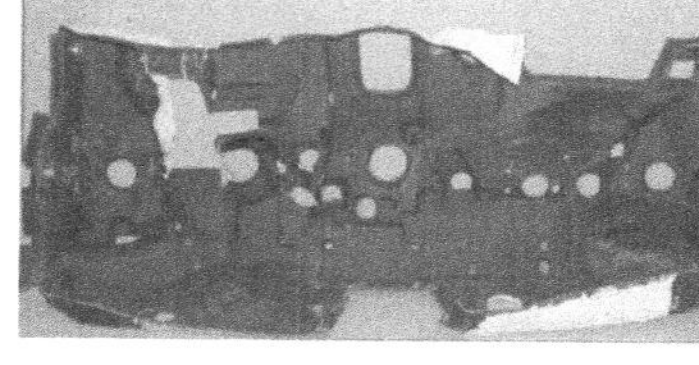

b) PU+EVA隔声垫

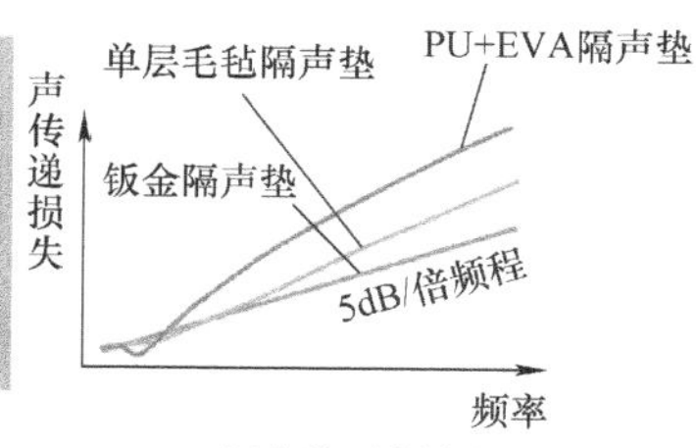

c) 隔声垫隔声性能对比

图 16-5　不同材料的隔声垫及其声学特性

16.3.2　热管理与 NVH

热管理是整车的重要性能之一，常见的防火墙隔声垫、前舱盖隔声垫、排气隔热罩等都属于热保护零件，设计不当可能会引发自燃等事故。常用的热保护方法有隔热罩防热辐射、铝板增加横向导热等。隔热措施与声学技术融合，则既能隔热又能吸声或隔声。

1. 隔热与吸声

图 16-6 所示为前舱防火墙的隔声垫，吸隔声材料的表面覆盖着一层隔热铝箔，可减少发动机热量传递至乘员舱内。前舱前围隔声垫表面的铝箔一方面增加横向导热能力，反射发动机的热辐射，另一方面，铝箔表面特殊的微穿孔气泡结构形成了亥姆霍兹共振腔，即质量 - 弹簧结构，又可以对特定的发动机噪声频率进行共振吸收。从图 16-7 所示的微穿孔铝箔的吸声性能来看，铝箔微穿孔结构与普通铝箔相比，吸声峰值也明显增加，中高频范围内的吸声频带也明显拓宽。微穿孔面积的占比变化影响共振吸声的峰值和作用频率的范围，因此铝箔微穿孔面积的占比也可以根据发动机噪声的特性进行调整。

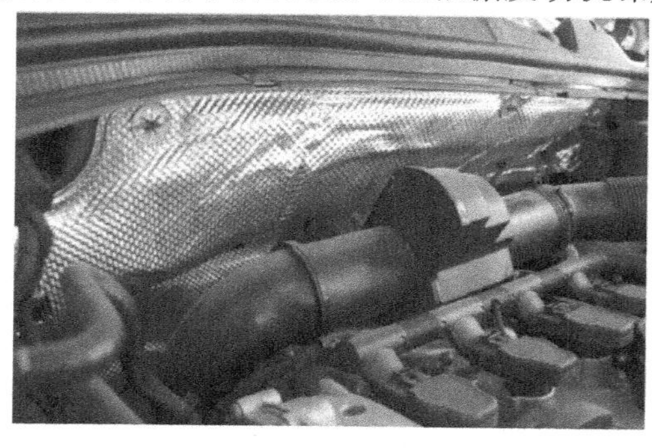

a) 前围隔热吸声材料

声波
空气柱作为质量
中间层空气作为弹簧

b) 亥姆霍兹共振腔

图 16-6　隔热罩与声学的融合

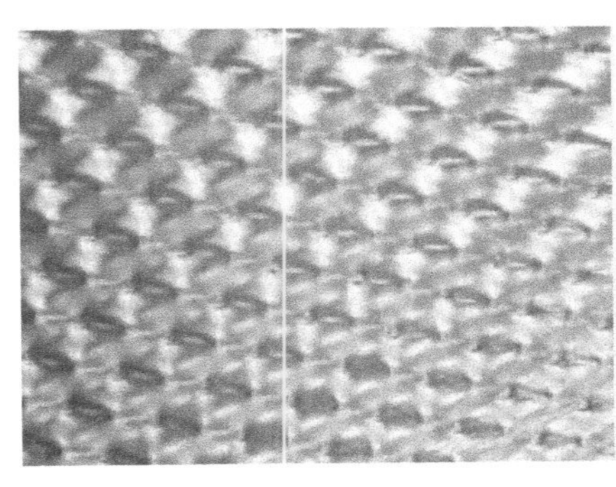

a) 微穿孔铝箔

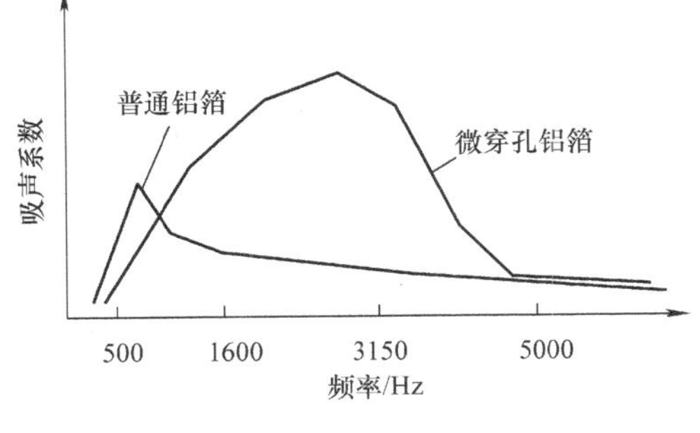

b) 普通铝箔与微穿孔铝箔吸声性能对比

图 16-7 微穿孔铝箔的吸声性能

图 16-8 所示为汽车顶棚与前舱盖的隔热吸声结构。以顶棚的吸声结构为例，从下到上依次为表面装饰层（通常为透气的无纺布或织物）、海绵衬垫、结构衬底、空气空腔、顶棚钢板。空气层一方面提升了顶棚内饰对车内噪声的吸声能力，另一方面作为热的不良导体又隔离了来自外部的热辐射。前舱盖的隔声垫也有类似的设计，隔声垫和前舱盖之间的空气层既隔离了热量从发动机到前舱盖油漆面的传递，又提升了对发动机噪声的吸声能力。

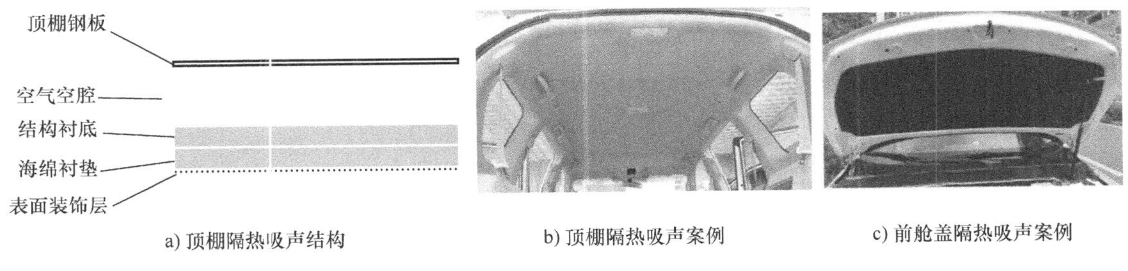

a) 顶棚隔热吸声结构　b) 顶棚隔热吸声案例　c) 前舱盖隔热吸声案例

图 16-8 汽车顶棚与前舱盖的隔热吸声结构

2. 隔热与隔声

从前舱到乘客舱既有热量的传递，也有噪声的传递。要求防火墙既要隔热又要隔声，但前围钣金上有一些过孔，如转向柱穿孔、线束穿孔等。如果不进行科学的设计，则其隔热和隔声性能则会下降。由图 16-9a 可以看出，橡胶护套的设计从单层改为双层，两层橡胶中间形成了厚度为 10mm 左右的空气层，构成了橡胶 - 空气 - 橡胶的三明治隔热/隔声结构。空气不仅是热的不良导体，而且可以明显提升质量控制区内大部分频段的隔声能力，如图 16-9b 所示。三明治结构的隔声曲线斜率从单层材料的 6dB/倍频程提升到了 12 ~ 18dB/倍频程，从而实现了隔热和隔声的融合设计。

16.3.3 操纵稳定性与 NVH

汽车的操纵稳定性包括操纵性和稳定性两部分，操纵性是指汽车能够确切地响应驾驶人转向指令的能力，稳定性是指汽车受到外界干扰后恢复原来运动状态的能力。良好的车身刚性是车辆操纵稳定性能发挥的基础，车身刚度越高，转弯时车身的扭转和弯曲变形越小，车身随动性（响应）及车身姿态也越好；但操纵稳定性和舒适性很多时候又是矛盾的，悬架

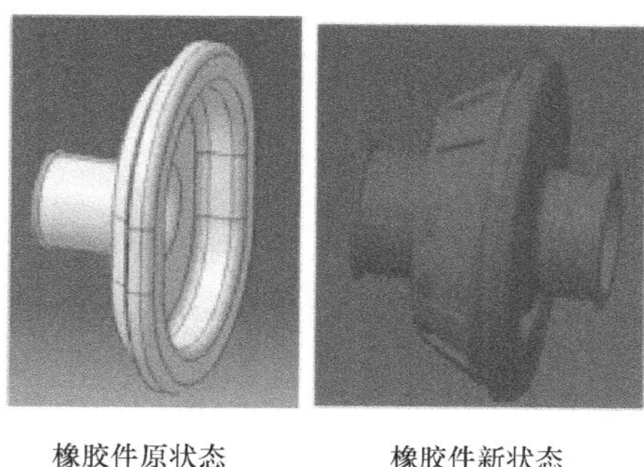

a) 线束橡胶件从单层到双层

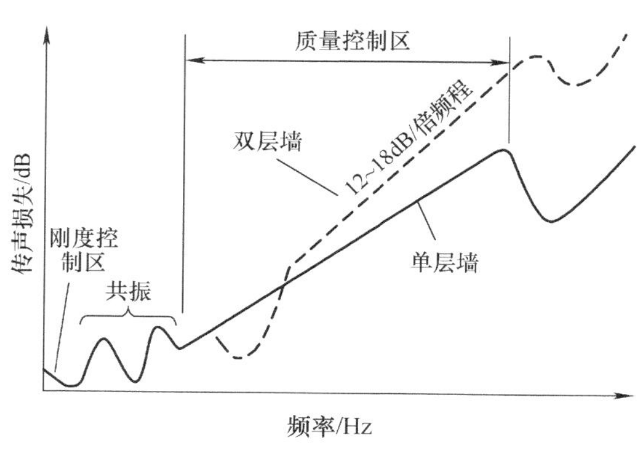

b) 双层材料的隔声性能

图 16-9 线束护套的设计及其理论隔声性能

系统中弹簧、减振器、稳定杆、衬套等的参数，从操纵稳定性的角度要求参数向硬的方向调整，而 NVH 则要求向软的方向调整，兼顾和平衡操纵稳定性与舒适性是性能融合集成的关键。下面从车身刚度与衬套刚度设计的角度出发，探讨操纵稳定性与 NVH 的融合开发。

1. 操纵稳定性与车身刚度

一辆操纵稳定性优秀的车辆在车身刚度方面必须经过严格校核。因为刚度越高，车身的抗扭和抗弯能力就越强，变线或弯道中就不会因为车身变形大而导致姿态不稳，从而使操纵稳定性得到保证。低刚度的车辆在高速转弯中在离心力的作用下产生变形，重心的快速转移会加大侧倾幅度。因此很多赛车或改装车会在车内增加防翻滚架，这一方面是为了确保赛车手有足够的安全空间，另一方面也提高了车身的扭转和弯曲刚度，以确保在紧急高速转弯（发卡弯）、转向（紧急变道、S 弯、麋鹿试验）时车身的随动性和快速响应。

从操纵稳定性的角度看，对车身的刚度要求与 NVH 的要求是一致的，因为高刚度的车身不仅意味着便于操控，同时对外来振动的衰减、车身变形产生的异响控制都是有利的。图 16-10所示为高刚度车身（带翻滚架）在赛车上的应用。图 16-11 所示为运动型车辆高刚度车身，减振塔通过加强杆与车身前端固定，一方面增加了车轮减振器安装点的动刚度，另一方面也提高了整车的扭转刚度。此外也常用一些先进的材料，如碳纤维、高强度钢等或先进工艺来提高车身刚度。

图 16-10 带翻滚架的赛车与操纵稳定性

2. 操纵稳定性与衬套刚度

操纵稳定性要求汽车能够确切、快速地响应驾驶人转向的指令，悬架系统中的橡胶衬套

由于迟滞效应不可避免地带来了转向时延。图16-12中的衬套橡胶尽可能在轴向伸长，等效于多个弹簧并联来提高侧向静刚度；通过减小橡胶的硬度可以降低衬套橡胶的动刚度，进而提高衬套主被动侧的隔振率。衬套也可以通过内插片来提高侧向刚度，同时又不影响轴向转动（轮胎跳动）的刚度，确保转向的快速响应；为平衡操纵性和平顺性，通常将橡胶的刚度设定为1500～2000N/mm，这样可以基本满足转向的要求。具体刚度值还需通过主、客观测量进行评估，确保舒适性。

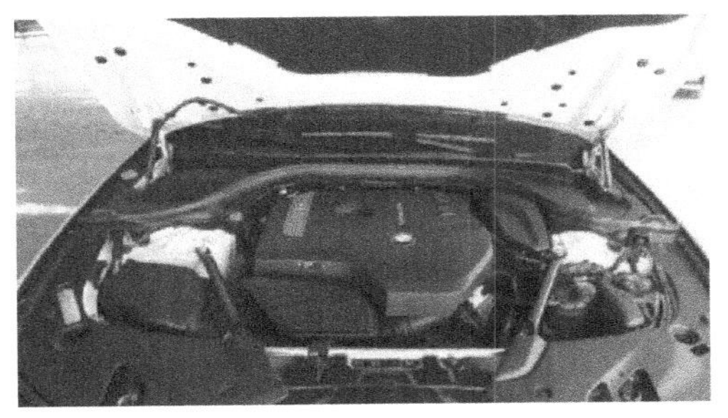

图16-11　运动型车辆高刚度车身

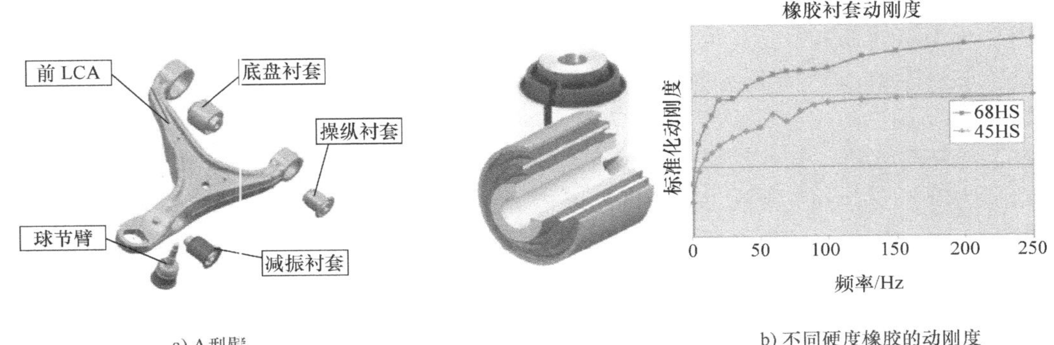

a) A型臂　　b) 不同硬度橡胶的动刚度

图16-12　衬套硬度与动刚度

16.3.4　经济性与NVH

车辆的油耗与发动机燃油消耗的万有特性、行驶阻力、传动系统总传动比有关。此处主要阐述油耗与NVH的关系。总传动比为变速器传动比和差速器传动比的乘积，按选择的总传动比可得到一定行驶速度下汽车在发动机万有特性中的工作点。“较小的”传递比有利于工作点移到低燃油消耗区，但此时的加速性和NVH舒适性通常会变差。因此自动变速器需要通过控制换档点使发动机转速处于“边缘”的状态，即油耗和NVH的平衡点。

图16-13a所示为某档自动变速器（6AT）车型在节气门较小的工况下三档、四档、五

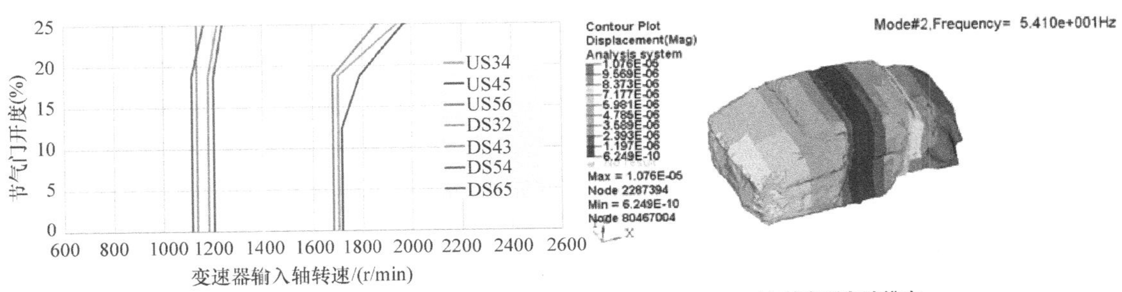

a) 变速器换档线(发动机转速)　　b) 某车型空腔模态

图16-13　某车型换档点与车身空腔模态（见彩插）

档的升档点和四档、五档、六档的降档点，发动机转速分别在1700r/min和1200r/min左右，四缸发动机工作在此转速区间的二阶激励频率在40～57Hz之间。图16-3b所示为某车型的空腔模态在50Hz左右，当发动机频繁工作在1200～1700r/min之间时，发动机激励正好与车身空腔模态耦合，可能存在车身抖动和低频噪声。为了平衡动力性、油耗和NVH性能，换档点可适当偏向高转速区域，这不仅提升了动力性，也可减小对空腔模态的激励带宽。除了可调整换档点转速外，对于车身侧悬置安装点刚度提升、车身大板件局部模态和空腔模态的解耦也很有效。

16.3.5 安全性、耐久性与NVH

整车乘坐空间是车身强度最高的地方，尤其是A柱、B柱、C柱、侧防撞梁及车顶加强筋等，目的是确保车辆在碰撞时乘员获得最大限度的生存空间。安全性与耐久性追求的是在大应力、长周期的激励下车身结构和板件还能保持完好，即所受应力小于材料的屈服强度或塑性形变尽可能小；NVH追求的是车身高刚度，以减小外界激励的响应或车身的弹性形变。

1. 笼式车身

在车身结构方面，笼式骨架、大截面梁、端头连接对提高车身刚度和强度至关重要。以笼式车身为例，图16-14所示为某车型的多传力路径设计，该设计一方面分散/耗散了碰撞时的外部传力，减小了材料内部应力，避免了塑性变形和断裂，有利于提高安全性、耐久性和NVH性能；另一方面提高了车身结构的刚度，进而减小了对外界激励的响应，有利于NVH性能，如可以减少在不平路面上车身弹性变形引起的密封条、内饰间的摩擦、挤压异响。

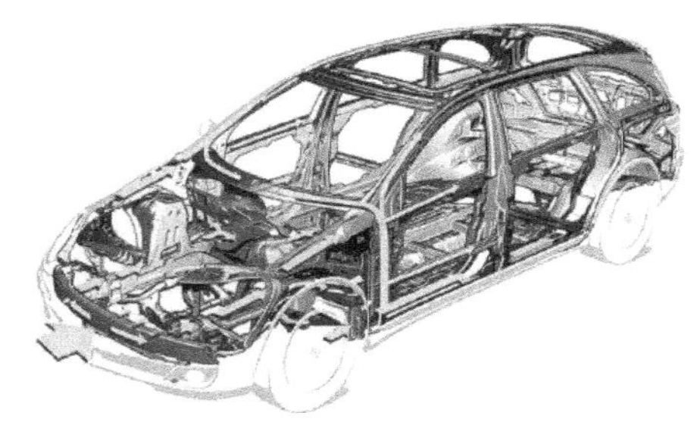

a) 车头多传力路径

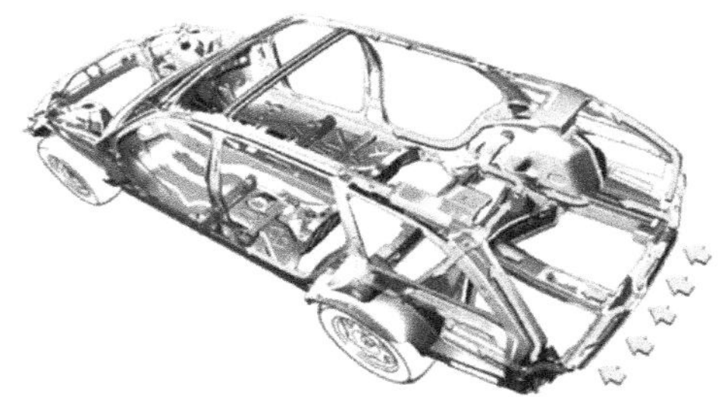

b) 车尾多传力路径

图16-14 某车型的多传力路径设计（见彩插）

2. 截面设计

截面刚度是指截面抵抗变形的能力，表达式为材料弹性模量或剪切模量和相应截面惯性矩或截面面积的乘积。其中截面拉伸/压缩刚度为材料弹性模量和截面面积的乘积；截面弯曲刚度为材料弹性模量和截面惯性矩的乘积。对于车身的梁、柱结构，在合理的范围内尽可能使面积或截面惯性矩最大，以提升整车的弯曲和扭转刚度。图16-15所示为不同截面形状的梁的截面惯性矩比较，截面积或截面惯性矩越强，抵抗变形的能力就越强，对于NVH、安全性和耐久性都是有利的。

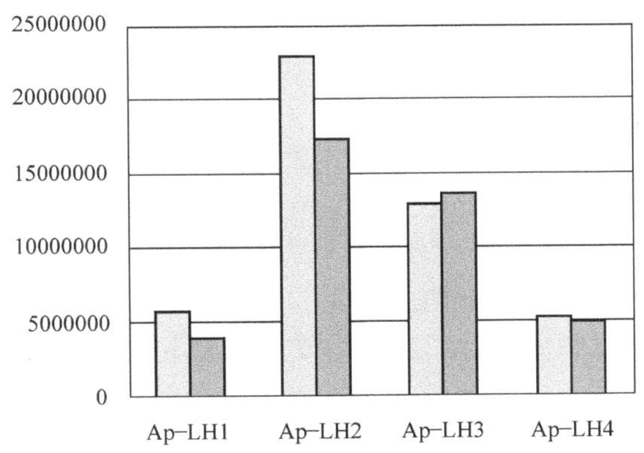

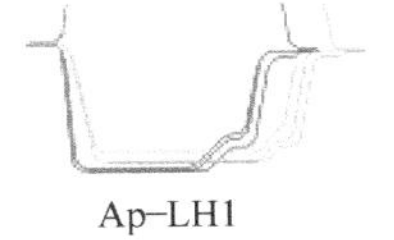

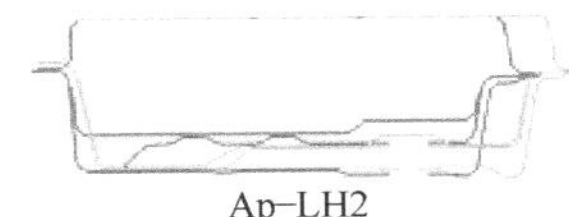

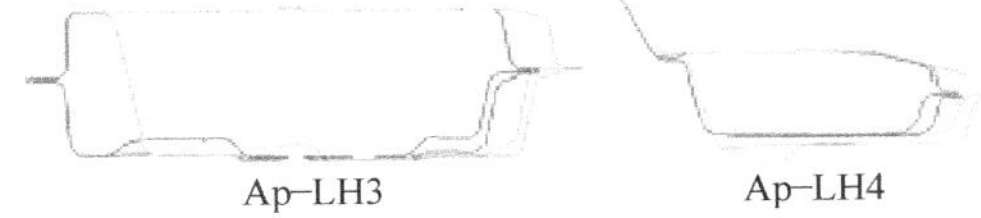

图 16-15 不同截面形状的梁的截面惯性矩比较

3. 焊点设计

整个车身大约有5000个焊点，冲压件彼此焊接组合形成了车身，作为载体承载着动力总成、底盘、内/外饰件，因此焊接工艺和质量非常关键，影响着车身的刚度、钣金疲劳强度、异响甚至行车安全。合理的焊点布置能提高结构的刚度，减少焊点的开裂，降低局部应力。图16-16a所示的实车焊点偏离了图16-16b所示的设计位置，而不合理的焊点布置会影响车身的扭转和弯曲刚度，并造成局部应力的集中，对安全性、NVH和耐久性都有不利影响。

a) 实际产品

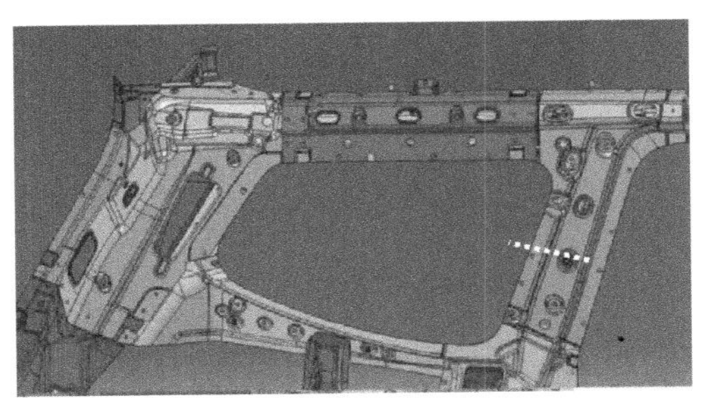
b) 产品设计图样

图 16-16 焊点位置偏离设计位置

4. 材料强度

在车身材料方面，乘员舱部分尽可能多地使用了高强度钢或超高强度钢以提高屈服强度和抗拉强度。高强度钢通过加入微量的合金元素（不超过6%）或热处理工艺来提高屈服强度，因此主要成分还是铁元素，其弹性模量不发生较大改变。铝合金材料牌号从6系到5系，在结构不变的情况下，安全和强度性能会提升，而NVH性能不会发生改变，就是因为铝合金材料的弹性模量未发生变化。

图 16-17 所示为铝合金和钢制轮辋在受到冲击时的变形情况。钢圈在受到中大冲击时通常会引起轮辋变形，造成轮胎的动不平衡问题，在中高速情况下车辆的抖动会增大；铝合金或镁合金轮辋在受中大冲击时不易发生塑性变形，但在极端冲击下会发生断裂，这是由刚和铝合金材料不同的屈服特性所造成的，如图 16-17b 所示。软钢和铝合金分别表现出明显屈服和条件屈服。铝合金材料的 $\sigma-\varepsilon$ 图以横坐标 0.2% 开始，画一条与弹性阶段的斜直线相平行的另一斜直线并与完整的 $\sigma-\varepsilon$ 曲线相交，交点所对应纵坐标即为试件的屈服极限，用符号 $\sigma0.2$ 表示，也叫作材料的条件屈服应力或名义屈服应力。

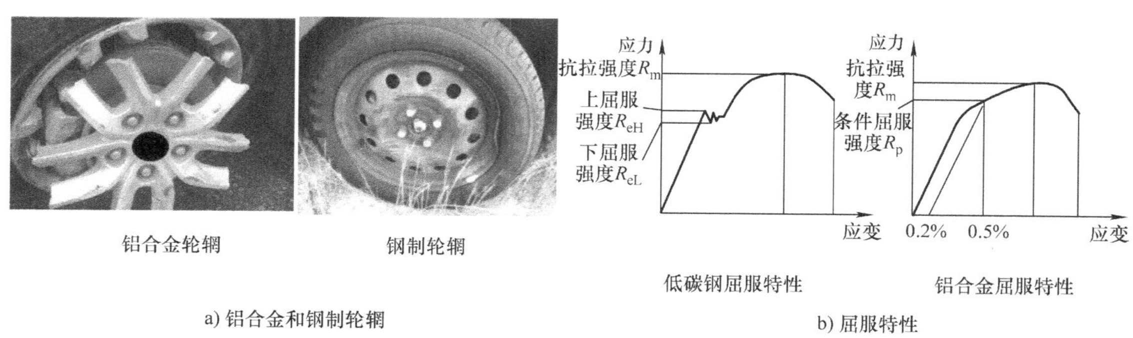

a) 铝合金和钢制轮辋　b) 屈服特性

图 16-17　铝合金和钢制轮辋在受到冲击时的变形情况

16.3.6　水管理与热管理

车辆任一部件的开发都可能涉及不同性能的交叉融合。以汽车强制排风口的设计为例，如图 16-18 所示，排风口阀片的设计融合了动力性、空调性能、关门力、涉水、NVH、水管理等多个性能板块的要求，其中主要涉及水管理与热管理。

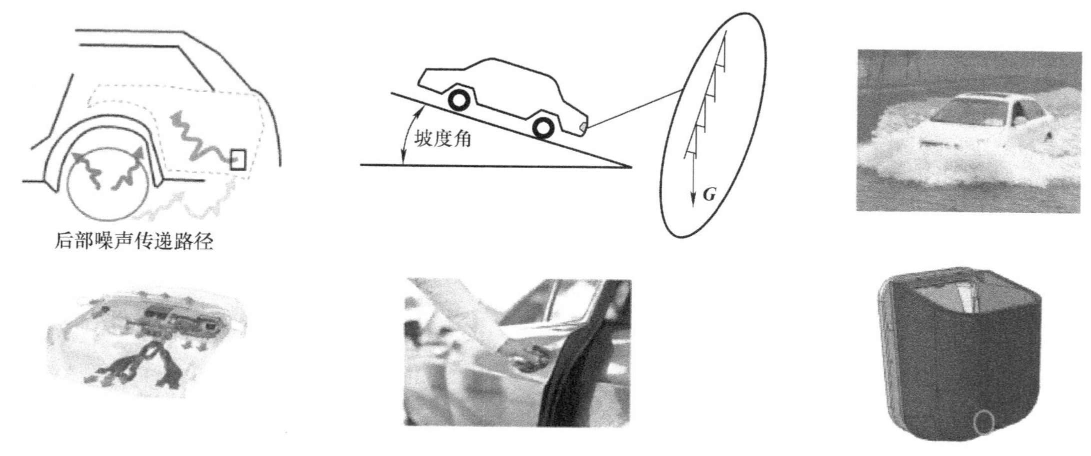

图 16-18　强制排风口的性能融合设计

1）阀片的倾斜角度须大于最大爬坡角，以避免在爬坡时阀片会自动打开，使得排气尾管噪声、废气、灰尘等侵入车内。

2）阀片的高度应大于最大涉水深度。

3）通风阀的有效面积须满足空调最大出风量的要求，通常要满足 $400m^3/h$ 的通风要求。

4）阀片的面积要适应关门力的要求，确保门在 1.0～1.2m/s 的速度下可以顺利关闭。

5）阀片材料要满足关门声品质要求，避免出现关门时的“吧嗒”声。

6）排风阀的外加吸声罩开口应朝上，通过迷宫式的吸声设计来耗散排气和轮胎的高频噪声，底部须预留落水孔，方便进入吸声罩的水快速排出。

16.4 展望

整车性能集成/融合是整车品牌和基因的灵魂，是本品牌区别于其他竞品的核心技术。从发展现状和趋势上看，性能集成/融合的宽度和深度正在不断地拓展与延伸。精益化开发要求单个部件通过设计满足多个性能要求，这一方面可以减少零件开发数量，降低成本，缩短开发周期，另一方面可以通过性能提升来建立品牌形象。一体化开发需要质保和制造也融入性能的开发中，因为很多的性能融合技术最终能否实现，不仅取决于产品本身的设计，也取决于制造、质保部门的理解和执行，否则产品性能会大打折扣。

16.4.1 性能融合深度

性能融合作为未来汽车品牌竞争的制高点，其融合开发的深度也在与时俱进，尤其是新材料、新工艺、新技术的涌现，特别是主动控制技术的出现，大大提升了融合的深度和精度。主动降噪（ANC）技术通过功放和扬声器精准控制反相声波的幅值和相位，定点清除困扰开发工程师和乘客的低频噪声。ANC 技术通过融合现有功放和低频扬声器的功能，不仅实现了对低频噪声的精准抑制，而且可以使发动机的常用工作转速下降到 1000r/min 左右，无须规避整车的空腔模态敏感区，也降低了油耗。

16.4.2 性能融合广度

从基础科学到应用科学的渗透是科学发展的必然规律，热学、声学、光学、力学甚至电磁学之间的交叉互动越来越多。单个零部件除了满足基本功能需求外，通过新材料、新工艺、新科技等满足整车强度、刚度、安全、NVH、VOC、疲劳、异响、耐温、轻量化、外观品质等的要求，融合的广度也越来越大。整车的下护饰板，通过采用长纤维材料，满足了低气动阻力、轻量化、防石击、低风噪的性能要求；空气动力学轮辋饰板实现了美学、气动力学、热学的融合，满足了续驶里程、制动散热、美观、轻量化的要求。

性能融合的广度对性能集成工程师、性能集成团队提出了更高的要求，但性能融合从产品设计到产品落地，不仅需要技术开发团队中人的融合，也需要质保和制造等部门与开发部门之间的融合。

参考文献

[1] 庞剑. 汽车车身噪声与振动控制［M］. 北京：机械工业出版社，2015.

[2] 爱塞尼（Ehsani，M.），等. 现代电动汽车、混合动力电动汽车和燃料电池车——基本原理、理论和设计（原书第2版）［M］. 倪光正，倪培宏，熊素铭，译. 北京：机械工业出版社，2010.

[3] 杜功焕，朱哲民，龚秀芬. 声学基础［M］. 南京：南京大学出版社，2001.

[4] BOSCH公司. BOSCH汽车工程手册［M］. 顾柏良，等译. 北京：北京理工大学出版社，2004.

[5] 莫雷洛，罗西尼，皮亚，等. 汽车车身设计：上卷　部件设计［M］. 王文伟，林程，译. 北京：机械工业出版社，2018.

[6] 莫雷洛，罗西尼，皮亚，等. 汽车车身设计：下卷　系统设计［M］. 王文伟，林程，译. 北京：机械工业出版社，2018.

[7] 林程. 电动汽车工程手册：纯电动汽车整车设计［M］. 北京：机械工业出版社，2020.

[8] 冯屹，王兆. 自动驾驶测试场景技术发展与应用［M］. 北京：机械工业出版社，2020.

[9] 李永兵，李亚庭，楼铭，等. 轿车车身轻量化及其对连接技术的挑战［J］. 机械工程学报，2012，48（18）：44－54.

[10] 张向文，王飞跃. 智能轮胎［M］. 北京：机械工业出版社，2019.

[11] 李志虎. 乘用车用橡胶与轻量化［M］. 北京：机械工业出版社，2019.

[12] NAUNHEIMER H，et al. 汽车变速器理论基础、选择、设计与应用［M］. 宋进桂，龚宗洋，等译. 北京：机械工业出版社，2014.

[13] 宋传学，袁鸿，蔡章林. 基于多体系统动力学的悬架虚拟样机库［J］. 吉林大学学报（工学版），2008（5）：1001－1005.

[14] 蔡章林，宋传学，安晓鹃. 车辆稳态回转特性的虚拟仿真［J］. 吉林大学学报（工学版），2006（3）：311－314.

[15] 曹渡，苏忠. 汽车内外饰设计与实战手册［M］. 北京：机械工业出版社，2017.

[16] 上条健，卓风德. 座椅舒适性的定量评价法［J］. 国外汽车，1984（2）：24－30.

[17] 郑郧. 汽车座椅的舒适性评价［J］. 汽车科技，1995（6）：16－23.

[18] 范平清，邢彦锋，赵波. 三自由度“人体－座椅”系统的动态舒适性研究［J］. 现代制造工程，2013（11）：56－59.

[19] 李旭伟，田程，王纯. 基于振动台的汽车座椅振动传递率测试方法研究［J］. 汽车与驾驶维修（维修版），2017（11）：131－132，135.

[20] 吴礼军，管欣. 汽车整车性能主观评价［M］. 北京：北京理工大学出版社，2016.

[21] 海森英，布兰德耳. 汽车行驶动力学性能的主观评价［M］. 石晓明，陈祯福，译. 北京：人民交通出版社，2010.

[22] 陶文铨. 传热学［M］. 西安：西北工业大学出版社，2006.

[23] 肖能，王小碧，史建鹏. 某车型机舱热管理仿真分析及优化［J］. 汽车科技，2014（5）：56－61.

[24] 周凡华，严鹏. 车辆稳态与瞬态热性能分析［J］. 上海汽车，2013（5）：11－14.

[25] 陈鸿明，武亚娇，华益新，等. 汽车热管理瞬态分析与应用［J］. 汽车工程，2014，36（2）：249－253.

[26] 傅立敏. 汽车空气动力学数值计算［M］. 北京：北京理工大学出版社，2000.

[27] 张宝亮. 汽车发动机舱热管理技术的研究［D］. 上海：上海交通大学，2011.

[28] 何华珍. 汽车驾驶座椅舒适性综述［J］. 上海汽车，1997（12）：19－21，25.

[29] 张坤．某新车型发动机舱热管理的研究［D］．上海：上海交通大学，2011.

[30] 庞剑．汽车车身噪声与振动控制［M］．北京：机械工业出版社，2015.

[31] 靳晓雄，张立军，江浩．汽车振动分析［M］．上海：同济大学出版社，2002.

[32] 王洪伟．我所理解的流体力学［M］．北京：国防工业出版社，2014.

[33] 威尔特，威克斯，威尔逊，等．动量、热量和质量传递原理［M］．马紫峰，吴卫生，译．北京：化学工业出版社，2005.

[34] 安德森．计算流体力学基础及其应用［M］．吴颂平，刘赵淼，译．北京：机械工业出版社，2007.

[35] 余志生．汽车理论［M］．6 版．北京：机械工业出版社，2019.

[36] 沈哲，王毅刚，杨志刚．气体湍流压力与声压脉动的试验分离方法［J］．汽车工程学报，2009，9（6）：408－412.

[37] 张荣荣，彭倩，罗秋丽，等．基于 Powerflow 的汽车风阻仿真对标研究［C］//2019 中国汽车工程学会汽车空气动力学分会学术年会论文集．2019：36－42.

[38] 张风利，唐丽君，侯晓光，等．某车型风阻性能开发［C］//2018 中国汽车工程学会年会论文集．北京：机械工业出版社，2018：1298－1304.

[39] 罗秋丽，张风利，张荣荣，等．比亚迪汉空气动力学开发［J］．汽车工程学报，2020（6）：399－406.

[40] 霍晓强，吴传虎．齿轮传动系统搅油损失的试验研究［J］．机械传动，2007（1）：63－65.

[41] 张亚丽．世界卫生组织发布 2018 年全球道路安全现状报告［J］．中华灾害救援医学，2019，7（2）：100.

[42] 肖凌云，王琰，巫小波，等．车辆事故深度调查概论［M］．北京：中国标准出版社，2019.

[43] 许洪国．汽车事故工程［M］．北京：人民交通出版社股份有限公司，2014.

[44] 张新海．道路交通事故重建技术综述［J］．中国人民公安大学学报（自然科学版），2018，24（3）：86－90.

[45] 黎晓龙，张建伟，许博，等．交通事故现场勘查与重建技术的应用研究［J］．内蒙古科技与经济，2019（5）：74－77.

[46] 黄世霖，张金换，王晓各，等．汽车碰撞与安全［M］．北京：清华大学出版社，2000.

[47] NCAP（新车评价规程）的概要及趋势［N/OL］. MarkLines 全球汽车信息平台，［2017－12－22］. https：//www. marklines. com/cn/report/rep1657_ 201712. htm.

[48] 龚剑．利用数值模拟改进某微型客车的碰撞安全性［D］．北京：清华大学，2002.

[49] 水野幸治．汽车碰撞安全［M］．韩勇，陈一唯，译．北京：人民交通出版社股份有限公司，2016.

[50] 张金换，杜汇良，马春生，等．汽车碰撞安全性设计［M］．北京：清华大学出版社，2010.

[51] 邱少波．汽车碰撞安全工程［M］．北京：北京理工大学出版社，2016.

[52] 李凡．基于真实车辆－行人交通事故的颅脑损伤风险分析研究［D］．长沙：湖南大学，2009.

[53] 张冠军．行人下肢的碰撞损伤特性及相关参数研究［D］．长沙：湖南大学，2009.

[54] 黄迎秋，刘伟，黄荣军．有效加速度在车辆刚性正面碰撞性能开发中的应用研究［C］//第十四届中国汽车安全技术学术会议论文集．2011：62－65.

[55] 张滕滕，卓鹏，刘军勇，等．乘员载荷准则评价车辆及乘员伤害的有效性分析［J］．上海汽车，2016（3）：41－44.

[56] 张滕滕，丁海建，王大志．正面碰撞耐撞性的波形评价研究及相关性分析［J］．上海汽车，2016（12）：6－11.

[57] 刘子健，黄天泽，张建华，等．安全气囊对汽车乘员碰撞损伤防护的研究［J］．机械工程学报，2001（5）：12－17.

[58] 姬佩君．均衡约束概念的乘员碰撞保护研究［D］．北京：清华大学，2016.

[59] 杜子学. 汽车人机工程学 [M]. 北京：机械工业出版社，2011.

[60] 任金东. 汽车人机工程学 [M]. 北京：北京大学出版社，2010.

[61] 王继成. 产品设计中的人机工程学 [M]. 北京：化学工业出版社，2004.

[62] 王正华，喻凡，庄德军. 汽车座椅舒适性的主观和客观评价研究 [J]. 汽车工程，2006 (9)：817-819.

[63] 蒋惠强，庄明惠. 主观评价法对汽车性能综合评价的应用 [J]. 汽车与配件，2010 (14)：42-43.

[64] 莱夫. BOSCH 车辆稳定系统和驾驶员辅助系统 [M]. 迟云雁，周梦媛，张建强，译. 北京：北京理工大学出版社，2015.

[65] 崔胜民. 智能网联汽车新技术 [M]. 北京：化学工业出版社，2016.

[66] 伊斯坎达里安. 智能车辆手册：卷Ⅰ [M]. 李克强，等译. 北京：机械工业出版社，2017.

[67] 伊斯坎达里安. 智能车辆手册：卷Ⅱ [M]. 李克强，等译. 北京：机械工业出版社，2017.

[68] 常朕，穆加彩，吴文文. 基于驾驶质量性能的 Acc Pedal Map 设计 [J]. 农业装备与车辆工程，2018，56 (7)：78-81.

[69] 张华清，常朕，穆加彩. 车辆加速系统性能评价优化 [J]. 农业装备与车辆工程，2018，56 (1)：86-89.

[70] CAO J Z, KOKA M R, LAW S E. Vehicle Pulse Shape Optimization to Improve Occupant Response in Front Impact [J]. SAE Paper, 2004.

[71] PARK C K, KAN C D. A Study on Vehicle Crash Pulse Severity in Frontal NCAP Test [J]. SAE Technical Paper, 2016.

[72] HUANG M. Vehicle Crash Mechanics [M]. Abingdon: T aylor & Francis, 2010.

[73] SERRE T, BRUNET C, BRUYERE K, et al. HUMOS (Human Model for Safety) Geometry: From One Specimen to the 5 th and 95 th Percentile [J]. SAE Technical Paper, 2006.

[74] HAUG E, CHOI H Y, ROBIN S, et al. Human Models for Crash and Impact Simulation [J]. Handbook of Numerical Analysis, 2004, 12: 231-452.

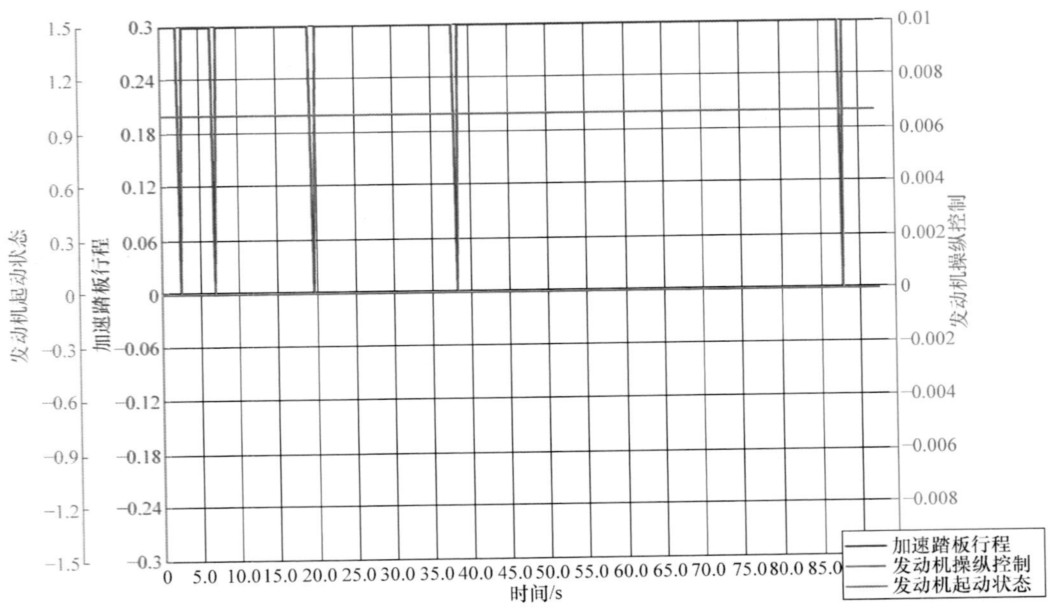

图 1-52　结果检查（加速踏板行程）

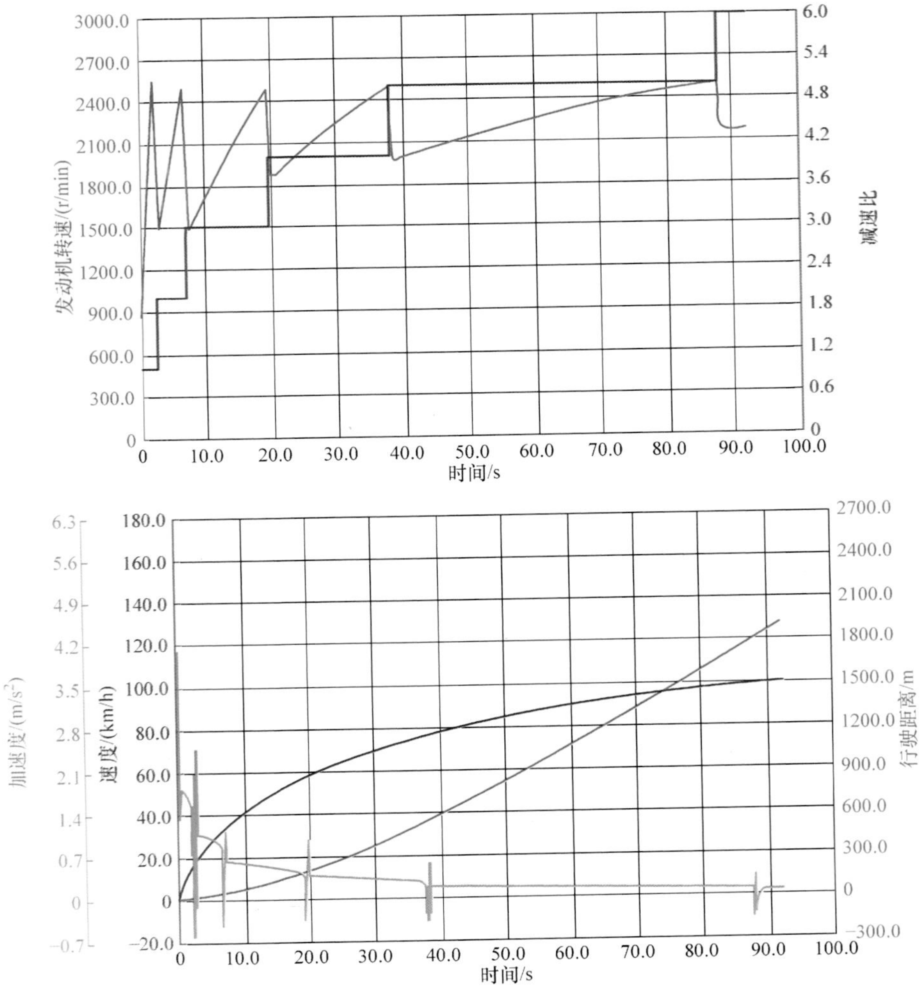

发动机转速/(r/min)
减速比
3000.0
2700.0
2400.0
2100.0
1800.0
1500.0
1200.0
900.0
600.0
300.0
0
6.0
5.4
4.8
4.2
3.6
3.0
2.4
1.8
1.2
0.6
0
0 10.0 20.0 30.0 40.0 50.0 60.0 70.0 80.0 90.0 100.0
时间/s

加速度/(m/s²)
速度/(km/h)
行驶距离/m
6.3
5.6
4.9
4.2
3.5
2.8
2.1
1.4
0.7
0
−0.7
180.0
160.0
140.0
120.0
100.0
80.0
60.0
40.0
20.0
0
−20.0
2700.0
2400.0
2100.0
1800.0
1500.0
1200.0
900.0
600.0
300.0
0
−300.0
0 10.0 20.0 30.0 40.0 50.0 60.0 70.0 80.0 90.0 100.0
时间/s

图 1-53　结果检查（发动机转速、档位、车辆的加速度）

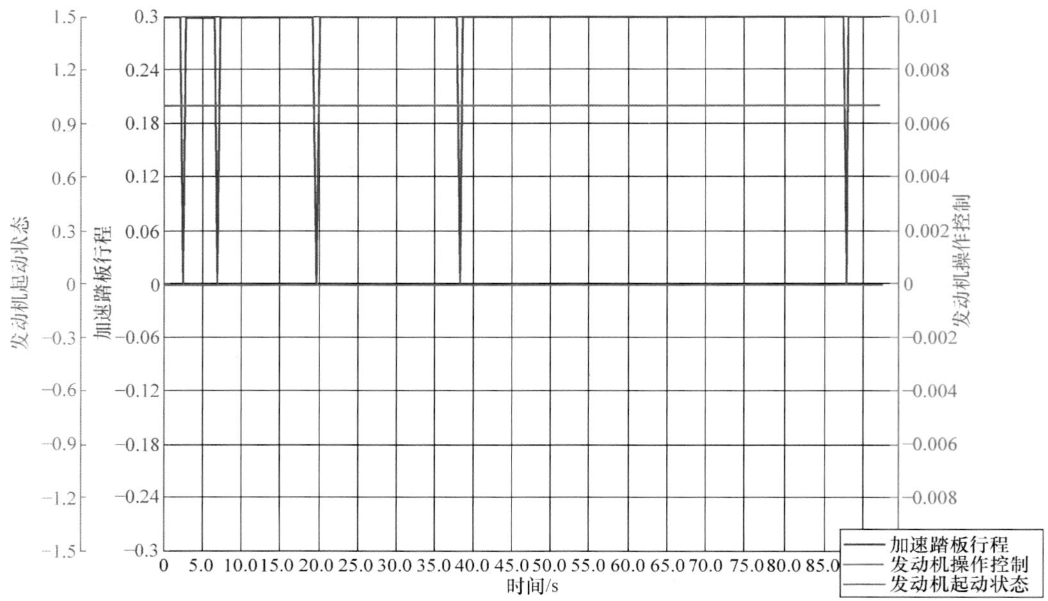

图 1-55 结果检查（发动机）

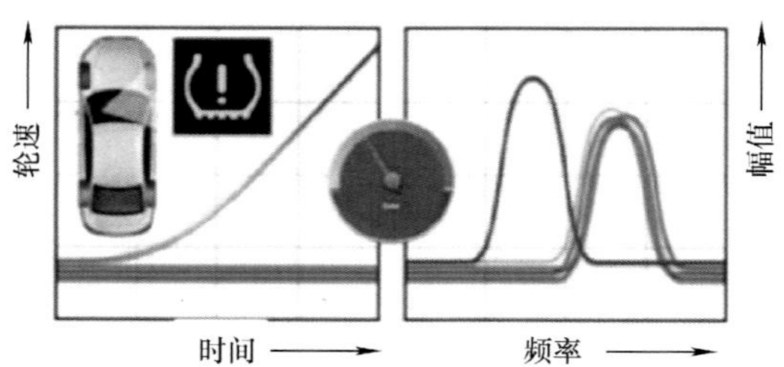

图 3-33 WSA 轮胎频谱分析算法

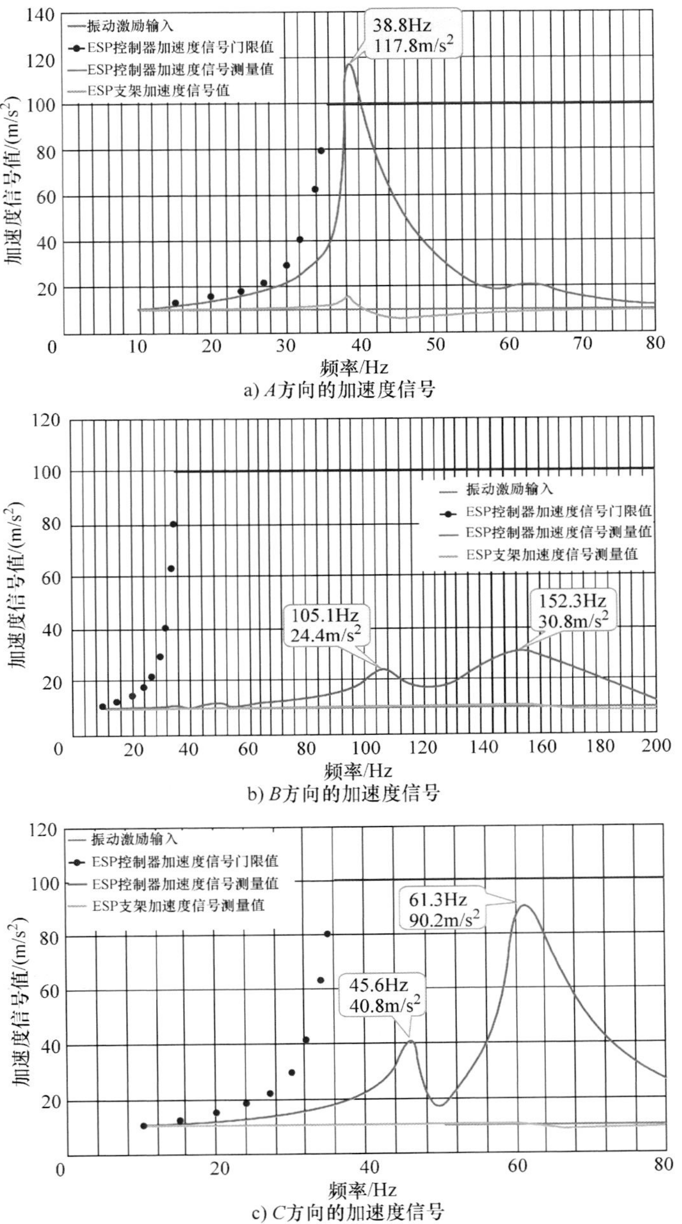

图 3-47　带信号监测的 ESP 支架振动试验结果

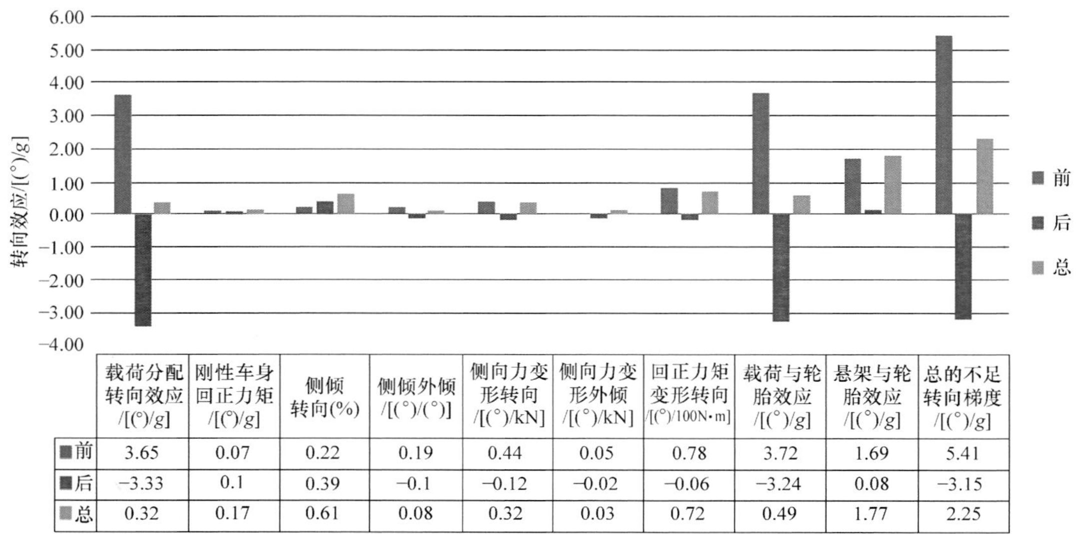

	载荷分配转向效应/[(°)/g]	刚性车身回正力矩/[(°)/g]	侧倾转向(%)	侧倾外倾/[(°)/(°)]	侧向力变形转向/[(°)/kN]	侧向力变形外倾/[(°)/kN]	回正力矩变形转向/[(°)/100N·m]	载荷与轮胎效应/[(°)/g]	悬架与轮胎效应/[(°)/g]	总的不足转向梯度/[(°)/g]
前	3.65	0.07	0.22	0.19	0.44	0.05	0.78	3.72	1.69	5.41
后	−3.33	0.1	0.39	−0.1	−0.12	−0.02	−0.06	−3.24	0.08	−3.15
总	0.32	0.17	0.61	0.08	0.32	0.03	0.72	0.49	1.77	2.25

图 4-26　不足转向度分解

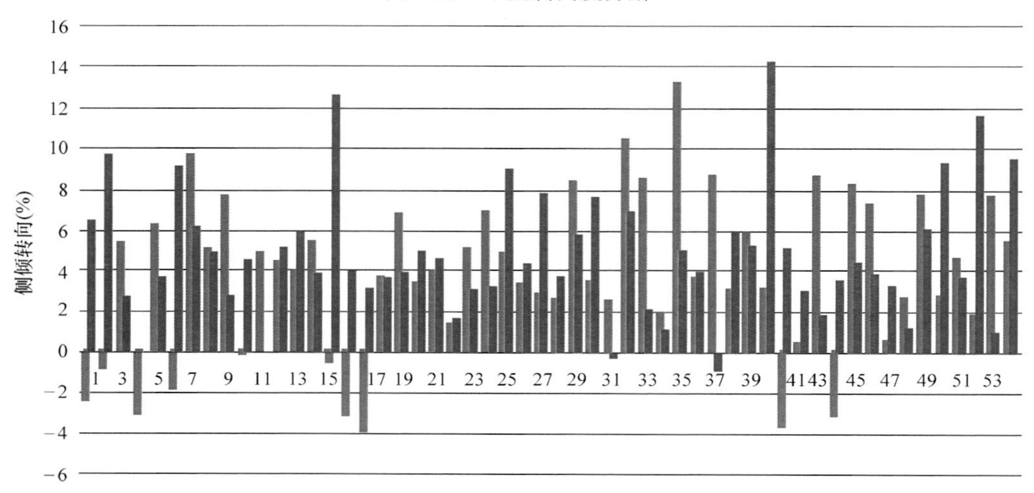

图 4-27　侧倾转向测试结果

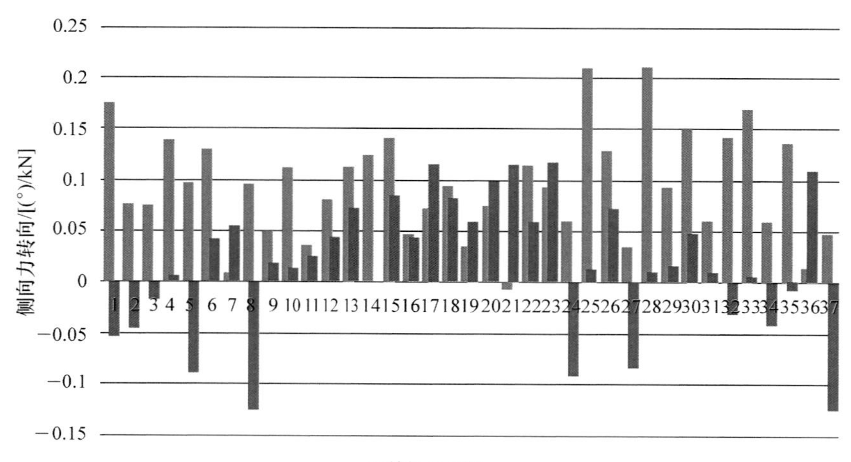

图 4-29　侧向力转向测试结果

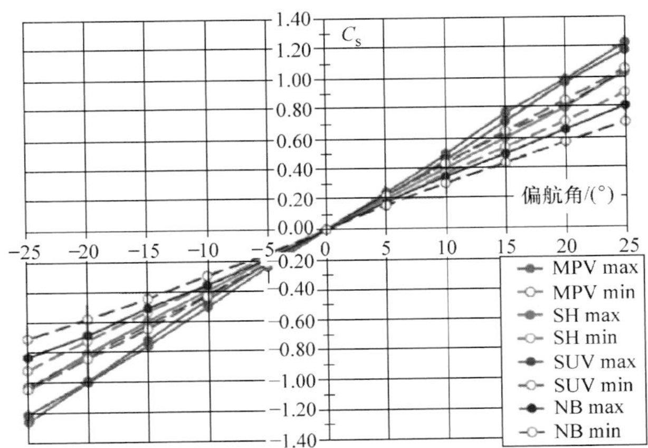

图 5-10 不同类型汽车的侧向力特性随偏航角的变化（图片来源：SAE 2016-01-1620）

MPV—以 MPV 为代表的单厢车 SH—小型掀背式轿车或紧凑型 SUV 等两厢车

SUV—中大型 SUV NB—阶背式或快背式三厢车

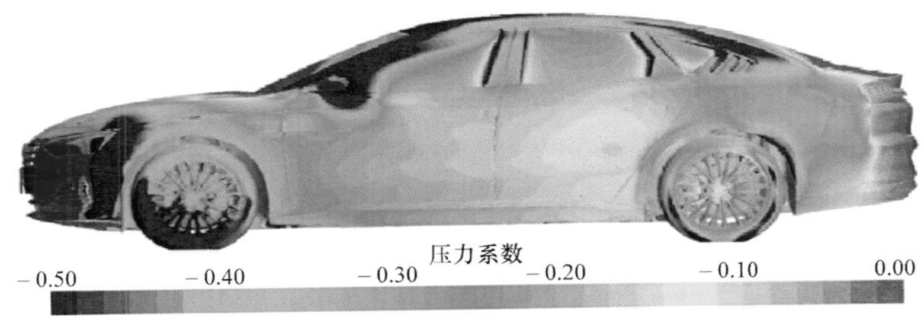

图 5-32 三厢轿车表面的实际压力系数分布云图

图 5-33 前舱盖与风窗之间的分离涡

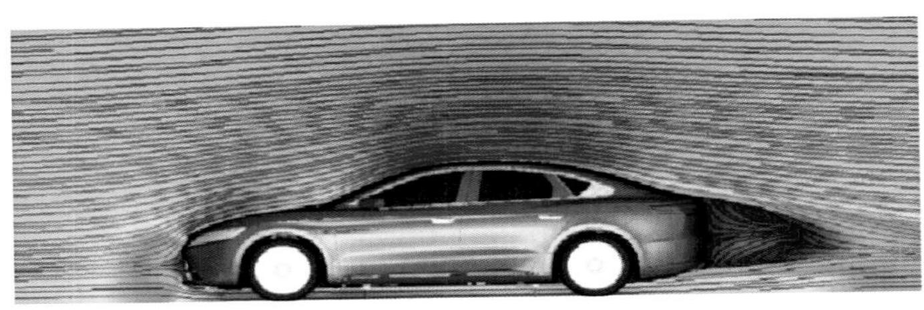

图 5-34 车尾后部的分离涡

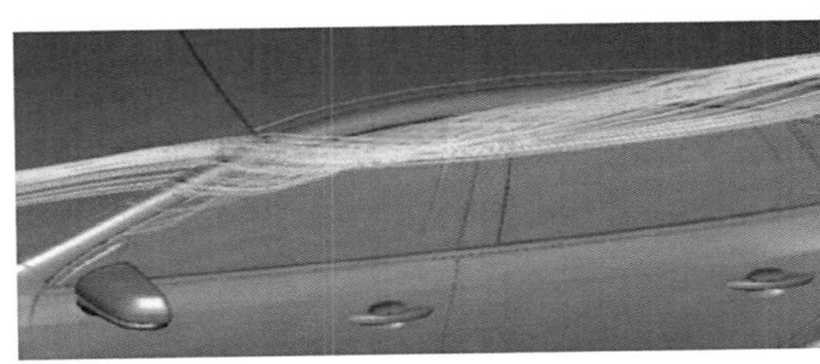

a) A柱引起的涡流

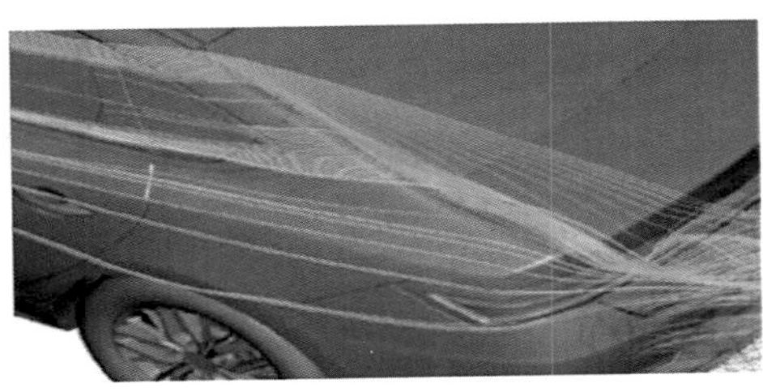

b) C柱引起的涡流

图 5-35 A 柱及 C 柱引起的剧烈涡流

a) 空气帘

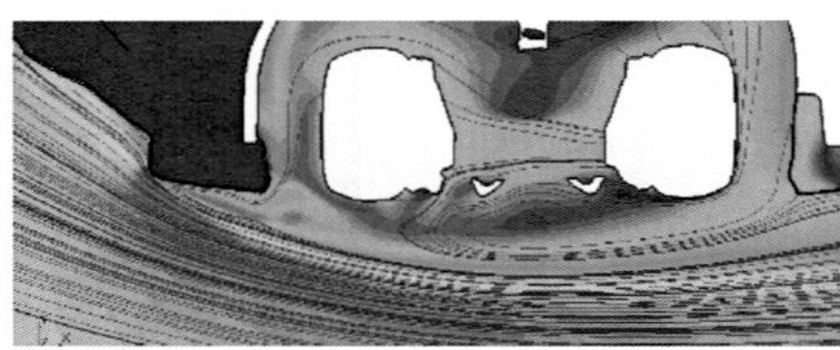
b) 不带空气帘的速度场

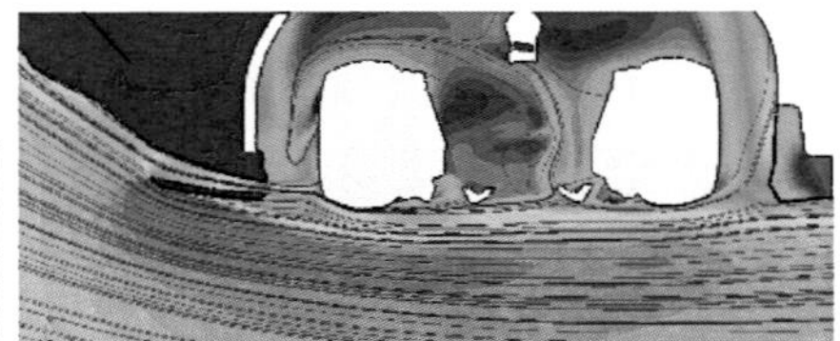
c) 带空气帘的速度场

图 5-39　空气帘对前车轮外侧速度场的影响（车轮处水平截面）

图 5-41　车尾侧后部的气流分离特征

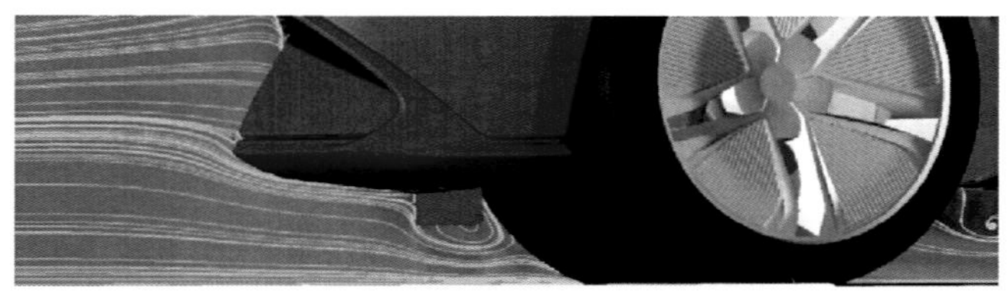

图 5-42　车轮扰流板附近的流场

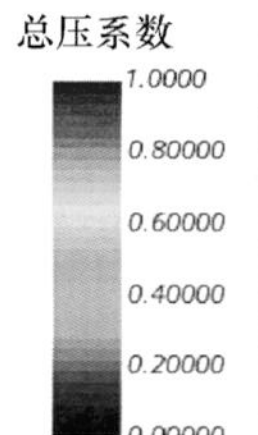

底部无导流板

底部增加平整的导流板

图 5-44　车底部流场水平截面的总压云图

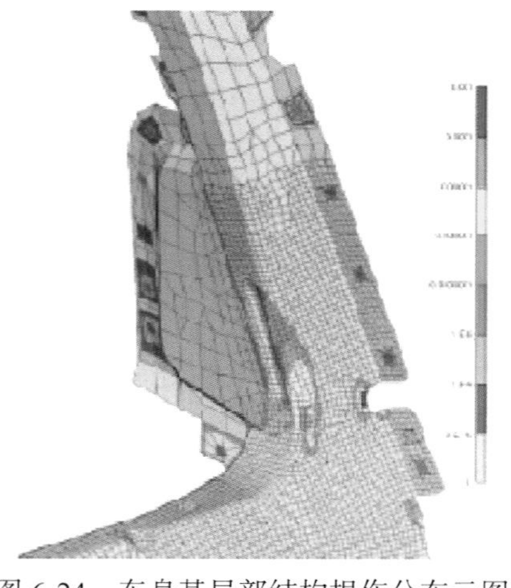

图 6-24　车身某局部结构损伤分布云图

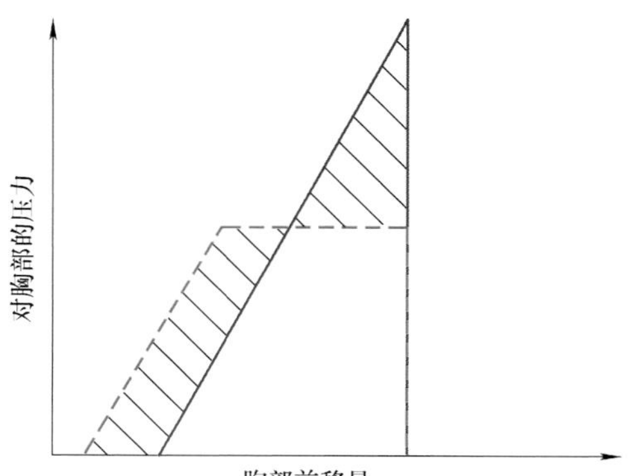

图 7-15　乘员防护胸部前移量 – 对胸部的压力曲线

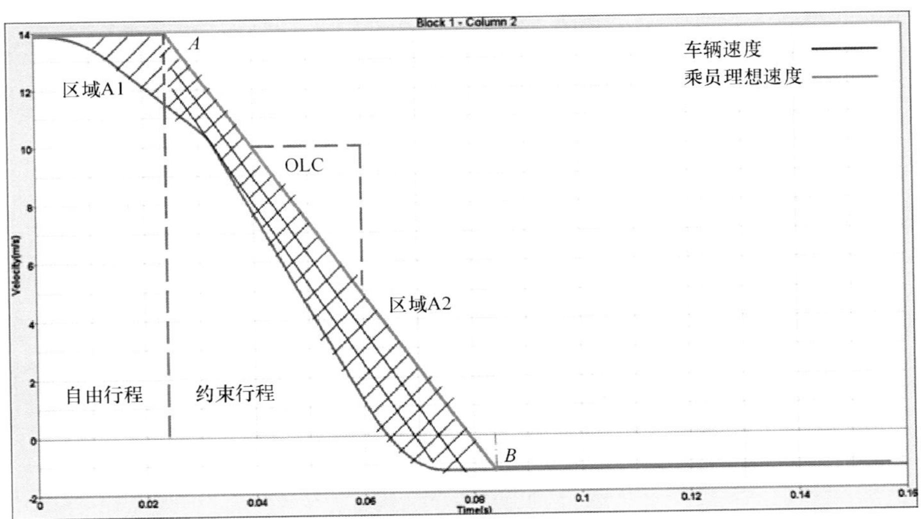

图 7-34　OLC 计算方法

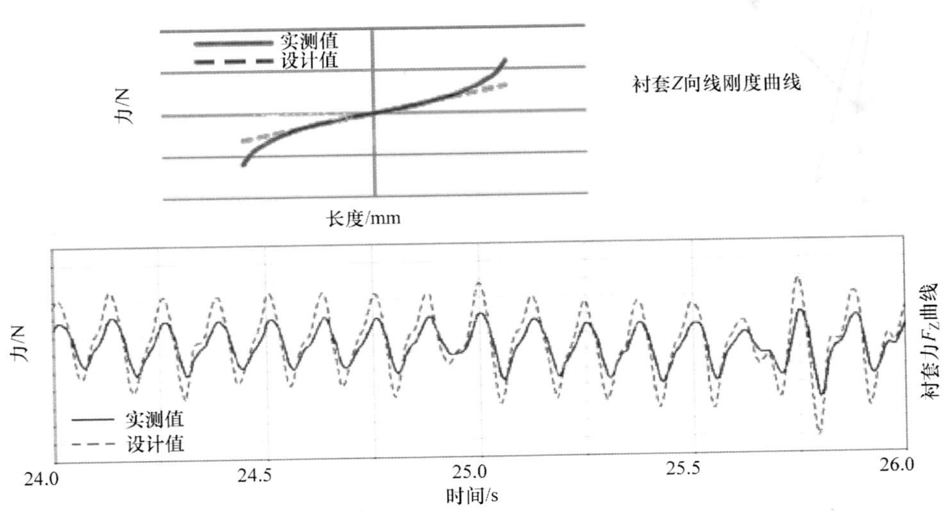

图 8-19　仿真与实测对比曲线

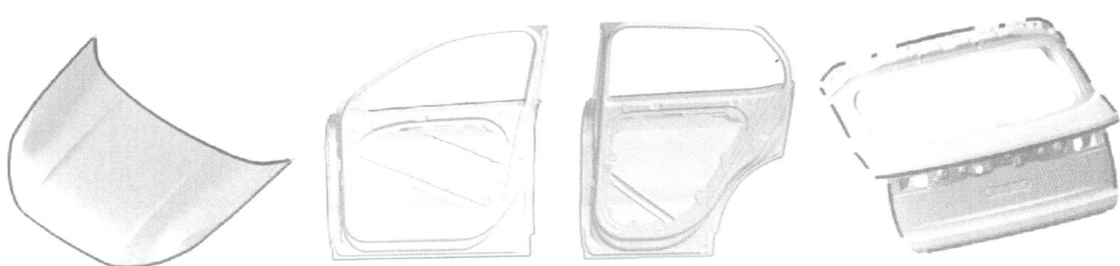

图 9-18　折边胶应用部位

a) 前4阶车身结构模态　b) 前4阶空腔模态　c) 200Hz结构模态与空腔模态

图 10-22　有限元分析

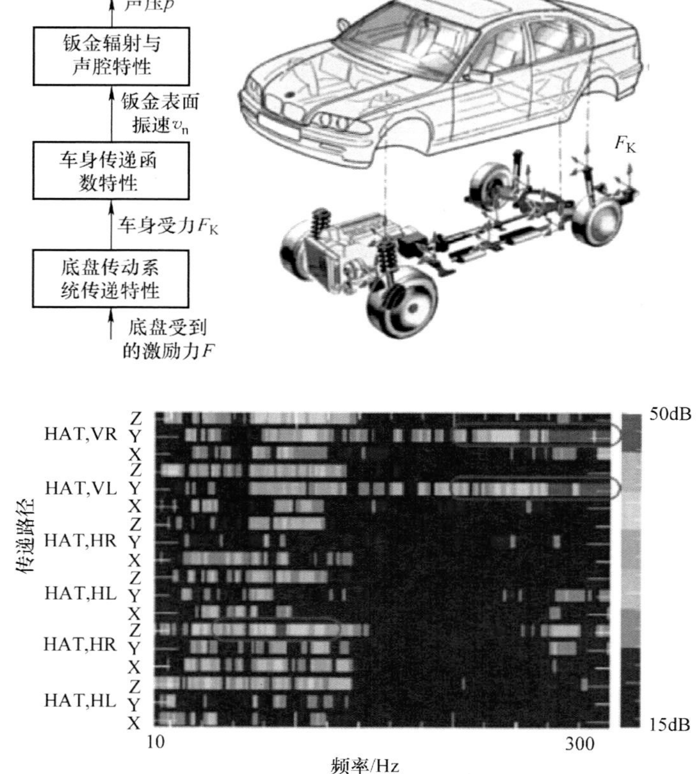

图 10-27　传递路径及贡献量分析

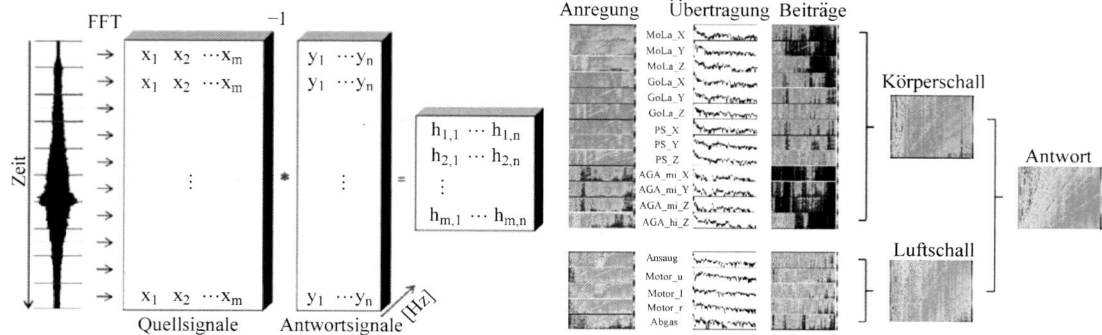

图 10-28　OTPA 分析过程

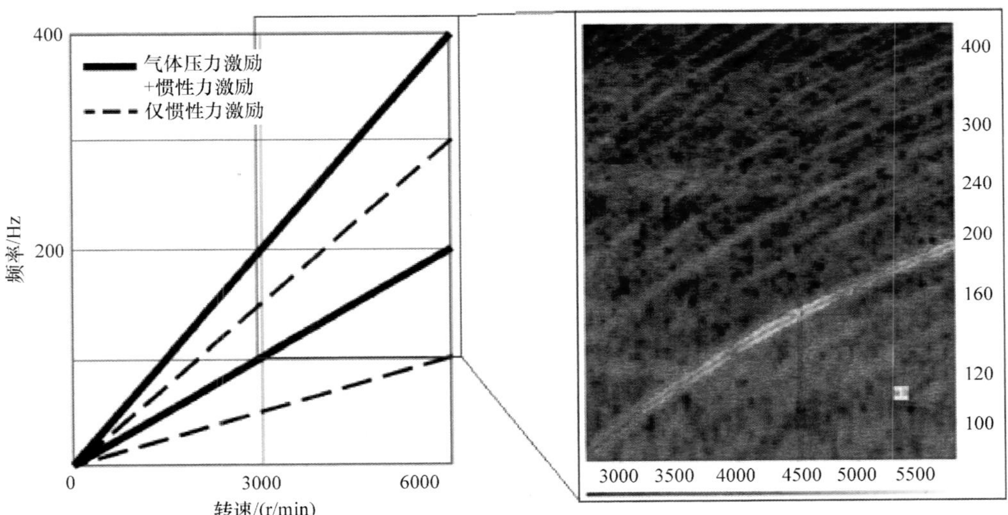

图 10-29　四缸内燃机频率阶次关系

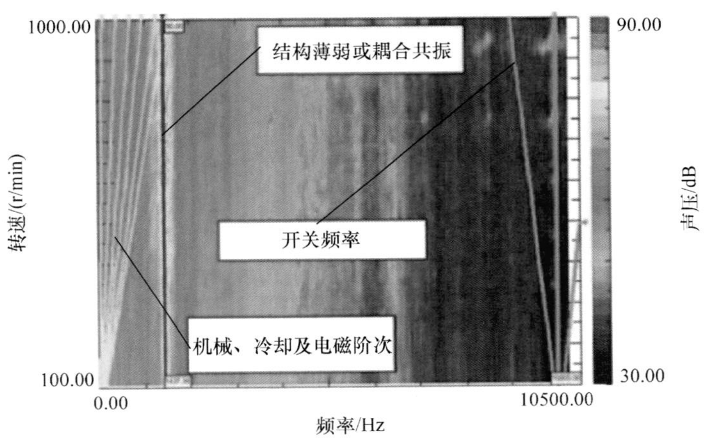

图 10-34　电驱动噪声

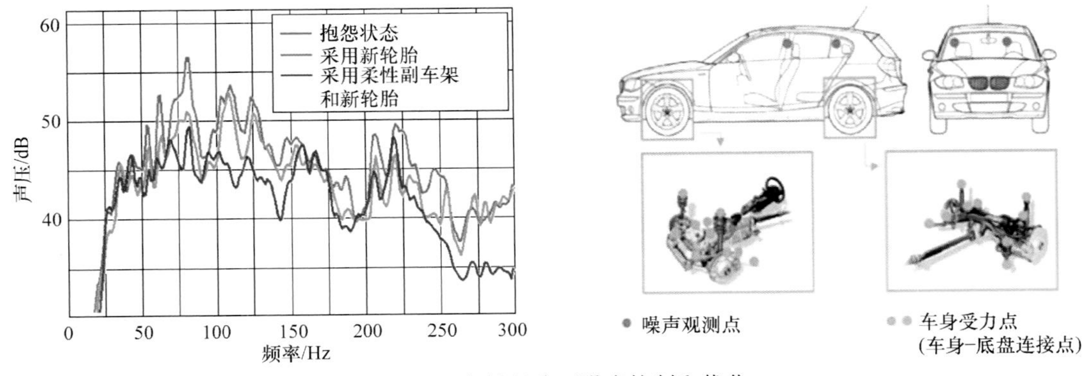

图 10-38　中低频路面噪声控制和优化

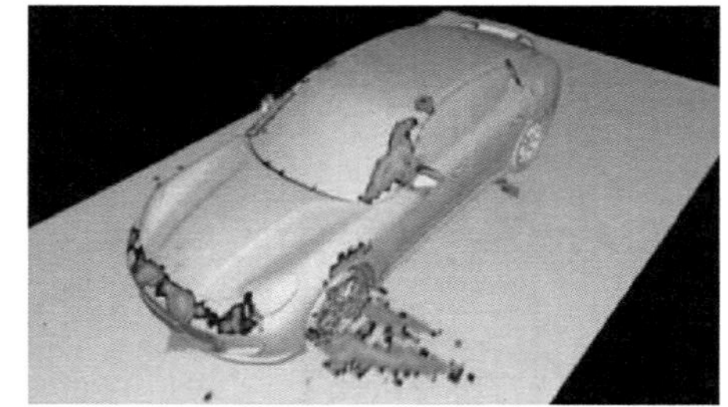

图 10-43　3D 波束成形声阵列在风洞试验中的应用（来源：朗德科技）

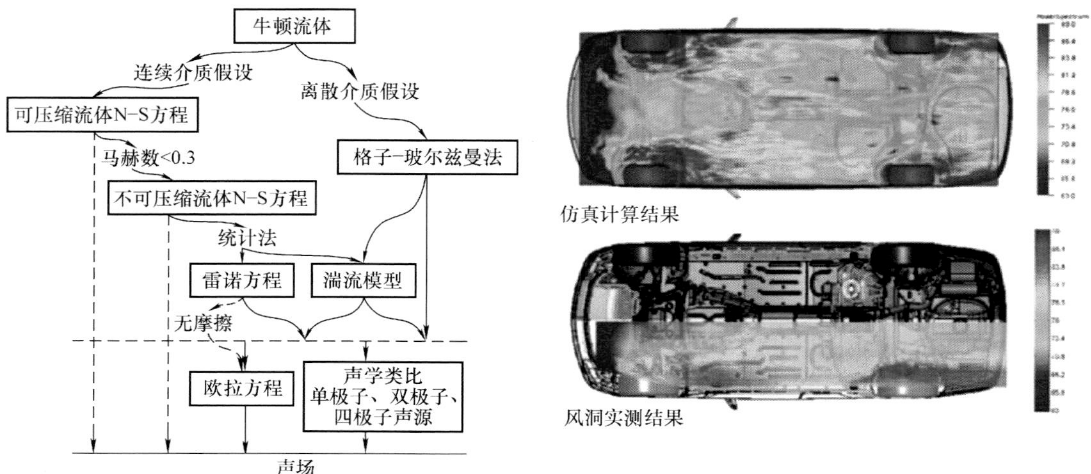

图 10-44　计算空气动力声学仿真

图 10-51　车外噪声声源成像

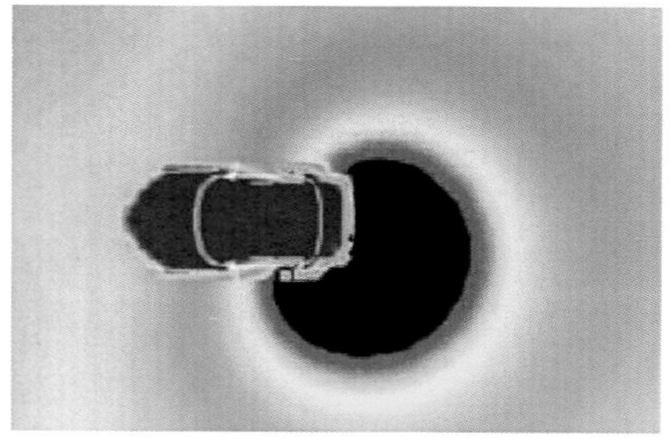

图 10-52　车外噪声（30Hz）BEM 计算结果

图 10-56　异响的识别与评价

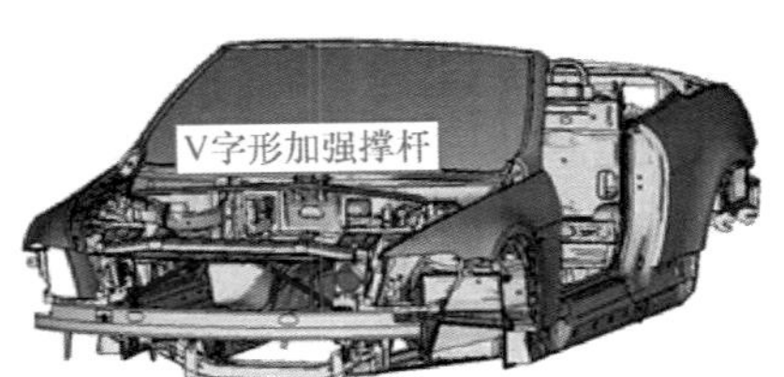

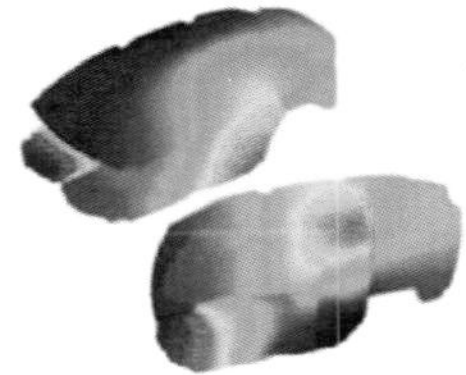

图 10-57　车身轻量化

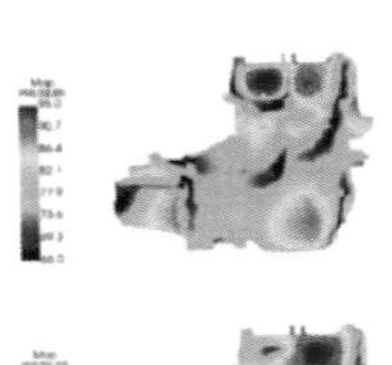

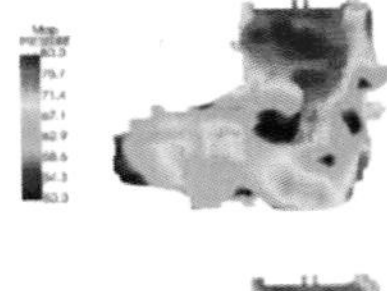

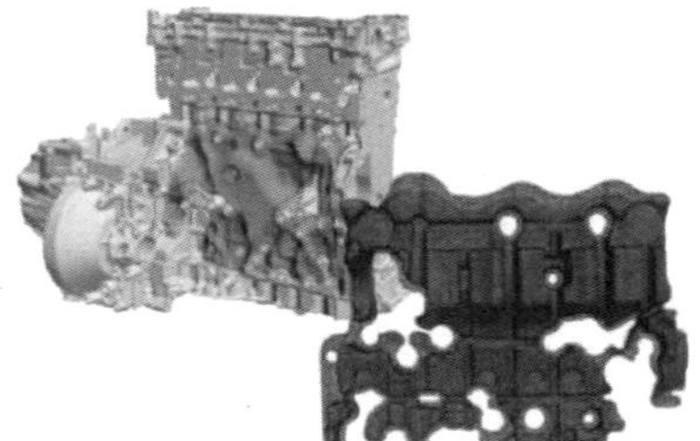

图 10-58　动力总成轻量化

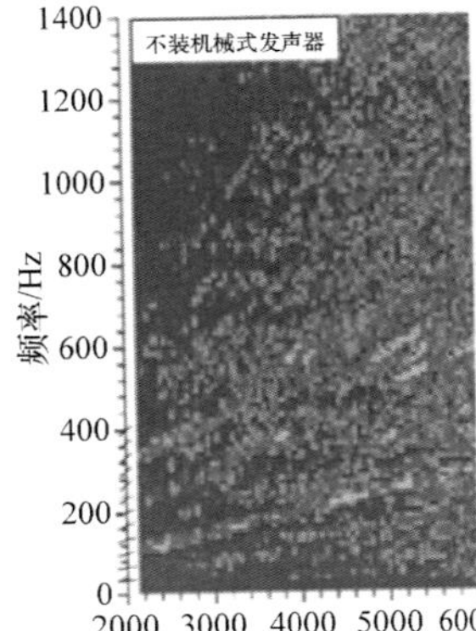

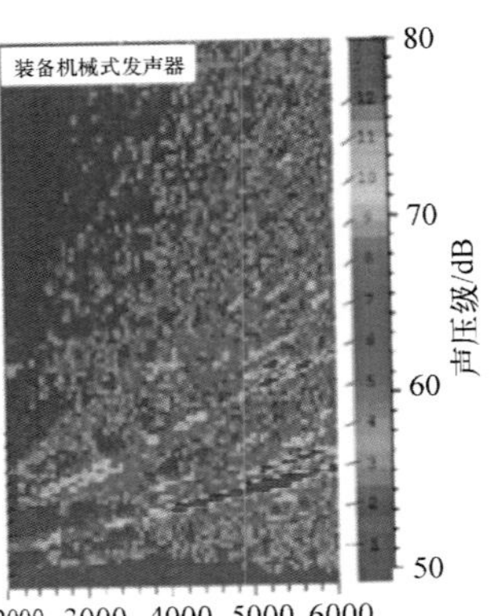

图 10-64　利用机械式发声装置改变发动机声品质

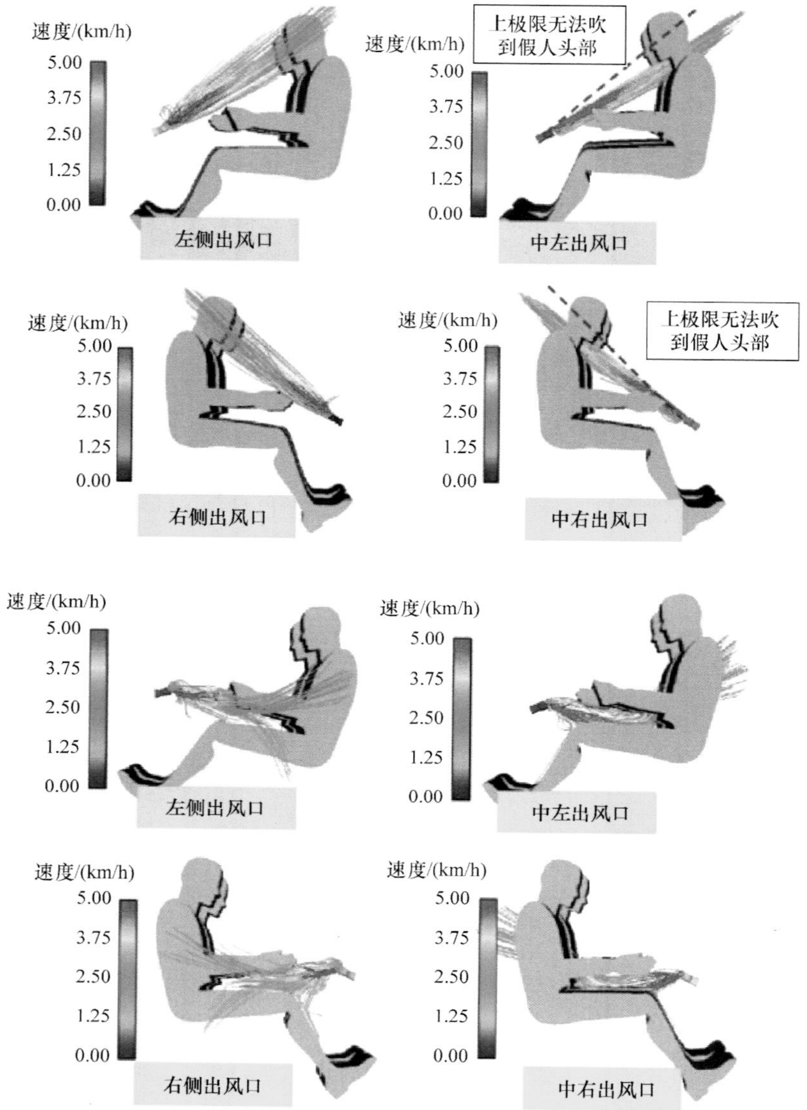

速度/(km/h)
5.00
3.75
2.50
1.25
0.00
左侧出风口

速度/(km/h)
5.00
3.75
2.50
1.25
0.00
上极限无法吹到假人头部
中左出风口

速度/(km/h)
5.00
3.75
2.50
1.25
0.00
右侧出风口

速度/(km/h)
5.00
3.75
2.50
1.25
0.00
上极限无法吹到假人头部
中右出风口

速度/(km/h)
5.00
3.75
2.50
1.25
0.00
左侧出风口

速度/(km/h)
5.00
3.75
2.50
1.25
0.00
中左出风口

速度/(km/h)
5.00
3.75
2.50
1.25
0.00
右侧出风口

速度/(km/h)
5.00
3.75
2.50
1.25
0.00
中右出风口

图 11-9　前 IP 吹面出风口上下极限流线图

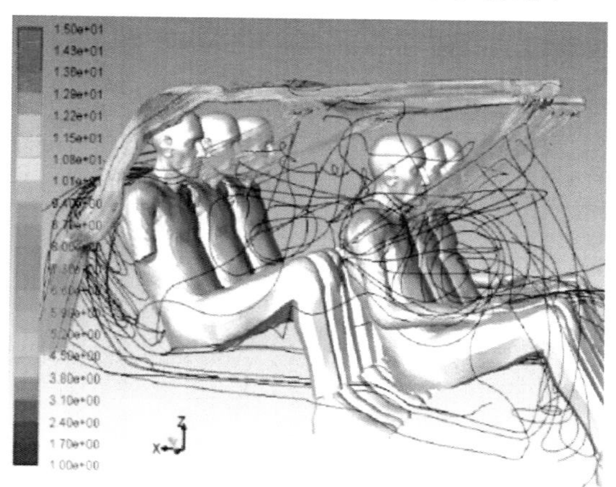

图 11-10　后顶棚吹面风道气流分布

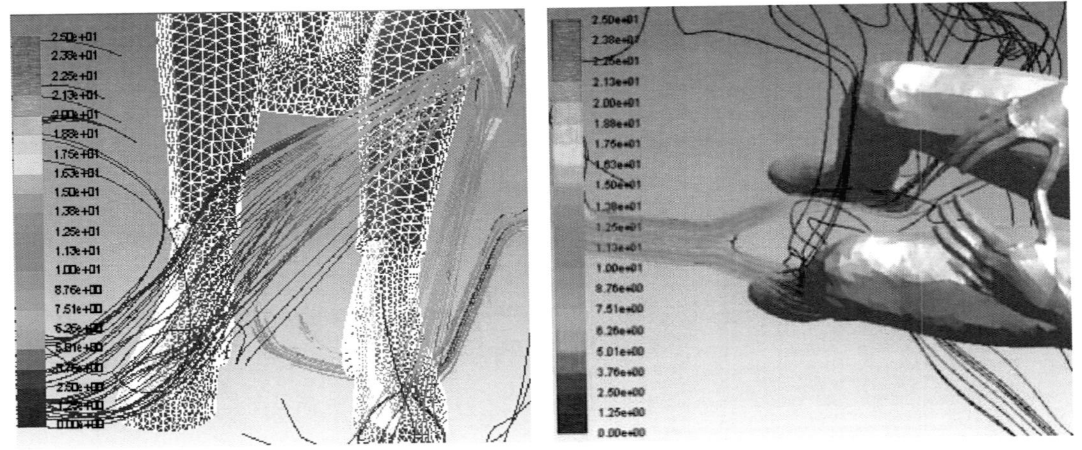

图 11-11　吹脚出风方向

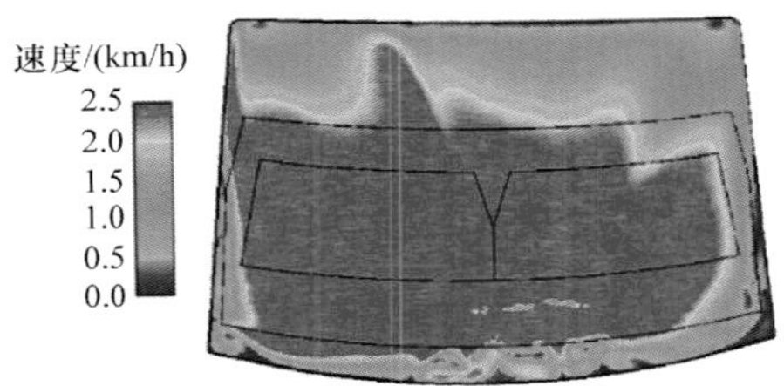

图 11-15　某车型前风窗除霜气流分布

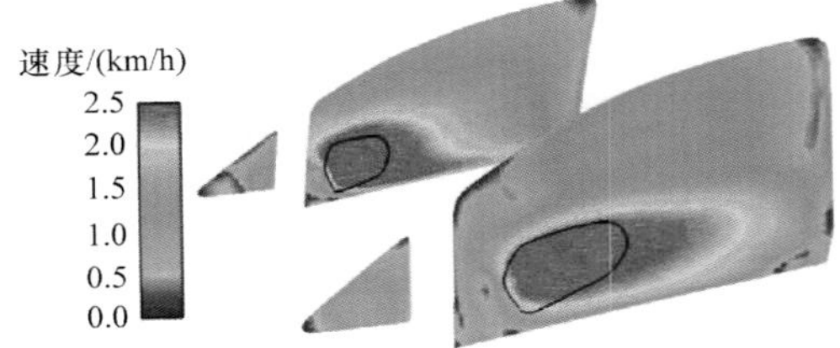

图 11-16　某车型侧窗玻璃除霜气流分布

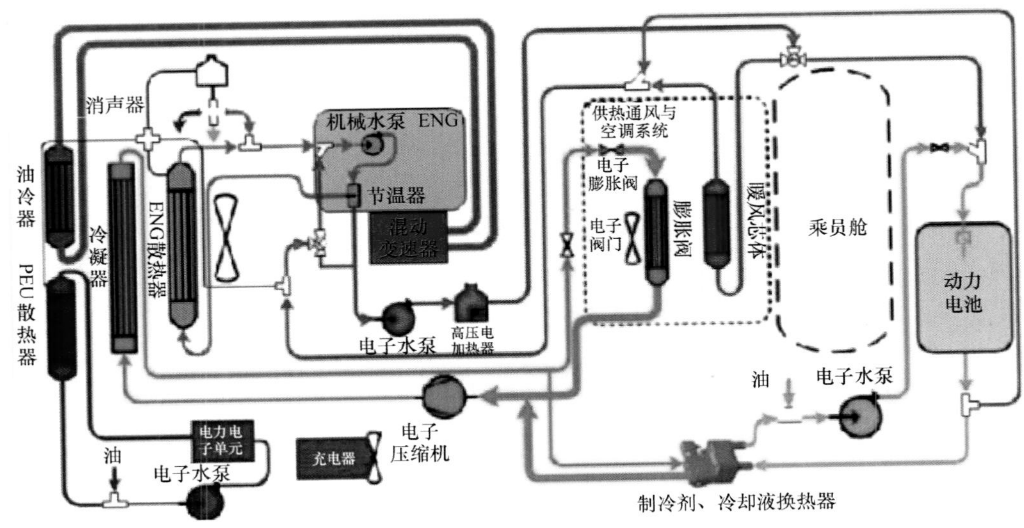

图 12-6　新能源车型冷却系统

a) 车辆前端压力分布

b) 散热器表面温度分布

图 12-21　车辆前端压力及散热器表面温度分布

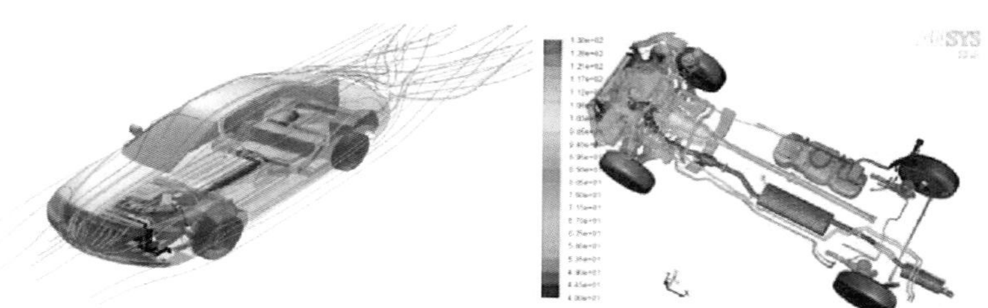

图 12-25　整车零件温度分布

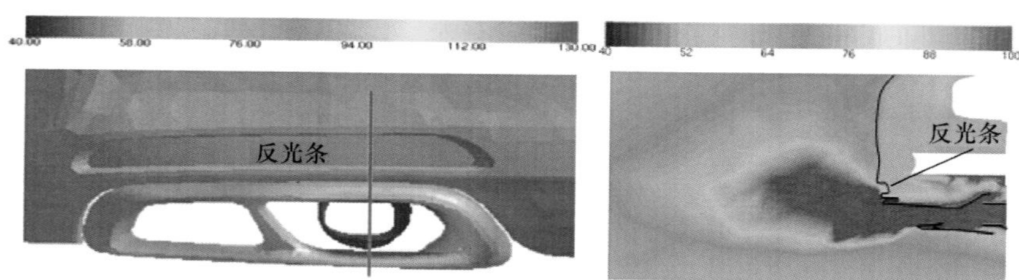

图 12-26　高温排气对后保险杠温度的影响

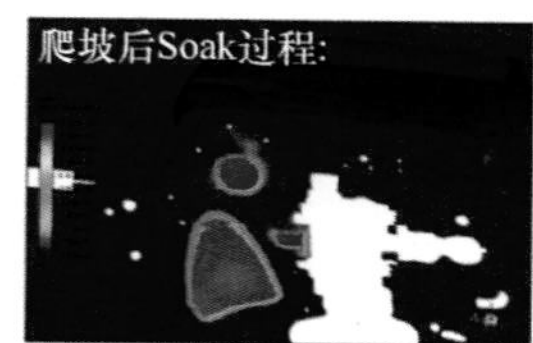

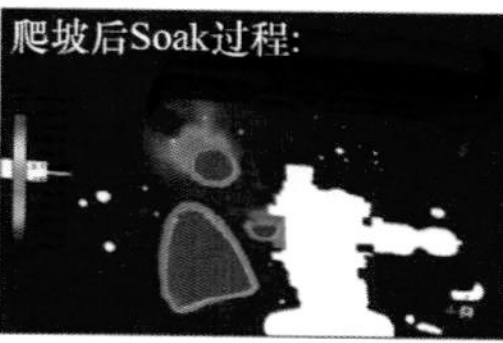

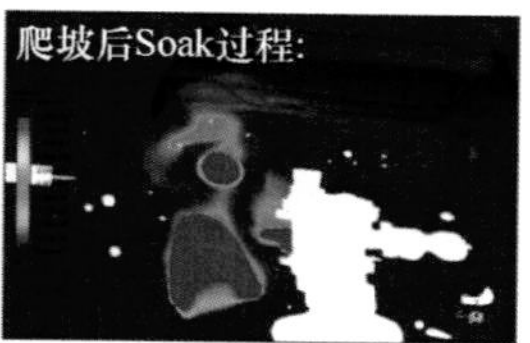

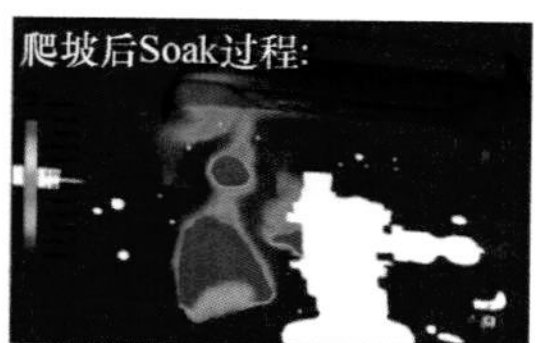

图 12-27　热机停车后热空气上浮过程

（Soak 表示车辆熄火浸置）

图 12-28　DPF 再生过程对燃油箱及管路温度的影响

（DPF 全称 Diesel Particulate Filter，代表柴油颗粒捕捉器）

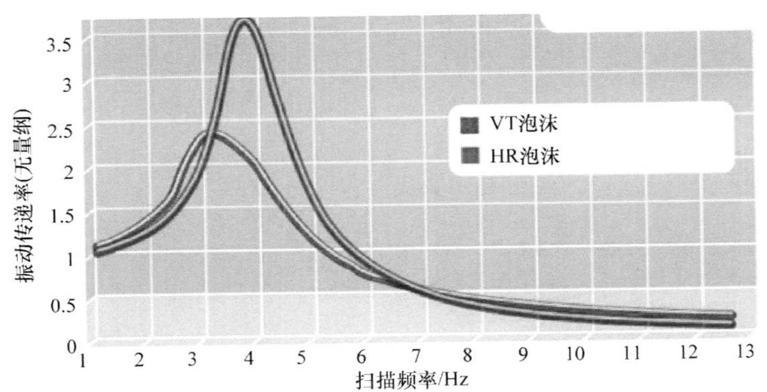

图 13-39　不同发泡振动传递对比示意图

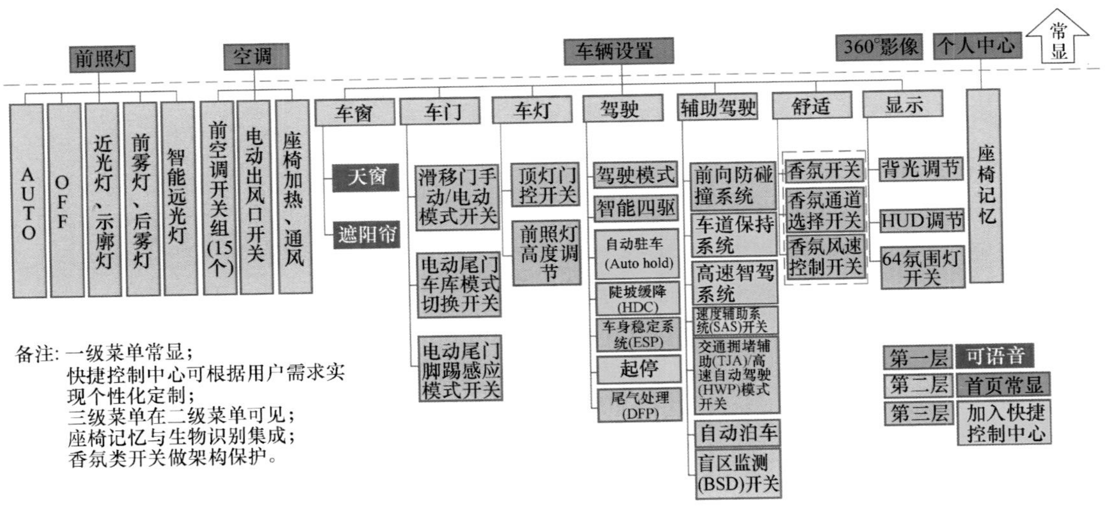

图 14-46　某车型虚拟开关布置策略

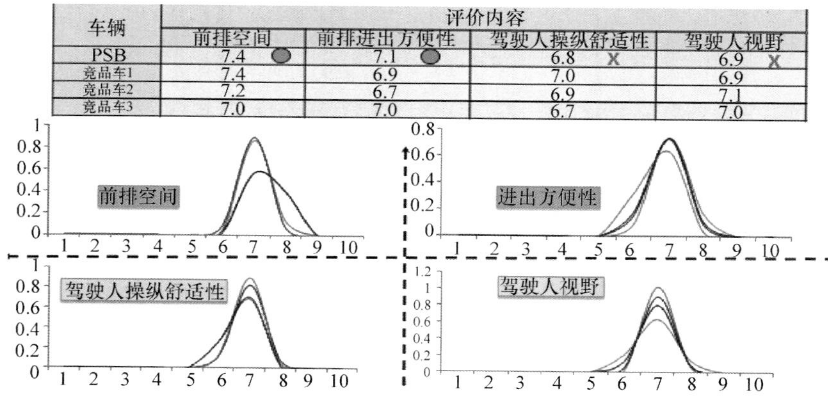

车辆	评价内容			
	前排空间	前排进出方便性	驾驶人操纵舒适性	驾驶人视野
PSB	7.4 ●	7.1 ●	6.8 X	6.9 X
竞品车1	7.4	6.9	7.0	6.9
竞品车2	7.2	6.7	6.9	7.1
竞品车3	7.0	7.0	6.7	7.0

■ 抱怨内容描述:

抱怨内容	抱怨者	身高/cm
IP按键离人远,可触及性差	某某某	—

G8+
G8
GM8
GL8
G20

■ 原因分析:
PSB状态按键位置未进行更改

1指不倾斜可触及区

$X+55$
$Z+28$

■ 修改措施:

按键位置后移,满足可触及性要求

图 14-50　PSB 模型评审案例

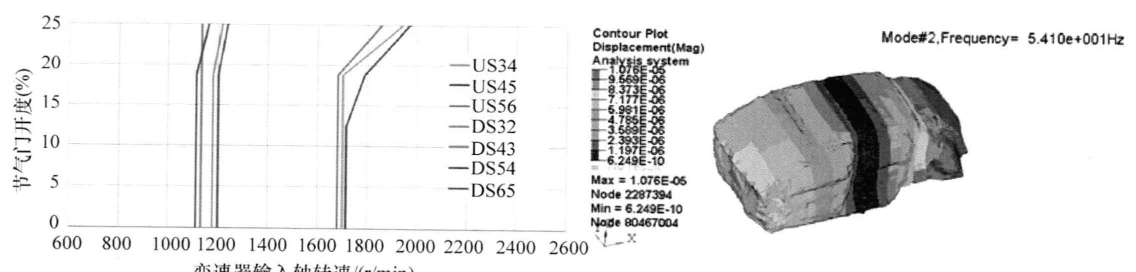

a) 变速器换档线(发动机转速)　　b) 某车型空腔模态

图 16-13　某车型换档点与车身空腔模态

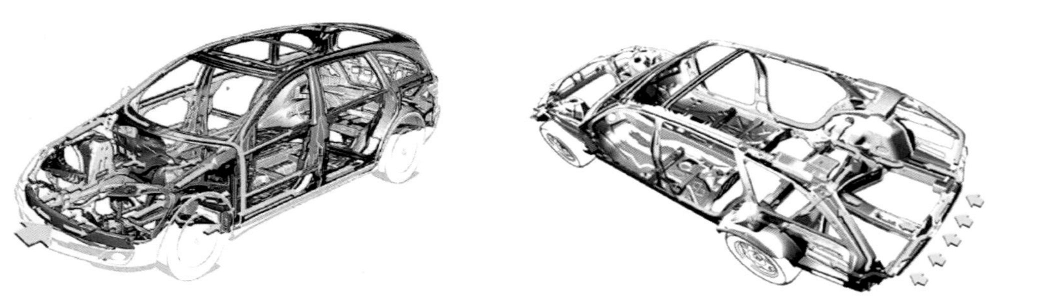

a) 车头多传力路径　　b) 车尾多传力路径

图 16-14　某车型的多传力路径设计